여러분의 합격을 응원하는
해커스경찰의 특별 혜택!

FREE 경찰헌법 특강

해커스경찰(police.Hackers.com) 접속 후 로그인 ▶ 상단의 [무료강좌 → 경찰 무료강의] 클릭하여 이용

해커스경찰 온라인 단과강의 20% 할인쿠폰

246DFA9C3CBEDD25

해커스경찰(police.Hackers.com) 접속 후 로그인 ▶ 상단의 [내강의실] 클릭 ▶
[쿠폰/포인트] 클릭 ▶ 쿠폰번호 입력 후 이용

* 등록 후 7일간 사용 가능(ID당 1회에 한해 등록 가능)

경찰 합격예측 온라인 모의고사 응시권 + 해설강의 수강권

B3E2F5E6F5E832FA

해커스경찰(police.Hackers.com) 접속 후 로그인 ▶ 상단의 [내강의실] 클릭 ▶
[쿠폰/포인트] 클릭 ▶ 쿠폰번호 입력 후 이용

* ID당 1회에 한해 등록 가능

쿠폰 이용 관련 문의 1588-4055

단기 합격을 위한 해커스경찰 커리큘럼

입문
탄탄한 기본기와 핵심 개념 완성!
누구나 이해하기 쉬운 개념 설명과 풍부한 예시로 부담없이 쌩기초 다지기
TIP 베이스가 있다면 **기본 단계**부터!

▼

기본+심화
필수 개념 학습으로 이론 완성!
반드시 알아야 할 기본 개념과 문제풀이 전략을 학습하고
심화 개념 학습으로 고득점을 위한 응용력 다지기

▼

기출+예상 문제풀이
문제풀이로 집중 학습하고 실력 업그레이드!
기출문제의 유형과 출제 의도를 이해하고 최신 출제 경향을 반영한
예상문제를 풀어보며 본인의 취약영역을 파악 및 보완하기

▼

동형문제풀이
동형모의고사로 실전력 강화!
실제 시험과 같은 형태의 실전모의고사를 풀어보며 실전감각 극대화

▼

최종 마무리
시험 직전 실전 시뮬레이션!
각 과목별 시험에 출제되는 내용들을 최종 점검하며 실전 완성

▼

* 커리큘럼 및 세부 일정은 상이할 수 있으며,
자세한 사항은 해커스경찰 사이트에서 확인하세요.

단계별 교재 확인 및 수강신청은 여기서!
police.Hackers.com

해커스경찰
박철한
경찰헌법 기본서

해커스경찰

박철한

약력

현 | 해커스경찰 헌법 강의
해커스공무원 헌법 강의

전 | 합격의 법학원 사법시험 헌법 강의
한양대 겸임교수
한양대, 성균관대, 이화여대, 숙명여대, 조선대 특강강사
박문각 남부행정고시학원 헌법 강의
KG패스원 헌법 강의

저서

박철한 경찰헌법 최신 5개년 판례집, 해커스경찰
박철한 경찰헌법 실전문제집, 해커스경찰
박철한 경찰헌법 실전동형모의고사, 해커스경찰
박철한 경찰헌법 핵심요약집, 해커스경찰
박철한 경찰헌법 기출문제집, 해커스경찰
박철한 경찰헌법 기본서, 해커스경찰
박철한 헌법 기본서, 해커스공무원
OLA 올라 헌법 기본서, 경찰공제회
OLA 올라 헌법 핵심 문제풀이, 경찰공제회
박철한 경찰헌법 단계별 핵심지문 OX, 법률저널
박철한 헌법 기출, 법률저널
박철한 핵심 헌법, 법률저널
헌법 기출 오엑스, 훈민정음

머리말

경찰헌법 어떻게 시작해야 할까요?

헌법은 국민주권, 민주주의와 같이 상당히 추상적인 단어들로 구성되어 있습니다. 이에 따라 많은 수험생들이 헌법을 이해하는 데 상당한 어려움을 겪고 있습니다. 헌법을 공부할 때는 철저하게 수험적으로 접근하여야 합니다. 막연하게 어려운 단어를 깊이 파고드는 방식이 아니라 판례 내용과 결론 중심으로 정답을 고를 수 있도록 공부하는 것이 중요합니다.

이에 「2026 해커스경찰 박철한 경찰헌법 기본서」는 수험생 여러분들이 '시험에 나오는' 헌법만을 효율적으로 학습할 수 있도록 다음과 같은 특징을 가지고 있습니다.

첫째, 트리노트 방식의 핵심정리로 진도의 전체를 볼 수 있도록 하였습니다.
따라서 앞부분만 봐도 그날 배운 학습 내용의 핵심이 기억날 수 있도록 전체 조감도를 만들어 두었기 때문에 추후 예습·복습시 트리노트만으로도 그날 배운 핵심 내용을 파악하는 것이 가능합니다.

둘째, 기초적인 용어를 자세히 설명하였습니다.
헌법은 추상적이고 수업을 들어도 애매한 면이 많아 많은 초보 수험생분들이 고생합니다. 이에 본 교재는 기본 용어들을 쉽게 풀이해서 독학까지 가능할 정도로 자세하게 적어 놓아 수업 이후에 복습이 용이하도록 하였습니다.

셋째, 확실한 비교·정리 학습이 가능하게 구성하였습니다.
시험은 항상 헷갈리는 것들 위주로 출제가 많이 되기 때문에 미리 정리하지 않으면 나중에 잊어버리기 쉽습니다. 이런 헷갈리는 것들을 본문 옆에 표로 모두 정리해 두어 비교·정리하며 효율적으로 학습할 수 있습니다.

넷째, 최신 판례 및 개정법령을 전면 반영하였습니다.
최신 판례 및 최근 개정된 법령을 교재 내 관련 이론과 기출문제에 철저히 반영하였습니다. 이를 통해 수험생 여러분들은 이론과 문제를 학습하면서 최신 판례와 개정법령까지 효과적으로 함께 학습할 수 있습니다.

더불어 경찰공무원 시험 전문 **해커스경찰**(police.Hackers.com)에서 학원강의나 인터넷 동영상강의를 함께 이용하여 꾸준히 수강한다면 학습효과를 극대화할 수 있습니다.

부디 「2026 해커스경찰 박철한 경찰헌법 기본서」와 함께 경찰공무원 헌법 시험의 고득점을 달성하고 합격을 향해 한 걸음 더 나아가시기를 바랍니다.

본 교재가 경찰공무원 시험 합격을 꿈꾸는 모든 수험생 여러분에게 훌륭한 길잡이가 되기를 바랍니다.

2025년 1월
박철한

목차

제1편 헌법총론

제1장 헌법의 개념과 헌법학   10
- **제1절** 헌법의 개념   12
- **제2절** 헌법의 흐름   20

제2장 대한민국헌법 총설   37
- **제1절** 헌정사   38
- **제2절** 국가의 구성요소   48
- **제3절** 대한민국헌법의 기본원리   67

제2편 기본권론

제1장 기본권 총론   114
- **제1절** 기본권의 주체   117
- **제2절** 기본권의 효력   121
- **제3절** 기본권의 경합과 충돌   124
- **제4절** 기본권의 제한과 한계   129
- **제5절** 기본권의 침해와 구제   137

제2장 인간의 존엄과 가치·행복추구권·평등권   152
- **제1절** 인간의 존엄과 가치·행복추구권   153
- **제2절** 평등권   167

제3장 자유권적 기본권   189
- **제1절** 인신에 관한 자유   191
- **제2절** 사생활영역의 자유   234
- **제3절** 정신생활영역의 자유   263
- **제4절** 경제생활영역의 자유   318

제4장	정치적 기본권(참정권)	354
제1절	정치제도의 기본원리	356
제2절	직접참정권	358
제3절	정당의 자유	361
제4절	선거의 자유	377
제5절	간접참정권	397
제6절	지방자치제도	406

제5장	청구권적 기본권	431
제1절	청원권	434
제2절	재판청구권	439
제3절	국가배상청구권	451
제4절	형사보상청구권	458
제5절	범죄피해자구조청구권	463

제6장	사회적 기본권	472
제1절	인간다운 생활을 할 권리	474
제2절	교육을 받을 권리	480
제3절	근로의 권리	490
제4절	근로3권	494
제5절	환경권	504
제6절	혼인·가족·모성·건강에 관한 권리	508
제7절	모성의 보호와 보건권	509

제7장	국민의 기본적 의무	526

판례색인	534

이 책의 구성

흐름 미리 보기

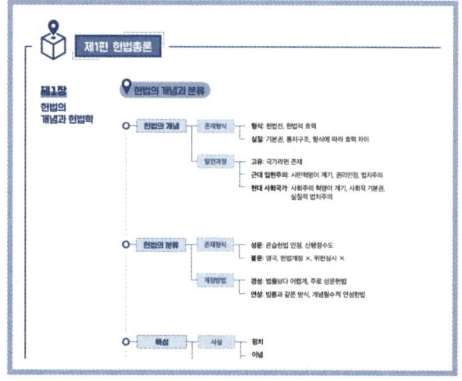

이론의 내용을 한눈에 파악할 수 있는 목차 체계도

이론의 도입부마다 해당 이론의 전체적인 흐름을 파악할 수 있는 목차 체계도를 수록하였습니다. 본격적인 학습 전에 이를 활용한다면 스스로 학습 목표와 진도를 설정하는 등 주도적인 학습이 가능하며, 시험에서 빈출되는 중요성이 큰 내용들을 먼저 확인함으로써 학습의 우선순위를 설정할 수 있습니다.

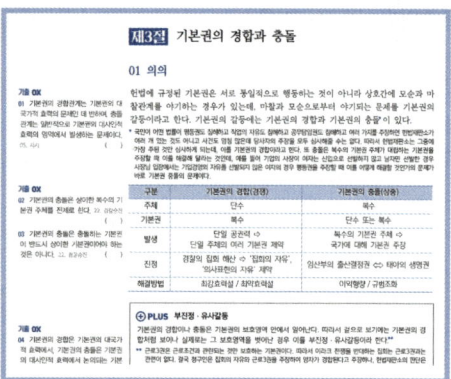

출제경향 및 개정법령을 반영한 이론

출제경향 및 개정법령을 교재 내 이론 전체에 반영하였습니다. 또한 본문에 수록된 다양한 학습장치를 통하여 이론을 효과적으로 학습할 수 있도록 하였습니다. 더불어 높은 출제경향을 보이는 판례지문의 중요성을 반영하여 판례를 풍부하게 수록하였습니다.

본문과 연계학습이 가능한 기출지문 OX

기출지문 OX를 단원별로 수록하여 본문과 연계학습함으로써 중요 기출지문에 대한 이해를 높이고, 회독체크박스를 추가하여 중요 내용을 암기포인트로 활용할 수 있도록 하였습니다. 또한 하단에 모든 지문에 대한 해설을 제공하여 출제의도를 확인하고 학습내용을 빠르게 점검할 수 있습니다.

본문 더 자세히 보기

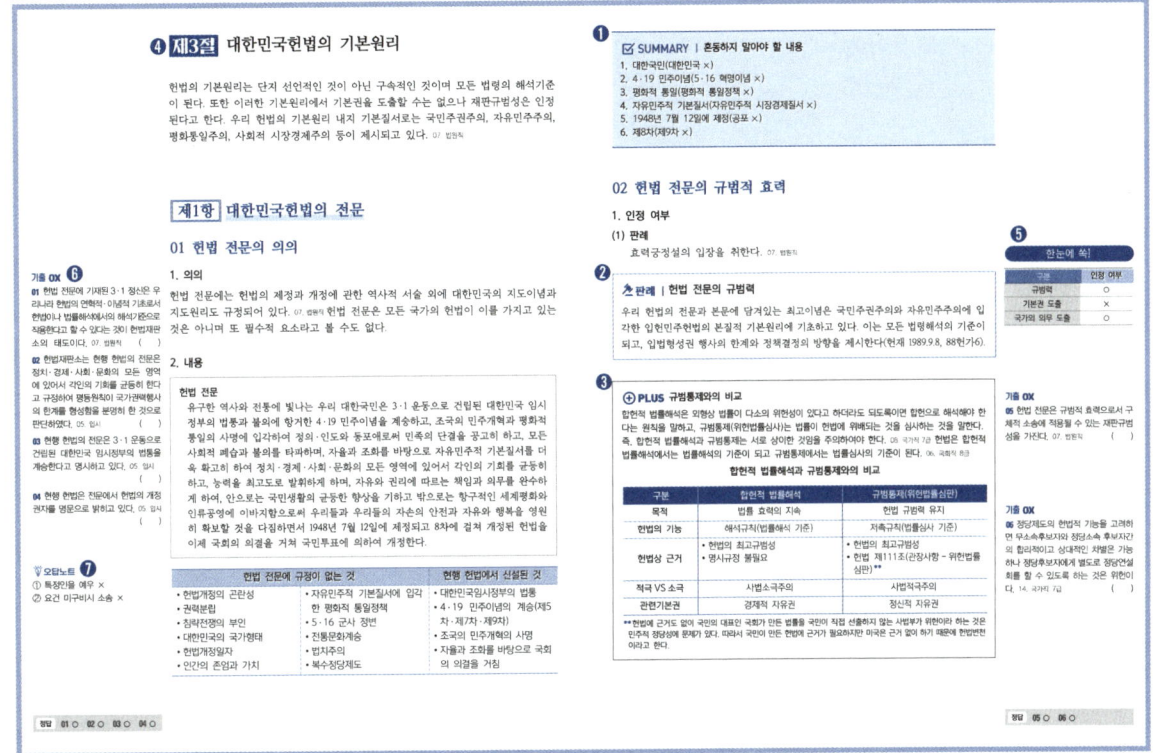

체계적인 학습을 위한 다양한 학습 장치

❶ **SUMMARY** 출제가능성이 높은 핵심이론을 정리하여 헌법이론을 보다 빠르게 파악하고 전략적으로 학습할 수 있도록 하였습니다.

❷ **판례** 이론의 흐름에 따라 중요한 기출 판례와 최신 판례를 수록하여 이론, 조문, 판례의 연계학습이 가능하도록 하였습니다.

❸ **PLUS** 더 알아두면 학습에 도움이 되는 내용을 수록하여 심화학습을 할 수 있도록 하였습니다.

❹ **이론설명** 본문에서 좀 더 설명이 필요한 이론에 대한 상세한 설명을 제시하여 본문을 이해하는 데 도움이 되도록 하였습니다.

❺ **한눈에 쏙!** 중요하거나 비교·정리가 필요한 내용을 표로 구성하여 한눈에 파악할 수 있도록 하였습니다.

❻ **기출 OX** 주요 기출지문을 '기출 OX'로 수록하였습니다. 관련 이론 옆에 배치함으로써 바로 확인이 가능하며 본문의 내용과 연계하여 효과적으로 학습할 수 있습니다.

❼ **오답노트** 헷갈리고 틀리기 쉬운 내용을 한번 더 체크할 수 있도록 하였습니다.

해커스경찰
police.Hackers.com

2026 해커스경찰
박철한 경찰헌법

제1편 헌법총론

제1장 헌법의 개념과 헌법학
제2장 대한민국헌법 총설

제1장 / 헌법의 개념과 헌법학

제1편 헌법총론

제1장 헌법의 개념과 헌법학

헌법의 개념과 분류

- **헌법의 개념**
  - 존재형식
    - **형식**: 헌법전, 헌법적 효력
    - **실질**: 기본권, 통치구조, 형식에 따라 효력 차이
  - 발전과정
    - **고유**: 국가라면 존재
    - **근대 입헌주의**: 시민혁명이 계기, 권리인정, 법치주의
    - **현대 사회국가**: 사회주의 혁명이 계기, 사회적 기본권, 실질적 법치주의

- **헌법의 분류**
  - 존재형식
    - **성문**: 관습헌법 인정, 신행정수도
    - **불문**: 영국, 헌법개정 ×, 위헌심사 ×
  - 개정방법
    - **경성**: 법률보다 어렵게, 주로 성문헌법
    - **연성**: 법률과 같은 방식, 개념필수적 연성헌법

- **특성**
  - 사실
    - 정치
    - 이념
    - 역사
  - 규범
    - **최고규범성**: 헌법에 명시규정 ×
    - **개방성**: 다양한 생각을 수용
    - **자기보장성**: 외부의 강제수단 ×
    - **생활규범성**: 특성인지 논란

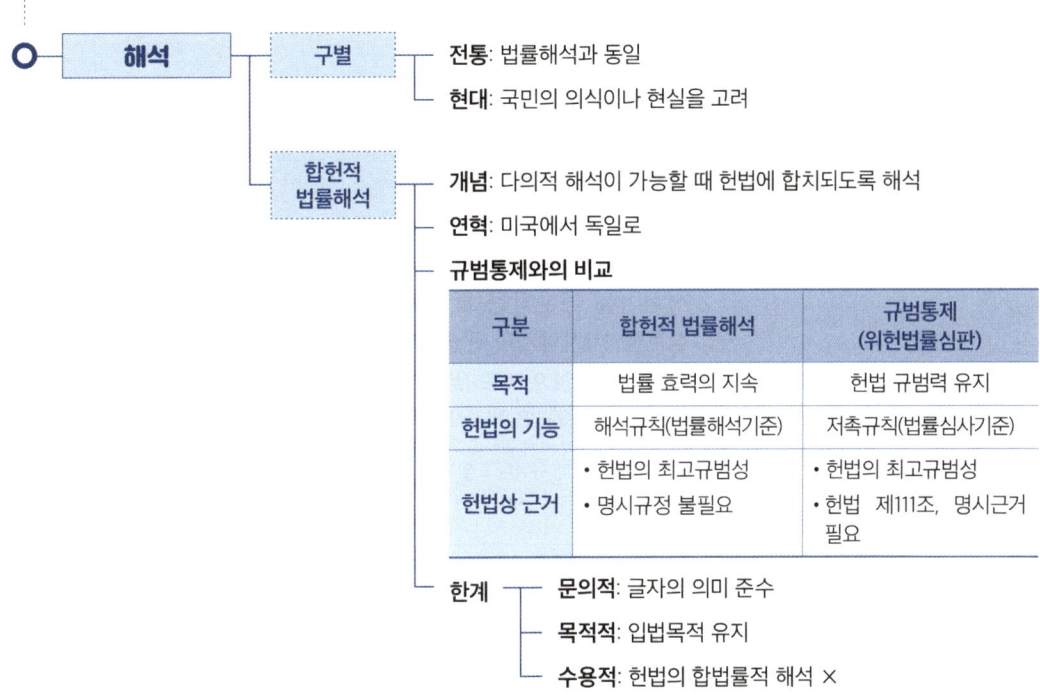

제1절 헌법의 개념

제1항 헌법의 개념과 분류

01 헌법의 개념*

* 우리가 헌법의 개념부터 배우는 이유는 개념을 알아야 법전을 해석할 수 있고, 해석을 할 줄 알아야 실생활에 적용할 수 있기 때문이다. 따라서 법학의 시작은 개념부터이다.

헌법은 국가의 법률 중 가장 기본되는 법률로, 국민의 기본적 인권을 보장하고 국가의 정치 조직 및 구성 그리고 그 작용을 규정한 최고의 규범이다.

02 헌법의 분류

1. 존재형식에 따른 분류

(1) 성문헌법

① 성문헌법은 통일된 성문의 헌법전을 두고 있는 경우를 말하며, 일반적으로 경성헌법을 기본적인 특징으로 한다.

② **성문헌법체제에서의 관습헌법****: 성문헌법국가라 하여 모든 사항을 다 헌법에 규정할 수는 없으므로 일정 요건이 충족된 경우에는 관습헌법이 인정될 수 있다.

** 관습법이란 성문법은 아니지만 일정한 관행이 반복되어, 그 지역의 사람들은 당연히 이를 받아들이게 됨으로써 그 지역에서는 거의 법처럼 통용되는 규율을 말한다. 예를 들어, 학원법에는 강의실 배정이나 강사의 홈페이지 배치 등에 대해 규정하고 있지 않지만, 학원가에서 큰 강의실은 수강생이 많은 강사에게 배정하는 것은 거의 관습법처럼 되어 있다. 이처럼 관행이 반복되어 당연히 그러리라 생각하게 되는 것을 관습법이라고 한다.

기출 OX

01 관습헌법도 헌법의 일부로서 성문헌법의 경우와 동일한 효력을 가지기 때문에 그 법규범은 헌법개정의 방법에 의하여만 개정될 수 있다. 18. 서울시 7급 ( )

⇨ 단, 성문헌법의 경우와는 달리 국민적 합의의 상실로도 효력을 상실할 수 있다는 것을 주의하여야 한다.

02 헌법재판소는 관습헌법이 그것을 지탱하고 있는 국민적 합의성을 상실함에 의하여 법적 효력을 상실할 수 있다고 판시하였다. 10. 사시 ( )

판례 | 신행정수도의 건설을 위한 특별조치법 위헌확인 [위헌]

[1] **사법심사 대상인지 여부**
고도의 정치적 결단에 의하여 행해지는 국가작용이라고 할지라도 그것이 국민의 기본권 침해와 직접 관련되는 경우에는 당연히 헌법재판소의 심판대상이 될 수 있다.

[2] **수도의 핵심개념**
국회와 행정을 통할하며 국가를 대표하는 대통령의 소재지가 있는 곳이다.

[3] **관습헌법 성립요건**
① 기본적 헌법사항에 관하여 어떠한 관행 내지 관례가 존재하여야 한다.
② 관행은 국민이 그 존재를 인식하고 사라지지 않을 관행이라고 인정할 만큼 충분한 기간 동안 반복 내지 계속되어야 한다(**반복·계속성**).
③ 관행은 지속성을 가져야 하는 것으로서 그 중간에 반대되는 관행이 이루어져서는 안 된다(**항상성**).
④ 관행은 여러 가지 해석이 가능할 정도로 모호한 것이 아닌 명확한 내용을 가진 것이어야 한다(**명료성**).
⑤ 관행이 헌법 관습으로서 국민들의 승인 내지 확신 또는 폭넓은 컨센서스(총의)를 얻어 국민이 강제력을 가진다고 믿고 있어야 한다(**국민적 합의**).

정답 01 O 02 O

[4] 관습헌법의 효력
관습헌법도 성문헌법과 마찬가지로 주권자인 국민의 헌법적 결단의 의사표현이며, 성문헌법과 동등한 효력을 가진다.

[5] 관습헌법의 개정
관습헌법도 헌법의 일부로서 성문헌법의 경우와 동일한 효력을 가지기 때문에 그 법규범은 최소한 헌법 제130조에 의거한 헌법개정의 방법에 의하여만 개정될 수 있는 것이다. 다만, 이 경우 관습헌법규범은 헌법전에 그에 상반하는 법규범을 첨가함에 의하여 폐지하게 되는 점에서, 헌법전으로부터 관계되는 헌법조항을 삭제함으로써 폐지되는 성문헌법규범과는 구분된다(헌재 2004.10.21, 2004헌마554).

한눈에 쏙!

구분	수도의 핵심요소
대통령, 국회	O
국무총리, 대법원	×

한눈에 쏙!

관습헌법	방식
개폐	헌법개정만
자연적 소멸	요건 상실

⇨ 다만, 관습헌법의 개정은 헌법전에 그에 상반하는 법규범을 첨가함으로써 폐지하고, 성문헌법은 관계되는 헌법조항을 삭제함으로써 폐지한다.

판례 | 행정중심복합도시 건설 [각하]

이 사건 법률에 의하면 행정중심복합도시가 건설된다고 하더라도 국회와 대통령은 여전히 서울에 소재하게 된다. 이와 같이 이 사건 법률에도 불구하고 행정중심복합도시가 수도로서의 지위를 획득하지 않고 서울의 수도로서의 기능 역시 해체되지 아니하므로 이 사건 법률은 수도가 서울이라는 관습헌법에 위반되지 않으며 그 개정을 시도하는 것으로 볼 수 없다. 따라서 이 사건 법률에 의하여 관습헌법개정의 문제는 발생하지 아니하며 그 결과 국민들에게는 헌법개정에 관여할 국민투표권 자체가 발생할 여지가 없으므로 헌법 제130조 제2항이 규정한 청구인들의 국민투표권의 침해가능성은 인정되지 않는다(헌재 2005.11.24, 2005헌마579 등).

✎ 신행정수도를 충청도로 옮기는 것이 위헌이 되어 충청도민의 반발이 심하게 되자 입법부는 헌법재판소의 기속력을 존중하여 수도와 관련이 없는 국무총리와 각 부를 옮겨 행정중심복합도시를 만들게 되고 이는 수도 이전이 아니므로 결국 각하판결을 받게 된다.

한눈에 쏙!

납세	인정 여부
권리	×
의무	O

(2) 불문헌법
불문헌법은 통일된 성문헌법전이 존재하지 않는 경우를 의미하며 이러한 경우에도 국가의 조직 등은 정부조직법 등으로, 국민의 기본권은 근로기준법 등 다양한 법률로 보장하고 있다. 즉, 헌법전만 따로 존재하지 않을 뿐이다.

☑ SUMMARY | 성문헌법과 불문헌법의 비교

불문헌법국가는 헌법전이 없으므로 대부분 법률개정과 동일한 방법으로 개정할 수밖에 없다. 따라서 헌법개정이라는 것이 있을 수 없고, 헌법에 위반되는 법률을 제거하는 것도 불가능하다. 다만, 정부조직법 등이 있어 국가창설적 기능은 여전히 수행하며, 헌법의 독특한 해석이나 헌법변천은 가능하다(헌법해석, 헌법변천 참조).

구분	성문헌법	불문헌법
국가	미국, 독일, 프랑스 등 대다수 국가들	영국, 뉴질랜드, 캐나다, 이스라엘
특징	거의 대부분 경성헌법	• 헌법개정대상 × • 위헌법률심판 판단준거 × • 국가창설적 기능 O • 헌법변천 O • 헌법해석 O

2. 헌법의 발전과정에 따른 개념* 05. 입시

*국가가 존재하기 위해서는 기본적으로 리더와 규율이 필요하다. 그 규율은 기본적으로 국가와 국민의 관계, 그리고 국가의 조직과 운영, 권한이 담겨져 있다. 다만, 과거에는 국가와 국민의 관계는 권리가 아닌 납세의 의무나 병역의 의무 등 의무만 규정되어 있다가, 부르조아 시민혁명 이후에 비로소 국민의 권리가 헌법전에 규정되었다. 이후 부익부 빈익빈 등 여러 가지 자본주의의 모순 등으로 사회주의 혁명이 발생하자 오늘날 현대 사회국가 헌법은 사회적 약자들을 배려하는 다양한 기본권들이 헌법전에 규정되었다. 이를 사회국가 헌법이라고 한다.

(1) 고유한 의미의 헌법

고유한 의미의 헌법이란 국가를 운영하기 위한 국가구조에 관한 기본사항을 법으로 규정해 놓은 것을 말한다. 따라서 어느 국가나 국가가 존재하면 고유한 의미의 헌법은 보유하고 있다고 볼 수 있다.

(2) 근대 입헌주의 헌법

근대 입헌주의 헌법은 시민혁명을 통해 비로소 헌법전에 권리가 들어가 있는 것을 말한다.

(3) 현대 사회국가 헌법

현대 사회국가 헌법은 헌법전에 사회국가 원리, 즉 약자에 대한 배려가 실현되어 있는 헌법을 말한다.

3. 개정방법에 따른 분류**

**현재 우리나라 국회의원은 300명이다. 법률을 개정할 때는 일반의결 정족수, 즉 300명의 과반수 151명이 출석하고 출석의 과반수, 즉 76명이 찬성해야 법률이 개정된다. 다만, 헌법을 개정할 때는 특별의결 정족수, 즉 재적 3분의 2 이상이 찬성해야 한다. 즉, 200명 이상의 국회의원이 찬성해야 한다. 이렇게 일반 법률개정보다 훨씬 어렵게 헌법이 개정되는 것을 경성헌법이라고 한다.

헌법은 개정방법이 일반적인 법률의 개정방법에 비해 어려운가의 여부에 따라 분류된다. 통상의 방법보다 어려운 경우를 경성헌법이라고 하고, 통상의 방법과 동일한 경우를 연성헌법이라고 한다.

제2항 헌법의 특성

01 헌법의 사실적 특성

헌법은 공존을 위한 정치세력 간의 사회질서에 관한 합의를 의미한다. 즉, 대립하는 정치세력 간의 승리의 결과로 또는 여러 정치세력 간의 합의에 의한 결과로 나타나게 된다.***

***원래 우리나라는 의원내각제를 취하려고 하였으나 대통령제를 취하게 된 이유는 ㉠ 남북분단이라는 것과, ㉡ 남한에 미국이 주둔하면서 미국식 체제인 대통령제를 강요하게 되어 현재의 대통령제가 된 것이다. 즉, 우리나라가 대통령제를 취하는 이유도 정치세력 간의 타협의 산물일 뿐 국민이 원한다면 언제든지 의원내각제로 변경될 수 있다.

02 헌법의 규범적 특성

1. 최고규범성****

우리나라는 헌법이 최고법임을 규정하고 있지 않으나, 헌법은 실정법 체계에서 최고법의 지위를 가진다.

**** 미국 헌법 제6조 제2항은 "이 헌법에 준거하여 제정되는 합중국법률 그리고 합중국의 권한에 의하여 체결되었거나 체결될 모든 조약은 이 나라의 최고법률이며, 어느 주의 법관은 어느 주의 헌법이나 법률 중에 이에 배치되는 규정이 있을지라도 이 최고법에 구속된다."라고 규정하여 최고법임을 명시하고 있다.

> **주의**
>
> **최고규범성**
> 조문 × / 당연히 인정
>
> | 최고규범성 | 구분 |
> |---|---|
> | 관련 ○ | 국가창설 |
> | | 위헌법률심사 |
> | | 경성헌법 |
> | 약화 | 일반적 법률유보 |

2. 개방성·추상성*****

헌법이 구체적이고 고정적이면 변화하는 환경을 수용할 수 없고, 다양한 의견을 반영할 수 없다. 따라서 헌법은 추상적이고 불명확한 규정을 많이 사용하고 있다. 헌법은 한 번 개정되면 변경이 쉽지 않아 그러한 상황들을 규정하기 위해 개방적인 특성을 가진다. 따라서 불명확하기에 법률로 이를 보충할 필요성이 크다.

***** 예를 들어, "청소년에게 해가 되는 영업을 해서는 안 된다."라는 추상적인 내용으로 규정을 해야 청소년에게 해가 되는 다양한 업체를 규율할 수 있다. 생각지 못한 귀청소방이 생기더라도 저렇게 추상적이면 규율이 가능하다. 헌법은 더더욱 개정이 힘들어 변화하는 환경을 담아내기 위해서는 개방적이고 추상적인 특성을 지닐 수밖에 없다.

3. 자기보장성******

헌법은 다른 법과 달리 그 효력을 보장해 줄 외부로부터의 직접적 강제수단이 없다. 즉, 헌법 이외의 다른 법률은 국가권력에 의해서 적용, 집행, 관철되기 때문에 그 효력이 국가권력에 의해서 보장되고 있지만, 헌법은 대부분 국가권력 자체를 구속하려는 규정들이기 때문에 국가권력 스스로 지키지 않으면 안 되는 경우가 많다.

****** 예를 들어, 민법의 경우 누군가 돈을 빌리고 갚지 않으면 당연히 민사집행법에 근거하여 국가권력, 즉 집행관이 압류를 하고 경매를 진행한다. 형법의 경우 누군가가 절도를 하게 되면 국가권력, 즉 경찰이 이를 체포하고 절도죄로 처벌한다. 다만, 헌법은 이를 지켜야 하는 수범자가 국민이 아니라 국가권력 그 자체이니 국가가 이를 위반한 경우 지켜줄 다른 기관이 존재하지 않는다. 따라서 스스로 어기지 않도록 노력해야 하는데, 이를 자기보장성이라고 한다.

4. 생활규범성

헌법은 생활 속에서 실현되고 현실을 규제하는 규범이다. 그러나 이에 대해서는 모든 법규범의 특징이라는 견해가 있어 헌법만의 특징으로 보기 어렵다는 비판도 존재한다.

제3항 헌법의 해석

헌법의 해석이란 헌법규범의 의미내용을 밝히는 것을 말한다.

01 헌법해석의 방법

헌법해석은 법률해석과 본질적 차이가 있는바 이를 달리 해석하려는 시도가 제기되고 있다. 이는 단순히 조문만을 분석하는 방식이 아니라 국민의 가치관이나 세계관, 의식이나 법학적 관점에 따라 헌법을 해석하게 된다.*******

******* 누군가가 나이트클럽에서 춤을 추고 있을 때 사탕 하나 사라고 한다면 이 경우 법률해석은 사탕을 사탕 그대로 해석하겠지만, 헌법해석은 당시 상황, 즉 나이트클럽이라는 것을 고려할 때 이때 사탕은 마약을 의미하는 것으로 해석하게 된다.

02 합헌적 법률해석

1. 의의

(1) 개념

① 합헌적 법률해석이란 어느 규범이 여러 가지로 해석될 수 있는 경우 합헌적으로 해석해야 한다는 것을 말한다.

② 합헌적 법률해석은 법률의 해석지침을 말하는 것으로 헌법해석의 지침과는 구별된다. 다만, 이 경우 법률해석이지만 헌법에 대한 해석을 통해 헌법에 합치하도록 해석하는 것이므로 이와 무관하다고 할 수 없다.*

> *법률을 헌법에 맞게끔 해석하는 것이니 헌법해석이 아니라 법률해석이지만, 맞게끔 해석하려면 헌법이 어떤 의미인지를 알아야 하니 헌법조문을 해석해 봐야 한다. 따라서 무관한 것은 아니다. 참고로 헌법은 어떻게 해석해야 할까? 국민의 인권이 최대한 신장될 수 있도록 해석하는 것이 헌법해석의 기본지침이다.

③ 합헌적 법률해석은 법률이 다의적으로 해석될 때 가능한 것으로, 일의적으로 해석될 때에는 합헌적 법률해석이 금지된다.

(2) 연혁

합헌적 법률해석은 1827년 미국의 연방대법원 판례인 Ogden v. Saunder 사건에서 최초로 형성되어 발전한 것으로, 이를 통해 법률의 합헌성 추정의 원칙이 제시된 이후에 세계 각국에서 활용되고 있다. 독일의 경우도 이를 수용하여 더욱 발전시켰다. 08. 국가직 7급

> **⊕ PLUS 규범통제와의 비교**
>
> 합헌적 법률해석은 외형상 법률이 다소의 위헌성이 있다고 하더라도 되도록이면 합헌으로 해석해야 한다는 원칙을 말하고, 규범통제(위헌법률심사)는 법률이 헌법에 위배되는 것을 심사하는 것을 말한다. 즉, 합헌적 법률해석과 규범통제는 서로 상이한 것임을 주의하여야 한다. 08. 국가직 7급 헌법은 합헌적 법률해석에서는 법률해석의 기준이 되고, 규범통제에서는 법률심사의 기준이 된다. 06. 국회직 8급
>
> **합헌적 법률해석과 규범통제의 비교**
>
> | 구분 | 합헌적 법률해석 | 규범통제(위헌법률심판) |
> |---|---|---|
> | 목적 | 법률 효력의 지속 | 헌법 규범력 유지 |
> | 헌법의 기능 | 해석규칙(법률해석기준) | 저촉규칙(법률심사기준) |
> | 헌법상 근거 | • 헌법의 최고규범성
• 명시규정 불필요 | • 헌법의 최고규범성
• 헌법 제111조(관장사항 - 위헌법률심판)** |
> | 적극 vs 소극 | 사법소극주의 | 사법적극주의 |
> | 관련 기본권 | 경제적 자유권 | 정신적 자유권 |
>
> ** 헌법에 근거도 없이 국민의 대표인 국회가 만든 법률을 국민이 직접 선출하지 않는 사법부가 위헌이라 하는 것은 민주적 정당성에 문제가 있다. 따라서 국민이 만든 헌법에 근거가 필요하다.

2. 한계

(1) 문의적 한계

합헌적 법률해석도 법조문의 자구가 간직하고 있는 말뜻을 넘어서까지 해당 조문을 합헌적으로 해석할 수는 없다.***

> *** 배라고 되어 있는데 사과로 해석할 수는 없다.

오답노트
- 헌법해석 지침 ×
- 헌법해석과 무관 ×

기출 OX
01 합헌적 법률해석은 독일연방헌법재판소 판례를 통하여 처음으로 행해졌다. 08. 국가직 7급 ( )

기출 OX
02 헌법은 규범통제에서는 해석기준으로 기능하고, 합헌적 법률해석에서는 심사기준으로 기능한다. 06. 국회직 8급 ( )

정답 01 × 02 ×

(2) 법목적적 한계

법률제정권자가 해당 법률로 추구하고 있는 명백한 입법목적을 정면으로 무시한 합헌적 법률해석은 허용할 수 없다. 이 경우 입법권 침해가 야기될 수 있다. 합헌적 법률해석은 입법자의 명백한 의지 및 입법목적과 완전히 다른 해석을 하여서는 아니 된다.**** 08. 국가직 7급

**** 노동법의 목적은 노동자의 보호이다. 만약 당사자가 시급 2천원으로 계약하더라도 최저시급으로 자동계약이 체결된다. 그러나 사법부가 이러한 입법목적을 무시하고 시급 2천원이 유효하다고 해석해버리면 입법부를 무시하고 오히려 입법을 하는 것이 되므로 이는 권력분립에 반할 수 있다.

(3) 헌법수용적 한계

헌법규범의 내용을 지나치게 확대해석함으로써 헌법규범이 정상적으로 허용 또는 수용할 수 있는 한계를 넘어서는 안 된다. 즉, 법률의 합헌적 해석이 헌법의 합법률적 해석으로 주객이 전도되어서는 안 된다는 것이다. 06. 국회직 8급 다만, 법률에 대한 합헌적 해석으로 법률의 목적이나 내용이 본래의 취지보다 다소 제한되거나 보충되는 것은 가능하다(헌재 1997.1.16, 89헌마240). 06. 국회직 8급

(4) 한계를 벗어난 합헌적 법률해석

무리한 합헌적 법률해석은 오히려 인권침해의 우려가 생길 수 있다.

> **판례 | 합헌적 법률해석에 관한 판례**
>
> **1 지방공무원 전출사건***** [합헌]**
> 이 법률은 양 단체장의 동의로 소속 공무원을 전입할 수 있다고 규정되어 있는바 이는 할 수 있다는 재량의 여지를 두고 있으므로 우리 헌법재판소는 이를 합헌적으로 해석하여 소속 공무원의 동의까지 요하는 것으로 해석하고 합헌결정하였다(헌재 2002.11.28, 98헌바101).
>
> ***** 예를 들어, 양 단체장의 동의만으로 소속 공무원을 전입시키게 되면 서울에 있는 공무원 A는 원하지 않는데 광주로 가야만 하는 상황이 발생하고 이는 신분상 불이익을 가하지 말라는 헌법 제7조에 위반된다. 따라서 헌법에 맞게 해석하려면 "본인이 원하는 경우에만 전입시킬 수 있다."라고 해석해야 한다.
>
> **2 조세감면규제법 부칙 제23조****** [한정위헌]**
> 이 사건 부칙조항은 이 사건 전문개정법의 시행으로 인하여 실효되었다. 법률이 전부개정된 경우에는 기존 법률을 폐지하고 새로운 법률을 제정하는 것과 마찬가지여서, 종전의 본칙은 물론 부칙 규정도, 그에 관한 경과규정을 두거나 이를 계속 적용한다는 등의 규정을 두지 않은 이상 위 전부개정법률의 시행으로 인하여 실효된다. 따라서 이 사건 부칙조항이 실효되지 않은 것으로 해석하는 것은 헌법에 위반된다(헌재 2012.5.31, 2009헌바123 등).
>
> ****** 조세감면규제법은 부칙이 사라져서 세금을 부과할 수 없게 되었다. 그럼에도 불구하고 세금을 부과하는 것은 해석의 한계를 벗어난 것이다.
>
> **3 조세감면 규제법 재판취소 사건 [인용]**
> 구 조세감면규제법 부칙이 실효되지 않은 것으로 해석하는 것은 헌법에 위반된다. 한정위헌결정에 대해서 법원은 기속력을 부인하여 기각하였다. 위헌결정의 기속력에 반하는 재심 청구를 기각한 판결은 재판청구권을 침해한다(헌재 2022.7.21, 2013헌마242).
>
> ✎ 결국 헌법재판소와 충돌하는 대법원 재판은 기속력에 반하여 취소된다.

한눈에 쏙!

구분	허용 여부
다소 제한·보충	O
제한·박탈	×

기출 OX

03 지방공무원법의 지방공무원의 전입에 관한 규정은 해당 지방공무원의 동의가 있을 것을 당연한 전제로 하여 그 공무원이 소속된 지방자치단체의 장의 동의를 얻어서만 그 공무원을 전입할 수 있음을 규정하고 있는 것으로 보아야 한다. 17. 지방직 7급 ( )

04 법률이 전부개정된 경우 부칙 규정에 관한 경과규정을 두지 않은 이상 전부개정법률의 시행으로 인하여 실효된다. ( )

05 조세에 관하여 입법의 공백이 있는 경우 이로 인하여 당사자가 공평에 반하는 이익을 얻을 가능성이 있고, 실효되긴 하였으나 그동안 시행되어 온 법률 조항이 있는 경우, 이를 근거로 과세를 하는 것은 법치주의에서 중대한 흠이 되는 입법의 공백을 방지하기 위한 적절한 해석으로서 조세법률주의에 반하지 않는다. 18. 국회직 8급 ( )

정답 03 O 04 O 05 ×

제1편 헌법총론

제1장 헌법의 개념과 헌법학

헌법의 흐름

- **제정**
  - 개념 — 새로운 법규범을 정립하는 작용

- **개정**
  - 절차
    - **제안**: 국회재적의원 과반수 또는 대통령
    - **공고**: 20일 이상, 필수
    - **의결**: 공고일 후 60일 이내, 국회재적 2/3 이상 찬성
    - **국민투표**: 의결 후 30일 이내, 선거권자 과반수 투표와 투표자 과반수 찬성으로 확정
    - **공포**: 확정 이후 즉시 공포
  - 한계 — 제2차 개정헌법은 한계규정 존재, 현재는 한계규정 부존재
  - 연혁
    - **제2차 개정**: 개정금지조항 규정
    - **제3공화국**: 대통령 발안권 ×
    - **제7차 개정**: 헌법개정절차 이원화

- **변천**
  - 개념 — 조문은 그대로이나, 의미나 내용이 변화
  - 예 — 일본의 자위대, 미국의 위헌법률심판
  - 한계 — 변천이 한계에 다다르면 개정해야 함

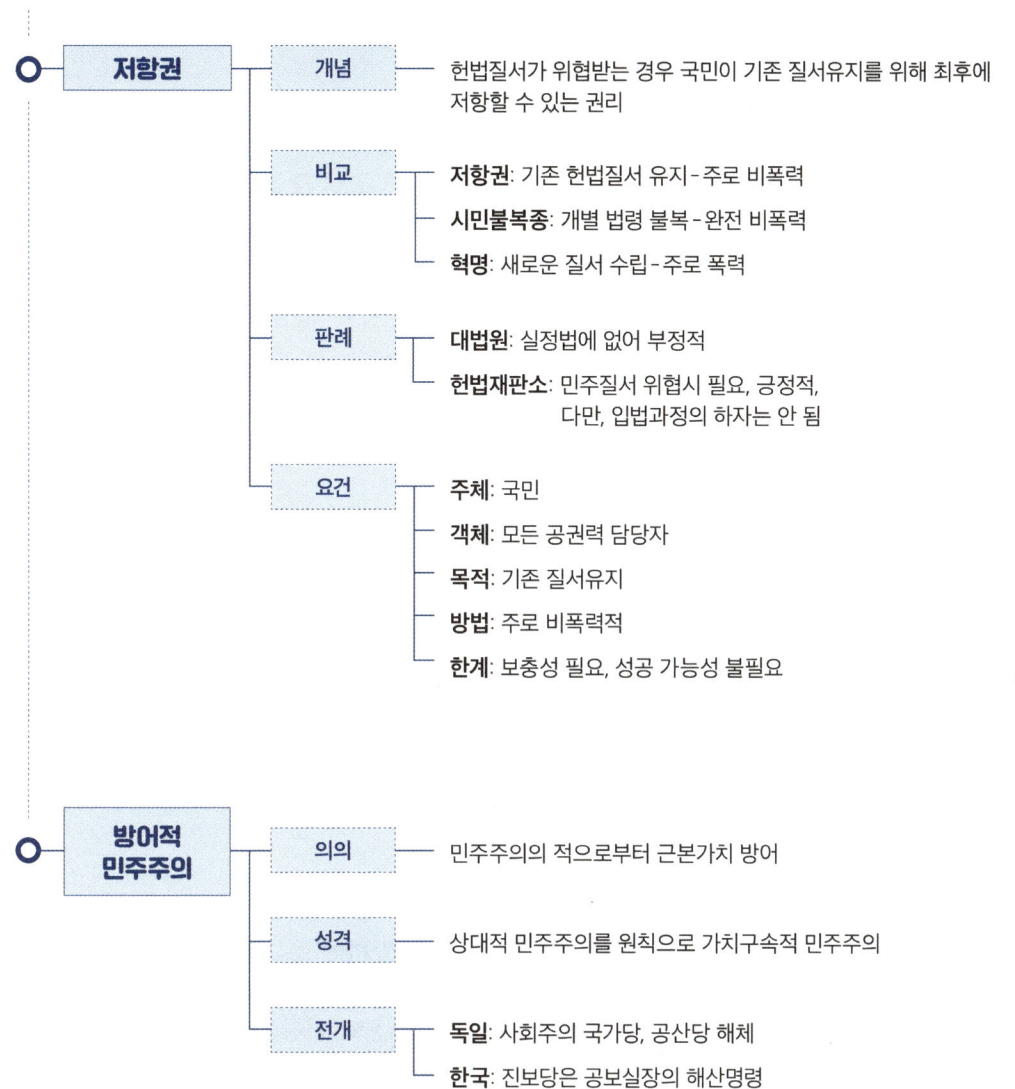

제2절 헌법의 흐름

제1항 헌법의 제정

01 의의

헌법의 제정이란 헌법이 없는 공백상태에서 새로운 법규범을 정립하는 것을 의미한다.

02 헌법제정권력

1. 의의

헌법제정권력이란 헌법을 창조하는 시원적인 힘을 의미한다.

2. 행사방법(헌법제정의 절차)

여러 가지 방식이 있으나 보통은 국회가 초안을 만들고 국민투표를 하는 방식으로 많이 진행되지만, 우리나라는 헌법 제정시 국민투표를 거치지 아니하였다.

> **기출 OX**
> 01 우리 국민은 1948년 7월 12일 헌법제정권력을 직접 행사하여 건국헌법을 제정하였다. 13. 서울시 7급 ( )

제2항 헌법의 개정

01 헌법개정의 의의

1. 개념

헌법개정이란 헌법에 규정된 절차에 따라(형식적 요건) 기존의 헌법과 동일성을 유지하면서(실질적 요건) 헌법전 중 개개의 조항을 의식적으로 수정 또는 삭제하거나 새로운 조항을 추가하여 형식이나 내용에 변경을 가하는 행위를 말한다.

2. 필요성

헌법은 현실권력관계를 규율하는 법이기 때문에 현실권력관계가 변화하게 되면 변화된 상황을 규율하기 위해서 헌법도 개정될 수밖에 없다. 즉, 헌법의 현실적응성과 실효성을 유지하기 위해 개정은 불가피한 것이다.

> **정답** 01 ×

02 절차

1. 현행 헌법상 헌법개정절차

> 헌법 제128조 ① 헌법개정은 국회재적의원 과반수 또는 대통령의 발의로 제안된다.
> ② 대통령의 임기연장 또는 중임변경을 위한 헌법개정은 그 헌법개정 제안 당시의 대통령에 대하여는 효력이 없다.
> 제129조 제안된 헌법개정안은 대통령이 20일 이상의 기간 이를 공고하여야 한다.
> 제130조 ① 국회는 헌법개정안이 공고된 날로부터 60일 이내에 의결하여야 하며, 국회의 의결은 재적의원 3분의 2 이상의 찬성을 얻어야 한다.
> ② 헌법개정안은 국회가 의결한 후 30일 이내에 국민투표에 붙여 국회의원선거권자 과반수의 투표와 투표자 과반수의 찬성을 얻어야 한다.
> ③ 헌법개정안이 제2항의 찬성을 얻은 때에는 헌법개정은 확정되며, 대통령은 즉시 이를 공포하여야 한다.

기출 OX

02 현행 헌법 제128조 이하의 헌법개정절차에 관한 규정에 어긋나는 방식으로 이루어진 헌법개정은 위헌이며 무효이다. 01·04. 국가직 7급, 04·08. 법원직 ( )

03 헌법개정은 국회재적의원 300명 중 150명 이상의 발의로 제안될 수 있다. 22. 변시 ( )

04 헌법개정안이 국회에서 의결된 후 60일 이내에 국민투표에 붙여 국회의원선거권자 과반수의 투표와 투표자 과반수의 찬성을 얻으면 헌법개정은 확정되며, 국회의장은 즉시 이를 공포하여야 한다. 22. 경찰 ( )

☑ SUMMARY | 헌법개정절차

제안 → 공고 → 국회의결 → 국민투표 → 확정 → 공포 → 발효

헌법	제128조	제안	• 국회재적의원 과반수 또는 대통령의 발의로 제안된다. • 필수적으로 국무회의의 심의를 거쳐야 한다(헌법 제89조 제3호). 04. 법원직
		효력한계	제70조의 개정은 제안 당시 대통령에게는 효력이 없다. 다만, 개정금지사안은 아니다.
	제129조	공고*	대통령이 20일 이상의 기간 동안 공고한다. 공고절차는 국민의 합의를 도출하는 기간으로 생략해서는 안 된다.
	제130조	의결	공고일로부터 60일 이내, 국회재적의원 2/3 이상의 찬성으로 의결된다. ⇨ 기명투표로 진행
		국민투표	의결 후 30일 이내, 선거권자 과반수 투표와 투표자 과반수 찬성을 얻어 확정된다.
		확정·공포	확정 이후 대통령은 즉시 공포한다. 공포에 앞서 국무총리와 국무위원이 부서한다.
	부칙 제1조	시행일 (단서)	• 1988.2.25.부터 효력이 발생한다(발효시기를 직접 명시). • 법률 제·개정, 대통령·국회의원선거 등 제반 준비는 시행일 이전에 가능하다.
국민 투표법	제92조	무효소송	인적 요건: 투표인 10만 이상 찬성 기간: 투표일 후 20일 이내 ⇨ 대법원 피고: 중앙선거관리위원회 위원장
	제97조	재투표	전부 혹은 일부무효판결(제93조) ⇨ 재투표 실시

기출 OX

05 국회는 헌법개정안이 공고된 날로부터 60일 이내에 의결하여야 한다. 04. 법원직 ( )

💡 **오답노트**
① 제안된 날 ✕
② 공고기간 경과 후 ✕
③ 15일 이내에 공포 ✕
④ 공포로 확정 ✕

* 공고는 일반적으로 세상에 널리 알린다는 의미이며, 공포는 법을 알리는 것을 의미한다. 큰 차이는 없다.

정답 02 ○ 03 ✕ 04 ✕ 05 ○

2. 우리 역대 헌법사에 있어서 헌법개정절차의 비교

역대 헌법	제안자			공고	의결 정족수	국민 투표	비고
	대통령	국회 재적	국민				
건국헌법	O	1/3	×	30일	2/3	×	국민투표 ×
제1차 개헌	O	민의원 1/3 또는 참의원 2/3	×	30일	민의원 2/3, 참의원 2/3	×	공고절차를 위배
제2차 개헌 · 제2공화국 (제3차 · 제4차 개헌)	O	민의원 1/3 또는 참의원 1/3	민의원 선거인단 50만명	30일	민의원 2/3, 참의원 2/3	×	개정금지조항 규정, 국민발안 규정 (2차~6차)
제3공화국 (제5차 · 제6차 개헌)	×	1/3	국회의원 선거인단 50만명	30일	2/3	O	대통령에게 헌법개정발안권이 없었음
유신헌법 (제7차 개헌)	O	-	×	20일	대통령 제안	O	헌법개정절차 이원화
	-	과반수			국회의원이 제안하면 통일주체국민회의		
제5공화국 · 제6공화국 (제8차 · 제9차 개헌)	O	과반수	×	20일	2/3	O	개정효력한계규정 (헌법 제128조 제2항)

한눈에 쏙!

구분	필요 인원
개정(소송)	10만명
발안	50만명

기출 OX

01 제7차 헌법개정에서는 대통령이 제안한 헌법개정안은 국민투표로 확정되며, 국회의원이 제안한 헌법개정안은 국회의 의결을 거쳐 통일주체국민회의의 의결로 확정되도록 하였다. 22. 경찰 ( )

☑ SUMMARY | 역대 헌법사에 있어서의 국민투표

1. 제2차 개정 때에는 국민이 직접 헌법개정을 제안할 수 있었다. 이를 국민발안이라고 한다. 이는 제6차 개정까지 지속되다가 제7차부터 국민발안은 사라지게 되었다.
2. 유신헌법 때에는 대통령이 제안한 경우 국민투표로, 국회의원이 제안한 경우 통일주체국민회의에서 의결하였다.
3. 제6차 · 제9차 개헌은 국회의결과 국민투표를 모두 거친 헌법이었다.
4. 제2차 개정 때는 중요정책에 대한 국민투표가, 제5차 개정 때는 헌법개정에 대한 국민투표가 최초로 규정되었다.
5. 제2차 개정헌법 제98조 제6항은 제1조(민주공화국), 제2조(국민주권), 제7조의2(국민투표)의 규정은 개폐할 수 없다고 규정하였다.

정답 01 O

03 헌법개정의 한계

1. 절차상의 한계

헌법개정은 헌법이 정한 개정절차에 따라야 한다는 절차상의 한계를 지닌다. 앞에서 본 것과 같이 우리나라 헌법은 헌법 제128조~제130조에 근거하여 개정된다.

2. 내용상의 한계

(1) 실정법상의 한계

제1공화국의 제2차 개정헌법은 국민주권, 민주공화국, 국민투표규정은 개폐할 수 없다고 하였다.

(2) 헌법내재적 한계

근본결단, 공감대적 가치, 기본적 동일성의 경우에는 헌법개정의 대상이 아니라고 본다. 또한 정의개념이나 자연법상의 원리의 경우에도 개정대상이 될 수 없다.

3. 헌법조항에 대한 사법심사

헌법에 위반될 소지가 있는 개별 헌법조항에 대해서 헌법재판소는 이는 헌법재판소의 심판대상이 아니라고 보았다. 즉, 국민이 만든 헌법이니 이를 개정하는 것은 주권자인 국민만이 가능하다.*

* 헌법 제10조(인간의 존엄성과 행복추구권)는 우리 헌법에서 가장 중요한 조문이다. 다만, 이 조문에 헌법 제29조 국가배상 조문이 위배된다고 하여 헌법재판소가 위헌이라고 판시할 수는 없다. 헌법은 주권자인 국민이 만든 것이니 이를 개정하거나 폐지하는 것도 주권자만 할 수 있다. 즉, 이론적으로야 제10조가 우월하다 할 수 있지만 그렇다고 이와 충돌하는 헌법 조문을 우리 재판부가 무효로 만들어 버릴 수는 없다. 이는 국민만이 가능하다.

> **판례 | 헌법 제29조 제2항 등 위헌소원사건 [각하]**
>
> 헌법 제111조 제1항 제1호·제5호 및 헌법재판소법 제41조 제1항, 제68조 제2항은 위헌심사의 대상이 되는 규범을 '법률'로 명시하고 있으며, 여기서 '법률'이라고 함은 국회의 의결을 거쳐 제정된 이른바 형식적 의미의 법률을 의미하므로 **헌법의 개별규정 자체는 헌법소원에 의한 위헌심사의 대상이 아니다.**
>
> 헌법은 전문과 각 개별조항이 서로 밀접한 관련을 맺으면서 하나의 통일된 가치체계를 이루고 있는 것으로서, 헌법의 제 규정 가운데에는 헌법의 근본가치를 보다 추상적으로 선언한 것도 있고, 이를 보다 구체적으로 표현한 것도 있으므로 **이념적·논리적으로는 헌법규범 상호간의 우열을 인정할 수 있는 것이 사실이다.** 그러나 이때 인정되는 헌법규범 상호간의 우열은 추상적 가치규범의 구체화에 따른 것으로서 헌법의 통일적 해석에 있어서는 유용할 것이지만, 그것이 헌법의 어느 특정 규정이 **다른 규정의 효력을 전면적으로 부인할 수 있을 정도의 개별적 헌법규정 상호간에 효력상의 차등을 의미하는 것이라고는 볼 수 없다**(헌재 1996.6.13, 94헌바20).**
>
> ** 교수님들이 이념적·논리적으로 어떤 헌법조문은 "헌법 제10조는 근본규범이다. 가장 중요한 헌법조문이다. 그리고 헌법 제29조 제2항 국가배상 부분 중에 이중배상 금지는 헌법조항이지만 문제가 있는 헌법조항이다."라고 이야기하실 수 있지만, 헌법 조문 자체에 어떤 조문은 근본규범이나 최상위규범이라는 이런 말도 없고 또 헌법 제10조와 제29조 제2항이 충돌한다고 해서 헌법 제29조 제2항을 우리가 위헌·무효라고 말할 수는 없다. 잘못된 헌법 조문을 변경하는 건 오로지 우리 국민만이 가능하다.

기출 OX

02 헌법의 기본적 동일성을 변경하는 개정은 허용되지 않는다고 본다. 04. 국가직 7급 ( )

03 현행 헌법에서 국회의 의결을 거치지 않은 헌법개정은 허용되지 아니한다. 04. 국가직 7급 ( )

04 제1공화국의 1954년 개정헌법에서는 국민주권주의, 민주공화국, 국민투표에 관한 규정은 개폐할 수 없다고 규정한 바 있다. 11. 법원직 ( )

기출 OX

05 헌법은 하나의 통일된 가치체계를 이루고 있기 때문에 헌법규범 상호간에는 이념적·논리적 가치의 우열과 효력상 우열은 인정되지 아니한다. 08. 국회직 8급 ( )

한눈에 쏙!

구분	차이
이념·논리	○
효력	×

정답 02 ○ 03 ○ 04 ○ 05 ×

헌법개정을 통해서만 변경할 수 있는 사항 05. 입시, 07. 법원직

① 대통령의 피선거연령(만 40세, 헌법 제67조 제4항)
② 법관의 임기 연장(대법관 6년, 법관 10년, 헌법 제105조)
③ 법률의 위헌심사에 있어서 추상적 규범통제 인정(구체적 규범통제, 헌법 제107조 제1항·제2항)
④ 감사위원의 임기 연장(헌법 제98조 제3항)
⑤ 지방의회 폐지(지방의회를 둠, 헌법 제118조 제1항)
⑥ 지방의회의 조례제정권의 박탈(지방자치단체는 법령의 범위 안에서 자치에 관한 규정을 제정할 수 있음, 헌법 제117조 제1항)
⑦ 국회의원의 수를 200인 미만으로 함(헌법 제41조 제2항)
⑧ 내각책임제로의 정부형태 변경
⑨ 행정사건에 있어서 대법원을 최종심으로 하지 않음(명령·규칙 또는 처분이 헌법이나 법률에 위반되는 여부가 재판의 전제가 된 경우에는 대법원은 이를 최종적으로 심사할 권한을 가짐, 헌법 제107조 제2항)

헌법개정을 하지 않고서도 채택할 수 있는 것 05. 입시, 07. 법원직

① 공직선거에서의 선거권 행사연령의 인상 내지 인하
② 지방자치단체의 종류를 변경(지방자치단체의 종류는 법률로 정함, 헌법 제117조 제2항)
③ 헌법재판소장의 정년 변경
④ 국회의원 피선거권 연령 변경
⑤ 국회의원의 정수를 200인 이상의 범위 내에서 이를 변경(헌법 제41조 제2항)

제3항 헌법의 변천

01 의의

1. 개념

헌법변천이란 특정의 헌법조항이 헌법에 규정된 개정절차에 따라 변경되는 것이 아니라 조문은 그대로 존속하면서 그 의미나 내용만이 실질적으로 변화하는 것을 말한다. 04. 국회직 8급

한눈에 쏙!

구분	헌법조항
변천	개정절차 ×
개정	개정절차 ○

2. 예시

(1) 외국의 경우

미국연방최고법원의 위헌법률심판권의 행사나 일본의 자위대의 경우*, 영국의 수상내각제** 등이 그 예라고 할 수 있다.

* 일본 국민은 정의와 질서를 기조로 하는 국제 평화를 성실히 바라고, 국권의 발동에 의거한 전쟁 및 무력에 의한 위협 또는 무력의 행사는 국제분쟁을 해결하는 수단으로서는 영구히 이를 포기한다. 이러한 목적을 성취하기 위해 육해공군 및 그 이외의 어떠한 전력도 보유하지 않으며 국가의 교전권 역시 인정치 않는다(일본 헌법 제9조).
** 영국의 경우, 최고지도자는 법조문상 영국여왕으로 되어 있지만 그렇다고 하여 오늘날 민주국가에서 여왕이 실권을 가질 수는 없다. 따라서 현실적으로는 수상이 모든 것을 관리하게 된다. 다만, 해당 조문은 대외적으로나 상징적으로 국가원수가 영국여왕이라는 의미가 된다. 헌법조문은 개정이 쉽지 않으므로 해석을 통해서 현실과 합치시켜 주지 않으면 결국 특정 헌법조항이 사문화되는데 이는 바람직하지 못하다. 즉, 영국여왕이 실질적 권한이 없고 대외적·상징적으로 국가원수라고 해석하는 것은 오늘날 우리가 추구하는 민주주의라는 공감대적 가치에 합치하기 때문에 이는 인정될 수 있을 것이다.

(2) 우리나라의 경우

우리나라는 제1차 개정헌법에서 양원제를 규정하고 있었으나 단원제로 운용되었고, 제5차 개정헌법에서 지방의회를 둔다고 되어 있었으나 구성하지 않았다.

3. 기능

헌법변천은 헌법규범과 헌법현실 사이의 간격을 좁혀 헌법의 규범적 기능을 높인다.

02 요건

헌법변천은 헌법조항의 의미나 내용에 변화가 필요하며 그러한 변화가 상당기간 계속되어야 하고 이 관행에 대한 국민적 승인이 있어야 한다.***

*** 일부 기출지문의 경우 '개정은 의식적으로, 변천은 무의식적으로 …'라는 표현도 사용하고 있으나, 변천도 일본 자위대처럼 의식적으로 할 수 있기 때문에 문제풀이시에는 상대적으로 풀어야 한다.

03 한계

헌법을 제정 또는 개정할 당시에 모든 사항을 예견할 수 없는 것인바, 어느 정도의 헌법변천은 필요하다 할 것이다. 그러나 이를 무제한적으로 인정할 수는 없으므로 그 한계적인 기능을 하는 것이 바로 헌법개정이다. 즉, 자위대처럼 군비를 보유할 수 없지만 일본 자위대가 군대라는 것은 의문의 여지가 없다. 이러한 경우 개정이 필요하다는 의미이다.

기출 OX

01 헌법개정의 가능성이 다한 경우에는 헌법을 변천하지 않으면 안 된다. ( )

제4항 헌법의 수호

01 의의

헌법수호는 헌법의 기본적 가치에 대한 침해를 방지하고 사후에 침해의 결과를 배제함으로써 헌법의 최고법규성과 실효성을 보장하는 것을 말한다.**** 04. 국가직 7급

**** 권력자가 권한을 남용하여 국민을 억압하고 독재를 한다든지, 소수의 군인이 권력 장악을 위해 쿠데타를 일으킨다든지, 기존 헌정질서에 침해가 존재할 경우 헌법 보호장치에 대한 고민이 바로 헌법의 수호이다.

한눈에 쏙!

구분	대상
수호	형식적·실질적 의미의 헌법
개정	형식적 의미의 헌법

정답 01 ×

02 국가긴급권

1. 긴급명령과 긴급재정경제명령

> **헌법 제76조** ① 대통령은 내우·외환·천재·지변 또는 중대한 재정·경제상의 위기에 있어서 국가의 안전보장 또는 공공의 안녕질서를 유지하기 위하여 긴급한 조치가 필요하고 국회의 집회를 기다릴 여유가 없을 때에 한하여 최소한으로 필요한 재정·경제상의 처분을 하거나 이에 관하여 법률의 효력을 가지는 명령을 발할 수 있다.
> ② 대통령은 국가의 안위에 관계되는 중대한 교전상태에 있어서 국가를 보위하기 위하여 긴급한 조치가 필요하고 국회의 집회가 불가능한 때에 한하여 법률의 효력을 가지는 명령을 발할 수 있다.
> ③ 대통령은 제1항과 제2항의 처분 또는 명령을 한 때에는 지체 없이 국회에 보고하여 그 승인을 얻어야 한다.
> ④ 제3항의 승인을 얻지 못한 때에는 그 처분 또는 명령은 그때부터 효력을 상실한다. 이 경우 그 명령에 의하여 개정 또는 폐지되었던 법률은 그 명령이 승인을 얻지 못한 때부터 당연히 효력을 회복한다.
> ⑤ 대통령은 제3항과 제4항의 사유를 지체 없이 공포하여야 한다.

(1) 의의
국가긴급권은 전쟁이나 천재지변 등 국가비상상태가 발생한 경우 헌법질서를 수호하고 유지하기 위해 비상적으로 사용되는 권한을 말한다.

(2) 요건
① **상황요건**: 국가안위와 관련된 중대한 교전상태(전쟁, 내란)에 가능하다. 위기가 발생할 우려가 있다는 이유로 사전적·예방적으로 발할 수는 없다.
② **목적요건**: 국가의 보위라는 소극적 목적을 위해서만 발할 수 있다. 공공복리실현과 같은 적극적인 목적을 위해서는 발할 수 없다.

(3) 한계
① **보충성**: 다른 수단으로 해결이 가능하다면 다른 수단을 선택하여야 한다.
② **잠정성**: 일시적이며 잠정적으로 행사되어야 한다.
③ **비례성**: 기본권 제한은 최소한이어야 하며, 과잉금지의 원칙 등 일반원칙을 준수하여야 한다.

판례 | 국가긴급권 관련 판례

1 금융실명제 [기각]

이른바 통치행위를 포함하여 ① 비록 고도의 정치적 결단에 의하여 행해지는 국가작용이라고 할지라도 그것이 국민의 기본권 침해와 직접 관련되는 경우에는 당연히 헌법재판소의 심판대상이 될 수 있을 뿐만 아니라, 긴급재정경제명령은 법률의 효력을 갖는 것이므로 마땅히 헌법에 기속되어야 할 것이다. ② 긴급재정경제명령이 헌법 제76조 소정의 요건과 한계에 부합하는 것이라면 그 자체로 목적의 정당성, 수단의 적정성, 피해의 최소성, 법익의 균형성이라는 기본권 제한의 한계로서의 과잉금지원칙을 준수하는 것이 되는 것이다(헌재 1996.2.29, 93헌마186).

2 긴급조치의 위헌 여부는 최종적으로 대법원이 판단

유신헌법 제53조 제3항은 긴급조치를 한 때에는 지체 없이 국회에 통고하여야 한다고 규정하고 있을 뿐, 사전적으로는 물론이거니와 사후적으로도 긴급조치가 그 효력을 발생 또는 유지하는 데 국회의 동의 내지 승인 등을 얻도록 하는 규정을 두고 있지 아니하고, 실제로 국회에서 긴급조치를 승인하는 등의 조치가 취하여진 바도 없다. 따라서 유신헌법에 근거한 긴급조치는 국회의 입법권 행사라는 실질을 전혀 가지지 못한 것으로서, 헌법재판소의 위헌심판대상이 되는 '법률'에 해당한다고 할 수 없고, 긴급조치의 위헌 여부에 대한 심사권은 최종적으로 대법원에 속한다(대판 2010.12.16, 2010도5986).*

* 이는 현행헌법에 위반됨은 물론이고 당시 유신헌법에 비추어 볼 때도 잘못된 것이다.

3 긴급조치 위헌 여부 [위헌]

[1] 대통령긴급조치도 법률과 동일한 효력을 가지므로 이에 대한 위헌심사권한은 헌법재판소에 전속한다.

[2] 대통령긴급조치의 위헌성을 심사하는 준거규범은 원칙적으로 현행 헌법이다.

[3] 형벌조항에 대한 헌법재판소의 위헌결정은 대세적 기속력을 가지고 유죄 확정 판결에 대한 재심사유가 되는 점(헌법재판소법 제47조 제1항·제3항) 등에 비추어 예외적으로 재판의 전제성을 인정하였다.

[4] 대통령긴급조치 제1호·제2호 및 제9호는 기본권을 제한하기 위한 입법목적의 정당성과 방법의 적절성이 인정되지 아니하고, 죄형법정주의에 위배되며, 참정권, 표현의 자유, 영장주의 및 신체의 자유, 재판을 받을 권리 등 기본권을 지나치게 제한하거나 침해하므로, 모두 헌법에 위반된다(헌재 2013.3.21, 2010헌바132).**

** 결국 헌법재판소도 대법원도 모두 자기가 심사해야 한다고 주장하나, 헌법시험이므로 헌법재판소에게 전속권이 있다고 생각해야 수험적으로 적합하다.

기출 OX

01 국가긴급권의 행사는 헌법질서에 대한 중대한 위기상황의 극복을 위한 것이기 때문에, 본질적으로 위기상황의 직접적인 원인을 제거하는 데 필수불가결한 최소한도 내에서만 행사되어야 한다는 목적상 한계가 있지만, 그 본질상 일시적·잠정적으로만 행사되어야 한다는 시간적 한계는 인정되지 않는다. 20. 경찰승진 (　)

02 긴급재정경제명령은 평상시의 헌법 질서에 따른 권력행사 방법으로서는 대처할 수 없는 재정·경제상의 국가위기 상황에 처하여 이를 극복하기 위하여 발동되는 비상입법조치라는 속성상 기본권제한의 한계로서의 과잉금지원칙의 준수가 요구되지 않는다. 23. 순경2차 (　)

⇨ 제76조 요건에 해당하면 그 자체로 과잉금지 원칙이 준수된다. 따라서 준수하지 않아도 된다는 의미는 아닌 것이다.

정답 01 × 02 ×

2. 계엄선포권

> **헌법 제77조** ① 대통령은 전시·사변 또는 이에 준하는 국가비상사태에 있어서 병력으로써 군사상의 필요에 응하거나 공공의 안녕질서를 유지할 필요가 있을 때에는 법률이 정하는 바에 의하여 계엄을 선포할 수 있다.
> ② 계엄은 비상계엄과 경비계엄으로 한다.
> ③ 비상계엄이 선포된 때에는 법률이 정하는 바에 의하여 영장제도, 언론·출판·집회·결사의 자유, 정부나 법원의 권한에 관하여 특별한 조치를 할 수 있다.
> ④ 계엄을 선포한 때에는 대통령은 지체없이 국회에 통고하여야 한다.
> ⑤ 국회가 재적의원 과반수의 찬성으로 계엄의 해제를 요구한 때에는 대통령은 이를 해제하여야 한다.

한눈에 쏙!

계엄

구분	기관
선포	대통령
지휘·감독	전국 – 대통령
	그 외 – 국방부장관

(1) 종류
① **경비계엄**: 일반 행정기관*에 의한 치안유지가 불가능할 때 공공의 안녕질서를 유지하기 위한 계엄을 말한다.
   * 일반 행정기관은 보통 경찰을 의미한다.
② **비상계엄**: 적과 교전상태, 사회질서의 극도교란, 행정·사법기능 수행의 현저한 곤란시 군으로써 군사상의 필요에 응하거나 공공의 안녕질서를 유지하기 위한 계엄을 말한다.

(2) 요건 03. 국가직 7급
① 전시, 사변 또는 이에 준하는 국가비상사태가 발생하여야 한다. 이 경우 발생할 가능성과 같은 예방적 조치는 안 된다.
② 병력으로써 군사상의 필요에 응하거나, 공공의 안녕질서를 유지할 필요가 있을 때여야 한다.

(3) 선포절차
① 국무회의 심의(구속력 ×)를 거쳐서 대통령이 선포한다. 08. 국회직 8급
② 이유, 종류, 지역, 기관을 계엄사령관이 공고한다.
③ 국방부장관이 계엄사령관을 지휘·감독하나, 전국 계엄시에는 대통령이 직접 지휘·감독한다(계엄법 제6조 제1항). 06. 국회직 8급
④ 국회에 통고만 하면 되며, 승인이 필요하지는 않다. 06. 국회직 8급

(4) 효력
① 계엄법 제10조의 범죄를 범한 민간인에 대해서는 군사재판이 가능하다(헌법 제27조 제2항). 이 경우 단심제도 가능하다**(헌법 제110조 제4항)(사형은 제외).
   ** 계엄이 선포될 정도, 즉 서울이 반란군에게 장악된 상황이라면 사실상 대법원도 없는 상태이고, 따라서 3심제를 하기 어렵다. 결국 서울이 수복되기 전까지는 지방법원 1심재판으로 확정하는데, 이를 단심제라 한다. 즉, 비상상황에서 사형을 제외하고는 상소를 허용하지 않는 것을 의미한다.
② 기존의 계류***사건(계엄선포 전에 발생)도 군사법원에 이첩된다.
   *** 계류란 어떤 사건이 해결되지 않고 걸려 있는 것을 말한다.
③ 계엄 해제 후 1개월간 군사법원의 관할권 연장된다. 이에 대해 판례는 합헌이라는 입장이다.

④ 계엄이 선포된 경우에도 국회의원은 현행범인 경우를 제외하고는 체포 또는 구금되지 아니한다(계엄법 제13조). 06. 국회직 8급
⑤ 국회와 헌법재판소에 대한 특별조치는 불가하다.
⑥ 계엄해제는 사태호전에 따른 조치이므로, 계엄이 해제되더라도 계엄기간 중의 계엄포고위반행위의 가벌성이 소멸되지는 않는다. 계엄기간 중의 계엄포고위반죄는 계엄해제 후에도 행위 당시의 법령에 따라 처벌된다(대판 1985.5.28, 81도1045).
⑦ **헌법상 제한**: 영장제도, 언론·출판의 자유, 집회·결사의 자유 / **계엄법에서 거주·이전의 자유, 단체행동권에 대한 제한이 추가로 규정**

(5) 해제(헌법 제77조 제5항)
① 국회가 재적의원 과반수의 찬성으로 계엄의 해제를 요구하면 대통령은 지체 없이 해제하여야 한다. 06. 국회직 8급, 08. 국가직 7급
② 해제시에도 국무회의의 심의를 거쳐야 한다.
③ 국방부장관 또는 행정안전부장관은 계엄의 해제를 건의할 수 있다(계엄법 제11조 제3항).

(6) 통제
① **국회의 통제**: 해제요구권, 국정통제권
② **헌법재판소, 법원의 통제**: 개별적인 포고령, 처분 등은 사법심사의 대상이 된다. 계엄에 의한 특별조치로 기본권이 침해된 경우 헌법소원의 제기가 가능하다.

판례 | 계엄 관련 판례

1 계엄해제 후 1개월 연장
비상계엄지역 내의 사회질서는 정상을 찾았으나 일반법원이 미처 기능회복을 하지 못하여 군법회의에 계속 중인 재판사건을 넘겨받아 처리할 수 있는 태세를 갖추지 못하고 있는 경우와 같은 상황에 대처하기 위한 것으로 보여 합목적성이 인정되는 바이므로 헌법의 위임범위를 넘어선 것으로서 헌법 제52조나 제26조 제2항에 위배되는 것이라고 할 수는 없다(대판 1985.5.28, 81도1045).

2 계엄해제 후에 포고령위반 처벌 여부
계엄은 국가비상사태에 당하여 병력으로써 국가의 안전과 공공의 안녕질서를 유지할 필요가 있을 때에 선포되고 평상상태로 회복되었을 때에 해제하는 것으로서 계엄령의 해제는 사태의 호전에 따른 조치이고 계엄령이 부당하다는 반성적 고찰에서 나온 조치는 아니므로 계엄이 해제되었다고 하여 계엄하에서 행해진 위반행위의 가벌성이 소멸된다고는 볼 수 없는 것으로서 계엄기간 중의 계엄포고위반의 죄는 계엄해제 후에도 행위 당시의 법령에 따라 처벌되어야 하고 계엄의 해제를 범죄 후 법령의 개폐로 형이 폐지된 경우와 같이 볼 수 없다(대판 1985.5.28, 81도1045).

한눈에 쏙!

구분	특별한 조치
정부·법원	O
국회·헌법재판소	×

주의
영장제도에 특별한 조치를 한다는 것이 영장제도 자체를 배제하는 것은 허용되지 않는다(2011헌가5). 단, 사후통제는 필요하다.

기출 OX
01 국회는 재적의원 과반수의 찬성으로 계엄의 해제를 요구할 수 있지만, 대통령에 대한 법적 구속력은 없다.
06. 국회직 8급 ( )

정답 01 ×

03 저항권

1. 의의

(1) 개념

저항권이란 헌법의 기본질서를 위협하거나 침해하려는 공권력에 대하여 주권자인 국민이 현 체제를 수호하기 위하여 최후의 경우에 저항할 수 있는 권리를 의미한다.*

*저항권은 전체 헌법질서에 위협이 생겼을 때 주로 문제되는 것이며, 시민불복종은 개별법령이 바람직하지 못할 때 문제되는 것이다. 즉, 정부가 국민을 무시하는 등 전체적인 문제가 있을 경우에는 저항권을, 동성결혼 금지, 낙태와 같이 개별법령에 반대하는 경우라면 시민불복종을 생각하면 된다.

(2) 저항권과 인접개념

구분	저항권	시민불복종	혁명
요건	헌법질서의 위협	위헌법령, 위법명령	-
목적	기존 헌법질서 유지	민주적 법질서 유지	새로운 헌법질서 수립
강조	민주질서 수호		기존 질서 배제
주체	국민		
방법	(주로) 비폭력 + (예외적) 폭력	비폭력적	(주로) 폭력적
보충성	제약 O	제약 X	

2. 우리 헌법상 저항권의 인정 여부

기출 OX

01 대법원은 헌법 및 법률에 저항권에 관하여 아무런 규정을 두지 않았음을 근거로 하여 저항권의 재판규범성을 부정하였다. 02. 사시 ( )

(1) 대법원의 판례

저항권이 존재한다 하더라도 저항권은 실정법에 근거를 두지 아니하고 자연법에만 근거하고 있는 한, 법관은 이를 재판규범으로 원용할 수 없다.

> **판례 | 저항권의 인정 여부**
>
> 현대 입헌 자유민주주의 국가의 헌법이론상 자연법에서 우러나온 자연권으로서의 소위 저항권이 헌법 기타 실정법에 규정되어 있든 없든 간에 엄존하는 권리로 인정되어야 한다는 논지가 시인된다 하더라도 그 저항권이 실정법에 근거를 두지 못하고 오직 자연법에만 근거하고 있는 한 법관은 이를 재판규범으로 원용할 수 없다고 할 것인바, 헌법 및 법률에 저항권에 관하여 아무런 규정도 없는(소론 헌법 전문 중 '4·19 의거 운운'은 저항권 규정으로 볼 수 없다) 우리나라의 현 단계에서는 더욱이 이 저항권 이론을 재판의 준거규범으로 채용, 적용할 수 없다(대판 1980.5.20, 80도306).

(2) 헌법재판소의 판례

> **판례 | 저항권의 의의**
>
> 저항권은 공권력의 행사자가 민주적 기본질서를 침해하거나 파괴하려는 경우 이를 회복하기 위하여 국민이 공권력에 대하여 폭력·비폭력, 적극적·소극적으로 저항할 수 있다는 **국민의 권리이자 헌법수호제도를 의미한다.** 하지만 저항권은 공권력의 행사에

정답 01 O

대한 '실력적' 저항이어서 그 본질상 질서교란의 위험이 수반되므로, 저항권의 행사에는 개별 헌법조항에 대한 단순한 위반이 아닌 민주적 기본질서의 전체적 질서에 대한 중대한 침해가 있거나 이를 파괴하려는 시도가 있어야 하고, 이미 유효한 구제수단이 남아 있지 않아야 한다는 보충성의 요건이 적용된다. 또한 그 행사는 민주적 기본질서의 유지, 회복이라는 소극적인 목적에 그쳐야 하고 정치적·사회적·경제적 체제를 개혁하기 위한 수단으로 이용될 수 없다(헌재 2014.12.19, 2013헌다1).

> **주의**
> 헌법재판소는 저항권에 대해서 긍정적이지만 입법과정의 하자(예 날치기)는 권한쟁의로 해결이 가능하기에 부정적이다.

3. 행사요건

(1) 주체
모든 국민이 주체가 된다. 여기에 단체와 정당 등도 포함된다. 다만, 외국인의 경우에는 찬반 논란이 있으며, 국가는 그 주체가 될 수 없다.

기출 OX
02 국가기관이나 지방자치단체와 같은 공법인도 저항권의 주체가 될 수 있다. 17. 서울시 7급 ( )

(2) 객체
모든 공권력 담당자가 그 대상이며, 헌법에 적대적인 사회세력에 대해서도 가능하다는 견해가 있다.

(3) 목적
기존의 헌정질서를 새롭게 바꾸는 것이 아니라 기존 헌법질서를 유지하는 보수적인 목적을 가져야 한다. 즉, 기존의 체제를 부정하고 새로운 체제를 지향하는 저항은 인정되지 않는다.

(4) 방법
원칙적으로 필요 최소한에 그쳐야 한다. 비례의 원칙에 따라 평화적 방법에 의하여야 하며, 예외적인 경우에 폭력적 방법도 허용될 수 있다.

기출 OX
03 헌법보장수단으로서의 저항권은 폭력적 수단을 사용해서는 안 된다. 04. 국가직 7급 ( )

4. 보충성
저항권은 합법적인 구제방법이 없거나, 있는 경우에도 실효적이지 못할 때 행사할 수 있다.

5. 행사의 효과
학자들은 초법규적 위법성조각사유**로 범죄성립을 조각해야 한다고 주장한다. 그러나 대법원 판례는 긴급조치위반사건에서 이는 소위 저항권에 의한 행위이므로 위법성이 조각된다고 하는 주장은 그 저항권 자체의 개념이 막연할 뿐 아니라 실존하는 헌법적 질서를 무시하고 초법규적인 권리개념으로써 현행 실정법에 위배된 행위의 정당화를 주장하는 것이어서 이를 받아들일 수 없는 것이라고 판시하였다(대판 1975.4.8, 74도3323). 즉, 이에 대해 부정적이다.

** 위법성조각사유는 위법한 행위를 처벌하지 않게 해주는 경우를 말한다. 초법규적 위법성조각사유라는 것은 정당방위나 정당행위처럼 형법전에 있는 위법성조각사유가 아니라 법전에 없는 위법성조각사유를 말한다.

정답 02 × 03 ×

04 방어적 민주주의

1. 의의

(1) 개념

방어적 민주주의는 과거 전체주의자들이 국민들의 다수가 원한다는 것을 핑계로 유태인들을 학살하는 등과 같은 민주주의의 적으로부터 민주주의를 방어해야 한다는 것을 의미한다. 즉, 민주적인 헌정질서의 적에 대하여 자신을 수호하기 위한 자기방어적 민주주의를 의미한다.*

> *규정이 없으므로 소수자를 말살한다든지, 모든 재산을 몰수하더라도 다수가 원하면 할 수 있다든지 하는 것은 잘못된 것이라는 반성에서 비롯된 이론이다. 이렇게 되면 민주주의에서 반드시 지켜야 할 것들, 즉 국민주권, 법치주의 등 많은 이념들이 다수결에 의해서 모두 침해되고 민주주의가 형해화될 위험이 있다. 따라서 아무리 국민이 원한다고 해도 반드시 지켜져야 할 가치들은 다수결로 결정될 수 없다는 것을 의미한다.

(2) 배경

독일의 특수한 역사적 상황과 관련하여 제기된 민주주의이다. 제2차 세계대전 이후에는 공산주의를 배격하는 자본주의 논리로 사용되기도 했으며 냉전체제가 붕괴된 오늘날에 유용한 이론이다. 01·02. 국가직 7급, 07. 국회직 8급 이러한 방어적 민주주의는 가치구속적 민주주의를 그 전제로 한다.

(3) 판례

우리 헌법재판소도 일인독재 내지 일당독재를 배제하고 다수의 의사에 의한 국민의 자치, 자유·평등의 기본원칙에 의한 법치주의적 통치질서를 의미한다고 말한다. 또한 구체적으로는 기본적 인권의 존중, 권력분립, 의회제도, 복수정당제도, 선거제도, 사유재산과 시장경제를 골간으로 한 경제질서 및 사법권의 독립 등을 의미한다고 천명한 바 있다(헌재 2001.9.27, 2000헌마238).

> 최근에는 국민주권도 민주주의의 요소로 포함시킨 판시가 있다.

기출 OX
01 우리 헌법상의 자유민주적 기본질서의 내용은 기본적 인권의 존중, 권력분립, 의회제도, 복수정당제도, 선거제도, 사유재산과 시장경제를 골간으로 한 경제질서 및 사법권의 독립 등을 의미한다. 18. 법원직 ( )

2. 성격

방어적 민주주의는 다수결로 해결이 가능하다는 가치상대적 민주주의를 바탕으로 하지만, 자유민주주의적 기본질서 등 일부 이념에 대해서는 가치구속적이다.

3. 전개

(1) 위헌정당해산제도

① 독일
  ㉠ **사회주의 국가당**: 나치의 후신이라는 평가를 받는다. 즉, 나치의 잔당들이 다시 만든 당이므로 위헌정당으로서 해산된 것은 당연하다.
  ㉡ **독일공산당**: 법리적인 이유보다는 동구권 공산화라는 현실적인 이유로 해산되었다.

② **우리나라**: 1958년 진보당사건이 있으며 평화통일을 주장한 것 때문에 해체되었다.** 특히 이 경우 사법부에 의해 해산된 것도 아니고 공보처장의 행정처분으로 해산되었다(최근 통합진보당의 경우는 정당제도 참조).

> **진보당도 법리적인 이유 때문이 아니라 평화통일을 주장한 진보당의 대중적 인기가 너무 높아져 권력에 장애요소가 되어 해체된 것이다.

기출 OX
02 제1공화국 헌법은 정당에 대해 아무런 규정을 두지 않음으로써 일반결사와 동일하게 취급하였다. 1958년 민주적 혁신정당인 진보당은 등록취소라는 행정처분에 의해서 강제해산되었다. 대법원의 판결에 의해서 강제해산된 것은 아니다. 01. 국가직 7급 ( )

정답 01 ○ 02 ○

(2) 기본권 실효제도

> **독일 헌법 제18조** 의사발표의 자유, 특히 출판의 자유, 교수의 자유, 집회의 자유, 결사의 자유, 신서, 우편 및 전신·전화의 비밀, 재산권을 자유민주적 기본질서를 공격하기 위해 남용하는 자는 이 기본권들을 상실한다. 상실과 그 정도는 연방헌법판소에 의하여 선고된다.

독일에는 기본권 실효제도가 존재하나, 우리나라는 기본권 실효제도가 규정되어 있지 않다.***

*** 민법 제924조에는 부모가 친권이 있음을 근거로 자녀를 학대하거나 해칠 경우 가정법원이 친권을 상실하거나 정지시키는 친권상실제도가 규정되어 있다. 이는 기본권 실효와 비슷하나, 헌법에는 존재하지 않고 민법에 규정되어 있다.

기출지문 OX

01 □□□
수도란 국회와 행정을 통할하며 국가를 대표하는 대통령의 소재지가 있는 곳이다. [O|X]

02 □□□
관습헌법도 헌법의 일부로서 성문헌법의 경우와 동일한 효력을 가지기 때문에 그 법규범은 헌법개정의 방법에 의하여만 개정될 수 있다. [O|X]

03 □□□
신행정수도 후속대책을 위한 연기 공주 지역 행정중심복합도시 건설을 위한 특별법이 수도를 분할하는 국가정책을 집행하는 내용을 가지고 있고 대통령이 이를 추진하고 집행하기 이전에 그에 관한 국민투표를 실시하지 아니하였다면 국민투표권이 행사될 수 있는 계기인 대통령의 중요정책 국민투표 부의가 행해지지 않았다고 하더라도 청구인들의 국민투표권이 행사될 수 있을 정도로 구체화되었다고 할 수 있으므로 그 침해의 가능성이 인정된다. [O|X]

04 □□□
성문헌법도 헌법해석이나 헌법변천은 인정된다. [O|X]

05 □□□
우리나라는 헌법이 최고법임을 규정하고 있지 않으나, 헌법은 실정법 체계에서 최고법의 지위를 가진다. [O|X]

06 □□□
헌법은 규범통제에서는 해석기준으로 기능하고, 합헌적 법률해석에서는 심사기준으로 기능한다. [O|X]

07 □□□
합헌적 법률해석은 어디까지나 법률조항의 문언과 목적에 비추어 가능한 범위 안에서의 해석을 전제로 하는 것이고, 법률조항의 문구 및 그로부터 추단되는 입법자의 명백한 의사에도 불구하고 문언상 가능한 해석의 범위를 넘어 다른 의미로 해석할 수는 없다. [O|X]

정답 및 해설

01 O 수도란 국회와 행정을 통할하며 국가를 대표하는 대통령의 소재지가 있는 곳이다.

02 O 관습헌법도 성문헌법과 마찬가지로 주권자인 국민의 헌법적 결단의 의사표현이며, 성문헌법과 동등한 효력을 가진다.

03 X 이 사건 법률에 의하여 관습헌법개정의 문제는 발생하지 아니하며 그 결과 국민들에게는 헌법개정에 관여할 국민투표권 자체가 발생할 여지가 없으므로 헌법 제130조 제2항이 규정한 청구인들의 국민투표권의 침해가능성은 인정되지 않는다(헌재 2005.11.24, 2005헌마579 등).

04 O 헌법개정과 위헌법률심사를 제외하고는 불문헌법도 성문헌법의 특성들이 인정된다.

05 O 미국과 같이 최고법을 명시하는 조문은 없으나 통설과 판례는 모두 헌법이 최고법임을 인정하고 있다.

06 X 헌법은 규범통제에서는 심사기준으로 기능하고, 합헌적 법률해석에서는 해석기준으로 기능한다.

07 O 합헌적 법률해석은 어디까지나 법률조항의 문언과 목적에 비추어 가능한 범위 안에서의 해석을 전제로 하는 것이고, 법률조항의 문구 및 그로부터 추단되는 입법자의 명백한 의사에도 불구하고 문언상 가능한 해석의 범위를 넘어 다른 의미로 해석할 수는 없다(헌재 2007.11.29, 2005헌가10).

08 ☐☐☐

지방공무원법의 지방공무원의 전입에 관한 규정은 해당 지방공무원의 동의가 있을 것을 당연한 전제로 하여 그 공무원이 소속된 지방자치단체의 장의 동의를 얻어서만 그 공무원을 전입할 수 있음을 규정하고 있는 것으로 보아야 한다. ○|X

09 ☐☐☐

법률이 전부개정된 경우 부칙 규정에 관한 경과규정을 두지 않은 이상 전부개정법률의 시행으로 인하여 실효된다. ○|X

10 ☐☐☐

제안된 헌법개정안은 대통령이 20일 이상의 기간 이를 공고하여야 한다. ○|X

11 ☐☐☐

대통령의 임기를 4년으로 하고 중임을 허용하는 내용의 헌법개정은 가능하지만 그러한 헌법개정 제안 당시의 대통령에 대하여는 효력이 없다. ○|X

12 ☐☐☐

헌법개정안은 국회가 의결한 후 60일 이내에 국민투표에 붙여 국회의원선거권자 과반수의 투표와 투표자 과반수의 찬성을 얻어야 한다. ○|X

13 ☐☐☐

국회는 헌법개정안의 공고기간이 만료된 날로부터 60일 이내에 의결하여야 하며 국회의 의결은 재적의원 3분의 2 이상의 찬성을 얻어야 한다. ○|X

14 ☐☐☐

현행 헌법은 제9차 개정헌법으로 국회의 의결을 거친 다음 국민투표에 의하여 확정되었고, 대통령이 즉시 이를 공포함으로써 그 효력이 발생하였다. ○|X

15 ☐☐☐

우리 국민은 1948년 7월 12일 헌법제정권력을 직접 행사하여 건국헌법을 제정하였다. ○|X

16 ☐☐☐

1948년 제헌헌법은 민주공화국, 국민주권주의, 국제평화주의에 관한 규정은 개폐할 수 없다고 규정하였다. ○|X

정답 및 해설

- **08** ○ 이 법률은 양 단체장의 동의로 소속 공무원을 전입할 수 있다고 규정되어 있는바 이는 할 수 있다는 재량의 여지를 두고 있으므로 우리 헌법재판소는 이를 합헌적으로 해석하여 소속 공무원의 동의까지 요하는 것으로 해석하고 합헌결정하였다(헌재 2002.11.28, 98헌바101).
- **09** ○ 부칙 규정도, 그에 관한 경과규정을 두거나 이를 계속 적용한다는 등의 규정을 두지 않은 이상 위 전부개정법률의 시행으로 인하여 실효된다. 따라서 이 사건 부칙조항이 실효되지 않은 것으로 해석하는 것은 헌법에 위반된다(헌재 2012.5.31, 2009헌바123 등).
- **10** ○ 제안된 헌법개정안은 대통령이 20일 이상의 기간 이를 공고하여야 한다(헌법 제129조).
- **11** ○ 대통령의 임기연장 또는 중임변경을 위한 헌법개정은 그 헌법개정 제안 당시의 대통령에 대하여는 효력이 없다(헌법 제128조 제2항).
- **12** × 헌법개정안은 국회가 의결한 후 30일 이내에 국민투표에 붙여 국회의원선거권자 과반수의 투표와 투표자 과반수의 찬성을 얻어야 한다(헌법 제130조 제2항).
- **13** × 국회는 헌법개정안이 공고된 날로부터 60일 이내에 의결하여야 하며, 국회의 의결은 재적의원 3분의 2 이상의 찬성을 얻어야 한다(헌법 제130조 제1항).
- **14** × 이 헌법은 1988년 2월 25일부터 시행한다(헌법 부칙 제1조). 헌법은 부칙에 특별한 시행규정을 두고 있기 때문에 즉시 공포함으로써 효력이 발생하는 것은 아니다.
- **15** × 제헌헌법은 국민투표 없이 국회의결로만 결정되었다.
- **16** × 헌법개정 금지조항은 제2차 개정에서 신설되었다. 또한, 민주공화국, 국민주권주의, 국민투표에 관한 규정이었다.

17 ☐☐☐
헌법개정절차에 국민투표가 처음 도입된 것은 제5차 개정헌법이다. [O|X]

18 ☐☐☐
1972년 제7차 개정헌법에서는 국회의원이 제안한 헌법개정안은 통일주체국민회의의 의결을 거쳐 국민투표로 확정되도록 하였다. [O|X]

19 ☐☐☐
우리 헌법의 각 개별규정 가운데 무엇이 헌법제정규정이고 무엇이 헌법개정규정인지를 구분하는 것이 가능할 뿐만 아니라, 그 효력상의 차이도 인정할 수 있다. [O|X]

20 ☐☐☐
긴급재정경제명령은 일종의 국가긴급권으로서 대통령의 고도의 정치적 결단을 요하는 국가작용이므로 헌법재판소의 심판대상이 될 수 없다. [O|X]

21 ☐☐☐
긴급명령의 경우 국회의 집회가 불가능한 때에 한하여 발할 수 있는 반면, 긴급재정경제명령의 경우 국회의 집회가 불가능하지 않더라도 국회의 집회를 기다릴 여유가 없을 때 발할 수 있다. [O|X]

22 ☐☐☐
대법원은 헌법 및 법률에 저항권에 관하여 아무런 규정을 두지 않았음을 근거로 하여 저항권의 재판규범성을 부정하였다. [O|X]

23 ☐☐☐
헌법보장수단으로서의 저항권은 폭력적 수단을 사용해서는 안 된다. [O|X]

24 ☐☐☐
제1공화국 헌법은 정당에 대해 아무런 규정을 두지 않음으로써 일반결사와 동일하게 취급하였다. 1958년 민주적 혁신정당인 진보당은 등록취소라는 행정처분에 의해서 강제해산되었다. 대법원의 판결에 의해서 강제해산된 것은 아니다. [O|X]

25 ☐☐☐
독일에는 기본권 실효제도가 존재하나, 우리나라는 기본권 실효제도가 규정되어 있지 않다. [O|X]

정답 및 해설

17 O 5차 개정헌법 때 헌법개정안에 대한 국민투표제 도입되었다.

18 X 대통령이 제안한 헌법개정안은 국민투표로 확정되며, 국회의원이 제안한 헌법개정안은 국회의 의결을 거쳐 통일주체국민회의의 의결로 확정된다(제7차 개정헌법 제124조). 즉, 국회의원이 제안한 경우에는 국민투표를 따로 요하지 않는다.

19 X 우리 헌법의 각 개별규정 가운데 무엇이 헌법제정규정이고 무엇이 헌법개정규정인지를 구분하는 것이 가능하지 아니할 뿐 아니라, 각 개별규정에 그 효력상의 차이를 인정하여야 할 형식적인 이유를 찾을 수 없다(헌재 1995.12.28, 95헌바3).

20 X 이른바 통치행위를 포함하여 비록 고도의 정치적 결단에 의하여 행해지는 국가작용이라고 할지라도 그것이 국민의 기본권침해와 직접 관련되는 경우에는 당연히 헌법재판소의 심판대상이 될 수 있다(헌재 1996.2.29, 93헌마186).

21 O 헌법 제76조에 근거 긴급명령은 불가능할 때, 재정경제명령은 여유가 없을 때 발할 수 있다.

22 O 헌법 및 법률에 저항권에 관하여 아무런 규정도 없는(소론 헌법 전문 중 '4·19 의거 운운'은 저항권 규정으로 볼 수 없다) 우리나라의 현 단계에서는 더욱이 이 저항권 이론을 재판의 준거규범으로 채용, 적용할 수 없다(대판 1980.5.20, 80도306).

23 X 비례의 원칙에 따라 평화적 방법에 의하여야 하며, 예외적인 경우에 폭력적 방법도 허용될 수 있다.

24 O 1958년 진보당사건이 있으며 평화통일을 주장한 것 때문에 해체되었다. 특히 이 경우 사법부에 의해 해산된 것도 아니고 공보처장의 행정처분으로 해산되었다.

25 O 우리나라는 정당해산제도만 존재하고 기본권 실효제도는 헌법에 규정되어 있지 않다.

제2장 대한민국헌법 총설

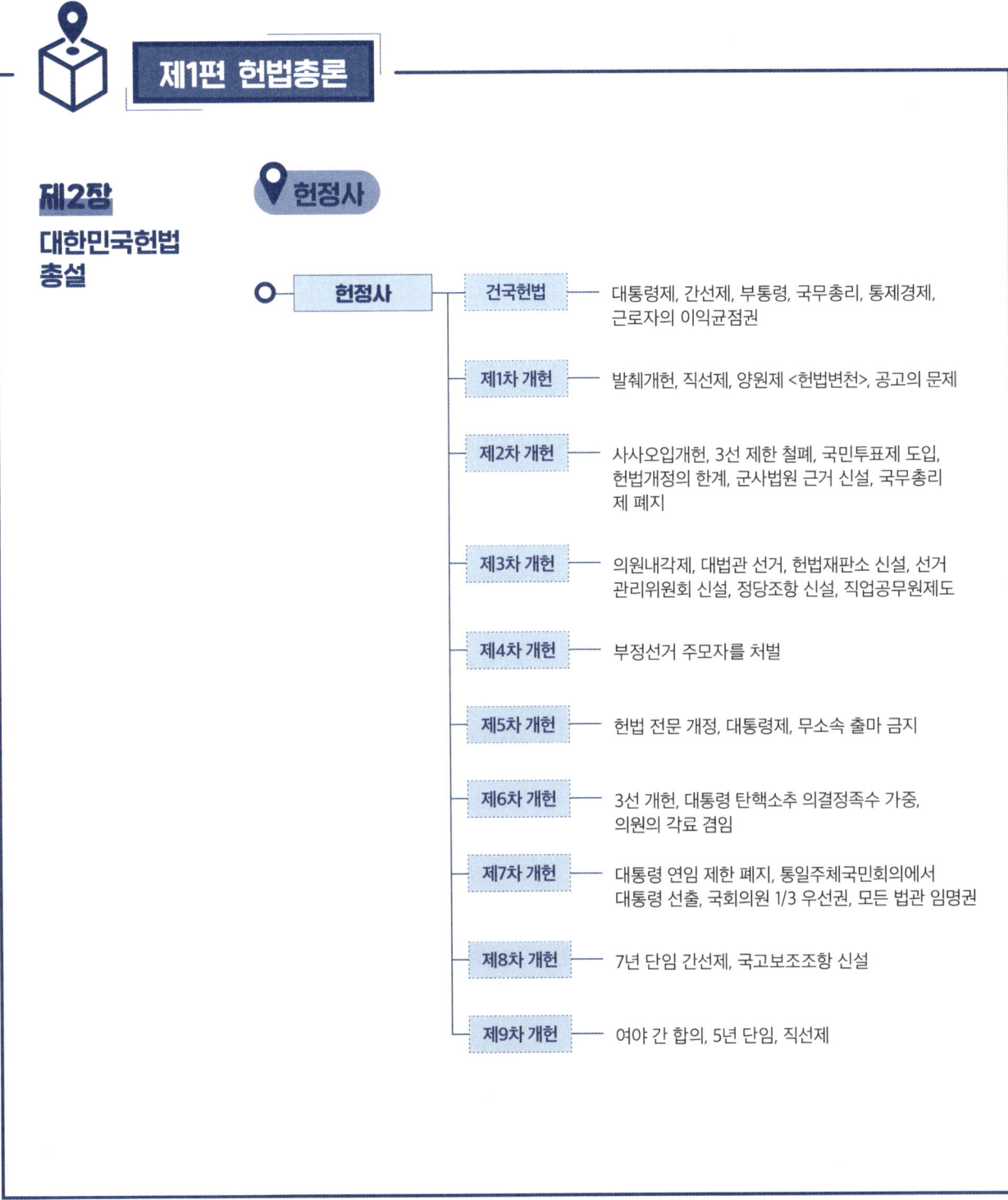

제1절 헌정사

01 건국헌법(1948년)

1. 제정과정

건국헌법은 헌법초안의 경우 정부형태가 의원내각제이며 양원제이었으나 이승만과 미군정의 반대로 정부형태를 대통령제로 하였다. 또한 국민투표로 확정하지 않고 국회에서 통과하여 국회의장이 서명, 공포한 후 시행되었다.*

* 이러한 의미에서 헌법이 정치성을 띤다고 이야기할 수 있다.

2. 내용

(1) 정부형태는 대통령제를 채택하였다.

(2) 대통령과 부통령의 임기는 4년, 1차 중임이다. 특히 대통령을 간선제로 하였다는 것이 큰 특징이다.**

** 당시 민족주의 세력은 반쪽짜리 선거에 참가할 수 없다고 하여 총선은 자유당의 승리로 귀결되었다. 따라서 국회에서 뽑는 간선제로 할 경우 100% 이승만이 당선될 수밖에 없었다.

(3) 국회는 단원제이었다.

(4) 부통령과 국무총리가 동시에 존재했다는 것도 큰 특징이다(이러한 경우는 거의 없음).

(5) 경자유전의 원칙에 입각한 농지개혁과 근로자의 이익균점권 등 사회적 기본권을 규정하였다.***

*** 북한의 경우 이미 많은 사회개혁이 이루어졌으며 이는 국민들을 위한 개혁이 대부분이었다(무상몰수 무상분배 등). 따라서 남한의 경우에도 북한의 정책을 어느 정도 수용하지 않게 되면 내란이 일어날 수 있게 되므로 이러한 내용이 헌법에 규정된 것이다.

(6) 자원의 국유화 규정 등 통제경제를 원칙으로 하였다.

(7) 헌법위원회를 두었다.

(8) 일반적 법률유보에 의한 기본권 제한을 규정하였다.

02 제1차 개헌(1952년)

1. 개정과정

국회의원 총선에 민족주의 계열이 대거 당선되면서 대통령의 재선이 어려워지자 대통령 직선제를 핵심으로 한 개헌안을 제출하였고, 이것이 부결되자 야당측 개헌안을 가미하여 발췌개헌안을 통과시켰다.

2. 내용

(1) 대통령 직선제를 채택하였다.

(2) 국회의 양원제(그러나 실제로 참의원을 두지 않음)는 헌법변천이라 할 수 있다.

(3) 국회의 국무원 불신임제가 규정되었다.

기출 OX

01 제헌헌법에는 근로자의 노동3권과 이익분배균점권 조항을 두었다. 13. 국가직 7급 ( )

정답 01 ○

3. 평가

공고되지 아니한 개헌안을 의결하였고, 폭력적 수단을 동원하여 헌법을 개정하였다.

03 제2차 개헌(1954년)

1. 개정과정

국회의원 총선거에서 여당이 다수의석을 차지하자 대통령의 3선을 추진하였다. 그러나 정족수에 미달이 되자 사사오입(四捨五入)의 수학적 원칙을 주장하여 가결을 선포하였다.****

**** 사사오입은 반올림을 의미하는데 당시 국회재적의원은 203명으로 헌법개정에 필요한 정족수는 135.3명이었다. 따라서 136명이 필요한 데 수학적 원칙을 주장하며 135표를 반올림으로 통과시켰다.

2. 내용

(1) 초대대통령에 한해서 중임 제한을 철폐하였다.
(2) 국민투표제를 최초로 도입하였다.
(3) 헌법개정의 한계 규정(민주공화국, 국민주권, 국민투표)을 두었다.
(4) 국무총리제를 폐지하였다.
(5) 특별법원의 헌법적 근거를 신설(군법회의)하였다.
(6) 경제체제를 자유시장경제체제로 전환하였다.

기출 OX

02 1954.11.27.에 있은 자유당 정권하의 제2차 개헌인 소위 사사오입(四捨五入)개헌의 주요 내용으로 초대대통령에 한해 3선 제한 철폐, 주권의 제약 또는 영토변경의 경우 국민투표 실시, 헌법개정의 한계에 대한 명문규정 신설 등이 있다. 04. 법원직 ( )

3. 평가

1954년 헌법은 국가안위와 관련된 중대 사항에 대한 국민투표제와 헌법개정에 대한 국민발안제를 도입하여 국민주권을 실질화한다는 명분을 내세웠으나, 실질은 초대대통령에 대한 3선 연임을 가능하도록 하기 위한 헌법이었다. 05. 입시

04 제3차 개헌(1960년)

1. 개정과정

4·19 혁명으로 인하여 자유당 정권이 몰락*****하고 민주당 정권이 들어섰으며, 정부형태도 의원내각제로 바뀌게 되었다.

***** 제1공화국의 몰락은 3·15 부정선거 때문이었다. 광범위한 부정선거로 대통령제의 가장 큰 단점인 독재와 부패가 만연하였다.

2. 내용

(1) 정부형태는 의원내각제를 채택하였다.
(2) 대법원장 및 대법관을 선거인단에서 선출하였다.
(3) 헌법재판소를 신설하였다.
(4) 중앙선거관리위원회를 신설하였다.

기출 OX

03 1972년 제7차 개정헌법은 중앙선거관리위원회를 헌법기관으로 처음 도입하였다. 22. 5급 공채 ( )

04 1960년의 제3차 개정헌법에서는 의원내각제 정부형태를 채택하였고 대통령 간선제를 규정하였다. 04. 국가직 7급 ( )

정답 02 ○ 03 × 04 ○

(5) 정당조항을 신설하였다.

(6) 위헌정당제도 규정을 두었다.

(7) 직업공무원제도를 규정하였다.

(8) 선거연령을 헌법에서 직접 규정하였다.*

* 제헌헌법, 제1차·제2차 개정헌법, 현행 헌법은 법률에 위임하였다.

3. 평가

최초의 여야 간 합의 개헌이자, 합헌적 헌법개정절차에 따른 개헌이었다.

05 제4차 개헌(1960년)

1. 개정과정

3·15 부정선거의 주모자들을 소급하여 처벌할 헌법적 근거를 마련하기 위한 것이었다.**

** 우리 헌법의 제12조, 제13조 등을 볼 때 소급효는 금지된다. 따라서 지난 부정선거를 주도한 자들을 지금 처벌하는 것은 헌법에 위배하게 되므로 헌법을 개정해야만 가능하였다.

2. 내용

(1) 부정선거관련자처벌법을 제정하였다.

(2) 반민주행위자 공민권제한법을 제정하였다.

(3) 부정축재특별처리법 등 소급특별법을 제정하였다.

기출 OX
01 제4차 개정헌법은 반민주행위자의 공민권 제한을 위한 소급입법의 근거를 마련하였다. 13. 국가직 7급 ( )

3. 평가

1960년의 제4차 개정헌법은 반민주행위자의 처벌을 위한 소급입법을 헌법적으로 정당화하기 위해 성립되었으며 권력구조에 대한 변경은 없었다. 07. 국회직 8급

06 제5차 개헌(1962년)

1. 개정과정

5·16 군사 정변을 통해서 국회의 지방의회를 해산하고 모든 정당과 사회단체의 활동을 정지시킨 후에 헌법을 개정하였다.

2. 내용

(1) 헌법 전문을 개정하였다(5·16 군사 정변을 혁명으로 표현함).

(2) 정부형태는 다시 대통령제를 채택하였다.

(3) 국회는 단원제로 시행하였다.

(4) 정당정치제도가 강화되었다(무소속 출마 금지).

(5) 헌법개정시 필수적 국민투표제를 도입하였다.

정답 01 ○

(6) 경제과학심의회와 국가안전보장회를 신설하였다.
(7) 국민전체에 대한 봉사자 규정을 신설하였다.
(8) 일반법관은 대법원판사회의의 의결을 거쳐 대법원장이 임명하였다.
(9) 비상계엄하의 단심재판의 헌법적 근거를 신설하였다.

3. 평가
(1) 1962년 제3공화국 헌법에서는 사회정의의 실현과 균형 있는 국민경제의 발전을 위하여 경제에 대한 국가적 규제와 조정이 가능하도록 하였다. 07. 법원직
(2) 제5차 개헌은 헌법상의 개헌절차를 따르지 않고 국가비상조치법이 정한 국민투표에 의해 개정되었다는 점에서 법리상 문제가 있다(권영성).***

*** 국회를 해산해버려서 제4차 개헌 절차를 따를 수 없었고 그러다 보니 국민투표를 처음 도입할 수밖에 없었다.

07 제6차 개헌(1969년)

1. 개정과정
박정희 대통령의 3선을 가능하게 하기 위하여 개헌을 하였다.

2. 내용
(1) 대통령의 연임을 3기까지 허용하였다.
(2) 대통령의 탄핵소추 의결정족수를 가중시켰다.
(3) 국회의원이 각료를 겸임할 수 있도록 하였다.

3. 평가
장기집권을 가능하게 하는 수단이었으며, 국회의사당이 아닌 곳에서 여당의원들만으로 기습적으로 이루어진 반민주적 개헌이었다(허영).

08 제7차 개헌(1972년)

1. 개정과정
박정희 대통령은 비상조치를 통해 국회를 해산하고 유신헌법으로 개정하였다.

2. 내용
(1) 대통령에게 막강한 권한을 부여하였다.
(2) 통일주체국민회의를 설치하여 이곳에서 국회의원 정수의 3분의 1을 선출하고 대통령을 간선으로 뽑도록 하였다.
(3) 국정감사권을 폐지하였다.
(4) 모든 법관을 대통령이 임명하고, 파직이 가능하게 하였다.

기출 OX

02 대통령과 국회의원 정수의 3분의 1을 선출할 수 있는 주권기관으로 통일주체국민회의를 설치하고 그 의장인 대통령에게 사법심사의 대상에서 제외되는 긴급조치권을 부여한 제7차 개정헌법은 초입헌주의 헌법으로 분류된다. 07. 국회직 8급 ( )

03 남북관계의 변화를 빌미로 기존 헌정을 비상적으로 중단시킨 채 탄생한 1972년 헌법은 권력분립의 원칙을 형해화하여 실질적으로 입헌주의적 헌법이라고 볼 수 없다. 05. 입시 ( )

정답 02 ○ 03 ○

(5) 헌법개정절차를 이원화하였다.
(6) 조국통일이 이루어질 때까지 지방자치제도를 연기하였다.
(7) 정당국가적 경향이 약화되었다.
(8) 무소속 출마가 가능해졌다.

3. 평가

남북관계의 변화를 빌미로 기존 헌정을 비상적으로 중단시킨 채 탄생한 1972년 헌법은 권력분립의 원칙을 형해화하여 실질적으로 입헌주의적 헌법이라고 볼 수 없다. 05. 입시, 07. 국회직 8급

09 제8차 개헌(1980년)

1. 개정과정

유신독재정권이 무너지고 12·12 군사 반란에 의해 전두환이 대통령이 되면서 헌법이 개정되었다.

2. 내용

(1) 대통령 임기는 7년 단임, 간선제였다. 긴급조치권을 폐지하고 비상조치권을 신설하였다.
(2) 국정조사권을 인정하였다.
(3) 정당의 운영자금의 국고보조조항을 신설하였다.
(4) 통일주체국민회의를 폐지하였다.
(5) 일반법관의 임명권을 대법원장에게 부여하였다.
(6) 사회적 시장경제질서를 지향하였다.
(7) 재외국민보호조항을 신설하였다.
(8) 4·19 혁명과 5·16 군사 정변이 삭제되었다.
(9) 헌법 제9조 전통문화의 계승과 발전 내용이 신설되었다.

3. 평가

1980년의 제5공화국 헌법은 독과점의 규제, 중소기업의 보호·육성, 소비자보호운동의 보장, 농지임대차의 허용 등을 새로이 규정함으로써 기존 경제질서에 대하여 폭넓은 수정을 가하였다. 07. 법원직

기출 OX

01 1980년의 제8차 개정헌법에서는 인간의 존엄성 존중 조항을 신설하였고, 일반법관의 임명권을 대통령에게 부여하였다. 04. 국가직 7급 ( )

정답 01 ×

10 제9차 개헌(1987년)

한눈에 쏙!	
중립성	공화국
경찰	제2공화국
군인	제6공화국

1. 개정과정
6월 민주 항쟁의 결과 대통령 직선제를 주요 내용으로 하는 헌법개정안이 국회에서 의결되어 국민투표로 확정되었으며, 여야 간 합의로 개정하였다.

2. 내용
(1) 대통령 임기는 5년 단임, 직선제가 되었다.

(2) 국정감사권이 부활되었다.

(3) 헌법재판소를 설치하였다.

(4) 헌법 전문에 대한민국임시정부의 법통 계승 내용이 추가되었다.

(5) 모성보호, 대학의 자율성 내용이 신설되었다.

3. 평가
평화적이고 민주적인 절차에 의하여 국민적 열망을 최대한으로 수용한 합의 개헌이다. 1987년의 헌법에서는 소득의 적정한 분배, 지역경제의 균형발전 등을 통한 경제의 민주화에 역점을 두었다. 07. 법원직

✓ SUMMARY | 시대별 기본권 정리

구분	내용
제1공화국	• 자유권에 개별적 법률유보 규정 • 일반적 법률유보에 의한 기본권 제한을 규정
제2공화국	• 자유권에 개별적 법률유보조항 삭제 • 기본권의 본질적 내용 침해 금지조항 신설
제3공화국	• 인간의 존엄과 가치 • 직업의 자유 신설 • 근로자의 이익분배균점권 삭제 • 양심의 자유와 종교의 자유 분리
제4공화국	• 거의 모든 기본권에 개별적 법률유보 규정 • 구속적부심 폐지, 자백의 증거능력제한규정 삭제 • 검열제·허가제 금지 삭제 • 이중배상금지 신설 • 국가안전보장을 위해 기본권 제한 가능
제5공화국	• 기본권의 자연권성을 분명히 함 • 체포구속적부심 부활 • 신설 기본권: 연좌제금지, 적정임금, 무죄추정, 사생활의 자유, 행복추구권, 환경권, 소비자보호운동, 평생교육에 관한 권리
제6공화국	• 검열과 허가제 금지 부활 • 형사보상청구권을 형사피의자까지 확대(피고인은 제헌헌법부터) • 체포구속적부심 법률유보 삭제 • 군사시설에 관한 죄를 군사법원 관할에서 삭제

SUMMARY | 기본권 종류별 정리

구분	내용
언론·출판·집회·결사의 허가·검열 금지	• 제2공화국 때 규정 • 제4공화국·제5공화국 때 삭제 • 현행 헌법에서 부활
직업의 자유	제3공화국 때 신설
인간다운 생활을 할 권리	제3공화국 때 신설
공무원의 근로3권 제한	제3공화국 때 신설
주거의 자유	• 제헌헌법 이래 거주·이전의 자유와 함께 규정 • 제3공화국 때 분리
가족제도	• 혼인의 순결: 제헌헌법부터 규정 • 양성의 평등에 기초한 혼인·가족제도의 보장: 제5공화국 헌법부터 규정
선거권	• 제2공화국~제5공화국: 헌법에서 20세로 규정 • 현행 헌법: 삭제 후 법률로 규정
초등의무교육	• 제헌헌법 이래 규정 • 대학의 자율성: 현행 헌법에서 규정
범죄피해자구조청구권	현행 헌법에서 신설
임금	• 적정임금: 제5공화국 때 규정 • 최저임금: 제6공화국 때 규정
환경권	• 제5공화국 때 신설 • 쾌적한 주거생활: 현행 헌법에서 규정
본질적 내용 침해 금지	• 제2공화국(제3차 헌법) 때 신설 • 제4공화국(제7차 헌법) 때 폐지 • 제5공화국(제8차 헌법) 때 부활
적부심	• 제헌헌법부터 규정 • 제4공화국(제7차 헌법) 때 폐지 • 제5공화국(제8차 헌법) 때 부활
형사보상	• 피고인: 제헌헌법부터 규정 • 피의자: 현행 헌법에서 규정

SUMMARY | 역대 헌법개정

구분	개정	특징	통치구조	기본권
공화국	건국헌법 (1948)	제헌국회에서 의원내각제를 중심으로 초안 작성. 그러나 대통령제 정부형태(국민투표로 확정된 것 ×)	• 대통령 간선 • 부통령제 실시(간선) • 국무총리제 실시 • 국회 단원제 • 헌법위원회제도	• 근로자의 이익분배균점권 • 사회적 기본권 규정 존재
제1공화국	제1차 개헌 (1952)	발췌개헌안 공고절차 및 토론 생략	• 대통령 직선 • 국회 양원제이었으나 단원제로 운영	-
제1공화국	제2차 개헌 (1954)	사사오입개헌	• 3선 제한 철폐 • 국민투표제 최초 도입 • 헌법개정의 한계에 관한 명문규정 신설 • 특별법원(군법회의)의 헌법적 근거 마련	-

제2 공화국	제3차 개헌 (1960)	• 4·19 혁명 • 헌정사상 처음으로 합헌적 개정절차	• 대통령 간선 • 의원내각제 • 헌법재판소 설치 • 중앙선거관리위원회 설치 • 정당조항 신설 • 직업공무원제 채택	• 본질적 내용 침해 금지조항 신설 • 검열금지
	제4차 개헌 (1960)	부정선거자들 처벌 근거 마련	소급특별법 제정	-
제3 공화국	제5차 개헌 (1962)	• 5·16 군사 정변 • 제2공화국 헌법의 헌법개정절차에 따른 것이 아님	• 전문 최초개정 • 정당정치제도 강화 • 헌법개정에 필수적 국민투표제도 도입	• 인간의 존엄과 가치를 최초로 명문화 • 직업선택의 자유와 인간다운 생활을 할 권리 신설 • 자백의 증거능력 제한 규정
	제6차 개헌 (1969)	3선 개헌	• 대통령 3기 연임 • 대통령 탄핵소추 발의와 의결 강화 • 국회의원이 각료 겸임 가능	-
제4 공화국	제7차 개헌 (1972)	유신개헌	• 대통령에게 막강 권한 부여(특히, 긴급조치권) • 통일주체국민회의에서 대통령 간선 • 정당국가적 경향 완화 (무소속 출마 가능) • 헌법개정절차의 이원화	• 검열제 금지 삭제 • 체포구속적부심사제 폐지 • 이중배상금지규정 신설
제5 공화국	제8차 개헌 (1980)	제5공화국 헌법은 형식상 제4공화국 절차에 따라 개정됨	• 대통령 7년 단임 간선 • 국정조사권 인정 • 국고보조항 신설	• 행복추구권, 형사피고인의 무죄 추정, 연좌제 금지, 사생활의 비밀과 자유, 적정임금제, 환경권 신설 • 체포구속적부심사제 부활
제6 공화국	제9차 개헌 (1987)	-	• 대통령 임기 5년 직선 • 헌법재판소 설치 • 국정감사 부활	적법절차조항, 재판절차진술권, 범죄피해자 국가구조청구권, 최저임금제, 체포·구속시 고지제도

한눈에 쏙!

구분	폐지	부활
적부심	유신	제5공화국
검열금지	유신	제6공화국

제1편 헌법총론

제2장 대한민국헌법 총설

국가의 구성요소

- **국적법 – 국민**
  - 취득
    - 선천적
      - **원칙**: 속인주의 - 부 또는 모
      - **예외**: 속지주의 - 부모를 모를 경우
    - 후천적
      - **일반**: 5년간 주소 요건, 품행단정
      - **간이**: 3년간 주소 요건, 한국과의 관련성 / 혼인은 2년이 원칙
      - **특별**: 미성년자, 특별한 공로, 재능
  - 변동
    - **외국인**: 1년 내 포기, 재취득 가능
    - **한국인**: 20세 미만은 22세까지, 20세 이상은 2년 내, 군대문제는 3개월, 원정출산은 포기 못함
  - 상실
    - **자진**: 곧바로
    - **비자진**: 신고 후 유지 가능
    - 3년 내 권리양도
  - 판정 — 법무부장관
  - 복수국적자 — 서약제도 도입, 한국사람으로 대우

- **재외국민의 보호**
  - 재외국민 — 대한민국 국민으로 외국에 영주
  - 재외동포 — 대한민국의 국적을 보유하였던 자 또는 직계비속
  - 연혁 — 제5공화국은 보호, 제6공화국은 보호의무

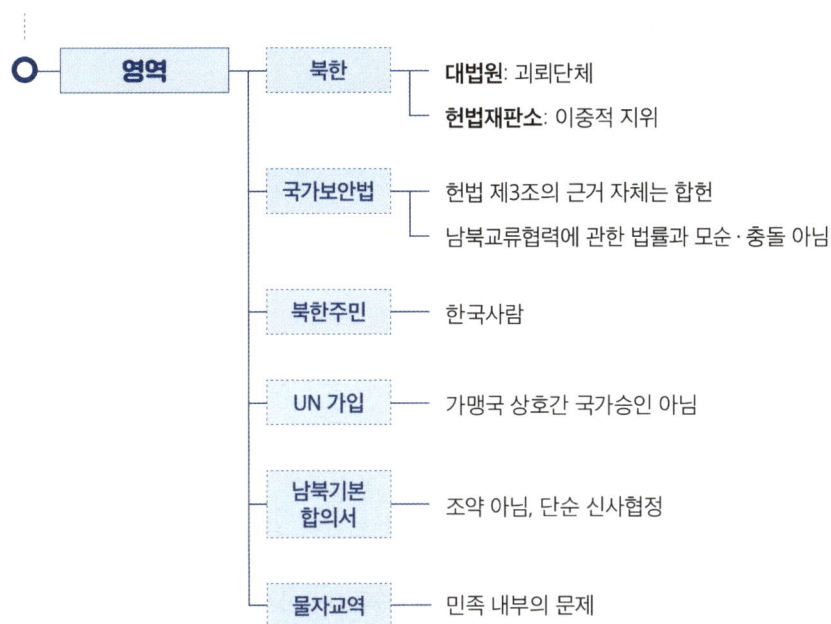

제2절 국가의 구성요소

01 주권

주권이란 국가의사를 최종적으로 결정하는 원동력을 말한다.

02 국민

1. 의의

국민은 국적을 가진 자연인을 말하는 것으로, 여기서 국적이란 국민으로서의 신분 또는 국민이 되는 자격을 말한다.

2. 우리나라의 국적법

우리나라는 국적법이라는 단행법을 제정하여 국민의 국적 취득과 변동, 상실 등을 규정하고 있다. 국적은 국가의 생성과 더불어 발생하고, 국가의 소멸은 바로 국적의 상실사유인 것이다. 국적은 성문의 법령을 통해서가 아니라 국가의 생성과 더불어 존재하는 것이므로, 헌법의 위임에 따라 국적법이 제정되나 그 내용은 국가의 구성요소인 국민의 범위를 구체화·현실화하는 헌법사항을 규율하고 있는 것이다(헌재 2000.8.31, 97헌가12). 다만, 국외의 경우 거주국의 통치권에 복종한다.

기출 OX
01 헌법 제2조 제1항은 대한민국 국적의 '취득'뿐만 아니라 국적의 유지, 상실을 둘러싼 전반적인 법률관계를 법률에 규정하도록 위임하고 있는 것으로 풀이할 수 있다. 23. 법원행시
( )

3. 국적의 취득 04. 법원직, 07. 국회직 8급

(1) 선천적 국적 취득

우리나라는 부모양계혈통주의에 기초한 속인주의를 원칙으로 하면서 예외적으로 속지주의를 채택하고 있다.

> **국적법**
> 제2조 【출생에 의한 국적 취득】 ① 다음 각 호의 어느 하나에 해당하는 자는 출생과 동시에 대한민국 국적을 취득한다.
> 1. 출생 당시에 부 또는 모가 대한민국의 국민인 자
> 2. 출생하기 전에 부가 사망한 경우에는 그 사망 당시에 부가 대한민국의 국민이었던 자
> 3. 부모가 모두 분명하지 아니한 경우나 국적이 없는 경우에는 대한민국에서 출생한 자
> ② 대한민국에서 발견된 기아는 대한민국에서 출생한 것으로 추정한다.

기출 OX
02 출생한 당시에 부 또는 모가 대한민국의 국민인 자는 출생과 동시에 대한민국의 국적을 취득한다. 04. 법원직
( )

① **부계혈통주의를 부모양계혈통주의로 개정**: 과거의 부계혈통주의, 즉 아버지의 국적을 따라가는 상황에서 이제는 아버지든 어머니든 부모 중 한 명이라도 대한민국 국민인 경우 출생한 자도 선천적으로 국적을 취득하게 되었다.
② **유복자인 경우**: 부가 사망할 당시 대한민국 국민이었다면 그자도 대한민국 국적을 취득한다.
③ **출생지주의의 보충**: 무국적 방지를 위해 부모를 알 수 없을 경우 속지주의를 보충적으로 채택하고 있다.

정답 01 O 02 O

④ **부가 외국인인 자녀의 성·본·입적**: 신법 부칙 제8조에서는 민법 제781조 제1항을 개정하여 부가 외국인인 자에 대해서는 모의 성과 본을 따를 수 있도록 하고 아울러 모의 가에 입적하도록 하였다.

(2) 후천적 국적 취득

① **인지*에 의한 국적 취득**: 인지의 경우 부 또는 모는 인지 시점뿐만 아니라 자의 출생 당시에도 우리 국민이었어야 한다.

*인지란 혼인 외의 출생자에 대하여 생부 또는 생모가 자기의 자식이라고 인정함으로써 법률상의 친자관계를 발생시키는 행위이다.

> **국적법**
>
> **제3조【인지에 의한 국적 취득】** ① 대한민국의 국민이 아닌 자(이하 '외국인'이라 한다)로서 대한민국의 국민인 부 또는 모에 의하여 인지된 자가 다음 각 호의 요건을 모두 갖추면 법무부장관에게 신고함으로써 대한민국 국적을 취득할 수 있다.
> 1. 대한민국의 민법상 미성년일 것
> 2. 출생 당시에 부 또는 모가 대한민국의 국민이었을 것
> ② 제1항에 따라 신고한 자는 그 신고를 한 때에 대한민국 국적을 취득한다.
> ③ 제1항에 따른 신고 절차와 그 밖에 필요한 사항은 대통령령으로 정한다.

② **귀화**에 의한 국적 취득**

**귀화는 우리나라 국민인 적이 없는 경우에 가능하다. 우리나라 국민이었던 사람은 국적회복절차를 거쳐야 한다.

> **국적법**
>
> **제4조【귀화에 의한 국적 취득】** ① 대한민국 국적을 취득한 사실이 없는 외국인은 법무부장관의 귀화허가를 받아 대한민국 국적을 취득할 수 있다.
> ② 법무부장관은 귀화허가 신청을 받으면 제5조부터 제7조까지의 귀화 요건을 갖추었는지를 심사한 후 그 요건을 갖춘 사람에게만 귀화를 허가한다.
> ③ 제1항에 따라 귀화허가를 받은 사람은 법무부장관 앞에서 국민선서를 하고 귀화증서를 수여받은 때에 대한민국 국적을 취득한다. 다만, 법무부장관은 연령, 신체적·정신적 장애 등으로 국민선서의 의미를 이해할 수 없거나 이해한 것을 표현할 수 없다고 인정되는 사람에게는 국민선서를 면제할 수 있다.
>
> ✎ 인지는 신고로 하고, 귀화는 허가받아야 한다.
>
> **제5조【일반귀화 요건】** 외국인이 귀화허가를 받기 위해서는 제6조나 제7조에 해당하는 경우 외에는 다음 각 호의 요건을 갖추어야 한다.
> 1. 5년 이상 계속하여 대한민국에 주소가 있을 것
> 1의2. 대한민국에서 영주할 수 있는 체류자격을 가지고 있을 것
> 2. 대한민국의 민법상 성년일 것
> 3. 법령을 준수하는 등 법무부령으로 정하는 품행 단정의 요건을 갖출 것
> 4. 자신의 자산이나 기능에 의하거나 생계를 같이하는 가족에 의존하여 생계를 유지할 능력이 있을 것
> 5. 국어능력과 대한민국의 풍습에 대한 이해 등 대한민국 국민으로서의 기본 소양을 갖추고 있을 것
> 6. 귀화를 허가하는 것이 국가안전보장·질서유지 또는 공공복리를 해치지 아니한다고 법무부장관이 인정할 것

기출 OX

03 인지에 의하여 국적을 취득할 수 있는 자는 우리 민법에 의하여 미성년자이어야 한다. 04. 법원직 ( )

04 인지에 의하여 국적을 취득하는 시점은 법무부장관에게 신고를 한 때이다. 20. 경행특채 ( )

기출 OX

05 법무부장관은 귀화신청인이 귀화요건을 갖추었다 하더라도 귀화를 허가할 것인지 여부에 관하여 재량권을 가진다. 19. 국가직 7급 ( )

한눈에 쏙!

신고와 허가

신고	허가
인지	귀화
국적의 재취득	국적의 회복
국적보유선택	–
모계출생특례	–

정답 03 ○ 04 ○ 05 ○

제6조【간이귀화 요건】① 다음 각 호의 어느 하나에 해당하는 외국인으로서 대한민국에 3년 이상 계속하여 주소가 있는 사람은 제5조 제1호 및 제1호의2의 요건을 갖추지 아니하여도 귀화허가를 받을 수 있다.
1. 부 또는 모가 대한민국의 국민이었던 사람
2. 대한민국에서 출생한 사람으로서 부 또는 모가 대한민국에서 출생한 사람
3. 대한민국 국민의 양자로서 입양 당시 대한민국의 민법상 성년이었던 사람
② 배우자가 대한민국의 국민인 외국인으로서 다음 각 호의 어느 하나에 해당하는 사람은 제5조 제1호 및 제1호의2의 요건을 갖추지 아니하여도 귀화허가를 받을 수 있다.

> 간이귀화의 경우에는 대한민국의 관련성이 요구된다. 특히, 혼인은 원칙적으로 2년이 요건인데 외국에서 살다 온 경우에는 1년이면 된다. 또한 사망이나 미성년인 자녀가 있는 경우에는 주소 요건을 충족하지 못해도 강제추방을 당하지 않는다.

1. 그 배우자와 혼인한 상태로 대한민국에 2년 이상 계속하여 주소가 있는 사람
2. 그 배우자와 혼인한 후 3년이 지나고 혼인한 상태로 대한민국에 1년 이상 계속하여 주소가 있는 사람
3. 제1호나 제2호의 기간을 채우지 못하였으나, 그 배우자와 혼인한 상태로 대한민국에 주소를 두고 있던 중 그 배우자의 사망이나 실종 또는 그 밖에 자신에게 책임이 없는 사유로 정상적인 혼인 생활을 할 수 없었던 사람으로서 제1호나 제2호의 잔여기간을 채웠고 법무부장관이 상당하다고 인정하는 사람
4. 제1호나 제2호의 요건을 충족하지 못하였으나, 그 배우자와의 혼인에 따라 출생한 미성년의 자를 양육하고 있거나 양육하여야 할 사람으로서 제1호나 제2호의 기간을 채웠고 법무부장관이 상당하다고 인정하는 사람

제7조【특별귀화 요건】① 다음 각 호의 어느 하나에 해당하는 외국인으로서 대한민국에 주소가 있는 자는 제5조 제1호·제1호의2·제2호 또는 제4호의 요건을 갖추지 아니하여도 귀화허가를 받을 수 있다.
1. 부 또는 모가 대한민국의 국민인 사람. 다만, 양자로서 대한민국의 민법상 성년이 된 후에 입양된 사람은 제외한다.
2. 대한민국에 특별한 공로가 있는 사람
3. 과학·경제·문화·체육 등 특정 분야에서 매우 우수한 능력을 보유한 사람으로서 대한민국의 국익에 기여할 것으로 인정되는 사람
② 제1항 제2호 및 제3호에 해당하는 사람을 정하는 기준 및 절차는 대통령령으로 정한다.

제8조【수반 취득】① 외국인의 자로서 대한민국의 민법상 미성년인 사람은 부 또는 모가 귀화허가를 신청할 때 함께 국적 취득을 신청할 수 있다.
② 제1항에 따라 국적 취득을 신청한 사람은 부 또는 모가 대한민국 국적을 취득한 때에 함께 대한민국 국적을 취득한다.
③ 제1항에 따른 신청 절차와 그 밖에 필요한 사항은 대통령령으로 정한다.

제9조【국적회복에 의한 국적 취득】① 대한민국의 국민이었던 외국인은 법무부장관의 국적회복허가를 받아 대한민국 국적을 취득할 수 있다.
② 법무부장관은 국적회복허가 신청을 받으면 심사한 후 다음 각 호의 어느 하나에 해당하는 사람에게는 국적회복을 허가하지 아니한다.
1. 국가나 사회에 위해를 끼친 사실이 있는 사람
2. 품행이 단정하지 못한 사람

기출 OX

01 배우자가 대한민국의 국민인 외국인으로서 그 배우자와 혼인한 후 2년이 지나고 혼인한 상태로 대한민국에 1년 이상 계속하여 주소가 있는 자는 귀화허가를 받을 수 있다. 13. 법원직
( )

한눈에 쏙!

간이귀화	부 또는 모가 국민이었던 자
특별귀화	부 또는 모가 국민인 자

한눈에 쏙!

구분	한때 한국인	요건	성질
귀화	×	취득	재량
국적 회복	○	배제	기속

정답 01 ×

> 3. 병역을 기피할 목적으로 대한민국 국적을 상실하였거나 이탈하였던 사람
> 4. 국가안전보장·질서유지 또는 공공복리를 위하여 법무부장관이 국적회복을 허가하는 것이 적당하지 아니하다고 인정하는 사람
> ③ 제1항에 따라 국적회복허가를 받은 사람은 법무부장관 앞에서 국민선서를 하고 국적회복증서를 수여받은 때에 대한민국 국적을 취득한다. 다만, 법무부장관은 연령, 신체적·정신적 장애 등으로 국민선서의 의미를 이해할 수 없거나 이해한 것을 표현할 수 없다고 인정되는 사람에게는 국민선서를 면제할 수 있다.

㉠ **일반귀화·간이귀화·특별귀화**: 일반귀화는 외국인에게 거의 공통적으로 요구되는 귀화로서, 일정기간 이상의 거주기간 및 일정사유를 요건으로 한다. 간이귀화는 귀화국과 일반적인 관계 이상의 애착관계가 있을 때 인정되는 귀화로서 우리 국적법은 우리 국민과 혼인한 외국인에 대하여 간이귀화를 적용하고 있다. 특별귀화는 귀화에 필요한 여러 요건 전부를 면제하여 바로 귀화하게 해주는 것으로서 귀화국과 대상자 간에 대체로 특별한 충성관계를 필요로 한다.

한눈에 쏙!

국적법상 미성년

종류	연령
인지	미성년
특별귀화	미성년
수반 취득	미성년
국적선택	22세

📚 판례 | 품행이 단정할 것

'품행이 단정할 것'은 '귀화신청자를 대한민국의 새로운 구성원으로서 받아들이는 데 지장이 없을 만한 품성과 행실을 갖춘 것'을 의미하고, 구체적으로 이는 귀화신청자의 성별, 연령, 직업, 가족, 경력, 전과관계 등 여러 사정을 종합적으로 고려하여 판단될 것임을 예측할 수 있다. 따라서 심판대상조항은 명확성원칙에 위배되지 아니한다(헌재 2016.7.28, 2014헌바421).

기출 OX

02 외국인이 귀화허가를 받기 위해서는 '품행이 단정할 것'의 요건을 갖추도록 한 국적법 조항은 명확성원칙에 위배된다. 18. 지방직 7급 ( )

㉡ **처의 단독귀화 가능**: 구 국적법 제9조에서는 외국인의 처는 남편과 같이하지 아니하면 귀화할 수 없었으나 처의 수반취득제도와 아울러 처의 독자적 국적선택권을 침해하는 남녀차별적 조항에 해당한다고 하여 1997년 개정법에서 삭제하였다.

③ **입양에 의한 국적 취득**: 성년인 외국인의 입양으로 국적을 취득하려면 간이귀화 대상으로서 3년 이상 국내에 거주하여야 하지만, 미성년인 외국인의 입양으로 국적을 취득하려면 특별귀화 대상에 해당하여 거주기간을 요하지 않는다.

④ **혼인에 의한 국적 취득**: 우리 국민의 배우자가 된 외국인에 대하여 남녀 모두 법무부장관이 귀화허가를 받은 때에 우리 국적을 취득하는 것을 규정하고 있는데 혼인한 상태로 2년 이상(혼인한 후 3년이 경과한 자는 국내에 1년 이상) 거주하면 귀화가 가능하다. 또한 예외적으로 대한민국 국민과 결혼한 외국인이 배우자의 사망 또는 이혼 등으로 인해 국적법 제6조 제2항의 간이귀화 요건을 충족시킬 수 없는 경우에도 양육해야 할 아동의 보호 및 외국인 배우자의 인권보장의 차원에서 법무부장관이 인정하는 때에는 국적 취득을 허용하게 되었다. 이때 혼인에 의한 국적 취득에서의 '혼인'은 법률혼만을 의미한다.

⑤ **수반취득제도에 의한 국적 취득**: 기존의 처의 수반취득제도는 삭제되었고, 미성년의 자녀의 경우에는 수반 취득의 명시적 의사표시를 한 때에 그 효과가 발생된다.

한눈에 쏙!

후천적 국적 취득

인지	대한민국 민법에 의하여 미성년일 것 + 출생 당시에 부 또는 모가 대한민국 국민이었을 것
귀화	• 일반귀화: 5년 • 간이귀화: 3년 • 특별귀화: 거주요건 필요 없음
입양	• 미성년 입양: 특별귀화 대상 • 성년자 입양: 간이귀화 대상
혼인	• 요건: 간이귀화 대상 • 혼인상태로 2년 • 혼인한 후 3년 경과 + 1년
수반 취득	• 처의 수반취득제도 삭제 • 미성년인 자의 수반 취득 인정
국적 회복	• 자격: 대한민국 국민이었던 외국인 • 절차: 법무부장관의 국적회복 허가를 받아야 함

정답 02 ×

기출 OX

01 대한민국 국적을 취득한 사실이 없는 외국인은 법무부장관의 귀화허가를 받아 대한민국 국적을 취득할 수 있는 반면, 대한민국의 국민이었던 외국인은 법무부장관의 국적회복허가를 받아 대한민국 국적을 취득할 수 있다. 22. 국회직 9급 ( )

⑥ **국적회복에 의한 국적 취득**: 국적회복과 귀화는 모두 외국인이 후천적으로 법무부장관의 허가라는 주권적 행정절차를 통하여 대한민국 국적을 취득하는 제도라는 점에서 동일하나, 귀화는 대한민국 국적을 취득한 사실이 없는 순수한 외국인이 법무부장관의 허가를 받아 대한민국 국적을 취득할 수 있도록 하는 절차인 데 비해(국적법 제4조 내지 제7조), 국적회복허가는 한때 대한민국 국민이었던 자를 대상으로 한다는 점, 귀화는 일정한 요건을 갖춘 사람에게만 허가할 수 있는 반면(국적법 제5조 내지 제7조), 국적회복허가는 일정한 사유에 해당하는 사람에 대해서만 국적회복을 허가하지 아니한다는 점(국적법 제9조 제2항)에서 차이가 있다(헌재 2020.2.27, 2017헌바434).

4. 복수국적의 금지

(1) 국적 취득자의 원국적 포기의무

한눈에 쏙!

국적변경

외국인	원국적 포기: 1년 내 포기
국민	• 20세 전: 만 22세가 되기 전까지 국적선택 • 20세 후: 그때부터 2년 내에 국적선택

기출 OX

02 국적 취득자의 외국 국적 포기의무 기간은 1년으로 변경되었다. 17. 국가직 7급 ( )

03 외국 국적 포기의무를 이행하지 아니하여 대한민국 국적을 상실한 자가 1년 내에 그 외국 국적을 포기한 때는 법무부장관의 허가를 얻어 대한민국 국적을 재취득할 수 있다. 07. 국회직 8급 ( )

기출 OX

04 출생에 의하여 이중국적자가 된 자는 만 20세가 되기 전까지 하나의 국적을 선택하여야 한다. 04. 법원직 ( )

05 복수국적자에 대하여 병역준비역에 편입된 날부터 3개월 이내에 대한민국 국적을 이탈하지 않으면 병역의무를 해소한 후에야 이를 가능하도록 한 국적법 조항은 국적선택제도를 통하여 병역의무를 면탈하지 못하게 하려는 것으로 복수국적자의 국적이탈의 자유를 침해한다고 볼 수 없다. 22. 변시 ( )

정답 01 ○ 02 ○ 03 × 04 × 05 ×

> **국적법**
>
> **제10조【국적 취득자의 외국 국적 포기의무】** ① 대한민국 국적을 취득한 외국인으로서 외국 국적을 가지고 있는 자는 대한민국 국적을 취득한 날부터 1년 내에 그 외국 국적을 포기하여야 한다.
> ② 제1항에도 불구하고 다음 각 호의 어느 하나에 해당하는 자는 대한민국 국적을 취득한 날부터 1년 내에 외국 국적을 포기하거나 법무부장관이 정하는 바에 따라 대한민국에서 외국 국적을 행사하지 아니하겠다는 뜻을 법무부장관에게 서약하여야 한다.
>
> **제11조【국적의 재취득】** ① 제10조 제3항에 따라 대한민국 국적을 상실한 자가 그 후 1년 내에 그 외국 국적을 포기하면 법무부장관에게 신고함으로써 대한민국 국적을 재취득할 수 있다.
> ② 제1항에 따라 신고한 자는 그 신고를 한 때에 대한민국 국적을 취득한다.
>
> **제11조의2【복수국적자의 법적 지위 등】** ① 출생이나 그 밖에 이 법에 따라 대한민국 국적과 외국 국적을 함께 가지게 된 사람으로서 대통령령으로 정하는 사람(이하 '복수국적자'라 한다)은 대한민국의 법령 적용에서 대한민국 국민으로만 처우한다.

(2) 국적선택제도

> **국적법**
>
> **제12조【복수국적자의 국적선택의무】** ① 만 20세가 되기 전에 복수국적자가 된 자는 만 22세가 되기 전까지, 만 20세가 된 후에 복수국적자가 된 자는 그때부터 2년 내에 제13조와 제14조에 따라 하나의 국적을 선택하여야 한다. 다만, 제10조 제2항에 따라 법무부장관에게 대한민국에서 외국 국적을 행사하지 아니하겠다는 뜻을 서약한 복수국적자는 제외한다.
> ② 제1항 본문에도 불구하고 병역법 제8조에 따라 병역준비역에 편입된 자는 편입된 때부터 3개월 이내에 하나의 국적을 선택하거나 제3항 각 호의 어느 하나에 해당하는 때부터 2년 이내에 하나의 국적을 선택하여야 한다. 다만, 제13조에 따라 대한민국 국적을 선택하려는 경우에는 제3항 각 호의 어느 하나에 해당하기 전에도 할 수 있다.

③ 직계존속이 외국에서 영주할 목적 없이 체류한 상태에서 출생한 자는 병역의무의 이행과 관련하여 다음 각 호의 어느 하나에 해당하는 경우에만 제14조에 따른 국적이탈신고를 할 수 있다.
1. 현역·상근예비역·보충역 또는 대체역으로 복무를 마치거나 마친 것으로 보게 되는 경우
2. 전시근로역에 편입된 경우
3. 병역면제처분을 받은 경우

제13조【대한민국 국적의 선택 절차】 ① 복수국적자로서 제12조 제1항 본문에 규정된 기간 내에 대한민국 국적을 선택하려는 자는 외국 국적을 포기하거나 법무부장관이 정하는 바에 따라 대한민국에서 외국 국적을 행사하지 아니하겠다는 뜻을 서약하고 법무부장관에게 대한민국 국적을 선택한다는 뜻을 신고할 수 있다.
③ 출생 당시에 모가 자녀에게 외국 국적을 취득하게 할 목적으로 외국에서 체류 중이었던 사실이 인정되는 자는 외국 국적을 포기한 경우에만 대한민국 국적을 선택한다는 뜻을 신고할 수 있다.

제14조【대한민국 국적의 이탈 요건 및 절차】 ① 복수국적자로서 외국 국적을 선택하려는 자는 외국에 주소가 있는 경우에만 주소지 관할 재외공관의 장을 거쳐 법무부장관에게 대한민국 국적을 이탈한다는 뜻을 신고할 수 있다. 다만, 제12조 제2항 본문 또는 같은 조 제3항에 해당하는 자는 그 기간 이내에 또는 해당 사유가 발생한 때부터만 신고할 수 있다.

제14조의3【복수국적자에 대한 국적선택명령】 ① 법무부장관은 복수국적자로서 제12조 제1항 또는 제2항에서 정한 기간 내에 국적을 선택하지 아니한 자에게 1년 내에 하나의 국적을 선택할 것을 명하여야 한다.
④ 제1항 또는 제2항에 따라 국적선택의 명령을 받고도 이를 따르지 아니한 자는 그 기간이 지난 때에 대한민국 국적을 상실한다.

한눈에 쏙!
원정출산으로 인한 국적 선택

구분	이행
외국 국적 선택	병역문제 해결
한국 국적 선택	외국 국적 포기

한눈에 쏙!
국적선택명령

구분	선택명령
기간 내 미선택	1년
서약 위반	6개월

판례 | 복수국적 관련 판례

1 병역준비역에 편입된 복수국적자 국적이탈 제한 [헌법불합치]
외국에서만 주로 체류·거주하면서 대한민국과는 별다른 접점이 없는 사람도 있을 수 있는데, 심판대상 법률 조항은 전혀 예외를 인정하지 않고 위 시기가 경과하면 병역의무에서 벗어나는 경우에만 국적이탈이 가능하도록 규정하고 있는바, 이 결정에서 헌법재판소는 그러한 일률적인 제한에 위헌성이 있다(헌재 2020.9.24, 2016헌마889).

2 외국에 주소가 있는 경우에만 국적이탈 가능 [합헌]
외국에 생활근거 없이 주로 국내에서 생활하며 대한민국과 유대관계를 형성한 자가 단지 법률상 외국 국적을 지니고 있다는 사정을 빌미로 기회주의적 국적을 이탈하려는 행위를 제한하기 위한 것으로 헌법에 위반되지 아니한다(헌재 2023.2.23, 2020헌바603).

5. 국적의 상실

한눈에 쏙!

국적상실

자진	곧바로
비자진	국적보유신고를 통해 계속 국적 보유, 미신고시 소급하여 취득한 때 상실
양도	3년 내 권리 양도

국적법

제15조【외국 국적 취득에 따른 국적상실】 ① 대한민국의 국민으로서 자진하여 외국 국적을 취득한 자는 그 외국 국적을 취득한 때에 대한민국 국적을 상실한다.
② 대한민국의 국민으로서 다음 각 호의 어느 하나에 해당하는 자는 그 외국 국적을 취득한 때부터 6개월 내에 법무부장관에게 대한민국 국적을 보유할 의사가 있다는 뜻을 신고하지 아니하면 그 외국 국적을 취득한 때로 소급하여 대한민국 국적을 상실한 것으로 본다.
1. 외국인과의 혼인으로 그 배우자의 국적을 취득하게 된 자
2. 외국인에게 입양되어 그 양부 또는 양모의 국적을 취득하게 된 자
3. 외국인인 부 또는 모에게 인지되어 그 부 또는 모의 국적을 취득하게 된 자
4. 외국 국적을 취득하여 대한민국 국적을 상실하게 된 자의 배우자나 미성년의 자로서 그 외국의 법률에 따라 함께 그 외국 국적을 취득하게 된 자
③ 외국 국적을 취득함으로써 대한민국 국적을 상실하게 된 자에 대하여 그 외국 국적의 취득일을 알 수 없으면 그가 사용하는 외국 여권의 최초 발급일에 그 외국 국적을 취득한 것으로 추정한다.
④ 제2항에 따른 신고 절차와 그 밖에 필요한 사항은 대통령령으로 정한다.

제18조【국적상실자의 권리 변동】 ① 대한민국 국적을 상실한 자는 국적을 상실한 때부터 대한민국의 국민만이 누릴 수 있는 권리를 누릴 수 없다.
② 제1항에 해당하는 권리 중 대한민국의 국민이었을 때 취득한 것으로서 양도할 수 있는 것은 그 권리와 관련된 법령에서 따로 정한 바가 없으면 3년 내에 대한민국의 국민에게 양도하여야 한다.

기출 OX

01 대한민국 남자와 결혼하여 국적을 취득한 여자는 이혼하였다고 하여 한국 국적을 상실하는 것은 아니다. 19. 서울시 7급 ( )

판례 | 국적의 상실에 관한 판례

1 부계혈통주의 [각하 / 헌법불합치]
부계혈통주의의 원칙을 채택한 구법조항은 출생한 당시의 자녀의 국적을 부의 국적에만 맞추고 모의 국적은 단지 보충적인 의미만을 부여하는 차별을 하고 있다. 이렇게 한국인 부와 외국인 모 사이의 자녀와 한국인 모와 외국인 부 사이의 자녀를 차별취급하는 것은, 모가 한국인인 자녀와 그 모에게 불리한 영향을 끼치므로 헌법 제11조 제1항의 남녀평등원칙에 어긋난다(헌재 2000.8.31, 97헌가12).

2 영주권의 취득과 국적상실 여부
대한민국 국민이 일본국에서 영주권을 취득하였다 하여 우리 국적을 상실하지 아니하며, 영주권을 가진 재일교포를 준외국인으로 보아 외국인토지법을 준용하여야 하는 것도 아니다(대판 1981.10.13, 80다2435).

3 이혼으로 인한 국적상실 여부
일본인 여자가 한국인 남자와의 혼인으로 인하여 한국의 국적을 취득하는 동시에 일본의 국적을 상실한 뒤 한국인 남자와 이혼하였다 하여 한국 국적을 상실하고 일본 국적을 다시 취득하는 것은 아니고 동녀가 일본국에 복적할 때까지는 여전히 한국의 국적을 그대로 유지한다(대결 1976.4.23, 73마1051).

한눈에 쏙!

구분	상실 여부
영주권	×
시민권	○
이혼	×
호적	×

정답 01 ○

4 호적과의 관계

> 호적에의 등재나 삭제는 국적득상의 효과를 창설하는 작용을 하는 것이 아니고 국적법에 의하여 형성된 국적득상에 관한 사항을 절차적으로 정리하는 행위에 지나지 않는 것이므로 호적에 한 국적상실의 등재만으로 대한민국 국적이 상실되는 것은 아니다(대판 2003.5.30, 2002두9797).

6. 국적의 판정

> **국적법**
> 제20조【국적 판정】① 법무부장관은 대한민국 국적의 취득이나 보유 여부가 분명하지 아니한 자에 대하여 이를 심사한 후 판정할 수 있다.
> 제21조【허가 등의 취소】① 법무부장관은 거짓이나 그 밖의 부정한 방법으로 귀화허가, 국적회복허가, 국적의 이탈허가 또는 국적보유판정을 받은 자에 대하여 그 허가 또는 판정을 취소할 수 있다.

기출 OX

02 법무부장관은 거짓이나 그 밖의 부정한 방법으로 귀화허가를 받은 자에 대하여 그 허가를 취소할 수 있으며, 법무부장관의 취소권 행사기간은 귀화허가를 한 날로부터 6개월 이내이다.
19. 국가직 7급 ( )

7. 모계출생자에 대한 특례

> **국적법 부칙**
> 제7조【부모양계혈통주의 채택에 따른 모계출생자에 대한 국적 취득의 특례】① 1978년 6월 14일부터 1998년 6월 13일까지의 사이에 대한민국의 국민을 모로 하여 출생한 자로서 다음 각 호의 1에 해당하는 자는 2004년 12월 31일까지 대통령령이 정하는 바에 의하여 법무부장관에게 신고*함으로써 대한민국의 국적을 취득할 수 있다.
> * 자동취득이 아니라 신고에 의한 특례를 규정한 이유는 중국과의 국적분쟁이 생기는 것을 최대한 방지하기 위함이다. 즉, 신고도 안 했는데 중국인을 함부러 한국인으로 자동인정할 수는 없다.
> 1. 모가 현재 대한민국의 국민인 자
> 2. 모가 사망한 때에는 그 사망 당시에 모가 대한민국의 국민이었던 자

03 재외국민의 보호

> **헌법 제2조** ② 국가는 법률이 정하는 바에 의하여 재외국민을 보호할 의무를 진다.

헌법조항	국가는 법률이 정하는 바에 의하여 재외국민을 보호할 의무를 진다(현행 헌법). 재외국민은 국가의 보호를 받는다(1980년 헌법).
의미	재외국민(대한민국 국민으로서 외국의 영주권을 취득하거나 영주할 목적으로 외국에 거주하고 있는 자)
	외국국적동포(대한민국의 국적을 보유하였던 자 또는 그 직계비속)
내용	조약 기타 일반적으로 승인된 국제법규 및 해당 거류국의 법령에 따른 국가의 외교적 보호, 정치적 배려에 의한 국가의 각종 지원

정답 02 ×

기출 OX

01 헌법재판소는 1948년 정부수립 이전 이주동포를 재외동포의 출입국과 법적 지위에 관한 법률의 적용대상에서 제외하는 것은 헌법 제11조의 평등원칙에 위배된다고 판시하였다. 19. 서울시 7급 ( )

02 법률이 정하는 일정한 재외국민에게는 대통령선거권, 국회의원선거권, 지방의원 및 단체의 장 선거권, 국민투표권, 주민투표권을 부여하고 있다. 19. 서울시 7급 ( )

03 주민등록법상 재외국민으로 등록·관리되고 있는 영유아를 보육료·양육수당의 지원대상에서 제외한 규정은 국가의 재정능력에 비추어 보았을 때 국내에 거주하면서 재외국민인 영유아를 양육하는 부모를 차별하고 있더라도 평등권을 침해하지는 않는다. 18. 국가직 7급 ( )

> **판례 | 재외국민에 관한 판례**
>
> **1 정부수립 이전의 국외이주자를 재외동포법의 수혜대상에서 배제 [헌법불합치]**
> 정부수립 이전에 국외로 이주한 구소련거주동포와 중국거주동포를 재외동포의 출입국과 법적 지위에 관한 법률의 수혜대상에서 배제한 것은 인간의 존엄과 가치 및 행복추구권을 침해하는 것은 아니지만, 평등의 원칙에 위배된다(헌재 2001.11.29, 99헌마494).
>
> **2 재외선거인의 국민투표권 제한 사건 [헌법불합치]**
> [1] 주민등록과 국내거소신고를 기준으로 지역구국회의원선거권을 인정하는 것은 해당 국민의 지역적 관련성을 확인하는 합리적인 방법이다. 따라서 선거권조항과 재외선거인 등록신청조항이 재외선거인의 임기만료지역구국회의원선거권을 인정하지 않은 것이 나머지 청구인들의 선거권을 침해하거나 보통선거원칙에 위배된다고 볼 수 없다.
> [2] 국민의 본질적 지위에서 도출되는 국민투표권을 추상적 위험 내지 선거기술상의 사유로 배제하는 것은 헌법이 부여한 참정권을 사실상 박탈한 것과 다름없다. 따라서 국민투표법 조항은 재외선거인인 나머지 청구인들의 국민투표권을 침해한다(헌재 2014.7.26, 2009헌마256).
>> 재외국민의 경우 대통령, 비례대표국회의원, 국민투표권은 보유하나, 지역구국회의원선거권은 인정되지 않는다. 국내거주 재외국민에게 주민참정권을 인정하지 않는 경우 헌법에 위반된다(헌재 2007.6.28, 2004헌마643).
>
> **3 재외국민 영유아 보육료·양육수당 지원 배제 [위헌]**
> 대한민국 국적을 가지고 있는 영유아 중에서도 재외국민인 영유아를 보육료·양육수당 지원대상에서 제외하는 보건복지부지침이 국내에 거주하면서 재외국민인 영유아를 양육하는 부모인 청구인들의 평등권을 침해하므로 헌법에 위반된다(헌재 2018.1.25, 2015헌마1047).
>
> **4 국제협력요원의 국가유공자법 적용배제 [각하]**
> 국제협력요원이 복무 중 사망한 경우 국가유공자법에 의한 보상을 하지 않는다고 하여 국가가 헌법 제2조 제2항에 규정한 재외국민을 보호할 의무를 행하지 않은 경우라고는 볼 수 없다(헌재 2010.7.29, 2009헌가13).
>> 국제협력단의 대체복무제도는 정규 소속인원만으로는 운영이 어려운 기관에 사회복무요원을 파견하는 것과 마찬가지로 군 입대를 대체하여 부족한 일반 봉사단을 메꾸는 역할을 하는 국제협력봉사요원 제도를 운영하였다.

정답 01 ○ 02 ○ 03 ✕

04 영역

헌법 제3조 대한민국의 영토는 한반도와 그 부속도서로 한다.

영토	한반도와 그 부속도서*
영해	• 한반도와 그 부속도서에 접속한 12해리까지이다. • 대한해협은 3해리까지이다.
	접속수역(영해기선으로부터 24해리까지 이르는 수역에서 영해를 제외한 수역)
	배타적 경제수역(영해기선 그 외측 200해리에 이르는 수역에서 영해를 제외한 수역)
영공	지배가능한 범위까지이다. 05. 입시

* 부속도서란 주된 지역에 딸려 있는 크고 작은 섬을 말한다.

> **⚖ 판례 | 간도협약** 무효**
>
> 중국에 대해 간도협약이 무효임을 주장하여야 하는 어떠한 법적인 의무가 있다고도 볼 수 없다. 이 사건 심판청구는 헌법소원이 허용될 수 없는 공권력의 불행사를 대상으로 한 것이므로 부적법하다(헌재 2009.9.22, 2009헌마516).
> ** 일제가 불법적으로 간도지방의 영유권을 중국에 할양한 협약이다.

기출 OX

04 헌법은 영해에 관하여 명시적으로 규정하고 있지 않다. 04. 국회직 8급
( )

05 대한민국의 접속수역은 영해기선으로부터 24해리까지 이르는 수역에서 대한민국의 영해를 제외한 수역이고 접속수역에서 관계 당국은 일정한 법규에 위반하는 행위를 방지하거나 제재할 수 있다. 05. 입시 ( )

1. 북한의 헌법상 지위

(1) 헌법 제3조의 영토규정은 북한을 반국가단체로 보는 논거이고, 헌법 제4조의 평화통일의무 규정은 북한을 민족적 공동체로 보는 논거이다. 06. 국회직 8급

(2) 헌법재판소는 북한은 조국의 평화적 통일을 위한 대화와 협력의 동반자임과 동시에 대남적화노선을 고수하면서 우리 자유민주주의 체제의 전복을 획책하고 있는 반국가단체라는 이중적 성격도 함께 갖고 있다고 판시하였다(헌재 1997.1.16, 92헌바6 등).*** 04. 국회직 8급, 05. 입시

*** 영토조항에 따르면 우리 헌법은 한반도 전역에 미치므로 북한은 국가가 될 수 없다. 그러나 통일조항에 따르면 통일은 우리나라와 대등한 지위의 국가를 상정하므로 북한도 국가가 된다. 이는 모순되는 것처럼 보이지만 헌법재판소의 견해처럼 북한의 지위가 이중적이기 때문이므로 헌법규정이 잘못되었다고 할 수는 없다.

(3) 대법원의 경우에는 북한의 국가성을 부정하고 북한을 반국가단체로 보고 있다.

정답 04 ○ 05 ○

2. 국가보안법의 위헌 여부

⚖️ 판례 | 국가보안법에 관한 판례

1 국가보안법*의 위헌 여부

북한이 남·북한의 유엔동시가입, 소위 남북합의서의 채택·발효 및 남북교류협력에 관한 법률 등의 시행 후에도 적화통일의 목표를 버리지 않고 각종 도발을 자행하고 있으며 남·북한의 정치, 군사적 대결이나 긴장관계가 조금도 해소되고 있지 않음이 현실인 이상, 국가의 존립·안전과 국민의 생존 및 자유를 수호하기 위하여 신·구 국가보안법의 해석·적용상 북한을 반국가단체로 보고 이에 동조하는 반국가활동을 규제하는 것 자체가 헌법이 규정하는 국제평화주의나 평화통일의 원칙에 위반된다고 할 수 없다(헌재 1997.1.16, 92헌바6 등). 04. 국회직 8급, 05. 입시

* 국가보안법은 적용범위가 광범위하여 축소제한할 필요가 있다.

기출 OX

01 헌법재판소는 국가보안법과 남북교류협력에 관한 법률의 관계는 상호 구성요건이 중복되는 일반법과 특별법의 관계에 있는 것으로 보고 있다. 06. 국회직 8급 ( )

2 국가보안법과 남북교류협력에 관한 법률의 관계

헌법 제4조가 천명하는 자유민주적 기본질서에 입각한 평화적 통일정책을 수립하고 이를 추진하는 한편 국가의 안전을 위태롭게 하는 반국가활동을 규제하기 위한 법적 장치로서, 전자를 위하여는 남북교류협력에 관한 법률 등의 시행으로써 이에 대처하고 후자를 위하여는 국가보안법의 시행으로써 이에 대처하고 있는 것이다. 이와 같이 국가보안법과 남북교류협력에 관한 법률은 상호 그 입법목적과 규제대상을 달리하고 있으며 따라서 … 그 구성요건을 달리하고 있는 것이므로 청구인의 행위에 관하여는 남북교류협력에 관한 법률은 적용될 여지가 없다고 할 것이다(헌재 1993.7.29, 92헌바48). 04. 국회직 8급

3. 북한주민의 법적 지위

기출 OX

02 대법원은 북한주민의 한국 국적을 인정하고 있다. 06. 국회직 8급 ( )

대법원 판례에 의하면 헌법의 영토조항에 비추어 북한 국적의 주민이 대한민국의 국적을 취득·유지하는 데 아무런 문제가 없다.

한눈에 쏙!

구분	인정 여부
원칙	한국인으로 봄
예외	외국환, 자격증, 범죄자

⚖️ 판례 | 북한주민의 법적 지위에 관한 판례

1 국적에 관한 임시조례의 승계

조선인을 부친으로 하여 출생한 자는 남조선 과도정부 법률 제11호 국적에 관한 임시조례 규정에 따라 조선 국적을 취득하였다가 제헌헌법의 공포와 동시에 대한민국 국적을 취득하였다 할 것이다(대판 1996.11.12, 96누1221). 04·06·07. 국회직 8급, 05. 입시

2 저작권법의 효력

타인의 저작물을 복제, 배포, 발행함에 필요한 요건과 저작재산권의 존속기간을 규정한 저작권법 제36조 제1항, 제41조, 제42조, 제47조 제1항의 효력은 대한민국 헌법 제3조에 의하여 여전히 대한민국의 주권범위 내에 있는 북한지역에도 미치는 것이다(대판 1990.9.28, 89누6396).

3 마약거래범죄자인 북한이탈주민을 보호대상자로 결정하지 않을 수 있는 규정 [합헌]

북한이탈주민에 대하여도 인간다운 생활을 위한 객관적인 최소한의 보장은 이루어지고 있다. 따라서 심판대상조항이 마약거래범죄자인 북한이탈주민의 인간다운 생활을 할 권리를 침해한다고 볼 수 없다(헌재 2014.3.27, 2012헌바192).

정답 01 × 02 ○

4 신고를 하지 않은 외국환 거래 금지 [합헌]
개별 법률의 적용 내지 준용에 있어서는 남북한의 특수관계적 성격을 고려하여 북한지역을 외국에 준하는 지역으로, 북한주민 등을 외국인에 준하는 지위에 있는 자로 규정할 수 있다고 할 것이다(헌재 2005.6.30, 2003헌바114).

5 탈북의료인의 한의사자격 부여
북한의 의과대학이 헌법 제3조의 영토조항에도 불구하고 국내 대학으로 인정될 수 없고 탈북의료인의 국내 면허 취득에 관하여는 명확한 입법이 없는 상태이다. 따라서 입법자에게 국내 의료면허를 부여할 입법의무가 발생한다고 볼 수는 없다(헌재 2006.11.30, 2006헌마679).

기출 OX
03 북한주민은 대한민국 국민이므로 헌법 해석상 탈북의료인에게도 국내 의료면허를 부여할 입법의무가 발생한다. 20. 국회직 9급 ( )

4. UN(국제연합) 가입

UN(국제연합)에 가입하였다고 하여 우리나라가 북한을 국가로 승인한 것은 아니다. 이는 UN이라는 국제단체가 북한을 국가로 승인한 것에 불과하다. 즉, 가맹국 상호간의 국가승인으로 보지는 않는다.

5. 남북기본합의서

판례 | 남북기본합의서

남북합의서는 남북관계를 나라와 나라 사이 관계가 아닌 통일을 지향하는 과정에서 잠정적으로 형성된 특수관계로 규정하고 있다. 또한 남북합의서는 법적 구속력이 없는 공동성명, 신사협정에 불과하다. 따라서 남북합의서로 북한의 반국가단체성이나 국가보안법의 필요성이 소멸되는 것은 아니다(헌재 1997.1.16, 92헌바6 등).**

** 헌법 제3조에 의해서 북한은 국가가 되면 안 된다. 따라서 남북기본 합의서는 국가간 약속인 조약으로 볼 수 없다.

기출 OX
04 북한이 남·북한의 유엔 동시 가입, 소위 남북합의서의 채택·발효 및 남북교류협력에 관한 법률 등의 시행 후에도 적화통일의 목표를 버리지 않고 각종 도발을 자행하고 있으며 남·북한의 정치·군사적 대결이나 긴장관계가 조금도 해소되고 있지 않음이 현실인 이상 북한을 반국가단체로 보고 이에 동조하는 반국가활동을 규제하는 것 자체가 헌법이 규정하는 국제평화주의나 평화통일의 원칙에 위반된다고 할 수 없다. 05. 입시 ( )

국가보안법과 관련하여 문제되는 논점

남북기본합의서	조약이 아니라 신사협정에 불과하다.
UN 동시 가입	남북 상호간 국가승인의 문제에 해당하지 않는다.
국가보안법의 위헌성	주관적 요건을 추가하여 헌법재판소는 합헌결정을 하였다.
북한주민의 법적 지위	대한민국 국민으로 인정하였다.
물자교역	민족 내부의 거래로 보았다(남북교류협력에 관한 법률 제12조).

정답 03 × 04 ○

기출지문 OX

01 ☐☐☐
제헌헌법에서는 대통령을 간선제로 선출하였다. [O|X]

02 ☐☐☐
제헌헌법에는 근로자의 노동3권과 이익분배균점권 조항을 두었다. [O|X]

03 ☐☐☐
제헌헌법은 국유화와 사회화에 관한 규정을 두었고, 기본권으로는 자유시장경제를 바탕으로 하는 경제질서를 채택하였다. [O|X]

04 ☐☐☐
제2차 개헌(1954.11.27.)에서는 국무총리제가 폐지되고, 경제체제가 자유시장경제체제로 전환되었다. [O|X]

05 ☐☐☐
1960년 제3차 개정헌법에서는 헌법재판소를 최초로 규정하였다. [O|X]

06 ☐☐☐
1960년 제3차 개정헌법에서는 대법원장과 대법관을 선거로 선출하도록 규정하였다. [O|X]

07 ☐☐☐
제4차 개정헌법은 반민주행위자의 공민권 제한을 위한 소급입법의 근거를 마련하였다. [O|X]

08 ☐☐☐
1987년 제9차 개정헌법에서는 환경권과 국가의 최저임금제 시행의무를 최초로 규정하였다. [O|X]

정답 및 해설

01 O 건국헌법에서는 대통령을 국회에서 선출하였다.

02 O 경자유전의 원칙에 입각한 농지개혁과 근로자의 이익균점권 등 사회적 기본권을 규정하였다.

03 X 우리나라 최초의 경제헌법은 1948년 7월 12일에 제정된 건국헌법이다. 건국헌법은 국유화를 폭넓게 규정한 통제경제체제를 채택하였으며, 제2차 개헌헌법에서 자유시장경제체제를 최초로 채택하였다.

04 O 부통령과 국무총리가 동시에 존재하는 특이한 체제에서 국무총리가 폐지되었으며, 사회화 경향이 농후했던 과거와 달리 자유시장경제체제로 전환하였다.

05 O 제3차 개정헌법 제2공화국과 현행 헌법은 헌법재판소가 헌법에 규정되어 있다.

06 O 대법원장과 대법관은 법관의 자격이 있는 자로써 조직되는 선거인단이 이를 선거하고 대통령이 확인한다(제3차 개정헌법 제78조).

07 O 제4차 개헌 내용으로 위헌이라는 논란이 많았던 조항이다.

08 X 환경권은 제8차 개헌 때 도입되었고, 최저임금은 제9차 개헌 때 최초로 규정되었다.

09 ☐☐☐
1980년 개정헌법은 행복추구권, 친족의 행위로 인하여 불이익한 처우의 금지 및 범죄피해자구조청구권을 새로 도입하였다.　　　　　O|X

10 ☐☐☐
출생한 당시에 부 또는 모가 대한민국의 국민인 자는 출생과 동시에 대한민국의 국적을 취득한다.　　　　　O|X

11 ☐☐☐
'품행이 단정할 것'이라는 외국인의 귀화허가 요건은 귀화신청자를 대한민국의 새로운 구성원으로 받아들이는 데 지장이 없을 만한 품성과 행실을 갖춘 것을 의미하므로 명확성원칙에 위배되지 않는다.　　　　　O|X

12 ☐☐☐
배우자가 대한민국의 국민인 외국인으로서 그 배우자와 혼인한 후 2년이 지나고 혼인한 상태로 대한민국에 1년 이상 계속하여 주소가 있는 사람은 귀화허가를 받을 수 있다.　　　　　O|X

13 ☐☐☐
대한민국 국적을 취득한 사실이 없는 외국인은 법무부장관의 귀화허가를 받아 대한민국 국적을 취득할 수 있는 반면, 대한민국의 국민이었던 외국인은 법무부장관의 국적회복허가를 받아 대한민국 국적을 취득할 수 있다.　　　　　O|X

14 ☐☐☐
복수국적자에 대하여 병역준비역에 편입된 날부터 3개월 이내에 대한민국 국적을 이탈하지 않으면 병역의무를 해소한 후에야 이를 가능하도록 한 국적법 조항은 국적선택제도를 통하여 병역의무를 면탈하지 못하게 하려는 것으로 복수국적자의 국적이탈의 자유를 침해한다고 볼 수 없다.　　　　　O|X

15 ☐☐☐
만 20세가 되기 전에 복수국적자가 된 자는 만 22세가 되기 전까지, 만 20세가 된 후에 복수국적자가 된 자는 그때부터 2년 내에 하나의 국적을 선택하여야 하는 것이 원칙이다.　　　　　O|X

정답 및 해설

09 X　범죄피해자구조청구권이 새로 도입된 것은 1980년 헌법이 아니라 현행헌법, 즉 1987년 헌법이다.

10 O　우리나라는 속인주의를 원칙으로 하며, 이 경우 출생과 동시에 대한민국 국적을 획득한다(국적법 제2조 제1항 제1호).

11 O　'품행이 단정할 것'은 '귀화신청자를 대한민국의 새로운 구성원으로서 받아들이는 데 지장이 없을 만한 품성과 행실을 갖춘 것'을 의미하고, 구체적으로 이는 귀화신청자의 성별, 연령, 직업, 가족, 경력, 전과관계 등 여러 사정을 종합적으로 고려하여 판단될 것임을 예측할 수 있다. 따라서 심판대상조항은 명확성원칙에 위배되지 아니한다(헌재 2016.7.28, 2014헌바421).

12 X　배우자가 대한민국의 국민인 외국인으로서 그 배우자와 혼인한 후 3년이 지나고 혼인한 상태로 대한민국에 1년 이상 계속하여 주소가 있는 사람은 귀화허가를 받을 수 있다(국적법 제6조 제2항 제2호). 즉, 2년이 아니라 3년이다.

13 O　국적회복과 귀화는 모두 외국인이 후천적으로 법무부장관의 허가라는 주권적 행정절차를 통하여 대한민국 국적을 취득하는 제도라는 점에서 동일하나, 귀화는 대한민국 국적을 취득한 사실이 없는 순수한 외국인이 법무부장관의 허가를 받아 대한민국 국적을 취득할 수 있도록 하는 절차인 데 비해(국적법 제4조 내지 제7조), 국적회복허가는 한때 대한민국 국민이었던 자를 대상으로 한다.

14 X　외국에서만 주로 체류·거주하면서 대한민국과는 별다른 접점이 없는 사람도 있을 수 있는데, 심판대상 법률 조항은 전혀 예외를 인정하지 않고 위 시기가 경과하면 병역의무에서 벗어나는 경우에만 국적이탈이 가능하도록 규정하고 있는바, 이 결정에서 헌법재판소는 그러한 일률적인 제한에 위헌성이 있다(헌재 2020.9.24, 2016헌마889).

15 O　만 20세가 되기 전에 복수국적자가 된 자는 만 22세가 되기 전까지, 만 20세가 된 후에 복수국적자가 된 자는 그때부터 2년 내에 제13조와 제14조에 따라 하나의 국적을 선택하여야 한다(국적법 제12조 제1항 본문).

16 ☐☐☐

우리 국적을 상실한 자는 우리 국민이 아니면 향유할 수 없는 양도 가능한 권리를 별도의 규정이 없는 한 3년 내에 대한민국 국민에게 양도하여야 한다. O|X

17 ☐☐☐

대한민국 남자와 결혼하여 국적을 취득한 여자는 이혼하였다고 하여 한국국적을 상실하는 것은 아니다. O|X

18 ☐☐☐

외무부장관은 대한민국 국적의 취득이나 보유 여부가 분명하지 아니한 자에 대하여 이를 심사한 후 판정할 수 있다. O|X

19 ☐☐☐

헌법재판소는 1948년 정부수립 이전 이주동포를 재외동포의 출입국과 법적 지위에 관한 법률의 적용대상에서 제외하는 것은 헌법 제11조의 평등원칙에 위배된다고 판시하였다. O|X

20 ☐☐☐

주민등록법상 재외국민으로 등록·관리되고 있는 영유아를 보육료·양육수당의 지원대상에서 제외한 규정은 국가의 재정능력에 비추어 보았을 때 국내에 거주하면서 재외국민인 영유아를 양육하는 부모를 차별하고 있더라도 평등권을 침해하지는 않는다. O|X

21 ☐☐☐

헌법재판소는 북한을 대화와 협력의 동반자임과 동시에 반국가단체라는 성격을 함께 갖고 있다고 보고 있다. O|X

22 ☐☐☐

헌법재판소는 국가보안법과 남북교류협력에 관한 법률의 관계는 상호 구성요건이 중복되는 일반법과 특별법의 관계에 있는 것으로 보고 있다. O|X

정답 및 해설

16 O 국적상실자의 권리변동기간을 종전의 1년 이내에서 3년 이내로 연장하였다(국적법 제18조 제2항).

17 O 대한민국 국민이 일본국에서 영주권을 취득하였다 하여 우리 국적을 상실하지 아니하며, 영주권을 가진 재일교포를 준외국인으로 보아 외국인토지법을 준용하여야 하는 것도 아니다(대판 1981.10.13, 80다2435).

18 × 법무부장관은 대한민국 국적의 취득이나 보유 여부가 분명하지 아니한 자에 대하여 이를 심사한 후 판정할 수 있다(국적법 제20조 제1항).

19 O 정부수립 이전에 국외로 이주한 구소련거주동포와 중국거주동포를 재외동포의 출입국과 법적 지위에 관한 법률의 수혜대상에서 배제한 것은 인간의 존엄과 가치 및 행복추구권을 침해하는 것은 아니지만, 평등의 원칙에 위배된다(헌재 2001.11.29, 99헌마494).

20 × 대한민국 국적을 가지고 있는 영유아 중에서도 재외국민인 영유아를 보육료·양육수당 지원대상에서 제외하는 보건복지부지침이 국내에 거주하면서 재외국민인 영유아를 양육하는 부모인 청구인들의 평등권을 침해하므로 헌법에 위반된다(헌재 2018.1.25, 2015헌마1047).

21 O 헌재 1997.1.16, 92헌바6 등 병합. 다만, 대법원의 경우는 반국가단체로 보고 있다.

22 × 이와 같이 국가보안법과 남북교류협력에 관한 법률은 상호 그 입법목적과 규제대상을 달리하고 있으며 따라서 … 그 구성요건을 달리하고 있는 것이므로 청구인의 행위에 관하여는 남북교류협력에 관한 법률은 적용될 여지가 없다고 할 것이다(헌재 1993.7.29, 92헌바48).

23 ☐☐☐
대법원은 북한주민의 한국 국적을 인정하고 있다. ⓞ|Ⓧ

24 ☐☐☐
북한주민은 대한민국 국민이므로 헌법 해석상 탈북의료인에게도 국내 의료면허를 부여할 입법의무가 발생한다. ⓞ|Ⓧ

25 ☐☐☐
남북합의서는 남북관계를 '나라와 나라 사이의 관계가 아닌 통일을 지향하는 과정에서 잠정적으로 형성되는 특수관계'임을 전제로 하여 이루어진 합의문서인바, 이는 한민족공동체 내부의 특수관계를 바탕으로 한 당국 간의 합의로서 남북당국의 성의있는 이행을 상호 약속하는 일종의 공동성명 또는 신사협정에 준하는 성격을 가진다. ⓞ|Ⓧ

정답 및 해설

- **23** ○ 조선인을 부친으로 하여 출생한 자는 남조선과도정부법률 제11호 국적에 관한 임시조례의 규정에 따라 조선국적을 취득하였다가 제헌헌법의 공포와 동시에 대한민국 국적을 취득하였다 할 것이고, 설사 그가 북한법의 규정에 따라 북한국적을 취득하여 중국 주재 북한대사관으로부터 북한의 해외공민증을 발급받은 자라 하더라도 북한지역 역시 대한민국의 영토에 속하는 한반도의 일부를 이루는 것이어서 대한민국의 주권이 미칠 뿐이고, 대한민국의 주권과 부딪치는 어떠한 국가단체나 주권을 법리상 인정할 수 없는 점에 비추어 볼 때, 그러한 사정은 그가 대한민국 국적을 취득하고 이를 유지함에 있어 아무런 영향을 끼칠 수 없다(대판 1996.11.12, 96누1221).
- **24** × 북한의 의과대학이 헌법 제3조의 영토조항에도 불구하고 국내 대학으로 인정될 수 없고 탈북의료인의 국내 면허 취득에 관하여는 명확한 입법이 없는 상태이다. 따라서 입법자에게 국내 의료면허를 부여할 입법의무가 발생한다고 볼 수는 없다(헌재 2006.11.30, 2006헌마679).
- **25** ○ 남북합의서는 남북관계를 나라와 나라 사이 관계가 아닌 통일을 지향하는 과정에서 잠정적으로 형성된 특수관계로 규정하고 있다. 또한 남북합의서는 법적 구속력이 없는 공동성명, 신사협정에 불과하다(헌재 1997.1.16, 92헌바6 등).

제1편 헌법총론

제2장 대한민국헌법 총설

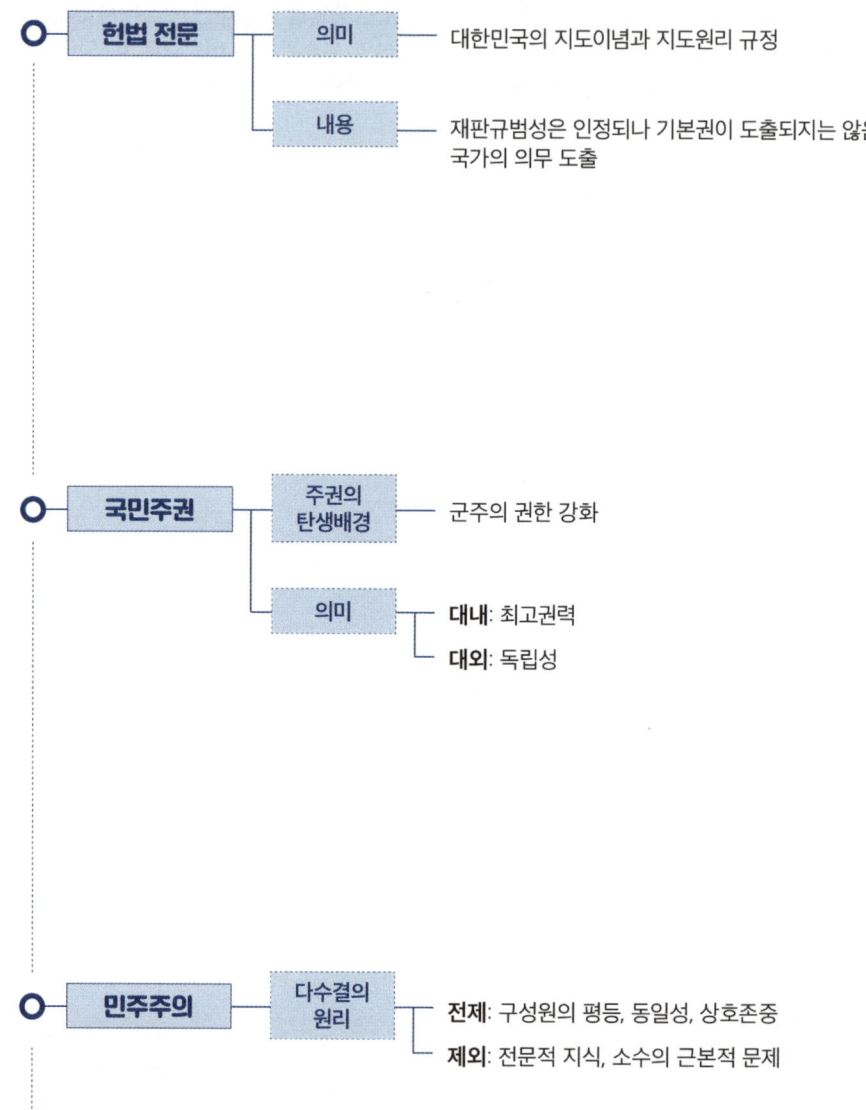

대한민국헌법의 기본원리

- **헌법 전문**
  - **의미** — 대한민국의 지도이념과 지도원리 규정
  - **내용** — 재판규범성은 인정되나 기본권이 도출되지는 않음, 국가의 의무 도출

- **국민주권**
  - **주권의 탄생배경** — 군주의 권한 강화
  - **의미**
    - **대내**: 최고권력
    - **대외**: 독립성

- **민주주의**
  - **다수결의 원리**
    - **전제**: 구성원의 평등, 동일성, 상호존중
    - **제외**: 전문적 지식, 소수의 근본적 문제

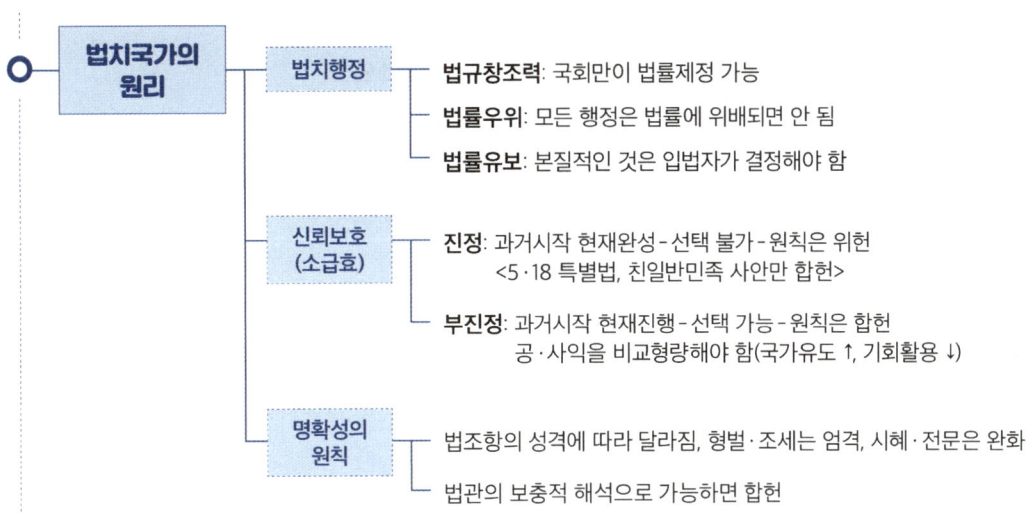

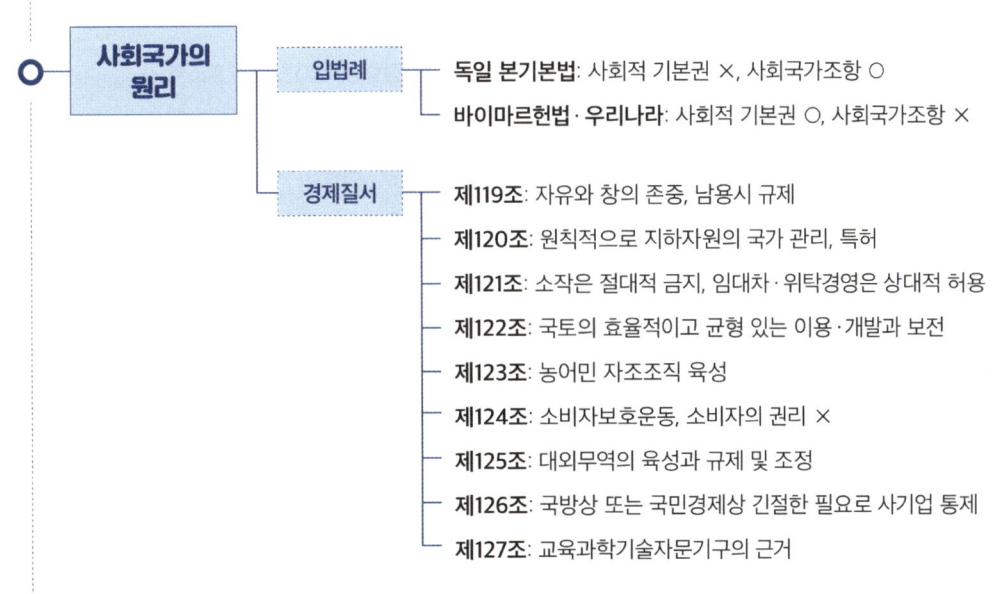

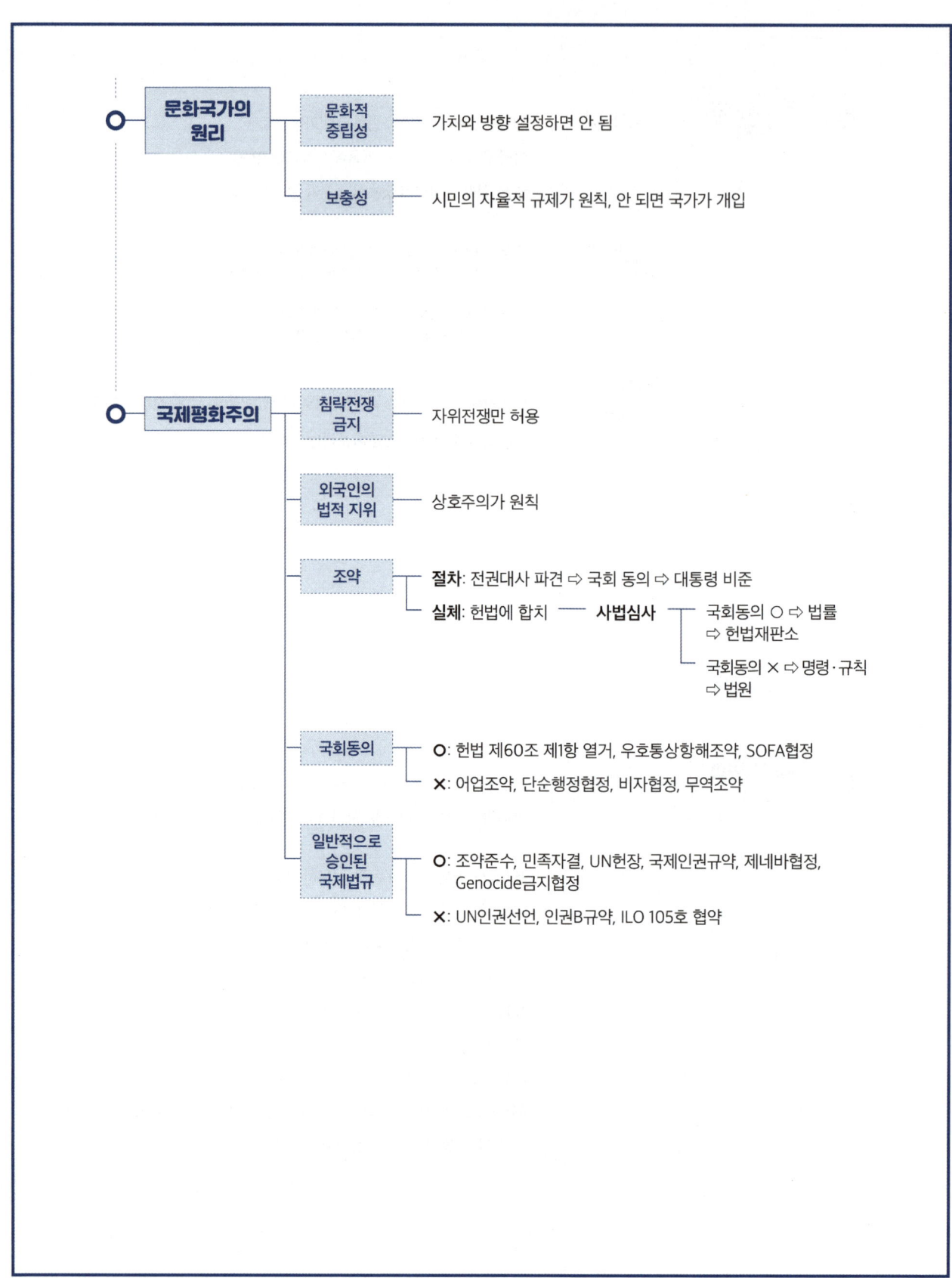

제3절 대한민국헌법의 기본원리

헌법의 기본원리는 단지 선언적인 것이 아닌 구속적인 것이며 모든 법령의 해석기준이 된다. 또한 이러한 기본원리에서 기본권을 도출할 수는 없으나 재판규범성은 인정된다고 한다. 우리 헌법의 기본원리 내지 기본질서로는 국민주권주의, 자유민주주의, 평화통일주의, 사회적 시장경제주의 등이 제시되고 있다. 07. 법원직

제1항 대한민국헌법의 전문

01 헌법 전문의 의의

1. 의의
헌법 전문에는 헌법의 제정과 개정에 관한 역사적 서술 외에 대한민국의 지도이념과 지도원리도 규정되어 있다. 07. 법원직 헌법 전문은 모든 국가의 헌법이 이를 가지고 있는 것은 아니며 또 필수적 요소라고 볼 수도 없다.

2. 내용

> **헌법 전문**
> 유구한 역사와 전통에 빛나는 우리 대한국민은 3·1 운동으로 건립된 대한민국임시정부의 법통과 불의에 항거한 4·19 민주이념을 계승하고, 조국의 민주개혁과 평화적 통일의 사명에 입각하여 정의·인도와 동포애로써 민족의 단결을 공고히 하고, 모든 사회적 폐습과 불의를 타파하며, 자율과 조화를 바탕으로 자유민주적 기본질서를 더욱 확고히 하여 정치·경제·사회·문화의 모든 영역에 있어서 각인의 기회를 균등히 하고, 능력을 최고도로 발휘하게 하며, 자유와 권리에 따르는 책임과 의무를 완수하게 하여, 안으로는 국민생활의 균등한 향상을 기하고 밖으로는 항구적인 세계평화와 인류공영에 이바지함으로써 우리들과 우리들의 자손의 안전과 자유와 행복을 영원히 확보할 것을 다짐하면서 1948년 7월 12일에 제정되고 8차에 걸쳐 개정된 헌법을 이제 국회의 의결을 거쳐 국민투표에 의하여 개정한다.

헌법 전문에 규정이 없는 것		현행 헌법에서 신설된 것
• 헌법개정의 곤란성 • 권력분립 • 침략전쟁의 부인 • 대한민국의 국가형태 • 헌법개정일자 • 인간의 존엄과 가치	• 자유민주적 기본질서에 입각한 평화적 통일정책 • 5·16 군사 정변 • 전통문화 계승 • 법치주의 • 복수정당제도	• 대한민국임시정부의 법통 • 4·19 민주이념의 계승 (제5차·제7차·제9차) • 조국의 민주개혁의 사명 • 자율과 조화를 바탕으로 국회의 의결을 거침

기출 OX

01 헌법 전문에 기재된 3·1 정신은 우리나라 헌법의 연혁적·이념적 기초로서 헌법이나 법률해석에서의 해석기준으로 작용한다고 할 수 있다는 것이 헌법재판소의 태도이다. 07. 법원직 ( )

02 헌법재판소는 현행 헌법의 전문은 정치·경제·사회·문화의 모든 영역에 있어서 각인의 기회를 균등히 한다고 규정하여 평등원칙이 국가권력행사의 한계를 형성함을 분명히 한 것으로 판단하였다. 05. 입시 ( )

03 헌법 전문에는 3·1 운동으로 건립된 대한민국임시정부의 법통을 계승한다고 규정되어 있다. 22. 소방간부 ( )

04 현행 헌법은 전문에서 헌법의 개정권자를 명문으로 밝히고 있다. 05. 입시 ( )

정답 01 O 02 O 03 O 04 O

> ☑ **SUMMARY** | 혼동하지 말아야 할 내용
>
> 1. 대한국민(대한민국 ×)
> 2. 4·19 민주이념(5·16 혁명이념 ×)
> 3. 평화적 통일(평화적 통일정책 ×)
> 4. 자유민주적 기본질서(자유민주적 시장경제질서 ×)
> 5. 1948년 7월 12일에 제정(공포 ×)
> 6. 제8차(제9차 ×)

3. 연혁

① 3·1 운동: 제헌헌법 때부터 규정
② 대한민국임시정부의 법통 계승: 9차 개헌
③ 평화적 통일: 7차 개헌
④ 자유민주적 기본질서: 7차 개헌
⑤ 4·19: 5차 때 신설 ⇨ 8차 때 삭제 ⇨ 9차 때 부활

02 헌법 전문의 규범적 효력

1. 인정 여부

기출 OX
01 헌법 전문은 규범적 효력으로서 구체적 소송에 적용될 수 있는 재판규범성을 가진다. 07. 법원직 ( )

규범적 효력을 갖는다는 것은 ① 헌법이 최고규범이라는 점과 법령해석의 기준이 된다는 것을 의미한다. ② 결국 규범력을 가진다는 것은 실제 재판을 통해서 효력을 가져야 하는데 우리 헌법재판소도 헌법 전문의 재판규범성을 인정하고 있다. ③ 따라서 단순한 공포문이나 선언문이 아닌 형식상 헌법의 일부를 구성하며, 구체적 소송에 적용될 수 있다. 05. 입시, 07. 법원직

> ⚖️ **판례** | 전문 관련 판례
>
> **1 헌법 전문의 규범력**
> 우리 헌법의 전문과 본문에 담겨 있는 최고이념은 국민주권주의와 자유민주주의에 입각한 입헌민주헌법의 본질적 기본원리에 기초하고 있다. 이는 모든 법령해석의 기준이 되고, 입법형성권 행사의 한계와 정책결정의 방향을 제시한다(헌재 1989.9.8, 88헌가6).
>
> **2 정당연설회 등에서의 무소속후보자의 차별**
> 구 국회의원선거법 제55조의3이 정당추천후보자에게 무소속후보자보다 더 많은 연설회를 가질 수 있도록 하고 연설회의 개최시기 등에 있어서 우월적 지위를 준 것은 결국 무소속후보자와 정당추천후보자에게 선거연설을 허용하는 기회 등의 등가성을 비교하여 볼 때 선거의 당락에 영향을 줄 수 있을 정도의 심히 불평등한 것이라고 못 볼 바 아니어서 이는 헌법 전문, 헌법 제11조 제1항의 법 앞의 평등, 제25조의 공무담임권, 제41조 제1항의 평등선거의 원칙, 제116조 제1항의 선거운동 기회균등의 보장원칙에 반하는 것이라 아니할 수 없다(헌재 1992.3.13, 92헌마37 등).
> ✏️ 주문에서 '정치·경제·사회·문화의 모든 영역에 있어서 각인의 기회를 균등히 하고'를 보면 무소속후보자에게 기회를 주어야 하는데 그렇지 못하므로 이는 헌법에 위반된다. 즉, 전문에 반하는 것으로서 헌법에 위배된다.

기출 OX
02 정당제도의 헌법적 기능을 고려하면 무소속후보자와 정당소속 후보자 간의 합리적이고 상대적인 차별은 가능하나 정당후보자에게 별도로 정당연설회를 할 수 있도록 하는 것은 위헌이다. 14. 국가직 7급 ( )

정답 01 ○ 02 ○

2. 기본권을 도출할 수 있는지 여부

헌법재판소는 한일어업협정사건(헌재 2001.3.21, 99헌마139 등)에서 이는 법률해석의 기준이 될 수는 있지만 국민의 개별적 기본권을 도출해낼 수 없다고 판시하였다.*

* 학설 중에는 전문에서도 기본권이 도출된다는 견해가 있으나, 판례는 전문이 헌법의 이념 등을 선언한 것이므로, 이에 반해서는 안 되지만 여기에서 권리가 나오지 않는다고 보고 있다. 우리 헌법에서 기본권은 헌법 제10조에서 제37조 제1항까지 규정되어 있고, 판례는 주로 이 조항들에서 권리를 도출하고 있다.

> **판례 | 한일어업협정사건**
>
> 청구인들이 침해받았다고 주장하는 기본권 가운데 '헌법 전문에 기재된 3·1 정신'은 우리나라 현행의 연혁적·이념적 기초로서 헌법이나 법률해석에서의 해석기준으로 작용한다고 할 수 있지만, 그에 기하여 곧바로 국민의 개별적 기본권성을 도출해낼 수는 없다고 할 것이다(헌재 2001.3.21, 99헌마139 등).

3. 국가의 의무 도출

국민의 권리와 의무는 도출되지 않으나, 국가의 의무는 도출된다.

> **판례 | 국가의 의무에 관한 판례**
>
> **1 독립유공자 유족에 대한 예우는 의무**
> 헌법 전문에서 독립유공자와 그 유족에 대하여는 응분의 예우를 하여야 할 헌법적 의무를 지닌다. 다만, **국가보훈처장이 서훈추천 신청자에 대한 서훈추천을 하여 주어야 할 헌법적 작위의무가 있다고 할 수는 없으므로**, 서훈추천을 거부한 것에 대하여 행정권력의 부작위에 대한 헌법소원으로써 다툴 수 없다(헌재 2005.6.30, 2004헌마859).
>
> **2 원폭피해자들의 보호**
> 우리 헌법은 전문에서 '3·1 운동으로 건립된 대한민국임시정부의 법통'의 계승을 천명하고 있는바, 비록 우리 헌법이 제정되기 전의 일이라 할지라도 국가가 국민의 안전과 생명을 보호하여야 할 가장 기본적인 의무를 수행하지 못한 일제강점기에 징병과 징용으로 일제에 의해 강제이주당하여 전쟁수행의 도구로 활용되다가 원폭피해를 당한 상태에서 장기간 방치됨으로써 심각하게 훼손된 **청구인들의 인간으로서의 존엄과 가치를 회복시켜야 할 의무는 대한민국임시정부의 법통을 계승한 지금의 정부가 국민에 대하여 부담하는 가장 근본적인 보호의무에 속한다고 할 것이다**(헌재 2011.8.30, 2008헌마648).

기출 OX

03 '3·1 운동으로 건립된 대한민국임시정부의 법통을 계승'한다는 것은 대한민국이 일제에 항거한 독립운동가의 공헌과 희생을 바탕으로 이룩된 것임을 선언한 것으로, 국가는 자주독립을 위하여 공헌한 독립유공자와 그 유족에 대해 응분의 예우를 해야 할 헌법적 의무를 지닌다. 17. 국가직 7급 ( )

04 일제강점기는 우리 헌법이 제정되기 전이므로 이 시기에 징병과 징용으로 일제에 의해 강제이주당하여 원폭피해를 당한 상태에서 장기간 방치됨으로써 심각하게 훼손된 피해자들의 인간으로서의 존엄과 가치를 회복시켜야 할 의무가 지금의 정부에 있는 것은 아니다. ( )

오답노트
① 특정인을 예우 ×
② 요건 미구비시 소송 ×

정답 03 ○ 04 ×

제2항 국민주권주의의 원리

01 의의

국민주권주의란 국가의사를 결정함에 있어서 최고의 원동력은 국민에게 있다는 원리를 말한다. 즉, 모든 국가권력의 정당성의 근거가 국민에게 있다는 의미이다.

기출 OX
01 주권론은 국민에게 절대적 권위, 곧 대외적으로는 독립을, 대내적으로는 최고의 권력을 부여하려는 목적에서 주장된 것이다. ( )

02 주권이론

초기의 주권은 왕권을 견제하기 위한 국민주권이 아니라 대내적으로는 봉건 제후에게, 대외적으로는 교황에게 맞서기 위한 것으로 군주를 위한 것이었다. 그러나 시민혁명기를 거쳐 국민들의 인권의식이 고양되면서 중간에 그 타협점으로 의회주권론이 대두되기도 하였으나, 오늘날은 국민주권론으로 정리가 되고 있다.

03 실질적 국민주권의 구현

우리 헌법상 실질적 국민주권은 합리적 선거제도의 구현, 직접민주제도의 도입, 기본권 보장, 정당제도, 지방자치제도, 직업공무원제도의 도입 등으로 구현되고 있다.

> **판례 | 국회구성권**
>
> 국회구성권이란 유권자가 설정한 국회의석분포에 국회의원들을 기속시키고자 하는 것이며, 이는 오늘날 대의제도의 본질에 반하는 것으로 헌법상 기본권으로 인정될 여지가 없다(헌재 1998.10.29, 96헌마186).
>
> 〃 선거 전에는 우리가 민주당에 몇 석 국민의 힘에 몇 석 결정할 권한이 있으나, 선거가 끝나면 국회는 국회의원들의 자유의지에 따라 운영된다. 따라서 일부 의원들이 탈당하여 다른 당으로 이전하는 것을 막을 국민의 권리는 존재하지 않는다. 즉, 선거 이후에도 국민이 결정해준 대로 그대로 국회를 구성하라는 의미의 국회구성권이라는 기본권은 존재하지 않는다.

정답 01 ×

제3항 민주주의의 원리

01 민주주의의 개념

민주주의란 결국 국가의 최고 결정이 국민적 합의에 의해야 한다는 통치원리를 말하는 것이다.

02 민주주의 원리의 내용

1. 다원적 의사형성(가치상대주의)

민주주의가 제대로 구현되기 위해서는 어떤 생각이든 자유롭게 참여하여 그들의 의사가 국정에 반영될 수 있어야 한다. 즉, 서로가 서로를 인정하는 가치상대주의가 기초되어야 한다.*

* 가치상대주의라는 것은 무엇이 옳고 무엇이 그른지가 절대적으로 정해진 것이 아니어야 한다는 것이다. 즉, 세상은 변해가고 사람들 또한 다양하므로 그들이 어떤 선택이든 할 수 있어야 함을 의미한다. 또한 자본주의는 옳고 사회주의는 무조건 잘못되었다는 식은 곤란할 것이다. 한때 다원주의는 분열을 의미하고 대립과 투쟁을 가져온다고 보기도 하였으나, 이런 갈등은 사회의 일반적인 현상이며 이 갈등과 충돌을 어떻게 조정할 것인가가 오늘날 중요한 문제가 되고 있다.

2. 다수결의 원리

(1) 의의

앞에서 본 바와 같이 민주주의는 다양한 의견들이 서로 조화를 이루어 나가는 것인바, 이러한 다양성의 조화를 이루기 위한 원리가 바로 다수결이다. 다수결은 상호 대화와 토론의 과정을 통해서 합의절차를 도출해내는 원리이다.

(2) 전제

다수결이 정당하기 위해서는 기본적인 전제가 있어야 한다.

대상	• 아무리 다수라고 해도 소수 의견의 근본적인 문제를 결정할 수는 없다. 예를 들어, 나치의 유태인 학살과 같은 경우 설사 다수의 의견에 따른 것이라 해도 정당화되기 어렵다. • 고도의 전문적인 지식이 요구되는 경우에도 다수결로 해결할 수 없다. 이는 오히려 전문적인 소수의 결정이 더 적절한 방법이 될 것이다.
구성원의 평등	다수결이 되기 위해서는 구성원의 평등이 전제되어야 한다. 즉, 한 사람은 100표를 가지고 한 사람은 1표를 가진다면 이러한 다수결은 오히려 왜곡될 수밖에 없을 것이다.
구성원의 동질성	다수결은 구성원의 동질성이 필요한바 어느 정도 역사나 문화, 지역이 같은 환경에 속해야 한다. 만약 아프리카에서 대한민국의 대통령을 다수결로 뽑았다면 이 사람을 대통령으로 인정할 수는 없을 것이다.
상호존중	다수가 소수를 존중해서 그들의 의견을 청취하지 않고 힘으로 밀어붙인다면 이는 다수결이라고 말할 수 없다. 상대방에 대한 신뢰를 바탕으로 기본적인 절차를 지켜나가고 그들의 견해에 대한 존중이 전제되어야만 다수결이 정당할 수 있을 것이다.

제4항 법치국가의 원리

01 의의

법치국가란 국가권력의 구조 원리 중 하나로서, 과거 군주가 다스리는 시대가 아니라 국가의 모든 국정운영이 법에 근거해야 한다는 원리를 말한다. 이는 곧 법치주의가 권력에 대한 불신에 기초한 이념이며, 인치가 아니라 법치의 원리임을 의미한다. 05. 입시

02 현행법상 구현

1. 법치행정의 원리

(1) 법률의 법규창조력

법률의 법규창조력이란 국가작용 중 법규, 즉 국민의 권리·의무를 규율하는 기준이 되는 법규범을 정립하는 입법은 모두 국회가 제정하는 형식적 의미의 법률에 의하여야 한다는 원칙을 말한다.

(2) 법률우위의 원칙

법률은 행정에 우월한 것이며 행정은 법률에 위반하여서는 안 된다는 원칙이다. 법률우위의 원칙은 소극적으로 법률에 위반하는 행정작용의 금지를 의미하는 것으로 법치주의의 소극적 측면이라고 할 수 있다.

💡 **오답노트**
① 반드시 법률로써 ✗
② 법률에 근거만 두면 됨 ✗

(3) 의회유보의 원칙

오늘날 법률유보원칙은 단순히 행정작용이 법률에 근거를 두기만 하면 충분한 것이 아니라, 국가공동체와 그 구성원에게 기본적이고도 중요한 의미를 갖는 영역, 특히 국민의 기본권 실현에 관련된 영역에 있어서는 행정에 맡길 것이 아니라 국민의 대표자인 입법자 스스로 그 본질적 사항에 대하여 결정하여야 한다는 요구까지 내포하는 것으로 이해하여야 한다(헌재 1999.5.27, 98헌바70).

기출 OX
01 텔레비전방송 수신료를 형식적 의미의 법률로 정하지 아니하고 한국방송공사의 이사회 및 공보처장관의 승인을 통해 결정하도록 규정한 것은 법률유보원칙에 위배된다. 01. 행시
( )

> ⚖️ **판례** | 법률유보의 원칙에 관한 판례
>
> **1 텔레비전방송 수신료 [헌법불합치]**
> 공사가 수신료를 부과·징수하는 것은 국민의 재산권에 대한 제한을 가하는 행정작용임에 분명하고, 그중 수신료의 금액은 수신료 납부의무자의 범위, 수신료의 징수절차와 함께 수신료 부과·징수에 있어서 본질적인 요소이다. 그런데 이 법 제36조 제1항은 국회의 결정 내지 관여를 배제한 채 공사로 하여금 수신료의 금액을 결정하도록 맡기고 있다(헌재 1999.5.27, 98헌바70).
> 🖉 다만, 텔레비전방송 수신료 판례에서 수신료 징수업무를 누가 할 것인지는 본질적인 사안이 아니라고 판시하였다.

정답 01 ○

2 텔레비전방송 수신료 [합헌]

현행 방송법이 위 98헌바70 결정에서 판시한 수신료 부과·징수의 본질적인 요소들을 모두 규율하고 있는지 살펴보면 첫째, 위 헌법불합치 결정의 취지에 따라 **수신료의 금액은 한국방송공사의 이사회에서 심의·의결한 후 방송위원회를 거쳐 국회의 승인을 얻도록 규정하고 있으며**, 둘째, 수신료 납부의무자의 범위를 텔레비전방송을 수신하기 위하여 수상기를 소지한 자로 규정하고 셋째, 징수절차에 관하여 가산금 상한 및 추징금의 금액, 수신료의 체납시 국세체납처분의 예에 의하여 징수할 수 있음을 규정하고 있다. 따라서 수신료의 부과·징수에 관한 본질적인 요소들은 방송법에 모두 규정되어 있다고 할 것이다. 따라서 이 사건 법률 조항들은 법률유보의 원칙에 위반되지 아니한다(헌재 2008.2.28, 2006헌바70).

3 한국방송공사 수신료 분리징수 사건 [기각]

[1] 청구인은 공영방송 법인, 즉 kbs의 기본권 주체성을 인정

[2] 제한되는 기본권 – 방송운영의 자유

[3] 법률유보원칙

심판대상조항은 수신료의 구체적인 고지방법에 관한 규정인바, 이는 수신료의 부과·징수에 관한 본질적인 요소로서 법률에 직접 규정할 사항이 아니므로 이를 법률에서 직접 정하지 않았다고 하여 의회유보원칙에 위반된다고 볼 수 없다.

[4] 입법재량의 한계 일탈 여부

심판대상조항은 수신료의 통합징수를 금지할 뿐이고, 수신료의 금액이나 납부의무자, 미납이나 연체 시 추징금이나 가산금의 금액을 변경하는 것은 아니므로, 규범적으로 청구인의 수신료 징수 범위에 어떠한 영향을 끼친다고 볼 수 없다. (헌재 2024.5.30, 2023헌마820).

4 청원경찰법 제5조 제3항 위헌소원 [합헌]

국가 행정주체와 관련되고 기본권의 보호가 문제되는 것이 아니어서 여기에 법률유보의 원칙이 적용될 여지가 없으므로, 그 징계에 관한 사항을 법률에 정하지 않았다고 하여 법률유보의 원칙에 위반된다 할 수 없다(헌재 2010.2.25, 2008헌바160).

✎ 청원경찰은 국민은행 등에서 치안을 담당하는 직원들을 예시로 생각하면 된다.

5 소유자의 동의요건을 정관으로 [위헌]

도시환경정비사업의 시행자인 토지 등 소유자가 사업시행인가를 신청하기 전에 얻어야 하는 **토지 등 소유자의 동의요건을 토지 등 소유자가 자치적으로 정하여 운영하는 규약에 정하도록** 한 구 '도시 및 주거환경정비법' 제28조 제5항 본문의 '사업시행자' 중 제8조 제3항에 따라 도시환경정비사업을 토지 등 소유자가 시행하는 경우 **'정관 등이 정하는 바에 따라' 부분은 법률유보원칙에 위반된다는 결정을 선고하였다**(헌재 2012.4.24, 2010헌바1).

6 병의 복무기간이 본질적인 사안인지 여부

병의 복무기간은 국방의무의 본질적 내용에 관한 것이어서 이는 반드시 법률로 정하여야 할 입법사항에 속한다고 풀이할 것인바 육군본부 방위병 소집복무해제규정(육군규정 104-1) 제23조가 병역법 제25조 제3항이 규정하지 아니한 구속 등의 사유를 복무기간에 산입하지 않도록 규정한 것은 병역법에 위반하여 무효라고 할 것이다 (대판 1985.2.28, 85초13).

7 국가유공자단체의 대의원 선출에 관한 사항
각 국가유공자단체의 대의원의 선출에 관한 사항은 각 단체의 구성과 운영에 관한 것으로서, 국민의 권리와 의무의 형성에 관한 사항이나 국가의 통치조직과 작용에 관한 기본적이고 본질적인 사항이라고 볼 수 없으므로, 법률유보 내지 의회유보의 원칙이 지켜져야 할 영역이라고 할 수 없다(헌재 2006.3.30, 2005헌바31).

8 입주자대표회의의 구성원
주택법 제43조 제3항은 입주자가 입주자대표회의를 구성할 수 있다고 규정하고 있어 이미 본질적인 부분이 입법되어 있으므로 입주자대표회의의 구성원인 동별 대표자가 될 수 있는 자격이 반드시 법률로 규율하여야 하는 사항이라고 볼 수 없다(헌재 2016.7.28, 2014헌바158).

9 사법시험 과락제도
사법시험의 제2차 시험의 합격결정에 관하여 과락제도를 정하는 구 사법시험령의 규정은 새로운 법률사항을 정한 것이라고 보기 어려우므로 법률유보의 원칙에 위반되지 않는다(대판 2007.1.11, 2004두10432).

⊕ PLUS 포괄위임금지의 원칙

> **헌법 제75조** 대통령은 법률에서 구체적으로 범위를 정하여 위임받은 사항과 법률을 집행하기 위하여 필요한 사항에 관하여 대통령령을 발할 수 있다.

1. **의의**
   우리 헌법은 제75조에서 구체적으로 범위를 정하여 위임할 수 있다고 규정하여 포괄적 위임을 금지하고 있다. 그 이유는 포괄위임이 허용된다면 사실상 의회입법의 원칙이 무너지고 행정권의 자의에 의한 기본권 침해가 초래될 수 있기 때문이다. 이때 포괄적인 것이 아니라면 위임입법은 허용된다.

   ✎ 법률유보의 원칙에 따라 법률에 핵심이 규정되어야 한다. 법률에 본질이 규정되어 있지 않고 대통령령이나 부령 등 행정입법에 본질, 핵심이 위임되어 있다면 이는 포괄위임금지의 원칙에 위배된다. 예를 들어, 세법에 세율이 규정되어 있지 않고 대통령령에 위임되어 있다면 이는 포괄위임금지의 원칙에 위반되어 위헌이다.

2. **적용이 문제되는 경우**
   포괄위임금지의 원칙은 지방자치단체의 조례와 자치규약 제정에는 적용되지 않는다.

   > **🔍 판례 | 농업기반공사 및 농지기금관리법 부칙 [기각]**
   > 법률이 정관에 자치법적 사항을 위임한 경우에는 헌법 제75조, 제95조가 정하는 포괄적인 위임입법의 금지는 원칙적으로 적용되지 않는다고 봄이 상당하다. 우선 헌법 제75조, 제95조의 내용을 보면, 그 문리해석상 정관에 위임한 경우까지 그 적용대상으로 하고 있지 않다. 즉, 헌법상의 포괄위임입법금지원칙은 법규적 효력을 가지는 행정입법의 제정을 주된 대상으로 하고 있는 것이다(헌재 2001.4.26, 2000헌마122).

3. **대상법률의 성질에 따른 구체적·개별적 검토**

적용 ×	조례, 자치정관*
엄격	형법, 조세**
완화	전문적, 변화다양, 시혜, 예시***

* 적용되지 않는 경우라는 말의 의미는 포괄위임해도 되는 경우를 의미한다. 대표적으로 조례와 자치정관이 있다. 소례는 선거를 통해서 주민이 직접 뽑은 주민의 대표인 지방의원들이 만든 것이므로 법률과 거의 비슷하여 포괄위임해도 되며, 자치정관도 기업의 내부규칙이므로 포괄위임을 해도 된다.
** 국민의 기본권을 침해할 여지가 많은 조세나 형벌법규는 위임을 할 때라도 강도가 훨씬 강해진다. 예를 들어, 못생긴 사람은 세금을 1천만원 내라고 하면 못생겼다는 객관적 기준이 없고, 성격이 안 좋은 사람은 징역 5년이라면 국민의 신뢰를 바탕으로 하는 법치주의가 무너질 우려가 있다. 국민들은 법을 보고 어떤 행동을 해야 하며, 어떤 행동을 하지 말아야 하는지 결정할 수 있어야 하는데, 이러한 침해적 요소가 많은 조세나 형벌을 법에 명확하지 않게 규정해서는 안 될 것이다.
*** 반면에 수익적 규정은 포괄위임을 해도 합헌적일 때가 많다. 가난한 사람들에게 1천만원씩 주겠다고 하면 가난하다는 것이 월급의 얼마부터인지가 명확하지 않지만, 일단 주는 것이므로 나에게 피해도 없고 받으면 좋고 안 받아도 그만인 것이기 때문이다. 또 전문적인 것, 즉 원자력발전소를 어디에 건설해야 하는지 등은 법에 핵심을 명확하게 규율하고 싶어도 입법자들은 해당 분야의 전문가가 아니므로 위임을 할 수밖에 없다. 또 변화가 다양한 경우에도 법에 모든 것을 규율하면 대처가 늦어지므로 포괄위임이 가능하다.

판례 | 벌칙규정의 위임의 한계와 조건
처벌법규의 위임은 ① 특히 위임해야 할 긴급한 필요가 있거나 법률에서 자세히 정할 수 없는 부득이한 경우에 한정하여 위임할 것, ② 예측할 수 있을 정도로 법률에서 구성요건을 구체적으로 규정할 것, ③ 형벌의 종류 및 그 상한과 폭을 명백히 규정하여야 한다(헌재 1991.7.8, 91헌가4).

판례 | 포괄위임금지의 원칙에 관한 판례
1 의료위반행위를 보건복지가족부령으로 정함 [위헌]
의료기기 판매업자의 의료기기법 위반행위 등에 대하여 보건복지가족부령이 정하는 기간 이내의 범위에서 업무정지를 명할 수 있도록 규정한 의료기기법 제32조 제1항 부분은 헌법 제75조 포괄위임금지의 원칙에 위배된다(헌재 2011.9.29, 2010헌가93).

2 대도시를 대통령령으로 정함 [합헌]
대통령령에서 정하여질 '대도시'에는 우선, 단위도시 그 자체로 지역이 넓고 인구가 많으며 정치·경제생활의 중심지가 되는 도시가 해당될 것임은 물론, 나아가 그러한 특정의 대도시를 인근도시들이 둘러싸거나 또는 대도시에 이르지 못하는 여러 도시군(群)이 집합체를 이룸으로써 대도시권역을 이루고 있는 경우도 포함될 것임을 어렵지 않게 예측할 수 있다(헌재 2002.3.28, 2001헌바24).

3 식품접객업자의 의무를 총리령으로 정함 [위헌]
'영업의 위생관리와 국민의 보건위생 증진'은 식품위생법 전체의 입법목적과 크게 다를 바 없고, '질서유지'는 식품위생법의 입법목적에도 포함되어 있지 않은 일반적이고 추상적인 공익의 전체를 의미함에 불과하므로, 이러한 목적의 나열만으로는 식품 관련 영업자에게 행위기준을 제공해주지 못한다. 결국 심판대상조항은 수범자와 준수사항을 모두 하위법령에 위임하면서도 위임될 내용에 대해 구체화하고 있지 아니하여 그 내용들을 전혀 예측할 수 없게 하고 있으므로, 포괄위임금지원칙에 위반된다(헌재 2016.11.24, 2014헌가6).

4 식품의약품안전처고시 위반자에 대한 처벌규정 [합헌]
심판대상조항은 식품의약품안전처장이 고시하는 축산물 가공방법의 기준을 위반한 자를 3년 이하의 징역 또는 5천만원 이하의 벌금에 처하도록 규정하고 있는바, 축산물을 비롯한 식품위생관리의 문제는 끊임없이 사회적으로 문제가 되어 왔고, 최근에도 이른바 '살충제 계란' 사건으로 인하여 국민들이 큰 혼란을 겪었다. 이에 이 사건은 축산물 가공방법의 기준을 준수하지 않는 경우 엄중하게 처벌하는 심판대상조항에 대하여 합헌 선언을 한 의미가 있다(헌재 2017.9.28, 2016헌바140).

기출 OX

01 의료기기 판매업자의 의료기기법 위반행위 등에 대하여 보건복지가족부령이 정하는 기간 이내의 범위에서 업무정지를 명할 수 있도록 규정한 의료기기법 조항은 그 위임사항이 업무정지기간의 범위에 불과하고 형벌에 해당하지 않으므로 위임의 정도가 완화되어 포괄위임금지원칙에 위배되지 아니한다. 14. 국가직 7급 ( )

02 등록세 중과세의 대상이 되는 부동산등기의 지역적 범위에 관하여 대통령령으로 정하는 대도시라고 규정한 구 지방세법 제138조 제1항은 포괄위임금지의 원칙에 위반되지 아니한다. 20. 경찰승진 ( )

정답 01 X 02 O

5 전기요금약관 [합헌]
전기요금약관에 대한 인간의 구체적인 기준은 전문적·정책적 판단이 가능한 행정부가 수시로 변화하는 상황에 탄력적으로 대응할 수 있도록 하위법령에 위임할 필요성이 인정되고, 관련 규정을 종합하면 하위법령에서는 전기의 보편적 공급과 전기사용자의 보호, 물가의 안정이라는 공익을 고려하여 전기요금의 산정원칙이나 산정방법 등을 정할 것이라고 충분히 예측할 수 있다. 따라서 심판대상조항은 포괄위임금지원칙에 위반되지 아니한다(헌재 2021.4.29, 2017헌가25).

6 단말기 구매 지원금 상한제 [합헌]
상한액의 구체적인 기준 및 한도만을 방송통신위원회가 정하도록 위임하고 있으며, 이동통신사업자 등과 이용자들은 단말기유통법의 관련 규정, 이동통신단말장치 구매 지원금 상한제의 도입취지 등을 토대로 방송통신위원회가 정하여 고시할 내용의 대강을 충분히 예측할 수 있다. 따라서 지원금 상한 조항은 포괄위임금지원칙에 위배되지 아니한다(헌재 2017.5.25, 2014헌마844).

7 보건복지부령으로 요양기관 지정 취소사유 제시 [위헌]
보건복지부령에 정하여질 요양기관 지정 취소사유를 짐작하게 하는 어떠한 기준도 제시하고 있지 않으므로 이는 헌법상 위임입법의 한계를 일탈한 것으로서 헌법 제75조 및 제95조에 위반되고, 나아가 우리 헌법상의 기본원리인 권력분립의 원리, 법치주의의 원리, 의회입법의 원칙 등에 위배된다(헌재 2002.6.27, 2001헌가30).

8 예외적으로 허용되는 경제적 이익수수의 범위 [합헌]
심판대상조항 본문이 경제적 이익의 수수를 원칙적으로 금지하고, 그 단서에서는 예외적으로 허용되는 사유를 열거하면서 그 구체적 범위만을 보건복지부령으로 정하도록 위임하였고, 그 방법도 '견본품 제공, 학술대회 지원, 임상시험 지원, 제품설명회, 대금결제조건에 따른 할인비용, 시판 후 조사 등의 행위로서 보건복지부령으로 정하는 범위 안의 경제적 이익 등인 경우'라고 규정하여 하위법령에서 규정될 내용 및 범위의 기본사항을 구체적으로 규정하고 있으므로 심판대상조항은 포괄위임금지원칙에 위배되지 않는다(헌재 2015.2.26, 2013헌바374).

기출 OX

01 의료보험요양기관의 지정 취소사유 등을 법률에서 직접 규정하지 아니하고 보건복지부령에 위임하고 있는 구 공무원 및 사립학교교직원 의료보험법 제34조 제1항은 포괄위임금지의 원칙에 위배된다. 20. 경찰승진 (   )

02 의료인이 의약품 제조자 등으로부터 판매촉진을 목적으로 제공되는 금전 등 경제적 이익을 받는 행위를 처벌하는 의료법 조항이 예외적 허용사유의 구체적 범위를 하위법령에 위임한 것은 포괄위임금지원칙에 위배되지 않는다. 22. 경찰승진 (   )

(4) 체계정당성의 원리

일반적으로 일정한 공권력 작용이 체계정당성에 위반한다고 해서 곧 위헌이 되는 것은 아니다. 즉, 합리적인 이유가 존재할 경우에는 합헌이 될 수도 있다(헌재 2004.11.25, 2002헌바66).*

*우리 헌법 제3조를 보면 북한은 괴뢰단체라고 되어 있지만 헌법 제4조에 따르면 북한은 국가이다. 이렇게 조문이 앞뒤가 모순되는 경우가 있는데 이를 체계정당성의 원리에 위반된다고 한다. 다만, 꼭 위헌적인 규정방식이라 볼 수 없다. 우리가 아는 것처럼 실제로 북한은 한편으로 우리의 동포로 대화와 협력의 대상이지만 또 한편으로 지금도 적화야욕을 보이고 있는 적대국가이기 때문이다. 그들이 친구하자 그럼 헌법 제4조에 근거한 남북교류협력에 관한 법률을, 적대적으로 나오면 헌법 제3조에 근거한 국가보안법으로 대응하면 된다. 현실이 모순되니 모순되는 현실을 규율하기 위해서 법의 체계가 모순되는 것은 위헌이라 볼 수 없다.

정답 01 ○ 02 ○

2. 법치국가의 입법적 실현

(1) 소급입법금지원칙

① **소급입법의 헌법적 한계**: 소급입법은 장래를 규율하는 것이 아니라 과거를 규율하는 것으로 과거의 경우는 우리가 어떻게 할 수 있는 것이 아니기 때문에 신뢰에 큰 위협이 된다. 따라서 국민의 신뢰를 위반할 여지가 있기 때문에 그 적용에 신중을 기해야 하며, 국민의 신뢰침해보다 더 큰 공익이 존재할 경우에는 예외적으로 인정될 수 있을 것이다.

② **소급입법의 종류**

> **판례 | 진정소급입법과 부진정소급입법**
>
> 일반적으로 과거의 사실관계 또는 법률관계를 규율하기 위한 소급입법의 태양을 이미 과거에 완성된 사실·법률관계를 규율의 대상으로 하는 '진정소급입법'과 이미 과거에 시작하였으나 아직 완성되지 아니하고 진행과정에 있는 사실·법률관계를 규율의 대상으로 하는 '부진정소급입법'으로 구분한다. 전자는 헌법적으로 허용되지 않는 것이 원칙이며, 특별한 사정이 있는 경우에만 예외적으로 허용될 수 있는 반면, 후자는 원칙적으로 허용되지만 소급효를 요구하는 공익상의 사유와 신뢰보호의 요청 사이의 교량과정에서 신뢰보호의 관점이 입법자의 형성권에 제한을 가하게 된다(헌재 2002.11.28, 2002헌바45).

한눈에 쏙!

구분	진정	부진정
시작	과거	과거
현재	완성	진행
선택	×	○
원칙	위헌	합헌
기준	-	비교형량

기출 OX

03 부진정소급입법은 원칙적으로 허용되지만 소급효를 요구하는 공익상의 사유와 신뢰보호의 요청 사이의 교량과정에서 신뢰보호의 관점이 입법자의 형성권에 제한을 가하게 된다. 12. 국가직 7급 ( )

04 진정소급입법도 특정의 법적 상황에 대한 신뢰가 객관적으로 정당화될 수 없는 경우에는 예외적으로 허용될 수 있다. 08. 국회직 8급 ( )

③ **진정소급입법의 허용 여부**
   ㉠ **원칙**: 기존의 법에 의하여 형성되어 이미 굳어진 개인의 법적 지위를 사후 입법을 통하여 박탈하는 것 등을 내용으로 하는 진정소급입법은 개인의 신뢰보호와 법적 안정성을 내용으로 하는 법치국가원리에 의하여 특단의 사정이 없는 한 헌법적으로 허용되지 아니하는 것이 원칙이다.
   ㉡ **예외**: 진정소급입법이 허용되는 예외적인 경우로는 ⓐ 일반적으로 국민이 소급입법을 예상할 수 있었거나, ⓑ 법적 상태가 불확실하고 혼란스러웠거나 하여 보호할 만한 신뢰의 이익이 적은 경우와, ⓒ 소급입법에 의한 당사자의 손실이 없거나 아주 경미한 경우, ⓓ 그리고 신뢰보호의 요청에 우선하는 심히 중대한 공익상의 사유가 소급입법을 정당화하는 경우 등을 들 수 있다(헌재 1998.9.30, 97헌바38).

정답 03 ○ 04 ○

판례 | 진정소급입법에 관한 판례

1 5·18 특별법 사건 [합헌]

[1] 형벌불소급의 원칙 위배 여부

우리 헌법이 규정한 형벌불소급의 원칙은 형사소추가 '언제부터 어떠한 조건하에서' 가능한가의 문제에 관한 것이고, '얼마 동안' 가능한가의 문제에 관한 것은 아니다. 행위의 가벌성은 행위에 대한 소추가능성의 전제조건이지만 소추가능성은 가벌성의 조건이 아니므로 공소시효의 정지규정을 과거에 이미 행한 범죄에 대하여 적용하도록 하는 법률이라 하더라도 그 사유만으로 헌법 제12조 제1항 및 제13조 제1항에 규정한 죄형법정주의의 파생원칙인 형벌불소급의 원칙에 언제나 위배되는 것으로 단정할 수는 없다.

[2] 소급입법금지의 원칙 위배 여부

법원의 판단에 따라 특별법 시행 당시 공소시효가 이미 완성되었다면, 특별법은 이미 과거에 완성된 사실 또는 법률관계를 규율대상으로 하여 사후에 그 전과 다른 법적 효과를 생기게 하는(진정소급효) 법률이라 할 것이다. 그런데 이 사건 헌정질서파괴범의 공소시효의 완성으로 인한 법적 지위에 대한 신뢰를 보호하여야 할 필요는 매우 미약한 반면, 이 사건 법률 조항을 정당화하는 공익적 필요는 매우 중대하다. 그렇다면 이 법률 조항이 공소시효의 완성이라는 헌법상의 기본권이 아닌 단순한 법률적 이익에 대한 위와 같은 미약한 신뢰보호의 필요성에 현저히 우선하는 중대한 공익을 추구하고 있으므로 헌법적으로 정당화된다고 할 것이다(헌재 1996.2.16, 96헌가2 등).

2 친일반민족행위자 재산의 국가귀속에 관한 특별법 제2조 [합헌]

입증책임의 분배에는 입법재량이 인정되고, 오래전에 취득된 친일재산을 국가 측이 일일이 입증하는 것은 곤란한 반면 재산의 취득자 측은 취득 내역을 잘 알고 있을 개연성이 높으므로, 친일재산 추정 규정이 입법재량을 일탈하여 재판청구권을 침해한다거나 적법절차원칙에 반한다고 볼 수 없고, **진정소급입법이라 할지라도 예외적으로 소급입법을 정당화할 수 있는 경우에는 이를 허용할 수 있는바**, 친일재산에 내포된 민족배반적 성격과 우리 헌법 전문의 내용에 비추어 친일재산의 소급적 박탈은 충분히 예상될 수 있었다고 보이고, 재산귀속의 대상을 사안이 중대하고 범위가 명백한 네 가지 유형으로 한정하고 있으며, 친일반민족행위자 측은 그 재산이 친일행위의 대가가 아니라는 점을 입증하여 얼마든지 국가귀속을 막을 수 있으므로, 친일재산의 국가귀속 규정이 헌법 제13조 제2항에 위반된다거나 재산권을 침해한다고 볼 수도 없다는 것이다(헌재 2011.3.31, 2008헌바141).

3 재조선 일본인 재산의 처리 및 귀속에 관한 미군정청 법령 [합헌]

[1] 심판대상조항은 1945.9.25, 1945.12.6. 각 공포되었음에도 1945.8.9.을 기준으로 하여 일본인 소유의 재산에 대한 거래를 전부 무효로 하고, 그 재산을 전부 1945.9.25.로 소급하여 미군정청의 소유가 되도록 정하고 있어서, 소급입법금지원칙에 위반되는지 여부가 문제된다(진정소급입법).

[2] 일본인들이 불법적인 한일병합조약을 통하여 조선 내에서 축적한 재산을 1945.8.9. 상태 그대로 일괄 동결시키고 그 산일과 훼손을 방지하여 향후 수립될 대한민국에 이양한다는 공익은, 한반도 내의 사유재산을 자유롭게 처분하고 일본 본토로 철수하고자 하였던 일본인이나, 일본의 패망 직후 일본인으로부터 재산을 매수한 한국인들에 대한 신뢰보호의 요청보다 훨씬 더 중대하다. 따라서 심판

대상조항은 소급입법금지원칙에 대한 예외로서 헌법 제13조 제2항에 위반되지 아니한다(헌재 2021.1.28, 2018헌바88).

4 전액 지급된 공무원의 퇴직연금의 일부 환수 [위헌]
헌법불합치결정으로 구법 조항이 실효되어 **이미 전액 지급된 공무원 퇴직연금의 일부를 다시 환수**할 수 있도록 규정한 부칙 조항은 진정소급입법으로서 국회가 개선입법을 하지 않은 것에 기인함에도 불구하고, 법집행의 책임을 퇴직공무원들에게 전가하는 것으로 소급입법금지원칙에 위반된다(헌재 2013.8.29, 2011헌바391).

④ **부진정소급입법의 위헌성 심사기준**: 우리 재판소는 신뢰보호원칙의 판단은 신뢰보호의 필요성과 개정법률로 달성하려는 공익을 비교형량하여 종합적으로 판단하여야 한다고 하였는바, 이러한 판시는 부진정소급입법의 경우에도 당연히 적용되어야 할 것이다(헌재 1995.10.26, 94헌바12).

(2) 신뢰보호원칙

① **법적 안정성**: 법적 안정성은 객관적 요소로서 법질서의 신뢰성·항구성·법적 투명성과 법적 평화를 의미하고, 이와 내적인 상호 연관관계에 있는 법적 안정성의 주관적 측면은 한 번 제정된 법규범은 원칙적으로 존속력을 갖고 자신의 행위기준으로 작용하리라는 개인의 신뢰보호원칙이다(헌재 1996.2.16, 96헌가2 등).

② **개인의 신뢰이익에 대한 보호가치**: 개인의 신뢰이익에 대한 보호가치는 법령에 따른 개인의 행위가 국가에 의하여 일정 방향으로 유인된 신뢰의 행사인지, 아니면 단지 법률이 부여한 기회를 활용한 것으로서 원칙적으로 사적 위험부담의 범위에 속하는 것인지 여부에 따라 달라진다. 만일 법률에 따른 개인의 행위가 단지 법률이 반사적으로 부여하는 기회의 활용을 넘어서 국가에 의하여 일정 방향으로 유인된 것이라면 특별히 보호가치가 있는 신뢰이익이 인정될 수 있고, 원칙적으로 개인의 신뢰보호가 국가의 법률개정이익에 우선된다고 볼 여지가 있다(헌재 2002.11.28, 2002헌바45).

③ **위헌인 법률에 대한 신뢰**: 위헌인 법률의 경우도 그것이 위헌선언으로 폐지될 때까지는 신뢰의 이익이 있다. 다만, 합헌적인 법률만큼의 신뢰를 가지지는 못한다(헌재 2006.3.30, 2005헌마598).

④ **법률의 존속에 대한 개인의 신뢰의 정도**: 일반적으로 법률은 현실상황의 변화나 입법정책의 변경 등으로 언제라도 개정될 수 있는 것이기 때문에, 원칙적으로 법률의 개정은 예측할 수 있다고 보아야 한다(헌재 2002.11.28, 2002헌바45).

⑤ **신뢰보호의 구체적 실현수단**: 일반적으로 신뢰보호의 구체적 실현수단으로 몇 년간 유예규정을 경과규정으로 두는 경우가 많다(헌재 2002.11.28, 2002헌바45).

기출 OX

01 신뢰보호원칙은 객관적 요소로서 법질서의 신뢰성·항구성·법적 투명성과 법적 평화를 의미하고, 이와 내적인 상호 연관관계에 있는 법적 안정성은 한 번 제정된 법규범은 원칙적으로 존속력을 갖고 자신의 행위기준으로 작용하리라는 개인의 주관적 기대이다. 22. 경찰 ( )

02 입법자는 구법질서가 더 이상 그 법률관계에 적절하지 못하며 합목적적이지도 아니함에도 불구하고 그 수혜자군을 위하여 이를 계속 유지하여 줄 의무는 없다. 08. 국회직 8급 ( )

한눈에 쏙!

비교형량	신뢰
국가가 유도	높다
개인의 기회활용	낮다

정답 01 × 02 ○

판례 | 헌법상 보호되는 신뢰에 관한 판례

1 5·31 교육개혁방안 [기각]
[1] 법률이나 그 하위법규뿐만 아니라 국가관리의 입시제도와 같이 국·공립대학의 입시전형을 구속하여 국민의 권리에 직접 영향을 미치는 제도운영지침의 개폐에도 신뢰보호원칙은 적용된다.

[2] **5·31 교육개혁방안은 대통령의 자문기관인 교육개혁위원회가 그동안 연구·검토한 바를 대통령에게 보고한 자문기관의 의견**으로서, 그것이 과연 정부에 의하여 그대로 수용될 것인지, 아니면 폐기될 것인지 또는 변경 수용될 것인지가 유동적인 상태에 있던 성질의 것이다. 그렇다면 과연 그것이 헌법이 보호할 가치가 있는 신뢰라고 할 수 있을지는 의문이다(헌재 1997.7.16, 97헌마38).

2 운전학원미등록자의 운전교습금지 [합헌]
청구인들이 비록 세무당국에 사업자등록을 하고 운전교습업에 종사하였다고 하더라도, **사업자등록은 과세행정상의 편의를 위하여 납세자의 인적 사항 등을 공부에 등재하는 행위에 불과**하므로 운전교습업의 계속에 대하여 국가가 신뢰를 부여하였다고 보기도 어렵다. 따라서 신뢰보호의 전제가 되는 선행하는 법적 상태에 대한 신뢰 자체를 인정할 수 없는 이 사건에 있어 신뢰보호원칙에 위배하여 청구인들의 재산권과 직업의 자유를 침해하였다는 청구인들의 주장 역시, 더 나아가 살필 필요도 없이 이유 없다(헌재 2003.9.25, 2001헌마447).

✎ 즉, 세금납부를 위한 사업자등록을 했으니 운전교습업을 시켜달라? 양자는 관련이 없다.

3 공유수면매립지 양도소득세 등의 감면제도 축소 [합헌]
비과세나 감면제도와 같은 조세우대조치는 조세공평에 배치되므로 그에 대한 기대나 신뢰가 절대적으로 보호되어야 할 가치가 있다고 할 수는 없고 오히려 경제현상의 변화에 따라 신축적인 개정이 요구되는 조세법 분량에 있어서 위와 같은 조세우대조치는 잠정적인 것으로서 장래의 개정이 쉽사리 예측 가능하다고 할 것이며, 또한 공유수면매립지의 양도로 인한 소득에 대한 특별부가세 감면규정은 앞서 본 바와 같이 수년에 걸쳐 개정을 거듭하면서 점차 폐지되는 방향으로 나아가는 것은 신뢰보호의 원칙에 위배된다고 할 수 없다(헌재 1995.3.23, 93헌바18 등).

4 저작인접권 회복 [합헌]
저작인접권이 소멸된 음원을 무상으로 이용하여 음반을 제작·판매하는 방식으로 영업을 해오던 사업자가 소멸한 저작인접권을 회복시키는 입법으로 인하여 이를 할 수 없게 되었더라도, 2년의 유예기간을 두어 음반 제작·판매업자로서의 이익을 보호하는 것은 신뢰보호원칙에 위반되지 아니한다(헌재 2013.11.28, 2012헌마770). 16. 국가직 7급

5 세무사 자격 자동취득제도 폐지 [헌법불합치]
청구인들의 입장에서는 이러한 제도가 단시일 내에 폐지 또는 변경되리라고 예상할 만한 별다른 사정도 없었다. 또한 청구인들이 **급여나 대우 등의 면에서 보다 유리한 직장이나 부서를 마다하고 국세관서에서 5급 이상 공무원으로 장기간 종사하기로 결정한 데에는 이러한 세무사 자격 부여에 대한 강한 기대 내지 신뢰가 중요한 바탕이 되었을 것임은 결코 부인할 수 없다**. 그러나 국세 관련 경력공무원에 대하여 세무사자격을 부여해 온 조치는 그간 오랫동안 존속해 오던 제도로서 청구인들의 신뢰이익을 침해하면서까지 시급하게 폐지하여야 할 긴절하고도 급박한 사정이 없거니와 … 신뢰이익을 과도하게 침해한 것으로서 헌법에 위반된다(헌재 2001.9.27, 2000헌마152). 08. 국회직 8급

기출 OX

01 공유수면매립지를 양도함에 있어 양도소득세 또는 특별부과세를 전액 감면하던 것을 50% 감면으로 법률을 개정한 경우는 신뢰보호의 원칙에 위배된다고 할 수 없다. 08. 국회직 8급
( )

정답 01 ○

6 국회사무처 직원 등의 신분보장 박탈 [위헌]

"이 법 시행 당시의 국회사무처와 국회도서관은 이 법에 의한 사무처 및 도서관으로 보며, 그 소속 공무원은 **이 법에 의한 후임자가 임명될 때까지 그 직을 가진다.**"라는 국가보위입법회의법 부칙 제4항은 국가보위입법회의법이 제정되기 이전부터 국회사무처와 국회도서관에 근무하여 왔던 공무원들의 신뢰이익을 침해하여 신뢰보호의 원칙에 위배된다(헌재 1989.12.18, 89헌마32 등).

7 산재보험법상 최고보상제도의 적용 [위헌]

청구인들의 구법에 대한 신뢰이익은 그 보호가치가 중대하고 그 침해의 정도가 극심하며 신뢰침해의 방법이 과중한 것인 반면, 피재근로자들 간의 소득격차를 완화하고 새로운 산재보상사업을 실시하기 위한 자금을 마련한다는 공익상의 필요성은 청구인들에 대한 신뢰보호의 요청에 우선할 정도로 충분히 크다고 보기 어렵다(헌재 2009.5.28, 2005헌바20 등).

✎ 평균임금의 약 70%를 받던 청구인은 갑자기 최고보상제도가 도입되면서 원래 받던 금액의 30%도 받지 못하는 상황이 되었다. 이는 연금으로 살아가야 하는 청구인의 신뢰를 크게 침해한 것이다.

[주의] 법 시행 전에 장해사유가 발생하여 장해보상연금을 수령하고 있던 수급권자에게 최고보상제도를 적용하는 것은 헌법에 위반된다. 다만, 이후 8년간 유예기간을 주고 최고보상제도를 적용하며 간병급여 등 다른 혜택을 주는 경우는 헌법에 위반되지 않는다(헌재 2014.6.26, 2012헌바382 등).

8 퇴직한 공무원의 지방의회의원에 취임 [헌법불합치]

지방의회의원으로서 받게 되는 보수가 연금에 미치지 못하는 경우에도 연금 전액의 지급을 정지하는 것이 재산권을 과도하게 제한하여 헌법에 위반된다(헌재 2022.1.27, 2019헌바161).

✎ 다만, 신뢰보호에 위배되는 것은 아니다.

기출 OX

02 선출직 공무원으로서 받게 되는 보수가 기존의 연금에 미치지 못하는 경우에도 연금 전액의 지급을 정지하도록 정한 구 공무원연금법 규정 중 '지방의회의원'에 관한 부분은 과잉금지원칙에 위배되어 재산권을 침해한다. 22. 법무사, 23. 소방간부 ( )

9 판사임용자격에 관한 조건 변경 [위헌]

판사임용자격에 관한 법원조직법 규정이 지난 40여 년 동안 유지되어 오면서, 국가는 입법행위를 통하여 사법시험에 합격한 후 사법연수원을 수료한 즉시 판사임용자격을 취득할 수 있다는 신뢰의 근거를 제공하였다고 보아야 하며, 수년간 상당한 노력과 시간을 들인 끝에 사법시험에 합격한 후 사법연수원에 입소하여 사법연수생의 지위까지 획득한 청구인들의 경우 사법연수원 수료로써 판사임용자격을 취득할 수 있으리라는 신뢰이익은 보호가치가 있다고 할 것이다. 따라서 법 개정 당시 이미 사법연수원에 입소한 사람들에게 적용되도록 한 것은 신뢰보호원칙에 반한다고 할 것이다(헌재 2012.11.29, 2011헌마786 등).

✎ 연수원생과 수험생을 차등하는 것은 이해가 되나 같은 연수원생인데 1년차와 2년차를 차별하는 것은 불합리하다.

10 개성공단 운영 전면중단조치 [기각]

[1] 대통령의 고도의 정치적 결단에 따른 조치라도 국민의 기본권 제한과 관련된 이상 헌법소원심판의 대상이 되고 반드시 헌법과 법률에 근거하여야 함을 확인하면서, 개성공단 운영 전면중단조치는 헌법과 법률에 근거한 조치로 보아야 한다고 판단하였다.

[2] 피청구인 대통령이 개성공단의 운영 중단 결정 과정에서 국무회의 심의를 거치지 않았더라도 그 결정에 적법절차원칙에 따라 필수적으로 요구되는 절차를 거치지 않은 흠결이 있다고 할 수 없다. 이 사건 중단조치 과정에서 국회와의 사전 협의를 거쳐야 한다고 볼 만한 아무런 근거가 없고, 조치의 특성, 절차 이행으로 제고될 가치, 국가작용의 효율성 등에 비추어 볼 때, 이해관계자 등의 의견청취절차는 적법절차원칙에 따라 반드시 요구되는 절차라고 보기 어렵다. 따라서 이 사건 중단조치가 적법절차원칙에 위반되어 투자기업인 청구인들의 영업의 자유나 재산권을 침해한 것으로 볼 수 없다(헌재 2022.1.27, 2016헌마364).

✎ 남북관계는 항상 알 수가 없다. 따라서 개성공단 운영 중단상황도 어느 정도 예견한 것이라 법에 이에 대한 보상 등 여러 가지 절차와 조치를 규정하고 있어 이는 헌법에 위반되지 않는다.

기출 OX

03 개성공단의 정상화를 위한 합의서에는 국내법과 동일한 법적 구속력을 인정하기 어렵고, 과거 사례 등에 비추어 개성공단의 중단 가능성은 충분히 예상할 수 있었으므로, 개성공단 전면중단조치는 신뢰보호원칙을 위반하여 개성공단 투자기업인 청구인들의 영업의 자유와 재산권을 침해하지 아니한다. 22. 경찰 ( )

정답 02 ○ 03 ○

11 6인승 밴형화물자동차의 정원 및 화물제한(처음) [한정위헌]
정원제한조항이 제정되기 전 화물자동차 운송사업을 등록한 6인승 밴형화물자동차 운송사업자들은 화물의 중량이나 부피에 대하여 특별한 제한이 없었기 때문에 동 운송사업에 종사하게 된 것이다. 심판대상조항들은 청구인들의 법적 신뢰를 심각하게 예상치 못한 방법으로 제약하고 있다. 심판대상조항들은 정원제한조항 제정 전에 등록한 동 6인승 밴형화물자동차 운송사업자들의 법적 신뢰를 과도하게 침해하므로, 이들에 대하여 적용되는 한, 신뢰보호의 원칙에 위반된다(헌재 2004.12.16, 2003헌마226).

12 화물자동차 운수사업법(차량교체시) [기각]
비록 이 사건 화물자동차를 향후에 교체할 것이 예정되어 있다 하더라도 교체 후의 새로운 차량까지도 위 신뢰의 대상에 포함된다거나 교체 후에도 헌법상 보호할 만한 신뢰가 남아 있다고 보기 어렵다(헌재 2011.10.25, 2010헌마482).

13 중소기업에 대한 특별세액 감면규정의 배제 [합헌]
'세액누락사실이 발각되어 세무조사를 받게 되더라도' 과세관청의 경정결정이 있기 전까지 수정신고를 하게 되면 자발적으로 수정신고한 경우와 마찬가지로 중소기업특별세액 감면혜택을 박탈당하지 않을 것'이라는 기대 내지 신뢰는 신축적·잠정적인 조세우대조치에 대한 것으로서 단순한 기대에 불과하고, 당초 일부 세액을 누락하여 신고하였던 이상 언제든지 경정결정이 내려질 수 있는 상태였으므로 종전 법에 의하더라도 세액감면혜택의 존속 여부가 확실하였다고 볼 수 없어 그 신뢰의 보호가치가 적다(헌재 2008.5.29, 2006헌바99).

14 무기징역의 가석방요건 강화 [합헌]
기존 10년 이상에서 20년 이상 형 집행 경과로 강화한 개정 형법은 사회를 방위하기 위한 것으로 신뢰보호원칙에 위배되지 않는다(헌재 2013.8.29, 2011헌마408).

✐ 가석방을 받을 권리는 헌법상 권리로 인정되지 않으며, 2002년 이후로 20년 미만의 집행기간을 경과한 무기징역형 수형자를 석방한 사례도 없다.

15 선불식 할부거래의 경우 보상보험계약 체결시 소급적용 [합헌]
선불식 할부거래업자에게 개정법률이 시행되기 전에 체결된 선불식 할부계약에 대하여도 소비자피해보상보험계약 등을 체결할 의무를 부과한 할부거래에 관한 법률조항은 소급입법금지원칙에 위반되지 아니한다(헌재 2017.7.27, 2015헌바240).

✐ 선불식할부거래의 대표는 상조인데 선불로 납입하고 나중에 회사가 망하는 경우가 있어 소비지피해보상보험계약을 체결할 의무를 부과한 것은 잘못된 것이 아니라는 판시이다.

16 미성년자 등에 대한 성폭력범죄 공소시효 특례조항 [합헌]
전부개정 법률 시행 당시 아직 공소시효가 완성되지 아니한 성폭력범죄에 대하여 전부개정된 공소시효 특례를 적용하도록 부진정소급효를 규정한 심판대상조항이 13세 미만의 사람에 대한 강제추행 등이 갖는 범죄의 중대성, 미성년자에 대한 성폭력범죄의 특수성 등을 고려하였을 때 신뢰보호원칙에 위반되지 않는다(헌재 2021.6.24, 2018헌바457).

17 이행강제금 도입 전의 위법건축물에도 이행강제금 부과 [합헌]
이행강제금제도 도입 전의 위법건축물이라 하더라도 이행강제금을 부과함으로써 위법상태를 치유하여 건축물의 안전, 기능, 미관을 증진하여야 한다는 공익적 필요는 중대하다 할 것이다. 따라서 이 사건 부칙조항은 신뢰보호원칙에 위배된다고 볼 수 없다(헌재 2015.10.21, 2013헌바248).

기출 OX

01 무기징역의 집행 중에 있는 자의 가석방 요건을 종전의 '10년 이상'에서 '20년 이상' 형 집행 경과로 강화한 개정 형법 조항을 형법 개정시에 이미 수용 중인 사람에게도 적용하는 것은 신뢰보호원칙에 위배된다. 18. 지방직 7급 ( )

정답 01 ×

(3) 명확성의 원칙

① **근거**: 법치국가원리의 한 표현인 명확성의 원칙은 기본적으로 모든 기본권 제한입법에 대하여 요구된다. 규범의 의미내용으로부터 무엇이 금지되는 행위이고 무엇이 허용되는 행위인지를 수범자가 알 수 없다면 법적 안정성과 예측가능성은 확보될 수 없게 될 것이고, 또한 법집행 당국에 의한 자의적 집행을 가능하게 할 것이기 때문이다(헌재 2005.6.30, 2005헌가1).

> 1. 수범자는 법을 지켜야 하는 사람, 즉 국민을 의미한다.
> 2. 자의적 집행은 법률에 의한 집행이 아니라 행정부 마음대로 집행하는 것을 자의적 집행이라고 한다.

② **요구되는 정도**: 명확성의 원칙은 모든 법률에 있어서 동일한 정도로 요구되는 것은 아니고 개개의 법률이나 법조항의 성격에 따라 요구되는 정도에 차이가 있을 수 있다(헌재 2005.6.30, 2005헌가1).

성질상 명확성원칙의 적용 차이

명확성의 원칙	엄격적용	형벌, 조세
	완화적용	변화다양, 전문, 예시, 시혜

③ **명확성원칙의 판단기준**

㉠ 모든 법규범의 문언을 순수하게 기술적 개념만으로 구성하는 것은 입법기술적으로 불가능하고 또 바람직하지도 않기 때문에 어느 정도 가치개념을 포함한 일반적·규범적 개념을 사용하지 않을 수 없다.

> 순수한 기술적 개념이란 볼펜이나 연필처럼 100명이면 100명 모두 다른 이견이 없는 개념을 의미한다. 반면, 규범적 개념은 착하다, 이쁘다 등 사람마다 다를 수 있는, 즉 사람의 판단이 필요한 개념을 말한다.

㉡ 법관의 보충적인 가치판단을 통한 법문의 해석으로 그 의미내용을 확인해 낼 수 있다면 명확성의 원칙에 반한다고 할 수 없을 것이다(헌재 2004.2.26, 2003헌바4). 이러한 의미에서 명확성의 원칙은 최대한이 아니라 최소한의 의미이다.

명확성원칙의 혼동되는 것

위헌	합헌
일반적인 도덕	당연퇴직 공무원 판례에서의 도덕
중요한 회의	징계에서의 중요한 절차
불온통신	불온서적
언론·출판에서의 미풍양속	보통의 미풍양속
언론·출판에서의 공익	보통의 공익
선거운동에서 언론인	김영란법 언론인

기출 OX

01 공중도덕상 유해한 업무에 취업시킬 목적으로 근로자를 파견한 사람을 형사처벌하도록 한 파견근로자보호 등에 관한 법률 조항 중 공중도덕 부분은 명확성원칙에 위배되지 않는다. 17. 서울시 7급 ( )

사안	위헌 여부	내용
직업안정법 제46조 공중도덕상 유해 (헌재 2005.3.31, 2004헌바29)	위헌	공중도덕은 기술적 개념이 아니라 가치개념을 포함한 규범적 개념으로서 구체적인 행위의 지침으로 사용될 경우 개인에 따라서 그리고 시간과 장소, 구체적 사정에 따라서 그 위반 여부가 크게 달라질 수밖에 없다.
감사보고서에 기재해야 할 사안 (헌재 2004.1.29, 2002헌가20 등)	위헌	주식회사의 외부감사에 관한 법률이나 상법 등 관련 법률들은 감사보고서에 기재하여야 할 사항이 어떠한 내용과 범위의 것을 의미하는지에 관하여는 별도로 아무런 규정을 두고 있지 않다.
미성년자보호법상 잔인성 (헌재 2002.2.28, 99헌가8)	위헌	음란성은 법관의 보충적인 해석을 통하여 그 규범내용이 확정될 수 있지만, 잔인성에 대하여는 아직 판례상 개념규정이 확립되지 않은 상태이다.
정부관리기업체 (헌재 1995.9.28, 93헌바50)	위헌	정부, 관리, 기업체라는 세 가지 개념요소 중 관리라는 용어는 적어도 구성요건의 개념으로서는 그 의미가 지나치게 추상적이고 광범위하다.
학교보건법상 미풍양속 (헌재 2008.4.24, 2004헌바92)	합헌	미풍양속을 해하는 행위 및 시설 중에서도 학교의 보건·위생과 학습환경에 나쁜 영향을 주는 행위 및 시설을 의미한다고 해석할 수 있다.
징계의 중요한 절차 (헌재 2007.7.26, 2006헌가9)	합헌	중요한 절차에 관한 사항이란 기본적으로 징계의 효력에 영향을 미칠 수 있는 절차로 그 의미를 제한하여 확정할 수가 있을 것이다.
청소년이용 음란물 (헌재 2002.4.25, 2001헌가27)	합헌	건전한 상식과 통상적인 법감정을 가지고 있는 사람이라면 이 사건 청소년이용 음란물에는 실제 인물인 청소년이 등장하여야 한다고 보아야 함이 명백하다.
감사보고서에 허위의 기재 (헌재 2004.1.29, 2002헌가20 등)	합헌	자기의 인식판단이 감사보고서에 기재된 내용과 불일치하는 것임을 알고서도 일부러 내용이 진실이 아닌 기재를 하는 것을 말하는 것으로 볼 수 있다.
지정시간, 지정장소 (헌재 1999.2.25, 97헌바3)	합헌	근무장소, 지정장소, 지정시간 등도 구체적인 상황의 고려하에 법령, 규칙, 사회의 통념에 따라 그 해당 여부를 판단할 수 있다 할 것이다.
당연퇴직공무원 특별채용 배제사유로 도덕성을 심히 훼손 (헌재 2004.2.26, 2003헌바4)	합헌	이 사건 법률 조항은 시혜적인 규정이고, 법관의 보충적인 가치판단을 통하여 법문의 의미내용을 확인할 수 있는 규정으로 보인다.
마약거래범죄자의 미보호 (헌재 2014.3.27, 2012헌바192)	합헌	마약거래범죄자인 북한이탈주민을 보호대상자로 결정하지 않을 수 있도록 한 것은 합헌이다.
소비자를 현혹할 우려 (헌재 2014.9.25, 2013헌바28)	합헌	'소비자를 현혹할 우려가 있는 내용의 광고'란 의료소비자를 혼란스럽게 하고 합리적인 선택을 방해할 것으로 걱정되는 광고를 의미하는 것으로 해석할 수 있다.
가상의 아동·청소년 음란물 (헌재 2015.6.25, 2013헌가17·24 등)	합헌	'아동·청소년으로 인식될 수 있는 사람이나 표현물이 등장하여 그 밖의 성적 행위를 하는 내용을 표현하는 것'에 관한 부분은 명확성원칙에 위배되지 않는다.

정답 01 ✕

국가모독죄 (헌재 2015.10.21, 2013헌가20)	위헌	의미내용이 불명확할 뿐만 아니라, 적용범위가 지나치게 광범위하다.
명예훼손죄 (헌재 2016.2.25, 2013헌바105)	합헌	비방할 목적이라는 초과주관적 구성요건을 추가로 요구하여 규제범위를 최소화하고 있으며, 민사상 손해배상으로 구제받을 수도 있다.
도로 외의 곳에서도 음주운전 금지 (헌재 2016.2.25, 2015헌가11)	합헌	'도로 외의 곳'이란 도로 외의 모든 곳 가운데 자동차 등을 그 본래의 사용방법에 따라 사용할 수 있는 공간으로 해석할 수 있다.
출퇴근을 주된 목적으로 카풀 (헌재 2021.4.29, 2018헌바100)	합헌	출퇴근 카풀의 기준을 충분히 예측할 수 있다.
문신시술 (헌재 2007.4.26, 2003헌바71)	합헌	의사 아닌 자가 영리목적의 업으로 문신시술하는 것을 의료행위로 보아 금지하는 것은 명확성에 위반되지 않는다.
고속도로 등에서 갓길 통행 금지 (헌재 2021.8.30, 2020헌바100)	합헌	비상상황에서 적절한 대처를 하기 위해 다양한 상황을 포섭할 수 있는 부득이한 사정을 사용한다.
못된 장난 (헌재 2022.11.24, 2021헌마426)	기각	'못된 장난'은 일반적으로 상대방의 수인한도를 넘어 괴롭고 귀찮게 하는 고약한 행동을 의미한다.

판례 | 명확성의 원칙에 관한 판례

1 국립묘지의 영예성 [합헌]

'영예성'은 국가나 사회를 위하여 희생·공헌한 점뿐만 아니라, 그러한 희생·공헌의 점들이 그 전후에 이루어진 국가나 사회에 대한 범죄 또는 비행들로 인하여 훼손되지 아니하여야 한다는 것을 의미한다고 할 것인바, 그렇다면 '영예성의 훼손'은 국립묘지의 존엄 및 경건함을 해할 우려가 있는 반국가적·반사회적인 범죄 등을 저지른 경우에 해당하여야 한다고 충분히 예측할 수 있고, **그 심의를 담당하는 안장대상 심의위원회는 다양한 분야에서 전문적인 지식을 가진 20명 이내의 위원들의 3분의 2 이상 찬성으로 의결하고 있어,** 아무런 기준 없이 자의적으로 법적용을 할 수 있을 정도로 안장대상 심의위원회에 지나치게 광범위한 재량권을 부여하고 있다고 볼 수 없다(헌재 2011.10.25, 2010헌바272).

2 중요한 회의 [위헌]

이 사건 법률 조항의 '중요한 회의'라는 문언만으로는 조합의 어떤 회의체 기관이 하는 '회의'를 대상으로 하는지를 알 수 없고, '중요한'이라는 용어가 그 자체만으로 독자적인 판정기준이 된다고 할 수 없어 '중요한' 회의인지 여부가 회의의 안건에 따라 정해지는지, 실제 의결된 내용에 따라 정해지는지 여부조차 예측할 수 없다(헌재 2011.10.25, 2010헌가29).

3 변호사로서의 품위 [합헌]

징계사유를 규정한 구 변호사법 제91조 제2항 제3호의 '변호사로서의 품위'란 그 용어의 사전적 의미, 위 조항의 입법취지, 법원의 법률해석 등을 종합하여 보면 '기본적 인권의 옹호와 사회정의실현을 사명으로 하는 법률 전문직인 변호사로서 그 직책을 수행해 나가기에 손색이 없는 인품'이라 할 수 있다(헌재 2012.11.29, 2010헌바454).

4 건전한 통신윤리 [합헌]

'건전한 통신윤리'라는 개념이 다소 추상적이기는 하나 우리 사회가 요구하는 최소한의 질서 또는 도덕률을 의미한다고 볼 수 있고, 정보통신영역의 광범위성과 빠른 변화 속도 등을 감안할 때 함축적 표현이 불가피한 면도 있으므로, 명확성원칙, 나아가 포괄위임입법금지원칙이나 과잉금지원칙에도 위배되지 않는다는 것이다(헌재 2012.2.23, 2011헌가13).

5 가려야 할 곳을 내놓아 [위헌]

'여러 사람의 눈에 뜨이는 곳에서 공공연하게 알몸을 지나치게 내놓거나 가려야 할 곳을 내놓아 다른 사람에게 부끄러운 느낌이나 불쾌감을 준 사람'을 처벌하는 경범죄 처벌법 조항은 그 의미를 알기 어렵고 그 의미를 확정하기도 곤란하므로 명확성원칙에 위배된다(헌재 2016.11.24, 2016헌가3).

6 다량, 토사, 현저히 오염 [위헌]

이 사건 벌칙규정이나 관련 법령 어디에도 '토사'의 의미나 '다량'의 정도, '현저히 오염'되었다고 판단할 만한 기준에 대하여 아무런 규정도 하지 않고 있으므로, 일반 국민으로서는 자신의 행위가 처벌대상인지 여부를 예측하기 어렵고, 감독 행정관청이나 법관의 자의적인 법해석과 집행을 초래할 우려가 매우 크므로 이사건 벌칙규정은 죄형법정주의 명확성원칙에 위배된다(헌재 2013.7.25, 2011헌가26).

7 근무조건과 직접 관련되지 아니하는 사항 [합헌]

근무조건과 '직접' 관련되어 교섭대상이 되는 사항은 공무원이 공무를 제공하는 조건이 되는 사항 그 자체를 의미하는 것이므로, 이 사건 규정에서 말하는 공무원노조의 비교섭대상은 정책결정에 관한 사항과 기관의 관리·운영에 관한 사항 중 그 자체가 공무를 제공하는 조건이 되는 사항을 제외한 사항이 될 것이다(헌재 2013.6.27, 2012헌바169).

8 토지의 형질변경 [합헌]

구 개발제한구역의 지정 및 관리에 관한 특별조치법 조항 중 허가를 받지 아니한 '토지의 형질변경' 부분은 개발제한구역 지정 당시의 토지의 형상을 사실상 변형시키고 또 그 원상회복을 어렵게 하는 행위를 의미하는 것이므로, 명확성원칙에 위배되지 않는다(헌재 2011.3.31, 2010헌바86).

9 법률사건과 알선 [합헌]

이 사건 법률 조항이 규정하는 '법률사건'이란 '법률상의 권리·의무의 발생·변경·소멸에 관한 다툼 또는 의문에 관한 사건'을 의미하고, '알선'이란 법률사건의 당사자와 그 사건에 관하여 대리 등의 법률사무를 취급하는 상대방(변호사 포함) 사이에서 양자 간에 법률사건이나 법률사무에 관한 위임계약 등의 체결을 중개하거나 그 편의를 도모하는 행위를 말하는바, 이 사건 법률 조항에 의하여 금지되고, 처벌되는 행위의 의미가 문언상 불분명하다고 할 수 없으므로 이 사건 법률 조항은 죄형법정주의의 명확성원칙에 위배되지 않는다(헌재 2013.2.28, 2012헌바62).

기출 OX

01 '여러 사람의 눈에 뜨이는 곳에서 공공연하게 알몸을 지나치게 내놓거나 가려야 할 곳을 내놓아 다른 사람에게 부끄러운 느낌이나 불쾌감을 준 사람'을 처벌하는 경범죄 처벌법 조항은 죄형법정주의의 명확성원칙에 위반되지 않는다. 22. 입시 ( )

정답 01 ×

10 회복하기 어려운 손해 [합헌]

집행정지 요건으로 규정한 '회복하기 어려운 손해'는 대법원 판례에 의하여 '특별한 사정이 없는 한 금전으로 보상할 수 없는 손해로서 이는 **금전보상이 불능인 경우 내지는 금전보상으로는 사회관념상 행정처분을 받은 당사자가 참고 견딜 수 없거나 또는 참고 견디기가 현저히 곤란한 경우의 유형·무형의 손해**'를 의미한 것으로 해석할 수 있어 명확성에 반하지 않는다(헌재 2018.1.25, 2016헌바208).

11 수납한도액 초과 시정 명령 [합헌]

어린이집이 시·도지사가 정한 수납한도액을 초과하여 보호자로부터 필요경비를 수납한 경우, 해당 시·도지사는 영유아보육법에 근거하여 시정 또는 변경 명령을 발할 수 있는데, 이 시정 또는 변경 명령 조항의 내용으로 환불명령을 명시적으로 규정하지 않았다고 하여 명확성원칙에 위배된다고 볼 수 없다(헌재 2017.12.28, 2016헌바249).

판례 | 법치주의 위반 여부에 관한 판례

1 외국 치과·의과대학 졸업자에 대한 예비시험 [합헌]

예비시험 조항은 외국에서 수학한 보건의료 인력의 질적 수준을 담보하려는 것을 주된 입법목적으로 하는 것이므로 그 정당성을 인정할 수 있다. … 청구인들에게 기존의 면허시험 요건에 추가하여 예비시험을 보게 하는 것은 이미 존재하는 여러 가지 면허제도상의 법적 규제에 추가하여 새로운 규제를 하나 더 부가하는 것에 그치고, 이러한 규제가 지나치게 가혹한 것이라고 하기 어려운 반면, 이러한 제도를 통한 공익적 목적은 위에서 본 바와 같이 그 정당성이 인정된다. 따라서 경과규정은 신뢰보호의 원칙에 위배한 것이라 보기 어렵다(헌재 2003.4.24, 2002헌마611).

✎ 외국자격증을 그대로 한국에서 인정해 줄 수는 없다. 따라서 예비시험을 치게 하는 것은 잘못이 아니다. 다만, 이미 국내의사가 외국에 갔다 온 경우까지 예비시험을 치르게 하면 헌법에 위반된다.

2 개발진행 중인 사업에 대한 개발부담금의 부과 [합헌]

사업시행자가 국가 또는 지방자치단체로부터 인가 등을 받아 개발사업을 시행한 결과 개발사업 대상토지의 지가가 상승하여 정상지가 상승분과 투입된 비용을 초과하는 개발이익이 생긴 경우, 그 일부는 불로소득적인 이익이므로 그 보호가치가 그다지 크지 않은 반면, 인구에 비하여 국토가 좁은 상황에서 토지에 대한 투기를 방지하고 토지의 효율적인 이용을 촉진함을 목적으로 하는 개발부담금제도의 공익적 가치는 매우 중요하다. … 신뢰보호의 원칙에 위배되는 것이 아니다(헌재 2001.2.22, 98헌바19).

3 사법시험 제1차 시험에서의 법학과목 이수제도 [합헌]

법학과목 이수제도에 의한 응시자격 제한은 법학교육과 연계시켜 법조인을 선발함으로써 대학교육을 정상화함과 아울러 국가인력자원의 효율적 배분을 도모하고자 하는 공익이 그 제한으로 침해받은 이익의 가치와 신뢰의 손상된 정도에 비추어 보다 우월하다고 할 것이고, 응시자격 구비를 위한 상당한 대상조치가 마련되어 있으며, 법학과목 이수제도의 시행까지 5년의 유예기간을 둔 점을 종합해 볼 때, 법학과목 이수 관련 법령이 신뢰보호원칙에 위반된다고 보기 어렵다(헌재 2007.4.26, 2003헌마947 등).

4 합성수지 재질의 도시락 용기 사용금지 [합헌]

합성수지 도시락 용기의 사용금지는 우선적으로 합성수지 폐기물량을 원천적으로 감소하게 하는 직접적인 효과가 있고 그 결과 합성수지의 매립·소각에 따른 환경문제도 줄게 하는 환경개선과 국민건강 증진 효과를 가져올 수 있어 그 공익적 가치가 매우 크다(헌재 2007.2.22, 2003헌마428 등).

5 가족 중 성년자가 예비군훈련 소집통지서를 예비군대원 본인에게 전달 [위헌]

[1] 본인 부재시 가족이 본인에게 전달해야 하는데 이는 행정절차적 협력의무이다.
[2] 이 법은 단순히 협력의 범위를 넘어 형사처벌까지 부과하고 있는데 이는 지나치다고 아니할 수 없다. 즉, 과태료 등으로도 가능하다(헌재 2022.5.26, 2019헌가12).

6 성폭력범죄의 처벌 등에 관한 특례법상 주거침입강제추행·준강제추행죄 [위헌]

과거 징역 5년 이상인 경우에는 합헌이었으나, 징역 7년 이상으로 한 현 조항에 대해서 위헌으로 판단하였다. 이는 작량감경의 사유가 있는 경우에도 집행유예를 선고할 수 없어 책임과 형벌 간의 비례원칙에 위반된다. 다만, 야간주거침입절도미수범의 준강제추행죄의 경우 7년 이상의 징역으로 정한 경우에는 죄질과 불법성이 중대하여 합헌으로 보았다(헌재 2023.2.23, 2021헌가9).

7 군형법 추행 사건 [기각]

[1] 명확성의 원칙에 위배되지 않는다
[2] 동성 군인 사이의 합의에 의한 성적 행위라 하더라도 그러한 행위가 근무장소나 임무수행 중에 이루어진다면, 이는 국가의 안전보장 및 국토방위의 신성한 의무를 지는 국군의 전투력 보존에 심각한 위해를 초래할 위험성이 있으므로, 이를 처벌한다고 하여도 과도한 제한이라고 할 수 없다(헌재 2023.10.26, 2017헌가16).

8 어린이 보호구역에서 교통사고로 상해나 사망에 이르게 한 경우를 가중처벌 [기각]

어린이의 통행이 빈번한 초등학교 인근 등 제한된 구역을 중심으로 어린이 보호구역을 설치하고 엄격한 주의의무를 부과하여 위반자를 엄하게 처벌하는 것은 어린이에 대한 교통사고 예방과 보호를 위해 불가피한 조치이다(헌재 2023.2.23, 2020헌마460).
✎ 상해의 경우 1년 이상, 사망의 경우 3년 이상의 징역에 처하게 되어 있다.

기출 OX

01 예비군대원 본인의 부재시 예비군훈련 소집통지서를 수령한 같은 세대 내의 가족 중 성년자가 정당한 사유 없이 소집통지서를 본인에게 전달하지 아니한 경우 형사처벌을 하는 예비군법 조항은 책임과 형벌 사이의 비례원칙에 위배되지 않는다. 23. 경찰승진
( )

정답 01 ×

제5항 사회국가의 원리

01 의의

사회국가원리란 과거와 같이 국민 개개인의 기본적인 삶을 국민 개인에게 맡겨두지 않고 그 기본적인 조건을 국가가 조성하는 것을 의무로 인정하는 헌법원리이다. 복지국가원리와의 관계에 있어서는 견해가 대립되나, 일반적 견해는 유사한 개념으로 본다. 사회적 기본권은 입법과정이나 정책결정과정에서 사회적 기본권에 규정된 국가목표의 무조건적인 최우선적 배려가 아니라 단지 적절한 고려를 요청하는 것이다(헌재 2002.12.18, 2002헌마52).

> **판례 | 사회국가의 의미**
>
> 사회국가란 한마디로, 사회정의의 이념을 헌법에 수용한 국가, 사회현상에 대하여 방관적인 국가가 아니라 경제·사회·문화의 모든 영역에서 정의로운 사회질서의 형성을 위하여 사회현상에 관여하고 간섭하고 분배하고 조정하는 국가이며, 궁극적으로는 국민 각자가 실제로 자유를 행사할 수 있는 그 실질적 조건을 마련해 줄 의무가 있는 국가이다(헌재 2002.12.18, 2002헌마52).

기출 OX

02 사회국가란 경제·사회·문화의 모든 영역에서 정의로운 사회질서의 형성을 위하여 사회현상에 관여하고 간섭하고 분배하고 조정하는 국가이며, 궁극적으로는 국민 각자가 실제로 자유를 행사할 수 있는 그 실질적 조건을 마련해 줄 의무가 있는 국가이다. 22. 경찰승진 ( )

02 입법례

유형	사회적 기본권	사회국가 조항	입법례
1유형	×	○	독일 본(Bonn)기본법
2유형	○	×	바이마르, 우리나라
3유형	○	○	이탈리아
4유형	×	×	미국(적법절차를 통한 실현)

기출 OX

03 우리나라는 독일의 본(Bonn)기본법과 같이 사회국가 조항을 명시하고 있다. ( )

03 한계 - 보충성의 원칙

책임	사회국가	복지국가(급양국가)
1차적 책임	개인·사회	국가
부차적 책임	국가	개인·사회

✎ 사회국가는 개인이 최선을 다해보고 그가 노동력을 상실하거나 스스로 해결하지 못할 때 국가가 개입하는 경우를 말하며, 복지국가는 국가가 기본소득 등으로 베이스를 깔아주고 그 이상을 버는 것은 개인의 역할로 하는 경우를 말한다.

정답 02 ○ 03 ×

제6항 현행 헌법상의 경제적 기본질서

01 경제조항의 의미

> 헌법 제119조 ① 대한민국의 경제질서는 개인과 기업의 경제상의 자유와 창의를 존중함을 기본으로 한다.
> ② 국가는 균형 있는 국민경제의 성장 및 안정과 적정한 소득의 분배를 유지하고, 시장의 지배와 경제력의 남용을 방지하며, 경제주체 간의 조화를 통한 경제의 민주화를 위하여 경제에 관한 규제와 조정을 할 수 있다.

1. 사회적 시장경제질서로서의 성격

헌법재판소는 우리 헌법상의 경제질서는 사유재산제를 바탕으로 하고 자유경쟁을 존중하는 자유시장경제질서를 기본으로 하면서도 이에 수반되는 갖가지 모순들을 제거하고 사회복지, 사회정의를 실현하기 위하여, 즉 경제의 민주화를 위하여 예외적으로 국가적 규제와 조정을 용인하는 사회적 시장경제질서로서의 성격을 띠고 있다고 판시한 바 있다. 02. 국가직 7급 제헌헌법은 통제경제를 기본으로 하였으며, 제2차 개헌시 통제경제에서 자유시장경제로 전환하였다. 05. 입시

2. 경제조항의 의미

헌법 제119조 제1항은 자유의 근거이며, 제2항은 규제·제한을 정당화하는 근거이다.

> **판례 | 헌법상 경제조항의 의미**
>
> **1 헌법 제119조는 다양한 기본권과 원리로 구체화된다.**
>   헌법은 제119조에서 개인의 경제적 자유를 보장하면서 사회정의를 실현하기 위한 경제질서를 선언하고 있다. 이 규정은 헌법상 경제질서에 관한 일반조항으로서 국가의 경제정책에 대한 하나의 헌법적 지침이고, 동 조항이 언급하는 '**경제적 자유와 창의**'는 직업의 자유, 재산권의 보장, 근로3권과 같은 경제에 관한 기본권 및 비례의 원칙과 같은 법치국가원리에 의하여 비로소 헌법적으로 구체화된다(헌재 2002.10.31, 99헌바76 등).
>   ✎ 즉, 경제는 자유와 창의를 원칙으로 하니 어떤 직업이든 사회에 큰 해만 되지 않으면 자유롭게 창의적으로 구현할 수 있다.
>
> **2 헌법 제119조는 하나의 지침일 뿐 독자적 위헌심사기준은 될 수 없다.**
>   헌법 제119조는 헌법상 경제질서에 관한 일반조항으로서 국가의 경제정책에 대한 하나의 헌법적 지침일 뿐 그 자체가 기본권의 성질을 가진다거나 독자적인 위헌심사의 기준이 된다고 할 수 없으므로, 청구인들의 이러한 주장에 대하여는 더 나아가 살펴보지 않는다(헌재 2017.7.27, 2015헌바278 등).
>   ✎ 즉, 헌법 제119조는 직업의 자유나 재산권 등 다른 기본권 침해와 함께 심사하는 것이 원칙이다.

기출 OX

01 경제민주화의 이념은 경제영역에서 국가행위의 한계를 설정하고 개인의 기본권을 보호하는 헌법규범이지, 개인의 경제적 자유에 대한 제한을 정당화하는 근거규범은 아니다. 13. 국가직 7급 ( )

02 우리 헌법상의 경제질서는 사유재산제를 바탕으로 하고 자유경쟁을 존중하는 자유시장경제질서를 기본으로 하면서도 이에 수반되는 갖가지 모순을 제거하고 사회복지·사회정의를 실현하기 위하여 국가적 규제와 조정을 용인하는 사회적 시장경제질서로서의 성격을 띠고 있다. 18. 법원직 ( )

기출 OX

03 헌법 제119조는 국가목표로서 개인의 기본권을 제한하는 국가행위를 정당화하는 헌법규범이다. 14. 국가직 7급 ( )

기출 OX

04 헌법 제119조 제1항이 규정하고 있는 '경제적 자유와 창의'는 직업의 자유, 재산권의 보장, 근로3권과 같은 경제에 관한 기본권 및 비례의 원칙과 같은 법치국가원리에 의하여 비로소 헌법적으로 구체화된다. 22. 국회직 5급 ( )

기출 OX

05 헌법 제119조는 헌법상 경제질서에 관한 일반조항으로서 국가의 경제정책에 대한 하나의 지침이자 구체적 기본권 도출의 근거로 기능하며 독자적인 위헌심사의 기준이 된다. 21. 국회직 5급, 22. 국회직 9급·경찰간부 ( )

정답 01 × 02 ○ 03 ○ 04 ○ 05 ×

3 공익과 공공복리를 구체화

우리 헌법은 헌법 제119조 이하의 경제에 관한 장에서 '**균형 있는 국민경제의 성장과 안정, 적정한 소득의 분배, 시장의 지배와 경제력 남용의 방지, 경제주체 간의 조화를 통한 경제의 민주화, 균형 있는 지역경제의 육성, 중소기업의 보호육성, 소비자 보호 등**'의 경제영역에서의 국가목표를 명시적으로 언급함으로써 국가가 경제정책을 통하여 달성하여야 할 '공익'을 구체화하고, 동시에 헌법 제37조 제2항의 기본권 제한을 위한 법률유보에서의 '공공복리'를 구체화하고 있다(헌재 1996.12.26, 96헌가18).

4 기본권 제한을 정당화하는 공익은 예시에 불과

경제적 기본권의 제한을 정당화하는 공익이 헌법에 명시적으로 규정된 목표에만 제한되는 것은 아니고, 헌법은 단지 국가가 실현하려고 의도하는 전형적인 경제목표를 예시적으로 구체화하고 있을 뿐이므로 기본권의 침해를 정당화할 수 있는 모든 공익을 아울러 고려하여 법률의 합헌성 여부를 심사하여야 한다(헌재 1996.12.26, 96헌가18).

02 구체적인 헌법조항 03·07. 국가직 7급, 05. 입시, 07. 국회직 8급, 08. 법원직

제120조	• 광물 기타 중요한 지하자원·수산자원·수력과 경제상 이용할 수 있는 자연력은 법률이 정하는 바에 의하여 일정한 기간 그 채취·개발 또는 이용을 특허할 수 있다(제1항). • 국토와 자원은 국가의 보호를 받으며, 국가는 그 균형 있는 개발과 이용을 위하여 필요한 계획을 수립한다(제2항).
제121조	• 국가는 농지에 관하여 경자유전의 원칙이 달성될 수 있도록 노력하여야 하며, 농지의 소작제도는 금지된다(제1항). • 농업생산성의 제고와 농지의 합리적인 이용을 위하거나 불가피한 사정으로 발생하는 농지의 임대차와 위탁경영은 법률이 정하는 바에 의하여 인정된다(제2항).
제122조	국가는 국민 모두의 생산 및 생활의 기반이 되는 국토의 효율적이고 균형 있는 이용·개발과 보전을 위하여 법률이 정하는 바에 의하여 그에 관한 필요한 제한과 의무를 과할 수 있다.
제123조	• 국가는 농업 및 어업을 보호·육성하기 위하여 농·어촌종합개발과 그 지원 등 필요한 계획을 수립·시행하여야 한다(제1항). • 국가는 지역 간의 균형 있는 발전을 위하여 지역경제를 육성할 의무를 진다(제2항). • 국가는 중소기업을 보호·육성하여야 한다(제3항). • 국가는 농수산물의 수급균형과 유통구조의 개선에 노력하여 가격안정을 도모함으로써 농·어민의 이익을 보호한다(제4항). • 국가는 농·어민과 중소기업의 자조조직을 육성하여야 하며, 그 자율적 활동과 발전을 보장한다(제5항).
제124조	국가는 건전한 소비행위를 계도하고 생산품의 품질향상을 촉구하기 위한 소비자보호운동을 법률이 정하는 바에 의하여 보장한다.
제125조	국가는 대외무역을 육성하며, 이를 규제·조정할 수 있다.
제126조	국방상 또는 국민경제상 긴절한 필요로 인하여 법률이 정하는 경우를 제외하고는 사영기업을 국유 또는 공유로 이전하거나 그 경영을 통제 또는 관리할 수 없다.

기출 OX

06 헌법 제119조 이하의 경제에 관한 장은 국가가 경제정책을 통하여 달성하여야 할 '공익'을 구체화하고, 동시에 헌법 제37조 제2항의 기본권 제한을 위한 법률유보에서의 '공공복리'를 구체화하고 있다. 22. 국회직 8급
( )

07 경제적 기본권을 제한하는 법률의 합헌성 여부를 심사하는 경우, 그 법률을 정당화하는 공익은 헌법에 명시적으로 규정된 목표에만 제한된다. 22. 지방직 7급
( )

기출 OX

08 농지에 대해서는 경자유전의 원칙이 달성되어야 하므로 농지의 임대차와 위탁경영이 금지된다. 12. 지방직 7급
( )

기출 OX

09 본조에 규정된 것은 '소비자보호운동'으로서, '소비자권리'는 헌법상으로 명시되어 있지 않으나, 헌법 제10조와 제124조를 헌법상 근거로 들 수 있다. 07. 국회직 8급
( )

10 사유재산제도를 보장하지만 사영기업을 국유 또는 공유로 이전하는 것을 절대적으로 금지하고 있지 않은 것이 현행 헌법의 태도이다. 05. 입시, 07. 국가직 7급
( )

정답 06 ○ 07 × 08 × 09 ○
10 ○

제127조	• 국가는 과학기술의 혁신과 정보 및 인력의 개발을 통하여 국민경제의 발전에 노력하여야 한다(제1항). • 국가는 국가표준제도를 확립한다(제2항). • 대통령은 제1항의 목적을 달성하기 위하여 필요한 자문기구를 둘 수 있다(제3항).
조문에 없는 것	• 한국은행 독립성 • 토지생산성 재고 • 독과점의 규제와 조정 • 환경보호운동보장 • 사회국가원리 • 소비자의 권리 • 국토의 효율적이고 지속 가능한 개발과 보전

> **판례 | 헌법상 경제질서의 위반 여부에 관한 판례**
>
> **1 자동차의 무과실책임 [합헌]**
> 자동차사고의 경우에는 일반불법행위와는 달리 가해자의 책임문제보다는 피해자에게 어떤 방식으로 공평·타당한 보상을 할 것인가가 법률적으로 중요한 과제이다. … 위험책임의 원리에 기하여 무과실책임을 지운 것만으로 헌법 제119조 제1항의 자유시장경제질서에 위반된다고 할 수 없다(헌재 1998.5.28, 96헌가4 등).
>
> **2 주택조합의 조합원 자격을 무주택자로 한정 [합헌]**
> 주택건설촉진법 제3조 제9호가 주택조합의 조합원 자격을 무주택자로 한정하고 있는 것은 주택이 없어 고통받는 국민을 없이 하기 위한 것으로서 국민의 주거확보에 관한 정책 시행을 위한 정당한 고려하에서 이루어진 것이다(헌재 1994.2.24, 92헌바43).
>
> **3 주택공급에 관한 규칙 [기각]**
> 헌법재판소는 2010년 5월 27일 **무주택 단독세대주의 경우 40제곱미터 이하의 국민임대주택에 한하여 입주자로 선정**될 수 있도록 규정한 주택공급에 관한 규칙 제32조 제1항 내지 제3항은 단독세대주의 헌법상 보장된 평등권, 인간다운 생활을 할 권리 등을 침해하지 아니한다는 취지의 결정을 선고하였다(헌재 2010.5.27, 2009헌마338).
>
> **4 의료광고 규제 [위헌]**
> 비약적으로 증가되는 의료인 수를 고려할 때, 이 사건 조항에 의한 의료광고의 금지는 새로운 의료인들에게 자신의 기능이나 기술 혹은 진단 및 치료방법에 관한 광고와 선전을 할 기회를 배제함으로써, 기존의 의료인과의 경쟁에서 불리한 결과를 초래할 수 있는데, 이는 자유롭고 공정한 경쟁을 추구하는 헌법상의 시장경제질서에 부합되지 않는다(헌재 2005.10.27, 2003헌가3).
>
> **5 소득분배와 누진세 [기각]**
> 헌법 제119조 제2항은 국가가 경제영역에서 실현하여야 할 목표의 하나로서 '적정한 소득의 분배'를 들고 있지만, 이로부터 반드시 소득에 대하여 **누진세율에 따른 종합과세를 시행하여야 할 구체적인 헌법적 의무가 조세입법자에게 부과되는 것이라고 할 수 없다**(헌재 1999.11.25, 98헌마55).

6 국제그룹의 해체 [위헌확인]

헌법 제119조 제1항은 대한민국의 경제질서는 개인과 기업의 경제상의 자유와 창의를 존중함을 기본으로 한다고 하여 시장경제의 원리에 입각한 경제체제임을 천명하였는바, … 어디까지나 채권자 내지 담보권자인 은행과 채무자인 사영기업 간의 채권채무관계이므로 당사자들이 그 책임과 권한하에 알아서 자율적으로 처리할 일이며, 은행의 자율적 처리과정에서 공권력의 의견 제시는 별론으로 하고, 법치국가적 절차에 따르지 않는 공권력의 발동은 기업의 경제상의 자유와 창의의 존중을 기본으로 하는 헌법 제119조 제1항의 규정과는 합치될 수 없는 것이다(헌재 1993.7.29, 89헌마31).

7 국산영화 의무상영제 [기각]

헌법 제119조 제2항의 규정이 대한민국의 경제질서가 개인과 기업의 창의를 존중함을 기본으로 하도록 하고 있으나, 그것이 자유방임적 시장경제질서를 의미하는 것은 아니다. 따라서 입법자가 외국영화에 의한 국내 영화시장의 독점이 초래되는 것을 방지하고 균형 있는 영화산업의 발전을 위하여 국산영화 의무상영제를 둔 것이므로, 이를 들어 헌법상 경제질서에 반한다고는 볼 수 없다(헌재 1995.7.21, 94헌마125).

8 부동산중개업 법정수수료 [기각]

부동산 수수료를 중개인과 중개의뢰인 사이의 계약에 맡기게 될 경우에는 부동산시장에의 접근이 가진 자에 의하여 독점되는 등 부동산거래질서가 왜곡될 우려가 있다는 판단에서 이를 방지하고 공정한 부동산거래질서를 확립하기 위하여 법정수수료제도를 두고 있는 것이므로 이를 들어 우리 헌법의 경제질서에 반한다고는 볼 수 없다(헌재 2002.6.27, 2000헌마642 등).

9 이자제한법 폐지법률의 위헌 여부 [합헌]

입법자가 사인 간의 약정이자를 제한함으로써 경제적 약자를 보호하려는 직접적인 방법을 선택할 것인지, 아니면 이를 완화하거나 폐지함으로써 자금시장의 왜곡을 바로잡아 경제를 회복시키고 자유와 창의에 기한 경제발전을 꾀하는 한편 경제적 약자의 보호문제는 민법상의 일반원칙에 맡길 것인가는 입법자의 위와 같은 재량에 속하는 것이라 할 것이고, … 입법재량권을 남용하였거나 입법형성권의 한계를 일탈하여 명백히 불공정 또는 불합리하게 자의적으로 행사한 것이라고 볼 만한 자료를 찾을 수 없다. 결국 이 사건 개정법률과 폐지법률은 헌법에 위반된다고 할 수 없다(헌재 2001.1.18, 2000헌바7).

✎ 이자제한법을 폐지하면 이자의 상한이 없어지지만 판례는 이를 입법재량으로 보아 많은 비판을 받고 있다.

10 금융소득의 분리과세 [기각]

소득에 단순비례하여 과세할 것인지 아니면 누진적으로 과세할 것인지는 입법자의 정책적 결정에 맡겨져 있다. … 입법자는 **IMF라는 절박한 경제위기를 극복**하여야 한다는 국민경제적 관점에서 금융소득에 대한 분리과세를 시행하기로 정책적 결단을 내린 것이고 … 이 사건 법률 조항은 '적정한 소득의 분배'만이 아니라 '균형 있는 국민경제의 성장과 안정'이라는, 경우에 따라 상충할 수 있는 법익을 함께 고려하여 당시의 경제상황에 적절하게 대처하기 위하여 내린 입법적 결정의 산물로서, 그 결정이 현저히 불합리하다거나 자의적이라고 할 수 없으므로 이를 들고 헌법상의 경제질서에 위반되는 것이라고 볼 수 없다(헌재 1999.11.25, 98헌마55).

✎ 절박한 경제위기에 이자소득이 많은 사람에게 분리과세를 하여 불이익을 주겠다는 결정은 잘못된 것이 아니다. 은행의 돈이 사회로 나가게 되면 경제가 활성화될 수 있기 때문이다.

기출 OX

01 재무부장관이 국제그룹의 주거래은행인 제일은행에 국제그룹해체준비 착수와 언론발표를 지시하고 제일은행장이 제3자 인수방식으로 국제그룹을 해체시킨 것은 통상의 공권력 행사라고는 볼 수 없어 헌법재판소는 각하라고 판시하였다. ( )

02 균형 있는 영화산업의 발전이라는 경제적 고려와 공동체의 이익을 위한 목적에서 비롯된 국산영화 의무상영제가 공연장 경영자의 행복추구권을 침해한 것이라고 보기 어렵다. 03. 사시 ( )

기출 OX

03 변호사, 세무사 등의 보수는 자율화하면서 공인중개업자에게는 법정수수료제도를 두는 것은 평등권을 침해하지 않는다. 04. 법원직 ( )

기출 OX

04 이자제한법 폐지법률은 경제적 약자에 대한 국가의 보호를 방기함으로써 복지국가를 지향하는 우리 헌법질서에 위배된다고 판례는 보았다. ( )

기출 OX

05 금융소득에 대한 분리과세를 하면서 세율을 인상하고 소득 계층에 관계없이 동일한 세율을 적용하는 것은 적정한 소득분배라는 헌법상의 원칙에 위배된다. 04. 입시 ( )

정답 01 × 02 ○ 03 ○ 04 × 05 ×

기출 OX

01 신문판매업자가 거래 상대방에게 제공할 수 있는 무가지와 경품의 범위를 유료신문 대금의 20% 이하로 제한하고 있는 신문업에 있어서의 불공정거래행위 및 시장지배적 지위남용행위의 유형 및 기준 제3조 제1항 등은 헌법 제119조 제1항을 포함한 우리 헌법의 경제질서 조항에 위반되지 아니한다. ( )

11 신문 무가지 제한 [합헌]

경제적으로 우월적 지위를 가진 신문발행업자를 배경으로 한 신문판매업자가 무가지와 경품 등 살포를 통하여 경쟁상대 신문의 구독자들을 탈취하고자 하는 신문업계의 과당경쟁상황을 완화시키고 신문판매, 구독시장의 경쟁질서를 정상화하여 민주사회에서 신속, 정확한 정보제공과 올바른 여론형성을 주도하여야 하는 신문의 공적 기능을 유지하고자 하는 데 있는바, 이는 과잉금지의 원칙에 위배되지 않는다 (헌재 2002.7.18, 2001헌마605).

12 도서정가제 [기각]

헌법재판소는 출판문화산업에서 존재하고 있는 자본력, 협상력 등의 차이를 간과하고 이를 그대로 방임할 경우 우리 사회 전체의 문화적 다양성 축소로 이어지게 되고, 지식문화 상품인 간행물에 관한 소비자의 후생이 단순히 저렴한 가격에 상품을 구입함으로써 얻는 경제적 이득에만 한정되지는 않는 점 등에 비추어 이 사건 심판대상조항이 청구인의 직업의 자유를 침해하지 않는다고 판단하였다(헌재 2023.7.20, 2020헌마104).

13 유사수신행위*의 규제 [합헌]

이 사건 법률 조항은 사기적·투기적·사행적 금융거래를 규제함으로써 선량한 거래자를 보호하고 건전한 금융질서를 확립하려는 데에 그 입법취지가 있다. 경제주체 간의 부조화를 방지하고 금융시장의 공정성을 확보하기 위하여 마련된 이 사건 법률 조항은 그 정당성이 헌법 제119조 제2항에 의하여 뒷받침될 수 있으며, 따라서 우리 헌법의 경제질서에 반하는 것이라 할 수 없다(헌재 2003.2.27, 2002헌바4).

*유사수신행위란 다른 법령에 따른 인허가나 등록을 하지 않고 불특정 다수인으로부터 원금 이상의 금액을 지급할 것을 약정하고 자금을 조달하는 것을 업으로 하는 행위이다. 이는 대규모 금융사기로 이어질 수 있어서 규제받는다.

14 자경업자에 한해 양도소득세 면제 [합헌]

8년 이상 직접 토지를 경작한 자에 한해 양도소득세를 면제하는 조세특례법은 외지인의 농지투기를 방지하기 위한 것으로 헌법에 위반되지 않는다(헌재 2003.11.27, 2003헌바2).

15 우선매각대상자를 도시개발사업의 시행자로 한정 [합헌]

도시개발구역에 있는 국가나 지방자치단체 소유의 재산으로서 도시개발사업에 필요한 재산에 대한 우선매각대상자를 도시개발사업의 시행자로 한정하고 국공유지의 점유자에게 우선매수자격을 부여하지 않는 도시개발법 관련 규정은 사적 자치의 원칙을 기초로 한 자본주의 시장경제질서를 규정한 헌법 제119조 제1항에 위반되지 않는다(헌재 2009.11.26, 2008헌마711).

✎ 국가땅에 임차하고 있는 임차인에게 매도하는 것이 아니라 시행자에게 일괄 처분하여야 재개발이 원활하게 추진될 수 있다.

16 농지의 위탁경영 원칙적 금지 [기각]

농지소유자로서는 곡류의 경작·판매를 대신할 사람을 구하여 농지경영을 전담하게 하는 것이 농지를 보다 효율적으로 사용·수익하는 방안이 될 수 있다. 그러나 농지에 대한 위탁경영을 널리 허용할 경우 농지가 투기 수단으로 전락할 수 있고, 식량 생산의 기반으로서 농지의 공익적 기능이 저해될 가능성을 배제하기 어렵다 (헌재 2020.5.27, 2018헌마362).

정답 01 O

17 자조조직의 육성의무

헌법 제123조 제5항은 국가에게 '농·어민의 자조조직을 육성할 의무'와 '자소조직의 자율적 활동과 발전을 보장할 의무'를 아울러 규정하고 있는데, 이러한 국가의 의무는 자조조직이 제대로 활동하고 기능하는 시기에는 그 조직의 자율성을 침해하지 않도록 하는 후자의 소극적 의무를 다하면 된다고 할 수 있지만, 그 조직이 제대로 기능하지 못하고 향후의 전망도 불확실한 경우라면 단순히 그 조직의 자율성을 보장하는 것에 그쳐서는 아니 되고, 적극적으로 이를 육성하여야 할 전자의 의무까지도 수행하여야 한다(헌재 2000.6.1, 99헌마553).

18 창고면적의 최소기준

의약품 도매상 허가를 받기 위해 필요한 창고면적의 최소기준을 규정하고 있는 약사법 조항들은 국가의 중소기업 보호·육성의무를 위반한 것이 아니다(헌재 2014.4.24, 2012헌마811).

19 대형마트 영업규제

대형마트 등과 중소유통업자들의 경쟁을 형식적 자유시장 논리에 따라 방임한다면 유통시장에서의 공정한 경쟁질서가 깨어지고, 다양한 경제주체 간의 견제와 균형을 통한 시장기능의 정상적 작동이 저해되며, 중소상인들이 생존 위협을 받는 등 경제영역에서의 사회정의가 훼손될 수 있으므로, 국가는 헌법 제119조 제2항에 따라 이에 대한 규제와 조정을 할 수 있다(헌재 2018.6.28, 2016헌바77 등).

제7항 문화국가의 원리

문화국가란 국가로부터 문화활동의 자유가 보장되고 국가에 의하여 문화활동이 보호·지원·조종되어야 하는 국가를 말한다. 국가는 문화의 가치와 방향 설정을 하여서는 안 되며, 최대한 중립적이어야 한다. 다만, 중립적을 원칙으로 할 뿐 전적으로 모든 것을 시민사회에 맡겨서는 아니 되며, 자율적 해결이 되지 않는 경우 국가의 개입은 필요하다.

판례 | 문화에 관한 판례

1 문화향유권

문화국가원리의 이러한 특성은 문화의 개방성 내지 다원성의 표지와 연결되는데, 국가의 문화육성의 대상에는 원칙적으로 모든 사람에게 문화창조의 기회를 부여한다는 의미에서 모든 문화가 포함된다. 따라서 **엘리트문화뿐만 아니라** 서민문화, 대중문화도 그 가치를 인정하고 정책적인 배려의 대상으로 하여야 한다(헌재 2004.5.27, 2003헌가1).

2 문화정책

오늘날에 와서는 국가가 어떤 문화현상에 대하여도 이를 선호하거나, 우대하는 경향을 보이지 않는 불편부당의 원칙이 가장 바람직한 정책으로 평가받고 있다. 오늘날 문화국가에서의 **문화정책은 그 초점이 문화 그 자체에 있는 것이 아니라 문화가 생겨날 수 있는 문화풍토를 조성하는 데 두어야 한다**(헌재 2004.5.27, 2003헌가1 등).

기출 OX

02 오늘날 문화국가에서의 문화정책은 문화가 생겨날 수 있는 문화풍토를 조성하는 것이 아니라 문화 그 자체에 초점을 두어야 한다. 22. 5급 공채
( )

정답 02 ✕

3 학교환경위생정화구역 안에서 노래연습장 시설금지 [기각]

이 사건 시행령 조항은, 청소년 학생의 보호라는 공익상의 필요에 의하여 학교환경위생정화구역 안에서의 노래연습장의 시설·영업을 금지하고서 이미 설치된 노래연습장시설을 폐쇄 또는 이전하도록 하면서 경제적 손실을 최소화할 수 있도록 1998.12.31.까지 약 5년간의 유예기간을 주는 한편 1994.8.31.까지 교육감 등의 인정을 받아 계속 영업을 할 수 있도록 경과조치를 하여, 청구인들의 법적 안정성과 신뢰보호를 위하여 상당한 배려를 하고 있으므로, 법적 안정성과 신뢰보호의 원칙에 어긋난다고 할 수 없다(헌재 1999.7.22, 98헌마480).

설치금지	극장	여관	당구장	노래연습장	PC방
유치원	헌법불합치	합헌	위헌	-	합헌
초중고	헌법불합치	합헌	합헌	합헌	합헌
대학교	위헌	합헌	위헌	-	합헌

✎ 학교환경위생정화구역 안에서 당구장시설의 예외적 허용의 경우는 절대금지구역이 아닌 상대금지구역으로 판례는 각하라고 판시하였다(헌재 2005.10.27, 2004헌마732).

4 사업시행자의 문화재발굴비용부담 [합헌]

구 문화재보호법 제55조 제7항 제2문 및 제3문 중 각 제55조 제1항 제2호와 제91조 제1항 및 제8항은 건설공사 과정에서 매장문화재의 발굴로 인하여 문화재 훼손 위험을 야기한 사업시행자에게 원칙적으로 발굴경비를 부담시키고 대통령령으로 정하는 일정 규모 이상의 사업시행자 등에 대해서만 지표조사의무가 부과되고 그 비용을 부담하게 하는 것으로써, 각종 개발행위로 인한 무분별한 문화재 발굴로부터 매장문화재를 보호하는 것이어서 입법목적의 정당성, 방법의 적절성이 인정된다(헌재 2011.7.28, 2009헌바244).

5 문화재의 보유, 보관행위의 형사처벌 [위헌]

사법상 보유권한의 유무를 불문하고 도굴 등이 된 문화재인 점을 안 경우, 특히 선의취득 등 사법상 보유권한의 취득 후에 도굴 등이 된 점을 알게 된 경우까지 처벌의 대상으로 삼고 있는바, … 재산권 행사의 사회적 제약을 넘어 불필요하거나 지나치게 가혹한 부담을 부과하는 것으로 헌법에 위반된다(헌재 2007.7.26, 2003헌마377).

▶ 은닉의 경우는 위반되지 않는다.

6 전통사찰 경내지의 공용수용 [헌법불합치]

[1] 헌법적 보호법익

전통사찰보존법의 입법목적은 '민족문화의 유산으로서 역사적 의의를 가진 전통사찰을 보존함으로써 민족문화의 향상에 이바지하게 하는 것'으로서, "국가는 전통문화의 계승·발전과 민족문화의 창달에 노력하여야 한다."라고 규정한 헌법 제9조에 근거하여 제정된 것이다. 관할 행정관청의 전통사찰 지정은 국가의 '보존공물(保存公物)'을 지정하는 것으로서, **헌법적 보호법익은 '민족문화유산의 존속'이다**.

[2] 평등원칙에 위반되는 것인지 여부(적극)

경내지 등의 소유권 변동으로 인한 전통사찰의 훼손이 불가피한 것인지 여부와 이러한 보존 및 훼손에 관한 판단·결정이 헌법 등에 근거하여 정당한 권한을 행사할 수 있는 관할 국가기관에 의하여 이루어지는 것인지 여부 등이 가장 본질적인 문제이고, 전통사찰을 훼손할 수 있는 경내지 등에 대한 **소유권 변동을 시도한 주체가 사인인지 아니면 건설부장관과 같은 제3자적 국가기관인지 여부**

기출 OX

01 전통사찰 경내지 수용과 관련하여 국가의 공용수용에 관해서 아무런 법적 규제를 두고 있지 아니한 것은 위헌적인 조치라고 판례는 판단하였다. ( )

정답 01 O

또는 그 형식이 양도(혹은 강제집행)인지 아니면 공용수용인지 여부는 본질적인 문제가 될 수 없다(헌재 2003.1.30, 2001헌바64).

✎ 문화재를 누가 수용하느냐가 중요한 것이 아니라 문화재는 보존이 중요한 것이다. 즉, 돈을 얼마 주느냐와 상관없이 존속 자체에 포인트가 있다.

7 18세 미만 자 노래연습장 출입금지 [기각]

위 조항들이 노래연습장에 대하여 18세 미만 자의 출입을 금지하고 있는 것은 노래연습장의 환경적 특성이나 청소년의 정신적·신체적 성숙 정도 등을 고려한 것으로서, 이러한 제한이 노래연습장업자를 합리적 이유 없이 자의적으로 차별하는 것이라고는 할 수 없다(헌재 1996.2.29, 94헌마13).

8 관습화된 문화요소

이미 문화적 가치로 성숙한 종교적인 의식·행사·유형물에 대한 국가 등의 지원은 일정 범위 내에서 전통문화의 계승·발전이라는 문화국가원리에 부합하며 정교분리 원칙에 위배되지 않는다(대판 2009.5.28, 2008두16933).

✎ 불국사에 국가가 지원을 하는 것은 불교를 지원하는 것이 아니라 전통문화재의 계승과 발전을 위한 것이다.

제8항 현행 헌법상의 국제질서

01 국제평화주의

1. 현행 헌법상의 국제질서

헌법 전문은 "항구적인 세계평화와 인류공영에 이바지함으로써 …"라고 하여 국제평화주의에 대하여 명시적으로 선언하고 있다. 또한 헌법 제5조 제1항은 "대한민국은 국제평화의 유지에 노력하고 침략적 전쟁을 부인한다."라고 규정하여 침략전쟁을 부인하고 있다. 그러나 여기서 금지하는 것은 침략전쟁을 의미하는 것으로 자위전쟁까지 금지하고 있는 것은 아니다. 특히, 국군의 해외파병이나 외국군대가 국내에 주둔하는 것은 집단적 자위권에 근거한 것이다.

2. 외국인의 법적 지위의 보장

(1) 외국인의 의의

외국인이란 대한민국의 국적이 없는 자를 말하며, 이는 외국 국적 보유자뿐만 아니라 무국적자도 포함한다.

(2) 상호주의의 원칙

헌법 제6조 제2항에 따르면 외국인의 법적 지위는 국제법과 조약이 정하는 바에 의한다고 규정되어 있어서 우리 국민과 동일하게 보장해주는 것이 아니라 상호주의를 원칙으로 하고 있다.

기출 OX

02 헌법 제9조의 규정취지와 민족문화유산의 본질에 비추어 볼 때, 국가가 민족문화유산을 보호하고자 하는 경우 이에 관한 헌법적 보호법익은 '민족문화유산의 존속' 그 자체를 보장하는 것에 그치지 않고, 민족문화유산의 훼손 등에 관한 가치보상이 있는지 여부도 이러한 헌법적 보호법익과 직접적인 관련이 있다. 17. 국가직 7급 ( )

03 헌법 전문과 헌법 제9조에서 말하는 '전통', '전통문화'란 역사성과 시대성을 띤 개념으로 이해하여야 하므로, 과거의 어느 일정 시점에서 역사적으로 존재하였다는 사실만으로도 헌법의 보호를 받는 전통이 되는 것이다. 17. 국가직 7급 ( )

04 18세 미만 자의 노래연습장 출입을 금지하는 것은 18세 미만 청소년들의 행복추구권을 침해하지 않는다. 12. 국가직 7급 ( )

정답 02 × 03 × 04 ○

02 국제법 존중주의

1. 조약의 의의

(1) 개념

조약이란 명칭을 불문하고 국제법률관계를 설정하기 위하여 체결한 국제법 주체 상호간의 문서에 의한 합의를 말한다(헌재 2008.3.27, 2006헌라4). 다만, 예외적으로 구두합의도 조약의 성격을 가질 수 있다(헌재 2019.12.27, 2016헌마253).

> **판례 | 일본군 위안부 문제 합의 발표 [각하]**
>
> [1] 국제법적으로, 조약은 국제법 주체들이 일정한 법률효과를 발생시키기 위하여 체결한 국제법의 규율을 받는 국제적 합의를 말하며, 서면에 의한 경우가 대부분이지만 예외적으로 구두합의도 조약의 성격을 가질 수 있다.
> [2] 조약과 비구속적 합의를 구분함에 있어서는 합의의 명칭, 합의가 서면으로 이루어졌는지 여부, 국내법상 요구되는 절차를 거쳤는지 여부와 같은 형식적 측면 외에도 합의의 과정과 내용·표현에 비추어 법적 구속력을 부여하려는 당사자의 의도가 인정되는지 여부, 법적 효과를 부여할 수 있는 구체적인 권리·의무를 창설하는지 여부 등 실체적 측면을 종합적으로 고려하여야 한다. 비구속적 합의의 경우, 그로 인하여 국민의 법적 지위가 영향을 받지 않는다고 할 것이므로, 이를 대상으로 한 헌법소원심판청구는 허용되지 않는다(헌재 2019.12.27, 2016헌마253).
> ✎ 위안부 할머님들을 위한 합의금을 받을 것인지 아닌지는 할머니들에게 달려 있어서 공권력으로 볼 수 없다.

(2) 조약이 국내법적 효력을 갖기 위한 요건

① **조약의 체결 및 비준**: 일단 조약의 경우는 체결하고 비준 절차를 밟아야 한다. 비준이라는 것은 국가원수가 전권대표가 서명한 조약이 국제법상 유효함을 확인하는 행위를 말한다.

② **국회의 동의**

> 헌법 제60조 ① 국회는 상호원조 또는 안전보장에 관한 조약, 중요한 국제조직에 관한 조약, 우호통상항해조약, 주권의 제약에 관한 조약, 강화조약, 국가나 국민에게 중대한 재정적 부담을 지우는 조약 또는 입법사항에 관한 조약의 체결·비준에 대한 동의권을 가진다.
> ② 국회는 선전포고, 국군의 외국에의 파견 또는 외국군대의 대한민국 영역 안에서의 주류에 대한 동의권을 가진다.

㉠ **의미**: 국회가 조약의 경우 동의를 요하게 하는 가장 큰 이유는 바로 대통령의 자의적인 권력행사를 방지하여 국민의 의사에 합치하기 위함이다.

㉡ **동의를 요하는 조약과 동의를 요하지 않는 조약**

동의를 요하는 조약	동의를 요하지 않는 조약
• 헌법 제60조 제1항에 열거된 조약 • 우호통상항해조약 • SOFA협정	• 어업조약 • 단순 행정협정 • 비자협정 • 무역조약

㉢ **동의의 시기**: 대통령이 비준하기 전이어야 한다.

기출 OX

01 국제법적으로, 조약은 국제법 주체들이 일정한 법률효과를 발생시키기 위하여 체결한 국제법의 규율을 받는 국제적 합의를 말하며, 서면에 의한 경우가 대부분이지만 예외적으로 구두합의도 조약의 성격을 가질 수 있다. 21. 지방직 7급 ( )

정답 01 ○

(3) 조약의 효력

> 헌법 제6조 ① 헌법에 의하여 체결·공포된 조약과 일반적으로 승인된 국제법규는 국내법과 같은 효력을 가진다.

구분	국회동의 O	국회동의 ×
효력	법률	명령·규칙
심사기관	헌법재판소	일반 법원

① 조약과 헌법이 충돌하는 경우, 우리나라의 통설인 헌법우위설에 의해 조약도 헌법재판소의 위헌심사대상이 된다. 05. 입시
② 세계 대부분의 국가가 가입한 다자간 조약이라 하더라도 대한민국이 당사국이 아니라면 원칙적으로 국내에서 효력이 없다. 07. 국회직 8급

기출 OX
02 대한민국과 일본국 간의 어업에 관한 협정은 헌법 제6조 제1항에 의하여 국내법과 같은 효력을 가진다. 08. 국가직 7급 ( )

2. 일반적으로 승인된 국제법규

(1) 의의

헌법 제6조 제1항에 의하면 일반적으로 승인된 국제법규는 국내법과 같은 효력을 가지는데, 일반적으로 승인된 국제법규에는 세계 대부분의 국가가 인정하는 국제관습법과 일반적으로 국제사회에서 인정된 조약이 포함된다. 따라서 일반적으로 승인된 국제관습법은 국내법원의 재판규범이 되며, 우리나라가 이를 인정했는지는 기준이 되지 않는다. 07. 국회직 8급

기출 OX
03 일반적으로 승인된 국제법규는 조약이 아니기 때문에 원칙적으로 국내법과 같은 효력을 가질 수 없다. 11. 법원직 ( )

04 헌법 제6조 제1항의 국제법 존중주의에 따라 조약과 일반적으로 승인된 국제법규는 국내법에 우선한다. 16. 국가직 7급 ( )

(2) 종류

국제관습법	국제조약	해당하지 않는 경우
• 전쟁법 일반원칙 • 조약준수원칙 • 민족자결원칙 • 대사·공사 법적 지위에 관한 제원칙	• UN헌장 • 1928 부전조약(전쟁포기협약) • 국제인권규약 • 제네바협정 • Genocide금지협정 • ILO조약(제87호, 제98호, 제29호)(비준 O)	• UN인권선언(단순선언적 의미) • 국제인권 B규약(가입시 유보)* • ILO조약(제105호)(비준 ×)

* 국제연합의 인권규약은 가입시 유보조항을 제외하고는 구속력을 가지고 있다. 우리나라는 A규약에는 유보 없이, B규약에는 국내법과 저촉되는 4개항을 유보하고 가입하였다. 현재는 제22조, 즉 누구든지 노조의 설립과 참여를 자유로이 할 수 있다는 조항만 공무원의 노조설립을 제한하고 있는 헌법 제33조 때문에 유보하고 있다.

03 사법심사 가능성

1. 학설의 대립

조약도 헌법에 근거하여 법적 효력을 가지는 것이고 양자와의 관계에 있어서도 헌법우위설을 따르기 때문에 대다수가 사법심사를 긍정하고 있다.

정답 02 O 03 × 04 ×

> ### ⚖ 판례 | 조약에 대한 위헌심사
>
> 헌법재판소법 제68조 제2항은 심판대상을 '법률'로 규정하고 있으나, 여기서의 '법률'에는 '조약'이 포함된다고 볼 것이다. 헌법재판소는 국내법과 같은 효력을 가지는 조약이 헌법재판소의 위헌법률심판대상이 된다고 전제하여 그에 관한 본안판단을 한 바 있다(헌재 1999.4.29, 97헌가14). 한편, 이 사건 조항은 재판권 면제에 관한 것이므로 성질상 국내에 바로 적용될 수 있는 법규범으로서 위헌법률심판의 대상이 된다고 할 것이다(헌재 2001.9.27, 2000헌바20).

2. 위헌심사 기관

국회의 동의를 얻게 되면 국내법률과 동일한 효력을 가지므로 헌법재판소가 심판을 담당하나, 국회의 동의를 요하지 않는 경우라면 명령과 같은 효력을 가지기 때문에 대법원이 최종심사권을 가진다.

기출 OX
01 국민의 기본권 침해에 대한 권리구제를 위하여 그 전제조건으로서 영토에 관한 권리를 영토권이라 구성하여, 이를 헌법소원의 대상인 기본권으로 간주하는 것은 가능하다. 22. 경찰승진
( )

> ### ⚖ 판례 | 국제평화주의에 관한 판례
>
> **1 한일어업협정 [기각]**
>
> **[1] 한일어업협정**
> 대한민국과 일본국 간의 어업에 관한 협정은 우리나라 정부가 일본 정부와의 사이에서 어업에 관해 체결·공포한 조약(조약 제1477호)으로서 헌법 제6조 제1항에 의하여 국내법과 같은 효력을 가지므로, 그 체결행위는 고권적 행위로서 '공권력의 행사'에 해당한다.
>
> **[2] 한일어업협정의 합의의사록***
> 합의의사록의 합의내용이 '국제법률관계'에 해당하는지 여부가 합의의사록의 조약 해당성 여부를 판단하는 데 결정적 기준이 된다고 할 것이다. 그런데 합의의사록의 내용을 살펴보면, 한일 양국 정부의 어업질서에 관한 양국의 협력과 협의 의향을 선언한 것으로서, 이러한 것들이 곧바로 구체적인 법률관계의 발생을 목적으로 한 것으로는 보기 어렵다 할 것이다. 따라서 합의의사록은 조약에 해당하지 아니한다. 07. 국회직 8급, 08. 국가직 7급
>
> *합의의사록은 어떠한 합의(조약)를 수정하거나 보완하기 위하여 국가 간에 교환하는 합의문서로 그 자체로는 국가의 권리와 의무를 규정하는 정식문서로 볼 수 없다.
>
> **[3]** 이 사건 협정에서의 이른바 중간수역에 대해서도 동일하다고 할 것이므로 독도가 중간수역에 속해 있다 할지라도 독도의 영유권 문제나 영해 문제와는 직접적인 관련을 가지지 아니한 것임은 명백하다 할 것이다. 따라서 영토권을 침해하는 것은 아니다(헌재 2001.3.21, 99헌마139 등).
>
> **2 미군기지 이전 협정 [각하]**
> 미군기지 이전은 공공정책의 결정 내지 시행에 해당하는 것으로 헌법상 자기결정권의 보호범위에 포함된다고 볼 수 없다. 또한 이 사건 조약들은 미군기지의 이전을 위한 것이고, 그 내용만으로는 장차 우리나라가 침략적 전쟁에 휩싸이게 된다는 것을 인정하기 곤란하므로 이 사건에서 평화적 생존권의 침해가능성이 있다고 할 수 없다(헌재 2006.2.23, 2005헌마268).

정답 01 ○

3 한미주둔군 지위 협정 [합헌]

이 사건 조항에 의한 공여의 합의간주가 당해 재산의 소유자에 대한 관계에서 공용수용·사용 또는 제한을 한 경우와 같이 권리의 변동을 초래하는 것으로 해석할 수는 없으므로, 이 사건 조항에 의한 법률효과로서 사인의 재산권에 법률적 제약이 가해짐으로 인한 침해가 발생할 여지는 없다. 또한 국가가 이 사건 조항에 따라 장차 협의매수하거나 공용수용·사용 또는 제한 등의 방법으로 소유권 또는 사용권을 취득하려고 할 가능성이 생겼다고 할 것이나, 이 단계에서는 아직 그 소유자 또는 그 재산에 대하여 소유권 외의 권리를 가지고 있는 자의 재산권에 대한 제약이 현실화되지 아니하였을 뿐만 아니라 장래의 제약 여부도 유동적인 상태에 있어서 재산권 침해 여부를 논할 수 없다. 따라서 이 사건 조항이 국민의 재산권을 침해한다고는 할 수 없다(헌재 1999.4.29, 97헌가14).

 ✎ 이는 양 국가 간 합의로서 국민의 권리의 변동을 직접적으로 초래하는 것으로 해석될 수는 없다. 즉, 이 협정에서 평택에 미군기지를 결정한 것이 아니다. 협정에는 미군이 한국에 주둔한다만 규정되어 있고 평택으로 결정한 것은 한국정부이니 협정이 재산권을 침해한 것은 아니다.

4 마라케쉬협정 사건

마라케쉬협정도 적법하게 체결되어 공포된 조약이므로 국내법과 같은 효력을 갖는 것이어서 그로 인하여 새로운 범죄를 구성하거나 범죄자에 대한 처벌이 가중된다고 하더라도 이것은 국내법에 의하여 형사처벌을 가중한 것과 같은 효력을 갖게 되는 것이다. 따라서 마라케쉬협정에 의하여 관세법 위반자의 처벌이 가중된다 하더라도 이를 들어 법률에 의하지 아니한 형사처벌이라거나 행위시의 법률에 의하지 아니한 형사처벌이라고 할 수 없다(헌재 1998.11.26, 97헌바65). 07. 국회직 8급

5 결사의 자유위원회의 권고

국제노동기구 산하 '결사의 자유위원회'의 권고는 국내법과 같은 효력이 있거나 일반적으로 승인된 국제법규라고 볼 수 없다(헌재 2005.10.27, 2003헌바50).

6 외교관계에 관한 비엔나협약에 의한 재산권 침해에 대한 보상 미비 [각하]

협약규정의 적용을 받는 외국대사관과 어떠한 법률행위를 할 것인지의 여부는 전적으로 국민의 자유의사에 맡겨져 있다고 할 것이므로 협약규정의 적용에 의하여 어떠한 손해가 발생하였다고 하여 그것이 국가의 공권력 행사로 말미암은 것이라고 볼 수 없다. 나아가 외국대사관이 사전에 승소판결에 기한 강제집행을 거부할 의사를 명시적으로 표시하였으므로 손해가 집달관의 강제집행 거부를 직접적인 원인으로 하여 발생한 것이라고 볼 수 없으므로 손실보상의 대상이 되지 아니하고, 또한 국가가 보상입법을 하지 아니하였다거나 집달관이 협약의 관계 규정을 내세워 강제집행을 거부하였다고 하여 이로써 불법행위가 되는 것은 아니다(대판 1997.4.25, 96다16940).

 ✎ 즉, 대사관저를 빌려준 것도 개인이고 국가가 거래를 중개한 것도 아니고 강제집행을 하고 싶어도 비엔나 협약 때문에 할 수가 없으니 국가는 잘못이 없다는 판시이다.

7 사립학교 교원의 노동운동금지 [합헌]

첫째, 국제연합의 '인권에 관한 세계선언'은 선언적인 의미를 가지고 있을 뿐 법적 구속력을 가진 것은 아니고, 둘째, A규약은 제4조에서 "… 국가가 이 규약에 따라 부여하는 권리를 향유함에 있어서, 그러한 권리의 본질과 양립할 수 있는 한도 내에서, 또한 오직 민주사회에서의 공공복리 증진의 목적으로 반드시 법률에 의하여 정하여지는 제한에 의해서만, 그러한 권리를 제한할 수 있음을 인정한다." 하여 일반적 법률유보조항을 두고 있고, 셋째, B규약 제22조 제1항의 "모든 사람은 자기의 이익을 보호하기 위하여 노동조합을 결성하고 이에 가입하는 권리를 포함하여 다른 사람과의

기출 OX

02 조약에 의하여 처벌을 가중하는 것은 불가능하다는 것이 헌법재판소의 견해이다. 07. 국회직 8급 (   )

03 마라케쉬협정은 적법하게 체결·공포된 조약이므로 이 협정에 의하여 관세법 위반자의 처벌이 가중되어도 위헌은 아니다. 16. 국가직 7급 (   )

기출 OX

04 외교관계에 관한 비엔나협약에 근거한 민사면책특권 때문에 채무자인 외국대사관에 대하여 강제집행을 할 수 없게 되더라도, 이 경우 채권자인 국민의 손실을 보상하는 법률을 제정해야 할 입법의무가 발생하는 것은 아니다. 11. 법원직 (   )

정답 02 × 03 ○ 04 ○

결사의 자유에 대한 권리를 갖는다."라는 규정은 가입 당시 유보하였고, 넷째, 국제연합교육과학문화기구(UNESCO)와 국제노동기구(ILO)가 채택한 '교원의 지위에 관한 권고'는 우리나라가 아직 국제노동기구의 정식 회원국이 아니기 때문에 직접적으로 국내법적 효력을 갖는 것은 아니다. 그렇다면 … 헌법 제11조 제1항 및 국제법 존중의 원칙을 규정한 헌법 제6조 제1항에 위반되지 아니한다(헌재 1991.7.22, 89헌가106).

8 집단적 노무제공 거부행위
강제노동의 폐지에 관한 **국제노동기구(ILO)의 제105호 조약**은 우리나라가 비준한 바가 없고, 헌법 제6조 제1항에서 말하는 일반적으로 승인된 국제법규로서 헌법적 효력을 가지는 것이라고 볼 만한 근거도 없다(헌재 1998.7.16, 97헌바23). 08. 국가직 7급
✎ 제105호 조약을 빼고 나머지는 모두 비준하였다. 유일하게 제105호 조약만 비준하지 않았다.

9 부정수표발행에 대한 형사처벌과 국제연합인권규약 제11조 [합헌]
그 보호법익은 수표거래의 공정성이며 결코 '계약상 의무의 이행불능만을 이유로 구금'되는 것이 아니므로 국제법 존중주의에 입각한다 하더라도 국제연합인권규약 제11조의 명문에 정면으로 배치되는 것이 아니다(헌재 2001.4.26, 99헌가13).
✎ 부정수표발행은 부도가 날 것을 알면서 발행한 것으로, 이는 사기의 문제이지 단순히 민사의무를 불이행한 것으로 볼 수 없다.

10 양심적 병역거부는 일반적으로 승인된 국제법규가 아니다.
양심적 병역거부권을 명문으로 인정한 국제인권조약은 아직까지 존재하지 않으며, 유럽 등의 일부 국가에서 양심적 병역거부권이 보장된다고 하더라도 전 세계적으로 양심적 병역거부권의 보장에 관한 국제관습법이 형성되었다고 할 수 없으므로, 양심적 병역거부가 일반적으로 승인된 국제법규로서 우리나라에 수용될 수는 없다(헌재 2011.8.30, 2008헌가22 등).

11 동맹 동반자 관계를 위한 전략대화 출범에 관한 공동성명 [각하]
대통령이 외교통상부장관에게 위임하여 미합중국 국무장관과 발표한 '동맹 동반자 관계를 위한 전략대화 출범에 관한 공동성명'은 양국의 외교관계 당국자 간의 동맹국에 대한 양해 내지 존중의 정치적 선언의 의미를 가지는 데 불과하다. 따라서 기본권이 침해되는 문제가 발생한다고 볼 수 없다(헌재 2006.5.16, 2006헌마500).

기출 OX

01 한미동맹 동반자관계를 위한 전략대화 출범에 관한 공동성명은 구체적인 법적 권리·의무를 창설하는 내용을 포함하고 있지 아니하므로, 조약에 해당된다고 볼 수 없다. 15. 서울시 7급 ( )

정답 01 O

기출지문 OX

01 ☐☐☐
헌법 전문에는 3·1운동으로 건립된 대한민국임시정부의 법통을 계승한다고 규정되어 있다. O X

02 ☐☐☐
헌법 전문에는 민족문화의 창달이라고 규정되어 있다. O X

03 ☐☐☐
헌법 전문은 1948년 7월 12일에 제정되고 9차에 걸쳐 개정된 헌법이라고 규정되어 있다. O X

04 ☐☐☐
'헌법 전문에 기재된 3·1정신'은 우리나라 헌법의 연혁적·이념적 기초로서 헌법이나 법률해석에서의 해석기준으로 작용한다고 할 수 있지만, 그에 기하여 곧바로 국민의 개별적 기본권성을 도출해낼 수는 없다. O X

05 ☐☐☐
'3·1 운동으로 건립된 대한민국임시정부의 법통을 계승'한다는 것은 대한민국이 일제에 항거한 독립운동가의 공헌과 희생을 바탕으로 이룩된 것임을 선언한 것으로, 국가는 자주독립을 위하여 공헌한 독립유공자와 그 유족에 대해 응분의 예우를 해야 할 헌법적 의무를 지닌다. O X

06 ☐☐☐
국회구성권이란 유권자가 설정한 국회의석분포에 국회의원들을 기속시키고자 하는 것이며, 이는 오늘날 대의제도의 본질에 반하는 것으로 헌법상 기본권으로 인정될 여지가 없다. O X

정답 및 해설

01 O 유구한 역사와 전통에 빛나는 우리 대한국민은 3·1 운동으로 건립된 대한민국 임시정부의 법통과 불의에 항거한 4·19 민주이념을 계승하고 … (헌법 전문 중)

02 ✕ 국가는 전통문화의 계승·발전과 민족문화의 창달에 노력하여야 한다(헌법 제9조).

03 ✕ 1948년 7월 12일에 제정되고 8차에 걸쳐 개정된 헌법을 이제 국회의 의결을 거쳐 국민투표에 의하여 개정한다. 즉, 9차가 아니라 8차이다.

04 O 3·1 운동과 4·19 민주이념에서 저항권을 긍정하는 견해가 있으나, 판례는 헌법 전문에서는 기본권이 도출되지 않는다고 보고 있다(헌재 2001.3.21, 99헌마139).

05 O 헌법 전문에서 독립유공자와 그 유족에 대하여는 응분의 예우를 하여야 할 헌법적 의무를 지닌다. 다만, 국가보훈처장이 서훈추천 신청자에 대한 서훈추천을 하여 주어야 할 헌법적 작위의무가 있다고 할 수는 없으므로, 서훈추천을 거부한 것에 대하여 행정권력의 부작위에 대한 헌법소원으로써 다툴 수 없다(헌재 2005.6.30, 2004헌마859).

06 O 국회구성권이란 유권자가 설정한 국회의석분포에 국회의원들을 기속시키고자 하는 것이며, 이는 오늘날 대의제도의 본질에 반하는 것으로 헌법상 기본권으로 인정될 여지가 없다(헌재 1998.10.29, 96헌마186).

제2장 대한민국헌법 총설

07 ☐☐☐
텔레비전방송 수신료를 형식적 의미의 법률로 정하지 아니하고 한국방송공사의 이사회 및 공보처장관의 승인을 통해 결정하도록 규정한 것은 법률유보원칙에 위배된다. [O|X]

08 ☐☐☐
심판대상조항은 수신료의 구체적인 고지방법에 관한 규정인바, 이는 수신료의 부과·징수에 관한 본질적인 요소로서 법률에 직접 규정할 사항이 아니므로 이를 법률에서 직접 정하지 않았다고 하여 의회유보원칙에 위반된다고 볼 수 없다. [O|X]

09 ☐☐☐
병의 복무기간은 국방의무의 본질적 내용에 관한 것이어서 이는 반드시 법률로 정하여야 할 입법사항에 속한다고 볼 수 없다. [O|X]

10 ☐☐☐
진정소급입법도 특정의 법적 상황에 대한 신뢰가 객관적으로 정당화될 수 없는 경우에는 예외적으로 허용될 수 있다. [O|X]

11 ☐☐☐
친일재산을 그 취득·증여 등 원인행위시에 국가의 소유로 하도록 규정한 친일반민족행위자 재산의 국가귀속에 관한 특별법 조항은 진정소급입법에 해당하나 헌법 제13조 제2항에 반하지 않는다. [O|X]

12 ☐☐☐
신뢰보호원칙은 객관적 요소로서 법질서의 신뢰성·항구성·법적 투명성과 법적 평화를 의미하고, 이와 내적인 상호 연관관계에 있는 법적 안정성은 한 번 제정된 법규범은 원칙적으로 존속력을 갖고 자신의 행위기준으로 작용하리라는 개인의 주관적 기대이다. [O|X]

정답 및 해설

07 O 그중 수신료의 금액은 수신료 납부의무자의 범위, 수신료의 징수절차와 함께 수신료 부과·징수에 있어서 본질적인 요소이다. 그런데 이 법 제36조 제1항은 국회의 결정 내지 관여를 배제한 채 공사로 하여금 수신료의 금액을 결정하도록 맡기고 있다(헌재 1999.5.27, 98헌바70). 따라서 이는 법률유보에 위반된다.

08 O 심판대상조항은 수신료의 구체적인 고지방법에 관한 규정인바, 이는 수신료의 부과·징수에 관한 본질적인 요소로서 법률에 직접 규정할 사항이 아니므로 이를 법률에서 직접 정하지 않았다고 하여 의회유보원칙에 위반된다고 볼 수 없다(헌재 2024.5.30, 2023헌마820).

09 × 병의 복무기간은 국방의무의 본질적 내용에 관한 것이어서 이는 반드시 법률로 정하여야 할 입법사항에 속한다(대판 1985.2.28, 85초13).

10 O 기존의 법에 의하여 형성되어 이미 굳어진 개인의 법적 지위를 사후입법을 통하여 박탈하는 것 등을 내용으로 하는 진정소급입법은 개인의 신뢰보호와 법적 안정성을 내용으로 하는 법치국가원리에 의하여 특단의 사정이 없는 한 헌법적으로 허용되지 아니하는 것이 원칙이다(헌재 1998.9.30, 97헌바38).

11 O 친일재산의 소급적 박탈은 일반적으로 소급입법을 예상할 수 있었던 이례적인 경우에 해당하며, 그로 인해 발생되는 법적 신뢰의 침해는 우리 헌법의 이념 속에서 용인될 수 있다고 보인다(헌재 2011.3.31, 2008헌바141 등).

12 × 법적 안정성은 객관적 요소로서 법질서의 신뢰성·항구성·법적 투명성과 법적 평화를 의미하고, 이와 내적인 상호 연관관계에 있는 법적 안정성의 주관적 측면은 한 번 제정된 법규범은 원칙적으로 존속력을 갖고 자신의 행위기준으로 작용하리라는 개인의 신뢰보호원칙이다(헌재 1996.2.16, 96헌가2 등).

13 ☐☐☐
입법자는 구법질서가 더 이상 그 법률관계에 적절하지 못하며 합목적적이지도 아니함에도 불구하고 그 수혜자군을 위하여 이를 계속 유지하여 줄 의무는 없다. ◯|✕

14 ☐☐☐
공유수면매립지를 양도함에 있어 양도소득세 또는 특별부과세를 전액 감면하던 것을 50% 감면으로 법률을 개정한 경우는 신뢰보호의 원칙에 위배된다고 할 수 없다. ◯|✕

15 ☐☐☐
국세 관련 경력공무원 중 일부에게만 종전 세무사법 규정을 적용하여 세무사 자격이 부여되도록 규정한 개정된 세무사법 규정은 관련자들의 신뢰이익을 침해한 것이다. ◯|✕

16 ☐☐☐
실제 평균임금이 노동부장관이 고시하는 한도금액 이상일 경우 그 한도금액을 실제임금으로 의제하는 최고보상제도가 시행되기 전에 이미 재해를 입고 산재보상수급권이 확정적으로 발생한 경우에도 적용하는 산업재해보상보험법 부칙조항은 신뢰보호원칙에 위반된다. ◯|✕

17 ☐☐☐
선출직 공무원으로서 받게 되는 보수가 기존의 연금에 미치지 못하는 경우에도 연금 전액의 지급을 정지하도록 정한 구 공무원연금법 규정 중 '지방의회의원'에 관한 부분은 과잉금지원칙에 위배되어 재산권을 침해한다. ◯|✕

18 ☐☐☐
개성공단의 정상화를 위한 합의서에는 국내법과 동일한 법적 구속력을 인정하기 어렵고, 과거 사례 등에 비추어 개성공단의 중단 가능성은 충분히 예상할 수 있었으므로, 개성공단 전면 중단조치는 신뢰보호원칙을 위반하여 개성공단 투자기업인 청구인들의 영업의 자유와 재산권을 침해하지 아니한다. ◯|✕

정답 및 해설

13 ◯ 법률의 존속에 대한 개인의 신뢰의 정도: 일반적으로 법률은 현실상황의 변화나 입법정책의 변경 등으로 언제라도 개정될 수 있는 것이기 때문에, 원칙적으로 법률의 개정은 예측할 수 있다고 보아야 한다(헌재 2002.11.28, 2002헌바45).

14 ◯ 공유수면매립지의 양도로 인한 소득에 대한 특별부가세 감면규정은 앞서 본 바와 같이 수년에 걸쳐 개정을 거듭하면서 점차 폐지되는 방향으로 나아가는 것은 신뢰보호의 원칙에 위배된다고 할 수 없다(헌재 1995.3.23, 93헌바18 등).

15 ◯ 기존 국세 관련 경력공무원 중 일부에게만 구법 규정을 적용하여 세무사 자격이 부여되도록 규정한 세무사법 부칙 제3항은 충분한 공익적 목적이 인정되지 아니함에도 청구인들의 기대가치 내지 신뢰이익을 과도하게 침해한 것으로서 헌법에 위반된다(헌재 2001.9.27, 2000헌마152).

16 ◯ 입법자의 결단은 최고보상제도 시행 이후에 산재를 입는 근로자들부터 적용될 수 있을 뿐, 제도 시행 이전에 이미 재해를 입고 산재보상수급권이 확정적으로 발생한 청구인들에 대하여 그 수급권의 내용을 일시에 급격히 변경하여 가면서까지 적용할 수 있는 것은 아니라고 보아야 할 것이다. 따라서, 심판대상조항은 신뢰보호의 원칙에 위배하여 청구인들의 재산권을 침해하는 것으로서 헌법에 위반된다(헌재 2009.5.28, 2005헌바20).

17 ◯ 지방의회의원으로서 받게 되는 보수가 연금에 미치지 못하는 경우에도 연금 전액의 지급을 정지하는 것이 재산권을 과도하게 제한하여 헌법에 위반된다(헌재 2022.1.27, 2019헌바161).

18 ◯ 이 사건 중단조치가 적법절차원칙에 위반되어 투자기업인 청구인들의 영업의 자유나 재산권을 침해한 것으로 볼 수 없다(헌재 2022.1.27, 2016헌마364).

19 ☐☐☐
무기징역의 집행 중에 있는 자의 가석방 요건을 종전의 '10년 이상'에서 '20년 이상' 형 집행 경과로 강화한 개정 형법 조항을 형법 개정시에 이미 수용 중인 사람에게도 적용하는 것은 신뢰보호원칙에 위배된다. [O|X]

20 ☐☐☐
전부개정된 성폭력범죄의 처벌에 관한 특례법 시행 전에 행하여졌으나 아직 공소시효가 완성되지 아니한 성폭력범죄에 대해서도 공소시효의 정지·배제조항을 적용하는 성폭력범죄의 처벌에 관한 특례법 조항은 신뢰보호원칙에 위반되지 않는다. [O|X]

21 ☐☐☐
법관의 보충적인 가치판단을 통한 법문의 해석으로 그 의미내용을 확인해낼 수 있다면 명확성의 원칙에 반한다고 할 수 없을 것이다. [O|X]

22 ☐☐☐
공중도덕상 유해한 업무에 취업시킬 목적으로 근로자를 파견한 사람을 형사처벌하도록 한 파견근로자보호 등에 관한 법률 조항 중 공중도덕 부분은 명확성원칙에 위배되지 않는다. [O|X]

23 ☐☐☐
의료인이 치료효과를 보장하는 등 소비자를 현혹할 우려가 있는 내용의 광고를 한 경우 형사처벌하도록 규정한 의료법 조항은 의료인의 직업수행의 자유를 침해한다고 볼 수 없다. [O|X]

24 ☐☐☐
음주운전의 경우 운전의 개념에 '도로 외의 곳'을 포함하도록 한 도로교통법 조항은 건전한 일반상식을 가진 사람에 의하여 일의적으로 파악되기 어려우므로 죄형법정주의의 명확성 원칙에 위배된다. [O|X]

25 ☐☐☐
의사 아닌 자가 영리목적의 업으로 문신시술하는 것을 의료행위로 보아 금지하는 것은 명확성의 원칙에 위배된다고 할 수 없다. [O|X]

정답 및 해설

19 × 기존 10년 이상에서 20년 이상 형 집행 경과로 강화한 개정 형법은 사회를 방위하기 위한 것으로 신뢰보호원칙에 위배되지 않는다 (헌재 2013.8.29, 2011헌마408).

20 ○ 심판대상조항이 형사소송법의 공소시효에 관한 조항의 적용을 배제하고 새롭게 규정된 조항을 적용하도록 하였다고 하더라도, 이로 인하여 제한되는 성폭력 가해자의 신뢰이익이 공익에 우선하여 특별히 헌법적으로 보호해야 할 가치나 필요성이 있다고 보기 어렵다. 따라서 심판대상조항은 신뢰보호원칙에 반한다고 할 수 없다(헌재 2021.6.24, 2018헌바457).

21 ○ 법관의 보충적인 가치판단을 통한 법문의 해석으로 그 의미내용을 확인해낼 수 있다면 명확성의 원칙에 반한다고 할 수 없을 것이다 (헌재 2004.2.26, 2003헌바4).

22 × 공중도덕은 기술적 개념이 아니라 가치개념을 포함한 규범적 개념으로서 구체적인 행위의 지침으로 사용될 경우 개인에 따라서 그리고 시간과 장소, 구체적 사정에 따라서 그 위반 여부가 크게 달라질 수밖에 없다(헌재 2005.3.31, 2004헌바29).

23 ○ '소비자를 현혹할 우려가 있는 내용의 광고'란 의료소비자를 혼란스럽게 하고 합리적인 선택을 방해할 것으로 걱정되는 광고를 의미하는 것으로 해석할 수 있다(헌재 2014.9.25, 2013헌바2).

24 × '도로 외의 곳'이란 도로 외의 모든 곳 가운데 자동차 등을 그 본래의 사용방법에 따라 사용할 수 있는 공간으로 해석할 수 있다. 따라서 명확성의 원칙에 반하지 않는다(헌재 2016.2.25, 2015헌가11).

25 ○ 의료법의 입법목적, 의료인의 사명에 관한 의료법상의 여러 규정, 의료행위의 개념에 관한 대법원판례 등을 종합하여 보면, 이 사건 법률조항들 중 '의료행위'는 사람의 생명, 신체 또는 일반 공중위생에 밀접하고 중대한 관계가 있는 행위로서 질병의 치료와 예방에 관한 행위는 물론, 의학상의 기능과 지식을 가진 의료인이 하지 아니하면 보건위생상 위해를 가져올 우려가 있는 일체의 행위라고 할 것이다(헌재 2007.4.26, 2003헌바71).

26 □□□
도로교통법 조항 중 '자동차의 운전자는 고속도로 등에서 자동차의 고장 등 부득이한 사정이 있는 경우를 제외하고는 갓길로 통행하여서는 아니된다.' 부분 중 '부득이한 사정' 부분은 죄형법정주의 명확성원칙에 위반되지 않는다. ⓞ|Ⓧ

27 □□□
'여러 사람의 눈에 뜨이는 곳에서 공공연하게 알몸을 지나치게 내놓거나 가려야 할 곳을 내놓아 다른 사람에게 부끄러운 느낌이나 불쾌감을 준 사람'을 처벌하는 경범죄 처벌법 조항은 죄형법정주의 명확성원칙에 위반되지 않는다. ⓞ|Ⓧ

28 □□□
취소소송 등의 제기 시 회복하기 어려운 손해를 집행정지의 요건으로 규정한 행정소송법 조항은 명확성원칙에 위배되지 않는다. ⓞ|Ⓧ

29 □□□
예비군대원 본인의 부재시 예비군훈련 소집통지서를 수령한 같은 세대 내의 가족 중 성년자가 정당한 사유 없이 소집통지서를 본인에게 전달하지 아니한 경우 형사처벌을 하는 예비군법 조항은 책임과 형벌 사이의 비례원칙에 위배되지 않는다. ⓞ|Ⓧ

30 □□□
사회국가란 경제·사회·문화의 모든 영역에서 정의로운 사회질서의 형성을 위하여 사회현상에 관여하고 간섭하고 분배하고 조정하는 국가이며, 궁극적으로는 국민 각자가 실제로 자유를 행사할 수 있는 그 실질적 조건을 마련해 줄 의무가 있는 국가이다. ⓞ|Ⓧ

31 □□□
경제민주화의 이념은 경제영역에서 국가행위의 한계를 설정하고 개인의 기본권을 보호하는 헌법규범이지, 개인의 경제적 자유에 대한 제한을 정당화하는 근거규범은 아니다. ⓞ|Ⓧ

정답 및 해설

26 ⓞ 금지조항이 규정한 '부득이한 사정'이란 사회통념상 차로의 통행을 기대하기 어려운 특별한 사정을 의미한다고 해석된다. 건전한 상식과 통상적인 법감정을 가진 수범자는 금지조항이 규정한 부득이한 사정이 어떠한 것인지 충분히 알 수 있고, 법관의 보충적인 해석을 통하여 그 의미가 확정될 수 있다. 그러므로 금지조항 중 '부득이한 사정' 부분은 죄형법정주의 명확성원칙에 위배되지 않는다(헌재 2021.8.31, 2020헌바100).

27 Ⓧ '여러 사람의 눈에 뜨이는 곳에서 공공연하게 알몸을 지나치게 내놓거나 가려야 할 곳을 내놓아 다른 사람에게 부끄러운 느낌이나 불쾌감을 준 사람'을 처벌하는 경범죄 처벌법 조항은 그 의미를 알기 어렵고 그 의미를 확정하기도 곤란하므로 명확성원칙에 위배된다(헌재 2016.11.24, 2016헌가3).

28 ⓞ 집행정지 요건으로 규정한 '회복하기 어려운 손해'는 대법원 판례에 의하여 '특별한 사정이 없는 한 금전으로 보상할 수 없는 손해로서 이는 금전보상이 불능인 경우 내지는 금전보상으로는 사회관념상 행정처분을 받은 당사자가 참고 견딜 수 없거나 또는 참고 견디기가 현저히 곤란한 경우의 유형, 무형의 손해'를 의미한 것으로 해석할 수 있어 명확성에 반하지 않는다(헌재 2018.1.25, 2016헌바208).

29 Ⓧ 이 법은 단순히 협력의 범위를 넘어 형사처벌까지 부과하고 있는데 이는 지나치다고 아니할 수 없다. 즉, 과태료 등으로도 가능하다(헌재 2022.5.26, 2019헌가12).

30 ⓞ 사회국가란 한마디로, 사회정의의 이념을 헌법에 수용한 국가, 사회현상에 대하여 방관적인 국가가 아니라 경제·사회·문화의 모든 영역에서 정의로운 사회질서의 형성을 위하여 사회현상에 관여하고 간섭하고 분배하고 조정하는 국가이며, 궁극적으로는 국민 각자가 실제로 자유를 행사할 수 있는 그 실질적 조건을 마련해 줄 의무가 있는 국가이다(헌재 2002.12.18, 2002헌마52).

31 Ⓧ 헌법 제119조 제1항은 자유의 근거이며, 제2항은 규제·제한을 정당화하는 근거이다.

32 ☐☐☐
우리 헌법상의 경제질서는 사유재산제를 바탕으로 하고 자유경쟁을 존중하는 자유시장경제질서를 기본으로 하면서도 이에 수반되는 갖가지 모순을 제거하고 사회복지·사회정의를 실현하기 위하여 국가적 규제와 조정을 용인하는 사회적 시장경제질서로서의 성격을 띠고 있다. ☐O☐X☐

33 ☐☐☐
헌법 제119조 제1항이 규정하고 있는 '경제적 자유와 창의'는 직업의 자유, 재산권의 보장, 근로3권과 같은 경제에 관한 기본권 및 비례의 원칙과 같은 법치국가원리에 의하여 비로소 헌법적으로 구체화된다. ☐O☐X☐

34 ☐☐☐
농지에 대해서는 경자유전의 원칙이 달성되어야 하므로 농지의 임대차와 위탁경영이 금지된다. ☐O☐X☐

35 ☐☐☐
사유재산제도를 보장하지만 사영기업을 국유 또는 공유로 이전하는 것을 절대적으로 금지하고 있지 않은 것이 현행 헌법의 태도이다. ☐O☐X☐

36 ☐☐☐
헌법 제119조 제2항은 국가가 경제영역에서 실현하여야 할 목표의 하나로 '적정한 소득의 분배'를 들고 있으나 이로부터 소득에 대해 누진세율에 따른 종합과세를 시행하여야 할 구체적인 헌법적 의무가 입법자에게 부과되는 것은 아니다. ☐O☐X☐

37 ☐☐☐
균형 있는 영화산업의 발전이라는 경제적 고려와 공동체의 이익을 위한 목적에서 비롯된 국산영화 의무상영제가 공연장 경영자의 행복추구권을 침해한 것이라고 보기 어렵다. ☐O☐X☐

38 ☐☐☐
이자제한법 폐지법률은 경제적 약자에 대한 국가의 보호를 방기함으로써 복지국가를 지향하는 우리 헌법질서에 위배된다고 판례는 보았다. ☐O☐X☐

정답 및 해설

32 O 경제의 민주화를 위하여 예외적으로 국가적 규제와 조정을 용인하는 사회적 시장경제질서로서의 성격을 띠고 있다고 판시한 바 있다.

33 O 동 조항이 언급하는 '경제적 자유와 창의'는 직업의 자유, 재산권의 보장, 근로3권과 같은 경제에 관한 기본권 및 비례의 원칙과 같은 법치국가원리에 의하여 비로소 헌법적으로 구체화된다(헌재 2002.10.31, 99헌바76 등).

34 X 농업생산성의 제고와 농지의 합리적인 이용을 위하거나 불가피한 사정으로 발생하는 농지의 임대차와 위탁경영은 법률이 정하는 바에 의하여 인정된다(헌법 제121조 제2항).

35 O 국방상 또는 국민경제상 긴절한 필요로 인하여 법률이 정하는 경우를 제외하고는 사영기업을 국유 또는 공유로 이전하거나 그 경영을 통제 또는 관리할 수 없다(헌법 제126조).

36 O 헌법 제119조 제2항은 국가가 경제영역에서 실현하여야 할 목표의 하나로서 '적정한 소득의 분배'를 들고 있지만, 이로부터 반드시 소득에 대하여 누진세율에 따른 종합과세를 시행하여야 할 구체적인 헌법적 의무가 조세입법자에게 부과되는 것이라고 할 수 없다(헌재 1999.11.25, 98헌마55).

37 O 헌법 제119조 제2항의 규정이 대한민국의 경제질서가 개인과 기업의 창의를 존중함을 기본으로 하도록 하고 있으나, 그것이 자유방임적 시장경제질서를 의미하는 것은 아니다. 따라서 입법자가 외국영화에 의한 국내 영화시장의 독점이 초래되는 것을 방지하고 균형 있는 영화산업의 발전을 위하여 국산영화 의무상영제를 둔 것이므로, 이를 들어 헌법상 경제질서에 반한다고는 볼 수 없다(헌재 1995.7.21, 94헌마125).

38 X 입법재량권을 남용하였거나 입법형성권의 한계를 일탈하여 명백히 불공정 또는 불합리하게 자의적으로 행사한 것이라고 볼 만한 자료를 찾을 수 없다. 결국 이 사건 개정법률과 폐지법률은 헌법에 위반된다고 할 수 없다(헌재 2001.1.18, 2000헌바7).

39 □□□
금융소득에 대한 분리과세를 하면서 세율을 인상하고 소득 계층에 관계없이 동일한 세율을 적용하는 것은 적정한 소득분배라는 헌법상의 원칙에 위배된다. ⓞ Ⓧ

40 □□□
도서정가제를 규정한 조항은 국민의 직업의 자유를 침해하지 않는다. ⓞ Ⓧ

41 □□□
의약품 도매상 허가를 받기 위해 필요한 창고면적의 최소기준을 규정하고 있는 약사법 조항들은 국가의 중소기업 보호·육성의 무를 위반하였다. ⓞ Ⓧ

42 □□□
대형마트 등과 지역 전통시장이나 중소유통업자들의 경쟁을 형식적 자유시장 논리에 따라 그대로 방임한다면, 유통시장은 소수 대형유통업체 등의 시장지배로 인해 공정한 경쟁질서가 깨어지고, 유통시장에서의 의사결정이 소수 대형유통업체 등에 집중됨으로써 다양한 경제주체 간의 견제와 균형을 통한 시장기능의 정상적 작동이 저해되며, 중소상인들의 생존 위협으로 국민생활의 균등한 향상 등 경제영역에서의 사회정의가 훼손될 수 있는바, 이러한 결과는 우리 헌법이 지향하는 사회적 시장경제질서에 부합하지 않는다. ⓞ Ⓧ

43 □□□
국가의 문화육성의 대상에는 원칙적으로 다수의 사람에게 문화창조의 기회를 부여한다는 의미에서 엘리트문화를 제외한 서민문화, 대중문화를 정책적인 배려의 대상으로 하여야 한다. ⓞ Ⓧ

정답 및 해설

39 ✕ 소득에 단순비례하여 과세할 것인지 아니면 누진적으로 과세할 것인지는 입법자의 정책적 결정에 맡겨져 있다. … 입법자는 IMF라는 절박한 경제위기를 극복하여야 한다는 국민경제적 관점에서 금융소득에 대한 분리과세를 시행하기로 정책적 결단을 내린 것이다(헌재 1999.11.25, 98헌마55).

40 ◯ 헌법재판소는 출판문화산업에서 존재하고 있는 자본력, 협상력 등의 차이를 간과하고 이를 그대로 방임할 경우 우리 사회 전체의 문화적 다양성 축소로 이어지게 되고, 지식문화 상품인 간행물에 관한 소비자의 후생이 단순히 저렴한 가격에 상품을 구입함으로써 얻는 경제적 이득에만 한정되지는 않는 점 등에 비추어 이 사건 심판대상조항이 청구인의 직업의 자유를 침해하지 않는다고 판단하였다(헌재 2023.7.20, 2020헌마104).

41 ✕ 중소기업을 대상으로 하여 그 영업을 규제하려는 것이 아니며, 그 내용도 중소기업에 대해 제한을 가하는 것이 아니므로, 헌법 제123조 제3항에 규정된 국가의 중소기업 보호·육성의무를 위반하였다고 볼 수 없다(헌재 2014.4.24, 2012헌마811).

42 ◯ 자본력 등에 차이가 있는 대형마트 등과 지역 전통시장이나 중소유통업자들의 경쟁을 형식적 자유시장 논리에 따라 그대로 방임한다면, 결국 대기업이 운영주체인 대형마트 등만 시장을 장악하여 유통시장을 독과점하는 한편, 지역 전통시장과 중소유통업자들은 현저히 위축되거나 도태될 개연성이 매우 높다. 이에 따라 유통시장은 소수 대형유통업체 등의 시장지배로 인해 공정한 경쟁질서가 깨어지고, 유통시장에서의 의사결정이 소수 대형유통업체 등에 집중됨으로써 다양한 경제주체간의 견제와 균형을 통한 시장기능의 정상적 작동이 저해되며, 중소상인들의 생존 위협으로 국민생활의 균등한 향상 등 경제영역에서의 사회정의가 훼손될 수 있다. 이러한 결과는 앞서 본 바와 같이 우리 헌법이 지향하는 사회적 시장경제질서에 부합하지 않는다(헌재 2018.6.28, 2016헌바77 등).

43 ✕ 엘리트문화뿐만 아니라 서민문화, 대중문화도 그 가치를 인정하고 정책적인 배려의 대상으로 하여야 한다(헌재 2004.5.27, 2003헌가1 등).

44 ☐☐☐
오늘날 문화국가에서의 문화정책은 문화가 생겨날 수 있는 문화풍토를 조성하는 것이 아니라 문화 그 자체에 초점을 두어야 한다. ⓞⅨ

45 ☐☐☐
전통사찰 경내지 수용과 관련하여 국가의 공용수용에 관해서 아무런 법적 규제를 두고 있지 아니한 것은 위헌적인 조치라고 판례는 판단하였다. ⓞⅨ

46 ☐☐☐
구 문화재보호법이 건설공사 과정에서 매장문화재의 발굴로 인하여 문화재훼손 위험을 야기한 사업시행자에게 원칙적으로 발굴경비를 부담시키는 것은 사업시행자의 재산권을 침해한다. ⓞⅨ

47 ☐☐☐
국제법적으로, 조약은 국제법 주체들이 일정한 법률효과를 발생시키기 위하여 체결한 국제법의 규율을 받는 국제적 합의를 말하며, 서면에 의한 경우가 대부분이지만 예외적으로 구두합의도 조약의 성격을 가질 수 있다. ⓞⅨ

48 ☐☐☐
한미주둔군지위협정(SOFA)은 미군의 국내 주둔을 위한 물적 기반으로서의 시설과 구역의 사용을 둘러싼 문제, 출입국, 통관과 관세, 과세에 관한 문제, 노무관련문제 등을 그 내용으로 하는 행정협정의 일종에 불과하고, 국회의 동의를 요하는 조약에 해당하지 않는다. ⓞⅨ

49 ☐☐☐
일반적으로 승인된 국제법규는 조약이 아니기 때문에 원칙적으로 국내법과 같은 효력을 가질 수 없다. ⓞⅨ

정답 및 해설

44 ✕ 오늘날에 와서는 국가가 어떤 문화현상에 대하여도 이를 선호하거나, 우대하는 경향을 보이지 않는 불편부당의 원칙이 가장 바람직한 정책으로 평가받고 있다. 오늘날 문화국가에서의 문화정책은 그 초점이 문화 그 자체에 있는 것이 아니라 문화가 생겨날 수 있는 문화풍토를 조성하는 데 두어야 한다(헌재 2004.5.27, 2003헌가1 등).

45 ◯ 소유권 변동을 시도한 주체가 사인인지 아니면 건설부장관과 같은 제3자적 국가기관인지 여부, 또는 그 형식이 양도(혹은 강제집행)인지 아니면 공용수용인지 여부는 본질적인 문제가 될 수 없다(헌재 2003.1.30, 2001헌바64).

46 ✕ 구 문화재보호법 제44조 제4항 제2문은 건설공사 과정에서 매장문화재의 발굴로 인하여 문화재 훼손 위험을 야기한 사업시행자에게 원칙적으로 발굴경비를 문화재를 보호하는 것이어서 입법목적의 정당성, 방법의 적절성이 인정된다. 대통령령으로 정하는 경우에는 예외적으로 국가 등이 발굴조사비용을 부담할 수 있는 완화규정을 두고 있어 최소침해성원칙, 법익균형성원칙에도 반하지 아니하므로 과잉금지원칙에 위배되어 위헌이라고 볼 수 없다(헌재 2010.10.28, 2008헌바74).

47 ◯ 국제법적으로, 조약은 국제법 주체들이 일정한 법률효과를 발생시키기 위하여 체결한 국제법의 규율을 받는 국제적 합의를 말하며, 서면에 의한 경우가 대부분이지만 예외적으로 구두합의도 조약의 성격을 가질 수 있다(헌재 2019.12.27, 2016헌마253).

48 ✕ 이 사건 조약은 그 명칭이 "협정"으로 되어있어 국회의 관여없이 체결되는 행정협정처럼 보이기도 하나 우리나라의 입장에서 볼 때에는 외국군대의 지위에 관한 것이고, 국가에게 재정적 부담을 지우는 내용과 입법사항을 포함하고 있으므로 국회의 동의를 요하는 조약으로 취급되어야 한다(헌재 1999.4.29, 97헌가14).

49 ✕ 헌법 제6조 제1항에 의하면 일반적으로 승인된 국제법규는 국내법과 같은 효력을 가지는데, 일반적으로 승인된 국제법규에는 세계 대부분의 국가가 인정하는 국제관습법과 일반적으로 국제사회에서 인정된 조약이 포함된다.

50 ☐☐☐
조약은 국회의 동의를 얻어 체결·비준되었더라도 형식적 의미의 법률이 아닌 이상 헌법재판소의 위헌법률심판대상이 될 수 없다.
O X

51 ☐☐☐
마라케쉬협정은 적법하게 체결·공포된 조약이므로 이 협정에 의하여 관세법 위반자의 처벌이 가중되어도 위헌은 아니다.
O X

52 ☐☐☐
국제연합(UN)의 "인권에 관한 세계선언" 각 조항이 바로 보편적인 법적 구속력을 가지거나 국제법적 효력을 갖는 것으로 볼 것은 아니다.
O X

53 ☐☐☐
헌법재판소는 강제노동 폐지에 관한 국제노동 기구(ILO) 협약 제105호와 결사의 자유 및 단결권 보장에 관한 협약 제98호를 일반적으로 승인된 국제법규라고 판단하여 국내법적 효력을 인정했다.
O X

54 ☐☐☐
한미동맹 동반자관계를 위한 전략대화 출범에 관한 공동성명은 구체적인 법적 권리·의무를 창설하는 내용을 포함하고 있지 아니하므로, 조약에 해당된다고 볼 수 없다.
O X

정답 및 해설

50 × 각 국회의 동의를 얻어 체결된 것으로서, 헌법 제6조 제1항에 따라 국내법적, 법률적 효력을 가지는바, 가입국의 재판권 면제에 관한 것이므로 성질상 국내에 바로 적용될 수 있는 법규범으로서 위헌법률심판의 대상이 된다(헌재 2001.9.27, 2000헌바20).

51 ○ 마라케쉬협정에 의하여 관세법 위반자의 처벌이 가중된다 하더라도 이를 들어 법률에 의하지 아니한 형사처벌이라거나 행위시의 법률에 의하지 아니한 형사처벌이라고 할 수 없다(헌재 1998.11.26, 97헌바65).

52 ○ 국제연합의 '인권에 관한 세계선언'은 선언적인 의미를 가지고 있을 뿐 법적 구속력을 가진 것은 아니다(헌재 1991.7.22, 89헌가106).

53 × 강제노동의 폐지에 관한 국제노동기구(ILO)의 제105호 조약은 우리나라가 비준한 바가 없고, 헌법 제6조 제1항에서 말하는 일반적으로 승인된 국제법규로서 헌법적 효력을 갖는 것이라고 볼 만한 근거도 없으므로 이 사건 심판대상 규정의 위헌성 심사의 척도가 될 수 없다(헌재 1998.7.16, 97헌바23).

54 ○ 대통령이 외교통상부장관에게 위임하여 미합중국 국무장관과 발표한 '동맹 동반자 관계를 위한 전략대화 출범에 관한 공동성명'은 양국의 외교관계 당국자 간의 동맹국에 대한 양해 내지 존중의 정치적 선언의 의미를 가지는 데 불과하다. 따라서 기본권이 침해되는 문제가 발생한다고 볼 수 없다(헌재 2006.5.16, 2006헌마500).

해커스경찰
police.Hackers.com

2026 해커스경찰
박철한 경찰헌법

제2편 기본권론

제1장 기본권 총론
제2장 인간의 존엄과 가치·행복추구권·평등권
제3장 자유권적 기본권
제4장 정치적 기본권(참정권)
제5장 청구권적 기본권
제6장 사회적 기본권
제7장 국민의 기본적 의무

제1장 기본권 총론

제2편 기본권론

제1장
기본권 총론

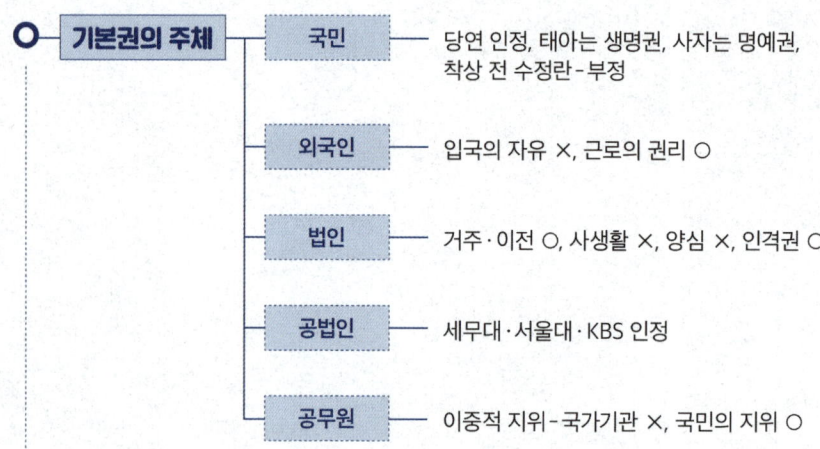

- **기본권의 주체**
  - **국민** — 당연 인정, 태아는 생명권, 사자는 명예권, 착상 전 수정란 – 부정
  - **외국인** — 입국의 자유 ×, 근로의 권리 ○
  - **법인** — 거주·이전 ○, 사생활 ×, 양심 ×, 인격권 ○
  - **공법인** — 세무대·서울대·KBS 인정
  - **공무원** — 이중적 지위 – 국가기관 ×, 국민의 지위 ○

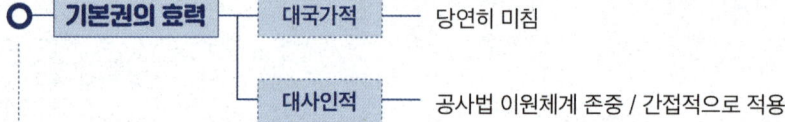

- **기본권의 효력**
  - **대국가적** — 당연히 미침
  - **대사인적** — 공사법 이원체계 존중 / 간접적으로 적용

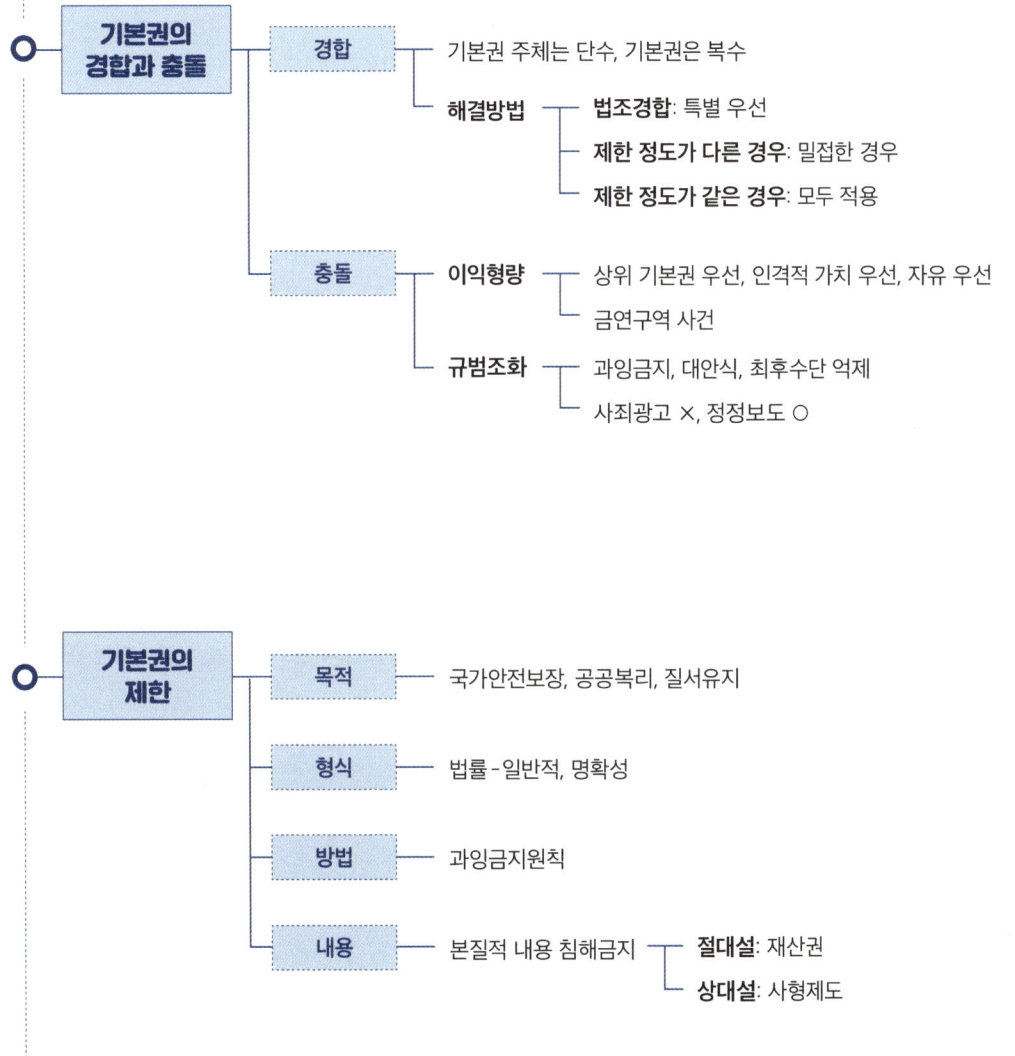

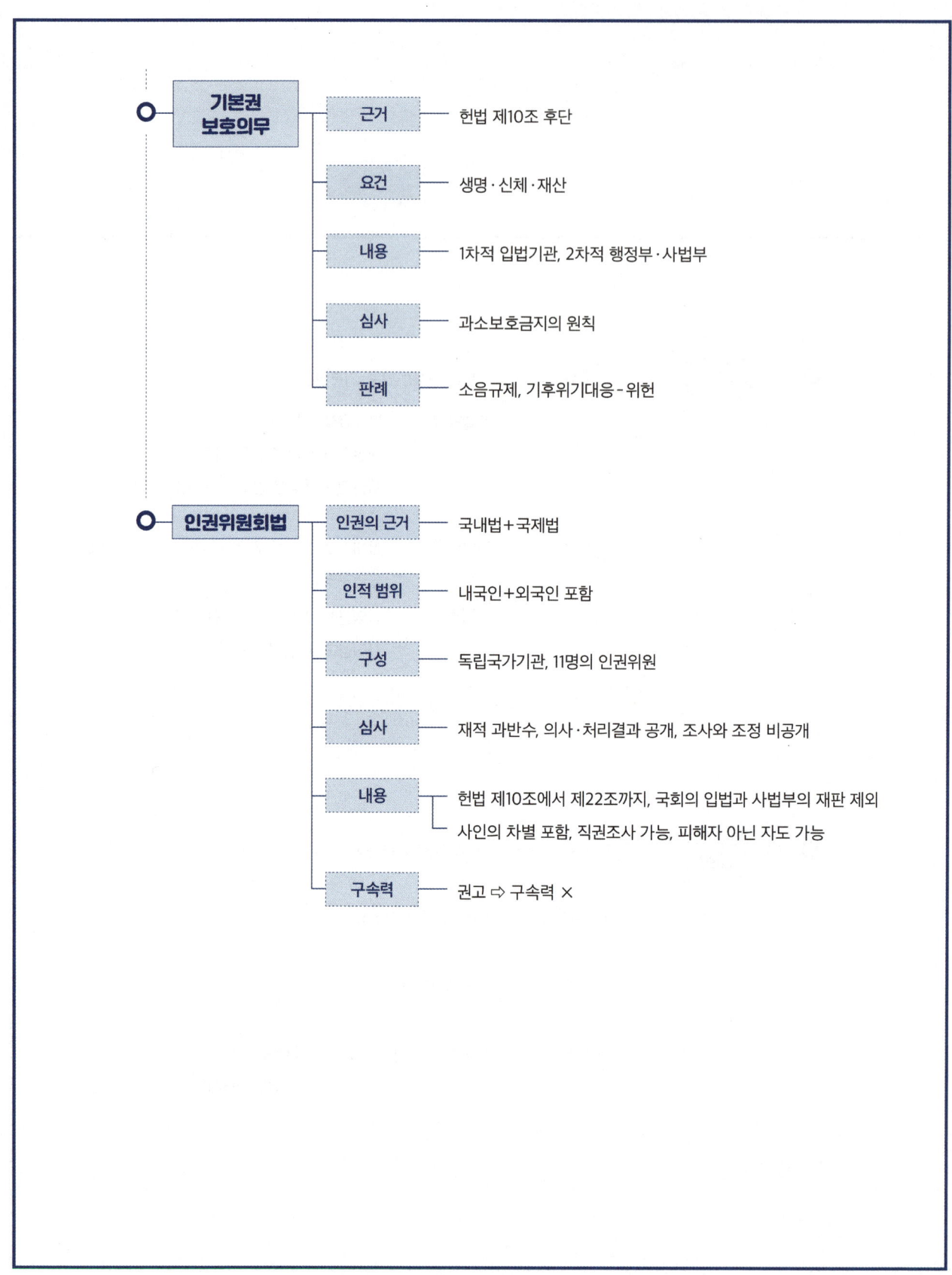

제1절 기본권의 주체

기본권 주체성을 의미한다. 기본권의 주체로서의 법적 지위는 헌법소원에 의해 구제받을 수 있는지를 판단하는 하나의 기준이 된다.

01 자연인

1. 국민
대한민국 국민은 당연히 기본권의 주체가 된다.

(1) 태아의 경우
태아의 경우 생명권을 비롯해서 일정한 경우 기본권 주체가 될 수 있다는 것이 판례의 태도이다(헌재 2008.7.31, 2004헌바81). 헌법재판소는 착상 이전 배아에 대해서는 기본권 주체성을 부정하였다(헌재 2010.5.27, 2005헌마346). 13. 국가직 7급

> **판례 | 착상 이전 배아의 기본권 주체성**
>
> 초기배아는 수정이 된 배아라는 점에서 형성 중인 생명의 첫걸음을 떼었다고 볼 여지가 있기는 하나 아직 모체에 착상되거나 원시선이 나타나지 않은 이상 현재의 자연과학적인 인식 수준에서 독립된 인간과 배아 간의 개체적 연속성을 확정하기 어렵다고 봄이 일반적이다(헌재 2010.5.27, 2005헌마346).

(2) 사자의 경우
사자의 경우 명예권 등 인간의 존엄과 관련해서 예외적으로 기본권 주체가 될 수 있다.

> **판례 | 사자의 기본권**
>
> 사자의 경우에도 인격적 가치에 대한 중대한 왜곡으로부터 보호되어야 하고, 사자에 대한 사회적 명예와 평가의 훼손은 사자와의 관계를 통하여 스스로의 인격상을 형성하고 명예를 지켜온 그들의 후손의 인격권, 즉 유족의 명예 또는 유족의 사자에 대한 경애추모의 정을 침해한다(헌재 2010.10.28, 2007헌가23).

(3) 미성년자의 경우
아동과 청소년은 인격의 발전을 위하여 어느 정도 부모와 학교 교사 등의 지도를 필요로 하는 아직 성숙하지 못한 인격체이지만, 부모와 국가에 의한 단순한 보호의 대상이 아닌 독자적인 인격체이다. 이들의 인격권은 성인과 마찬가지로 인간의 존엄성 및 행복추구권을 보장하는 헌법 제10조에 의하여 보호된다(헌재 2016.5.26, 2014헌마374).

기출 OX

01 헌법재판소의 판례는 권리능력 없는 단체의 기본권의 주체성을 인정하지 않고 있다. 01. 국가직 7급 (   )

기출 OX

02 초기배아는 수정이 된 배아라는 점에서 아직 모체에 착상되거나 원시선이 나타나지 않았다고 하더라도 기본권의 주체가 될 수 있다. 22. 해양경찰 (   )

한눈에 쏙!

초기배아	인정 여부
기본권 주체	×
보호의무	○

기출 OX

03 미성년자의 인격권은 성인과 마찬가지로 헌법 제10조에 의하여 보호된다. 19. 법원직 (   )

정답 01 × 02 × 03 ○

2. 외국인의 경우

외국인의 경우는 명문규정은 두고 있지 않으나 성질이 허용되는 경우에는 당연히 인정된다고 볼 수 있다. 05. 입시 특히, 자유권적 기본권과 같이 인간에게 인정되는 경우는 대부분 인정되나, 사회적 기본권과 같이 국가가 일정한 급부를 주는 경우는 상당부분 제한된다.

인정되는 것	부정되는 것
• 인간의 존엄과 가치 • 신체의 자유 • 재산권(인정되지만 많은 부분 제한) • 출국의 자유(입국의 자유는 부정) • 근로의 권리(통설은 부정) • 양심의 자유 • 노동3권(부정하는 견해도 많음) • 종교의 자유 등	• 망명권 • 입국의 자유(출국의 자유는 긍정) • 선거권 등 정치적 기본권(지방참정권은 인정) • 인간다운 생활을 할 권리 • 자격제도 관련

> **주의**
> 1. 입국의 자유를 인정하면 범죄인이 우리나라에 오는 것을 막을 수 없다. 그러나 입국되었다면 출국은 가능하다.
> 2. 근로의 권리와 근로3권의 경우 학설은 사회적 기본권으로 부정하는 견해가 많으나 판례는 긍정하고 있다.

> **기출 OX**
> 01 불법체류 중인 외국인들이라 하더라도, 불법체류라는 것은 관련 법령에 의하여 체류자격이 인정되지 않는다는 것일 뿐이므로, '인간의 권리'로서 외국인에게도 주체성이 인정되는 일정한 기본권에 관하여 불법체류 여부에 따라 그 인정 여부가 달라지는 것은 아니다. 22. 경찰 ( )

판례 | 정치활동 금지 관련 판례

1 망명권 부정

정치적 박해를 받는 자는 비호청구권을 향유한다. 독일과 달리 이러한 헌법의 명문규정이 없는 우리로서는 헌법해석만으로 외국인의 망명권이나 비호권을 기본권으로 인정하기란 어렵다고 할 것이다(대판 1984.5.22, 84도39).

2 긴급보호 [위헌]

[1] 불법체류외국인도 신체의 자유, 주거의 자유, 변호인의 조력을 받을 권리, 재판청구권 등은 성질상 인간의 권리로 외국인에게도 기본권 주체성이 인정된다.
[2] 보호기간의 상한이 존재하지 아니한 것이 과잉금지원칙에 위배되며 보호의 개시나 연장 단계에서 공정하고 중립적인 기관에 의한 통제절차가 없고, 행정상 인신구속을 함에 있어 의견제출의 기회도 전혀 보장하고 있지 아니한 것이 적법절차원칙에 위배되어 피보호자의 신체의 자유를 침해한다(헌재 2023.3.23, 2020헌가1).

한눈에 쏙!

이중적 지위

구분	기본권 주체
지방자치단체장	예외적 긍정
지방자치단체	전면 부정

⊕ PLUS 국가기관의 경우(이중적 지위)

예컨대, 대통령은 국민 모두에 대한 봉사자로서 공익실현의 의무가 있는 헌법기관으로서의 지위와 소속 정당을 위하여 정당 활동을 할 수 있는 사인으로서의 법적 지위도 가지므로, 후자의 경우 제한적으로나마 기본권의 주체가 될 수 있다. 08. 국가직 7급

구분	사안
개인	정당의 당원, 주민소환, 선거기획참여금지
국가기관	경찰과 검사의 다툼, 주민의 복리증진

🔖 지방자치단체의 장이라고 할 지라도 표현의 자유, 정치활동의 자유나 선거운동의 자유등 헌법상 보장된 기본권의 주체가 될 수 있다(헌재 1999.5.27. 98헌마214). 따라서 국가기관이라 할지라도 일반 국민이 누릴 수 있는 정당의 당원으로서 어느 정치인이 당의 후보자가 되었으면 좋겠다고 이야기하는 표현의 자유나, 선거기획참여, 그리고 주민소환 당하면 자신의 직업이 사라지게 되는 공무담임권의 문제인 주민소환의 경우에 그 주체성을 인정하였다. 다만, 형사혐의자의 구속과 관련하여 경찰과 검사가 서로 의견이 달라서 다투는 경우에는 일반 국민이 하는 것이 아닌 국가기관 사이의 다툼이므로 헌법소원을 제기할 수 없으며, 주민의 복리증진의 경우에도 일반 국민이 하는 것이 아니니 주체성이 부정된다.

정답 01 ○

> **판례 | 이중적 지위와 관련된 판례**
>
> 1. **대통령의 선거중립의무 [기각]**
>   [1] 공권력 작용이 넓은 의미의 국가 조직영역 내에서 공적 과제를 수행하는 주체의 권한 내지 직무영역을 제약하는 성격이 강한 경우에는 그 기본권 주체성이 부정될 것이지만, 그것이 일반 국민으로서 국가에 대하여 가지는 헌법상의 기본권을 제약하는 성격이 강한 경우에는 기본권 주체성을 인정할 수 있다.
>   [2] 장래에 개최될 예정인 대담·토론회에 관하여 선거관리위원회가 취할 수 있는 조치를 통고한 것은 권고적·비권력적인 협조요청에 불과하지만 이 사건 조치는 청구인의 과거의 행위가 위법임을 확인하는 것으로 청구인의 기본권을 실질적으로 제한하고 있다.
>   [3] 공직선거법이 사안에서는 국가공무원법에 대한 특별규정이다. 따라서 선거중립의무가 우선한다.
>   [4] 사안의 경우 대통령은 공무원에 대한 임용권자로 비록 신분보장이 되어 있는 공무원이라 할지라도 영향을 받지 않을 수 없으므로, 선거중립의무를 부과하는 본 규정은 합헌이다(헌재 2008.1.17, 2007헌마700).
>
> 2. **지자체장의 기본권 주체성 [인정]**
>   공직자가 국가기관의 지위에서 순수한 직무상의 권한행사와 관련하여 기본권 침해를 주장하는 경우에는 기본권의 주체성을 인정하기 어렵다 할 것이나, 그 외의 사적인 영역에 있어서는 기본권의 주체가 될 수 있는 것이다(헌재 2009.3.26, 2007헌마843).
>   🖉 사안에서는 자신의 공무담임권, 즉 국민의 기본권을 주장하는 것이니 기본권 주체가 될 수 있다.

02 법인

1. 일반적인 경우

(1) 성질상 허용되는 경우

법인*의 경우에 명문규정은 두고 있지 않으나 성질이 허용되는 경우에 당연히 인정된다.

* 법인이란 자연인 이외의 법률상 권리 또는 의무의 주체가 되는 대상이다. 헌법에서는 단체와 비슷한 말로 생각하면 된다.

인정되는 경우	부정되는 경우**
• 거주·이전의 자유(본사이전 가능) • 종교적 집회·결사의 자유(개별노조가 모여 민주노총을 만드는 경우) • 인격권 • 언론·출판의 자유(조선일보도 법인임) • 재산권(재산보유 가능) • 근로3권(노동조합)	• 인간의 존엄과 가치·행복추구권 • 양심의 자유 • 신앙의 자유 • 주거의 자유, 사생활의 자유(다수설은 인간만이 누릴 수 있는 기본권이라 판단) • 근로의 권리(노동조합) • 생명·신체의 자유

** 부정되는 경우는 대부분 법인은 생물체가 아니라 무생물이기 때문에 부정되는 것이다.

기출 OX

02 신앙의 자유, 양심의 자유와 같이 자연인의 정신적 특성에서 유래하는 기본권의 경우에는 법인의 기본권은 부인된다. 01. 국가직 7급 ( )

03 법인은 인격의 자유로운 발현을 위하여 보호받아야 할 인격권을 가진다. 01. 국가직 7급 ( )

04 개인이 자연인으로서 향유하게 되는 기본권은 그 성질상 당연히 법인에게 적용될 수 없다. 따라서 인간의 존엄과 가치에서 유래하는 인격권은 그 성질상 법인에게는 적용될 수 없다. 13. 국가직 7급 ( )

한눈에 쏙!

기본권	인정 여부
인간의 존엄과 가치	×
인격권	○

인격권은 인간의 존엄과 가치 안에 있는 기본권이라 비판받고 있다.

정답 02 ○ 03 ○ 04 ×

> **판례 | 정당의 기본권 주체성**
>
> **1 정당의 선거에 있어서의 기회균등권**
> **정당추천의 후보자가 선거에서 차등대우를 받는 것은 바로 정당이 선거에서 차등대우를 받는 것과 같은 결과가 되는 것이다.** 이와 같이 정당이 선거에 있어서 기회균등의 보장을 받을 수 있는 헌법적 권리는 정당 활동의 기회균등의 보장과 헌법상 참정권 보장에 내포되어 있다고 할 것이다(헌재 1991.3.11, 91헌마21).
>
> **2 등록이 취소된 정당의 기본권 주체성**
> 정당설립의 자유는 그 성질상 등록된 정당에게만 인정되는 기본권이 아니라 청구인과 같이 등록정당은 아니지만 권리능력 없는 사단의 실체를 가지고 있는 정당에게도 인정되는 기본권이라 할 수 있다(헌재 2006.3.30, 2004헌마246).

한눈에 쏙!

구분	주체성
부분기관	×
독립법인	○

(2) 부분기관의 경우

한국영화인협회 감독위원회나, 인천전문대학 기성회 이사회는 인천전문대학 기성회로부터 독립된 별개의 단체가 아니므로, 그 이름으로 헌법소원심판을 청구할 수 있는 헌법소원심판청구능력이 있다고 할 수 없어 인천전문대학 기성회 이사회의 헌법소원심판청구는 부적법하다(헌재 2010.7.29, 2009헌마149). 반면, 대한예수교장로회 신학연구원은 단순 내부기구가 아니라 별개의 비법인 재단에 해당하여 기본권 주체성을 긍정한 바 있다(헌재 2000.3.30, 99헌바14). 또한 한국신문편집인협회도 사단으로 실체를 가지고 있어 기본권 주체성이 긍정된다(헌재 1995.7.21, 92헌마177).

✐ 학원에 과태료를 부과하면 학원이 다투면 되고, 선생님에게 부과되면 선생님이 다투면 그만이다. 즉, 학원 안에 9급팀이 다툴 실익이나 7급팀이 다툴 실익이 없으니 부분기관은 기본권 주체성이 부정된다.

2. 공법인*의 경우

*법인 중에 특정의 공공목적을 위하여 설립된 법인으로 국가, 지방자치단체, 공사, 공단 등을 말한다.

기출 OX

01 국가, 지방자치단체나 그 기관 또는 국가조직의 일부나 공법인은 원칙적으로 기본권의 수범자이자 동시에 기본권의 주체가 되는 이중적 지위에 있다. 19. 법원직 ( )

02 공법인은 공권력의 행사주체로서 기본권을 실현하고 보호해야 할 권한과 책임을 지고 있으므로 원칙적으로 기본권 주체성을 인정할 수 없다. 03. 국가직 7급 ( )

(1) 원칙적 부인

공법인은 공권력의 행사주체로서 기본권을 실현하고 보호해야 할 권한과 책임을 지고 있으므로 원칙적으로 기본권의 적용대상인 수범자이지, 기본권을 주장하는 주체로서의 기본권의 보유자는 아니다. 따라서 국가나 지방자치단체는 기본권 주체가 될 수 없다.

(2) 예외적 승인

예외적으로 기본권에 의하여 보호되는 생활영역에 속해 있으며, 자연인의 개인적 기본권을 실현하는 데 기여하고 있을 뿐 아니라 조직법상 국가로부터 독립되어 고유한 업무영역을 가지고 있는 경우에는 기본권 주체성이 인정된다고 할 것이다.

01. 국가직 7급

[주의]
최근 강원대학교도 헌법소원 청구인 능력을 인정하였다.

(3) 판례

우리 헌법재판소는 서울대입시요강 사건과 세무대학폐지 사건에서 이 양자는 공법인임에도 불구하고 예외적으로 기본권 주체성을 인정한 바 있고, KBS의 경우에도 그 주체성을 인정하는 것이 일반적이다.** 또한 공법상의 영조물인 서울대학교가 그 조직에 있어 독립성을 가지며 본권에 의하여 보호되는 영역에서 주로 활동할 경우 그 구성원의 기본권의 신장에 기여하므로 당해 기본권의 주체로 인정될

정답 01 × 02 ○

수 있다고 하였다(헌재 1992.10.1, 92헌마68 등). 01. 국가직 7급, 05. 입시

** 공법인인 국가기관에 기본권을 인정해 준다는 것은 국민 입장에서는 바람직하지 않다. 국가기관에 기본권을 인정해 주면 결국 국민에게 의무를 부여하는 꼴이 되기 때문이다. 다만, KBS에 기본권을 준다면 이는 그 권리를 주로 국가에 대해 행사하게 되고, KBS가 언론의 자유를 가진다면 국민에게 바람직한 것이 되므로 예외적으로 인정되는 것이다.

> **판례 | 공법인 관련 판례**
>
> **1 서울대입시요강 사건**
> 교육의 자주성이나 대학의 자율성은 헌법 제22조 제1항·제2항이 보장하고 있는 학문의 자유의 확실한 보장수단으로 꼭 필요한 것으로서 이는 대학에 부여된 헌법상의 기본권이다. 따라서 **국립대학인 서울대학교는 다른 국가기관 내지 행정기관과는 달리 공권력의 행사자의 지위와 함께 기본권의 주체라는 점도 중요하게 다루어져야 한다**(헌재 1992.10.1, 92헌마68 등).
>
> **2 국회노동위원회 고발 사건**
> 국가나 국가기관 또는 국가조직의 일부나 공법인은 기본권의 '수범자(Adressat)'이지 기본권의 주체로서 그 '소지자(Träger)'가 아니고 오히려 국민의 기본권을 보호 내지 실현해야 할 '책임'과 '의무'를 지니고 있는 지위에 있을 뿐이다. 그런데 청구인은 국회의 노동위원회로 그 일부조직인 상임위원회 가운데 하나에 해당하는 것으로 국가기관인 국회의 일부조직이므로 기본권의 주체가 될 수 없고 따라서 헌법소원을 제기할 수 있는 적격이 없다고 할 것이다. 그렇다면 청구인의 이 사건 헌법소원심판청구는 부적법하므로 이를 각하하기로 한다(헌재 1994.12.29, 93헌마120). 01. 국가직 7급

제2절 기본권의 효력

01 개념

기본권의 효력***이란 기본권의 의미와 내용대로 실현될 수 있는 힘(기본권의 기속력)을 말한다. 기본권을 국가에 대해 주장할 수 있는가는 거의 이견이 없으나 일반 사인에게 주장할 수 있는지는 다양한 의견이 존재한다. 최근에는 사인에게도 주장할 수 있다는 견해가 주류이다.

*** 기본권을 사인에게 주장할 수 있다는 것은 예를 들어, 어떤 사기업에서 직원을 채용할 경우 여자만 키나 몸무게를 보고 퇴사시킬 때도 여자는 결혼만 하면 퇴사시킨다면 이는 헌법상 평등권을 위배한 것으로 위 채용행위나 퇴사행위를 효력제거, 즉 무효화시킬 수 있는가에 대한 논의이다.

02 기본권의 대국가적 효력

(1) 기본권은 모든 국가권력을 구속한다. 독일의 본(Bonn)기본법 제1조 제3항과 같은 명문규정(기본권은 직접 적용되는 권리로서 입법, 집행 및 사법을 구속한다)이 없는 우리 헌법의 경우에도 기본권은 당연히 입법·사법·행정과 같은 모든 국가권력을 구속한다(통설).

(2) 입법권은 기본권 보장에 반하는 입법을 제정할 수 없고, 사법권도 기본권에 반하는 판결을 내릴 수 없다. 집행권도 기본권에 반하는 행정처분(권력적 행위)을 행할 수 없으며, 헌법개정권력도 기본권을 존중하는 방향으로만 행사되어야 한다.

03 기본권의 대사인적 효력

1. 인정의 필요성과 이념적 기초

국민의 기본권은 국가권력에 대한 방어권으로서 인정된 것이므로 사인 간의 관계에는 효력이 미치지 못하는 것으로 본 것이 과거의 지배적인 견해였으나, 생활양상의 변화에 따른 여러 형태의 사회적 압력단체, 사인으로부터의 기본권에 대한 위협·침해현상에 대처하기 위한 현실적 요청이 커져 기본권의 대사인적 효력을 인정할 필요성이 대두되었다.

2. 우리 헌법에 있어서 기본권의 대사인적 효력

우리 헌법은 기본권의 대사인적 효력에 대해서 명시적으로 규정한 조항은 현재 존재하지 않는다. 그러나 통설과 판례는 기본권은 사인에게도 적용될 수 있다고 보고 있다. 다만, 공법인 헌법이 사법관계에 직접 적용되면 공법과 사법을 구분하는 법률체계에 문제가 될 수 있어서 사법관계에는 헌법을 직접 적용하여 문제를 해결하지 말고 사법의 조항을 통해서 해결하는 것이 바람직하다고 보고 있다.

> **참고**
> 판례와 같이 헌법상 종교의 자유를 침해한 사안에서 판례는 이 경우 사인과 사인 간의 관계이니 이는 민법 제750조의 불법행위에 해당하여 손해배상을 인정하였다. 즉, 헌법상 권리를 침해한 경우 보통은 헌법 제20조 종교의 자유 침해로 손해배상을 명하는 것이 아니라 사인과 사인 간의 관계이니 이는 민법상 불법행위로 문제를 해결한다. 이를 통해서 종교의 자유를 보장해야 한다는 헌법정신을 실현하는 것이다. 즉, 대부분의 사안에서 헌법은 직접 적용되지 않고 사인과 사인 간의 사이에서는 이렇게 민법을 통해서 실현되는 것이 일반적이다. 즉, 직접 헌법이 적용되는 것이 아니라 민법을 통해 간접적으로 실현되는 것이다. 다만, 몇몇 조항은 직접 적용되기도 하고 몇몇 조항은 사인 간에는 적용이 불가능한 경우도 있다.

> **판례 | 기본권의 대사인적 효력**
>
> 헌법상의 기본권은 제1차적으로 개인의 자유로운 영역을 공권력의 침해로부터 보호하기 위한 방어적 권리이지만 다른 한편으로 헌법의 기본적인 결단인 객관적인 가치질서를 구체화한 것으로서, 사법(私法)을 포함한 모든 법 영역에 그 영향을 미치는 것이므로 사인간의 사적인 법률관계도 헌법상의 기본권 규정에 적합하게 규율되어야 한다. **다만, 기본권 규정은 그 성질상 사법관계에 직접 적용될 수 있는 예외적인 것을 제외하고는 사법상의 일반원칙을 규정한 민법 제2조, 제103조, 제750조, 제751조 등의 내용을 형성하고 그 해석 기준이 되어 간접적으로 사법관계에 효력을 미치게 된다.** 종교의 자유라는 기본권의 침해와 관련한 불법행위의 성립 여부도 위와 같은 일반규정을 통하여 사법상으로 보호되는 종교에 관한 인격적 법익침해 등의 형태로 구체화되어 논하여져야 한다(대판 2010.4.22, 2008다38288).
>
> ✎ 고등학교의 경우 강제배정이 되는 상황에서 학생들이 원하지 않는 종교과목 수업을 실시하면서 참가거부가 사실상 불가능한 분위기를 조성하는 것은 신앙을 가지지 않거나 학교와 다른 신앙을 가진 학생들의 기본권을 침해한 것으로 불법행위에 의한 손해배상책임을 진다.

(1) 직접 적용되는 경우

> 헌법 제21조 ④ 언론·출판은 타인의 명예나 권리 또는 공중도덕이나 사회윤리를 침해하여서는 아니된다. 언론·출판이 타인의 명예나 권리를 침해한 때에는 피해자는 이에 대한 피해의 배상을 청구할 수 있다.
>
> 제33조 ① 근로자는 근로조건의 향상을 위하여 자주적인 단결권·단체교섭권 및 단체행동권을 가진다.

(2) 간접 적용되는 경우

직접 적용되는 기본권 이외에 성질상 사법관계에도 적용될 수 있는 기본권, 예를 들면 평등권, 사생활의 비밀·양심·신앙·표현의 자유 등 대부분의 헌법상 권리는 사법상 일반조항(민법 제2조, 제103조)을 통하여 간접적으로 적용된다.

(3) 대사인적 효력이 부정되는 경우

① 기본권 규정의 성질상 사인 상호간의 관계에는 전혀 영향을 미칠 수 없는 사항들이 있는데, 대개가 이른바 '사법절차적 권리'에 속하는 것(죄형법정주의, 이중처벌금지원칙, 사전영장주의, 연좌제 금지, 자백의 증거능력 제한, 무죄추정원칙 등)들이다.

  *헌법조문 중에 형사법과 관련된 조문들은 사실 사인끼리는 적용되기가 어렵다. 즉, 영장주의 같은 경우 친구가 같이 밥 먹으러 가자고 하는데 안 가면 부탁하는 것이지 사인끼리 영장을 집행하지는 않기 때문이다.

② 인신권 중에서도 명백히 사법절차에서의 국가에 대한 권리라고 볼 수 있는 것, 예컨대 고문을 받지 아니할 권리 및 불리한 진술거부권(헌법 제12조 제2항), 영장제시요구권(헌법 제12조 제3항)을 들 수 있다. 또한 소급입법에 의한 참정권 제한과 재산권 박탈금지(헌법 제13조 제2항), 청원권(헌법 제26조), 국가배상청구권(헌법 제29조), 범죄피해자의 구조청구권(헌법 제30조)과 형사피해자의 공판진술권(헌법 제27조 제5항) 등을 들 수 있다.

☑ SUMMARY | 사인 간에 적용되는 기본권(학설상)*

사인 간 적용 ○	사인 간 적용 ×
• 근로3권 • 언론·출판의 타인명예침해금지	**<신체의 자유>** • 죄형법정주의, 사전영장주의 • 이중처벌금지, 연좌제금지 • 무죄추정원칙 • 불리한 진술거부권 • 변호사의 도움받을 권리 • 공정한 재판받을 권리 등 **<청구권>** • 청원권, 국가배상청구권 등 **<제도>** • 직업공무원제도 • 지방자치제도, 정당제도

* 사인 간의 기본권의 직접 적용에 대해 근로3권과 언론·출판의 경우는 대부분의 학자들이 긍정하나, 나머지는 부정하는 견해가 다수이다.

참고

대부분의 조문들은 헌법 제20조 종교의 자유(모든 국민은 종교의 자유를 가진다)처럼 사인에게 명을 하는 식의 조문은 아니다. 판례에서 본 것처럼 이렇게 종교의 자유가 보장이 되는데 학교가 종교를 강제했다면 그 해결은 헌법 제20조에 근거한 손해배상이 아니라 사인과 사인 간의 관계이니 민법으로 해결한다. 즉, 민법 제750조의 불법행위에 의한 손해배상으로 문제가 해결된다. 그러나 헌법 제21조 언론의 자유 같은 경우에는 언론사는 당연히 사인이고 타인의 명예에서 타인도 사인이니 이 조문은 누가봐도 사인과 사인 간의 관계를 헌법이 직접 규정하고 있다. 그리고 문제가 생기면 민법 필요없이 손해배상까지 청구할 수 있다고 헌법에 규정되어 있으니 헌법으로 모든 것이 해결된다.

참고

신체의 자유 조항들은 대부분 개인과 개인 사이에서는 적용되는 것이 불가능하다. 친구랑 밥먹으러 가고 싶은데 친구가 안 가려고 한다고 검사의 청구에 의한 영장을 발부받지는 않을 것이며, 국가배상은 누가 뭐라해도 국가가 잘못했을 때 개인이 청구하는 것이니 개인과 개인 사이를 규율하는 규정이 아니다. 죄형법정주의 같은 경우에도 국가가 개인에게 형벌을 부과할 때 구성요건이 법률에 있어야 하는 것이다. 연인끼리 사귀는데 무슨 서면으로 지켜야 할 것들 적으면서 사귀는 것도 아니니 이는 개인 간의 관계에는 적용될 수 없다.

제3절 기본권의 경합과 충돌

01 의의

헌법에 규정된 기본권은 서로 통일적으로 행동하는 것이 아니라 상호간에 모순과 마찰관계를 야기하는 경우가 있는데, 마찰과 모순으로부터 야기되는 문제를 기본권의 갈등이라고 한다. 기본권의 갈등에는 기본권의 경합과 기본권의 충돌*이 있다.

* 국민이 어떤 법률이 평등권도 침해하고 직업의 자유도 침해하고 공무담임권도 침해하고 여러 가지를 주장하면 헌법재판소가 여러 개 있는 것도 아니고 사건도 엄청 많은데 당사자의 주장을 모두 심사해줄 수는 없다. 따라서 헌법재판소는 그중에 가장 주된 것만 심사하게 되는데, 이를 기본권의 경합이라고 한다. 또 충돌은 복수의 기본권 주체가 대립하는 기본권을 주장할 때 이를 해결해 달라는 것인데, 예를 들어 기업의 사장이 여자는 신입으로 선발하지 않고 남자만 선발한 경우 사장님 입장에서는 기업경영의 자유를 선발되지 않은 여자의 경우 평등권을 주장할 때 이를 어떻게 해결할 것인가의 문제가 바로 기본권 충돌의 문제이다.

구분	기본권의 경합(경쟁)	기본권의 충돌(상충)
주체	단수	복수
기본권	복수	단수 또는 복수
발생	단일 공권력 ⇨ 단일 주체의 여러 기본권 제약	복수의 기본권 주체 ⇨ 국가에 대해 기본권 주장
진정	경찰의 집회 해산 ⇨ '집회의 자유', '의사표현의 자유' 제약	임산부의 출산결정권 ⇔ 태아의 생명권
해결방법	최강효력설 / 최약효력설	이익형량 / 규범조화

⊕ PLUS 부진정·유사갈등

기본권의 경합이나 충돌은 기본권의 보호영역 안에서 일어난다. 따라서 겉으로 보기에는 기본권의 경합처럼 보이나 실제로는 그 보호영역을 벗어난 경우 이를 부진정·유사갈등이라 한다.**

** 근로3권은 근로조건과 관련되는 것만 보호하는 기본권이다. 따라서 이라크 전쟁을 반대하는 집회는 근로3권과는 관련이 없다. 결국 청구인은 집회의 자유와 근로3권을 주장하여 양자가 경합된다고 주장하나, 헌법재판소의 판단은 근로3권은 관련이 없으니 경합되지 않는다고 판단하였다.

판례 | 부진정 경합에 관한 판례

1. **집필문의 외부반출 불허**
   청구인은 수용자가 작성한 집필문의 외부반출을 불허하고 이를 영치할 수 있도록 한 심판대상조항에 의해 표현의 자유 또는 예술창작의 자유가 제한된다고 주장하나, 심판대상조항은 집필문을 창작하거나 표현하는 것을 금지하거나 이에 대한 허가를 요구하는 조항이 아니라 이미 표현된 집필문을 외부의 특정한 상대방에게 발송할 수 있는지 여부에 대해 규율하는 것이므로, 제한되는 기본권은 헌법 제18조에서 정하고 있는 통신의 자유로 봄이 상당하다(헌재 2016.6.30, 2015헌마924).

2. **일반음식점에서 시설 전체를 금연구역으로**
   청구인의 직업수행의 자유를 제한하지만 내부 시설과 장비 등을 철거하거나 변경하도록 강제하는 것은 아니므로 재산권이 제한되어 침해되는 것은 아니다(헌재 2016.6.30, 2015헌마813).

기출 OX

01 기본권의 경합관계는 기본권의 대국가적 효력의 문제인 데 반하여, 충돌관계는 일반적으로 기본권의 대사인적 효력의 영역에서 발생하는 문제이다. 05. 사시 ( )

02 기본권의 충돌은 상이한 복수의 기본권 주체를 전제로 한다. 22. 경찰승진 ( )

03 기본권의 충돌은 충돌하는 기본권이 반드시 상이한 기본권이어야 하는 것은 아니다. 22. 경찰승진 ( )

04 기본권의 경합은 기본권의 대국가적 효력에서, 기본권의 충돌은 기본권의 대사인적 효력에서 논의되는 기본권의 효력과 관련한 문제이며, 기본권의 해석이나 제한의 문제와는 관련이 없다. 01. 사시 ( )

05 이라크 전쟁을 반대하는 노동조합의 집회개최에서 노동자의 노동3권과 집회의 자유는 진정한 기본권의 경합관계에 있지 않다. 08. 국회직 8급 ( )

한눈에 쏙!

구분	기본권
특정	통신의 자유
불특정	표현의 자유

정답 01 ○ 02 ○ 03 ○ 04 × 05 ○

☑ SUMMARY | 부진정·유사경합의 예

판례	관련 기본권
이라크 전쟁 반대 집회(기출)	집회의 자유 ○, 노동3권 ×
출퇴근 중 업무상 재해 (헌재 2016.9.29, 2014헌바254)	평등권 ○, 공정한 재판 ×
정신질환자 입원 (헌재 2016.9.29, 2014헌가9)	신체의 자유 ○, 자기결정권 ×, 통신의 자유 ×
DNA정보 수집 (헌재 2016.3.31, 2014헌마457)	신체의 자유 ○, 사생활의 비밀 ×
성폭력치료프로그램 이수 (헌재 2016.12.29, 2016헌바153)	일반적 행동자유 ○, 신체의 자유 ×
성범죄자 신상정보 등록 (헌재 2011.6.30, 2009헌마59)	자기결정권 ○, 인간다운 생활 ×, 거주·이전의 자유 ×
집필문의 외부반출 불허 (헌재 2016.6.30, 2015헌마924)	통신의 자유 ○, 예술창작 ×, 표현의 자유 ×
음식점 전체를 금연구역 (헌재 2016.6.30, 2015헌마813)	직업의 자유 ○, 재산권 ×
노인복지시설신고 (헌재 2016.6.30, 2015헌바46)	종교의 자유 ○, 인간다운 생활 ×, 거주·이전의 자유 ×
증명서를 형제자매가 발급 (헌재 2016.6.30, 2015헌마924)	개인정보 ○, 행복추구 ×, 사생활 ×
집행유예와 사회봉사 (헌재 2010.3.16, 2010헌바100)	일반적 행동자유 ○, 신체의 자유 ×

02 기본권의 경합

1. 의의

기본권의 경합이란 동일한 기본권 주체가 자기에게 관련된 복수의 기본권을 국가에 대하여 주장하는 경우를 말한다. 08. 국회직 8급

2. 기본권 경합의 해결방법***

*** 수많은 행복 중에 직업을 가져서 행복하고 수많은 직업 중에 공무원이 될 수 있다. 따라서 공무담임권은 직업의 자유보다 특별한 관계이며, 직업은 행복추구권보다 특별하다.

(1) 법조경합

① 경합하는 기본권 가운데 해당 입법·제도가 특별히 보호하고자 하는 기본권을 우선 고려한다. 따라서 공직을 직업으로 선택하는 경우에 있어서 직업선택의 자유는 공직취임권을 통해서 그 기본권의 보호를 받는다고 할 수 있다. 08. 국회직 8급
② 경합하는 기본권이 서로 특별·보충관계에 있는 경우 특별 기본권이 우선 적용된다. 따라서 개별 기본권과 행복추구권이 경합될 때에는 사안에 대하여 직접 적용할 기본권 규정이 없는 경우에 한하여 보충적으로 행복추구권을 적용해야 한다. 08. 국회직 8급
   ✎ 통신 비밀의 자유와 사생활 비밀의 자유 중 통신 비밀의 자유가 특별 기본권이다.

한눈에 쏙!

법조경합

일반	특별
행복	개별 기본권
직업	공무담임권
사생활	통신의 자유 개인정보자기결정권
결사의 자유	정당의 자유, 단결권

기출 OX

01 공무담임권과 같이 우선적으로 적용되는 개별 기본권이 존재하여 그 침해 여부를 판단하여도 그다음에는 포괄적인 기본권인 행복추구권 침해 여부를 판단할 필요가 있다는 것이 일관된 헌법재판소의 입장이다. 08. 국회직 8급
( )

> **판례 | 행복추구권과 개별 기본권의 경합**
>
> 행복추구권은 다른 기본권에 대한 보충적 기본권으로서의 성격을 지니므로, 공무담임권이라는 우선적으로 적용되는 기본권이 존재하여 그 침해 여부를 판단하는 이상, 행복추구권 침해 여부를 독자적으로 판단할 필요가 없다(헌재 2000.12.14, 99헌마112 등).

(2) 제한정도가 다른 경우

헌법재판소는 음란·저속한 간행물 출판시 출판사의 등록취소제에 대한 사건에서 사안과 직접적 관련이 있는 기본권을 우선 적용하고 있다.

기출 OX

02 음란물을 출판한 출판사의 등록을 취소하는 것이 출판사의 언론·출판의 자유, 직업선택의 자유, 재산권을 침해하는지 여부와 관련하여 우리 헌법재판소는 직업선택의 자유를 중심으로 위헌 여부를 판단하였다. ( )

> **판례 | 출판사 등록취소**
>
> 당해 법률 조항은 언론·출판의 자유, 직업선택의 자유 및 재산권을 경합적으로 제약하고 있는데, 이처럼 하나의 규제로 인해 여러 기본권이 동시에 제약을 받는 기본권 경합의 경우에는 기본권 침해를 주장하는 제청신청인과 제청법원의 의도 및 기본권을 제한하는 입법자의 객관적 동기 등을 참작하여 **사안과 가장 밀접한 관계에 있고 또 침해의 정도가 큰 주된 기본권을 중심으로 해서 그 제한의 한계를 따져 보아야 할 것이다.** 이 사건에서는 제청신청인과 제청법원이 언론·출판의 자유의 침해를 주장하고 있고, 입법의 일차적 의도도 출판내용을 규율하고자 하는 데 있으며, 규제수단도 언론·출판의 자유를 더 제약하는 것으로 보이므로 언론·출판의 자유를 중심으로 해서 이 사건 법률 조항이 그 헌법적 한계를 지키고 있는지를 판단하기로 한다(헌재 1998.4.30, 95헌가16). 08. 국회직 8급

(3) 제한정도가 같은 경우

이 경우 관련된 기본권을 모두 적용할 수밖에 없다.

03 기본권의 충돌

1. 의의

기본권의 충돌이란 '복수의 기본권 주체가 서로 충돌하는 권익을 실현하기 위하여 국가에 대해 각기 대립되는 기본권의 적용을 주장하는 경우'를 말한다. 신문기자가 유명 연예인의 사생활을 보도하여 언론·출판의 자유와 명예·사생활이 충돌하는 것을 그 예로 들 수 있다.*

* 실제 사인 상호간에 이해관계가 충돌하는 경우라 하더라도 기본권 주체는 상대방의 기본권 주체를 상대하지 않고 직접 국가권력을 상대로 기본권의 구제수단을 청구하므로 기본권 충돌관계는 궁극적으로 기본권의 대국가적 효력의 문제로 평가된다. 그러므로 기본권의 충돌문제는 대립되는 두 기본권 주체와 국가권력의 3각관계의 문제라고도 말할 수 있을 것이다. 복수의 기본권 주체가 서로 충돌하는 것은 국가에 대하여 기본권의 효력을 주장하는 경우를 말한다.

2. 기본권의 충돌과 유사충돌

기본권의 적용을 주장하는 자의 행위가 당해 기본권 규정의 보호범위를 벗어난 것인 때에는 진정한 의미에서의 기본권 충돌의 문제가 아니라 기본권의 유사충돌에 해당한다.

정답 01 × 02 ×

3. 기본권 충돌의 해결방법

(1) 이익형량
① **개념**: 이익형량이란 구체적인 사례마다 다자간에 더 높은 서열의 이익을 찾아내는 방법이다.
② **전제**: 기본권의 충돌시 이익형량이 가능하기 위해서는 기본권 상호간에 일정한 위계질서가 있다는 가설이 전제되어야 한다.
③ **기준**
  ㉠ **상위 기본권 우선의 원칙**: 인간의 존엄성, 생명권과 같은 기본권 질서의 가치적 핵이라 할 수 있는 상위 기본권에 우선적 효력을 부여한다.
  ㉡ **인격적 가치 우선의 원칙**: 인격적 가치와 재산적 가치를 보호하기 위한 기본권이 충돌하는 경우에는 인격적 가치를 우선한다.
  ㉢ **자유우선의 원칙**: 자유와 평등을 실현하기 위한 기본권이 충돌하는 경우 자유 실현을 위한 기본권을 우선한다.
④ **비판**: 이익형량이론에 대해서는 ㉠ 일정한 원칙 없이 당시 사정에 따라 판단한다는 점, ㉡ 기본권 효력의 우열을 가리기 위한 합리적 기준이 없다는 점, ㉢ 법익이 작은 기본권은 전혀 보호를 받지 못한다는 점 등의 문제점이 있다.

한눈에 쏙!

이익형량으로 해결

우월	낮음
혐연권	흡연권
적극적 단결권	소극적 단결권
수학권	수업권

(2) 규범조화적 해석
① **규범조화적 해석의 의미**: 규범조화적 해석은 헌법의 통일성을 유지하기 위하여 충돌하는 기본권 모두가 최대한으로 그 기능과 효력을 나타낼 수 있는 조화의 방법을 모색하려는 입장이다.
② **구체적 방법**
  ㉠ **과잉금지의 방법(공평한 제한의 원칙)**: 충돌하는 기본권 모두에게 일정한 제약을 가함으로써 두 기본권 모두의 효력을 양립시키되, 두 기본권에 대한 제약은 필요한 최소한에 그치도록 하는 방법이다.
  ㉡ **대안식 해결방법**: 충돌하는 기본권을 다치지 않는 일종의 대안을 찾아내서 기본권의 충돌관계를 해결하려는 방법이다.**
    ** 예를 들어, 자(子)의 생명을 구하는 길은 수혈뿐인데도 종교적인 양심 때문에 자(子)에 대한 수혈을 동의할 수 없는 부모에게 구태여 그 동의를 강요하는 것보다는, 예컨대 후견법원이나 친족회의 동의를 얻어내는 방법이 그것이다.

한눈에 쏙!

규범조화로 해결

사건명	충돌하는 기본권
사죄광고	알 권리와 사생활
전교조 명단	알 권리와 사생활
채권자취소권	재산권과 재산권
친양자 입양	친양자와 친생부모의 기본권

(3) 결론
기본권의 충돌이 꼭 어떤 방법이 옳고 어떤 방법이 그르다고 해석할 수는 없다. 사안에 따라서 이익형량과 규범조화를 병행해서 해결하는 것이 바람직할 것이다.

판례 | 기본권 충돌에 관한 판례

1 정정보도청구 사건
두 기본권이 서로 충돌하는 경우에는 헌법의 통일성을 유지하기 위하여 상충하는 기본권 모두가 최대한으로 그 기능과 효력을 나타낼 수 있도록 하는 조화로운 방법이 모색되어야 할 것이고, 결국은 이 법에 규정한 정정보도청구제도가 과잉금지의 원칙에 따라 그 목적이 정당한 것인가 그러한 목적을 달성하기 위하여 마련된 수단 또한 **언론의 자유를 제한하는 정도가 인격권과의 사이에 적정한 비례를 유지하는 것인가**의 여부가 문제된다 할 것이다. … **현행 정정보도청구권 제도는 언론의 자유와 비록**

서로 충돌되는 면이 없지 아니하나 전체적으로는 상충되는 기본권 사이에 합리적인 조화를 이루고 있는 것으로 판단된다(헌재 1991.9.16, 89헌마165).

2 금연구역과 흡연구역의 구분지정

흡연자들이 자유롭게 흡연할 권리를 흡연권이라고 한다면, 이러한 **흡연권은 인간의 존엄과 행복추구권을 규정한 헌법 제10조와 사생활의 자유를 규정한 헌법 제17조에 의하여 뒷받침**된다. 흡연자들의 흡연권이 인정되듯이, 비흡연자들에게도 흡연을 하지 아니할 권리 내지 흡연으로부터 자유로울 권리가 인정된다. 혐연권은 흡연권과 마찬가지로 헌법 제17조, 헌법 제10조에서 그 헌법적 근거를 찾을 수 있다. 나아가 흡연이 흡연자는 물론 간접흡연에 노출되는 비흡연자들의 건강과 생명도 위협한다는 면에서 **혐연권은 헌법이 보장하는 건강권과 생명권에 기하여서도 인정된다.** … 흡연권은 위와 같이 사생활의 자유를 실질적 핵으로 하는 것이고 혐연권은 사생활의 자유뿐만 아니라 생명권에까지 연결되는 것이므로 **혐연권이 흡연권보다 상위의 기본권**이라 할 수 있다. 이처럼 상하의 위계질서가 있는 기본권끼리 충돌하는 경우에는 상위 기본권 우선의 원칙에 따라 하위 기본권이 제한될 수 있으므로, 결국 흡연권은 혐연권을 침해하지 않는 한에서 인정되어야 한다(헌재 2004.8.26, 2003헌마457).

06. 국회직 8급, 07. 법원직

3 전교조 가입현황(인원수만) 공개 [기각]

이 사건 시행령 조항은 교원의 교원단체 및 노동조합 가입 정보에 관해 그 '가입 현황(인원수)'만을 공시정보로 규정할 뿐 개별 교원의 가입명단은 공시정보로 규정하고 있지 않은바, 교원의 교원단체 및 노동조합 가입에 관한 정보는 '개인정보 보호법'상의 민감정보로서 특별히 보호되어야 할 성질의 것이고, 인터넷 게시판에 공개되는 '공시'의 특성상 그로 말미암아 발생할 교원의 개인정보자기결정권에 대한 중대한 침해의 가능성을 고려할 때, **이 사건 시행령 조항은 학부모 등 국민의 알 권리와 교원의 개인정보자기결정권이라는 두 기본권을 합리적으로 조화시킨 것이라 할 수 있으므로, 알 권리를 침해하지 않는다**(헌재 2011.12.29, 2010헌마293).

4 채권자취소권* [합헌]

채권자와 채무자 및 수익자의 기본권들이 충돌하는 경우에 기본권의 서열이나 법익의 형량을 통하여 어느 한 쪽의 기본권을 우선시키고 다른 쪽의 기본권을 후퇴시킬 수는 없다고 할 것이다. 입증책임규범은 사실의 존부불명의 경우에 법관으로 하여금 재판을 할 수 있게 하는 보조수단으로서 구체적으로 누구에게 입증책임을 분배할 것인가는 입법자가 입증책임 분배의 기본원칙에 따라 정할 수 있는 입법형성의 영역이라고 보아야 할 것이고, 입법자가 이 사건 법률 조항에서 수익자의 악의를 채권자취소권의 장애사유로 정한 것은 채무자보다는 직접적인 거래당사자인 수익자가 스스로의 선의를 입증하는 것이 훨씬 용이한 위치에 있다는 점을 고려한 것으로서 그 합리성을 인정할 수 있다(헌재 2007.10.25, 2005헌바96).

✎ 채권자의 재산권과 채무자 및 수익자의 일반적 행동의 자유, 그리고 채권자의 재산권과 수익자의 재산권이 동일한 장에서 충돌하는 문제가 발생하게 되는 것이다.

*채권자취소권이란 10억원의 빚이 있는 채무자가 유일한 재산인 건물을 팔아서 휴대·은닉이 쉬운 현금으로 교환하고자 할 때 채권자가 내 빚 먼저 갚아라 그러지 않으면 팔지 못한다고 그 계약을 취소할 수 있는 권리이다.

기출 OX

01 헌법재판소에 의하면, 흡연자의 흡연권과 비흡연자의 혐연권은 각기 독자성을 갖는 기본권이므로 양자는 대등하게 인정된다. 06. 국회직 8급 ( )

02 흡연권과 혐연권이 충돌한 경우 흡연권은 사생활의 자유를 실질적 핵으로 하는 기본권이고, 혐연권은 사생활의 자유뿐만 아니라 생명권에까지 연결되므로 혐연권이 상위의 기본권으로 보호되어야 한다. 11. 국가직 7급 ( )

한눈에 쏙!

구분	근거
혐연권	건강·생명
흡연권	행복추구·사생활

기출 OX

03 민법상 채권자취소권이 헌법에 부합하는 이유는 채권자의 재산권과 채무자의 일반적 행동자유권 중에서 이익형량의 원칙에 비추어 채권자의 재산권이 상위의 기본권이기 때문이다. 22. 경찰간부 ( )

정답 01 × 02 ○ 03 ×

제4절 기본권의 제한과 한계

01 서설

헌법에 규정된 기본권이라 하여 아무런 제한 없이 절대적으로 보장될 수는 없으며, 헌법적 가치질서나 국가의 존립을 위해서 필요한 경우 기본권을 제한할 수 있음을 헌법 스스로 예고하고 있다. 기본권의 제한이란 헌법에 의해 보호되는 기본권이라 해도 완벽하게 실현하지 못하게 하거나 이를 어렵게 하는 모든 행위를 말한다. 보통은 국회가 제정한 법률로 이를 제한한다.

> 내가 소지하고 있는 돈은 내 맘대로 사용 가능하고(사적 유용성), 남에게 줄 수도 있으니(처분가능성) 당연히 내 재산권이다. 다만, 내 재산이라고 맘대로 실현할 수 없다. 즉, 1천만원 주고 타인의 가슴살이나 엉덩이살을 살 수 없다(베니스의 상인). 이를 기본권의 제한이라고 하는데, 우리나라의 경우 형법에서 이를 제한하고 있다. 만약 돈 주고 타인의 신체를 산다면 이는 상해죄로 처벌받는다.

02 일반적 법률유보조항에 의한 기본권 제한

1. 헌법 제37조 제2항의 의의

우리 헌법은 제37조 제2항에서 기본권 제한의 일반원칙을 천명하고 있다. 즉, "국민의 모든 자유와 권리는 국가안전보장·질서유지 또는 공공복리를 위하여 필요한 경우에 한하여 법률로써 제한할 수 있으며, 제한하는 경우에도 자유와 권리의 본질적인 내용을 침해할 수 없다."라고 하고 있다.

2. 기본권 제한의 목적

(1) 국가안전보장**

유신헌법에서 최초로 규정된 국가안전보장은 국가의 독립과 영토의 보전, 헌법과 법률의 규범력과 헌법기관의 유지 등 국가적 안전의 확보를 말한다. 국가안전보장을 위하여 기본권을 제한하는 법률로는 형법(내란죄·외환죄), 국가보안법(국가기밀누설죄), 군사기밀 보호법 등이 있다.

> ** 국가안전보장은 보통 국가의 외적인 안전, 즉 외적의 침입이나 간첩 등을 규제하는 내용이고, 질서유지는 내적 안전, 즉 도둑을 잡고 길에 침을 뱉는 행위 등을 규율한다. 공공복리는 현재 사회가 문제가 없으나, 더 나은 세상을 만들기 위해서 규제하는 경우를 말한다. 예를 들어, 세종시를 만들거나 고속도로를 건설하는 등의 사안이다.

(2) 질서유지

헌법 제37조 제2항의 질서란 자유민주적 기본질서를 포함하는 헌법적 질서는 물론이고 그 밖의 사회적·경찰법적 안녕질서를 말한다. 질서유지를 위하여 기본권을 제한하는 법률로는 형법, 집회 및 시위에 관한 법률, 도로교통법, 경범죄 처벌법, 경찰관 직무집행법 등이 있다.

(3) 공공복리

공공복리란 일반적으로 사회구성원 전체를 위한 공공적 이익, 즉 국민공동의 이익을 의미한다. 국가안전보장과 질서유지가 소극적 개념이라면, 공공복리는 적극적 개념이다. 국민공동의 공공복리개념은 자유권에 대해서는 제한의 사유가 되지만 사회적 기본권에 대해서는 실천목표가 된다. 공공복리를 위한 기본권 제한 법률로는 국토의 계획 및 이용에 관한 법률, 도로법, 공익사업을 위한 토지 등의 취득 및 보상에 관한 법률 등이 있다.

기출 OX

04 헌법 제37조 제2항은 기본권 제한에 있어 일반적 법률유보를 규정한 조항이다. 08. 법원직 ( )

한눈에 쏙!

구분	사유	
기본권 제한	안전보장, 질서유지, 공공복리	
언론·출판	타인의 명예, 공중도덕, 사회윤리	
재산권	행사	공공복리
	수용	공공필요

정답 04 ○

3. 기본권 제한의 형식(형식상의 한계)

(1) 헌법 제37조 제2항의 법률의 의의

헌법 제37조 제2항에 의하면 기본권은 원칙적으로 법률로써만 이를 제한할 수 있다고 할 것이지만, 헌법 제75조에 의하여 법률의 위임이 있고 그 위임이 구체적으로 범위를 정하여 하는 것이라면 명령·규칙에 의한 기본권의 제한도 가능하다(헌재 2003.11.27, 2002헌마193). 긴급명령·긴급재정경제명령인 경우에는 예외적으로 기본권을 제한할 수 있다. 조약과 일반적으로 승인된 국제법규는 법률에 의한 기본권 제한에 준한다.

(2) 법률의 일반성·명확성·구체성·소급효 금지

기본권을 제한하는 법률은 정당한 절차에 따라 성립되고 일반성과 명확성의 요건을 구비하여야 한다.

> **판례 | 기본권 제한에 관한 판례**
>
> **1 교사임용시험에 있어서 가산점 [위헌확인]**
> 이 사건 법률조항은 기본적으로 우수한 인재를 그 지역의 사범대학으로 유치하여 지역 사범대의 질적 수준을 유지·향상시킴으로써 지역교육의 균등한 발전과 지역실정에 맞는 교육정책의 실현을 기하고, 이를 통해 국민의 교육받을 권리를 보장하는 것을 궁극적인 목적으로 하고 있는 점, 교육시설과 교육인적자원의 수도권 및 대도시 집중이 매우 심하고 지방사범대학의 존립이 위협받고 있음은 물론 지방의 교육사정이 열악해지고 있는 우리의 현실에서 지방 혹은 발전이 더딘 지역의 교육기반을 강화할 필요성은 더욱 크다, 따라서 이 사건 법률조항은 헌법에 위반되지 않는다(헌재 2007.12.27, 2005헌가11).
> 🖉 과거에는 법적 근거가 없이 가산점을 부여하여 공무담임권 침해로 위헌이 되었다.
>
> **2 문화방송에 대한 방송위원회의 경고 [취소]**
> 이 사건 경고의 경우 법률(구 방송법 제100조 제1항)에서 명시적으로 규정된 제재보다 더 가벼운 것을 하위 규칙에서 규정한 경우이므로, 그러한 제재가 행정법에서 요구되는 법률유보원칙에 어긋났다고 단정하기 어려운 측면이 있다. 그러나 만일 그것이 기본권 제한적 효과를 지니게 된다면, 이는 행정법적 법률유보원칙의 위배 여부에도 불구하고 헌법 제37조 제2항에 따라 엄격한 법률적 근거를 지녀야 한다. … 그렇다면 이 사건 규칙 제11조 제2항에 근거한 이 사건 경고는 결국 기본권 제한에서 요구되는 법률유보원칙에 위배된 것이므로 더 나아가 살펴볼 필요 없이 청구인 문화방송의 방송의 자유를 침해하는 것이다(헌재 2007.11.29, 2004헌마290).
>
> **3 집회신고서의 반려 [위헌]**
> 위 집회신고와 관련하여 관할 경찰서장이 할 수 있는 법률상 조치는, … 시간과 장소가 중복된 집회신고가 먼저 접수되었다는 이유로 뒤에 접수된 집회신고에 대하여 금지를 통고할 수 있을 뿐이다(집회 및 시위에 관한 법률 제8조 제2항). 그런데 관할 경찰관서장인 피청구인은 청구인들의 옥외집회신고서를 접수한 이후에 위 옥외집회가 삼성생명인사지원실이 신고한 옥외집회와 시간과 장소에서 경합된다는 이유에서 아무런 법률상 근거도 없이 청구인들 및 삼성생명인사지원실의 옥외집회신고서를 모두 반려하였다. … 결국 이 사건 반려행위는 법률의 근거 없이 청구인들의 집회의 자유를 침해한 것으로서 헌법상 법률유보원칙에 위반된다고 할 것이다(헌재 2008.5.29, 2007헌마712).

💡 **오답노트**
① 반드시 법률로만 ✗
② 근거만 있으면 됨 ✗
즉, 법률에 근거가 있고 핵심적인 내용이 존재한다면 명령·규칙에 의한 제한도 가능하다.

기출 OX

01 헌법 제37조 제2항은 기본권 제한에 관한 일반적 법률유보 조항이고 법률유보의 원칙은 '법률에 의한 규율'을 요청하고 있으므로, 기본권 제한에는 법률의 근거가 필요하고 반드시 법률의 형식으로 하여야 한다. 23. 경찰 (   )

02 법률유보의 원칙은 단순히 행정작용이 법률에 근거를 두기만 하면 충분한 것이 아니라, 국가공동체와 그 구성원에게 기본적이고도 중요한 의미를 갖는 영역, 특히 국민의 기본권 실현과 관련된 영역에 있어서는 국민의 대표자인 입법자가 그 본질적 사항에 대해서 스스로 결정하여야 한다는 요구까지 내포하고 있다. 15. 경찰승진 (   )

03 중등학교 임용시험에서 동일지역 사범대학을 졸업한 교원경력이 없는 자에게 가산점을 부여하는 법률은 공무담임권이나 평등권을 침해한다고 보기 어렵다. 13. 법원직 (   )

정답 01 ✗ 02 ○ 03 ○

4 조직규범은 근거가 될 수 없음

금융기관의 임원이 문책경고를 받은 경우에는 법령에서 정한 바에 따라 일정기간 동안 임원선임의 자격제한을 받으므로 문책경고는 적어도 그 제한의 본질적 사항에 관한 한 법률에 근거가 있어야 하는데, 금융감독원의 직무범위를 규정한 조직규범은 법률유보원칙에서 말하는 법률의 근거가 될 수는 없다(대판 2005.2.17, 2003두14765).

🖉 법은 내부를 규율하는 조직규범과 외부를 규율하는 작용규범이 있다. 우리가 말하는 법률유보는 국민의 권리를 제한할 때는 그 근거가 있어야 하며, 이는 작용규범이 있어야 한다는 의미이다.

5 최루액 혼합살수행위 위헌확인 [인용]

이 사건 혼합살수행위로 인한 청구인들의 기본권 침해 상황은 이미 종료되었으나, 관련 법규에 따르면 각종 집회나 시위 현장에서 혼합살수행위가 반복될 가능성이 있고, 혼합살수행위는 사람의 생명이나 신체에 위험을 초래할 수 있는 중대한 법익 침해가 예견되는 공권력 행사로서, 그동안 헌법재판소가 혼합살수행위가 헌법에 합치하는지 여부에 대한 해명을 한 바 없으므로, 심판의 이익이 인정된다. '경찰관 직무집행법'이나 이 사건 대통령령 등 법령의 구체적 위임 없이 혼합살수방법을 규정하고 있는 이 사건 지침은 **법률유보원칙에 위배**되고, 이 사건 지침만을 근거로 한 이 사건 혼합살수행위는 청구인들의 신체의 자유와 집회의 자유를 침해한 공권력 행사로 헌법에 위반된다(헌재 2018.5.31, 2015헌마476).

⊕ PLUS 처분적 법률*

1. 의의

처분적 법률은 행정이나 사법을 매개로 하지 아니하고 직접 국민에게 권리나 의무를 발생시키는 법률을 의미한다. 현대 사회국가에서 처분적 법률의 필요성은 증대되고 있다. 04. 국회직 8급

* 두밀분교 사안을 보면 원래 경기도 가평군 의회에서 자치입법인 조례를 제정할 때는 가평군 안에 총정원이 20명이 안 되는 학교는 폐교할 수 있다고 조례를 만들고 이 조례에 근거해서 교육청이 두밀분교는 20명이 안 되니 폐교한다는 집행을 해야 한다. 즉, 규범은 20명 이하면 어느 학교나 이에 해당할 수 있고 또한 이는 행정부의 집행을 통해서 폐교되어야 하는데 두밀분교폐교 조례는 아예 이런 집행행위 없이 그냥 조례로 딱 그 두밀분교를 꼭 집어서 폐교시켜 버렸는데, 이런 법규를 처분적 법규라고 한다.

2. 유형: 개인적 법률, 개별사건적 법률

⚖ 판례 | 처분적 법률에 관한 판례

1 개별사건법률

개별사건법률은 원칙적으로 평등원칙에 위배되는 자의적 규정이라는 강한 의심을 불러일으키는 것이지만, 개별법률금지의 원칙이 법률제정에 있어서 입법자가 평등원칙을 준수할 것을 요구하는 것이기 때문에 특정 규범이 개별사건법률에 해당한다 하여 곧바로 위헌을 뜻하는 것은 아니며, **이러한 차별적 규율이 합리적인 이유로 정당화될 수 있는 경우에는 합헌적일 수 있다**(헌재 1996.2.16, 96헌가2 등).

2 보안관찰처분대상자의 신고의무 [합헌]

위 조항은 보안관찰처분대상자 중에서 일부 특정 대상자에게만 적용되는 것이 아니라 위 대상자 모두에게 적용되는 일반적이고 추상적인 법률규정이므로 법률이 직접 출소 후 신고의무를 부과하고 있다고 하더라도 처분적 법률 내지 개인적 법률에 해당된다고 볼 수 없으므로 권력분립원칙에 위반되지 아니한다(헌재 2003.6.26, 2001헌가17).

3. 헌법소원심판 가능 여부

처분적 법률이 헌법상 보장된 자기의 기본권을 현재 직접적으로 침해할 경우 그 법률에 대한 헌법소원심판이 가능하다. 04·08. 국회직 8급

한눈에 쏙!

처분적 법률

사안	처분적 법률 여부
5·18 특별법	○
친일반민족	×
보안관찰	×
연합뉴스	○
BBK특검법	○

기출 OX

04 우리 헌법은 처분적 법률로서의 개인대상법률 또는 개별사건법률의 정의를 따로 두고 있지 않으며 처분적 법률의 제정을 금하는 명문의 규정도 두고 있지 않지만 특정한 규범이 개인대상 또는 개별사건법률에 해당한다면 이는 바로 법률의 속성 중 일반성과 추상성을 위반하여 위헌이 된다. 12. 지방직 7급
( )

05 보안관찰법 제6조 제1항 전문 후단은 보안관찰처분대상자에게 출소 후 신고의무를 법 집행기관의 구체적 처분이 아닌 법률로 직접 부과하고 있어서 이른바 처분적 법률에 해당하므로 권력분립원칙에 위반된다. 18. 국가직 7급
( )

정답 04 ×   05 ×

기출 OX

01 과잉금지의 원칙은 국가작용의 한계를 명시하는 것인데 목적의 정당성, 방법의 적정성, 피해의 최소성, 법익의 균형성(보호하려는 공익이 침해되는 사익보다 더 커야 한다는 것으로서 그래야만 수인(受忍)의 기대가능성이 있다는 것을 의미하는 것으로서 그 어느 하나에라도 저촉되면 위헌이 된다는 헌법상의 원칙이다. 03. 국가직 7급, 08. 법원직 ( )

기출 OX

02 형법 제304조 중 '혼인을 빙자하여 음행의 상습 없는 부녀를 기망하여 간음한 자' 부분은 형벌규정을 통하여 추구하고자 하는 목적 자체가 헌법에 의하여 허용되지 않는 것으로서 그 정당성이 인정되지 않는다. 22. 경찰 ( )

4. 기본권 제한의 방법과 정도 - 과잉금지의 원칙(방법상의 한계)

(1) 의의
과잉금지의 원칙이란 국가가 국민의 기본권을 제한함에 있어서 준수하여야 할 기본원칙 내지 입법활동의 한계를 명시한 것으로서, 목적의 정당성, 방법의 적정성, 피해의 최소성, 법익의 균형성 등을 의미하며 그 어느 하나에라도 저촉이 되면 위헌이 된다는 헌법상의 원칙을 말한다.

(2) 내용
① 목적정당성의 원칙
  ㉠ **의의**: 국민의 기본권을 제한하는 입법은 그 목적이 헌법 및 법률의 체계 내에서 정당성을 인정받을 수 있어야 한다는 원칙을 말한다.
  ㉡ **판례**: 헌법재판소는 혼인빙자간음죄사건에서 결혼과 성에 관한 국민의 법의식에 많은 변화가 생겨나 여성의 착오에 의한 혼전 성관계를 형사법률이 적극적으로 보호해야 할 필요성은 이미 미미해졌고, 성인이 어떤 종류의 성행위와 사랑을 하건, 그것은 원칙적으로 개인의 자유 영역에 속한다고 보아 위헌으로 판시하였다.

목적의 정당성과 수단의 적합성

부정	예시
목적	• 동성동본 금혼 • 재외국민선거권 제한 • 기초의원선거에서 정당표방 금지 • 유신헌법에서 일체의 논의를 금지한 긴급조치 • 혼인빙자간음죄 • 피의자 촬영 허용 • 후방에 착석 • 교수노조 불허 • 문화계 블랙리스트 • 혼인한 여성등록의무자의 등록대상재산
수단	• 제대군인 가산점 • 검찰총장, 경찰청장 정당가입 금지 • 축협의 복수조합설립 금지 • 세무사 자격 보유 변호사의 세무대리 금지 • 노동조합 운영비 원조 부당노동행위 금지조항 • 국가모독죄 • 직사살수 • 건설업과 관련 없는 죄를 임원이 저질렀을 때, 건설업 등록말소 • 직무상 관련 없는 범죄의 경우 퇴직급여 제한 • 자도소주구입명령 • 정당 후원회의 금지 • 변호사시험 성적 미공개 • 사죄광고 • 법 위반사실 공표명령 • 전문과목 표시한 경우 그 과목만 진료 • 사립학교 교원의 필요적 직위해제

정답 01 ○ 02 ○

- 초벌측량 비영리법인만 대행 가능
- 판결선고 전 구금일수의 일부 산입
- 소송계속 사실 소명사실 제출
- 학교정화구역 내 당구장 설치 금지
- 변호사 광고 일률적 규제
- 경비업자 겸영 금지
- 태아의 성별고지 금지
- 신병훈련소 종교행사 강제
- 선거에서 실명제

② **수단적합성의 원칙**
  ㉠ **의의**: 국민의 기본권을 제한하는 입법을 하는 경우에 법률에 규정된 기본권 제한의 방법은 입법목적을 달성하기 위한 방법으로서 효과적이고 적절한 것이어야 한다는 원칙을 말한다.
  ㉡ **판례**: 헌법재판소는 제대군인 가산점사건에서 제대군인의 사회적응을 돕기 위해 가산점이라는 수단을 사용한 것은 잘못된 것이라 판단하였다(헌재 1999.12.23, 98헌마363). 또한 반드시 가장 합리적이고 효율적인 수단을 선택하여야 하는 것은 아니라고 할지라도 적어도 현저하게 불합리하고 불공정한 수단의 선택은 피해야 할 것이라고 판시하였다(헌재 1996.4.25, 92헌바47).

③ **피해최소성의 원칙**
  ㉠ **의의**: 피해최소성의 원칙이란 입법자가 그 목적을 달성하기 위하여 비슷한 효과를 가지는 여러 가지 적합한 수단들 중에서, 기본권을 가장 적게 제한하는 수단을 선택하여야 한다는 원칙을 의미한다.*

  *즉, 입법권자가 선택한 기본권의 제한조치가 입법목적 달성을 위하여 적합한 것일지라도 보다 완화된 수단이나 방법을 모색함으로써, 그 제한을 필요 최소한의 것이 되게 하여야 한다는 원칙을 말한다.

  ㉡ **구체적인 예**: 첫째, 기본권 행사의 방법을 제한함으로써 입법목적을 달성할 수 있음에도 불구하고 기본권 행사의 여부를 제한할 경우 최소침해성의 원칙에 반한다. 둘째, 임의적 규정으로 입법목적을 달성할 수 있음에도 불구하고 필요적 규정을 두었다면 역시 침해의 최소성에 반한다. 셋째, 의무를 부과하지 않고도 그 목적을 달성할 수 있음에도 불구하고 의무를 부과한다면 이는 최소침해성의 원칙에 반한다.

④ **법익균형성의 원칙**: 어떠한 행위를 규제함으로써 초래되는 사적 불이익과 그 행위를 방치함으로써 초래되는 공적 불이익을 비교하여, 규제함으로써 확보되는 공익이 보다 크거나 적어도 양자 간에 균형이 유지되어야 한다는 원칙을 말한다.

5. 본질적 내용침해금지의 원칙(내용상의 한계)

(1) 헌법 제37조 제2항이 말하는 기본권의 본질내용 보장의 의미

우리 헌법은 제37조 제2항에서 자유와 권리의 본질적 내용은 침해할 수 없다고 규정하고 있다. 본질적 내용의 침해금지는 독일 본기본법 제19조 제2항에서 처음으로 규정되고, 우리의 경우는 제2공화국 헌법에서 수용되어 유신헌법을 제외하고 현재에 이르고 있다.

기출 OX

03 입법자가 임의적 규정으로도 법의 목적을 실현할 수 있는 경우, 구체적 사안의 개별성과 특수성을 고려할 수 있는 가능성을 일체 배제하는 필요적 규정을 둔다면 이는 비례원칙의 한 요소인 '수단의 적합성(적절성) 원칙'에 위배된다. 22. 경찰승진 (   )

기출 OX

04 침해의 최소성의 관점에서, 입법자는 그가 의도하는 공익을 달성하기 위하여 우선 기본권을 보다 적게 제한하는 단계인 기본권 행사의 '방법'에 관한 규제로써 공익을 실현할 수 있는가를 시도하고 이러한 방법으로는 공익달성이 어렵다고 판단되는 경우에 비로소 그 다음 단계인 기본권 행사의 '여부'에 관한 규제를 선택해야 한다. 22. 경찰승진 (   )

한눈에 쏙!

구분	입법재량
내용	좁다
방법	넓다

주의
즉, 본질적 내용침해금지는 제2공화국 때 신설되어 제4공화국 유신헌법 때 삭제된 후 제5공화국 때 부활하였다.

정답 03 ✕ 04 ○

참고

현재까지 판례는 과잉금지에 위배되었는데 본질적 내용은 침해하지 않았다고 판시한 적이 한 번도 없다. 따라서 상대설은 큰 의미가 없는 내용이다. 그냥 법익의 균형성을 다시 한 번 강조한 것이다. 즉, 더 큰 공익을 위해서라면 특정인의 생명조차 박탈할 수 있는 것이라고 한다. 반면에 절대설은 헌법조문에 의미없는 내용이 있을 리가 있는가? 이 단어도 분명 독자적인 의미가 있는 것이다. 그 본질이 무엇이냐에 대해서 핵심영역이다. 인간의 존엄과 관련된 것이다라고 의견이 갈린다. 사실 판례가 포인트인데 판례는 사안에 따라 일관되지 않고 사안에 따라 상대설을 취할 때도 있고 절대설을 취할 때도 있다. 결국 수험용으로는 판례의 태도를 체크하는 것이 포인트라고 하겠다.

기출 OX

01 본질적 내용금지와 관련 우리 헌법재판소는 사형제도에서 상대설을 취하고 있다. ( )

02 헌법 제37조 제2항은 국민의 모든 자유와 권리에 대한 제한을 규정하고 있어, 생명권 역시 헌법 제37조 제2항에 의한 일반적 법률유보의 대상이 될 수 있다. ( )

03 재산권의 본질적 내용을 침해하는 경우란 그 침해로 사유재산권이 유명무실해지고 사유재산제도가 형해화되어 헌법이 재산권을 보장하는 궁극적인 목적을 달성할 수 없게 되는 데 이르는 경우를 들 수 있다. 11. 법원직 ( )

정답 01 O 02 O 03 O

(2) 본질적 내용보장의 의미

① **학설의 대립**
  ㉠ **절대설**: 모든 기본권은 절대로 침해할 수 없는 핵심영역이 있으며 침해할 수 없는 한계가 있어 제한하고 나서도 남는 것이 있어야 한다는 견해이다. 이에 대하여 동어반복이라는 비판이 있다.
  ㉡ **상대설**: 기본권의 본질내용이란 구체적인 경우 상호 경합하는 이익과 가치의 형량을 통해 확정되며 그 개념은 그때그때의 필요에 따라 보다 넓게 또는 보다 좁게 이해할 수 있다는 견해이다. 따라서 기본권 제한의 정도는 충돌하는 이익에 달려 있으며, 국가적 이익을 고려하여 필요한 경우에는 기본권을 완전히 배제하는 데까지 제한할 수 있다는 결론에 이른다. 이에 대해 무의미한 조문이 될 수 있다는 비판이 있다.

② **헌법재판소의 입장**: 헌법재판소는 사형제도에서는 상대설을 취하였지만 토지거래허가제에서는 절대설을 취하기도 하여 일관된 입장을 보이지 못하고 있다.

판례 | 본질적 내용 침해금지와 관련된 판례

1 사형제도 [합헌]

[1] 우리 헌법이 명문으로 사형제도를 인정하고 있는지 여부

헌법 제110조 제4항은 비상계엄하의 군사재판은 군인·군무원의 범죄 등의 경우에 한하여 단심으로 할 수 있되, 사형을 선고한 경우에는 그러하지 아니하다고 규정하고 있다. 이는 법률에 의하여 사형이 형벌로서 규정되고, 그 형벌조항의 적용으로 사형이 선고될 수 있음을 전제로 한 것으로서, 우리 헌법은 적어도 문언의 해석상 사형제도를 간접적으로나마 인정하고 있다고 할 것이다.

[2] 생명권이 헌법 제37조 제2항에 의한 일반적 법률유보의 대상이 되는지 여부

우리 헌법은 절대적 기본권을 명문으로 인정하고 있지 아니하다.

[3] 본질적 내용을 침해하는지 여부

사형이 비례의 원칙에 따라 최소한 동등한 가치가 있는 다른 생명 또는 그에 못지 아니한 공공의 이익을 보호하기 위한 불가피성이 충족되는 예외적인 경우에만 적용됨으로써 생명권의 제한이 정당화될 수 있는 경우에는, 그것이 비록 생명권의 박탈을 초래하는 형벌이라 하더라도 이를 두고 곧바로 생명권이라는 기본권의 본질적인 내용을 침해하는 것이라 볼 수는 없다(헌재 2010.2.25, 2008헌가23).

2 토지거래허가제 [합헌]

재산권의 본질적인 내용을 침해하는 경우라고 하는 것은 그 침해로 사유재산권이 유명무실해지고 사유재산제도가 형해화되어 헌법이 재산권을 보장하는 궁극적인 목적을 달성할 수 없게 되는 지경에 이르는 경우라고 할 것이다. **사유재산제도의 전면적인 부정, 재산권의 무상몰수, 소급입법에 의한 재산권 박탈 등이 본질적인 침해가 된다는 데 대하여서는 이론의 여지가 없다. … 토지거래허가제는 사유재산제도의 부정이라 보기는 어렵고 다만 그 제한의 한 형태라고 봐야 할 것이므로 재산권의 본질적인 침해라고는 할 수 없는 것이다**(헌재 1989.12.22, 88헌가13).

  ✐ 재산권에서는 본질적인 내용을 침해하는 경우는 재산권이 형해화(아무것도 남아있는 게 없는 상태)되는 경우를 말하는데 이는 사유재산제도의 전면적 부정, 무상몰수, 소급입법에 의한 박탈 등 그 내용을 서술하고 있다. 즉, 더 많은 사람들의 이익을 위해서 개인이 얼마나 손해보는가? 비교형량으로 문제를 해결한 것이 아니라 이런 것들이 본질을 침해한 것이다라고 그 본질을 서술하였으니 절대설로 평가받고 있다.

3 퇴직금 전액 우선변제 [헌법불합치]

이 사건 법률 조항은 퇴직금채권자에게 저당권자에 우선하여 그 퇴직금의 액수에 관하여 아무런 제한 없는 우선변제수령권을 인정하고 있으므로, 그로 말미암아 그 저당권의 **유일한 채권확보 내지 회수 수단에 결정적 장애를 줌으로써 담보물권제도의 근간을 흔들고 있다.** … 그 질권이나 저당권의 본질적 내용을 이루는 우선변제수령권이 형해화하게 되므로 이 사건 법률 조항 중 '퇴직금' 부분은 질권이나 저당권의 본질적 내용을 침해할 소지가 생기게 되는 것이다(헌재 1997.8.21, 94헌바19 등).

> 저당권이란 일정한 물건을 담보로 돈을 빌려주는 것을 말한다. 이것의 본질은 다른 누구보다 선순위로 우선변제를 받는 것이다. 즉, 100억짜리 건물을 담보로 60억을 빌려주면 이 회사가 망해서 경매로 들어가더라도 내 60억은 우선 변제를 받을 수 있으니 상당히 확실한 담보가 되는 것이다. 그런데 은행이 돈을 빌려준 후에 법이 개정되어 앞으로는 담보권보다 퇴직금 전액과 밀린 임금 전액을 우선시켜버리면 회사가 망한 후에 경매로 건물이 70억에 낙찰받았다 해도 퇴직금 40억에 밀린 임금 30억이 나가버리면 남는 게 하나도 없으니 전액 우선변제는 담보권의 본질을 침해한다고 볼 수 있다. 따라서 위헌이 되었고 이후 법이 개정되어 전액이 아니라 3년치 퇴직금으로 변경되었다.

6. 내재적 한계이론*

헌법재판소는 간통죄사건에서 개인의 성적 자기결정권도 국가적·사회적·공공복리 등의 존중에 의한 내재적 한계가 있는 것이며, 따라서 절대적으로 보장되는 것은 아닐 뿐만 아니라 헌법 제37조 제2항이 명시하고 있듯이 "질서유지, 공공복리 등 공동체 목적을 위하여 그 제한이 불가피한 경우에는 성적 자기결정권의 본질적 내용을 침해하지 않는 한도에서 법률로써 제한할 수 있는 것이다."라고 하여 내재적 한계를 인정하고 있다.

* 권리를 가지고 있다고 해서 자기 맘대로 행사할 수는 없는 것이다. 제한하는 법률이 없더라도 당연히 상식적인 한계가 존재하는데, 이를 내재적 한계라고 한다.

기출 OX

04 개인의 성적 자기결정권은 타인의 권리·공중도덕·사회윤리·공공복리 등의 존중에 의한 내재적 한계를 갖는다. 06. 국회직 8급 ( )

03 기본권 제한의 기준

1. 이중기준의 원칙

이중기준의 원칙은 기본권 중에서 정신적 자유권과 경제적 기본권을 구분하여, 전자의 가치는 후자의 가치보다 우월한 것이므로 양자에 대한 제한방법과 제한기준도 달리해야 한다는 이론이다.

구분	경제적 기본권을 제한하는 법률	정신적 기본권을 제한하는 법률
합헌성	추정**	추정배제(위헌성이 추정)
위헌심사기준	완화된 심사 (합헌적 법률해석의 관점)	엄격한 심사 (규범통제의 관점)
입증책임	위헌을 주장하는 자	합헌을 주장하는 자
입법형성권의 크기	대	소
입법통제강도	약	강

** 경제는 어떻게 해야 옳은 것인지 전문가가 아니면 정말 판단하기 어렵다. 따라서 사법부는 입법부가 전문가이니 알아서 결정하라고 재량권을 준 것이다. 결국 경제적 기본권을 규제하는 법은 합헌이 추정되므로 입법재량이 넓고 사법부의 입법통제강도는 약하게 된다.

정답 04 ○

2. 사회적 연관성 이론

독일 헌법재판소는 개인의 핵심적 자유영역에서 자유권이 갖는 의미가 크면 클수록 자유권에 대한 보호는 더욱 강화되지만, 개인의 활동이 사회적 연관관계에 위치함으로써 타인의 자유 영역과 접촉하고 충돌할수록 입법자는 개인의 자유를 보다 더 제한할 수 있다고 한다. 이를 사회적 연관성 이론이라고 한다.

판례 | 사회적 연관성 이론에 관한 판례

1 재산권의 제한

재산권에 대한 제한의 허용 정도는 재산권 행사의 대상이 되는 객체가 기본권의 주체인 국민 개개인에 대하여 가지는 의미와 다른 한편으로는 그것이 사회 전반에 대하여 가지는 의미가 어떠한가에 달려 있다. 즉, 재산권 행사의 대상이 되는 객체가 지닌 사회적인 연관성과 사회적 기능이 크면 클수록 입법자에 의한 보다 광범위한 제한이 정당화된다(헌재 1998.12.24, 89헌마214 등).

2 물건과 동물

일반적인 물건에 대한 재산권 행사에 비하여 동물에 대한 재산권 행사는 사회적 연관성과 사회적 기능이 매우 크다 할 것이므로 이를 제한하는 경우 입법재량의 범위를 폭넓게 인정함이 타당하다. 그러므로 이 사건 법률 조항이 과잉금지원칙을 위반하여 재산권을 침해하는지 여부를 살펴보되 심사기준을 완화하여 적용함이 상당하다(헌재 2013.10.24, 2012헌바431).

3 일반적 토지와 농지

농지의 경우 그 사회성과 공공성은 일반적인 토지의 경우보다 더 강하다고 할 수 있으므로, 농지 재산권을 제한하는 입법에 대한 헌법심사의 강도는 다른 토지 재산권을 제한하는 입법에 대한 것보다 낮다고 봄이 상당하다(헌재 2010.2.25, 2010헌바39 등).

⊕ PLUS 특별권력과 기본권 제한

1. 의의

특별권력관계는 일반권력관계에 대응하는 개념으로서 법규정이나 당사자의 동의 등 특별한 법적 원인에 의거하여 행정주체와 일부 국민 간에 성립하고, 공법상의 특정한 목적달성에 필요한 한도 내에서 한 쪽이 다른 쪽을 포괄적으로 지배하고, 다른 쪽이 이에 복종하는 것을 내용으로 하는 공법상의 특수한 법률관계를 말한다.*

*이 개념 자체가 과거의 논의로 이런 특별권력관계에 해당하는 공무원이나 수형자는 사법심사도 허용되지 않고, 법치주의도 적용되지 않는다고 과거에 논의되었으나, 오늘날은 당연히 기본권 침해문제가 생기면 사법심사가 허용된다.

판례 | 특별권력관계에 관한 판례

1 국립교육대학 재학생에 대한 퇴학처분의 취소

학생에 대한 징계권의 발동이나 징계의 양정이 징계권자의 교육적 재량에 맡겨져 있다 할지라도 법원이 심리한 결과 그 징계처분에 위법사유가 있다고 판단되는 경우에는 이를 취소할 수 있는 것이고, 징계처분이 교육적 재량행위라는 이유만으로 사법심사의 대상에서 당연히 제외되는 것은 아니다. 국립교육대학의 학칙에 학장이 학생에 대한 징계처분을 하고자 할 때에는 교수회의 심의·의결을 먼저 거쳐야 하도록 규정되어 있는 경우, 학장이 교수들의 찬반토론은 거쳤으나 표결은 거치지 아니한 채 자신의 책임 아래 직권으로 퇴학처분을 하였다면, 위 퇴학처분은 교수회의 심의·의결을 거침이 없이 학장이 독자적으로 행한 것에 지나지 아니하여 위법하다(대판 1991.11.12, 91누2144).

기출 OX

01 토지재산권의 제한입법에 있어서는 다른 재산권의 제한입법에 있어서보다 입법자에게 광범위한 입법형성권이 인정되고 있다. 12. 지방직 7급
( )

기출 OX

02 농지의 사회성과 공공성은 일반적인 토지의 경우보다 더 강하다고 할 수 있으므로 농지 재산권을 제한하는 입법에 대한 헌법심사의 강도는 다른 토지 재산권을 제한하는 입법에 대한 것보다 완화된다. 21. 국회직 5급·지방직 7급
( )

정답 01 ○ 02 ○

2. 교도소장의 거실검사 [기각]

이 사건 검사행위는 교도소의 안전과 질서를 유지하고, 수형자의 교화·개선에 지장을 초래할 수 있는 물품을 차단하기 위한 것으로서 그 목적이 정당하고, 수단도 적절하며, 검사의 실효성을 확보할 필요성이 크고, 달리 덜 제한적인 대체수단을 찾기 어려운 점 등에 비추어 보면 이 사건 검사행위가 과잉금지원칙에 위배하여 사생활의 비밀 및 자유를 침해하였다고 할 수 없다(헌재 2011.10.25, 2009헌마691).

2. 우리 헌법상 특별권력관계에 따른 기본권 제한

군인, 공무원, 수형자 등 특수한 신분관계에 있는 자에 대하여 헌법 또는 법률에서 기본권 제한에 관한 특례를 두고 있다.

① 군인·군무원의 기본권 제한: 군인·군무원 등은 국방의 목적을 달성하기 위하여 군사법원의 재판관할(헌법 제27조 제2항, 제110조), 국가배상청구권의 제한(헌법 제29조 제2항), 비상계엄하의 사형선고를 제외한 경우의 단심제(헌법 제100조 제4항), 영내거주(병역법 제18조) 등의 기본권 제한을 받고 있다.

② 공무원의 기본권 제한: 공무원은 국민전체에 대한 봉사자의 지위에서 기본권에 관한 많은 제한을 받는다. 노동3권의 제한[공무원은 법률로 인정된 자에 한하여 노동3권을 가진다(헌법 제33조 제2항)], 정당가입이나 정치활동의 제한(정당법 제6조, 제17조), 대통령이나 국회의원에 입후보하기 위한 일정한 기간 전의 사임(공직선거법 제53조) 등이 그 예이다.

제5절 기본권의 침해와 구제

01 기본권 보호의무

1. 개념

기본권 보호의무란 기본권에 의하여 보호되는 기본권 법익을 사인인 제3자의 위법적 제약으로부터 보호하여야 할 국가의 의무를 말한다.

2. 근거

> 헌법 제10조 모든 국민은 인간으로서의 존엄과 가치를 가지며, 행복을 추구할 권리를 가진다. 국가는 개인이 가지는 불가침의 기본적 인권을 확인하고 이를 보장할 의무를 진다.

3. 요건

그 보호대상은 생명, 신체의 건강뿐만 아니라 재산권, 신체의 자유 등 자유권적 기본권이 문제될 수 있다. 위험원은 사인이며, 그의 행위는 위법하고 위해를 야기하여야 한다.

💡 **오답노트**
① 최대한 보장 ×
② 엄격한 심사 ×
③ 과잉금지원칙 ×

[참고]
과잉금지원칙은 국가의 적극적 행위를 규율하는 반면에, 과소보호금지원칙에서는 국가의 소극적 부작위가 문제된다. 따라서 과소보호금지 원칙은 기능적으로 과잉금지원칙과 구별된다. 과잉금지는 목적이 정당한지 이를 달성하기 위한 수단이 적합한지를 판단하지만 과소보호는 국가의 부작위를 심사하는 것이라 적합한 수단 자체가 존재하지 않는다. 따라서 양자는 구별된다. 다만, 보호의무의 심사기준은 과소보호금지, 즉 국가는 보호의 최소 수준만을 갖춘다면 위헌이 되지 않는다. 따라서 초창기의 판례는 교통사고 처리특례법처럼 정말 많은 비판에도 불구하고 위헌이 나오지 않았다. 다만, 진보정부가 집권하면서는 최근 보호의무 위반을 인정한 판례들이 나오고 있다.

기출 OX
01 중과실로 인한 경우는 중상, 경상을 불문하고 재판절차진술권과 평등권에 위배된다고 최근 판례는 판시하고 있다. ( )

[참고]
교통사고처리 특례법은 과실로 상해를 입은 경우 기소조차 하지 못하게 하는 법률이다. 따라서 이 법률이 기본권을 침해하는가는 작위에 대해서 판단하는 것이니 과잉금지로 심사하여 중과실로 중상해를 입은 경우에는 위헌으로 판단하였다. 다만, 형벌이란 수단이 존재하지 않는 것이 보호의무 위반인가에 대해서는 보호의무 위반은 최소한의 보호도 하지 않은 경우에만 위반이 되니 보호의무 위반까지는 아니라고 보았다. 다만, 교수님들은 '중과실로 중상해인 경우조차 기소하지 못하게 한다면 생명·신체에 대한 최소한의 보호조치도 하지 않은 것이 아닌가? 따라서 이는 위헌으로 보아야 한다'라는 비판이 다수의견이다.

기출 OX
02 정당은 권리능력 없는 사단으로서 기본권 주체성이 인정되므로 미국산 쇠고기 수입위생조건에 관한 고시와 관련하여 생명·신체의 안전에 관한 기본권 침해를 이유로 헌법소원을 청구할 수 있다. 14. 국가직 7급 ( )

정답 01 × 02 ×

4. 내용

(1) 수범자

1차적으로 보호의무의 수범자는 입법기관이며, 2차적으로는 행정기관과 사법기관이 된다.*

*사람들은 사인의 침해에 대해 항상 보호기관으로 경찰을 생각하지만, 사실 일이 터진 다음에 이를 해결하기보다는 터지지 않게 하는 것이 더 좋은 것이니 입법자가 법을 강하게 만들어 사인의 침해가 안 생기게 해야 한다. 따라서 1차적 보호의무자는 입법기관이다.

(2) 심사기준

일반적인 과잉금지원칙이 아닌 과소보호금지의 원칙이 그 심사기준이 된다.

⚖️ **판례 | 기본권 보호의무 위반 여부에 대한 심사기준**

국가가 국민의 생명·신체의 안전에 대한 보호의무를 다하지 않았는지 여부를 헌법재판소가 심사할 때에는 국가가 이를 보호하기 위하여 적어도 적절하고 효율적인 최소한의 보호조치를 취하였는가 하는 이른바 '과소보호금지원칙'의 위반 여부를 기준으로 삼아, 국민의 생명·신체의 안전을 보호하기 위한 조치가 필요한 상황인데도 ① 국가가 아무런 보호조치를 취하지 않았든지 ② 아니면 취한 조치가 법익을 보호하기에 전적으로 부적합하거나 매우 불충분한 것임이 명백한 경우에 한하여 국가의 보호의무 위반을 확인하여야 하는 것이다(헌재 2009.2.26, 2005헌마764).

⚖️ **판례 | 기본권 보호의무에 관한 판례**

1 **교통사고처리 특례법 제4조 [위헌]**

[1] 재판절차진술권의 침해 여부(교통사고 피해자가 업무상 과실 또는 중대한 과실로 인하여 '중상해'를 입은 경우)
이 사건 법률 조항에 의하여 중상해를 입은 피해자의 재판절차진술권의 행사가 근본적으로 봉쇄된 것은 교통사고의 신속한 처리 또는 전과자의 양산 방지라는 공익을 위하여 위 피해자의 사익이 현저히 경시된 것이므로 법익의 균형성을 위반하고 있다. 따라서 이 사건 법률 조항은 과잉금지원칙에 위반하여 업무상 과실 또는 중대한 과실에 의한 교통사고로 중상해를 입은 피해자의 재판절차진술권을 침해한 것이라 할 것이다.

[2] 기본권 보호의무 위배 여부
형벌은 국가가 취할 수 있는 유효적절한 수많은 수단 중의 하나일 뿐이지, 결코 형벌까지 동원해야만 보호법익을 유효적절하게 보호할 수 있다는 의미의 최종적인 유일한 수단이 될 수는 없다 할 것이다. 따라서 이 사건 법률 조항은 국가의 기본권 보호의무의 위반 여부에 관한 심사기준인 과소보호금지의 원칙에 위반한 것이라고 볼 수 없다(헌재 2009.2.26, 2005헌마764).

✎ 피해자를 보호하기 위한 조치는 보험금 등으로 이미 입원비나 합의금을 주고 있기 때문에 가해자를 처벌하지 못한다고 해서 최소한의 보호조치도 하지 않는 것으로 볼 수는 없다.

2 **미국산 쇠고기수입의 위생조건에 관한 고시 [기각]**

이 사건 고시상의 보호조치가 완벽한 것은 아니라 할지라도, 앞서 본 기준과 내용에 비추어 쇠고기 소비자인 국민의 생명·신체의 안전을 보호하기에 전적으로 부적합하거나 매우 부족하여 그 보호의무를 명백히 위반한 것이라고 단정하기는 어렵다 할 것이다(헌재 2008.12.26, 2008헌마419).

3 태아의 생명보호의무 [기각]
태아도 헌법상 생명권의 주체가 되며, 국가는 헌법 제10조에 따라 태아의 생명을 보호할 의무가 있다. 다만, 국가의 기본권 보호의무로부터 태아의 출생 전에, 또한 태아가 살아서 출생할 것인가와는 무관하게, 태아를 위하여 민법상 일반적 권리능력까지도 인정하여야 한다는 헌법적 요청이 도출되지는 않는다(헌재 2008.7.31, 2006헌마711).
> ✎ 태아는 민법상 모든 권리의 주체가 되지는 못하며, 일부만 인정되지만 이는 사산으로 인한 복잡한 법률관계의 혼돈을 방지하기 위한 것으로 기본권 보호의무에 위반되지 않는다.

4 한국보건산업진흥원의 고용승계 배제 [합헌]
한국식품위생연구원과 한국보건의료관리연구원을 통폐합하여 한국보건산업진흥원을 설립하면서, 재산승계는 법률로 규정하고 있으면서도 고용승계는 법률로 규정하지 아니한 것은 사용자에 의한 해고로부터 근로자를 보호할 국가의 의무에 위배되지 않는다(헌재 2002.11.28, 2001헌바50).

5 담배제조 및 판매 [합헌]
담배사업법은 담배성분의 표시나 경고문구의 표시, 담배광고의 제한 등 여러 규제들을 통하여 직접흡연으로부터 국민의 생명·신체의 안전을 보호하려고 노력하고 있다(헌재 2015.4.30, 2012헌마38).

6 대상사업의 사업자가 환경영향평가 실시 [합헌]
환경보전목표를 설정함에 있어 환경정책기본법 제10조에 따른 환경기준을 참고하도록 하고 있어 국가의 기본권 보호의무에 위반되지 않는다(헌재 2016.12.29, 2015헌바280).

7 민주화운동 관련자 명예회복 및 보상심의위원회 [위헌]
보상금 등 지급결정에 동의한 때 재판상 화해의 성립을 간주하는 것은 재판청구권을 침해하지 않으나, 민주화보상법상 보상금에는 정신적 손해에 대한 배상이 포함되어 있지 않은 것은 **국가의 기본권 보호의무를 규정한 헌법 취지에 반하는 것이다**(헌재 2018.8.30, 2014헌바180).
> ✎ 채권자의 국가배상청구권은 침해이며, 명확성의 원칙, 재판청구권은 침해하지 않는다.

8 원전건설의 승인권한을 산업통상자원부장관에게 부여 [합헌]
원전건설을 내용으로 하는 전원개발사업 실시계획에 대한 승인권한을 다른 전원개발과 마찬가지로 산업통상자원부장관에게 부여하고 있다 하더라도, 국가가 국민의 생명·신체의 안전을 보호하기 위하여 필요한 최소한의 보호조치를 취하지 아니한 것이라고 보기는 어렵다(헌재 2016.10.27, 2015헌바358).

9 확성장치 사용에 따른 소음 규제기준 부재 [위헌]
선거운동의 자유를 감안하여 선거운동을 위한 확성장치를 허용할 공익적 필요성이 인정된다고 하더라도 정온한 생활환경이 보장되어야 할 주거지역에서 출근 또는 등교 이전 및 퇴근 또는 하교 이후 시간대에 확성장치의 최고출력 내지 소음을 제한하는 등 사용시간과 사용지역에 따른 수인한도 내에서 확성장치의 최고출력 내지 소음 규제기준에 관한 규정을 두지 아니한 것은, 국민이 건강하고 쾌적하게 생활할 수 있도록 노력하여야 할 국가의 기본권 보호의무를 과소하게 이행한 것으로서, 청구인의 건강하고 쾌적한 환경에서 생활할 권리의 침해를 가져온다(헌재 2019.12.27, 2018헌마730).

기출 OX

03 공직선거법이 주거지역에서의 최고출력 내지 소음을 제한하는 등 대상지역에 따른 수인한도 내에서 공직선거운동에 사용되는 확성장치의 최고출력 내지 소음 규제기준을 두고 있지 않았다고 하여 국가의 기본권 보호의무를 과소하게 이행한 것은 아니다. 21. 소방간부 ( )

정답 03 ×

10 당내경선시 운동방법의 제한 [합헌]
건전한 상식과 통상적 법감정을 가진 사람이라면 경선후보자는 경선운동방법 제한 조항에서 정한 방법에 의해서만 경선운동을 할 수 있고, 거기에 열거되지 않은 확성장치를 사용하여 지지호소 행위를 할 수 없다는 점을 명확히 알 수 있다고 할 것이다(헌재 2019.4.11, 2016헌바458).
▶ 명확성의 원칙과 표현의 자유를 침해하지 않는다.

11 대통령의 특정한 행위 의무 부존재
피청구인은 행정부의 수반으로서 국가가 국민의 생명과 신체의 안전보호의무를 충실하게 이행할 수 있도록 권한을 행사하고 직책을 수행하여야 하는 의무를 부담한다. 하지만 국민의 생명이 위협받는 재난상황이 발생하였다고 하여 피청구인이 직접 구조활동에 참여하여야 하는 등 구체적이고 특정한 행위의무까지 바로 발생한다고 보기는 어렵다(헌재 2017.3.10, 2016헌나1).

12 기후위기 대응을 위한 국가 온실가스 감축목표 [헌법불합치]
중장기적인 온실가스 감축목표와 감축경로를 계획하는 것은 매우 높은 수준의 사회적 합의가 필요하므로, 2031년 이후의 기간에 대해서도 그 대강의 내용은 '법률'에 직접 규정되어야 한다(법률유보위반). 탄소중립기본법 제8조 제1항에서는 2030년까지의 감축목표 비율만 정하고 2031년부터 2049년까지 19년간의 감축목표에 관해서는 어떤 형태의 정량적인 기준도 제시하지 않았는바, 같은 조 제4항의 온실가스 감축목표 재설정 주기나 범위 등 관련 법령의 체계를 살펴보더라도 2050년 탄소중립의 목표 시점에 이르기까지 점진적이고 지속적인 감축을 실효적으로 담보할 수 있는 장치가 없으므로, 이는 미래에 과중한 부담을 이전하는 방식으로 감축목표를 규율한 것으로, 기후위기라는 위험상황에 상응하는 보호조치로서 필요한 최소한의 성격을 갖추지 못하였다고 할 것이다(헌재 2024.8.29, 2020헌마389).

13 학교의 마사토 운동장에 대한 유해중금속 등 유해물질의 유지·관리 기준 부재 [기각]
[1] 국가는 국민의 건강하고 쾌적한 환경에서 생활할 권리를 보호할 의무를 진다.
[2] 대부분의 지방자치단체에서는 학교 운동장의 유해물질 관리를 위한 조례가 제정 및 시행되어 학교장이나 교육감에게 학교 운동장의 유해물질 관리를 의무화하고 있는 점 등을 고려하여 청구인의 환경권이 침해되지 않는다고 판단하였다(헌재 2024.4.25, 2020헌마107).
▶ 보호의무에 관한 사안으로 과잉금지가 아닌 과소보호의무 위반이 그 심사기준이라는 점을 주의해야 한다.

14 동물장묘업 등록의 지역적 제한사유 미비 [기각]
동물장묘업 등록에 관하여 다른 지역적 제한사유를 규정하지 않았다는 사정만으로 청구인들의 환경권을 보호하기 위한 입법자의 의무를 과소하게 이행하였다고 평가할 수는 없다(헌재 2020.3.26, 2017헌마1281).

02 국가인권위원회법

1. 개념 및 적용범위

(1) 인권의 개념

> **국가인권위원회법**
>
> **제2조【정의】** 이 법에서 사용하는 용어의 뜻은 다음과 같다.
> 1. '인권'이란 대한민국헌법 및 법률에서 보장하거나 대한민국이 가입·비준한 국제인권조약 및 국제관습법에서 인정하는 인간으로서의 존엄과 가치 및 자유와 권리를 말한다.
> 3. '평등권 침해의 차별행위'란 합리적인 이유 없이 성별, 종교, 장애, 나이, 사회적 신분, 출신 지역(출생지, 등록기준지, 성년이 되기 전의 주된 거주지 등을 말한다), 출신 국가, 출신 민족, 용모 등 신체 조건, 기혼·미혼·별거·이혼·사별·재혼·사실혼 등 혼인 여부, 임신 또는 출산, 가족 형태 또는 가족 상황, 인종, 피부색, 사상 또는 정치적 의견, 형의 효력이 실효된 전과, 성적 지향, 학력, 병력 등을 이유로 한 다음 각 목의 어느 하나에 해당하는 행위를 말한다. 다만, 현존하는 차별을 없애기 위하여 특정한 사람(특정한 사람들의 집단을 포함한다. 이하 이 조에서 같다)을 잠정적으로 우대하는 행위와 이를 내용으로 하는 법령의 제정·개정 및 정책의 수립·집행은 평등권 침해의 차별행위(이하 '차별행위'라 한다)로 보지 아니한다.
>   라. 성희롱행위

기출 OX

01 국가인권위원회법에서 보호하고자 하는 인권은 국제인권조약 및 국제관습법에서 인정하는 자유와 권리도 포함한다. 05. 사시 ( )

한눈에 쏙!

구분	소속
국가인권위원회	무소속
감사원	대통령
국민권익위원회	국무총리

(2) 인적 적용범위

> **국가인권위원회법**
>
> **제4조【적용범위】** 이 법은 대한민국 국민과 대한민국의 영역에 있는 외국인에 대하여 적용한다.

2. 국가인권위원회

(1) 구성과 조직

> **국가인권위원회법**
>
> **제3조【국가인권위원회의 설립과 독립성】** ① 이 법에서 정하는 인권의 보호와 향상을 위한 업무를 수행하기 위하여 국가인권위원회(이하 '위원회'라 한다)를 둔다.
> ② 위원회는 그 권한에 속하는 업무를 독립하여 수행한다.
>
> **제5조【위원회의 구성】** ① 위원회는 위원장 1명과 상임위원 3명을 포함한 11명의 인권위원(이하 '위원'이라 한다)으로 구성한다.
> ② 위원은 다음 각 호의 사람을 대통령이 임명한다.
> 1. 국회가 선출하는 4명(상임위원 2명을 포함한다)
> 2. 대통령이 지명하는 4명(상임위원 1명을 포함한다)
> 3. 대법원장이 지명하는 3명
> ⑤ 위원장은 위원 중에서 대통령이 임명한다. 이 경우 위원장은 국회의 인사청문을 거쳐야 한다.

정답 01 ○

⑥ 위원장과 상임위원은 정무직공무원으로 임명한다.
⑦ 위원은 특정 성(性)이 10분의 6을 초과하지 아니하도록 하여야 한다.
⑧ 임기가 끝난 위원은 후임자가 임명될 때까지 그 직무를 수행한다.

(2) 운영

국가인권위원회법

제13조【회의 의사 및 의결정족수】① 위원회의 회의는 위원장이 주재하며, 이 법에 특별한 규정이 없으면 재적위원 과반수의 찬성으로 의결한다.
② 상임위원회 및 소위원회의 회의는 구성위원 3명 이상의 출석과 3명 이상의 찬성으로 의결한다.
제14조【의사의 공개】위원회의 의사는 공개한다. 다만, 위원회, 상임위원회 또는 소위원회가 필요하다고 인정하면 공개하지 아니할 수 있다.

(3) 직무와 권한

① 위원회는 인권의 보호와 향상을 위하여 필요하다고 인정하면 관계기관 등에 정책과 관행의 개선 또는 시정을 권고하거나 의견을 표명할 수 있다(국가인권위원회법 제25조).
② 위원회는 인권의 보호와 향상에 중대한 영향을 미치는 재판이 계속 중인 경우 또는 위원회가 조사하거나 처리한 내용에 관하여 재판이 계속 중인 경우, 법원 또는 헌법재판소의 요청이 있거나 필요하다고 인정할 때에는 법원의 담당 재판부 또는 헌법재판소에 법률상의 사항에 관하여 의견을 제출할 수 있다(국가인권위원회법 제28조).

(4) 위원회의 조사대상과 방법

국가인권위원회법

제30조【위원회의 조사대상】① 다음 각 호의 어느 하나에 해당하는 경우에 인권침해나 차별행위를 당한 사람(이하 '피해자'라 한다) 또는 그 사실을 알고 있는 사람이나 단체는 위원회에 그 내용을 진정할 수 있다.
1. 국가기관, 지방자치단체, 초·중등교육법 제2조, 고등교육법 제2조와 그 밖의 다른 법률에 따라 설치된 각급 학교, 공직자윤리법 제3조의2 제1항에 따른 공직유관단체 또는 구금·보호시설의 업무 수행(국회의 입법 및 법원·헌법재판소의 재판은 제외한다)과 관련하여 대한민국헌법 제10조부터 제22조까지의 규정에서 보장된 인권을 침해당하거나 차별행위를 당한 경우
2. 법인, 단체 또는 사인으로부터 차별행위를 당한 경우
③ 위원회는 제1항의 진정이 없는 경우에도 인권침해나 차별행위가 있다고 믿을 만한 상당한 근거가 있고 그 내용이 중대하다고 인정할 때에는 직권으로 조사할 수 있다.
제36조【조사의 방법】④ 제1항과 제2항에 따른 피진정인에 대한 출석 요구는 인권침해행위나 차별행위를 한 행위당사자의 진술서만으로는 사안을 판단하기 어렵고, 제30조 제1항에 따른 인권침해행위나 차별행위가 있었다고 볼 만한 상당한 이유가 있는 경우에만 할 수 있다.

기출 OX

01 국가인권위원회에는 피해자 아닌 자도 진정할 수 있다. 03·07. 사시, 06. 행시·외시 ( )

02 국가인권위원회에는 진정이 없는 경우에는 직권으로 조사할 수는 없다. 06. 사시 ( )

정답 01 ○ 02 ×

① **진정에 의한 조사**: 국가기관, 지방자치단체 또는 구금·보호시설의 업무수행(국회의 입법 및 법원·헌법재판소의 재판을 제외한다)과 관련하여 헌법 제10조 내지 제22조에 보장된 인권을 침해당하거나 차별행위를 당한 경우 또는 법인, 단체 또는 사인에 의하여 차별행위를 당한 경우, 인권침해나 차별행위를 당한 사람 또는 그 사실을 알고 있는 사람이나 단체는 위원회에 그 내용을 진정할 수 있다(국가인권위원회법 제30조 제1항).

② **직권에 의한 조사**: 위원회는 진정이 없는 경우에도 인권침해나 차별행위가 있다고 믿을 만한 상당한 근거가 있고 그 내용이 중대하다고 인정할 때에는 이를 직권으로 조사할 수 있다(국가인권위원회법 제30조 제3항).

③ **조사의 방법**: 국가인권위원회의 조사는 서면조사가 원칙이다. 즉, 피진정인에 대한 출석조사는 진술서만으로 사안을 판단하기 어렵고, 인권침해행위와 차별행위가 있었다고 볼 만한 상당한 이유가 있는 경우에 한하여 인정되는 것으로 서면조사를 원칙으로 한다.

(5) 조사결과에 대한 처리
① 수사기관에 수사개시 의뢰요청

> **국가인권위원회법**
>
> **제34조【수사기관과 위원회의 협조】** ① 진정의 원인이 된 사실이 범죄행위에 해당한다고 믿을 만한 상당한 이유가 있고 그 혐의자의 도주 또는 증거 인멸 등을 방지하거나 증거 확보를 위하여 필요하다고 인정할 경우에 위원회는 검찰총장 또는 관할 수사기관의 장에게 수사의 개시와 필요한 조치를 의뢰할 수 있다.

② 합의의 권고

> **국가인권위원회법**
>
> **제40조【합의의 권고】** 위원회는 조사 중이거나 조사가 끝난 진정에 대하여 사건의 공정한 해결을 위하여 필요한 구제 조치를 당사자에게 제시하고 합의를 권고할 수 있다.

③ 고발 및 징계권고

> **국가인권위원회법**
>
> **제45조【고발 및 징계권고】** ① 위원회는 진정을 조사한 결과 진정의 내용이 범죄행위에 해당하고 이에 대하여 형사처벌이 필요하다고 인정하면 검찰총장에게 그 내용을 고발할 수 있다. 다만, 피고발인이 군인 등인 경우에는 소속 군 참모총장 또는 국방부장관에게 고발할 수 있다.
> ② 위원회가 진정을 조사한 결과 인권침해 및 차별행위가 있다고 인정하면 피진정인 또는 인권침해에 책임이 있는 사람을 징계할 것을 소속 기관 등의 장에게 권고할 수 있다.

오답노트
① 이행명령 ×
② 시행명령 ×

기출 OX

01 국가인권위원회는 피해자의 권리구제를 위해 필요하다고 인정하면 피해자를 위하여 피해자의 명시한 의사에 관계없이 대한법률구조공단 또는 그 밖의 기관에 법률구조를 요청할 수 있다. 17. 국가직 7급 ( )

④ 법률구조 요청

> **국가인권위원회법**
>
> **제47조【피해자를 위한 법률구조 요청】** ① 위원회는 진정에 관한 위원회의 조사, 증거의 확보 또는 피해자의 권리 구제를 위하여 필요하다고 인정하면 피해자를 위하여 대한법률구조공단 또는 그 밖의 기관에 법률구조를 요청할 수 있다.
> ② 제1항에 따른 법률구조 요청은 피해자의 명시한 의사에 반하여 할 수 없다.

⑤ 처리결과의 공개

> **국가인권위원회법**
>
> **제49조【조사와 조정 등의 비공개】** 위원회의 진정에 대한 조사·조정 및 심의는 비공개로 한다. 다만, 위원회의 의결이 있을 때에는 공개할 수 있다.
>
> **제50조【처리결과 등의 공개】** 위원회는 이 장에 따른 진정의 조사 및 조정의 내용과 처리결과, 관계기관 등에 대한 권고와 관계기관 등이 한 조치 등을 공표할 수 있다. 다만, 다른 법률에 따라 공표가 제한되거나 사생활의 비밀이 침해될 우려가 있는 경우에는 그러하지 아니하다.

> **판례 | 인권위원회 관련 헌법재판소 판례**
>
> **1 인원위원회의 결정은 행정소송으로 [각하]**
> 국가인권위원회는 법률상의 독립된 국가기관이고, 피해자인 진정인에게는 국가인권위원회법이 정하고 있는 구제조치를 신청할 법상 신청권이 있는데 국가인권위원회가 진정을 각하 및 기각결정을 할 경우 피해자인 진정인으로서는 자신의 인격권 등을 침해하는 인권침해 또는 차별행위 등이 시정되고 그에 따른 구제조치를 받을 권리를 박탈당하게 되므로, 진정에 대한 **국가인권위원회의 각하 및 기각결정은 피해자인 진정인의 권리행사에 중대한 지장을 초래하는 것으로서 항고소송의 대상이 되는 행정처분에 해당**하므로, 그에 대한 다툼은 우선 행정심판이나 행정소송에 의하여야 할 것이다. 따라서 이 사건 심판청구는 행정심판이나 행정소송 등의 사전 구제절차를 모두 거친 후 청구된 것이 아니므로 보충성 요건을 충족하지 못하였다(헌재 2015.3.26, 2013헌마214).
>
> **2 국가인권위원회와 대통령 간의 권한쟁의 [각하]**
> 권한쟁의심판은 국회의 입법행위 등을 포함하여 권한쟁의 상대방의 처분 또는 부작위가 헌법 또는 법률에 의하여 부여받은 청구인의 권한을 침해하였거나 침해할 현저한 위험이 있는 때 제기할 수 있는 것인데, 헌법상 국가에게 부여된 임무 또는 의무를 수행하고 그 독립성이 보장된 국가기관이라고 하더라도, 오로지 법률에 설치근거를 둔 국가기관이라면 국회의 입법행위에 의하여 존폐 및 권한범위가 결정될 수 있으므로, 이러한 국가기관은 **'헌법에 의하여 설치되고 헌법과 법률에 의하여 독자적인 권한을 부여받은 국가기관'이라고 할 수 없다**(헌재 2009.5.28, 2009헌라6).

정답 01 ×

기출지문 OX

01 ☐☐☐
태아도 헌법상 생명권의 주체이고, 그 성장 상태가 보호 여부의 기준이 되어서는 안 된다. [O|X]

02 ☐☐☐
아직 모체에 착상되거나 원시선이 나타나지 않은 초기배아는 독립된 인간과 배아 간 개체적 연속성을 확정하기 어렵고, 배아는 모태 속에서 수용될 때 비로소 독립적인 인간으로의 성장가능성을 기대할 수 있어 기본권 주체성을 인정하기 어렵다. [O|X]

03 ☐☐☐
사자에 대한 사회적 명예와 평가의 훼손은 사자와의 관계를 통하여 스스로의 인격상을 형성하고 명예를 지켜온 그들 후손의 인격권, 즉 유족의 명예 또는 유족의 사자에 대한 경애추모의 정을 침해한다. [O|X]

04 ☐☐☐
아동과 청소년은 인격의 발전을 위하여 어느 정도 부모와 학교의 교사 등 타인에 의한 결정을 필요로 하는 아직 성숙하지 못한 인격체이지만, 부모와 국가에 의한 단순한 보호의 대상이 아닌 독자적인 인격체이며, 그의 인격권은 성인과 마찬가지로 인간의 존엄성 및 행복추구권을 보장하는 헌법 제10조에 의하여 보호된다. [O|X]

05 ☐☐☐
불법체류 중인 외국인들이라 하더라도, 불법체류라는 것은 관련 법령에 의하여 체류자격이 인정되지 않는다는 것일 뿐이므로, '인간의 권리'로서 외국인에게도 주체성이 인정되는 일정한 기본권에 관하여 불법체류 여부에 따라 그 인정 여부가 달라지는 것은 아니다. [O|X]

정답 및 해설

01 O 태아의 경우 생명권을 비롯해서 일정한 경우 기본권 주체가 될 수 있다는 것이 판례의 태도이다(헌재 2008.7.31, 2004헌바81).

02 O 초기배아는 수정이 된 배아라는 점에서 형성 중인 생명의 첫걸음을 떼었다고 볼 여지가 있기는 하나 아직 모체에 착상되거나 원시선이 나타나지 않은 이상 현재의 자연과학적인 인식 수준에서 독립된 인간과 배아간의 개체적 연속성을 확정하기 어렵다고 봄이 일반적이다(헌재 2010.5.27, 2005헌마346).

03 O 사자의 경우에도 인격적 가치에 대한 중대한 왜곡으로부터 보호되어야 하고, 사자에 대한 사회적 명예와 평가의 훼손은 사자와의 관계를 통하여 스스로의 인격상을 형성하고 명예를 지켜온 그들 후손의 인격권, 즉 유족의 명예 또는 유족의 사자에 대한 경애추모의 정을 침해한다(헌재 2010.10.28, 2007헌가23).

04 O 아동과 청소년은 인격의 발전을 위하여 어느 정도 부모와 학교 교사 등의 지도를 필요로 하는 아직 성숙하지 못한 인격체이지만, 부모와 국가에 의한 단순한 보호의 대상이 아닌 독자적인 인격체이다. 이들의 인격권은 성인과 마찬가지로 인간의 존엄성 및 행복추구권을 보장하는 헌법 제10조에 의하여 보호된다(헌재 2016.5.26, 2014헌마374).

05 O 불법체류외국인도 신체의 자유, 주거의 자유, 변호인의 조력을 받을 권리, 재판청구권 등은 성질상 인간의 권리로 외국인에게도 기본권 주체성이 인정된다(헌재 2023.3.23, 2020헌가1).

06 ☐☐☐
대통령도 국민의 한사람으로서 제한적으로나마 기본권의 주체가 될 수 있는바, 대통령은 소속 정당을 위하여 정당활동을 할 수 있는 사인으로서의 지위와 국민 모두에 대한 봉사자로서 공익 실현의 의무가 있는 헌법기관으로서의 지위를 동시에 갖는데 최소한 전자의 지위와 관련하여는 기본권 주체성을 갖는다고 할 수 있다. [O|X]

07 ☐☐☐
정당은 단순한 시민이나 국가기관이 아니고 국민의 정치적 의사를 형성하는 중개기관으로 국민의 권리인 평등권의 주체가 될 수 없다. [O|X]

08 ☐☐☐
법인도 법인의 목적과 사회적 기능에 비추어 볼 때 그 성질에 반하지 않는 범위 내에서 인격권의 내용인 사회적 신용이나 명예 등의 주체가 될 수 있다. [O|X]

09 ☐☐☐
한국영화인협회 감독위원회는 영화인협회 내부에 설치된 분과위원회의 하나에 지나지 아니하며, 달리 단체로서 실체를 갖춘 법인 아닌 사단으로 볼 수 없어 헌법소원심판에서 청구인능력이 없다. [O|X]

10 ☐☐☐
공법인은 공권력의 행사주체로서 기본권을 실현하고 보호해야 할 권한과 책임을 지고 있으므로 원칙적으로 기본권 주체성을 인정할 수 없다. [O|X]

11 ☐☐☐
국립서울대학교는 공권력 행사의 주체인 공법인으로서 기본권의 '수범자'이므로 기본권의 주체가 될 수는 없다. [O|X]

정답 및 해설

06 ○ 예컨대 대통령은 국민 모두에 대한 봉사자로서 공익실현의 의무가 있는 헌법기관으로서의 지위와 소속 정당을 위하여 정당 활동을 할 수 있는 사인(私人)으로서의 법적 지위도 가지므로 후자의 경우 제한적으로나마 기본권의 주체가 될 수 있다(헌재 2008.1.17, 2007헌마700).

07 × 정당의 경우도 평등권의 주체가 될 수 있다(헌재 1991.3.11, 91헌마21).

08 ○ 법인도 법인의 목적과 사회적 기능에 비추어 볼 때 그 성질에 반하지 않는 범위 내에서 인격권의 한 내용인 사회적 신용이나 명예 등의 주체가 될 수 있고 법인이 이러한 사회적 신용이나 명예 유지 내지 법인격의 자유로운 발현을 위하여 의사결정이나 행동을 어떻게 할 것인지를 자율적으로 결정하는 것도 법인의 인격권의 한 내용을 이룬다고 할 것이다(헌재 2012.8.23, 2009헌가27).

09 ○ 청구인 한국영화인협회 감독위원회는 영화인협회로부터 독립된 별개의 단체가 아니고, 영화인협회의 내부에 설치된 8개의 분과위원회 가운데 하나에 지나지 아니하며, 달리 단체로서의 실체를 갖추어 당사자 능력이 인정되는 법인아닌 사단으로 볼 자료도 없다. 따라서 감독위원회는 그 이름으로 헌법소원심판을 청구할 수 있는 헌법소원심판청구능력이 있다고 할 수 없는 것이므로 감독위원회의 이 사건 헌법소원심판청구는 더 나아가 판단할 것 없이 부적법하다(헌재 1991.6.3, 90헌마56).

10 ○ 공법인은 공권력의 행사주체로서 기본권을 실현하고 보호해야 할 권한과 책임을 지고 있으므로 원칙적으로 기본권의 적용대상인 수범자이지, 기본권을 주장하는 주체로서의 기본권의 보유자는 아니다. 따라서 국가나 지방자치단체는 기본권 주체가 될 수 없다.

11 × 교육의 자주성이나 대학의 자율성은 헌법 제22조 제1항·제2항이 보장하고 있는 학문의 자유의 확실한 보장수단으로 꼭 필요한 것으로서 이는 대학에게 부여된 헌법상의 기본권이다. 따라서 국립대학인 서울대학교는 다른 국가기관 내지 행정기관과는 달리 공권력의 행사자의 지위와 함께 기본권의 주체라는 점도 중요하게 다루어져야 한다(헌재 1992.10.1, 92헌마68 등).

12 ☐☐☐
국가기관인 국회의 일부조직인 노동위원회는 기본권의 주체가 될 수 없다. ⒪Ⓧ

13 ☐☐☐
대법원은 기본권 규정이 사법상의 일반원칙을 규정한 민법 제2조, 제103조, 제750조, 제751조 등의 내용을 형성하고 그 해석기준이 되는 경우에는 직접적으로 사법관계에 효력을 미친다고 판시하였다. ⒪Ⓧ

14 ☐☐☐
기본권의 충돌은 상이한 복수의 기본권 주체를 전제로 한다. ⒪Ⓧ

15 ☐☐☐
공무원직의 선택 내지 제한에 있어서는 공무담임권에 관한 헌법규정이 직업의 자유에 대한 특별규정으로서 우선적으로 적용되어야 한다. ⒪Ⓧ

16 ☐☐☐
기본권 경합의 경우에는 기본권 침해를 주장하는 청구인의 의도 및 기본권을 제한하는 입법자의 객관적 동기 등을 참작하여 사안과 가장 밀접한 관계에 있고 또 침해의 정도가 큰 주된 기본권을 중심으로 그 제한의 한계를 살핀다. ⒪Ⓧ

17 ☐☐☐
두 기본권이 서로 충돌하는 경우에는 헌법의 통일성을 유지하기 위하여 충돌하는 기본권 모두가 최대한으로 그 기능과 효력을 발할 수 있는 조화로운 방법이 모색되어야 한다. ⒪Ⓧ

18 ☐☐☐
흡연권과 혐연권의 관계처럼 상하의 위계질서가 있는 기본권끼리 충돌하는 경우 상위기본권우선의 원칙에 따라 하위기본권이 제한될 수 있으므로, 흡연권은 혐연권을 침해하지 않는 한에서 인정되어야 한다. ⒪Ⓧ

정답 및 해설

12 ○ 청구인은 국회의 노동위원회로 그 일부조직인 상임위원회 가운데 하나에 해당하는 것으로 국가기관인 국회의 일부조직이므로 기본권의 주체가 될 수 없고 따라서 헌법소원을 제기할 수 있는 적격이 없다고 할 것이다. 그렇다면 청구인의 이 사건 헌법소원심판청구는 부적법하므로 이를 각하하기로 한다(헌재 1994.12.29, 93헌마120).

13 × 기본권 규정은 성질상 사법관계에 직접 적용될 수 있는 예외적인 것을 제외하고는 관련 법규범 또는 사법상의 일반원칙을 규정한 민법 제2조, 제103조 등의 내용을 형성하고 그 해석기준이 되어 간접적으로 사법관계에 효력을 미치게 된다(대판 2018.9.13, 2017두38560).

14 ○ 경합과 달리 충돌은 상인한 복수의 기본권 주체를 전제로 한다.

15 ○ 공무원직의 선택 내지는 제한에 있어서는 공무담임권에 관한 헌법규정이 직업의 자유에 대한 특별규정으로서 우선적으로 적용되어야 하며 직업의 자유의 적용은 배제된다고 보아야 할 것이므로, 위 부분에 대하여도 별도 판단을 하지 아니한다(헌재 2005.10.27, 2004헌바41).

16 ○ 하나의 규제로 인해 여러 기본권이 동시에 제약을 받는 기본권경합의 경우에는 기본권침해를 주장하는 제청신청인과 제청법원의 의도 및 기본권을 제한하는 입법자의 객관적 동기 등을 참작하여 사안과 가장 밀접한 관계에 있고 또 침해의 정도가 큰 주된 기본권을 중심으로 해서 그 제한의 한계를 따져 보아야 할 것이다(헌재 1998.4.30, 95헌가16).

17 ○ 두 기본권이 서로 충돌하는 경우에는 헌법의 통일성을 유지하기 위하여 충돌하는 기본권 모두가 최대한으로 그 기능과 효력을 발할 수 있는 조화로운 방법이 모색되어야 한다(헌재 1991.9.16, 89헌마165).

18 ○ 흡연권과 혐연권의 관계처럼 상하의 위계질서가 있는 기본권끼리 충돌하는 경우 상위기본권우선의 원칙에 따라 하위기본권이 제한될 수 있으므로, 흡연권은 혐연권을 침해하지 않는 한에서 인정되어야 한다(헌재 2004.8.26, 2003헌마457).

19 ☐☐☐
과잉금지의 원칙은 기본권 제한의 한계로서 헌법 제37조 제2항과 법치주의원리에서 그 근거를 찾을 수 있다. (O|X)

20 ☐☐☐
헌법 제37조 제2항은 기본권 제한에 관한 일반적 법률유보 조항이고 법률유보의 원칙은 '법률에 의한 규율'을 요청하고 있으므로, 기본권 제한에는 법률의 근거가 필요하고 반드시 법률의 형식으로 하여야 한다. (O|X)

21 ☐☐☐
혼인을 빙자하여 음행의 상습 없는 부녀를 기망하여 간음한 자를 처벌하는 형법 조항은 목적의 정당성을 침해한다. (O|X)

22 ☐☐☐
혼인한 등록의무자는 배우자가 아닌 본인의 직계·존비속의 재산을 등록하도록 법이 개정되었으나, 개정 전 이미 배우자의 직계·존비속의 재산을 등록한 혼인한 여성 등록의무자는 종전과 동일하게 계속해서 배우자의 직계·존비속의 재산을 등록하도록 한 부칙 조항은 그 목적의 정당성을 발견할 수 없다. (O|X)

23 ☐☐☐
입법자가 임의적 규정으로도 법의 목적을 실현할 수 있는 경우, 구체적 사안의 개별성과 특수성을 고려할 수 있는 가능성을 일체 배제하는 필요적 규정을 둔다면 이는 비례원칙의 한 요소인 '수단의 적합성(적절성) 원칙'에 위배된다. (O|X)

24 ☐☐☐
기본권을 제한할 필요성이 있는 경우에 기본권 행사의 방법을 통하여 목적을 달성할 수 있는 경우 기본권 행사 여부에 대한 규제조치를 취하는 것은 최소침해의 원칙에 위반된다. (O|X)

25 ☐☐☐
본질적 내용금지와 관련 우리 헌법재판소는 사형제도에서 상대설을 취하고 있다. (O|X)

정답 및 해설

19 O 과잉금지원칙은 오늘날 법치국가의 원리에서 당연히 추출되는 확고한 원칙으로서 부동의 위치를 점하고 있으며, 헌법 제37조 제2항에서도 이러한 취지의 규정을 두고 있는 것이다(헌재 1990.9.3, 89헌가95).

20 X 헌법 제37조 제2항에 의하면 기본권은 원칙적으로 법률로써만 이를 제한할 수 있다고 할 것이지만, 헌법 제75조에 의하여 법률의 위임이 있고 그 위임이 구체적으로 범위를 정하여 하는 것이라면 명령·규칙에 의한 기본권의 제한도 가능하다(헌재 2003.11.27, 2002헌마193).

21 O 이 사건 법률조항의 경우 형벌규정을 통하여 추구하고자 하는 목적 자체가 헌법에 의하여 허용되지 않는 것으로서 그 정당성이 인정되지 않는다고 할 것이다(헌재 2009.11.26, 2008헌바58 등).

22 O 이는 성별에 의한 차별금지 및 혼인과 가족생활에서의 양성의 평등을 천명하고 있는 헌법에 정면으로 위배되는 것으로 그 목적의 정당성을 인정할 수 없다. 따라서 이 사건 부칙조항은 평등원칙에 위배된다(헌재 2021.9.30, 2019헌가3).

23 X 임의적 규정으로 입법목적을 달성할 수 있음에도 불구하고 필요적 규정을 두었다면 역시 침해의 최소성에 반한다.

24 O 침해의 최소성의 관점에서, 입법자는 그가 의도하는 공익을 달성하기 위하여 우선 기본권을 보다 적게 제한하는 단계인 기본권행사의 '방법'에 관한 규제로써 공익을 실현할 수 있는가를 시도하고 이러한 방법으로는 공익달성이 어렵다고 판단되는 경우에 비로소 그 다음 단계인 기본권행사의 '여부'에 관한 규제를 선택해야 한다(헌재 1998.5.28, 96헌가5).

25 O 우리 헌법재판소는 "생명권 역시 헌법 제37조 제2항에 의한 일반적 법률유보의 대상이 될 수밖에 없는 것이나, 생명권에 대한 제한은 곧 생명권의 완전한 박탈을 의미한다 할 것이므로, 사형이 비례의 원칙에 따라서 최소한 동등한 가치가 있는 다른 생명 또는 그에 못지 아니한 공공의 이익을 보호하기 위한 불가피성이 충족되는 예외적인 경우에만 적용되는 한, 그것이 비록 생명을 빼앗는 형벌이라 하더라도 헌법 제37조 제2항 단서에 위반되는 것으로 볼 수는 없다."라고 하여 상대설의 입장이다.

26 ☐☐☐
개인의 성적 자기결정권은 타인의 권리·공중도덕·사회윤리·공공복리 등의 존중에 의한 내재적 한계를 갖는다. ○|X

27 ☐☐☐
재산권의 본질적 내용을 침해하는 경우란 그 침해로 사유재산권이 유명무실해지고 사유재산제도가 형해화되어 헌법이 재산권을 보장하는 궁극적인 목적을 달성할 수 없게 되는 데 이르는 경우를 들 수 있다. ○|X

28 ☐☐☐
물건에 대한 재산권 행사에 비하여 동물에 대한 재산권 행사는 사회적 연관성과 사회적 기능이 적다 할 것이므로 이를 제한하는 경우 입법재량의 범위를 좁게 인정함이 타당하다. ○|X

29 ☐☐☐
국가가 국민의 생명·신체의 안전에 대한 보호의무를 다하지 않았는지 여부를 헌법재판소가 심사할 때에는 국가가 이를 보호하기 위하여 적어도 적절하고 효율적인 최소한의 보호조치를 취하였는가 하는 이른바 '과소보호금지원칙' 위반 여부를 기준으로 한다. ○|X

30 ☐☐☐
교통사고처리 특례법 중 업무상 과실 또는 중대한 과실로 인한 교통사고로 말미암아 피해자로 하여금 상해를 입게 한 경우 공소를 제기할 수 없도록 한 부분은 기본권 보호의무에 위반한 것이다. ○|X

31 ☐☐☐
공직선거법이 선거운동을 위해 확성장치를 사용할 수 있는 기간과 장소, 시간, 사용 개수 등을 규정하고 있는 이상, 확성장치의 소음 규제기준을 정하지 않았다고 하여 기본권 보호의무를 과소하게 이행하였다고 볼 수는 없다. ○|X

정답 및 해설

26 ○ 개인의 성적 자기결정권도 국가적·사회적·공공복리 등의 존중에 의한 내재적 한계가 있는 것이며, 따라서 절대적으로 보장되는 것은 아닐 뿐만 아니라 헌법 제37조 제2항이 명시하고 있듯이 "질서유지, 공공복리 등 공동체 목적을 위하여 그 제한이 불가피한 경우에는 성적 자기결정권의 본질적 내용을 침해하지 않는 한도에서 법률로써 제한할 수 있는 것이다.

27 ○ 이 판례의 경우 절대설을 취한 판례라 평가받고 있다(헌재 1989.12.22, 88헌가13).

28 × 일반적인 물건에 대한 재산권 행사에 비하여 동물에 대한 재산권 행사는 사회적 연관성과 사회적 기능이 매우 크다 할 것이므로 이를 제한하는 경우 입법재량의 범위를 폭넓게 인정함이 타당하다. 그러므로 이 사건 법률조항이 과잉금지원칙을 위반하여 재산권을 침해하는지 여부를 살펴보되 심사기준을 완화하여 적용함이 상당하다(헌재 2013.10.24, 2012헌바431).

29 ○ 국가가 국민의 생명·신체의 안전에 대한 보호의무를 다하지 않았는지 여부를 헌법재판소가 심사할 때에는 국가가 이를 보호하기 위하여 적어도 적절하고 효율적인 최소한의 보호조치를 취하였는가 하는 이른바 '과소보호금지원칙'의 위반 여부를 기준으로 삼아, 국민의 생명·신체의 안전을 보호하기 위한 조치가 필요한 상황인데도 국가가 아무런 보호조치를 취하지 않았든지 아니면 취한 조치가 법익을 보호하기에 전적으로 부적합하거나 매우 불충분한 것임이 명백한 경우에 한하여 국가의 보호의무의 위반을 확인하여야 하는 것이다(헌재 2008.12.26, 2008헌마419).

30 × 형벌은 국가가 취할 수 있는 유효적절한 수많은 수단 중의 하나일 뿐이지, 결코 형벌까지 동원해야만 보호법익을 유효적절하게 보호할 수 있다는 의미의 최종적인 유일한 수단이 될 수는 없다 할 것이다. 따라서 이 사건 법률조항은 국가의 기본권 보호의무의 위반 여부에 관한 심사기준인 과소보호금지의 원칙에 위반한 것이라고 볼 수 없다(헌재 2009.2.26, 2005헌마764).

31 × 선거운동의 자유를 감안하여 선거운동을 위한 확성장치를 허용할 공익적 필요성이 인정된다고 하더라도 정온한 생활환경이 보장되어야 할 주거지역에서 출근 또는 등교 이전 및 퇴근 또는 학교 이후 시간대에 확성장치의 최고출력 내지 소음을 제한하는 등 사용시간과 사용지역에 따른 수인한도 내에서 확성장치의 최고출력 내지 소음 규제기준에 관한 규정을 두지 아니한 것은, 국민이 건강하고 쾌적하게 생활할 수 있도록 노력하여야 할 국가의 기본권 보호의무를 과소하게 이행한 것으로서, 청구인의 건강하고 쾌적한 환경에서 생활할 권리의 침해를 가져온다(헌재 2019.12.27, 2018헌마730).

32 ☐☐☐
태아는 생명의 유지를 모(母)에게 의존하는 형성 중의 생명이라는 점에서 국가가 헌법 제10조 제2문에 따라 태아의 생명을 보호할 의무를 부담한다고 볼 수는 없다. ○|X

33 ☐☐☐
대통령은 행정부의 수반으로서 국가가 국민의 생명과 신체의 안전 보호의무를 충실하게 이행할 수 있도록 권한을 행사하고 직책을 수행하여야 하는 의무를 부담하므로, 국민의 생명이 위협받는 재난상황이 발생한 경우 직접 구조 활동에 참여하여야 하는 등 구체적이고 특정한 행위의무까지 발생한다고 볼 수 있다. ○|X

34 ☐☐☐
국가인권위원회법에서 보호하고자 하는 인권은 국제인권조약 및 국제관습법에서 인정하는 자유와 권리도 포함한다. ○|X

35 ☐☐☐
국가인권위원회는 성희롱에 대해서도 조사 및 구제대상에 포함시키고 있다. ○|X

36 ☐☐☐
국가인권위원회는 대통령 소속이나 그 기능적인 면에서 독립적이다. ○|X

37 ☐☐☐
국가인권위원회에는 피해자 아닌 자도 진정할 수 있다. ○|X

38 ☐☐☐
위원회의 조사대상은 국가기관, 지방자치단체 또는 구금 보호시설의 업무수행(국회의 입법 및 법원·헌법재판소의 재판을 제외한다)과 관련하여 헌법 제10조부터 제22조에 보장된 인권을 침해당하거나 차별행위를 당한 경우 및 법인, 단체 또는 사인으로부터 차별행위를 당한 경우로 되어 있다. ○|X

정답 및 해설

32 × 모든 인간은 헌법상 생명권의 주체가 되며, 형성 중의 생명인 태아에게도 생명에 대한 권리가 인정되어야 한다. 태아가 비록 그 생명의 유지를 위하여 모(母)에게 의존해야 하지만, 그 자체로 모(母)와 별개의 생명체이고, 특별한 사정이 없는 한, 인간으로 성장할 가능성이 크기 때문이다. 따라서 태아도 헌법상 생명권의 주체가 되며, 국가는 헌법 제10조 제2문에 따라 태아의 생명을 보호할 의무가 있다(헌재 2019.4.11, 2017헌바127).

33 × 피청구인은 행정부의 수반으로서 국가가 국민의 생명과 신체의 안전 보호의무를 충실하게 이행할 수 있도록 권한을 행사하고 직책을 수행하여야 하는 의무를 부담한다. 하지만 국민의 생명이 위협받는 재난상황이 발생하였다고 하여 피청구인이 직접 구조 활동에 참여하여야 하는 등 구체적이고 특정한 행위의무까지 바로 발생한다고 보기는 어렵다(헌재 2017.3.10, 2016헌나1).

34 ○ 인권이란 헌법 및 법률에서 보장하거나 대한민국이 가입·비준한 국제인권조약 및 국제관습법에서 인정하는 인간으로서의 존엄과 가치 및 자유와 권리를 말한다(국가인권위원회법 제2조 제1호 참조).

35 ○ 국가인권위원회법 제2조 제3호 라목에서 성희롱행위를 "업무, 고용, 그 밖의 관계에서 공공기관의 종사자, 사용자 또는 근로자가 그 직위를 이용하여 또는 업무 등과 관련하여 성적 언동 등으로 성적 굴욕감 또는 혐오감을 느끼게 하거나 성적 언동 또는 그 밖의 요구 등에 따르지 아니한다는 이유로 고용상의 불이익을 주는 것을 말한다."라고 규정하고 있다.

36 × 국가인권위원회는 소속도 독립이고 업무수행도 독립적이다. 감사원과 비교해서 자주 출제된다. 반면 국민권익위원회는 소속은 국무총리 소속이나 기능면에서는 독립이다.

37 ○ 피해자는 물론 그 사실을 알고 있는 사람이나 단체도 국가인권위원회에 진정할 수 있다(국가인권위원회법 제30조 제1항).

38 ○ 국가기관, 지방자치단체 또는 구금·보호시설의 업무수행(국회의 입법 및 법원·헌법재판소의 재판을 제외한다)과 관련하여 헌법 제10조 내지 제22조에 보장된 인권을 침해당하거나 차별행위를 당한 경우 또는 법인, 단체 또는 사인에 의하여 차별행위를 당한 경우, 인권침해나 차별행위를 당한 사람 또는 그 사실을 알고 있는 사람이나 단체는 위원회에 그 내용을 진정할 수 있다(국가인권위원회법 제30조 제1항).

39 ☐☐☐

국가인권위원회는 피해자의 권리 구제를 위해 필요하다고 인정하면 피해자를 위하여 피해자의 명시적 의사에 관계없이 대한법률구조공단 또는 그 밖의 기관에 법률구조를 요청할 수 있다. O|X

40 ☐☐☐

국가인권위원회가 진정에 대해 각하 또는 기각결정을 하면 이 결정은 헌법소원의 대상이 되고 헌법소원의 보충성 요건을 충족한다. O|X

41 ☐☐☐

국가인권위원회는 '헌법에 의하여 설치되고 헌법과 법률에 의하여 독자적인 권한을 부여받은 국가기관'이라고 할 수 없어 권한쟁의심판의 당사자능력이 인정되지 않는다. O|X

정답 및 해설

39 × 제1항에 따른 법률구조 요청은 피해자의 명시한 의사에 반하여 할 수 없다(국가인권위원회법 제47조 제2항).

41 × 이 사건 심판청구는 행정심판이나 행정소송 등의 사전 구제절차를 모두 거친 후 청구된 것이 아니므로 보충성 요건을 충족하지 못하였다(헌재 2015.3.26, 2013헌마214). 기존판례가 변경된 것으로 기존에는 헌법소원 대상으로 인정하였으나, 최근에 판례가 변경되어 부정하였다.

42 ○ 헌법상 국가에게 부여된 임무 또는 의무를 수행하고 그 독립성이 보장된 국가기관이라고 하더라도, 오로지 법률에 설치근거를 둔 국가기관이라면 국회의 입법행위에 의하여 존폐 및 권한범위가 결정될 수 있으므로, 이러한 국가기관은 '헌법에 의하여 설치되고 헌법과 법률에 의하여 독자적인 권한을 부여받은 국가기관'이라고 할 수 없다(헌재 2009.5.28, 2009헌라6).

제2장 인간의 존엄과 가치·행복추구권·평등권

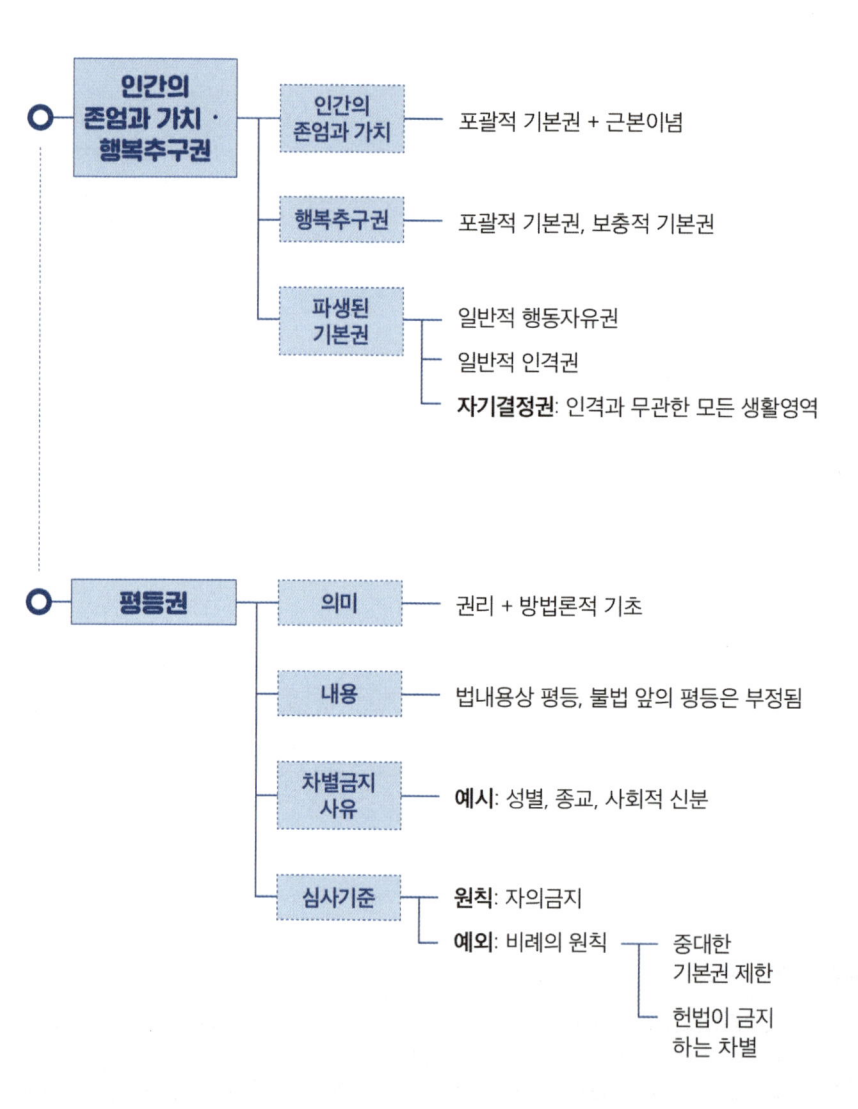

제1절 인간의 존엄과 가치 · 행복추구권

01 인간의 존엄과 가치

> 헌법 제10조 모든 국민은 인간으로서의 존엄과 가치를 가지며, 행복을 추구할 권리를 가진다. 국가는 개인이 가지는 불가침의 기본적 인권을 확인하고 이를 보장할 의무를 진다.

1. 입법례
우리나라에서는 인간의 존엄 · 가치조항은 제5차 헌법개정 때 처음 도입되었고, 행복추구권은 제8차 헌법개정 때 도입되었다.

2. 법적 성격
(1) 기본권성

인간의 존엄과 가치 및 행복추구권을 모든 기본권 보장의 종국적 목적(기본이념)으로 봄과 동시에 전자는 일반적 인격권이, 후자는 일반적 행동자유권 · 개성의 자유로운 발현권 등이 포함되어 있다.

기출 OX

01 인격권은 헌법 제10조의 인간의 존엄과 가치로부터 유래한다. 22. 소방간부
( )

> **판례 | 인간의 존엄과 가치에 관한 판례**
>
> **1 계구사용행위 [위헌확인]**
> 청구인은 1년이 넘는 기간 동안 이중금속수갑과 가죽수갑을 착용하여 두 팔이 몸에 고정된 상태에서 생활하였고 이와 같은 상태에서 식사, 용변, 취침을 함으로써 일상생활을 정상적으로 수행할 수 없었다. 따라서 이 사건 계구사용행위는 기본권 제한의 한계를 넘어 **필요 이상으로 장기간 과도하게 신체거동을 제한한바** 이는 인간의 존엄성을 침해한 것으로 보아야 한다(헌재 2003.12.18, 2001헌마163).
>
> **2 구치소 내 과밀수용 [인용]**
> 교정시설의 1인당 수용면적*이 수형자의 인간으로서 기본욕구에 따른 생활조차 어렵게 할 만큼 지나치게 협소하다면 이는 그 자체로 국가형벌권 행사의 한계를 넘어 수형자의 인간의 존엄과 가치를 침해하는 것이다(헌재 2016.12.29, 2013헌마142).
> * 1인당 평균사용가능면적은 $1m^2$ 남짓으로 누워 칼잠을 자야 할 정도이다.
>
> **3 최소한의 조명유지 [기각]**
> 법무부훈령인 법무시설 기준규칙은 수용동의 조도 기준을 취침 전 200룩스 이상, 취침 후 60룩스 이하로 규정하고 있는데, 수용자의 도주나 자해 등을 막기 위해서 취침 시간에도 최소한의 조명을 유지하는 것은 수용자의 인간의 존엄과 가치를 침해하지 아니한다(헌재 2018.8.30, 2017헌마440).

한눈에 쏙!

계구사용	주문
1년 이상	위헌
검사조사실	위헌
동행, 연승	합헌

기출 OX

02 교정시설의 1인당 수용면적이 수형자의 인간으로서의 기본욕구에 따른 생활조차 어렵게 할 만큼 지나치게 협소하더라도 교정시설의 형편상 불가피한 것이라면 인간의 존엄과 가치를 침해하는 것이 아니다. 17. 지방직 7급
( )

정답 01 ○ 02 ×

(2) 근본규범성

우리 헌법이 지향하는 최고의 실천원리이자 구성원리이므로, 모든 국가작용의 목적·판단기준·정당성의 근거가 되며, 모든 법해석의 기준이 되고, 기본권 제한 및 헌법개정의 한계가 된다.

(3) 자연권성(다수설)

3. 주체

주체는 꼭 우리 국민만이 아니라, 모든 인간이 그 주체가 된다.*

* 다만, 법인은 인간의 존엄의 주체가 되지 못한다. 의문인 것은 인간의 존엄의 주체가 되지 못하는데 법인은 인격권의 주체가 된다.

02 행복추구권

1. 의의

행복추구권은 소극적으로는 고통과 불쾌감이 없는 상태를 추구할 권리, 적극적으로는 안락하고 만족스러운 삶을 추구하는 권리이다(헌재 1997.7.16, 95헌가6 등).

> **판례 | 행복추구권의 의미와 관련된 판례**
>
> **1 국가유공자에 대한 보상금 지급 [합헌]**
> 헌법 제10조의 행복추구권은 국민이 행복을 추구하기 위하여 필요한 급부를 국가에게 적극적으로 요구할 수 있는 것을 내용으로 하는 것이 아니라, 국민이 행복을 추구하기 위한 활동을 국가권력의 간섭 없이 자유롭게 할 수 있다는 **포괄적인 의미의 자유권**으로서의 성격을 가지므로 국민에 대한 일정한 보상금의 수급기준을 정하고 있는 이 사건 규정이 **행복추구권을 침해한다고 할 수 없다**(헌재 1995.7.21, 93헌가14).
>
> **2 행복추구권도 공동체의 이익과 관련됨**
> 헌법이 보장하는 행복추구권이 공동체의 이익과 무관하게 무제한의 경제적 이익의 도모를 보장하는 것이라고는 볼 수 없다(헌재 1995.7.21, 94헌마125).

2. 법적 성격

행복추구권에 대한 헌법재판소의 판례입장은 사안에 대하여 직접 적용할 기본권 규정이 없는 경우에 보충적으로 적용해야 한다는 보충적 보장설을 취한다(헌재 2002.8.29, 2000헌가5 등).** 07. 법원직

** 행복추구권과 평등권이 경합하는 경우에도 평등권 침해 여부만을 심사한다(헌재 2016.11.24, 2014헌마977).

기출 OX

01 행복추구권과 개별 기본권이 경합하면 행복추구권은 보충적 기본권의 지위를 갖는다. 11. 국가직 7급 ( )

02 휴식권은 헌법상 명문의 규정은 없으나 포괄적인 기본권인 행복추구권의 한 내용으로 볼 수 있다. 05. 법행 ( )

03 포괄적인 의미의 자유권으로서의 성격을 가지는 행복추구권은 국민이 행복을 추구하기 위하여 필요한 급부를 국가에게 적극적으로 요구할 수 있는 것을 내용으로 한다. 22. 법학경채 ( )

정답 01 ○ 02 ○ 03 ×

03 파생되는 기본권

1. 일반적 행동자유권

국민이 행복을 추구하기 위하여 적극적으로 자유롭게 행동할 수 있는 것과 소극적으로 행동하지 않을 자유를 포함한다.

2. 일반적 인격권(명예권·초상권·성명권)

개인의 일반적 인격권은 인간의 존엄성에서 유래되는 것으로 헌법 제10조에서 근거를 찾는 것이 타당하다. 헌법재판소도 "정기간행물의 등록 등에 관한 법률 제16조 제3항의 정정보도청구권은 일반적 인격권에 바탕을 둔 것으로, 이는 헌법 제10조에서 나온다."라고 판시한 바 있다(헌재 1991.9.16, 89헌마165).

(1) 명예는 사람이나 그 인격에 대한 '사회적 평가', 즉 객관적·외부적 가치평가를 말하는 것이지 단순히 주관적·내면적인 명예감정은 포함하지 않는다고 보아야 한다(헌재 2005.10.27, 2002헌마425).***

> *** 외부에서 어떻게 생각하느냐가 중요하지 본인 스스로 어떻게 생각하는가는 문제가 되지 않는다. 외부에서는 잘했다고 생각하는데 본인은 2등 한 것이 너무 창피하다고 해서 "그 사람이 2등 했다."라고 보도한 것이 명예훼손이 되지는 않는다.

(2) 성명은 개인의 정체성과 개별성을 나타내는 인격의 상징으로서 개인이 사회 속에서 자신의 생활영역을 형성하고 발현하는 기초가 되는 것이라 할 것이므로 자유로운 성의 사용 역시 헌법상 인격권으로부터 보호된다(헌재 2005.12.22, 2003헌가5 등).

> **판례 | 개명과 인격권**
>
> 개명으로 인하여 사회적 폐단이나 부작용이 발생할 수 있다는 점을 지나치게 강조하여 개명을 엄격하게 제한할 경우 헌법상의 개인의 인격권과 행복추구권을 침해하는 결과를 초래할 우려가 있다(대결 2005.11.16, 2005스26).

(3) 성별정정의 경우 대법원은 사회통념상 남성으로 평가될 수 있는 성전환자에 해당함이 명백하므로 호적정정 및 개명을 허가할 여지가 충분히 있다고 보아 원칙적으로는 이를 허용한다(대결 2006.6.22, 2004스42).

(4) 초상권의 경우 우리 헌법 제10조 제1문에 의하여 헌법적으로 보장되는 권리이다(대판 2006.10.13, 2004다16280). 따라서 당사자의 동의 없이 초상사진을 언론매체에 게재하는 것은 인격권에 대한 침해이다.

> **판례 | 일반적 인격권에 관한 판례**
>
> **1 사죄광고 강제**
>
> 사죄광고는 그 구체적 내용이 국가기관에 의하여 결정되는 것임에도 불구하고 마치 본인의 자발적 의사형성인 것같이 되는 것이며 … 따라서 사죄광고 과정에서는 자연인이든 법인이든 인격의 자유로운 발현을 위해 보호받아야 할 인격권이 무시되고 **국가에 의한 인격의 외형적 변형이 초래**되어 인격형성에 분열이 필연적으로 수반되게 된다. 이러한 의미에서 사죄광고제도는 헌법에서 보장된 인격의 존엄과 가치 및 그를 바탕으로 하는 인격권에 큰 위해도 된다고 볼 것이다(헌재 1991.4.1, 89헌마160).

기출 OX

04 일반적 행동자유권의 보호영역에는 개인의 생활방식과 취미에 관한 사항도 포함되며, 여기에는 위험한 스포츠를 즐길 권리와 같은 위험한 생활방식으로 살아갈 권리도 포함된다. 15. 서울시 7급 ( )

기출 OX

05 성명은 개인의 정체성과 개별성을 나타내는 인격의 상징으로서 개인이 사회 속에서 자신의 생활영역을 형성하고 발현하는 기초가 되는 것이라 할 것이므로 자유로운 성의 사용 역시 헌법상 인격권으로부터 보호된다고 할 수 있다. 18. 법원직 ( )

06 헌법 제10조로부터 도출되는 일반적 인격권에는 개인의 명예에 관한 권리도 당연히 포함되며, '명예'에는 사람이나 그 인격에 대한 '사회적 평가', 즉 객관적 외부적 가치평가뿐만 아니라 주관적 내면적인 명예감정도 포함된다. 22. 경찰승진 ( )

주의
개명의 경우 원칙은 허용하지만, 채무관계 등 경제적 이해관계가 있는 경우에는 불허될 수 있다.

한눈에 쏙!

사죄광고 정리

구분	주문
대부분	위헌
학교폭력	합헌

오답노트
① 법인의 양심의 자유 침해 ×
② 법인대표자의 양심의 자유 침해 ○
③ 법인의 인격권 침해 ○

정답 04 ○ 05 ○ 06 ×

2 사과방송 강제
이 사건 심판대상조항은 방송사업자의 의사에 반한 사과행위를 강제함으로써 방송사업자의 인격권을 제한하며, 이러한 제한이 그 목적과 방법 등에 있어서 헌법 제37조 제2항에 의한 헌법적 한계를 벗어난 것이다(헌재 2012.8.23, 2009헌가27).

3 학교폭력 가해학생에 대한 서면사과 조치 [합헌]
[1] 헌법재판소는 사죄광고나 사과문 게재를 명하는 조항에 대하여 양심의 자유와 인격권 침해를 인정하여 왔으나, 이 사건에서는 **가해학생의 선도와 피해학생의 피해회복 및 정상적인 교육관계회복을 위한 특별한 교육적 조치**로 보아 피해학생에 대한 서면사과 조치가 가해학생의 양심의 자유와 인격권을 침해하지 않는다고 판단하였다.

[2] **의무화 규정은** 학교폭력의 축소·은폐를 방지하고 피해학생의 보호 및 가해학생의 선도 교육을 위하여, 학부모들의 자치위원회 참여를 확대 보장하고 자치위원회의 회의소집과 가해학생에 대한 조치 요청, 학교의 장의 가해학생에 대한 조치를 모두 의무화한 것으로 가해학생의 인격권을 침해하지 않는다(헌재 2023.2.23, 2019헌바93).

✐ 의무화 규정은 교장 등의 개입을 막아 중립적이고 객관적으로 판단하겠다는 의미로 파악된다.

4 초상권 침해
공개된 장소에서 이루어졌다거나 민사소송의 증거를 수집할 목적으로 이루어졌다는 사유만으로 정당화되지 않는다. 일상생활을 본인 동의 없이 촬영한 행위는 초상권 및 사생활의 비밀과 자유를 침해하는 불법행위에 해당한다(대판 2006.10.13, 2004다16280).

5 태아의 성별 고지 금지 [헌법불합치]
성별을 이유로 한 낙태를 방지함으로써 성비의 불균형을 해소하고 태아의 생명을 보호하기 위해 입법된 것으로 목적의 정당성이 인정된다. 그러나 **남아선호사상이 확연히 쇠퇴하고 있고, 심판대상조항이 사문화되었음에도 불구하고 출생성비가 자연성비의 정상범위 내이므로, 심판대상조항은 더 이상 태아의 성별을 이유로 한 낙태를 방지하기 위한 목적을 달성하는 데에 적합하고 실효성 있는 수단이라고 보기 어렵고**, 입법수단으로서도 현저하게 불합리하고 불공정하다. 태아의 생명 보호를 위해 국가가 개입하여 규제해야 할 단계는 성별고지가 아니라 낙태행위인데, 심판대상조항은 낙태로 나아갈 의도가 없는 부모까지 규제하여 기본권을 제한하는 과도한 입법으로 침해의 최소성에 반하고, 법익의 균형성도 상실하였다. 따라서 심판대상조항은 과잉금지원칙을 위반하여 부모가 태아의 성별 정보에 대한 접근을 방해받지 않을 권리를 침해한다(헌재 2024.2.28, 2022헌마356 등).

✐ 알 권리는 헌법 제21조의 표현의 자유 등으로부터 도출되는 '알 권리'는 일반적으로 접근 가능한 정보원, 특히 국가 기타 공공기관이 보유하고 있는 정보에 대한 접근을 보장하여 표현의 전제조건이 되는 정보형성, 정보획득을 가능하게 하기 위한 기본권이다. 태아의 성별 정보는 국가나 공공기관이 아닌 의료인이 정보 보유자이고, 또한 태아의 성별 정보가 일반적으로 접근 가능한 정보원에 해당한다고 보기도 어려운 점에서, 태아의 부모가 태아의 성별 정보를 미리 확인할 자유를 이른바 '알 권리'의 범주에 포함시킬 수는 없는 것이다. 또한 이는 인격권에서 파생되는 접근권이 주된 기본권이다. 인격권은 인간의 존엄성에서 파생되는 기본권이니 이와 구분되는 행복추구권은 관련 기본권으로 볼 수 없다.

6 피의자 조사과정 촬영허용행위 [위헌확인]
청구인은 기자들에게 청구인이 경찰서 내에서 수갑을 차고 얼굴을 드러낸 상태에서 조사받는 모습을 촬영할 수 있도록 허용한 것인바, 신원공개가 허용되는 예외사유가 없는 청구인에 대한 이러한 수사 장면의 공개 및 촬영은 이를 정당화할 만한 어떠한 공익 목적도 인정하기 어려우므로 촬영허용행위는 목적의 정당성 자체가 인정되지

한눈에 쏙!

관련 기본권	인정 여부
알 권리	×
행복추구권	×
인격권에서 파생되는 접근권	○
직업수행의 자유	○

기출 OX
01 헌법 제10조로부터 도출되는 일반적 인격권에는 각 개인이 그 삶을 사적으로 형성할 수 있는 자율영역에 대한 보장이 포함되어 있음을 감안할 때, 장래 가족의 구성원이 될 태아의 성별 정보에 대한 접근을 국가로부터 방해받지 않을 부모의 권리는 이와 같은 일반적 인격권에 의하여 보호된다. 12. 국가직 7급 ( )

정답 01 ○

아니한다. 피청구인이 언론사 기자들의 취재 요청에 응하여 청구인이 경찰서 내에서 양손에 수갑을 찬 채 조사받는 모습을 촬영할 수 있도록 허용한 행위는 청구인의 인격권을 침해하여 위헌임을 확인한다(헌재 2014.3.27, 2012헌마652).

✎ 피의자 촬영행위의 경우 피의자를 특정하는 결과를 낳게 되는 수사관서 내에서 수사 장면의 촬영은 보도과정에서 사건의 사실감과 구체성을 추구하고, 범죄정보를 좀 더 실감나게 제공하려는 목적 외에는 어떠한 공익도 인정하기 어렵다.

3. 자기결정권

① **개념**: 국가의 간섭 없이 자신의 책임하에서 어떠한 결정을 행사할 수 있는 권리를 말한다.
② **근거**: 판례는 인격권과 결부되는 자기결정권을 헌법 제10조의 인간의 존엄과 가치와 행복추구권으로 보고 있다(헌재 1990.9.10, 89헌마82).
③ **주체**: 인간인 경우 모두 이에 해당한다. 따라서 법인의 경우도 법인의 생활영역에서는 자기결정권의 주체가 될 수 있다고 본다.

판례 | 자기결정권에 관한 판례

1 혼인빙자간음죄와 성적 자기결정권 [위헌]

남성이 해악적 문제를 수반하지 않는 방법으로 여성을 유혹하는 성적 행위에 대해서 국가가 개입하는 것은 억제되어야 한다. … 남성의 여성에 대한 유혹의 방법은 남성의 내밀한 성적 자기결정권의 영역에 속하는 것이고 또한 애정행위는 그 속성상 과장이 수반되게 마련이다. 이 사건 법률 조항은 남녀평등의 사회를 지향하고 실현해야 할 국가의 헌법적 의무에 반하는 것이자, **여성을 보호한다는 미명 아래 사실상 국가 스스로가 여성의 성적 자기결정권을 부인하는 행위이다**(헌재 2009.11.26, 2008헌바58).

✎ 혼인빙자 간음죄의 목적은 여성의 착오에 의한 성관계를 막겠다는 것인데 오늘날의 관점에서 올바른 것인지 의문이다. 이는 여성의 성적 자기결정권을 부인하고 여성을 유아시하는 입법목적이다.

2 의료보험 요양기관 강제지정 [합헌]

의료법에 의해 개설된 모든 의료기관을 의료보험대상기관으로 강제지정하는 것은 의료소비자인 국민이 의료행위의 질·범위·보수 등을 자유롭게 결정할 수 있는 자유를 제한하는 것이다. … 이러한 제한은 의료보험의 기능확보라는 중대한 공익의 실현을 위하여 행해지는 것으로서, 의료소비자인 국민의 선택권을 과도하게 침해하는 것이라고 볼 수 없다(헌재 2002.10.31, 99헌바76 등).

3 성매매처벌법 [합헌]

[1] 개인의 성행위 그 자체는 사생활의 내밀영역에 속하고 개인의 성적 자기결정권의 보호대상에 속한다고 할지라도, 그것이 외부에 표출되어 사회의 건전한 성풍속을 해칠 때에는 마땅히 법률의 규제를 받아야 한다.

[2] 불특정인을 상대로 한 성매매와 특정인을 상대로 한 성매매는, 건전한 성풍속 및 성도덕에 미치는 영향, 제3자의 착취 문제 등에 있어 다르다고 할 것이므로, 불특정인에 대한 성매매만을 금지대상으로 규정하고 있는 것이 평등권을 침해한다고 볼 수도 없다(헌재 2016.3.31, 2013헌가2).

기출 OX

02 혼인을 빙자하여 부녀를 간음한 남자를 처벌하는 형법 조항은 사생활의 비밀과 자유를 제한하는 것이라고 할 수 있지만, 혼인을 빙자하여 부녀를 간음한 남자의 성적 자기결정권을 제한하는 것은 아니다. 19. 국가직 7급

( )

⇨ 혼인빙자간음죄는 여성뿐만 아니라 형사처벌받는 남성의 경우에도 자기결정권을 침해한다.

한눈에 쏙!

대상	처벌
특정인	×
불특정인	○

정답 02 ×

④ **내용**: 자기결정권이 인격적 이익만 보호한다는 인격적 이익설과 인격과 무관한 모든 생활영역에서 자기결정권을 보호한다는 일반적 자유설이 대립하나, 헌법재판소는 일반적 자유설의 입장이다.

4. 평화적 생존권의 기본권성 인정 여부

> **판례 | 2007년 전시증원연습 등 위헌확인**
>
> 평화적 생존권이란 이름으로 주장하고 있는 평화란 헌법의 이념 내지 목적으로서 추상적인 개념에 지나지 아니하고, 평화적 생존권은 이를 헌법에 열거되지 아니한 기본권으로서 특별히 새롭게 인정할 필요성이 있다거나 그 권리내용이 비교적 명확하여 구체적 권리로서의 실질에 부합한다고 보기 어려워 **헌법상 보장된 기본권이라고 할 수 없다**(헌재 2009.5.28, 2007헌마369).

04 효력

인간의 존엄과 가치, 행복추구권은 사법의 일반원칙을 통하여 사인 간에도 적용되어 이를 침해하면 불법행위가 된다.

05 제한과 한계

좁은 의미의 인간의 존엄과 가치, 행복추구권도 헌법 제37조 제2항의 일반적 법률유보에 의해 국가안전보장·질서유지 또는 공공복리를 위하여 제한될 수 있으나, 본질적 부분은 침해할 수 없다. 07. 법원직

> **판례 | 헌법 제10조 제한과 한계에 관한 판례**
>
> **1 도주차량운전자의 가중처벌 [위헌]**
> 본 법률 조항에서 과실로 사람을 치상하게 한 자가 구호행위를 하지 아니하고 도주하거나 고의로 유기함으로써 치사의 결과에 이르게 한 경우에 살인죄와 비교하여 그 법정형을 더 무겁게 한 것은 형벌체계상의 정당성과 균형을 상실한 것으로서 헌법 제10조의 인간으로서의 존엄과 가치를 보장한 국가의 의무와 헌법 제11조의 평등의 원칙 및 헌법 제37조 제2항의 과잉입법금지의 원칙에 반한다(헌재 1992.4.28, 90헌바24).
> ✎ 뺑소니가 잘못된 것은 사실이나, 살인죄의 양형의 2배는 과하다는 판시이다.
>
> **2 구 기부금품모집규제법 [위헌]**
> 기부금품의 모집행위도 행복추구권에서 파생하는 일반적인 행동자유권에 의하여 기본권으로 보장되기 때문에, 법의 허가가 기본권의 본질과 부합하려면, 그 허가절차는 기본권에 의하여 보장된 자유를 행사할 권리 그 자체를 제거해서는 아니 되고 허가절차에 규정된 법률요건을 충족시킨 경우에는 기본권의 주체에게 기본권 행사의 형식적 제한을 다시 해제할 것을 요구할 수 있는 법적 권리를 부여하여야 한다. 그런데 법은 **구체적인 허가요건을 규정하지 아니하고, 허가 여부를 오로지 행정청의 자유로운 재량행사에 맡기고 있다.** 그러므로 법 제3조는 기부금품을 모집하고자

기출 OX
01 국가의 간섭을 받지 않고 자유로이 기부금품 모집행위를 할 수 있는 기회의 보장은 재산권의 보호범위에 포함되지 않고, 행복추구권에서 파생되는 일반적 행동의 자유에 의하여 보호된다. 11. 법원직 ( )

정답 01 ○

하는 국민에게 허가를 청구할 법적 권리를 부여하지 아니함으로써 국민의 기본권(**행복추구권**)을 **침해하**는 **위헌적인 규**정이다(헌재 1998.5.28, 96헌가5).

✎ 원칙과 예외과 전도된 판례이다. 원칙 허용 예외 금지로 해야 할 사안을 반대로 규율하고 있다. 문제되는 것만 방법상 규제를 통해서 해결하면 될 것을 기부를 원칙적으로 금지하고 있어서 행복추구권을 침해하는 규정이다.

3 신 기부금품모집규제법 [합헌]

한편, **구 기부금품모집금지법과는 달리 '금지'가 아닌 '과잉모집 규제와 적정사용'에 목적을 두고 기속적인 기부금품 모집허가를 규정하고 있는 점**, 기부금품 모집을 허가해야 할 사업의 범위를 넓게 규정하면서 일반조항을 통하여 대부분의 공익사업에 대한 기부금품 모집이 가능하도록 하고 있는 점, 기부금품의 모집이 무분별하게 이루어지지 않을 것으로 기대되거나 적정한 사용이 담보될 수 있을 것으로 보이는 일정한 경우에는 모집행위에 허가를 요하지 아니하는 점 등을 고려할 때 기본권의 최소침해성원칙이나 법익균형성원칙에 반한다고 보기도 어렵다. 따라서 이 사건 허가조항은 헌법 제37조 제2항의 과잉금지원칙에 위반하여 기부금품을 모집할 일반적 행동의 자유를 침해하지 않는다(헌재 2010.2.25, 2008헌바83).

4 간통죄의 형사처벌과 성적 자기결정권 [위헌]

혼인제도 및 부부간 정조의무 보호라는 공익이 더 이상 심판대상조항을 통하여 달성될 것으로 보기 어려운 반면, 심판대상조항은 국민의 성적 자기결정권 등의 기본권을 지나치게 제한하고 있으므로 법익균형성도 상실하였다. 결국 심판대상조항은 과잉금지원칙에 위배하여 국민의 성적 자기결정권 및 사생활의 비밀과 자유를 침해하는 것으로서 헌법에 위반된다(헌재 2015.2.26, 2009헌바17).

✎ 간통죄가 수단이 깨진 것인가에 대해서는 5인이 그렇다고 판단함

5 자동차운전전문학원의 운영정지 [위헌]

이 사건 조항이 운전전문학원의 귀책사유를 불문하고 수료생이 일으킨 교통사고를 자동적으로 운전전문학원의 법적 책임으로 연관시키고 있는 것은 운전전문학원이 주체적으로 행해야 하는 **자기책임의 범위를 벗어난 것이며** … 비례의 원칙에 어긋나 운전전문학원 운영자의 직업의 자유를 침해한다(헌재 2005.7.21, 2004헌가30).

6 면세담배의 유통 책임을 제조업자에게 부과 [위헌]

담배제조자는 면세담배를 공급받은 자가 이를 용도 외로 사용하는지 여부에 관하여 이를 관리하거나 감독할 수 있는 법적 권리나 의무가 없음에도 불구하고, 공급받은 면세담배를 용도 외로 처분한 데에 대한 책임이 누구에게 있는지에 대한 고려 없이 징세절차의 편의만을 위해 무조건 원래의 납세의무자였던 제조자에게 담배소비세와 가산세를 부과하는 것은 **자신의 통제권 내지 결정권이 미치지 않는 데 대하여까지 책임을 지게 하는 것으로서 자기책임의 원리에 부합한다고 보기 어렵다**(헌재 2004.6.24, 2002헌가27).

✎ 유통업자가 잘못한 것인데 왜 제조업체에게 연대책임을 묻는가? 이는 잘못이다.

7 화재보험 강제가입 [한정위헌]

이른바 계약자유의 원칙이란 계약을 체결할 것인가의 여부, 체결한다면 어떠한 내용의, 어떠한 상대방과의 관계에서, 어떠한 방식으로 계약을 체결하느냐 하는 것도 당사자 자신이 자기의사로 결정하는 자유뿐만 아니라, 원치 않으면 계약을 체결하지 않을 자유를 말하여, 이는 헌법상의 행복추구권 속에 함축된 일반적 행동자유권으로부터 파생되는 것이라 할 것이다. … **4층 이상의 건물에 대해 획일적인 보험가입강제를 하는 것은** 개인의 경제상의 자유와 창의의 존중을 기본으로 하는 **경제질서와 과잉금지의 원칙에 합치되지 아니하여 헌법에 위반**된다(헌재 1991.6.3, 89헌마204).

한눈에 쏙!

기본권	관련성	헌법재판소
재산권	간접	×
결사의 자유	간접	×
행복추구권	직접	○

법에 의한 제한은 단지 기부행위를 할 기회만을 제한할 뿐 재산권의 자유로운 처분에 대한 제한을 하는 것은 아니다. 국가의 간섭을 받지 아니하고 자유로이 기부행위를 할 수 있는 기회의 보장은 헌법상 보장된 재산권의 보호범위에 포함되지 않는다.

✎ 자유로운 재산권 행사는 가능하며, 법적 요건을 구비한 곳에는 기부할 수도 있다. 어떤 기회의 보장은 재산권에서 보호하지 않는다.

한눈에 쏙!

화재보험 가입 관련 비교

유동인구	가입
많다	필수
적다	임의

8 마약류 수용자에 대한 소변채취 [기각]

청구인이 그 주장과 같이 법률상 근거 없이 의무도 없는 소변채취를 강요당하였다면 헌법 제10조의 인간의 존엄과 가치 및 행복추구권에 의하여 보장되는 **일반적인 행동의 자유권[하기 싫은 일(소변을 받아 제출하는 일)을 하지 않을 자유, 자기 신체상태나 정보에 대하여 외부에 알리지 않을 자유]**과 헌법 제12조에 의하여 보장되는 신체의 자유의 침해 여부가 문제가 된다고 할 것이다. … 행형법 제17조의2 (신체검사 등) 제1항이 이 사건 소변채취의 법률상 근거가 된다. 정기적으로 소변 채취를 통하여 마약반응검사를 실시하는 것은 **교정시설 내의 안전과 질서유지 및 교정목적에 기여**하는 측면이 높다는 점에서 … 이 사건 소변채취는 과잉금지의 원칙에 위반되지 아니한다(헌재 2006.7.27, 2005헌마277).

9 18세 미만 자 당구장 출입금지 [위헌]

당구장 출입자의 자숙이나 시설, 환경의 정화로 당구의 실내 스포츠로서의 이미지 개선은 가능한 것으로 사료되며 당구 자체에 청소년이 금기시해야 할 요소가 있는 것으로는 보여지지 않기 때문에 **당구를 통하여 자신의 소질과 취미를 살리고자 하는 소년에 대하여** 당구를 금하는 것은 헌법상 보장된 행복추구권의 한 내용인 **일반적인 행동자유권의 침해**가 될 수 있을 것이다(헌재 1993.5.13, 92헌마80).

10 마약류 수용자에 대한 항문검사 [기각]

청구인이 수인하여야 할 모욕감이나 수치심에 비하여 반입금지품을 차단함으로써 얻을 수 있는 수용자들의 생명과 신체의 안전, 구치소 내의 질서유지 등의 공익이 보다 크므로(법익균형성), 과잉금지의 원칙에 위배되었다고 할 수 없다(헌재 2006.6.29, 2004헌마826).

11 전자영상장비를 사용한 항문검사 [기각]

이 사건 신체검사로 인하여 수용자가 느끼는 모욕감이나 수치심이 결코 작다고 할 수는 없지만, 흉기 기타 위험물이나 금지물품을 교정시설 내로 반입하는 것을 차단함으로써 수용자 및 교정시설 종사자들의 생명·신체의 안전과 교정시설 내의 질서를 유지한다는 공적인 이익이 훨씬 크다 할 것이므로, 법익의 균형성 요건 또한 충족된다. 이 사건 신체검사는 필요한 최소한도를 벗어나 과잉금지원칙에 위배되어 청구인의 인격권 내지 신체의 자유를 침해한다고 볼 수 없다(헌재 2011.5.26, 2010헌마775).

12 차폐시설이 불충분한 유치장 내 화장실 이용의 강제 [위헌]

유치기간 동안 위와 같은 구조의 화장실을 사용하도록 강제한 피청구인의 행위는 인간으로서의 기본적 품위를 유지할 수 없도록 하는 것으로서, 수인하기 어려운 정도라고 보여지므로 전체적으로 볼 때 **비인도적·굴욕적**일 뿐만 아니라 동시에 비록 건강을 침해할 정도는 아니라고 할지라도 헌법 제10조의 인간의 존엄과 가치로부터 유래하는 인격권을 침해하는 정도에 이르렀다고 판단된다(헌재 2001.7.19, 2000헌마546).

13 경찰서유치장에서 신체과잉수색 [위헌확인]

청구인들의 옷을 전부 벗긴 상태에서 청구인들에 대하여 실시한 이 사건 신체수색은 그 수단과 방법에 있어서 필요 최소한의 범위를 명백하게 벗어난 조치로서 이로 말미암아 **청구인들에게 심한 모욕감과 수치심만을 안겨주었다고 인정하기에 충분**하다. … 이 사건 신체수색은 그 수단과 방법에 있어서 필요한 최소한도의 범위를 벗어나 헌법 제10조 및 제12조에 의하여 보장되는 청구인들의 인격권 및 신체의 자유를 침해한 것이어서 마땅히 취소되어야 할 것이다(헌재 2002.7.18, 2000헌마327).

기출 OX

01 체육시설의 설치·이용에 관한 법률 및 동 시행령에서 당구장영업에 18세 미만 자 출입금지표시 규정을 두어 영업의 대상 범위에 제한을 가하는 것은 평등의 원칙에 대한 예외사유로서 합리성이 있다. 04. 법원직 ( )

기출 OX

02 구치소에서의 항문 내 검사는 인격권을 침해하는바 위헌이 되었다. 07. 사시 ( )

기출 OX

03 수용자를 교정시설에 수용할 때마다 전자영상검사기를 이용하여 수용자의 항문 부위에 대한 신체검사를 하는 것이 수용자의 인격권을 침해하는 것은 아니다. 22. 경찰 ( )

정답 01 × 02 × 03 ○

14 운동화착용 금지 [기각]

민사법정에 출석하는 수형자에게 운동화착용을 불허하고 고무신을 신게 한 이 사건 운동화착용불허행위는 시설 바깥으로의 외출이라는 기회를 이용한 **도주를 예방하기 위한 것**으로서 그 목적이 정당하고, 위와 같은 목적을 달성하기 위한 적합한 수단이라 할 것이다. 또한 신발의 종류를 제한하는 것에 불과하여 법익침해의 최소성과 균형성도 갖추었다 할 것이므로, 이 사건 운동화착용불허행위가 기본권 제한에 있어서의 과잉금지원칙에 반하여 청구인의 인격권과 행복추구권을 침해하였다고 볼 수 없다(헌재 2011.2.24, 2009헌마209).

15 가정의례의 참뜻에 비추어 허례허식행위의 금지 [위헌]

결혼식 등의 당사자가 자신을 축하하러 온 하객들에게 주류와 음식물을 접대하는 행위는 인류의 오래된 보편적인 사회생활의 한 모습으로서 개인의 일반적인 행동의 자유영역에 속하는 행위이므로 이는 헌법 제37조 제1항에 의하여 경시되지 아니하는 기본권이며 헌법 제10조가 정하고 있는 행복추구권에 포함되는 일반적 행동자유권으로서 보호되어야 할 기본권이다. … 혼인 등의 하객들에게 주류 및 음식물의 접대를 원칙적으로 금지하고, **가정의례의 참뜻에 비추어 합리적인 범위 안에서는 죄형법정주의 명확성원칙을 위배하여 청구인의 일반적 행동자유권을 침해하였다**(헌재 1998.10.15, 98헌마168).

16 자필증서에 의한 유언시 날인요구 [합헌]

이 사건 법률 조항 부분은 성명의 자서만으로는 입법목적을 달성하기에 부족하다는 고려에 입각하고 있으므로 성명의 자서 외에 날인이라는 동일한 기능을 가진 **두 가지 방식을 불필요하게 중복적으로 요구하는 것으로 볼 수는 없다.** … 기본권 침해의 최소성원칙에 위반되지 않을 뿐 아니라 법익균형성의 요건도 갖추고 있다(헌재 2008.3.27, 2006헌바82).

∥ 유언은 법률행위 중 가장 형식을 중요시하는 법률행위이다. 행위자는 사망하였는데 엄청난 재산이 오고갈 수도 있어서 안전장치를 여러 개 두는 것이 일반적이다. 따라서 자필증서라 해도 날인(도장)까지 요구하는 것은 잘못된 것이 아니라는 판례이다.

17 고속도로 등에서의 이륜차 통행금지 [기각]

이 사건 법률 조항에 의하여 이륜차를 이용하여 고속도로 등을 통행할 수 있는 자유를 제한당하고 있다. 이는 행복추구권에서 우러나오는 일반적 행동의 자유를 제한하는 것이다. 그러나 이 사건 법률 조항이 청구인들의 **거주·이전의 자유를 제한한다고 보기는 어렵다.** … 고속도로 등에 이륜차의 통행을 허용할 경우에는 고속으로 주행하는 이륜차의 사고위험성이 더욱 증가되고 그로 인하여 일반자동차의 고속주행과 안전까지 저해할 우려가 있다. … 과도하게 제한한다고 볼 수 없다(헌재 2007.1.17, 2005헌마1111 등).

∥ 거주·이전의 자유는 거주지나 체류지라고 볼 만한 정도로 생활과 밀접한 연관을 갖는 장소를 선택하고 변경하는 행위를 보호하는 기본권이다. 따라서 일시적 이동장소의 경우 관련이 없다. 이 사건 법률조항은 이륜자동차 운전자가 고속도로 등을 통행하는 것을 금지하고 있을 뿐, 퀵서비스 배달업의 직업수행행위를 직접적으로 제한하는 것이 아니다. 사륜자동차를 이용하여 퀵서비스업을 수행하는 사람은 이 사건 법률조항으로 인하여 아무런 제한을 받지 아니한다.

18 사회복지법인의 기본재산(부동산 등) 처분의 허가제 [합헌]

'사회복지법인의 운영의 자유'는 헌법 제10조에서 보장되는 행복추구권의 구체적인 한 표현인 일반적인 행동자유권 내지 사적 자치권으로 보장되는 것이다. … 법인의 기본재산을 처분함에 있어 사회복지법인이 설립자나 법인 운영자의 사익이나 자의적 경영을 방지하기 위하여 보건복지부장관의 허가를 받도록 하는 것은 그 목적을 달성하는 데 적절한 수단이라 하지 않을 수 없다. 그렇다면 이 사건 법률 조항들은 헌법에 위반되지 아니한다(헌재 2005.2.3, 2004헌바10).

기출 OX

04 외부 민사재판에 출정할 때 운동화를 착용하게 해달라는 수형자인 청구인의 신청에 대하여 이를 불허한 피청구인 교도소장의 행위는 청구인의 인격권을 침해한다고 볼 수 없다. 22. 법원직 ( )

기출 OX

05 '가정의례의 참뜻에 비추어 합리적인 범위 내'라는 소극적 범죄구성요건은 죄형법정주의 명확성원칙을 위배하지 아니하였다. 18. 법원직 ( )

기출 OX

06 사회복지법인의 법인운영의 자유는 헌법 제10조의 행복추구권에서 보장되는 일반적 행동자유권 내지 사적 자치권으로 보장되는 것이다. 14. 국가직 7급 ( )

정답 04 ○ 05 × 06 ○

19 무면허의료행위의 금지 [기각]
이 사건 법률 조항은 '의료행위'를 개인의 경제적 소득활동의 기반이자 자아실현의 근거로 삼으려는 청구인의 기본권, 즉 직업선택의 자유를 제한하거나, 또는 청구인이 의료행위를 지속적인 소득활동이 아니라 취미, 일시적 활동 또는 무상의 봉사활동으로 삼는 경우에는 헌법 제10조의 행복추구권에서 파생하는 일반적 행동의 자유를 제한하는 규정이다. 이 사건 법률 조항이 **의료인이 아닌 자의 의료행위를 전면적으로 금지한 것은** 매우 중대한 헌법적 법익인 국민의 생명권과 건강권을 보호하고 국민의 보건에 관한 국가의 보호의무(헌법 제36조 제3항)를 이행하기 위하여 적합한 조치로서, … 헌법에 위반되지 않는다(헌재 2002.12.18, 2001헌마370).

20 인천국제공항고속도로 사용료 징수 [합헌]
이 도로 이용은 청구인들 자신의 자유로운 판단에 의한 것이고 **강제된 것이 아니라고 할 것이며**, 심판대상조항에 의하여 청구인들의 일반적인 행동의 자유가 제한되었다고 볼 수는 없다. 가사 이 도로의 사용료 징수가 청구인들의 일반적 행동자유권에 대한 제한에 해당한다고 하더라도 심판대상조항은 사회간접시설의 확충에 필요한 국가예산의 부족해결 및 이를 위한 민간자본의 유치라는 공공복리를 달성하기 위한 입법이므로 헌법에 위반되지 아니한다(헌재 2005.12.22, 2004헌바64).

21 친일반민족행위 [합헌]
친일반민족행위의 진상을 규명하여 정의로운 사회가 실현될 수 있도록 공동체의 윤리를 정립하고자 하는 공익의 중대성은 막대한 반면, 이 사건 법률 조항으로 인해 제한되는 조사대상자 등의 인격권은 친일반민족행위에 관한 조사보고서와 사료가 공개됨으로 인한 것에 불과하므로, 법익균형성의 원칙에도 반하지 않는다(헌재 2010.10.28, 2007헌가23).

22 주취운전 3회시 운전면허 필요적 취소 [합헌]
주취 중 운전금지규정을 3회 위반한 경우 운전면허를 필요적으로 취소하도록 규정한 것은 과잉금지의 원칙에 반하여 직업의 자유 내지 일반적 행동의 자유를 침해하지 아니한다(헌재 2006.5.25, 2005헌바91).

23 접근매체*양도금지 [합헌]
실제 이러한 자들로부터 **접근매체를 양도받은 자들이 이른바 보이스피싱 등의 금융사기범죄를 저질러** 그 피해자들이 양산되고 있는데, 이에 대하여 과태료와 같은 행정벌을 과하는 것만으로는 접근매체양도의 규제 효과를 기대하기 어렵다. 또 이 사건 처벌규정은 위와 같은 위반자들에 대하여 1년 '이하의' 징역 또는 1천만원 '이하의' 벌금에 처할 것을 규정하고 있으나, 이 사건 처벌규정 위반자들의 위반행위에 비추어 볼 때 이러한 법정형이 그 죄질과 책임에 비하여 지나치게 높게 설정된 것으로 형벌체계상의 균형을 현저히 잃고 있다고 보기도 어렵다(헌재 2011.7.28, 2010헌바115).

*접근매체는 대포통장 같은 것을 의미한다.

24 서울광장 통행제지 [인용]
[1] 거주·이전의 자유는 거주지나 체류지라고 볼 만한 정도로 생활과 밀접한 연관을 갖는 장소를 선택하고 변경하는 행위를 보호하는 기본권인바, 이 사건에서 서울광장이 청구인들의 생활형성의 중심지인 거주지나 체류지에 해당한다고 할 수 없고, 서울광장에 출입하고 통행하는 행위가 그 장소를 중심으로 생활을 형성해 나가는 행위에 속한다고 볼 수도 없으므로 **청구인들의 거주·이전의 자유가 제한되었다고 할 수 없다.**

기출 OX

01 서울광장으로 출입하고 통행하는 행위를 제지하는 것은 거주·이전의 자유를 제한한다. 16. 국가직 7급 ( )

⇨ 서울광장은 생활과 밀접한 관련이 없어서 거주·이전을 제한하지 않는다.

정답 01 ×

[2] 대규모의 불법·폭력 집회나 시위를 막아 시민들의 생명·신체와 재산을 보호한다는 공익은 중요한 것이지만, 당시의 상황에 비추어 볼 때 이러한 공익의 존재 여부나 그 실현 효과는 다소 가상적이고 추상적인 것이라고 볼 여지도 있고, 비교적 덜 제한적인 수단에 의하여도 상당 부분 달성될 수 있었던 것으로 보여 일반 시민들이 입은 실질적이고 현존하는 불이익에 비하여 결코 크다고 단정하기 어려우므로 법익의 균형성 요건도 충족하였다고 할 수 없다. 따라서 이 사건 **통행제지행위는 과잉금지원칙을 위반하여 청구인들의 일반적 행동자유권을 침해한 것이다**(헌재 2011.6.30, 2009헌마406).

25 번호통합 [기각]
이용자의 편익을 증대시키고, 예비 번호자원을 확보하며, 95%가 010번호를 이용하고 있는 점 등을 고려할 때 행복추구권을 침해하지 않는다(헌재 2013.7.25, 2011헌마63).

26 임대차존속기간을 20년으로 제한 [위헌]
제정된 지 50년이 지난 이 사건 법률 조항은 현저히 변화된 현재의 사회경제적 현상을 제대로 반영하지 못하고 있다(헌재 2013.12.26, 2011헌바234).

✎ 최근에는 거리가 활성화되면 임차인을 쫓아내는 게 문제이다. 본인들이 원하는데 굳이 20년으로 제한할 필요는 없을 것이다.

27 수갑을 찬 채 촬영을 허용하는 행위 [인용]
피청구인이 언론사 기자들의 취재 요청에 응하여 청구인이 경찰서 내에서 양손에 수갑을 찬 채 조사받는 모습을 촬영할 수 있도록 허용한 행위는 청구인의 인격권을 침해한다(헌재 2014.3.27, 2012헌마652).

28 건설업 등록말소 [위헌]
건설업과 관련 없는 죄로 임원이 형을 선고받은 경우까지도 법인이 건설업을 영위할 수 없도록 하는 것은 부실시공을 방지하고자 하는 입법목적을 달성하기 위한 적합한 수단이 될 수 없으므로, 심판대상조항은 **수단의 적합성이 인정되지 않는다**(헌재 2014.4.24, 2013헌바25).

29 금융감독원 4급 이상 직원 퇴직 후 취업제한조항 [기각]
금융기관의 업무 및 재산상황에 대한 검사 및 감독과 그에 따른 제재를 주된 업무로 하는 금융감독원의 특성을 고려할 때, 금융기관에 대한 실질적 영향력 행사 및 금융기관과의 유착으로 인한 각종 부정부패를 사전에 방지하기 위한 것으로 청구인들의 사생활의 비밀과 자유, 직업선택의 자유 및 평등권을 침해하지 않는다는 이유로 기각결정하였다(헌재 2014.6.26, 2012헌마331).

30 재범의 위험성이 없는 경우에도 보호감호 부과 [위헌]
구 사회보호법 제5조 제1항은 전과나 감호처분을 선고받은 사실 등 법정의 요건에 해당되면 **재범의 위험성 유무에도 불구하고 반드시 그에 정한 보호감호를 선고하여야 할 의무를 법관에게 부과**하고 있으니 헌법 제12조 제1항 후문, 제37조 제2항 및 제27조 제1항에 위반된다(헌재 1989.7.14, 88헌가5 등).

31 종업원의 범죄행위에 대해 과실이 없는 영업주도 처벌 [위헌]
이 사건 법률조항이 종업원의 업무 관련 무면허의료행위가 있으면 이에 대해 영업주가 비난받을 만한 행위가 있었는지 여부와는 관계없이 자동적으로 영업주도 처벌하도록 규정하고 있고, 그 문언상 명백한 의미와 달리 "종업원의 범죄행위에 대해 영업주의 선임감독상의 과실(기타 영업주의 귀책사유)이 인정되는 경우"라는 요건을 추가하여 해석하는 것은 문리해석의 범위를 넘어서는 것으로서 허용될 수 없으므로,

[참고]
구 사회보호법 제5조 【보호감호】 ① 보호대상자가 다음 각호의 1에 해당하는 때에는 10년의 보호감호에 처한다. 다만, 보호대상자가 50세 이상인 때에는 7년의 보호감호에 처한다.
1. 동종 또는 유사한 죄로 3회이상 금고이상의 실형을 받고 형기합계 5년 이상인 자가 최종형의 전부 또는 일부의 집행을 받거나 면제를 받은 후 3년내에 다시 사형·무기 또는 장기 7년 이상의 징역이나 금고에 해당하는 동종 또는 유사한 죄를 범한 때
2. 보호감호의 선고를 받은 자가 그 감호의 전부 또는 일부의 집행을 받거나 면제를 받은 후 다시 사형·무기 또는 장기 7년이상의 징역이나 금고에 해당하는 동종 또는 유사한 죄를 범한 때

⇨ 즉, 조문상 처한다로 되어 있어서 달리 해석할 수 없으며 보호감호의 본질인 재범의 위험성이 없어도 무조건 처해야 하니 이는 헌법에 위반된다.

결국 위 법률조항은 다른 사람의 범죄에 대해 그 책임 유무를 묻지 않고 형벌을 부과함으로써, 법정형에 나아가 판단할 것 없이, 형사법의 기본원리인 '책임없는 자에게 형벌을 부과할 수 없다'는 책임주의에 반한다(헌재 2007.11.29, 2005헌가10).

32 세월호피해지원법 [위헌]
[1] 세월호피해지원법에 따라 배상금 등을 지급받고도 또다시 소송으로 다툴 수 있도록 한다면, 신속한 피해구제와 분쟁의 조기종결 등 세월호피해지원법의 입법목적은 달성할 수 없게 된다. 따라서 **재판청구권을 침해하지는 않는다**.

[2] 세월호피해지원법은 배상금 등의 지급 이후 효과나 의무에 관한 일반규정을 두거나 이에 관하여 범위를 정하여 하위법규에 위임한 바가 없다. 이의제기금지조항은 기본권 제한의 **법률유보원칙에 위반**하여 법률의 근거 없이 대통령령으로 청구인들에게 세월호 참사와 관련된 일체의 이의제기금지의무를 부담시킴으로써 **일반적 행동의 자유를 침해한 것이다**(헌재 2017.6.29, 2015헌마654).

33 이름을 지을 자유 [기각]
자녀의 이름에 사용할 수 있는 한자의 범위를 통상 사용되는 한자로 제한하는 것은 부모의 자녀 이름을 지을 자유를 침해하지 않는다(헌재 2016.7.28, 2015헌마964).

34 공문서 한자사용금지 [각하]
공문서를 한글로 작성하면 학력이나 한자 독해력 등에 관계없이 모든 국민이 공문서의 내용을 쉽게 이해할 수 있기 위함으로 청구인들의 행복추구권을 침해하지 않는다(헌재 2016.11.24, 2012헌마854).

35 형의 집행을 유예하면서 사회봉사명령 [합헌]
사회에 유용한 봉사활동을 통하여 사회와 통합하여 재범방지 및 사회복귀를 용이하게 하려는 것으로 과잉금지에 위배되지 아니한다(헌재 2012.3.29, 2010헌바100).

36 학교폭력징계에 대한 재심 [기각]
가해학생에 대한 조치 중 전학과 퇴학 이외의 조치들에 대해 재심을 불허하는 것은 갈등상황을 신속히 종결하여 학교생활에 복귀할 수 있도록 하기 위한 것으로 헌법에 위반되지 않는다(헌재 2013.10.24, 2012헌마832).

37 협의이혼시 법원 출석 [기각]
협의이혼시 부부가 함께 법원에 직접 출석하여 협의이혼의사확인신청서를 제출하도록 강제하는 것은 당사자의 자유롭고 진지한 의사에 기하도록 하기 위함으로 일반적 행동자유권을 침해하지 아니한다(헌재 2016.6.30, 2015헌마894).

38 도로 외의 곳에서 음주운전 불허 [합헌]
도로 외의 곳이란 자동차 등을 그 본래의 사용방법에 따라 사용할 수 있는 공간으로 명확성의 원칙에 위반되지 않는다(헌재 2016.2.25, 2015헌가11).
✐ 아파트 단지 내에서 음주운전을 금지하는 것은 일반적 행동자유권을 침해하지 않는다.

39 변호사 징계결정정보 인터넷 공개 [합헌]
변호사에 대한 징계결정정보를 인터넷 홈페이지에 공개하도록 한 변호사법 조항과 징계결정정보의 공개범위와 시행방법을 정한 변호사법 시행령 조항은 청구인의 인격권을 침해하지 않는다(헌재 2018.7.26, 2016헌마1029).

40 출국 수속 과정에서 추가 보안검색 [합헌]
이미 출국 수속 과정에서 일반적인 보안검색을 마친 승객을 상대로, 촉수검색(patdown)과 같은 추가적인 보안검색 실시를 예정하고 있는 국가항공보안계획은 과잉금지원칙에 위반되지 않아 청구인의 인격권을 침해하지 않는다(헌재 2018.2.22, 2016헌마780).

기출 OX

01 부모가 자녀의 이름을 지어주는 것은 자녀의 양육과 가족생활을 위하여 필수적인 것이고, 가족생활의 핵심적 요소라 할 수 있으므로, '부모가 자녀의 이름을 지을 자유'는 혼인과 가족생활을 보장하는 헌법 제36조 제1항과 행복추구권을 보장하는 헌법 제10조에 의하여 보호받는다. 19. 국가직 7급 ( )

한눈에 쏙!

사회봉사

보통의 사회봉사	구속에 준, 박탈
일반적 행동자유	신체의 자유
형벌 X	형벌 O

정답 01 ○

41 밀수범의 경우 관세 예비를 정범에 준하여 처벌 [위헌]
예비행위의 위험성은 구체적인 사건에 따라 다름에도 심판대상조항에 의하면 위험성이 미약한 예비행위까지도 본죄에 준하여 처벌하도록 하고 있어 행위자의 책임을 넘어서는 형벌이 부과되는 결과가 발생한다(헌재 2019.2.28, 2016헌가13).

✐ 주의할 것은 밀수범이 아닌 경우 관세 예비를 정범에 준하여 처벌한 경우에는 합헌 판단을 하였다.

42 본인의 의사와 무관한 시신 제공 [위헌]
시신 자체의 제공과는 구별되는 장기나 인체조직에 있어서는 본인이 명시적으로 반대하는 경우 이식·채취될 수 없도록 규정하고 있음에도 불구하고, 이 사건 법률조항은 본인이 해부용 시체로 제공되는 것에 대해 반대하는 의사표시를 명시적으로 표시할 수 있는 절차도 마련하지 않고 본인의 의사와는 무관하게 해부용 시체로 제공될 수 있도록 규정하고 있다는 점에서 침해의 최소성원칙을 충족했다고 보기 어렵고 … 청구인의 시체 처분에 대한 자기결정권을 침해한다(헌재 2015.11.26, 2012헌마940).

43 전동킥보드 최고속도 제한 [기각]
전동킥보드의 최고속도는 25km/h를 넘지 않아야 한다고 규정한 구 안전확인대상생활용품의 안전기준 부속서 32 제2부 5.3.2.는 소비자의 자기결정권 및 일반적 행동자유권을 침해하지 않는다(헌재 2020.2.27, 2017헌마1339).

▶ 소비자의 자기결정권 ○, 일반적 행동자유권 ○, 신체의 자유 ×, 평등권 ×

44 육군 장교의 민간법원 약식명령 확정사실 자진신고의무 [합헌]
'군사법원에서 약식명령을 받아 확정된 경우'와 그 신분을 밝히지 않아 '민간법원에서 약식명령을 받아 확정된 경우' 사이에 발생하는 인사상 불균형을 방지함으로써 군 조직의 내부 기강 및 질서를 유지하고자 하는 공익은 매우 중대하다(헌재 2021.8.31, 2020헌마12).

✐ 확정사실, 즉 사실관계이니 양심을 제한하지 않으며, 이미 끝난, 즉 확정된 것이니 새로운 형사상 불이익을 받는 것도 아니므로 진술거부권을 제한하지 않는다. 추후 진급시 문제될 수 있다. 관련 기본권은 일반적 행동자유이다.

45 사망사고에 대한 의료분쟁 조정절차 자동개시 [기각]
헌법재판소는 사망 등의 결과가 발생한 경우에 조정절차를 자동으로 개시하는 것은 환자의 입장에서는 피해를 신속·공정하게 구제받을 수 있도록 하고, 보건의료인의 입장에서도 분쟁을 원만하게 해결할 수 있는 절차를 마련하였다는 점에서 그 의의가 있다고 판단하였다(헌재 2021.5.27, 2019헌마321).

✐ 의료사고로 인해 부모님이 돌아가셨으니 의료분쟁조정절차에 대해서 부정적일 수도 있으나, 결국 의료는 전문가의 영역이니 조정절차를 개시하는 게 본인에게 좋은 것이다.

46 주방용 오물분쇄기 판매·사용금지 [기각]
음식물 찌꺼기 등이 하수도로 바로 배출되더라도 이를 적절히 처리할 수 있는 하수도 시설을 갖추는 등 주방용 오물분쇄기의 판매와 사용을 허용할 수 있는 사회적 기반시설이 갖추어져 있다고 보기 어렵기 때문에 이는 청구인들의 일반적 행동자유권, 직업의 자유를 침해하지 않는다(헌재 2018.6.28, 2016헌마1151).

✐ 국가의 기본권 보호의무란 사인인 제3자에 의한 생명이나 신체에 대한 침해로부터 이를 보호하여야 할 국가의 의무를 말하는 것으로, 이 사건처럼 국가가 직접 주방용오물분쇄기의 사용을 금지하여 개인의 기본권을 제한하는 경우에는 국가의 기본권 보호의무 위반 여부가 문제되지 않는다.

47 응급진료 방해행위의 금지 및 처벌 [합헌]
누구든지 응급의료종사자의 응급환자에 대한 진료를 폭행, 협박, 위계, 위력, 그 밖의 방법으로 방해하는 행위를 금지하는 것과 이를 위반한 경우 형사처벌하는 규정은 헌법에 위반되지 않는다(헌재 2019.6.28, 2018헌바128).

기출 OX

02 본인이 해부용 시체로 제공되는 것에 대해 반대하는 의사표시를 명시적으로 표시할 수 있는 절차도 마련하지 않고 본인의 의사와는 무관하게 인수자가 없는 시체를 해부용으로 제공될 수 있도록 규정하고 있는 시체 해부 및 보존 등에 관한 법률 조항은 사실상 연고가 없는 청구인의 시체 처분에 대한 자기결정권을 침해한다. 22. 5급 공채
( )

03 전동킥보드의 최고속도를 25km/h 이내로 제한하는 것은 소비자가 그보다 빠른 제품을 구매하지 못하여 겪는 자기결정권 및 일반적 행동자유권의 제약에 비하여, 소비자의 생명·신체에 대한 위해 및 도로교통상의 위험을 방지하고 향후 자전거도로 통행이 가능해질 경우를 대비하여 소비자의 편의를 도모한다는 공익이 중대하므로 과잉금지원칙에 위반되지 않는다. 22. 5급 공채
( )

04 의료분쟁 조정신청의 대상인 의료사고가 사망에 해당하는 경우 한국의료분쟁조정중재원의 원장은 지체 없이 조정절차를 개시해야 한다고 규정한 의료사고 피해구제 및 의료분쟁 조정 등에 관한 법률 제27조 제9항 전문 중 '사망'에 관한 부분이 청구인의 일반적 행동의 자유를 침해한다고 할 수 없다. 22. 경찰
( )

정답 02 ○ 03 ○ 04 ○

48 유사군복 판매목적 소지금지 [합헌]
군인 아닌 자가 유사군복을 입고 군인임을 사칭하여 군인에 대한 국민의 신뢰를 실추시키는 행동을 하는 등 군에 대한 신뢰 저하 문제로 이어져 향후 발생할 국가안전보장상의 부작용을 상정해볼 때, 단지 유사군복의 착용을 금지하는 것으로는 입법목적을 달성하기에 부족하고, 유사군복을 판매목적으로 소지하는 것까지 금지하여 유사군복이 유통되지 않도록 하는 사전적 규제조치가 불가피하다(헌재 2019.4.11, 2018헌가14).

49 누구든지 금융회사 등에 종사하는 자에게 거래정보 등의 제공을 요구하는 것을 금지하고, 위반시 형사처벌 [위헌]
금융거래의 비밀보장이 중요한 공익이라는 점은 인정할 수 있으나, 심판대상조항이 정보제공요구를 하게 된 사유나 행위의 태양, 요구한 거래정보의 내용을 고려하지 아니하고 일률적으로 일반 국민들이 거래정보의 제공을 요구하는 것을 금지하고 그 위반시 형사처벌을 하는 것은 그 공익에 비하여 지나치게 일반 국민의 일반적 행동자유권을 제한하는 것으로 법익의 균형성을 갖추지 못하였다. 따라서 일반적 행동자유권을 침해하므로 헌법에 위반된다(헌재 2022.2.24, 2020헌가5).
▶ 알 권리는 심판대상조항에 의해 제한되는 기본권에 해당하지 않는다.

50 비어업인 잠수용 스쿠버 장비를 이용 수산자원 포획금지 [합헌]
이 사건 규칙 조항은 수산자원을 유지·보존하고 어업인들의 재산을 보호함으로써, 단기적으로는 어업인의 생계를 보장하고 장기적으로는 수산업의 생산성을 향상시키고자 하는 것으로 일반적 행동자유를 침해하지 아니한다(헌재 2016.10.27, 2013헌마450).
▶ 평등권은 따로 판단하지 않는다.

제2절 평등권

01 헌법 제11조 제1항의 의미

> 헌법 제11조 【국민의 평등, 특수계급제도의 부인, 영전*의 효력】 ① 모든 국민은 법 앞에 평등하다. 누구든지 성별·종교 또는 사회적 신분에 의하여 정치적·경제적·사회적·문화적 생활의 모든 영역에 있어서 차별을 받지 아니한다.
> * 영전이란 국가에 뚜렷한 공적을 세운 사람에게 그 공적을 치하하기 위하여 인정한 특수한 법적 지위를 말한다.
> ② 사회적 특수계급의 제도는 인정되지 아니하며, 어떠한 형태로도 이를 창설할 수 없다.
> ③ 훈장 등의 영전은 이를 받은 자에게만 효력이 있고, 어떠한 특권도 이에 따르지 아니한다.

1. 의의

(1) 헌법구조
① **평등의 기본원리 선언**: 헌법 전문, 헌법 제11조, 헌법 제119조 제2항
② **개별 평등권**: 교육의 기회균등(헌법 제31조 제1항), 여성근로자의 차별금지(헌법 제32조 제4항), 가족생활의 평등(헌법 제36조 제1항), 선거에 있어서의 평등(헌법 제41조), 지역 간의 균형발전(헌법 제123조 제2항)

(2) 개념
① **의의**: 국가에 의해 합리적 이유 없이 불평등한 대우를 하지 말 것과, 평등한 대우를 요구할 수 있는 권리로 국민의 기본권 보장에 관한 최고원리임과 동시에 기본권 실현의 방법론적 기초이며 국민의 기본권 중의 기본권인 것이다(헌재 1989.1.25, 88헌가7). 06. 국회직 8급
② **연혁**: 버지니아 권리장전에 최초로 규정(인간은 태어날 때부터 평등하다)하였다.

(3) 법적 성격
① **주관적 공권**: 헌법재판소는 헌법 제11조 제1항에 대해 헌법의 최고원리임과 동시에 모든 국민의 권리(기본권 중의 기본권)로서의 성격을 모두 긍정하고 있다.
② **근본규범**: 헌법의 최고원리 중 하나로 모든 법령의 해석·적용에 기준이 되며, 헌법개정의 한계가 된다.

2. 평등권의 주체

헌법 제11조 제1항은 모든 국민이라고 규정하고 있으나 평등권은 외국인에게도 인정되며, 법인이나 법인격 없는 단체에 대해서도 적용된다. 외국인에게 평등권 주체성을 인정해 주는 경우에도 모든 외국인을 언제나 국민과 동일하게 대우해 주어야 한다는 논리는 성립되지 아니하므로 외국인은 국제법상 상호주의 원칙에 따라 일정한 제한을 받는다. 또한 외국인은 국민의 권리인 참정권이나 재산권에 있어서도 내국인에 비해 광범위한 제한을 받는다.

3. 헌법 제11조 제1항의 내용

(1) 법 앞의 평등

① **법의 의미**: 여기서의 법은 모든 법규범을 의미하는 개념이다. 국회에서 제정된 형식적 의미의 법률뿐만 아니라 불문법, 명령, 규칙 등 모든 법을 의미하며 초실정법으로서의 자연법도 포함한다.

② **법 앞에의 의미**: 법 앞의 평등이란 법 내용의 평등을 의미한다고 본다. 법의 적용이 아무리 평등하더라도 법의 내용이 불평등한 것이라면 그 결과가 불평등한 것이 되기 때문에 법 앞의 평등이라는 것은 입법까지도 구속한다고 본다.

③ **평등의 의미**: 법 앞의 평등의 의미는 어떠한 경우에도 차별은 금지된다는 절대적 평등설과, 모든 사람을 평등하게 취급하되 정당한 이유가 있는 경우에는 합리적 차별이 가능하다는 상대적 평등설로 나누어진다. 이때 합리적 근거가 있는 차별은 가능한 한 '상대적 평등설'로 이해하여야 한다(통설·판례).

기출 OX

01 경찰공무원은 교육훈련 또는 직무수행 중 사망한 경우 국가유공자 등 예우 및 지원에 관한 법률상 순직군경으로 예우받을 수 있는 것과는 달리, 소방공무원은 화재진압, 구조·구급 업무수행 또는 이와 관련된 교육훈련 중 사망한 경우에 한하여 순직군경으로서 예우를 받을 수 있도록 하는 소방공무원법 규정은 소방공무원에 대한 합리적인 이유 없는 차별에 해당한다. 22. 경찰승진 ( )

> **판례 | 소방공무원과 경찰공무원의 보훈혜택의 차별 [합헌]**
>
> 소방공무원은 화재의 예방·경계·진압과 구조·구급활동을, 경찰공무원은 치안유지와 교통단속 등을 주된 업무로 한다는 점에서 서로 다르다. 나아가 이와 같이 업무의 내용이 다름으로 인해 업무수행 중에 노출되는 **위험상황의 성격과 정도에 있어서도 경찰공무원과 소방공무원이 서로 동일하다고 볼 수 없다**. 그리고 그동안 국가는 소방공무원이 국가유공자로 예우를 받게 되는 대상자의 범위 등을 국가의 재정능력, 전체적인 사회보장의 수준과 국가에 대한 공헌과 희생의 정도 등을 감안하여 **합리적인 범위 내에서 단계적으로 확대**해 왔다. … 합리적인 이유 없는 차별에 해당한다고 볼 수 없다(헌재 2005.9.29, 2004헌바53).
>
> ✏ 이 판례는 상향식 평등(단계적평등)에 관한 판례이다. 즉, 소방공무원도 보훈혜택을 주어야 하지만 국가가 돈이 없어서 먼저 더 위험한 경찰공무원에게 혜택을 주고 재정적인 여유가 생기면 소방공무원까지 단계적으로 확대하겠다는 것으로 이는 잘못된 것이 아니다. 기계적으로 평등의 원칙을 적용하여 둘 다 혜택을 주지 않는 것은 바람직하지 못하므로 더 위험한 경찰공무원에게 혜택을 먼저 주겠다는 의미이다.

오답노트
① 인종 ×
② 국적 ×

(2) 차별금지사유

헌법 제11조 제1항은 "누구든지 성별·종교 또는 사회적 신분에 의하여 … 차별을 받지 아니한다."라고 규정하고 있다. 차별금지사유로 헌법에 규정된 성별, 종교, 사회적 신분은 예시적인 규정으로 보아야 하며 그 이외의 학력, 출신, 인종, 연령의 경우에도 합리적인 이유 없이 차별해서는 안 될 것이다.

① **성별**: 성별에 의한 차별의 금지는 남녀평등을 의미하므로 남녀의 성에 관한 가치판단에 의한 차별은 금지된다. 따라서 남녀 간의 고용·임금·근로조건에 있어서의 차별은 금지된다. 그러나 남녀의 사실상의 차이에 의한 차별이나 합리적 근거가 있는 차별은 허용된다.*

> *예를 들어, 남성에게만 병역의무를 부과하는 것은 합리적 근거가 있는 차별로서 허용되며, 여성에게만 생리휴가를 주거나 특별한 근로보호를 하는 것도 합리적인 이유가 있는 차별로서 헌법상 허용된다고 본다.

② **종교**: 종교에 의한 차별도 금지되며, 종교 이외의 양심·사상에 의한 차별도 있어서는 안 된다.

정답 01 ×

③ **사회적 신분**: 오늘날 사회적 신분의 개념은 선천적 신분**을 포함하여 후천적으로 사회에서 장기간 점하고 있는 지위로서 일정한 사회적 평가가 수반되는 것을 의미하며(전과자, 공무원, 학생, 노동자, 실업자 등), 이로 인한 차별 역시 금지된다.

** 오늘날은 양반과 천민과 같은 선천적 신분은 존재하지 않는다.

판례 | 누범가중 [합헌]

누범을 가중처벌하는 것은 전범에 대한 **형벌의 경고적 기능을 무시**하고 다시 범죄를 저질렀다는 점에서 비난가능성이 많고, 누범이 증가하고 있다는 현실에서 사회방위, 범죄의 특별예방 및 일반예방이라는 형벌목적에 비추어 보아, 형법 제35조가 누범에 대하여 형을 가중한다고 해서 그것이 인간의 존엄성 존중이라는 헌법의 이념에 반하는 것도 아니며, 누범을 가중하여 처벌하는 것은 사회방위, 범죄의 특별예방 및 일반예방, 더 나아가 사회의 질서유지의 목적을 달성하기 위한 하나의 수단이기도 하는 것이므로 이는 합리적 근거 있는 차별이어서 헌법상의 평등의 원칙에 위배되지 아니한다(헌재 1995.2.23, 93헌바43).

(3) 차별금지의 영역
정치·경제·사회·문화 등 모든 영역에서의 합리적인 이유 없는 차별은 금지된다.

4. 평등권 침해 여부에 대한 위헌심사기준***

*** 판례는 평등권 심사기준으로 자의금지를 원칙으로 한다. 이 경우 어떤 대상을 다르게 취급할 때 합리적인 이유를 따지게 되는데 국회가 입법을 할 때 대부분 나름의 이유가 있기 때문에 자의금지를 원칙으로 하면 주로 합헌의 판결이 나오게 된다. 따라서 일부 심사기준을 엄격하게 적용할 필요가 있는 경우에는 비례의 원칙을 적용하는데, 비례의 원칙은 과잉금지원칙의 다른 표현이라 볼 수 있다. 다만, 이 원칙을 적용하면 헌법재판소가 법률을 심사할 때 그 기준을 엄격하게 적용하여 위헌이라 판시하는 경우가 많아지게 된다.

(1) 비교집단의 존재
두 개의 집단이 본질적으로 동일한가의 판단은 일반적으로 당해 법률 조항의 의미와 목적에 달려 있다(헌재 2003.1.30, 2001헌가4).

판례 | 비교집단에 관한 판례

1 의료급여수급자와 건강보험가입자
의료급여수급자와 건강보험가입자는 본질적으로 동일한 비교집단이라 보기 어렵고 의료급여수급자를 대상으로 선택병의원제 및 비급여 항목 등을 달리 규정하고 있는 것을 두고, 본질적으로 동일한 것을 다르게 취급하고 있다고 볼 수는 없다(헌재 2009.11.26, 2007헌마734).

2 전동킥보드 속도제한
전동킥보드는 배기량 125cc 이하의 이륜자동차와 성능이나 이용행태가 전혀 다르므로 제품 제조·수입상의 안전기준 수립 문제에 관한 한, 둘은 동일하게 취급되어야 하는 비교집단이라 볼 수 없다(헌재 2020.2.27, 2017헌마1339).

[참고]
평등은 비교할 대상을 기본전제로 한다. 혼자만 있다면 차별은 존재할 수가 없기 때문이다. 차별당한다는 편에서는 당연히 같은 대우를 받아야 한다고 생각하는 누군가를 지적하면서 나를 차별대우하는 나라고 다퉈야 한다. 만약 비교할 대상이 없다면 차별은 존재할 수가 없다. 즉, 평등권의 시작은 청구인 입장에서는 같은 집단인데 자신만 차별하는 것은 불합리하다고 주장하는 것이다.

3 공무원연금과 산재보험

공무원연금제도와 산재보험제도는 사회보장 형태로서 사회보험이라는 점에 공통점이 있을 뿐, 보험가입자, 보험관계의 성립 및 소멸, 재정조성 주체 등에서 큰 차이가 있어, 공무원연금법상의 유족급여수급권자와 산재보험법상의 유족급여수급권자가 본질적으로 동일한 비교집단이라고 보기 어렵다(헌재 2014.5.29, 2012헌마555). 18. 변시

(2) 자의금지의 원칙*

일반적으로 자의금지원칙에 관한 심사요건은 ① 본질적으로 동일한 것을 다르게 취급하고 있는지와 관련된 차별취급의 존재 여부와, ② 이러한 차별취급이 존재한다면 이를 자의적인 것으로 볼 수 있는지 여부라고 할 수 있다.

*사실 자의금지는 합리성을 비례의 원칙은 합리적인 이유뿐만 아니라 적정한 균형관계까지 고려한다고 판례는 이야기한다. 즉, 단순히 합리적인 이유뿐만 아니라 균형관계, 즉 공익이 사익보다 더 우월해야 한다, 수험생 입장에서는 알기 힘든 말이다. 법적 용어로 이해하려고 하지 말고 자의금지는 입법부의 의사를 존중하여 합헌이 될 때가 많고, 비례의 원칙은 꼼꼼하고 엄격하게 심사하여 평등권을 규제하는 입법이 위헌이 될 가능성이 높다고 생각하면 될 것이다.

(3) 비례의 원칙

합리적인 이유의 존부뿐만 아니라 차별의 정도에 적정한 균형관계, 즉 법익의 균형성이 이루어져 있는가를 심사한다. 비례의 원칙에 따른 심사, 즉 엄격한 심사척도를 적용하여야 한다(헌재 2001.2.22, 2000헌마25).

자의금지의 원칙과 비례의 원칙

자의금지의 원칙	일반적(수익적·시혜적인 경우 포함)·합리적 근거 존재시 합헌
비례의 원칙	• 헌법 스스로 평등을 구체화한 경우 • 기본권에 대한 중대한 제한을 초래하는 경우

(4) 강자를 차별한 경우

사회적 약자를 차별한 경우가 아니라 강자를 차별한 경우 우리나라는 완화된 심사기준인 자의금지를 채택하고 있다.

> **판례 | 병역법 제3조 제1항 등 위헌확인 [기각]**
>
> 집단으로서의 남자는 집단으로서의 여자에 비하여 보다 전투에 적합한 신체적 능력을 갖추고 있으며, 개개인의 신체적 능력에 기초한 **전투적합성을 객관화하여 비교하는 검사체계를 갖추는 것이 현실적으로 어려운 점**, 신체적 능력이 뛰어난 여자의 경우에도 월경이나 임신, 출산 등으로 인한 신체적 특성상 병력자원으로 투입하기에 부담이 큰 점 등에 비추어 남자만을 징병검사의 대상이 되는 병역의무자로 정한 것이 **현저히 자의적인 차별취급이라 보기 어렵다**(헌재 2010.11.25, 2006헌마328).

기출 OX

01 대한민국 국민인 남자에 한하여 병역의무를 부과한 구 병역법 조항이 평등권을 침해하는지 여부는 완화된 심사척도에 따라 자의금지원칙 위반 여부에 의하여 판단한다. 22. 경찰승진
( )

한눈에 쏙!

차별대상	여성	남성
심사기준	엄격비례	자의금지

정답 01 ○

(5) 엄격한 심사척도를 적용한 예

심사기준	예시
엄격심사	• 지방자치 교육위원 경력자 1/2 이상 • 국가유공자의 가족 가산점 • 복수/부전공 자격소지자 10% 가산점 • 교육공무원 대전지역 졸업자 2% 가산점 • 제대군인 가산점 • 자산소득 합산과세 • 종합부동산세에서 세대별 합산과세 • 부계혈통 • 자립형 사립고등학교 중복지원 금지 • 혼인한 여성등록의무자의 등록대상재산 • 교통사고처리 특례법 • 기사는 기능사와 달리 가산점 부여
완화심사	• 남자만 병역의무 • 연합뉴스를 국가기간 뉴스통신사로 지정 • 준법서약제 • 누범가중처벌 • 지방자치단체장 임기 3기 제한 • 상업광고의 규제 • 상공회의소 제한 • 입법자가 정한 자격 • 3명 이하의 경우 가산점 × • 국공립 사범대 임용시험에서의 가산점

한눈에 쏙!

구분	심사기준
정당의 자유 규제	엄격비례
선거운동 규제	엄격비례
선거연령	완화심사
범죄의 설정과 법정형	완화심사
자격제도	완화심사

주의할 것은 엄격심사와 완화심사, 즉 비례의 원칙과 자의금지가 아니다. 자의금지는 평등권에서 주로 사용한다. 따라서 위 표에 있는 심사기준은 평등권뿐만 아니라 헌법 전체적으로 엄격심사와 완화심사를 정리한 것이다.

판례 | 평등권 침해 여부에 관한 판례

1 제대군인에 대한 가산점 부여 [위헌]

가산점제도는 헌법 제32조 제4항이 특별히 남녀평등을 요구하고 있는 '근로' 내지 '고용'의 영역에서 남성과 여성을 달리 취급하는 제도이고, 또한 헌법 제25조에 의하여 보장된 공무담임권이라는 기본권의 행사에 중대한 제약을 초래하는 것이기 때문에 **엄격한 심사척도가 적용**된다. … 차별취급을 통하여 달성하려는 입법목적의 비중에 비하여 차별로 인한 불평등의 효과가 극심하므로 가산점제도는 헌법 제11조에 위배된다(헌재 1999.12.23, 98헌마363).

2 국가유공자 등에 대한 가산점 부여 [합헌]

국가유공자와 그 유족 등에게 가산점의 혜택을 부여하는 것은 그 이외의 자들에게는 공무담임권 또는 직업선택의 자유에 대한 중대한 침해를 의미하게 되므로, 비례의 원칙에 따른 심사를 하여야 할 경우의 하나로 들고 있는 차별적 취급으로 인하여 관련 기본권에 대한 중대한 제한을 초래하게 되는 경우에 해당하여 **원칙적으로 비례심사**를 하여야 할 것이나, 구체적인 비례심사의 과정에서는 **헌법 제32조 제6항은 기회에 있어서 국가유공자 등을 우대할 것을 명령하고 있는 점을 고려하여 보다 완화된 기준을 적용하여야 할 것이다**(헌재 2001.2.22, 2000헌마25).

한눈에 쏙!

주제	주문
제대군인	위헌
국가유공자	합헌
가족 10%	헌법불합치
가족 – 동점자 우대	합헌

기출 OX

01 국가유공자의 가족 등에 대한 가산점제도의 평등 위반 여부에 대한 심사기준은 엄격한 심사척도가 적용되어야 한다. 02. 국가직 7급 ( )

3 국가유공자 및 그 유족 등에 대한 가산점 부여 [헌법불합치]

[1] 오늘날 가산점의 대상이 되는 국가유공자와 그 가족의 수가 과거에 비하여 비약적으로 증가하고 있는 현실과, 취업보호대상자에서 가족이 차지하는 비율, 공무원시험의 경쟁이 갈수록 치열해지는 상황을 고려할 때, 헌법 제32조 제6항은 엄격하게 해석할 필요가 있다. 이러한 관점에서 **위 조항의 대상자는 조문의 문리해석대로 '국가유공자', '상이군경', 그리고 '전몰군경의 유가족'이라고 봄이 상당하다. 따라서 '국가유공자의 가족'의 경우 그러한 가산점의 부여는 헌법이 직접 요청하고 있는 것이 아니라** 입법정책으로서 채택된 것이라 볼 것이다.

[2] 이 사건 조항의 차별로 인한 불평등 효과는 입법목적과 그 달성수단 간의 비례성을 현저히 초과하므로 일반 공직시험 응시자들의 평등권을 침해한다.

[3] **이 사건 조항의 위헌성은 국가유공자 등과 그 가족에 대한 가산점제도 자체가 입법정책상 전혀 허용될 수 없다는 것이 아니고**, 그 차별의 효과가 지나치다는 것에 기인한다. 이 사건 조항의 위헌성의 제거는 입법부가 행하여야 할 것이므로 이 사건 조항에 대하여는 **헌법불합치결정**을 하기로 한다. 한편, 입법자가 이 사건 조항을 개정할 때까지 가산점 수혜대상자가 겪을 법적 혼란을 방지할 필요가 있으므로, 그때까지 이 사건 조항의 **잠정적용**을 명한다(헌재 2006.2.23, 2004헌마675).

✎ 이후 개정되어 유공자 본인은 10%의 가산점이, 그 가족은 5%의 가산점이 부여된다.

⚖ 판례 | 국가유공자 및 가족 가산점에 관한 판례

1 동점자인 경우 국가유공자 가족우선 [합헌]

그들의 공훈이나 특별한 희생에 대한 보상의무에 따른 것으로, 동점자 처리에서의 상대적 불이익이라는 사익보다 크다(헌재 2006.6.29, 2005헌마44). 08. 법원직

2 선발예정인원의 30% 초과 금지 [합헌]

일반 응시자에게 최소한의 기회를 부여하기 위한 것으로 합리성을 결여한 자의적 차별이라고 보기 어렵다(헌재 2016.9.29, 2014헌마541).

✎ 3명 이하인 경우 가산점을 주지 않는 것은 합헌이다.

3 지도직 공무원의 경우 가산점 배제 [합헌]

지도직 공무원의 임용목적, 업무상의 특징, 대체가능성 및 국가유공자법상의 가산점제도의 취지 등을 고려할 때 헌법에 위반되지 아니한다(헌재 2016.10.27, 2014헌마254).

✎ 농촌지도사와 같은 지도직 공무원은 업무의 특성상 일반 행정가로서의 역량보다는 전문성이 강조되는 직무상 특성이 있기 때문이다.

정답 01 O

5. 평등권의 구현형태

(1) 사회적 특수계급제도의 부인
사회적 특수계급이란 노예제도·귀족제도와 같은 봉건적 제도를 말하며, 이러한 제도는 어떠한 형태로도 이를 창설할 수 없다. 그러나 영전에 따른 보훈제도나 전직대통령에 대한 예우는 특수계급제도의 금지에 위반되지 않는다고 본다.

(2) 영전 일대의 원칙
헌법 제11조 제3항은 "훈장 등의 영전은 이를 받은 자에게만 효력이 있고, 어떠한 특권도 이에 따르지 아니한다."라고 규정하고 있다. 다만, 훈장에 수반되는 연금이나 유족에 대한 보훈까지 금하는 것은 아니고, 헌법재판소는 서훈의 등급에 따라 부가연금을 차등지급하는 것은 헌법에 위배되지 않는다고 판시하였다(헌재 1997.6.26, 94헌마52). 다만, 공무원이 외국정부로부터 영전을 받을 경우에는 대통령의 허가를 얻어야 한다.

> **참고**
> 영전이란 국가로부터 주어진 영예를 의미한다. 현실의 물질적 이익에만 머물지 않고 표창자에게 사회적 특권을 의식시킴으로써 정신적 만족을 주고 기존의 정치·사회체제에의 지지를 고양하는 작용을 갖는다.

6. 효력
평등권은 입법·집행·사법 등 모든 국가권력을 직접 구속하는 대국가적 효력을 가지며, 사인 간에도 사법상의 일반원칙을 통해 간접적으로 적용됨으로써 대사인적 효력을 갖는다.

7. 헌법규정에 의한 평등권의 제한
정당의 특권, 대통령의 형사상 특권, 국회의원의 불체포특권 및 면책특권, 공무원의 근로3권 제한, 군인·군무원의 이중배상금지, 군사법원에 의한 재판청구권의 제한, 국가유공자의 우선 취업 기회보장, 현역군인의 문관임용 제한 등은 합리적 근거가 있는 차별로서 헌법에 명문으로 규정하고 있다.

판례 | 평등권에 관한 판례

1 존속상해치사죄의 가중처벌 [합헌]

비속의 직계존속*에 대한 존경과 사랑은 **봉건적 가족제도의 유산이라기보다는 우리 사회윤리의 본질적 구성부분을 이루고 있는 가치질서**로서, 존속상해치사의 범행은 위와 같은 보편적 사회질서나 도덕원리, 나아가 인륜에도 반하는 행위로 인식되어 그 패륜성에 대하여는 **통상의 상해치사죄에 비하여 고도의 사회적 비난**을 받아야 할 이유가 충분하다. … 위 법정형에 대하여는 1회의 법률상 감경 또는 작량감경에 의하더라도 집행유예의 선고가 가능한 점 등에 비추어 볼 때, 이 사건 법률 조항에 의한 가중처벌의 정도는 지나치게 가혹하여 형벌체계상의 균형을 상실한 것도 아니다. … 이 사건 법률 조항은 **법에 의한 도덕의 강제가 아니라 패륜으로 인한 책임의 가중을 근거로 형을 가중하는 데 지나지 않는 것이다.** … 그렇다면 이 사건 법률 조항은 헌법상 평등의 원칙에 반한다고 할 수 없다(헌재 2002.3.28, 2000헌바53). 07·08. 법원직

* 직계존속이란 조상으로부터 직계로 내려와 자기에 이르는 사이의 혈족을 말한다. 보통 아버지가 이에 해당하며, 직계비속은 아들 이하의 항렬에 속하는 친족으로 아들을 생각하면 된다.

> **기출 OX**
> 02 존비속관계에 의한 가중처벌을 규정한 형법 제259조 제2항은 그 차별적 취급에 합리적 근거가 있어 평등원칙에 반하지 않는다. 07. 법원직 ( )
>
> **정답** 02 ○

2 혈우병 지원 기준을 나이로 차별 [위헌]

수혜자 한정의 기준으로 정한 환자의 출생시기는 그 부모가 언제 혼인하여 임신, 출산을 하였는지와 같은 **우연한 사정에 기인하는 결과의 차이일 뿐**, 이러한 차이로 인해 A형 혈우병 환자들에 대한 치료제인 유전자재조합제제의 요양급여 필요성이 달라진다고 할 수는 없으므로, A형 혈우병 환자들의 출생시기에 따라 이들에 대한 유전자재조합제제의 요양급여 허용 여부를 달리 취급하는 것은 합리적인 이유가 있는 차별이라고 할 수 없다. 따라서 이 사건 고시 조항은 청구인들의 평등권을 침해하는 것이다(헌재 2012.6.27, 2010헌마716).

3 우체국보험금에 대한 압류금지 [헌법불합치]

국가가 운영하는 우체국보험에 가입한다는 사정만으로, 일반 보험회사의 인보험에 가입한 경우와는 달리 그 전액에 대하여 무조건 압류를 금지하여 우체국보험 가입자를 보호함으로써 우체국보험 가입자의 채권자를 일반 인보험 가입자의 채권자에 비하여 불합리하게 차별취급하는 것이므로 평등원칙에 위반된다(헌재 2008.5.29, 2006헌바5).

✏️ 과거에는 보험을 사람들이 많이 들지 않으니 압류금지라는 혜택을 주었으나, 현재는 보험을 많이 들기에 특혜를 줄 필요가 없어졌다.

4 후보자 기호에 대한 차별 [합헌]

의석을 가진 정당후보자, 의석 없는 정당후보자, 무소속후보자 간에 후보자 기호결정에 관하여 상대적으로 차별을 두고 있다 하더라도, 이는 정당제도의 존재의의에 비추어 그 목적이 정당할 뿐만 아니라 당적 유무, 의석순, 정당명 또는 후보자성명의 가, 나, 다 순 등 합리적 기준에 의하고 있으므로 위헌이라 할 수 없다(헌재 1997.10.30, 96헌마94). 04. 국가직 7급

5 중등교사 임용시험에서 복수 · 부전공자 우대 [합헌]

이 사건 복수 · 부전공 가산점 규정은 필기시험에만 의존해서는 교원선발에 있어서 능력주의를 관철하는 데 한계가 있음에 따라 이러한 한계를 극복하고 필기시험으로 검정되지 않는 교원의 능력을 고려한다는 정책적 판단하에, 제7차 교육과정의 선택과목 확대에 따른 다양한 교과 영역의 교사에 대한 필요 증대에 대응하기 위한 것으로서 그 합리성을 인정할 수 있고, 가산점 비율도 다른 가산점 비율과 비교하여 형성의 범위를 일탈하였다고 보기 어려우며, 이 사건 복수 · 가산점 규정의 혜택을 받지 못하는 응시자들에 대한 차별의 효과가 크지 않다(헌재 2006.6.29, 2005헌가13).

6 연합뉴스의 국가기간 뉴스통신사 지정 [기각]

이로 인하여 다른 뉴스통신사의 경우 연합뉴스사와의 경쟁이 제한된다. 그러나 위 조항은 연합뉴스사를 선언적으로 국가기간 뉴스통신사로 지정할 뿐 어떠한 혜택이 자동적으로 부여되는 것은 아니고, 정부가 연합뉴스사와 뉴스정보 계약을 체결하거나 공익사업을 위임하는 경우에 비로소 재정지원 등 혜택을 부여하는 법적 근거를 마련하는 데 불과하고, 혜택의 부여도 시행일로부터 '6년간'만 효력을 가지므로 경쟁제한이 영구적인 것도 아니다. 따라서 기본권 제한의 효과는 경미한 데 반하여, 국가기간 뉴스통신사로서 연합뉴스사의 인적 · 물적 기반 강화와 국제뉴스 정보시장에서의 경쟁력의 향상이라는 공익실현의 효과는 매우 크다고 할 것으로 심판대상조항은 과잉금지원칙에 위배된다고 할 수 없다(헌재 2005.6.30, 2003헌마841).

7 국 · 공립사범대학 출신자를 교사 우선 채용 [위헌]

국 · 공립사범대학 등 출신자를 교육공무원인 국 · 공립학교 교사로 우선하여 채용하도록 규정한 교육공무원법 제11조 제1항은 사립사범대학 졸업자와 일반대학의 교

기출 OX

01 연합뉴스사를 국가기간 뉴스통신사로 지정하고 이에 대하여 재정지원 등 여러 가지 혜택을 부여하는 것은 평등원칙에 위배되지 않는다. 07. 국회직 8급, 08. 법원직 (   )

정답 01 ◯

직과정 이수자가 교육공무원으로 채용될 수 있는 기회를 제한 또는 박탈하게 되어 결국 교육공무원이 되고자 하는 자를 그 출신학교의 설립주체나 학과에 따라 차별하는 결과가 되는바, 이러한 차별은 이를 정당화할 합리적인 근거가 없으므로 헌법상 평등의 원칙에 어긋난다(헌재 1990.10.8, 89헌마89). 04. 국회직 8급, 04·08. 법원직

✎ 이후 특례법으로 이미 졸업한 자들만 우대하고 재학생을 우대하지 않은 것은 헌법에 위반되지 않는다고 보았다(헌재 2006.3.30, 2004헌마313).

8 약사의 법인 설립 금지 [위헌]
변호사, 공인회계사 등 여타 전문직과 의약품제조업자 등 약사법의 규율을 받는 다른 직종들에 대하여는 법인을 구성하여 업무를 수행할 수 있도록 하면서, 약사에게만 합리적 이유 없이 이를 금지하는 것은 헌법상의 평등권을 침해하는 것이다(헌재 2002.9.19, 2000헌바84). 04. 법원직

9 안경사가 아닌 자(법인 ×)의 안경업소 개설 등 금지 [합헌]
안경의 잘못된 조제로 인한 분쟁 발생시 법인과 고용된 안경사 간의 책임 소재가 불분명해지는 문제도 발생할 수 있고, 법인 안경업소가 무면허자를 고용하는 등의 행위를 사전에 차단하기 어렵다. 사후적 단속·구제로는 국민보건상 부작용을 미연에 방지할 수 없다(헌재 2021.6.24, 2017헌가31).

10 지방교육위원선거에서 교육경력자의 우대 [기각]
비록 청구인과 같은 비경력자가 교육위원선거에서 다수득표를 하고도 낙선하게 되지만 이는 교육의 전문성이라는 측면에서 합헌이다(헌재 2003.3.27, 2002헌마573).

11 경찰공무원의 퇴직사유 [합헌]
국민의 생명·신체 및 재산의 보호와 범죄의 예방·진압 및 수사 등 공공의 안녕과 질서유지를 그 임무로 하여 국민의 신체·재산·가택에 실력으로 강제를 가할 수 있는 경찰작용을 담당하는 경찰공무원에게는 **일반공무원보다 더 높은 윤리성과 성실성 등이 요구**된다고 할 것이어서 경찰공무원법에서 국가공무원법상보다 다소 넓은 임용결격 및 당연퇴직의 사유를 설정하였다 하더라도 그와 같은 차별은 합리적이고 정당한 것이므로 이 사건 규정이 헌법상 보장된 평등권을 침해하였다고 할 수 없다(헌재 1998.4.30, 96헌마7). 04. 법원직

12 조세범에 대한 가중처벌 [합헌]
포탈세액이 2억원 이상 5억원 미만인 자 또는 5억원 이상인 자에 대해 특히 가중처벌하고 있다 하더라도 조세범 처벌법 규정이 너무 가벼워 범죄예방의 실효를 거두지 못하고 있는 현실에 대한 반성적 고려에서 이를 입법하게 된 배경 등을 종합적으로 고려할 때 평등의 원칙에 위배된다고 할 수 없다(헌재 1998.5.28, 97헌바68).

13 태평양전쟁 전후 국외 강제동원희생자 등 지원에 관한 법률 제2조 [기각]
대한민국임시정부의 법통 계승을 천명하기는 하였으나 대한민국이 사실상 조선인을 보호해 줄 조국이 없던 상황하에서 발생한 피해에 대해서 경제적 지원을 해야 하는지 여부, 나아가 지원을 한다면 그 범위와 수준은 어떻게 설정할 것인지 등의 문제는 기본적으로 국가의 재정부담능력이나 전체적인 사회보장 수준 등에 따라 결정하여야 할 광범위한 입법형성의 영역에 속하는 것이다. 무엇보다 이 사건 법률조항이 국가의 재정부담능력 등을 고려하여 일반적으로 볼 때 강제동원으로 인한 정신적 고통이 더욱 크다고 볼 수 있는 '국외' 강제동원자 집단을 우선적으로 처우하는 것이 객관적으로 정의와 형평에 반한다거나 자의적인 차별이라고 보기는 어렵다(헌재 2011.2.24, 2009헌마94).

기출 OX

02 태평양전쟁 전후 강제동원된 자 중 '국외로 강제동원된 자에 대해서만 의료지원금을 지급하도록 한 법률규정은, 국가가 국내 강제동원자들을 위하여 아무런 보호조치를 취하지 아니하였기 때문에, 이는 국민에 대한 국가의 기본권 보호의무에 위배된다. 17. 지방직 7급 ( )

정답 02 ×

> [참고]
> 과거 강간죄와 같은 친고죄의 경우 제1심 판결 후까지 고소 취소를 가능하게 하면 판결이 합의금 액수를 높이는데 악용될 수 있으며, 판결 후에도 취소가능하게 되면 판결이 당사자에 의해서 농락당할 우려가 있다.

14 친고죄의 취소가능시기는 제1심 판결선고 전까지 [합헌]

친고죄의 고소 취소를 인정할 것인지의 문제 및 이를 인정한다고 하더라도 형사소송절차 중 어느 시점까지 이를 허용할 것인지의 문제는 국가형벌권과 국가소추주의에 대한 국민 일반의 가치관과 법감정, 범죄피해자의 이익보호 등을 **종합적으로 고려하여 정할 수 있는 입법정책의 문제**이다. 또한 경찰·검찰의 수사단계에서부터 제1심 판결선고 전까지의 기간이 고소인과 피고소인 상호간에 숙고된 합의를 이루어낼 수 없을 만큼 부당하게 짧은 기간이라고 하기 어렵고, 현행 형사소송법상 제1심과 제2심이 모두 사실심이기는 하나 제2심은 제1심에 대한 항소심인 이상 두 심급이 근본적으로 동일하다고 볼 수는 없다. 따라서 이 사건 법률 조항이 항소심단계에서 고소 취소된 사람을 자의적으로 차별하는 것이라고 할 수는 없다(헌재 2011.2.24, 2008헌바40).

🖉 반의사불벌죄의 경우도 마찬가지로 제1심 판결선고 전까지만 취하가 가능하다.

> [참고]
> 출하량과 품질검사를 하는 것은 지역토산물을 지키기 위한 것이다.

15 제주감귤보호를 위한 조치로 과태료 부과 [합헌]

감귤은 제주지역 경제에서 차지하는 비중이 매우 높은 농작물로서 감귤산업의 안정은 지역경제의 안정과 직결되는 특성을 감안하여, 지역경제와 감귤산업을 보호·육성하기 위하여 특별히 마련된 이 사건 법률 조항은 합리적인 이유가 있다고 할 것이고, 다른 지역의 감귤 생산·유통업자들에 비해 자의적으로 차별하여 평등원칙에 위배된다고 할 수 없다(헌재 2011.10.25, 2010헌바126).

16 계약보증금을 민사법과 달리 국가에 유리하게 취급 [위헌]

이 사건 법률 조항은 위약금약정의 성격을 가지는 매각의 법정조건으로서 민사집행법상 매수신청보증금과 본질적으로 동일한 성격을 가지는 국세징수법상 계약보증금을 절차상 달리 취급함으로써, 국세징수법상 공매절차에서의 체납자 및 담보권자를 민사집행법상 경매절차에서의 집행채무자 및 담보권자에 비하여 그 재산적 이익의 영역에서 합리적 이유 없이 자의적으로 차별하고 있으므로 헌법상 평등원칙에 위반된다(헌재 2009.4.30, 2007헌가8).

🖉 민사와 똑같이 경매에서 낙찰받은 사람이 포기한 경우 그 보증금을 채권자와 채무자가 아닌 국고에 귀속시키는 것은 불합리하다.

17 지방세 경력공무원의 경우 시험 차별 [합헌]

세무사자격시험을 살펴보더라도, 제1차 시험 과목 중 세무행정과 직접 관련된 과목인 세법학개론은 모두 국세에 관한 세목으로서, **지방세에 관련된 분야는 없으며**, 제2차 시험 과목 역시 대부분은 국세에 관한 것이라는 점을 고려하면, 세무사자격시험의 시험과목과 담당 업무의 연관성 등에 있어서도 분명한 차이가 있다. 따라서 국세에 관한 행정사무에 종사한 자와 지방세에 관한 행정사무에 종사한 자를 달리 취급하여 세무사자격시험의 일부 시험 면제대상 요건을 달리 정한 것이 세무사자격제도에 관한 입법형성권을 벗어난 자의적인 입법이라고 할 수 없다(헌재 2007.5.31, 2006헌마646).

18 경력공무원에 대한 행정사자격시험 일부 면제 [합헌]

경력공무원에 대하여 행정사자격시험 중 일부를 면제하는 것은 상당 기간 행정의 실무 경험을 갖춘 공무원의 경우 행정에 관련된 전문지식이나 능력을 이미 갖춘 것으로 볼 수 있기 때문이다(헌재 2016.2.25, 2014헌마434).

19 산업기능요원 복무기간을 공무원 경력에 미산입 [합헌]

사회복무요원은 현역병에 준하는 관리·감독과 보수를 지급받기 때문에 산업기능요원과 달리 취급하는 것은 합리적 근거가 있다(헌재 2016.6.30, 2014헌마192).

✎. 산업기능요원의 경우는 민간기업에서 복무한 사람이니 공무원 경력에 산입시키지 않는다.

20 독립유공자의 손자녀 중 1명만 보상 [위헌]

보상금 수급권자의 범위를 경제적으로 어려운 자에 한정하는 방법도 가능함에도 불구하고 나이가 많은 손자녀를 우선하도록 규정한 것은 평등원칙에 위반된다(헌재 2013.10.24, 2011헌마724).

21 기능사자격증과 달리 기사자격증에만 가산점 부여 [합헌]

산업기사 이상의 자격은 시험응시자격에 제한이 있고, 해당 종목에 관한 기술기초이론지식 또는 숙련기능을 바탕으로 복합적인 기능업무를 수행할 수 있는 능력 이상을 평가하고, 시험이 더 까다로운 등 기능사와는 차이점이 있다. 또한 7급 공무원 업무의 전문성을 감안한 공익적 판단에 의해 9급과 다르게 취급한 것도 헌법에 위반되지 않는다(헌재 2003.9.25, 2003헌마30).

✎. 기능사와 달리 기사에게만 가산점 주는 것은 합헌이며, 비례의 원칙에 따라 심사한다.

22 직업상담사 자격증 보유자에게 가산점 부여 [합헌]

자격증 소지를 시험의 응시자격으로 한 것이 아니라 각 과목 만점의 최대 5% 이내에서 가산점을 부여하는 점, 자격증 소지자도 다른 수험생들과 마찬가지로 합격의 최저 기준인 각 과목 만점의 40% 이상을 취득하여야 한다는 점, 그 가산점 비율은 3% 또는 5%로서 다른 직렬과 자격증 가산점 비율에 비하여 과도한 수준이라고 볼 수 없다는 점을 종합하면 이 조항이 피해최소성원칙에 위배된다고 볼 수 없고, 법익의 균형성도 갖추었다(헌재 2018.8.30, 2018헌마46).

23 공공시설을 사업주체에게 무상양도의 경우는 재량 [합헌]

사업주체가 국가인 경우 종래의 공공시설이 국가 등에게 무상으로 귀속되는 데 반해 국가가 아닌 경우 무상 여부를 행정청이 재량으로 결정하는 것은 합리적인 이유가 있다(헌재 2015.3.26, 2014헌바156).

✎. 국가 등의 경우는 수익성보다는 공공성을 목표로 하기 때문에 도시기반시설을 체계적으로 확보·관리하기 위함이다.

24 국외강제동원자지원법상 위로금 [합헌]

[1] 위로금은 재산권으로 보장되지 않는 시혜적 급부이다.
[2] 대한민국 국적을 가지지 아니한 사람을 지급대상에서 제외한 것은 평등원칙에 위반되지 않는다(헌재 2015.12.23, 2011헌바139).

25 국내 강제동원자를 차별 [합헌]

일반적으로 강제동원으로 인한 정신적 고통이 더욱 크다고 볼 수 있는 국외 강제동원자 집단을 우선적으로 처우하는 것이 자의적인 차별로 볼 수 없다(헌재 2011.2.24, 2009헌마94).

26 소년심판절차에서 검사의 상소권 부정 [합헌]

소년심판은 후견적 입장에서 법원에 의해 직권으로 진행되므로 검사의 관여가 반드시 필요한 것이 아니어서 당사자가 아닌 검사를 상소에서 배제한 것이다(헌재 2012.7.26, 2011헌마232).

기출 OX

01 공무원의 초임호봉 획정에 인정되는 경력과 관련하여, 현역병 및 사회복무요원과 달리 산업기능요원의 경력을 제외하도록 한 것은 헌법에 위반된다.
17. 지방직 7급 ( )

[주의]
다만, 생활수준을 고려한 경우 또는 후순위자와 협의 또는 배려가 있는 경우에는 합헌이다.

[참고]
사업시행자 입장에서는 억울할 수 있는 게 국도 같은 경우 재개발하면 사업시행자는 보통 유상으로 취득하는데 재개발해서 학교나 공원을 조성하면 국가에게는 무상으로 귀속되는 경우가 허다하다. 이는 사업시행자가 개발이익으로 인하여 폭리를 취하는 것을 방지하기 위함이다.

정답 01 ×

기출 OX

01 근로자의 날을 법정유급휴일로 할 것인지에 있어서 공무원과 일반근로자를 다르게 취급할 이유가 없으므로 근로자의 날을 공무원의 법정유급휴일로 정하지 않은 것은 공무원과 일반근로자를 자의적으로 차별하는 것에 해당하여 평등권을 침해한다. 22. 5급 공채
( )

27 근로자의 날을 공휴일에서 제외 [합헌]
공무원과 일반근로자는 그 직무 성격의 차이로 인하여 근로조건을 정함에 있어서 그 방식이나 내용에 차이가 있다. 따라서 이는 평등권을 침해한다고 볼 수 없다(헌재 2015.5.28, 2013헌마343).
✐ 행복추구권은 포괄적인 의미의 자유권으로, 휴일보장은 행복추구권에서 보호되지 않는다.

28 국군포로를 유공자에서 제외 [합헌]
국군포로법을 제정하여 국군포로가 겪은 희생에 상응한 지원을 마련하고 있어 유공자에서 제외하는 것을 현저히 불합리하다 볼 수 없다(헌재 2014.6.26, 2012헌마757).

29 도서 대출 및 열람실 불허 [합헌]
대학구성원이 아닌 자에게 대학도서관에서의 도서 대출 또는 열람실 이용을 제한한 서울교육대학교의 회신은 교육받을 권리를 침해하지 않는다(헌재 2016.11.24, 2014헌마977).

30 보훈보상대상자의 부모에게 유족보상금 지급시 1인에 한정 [위헌]
국가의 재정부담능력의 한계를 이유로 하여 부모 1명에 한정하여 보상금을 지급하도록 하면서 어떠한 예외도 두지 않은 것에는 합리적 이유가 있다고 보기 어렵다(헌재 2018.6.28, 2016헌가14).
✐ 자식이 보훈대상자로 사망한 경우 부모가 이혼한 경우에는 당연히 1인에 한정하면 안 된다.

31 출퇴근 중 재해는 업무상 재해로 인정하지 않은 것 [위헌]
출장행위 중 발생한 재해를 사업주의 지배관리 아래 발생한 업무상 재해로 인정하는데, 이러한 출장행위도 이동방법이나 경로선택이 근로자에게 맡겨져 있다는 점에서 통상의 출퇴근행위와 다를 바 없다. 따라서 통상의 출퇴근 재해를 업무상 재해로 인정하여 근로자를 보호해 주는 것이 산재보험의 생활보장적 성격에 부합한다(헌재 2016.9.29, 2014헌바254). 따라서 평등권에 위반된다.
✐ 공정한 재판을 받을 권리를 침해하지는 않는다.

32 카메라등이용촬영죄 조항 및 성폭력 치료프로그램 이수명령 [합헌]
'성적 욕망 또는 수치심을 유발할 수 있는 신체'에 성기, 엉덩이, 여성의 가슴 등이 포함된다는 것을 어렵지 않게 알 수 있다. '성적 욕망 또는 수치심을 유발할 수 있는 타인의 신체'에 해당하는지 여부는 촬영된 신체 부위 외에 당해 피해자의 옷차림, 촬영 경위, 촬영 장소, 촬영 거리, 촬영 방식 등을 종합적으로 고려하여 판단하여야 한다. 이는 건전한 상식과 통상적인 법감정을 가진 일반인이라면 이 사건 처벌조항의 문언을 통하여 충분히 파악할 수 있는 내용이다(헌재 2016.12.29, 2016헌바153).
▶ 성폭력 치료프로그램 이수명령이 신체의 자유를 제한한다고 볼 수는 없다.

33 한의사는 물리치료 금지 [합헌]
구 의료기사 등에 관한 법률이 의사 또는 치과의사의 지도하에서만 의료기사가 업무를 할 수 있도록 규정하고, 한의사의 지도하에서는 의료기사인 물리치료사가 물리치료는 물론 한방물리치료를 할 수 없도록 한 것은 한의사의 평등권을 침해하지 않는다(헌재 2014.5.29, 2011헌마552).

34 중재신청인의 1회 불출석시 철회 간주 [합헌]
중재신청인이 중재기일에 1회 불출석하는 경우, 중재신청을 철회한 것으로 간주하는 정기간행물의 등록 등에 관한 법률 제18조 제5항은 과잉금지원칙 내지 평등원칙에 위반되지 아니한다(헌재 1999.7.22, 96헌바19).

기출 OX

02 '카메라나 그 밖에 이와 유사한 기능을 갖춘 기계장치를 이용하여 성적 욕망 또는 수치심을 유발할 수 있는 다른 사람의 신체를 그 의사에 반하여 촬영한 자'를 형사처벌하는 법률규정은, 행위자의 일반적 행동자유권을 제한하지만 과잉금지원칙에 위배되지는 않는다. 17. 국가직 7급 ( )

정답 01 × 02 ○

35 집행유예를 받은 소년범을 차별 [위헌]
구 소년법 규정이 소년으로 범한 죄에 의하여 형의 선고를 받은 자가 그 집행을 종료하거나 면제받은 때와 달리 **집행유예를 선고받은 소년범에 대한 자격완화 특례규정을 두지 아니하여** 자격제한을 함에 있어 군인사법 등 해당 법률의 적용을 받도록 한 것은 불합리한 차별이라 할 것이므로 평등원칙에 위반된다(헌재 2018.1.25, 2017헌가7).

36 택시운송사업에 한정하여 운송비용전가 금지 [합헌]
버스운송사업에 있어서는 운송비용전가 문제를 규제할 필요성이 없으므로 택시운송사업에 한하여 택시운송사업의 발전에 관한 법률에 운송비용전가의 금지조항을 둔 것은 규율의 필요성에 따른 합리적인 차별이어서 평등원칙에 위반되지 아니한다(헌재 2018.6.28, 2016헌마1153).

37 사법시험 시험시간 [기각]
이 사건 공고는 기본적으로는 시험시간을 일률적으로 정하면서도 특별한 사정이 있는 응시자에 대하여는 예외적으로 특별한 조치를 받을 수 있도록 하여 기본권의 제한을 완화하고 있다. 그렇다면 피청구인이 사법시험의 과목당 시험시간을 이 사건 공고의 내용과 같이 정한 것이 시험주관 관청인 피청구인의 재량의 한계를 일탈하여 청구인의 직업선택의 자유 또는 공무담임권을 침해하였다고 볼 수 없다(헌재 2008.6.26, 2007헌마917).

38 군의 장의 선거의 예비후보자등록 신청기간 60일 제한 [기각]
지방자치선거가 조기에 과열되어 향후 선거 과정이 혼탁해지는 것을 방지하고 예비후보자들 간의 경제력 차이에 따른 불균형을 막아 궁극적으로는 공정한 선거를 보장하기 위한 것이다. 자치구·시는 상대적으로 도시화가 되어 있고 인구가 많은 데 비해 군은 주로 농촌 지역에 위치하고 있고 대도시의 인구집중현상으로 인하여 인구가 적다. 또한 자치구·시의 평균 선거인수에 비하여 군의 평균 선거인수가 적다. 따라서 평등권을 침해하지 않는다(헌재 2020.11.26, 2018헌마260).

39 민간전문가에게 뇌물죄 적용 [합헌]
관광진흥개발기금 관리·운용업무에 종사토록 하기 위해 문화체육관광부장관이 채용한 민간전문가에 대해 형법상 뇌물죄의 적용에 있어서 공무원으로 의제하는 관광진흥개발기금법 조항은 평등원칙에 위배되지 않는다(헌재 2014.7.24, 2012헌바188).

[주의] 제주도역량평가위원회의 경우 뇌물죄 적용은 위헌이다.

40 혼인한 여성등록의무자의 등록대상재산 [위헌]
[1] 개정 전 공직자윤리법 조항에 따라 재산등록을 마친 혼인한 여성등록의무자의 경우에만 본인이 아닌 배우자의 직계존비속의 재산을 등록하도록 정하고 있는 것이 위헌임을 선언하였다.
[2] 절차상 편의의 도모, 행정비용의 최소화 등의 이유만으로 성별에 의한 차별금지, 혼인과 가족생활에서의 양성의 평등을 천명하고 있는 헌법에 반하는 제도를 정당화할 수는 없다(헌재 2021.9.30, 2019헌가3).
✎ 엄격한 심사척도를 적용하여 비례성원칙에 따른 심사를 하여야 한다.

41 2회 이상 음주운전시 가중처벌 사건 [위헌]
[1] '술에 취한 상태에서 운전한 사람'을 의미함을 충분히 알 수 있으므로, 심판대상 조항은 죄형법정주의의 명확성원칙에 위반된다고 할 수 없다.

[주의] 2회 이상 음주운전 한 사람이 다시 이를 위반한 경우 운전면허를 필요적으로 취소한 것은 헌법에 위반되지 않는다(2009헌바83).

[2] 가중요건이 되는 과거 음주운전 금지규정 위반행위와 처벌대상이 되는 재범 음주운전 금지규정 위반행위 사이에 아무런 시간적 제한이 없고, 과거 위반행위가 형의 선고나 유죄의 확정판결을 받은 전과일 것을 요구하지도 않는다. 일률적으로 가중처벌하도록 하고 있으므로 형벌 본래의 기능에 필요한 정도를 현저히 일탈하는 과도한 법정형을 정한 것이다(헌재 2021.11.25, 2019헌바446).

42 국가를 상대로 한 당사자소송에서의 가집행선고 제한 [위헌]

가집행의 선고는 불필요한 상소권의 남용을 억제하고 신속한 권리실행을 하게 함으로써 국민의 재산권과 신속한 재판을 받을 권리를 보장하기 위한 제도이다. 보상금 증액 청구라는 동일한 성격인 공법상 금전지급 청구소송임에도 피고가 누구인지에 따라 가집행선고를 할 수 있는지 여부가 달라진다면 상대방 소송당사자인 원고로 하여금 불합리한 차별을 받도록 하는 결과가 된다. 따라서 평등의 원칙에 반한다(헌재 2022.2.24, 2020헌가12).

43 노인성 질병의 경우 일률적으로 활동지원급여 신청자격 제한 [위헌]

장애인활동법상의 활동지원급여와 노인장기요양보험법상의 장기요양급여는 서로 취지를 달리하며, 급여의 내용에도 큰 차이가 있는데, 최근 수급액 편차까지 급격히 커진 상황이다. 그런데 심판대상조항에 의하여 65세 미만의 장애인 중 일정한 노인성 질병이 있는 사람은 장기요양인정을 신청할 수 있을 뿐, 일률적으로 활동지원급여 신청자격이 제한되었다. 이 결정은 심판대상의 이러한 신청자격 제한에 합리적 이유가 없어 평등원칙에 위반된다(헌재 2020.12.23, 2017헌가22).

✎ 경도치매의 경우 노인성 질병이지만 여전히 활동지원급여를 원할 수도 있는데 일률적으로 신청자격을 제한한 것은 헌법에 위반된다.

44 여자대학 약학대학 입학정원 배정 [기각]

[1] 평등권은 직업선택의 자유 침해와 판단이 중복된다. 따라서 직업선택의 자유를 중심으로 판단한다.

[2] 여자대학이 아닌 다른 약학대학의 경우에도 재적학생 중 여학생의 비율이 평균적으로 50%에 달하는 점, 편입학 과정에서 각 약학대학별로 중시되는 선발요소가 다르고 약학대학 편입학은 중복지원이 불가능하여 수도권 출신 남성은 여자대학 약학대학이나 지방인재 특별전형에 지원한 사람과 경쟁하지 않는 점을 고려하면, 여자대학의 약학대학이 존재한다는 사정만으로 그 정원이 청구인의 약학대학 입학가능성에 결정적인 영향을 미쳤다고 단정하기는 어렵다. 따라서 이 사건 조정계획으로 인한 직업선택의 자유 제한이 침해의 최소성 원칙에 위반된다고 보기는 어렵다(헌재 2020.7.16, 2018헌마566).

45 준강도죄 처벌 [합헌]

절도범행의 실행 중 또는 실행 직후에 발각되었을 때 폭행·협박의 범행을 유발할 수도 있는 특별한 위험상황을 배제할 수 없고 그와 같은 상황이 일어난다면 그 행위의 죄질이 강도와 등가로 평가할 수 있기 때문이다(헌재 2023.5.25, 2022헌바264).

46 난민인정자 긴급재난지원금 지급대상 제외 [인용]

코로나19로 인하여 경제적 타격을 입었다는 점에 있어서는 영주권자, 결혼이민자, 난민인정자간에 차이가 있을 수 없으므로 그 회복을 위한 지원금 수급 대상이 될 자격에 있어서 역시 이들 사이에 차이가 발생한다고 볼 수 없다. 따라서 이는 합리적 이유 없는 차별로서 난민인정자인 청구인의 평등권을 침해함을 선언한 것이다(헌재 2024.3.28, 2020헌마1079).

기출지문 OX

01 ☐☐☐
우리나라에서는 인간의 존엄·가치조항은 제8차 헌법개정 때 처음 도입되었고, 행복추구권은 제5차 헌법개정 때 도입되었다.
O|X

02 ☐☐☐
인격권은 헌법 제10조의 인간의 존엄과 가치로부터 유래한다.
O|X

03 ☐☐☐
1년이 넘는 동안 이중금속수갑과 가족수갑을 착용하여 두 팔이 몸에 고정된 상태로 생활한 것은 과도하게 신체거동을 제한하는 것으로 인간의 존엄성을 침해한 것으로 보아야 한다.
O|X

04 ☐☐☐
법무부훈령인 법무시설 기준규칙은 수용동의 조도 기준을 취침 전 200룩스 이상, 취침 후 60룩스 이하로 규정하고 있는데, 수용자의 도주나 자해 등을 막기 위해서 취침시간에도 최소한의 조명을 유지하는 것은 수용자의 숙면방해로 인하여 인간의 존엄과 가치를 침해한다.
O|X

05 ☐☐☐
행복추구권과 개별 기본권이 경합하면 행복추구권은 보충적 기본권의 지위를 갖는다.
O|X

06 ☐☐☐
포괄적인 의미의 자유권으로서의 성격을 가지는 행복추구권은 국민이 행복을 추구하기 위하여 필요한 급부를 국가에게 적극적으로 요구할 수 있는 것을 내용으로 한다.
O|X

정답 및 해설

01 × 우리나라에서는 인간의 존엄·가치조항은 제5차 헌법개정 때 처음 도입되었고, 행복추구권은 제8차 헌법개정 때 도입되었다. 즉, 숫자가 변경되었다.

02 ○ 개인의 일반적 인격권은 인간의 존엄성에서 유래되는 것으로 헌법 제10조에서 근거를 찾는 것이 타당하다(헌재 1991.9.16, 89헌마165).

03 ○ 이 사건 계구사용행위는 기본권 제한의 한계를 넘어 필요 이상으로 장기간 과도하게 신체거동을 제한한바 이는 인간의 존엄성을 침해한 것으로 보아야 한다(헌재 2003.12.18, 2001헌마163).

04 × 교정시설의 안전과 질서유지를 위해서는 수용거실 안에 일정한 수준의 조명을 유지할 필요가 있다. 수용자의 도주나 자해 등을 막기 위해서는 취침시간에도 최소한의 조명은 유지할 수밖에 없다(헌재 2018.8.30, 2017헌마440).

05 ○ 행복추구권에 대한 헌법재판소의 판례입장은 사안에 대하여 직접 적용할 기본권 규정이 없는 경우에 보충적으로 적용해야 한다는 보충적 보장설을 취한다(헌재 2002.8.29, 2000헌가5 등).

06 × 헌법 제10조의 행복추구권은 국민이 행복을 추구하기 위하여 필요한 급부를 국가에게 적극적으로 요구할 수 있는 것을 내용으로 하는 것이 아니다. 포괄적 의미의 자유권의 성격을 가진다(헌재 1995.7.21, 93헌가14).

07 ☐☐☐

헌법이 보장하는 행복추구권이 공동체의 이익과 무관하게 무제한의 경제적 이익의 도모를 보장하는 것이라고는 볼 수 없다.

O|X

08 ☐☐☐

명예는 사람이나 그 인격에 대한 '사회적 평가', 즉 객관적·외부적 가치평가를 말할 뿐만 아니라 주관적·내면적인 명예감정도 포함한다.

O|X

09 ☐☐☐

자유로운 성의 사용 역시 헌법상 인격권으로부터 보호된다고 할 수 있다.

O|X

10 ☐☐☐

당사자의 동의 없는 촬영이라 해도 공개된 장소에서 이루어졌다거나 민사소송의 증거를 수집할 목적으로 이루어진 경우에는 인격권 침해로 볼 수 없다.

O|X

11 ☐☐☐

성별을 이유로 한 낙태를 방지함으로써 성비의 불균형을 해소하고 태아의 생명을 보호하기 위하여 태아의 성별고지를 금지한 것은 헌법에 위반되지 않는다.

O|X

12 ☐☐☐

경찰이 언론사 기자들의 취재 요청에 응하여 피의자가 경찰서 내에서 양손에 수갑을 찬 채 조사받는 모습을 촬영할 수 있도록 허용한 행위는 피의자의 인격권을 침해하지 않는다.

O|X

13 ☐☐☐

성매매는 그것이 가지는 사회적 유해성과는 별개로 성판매자의 입장에서 생활의 기본적 수요를 충족하기 위한 소득활동에 해당함을 부인할 수 없으나, 성매매자를 처벌하는 것은 과잉금지원칙에 반하지 않는다.

O|X

정답 및 해설

07 O 헌법이 보장하는 행복추구권이 공동체의 이익과 무관하게 무제한의 경제적 이익의 도모를 보장하는 것이라고는 볼 수 없다(헌재 1995.7.21, 94헌마125).

08 × 명예는 사람이나 그 인격에 대한 '사회적 평가', 즉 객관적·외부적 가치평가를 말하는 것이지 단순히 주관적·내면적인 명예감정은 포함하지 않는다고 보아야 한다(헌재 2005.10.27, 2002헌마425).

09 O 성명은 개인의 정체성과 개별성을 나타내는 인격의 상징으로서 개인이 사회 속에서 자신의 생활영역을 형성하고 발현하는 기초가 되는 것이라 할 것이므로 자유로운 성의 사용 역시 헌법상 인격권으로부터 보호된다(헌재 2005.12.22, 2003헌가5 등).

10 × 공개된 장소에서 이루어졌다거나 민사소송의 증거를 수집할 목적으로 이루어졌다는 사유만으로 정당화되지 않는다. 일상생활을 본인 동의 없이 촬영한 행위는 초상권 및 사생활의 비밀과 자유를 침해하는 불법행위에 해당한다(대판 2006.10.13, 2004다16280).

11 × 남아선호사상이 확연히 쇠퇴하고 있고, 심판대상조항이 사문화되었음에도 불구하고 출생성비가 자연성비의 정상범위 내이므로, 심판대상조항은 더 이상 태아의 성별을 이유로 한 낙태를 방지하기 위한 목적을 달성하는 데에 적합하고 실효성 있는 수단이라고 보기 어렵다.

12 × 피청구인이 언론사 기자들의 취재 요청에 응하여 청구인이 경찰서 내에서 양손에 수갑을 찬 채 조사받는 모습을 촬영할 수 있도록 허용한 행위는 청구인의 인격권을 침해하여 위헌임을 확인한다(헌재 2014.3.27, 2012헌마652).

13 O 성매매는 그것이 가지는 사회적 유해성과는별개로 성판매자의 입장에서 생활의 기본적 수요를 충족하기 위한 소득활동에 해당함을 부인할 수 없으나, 성매매자를 처벌하는 것은 과잉금지원칙에 반하지 않는다(헌재 2016.3.31, 2013헌가2).

14 ☐☐☐
평화적 생존권은 이를 헌법에 열거되지 아니한 기본권으로서 특별히 새롭게 인정할 필요성이 있다거나 그 권리내용이 비교적 명확하여 구체적 권리로서의 실질에 부합한다고 보기 어려워 헌법상 보장된 기본권이라고 할 수 없다. O|X

15 ☐☐☐
기부금품을 모집하고자 하는 국민에게 허가를 청구할 법적 권리를 부여하지 아니함으로써 국민의 기본권(행복추구권)을 침해하는 위헌적인 규정이다. O|X

16 ☐☐☐
간통죄를 형사처벌하는 것은 국민의 성적 자기결정권 등의 기본권을 지나치게 제한하는 것으로 헌법에 위반된다. O|X

17 ☐☐☐
담배제조자가 면세담배를 용도 외로 사용하는지 여부에 관하여 이를 관리하거나 감독할 수 있는 법적 권리나 의무는 존재하는 것으로 비록 공급받은 자가 용도 외로 사용하였다 하여도 이는 제조자의 연대책임을 물을 수 있는 근거가 된다. O|X

18 ☐☐☐
4층 이상의 건물에 대하여 강제로 화재보험에 가입하게 하는 것은 개인의 경제상의 자유와 창의의 존중을 기본으로 하는 헌법질서와 맞지 않는다. O|X

19 ☐☐☐
구치소에서의 항문 내 검사는 인격권을 침해하는바 위헌이 되었다. O|X

20 ☐☐☐
외부 민사재판에 출정할 때 운동화를 착용하게 해달라는 수형자인 청구인의 신청에 대하여 이를 불허한 피청구인 교도소장의 행위는 청구인의 인격권을 침해한다고 볼 수 없다. O|X

정답 및 해설

14 ○ 평화적 생존권이란 이름으로 주장하고 있는 평화란 헌법의 이념 내지 목적으로서 추상적인 개념에 지나지 아니하고, 평화적 생존권은 이를 헌법에 열거되지 아니한 기본권으로서 특별히 새롭게 인정할 필요성이 있다거나 그 권리내용이 비교적 명확하여 구체적 권리로서의 실질에 부합한다고 보기 어려워 헌법상 보장된 기본권이라고 할 수 없다(헌재 2009.5.28, 2007헌마369).

15 ○ 기부금품을 모집하고자 하는 국민에게 허가를 청구할 법적 권리를 부여하지 아니함으로써 국민의 기본권(행복추구권)을 침해하는 위헌적인 규정이다(헌재 1998.5.28, 96헌가5).

16 ○ 혼인제도 및 부부간 정조의무 보호라는 공익이 더 이상 심판대상조항을 통하여 달성될 것으로 보기 어려운 반면, 심판대상조항은 국민의 성적 자기결정권 등의 기본권을 지나치게 제한하고 있으므로 법익균형성도 상실하였다(헌재 2015.2.26, 2009헌바17).

17 × 담배제조자가 면세담배를 용도 외로 사용하는지 여부에 관하여 이를 관리하거나 감독할 수 있는 법적 권리나 의무는 존재하지 않는 것으로 자신의 통제권 내지 결정권이 미치지 않는 데 대하여까지 책임을 지게 하는 것은 자기책임의 원리에 부합한다고 보기 어렵다고 판시하였다(헌재 2004.6.24, 2002헌가27).

18 ○ 4층 이상의 건물에 대해 획일적인 보험가입강제를 하는 것은 개인의 경제상의 자유와 창의의 존중을 기본으로 하는 경제질서와 과잉금지의 원칙에 합치되지 아니하여 헌법에 위반된다(헌재 1991.6.3, 89헌마204).

19 × 청구인이 수인하여야 할 모욕감이나 수치심에 비하여 반입금지품을 차단함으로써 얻을 수 있는 수용자들의 생명과 신체의 안전, 구치소 내의 질서유지 등의 공익이 보다 크므로(법익균형성), 과잉금지의 원칙에 위배되었다고 할 수 없다(헌재 2006.6.29, 2004헌마826).

20 ○ 민사법정에 출석하는 수형자에게 운동화착용을 불허하고 고무신을 신게 한 이 사건 운동화착용불허행위는 시설 바깥으로의 외출이라는 기회를 이용한 도주를 예방하기 위한 것으로서 정당한 것이다(헌재 2011.2.24, 2009헌마209).

21 ☐☐☐
이륜자동차와 원동기장치자전거에 대하여 고속도로 또는 자동차전용도로의 통행을 금지하고 있는 법률 규정은 일반적 행동의 자유를 침해하는 것이라 할 수 없다. O|X

22 ☐☐☐
서울광장으로 출입하고 통행하는 행위를 제지하는 것은 거주·이전의 자유를 제한한다. O|X

23 ☐☐☐
세월호피해지원법의 경우 일체의 이의제기를 금지하고 있어 일반적 행동자유권을 침해한다. O|X

24 ☐☐☐
도로 외의 곳이란 자동차 등을 그 본래의 사용방법에 따라 사용할 수 있는 공간으로 명확성의 원칙에 위반되지 않는다. O|X

25 ☐☐☐
이미 출국 수속 과정에서 일반적인 보안검색을 마친 승객을 상대로, 촉수검색과 같은 추가적인 보안 검색 실시를 예정하고 있는 국가항공보안계획은 과잉금지원칙에 위반되지 않아 청구인의 인격권을 침해하지 않는다. O|X

26 ☐☐☐
본인이 해부용 시체로 제공되는 것에 대해 반대하는 의사표시를 명시적으로 표시할 수 있는 절차도 마련하지 않고 본인의 의사와는 무관하게 인수자가 없는 시체를 해부용으로 제공될 수 있도록 규정하고 있는 시체 해부 및 보존 등에 관한 법률 조항은 사실상 연고가 없는 청구인의 시체 처분에 대한 자기결정권을 침해한다. O|X

27 ☐☐☐
전동킥보드의 최고속도를 25km/h 이내로 제한하는 것은 소비자가 그보다 빠른 제품을 구매하지 못하여 겪는 자기결정권 및 일반적 행동자유권의 제약에 비하여, 소비자의 생명·신체에 대한 위해 및 도로교통상의 위험을 방지하고 향후 자전거도로 통행이 가능해질 경우를 대비하여 소비자의 편의를 도모한다는 공익이 중대하므로 과잉금지원칙에 위반되지 않는다. O|X

정답 및 해설

21 ○ 이 사건 법률조항은 이륜차의 구조적 특성에서 비롯되는 사고위험성과 사고결과의 중대성에 비추어 이륜차 운전자의 안전 및 고속도로 등 교통의 신속과 안전을 위하여 이륜차의 고속도로 등 통행을 금지하기 위한 것이므로 입법목적은 정당하다(헌재 2007.1.17, 2005헌마1111 등).

22 × 서울광장에 출입하고 통행하는 행위가 그 장소를 중심으로 생활을 형성해 나가는 행위에 속한다고 볼 수도 없으므로 청구인들의 거주·이전의 자유가 제한되었다고 할 수 없다(헌재 2011.6.30, 2009헌마406).

23 ○ 이의제기금지조항은 기본권 제한의 법률유보원칙에 위반하여 법률의 근거 없이 대통령령으로 청구인들에게 세월호 참사와 관련된 일체의 이의제기금지의무를 부담시킴으로써 일반적 행동의 자유를 침해한 것이다(헌재 2017.6.29, 2015헌마654).

24 ○ 도로 외의 곳이란 자동차 등을 그 본래의 사용방법에 따라 사용할 수 있는 공간으로 명확성의 원칙에 위반되지 않는다(헌재 2016.2.25, 2015헌가11).

25 ○ 이미 출국 수속 과정에서 일반적인 보안검색을 마친 승객을 상대로, 촉수검색(patdown)과 같은 추가적인 보안 검색 실시를 예정하고 있는 국가항공보안계획은 과잉금지원칙에 위반되지 않아 청구인의 인격권을 침해하지 않는다(헌재 2018.2.22, 2016헌마780).

26 ○ 이 사건 법률 조항은 본인이 해부용 시체로 제공되는 것에 대해 반대하는 의사표시를 명시적으로 표시할 수 있는 절차도 마련하지 않고 본인의 의사와는 무관하게 해부용 시체로 제공될 수 있도록 규정하고 있다는 점에서 침해의 최소성원칙을 충족했다고 보기 어렵고 … 청구인의 시체 처분에 대한 자기결정권을 침해한다(헌재 2015.11.26, 2012헌마940).

27 ○ 전동킥보드의 최고속도는 25km/h를 넘지 않아야 한다고 규정한 구 안전확인대상생활용품의 안전기준 부속서 32 제2부 5.3.2.는 소비자의 자기결정권 및 일반적 행동자유권을 침해하지 않는다(헌재 2020.2.27, 2017헌마1339).

28 ☐☐☐
육군 장교가 민간법원에서 약식명령을 받아 확정되면 자진신고할 의무를 규정한, '2020년도 장교 진급 지시'의 해당 부분 중 '민간법원에서 약식명령을 받아 확정된 사실이 있는 자'에 관한 부분은 청구인인 육군 장교의 일반적 행동의 자유를 침해한다. O│X

29 ☐☐☐
누구든지 응급의료종사자의 응급환자에 대한 진료를 폭행, 협박, 위계, 위력, 그 밖의 방법으로 방해하는 행위를 금지하는 것과 이를 위반한 경우 형사처벌하는 규정은 헌법에 위반되지 않는다. O│X

30 ☐☐☐
비어업인이 잠수용 스쿠버장비를 사용하여 수산자원을 포획·채취하는 것을 금지하는 수산자원관리법 시행규칙의 규정 중 '잠수용 스쿠버장비 사용'에 관한 부분은 일반적 행동의 자유를 침해하지 않는다. O│X

31 ☐☐☐
헌법은 차별금지 사유로 성별, 종교, 인종 또는 사회적 신분을 명시적으로 규정하고 있다. O│X

32 ☐☐☐
사회적 신분이란 사회에서 장기간 점하는 지위로서 일정한 사회적 평가를 수반하는 것을 의미한다 할 것이므로 전과자도 사회적 신분에 해당된다. O│X

33 ☐☐☐
엄격한 비례심사란 차별의 합리적인 이유의 유무만을 확인하는 정도를 넘어, 차별의 이유와 차별의 내용 사이에 적정한 비례적 균형관계가 이루어져 있는지에 대해서도 심사하여야 한다는 것을 의미한다. O│X

정답 및 해설

28 × 청구인들이 자진신고의무를 부담하는 것은, 수사 및 재판 단계에서 의도적으로 신분을 밝히지 않은 행위에서 비롯된 것으로서 이미 예상가능한 불이익인 반면, 인사상 불균형을 방지함으로써 군 조직의 내부 기강 및 질서를 유지하고자 하는 공익은 매우 중대하다(헌재 2021.8.31, 2020헌마12). 즉, 합헌이다.

29 ○ 누구든지 응급의료종사자의 응급환자에 대한 진료를 폭행, 협박, 위계, 위력, 그 밖의 방법으로 방해하는 행위를 금지하는 것과 이를 위반한 경우 형사처벌하는 규정은 헌법에 위반되지 않는다(헌재 2019.6.28, 2018헌바128).

30 ○ 이 사건 규칙조항은 이 사건 규칙조항은 수산자원을 유지·보존하고 어업인들의 재산을 보호함으로써, 단기적으로는 어업인의 생계를 보장하고 장기적으로는 수산업의 생산성을 향상시키고자 함에 그 목적이 있는바 청구인의 일반적 행동의 자유를 침해하지 아니한다(헌재 2016.10.27, 2013헌마450).

31 × 모든 국민은 법 앞에 평등하다. 누구든지 성별·종교 또는 사회적 신분에 의하여 정치적·경제적·사회적·문화적 생활의 모든 영역에 있어서 차별을 받지 아니한다(헌법 제11조 제1항). 인종은 규정되어 있지 않으며, 국적의 경우도 규정되지 않는 경우로 자주 출제된다.

32 ○ 사회적 신분이란 사회에서 장기간 점하는 지위로서 일정한 사회적 평가를 수반하는 것을 의미한다 할 것이므로 전과자도 사회적 신분에 해당된다고 할 것이며 누범을 가중처벌하는 것이 전과자라는 사회적 신분을 이유로 차별대우를 하는 것이 되어 헌법상의 평등의 원칙에 위배되는 것이 아닌가 하는 의문이 생길 수 있으므로 이에 대하여 살펴본다(헌재 1995.2.23, 93헌바43).

33 ○ 차별의 합리적인 이유의 유무만을 확인하는 정도를 넘어, 차별의 이유와 차별의 내용 사이에 적정한 비례적 균형관계가 이루어져 있는지에 대해서도 심사하여야 한다는 것을 의미한다(헌재 2001.2.22, 2000헌마25).

34 ☐☐☐
대한민국 국민인 남자에 한하여 병역의무를 부과한 구 병역법 조항이 평등권을 침해하는지 여부는 완화된 심사척도에 따라 자의금지원칙 위반 여부에 의하여 판단한다. [O|X]

35 ☐☐☐
국가유공자가 국가기관이 실시하는 채용시험에 응시하는 경우 10%의 가산점을 주도록 하는 것은 평등권을 침해하지 않는다. [O|X]

36 ☐☐☐
존비속관계에 의한 가중처벌을 규정한 형법 제259조 제2항은 그 차별적 취급에 합리적 근거가 있어 평등원칙에 반하지 않는다. [O|X]

37 ☐☐☐
우체국보험금 및 환급금 청구채권 전액에 대하여 압류를 금지하여 우체국보험 가입자의 채권자와 일반 인보험 가입자의 채권자를 차별취급하는 것은 합리적인 사유가 존재하므로 헌법상 평등원칙에 위배되지 아니한다. [O|X]

38 ☐☐☐
연합뉴스사를 국가기간 뉴스통신사로 지정하고 이에 대하여 재정지원 등 여러 가지 혜택을 부여하는 것은 평등원칙에 위배되지 않는다. [O|X]

39 ☐☐☐
"약사 또는 한약사가 아니면 약국을 개설할 수 없다."고 규정한 약사법 조항은 법인을 구성하여 약국을 개설·운영하려고 하는 약사들 및 이들로 구성된 법인의 직업선택(직업수행)의 자유와 결사의 자유를 침해한다. [O|X]

정답 및 해설

34 ○ 집단으로서의 남자는 집단으로서의 여자에 비하여 보다 전투에 적합한 신체적 능력을 갖추고 있으며, 개개인의 신체적 능력에 기초한 전투적합성을 객관화하여 비교하는 검사체계를 갖추는 것이 현실적으로 어려운 점, 신체적 능력이 뛰어난 여자의 경우에도 월경이나 임신, 출산 등으로 인한 신체적 특성상 병력자원으로 투입하기에 부담이 큰 점 등에 비추어 남자만을 징병검사의 대상이 되는 병역의무자로 정한 것이 현저히 자의적인 차별취급이라 보기 어렵다(헌재 2010.11.25, 2006헌마328).

35 ○ 가족의 경우에는 최근 판례가 변경되어 위헌으로 보고 있지만, 국가유공자 본인의 경우에는 여전히 합헌으로 보아야 한다(헌재 2001.2.22, 2000헌마25).

36 ○ 이 사건 법률 조항은 법에 의한 도덕의 강제가 아니라 패륜으로 인한 책임의 가중을 근거로 형을 가중하는 데 지나지 않는 것이다. … 그렇다면 이 사건 법률 조항은 헌법상 평등의 원칙에 반한다고 할 수 없다(헌재 2002.3.28, 2000헌바53).

37 × 국가가 운영하는 우체국보험에 가입한다는 사정만으로, 일반 보험회사의 인보험에 가입한 경우와는 달리 그 전액에 대하여 무조건 압류를 금지하여 우체국보험 가입자를 보호함으로써 우체국보험 가입자의 채권자를 일반 인보험 가입자의 채권자에 비하여 불합리하게 차별취급하는 것이므로 평등원칙에 위반된다(헌재 2008.5.29, 2006헌바5).

38 ○ 기본권 제한의 효과는 경미한 데 반하여, 국가기간 뉴스통신사로서 연합뉴스사의 인적·물적 기반 강화와 국제뉴스 정보시장에서의 경쟁력의 향상이라는 공익실현의 효과는 매우 크다고 할 것으로 심판대상조항은 과잉금지원칙에 위배된다고 할 수 없다(헌재 2005.6.30, 2003헌마841).

39 ○ 법인을 구성하여 약국을 개설·운영하려고 하는 약사들 및 이들로 구성된 법인의 직업선택(직업수행)의 자유의 본질적 내용을 침해하는 것이고, 동시에 약사들이 약국경영을 위한 법인을 설립하고 운영하는 것에 관한 결사의 자유를 침해하는 것이다(헌재 2002.9.19, 2000헌바84).

40 □□□
안경사 면허를 가진 자연인에게만 안경업소의 개설 등을 할 수 있도록 한 것은 안경사들로만 구성된 법인 형태의 안경업소 개설까지 허용하지 않으므로 과잉금지원칙에 반하여 자연인 안경사와 법인의 직업의 자유를 침해한다. O|X

41 □□□
친고죄에 있어서 고소 취소가 가능한 시기를 제1심 판결선고 전까지로 제한한 형사소송법 조항은 항소심 단계에서 고소 취소된 사람을 자의적으로 차별하는 것이 아니다. O|X

42 □□□
태평양전쟁 전후 강제동원된 자 중 국외 강제동원자에 대해서만 의료지원금을 지급하도록 하고 국내 강제동원자를 제외하는 것이 국민에 대한 국가의 기본권 보호의무에 위배된다고 볼 수 없다. O|X

43 □□□
근로자의 날을 법정유급휴일로 할 것인지에 있어서 공무원과 일반근로자를 다르게 취급할 이유가 없으므로 근로자의 날을 공무원의 법정유급휴일로 정하지 않은 것은 공무원과 일반근로자를 자의적으로 차별하는 것에 해당하여 평등권을 침해한다. O|X

44 □□□
대학구성원이 아닌 자에게 대학도서관에서의 도서 대출 또는 열람실 이용을 제한한 서울교육대학교의 회신은 교육받을 권리를 침해하지 않는다. O|X

45 □□□
근로자가 사업주 지배관리 아래 출퇴근하던 중 발생한 사고로 부상 등이 발생한 경우에만 업무상 재해로 인정하는 산업재해보상보험법 규정은 도보나 자기 소유 교통수단 또는 대중교통수단 등을 이용하여 출퇴근하는 산업재해보상보험 가입 근로자를 합리적 이유 없이 자의적으로 차별하는 것이 아니므로 헌법상 평등원칙에 위배되지 않는다. O|X

정답 및 해설

40 × 안경의 잘못된 조제로 인한 분쟁 발생시 법인과 고용된 안경사간의 책임 소재가 불분명해지는 문제도 발생할 수 있고, 법인 안경업소가 무면허자를 고용하는 등의 행위를 사전에 차단하기 어렵다. 사후적 단속·구제로는 국민보건상 부작용을 미연에 방지할 수 없다(헌재 2021.6.24, 2017헌가31).
▶ 따라서 직업의 자유를 침해하지 않는다.

41 ○ 친고죄의 고소 취소를 인정할 것인지의 문제 및 이를 인정한다고 하더라도 형사소송절차 중 어느 시점까지 이를 허용할 것인지의 문제는 국가형벌권과 국가소추주의에 대한 국민 일반의 가치관과 법감정, 범죄피해자의 이익보호 등을 종합적으로 고려하여 정할 수 있는 입법정책의 문제이다(헌재 2011.2.24, 2008헌바40).

42 ○ 대한민국 국적을 가지지 아니한 사람을 지급대상에서 제외한 것은 평등원칙에 위반되지 않는다(헌재 2015.12.23, 2011헌바139).

43 × 공무원과 일반근로자는 그 직무 성격의 차이로 인하여 근로조건을 정함에 있어서 그 방식이나 내용에 차이가 있다. 따라서 이는 평등권을 침해한다고 볼 수 없다(헌재 2015.5.28, 2013헌마343).

44 ○ 대학구성원이 아닌 자에게 대학도서관에서의 도서 대출 또는 열람실 이용을 제한한 서울교육대학교의 회신은 교육받을 권리를 침해하지 않는다(헌재 2016.11.24, 2014헌마977).

45 × 통상의 출퇴근 재해에 대한 보상에 있어 혜택근로자와 비혜택근로자를 구별하여 취급할 합리적 근거가 없는데도, 혜택근로자의 출퇴근 재해만 업무상 재해로 인정하는 심판대상조항은 합리적 이유 없이 비혜택근로자에게 경제적 불이익을 주어 이들을 자의적으로 차별하는 것이므로, 헌법상 평등원칙에 위배된다(헌재 2016.9.29, 2014헌바254).

46 ☐☐☐
구 소년법 규정이 소년으로 범한 죄에 의하여 형의 선고를 받은 자가 그 집행을 종료하거나 면제받은 때와 달리 집행유예를 선고받은 소년범에 대한 자격완화 특례규정을 두지 아니하여 자격제한을 함에 있어 군인사법 등 해당 법률의 적용을 받도록 한 것은 불합리한 차별이라 할 것이므로 평등원칙에 위반된다. O│X

47 ☐☐☐
군의 장 선거에서 예비후보자로서 선거기간개시일 전에 선거운동을 할 수 있는 기간을 최대 60일로 한정하도록 한 공직선거법 관련 조항은 예비후보자의 선거운동의 자유를 침해한다고 볼 수 없다. O│X

48 ☐☐☐
문화체육관광부장관이 채용한 민간전문가에 대해 형법상 뇌물죄의 적용에 있어서 공무원으로 의제하는 관광진흥개발기금법 조항은 평등원칙에 위배되지 않는다. O│X

49 ☐☐☐
공직자윤리법 조항에 따라 재산등록을 마친 혼인한 여성등록의무자의 경우에만 본인이 아닌 배우자의 직계존비속의 재산을 등록하도록 정하고 있는 것은 헌법에 위반된다. O│X

50 ☐☐☐
음주운전 금지규정을 2회 이상 위반한 사람을 2년 이상 5년 이하의 징역이나 1천만원 이상 2천만원 이하의 벌금에 처하도록 한 구 도로교통법 조항은 책임과 형벌 간의 비례원칙에 위배된다. O│X

51 ☐☐☐
국가를 우대할 합리적인 이유가 있으므로 국가를 상대로 하는 당사자소송의 경우에는 가집행선고를 할 수 없다고 규정한 행정소송법 제43조는 평등원칙에 위배되지 않는다. O│X

정답 및 해설

46 O 구 소년법 규정이 소년으로 범한 죄에 의하여 형의 선고를 받은 자가 그 집행을 종료하거나 면제받은 때와 달리 집행유예를 선고받은 소년범에 대한 자격완화 특례규정을 두지 아니하여 자격제한을 함에 있어 군인사법 등 해당 법률의 적용을 받도록 한 것은 불합리한 차별이라 할 것이므로 평등원칙에 위반된다(헌재 2018.1.25, 2017헌가7).

47 O 군은 주로 농촌 지역에 위치하고 있고 대도시의 인구집중현상으로 인하여 인구가 적다. 또한 자치구·시의 평균 선거인수에 비하여 군의 평균 선거인수가 적다. 따라서 평등권을 침해하지 않는다(헌재 2020.11.26, 2018헌마260).

48 O 관광진흥개발기금 관리·운용업무에 종사토록 하기 위해 문화체육관광부장관이 채용한 민간전문가에 대해 형법상 뇌물죄의 적용에 있어서 공무원으로 의제하는 관광진흥개발기금법 조항은 평등원칙에 위배되지 않는다(헌재 2014.7.24, 2012헌바188).

49 O 공직자윤리법 조항에 따라 재산등록을 마친 혼인한 여성등록의무자의 경우에만 본인이 아닌 배우자의 직계존비속의 재산을 등록하도록 정하고 있는 것이 위헌임을 선언하였다(헌재 2021.9.30, 2019헌가3).

50 O 가중요건이 되는 과거 음주운전 금지규정 위반행위와 처벌대상이 되는 재범 음주운전 금지규정 위반행위 사이에 아무런 시간적 제한이 없고, 과거 위반행위가 형의 선고나 유죄의 확정판결을 받은 전과일 것을 요구하지도 않는다. 일률적으로 가중처벌하도록 하고 있으므로 형벌 본래의 기능에 필요한 정도를 현저히 일탈하는 과도한 법정형을 정한 것이다(헌재 2021.11.25, 2019헌바446).

51 X 가집행의 선고는 불필요한 상소권의 남용을 억제하고 신속한 권리실행을 하게 함으로써 국민의 재산권과 신속한 재판을 받을 권리를 보장하기 위한 제도이다. 보상금증액 청구라는 동일한 성격인 공법상 금전지급 청구소송임에도 피고가 누구인지에 따라 가집행선고를 할 수 있는지 여부가 달라진다면 상대방 소송당사자인 원고로 하여금 불합리한 차별을 받도록 하는 결과가 된다. 따라서 평등의 원칙에 반한다(헌재 2022.2.24, 2020헌가12).

제3장 자유권적 기본권

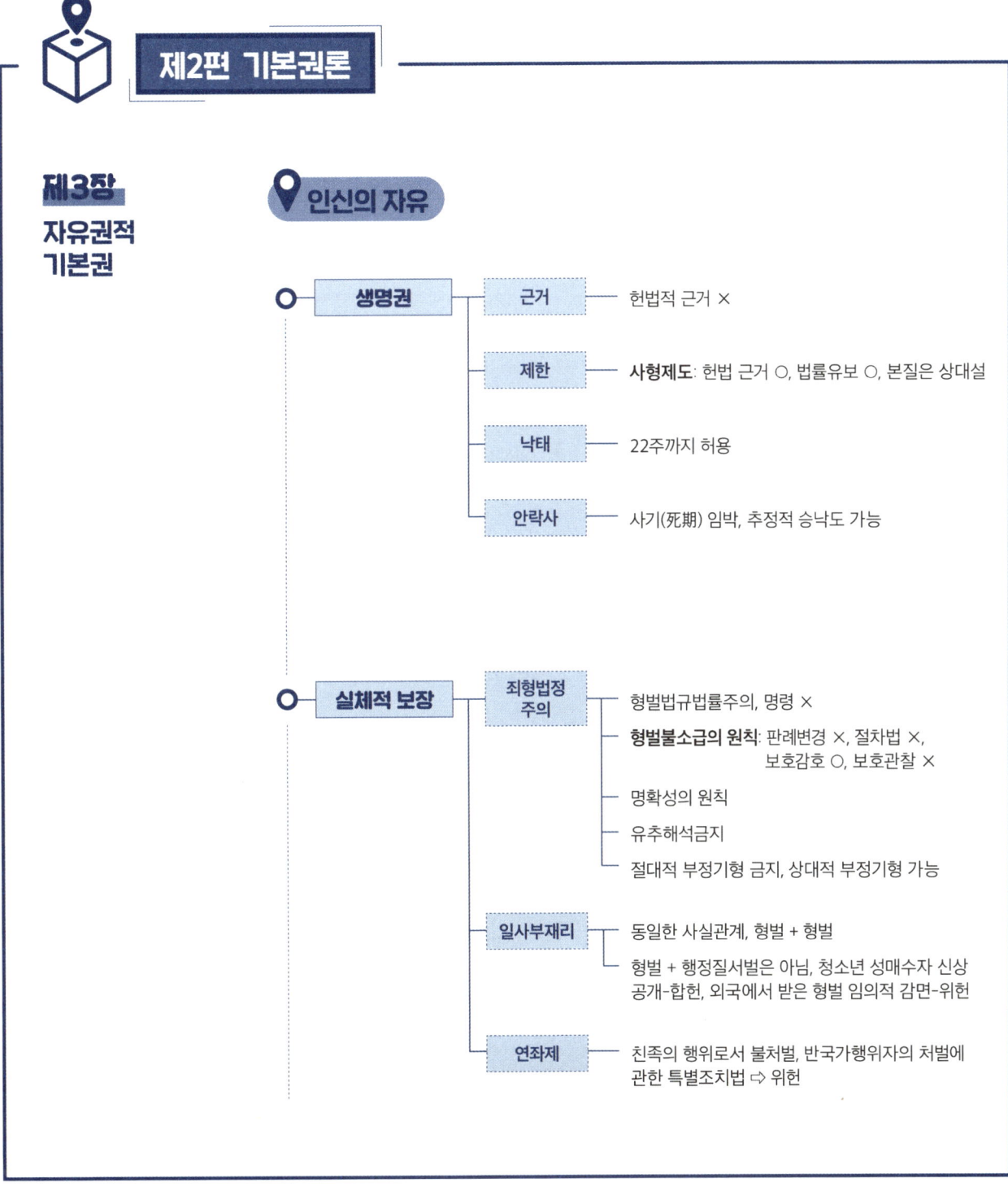

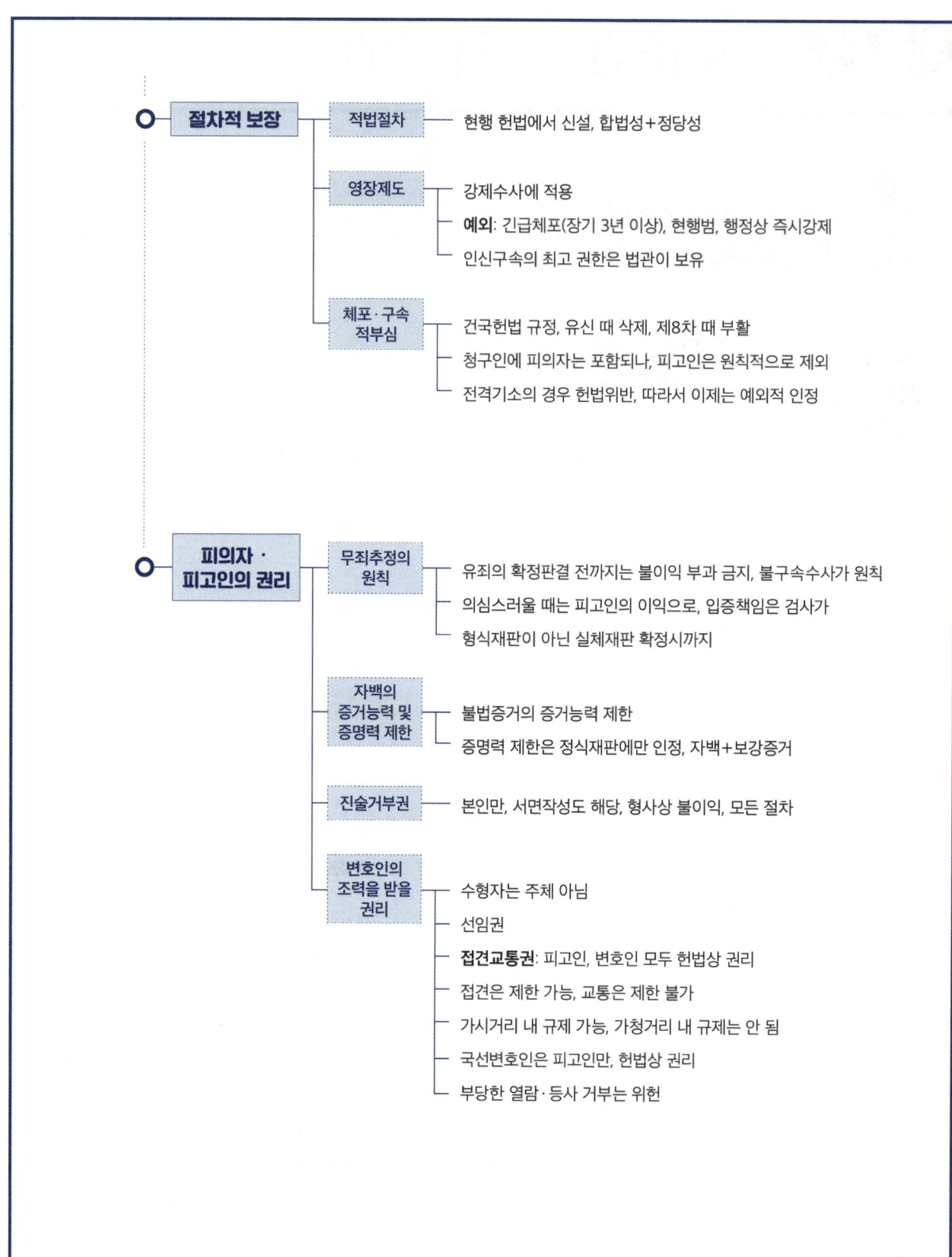

제1절 인신에 관한 자유

제1항 생명권

01 의의

1. 개념

생명이란 생존(살아 있다는 것)을 말한다. 언제부터 언제까지를 생존으로 볼 것인가는 현재 논란이 존재한다.*

* 헌법재판소는 기본권의 주체는 착상 이후 수정란부터이고, 사람의 시기는 진통시부터라고 판시한 바 있다(헌재 2010.7.13, 2010헌바402). 즉, 생명체의 시작과 사람의 시기를 달리 보는 것은 가능하다는 의미이다.

> **판례 | 생명과 사람의 시기**
>
> 인간이라는 생명체의 형성이 출생 이전의 그 어느 시점에서 시작됨을 인정하더라도, 법적으로 사람의 시기를 출생의 시점에서 시작되는 것으로 보는 것이 헌법적으로 금지된다고 할 수 없다(헌재 2008.7.31, 2004헌바81).

기출 OX

01 인간이라는 생명체의 형성이 출생 이전의 그 어느 시점에서 시작됨을 인정하더라도, 법적으로 사람의 시기를 출생의 시점에서 시작되는 것으로 보는 것은 헌법적으로 금지된다. 22. 경찰승진 ( )

2. 헌법적 근거

우리 헌법상에는 독일 본기본법이나 일본 헌법과 같은 생명권을 보장하는 명문의 규정은 없지만, 학설이나 판례는 생명권을 인정하고 있다. 다만, 생명권의 헌법적 근거를 어디에서 찾을 것인가에 대하여 논란이 있으나, 생명권이 존엄한 인간 존재의 근원임을 고려할 때 헌법 제10조설이 타당하다.

기출 OX

02 우리나라의 경우 생명권에 명시적인 근거조항은 존재하지 않으나, 생명권이 기본권이라는 것에 대해서 이견이 없다. ( )

02 주체

생명권은 인간의 권리이므로 내외국인을 불문하고 모든 자연인이 그 주체가 된다. 태아의 생명까지도 보호하려는 것이 각국의 일반적 경향이다.

기출 OX

03 형성 중의 생명인 태아도 헌법상 생명권의 주체가 된다. 10. 사시 ( )

03 효력

생명권은 모든 국가권력을 직접 구속하는 효력과 제3자적 효력을 가진다. 그러므로 생명에 대한 국가의 직접적 침해가 금지될 뿐만 아니라 국가는 생명을 보호하고 육성해야 할 의무를 지며, 사인에 의한 불법적인 침해로부터 생명권을 보호할 책임이 있다.

정답 01 × 02 ○ 03 ○

04 한계와 제한

1. 사형제도

> **⚖ 판례 | 사형제도에 관한 판례**
>
> **1 비교적 경미한 범죄도 사형 가능 [위헌]**
> 사형이라는 형벌은 비례의 원칙에 따라서 최소한 동등한 가치가 있는 다른 생명 또는 그에 못지아니한 공공의 이익을 보호하기 위한 불가피성이 충족되는 예외적인 경우에만 인정되어야 할 것인데, 단지 반국가적 범죄를 반복적으로 저질렀다는 이유만으로 다시 범한 죄가 찬양·고무와 같이 **비교적 경미한 범죄라도 사형까지** 선고할 수 있도록 한 것은 형벌체계상의 균형성을 현저히 상실하여 정당성을 잃은 것이고, 이러한 형의 불균형은 반국가적 범죄로부터 국가 및 국민을 보호한다는 위와 같은 입법목적으로도 극복할 수는 없는 것이다. 그러므로 이 사건 법률 조항은 법정형의 종류와 범위를 정할 때는 인간의 존엄과 가치를 존중하고, 형벌이 죄질과 책임에 상응하도록 정하여야 한다는 실질적 법치국가의 이념에 반한다(헌재 2002.11.28, 2002헌가5).
>
> **2 상관살해시 무조건 사형 [위헌]**
> 가해자와 상관 사이에 명령복종관계가 있는지 여부를 불문하고 **전시와 평시를 구분하지 아니한 채 다양한 동기와 행위태양의 범죄를 동일하게 평가하여 사형만을 유일한 법정형**으로 규정하고 있는 이 사건 법률 조항은, 범죄의 중대성 정도에 비하여 심각하게 불균형적인 과중한 형벌을 규정함으로써 죄질과 그에 따른 행위자의 책임 사이에 비례관계가 준수되지 않아 인간의 존엄과 가치를 존중하고 보호하려는 실질적 법치국가의 이념에 어긋나고, 형벌체계상 정당성을 상실한 것이다(헌재 2007.11.29, 2006헌가13).
>
> 🖉 위 1, 2 판례는 사형제도 자체가 아닌 특정범죄에 대해 사형을 부과하는 것이 과잉금지에 위배되는지를 판시한 내용이다.

2. 인공임신중절

> **⚖ 판례 | 낙태죄 [헌법불합치]**
>
> [1] 태아가 모체를 떠난 상태에서 **독자적으로 생존할 수 있는 시점인 임신 22주** 내외에 도달하기 전이면서 동시에 임신 유지와 출산 여부에 관한 자기결정권을 행사하기에 충분한 시간이 보장되는 시기까지의 낙태에 대해서는 국가가 생명보호의 수단 및 정도를 달리 정할 수 있다고 봄이 타당하다.
> [2] 낙태갈등 상황에서 형벌의 위하가 임신한 여성의 임신종결 여부 결정에 미치는 영향이 제한적이라는 사정과 실제로 형사처벌되는 사례도 매우 드물다는 현실에 비추어 보면, 자기낙태죄 조항이 낙태갈등 상황에서 태아의 생명보호를 실효적으로 하지 못하고 있다고 볼 수 있다.
> [3] 다양하고 광범위한 사회적·경제적 사유를 이유로 낙태갈등 상황을 겪고 있는 경우까지도 예외 없이 전면적·일률적으로 임신의 유지 및 출산을 강제하고, 이를 위반한 경우 형사처벌하고 있다.
> [4] 과잉금지원칙을 위반하여 임신한 여성의 자기결정권을 침해하는 위헌적인 규정이다(헌재 2019.4.11, 2017헌바127).

3. 안락사와 죽을 권리

(1) 안락사의 종류

안락사에는 의사가 직접적으로 생의 단절을 야기하는 적극적 안락사와 생명을 연장할 수 있는 조치를 취하지 않음으로써 사망에 이르게 하는 소극적 안락사가 있다.*

<small>* 외국의 경우 네덜란드가 세계에서 최초로 국가적 차원에서 적극적 안락사를 허용한 바 있다. 일본의 경우에는 소극적 안락사는 인정하고 있으나, 적극적 안락사는 제한적이다.</small>

(2) 허용 여부

현재까지의 이론과 판례는 적극적 안락사의 경우 촉탁승낙에 의한 살인죄 내지 살인죄에 해당한다고 보고 있다. 다만, 존엄사의 경우 인간은 존엄성을 가지며 죽음에 임해서도 존엄성을 유지할 수 있어야 하므로 환자에게 그 생명연장조치를 거부할 권리를 인정하여야 한다고 본다. 원칙적으로 회생의 가망이 없는 환자가 생명에 대한 자기결정권을 행사하여 생명유지조치를 원하지 아니함을 명백히 표시한 경우에는 살인죄를 구성하지 아니한다고 보아야 하지만, 최근에는 그 의사를 추정할 수 있다고 판시하였다.

> **판례 | 연명치료 중단에 관한 판례**
>
> **1 무의미한 연명치료장치의 제거**
> 의학적으로 환자가 의식의 회복가능성이 없고 생명과 관련된 중요한 생체기능의 상실을 회복할 수 없으며 환자의 신체상태에 비추어 짧은 시간 내에 사망에 이를 수 있음이 명백한 경우 이루어지는 진료행위는 원인이 되는 질병의 호전을 목적으로 하는 것이 아니라 질병의 호전을 사실상 포기한 상태에서 오로지 현 상태를 유지하기 위하여 이루어지는 치료에 불과하므로 회복불가능한 사망의 단계에 이른 후에 환자가 인간으로서의 존엄과 가치 및 행복추구권에 기초하여 자기결정권을 행사하는 것으로 인정되는 경우에는 특별한 사정이 없는 한 연명치료의 중단이 허용될 수 있다. 환자에게 사전 의료지시가 없는 경우에는 환자에게 자기결정권을 행사할 수 있는 기회가 주어지더라도 연명치료의 중단을 선택하였을 것이라고 볼 수 있는 경우에는, 그 **연명치료 중단에 관한 환자의 의사를 추정할 수 있다**(대판 2009.5.21, 2009다17417).
>
> **2 '연명치료 중단 등에 관한 법률'의 입법부작위 [각하]**
> [1] 환자가 장차 죽음에 임박한 상태에 이를 경우에 대비하여 미리 의료인 등에게 연명치료 거부 또는 중단에 관한 의사를 밝히는 등의 방법으로 죽음에 임박한 상태에서 인간으로서의 존엄과 가치를 지키기 위하여 연명치료의 거부 또는 중단을 결정할 수 있다 할 것이고, 위 결정은 헌법상 기본권인 자기결정권의 한 내용으로서 보장된다 할 것이다.
> [2] '연명치료 중단에 관한 자기결정권'을 보장하는 방법으로서 '법원의 재판을 통한 규범의 제시'와 '입법' 중 어느 것이 바람직한가는 입법정책의 문제로서 국회의 재량에 속한다 할 것이다. 그렇다면 헌법해석상 '연명치료 중단 등에 관한 법률'을 제정할 국가의 입법의무가 명백하다고 볼 수 없다(헌재 2009.11.26, 2008헌마385).

기출 OX

01 환자가 장차 죽음에 임박한 상태에 이를 경우에 대비하여 미리 의료인 등에게 연명치료 거부 또는 중단에 관한 의사를 밝히는 등의 방법으로 죽음에 임박한 상태에서 인간으로서의 존엄과 가치를 지키기 위하여 연명치료의 거부 또는 중단을 결정할 수 있다 할 것이고, 이 결정은 헌법상 기본권인 자기결정권의 한 내용으로서 보장된다. 12. 국가직 7급 ( )
⇨ 생명권이 아님

정답 01 ○

4. 죽을 권리

생명권은 그 주체가 자유롭게 처분할 수 있는 권리가 아니다. 따라서 자신의 생명에 관한 처분권을 타인에게 위임하는 것은 원칙적으로 허용되지 않으며, 의료수술에 동의하는 경우처럼 예외적으로 허용될 뿐이다. 또한 생명의 포기를 의미하는 자살할 권리도 원칙적으로 인정되지 아니한다.

제2항 신체의 자유

01 의의

한눈에 쏙!

구분	헌법조문
피의자	형사보상
누구든지	변호인의 조력받을 권리
	적부심
	적법절차
모든 국민	진술거부권
피고인	국선변호
	자백의 증명력
	무죄추정
	형사보상

주의
헌법 제12조 제1항은 일반조항이며(적법절차), 헌법 제12조 제3항(영장주의)은 특별조항이다.

헌법 제12조 ① 모든 국민은 신체의 자유를 가진다. 누구든지 법률에 의하지 아니하고는 체포·구속·압수·수색 또는 심문을 받지 아니하며, 법률과 적법한 절차에 의하지 아니하고는 처벌·보안처분 또는 강제노역을 받지 아니한다.
② 모든 국민은 고문을 받지 아니하며, 형사상 자기에게 불리한 진술을 강요당하지 아니한다.
③ 체포·구속·압수 또는 수색을 할 때에는 적법한 절차에 따라 검사의 신청에 의하여 법관이 발부한 영장을 제시하여야 한다. 다만, 현행범인인 경우와 장기 3년 이상의 형에 해당하는 죄를 범하고 도피 또는 증거인멸의 염려가 있을 때에는 사후에 영장을 청구할 수 있다.
④ 누구든지 체포 또는 구속을 당한 때에는 즉시 변호인의 조력을 받을 권리를 가진다. 다만, 형사피고인이 스스로 변호인을 구할 수 없을 때에는 법률이 정하는 바에 의하여 국가가 변호인을 붙인다.
⑤ 누구든지 체포 또는 구속의 이유와 변호인의 조력을 받을 권리가 있음을 고지받지 아니하고는 체포 또는 구속을 당하지 아니한다. 체포 또는 구속을 당한 자의 가족 등 법률이 정하는 자에게는 그 이유와 일시·장소가 지체 없이 통지되어야 한다.
⑥ 누구든지 체포 또는 구속을 당한 때에는 적부의 심사를 법원에 청구할 권리를 가진다.
⑦ 피고인의 자백이 고문·폭행·협박·구속의 부당한 장기화 또는 기망 기타의 방법에 의하여 자의로 진술된 것이 아니라고 인정될 때 또는 정식재판에 있어서 피고인의 자백이 그에게 불리한 유일한 증거일 때에는 이를 유죄의 증거로 삼거나 이를 이유로 처벌할 수 없다.

제13조 ① 모든 국민은 행위시의 법률에 의하여 범죄를 구성하지 아니하는 행위로 소추되지 아니하며, 동일한 범죄에 대하여 거듭 처벌받지 아니한다.
② 모든 국민은 소급입법에 의하여 참정권의 제한을 받거나 재산권을 박탈당하지 아니한다.
③ 모든 국민은 자기의 행위가 아닌 친족의 행위로 인하여 불이익한 처우를 받지 아니한다.

용어정리

1. **처벌**: 여기서의 '처벌'이란 형사상의 처벌뿐만 아니라 그 이외의 본인에게 재산상·정신상 고통이 되는 일체의 제재를 의미한다.
2. **보안처분**: 형벌만으로 행위자의 장래의 재범에 대한 위험성을 제거하기에 충분하지 못한 경우 사회방위를 위해 고안된 특별예방적 처분을 의미한다. 징역과 다름없는 보호감호처분과 그보다 훨씬 제약이 약한 보호관찰로 나뉜다.
3. **강제노역**: 본인의 의사에 반하여 노역을 강요당하는 것을 의미한다.
4. **체포**: 실력으로써 신체의 자유를 구속하는 것을 의미한다.
5. **구속**: 구인과 구금을 포함하며, 구인이란 일정한 장소에 실력으로써 강제로 일시적 인치를 하는 것이고, 구금이란 신체의 자유를 구속하여 일정한 장소에 계속 유치하는 것을 의미한다.
6. **압수**: 강제로 물건의 점유를 취득하는 것을 의미한다.
7. **수색**: 실력으로써 사람의 신체나 물건 기타 장소에 대해 검색하는 것을 의미하며, 본조의 수색에는 주거에 대한 수색은 제외된다.
8. **심문**: 답변의 강요를 의미한다.

02 내용

(1) 법률과 적법한 절차에 의하지 아니하고는 처벌·보안처분·강제노역을 받지 아니할 권리를 의미한다.

(2) 법률에 의하지 아니하고는 체포·구속·압수·수색·심문을 받지 아니할 권리를 의미한다.

판례 | 신체의 자유에 관한 판례

1 금치처분*을 받은 수형자에 대한 운동 전면 금지 [위헌]

금치 징벌의 목적 자체가 징벌실에 수용하고 엄격한 격리에 의하여 개전을 촉구하고자 하는 것이므로 접견·서신수발의 제한은 불가피하고, … 외부세계와의 교통이 단절된 상태에 있게 되며, 환기가 잘 안 되는 1평 남짓한 징벌실에 최장 2개월 동안 수용된다는 점을 고려할 때, 금치 수형자에 대하여 **일체의 운동을 금지하는 것은 수형자의 신체적 건강뿐만 아니라 정신적 건강을 해칠 위험성이 현저히 높다.** … 수형자의 헌법 제10조의 인간의 존엄과 가치 및 신체의 안전성이 훼손당하지 아니할 자유를 포함하는 제12조의 신체의 자유를 침해하는 정도에 이르렀다고 판단된다(헌재 2004.12.16, 2002헌마478).

* 금치란 독방에서 일정기간 동안 수용자를 감금하는 것이다.

2 금치처분을 받은 수형자에 대한 원칙적 집필금지 [합헌]

선례가 금치기간 중 집필을 전면 금지한 조항을 위헌으로 판단한 이후, 입법자는 집필을 허가할 수 있는 예외를 규정하고 금치처분의 기간도 단축하였다. 나아가 미결수용자는 징벌집행 중 소송서류의 작성 등 수사 및 재판 과정에서의 권리행사는 제한 없이 허용되는 점 등을 감안하면, 금치처분 기간 중 집필을 금지하면서 예외적인 경우에만 교도소장이 집필을 허가할 수 있도록 한 이 사건 집필제한조항은 청구인의 표현의 자유를 침해하지 아니한다(헌재 2014.8.28, 2012헌마623).

집필을 전면 금지한 경우는 위헌이지만, 예외를 두는 경우는 합헌이다.

3 보안관찰처분대상자에 대한 신고의무 부과 [헌법불합치]

헌법재판소는 출소 후 신고조항 및 위반시 처벌조항에 대해서는 합헌으로 판단하였으나, 변동신고조항 및 위반시 처벌조항에 대해서는 재범의 위험성을 따지지도 않고 무기한으로 인정하고 있어 헌법에 위반된다고 판시하였다(헌재 2021.6.24, 2017헌바479).

기출 OX

01 모든 국민은 신체의 자유를 가진다. 누구든지 법률과 적법절차에 의하지 아니하고는 체포·구속·압수·수색을 받지 아니하며, 법률에 의하지 아니하고는 심문·처벌·보안처분 또는 강제노역을 받지 아니한다. 22. 경찰
( )

한눈에 쏙!

집필과 운동금지

구분	내용
전면 금지	위헌
운동	원칙허용, 예외금지
집필	원칙금지, 예외허용

운동과 집필이 아닌 서신수수·접견·전화통화·TV시청금지 등은 모두 합헌이다.

기출 OX

02 금치처분을 받은 미결수용자라 할지라도 금치처분 기간 중 집필을 금지하면서 예외적인 경우에만 교도소장이 집필을 허가할 수 있도록 한 형의 집행 및 수용자의 처우에 관한 법률상의 규정은 미결수용자의 표현의 자유를 침해한다. 18. 서울시 7급 ( )

03 보안관찰처분대상자가 교도소 등에서 출소 후 신고한 거주예정지 등 정보에 변동이 생길 때마다 7일 이내 이를 신고하도록 규정한 보안관찰법상 변동신고조항 및 위반시 처벌조항은 청구인의 개인정보자기결정권을 침해하지 않는다. 22. 경찰간부 ( )

정답 01 × 02 × 03 ×

기출 OX

01 상소제기 후의 미결구금일수 산입을 규정하면서 상소제기 후 상소취하시까지의 구금일수 통산에 관하여는 규정하지 아니함으로써 이를 본형 산입의 대상에서 제외되도록 한 관련 형사소송법 규정은 신체의 자유를 지나치게 제한하는 것으로서 헌법에 위반된다. 11. 법원직 ( )

4 상소제기기간의 구금일수의 본형산입제한 [헌법불합치]

형사소송절차에서의 상소제도의 중요성이나 상소제기기간을 둔 본래의 취지에 비추어 그 기간 동안은 아무런 불이익의 염려가 없이 상소에 대하여 숙고할 여유를 가질 수 있게 하여야 할 것이다. 특히, 피고인이 판결선고일에 상소를 포기하고, 검사가 상소를 포기하지 아니하고, 상소도 하지 아니하는 경우 검사도 즉시 상소를 포기한 경우와 비교하면 법원이 선고한 형의 **집행기간이 7일이나 연장**되게 된다. 이러한 결과는 소송의 한 당사자인 검사의 의사에 따라 실질적으로 법원이 선고한 형에 변경을 가져오게 되고, 피고인의 신체의 자유를 침해하게 된다(헌재 2000.7.20, 99헌가7).

5 소년원 수용기간 산입제한 [합헌]

소년보호사건에 있어 제1심 결정에 의한 소년원 수용기간을 항고심 결정에 의한 보호기간에 산입하지 아니하는 소년법 규정은 무죄추정의 원칙에 위배되지 아니한다(헌재 2015.12.23, 2014헌마768).

✐ 소년원에 대해 판례는 보호하는 곳이고 교화하고 건전한 성장을 돕기 위한 곳으로 보고 있다. 그러한 의미에서 징역형과는 다른 것으로 보고 있다.

6 검사조사실에서의 불필요한 계구사용 [위헌]

검사가 검사조사실에서 피의자신문을 하는 절차에서는 피의자가 신체적으로나 심리적으로 위축되지 않은 상태에서 자기의 방어권을 충분히 행사할 수 있도록 계구를 사용하지 말아야 하는 것이 원칙이고, 다만 도주, 폭행, 소요, 자해 등의 위험이 분명하고 구체적으로 드러나는 경우에만 예외적으로 계구를 사용하여야 할 것이다. 따라서 이 조항이 취하고 있는 원칙과 예외의 이러한 완전한 전도는 신체의 자유를 원칙적으로 과도하게 제한하여 이를 침해하는 결과를 가져오므로 헌법에 위반된다(헌재 2005.5.26, 2004헌마49).

7 군사법원법상 피의자 구속기간 연장 [인용]

군검찰관이 이를 수사하고 필요한 경우 그 구속기간의 연장을 허용하는 것이 더 적절하기 때문에 군사법경찰관의 구속기간을 연장까지 하면서 이러한 목적을 달성하려는 것은 과도한 제한이다(헌재 2003.11.27, 2002헌마193).

✐ 군사법원에서 문제되는 사건은 오히려 단순하다. 이 경우 사법경찰관까지 구속기간을 연장하는 것은 과도한 제한이다.

8 교통방해죄 [합헌]

'교통방해'는 교통을 불가능하게 하는 경우뿐 아니라 교통을 현저하게 곤란하게 하는 경우도 포함하고, 여기서 교통을 현저하게 곤란하게 하는 경우에 해당하는지 여부는 교통방해 행위가 이루어진 장소의 특수성과 본래적 용도, 일반적인 교통의 흐름과 왕래인의 수인가능성 등 제반 상황을 종합하여 합리적으로 판단될 수 있다. 따라서 이 사건 법률 조항은 죄형법정주의의 명확성원칙에 위배되지 않는다(헌재 2013.6.27, 2012헌바194).

9 불필요한 화학적 거세 [헌법불합치]

화학적 거세 자체는 위헌적으로 보기 어려우나 장기형이 선고되는 경우 집행 시점에서 불필요한 치료를 막을 수 있는 절차가 마련되어 있지 않아 신체의 자유 등 기본권을 침해한다(헌재 2015.12.23, 2013헌가9).

정답 01 ○

10 정신질환자 보호입원 사건 [헌법불합치]

심판대상조항의 위헌성은 보호입원을 통한 치료의 필요성 등에 관하여 독립적이고 중립적인 제3자에게 판단받을 수 있는 절차를 두지 아니한 채 보호의무자 2인의 동의와 정신과전문의 1인의 판단만으로 정신질환자 본인의 의사에 반하는 보호입원을 가능하게 함으로써, 제도의 악용이나 남용 가능성을 배제하지 못하고 있다는 점에 있다(헌재 2016.9.29, 2014헌가9).

🖉 사안에서 판례는 과잉금지 위반 여부에서 적법절차를 포함하여 검토하였다. 즉, 과잉금지를 심사하면서 자동으로 적법절차도 포함하여 심사하겠다는 것으로 적법절차를 따로 심사하지 않겠다는 의미이다.

기출 OX

02 보호의무자 2인의 동의와 정신건강의학과 전문의 1인의 진단으로 정신질환자에 대한 보호입원이 가능하도록 한 정신보건법 조항은 보호입원이 정신질환자 본인에 대한 치료와 사회의 안전 도모라는 측면에서 긍정적인 효과가 있으므로 정신질환자의 신체의 자유를 침해하지 아니한다. 17. 국가직 7급
( )

03 실체적 보장

1. 죄형법정주의

(1) 의의

죄형법정주의란 범죄의 구성요건과 형벌의 종류·형량 등이 예측 가능할 정도로 법률로 명확히 규정할 것을 요구하는 원리이다. 즉, "법률 없으면 범죄 없고, 법률 없으면 형벌 없다."라는 형법의 기본원리를 의미한다.

(2) 기능

헌법재판소는 죄형법정주의는 무엇이 처벌될 행위인가를 성문의 법률로 명백하게 규정함으로써 국민의 법적 안정성을 보호하고, 국가의 자의적 형벌권의 남용을 방지한다고 하였다.

(3) 내용

① 형벌법규법률주의(관습형법금지의 원칙): 범죄와 형벌은 성문의 법률로써 규정되어야 하고, 원칙적으로 명령이나 규칙으로는 범죄와 형벌을 규정할 수 없다는 원칙을 말한다. 또한 관습법으로 범죄를 구성하거나 처벌할 수 없다.

> ⚖️ **판례** | 형벌법규법률주의에 관한 판례
>
> **1 형벌과 과태료 [합헌]**
> 죄형법정주의는 무엇이 범죄이며 그에 대한 형벌이 어떠한 것인가는 국민의 대표로 구성된 입법부가 제정한 법률로써 정하여야 한다는 원칙인데, 부동산등기특별조치법 제11조 제1항 본문 중 제2조 제1항에 관한 부분이 정하고 있는 **과태료는 행정상의 질서유지를 위한 행정질서벌에 해당할 뿐 형벌이라고 할 수 없어 죄형법정주의의 규율대상에 해당하지 아니한다**(헌재 1994.6.30, 92헌바38).
>
> **2 단체협약을 위반한 자 처벌 [위헌]**
> 구 노동조합법 제46조의3은 그 구성요건을 '단체협약에 … 위반한 자'라고만 규정함으로써 범죄구성요건의 외피(外皮)만 설정하였을 뿐 **구성요건의 실질적 내용을 직접 규정하지 아니하고 모두 단체협약에 위임**하고 있어 죄형법정주의의 기본적 요청인 '법률'주의에 위배되고, 그 구성요건도 지나치게 애매하고 광범위하여 죄형법정주의의 명확성의 원칙에 위배된다(헌재 1998.3.26, 96헌가20).

기출 OX

03 과태료는 행정상 질서유지를 위한 행정질서벌에 해당할 뿐이므로 죄형법정주의의 규율대상에 포함되지 않는다. 13. 서울시 7급
( )

04 노동관계법의 벌칙규정에 "제31조 제1항의 규정에 의하여 체결된 단체협약에 위반한 자는 1천만원 이하의 벌금에 처한다."라고 규정하여 형벌의 일종인 벌금형을 부과하고 있다면, 이는 죄형법정주의의 명확성의 원칙에 위배된다. 04. 국가직 7급 변형
( )

정답 02 × 03 ○ 04 ○

[주의]
구성요건을 단체협약에 위반하면 당연히 위헌 / 미확정된 명령이라면 위법한 명령을 따르지 않았다 하여 형사처벌하는 것은 과도한 제한으로 위헌 / 의결을 얻은 경우는 확정되었고 법률에 구성요건도 있어 합헌

3 미확정된 노동위원회의 구제명령 위반 [위헌]

미확정의 행정명령을 위반하였다 하여 형벌로 다스린다면 위법·부당한 행정명령을 위반하였다는 이유로 형사처벌을 받는 것이 될 수도 있어 이는 정의에 반한다. 노동조합법 제46조 중 '제42조의 규정에 의한 구제명령에 위반하거나' 부분은, **노동위원회의 확정되지 아니한, 따라서 위법·부당하여 취소될 수도 있는** 이러한 확정되지 않은 구제명령과 구제명령이 위법·부당하여 재심 또는 행정소송으로 취소된 경우까지 이를 신속히 이행하지 않았다 하여 2년 이하의 징역과 3,000만원 이하의 벌금이라는 형벌을 그 제재방법과 이행확보수단으로 선택함으로써, 국민의 기본권 제한 방법에 있어 형평을 심히 잃어 위 법률규정의 **실체적 내용에 있어 그 합리성과 정당성을 결여하였다**고 할 것이므로 적법절차의 원리에 반하고 과잉금지의 원칙에도 저촉된다고 할 것이다(헌재 1995.3.23, 92헌가14).

4 시정명령위반죄 [합헌]

이 사건 법률 조항은 "제31조 제3항의 규정에 의한 명령에 위반한 자는 500만원 이하의 벌금에 처한다."라고 규정하고 있는데, 제31조 제3항의 내용을 살펴보면 결국 이 사건 법률 조항이 규정한 범죄구성요건은 '**행정관청이 단체협약 중 위법한 내용에 대하여 노동위원회의 의결을 얻어 그 시정을 명한 경우에 그 명령**(이하 '시정명령'이라 한다)에 위반한 행위'로서 범죄의 구성요건과 그에 대한 형벌을 법률에서 스스로 규정하고 있다. 단체협약 중 위법한 내용의 다양성, 구체적 상황에 따라 위법한 단체협약에 대하여 탄력적·유동적으로 대응할 필요성 등을 고려할 때, 시정명령의 구체적 내용이나 발령 여부를 미리 법률로 정하는 것은 용이하지 않으며, 이 사건 법률 조항은 행정관청이 특정인에게 구체적 내용을 정하여 시정명령을 발한 것을 전제로 그 시정명령에 위반한 행위를 범죄의 구성요건으로 규정하고 있으므로, 죄형법정주의의 법률주의에 위반된다고 할 수 없다(헌재 2012.8.23, 2011헌가22).

5 새마을금고법 제66조 제1항 제2호 [위헌]

범죄행위의 유형을 정하는 구성요건규정과 제재규정인 처벌규정을 별도의 조항에서 정하고 있는 법규인 경우, 처벌규정에서 범죄구성요건에 해당하는 당해 법률규정을 명시하는 것이 통상의 예이다. 이 사건 규정처럼 '**이 법과 이 법에 의한 명령**'이라고만 규정되어 있는 경우에는 금지하고자 하는 행위유형의 실질을 파악할 수 없어 구성요건에 대한 최소한의 단서도 찾기 어려우므로 합헌이라고 말할 수 있는 경우가 아니다(헌재 2001.1.18, 99헌바112).

[주의]
① 법이 개정되어야 함
② 형벌 또는 이에 준해야 함
③ 행위시에는 처벌 안 된 것이 나중에 처벌됨

[참고]
예를 들어 2000년에 성매매처벌법이 만들어졌다면 2000년 전에 했던 성매매를 처벌할 수는 없다. 현재 우리나라 법에 의하면 불특정인과 성관계를 한 경우에는 법적 처벌 대상이지만 특정인과 하는 스폰 같은 경우는 법적 처벌대상이 아니다. 만약 이를 25년부터 금지했다 하더라도 지금까지 스폰을 한 사람을 법적으로 처벌할 수는 없다. 법치주의의 핵심이 신뢰보호와 법적안정성이기 때문이다. 즉, 우리는 현행 법만 지키면 처벌받지 않는다는 신뢰가 있으니 이를 지켜줘야 한다.

② 형벌불소급의 원칙

㉠ 범죄에 대한 형벌은 범죄 행위시 법률에 의해서만 처벌을 받고 나중에 만들어진 법률에 의해 소급되어 처벌받지 않는다는 원칙이다. 현행 헌법은 소급입법에 의한 참정권의 제한 또는 재산권의 박탈만을 금지하고 있으나, 소급입법에 의한 형벌의 강화도 허용되지 아니한다.

㉡ 형벌불소급의 원칙은 모든 소급적용을 금하는 것은 아니고, 경한 신법이나 공소시효의 소급적용은 가능하다.*

*판례는 5·18 특별법 사건에서 공소시효의 연장이 언제나 형벌불소급의 원칙에 위배되는 것은 아니라고 판시한 바 있다.

㉢ 시혜적 소급입법의 경우는 가능하나 입법자의 의무는 아니고, 입법재량에 속하는 문제이다.

판례 | 형벌불소급의 원칙에 관한 판례

1 소급입법에 의한 보호감호처분 [위헌]
헌법이 제12조 제1항 후문에서 "… 법률과 적법한 절차에 의하지 아니하고는 처벌·보안처분 또는 강제노역을 받지 아니한다."라고 규정하여 처벌과 보안처분을 나란히 열거하고 있는 점을 생각해 보면, 상습범 등에 대한 보안처분의 하나로서 신체에 대한 자유의 박탈을 그 내용으로 하는 보호감호처분은 형벌과 같은 차원에서의 적법한 절차와 헌법 제13조 제1항에 정한 죄형법정주의의 원칙에 따라 비로소 과해질 수 있는 것이라 할 수 있고, 따라서 그 요건이 되는 범죄에 관한 한 **소급입법에 의한 보호감호처분은 허용될 수 없다**고 할 것이다(헌재 1989.7.14, 88헌가5 등).

> 1. 청송보호감호소처럼 보호감호는 징역형이나 다름이 없다. 따라서 보호감호를 소급입법으로 부과하면 안 된다는 의미이다.
> 2. 판례는 보호감호에 대해 소급입법하면 위헌으로 보지만, 보호관찰은 그렇게 보지 않고 있다(대판 1997.6.13, 97도703).

2 판례변경
형사처벌의 근거가 되는 것은 법률이지 판례가 아니고, 형법 조항에 관한 판례의 변경은 그 법률 조항의 내용을 확인하는 것에 지나지 아니하여 이로써 그 법률 조항 자체가 변경된 것이라고 볼 수는 없으므로, 행위 당시의 판례에 의하면 처벌대상이 되지 아니하는 것으로 해석되었던 행위를 판례의 변경에 따라 확인된 내용의 형법 조항에 근거하여 처벌한다고 하여 그것이 헌법상 평등의 원칙과 형벌불소급의 원칙에 반한다고 할 수는 없다(대판 1999.9.17, 97도3349).

> 우리나라에서 판례는 법이 아니기 때문에 행위시에는 처벌할 필요성을 못 느끼다가 이후 처벌의 필요성이 있어 판례에 의해 처벌하는 것은 형벌불소급의 원칙에 반하지 않는다.

3 위치추적장치 소급적용 [합헌]
전자장치 부착명령은 전통적 의미의 형벌이 아닐 뿐 아니라, 성폭력범죄자의 성행교정과 재범방지를 도모하고 국민을 성폭력범죄로부터 보호한다고 하는 공익을 목적으로 하며, 전자장치의 부착을 통해서 피부착자의 행동 자체를 통제하는 것도 아니라는 점에서 자유를 박탈하는 구금 형식과는 구별되고 이 사건 부칙조항이 적용되었을 때 처벌적인 효과를 나타낸다고 보기 어렵다. 그러므로 이 사건 부착명령은 범죄행위를 한 사람에 대한 응보를 주된 목적으로 그 책임을 추궁하는 사후적 처분인 **형벌과 구별되는 비형벌적 보안처분으로서 소급효금지원칙이 적용되지 아니한다**(헌재 2012.12.27, 2010헌가82 등).

> 보안처분이라 하더라도 형벌적 성격이 강하여 신체의 자유를 박탈하거나 박탈에 준하는 정도로 신체의 자유를 제한하는 경우에도 형벌불소급원칙이 적용된다(헌재 2012.12.27, 2010헌가82 등).

4 개정 전 범죄행위에 대해서 노역장유치 소급적용 [위헌]
[1] 노역장유치는 벌금형에 부수적으로 부과되는 환형처분으로서, 그 실질은 신체의 자유를 박탈하여 징역형과 유사한 형벌적 성격을 가지고 있으므로, 형벌불소급원칙의 적용대상이 된다.
[2] 부칙조항은 노역장유치조항의 시행 전에 행해진 범죄행위에 대해서도 공소제기의 시기가 노역장유치조항의 시행 이후이면 이를 적용하도록 하고 있으므로, 이는 범죄행위 당시보다 불이익한 법률을 소급적용하도록 하는 것으로서 헌법상 형벌불소급원칙에 위반된다(헌재 2017.10.16, 2015헌바239).

[참고] **판례변경과 형벌불소급**

예를 들어 마약류 관리에 관한 법률에서 마약에 기존에는 판례가 환각버섯은 중독성이 약해 그 대상으로 하지 않다가 이것이 사회적으로 문제가 되어(마약의 대체품으로 확산) 이를 마약으로 처벌한다면 이는 형벌불소급의 원칙에 반하지 않는다. 왜냐하면 마약에 관한 법률은 변경 없이 그대로이다. 다만, 판례가 환각버섯도 사회적으로 문제가 되니 이를 마약류에 포함된다고 견해를 변경한 것이니 이는 나중에 법을 개정하여 처벌한 것이 아니라 기존법에 대한 판례의 포섭, 해석이 달라진 것에 불과하니 형벌불소급에 반하지 않는다. 즉, 처벌 안 된다는 것이 아니라 법률이 나중에 개정되어 과거를 처벌하는 것을 금하는 것일 뿐이다. 그러니 법이 아닌 판례가 변경되어서 처벌하는 것은 판례는 형법이 아니니 가능하다.

기출 OX
01 행위 당시의 판례에 의하면 처벌대상이 되지 아니하는 것으로 해석되었던 행위를 판례의 변경에 따라 확인된 내용의 형법 조항에 근거하여 처벌한다고 하여 그것이 형벌불소급원칙에 위반된다고 할 수 없다. 22. 경찰승진
( )

한눈에 쏙!

종류	형벌과 유사성 (소급효 금지 적용)
보호감호	○
보호관찰	×
노역장유치	○
위치추적장치	×
취업제한	×
사회봉사명령	△

정답 01 ○

기출 OX

01 보안처분이라 하더라도 형벌적 성격이 강하여 신체의 자유를 박탈하거나 박탈에 준하는 정도로 신체의 자유를 제한하는 경우에는 소급입법금지원칙이 적용된다. 22. 입시 (   )

5 사회봉사명령의 경우

가정폭력범죄의 처벌 등에 관한 특례법이 정한 보호처분 중의 하나인 사회봉사명령은 가정폭력범죄를 범한 자에 대하여 환경의 조정과 성행의 교정을 목적으로 하는 것으로서 형벌 그 자체가 아니라 보안처분의 성격을 가지는 것이 사실이다. 그러나 한편으로 이는 가정폭력범죄행위에 대하여 형사처벌 대신 부과되는 것으로서, 가정폭력범죄를 범한 자에게 의무적 노동을 부과하고 여가시간을 박탈하여 실질적으로는 신체적 자유를 제한하게 되므로, 이에 대하여는 원칙적으로 형벌불소급의 원칙에 따라 행위시법을 적용함이 상당하다(대판 2008.7.24, 2008어4).

∅ 보통의 사회봉사는 보호감호에 해당하지 않아 신체의 자유를 제한하지도 않고 형벌불소급의 원칙이 적용되지 않으나, 가정폭력 또는 신체의 자유를 박탈함에 준한다는 말이 들어가면 이는 소급입법금지원칙이 적용되는 것으로 풀어야 한다.

6 약식에서 정식재판 청구시 형종상향 금지로 개정 [합헌]

기존 불이익변경금지조항을 형종상향금지조항으로 변경하였다. 이는 범죄구성요건의 제정이나 형벌의 가중에 해당한다고 볼 수 없어 형벌불소급의 원칙에 위배되지 아니한다(헌재 2023.2.23, 2018헌바513).

③ 명확성의 원칙

㉠ 형사처벌의 대상이 되는 범죄의 구성요건은 구체적이고 명확하게 규정되어야 하며, 구성요건이 지나치게 추상적이거나 모호하여 그 내용과 적용범위가 과도하게 광범위하거나 불명확한 경우에는 명확성의 원칙에 위배된다. 영미에서는 '막연하기 때문에 무효'라는 이론이 확립되어 있다.

㉡ 법률이 다소 광범위한 개념으로 규정되어 있다 할지라도 법관이 그 법률을 적용하는 단계에서 다의적으로 해석될 우려가 없는 경우에는 명확성원칙에 반하지 않는다. 따라서 명확성의 원칙은 법률의 개념이 기본적으로 최대한의 명확성을 요구하는 것이 아니라 최소한의 명확성을 요구한다.*

*건전한 상식과 통상적인 법감정을 가진 사람이 구체적으로 어떠한 행위가 금지되고 있는지 알 수 있다면 명확성의 원칙에 반하지 않는다.

기출 OX

02 처벌법규의 구성요건이 다소 광범위하여 어떤 범위에서는 법관의 보충적인 해석을 필요로 하는 개념을 사용하였다고 하더라도 그 점만으로 헌법이 요구하는 처벌법규의 명확성원칙에 반드시 배치되는 것이라고는 볼 수 없다. 11. 법원직 (   )

03 죄형법정주의가 요구하는 명확성의 원칙은 적극적으로 범죄성립을 정하는 구성요건 규정에는 적용되지만, 위법성조각사유와 같이 범죄의 성립을 부정하는 규정에 대하여는 적용되지 않는다. 13. 서울시 7급 (   )

📚 판례 | 명확성의 원칙에 관한 판례

1 정당방위규정 [합헌]

정당방위규정은 한편으로는 위법성을 조각시켜 범죄의 성립을 부정하는 기능을 하지만, 다른 한편으로는 정당방위가 인정되지 않는 경우 위법한 행위로서 범죄의 성립을 인정하게 하는 기능을 하므로 적극적으로 **범죄 성립을 정하는 구성요건규정은 아니라 하더라도 죄형법정주의가 요구하는 명확성원칙의 적용이 완전히 배제된다고는 할 수 없다**(헌재 2001.6.28, 99헌바31).

∅ 구성요건에 해당하지 않아도 처벌되지 않지만 위법성 조각사유나 책임 조각사유에 해당해도 처벌되지 않는다. 따라서 조각사유도 구성요건만큼 중요하니 명확해야 한다.

2 군형법상 추행죄 [합헌]

이 사건 법률 조항의 범죄구성요건사실인 '추행'은 '군이라는 공동사회의 건전한 생활과 군기'라는 보호법익을 침해하는 동시에 일반인의 입장에서 추행행위로 평가될 수 있는 행위이고, 그 대표적이고 전형적인 사례가 이 사건 법률 조항에 직접적으로 예시된 '계간'이라고 봄이 상당하다(헌재 2002.6.27, 2001헌바70).

정답 01 ○ 02 ○ 03 ×

3 치료감호제의 상한 부재 [합헌]

이 사건 법률 조항이 치료감호의 종료시점을 일정한 기간의 도과시점으로 하지 않고 감호의 필요가 없을 정도로 **치유된 때로** 정한 것은, 치료감호가 지향하는 정신장애 범죄자의 치료를 통한 **사회복귀와 시민의 안전 확보**라는 목적을 확실하게 달성하기 위한 취지이므로 청구인의 신체의 자유를 침해하는 것이라고 볼 수 없다(헌재 2005.2.3, 2003헌바1).

4 김영란법 [기각]

[1] 청구인 사단법인 한국기자협회의 심판청구의 적법 여부

사단법인 한국기자협회가 그 구성원인 기자들을 대신하여 헌법소원을 청구할 수도 없으므로, 위 청구인의 심판청구는 기본권 침해의 자기관련성을 인정할 수 없어 부적법하다.

[2] 부정청탁금지조항의 명확성원칙 위배 여부

부정청탁금지조항이 규정하고 있는 '부정청탁', '법령', '사회상규'라는 용어는 부정청탁금지조항의 입법배경 및 입법취지와 관련 조항 등을 고려한 법관의 보충적 해석으로 충분히 그 의미내용을 확인할 수 있으므로, 죄형법정주의의 명확성 원칙에 위배된다고 보기 어렵다.

[3] 신고조항과 제재조항의 기본권 침해 여부

신고조항과 제재조항은 배우자가 위법한 행위를 한 사실을 알고도 공직자 등이 신고의무를 이행하지 아니할 때 비로소 그 의무 위반 행위를 처벌하는 것이므로, 헌법 제13조 제3항에서 금지하는 연좌제에 해당하지 아니하며 자기책임 원리에도 위배되지 않는다(헌재 2016.7.28, 2015헌마236 등).

5 민사법규에서 추상성 [합헌]

민사법규는 행위규범의 측면이 강조되는 형벌법규와는 달리 기본적으로 재판법규의 측면이 훨씬 강조되므로, 사회현실에 나타나는 여러 가지 현상에 관하여 일반적으로 흠결 없이 적용될 수 있도록 보다 추상적인 표현을 사용하는 것이 상대적으로 더 가능하다고 볼 것이다(헌재 2009.9.24, 2007헌바118).

✎ 민사는 임의규정, 즉 당사자의 의사가 우선이다. 즉, 양도세는 매도인이 부담하게 되어 있으나 당사자 협의로 매수인이 부담할 수 있지만 형사법은 당사자 의사대로 하지 못한다. 절도하다 검거되어 경찰한테 5:5로 하자고 협상을 할 수는 없다.

6 일정기간 동안 입찰참가자격제한 [위헌]

정부투자기관관리기본법상의 입찰참가자격제한에 있어서 단지 '일정기간'이라고 규정하여 제한기간의 상한을 정하지 않고 있는 것은, 위 조항의 내용만으로 자격제한의 기간을 전혀 예측할 수 없게 하고 동시에 법집행당국의 자의적 집행을 가능하게 하는 것이므로 명확성의 원칙에 위반된다(헌재 2005.4.28, 2003헌바40).

7 2년의 범위 내 입찰참가자격제한 [합헌]

공기업·준정부기관이 공정한 경쟁이나 계약의 적정한 이행을 해칠 것이 명백하다고 판단되는 법인 등에 대하여 2년의 범위 내에서 일정기간 입찰참가자격을 제한할 수 있도록 한 '공공기관의 운영에 관한 법률' 제39조 제2항은 헌법에 위반되지 아니한다(헌재 2012.10.25, 2011헌바99).

8 광고물 부착금지 [합헌]

함부로는 법적 권원이 있는 타인의 승낙이 없으면서 상당한 사유가 없는 경우를 의미한다(헌재 2015.5.28, 2013헌바385).

기출 OX

04 사회보호법에서 치료감호기간의 상한을 정하지 아니한 것, 법관 아닌 사회보호위원회가 치료감호의 종료 여부를 결정하도록 한 것은 위헌이다. 17. 서울시 7급 ( )

05 공직자 등을 수범자로 하고 부정청탁 및 금품 등 수수를 금지하는 법률규정은, 민간부문 중에서는 사립학교 관계자와 언론인만 '공직자 등'에 포함시켜 이들에게 공직자와 같은 의무를 부담시키고 있는데, 해당 규정이 사립학교 관계자와 언론인의 일반적 행동자유권 등을 침해하지 않는 이상, 민간부문 중 우선 이들만 '공직자 등'에 포함시킨 입법자의 결단이 자의적 차별이라 보기는 어렵다. 17. 지방직 7급 ( )

정답 04 ✕ 05 ○

⑨ 공포심이나 불안감을 유발 [합헌]

공포심이나 불안감을 유발하는 문언을 반복적으로 도달하게 한 행위란 사회통념상 일반인에게 두려워하고 무서워하는 마음, 마음이 편하지 아니하고 조마조마한 느낌을 일으킬 수 있는 내용의 문언을 되풀이하여 전송하는 일련의 행위를 의미하는 것으로 풀이할 수 있다(헌재 2016.12.29, 2014헌바434).

[주의]
유추나 확대해석은 허용하지 않지만, 원용이나 준용은 가능하다. 원용이나 준용은 그 법조문에서 "다른 법률을 원용 또는 준용하라."라고 규정되어 있어 문제가 없다.

④ 유추해석금지의 원칙
㉠ 유추해석이란 법률에 규정이 없는 사항에 대하여 그것과 유사한 성질을 가지는 사항에 관한 법률 조항을 적용하는 것을 말한다.
㉡ 유추해석은 법률의 자의적인 적용을 허용하므로 금지된다.

판례 | 제주도영향평가심의위원회 심의의원 중 위촉의원을 뇌물죄로 처벌 [위헌]

국가공무원법·지방공무원법에 따른 공무원이 아님에도 법령에 기하여 공무에 종사한다는 이유로 공무원 의제규정이 없는 사인(私人)을 이 사건 법률조항의 '공무원'에 포함된다고 해석하는 것은 처벌의 필요성만을 지나치게 강조하여 범죄와 형벌에 대한 규정이 없음에도 구성요건을 확대한 것으로서 죄형법정주의와 조화될 수 없다(헌재 2012.12.27, 2011헌바117).

⑤ 절대적 부정기형* 금지의 원칙: 절대적 부정기형이란 선고시 장·단기의 형을 정하지 않고, 행형의 경과에 따라 사후에 결정하는 제도로서 형벌명확성의 원칙에 위배되므로 금지된다. 다만, 소년법에서는 상대적 부정기형을 인정하고 있다.

* 절대적 부정기형이란 "내 기분이 풀리면 풀어줄게."처럼 양형의 상한과 하한이 없어 예측이 불가능한 경우이며, 상대적 부정기형은 '교화가 잘되면 3년, 잘 안되면 3년 6개월'처럼 상한과 하한이 있는 경우를 말한다.

2. 일사부재리의 원칙

(1) 의의

① 헌법은 제13조 제1항 후단에서 "동일한 범죄에 대하여 거듭 처벌받지 아니한다."라고 하여 일사부재리의 원칙을 규정하고 있다.**

** 일사부재리의 원칙에 반하여 위헌인 판례는 수험용으로는 없다고 보면 된다.

② 일사부재리의 원칙(이중처벌금지의 원칙)이란 실체 판결이 확정되어 판결의 기판력이 발생하면 그 후 동일한 사건에 대하여는 거듭 심판할 수 없다는 원칙을 의미한다. 여기서의 처벌은 국가가 행하는 일체의 불이익한 처분을 의미하는 것이 아니라, 국가의 형벌권 실행으로서의 과벌만을 의미한다(헌재 1995.6.29, 91헌마50).

기출 OX
01 일사부재리의 원칙은 거듭된 국가의 형벌권 행사를 금지하는 것일 뿐이고, 거기에 일체의 제재나 불이익처분이 포함되는 것은 아니므로, 형벌과 보안처분의 병과, 행정질서벌 부과 후 형벌의 부과는 일사부재리의 원칙에 위배되지 않는다. 07. 법원직 (   )

(2) 일사부재리의 원칙이 적용되지 않는 경우
① 검사가 무혐의 결정을 하였다가 다시 공소를 제기하는 것
② 형벌과 보호감호의 병과
③ 누범·상습범 가중처벌
④ 과태료와 형사처벌의 병과
⑤ 직위해제처분을 하고 감봉처분을 하는 것

정답 01 ○

⑥ 무죄의 확정판결이 있는 경우에 유죄의 증거가 새로 발견된 경우 재심이 허용될 것인가에 대하여는 피고인의 법적 안정성 보호를 위해 불허된다고 보아야 할 것이다. 다만, 유죄확정판결 후 무죄의 증거가 새로 발견된 경우에는 재심이 허락된다.

> **판례 | 일사부재리의 원칙에 관한 판례**
>
> **1 군무이탈과 복귀명령 위반 [합헌]**
> 군무이탈죄에 대한 공소시효가 완성된 자라도 군복무의무를 면하는 것은 아니므로 군복무에 복귀하라는 정당한 명령에 위반한 행위를 군무이탈죄와는 **별개의 법익에 대한 침해**로 보아 형사처벌한다고 하여 특별히 불합리하다고 할 수도 없다. … 그러므로 복귀명령은 이 사건 법률규정의 정당한 명령에 해당되며 그 위반행위를 명령위반죄로 처벌하는 것은 **헌법에 위반되지 않는다**고 할 것이다(헌재 1995.5.25, 91헌바20).
> ✎ 탈영이 하나의 사실관계 복귀하지 않는 것 또한 하나의 사실관계 따라서 이 경우는 일사가 아닌 이사이다.
>
> **2 건축법 제54조 제1항 [합헌]**
> 구 건축법 제54조 제1항에 의한 형사처벌의 대상이 되는 범죄의 구성요건은 당국의 허가 없이 건축행위 또는 건축물의 용도변경행위를 한 것이고 이 사건 규정에 의한 과태료는 건축법령에 위반되는 위법건축물에 대한 시정명령을 받고도 건축주 등이 이를 시정하지 아니할 때 과하는 것이므로, **양자는 처벌 내지 제재대상이 되는 기본적 사실관계로서의 행위를 달리하는 것**이다. … 이중처벌에 해당한다고 할 수 없다(헌재 1994.6.30, 92헌바38).
> ✎ 동일한 행위에 과태료와 형사처벌을 동시에 부과하는 것은 일사부재리에 반하지는 않으나, 이는 이중처벌금지의 기본정신에 배치되어 국가입법권의 남용으로 인정될 여지가 있음을 부정할 수는 없다(헌재 1994.6.30, 92헌바38).
>
> **3 외국에서 받은 형의 미산입 [헌법불합치]**
> 입법자는 국가형벌권의 실현과 국민의 기본권 보장의 요구를 조화시키기 위하여 형을 필요적으로 감면하거나 외국에서 집행된 형의 전부 또는 일부를 필요적으로 산입하는 등의 방법을 선택하여 청구인의 신체의 자유를 덜 침해할 수 있음에도 이 사건 법률 조항과 같이 **우리 형법에 의한 처벌시 외국에서 받은 형의 집행을 전혀 반영하지 아니할 수도 있도록 한 것은, 입법재량의 범위를 일탈하여 필요 최소한의 범위를 넘어선 과도한 기본권 제한**이라고 할 것이다(헌재 2015.5.28, 2013헌바129).
>
> **4 형벌과 이행강제금 [합헌]**
> 건축법 제78조에 의한 형사처벌의 대상이 되는 범죄의 구성요건은 당국의 허가 없이 건축행위 또는 건축물의 용도변경행위를 한 것이고, 건축법 제83조 제1항에 의한 이행강제금은 건축법령에 위반되는 위법건축물에 대한 시정명령을 받고도 건축주 등이 이를 시정하지 아니할 때 과하는 것이므로 양자는 처벌 내지 제재대상이 되는 기본적 사실관계로서의 행위를 달리하는 것이다. … 또한 무허가 건축행위에 대한 형사처벌시에 위법건축물에 대한 시정명령의 위반행위까지 함께 평가된다고 할 수 없으므로 시정명령 위반행위를 무허가 건축행위의 불가벌적 사후행위라고 할 수도 없다. … 이중처벌에 해당한다고 할 수 없다(헌재 2004.2.26, 2001헌바80 등).
>
> **5 청소년 성범죄자의 신상공개 [합헌]**
> 신상공개제도는 국가가 개인의 신상에 관한 사항 및 청소년의 성매수 등에 관한 범죄의 내용을 대중에게 공개함으로써 개인의 일반적 인격권을 제한하며, 한편 사생활의 비밀에 해당하는 사항을 국가가 일방적으로 공개하는 것이므로, 이는 일반적 인격권과 사생활의 비밀의 자유를 제한하는 것이라 할 것이다. 신상공개제도의 입법목적은

[참고]
허가 없이 용도변경을 한 것은 작위행위이고 위법건축물을 원상복귀하라는 명령을 이행하지 않는 것은 부작위로 이는 하나의 사실을 될 수가 없다.

기출 OX

02 헌법재판소는 외국에서 형의 전부 또는 일부의 집행을 받은 자에 대하여 형을 감경 또는 면제할 수 있도록 규정한 형법(1953.9.18. 법률 제293호로 제정된 것) 제7조가 이중처벌금지원칙에 위배되어 위헌이라고 판시하였다.
22. 경찰승진 ( )
⇨ 이중처벌로 위헌이 아니라, 과잉제한으로 위헌이 되었다.

정답 02 ✕

제3장 자유권적 기본권

해당 범죄인의 신상과 범죄행위를 일반에게 공개함으로써 어린이나 청소년 대상 성범죄행위에 대하여 일반 국민에게 경각심을 주어 유사한 범죄를 예방하고, 이를 통하여 청소년을 보호하기 위한 것으로서, 그 정당성이 인정된다. … **청소년 성매수자의 일반적 인격권과 사생활의 비밀의 자유가 제한되는 정도가 청소년 성보호라는 공익적 요청에 비해 크다고 할 수 없으므로** 과잉금지의 원칙에 위배된다고 할 수 없다(헌재 2003.6.26, 2002헌가14).

6 집행유예의 취소시 본형 부활 [합헌]
집행유예의 취소시 부활되는 본형은 집행유예의 선고와 함께 선고되었던 것으로 판결이 확정된 동일한 사건에 대하여 다시 심판한 결과 부과되는 것이 아니므로 일사부재리의 원칙과 무관하다(헌재 2013.6.27, 2012헌바345).

> ✎ 음주운전으로 집행유예를 받았다가 아무 일 없었으면 집행 당하지 않는다. 그런데 또다시 음주운전을 하는 범죄를 저질렀으니 유예되었던 형벌이 더해지는 것이다. 즉, 1사가 아니라 이것 역시 2사이다.

3. 연좌제의 금지

(1) 의의
헌법 제13조 제3항은 "모든 국민은 자기의 행위가 아닌 친족의 행위로 인하여 불이익한 처우를 받지 아니한다."라고 하여 연좌제를 금지하고 있다. 제8차 개헌 때 신설된 조항으로서 근대 형법의 '자기책임의 원칙 내지 형사책임 개별화의 원칙'을 규정하고 있다.

(2) 내용
여기서의 친족의 행위란 그 밖의 모든 타인의 행위를 포함하며, 불이익한 처우란 공무담임권의 제한·해외여행의 제한 등 기타 모든 영역에서의 모든 불이익한 처우를 포함한다.

(3) 관리·감독상의 책임
하급자의 행위에 대하여 상급자가 책임을 지는 것은 상급자의 감독 태만에 의한 자기책임을 지는 것이므로 연좌제의 금지에 위배되지 않는다.

⚖ 판례 | 연좌제 금지에 관한 판례

1 반국가행위자의 처벌에 관한 특별조치법상의 전재산몰수 [위헌]
친족의 재산까지도 반국가행위자의 재산이라고 검사가 적시하기만 하면 특조법 제7조 제7항에 의하여 증거조사 없이 수형이 선고되게 되어 있으므로, 헌법 제13조 제3항에서 금지한 연좌형이 될 소지도 크다. 따라서 특조법 제8조는 **헌법 제13조 제3항에도 위반**된다(헌재 1996.1.25, 95헌가5).

> ✎ 연좌제의 경우는 반국가행위자의 처벌에 관한 특별조치법의 경우만 확인하면 될 것이다.

2 배우자의 선거범죄로 인한 당선무효 [기각]
이 사건 법률 조항은 선거관계자 및 후보자의 친족 등이 저지른 일정한 중대선거범죄는 선거에 있어서 전적으로 후보자의 당선을 위하여, 또한 후보자와의 의사연락하에 이루어진 행위로서 **총체적으로는 후보자 자신의 행위와 다를 바 없다**고 보아, … 헌법 제13조 제3항에서 금지하고 있는 연좌제에 해당하지 아니한다(헌재 2005.12.22, 2005헌마19).

04 절차적 보장

1. 적법절차의 원칙

(1) 헌법규정

헌법 제12조 제1항은 "누구든지 법률과 적법한 절차에 의하지 아니하고는 처벌·보안처분·강제노역을 받지 아니한다."라고 규정하고, 제12조 제3항에서는 "체포·구속·압수·수색을 할 때에는 적법한 절차에 따라 검사의 신청에 의하여 법관이 발부한 영장을 제시하여야 한다."라고 하여 적법절차의 원칙을 현행 헌법에 새로 신설하였다.

(2) 내용

① 헌법에 규정된 처벌, 보안처분, 강제노역은 예시적 규정에 불과하고, 본인에게 신체적·정신적·재산적으로 불이익이 되는 일체의 제재에 대하여도 적법절차원리는 적용된다고 보아야 한다(헌재 1992.12.24, 92헌가8).

② 적법절차원리는 형사절차는 물론이고 입법절차, 행정처분, 사법절차 등 모든 국가작용을 지배하는 원리로서 기본권 제한과 관련 여부를 불문하고 모든 국가작용에 적용된다.

③ 모든 국가작용이 적법절차에 합치되는가는 법원이 심사할 수 있고 최종적으로 헌법재판소가 판단한다.

> [주의] 판례는 특이하게도 국회의 탄핵소추에는 적법절차의 원칙이 적용되지 않는다고 판시하였다(헌재 2004.5.14, 2004헌나1).

판례 | 적법절차의 원칙의 내용

현행 헌법상 규정된 적법절차의 원칙을 어떻게 해석할 것인가에 대하여 표현의 차이는 있지만 대체적으로 적법절차의 원칙이 독자적인 헌법원리의 하나로 수용되고 있으며 이는 형식적인 절차뿐만 아니라 실체적 법률내용이 합리성과 정당성을 갖춘 것이어야 한다는 실질적 의미로 확대 해석하고 있으며, 우리 헌법재판소의 판례에서도 이 적법절차의 원칙은 법률의 위헌 여부에 관한 심사기준으로서 그 적용대상을 형사소송절차에 국한하지 않고 모든 국가작용 특히 입법작용 전반에 대하여 문제된 법률의 실체적 내용이 합리성과 정당성을 갖추고 있는지 여부를 판단하는 기준으로 적용되고 있음을 보여주고 있다(헌재 1992.12.24, 92헌가8).

2. 영장제도

(1) 의의

헌법 제12조 제3항은 "체포·구속·압수·수색할 때에는 적법한 절차에 따라 검사의 신청에 의하여 법관이 발부한 영장을 제시하여야 한다."라고 영장주의를 규정하고 있다. 영장주의는 체포·구속의 필요성 유무를 제3의 독립적 기관인 사법부로 하여금 판단하게 함으로써 수사기관의 부당한 인권침해를 방지하려는 '사전적·예방적 권리구제제도'이다.

> [주의] 영장주의는 구속의 개시와 유지까지 법관에 의해 판단되어야 하나 사후 통제까지 마련되어야 하는 것은 아니다(헌재 2018.8.30, 2016헌마263).

한눈에 쏙!

구분	적용 여부
징계절차(영창)	×
동행명령	○
즉시강제	×
사실조회행위	×

기출 OX

01 이 피고인의 구속 또는 그 유지 여부의 필요성에 관하여 한 재판의 효력이 검사나 다른 기관의 이견이나 불복이 있다 하여 좌우되거나 제한받는다면 이는 영장주의에 위반된다고 할 것이다. 19. 국가직 7급 ( )

(2) 절차

① **체포영장제도**: 피의자가 죄를 범하였다고 의심할 만한 상당한 이유가 있고, 정당한 이유 없이 수사기관의 출석요구에 응하지 아니하거나 응하지 아니할 우려가 있는 때에는 체포영장을 발부받아 피의자를 체포할 수 있다. 이 경우 체포한 때로부터 48시간 이내에 구속영장을 청구하여야 하고, 그 기간 내에 구속영장을 청구하지 아니한 때에는 피의자를 즉각 석방하여야 한다.

② **구속영장제도**
  ㉠ 피의자가 죄를 범하였다고 의심할 만한 상당한 이유가 있고, 일정한 주거가 없을 때, 증거를 인멸하거나 도망할 우려가 있을 때에는 구속영장을 발부받아 구속할 수 있다.
  ㉡ 다만, 다액 50만원 이하의 벌금·구류·과료에 해당하는 범죄에 대해서는 피의자가 일정한 주소가 없을 경우에 한한다.

③ **긴급체포제도와 영장실질심사제도***
  * 과거 임의적 심문제도에서 필요적 영장실질심사제도로 법이 개정되었다(형사소송법 제201조의2).
  ㉠ 긴급구속제도를 폐지하고 영장이 없이도 체포할 수 있는 긴급체포제도를 도입하였고, 영장실질심사제도를 새로 도입하였다.
  ㉡ 영장실질심사제도란 구속영장을 발부하기 전에 판사가 체포된 피의자를 직접 대면하여 심문하고 구속영장의 발부 여부를 결정할 수 있게 하는 제도이다.

(3) 영장주의의 예외

① **현행범인**
  ㉠ 현행범인이란 범죄의 실행 중에 있거나 실행의 직후인 자를 말한다. 준현행범인**을 포함한 현행범인은 누구든지 영장 없이 체포할 수 있다(형사소송법 제214조).
    ** 준현범인이란 ㉠ 범인으로 불려 추적되고 있는 자, ㉡ 흉기 기타 물건의 소지자, ㉢ 신체·의복에 현저한 증적이 있는 자, ㉣ 누구임을 묻는 질문에 도망하려는 자를 말한다.
  ㉡ 현행범인을 체포한 경우 구속할 필요가 있다고 인정하면 48시간 이내에 구속영장을 청구하여야 하고, 구속영장을 청구하지 아니하거나 발부받지 못한 때에는 피의자를 즉시 석방하여야 한다.

② **긴급체포**: 장기 3년 이상의 형에 해당하는 죄를 범하고, 도피 또는 증거를 인멸할 우려가 있을 때에는 사후에 영장을 청구할 수 있다.***
  *** 1. 예를 들어, 형법 제288조는 추행, 간음, 결혼 또는 영리의 목적으로 사람을 약취 또는 유인한 사람은 1년 이상 10년 이하의 징역에 처한다고 규정되어 있다. 이 경우 단기는 1년이고 장기는 10년이다.
  2. 형법조문을 보면 대부분의 범죄는 장기가 3년 이상이기 때문에 긴급체포의 범위가 너무 넓다는 비판이 있다.

정답 01 ○

> **형사소송법**
>
> 제200조의3【긴급체포】① 검사 또는 사법경찰관은 피의자가 사형·무기 또는 장기 3년 이상의 징역이나 금고에 해당하는 죄를 범하였다고 의심할 만한 상당한 이유가 있고, 다음 각 호의 어느 하나에 해당하는 사유가 있는 경우에 긴급을 요하여 지방법원판사의 체포영장을 받을 수 없는 때에는 그 사유를 알리고 영장 없이 피의자를 체포할 수 있다. 이 경우 긴급을 요한다 함은 피의자를 우연히 발견한 경우 등과 같이 체포영장을 받을 시간적 여유가 없는 때를 말한다.
> 1. 피의자가 증거를 인멸할 염려가 있는 때
> 2. 피의자가 도망하거나 도망할 우려가 있는 때
>
> 제200조의4【긴급체포와 영장청구기간】① 검사 또는 사법경찰관이 제200조의3의 규정에 의하여 피의자를 체포한 경우 피의자를 구속하고자 할 때에는 지체 없이 검사는 관할 지방법원판사에게 구속영장을 청구하여야 하고, 사법경찰관은 검사에게 신청하여 검사의 청구로 관할 지방법원판사에게 구속영장을 청구하여야 한다. 이 경우 구속영장은 피의자를 체포한 때부터 48시간 이내에 청구하여야 하며, 제200조의3 제3항에 따른 긴급체포서를 첨부하여야 한다.

(4) 압수·수색영장

압수·수색절차에도 영장주의가 적용된다. 다만, 현행범인의 체포와 긴급체포의 경우, 체포·구속영장을 가지고 피의자를 체포·구속하는 경우에는 제한된 범위 내에서 압수·수색영장 없이 압수·수색을 할 수 있다. 또한 공판정에서의 압수·수색에도 영장을 요하지 아니한다(형사소송법 제113조).

> **판례 | 체포영장 집행시 별도 영장 없이 타인의 주거 등 수색** [헌법불합치]
>
> 심판대상조항은 체포영장을 발부받아 피의자를 체포하는 경우에 '필요한 때'에는 영장 없이 타인의 주거 등 내에서 피의자 수사를 할 수 있다고 규정함으로써, 별도로 영장을 발부받기 어려운 긴급한 사정이 있는지 여부를 구별하지 아니하고 피의자가 소재할 개연성이 있으면 영장 없이 타인의 주거 등을 수색할 수 있도록 허용하고 있다. 이는 체포영장이 발부된 피의자가 타인의 주거 등에 소재할 개연성은 인정되나, 수색에 앞서 **영장을 발부받기 어려운 긴급한 사정이 인정되지 않는 경우에도 영장 없이 피의자 수색을 할 수 있다**는 것이므로, 위에서 본 헌법 제16조의 영장주의 예외 요건을 벗어난다(헌재 2018.4.26, 2015헌바370).
> ▶ 명확성의 원칙을 위배하지는 않으나 영장주의에 위배된다(필요한 때는 피의자가 소재할 개연성을 의미).

(5) 행정상 즉시강제와 영장주의

> **판례 | 불법게임물의 강제수거** [합헌]
>
> 이 사건 법률 조항은 이는 어떤 하명도 거치지 않고 행정청이 직접 대상물에 실력을 가하는 경우로서, 위 조항은 행정상 즉시강제 그중에서도 대물적 강제를 규정하고 있다고 할 것이다. … 영장주의가 행정상 즉시강제에도 적용되는지에 관하여는 논란이 있으나, 행정상 즉시강제는 상대방의 임의이행을 기다릴 시간적 여유가 없을 때 하명 없이 바로 실력을 행사하는 것으로서, **그 본질상 급박성을 요건으로 하고 있어 법관의**

> [주의]
> 압수·수색의 사전통지나 집행 당시의 참여권의 보장은 압수·수색에 있어 국민의 기본권을 보장하고 헌법상의 적법절차원칙의 실현을 위한 구체적인 방법의 하나일 뿐 헌법상 명문으로 규정된 권리는 아니다.

기출 OX

02 헌법 제12조 제3항과는 달리 헌법 제16조 후문은 "주거에 대한 압수나 수색을 할 때에는 검사의 신청에 의하여 법관이 발부한 영장을 제시하여야 한다."라고 규정하고 있을 뿐 영장주의에 대한 예외를 명문화하고 있지 않으므로 영장주의가 예외 없이 반드시 관철되어야 함을 의미하는 것이다. 19. 국가직 7급 ( )

⇨ 반드시 관철되어야 하는 것은 아니나 긴급성과 필요성이라는 추가 요건이 필요하다.

03 행정상 즉시강제는 상대방의 임의이행을 기다릴 시간적 여유가 없을 때 하명 없이 바로 실력을 행사하는 것으로서, 그 본질상 급박성을 요건으로 하고 있어 법관의 영장을 기다려서는 그 목적을 달성할 수 없다고 할 것이므로, 영장주의가 적용되지 않는다. 08. 국회직 8급 ( )

정답 02 × 03 ○

영장을 기다려서는 그 목적을 달성할 수 없다고 할 것이므로, **원칙적으로 영장주의가 적용되지 않는다**고 보아야 할 것이다. 이 사건 법률 조항은 앞에서 본 바와 같이 급박한 상황에 대처하기 위한 것으로서 그 불가피성과 정당성이 충분히 인정되는 경우이므로, 이 사건 법률 조항이 영장 없는 수거를 인정한다고 하더라도 이를 두고 헌법상 영장주의에 위배되는 것으로는 볼 수 없다(헌재 2002.10.31, 2000헌가12).
▶ 파기한 경우 건전한 유통질서 확립 등을 이유로 재산권을 침해하지도 않는다.

(6) 별건체포·구속

별건체포·구속이란 중대한 사건(살인사건 등)에 관하여 체포·구속영장을 청구할 정도의 증거를 수집할 수 없는 경우에 이미 증거가 수집된 별도의 경미한 사건(폭행사건 등)으로 체포·구속영장을 발부받아 체포·구속하여 본건의 조사를 하는 수사방법을 말한다. 이러한 별건체포·구속에 관하여 다수설은 위헌으로 본다.

(7) 법정구속

헌법재판소는 공판단계에서 검사의 신청 없이 법원이 직권으로 구속영장을 발부하여 법정구속을 하는 것에 대해 합헌결정을 내리면서 헌법에 규정된 영장제도는 영장의 신청자가 반드시 검사이어야 한다는 의미이지, 반드시 검사의 신청이 있어야 영장을 발부할 수 있는 것은 아니라고 하였다.

> **판례 | 영장주의에 관한 판례**
>
> **1 법원의 직권에 의한 구속영장 발부 [기각]**
> 법원이 직권으로 발부하는 영장과 수사기관의 청구에 의하여 발부하는 구속영장의 법적 성격은 같지 않다. 즉, **전자는 명령장으로서의 성질을 갖지만, 후자는 허가장으로서의 성질**을 갖는 것으로 이해되고 있다. … 제5차 개정헌법이 영장의 발부에 관하여 '검찰관의 신청'이라는 요건을 규정한 취지는 검찰의 다른 수사기관에 대한 수사지휘권을 확립시켜 종래 빈번히 야기되었던 검사 아닌 다른 수사기관의 영장신청에서 오는 인권유린의 폐해를 방지하고자 함에 있다고 할 것이고, 따라서 현행 헌법 제12조 제3항 중 '검사의 신청'이라는 부분의 취지도 모든 영장의 발부에 검사의 신청이 필요하다는 것이 아니라 **수사단계에서 영장의 발부를 신청할 수 있는 자를 검사로 한정한 것으로 해석함이 타당**하다. … 공판단계에서의 영장발부에 관한 헌법적 근거는 헌법 제12조 제1항이다. 따라서 이 사건 심판대상조항들은 헌법 제12조 제3항에 위반되지 아니하고 그 밖에 헌법의 다른 부분에 위반된다고 보이지도 아니한다(헌재 1997.3.27, 96헌바28 등). 08. 국가직 7급
>
> **2 대통령후보 BBK특검법**
> [1] 개별사건 법률이나 국회의 폭넓은 재량이 인정되는 영역으로 합헌이다.
> [2] 대법원장으로 하여금 특별검사 후보자 2인을 추천하고 대통령은 그 추천후보자 중에서 1인을 특별검사로 임명하도록 한 것은 적법절차의 원칙·권력분립의 원칙에 위배되지 않는다.
> [3] **법관이 아닌 특별검사가 동행명령장을 발부하도록 하고 정당한 사유 없이 이를 거부한 경우 벌금형에 처하도록 함으로써, 실질적으로는 참고인의 신체의 자유를 침해하여 지정된 장소에 인치하는 것과 마찬가지의 결과가 나타나도록 규정한 이 사건 동행명령조항은 영장주의 원칙을 규정한 헌법 제12조 제3항에 위반**되거나 적어도 위 헌법상 원칙을 잠탈하는 것으로서 위헌이라 할 것이다.

기출 OX

01 우리 헌법이 추구하는 영장주의에서는 별건체포·구속이 허용된다. 02. 국가직 7급 ( )

02 법원이 직권으로 발부하는 영장과 수사기관의 청구에 의하여 발부하는 구속영장의 법적 성격은 같다. 08. 국가직 7급 ( )

03 수사단계가 아닌 공판단계에서 법관이 직권으로 영장을 발부하여 구속하는 경우에는 검사의 영장신청이 불필요하다. 08. 국가직 7급 ( )

한눈에 쏙!

동행명령장

위헌	합헌
지방의회	국회
검사(BBK)	법관

정답 01 × 02 × 03 ○

[4] 특별검사가 공소제기한 사건의 재판기간과 상소절차 진행기간을 일반사건보다 단축하고 있는 것은 공정한 재판을 받을 권리를 침해하지 않는다(헌재 2008.1.10, 2007헌마1468).

3 지방의회의 사무 감사를 위한 증인의 동행명령장제도

지방의회에서의 사무 감사·조사를 위한 증인의 동행명령장제도도 증인의 신체의 자유를 억압하여 일정 장소로 인치하는 것으로서 헌법 제12조 제3항의 '체포 또는 구속'에 준하는 사태로 보아야 하고, 거기에 현행범 체포와 같이 사후에 영장을 발부받지 아니하면 목적을 달성할 수 없는 긴박성이 있다고 인정할 수는 없으므로, 헌법 제12조 제3항에 의하여 법관이 발부한 영장의 제시가 있어야 함에도 불구하고 **동행명령장을 법관이 아닌 지방의회의장이 발부하고 이에 기하여 증인의 신체의 자유를 침해**하여 증인을 일정 장소에 인치하도록 규정된 조례안은 영장주의 원칙을 규정한 헌법 제12조 제3항에 위반된 것이다(대판 1995.6.30, 93추83).

4 10년 이상의 구형*시 구속영장의 효력 유지 [위헌]

헌법 제12조 제3항에 규정된 영장주의는 구속의 개시시점에 한하지 않고 구속영장의 효력을 계속 유지할 것인지 아니면 취소 또는 실효시킬 것인지의 여부도 사법권독립의 원칙에 의하여 신분이 보장되고 있는 법관의 판단에 의하여 결정되어야 한다는 것을 의미하고, 따라서 형사소송법 제331조 단서 규정과 같이 **구속영장의 실효 여부를 검사의 의견에 좌우되도록 하는 것은 헌법상의 적법절차의 원칙에 위배**된다(헌재 1992.12.24, 92헌가8).

* 구형은 검사가 요구하는 형량이며, 선고는 판사가 판결하는 형량으로, 보통 선고된 형량은 구형량보다는 낮은 것이 일반적이다.

5 즉시항고의 위헌성 [위헌]

법원이 피고인의 구속 또는 그 유지 여부의 필요성에 관하여 한 재판의 효력이 검사나 다른 기관의 이견이나 불복이 있다 하여 좌우되거나 제한받는다면 이는 영장주의에 위반된다고 할 것인바, **구속집행정지결정에 대한 검사의 즉시항고를 인정하는 이 사건 법률 조항은 검사의 불복을 그 피고인에 대한 구속집행을 정지할 필요가 있다는 법원의 판단보다 우선시킬 뿐만 아니라**, 사실상 법원의 구속집행정지결정을 무의미하게 할 수 있는 권한을 검사에게 부여한 것이라는 점에서 헌법 제12조 제3항의 영장주의 원칙에 위배된다. 또한 헌법 제12조 제3항의 영장주의는 헌법 제12조 제1항의 적법절차원칙의 특별규정이므로, 헌법상 영장주의 원칙에 위배되는 이 사건 법률 조항은 헌법 제12조 제1항의 적법절차원칙에도 위배된다(헌재 2012.6.27, 2011헌가36).

6 음주측정불응에 대한 형사처벌 [합헌]

이 사건 음주측정은 호흡측정기에 의한 측정의 성질상 강제될 수 있는 것이 아니며 또 실무상 숨을 호흡측정기에 한두 번 불어넣는 방식으로 행하여지는 것이므로 **당사자의 자발적 협조가 필수적**인 것이다. 따라서 당사자의 협력이 궁극적으로 불가피한 측정방법을 두고 강제처분이라고 할 수 없을 것이다. 이와 같이 이 사건 음주측정을 두고 **영장을 필요로 하는 강제처분이라 할 수 없는 이상** 이 사건 법률 조항은 헌법 제12조 제3항의 영장주의에 위배되지 아니한다(헌재 1997.3.27, 96헌가11). 08. 국가직 7급

한눈에 쏙!

상소는 재판(즉, 결과)에 불복하는 것을 말하며, 항고는 명령(즉, 재판과정)에 불복하는 것을 말한다.

구분	상소	항고
2심	항소	항고
3심	상고	재항고

또한 항고는 보통항고와 즉시항고로 구분된다. 즉시항고는 집행정지효가 있는 것으로, 사안처럼 법원은 풀어주려 하는데 검사가 그 집행을 하지 못하게 한다면 이는 영장주의에 위배된다.

한눈에 쏙!

판사와 검사의 의견 대립에 관한 판례

구분	주문
10년 이상 구형	위헌
전격기소	위헌
보석에 대한 즉시항고	위헌
구속집행정지	위헌

한눈에 쏙!

지문채취

구분	영장 필요
일반적	×
직접강제	○

참고

어찌보면 전경이나 병이나 같은 내용이고 판례가 변경된 것이나 다름 없지만 판례변경은 똑같은 조문과 사안일 때 판례가 변경되니 이는 판례변경으로 볼 수 없고 전경이냐, 병이냐에 따라 달리 문제를 풀어야 한다. 결국 징계절차는 신체를 구속하는 것이 아니니 영장주의가 적용되지 않는다. 그런데 영창은 징계임에도 불구하고 신체의 자유를 박탈하여 징계의 한계를 초과한 것으로 헌법에 위반된다.

기출 OX

01 디엔에이감식시료채취영장 발부과정에서 형이 확정된 채취대상자에게 자신의 의견을 밝히거나 영장발부 후 불복할 수 있는 절차 등에 관하여 규정하지 않은 것은 재판청구권을 침해하지 않는다. 19. 서울시 7급 ( )

정답 01 ×

7 지문채취거부에 대한 형사처벌 [합헌]

이 사건 법률 조항은 수사기관이 직접 물리적 강제력을 행사하여 피의자에게 강제로 지문을 찍도록 하는 것을 허용하는 규정이 아니며 형벌에 의한 불이익을 부과함으로써 심리적·간접적으로 지문채취를 강요하고 있을 뿐이다. 물론 이러한 방식 역시 자유의지에 반하여 일정한 행위가 강요된다는 점에서는 헌법에 규정되어 있는 체포·구속·압수·수색 등과 유사하다고 할 수 있으나, 피의자가 본인의 판단에 따라 수용 여부를 결정한다는 점에서 궁극적으로 **당사자의 자발적 협조가 필수적**임을 전제로 하므로 물리력을 동원하여 강제로 이루어지는 위와 같은 경우와는 질적으로 차이가 있다. … 따라서 이 사건 법률 조항에 의한 지문채취의 강요는 **영장주의에 의하여야 할 강제처분이라 할 수 없다**(헌재 2004.9.23, 2002헌가17 등). 08. 국회직 8급

8 전경에 대한 징계로 영창 [합헌]

[1] **영장주의란** 형사절차와 관련하여 체포·구속·압수·수색의 강제처분을 할 때 신분이 보장되는 법관이 발부한 영장에 의하지 않으면 안 된다는 원칙으로 **형사절차가 아닌 징계절차에도 그대로 적용된다고 볼 수 없다**.

[2] 전투경찰순경의 복무기강을 엄정히 하고 단체적 전투력과 작전수행의 원활함 및 신속함을 달성하고자 하는 공익은 영창처분으로 인하여 전투경찰순경이 받게 되는 일정기간 동안의 신체의 자유 제한 정도에 비해 결코 작다고 볼 수 없으므로 법익의 균형성원칙도 충족하였다(헌재 2016.3.31, 2013헌바190).

9 병에 대한 영창의 위헌성 [위헌]

[1] 영창처분은 공무원의 신분적 이익을 박탈하는 것을 그 내용으로 하는 징계처분임에도 불구하고 신분상 불이익 외에 신체의 자유 박탈까지 그 내용으로 삼고 있는바, 징계의 한계를 초과한 것이다.

[2] 영창처분이 가능한 징계사유는 지나치게 포괄적이고, 그 기준이 불명확하여 영창처분의 보충성이 담보되고 있지 아니한바, 이를 두고 최소한의 범위에서 제한적으로만 활용되는 제도라고 볼 수 없다.

[3] 이 사건 결정으로 병에 대한 영창처분의 근거조항이 헌법에 위반된다고 판단함으로써, 영창처분에 의한 징계구금이 헌법에 위반됨을 명확히 하였다(헌재 2020.9.24, 2017헌바157).

✐ 주의할 것은 사안은 위헌이나 이는 신체의 자유를 침해한 것이고 영장주의는 따로 판단한 적 없으니 영장주의 때문에 위헌인 것은 아니다.

10 디엔에이감식시료채취영장 [위헌]

영장절차 조항이 디엔에이감식시료채취영장 발부과정에서 자신의 의견을 진술할 기회를 절차적으로 보장하고 있지 않을 뿐만 아니라, 발부 후 그 영장발부에 대하여 불복할 수 있는 구제절차를 마련하고 있지 않아 헌법에 위반된다(헌재 2018.8.30, 2016헌마344).

✐ 디엔에이는 불복절차 없는 것 빼고는 거의 다 합헌이다. 사망시까지 보관도 합헌이다.

11 법관에 의한 사후영장제도 미구비 [위헌]

이 사건 법률 조항은 수사기관이 법관에 의하여 발부된 영장 없이 일부 범죄혐의자에 대하여 구속 등 강제처분을 할 수 있도록 규정하고 있을 뿐만 아니라, 그와 같이 영장 없이 이루어진 강제처분에 대하여 일정한 기간 내에 법관에 의한 사후영장을 발부받도록 하는 규정도 마련하지 아니함으로써 영장주의의 본질을 침해한다(헌재 2012.12.27, 2011헌가5).

12 녹음·녹화에는 영장주의가 적용되지 않음

이 사건 녹음조항에 따라 접견내용을 녹음·녹화하는 것은 직접적으로 물리적 강제력을 수반하는 강제처분이 아니므로 영장주의가 적용되지 않아 영장주의에 위배된다고 할 수 없다(헌재 2016.11.24, 2014헌바401).

3. 체포·구속적부심사제도

(1) 연혁

구속적부심사제도는 1679년 영국의 인신보호법에서 최초로 규정되었다. 우리나라에서는 건국헌법 때부터 규정되어 오다가 유신헌법 때 삭제되고, 제8차 개헌에서 다시 부활한 제도이다.

(2) 의의

체포·구속적부심사제도란 체포·구속영장에 의해 체포·구속된 피의자나 변호인·가족 등이 체포·구속의 적부 여부를 법원에 청구하여 법원이 체포·구속 여부의 적법 여부를 심사하여 법관이 직권으로 피의자를 석방하는 제도를 말한다. 체포·구속적부심사제도는 '영장발부에 대한 재심사기능'을 가지므로 사전 예방책인 영장제도에 대해 일종의 보완적 기능을 갖는 사후 구제책으로서의 기능을 한다.

기출 OX

02 구속적부심사제도는 사전영장주의에 대한 보완적 기능을 갖는다. 04. 국회직 8급 ( )

(3) 내용

① **심사청구의 주체**: 체포·구속적부심사를 청구할 수 있는 자는 체포·구속된 피의자, 변호인, 법정대리인, 배우자, 형제자매, 가족, 동거인, 고용주이다. 다만, 헌법재판소가 피의자단계에서 구속적부심사를 청구한 후 검사의 전격기소에 의해 피고인신분이 된 자에게 구속적부심사를 인정하지 않는 규정에 대해 위헌결정을 내림으로써 구속적부심사청구 후 공소제기된 자에게도 구속적부심사를 인정하도록 법률을 개정하였다.*

* 과거에는 피의자만 가능하였으나, 전격기소상태의 피고인도 가능하도록 법이 개정되었다.

> **판례 | 전격기소**된 형사피고인의 체포·구속적부심사청구권 [헌법불합치]
>
> 청구인은 피의자의 자격으로 이 사건 법률 조항 등에 근거하여 법원에 대하여 구속적부심사청구를 하거나, 검사의 기소에 의하여 그 신분이 피고인으로 변경된 이후에는 형사소송법 제93조에 터 잡아 구속의 사유가 없거나 소멸되었으니 구속을 취소하여 달라는 청구를 할 수 있었다. … 이 사건 법률 조항은 구속적부심사청구인의 적격을 피의자 등으로 한정하고 있어서 이 사건에서처럼 청구인이 구속적부심사청구권을 행사한 다음 검사가 법원의 결정이 있기 전에 기소하는 경우(서술의 편의상 아래에서 '전격기소'라고 한다), **구속 자체의 헌법적 정당성 여부에 관하여 결정할 권한이 없는 검사의 일방적인 행위로 인하여 법원으로부터 실질적인 심사를 받고자 하는 청구인의 '절차적 기회'가 박탈**되는 결과가 초래된다(헌재 2004.3.25, 2002헌바104).
>
> ** 전격기소는 적부심사가 피의자만 가능함을 이용하여 중간에 검사가 기소하여 적부심을 통해 풀려나지 못하게 하는 기소를 말한다. 결국 판사가 풀어주고 싶어도 검사의 기소로 적부심이 종료되어 풀어줄 수 없으니 인신구속의 최고권한이 사실상 검사에게 있는 꼴이 되어 헌법에 위반된다.

정답 02 ○

② **청구사유**: 체포·구속심사청구는 현행 헌법에서 법률유보조항을 삭제함으로써 모든 범죄에 대하여 가능하다. 대법원 판례에 의하면 체포영장에 의하지 아니하고 긴급체포된 피의자도 체포적부심사를 청구할 수 있다고 판시하여 예외적으로 체포영장이 발부되지 아니한 자도 체포적부심사청구는 가능하다.

③ **불복제도**: 법원의 체포·구속적부심사결정에 대해서는 검사도 피의자도 항고할 수 없다.

4. 체포·구속이유 등 고지제도

(1) 연혁

체포·구속이유 고지제도는 영국의 구속이유 표시제도와 미국의 미란다원칙*에서 유래된 것이다. 미란다원칙이란 피의자를 체포·구속을 하기 전에 묵비권과 변호인의 조력을 받을 권리를 고지하는 제도를 말한다.

* 미란다원칙은 1966년 미국연방대법원 Miranda v. Arizona 판결을 계기로 확립되었다.

(2) 의의

헌법 제12조 제5항은 "누구든지 체포 또는 구속의 이유와 변호인의 조력을 받을 권리가 있음을 고지받지 아니하고는 체포 또는 구속을 당하지 아니한다. 체포 또는 구속을 당한 자의 가족 등 법률이 정하는 자에게는 그 이유와 일시·장소가 지체 없이 통지되어야 한다."라고 규정하여 체포·구속이유 고지제도 및 통지제도를 새로 신설하였다.

(3) 내용

① 체포·구속이유 등 고지제도는 적법하게 발부된 영장에 의한 체포·구속뿐만 아니라 현행범인이나 긴급체포의 경우에도 적용된다.

② 고지는 체포·구속을 당하는 형사피의자에게 체포·구속의 이유와 변호인의 조력을 받을 권리가 있다는 사실을 고지하며(즉, 고지의 방식에는 명문의 규정이 없다), 통지는 가족 등 법률이 정하는 자(변호인, 법정대리인, 배우자, 직계친족, 형제자매)에게 체포·구속의 이유·일시·장소 등이 지체 없이 서면으로 통지되어야 한다(형사소송법 제87조 제2항).

05 형사피의자·형사피고인의 권리

1. 무죄추정의 원칙

> 헌법 제27조 ④ 형사피고인은 유죄의 판결이 확정될 때까지는 무죄로 추정된다.

(1) 헌법규정

현행 헌법은 명문으로 무죄추정의 원칙을 받는 자로서 형사피고인만 규정하고 있으나, 아직 공소의 제기가 없는 피의자에게도 당연히 인정되는 권리이다.

기출 OX

01 헌법 제27조 제4항의 "형사피고인은 상당한 이유가 없는 한 유죄의 판결이 확정될 때까지는 무죄로 추정된다."라는 규정은 재판청구권을 보장하기 위한 구체적 규정이라 할 수 있다. ( )

⇨ 재판청구권이 아닌 신체의 자유를 보장하기 위한 규정이다.

정답 01 ×

(2) 의의

무죄추정의 원칙이란 공소의 제기가 없는 피의자는 물론이고, 공소가 제기된 피고인이라도 유죄의 확정판결이 있기까지는 원칙적으로 죄가 없는 자에 준하여 취급하여야 하고 불이익을 입혀서는 안 된다는 원칙을 말한다. 불이익을 입힌다 하여도 필요한 최소한도에 그치도록 비례의 원칙이 존중되어야 하며, 여기의 불이익에는 형사절차상의 처분에 의한 불이익뿐만 아니라 그 밖의 기본권 제한과 같은 처분에 의한 불이익도 입혀서는 아니 된다는 의미도 포함된다고 할 것이다(헌재 1990.11.19, 90헌가48).

(3) 내용

① 무죄추정의 원칙에 따라 불구속수사·불구속재판을 원칙으로 하고, 예외적으로 도망할 우려가 있거나 증거인멸의 우려가 있을 경우에 구속수사·구속재판을 한다.
② 무죄추정의 원칙은 예단배제의 원칙을 포함한다. 즉, 미리 판단하여 선입견을 가지면 안 된다는 의미이다.
③ 범죄혐의에 관하여 입증이 없으면, '의심스러울 때에는 피고인의 이익으로(in dubio pro reo)'라는 원칙에 따라 무죄를 선고하여야 한다. 따라서 범죄사실의 입증책임은 검사 측에 있고, 피고인 자신이 적극적으로 무죄임을 증명할 필요는 없다.
④ 무죄추정의 원칙은 수사과정에서만 적용되는 원칙이 아니라 판결 자체와 판결 형성의 과정에서도 준수되어야 할 원칙이다.

> **기출 OX**
> 02 무죄추정의 원칙은 수사기관 이외에 법관까지도 기속한다. 07. 국가직 7급 ( )
>
> **주의**
> 유죄의 확정판결은 실형을 선고하는 판결을 의미한다. 따라서 형식적 재판에는 무죄추정이 그대로 유지된다.

판례 | 무죄추정의 원칙에 관한 판례

1 공소제기된 변호사에 대한 업무정지처분 [위헌]
법무부장관의 일방적 명령에 의하여 변호사 업무를 정지시키는 것은 당해 변호사가 자기에게 유리한 사실을 진술하거나 필요한 증거를 제출할 수 있는 **청문의 기회 있는 장이 되지 아니하여** 적법절차를 존중하지 아니한 것이 된다(헌재 1990.11.19, 90헌가48).

2 공소제기된 변호사에 대한 업무정지명령 [합헌]
변호사가 공소제기되어 그 **재판 결과 등록취소될 가능성이 매우 크고, 장차 의뢰인이나 공공의 이익을 해칠 구체적인 위험성이 있는 경우** 법무부장관이 업무정지를 명할 수 있도록 한 변호사법 제102조 제1항 본문 및 제2항 중 각 '공소제기된 변호사'에 관한 부분은 헌법에 위반되지 아니한다(헌재 2014.4.24, 2012헌바45).

3 압수한 과세범칙물건의 국고귀속 [위헌]
관세법상 몰수할 것으로 인정되는 물품을 압수한 경우에 있어서 범인이 당해 관서에 출두하지 아니하거나 또는 범인이 도주하여 그 물품을 압수한 날로부터 4월을 경과한 때에는 당해 물품은 별도의 재판이나 처분 없이 국고에 귀속한다고 규정하고 있는 이 사건 법률 조항은 재판이나 청문의 절차도 밟지 아니하고 압수한 물건에 대한 피의자의 재산권을 박탈하여 국고귀속시킴으로써 몰수형을 집행한 것과 같은 효과를 발생시키는 것은 적법절차의 원칙과 무죄추정의 원칙에 위반된다(헌재 1997.5.29, 96헌가17).

🖉 공정한 재판받을 권리 침해(헌재 2012.12.27, 2011헌마351) [인용]
압수물에 대한 소유권 포기가 있다 해도, 사법경찰관이 법에서 정한 압수물 폐기의 요건과 상관없이 임의로 압수물을 폐기하면, 적법절차원칙을 위반하고 공정한 재판을 받을 권리를 침해한 것이다.

정답 02 ○

4 무죄판결 이후 교도소 연행 [인용]
무죄 등 판결 선고 후 석방대상 피고인이 교도소에서 지급한 각종 지급품의 회수, 수용시의 휴대금품 또는 수용 중 영치된 금품의 반환 내지 환급문제 때문에 임의로 교도관과 교도소에 동행하는 것은 무방하나 피고인의 동의를 얻지 않고 의사에 반하여 교도소로 연행하는 것은 헌법 제12조의 규정에 비추어 도저히 허용될 수 없다(헌재 1997.12.24, 95헌마247).

2. 자백의 증거능력* 및 증명력 제한의 원칙

*증거능력이란 증거가 될 수 있는 자격을 말한다. 즉, 묵비권을 고지하지 않고 자백을 받거나 이로 인해 얻은 흉기 등은 증거 자체가 될 수 없다. 증명력은 신빙성에 관한 것이다. 예를 들어, 어떤 사람은 고문을 받지 않고 적법하게 증언을 하였으나, 이 사람이 사기전과 20범이라면 이 사람의 말을 믿을 수가 없다. 따라서 이러한 경우 증명력이 없다고 하는 것이다.

(1) 의의

헌법 제12조 제7항은 "피고인의 자백이 고문, 폭행, 협박, 구속의 부당한 장기화 또는 기망 기타의 방법에 의하여 자의로 진술된 것이 아니라고 인정될 때 유죄의 증거로 삼을 수 없다."라고 하여 자백의 증거능력을 제한하고, "정식재판에 있어서 피고인의 자백이 그에게 불리한 유일한 증거일 때에는 이를 이유로 처벌할 수 없다."라고 규정하여 자백의 증명력을 제한하고 있다.

(2) 기능

자백의 증거능력과 증명력을 제한함으로써 자백강요를 통한 인신침해를 방지하려는 데 의의가 있고, 보강증거가 없는 불리한 유일한 자백의 증명력을 제한하여 자백의 독립 증거성을 부인하려는 데 목적이 있다.

(3) 내용

① 피고인의 자백이 고문 · 폭행 · 협박 · 구속의 부당한 장기화 · 기망 기타의 방법에 의해 임의로 진술된 것이 아닌 경우에 그 자백은 증거로 사용할 수 없고, 자백의 임의성**은 인정되나 자백이 그에게 불리한 유일한 증거일 경우, 즉 자백을 뒷받침할 만한 보강증거가 없는 경우에는 자백만으로 처벌할 수 없다.

**임의성이라는 것은 강제가 아니라는 것이다. 즉, 자백이 고문 등 강제적으로 행해지지 않고 본인이 원해서 하는 것을 임의성이라고 한다.

② 자백의 증명력의 제한은 정식재판의 경우에만 인정되므로 즉결심판에서는 자백만으로 처벌할 수 있다. 또한 공범자의 자백은 증거능력은 있는 것으로 보나, 보강증거가 있어야 하는가의 여부는 오로지 법관의 자유심증에 달려 있다는 것이 대법원 판례이다(대판 1963.7.25, 63도185).***

***예를 들어, 정식재판이 아닌 경우(약식재판) 길에 담배꽁초를 버린 경우라면 자백만으로 과태료를 물면 되는 것이지 굳이 담배를 국과수에 보내서 침에 있는 DNA를 채취할 필요는 없을 것이다. 이러한 경우 비용이 더 들기 때문에 국민에게는 오히려 자백만으로 인정하는 것이 더 이익이 된다.

③ 위법으로 수집된 증거능력을 인정하지 않고 있다.

> **판례 | 위법수집증거의 예외적 증거능력(물증의 경우)**
>
> 수사기관의 절차 위반행위가 적법절차의 실질적인 내용을 침해하는 경우에 해당하지 아니하고, 오히려 그 증거의 증거능력을 배제하는 것이 헌법과 형사소송법이 형사소송에 관한 절차 조항을 마련하여 적법절차의 원칙과 실체적 진실 규명의 조화를 도모하고 이를 통하여 형사사법 정의를 실현하려고 한 취지에 반하는 결과를 초래하는 것으로 평가되는 예외적인 경우라면 법원은 그 증거를 유죄 인정의 증거로 사용할 수 있다고 보아야 한다(대판 2009.3.12, 2008도11437).

3. 고문을 받지 아니할 권리

(1) 고문이란 자백을 강요하기 위한 폭력행사를 의미하며, 세계인권선언과 고문폐지를 위한 국제 앰네스티선언 등의 정신에 따라 각국 헌법은 고문방지에 관한 규정을 두고 있다. 헌법 제12조 제2항은 '모든 국민은 고문을 받지 아니하며 …'라고 하여 고문을 받지 아니할 권리를 규정하고 있다.

(2) 이러한 고문방지의 실효성을 확보하기 위하여 ① 헌법 제12조 제7항에서 고문에 의한 자백의 증거능력을 제한하며, ② 고문행위를 한 공무원을 직권남용죄로 처벌하고 있으며, ③ 고문당한 사람에게 공무원의 직무상 불법행위를 이유로 하는 국가배상청구권을 인정하고 있다.

4. 진술거부권(묵비권)

(1) 의의

헌법 제12조 제2항은 "모든 국민은 형사상 자기에게 불리한 진술을 강요당하지 아니한다."라고 하여 진술거부권을 규정하고 있다. 묵비권 내지 진술거부권이란 피고인 또는 피의자가 공판절차 또는 수사절차에서 수사기관 또는 법원의 심문에 의하여 개별적·일괄적으로 진술을 거부할 수 있는 권리를 말하며, 미연방헌법의 자기부죄거부의 특권에서 유래되었다.

한눈에 쏙!

형사상	민·형사상
대통령 불소추	면책특권
진술거부	정당한 노동쟁의
추후보도	탄핵
이중처벌	–

(2) 내용

① 진술거부권은 현재 피의자나 피고인으로서 수사 또는 공판절차에 계속 중인 자뿐만 아니라 장차 피의자나 피고인이 될 자에게도 보장되며, 형사절차뿐 아니라 행정절차나 국회에서의 조사절차 등에서도 자신에게 형사상 불이익한 진술이나 증언을 거부할 수 있다(헌재 1997.3.27, 96헌가11). 또한 진술거부권은 신체의 자유를 보장하는 권리이므로 외국인에게도 진술거부권이 보장된다.

② 자기에게 불이익이 되는 경우에만 적용되고, 친구·친척들에게 불이익한 경우에는 묵비권은 적용되지 아니한다.

③ 형사상 불이익이 되는 경우에만 적용되고, 민사상·행정상 불이익이 되는 경우에는 묵비권이 인정되지 아니한다. 따라서 행정상 처분을 받을 우려가 있는 경우(세무관리의 질문)나 자신의 명예·성실성에 손상을 주는 경우에는 진술거부권은 인정되지 아니한다.

> [참고]
> "진술"이란 언어적 표출, 즉 개인의 생각이나 지식, 경험사실을 정신작용의 일환인 언어를 통하여 표출하는 것을 의미한다.

④ 묵비권은 구두진술뿐만 아니라 서면작성에도 적용된다. 다만, 단순한 서류제출에 대하여는 묵비권이 인정되지 않는다고 보아야 한다.
⑤ 증인이나 감정인도 자기에게 형사상 불이익한 경우 증언이나 감정을 거부할 수 있으며, 진술거부권은 유죄 여부의 기초가 되는 사실뿐 아니라 양형의 기초가 되는 사실에 대하여도 자기에게 불리한 진술을 거부할 수 있다.
⑥ 수사기관은 미리 피의자에게 진술거부권이 있음을 고지하여야 하고, 진술거부권을 고지하지 아니한 경우에는 그 자백의 임의성이 인정되는 경우에도 위법수집증거배제의 법칙에 의하여 그 자백의 증거능력을 부정하여야 한다(대판 1992.6.23, 92도682).

> **판례 | 정치자금 허위기재 등에 대한 형사처벌**
>
> [1] 정치자금을 받고 지출하는 행위는 당사자가 직접 경험한 사실로서 이를 문자로 기재하도록 하는 것은 당사자가 자신의 경험을 말로 표출한 것의 등가물로 평가할 수 있으므로, 위 조항들이 정하고 있는 기재행위 역시 '진술'의 범위에 포함되지만, 정치자금의 투명성 확보를 위한 필수불가결한 조치이므로 진술거부권을 침해하지 않는다.
> [2] **회계장부·명세서·영수증을 보존하는 행위는 앞에서 본 진술거부권의 보호대상이 되는 '진술', 즉 언어적 표출의 등가물로 볼 수 없다**고 할 것이므로, 더 나아가 살필 필요 없이 이 조항은 헌법 제12조 제2항의 진술거부권을 침해하지 않는다(헌재 2005.12.22, 2004헌바25).

5. 변호인의 조력을 받을 권리

(1) 의의

헌법 제12조 제4항은 "누구든지 체포 또는 구속을 당한 때에는 즉시 변호인의 조력을 받을 권리를 가진다."라고 하여 변호인의 조력을 받을 권리를 규정하고 있다. 이는 무죄추정을 받는 피의자·피고인이 신체구속의 상황에서 국가형벌권의 자의적 행사로 인한 갖가지 인권침해를 방지하기 위해 피의자·피고인으로 하여금 수사기관과 대등한 지위를 보장하여 인권침해를 방지하려는 데 의의가 있다.

> [참고]
> 피고인의 상대방은 검사다. 즉, 상대방은 법률전문가이니 무기대등의 입장에서 형사재판을 받는 피고인에게는 헌법상 기본권으로 변호인의 조력받을 권리가 인정된다.

> [주의]
> '누구든지'라고 규정되어 있어 불구속상태의 피의자·피고인의 경우도 당연히 변호인의 조력받을 권리가 인정된다(헌재 2004.9.23, 2000헌마138). 이는 외국인에게도 인정된다(헌재 2012.8.23, 2008헌마430).

(2) 내용

① 변호인의 조력을 받을 권리란 자유로이 변호인을 선임하고, 변호인과 자유로이 접견·협의할 수 있으며, 변호인을 통하여 소송기록을 자유로이 열람하여 공격·방어 기회를 충분히 활용할 수 있는 권리를 의미한다.
② 변호인의 조력을 받을 권리는 원칙적으로 미결수용자에게만 인정이 되고 수형자에게는 인정이 되지 않는다. 다만, 수형자가 재심을 청구하는 경우에는 변호인의 조력을 받을 권리가 인정된다(헌재 1998.8.27, 96헌마398).

> **판례 | 수형자의 변호인의 조력을 받을 권리 [각하]**
>
> 원래 변호인의 조력을 받을 권리는 형사절차에서 피의자 또는 피고인이 검사 등 수사·공소기관과 대립되는 당사자의 지위에서 변호인 또는 변호인이 되려는 자와 사이에 충분한 접견교통에 의하여 피의사실이나 공소사실에 대하여 충분하게 방어할 수 있도록 함으로써 피고인이나 피의자의 인권을 보장하려는 데 그 제도의 취지가 있는 점에 비추어 보면, **형사절차가 종료되어 교정시설에 수용 중인 수형자는 원칙적으로 변호인의 조력을 받을 권리의 주체가 될 수 없다. 다만, 수형자의 경우에도 재심절차 등에는 변호인 선임을 위한 일반적인 교통·통신이 보장**될 수도 있다(헌재 1998.8.27, 96헌마398).
>
> ⚖ 민사·행정사건에서 변호인의 조력을 받는다면 이는 변호인 조력권이 아니라 재판청구권에서 보호되는 것이다(헌재 2013.8.29, 2011헌마122).

기출 OX

01 변호인의 조력을 받을 권리는 '형사사건에서 변호인의 조력을 받을 권리'를 의미한다고 보아야 할 것이므로 형사절차가 종료되어 교정시설에 수용 중인 수형자나 미결수용자가 형사사건의 변호인이 아닌 민사재판, 행정재판, 헌법재판 등에서 변호사와 접견할 경우에는 원칙적으로 헌법상 변호인의 조력을 받을 권리의 주체가 될 수 없다. 22. 경찰승진 (   )

(3) 국선변호인의 조력을 받을 권리

> 헌법 제12조 ④ 형사피고인이 스스로 변호인을 구할 수 없을 때에는 법률이 정하는 바에 의하여 국가가 변호인을 붙인다.
>
> ⚖ 헌법에는 형사피고인의 국선변호만 규정되어 있다.

① 형사피의자도 예외적으로 구속적부심사와 피신조서 작성에 있어 변호인이 없을 때 국선변호인을 둘 수 있도록 하고 있다.

② 국선변호인을 붙이는 경우
  ㉠ 군사법원에서 사선변호인이 없는 때
  ㉡ 피고인이 미성년자, 70세 이상인 자, 농아자, 심신장애의 의심이 있는 자, 사형, 무기, 단기 3년 이상의 징역이나 금고에 해당하는 사건(필요적 변호사건)에서 변호인이 없는 때
  ㉢ 빈곤 기타의 사유로 변호인을 선임할 수 없을 때(이 경우는 피고인의 청구가 있는 때에 한함)

(4) 변호인 접견교통권

> **판례 | 변호인의 접견교통권 [인용]**
>
> "체포되어 구속영장이 청구된 피의자를 신문하는 과정에서 변호사인 청구인이 위 피의자 가족의 의뢰를 받아 접견신청을 하였음에도 검사가 이를 허용하기 위한 조치를 취하지 않은 것은, **변호인이 되려는 청구인의 접견교통권을 침해한 것이고**, 위 접견교통권은 헌법상 보장된 기본권에 해당하여 그 침해를 이유로 헌법소원심판을 청구할 수 있다."라는 취지로, 청구인의 심판청구를 인용하는 결정을 선고하였다(헌재 2019.2.28, 2015헌마1204).

기출 OX

02 변호인 자신의 구속된 피의자·피고인과의 접견교통권은 형사소송법에 의하여 보장되는 권리로서, 헌법상 권리라고 할 수 없다. 13. 서울시 7급 (   )

⇨ 최근 변경된 판례에 따르면 변호인 자신의 접견교통권도 헌법상 기본권이다.

정답 01 ○ 02 ✕

> ☑ **SUMMARY** | 절대적 금지
> 1. **진술거부권**(법으로 강제 못함)
> 2. **자유로운 접견**(다만, 최근에 원하는 특정한 시점에 접견이 이루어지지 못한 것은 합헌이라고 판시, 이는 만난 이후에 제한 못하는 것으로 해석됨)
> 3. **양심형성, 신앙의 자유**도 절대적 기본권
> 4. **고문금지**
> 5. **검열**
> 6. **집회·결사의 자유**에서 내용에 대한 허가(내용중립적 허가는 가능)

한눈에 쏙!

접견교통권

구분	제한 가능 여부
접견 그 자체	제한 가능
자유로운 접견	제한 불가능

기출 OX

01 변호인의 조력을 받을 권리의 내용 중 하나인 미결수용자의 변호인 접견권은 어떠한 경우에도 제한될 수 없다.
13. 법원직 ( )

02 신체구속을 당한 피의자와 변호인 간의 자유로운 접견은 변호인의 조력을 받을 권리의 가장 중요한 내용이므로 국가안전보장·질서유지·공공복리 등 어떠한 명분으로도 제한될 수 없다. 07. 법원직 ( )

03 헌법재판소는 미결수용자와 변호인이 접견할 때 관계공무원이 입회해서 녹취·청취·촬영하는 등 개입하는 행위는 정당한 이유가 있으므로 합헌이라고 판시하였다. 01. 국가직 7급 ( )

⚖ 판례 | 변호인 접견교통권에 관한 판례

1 변호인과의 자유로운 접견교통 [위헌확인]
변호인과의 자유로운 접견은 신체구속을 당한 사람에게 보장된 변호인의 조력을 받을 권리의 가장 중요한 내용이어서 국가안전보장·질서유지·공공복리 등 어떠한 명분으로도 **제한될 수 있는 성질의 것이 아니다**. 그리고 구속된 사람을 계호함에 있어서도 1988.12.9. 제43차 유엔총회에서 채택된 '모든 형태의 구금 또는 수감상태에 있는 모든 사람들을 보호하기 위한 원칙' 제18조 제4항이 "피구금자 또는 피수감자와 그의 변호인 사이의 대담은 법 집행 공무원의 **가시거리 내에서 행하여질 수는 있으나 가청거리 내에서 행하여져서는 아니 된다.**"라고 적절하게 표현하고 있듯이 관계공무원은 구속된 자와 변호인의 **대담내용을 들을 수 있거나 녹음이 가능한 거리에 있어서는 아니 되며** 계호나 그 밖의 구실 아래 대화 장면의 사진을 찍는 등 불안한 분위기를 조성하여 자유로운 접견에 지장을 주어서도 아니 될 것이다(헌재 1992.1.28, 91헌마111).

2 법정 옆 피고인 대기실에서의 변호인의 접견신청 거부 [기각]
교도관이 계호근무준칙상의 변호인 접견절차를 무시하고라도 청구인의 변호인과의 면접을 허용하려면, 법정으로 들어가 변호인을 찾은 후 면담의 비밀성이 보장되고 계호에도 문제가 없는 공간을 찾아서 면담을 하게 하여 줄 수밖에 없다. 그러나 위 상황에서 교도관이 청구인과 변호인 간의 면담을 위하여 이와 같은 행위를 하여 줄 경우 다른 피고인들의 계호 등 교도행정업무에 치명적 위험이 될 가능성도 배제할 수 없다(헌재 2009.10.29, 2007헌마992).

3 변호인 접견권에 대한 제한가능성 [합헌]
헌법재판소가 91헌마111 결정에서 미결수용자와 변호인과의 접견에 대해 어떠한 명분으로도 제한할 수 없다고 한 것은 구속된 자와 변호인 간의 접견이 실제로 이루어지는 경우에 있어서의 '자유로운 접견', 즉 '대화내용에 대하여 비밀이 완전히 보장되고 어떠한 제한, 영향, 압력 또는 부당한 간섭 없이 자유롭게 대화할 수 있는 접견'을 제한할 수 없다는 것이지, **변호인과의 접견 자체에 대해 아무런 제한도 가할 수 없다는 것을 의미하는 것이 아니므로** 미결수용자의 변호인 접견권 역시 국가안전보장·질서유지 또는 공공복리를 위해 필요한 경우에는 법률로써 제한될 수 있음은 **당연하다**(헌재 2011.5.26, 2009헌마341).

4 변호인 접견 불허처분 [인용]
[1] 헌법 제12조 제4항 본문에 규정된 '구속'은 사법절차에서 이루어진 구속뿐 아니라 행정절차에서 이루어진 구속까지 포함하는 개념이다.

정답 01 × 02 ○ 03 ×

[2] 인천국제공항에서 난민인정신청을 하였으나 난민인정심사불회부결정을 받은 청구인을 인천국제공항 송환대기실에 약 5개월째 수용하고 환승구역으로의 출입을 막은 것이 헌법 제12조 제4항 본문에 규정된 '구속'에 해당된다.

[3] 피청구인이 청구인의 변호인의 접견신청을 거부한 것이 청구인에게 보장되는 헌법 제12조 제4항 본문에 의한 변호인의 조력을 받을 권리를 침해한다(헌재 2018.5.31, 2014헌마346).

▶ 변호인의 조력을 받을 권리는 형사절차에서 피의자 또는 피고인의 방어권을 보장하기 위한 것으로서 출입국관리법상 보호 또는 강제퇴거의 절차에 적용되기 어렵다는 구 판례는 이 판례에서 변경되었다.

5 수용자의 접견시 접촉차단 [헌법불합치]

미결수용자의 변호인 접견이 아닌 한 수용자의 접견은 원칙적으로 접촉차단시설이 설치된 장소에서 하도록 하고 규정하고 있는 형의 집행 및 수용자의 처우에 관한 법률 시행령 제58조 제4항이 변호사로부터 효율적인 재판준비 도움을 받는 것을 방해하여 수용자의 재판청구권을 침해하므로 헌법에 위반된다(헌재 2013.8.29, 2011헌마122).

▶ 소송자료 등이 그대로 노출될 위험이 있다.

6 소송대리인이 되려는 변호사에 대한 소송대리인 접견신청 불허 [기각]

교도소 내 접촉차단시설이 설치되지 않은 장소에서 수용자를 접견할 수 있는 예외 대상에 소송사건의 대리인으로 선임된 변호사만 규정하고 소송사건의 대리인이 되려는 변호사는 포함하지 않은 이 사건 심판대상조항에 대한 헌법소원 사건에서 변호사인 청구인의 직업수행의 자유를 과도하게 침해하지 않는다는 이유로 헌법에 위반되지 않는다(헌재 2022.2.24, 2018헌마1010).

7 변호인과 증인 사이에 차폐시설 설치 [합헌]

변호인과 증인 사이에 차폐시설을 설치하여 증인신문을 진행할 수 있도록 규정한 형사소송법 조항은 과잉금지원칙에 위배되어 청구인의 공정한 재판을 받을 권리 및 변호인의 조력을 받을 권리를 침해한다고 할 수 없다(헌재 2016.12.29, 2015헌바221).

▶ 증인 보호 때문이다.

8 일반 접견에 변호사 접견까지 포함 [위헌]

심판대상조항들은 법률전문가인 변호사와의 소송상담의 특수성을 고려하지 않고 소송대리인인 변호사와의 접견을 그 성격이 전혀 다른 일반 접견에 포함시켜 접견 시간 및 횟수를 규정함으로써 수형자의 재판청구권을 지나치게 제한하여 위헌이다(헌재 2015.11.26, 2012헌마858).

✎ 수형자의 일반 접견에 대해 시간 및 횟수를 제한하는 것 자체에 있는 것이 아니라, 소송대리인인 변호사와의 접견 시간 및 횟수에 대한 별도의 규정을 두지 않고 일반 접견에 포함시켜 이를 제한하는 데 있다(30분 이내, 월 4회).

9 소제기 전 변호사 접견을 위해서 소송계속 사실 소명자료 제출 [위헌]

[1] 제한되는 기본권은 변호인의 직업수행의 자유이다.

[2] 심사기준은 과잉금지원칙에 따라 심사해야 한다. 다만, 접견의 상대방인 수형자의 재판청구권이 제한되는 효과도 함께 고려하여 일반적인 경우보다 엄격하게 심사한다.

[3] 진지하게 소제기 여부 및 변론 방향을 고민해야 하는 변호사라면 일반 접견만으로는 수형자에게 충분한 조력을 제공하기가 어렵고, 수형자 역시 소송의 승패가 불확실한 상황에서 접견마저 충분하지 않다면 변호사를 신뢰하고 소송절차를 진행하기가 부담스러울 수밖에 없다. 따라서 심판대상조항은 수단의 적합성이 인정되지 아니한다(헌재 2021.10.28, 2018헌마60).

▶ 소송계속 사실 소명자료를 제출하지 않으면 변호인 접견이 아닌 일반 접견으로 해야 하는데, 소송을 계속할지 말지 결정하는 것도 중요하니 일반 접견에 포함시키지 말라는 의미의 판례이다.

한눈에 쏙!

변호인의 조력받을 권리

구분	적용 여부
행정절차(구속에 준)	○
행정·민사·헌법재판	×

기출 OX

04 수용자가 변호사와 접견하는 경우에도 접촉차단시설이 설치된 접견실에서만 접견하도록 하는 것은 수용자의 재판청구권을 침해한다. 14. 국가직 7급
( )

한눈에 쏙!

차폐시설 설치

구분		위헌 여부
변호사	수용자	위헌
선임전 변호사	수용자	합헌
변호사	증인	합헌

정답 04 ○

기출 OX

01 피청구인 구치소장이 구치소에 수용 중인 수형자에게 온 서신에 '허가 없이 수수되는 물품'인 녹취서와 사진이 동봉되어 있음을 확인하여 서신수수를 금지하고 발신인인 청구인에게 위 물품을 반송한 것은 과잉금지원칙에 위반되어 청구인의 통신의 자유를 침해한다. 22. 경찰승진 ( )

한눈에 쏙!

재소자용 의류 착용

구분		위헌 여부
안(구치소등)		합헌
밖(수사나 재판단계)	민사	합헌
	형사	위헌

정답 01 ×

---

10 변호인이 수용자에게 보낸 서신을 개봉한 후 교부한 행위 [기각]

수형자이면서 확정되지 않은 형사재판에서 미결수용자인 이중적 지위에 있는 자에 대하여 변호인과의 서신수수에 있어 교도소장이 금지물품 반입 금지를 위해 서신개봉행위를 한 것은 헌법에 위반되지 않는다(헌재 2021.10.28, 2019헌마973).

11 피의자 후방에 앉으라고 요구 [인용]

검찰수사관인 피청구인이 피의자신문에 참여한 청구인에게 피의자 후방에 앉으라고 요구한 행위는 변호인인 청구인의 변호권을 침해한다(헌재 2017.11.30, 2016헌마503).

▶ 옆에 앉는다고 해서 수사를 방해할 가능성이 높아지는 것은 아니므로, 목적의 정당성과 수단의 적절성을 인정할 수 없다.

12 미결수용자의 재소자용 의류 착용* [기각, 인용]

[1] **구치소 등 수용시설 안**에서는 재소자용 의류를 입더라도 일반인의 눈에 띄지 않고, 수사 또는 재판에서 변해(辯解)·방어권을 행사하는 데 지장을 주는 것도 아닌 반면에, 미결수용자에게 사복을 입도록 하면 의복의 수선이나 세탁 및 계절에 따라 의복을 바꾸는 과정에서 증거인멸 또는 도주를 기도하거나 흉기, 담배, 약품 등 소지금지품이 반입될 염려 등이 있으므로 미결수용자에게 시설 안에서 재소자용 의류를 입게 하는 것은 구금 목적의 달성, 시설의 규율과 안전유지를 위한 **필요 최소한의 제한으로서 정당성·합리성을 갖춘 재량의 범위 내의 조치이다.**

[2] **수사 및 재판단계에서** 유죄가 확정되지 아니한 미결수용자에게 재소자용 의류를 입게 하는 것은 미결수용자로 하여금 모욕감이나 수치심을 느끼게 하고, 심리적인 위축으로 방어권을 제대로 행사할 수 없게 하여 실체적 진실의 발견을 저해할 우려가 있으므로, 도주 방지 등 어떠한 이유를 내세우더라도 그 제한은 정당화될 수 없어 헌법 제37조 제2항의 기본권 제한에서의 비례원칙에 위반되는 것으로서, 무죄추정의 원칙에 반하고 인간으로서의 존엄과 가치에서 유래하는 **인격권과 행복추구권, 공정한 재판을 받을 권리를 침해하는 것이다**(헌재 1999. 5.27, 97헌마137 등).

* 1. 미결수용자란 범죄판결이 나지 않은 상태로 구금되어 있는 피의자 또는 피고인을 의미한다.
  2. 다만, 최근에 민사법정의 경우에는 재소자용 의류 착용이 헌법에 위반되지 않는다고 판시하였다(헌재 2015.12.23, 2013헌마712).

13 미결수용자의 서신검열 [위헌확인, 기각]

[1] 변호인 아닌 자와의 서신검열

증거의 인멸이나 도망을 예방하고 교도소 내의 질서를 유지하여 미결구금제도를 실효성 있게 운영하고 일반사회의 불안을 방지하기 위한 미결수용자의 서신에 대한 검열은 그 필요성이 인정된다고 할 것이다. … **서신검열로 인하여 미결수용자의 통신의 비밀이 일부 제한되는 것은 질서유지 또는 공공복리라는 정당한 목적을 위하여 불가피**할 뿐만 아니라 유효적절한 방법에 의한 최소한의 제한으로서 헌법에 위반된다고 할 수는 없다 할 것이다.

[2] 변호인과의 서신의 검열

변호인의 조력을 받을 권리의 기본적인 취지는 접견의 경우뿐만 아니라 변호인 또는 변호인이 되려는 자와 피의자 또는 피고인 사이의 서신의 경우에도 적용되어 그 비밀이 보장되어야 할 것이다. … 따라서 피청구인의 검열행위는 헌법상 보장된 청구인들의 통신의 비밀을 침해받지 아니할 권리와 청구인 **변호인의 조력을 받을 권리를 침해**한 것이라 할 것이다(헌재 1995.7.21, 92헌마144).

14 수형자의 청원서 발송에 대한 교도소장의 허가 [기각]

헌법재판소는 수형자에 대한 서신검열에 관하여 "도주를 예방하고 교도소 내의 규율과 질서를 유지하여 구금의 목적을 달성하기 위해서는 서신에 대한 검열이 불가피하다."라며 합헌으로 결정한 바 있다. 그런데 만약 국가기관과 사인에 대한 서신을 따로 분리하여 사인에 대한 서신의 경우에만 검열을 실시하고, 국가기관에 대한 서신의 경우에는 검열을 하지 않는다면 사인에게 보낼 서신을 국가기관의 명의를 빌려 검열 없이 보낼 수 있게 됨으로써 검열을 거치지 않고 사인에게 서신을 발송하는 탈법수단으로 이용될 수 있게 된다. 따라서 수형자의 서신에 대한 검열은 국가안전보장·질서유지 또는 공공복리라는 정당한 목적을 위하여 부득이할 뿐만 아니라 유효적절한 방법에 의한 최소한의 제한이며, 통신 비밀의 자유의 본질적 내용을 침해하는 것이 아니어서 헌법에 위반된다고 할 수 없다(헌재 2001.11.29, 99헌마713).

15 수용자의 모든 서신을 검열 [위헌]

이 사건 시행령 조항은 교정시설의 안전과 질서유지, 수용자의 교화 및 사회복귀를 원활하게 하기 위해 수용자가 밖으로 내보내는 서신에 대해 봉함하지 않은 상태로 제출하도록 한 것이나, 이와 같은 목적은 교도관이 수용자의 면전에서 서신에 금지물품이 들어 있는지를 확인하고 수용자로 하여금 서신을 봉함하게 하는 방법, 봉함된 상태로 제출된 서신을 X-ray 검색기 등으로 확인한 후 의심이 있는 경우에만 개봉하여 확인하는 방법, 그리고 서신에 대한 검열이 허용되는 경우에만 무봉함 상태로 제출하도록 하는 방법 등으로도 얼마든지 달성될 수 있다고 할 것인바, 이 사건 시행령 조항이 수용자가 보내려는 모든 서신에 대해 무봉함 상태의 제출을 강제함으로써 수용자의 발송 서신 모두를 사실상 검열 가능한 상태에 놓이도록 하는 것은 기본권 제한 규범이 지켜야 할 침해의 최소성 요건을 위반하는 것이다(헌재 2012.2.23, 2009헌마333).

16 금치수용자 서신수수 제한 [합헌]

서신수수 제한의 경우 외부와의 접촉을 금지시키고 구속감과 외로움 속에 반성에 전념토록 하는 징벌의 목적에 상응하는 점, 서신수수를 허가할 수 있는 예외를 규정하고 있는 점 등을 감안하면, 이 사건 서신수수 제한 조항은 청구인의 통신의 자유를 침해하지 아니한다(헌재 2014.8.28, 2012헌마623).

헌법재판소는 미결수용자의 변호인 접견시 수사관이나 교도관이 참여하는 것은 이 권리를 침해하는 것이며, 미결수용자가 변호인에게 보내는 서신을 검열하거나 변호인이 미결수용자에게 보낸 서신에 대한 검열은 변호인의 조력을 받을 권리를 침해한 것으로 위헌결정을 내렸다(헌재 1995.7.21, 92헌마144).

구분	수형자	미결수용자
변호인의 조력받을 권리	주체 ×	주체 ○
무죄추정	적용 ×	적용 ○

기출 OX

01 미결수용자가 가족과 접견하는 것은 행복추구권에서 보장되는 기본권이다. 07. 국회직 8급   (   )

기출 OX

02 구치소장이 검사의 요청에 따라 미결수용자와 그 배우자의 접견녹음파일을 미결수용자의 동의 없이 제공하더라도, 이러한 제공행위는 형사사법의 실체적 진실을 발견하고 이를 통해 형사사법의 적정한 수행을 도모하기 위한 것으로 미결수용자의 개인정보자기결정권을 침해하는 것은 아니다. 18. 국가직 7급   (   )

(5) 비변호인과의 접견교통권

헌법재판소는 미결수용자가 가족과 접견하는 것은 헌법 제10조가 보장하고 있는 인간으로서의 존엄과 가치 및 행복추구권 가운데 포함되는 헌법상의 기본권이고, 또한 미결수용자의 가족이 미결수용자와 접견하는 것 역시 헌법 제10조가 보장하고 있는 인간의 존엄과 가치 및 행복추구권에 포함되는 헌법상의 권리라고 판시하였다(헌재 2003.11.27, 2002헌마193).

> **판례 | 접견녹음 [기각]**
>
> 부산구치소장이 청구인과 배우자의 접견을 녹음하여 부산지방검찰청 검사장에게 그 접견녹음파일을 제공한 행위가 청구인의 기본권을 침해하지 않는다는 결정을 선고하였다(헌재 2012.12.27, 2010헌마153).

(6) 형사기록의 열람·복사 요구권

형사피의자와 피고인은 자신의 피의사실과 관련하여 그 조사절차나 공판절차 등 형사절차에 관하여 알 권리를 가지므로 형사소송기록과 증거서류 등을 열람하고 복사를 요구할 권리를 갖는다.

> **판례 | 변호인의 피구속자를 조력할 권리 [위헌확인]**
>
> 헌법 제12조 제4항은 "누구든지 체포 또는 구속을 당한 때에는 즉시 변호인의 조력을 받을 권리를 가진다."라고 규정함으로써 변호인의 조력을 받을 권리를 헌법상의 기본권으로 격상하여 이를 특별히 보호하고 있거니와 변호인의 '조력을 받을' 피구속자의 권리는 피구속자를 '조력할' 변호인의 권리가 보장되지 않으면 유명무실하게 된다. 그러므로 피구속자를 조력할 변호인의 권리 중 그것이 보장되지 않으면 피구속자가 **변호인으로부터 조력을 받는다는 것이 유명무실하게 되는 핵심적인 부분은, '조력을 받을 피구속자의 기본권'과 표리의 관계에 있기 때문에 이러한 핵심부분에 관한 변호인의 조력할 권리 역시 헌법상의 기본권으로서 보호되어야 한다.** … 구속적부심절차에서 피구속자에 대한 고소장과 경찰의 피의자신문조서의 열람은 피구속자를 충분히 조력하기 위하여 변호인인 청구인에게 그 열람이 반드시 보장되지 않으면 안 되는 핵심적 권리로서 청구인의 기본권에 속한다 할 것이다. … 그렇다면 고소장과 피의자신문조서에 대한 열람 및 등사를 거부한 피청구인의 정보비공개결정은 청구인의 피구속자를 조력할 권리 및 알 권리를 침해하여 헌법에 위반된다고 할 것이다(헌재 2003.3.27, 2000헌마474).
>
> ✎ 피고인에게도 인정되지만 변호인이 있는 피고인의 경우 변호인에게 열람·등사를 시켜줬다면 피고인에게 시켜주지 않아도 유효하다.

정답 01 ○ 02 ○

기출지문 OX

01 ☐☐☐
우리나라의 경우 생명권에 대한 명시적인 근거조항은 존재하지 않으나, 생명권이 기본권이라는 것에 대해서 이견이 없다.
O X

02 ☐☐☐
형성 중의 생명인 태아도 헌법상 생명권의 주체가 된다.
O X

03 ☐☐☐
상관을 살해한 경우 사형만을 유일한 법정형으로 규정한 군형법은 군대 내 명령·지휘체계를 유지하고 유사시 군의 전투력을 확보할 필요성에 비추어 볼 때 헌법에 위반되지 않는다.
O X

04 ☐☐☐
임신한 여성의 자기낙태를 처벌하는 형법 규정은 임신한 여성의 자기결정권을 침해한다.
O X

05 ☐☐☐
대법원은 소극적 안락사가 문제되는 상황에서 환자의 사전의료지시가 없는 상태에서는 안락사가 불가능하다고 판시하였다.
O X

06 ☐☐☐
금치처분을 받은 수형자에 대한 운동전면금지는 헌법에 위반된다.
O X

정답 및 해설

01 O 우리 헌법상에는 독일 본기본법이나 일본 헌법과 같은 생명권을 보장하는 명문의 규정은 없지만, 학설이나 판례는 생명권을 인정하고 있다.

02 O 생명권은 인간의 권리이므로 내외국인을 불문하고 모든 자연인이 그 주체가 된다. 태아의 생명까지도 보호하려는 것이 각국의 일반적 경향이다.

03 ✕ 이 사건 법률 조항은, 범죄의 중대성 정도에 비하여 심각하게 불균형적인 과중한 형벌을 규정함으로써 죄질과 그에 따른 행위자의 책임 사이에 비례관계가 준수되지 않아 인간의 존엄과 가치를 존중하고 보호하려는 실질적 법치국가의 이념에 어긋나고, 형벌체계상 정당성을 상실한 것이다(헌재 2007.11.29, 2006헌가13).

04 O 다양하고 광범위한 사회적·경제적 사유를 이유로 낙태갈등 상황을 겪고 있는 경우까지도 예외 없이 전면적·일률적으로 임신의 유지 및 출산을 강제하고, 이를 위반한 경우 형사처벌하고 있다. 과잉금지원칙을 위반하여 임신한 여성의 자기결정권을 침해하는 위헌적인 규정이다(헌재 2019.4.11, 2017헌바127).

05 ✕ 환자에게 자기결정권을 행사할 수 있는 기회가 주어지더라도 연명치료의 중단을 선택하였을 것이라고 볼 수 있는 경우에는, 그 연명치료 중단에 관한 환자의 의사를 추정할 수 있다고 보았다[대판 2009.5.21, 2009다17417(전합)].

06 O 일체의 운동을 금지하는 것은 수형자의 신체적 건강뿐만 아니라 정신적 건강을 해칠 위험성이 현저히 높다. … 수형자의 헌법 제10조의 인간의 존엄과 가치 및 신체의 안전성이 훼손당하지 아니할 자유를 포함하는 제12조의 신체의 자유를 침해하는 정도에 이르렀다고 판단된다(헌재 2004.12.16, 2002헌마478).

07 ☐☐☐
금치처분을 받은 미결수용자라 할지라도 금치처분 기간 중 집필을 금지하면서 예외적인 경우에만 교도소장이 집필을 허가할 수 있도록 한 형의 집행 및 수용자의 처우에 관한 법률상의 규정은 미결수용자의 표현의 자유를 침해한다. ⓞⓧ

08 ☐☐☐
보안관찰처분대상자가 교도소 등에서 출소 후 신고한 거주예정지 등 정보에 변동이 생길 때마다 7일 이내 이를 신고하도록 규정한 보안관찰법상 변동신고조항 및 위반시 처벌조항은 청구인의 개인정보자기결정권을 침해하지 않는다. ⓞⓧ

09 ☐☐☐
상소제기 후의 미결구금일수 산입을 규정하면서 상소제기 후 상소취하시까지의 구금일수 통산에 관하여는 규정하지 아니함으로써 이를 본형 산입의 대상에서 제외되도록 한 관련 형사소송법 규정은 신체의 자유를 지나치게 제한하는 것으로서 헌법에 위반된다. ⓞⓧ

10 ☐☐☐
보호의무자 2인의 동의와 정신건강의학과 전문의 1인의 진단으로 정신질환자에 대한 보호입원이 가능하도록 한 정신보건법 조항은 보호입원이 정신질환자 본인에 대한 치료와 사회의 안전 도모라는 측면에서 긍정적인 효과가 있으므로 정신질환자의 신체의 자유를 침해하지 아니한다. ⓞⓧ

11 ☐☐☐
과태료는 행정상 질서유지를 위한 행정질서벌에 해당할 뿐이므로 죄형법정주의의 규율대상에 포함되지 않는다. ⓞⓧ

12 ☐☐☐
노동관계법의 벌칙규정에 "제31조 제1항의 규정에 의하여 체결된 단체협약에 위반한 자는 1천만원 이하의 벌금에 처한다."라고 규정하여 형벌의 일종인 벌금형을 부과하고 있다면, 이는 죄형법정주의의 명확성의 원칙에 위배된다. ⓞⓧ

정답 및 해설

07 ✕ 금치처분 기간 중 집필을 금지하면서 예외적인 경우에만 교도소장이 집필을 허가할 수 있도록 한 이 사건 집필제한조항은 청구인의 표현의 자유를 침해하지 아니한다(헌재 2014.8.28, 2012헌마623).

08 ✕ 헌법재판소는 출소 후 신고조항 및 위반시 처벌조항에 대해서는 합헌으로 판단하였으나, 변동신고조항 및 위반시 처벌조항에 대해서는 재범의 위험성을 따지지도 않고 무기한으로 인정하고 있어 헌법에 위반된다고 판시하였다(헌재 2021.6.24, 2017헌바479).
▶ 무기한 변동신고가 문제이다.

09 ○ 상소도 하지 아니하는 경우 검사도 즉시 상소를 포기한 경우와 비교하면 법원이 선고한 형의 집행기간이 7일이나 연장하게 된다. 이러한 결과는 소송의 한 당사자인 검사의 의사에 따라 실질적으로 법원이 선고한 형에 변경을 가져오게 되고, 피고인의 신체의 자유를 침해하게 된다(헌재 2000.7.20, 99헌가7).

10 ✕ 중립적인 제3자에게 판단받을 수 있는 절차를 두지 아니한 채 보호의무자 2인의 동의와 정신과전문의 1인의 판단만으로 정신질환자 본인의 의사에 반하는 보호입원을 가능하게 함으로써, 제도의 악용이나 남용 가능성을 배제하지 못하고 있다는 점에 있다(헌재 2016.9.29, 2014헌가9).

11 ○ 과태료는 행정상의 질서유지를 위한 행정질서벌에 해당할 뿐 형벌이라고 할 수 없어 죄형법정주의의 규율대상에 해당하지 아니한다(헌재 1994.6.30, 92헌바38).

12 ○ 구 노동조합법 제46조의3은 그 구성요건을 '단체협약에 … 위반한 자'라고만 규정함으로써 범죄구성요건의 외피(外皮)만 설정하였을 뿐 구성요건의 실질적 내용을 직접 규정하지 아니하고 모두 단체협약에 위임하고 있어 죄형법정주의의 기본적 요청인 '법률'주의에 위배되고, 그 구성요건도 지나치게 애매하고 광범위하여 죄형법정주의의 명확성의 원칙에 위배된다(헌재 1998.3.26, 96헌바20).

13 ☐☐☐
행위 당시의 판례에 의하면 처벌대상이 되지 아니하는 것으로 해석되었던 행위를 판례의 변경에 따라 확인된 내용의 형법 조항에 근거하여 처벌한다고 하여 그것이 형벌불소급원칙에 위반된다고 할 수 없다. ○|✕

14 ☐☐☐
노역장유치조항은 벌금이 납입되지 않는 경우를 대비한 것으로서 벌금을 납입한 때에는 집행될 여지가 없고, 그 자체로 형벌적 성격을 가지거나 징역형에 준할 정도로 신체의 자유를 박탈한다고 볼 수 없다. 따라서 노역장유치조항은 형벌불소급원칙의 적용 대상이 아니다. ○|✕

15 ☐☐☐
보안처분이라 하더라도 형벌적 성격이 강하여 신체의 자유를 박탈하거나 박탈에 준하는 정도로 신체의 자유를 제한하는 경우에는 소급입법금지원칙이 적용된다. ○|✕

16 ☐☐☐
명확성의 원칙은 법률의 개념이 기본적으로 최대한의 명확성을 요구하는 것이 아니라 최소한의 명확성을 요구한다. ○|✕

17 ☐☐☐
죄형법정주의가 요구하는 명확성의 원칙은 적극적으로 범죄성립을 정하는 구성요건 규정에는 적용되지만, 위법성조각사유와 같이 범죄의 성립을 부정하는 규정에 대하여는 적용되지 않는다. ○|✕

18 ☐☐☐
민사법규는 추상적인 표현을 사용하는 것이 상대적으로 형사법규보다 더 가능하다고 볼 것이다. ○|✕

정답 및 해설

13 ○ 형사처벌의 근거가 되는 것은 법률이지 판례가 아니고, 형법 조항에 관한 판례의 변경은 그 법률조항의 내용을 확인하는 것에 지나지 아니하여 이로써 그 법률조항 자체가 변경된 것이라고 볼 수는 없으므로, 행위 당시의 판례에 의하면 처벌대상이 되지 아니하는 것으로 해석되었던 행위를 판례의 변경에 따라 확인된 내용의 형법 조항에 근거하여 처벌한다고 하여 그것이 헌법상 평등의 원칙과 형벌불소급의 원칙에 반한다고 할 수는 없다(대판 1999.9.17, 97도3349).

14 ✕ 부칙조항은 노역장유치조항의 시행 전에 행해진 범죄행위에 대해서도 공소제기의 시기가 노역장유치조항의 시행 이후이면 이를 적용하도록 하고 있으므로, 이는 범죄행위 당시보다 불이익한 법률을 소급적용하도록 하는 것으로서 헌법상 형벌불소급원칙에 위반된다(헌재 2017.10.16, 2015헌바239).

15 ○ 보안처분이라 하더라도 형벌적 성격이 강하여 신체의 자유를 박탈하거나 박탈에 준하는 정도로 신체의 자유를 제한하는 경우에는 소급입법금지원칙을 적용하는 것이 법치주의 및 죄형법정주의에 부합한다(헌재 2014.8.28, 2011헌마28 등).

16 ○ 명확성의 원칙이란 기본적으로 최대한이 아닌 최소한의 명확성을 요구하는 것이다. 그러므로 법문언이 해석을 통해서, 즉 법관의 보충적인 가치판단을 통해서 그 의미내용을 확인해낼 수 있고, 그러한 보충적 해석이 해석자의 개인적인 취향에 따라 좌우될 가능성이 없다면 명확성의 원칙에 반한다고 할 수 없다 할 것이다(헌재 1998.4.30, 95헌가16).

17 ✕ 범죄 성립을 정하는 구성요건규정은 아니라 하더라도 죄형법정주의가 요구하는 명확성원칙의 적용이 완전히 배제된다고는 할 수 없다(헌재 2001.6.28, 99헌바31).

18 ○ 민사법규는 행위규범의 측면이 강조되는 형벌법규와는 달리 기본적으로 재판규범의 측면이 훨씬 강조되므로, 사회현실에 나타나는 여러 가지 현상에 관하여 일반적으로 흠결 없이 적용될 수 있도록 보다 추상적인 표현을 사용하는 것이 상대적으로 더 가능하다고 볼 것이다(헌재 2009.9.24, 2007헌바118).

19 ☐☐☐
유추나 확대해석은 허용하지 않지만, 원용이나 준용은 가능하다. ⓞⓧ

20 ☐☐☐
절대적 부정기형은 금지되나 상대적 부정기형은 허용된다. ⓞⓧ

21 ☐☐☐
이중처벌 금지에서 처벌은 국가가 행하는 일체의 불이익한 처분을 의미하는 것이다. ⓞⓧ

22 ☐☐☐
외국에서 실제로 형의 집행을 받았음에도 불구하고 우리 형법에 의한 처벌 시 이를 전혀 고려하지 않더라도 과도한 제한이라고 할 수 없으므로 신체의 자유를 침해하지 아니한다. ⓞⓧ

23 ☐☐☐
청소년 성매수자의 일반적 인격권과 사생활의 비밀의 자유가 제한되는 정도가 청소년 성보호라는 공익적 요청에 비해 크다고 할 수 없으므로 청소년 성매수자 신상공개는 과잉금지의 원칙에 위배된다고 할 수 없다. ⓞⓧ

24 ☐☐☐
선거사무장 또는 회계책임자가 기부행위를 한 죄로 징역형을 선고받는 경우에 그 후보자의 당선이 무효로 되는 것은 연좌제에 위배된다. ⓞⓧ

25 ☐☐☐
적법절차원리는 형사절차는 물론이고 입법절차, 행정처분, 사법절차 등 모든 국가작용을 지배하는 원리로서 기본권 제한과 관련 여부를 불문하고 모든 국가작용에 적용된다. ⓞⓧ

정답 및 해설

19 ○ 유추나 확대해석은 허용하지 않지만, 원용이나 준용은 가능하다. 원용이나 준용은 그 법조문에서 "다른 법률을 원용 또는 준용하라."라고 규정되어 있어 문제가 없다.

20 ○ 절대적 부정기형이란 선고시 장·단기의 형을 정하지 않고, 행형의 경과에 따라 사후에 결정하는 제도로서 형벌명확성의 원칙에 위배되므로 금지된다. 다만, 소년법에서는 상대적 부정기형을 인정하고 있다.

21 ✕ 여기서의 처벌은 국가가 행하는 일체의 불이익한 처분을 의미하는 것이 아니라, 국가의 형벌권 실행으로서의 과벌만을 의미한다(헌재 1995.6.29, 91헌마50).

22 ✕ 우리 형법에 의한 처벌시 외국에서 받은 형의 집행을 전혀 반영하지 아니할 수도 있도록 한 것은, 입법재량의 범위를 일탈하여 필요 최소한의 범위를 넘어선 과도한 기본권제한이라고 할 것이다(헌재 2015.5.28, 2013헌바129).

23 ○ 청소년 성매수자의 일반적 인격권과 사생활의 비밀의 자유가 제한되는 정도가 청소년 성보호라는 공익적 요청에 비해 크다고 할 수 없으므로 청소년 성매수자 신상공개는 과잉금지의 원칙에 위배된다고 할 수 없다(헌재 2003.6.26, 2002헌가14).

24 ✕ 선거사무장 또는 회계책임자가 기부행위를 한 죄로 징역형을 선고받는 경우에 그 후보자의 당선이 무효로 되는 것은 공직선거 및 선거부정방지법 제265조의 규정에 의한 것일 뿐이고, 그들에 대하여 징역형을 선고하는 것이 연좌제를 금지한 헌법위반이라고 할 수는 없다(대판 1997.4.11, 96도3451).

25 ○ 우리 헌법재판소의 판례에서도 이 적법절차의 원칙은 법률의 위헌 여부에 관한 심사기준으로서 그 적용대상을 형사소송절차에 국한하지 않고 모든 국가작용 특히 입법작용 전반에 대하여 문제된 법률의 실체적 내용이 합리성과 정당성을 갖추고 있는지 여부를 판단하는 기준으로 적용되고 있음을 보여주고 있다(헌재 1992.12.24, 92헌가8).

26 □□□
장기 3년 이상의 형에 해당하는 죄를 범하고, 도피 또는 증거를 인멸할 우려가 있을 때에는 사후에 영장을 청구할 수 있다. ⓞⓧ

27 □□□
헌법 제12조 제3항과는 달리 헌법 제16조 후문은 "주거에 대한 압수나 수색을 할 때에는 검사의 신청에 의하여 법관이 발부한 영장을 제시하여야 한다."라고 규정하고 있을 뿐 영장주의에 대한 예외를 명문화하고 있지 않으므로 영장주의가 예외 없이 반드시 관철되어야 함을 의미하는 것이다. ⓞⓧ

28 □□□
행정상 즉시강제는 상대방의 임의이행을 기다릴 시간적 여유가 없을 때 하명 없이 바로 실력을 행사하는 것으로서, 그 본질상 급박성을 요건으로 하고 있어 법관의 영장을 기다려서는 그 목적을 달성할 수 없다고 할 것이므로, 영장주의가 적용되지 않는다. ⓞⓧ

29 □□□
수사단계가 아닌 공판단계에서 법관이 직권으로 영장을 발부하여 구속하는 경우에는 검사의 영장신청이 불필요하다. ⓞⓧ

30 □□□
특별검사가 참고인에게 지정된 장소까지 동행할 것을 명령할 수 있게 하고 참고인이 정당한 이유 없이 위 동행명령을 거부한 경우 천만원 이하의 벌금형에 처하도록 규정한 동행명령조항은 영장주의 또는 과잉금지원칙에 위배하여 참고인의 신체의 자유를 침해하는 것이다. ⓞⓧ

31 □□□
범죄피의자로 입건된 사람에게 검사의 신문을 받으면서 자신의 신원을 밝히지 않고 지문채취에 불응하는 경우 형사처벌을 통하여 지문채취를 강제하더라도 이를 영장주의에 의하여야 할 강제처분이라고 할 수 없다. ⓞⓧ

정답 및 해설

26 ○ 형사소송법 제200조의3

27 × 반드시 관철되어야 하는 것은 아니나 긴급성과 필요성이라는 추가 요건이 필요하다(헌재 2018.4.26, 2015헌바370).

28 ○ 그 본질상 급박성을 요건으로 하고 있어 법관의 영장을 기다려서는 그 목적을 달성할 수 없다고 할 것이므로, 원칙적으로 영장주의가 적용되지 않는다(헌재 2002.10.31, 2000헌가12).

29 ○ 수사단계에서 영장의 발부를 신청할 수 있는 자를 검사로 한정한 것으로 해석함이 타당하다(헌재 1997.3.27, 96헌바28 등).
▶ 즉, 검사의 영장이 없다고 법관이 직권으로 영장을 발부할 수 없는 것은 아니다.

30 ○ 특별검사가 참고인에게 지정된 장소까지 동행할 것을 명령할 수 있게 하고 참고인이 정당한 이유 없이 위동행명령을 거부한 경우 천만원 이하의 벌금형에 처하도록 규정한 동행명령조항은 영장주의 또는 과잉금지원칙에 위배하여 참고인의 신체의 자유를 침해하는 것이다(헌재 2008.1.10, 2007헌마1468).

31 ○ 궁극적으로 당사자의 자발적 협조가 필수적임을 전제로 하므로 물리력을 동원하여 강제로 이루어지는 위와 같은 경우와는 질적으로 차이가 있다. … 따라서 이 사건 법률 조항에 의한 지문채취의 강요는 영장주의에 의하여야 할 강제처분이라 할 수 없다(헌재 2004.9.23, 2002헌가17 등).

32 ☐☐☐

영장주의란 형사절차와 관련하여 체포·구속·압수·수색의 강제처분을 할 때 신분이 보장되는 법관이 발부한 영장에 의하지 않으면 안 된다는 원칙으로 형사절차가 아닌 징계절차에도 그대로 적용된다고 볼 수 없다. ⓞⓧ

33 ☐☐☐

병(兵)에 대한 징계처분으로 일정기간 부대나 함정(艦艇) 내의 영창, 그 밖의 구금장소에 감금하는 영창처분이 가능하도록 규정한 조항은 병(兵)의 신체의 자유를 침해하지 않는다. ⓞⓧ

34 ☐☐☐

디엔에이감식시료채취영장 발부과정에서 형이 확정된 채취대상자에게 자신의 의견을 밝히거나 영장발부 후 불복할 수 있는 절차 등에 관하여 규정하지 않은 것은 재판청구권을 침해하지 않는다. ⓞⓧ

35 ☐☐☐

청구인이 구속적부심사청구권을 행사한 다음 검사가 법원의 결정이 있기 전에 기소하는 경우, 구속 자체의 헌법적 정당성 여부에 관하여 결정할 권한이 없는 검사의 일방적인 행위로 인하여 법원으로부터 실질적인 심사를 받고자 하는 청구인의 '절차적 기회'가 박탈되는 결과가 초래된다. ⓞⓧ

36 ☐☐☐

형사피의자는 유죄의 판결이 선고될 때까지는 무죄로 추정된다. ⓞⓧ

37 ☐☐☐

법무부장관이 형사사건으로 공소가 제기된 변호사에 대하여 판결이 확정될 때까지 업무정지를 명하도록 한 구 변호사법 제15조는 무죄추정의 원칙에 위배되지 않는다. ⓞⓧ

38 ☐☐☐

즉결심판에 있어서 피고인의 자백이 그에게 불리한 유일한 증거일 때에는 이를 이유로 처벌할 수 없다. ⓞⓧ

정답 및 해설

32 ○ 영장주의란 형사절차와 관련하여 체포·구속·압수·수색의 강제처분을 할 때 신분이 보장되는 법관이 발부한 영장에 의하지 않으면 안 된다는 원칙으로 형사절차가 아닌 징계절차에도 그대로 적용된다고 볼 수 없다(헌재 2016.3.31, 2013헌바190).

33 × 이 사건 결정으로 병에 대한 영창처분의 근거조항이 헌법에 위반된다고 판단함으로써, 영창처분에 의한 징계구금이 헌법에 위반됨을 명확히 하였다(헌재 2020.9.24, 2017헌바157).

34 × 영장절차 조항이 디엔에이감식시료채취영장 발부과정에서 자신의 의견을 진술할 기회를 절차적으로 보장하고 있지 않을 뿐만 아니라, 발부 후 그 영장발부에 대하여 불복할 수 있는 구제절차를 마련하고 있지 않아 헌법에 위반된다(헌재 2018.8.30, 2016헌마344).

35 ○ 청구인이 구속적부심사청구권을 행사한 다음 검사가 법원의 결정이 있기 전에 기소하는 경우(서술의 편의상 아래에서 '전격기소'라고 한다), 구속 자체의 헌법적 정당성 여부에 관하여 결정할 권한이 없는 검사의 일방적인 행위로 인하여 법원으로부터 실질적인 심사를 받고자 하는 청구인의 '절차적 기회'가 박탈되는 결과가 초래된다(헌재 2004.3.25, 2002헌바104).

36 × 형사피고인은 유죄의 판결이 확정될 때까지는 무죄로 추정된다.

37 × 법무부장관의 일방적 명령에 의하여 변호사 업무를 정지시키는 것은 당해 변호사가 자기에게 유리한 사실을 진술하거나 필요한 증거를 제출할 수 있는 청문의 기회 있는 장이 되지 아니하여 적법절차를 존중하지 아니한 것이 된다(헌재 1990.11.19, 90헌가48).

38 × 정식재판에 있어서 피고인의 자백이 그에게 불리한 유일한 증거일 때에는 이를 이유로 처벌할 수 없다(헌법 제12조 제7항).

39 ☐☐☐
형사절차뿐 아니라 행정절차나 국회에서의 조사절차 등에서도 자신에게 형사상 불이익한 진술이나 증언을 거부할 수 있다.
◯|✕

40 ☐☐☐
형사상 불이익이 되는 경우에만 적용되고, 민사상·행정상 불이익이 되는 경우에는 묵비권이 인정되지 아니한다.
◯|✕

41 ☐☐☐
수사기관은 미리 피의자에게 진술거부권이 있음을 고지하여야 하고, 진술거부권을 고지하지 아니한 경우에는 그 자백의 임의성이 인정되는 경우에도 위법수집증거배제의 법칙에 의하여 그 자백의 증거능력을 부정하여야 한다.
◯|✕

42 ☐☐☐
형사절차가 종료되어 교정시설에 수용 중인 수형자는 원칙적으로 변호인의 조력을 받을 권리의 주체가 될 수 없다.
◯|✕

43 ☐☐☐
형사사건에 있어 변호인의 조력을 받을 권리는 피의자에게 보장되므로, 헌법상 국선변호인의 조력을 받을 권리 또한 피의자에게 인정된다.
◯|✕

44 ☐☐☐
변호인 자신의 구속된 피의자·피고인과의 접견교통권은 형사소송법에 의하여 보장되는 권리로서, 헌법상 권리라고 할 수 없다.
◯|✕

45 ☐☐☐
변호인의 조력을 받을 권리의 내용 중 하나인 미결수용자의 변호인 접견권은 어떠한 경우에도 제한될 수 없다.
◯|✕

정답 및 해설

39 ◯ 형사절차뿐 아니라 행정절차나 국회에서의 조사절차 등에서도 자신에게 형사상 불이익한 진술이나 증언을 거부할 수 있다(헌재 1997.3.27, 96헌가11).

40 ◯ 모든 국민은 형사상 자기에게 불리한 진술을 강요당하지 아니한다(헌법 제12조 제7항).

41 ◯ 수사기관은 미리 피의자에게 진술거부권이 있음을 고지하여야 하고, 진술거부권을 고지하지 아니한 경우에는 그 자백의 임의성이 인정되는 경우에도 위법수집증거배제의 법칙에 의하여 그 자백의 증거능력을 부정하여야 한다(대판 1992.6.23, 92도682).

42 ◯ 형사절차가 종료되어 교정시설에 수용 중인 수형자는 원칙적으로 변호인의 조력을 받을 권리의 주체가 될 수 없다. 다만, 수형자의 경우에도 재심절차 등에는 변호인 선임을 위한 일반적인 교통·통신이 보장될 수도 있다(헌재 1998.8.27, 96헌마398).

43 ✕ 일반적으로 형사사건에 있어 변호인의 조력을 받을 권리는 피의자나 피고인을 불문하고 보장되나, 그중 특히 국선변호인의 조력을 받을 권리는 피고인에게만 인정되는 것으로 해석함이 상당하다(헌재 2008.9.25, 2007헌마1126).
▶ 헌법조문에는 피고인만 국선변호에 대해서 규정한다.

44 ✕ 변호인이 되려는 청구인의 접견교통권을 침해한 것이고, 위 접견교통권은 헌법상 보장된 기본권에 해당하여 그 침해를 이유로 헌법소원심판을 청구할 수 있다(헌재 2019.2.28, 2015헌마1204).

45 ✕ 변호인과의 접견 자체에 대해 아무런 제한도 가할 수 없다는 것을 의미하는 것이 아니므로 미결수용자의 변호인 접견권 역시 국가안전보장·질서유지 또는 공공복리를 위해 필요한 경우에는 법률로써 제한될 수 있음은 당연하다(헌재 2011.5.26, 2009헌마341).

46 ☐☐☐
신체구속을 당한 피의자와 변호인 간의 자유로운 접견은 변호인의 조력을 받을 권리의 가장 중요한 내용이므로 국가안전보장·질서유지·공공복리 등 어떠한 명분으로도 제한될 수 없다. [O|X]

47 ☐☐☐
헌법 제12조 제4항 본문에 규정된 '구속'은 사법절차에서 이루어진 구속뿐 아니라 행정절차에서 이루어진 구속까지 포함하는 개념이다. [O|X]

48 ☐☐☐
수용자가 변호사와 접견하는 경우에도 접촉차단시설이 설치된 접견실에서만 접견하도록 하는 것은 수용자의 재판청구권을 침해한다. [O|X]

49 ☐☐☐
소송사건의 대리인인 변호사가 수형자를 접견하고자 하는 경우 소송계속 사실을 소명할 수 있는 자료를 제출하도록 규정하고 있는 형의 집행 및 수용자의 처우에 관한 법률 시행규칙 중 '수형자 접견'에 관한 부분은 변호사의 직업수행의 자유를 침해하지 않는다. [O|X]

50 ☐☐☐
피청구인 교도소장이 구치소에 수용 중인 수형자에게 온 서신에 '허가 없이 수수되는 물품인 녹취서와 사진이 동봉되어 있음을 확인하여 서신수수를 금지하고 발신인인 청구인에게 위 물품을 반송한 것은 과잉금지원칙에 위반되어 청구인의 통신의 자유를 침해한다. [O|X]

51 ☐☐☐
검찰수사관인 피청구인이 피의자신문에 참여한 청구인에게 피의자 후방에 앉으라고 요구한 행위는 변호인인 청구인의 변호권을 침해한다. [O|X]

정답 및 해설

46 O 변호인과의 자유로운 접견은 신체구속을 당한 사람에게 보장된 변호인의 조력을 받을 권리의 가장 중요한 내용이어서 국가안전보장·질서유지·공공복리 등 어떠한 명분으로도 제한될 수 있는 성질의 것이 아니다(헌재 1992.1.28, 91헌마111).

47 O 헌법 제12조 제4항 본문에 규정된 '구속'은 사법절차에서 이루어진 구속뿐 아니라 행정절차에서 이루어진 구속까지 포함하는 개념이다(헌재 2018.5.31, 2014헌마346).

48 O 미결수용자의 변호인 접견이 아닌 한 수용자의 접견은 원칙적으로 접촉차단시설이 설치된 장소에서 하도록 하고 규정하고 있는 형의 집행 및 수용자의 처우에 관한 법률 시행령 제58조 제4항이 변호사로부터 효율적인 재판준비 도움을 받는 것을 방해하여 수용자의 재판청구권을 침해하므로 헌법에 위반된다(헌재 2013.8.29, 2011헌마122).

49 X 소 제기 전 단계에서 충실한 소송준비를 하기 어렵게 하여 변호사의 직무수행에 큰 장애를 초래하고, 변호사의 도움이 가장 필요한 시기에 접견에 대한 제한의 정도가 위와 같이 크다는 점에서 수형자의 재판청구권 역시 심각하게 제한될 수밖에 없고, 이로 인해 법치국가원리로 추구되는 정의에 반하는 결과를 낳을 수도 있다. 따라서 심판대상조항은 과잉금지원칙에 위배되어 변호사인 청구인의 직업수행의 자유를 침해한다(헌재 2021.10.28, 2018헌마60).

50 X 수형자이면서 확정되지 않은 형사재판에서 미결수용자인 이중적 지위에 있는 자에 대하여 변호인과의 서신 수수에 있어 교도소장이 금지물품 반입 금지를 위해 서신개봉행위를 한 것은 헌법에 위반되지 않는다(헌재 2021.10.28, 2019헌마973).

51 O 검찰수사관인 피청구인이 피의자신문에 참여한 청구인에게 피의자 후방에 앉으라고 요구한 행위는 변호인인 청구인의 변호권을 침해한다(헌재 2017.11.30, 2016헌마503).

52 ☐☐☐
미결수용자의 일반인에 대한 서신 및 변호인에 대한 서신의 검열은 필요하고 일반적으로 허용된다. ○|×

53 ☐☐☐
미결수용자가 가족과 접견하는 것은 행복추구권에서 보장되는 기본권이다. ○|×

54 ☐☐☐
배우자의 접견을 녹음하여 부산지방검찰청 검사장에게 그 접견녹음파일을 제공한 행위가 청구인의 기본권을 침해하지 않는다. ○|×

55 ☐☐☐
고소장과 피의자신문조서에 대한 열람 및 등사를 거부한 정보비공개결정은 청구인의 피구속자를 조력할 권리 및 알 권리를 침해하여 헌법에 위반된다고 할 것이다. ○|×

정답 및 해설

52 × 헌법재판소는 미결수용자의 변호인 접견시 수사관이나 교도관이 참여하는 것은 이 권리를 침해하는 것이며, 미결수용자가 변호인에게 보내는 서신을 검열하거나 변호인이 미결수용자에게 보낸 서신에 대한 검열은 변호인의 조력을 받을 권리를 침해한 것으로 위헌 결정을 내렸다(헌재 1995.7.21, 92헌마144).

53 ○ 미결수용자의 가족이 미결수용자와 접견하는 것 역시 헌법 제10조가 보장하고 있는 인간의 존엄과 가치 및 행복추구권에 포함되는 헌법상의 권리라고 판시하였다(헌재 2003.11.27, 2002헌마193).

54 ○ 부산구치소장이 청구인과 배우자의 접견을 녹음하여 부산지방검찰청 검사장에게 그 접견녹음파일을 제공한 행위가 청구인의 기본권을 침해하지 않는다는 결정을 선고하였다(헌재 2012.12.27, 2010헌마153).

55 ○ 고소장과 피의자신문조서에 대한 열람 및 등사를 거부한 피청구인의 정보비공개결정은 청구인의 피구속자를 조력할 권리 및 알 권리를 침해하여 헌법에 위반된다고 할 것이다(헌재 2003.3.27, 2000헌마474).

제2편 기본권론

제3장 자유권적 기본권

📍 사생활의 보호

- **사생활의 보호**
  - **연혁** — 제8차 개정 때 규정
  - **자기정보 관리통제권**
    - 개인정보 보호위원회는 국무총리 소속
    - 영상정보처리기기는 임의조작, 녹음 안 됨
    - 개인정보 정정·삭제·열람 가능
    - 단체소송 도입
  - **제한**
    - **인격영역 이론**
      - **내밀**: 성적인 영역 - 절대적 사생활 보호
      - **비밀**: 서신·일기 - 사생활 보호
      - **사적**: 가족생활 - 비교형량
      - **사회적**: 직업 행사 - 언론·출판 보호
      - **공개**: 기자회견 - 언론·출판 자유
    - **공적 인물·공익의 이론**: 인격영역을 언론·출판에 유리하게 수정
    - **명단공표**: 고액체납자의 경우, 신중하게

- **주거의 자유**
  - **주체** — 자연인 ○, 법인 ×
  - **주거침입**
    - ○: 대학 강의실, 호텔, 주거이동차량
    - ×: 음식점, 백화점

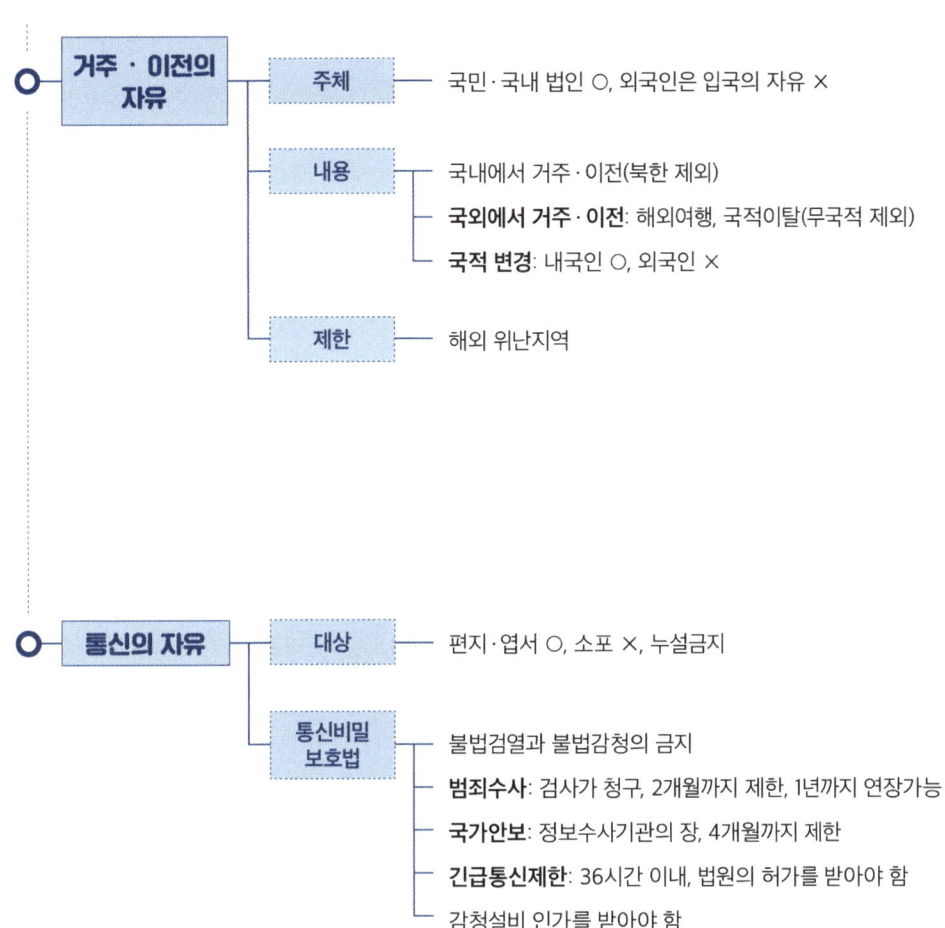

제2절 사생활영역의 자유

제1항 사생활의 비밀과 자유

01 의의

1. 배경

현대 사회는 정보화 사회라고 불릴 만큼 정보화가 급속하게 진행되면서 이에 따른 개인의 사생활은 중대한 위기를 맞게 되었다. 따라서 이런 배경하에서 국민의 사생활에 대한 보호가 헌법적 측면에서 중요한 의미가 되었다.

2. 개념

사생활의 비밀의 자유란 개인이 자기의사에 반하여 사생활의 영역이 침입되거나 공표되지 않는 권리와 자기 또는 자기의 지배하에 있는 자의 정보가 타인에 의하여 취득, 개시될 정도를 결정할 수 있는 권리를 말한다.

3. 연혁

사생활의 비밀과 자유는 비교적 새로운 권리로 프라이버시권이라고도 칭해진다. 우리 헌법은 제8차 개정헌법에서 처음으로 이를 규정하였다.

02 법적 성격

소극적·방어적 성격과 동시에 자기정보관리통제권을 포함하는 권리이므로 적극적 성격인 청구권적 성격도 동시에 가지고 있다. 사생활의 비밀과 자유는 권리주체와 분리될 수 없는 인격권의 일종이므로 인간의 존엄성과 불가분의 관계가 있다. 특정인에게 고유한 사항을 보호법익으로 하므로 일신전속적인 권리이다.

03 주체

사생활의 비밀과 자유는 인격의 자유로운 발현과 인간의 존엄을 위한 것인바, 국민뿐만 아니라 외국인에게도 인정된다. 법인이나 사자(死者)에 관해서는 학설의 대립이 있지만, 원칙적으로 사생활의 비밀과 자유의 주체로 인정되지 아니한다는 것이 다수설이다. 05. 입시

04 내용

1. 사생활의 비밀의 의의

(1) 사생활의 비밀은 본인이 비밀로 하고자 하는 사항, 즉 개인사의 공개, 명예나 신용, 본인에게 고유한 인격적 징표 등을 의미한다. 다만, 이 경우 범죄행위까지 사생활에서 보호하지는 않는다(헌재 2002.3.28, 2000헌바53).

오답노트
참정권적 성격 ×

기출 OX
01 헌법 제17조의 사생활 비밀의 자유는 사적인 생활을 보호하는 인격권의 형태와 국가권력이나 사인에 대하여 소극적·방어적 권리를 내재한 자유권의 성격을 가지고 있다. 08. 국회직 8급
( )

정답 01 ○

(2) 어떠한 사항이 본인이 비밀로 하고자 하는 사항인가에 대하여는 본인을 기준으로 하지 않고 평균인의 감수성을 기준으로 한다.

> **판례 | 명예보호를 위한 대외적 해명행위**
>
> 자신의 인격권이나 명예권을 보호하기 위하여 대외적으로 해명을 하는 행위는 표현의 자유에 속하는 영역이라고 할 수 있을 뿐 이미 사생활의 자유에 의하여 보호되는 범주를 벗어난 행위라고 볼 것이므로, 위 청구인의 사생활의 자유가 침해된다고는 볼 수 없다(헌재 2001.8.30, 99헌바92 등).

기출 OX

02 선거운동과정에서 자신의 인격권이나 명예권을 보호하기 위하여 대외적으로 해명을 하는 행위도 사생활의 자유에 의하여 보호되는 범주에 속한다. 12. 지방직 7급 ( )

2. 내용

(1) 사생활의 비밀의 불가침

사생활의 비밀은 본인이 비밀로 하고자 하는 사항(사사의 공개, 명예나 신용, 본인에게 고유한 인격적 징표) 등으로, 이를 본인의 의사에 반하여 조사해서는 안 되고, 부당히 공개해서도 안 되는 것을 의미한다.

(2) 사생활의 자유의 불가침

사생활의 자율성을 침해 또는 간섭받지 아니하며, 적극적으로 자신이 원하는 사생활을 국가권력이나 제3자의 간섭 없이 형성하고 전개하는 것을 의미한다.

(3) 자기정보관리통제권

① **의의 및 내용**: 자기정보관리통제권이란 자기정보수집·분석·처리배제청구권, 자기정보열람청구권, 자기정보정정·사용중지·삭제청구권 등을 의미하며, 자기정보열람청구권은 알 권리로서의 성격도 가지고 있다.
② **근거**: 헌법재판소는 개인정보자기결정권의 헌법적 근거를 인간의 존엄과 가치, 행복추구권에서 도출되는 일반적 인격권 및 사생활의 비밀과 자유에서 찾고 있다. 08. 국회직 8급

기출 OX

03 헌법재판소는 개인정보자기결정권의 헌법적 근거를 인간의 존엄과 가치, 행복추구권에서 도출되는 일반적 인격권 및 사생활의 비밀과 자유에서 찾고 있다. 08. 국회직 8급 ( )

한눈에 쏙!

개인정보	적용 여부
개인	○
법인	×
사자	×

> **개인정보 보호법**
>
> **제2조【정의】** 이 법에서 사용하는 용어의 뜻은 다음과 같다.
> 1. '개인정보'란 살아 있는 개인에 관한 정보로서 다음 각 목의 어느 하나에 해당하는 정보를 말한다.
>   가. 성명, 주민등록번호 및 영상 등을 통하여 개인을 알아볼 수 있는 정보
>   나. 해당 정보만으로는 특정 개인을 알아볼 수 없더라도 다른 정보와 쉽게 결합하여 알아볼 수 있는 정보. 이 경우 쉽게 결합할 수 있는지 여부는 다른 정보의 입수 가능성 등 개인을 알아보는 데 소요되는 시간, 비용, 기술 등을 합리적으로 고려하여야 한다.
>   다. 가목 또는 나목을 제1호의2에 따라 가명처리함으로써 원래의 상태로 복원하기 위한 추가 정보의 사용·결합 없이는 특정 개인을 알아볼 수 없는 정보(이하 '가명정보'라 한다)
> 1의2. '가명처리'란 개인정보의 일부를 삭제하거나 일부 또는 전부를 대체하는 등의 방법으로 추가 정보가 없이는 특정 개인을 알아볼 수 없도록 처리하는 것을 말한다.

기출 OX

04 개인정보자기결정권의 보호대상이 되는 개인정보는 반드시 개인의 내밀한 영역이나 사사(私事)의 영역에 속하는 정보에 국한되지 않고 공적 생활에서 형성되었거나 이미 공개된 개인정보까지 포함한다. 13. 법원직 ( )

⇨ 보호되는 개인정보란 꼭 비밀에 한정되는 것은 아니다. 다른 정보와 쉽게 결합하여 본인을 알아볼 수 있는 식별정보이며, 공개된 정보까지도 포함한다(헌재 2005.5.26, 99헌마513).

정답 02 × 03 ○ 04 ○

제3조【개인정보 보호 원칙】① 개인정보처리자는 개인정보의 처리 목적을 명확하게 하여야 하고 그 목적에 필요한 범위에서 최소한의 개인정보만을 적법하고 정당하게 수집하여야 한다.
⑦ 개인정보처리자는 개인정보를 익명 또는 가명으로 처리하여도 개인정보 수집목적을 달성할 수 있는 경우 익명처리가 가능한 경우에는 익명에 의하여, 익명처리로 목적을 달성할 수 없는 경우에는 가명에 의하여 처리될 수 있도록 하여야 한다.

제7조【개인정보 보호위원회】① 개인정보 보호에 관한 사무를 독립적으로 수행하기 위하여 국무총리 소속으로 개인정보 보호위원회(이하 '보호위원회'라 한다)를 둔다.

제7조의2【보호위원회의 구성 등】① 보호위원회는 상임위원 2명(위원장 1명, 부위원장 1명)을 포함한 9명의 위원으로 구성한다.

제7조의4【위원의 임기】① 위원의 임기는 3년으로 하되, 한 차례만 연임할 수 있다.

제7조의10【회의】③ 보호위원회의 회의는 재적위원 과반수의 출석으로 개의하고, 출석위원 과반수의 찬성으로 의결한다.

제9조【기본계획】① 보호위원회는 개인정보의 보호와 정보주체의 권익 보장을 위하여 3년마다 개인정보 보호 기본계획(이하 '기본계획'이라 한다)을 관계 중앙행정기관의 장과 협의하여 수립한다.

제15조【개인정보의 수집·이용】① 개인정보처리자는 다음 각 호의 어느 하나에 해당하는 경우에는 개인정보를 수집할 수 있으며 그 수집 목적의 범위에서 이용할 수 있다.
1. 정보주체의 동의를 받은 경우
2. 법률에 특별한 규정이 있거나 법령상 의무를 준수하기 위하여 불가피한 경우
③ 개인정보처리자는 당초 수집 목적과 합리적으로 관련된 범위에서 정보주체에게 불이익이 발생하는지 여부, 암호화 등 안전성 확보에 필요한 조치를 하였는지 여부 등을 고려하여 대통령령으로 정하는 바에 따라 정보주체의 동의 없이 개인정보를 이용할 수 있다.

제23조【민감정보의 처리 제한】① 개인정보처리자는 사상·신념, 노동조합·정당의 가입·탈퇴, 정치적 견해, 건강, 성생활 등에 관한 정보, 그 밖에 정보주체의 사생활을 현저히 침해할 우려가 있는 개인정보로서 대통령령으로 정하는 정보(이하 '민감정보'라 한다)를 처리하여서는 아니 된다.

제24조의2【주민등록번호 처리의 제한】① 제24조 제1항에도 불구하고 개인정보처리자는 다음 각 호의 어느 하나에 해당하는 경우를 제외하고는 주민등록번호를 처리할 수 없다.
1. 법률·대통령령·국회규칙·대법원규칙·헌법재판소규칙·중앙선거관리위원회규칙 및 감사원규칙에서 구체적으로 주민등록번호의 처리를 요구하거나 허용한 경우
2. 정보주체 또는 제3자의 급박한 생명, 신체, 재산의 이익을 위하여 명백히 필요하다고 인정되는 경우
3. 제1호 및 제2호에 준하여 주민등록번호 처리가 불가피한 경우로서 보호위원회가 고시로 정하는 경우

한눈에 쏙!

위원회 소속

구분	소속
개인정보 보호위원회	국무총리
정보공개 위원회	행정안전부장관

기출 OX

01 개별 교원의 교원단체 및 노동조합 가입 정보는 개인정보 보호법 제23조의 노동조합의 가입·탈퇴에 관한 정보로서 민감정보에 해당한다. 18. 지방직 7급 ( )

정답 01 ○

② 개인정보처리자는 제24조 제3항에도 불구하고 주민등록번호가 분실·도난·유출·위조·변조 또는 훼손되지 아니하도록 암호화 조치를 통하여 안전하게 보관하여야 한다. 이 경우 암호화 적용 대상 및 대상별 적용 시기 등에 관하여 필요한 사항은 개인정보의 처리 규모와 유출시 영향 등을 고려하여 대통령령으로 정한다.

③ 개인정보처리자는 제1항 각 호에 따라 주민등록번호를 처리하는 경우에도 정보주체가 인터넷 홈페이지를 통하여 회원으로 가입하는 단계에서는 주민등록번호를 사용하지 아니하고도 회원으로 가입할 수 있는 방법을 제공하여야 한다.

제25조【고정형 영상정보처리기기의 설치·운영 제한】 ② 누구든지 불특정 다수가 이용하는 목욕실, 화장실, 발한실, 탈의실 등 개인의 사생활을 현저히 침해할 우려가 있는 장소의 내부를 볼 수 있도록 고정형 영상정보처리기기를 설치·운영하여서는 아니 된다. 다만, 교도소, 정신보건 시설 등 법령에 근거하여 사람을 구금하거나 보호하는 시설로서 대통령령으로 정하는 시설에 대하여는 그러하지 아니하다.

④ 제1항 각 호에 따라 고정형 영상정보처리기기를 설치·운영하는 자(이하 '고정형 영상정보처리기기운영자'라 한다)는 정보주체가 쉽게 인식할 수 있도록 다음 각 호의 사항이 포함된 안내판을 설치하는 등 필요한 조치를 하여야 한다.

⑤ 고정형 영상정보처리기기운영자는 고정형 영상정보처리기기의 설치 목적과 다른 목적으로 고정형 영상정보처리기기를 임의로 조작하거나 다른 곳을 비춰서는 아니 되며, 녹음기능은 사용할 수 없다.

제28조의2【가명정보의 처리 등】 ① 개인정보처리자는 통계작성, 과학적 연구, 공익적 기록보존 등을 위하여 정보주체의 동의 없이 가명정보를 처리할 수 있다.

제35조【개인정보의 열람】 ④ 개인정보처리자는 다음 각 호의 어느 하나에 해당하는 경우에는 정보주체에게 그 사유를 알리고 열람을 제한하거나 거절할 수 있다.

1. 법률에 따라 열람이 금지되거나 제한되는 경우
2. 다른 사람의 생명·신체를 해할 우려가 있거나 다른 사람의 재산과 그 밖의 이익을 부당하게 침해할 우려가 있는 경우
3. 공공기관이 다음 각 목의 어느 하나에 해당하는 업무를 수행할 때 중대한 지장을 초래하는 경우
   가. 조세의 부과·징수 또는 환급에 관한 업무
   나. 초·중등교육법 및 고등교육법에 따른 각급 학교, 평생교육법에 따른 평생교육시설, 그 밖의 다른 법률에 따라 설치된 고등교육기관에서의 성적 평가 또는 입학자 선발에 관한 업무
   다. 학력·기능 및 채용에 관한 시험, 자격 심사에 관한 업무
   라. 보상금·급부금 산정 등에 대하여 진행 중인 평가 또는 판단에 관한 업무
   마. 다른 법률에 따라 진행 중인 감사 및 조사에 관한 업무

제36조【개인정보의 정정·삭제】 ① 제35조에 따라 자신의 개인정보를 열람한 정보주체는 개인정보처리자에게 그 개인정보의 정정 또는 삭제를 요구할 수 있다.

제39조【손해배상책임】① 정보주체는 개인정보처리자가 이 법을 위반한 행위로 손해를 입으면 개인정보처리자에게 손해배상을 청구할 수 있다. 이 경우 그 개인정보처리자는 고의 또는 과실이 없음을 입증하지 아니하면 책임을 면할 수 없다.

제51조【단체소송의 대상 등】다음 각 호의 어느 하나에 해당하는 단체는 개인정보처리자가 제49조에 따른 집단분쟁조정을 거부하거나 집단분쟁조정의 결과를 수락하지 아니한 경우에는 법원에 권리침해 행위의 금지·중지를 구하는 소송(이하 '단체소송'이라 한다)을 제기할 수 있다.

판례 | 개인정보자기결정권에 관한 판례

1 교육정보시스템(NEIS)의 운영 [기각]
청구인의 **성명, 생년월일, 졸업일자**를 NEIS라는 전산시스템에 보유하는 것은 위 청구인의 개인정보자기결정권을 제한하는 행위에 해당한다. ⋯ **공공기관의 개인정보보호에 관한 법률 제5조**는 "공공기관은 소관 업무를 수행하기 위하여 필요한 범위 안에서 개인정보화일을 보유할 수 있다."라고 규정하고 있다. ⋯ 피청구인들이 보유하고 있는 개인정보인 성명, 생년월일, 졸업일자는 앞에서 본 바와 같이 그 자체로 개인의 존엄과 인격권에 심대한 영향을 미칠 수 있는 민감한 정보라고 보기 어렵다. 또한 **졸업증명서의 전산발급을 위해서는** 증명의 대상이 될 특정 개인의 신분을 식별할 수 있는 사항과 졸업에 관련된 사항이 개인정보화일에 포함되어야 한다. ⋯ 피청구인들이 청구인의 성명, 생년월일, 졸업일자를 NEIS에 보유하는 행위를 다투는 위 청구인의 청구는 이유 없으므로 이를 기각한다(헌재 2005.7.21, 2003헌마282 등).

2 교정시설 내 CCTV 설치 [기각]
이 사건 CCTV 설치행위에 대한 특별한 법적 근거가 없더라도 일반적인 계호활동을 허용하는 법률규정에 의하여 허용된다고 보아야 한다. CCTV는 교도관의 시선에 의한 감시를 대신하는 기술적 장비에 불과하므로, 교도관의 시선에 의한 감시가 허용되는 이상 CCTV에 의한 감시 역시 가능하다고 할 것이다(헌재 2008.5.29, 2005헌마137 등).

3 의료급여 수급권자의 진료정보 제공 [기각]
이 사건 고시조항은 의료이용자가 의료급여를 받을 **적법한 수급자인지 여부** 및 의료급여의 범위 등을 정확하게 확인하려는 데에 그 목적이 있고, 또한 위 고시조항에 의하여 수집되는 정보의 범위는 건강생활유지비의 지원 및 급여일수의 확인을 위해 필요한 정보로 제한되어 있다. 따라서 개인정보자기결정권을 침해하는 것이라 볼 수 없다(헌재 2009.9.24, 2007헌마1092).

4 성폭력범죄자의 신상정보 등록 [기각]
성폭력범죄자의 재범을 억제하여 사회를 방위하고, 효율적 수사를 통한 사회혼란을 방지하기 위한 것으로서 정당한 목적달성을 위한 적합한 수단에 해당한다(헌재 2014.7.24, 2013헌마423).

5 1년마다 사진 갱신 [합헌]
아동·청소년 대상 성범죄자에 대하여 신상정보 등록 후 1년마다 새로 촬영한 사진을 관할 경찰관서의 장에게 제출하도록 규정한 구 아동·청소년의 성보호에 관한 법률 제34조 제2항 단서 중 '사진' 부분과 사진제출의무 위반에 대하여 형사처벌을 하도록 규정한 제52조 제5항 제2호 중 '변경정보인 사진' 부분에 대하여 헌법에 위반되지 아니한다(헌재 2015.7.30, 2014헌바257).

기출 OX

01 교도소 내 엄중격리대상자에 대한 동행계호행위는 신체의 자유 등을 침해하는 것이 아니다. 11. 법원직 9급 ( )

기출 OX

02 아동·청소년 대상 성범죄자에게 1년마다 정기적으로 새로 촬영한 사진을 제출하도록 하고 정당한 사유 없이 사진제출의무를 위반한 경우 형사처벌을 하는 것은 아동·청소년 대상 성범죄자의 일반적 행동의 자유를 침해하는 것이다. 11. 서울시 7급 ( )

정답 01 ○ 02 ✕

6 카메라등이용촬영범죄자 신상정보를 20년 동안 보존 [헌법불합치]

성폭력범죄의 처벌 등에 관한 특례법 위반(카메라등이용촬영, 카메라등이용촬영미수)죄로 유죄가 확정된 자는 신상정보 등록대상자가 되도록 규정한 '성폭력범죄의 처벌 등에 관한 특례법' 제42조 제1항 중 관련 부분은 헌법에 위반되지 않고, 등록대상자의 등록정보를 20년 동안 보존·관리하도록 규정한 같은 법률 제45조 제1항은 헌법에 합치되지 않는다(헌재 2015.7.30, 2014헌마340).

7 디엔에이감식시료의 보관 [기각]

재범의 위험성이 높은 범죄를 범한 수형인 등은 생존하는 동안에는 재범의 위험성이 있다고 할 수 있으므로, 디엔에이신원확인정보를 수형인 등이 **사망할 때까지** 관리하여 범죄 수사 및 예방에 이바지하고자 하는 이 사건 삭제조항은 입법목적의 정당성과 수단의 적절성이 인정된다(헌재 2014.8.28, 2011헌마28).

8 특정범죄자에 대한 보호관찰 및 전자장치 부착 [기각]

특정범죄자의 재범방지 및 재사회화라는 공익을 고려하면, 침해되는 사익이 더 크다고 볼 수 없어 법익균형성도 인정되므로, 심판대상 법률 조항은 과잉금지원칙에 위배되지 아니한다(헌재 2013.7.25, 2011헌마781).

9 아동·청소년 대상 성폭력범죄자에 대한 신상정보 공개 [합헌]

아동·청소년 대상 성폭력범죄자에 대한 신상정보를 공개·고지하도록 규정한 것은 인격권, 개인정보자기결정권을 침해한다고 볼 수 없다(헌재 2016.5.26, 2014헌바164).

10 어린이집 CCTV 설치 의무 조항 [기각]

어린이집에 폐쇄회로 텔레비전(CCTV) 설치를 원칙적으로 의무화하고, 보호자의 CCTV 영상정보 열람 요청 및 어린이집 참관에 대해 정한 영유아보육법 조항들이 어린이집 원장이나 보육교사 등의 기본권을 침해하지 아니한다(헌재 2017.12.28, 2015헌마994).

11 인구주택총조사시 방문 면접조사 [기각]

통계청장이 인구주택총조사의 방문 면접조사를 실시하면서, 담당 조사원을 통해 조사대상자에게 통계청장이 작성한 인구주택총조사 조사표의 조사항목들에 응답할 것을 요구한 행위는 조사대상자의 개인정보자기결정권을 침해하지 않는다(헌재 2017.7.27, 2015헌마1094).

▶ 청구인은 사생활의 자유, 주거의 자유, 종교의 자유도 주장하였으나, 헌법재판소는 개인정보자기결정권을 중심으로 판단하였다.

12 변호사시험 합격자 명단 공고 [기각]

합격자 명단을 공고하는 경우, 시험 관리 당국이 더 엄정한 기준과 절차를 통해 합격자를 선정할 것이 기대되므로 시험 관리 업무의 공정성과 투명성이 강화될 수 있다(헌재 2020.3.26, 2018헌마77).

13 출입차량에 무선인식장치 설치 [기각]

가축전염병의 발생 예방 및 확산 방지를 위해 축산관계시설 출입차량에 차량무선인식장치를 설치하여 이동경로를 파악할 수 있도록 한 구 가축전염병예방법 조항은 축산관계시설에 출입하는 청구인들의 개인정보자기결정권을 침해하지 않는다(헌재 2015.4.30, 2013헌마81).

14 홈페이지 자료 유료 제공

법률정보 제공 사이트를 운영하는 회사가 공립대학교 법학과 교수의 사진, 성명, 성별, 출생연도, 직업, 직장, 학력, 경력 등 개인정보를 위 법학과 홈페이지 등을 통해 수집하여 위 사이트 내 '법조인' 항목에서 유료로 제공한 경우, 위 회사가 영리 목적으로 개인정보를 수집하여 제3자에게 제공하였더라도 그에 의하여 얻을 수 있는 법적 이익이 정보처리를 막음으로써 얻을 수 있는 정보주체의 인격적 법익에 비하여 우월하므로, 개인정보자기결정권을 침해하는 위법한 행위로 평가할 수 없다(대판 2016.8.17, 2014다235080).

▶ 누구나 볼 수 있는 정보를 수집한 것이라 유료로 공개해도 크게 문제 없다. 다만, 공개대상이 특정된 경우는 누구나 볼 수 있게 한다면 침해가 될 수 있다.

15 대한적십자사 회비모금 목적의 지로제출과 자료제공 [각하, 기각]

[1] **지로제출행위와 관련하여** 단순히 착오로 인해 회비를 납부할 가능성이 있다는 사정만으로는 기본권 침해의 가능성 역시 인정되지 아니한다(세금으로 오인 가능성 ×).

[2] **자료제공행위에서** 자료의 범위는 '적십자법 제6조 제4항에서 정한 정보주체들에 대하여 회비모금 등을 위해 필요한 정보'임을 알 수 있고, 회비모금 등을 위해 각 정보주체에 대하여 연락할 수 있는 인적 사항이 포함될 것임을 예측할 수 있다. 따라서 이 사건 위임조항이 포괄위임금지원칙에 위반되어 청구인들의 개인정보자기결정권을 침해한다고 볼 수 없다(헌재 2023.2.23, 2019헌마1404).

③ **성격**: 자기정보관리통제권은 인격권의 일종이며, 청구권적 성격이 강한 능동적·적극적 권리로서 일신전속적 권리이다.

④ **주체**: 자기정보관리통제권의 주체는 인간의 권리이므로 내·외국인을 불문하고 인정되며, 법인도 사회통념상 수인의 한도를 벗어나는 정도로 명예나 신용이 훼손될 때에는 예외적으로 주체가 될 수 있다.

05 효력

사생활의 비밀과 자유는 헌법규정만으로 직접 모든 국가권력을 구속하고, 사인 간의 법률관계에서도 기본권의 제3자적 효력에 관한 간접적용설에 따라 구속력을 가진다. 다만, 가족과 친족 간에는 합리적인 한도 내에서 예외가 인정된다.

06 제한과 한계

사생활의 비밀과 자유도 무제한으로 보장되는 것이 아니라 국가안전보장·질서유지·공공복리를 위하여 필요한 경우에는 법률로써 제한할 수 있으며, 제한하는 경우에도 본질적 내용을 침해할 수 없다.

1. 사생활의 비밀과 자유 및 언론의 자유와의 관계

사생활의 비밀과 자유는 언론의 자유와 가장 충돌하기 쉽다. 언론기관이 가지는 표현의 자유는 국민의 알 권리를 충족시키는 공익적 기능을 가지고 있기 때문에 언론에 의한 사생활의 침해는 국민의 알 권리와 경합하게 된다. 따라서 어느 것을 우선하는가에 관하여 다음과 같은 이론이 있으나, 어느 경우이든 양자의 법익을 비교·형량하여 구체적 사정에 따라 해결하여야 할 것이다.

(1) 인격영역이론

개인의 생활영역을 단계적으로 분류하여 어떤 영역에 속하는 사항이냐에 따라 공개 인정 여부를 결정하는 이론을 말한다.

① **내밀영역**: 최종적이고 불가침적인 영역을 포함한다. 이는 양심영역이나 성적인 영역을 의미하며, 내밀영역에 대한 보호는 절대적인 것이다.

② **비밀영역**: 개인적인 서신이나 대화, 일기장과 같은 영역을 말하며, 본인의 동의 없이는 공개할 수 없다.

③ **사적 영역**: 가족 및 가정과 친구나 친지와 같이 친밀한 범위 내에서 이루어지는 일상생활의 영역이다. 이는 제반 사정에 비추어 정보의 이익이 당사자의 개인적인 이해보다 우월한 경우에 언론의 공표가 허용된다.

④ **사회적 영역**: 직업활동을 하거나, 행사에 참가하는 등 사적 영역보다 훨씬 자유롭게 보도할 수 있다.

⑤ **공개적 영역**: 공중에 향해진 영역이다. 이는 특별한 사유가 없다면 언론보도가 자유롭게 허용된다.

판례 | 인격영역에 관한 판례

1 4급 이상 공무원의 질병명 공개 [헌법불합치]

사람의 육체적·정신적 상태나 건강에 대한 정보, 성생활에 대한 정보와 같은 것은 인간의 존엄성이나 인격의 내적 핵심을 이루는 요소이다. 따라서 외부세계의 어떤 이해관계에 따라 그에 대한 정보를 수집하고 공표하는 것이 쉽게 허용되어서는 개인의 내밀한 인격과 자기정체성이 유지될 수 없다. 이 사건 법률 조항에 의하여 그 공개가 강제되는 질병명은 내밀한 사적 영역에 근접하는 민감한 개인정보이다. 인간이 아무리 공동체에서 어울려 살아가는 사회적 존재라 할지라도 개인의 질병명은 외부세계와의 접촉을 통하여 생성·전달·공개·이용되는 것이 자연스럽거나 필요한 정보가 아니다. 오히려 특별한 사정이 없는 한 타인의 지득, 외부에 대한 공개로부터 차단되어 개인의 내밀한 영역 내에 유보되어야 하는 정보인 것이다. 공무원의 질병명 정보 또한 마찬가지이다. … 이 사건 법률 조항이 **공적 관심의 정도가 약한 4급 이상의 공무원들까지 대상으로 삼아 모든 질병명을 아무런 예외 없이 공개토록** 한 것은 입법목적 실현에 치중한 나머지 사생활 보호의 헌법적 요청을 현저히 무시한 것이고, 이로 인하여 청구인들을 비롯한 해당 공무원들의 헌법 제17조가 보장하는 기본권인 사생활의 비밀과 자유를 침해하는 것이다(헌재 2007.5.31, 2005헌마1139).

2 김일성 애도편지 사건(공적 인물, 공적 사안) [기각]

신문보도의 명예훼손적 표현의 피해자가 공적 인물인지 아니면 사인인지, 그 표현이 공적인 관심 사안에 관한 것인지 순수한 사적인 영역에 속하는 사안인지의 여부에 따라 헌법적 심사기준에는 차이가 있어야 한다. 객관적으로 국민이 알아야 할

기출 OX

01 공적 관심의 정도가 약한 4급 이상의 공무원들까지 대상으로 삼아 모든 질병명을 아무런 예외 없이 공개토록 한 것은 입법목적 실현에 치중한 나머지 사생활 보호의 헌법적 요청을 현저히 무시한 것으로 해당 공무원들의 사생활의 비밀과 자유를 침해하는 것이다. 22. 5급 공채 ( )

기출 OX

02 공적 인물의 경우에는 그 사생활이 공개될지라도 통상인에 비하여 수인이 요구되는 정도가 높다. 05. 입시 ( )

정답 01 ○ 02 ○

> 공공성·사회성을 갖춘 사실은 민주제의 토대인 여론형성이나 공개토론에 기여하므로 형사제재로 인하여 이러한 사안의 게재를 주저하게 만들어서는 안 된다. 신속한 보도를 생명으로 하는 신문의 속성상 허위를 진실한 것으로 믿고서 한 명예훼손적 표현에 정당성을 인정할 수 있거나, 중요한 내용이 아닌 사소한 부분에 대한 허위보도는 모두 형사제재의 위협으로부터 자유로워야 한다. 시간과 싸우는 신문보도에 오류를 수반하는 표현은, 사상과 의견에 대한 아무런 제한 없는 자유로운 표현을 보장하는 데 따른 불가피한 결과이고 이러한 표현도 자유토론과 진실확인에 필요한 것이므로 함께 보호되어야 하기 때문이다(헌재 1999.6.24, 97헌마265).

(2) 공익의 이론
보도내용이 도덕적 가치, 교육적 가치 등 국민의 알 권리의 대상이 되는 사항은 보도내용이 진실하고 오로지 공익적 목적이 있는 경우라면 언론의 자유가 우선한다는 이론을 말한다(범죄인의 신상공개, 사이비종교의 실상공개 등).

(3) 공적 인물의 이론
정치인·연예인 등 유명인은 사생활의 비밀과 자유의 주체가 되지 못하는 것이 아니라 일반인에 비해 사생활의 비밀과 자유의 범위가 협소하므로 이러한 자들은 수인의 한도가 일반인보다 고도로 요구되므로, 이들의 사회적 지위에 따라 사생활의 비밀과 자유의 한계가 결정되어야 한다는 이론을 말한다.

2. 행정법상 의무위반자의 명단공표와의 관계
행정법상의 의무불이행이 있는 경우에 명단공표(부동산 투기자 명단공개, 공해배출업소 명단공개)에 관하여는 국세징수 사무 처리규정(국세청 훈령)에서 고액체납자의 명단공표를 규정하고 있다. 이러한 경우에도 공표의 필요성과 개인의 사생활의 비밀 사이에 법익의 균형이 이루어져야 한다. 국가기관의 경우는 위법성조각사유가 개인보다 훨씬 엄격하다. 즉, 상당한 이유가 있어야 하므로 명확한 증거가 없다면 위법성이 조각되지 않는다.

> **판례 | 사생활의 비밀과 자유에 관한 판례**
>
> **1 의료비내역 관련 정보의 제공 [기각]**
> 이 사건 법령 조항은 의료비 특별공제를 받고자 하는 근로소득자의 연말정산을 위한 소득공제증빙자료 제출의 불편을 해소하는 동시에 이에 따른 근로자와 사업자의 시간적·경제적 비용을 절감하고 **부당한 소득공제를 방지하려는 데 그 목적이 있고** … 근로소득자들의 개인정보자기결정권을 침해하였다고 볼 수 없다(헌재 2008.10.30, 2006헌마1401 등).
>
> **2 공직선거 후보자의 실효된 형의 범죄경력 공개 [기각]**
> 금고 이상의 범죄경력에 실효된 형을 포함시키는 이유는 선거권자가 공직후보자의 자질과 적격성을 판단할 수 있도록 하기 위한 점, 전과기록은 통상 공개재판에서 이루어진 국가의 사법작용의 결과라는 점, 전과기록의 범위와 공개시기 등이 한정되어 있는 점 등을 종합하면, 이 사건 법률 조항은 피해최소성의 원칙에 반한다고 볼 수 없고, 공익적 목적을 위하여 공직선거 후보자의 사생활의 비밀과 자유를 한정적으로

기출 OX
01 공직자의 자질·도덕성·청렴성에 관한 사실은 그 내용이 개인적인 사생활에 관한 것이라 할지라도 순수한 사생활의 영역에 있다고 보기 어렵다. 17. 국가직 7급 ( )

기출 OX
02 국가기관이 행정상 공표의 방법으로 의무위반자의 실명을 공개하여 명예를 훼손한 경우 적시된 사실의 내용이 진실이라는 증명이 없더라도 국가기관이 공표 당시 이를 진실이라고 믿었고 또 그렇게 믿을 만한 상당한 이유가 있다면 위법성이 없다. 13. 지방직 7급 ( )

[주의]
환자의 신병에 관한 것으로 양심의 자유를 제한하나 침해는 아니다.

정답 01 ○ 02 ○

제한하는 것이어서 법익균형성의 원칙도 충족한다. 따라서 이 사건 법률 조항은 청구인들의 사생활의 비밀과 자유를 침해한다고 볼 수 없다(헌재 2008.4.24, 2006헌마402 등).

3 국민기초생활보장법상 수급대상자의 금융거래정보 제공 [기각]
수급신청자에게 그 수급의 자격이 있는지 여부 및 필요한 급여액의 정보를 파악하기 위하여 적절한 수단이다(헌재 2005.11.24, 2005헌마112).

4 법정에서 녹취시 법원허가 필요 [기각]
피고인이나 변호인에 의한 공판정에서의 녹취는 진술인의 인격권 또는 사생활의 비밀과 자유에 대한 침해를 수반하고, 실체적 진실발견 등 다른 법익과 충돌할 개연성이 있으므로, 녹취를 금지해야 할 필요성이 녹취를 허용함으로써 달성하고자 하는 이익보다 큰 경우에는 녹취를 금지 또는 제한함이 타당하다. 따라서 검사, 피고인 또는 변호인이 **법정에서 속기 또는 녹취를 하고자 할 때에는 미리 법원의 허가를 받아야 한다고 규정하는 형사소송규칙 제40조는 헌법에 위반된다고 단정할 수 없다**(헌재 1995.12.28, 91헌마114).

5 지문날인제도 [기각]
이 사건 지문날인제도로 인하여 정보주체가 현실적으로 입게 되는 불이익에 비하여 경찰청장이 보관·전산화하고 있는 지문정보를 범죄수사 활동, 대형사건·사고나 변사자가 발생한 경우의 신원확인, 타인의 인적 사항 도용 방지 등 **각종 신원확인의 목적을 위하여 이용함으로써 달성할 수 있게 되는 공익이 더 크다**고 보아야 할 것이므로, 이 사건 지문날인제도는 과잉금지의 원칙에 위배되지 아니한다(헌재 2005.5.26, 99헌마513). 08. 국회직 8급

6 경찰공무원의 재산등록 [기각]
이 사건 시행령 조항은 경찰공무원에게 재산등록의무를 부과함으로써 경찰공무원의 청렴성을 확보하고자 하는 것이므로 그 목적의 정당성과 수단의 적정성이 인정되고, 등록되는 재산사항의 범위가 한정적인 점, 직계존비속이 재산사항의 고지를 거부할 수 있는 점 및 등록된 재산사항의 유출 방지를 위한 여러 형벌적 조치가 존재하는 점 등을 종합하여 보면 이 사건 시행령 조항은 청구인의 사생활의 비밀과 자유의 제한을 최소화하도록 규정하고 있다고 할 것이다(헌재 2010.10.28, 2009헌마544).

7 주민등록번호 변경 불허 [헌법불합치]
주민등록번호는 개인정보이며, 심판대상조항은 주민등록번호 변경에 관한 규정을 두고 있지 않다. 현대 사회에서 개인정보가 불법 유출 오·남용으로 인한 피해에 대해 변경을 일률적으로 허용하지 않는 것은 과도한 침해가 된다(헌재 2015.12.23, 2013헌바68).

8 불필요한 성충동 약물치료 [헌법불합치]
장기간의 수감생활 중의 사정변경으로 인해 필요성이 없게 된 경우까지 이를 배제할 수 있는 절차가 없음에도 선고시점에서 치료명령청구가 이유 있는 경우 치료명령을 선고하도록 한 것으로 침해의 최소성이 인정되지 않는다(속칭 화학적 거세)(헌재 2015.12.23, 2013헌가9).

9 채무불이행자명부 복사 [합헌]
채무불이행자명부나 그 부본은 누구든지 보거나 복사할 것을 신청할 수 있도록 규정한 민사집행법 제72조 제4항이 과잉금지의 원칙에 반하여 채무불이행자명부에 등재된 청구인들의 개인정보자기결정권을 침해하지 않는다(헌재 2010.5.27, 2008헌마663).

기출 OX

03 공판정에서의 모든 진술인은 원칙적으로 자기의 말을 누가 녹음할 것인지와 녹음된 자기의 음성이 재생될 것인지 여부 및 누가 재생할 것인지 여부에 관하여 스스로 결정할 권리가 있다. 08. 국회직 8급 ( )

기출 OX

04 헌법재판소는 열 손가락 지문날인제도에 대하여 과잉금지원칙 위반으로 개인정보자기결정권을 침해한다고 결정하였다. 08. 국회직 8급 ( )

기출 OX

05 주민등록법에서 주민등록번호 변경에 관한 규정을 두고 있지 않은 것이 주민등록번호 불법 유출 등을 원인으로 자신의 주민등록번호를 변경하고자 하는 사람들의 개인정보자기결정권을 침해하는 것은 아니다. 16. 국가직 7급 ( )

정답 03 O 04 × 05 ×

기출 OX

01 학교폭력 가해학생에 대한 조치사항을 학교생활기록부에 기재하고 졸업할 때까지 보존하는 것은 과잉금지원칙에 위배되어 가해학생의 개인정보자기결정권을 침해한다. 16. 국가직 7급 ( )

기출 OX

02 통신매체이용음란죄로 유죄판결이 확정된 자는 신상정보 등록대상자가 된다고 규정한 성폭력범죄의 처벌 등에 관한 특례법 제42조 제항 중 "제13조의 범죄로 유죄판결이 확정된 자는 신상정보 등록대상자가 된다."라는 부분은 청구인의 개인정보자기결정권을 침해한다. 22. 경찰 ( )

기출 OX

03 구 형의 실효 등에 관한 법률의 해당 조항이 법원에서 불처분결정된 소년부송치 사건에 대한 수사경력자료의 삭제 및 보존기간에 대하여 규정하지 아니하여 수사경력자료에 기록된 개인정보가 당사자의 사망시까지 보존되면서 이용되는 것은 당사자의 개인정보자기결정권에 대한 제한에 해당한다. 21. 국가직 7급 ( )

[주의]
본인인증이 합헌인 것: 게임물, 성인물, 핸드폰

[정답] 01 × 02 ○ 03 ○

---

10 학교폭력 가해학생에 대한 조치사항을 생활기록부에 기재 [합헌]
학교폭력 관련 조치사항을 학교생활기록의 '행동특성 및 종합의견'에 입력하도록 규정한 것과 이렇게 입력된 조치사항을 졸업과 동시에 삭제하도록 규정한 것은 법률유보원칙이나 과잉금지원칙에 반하여 개인정보자기결정권을 침해하지 않는다(헌재 2016.4.28, 2012헌마630).

11 통신매체이용음란죄를 저지른 경우 신상정보 등록 [위헌]
통신매체이용음란죄로 유죄판결이 확정된 자는 신상정보 등록대상자가 된다고 규정한 조항은 목적의 정당성 및 수단의 적합성은 인정되나, 통신매체이용음란죄로 유죄의 확정판결을 받은 자에 대하여 **개별 행위 유형에 따른 죄질 및 재범의 위험성을 고려하지 않고 모두 신상정보 등록대상자가 되도록 하여** 개인정보자기결정권을 침해하여 헌법에 위반된다(헌재 2016.3.31, 2015헌마688).

12 변호사 정보제공 사이트
[1] 인맥지수서비스를 제공하는 행위는 개인정보에 관한 인격권을 침해하는 것이다.
[2] 승소율과 전문성 지수를 제공하는 행위는 위법하지 않다(대판 2011.9.2, 2008다42430 전합).

13 수사경력자료는 보존기간을 두고 범죄경력자료는 삭제 규정이 없는 경우 [합헌]
수사경력자료와 범죄경력자료는 어떤 범죄의 혐의를 받았느냐를 불문하고 그 처리결과를 달리하는 경우로서 자료 보존의 목적과 필요성에 차이가 있다. 따라서 이를 이유로 자료의 삭제가능성에 대해 달리 규정하는 데에는 차별의 합리적인 이유가 있으므로 이 사건 수사경력자료 정리조항은 청구인의 평등권을 침해하지 아니한다(헌재 2012.7.26, 2010헌마446).

14 불처분결정된 소년부송치 사건 자료 보존 [헌법불합치]
형실효법이 법원에서 불처분결정된 소년부송치 사건의 수사경력자료에 대한 삭제 및 보존기간의 규정을 두지 않아, 당사자의 사망까지 소년부송치되었다는 내용의 수사경력자료가 보존되는 것은 당사자의 개인정보자기결정권을 침해하여 헌법에 위반된다는 결정이다(헌재 2021.6.24, 2018헌가2).

15 미결수용자의 교도소 내 징벌정보 통보행위 [합헌]
이는 교정시설 내 안전과 질서를 유지하고, 미결수용자에 대한 적정한 양형을 실현하기 위한 것으로 개인정보자기결정권을 침해하지 않는다(헌재 2016.4.28, 2013헌마865).

16 성범죄자 신상정보 등록 [합헌]
[1] 거주·이전의 자유나 직업선택의 자유, 진술거부권이 제한되는 영역이 아니다.
[2] 이를 통해 달성되는 공익이 매우 중대하여 개인정보자기결정권을 침해하지 않는다(헌재 2016.9.29, 2015헌마548).

17 게임물 이용자의 본인인증 [합헌]
청소년의 회원가입시 법정대리인의 동의를 확보하고 게임중독 방지라는 공익이 중대하여 개인정보자기결정권을 침해하지 아니한다(헌재 2015.3.26, 2013헌마517).

18 건강보험 요양급여 내역 제공행위
[1] 사실조회행위는 임의수사에 해당하므로 영장주의가 적용되지 않는다.
[2] 수사기관은 이미 소재를 파악한 상태였거나 다른 수단으로 충분히 파악할 수 있었으므로 민감정보인 요양급여정보가 수사기관에 제공되어 중대한 불이익을

받게 되었다. 따라서 이는 개인정보자기결정권을 침해하였다(헌재 2018.8.30, 2014헌마368).

▶ 반면, 김포시장이 김포경찰서장에게 활동보조인과 수급자의 인적 사항, 전화번호 등을 제공한 행위는 헌법에 위반되지 않는다(헌재 2018.8.30, 2016헌마483).

19 문화예술계 블랙리스트 [인용]

이른바 문화예술계 블랙리스트 사건과 관련하여, 정부의 지원을 차단할 목적으로 개인의 정치적 견해에 관한 정보를 수집·보유·이용한 행위가 개인의 개인정보자기결정권을 침해하는 것으로 위헌임을 확인하였다. 또한 정부에 대한 비판적 견해를 가졌다는 이유로 지원사업에서 배제되도록 지시한 것은, 정치적 표현의 자유에 대한 사후적인 제한으로서, 헌법상 허용될 수 없음을 확인하였다(헌재 2020.12.23, 2017헌마416).

20 인체면역결핍 바이러스 전파매개행위 [합헌]

인체면역결핍 바이러스에 감염된 사람이 혈액 또는 체액을 통하여 다른 사람에게 전파매개행위를 하는 것을 처벌하는 후천성면역결핍증 예방법 조항은 감염인의 제한 없는 방식의 성행위 등과 같은 사생활의 자유 및 일반적 행동자유권이 제약되는 것에 비하여 국민의 건강 보호라는 공익을 달성하는 것은 더욱 중대하다. 따라서 심판대상조항은 과잉금지원칙을 위반하여 감염인의 사생활의 자유 및 일반적 행동자유권을 침해하지 아니한다(헌재 2023.10.26, 2019헌가30).

기출 OX

04 정부에 대한 반대 견해나 비판에 대하여 합리적인 홍보와 설득으로 대처하는 것이 아니라 비판적 견해를 가졌다는 이유만으로 국가의 지원에서 일방적으로 배제함으로써 정치적 표현의 자유를 제재하는 공권력의 행사는 헌법의 근본원리인 국민주권주의와 자유민주적 기본질서에 반하는 것으로 그 목적의 정당성을 인정할 수 없다. 22. 5급 공채 ( )

제2항 주거의 자유

01 의의

주거의 자유란 자신의 주거를 공권력이나 제3자로부터 침해당하지 아니할 권리를 말한다. 주거의 평온이 보장받지 아니하고는 진정한 사생활의 내용에 대한 보호도 기대하기 어려우므로 주거의 자유란 '공간적 영역에서의 사생활 보호'라 할 수 있고, 사생활의 비밀과 자유가 주거의 자유보다 더 포괄적인 개념이다.

02 주체

주거의 자유의 주체는 일정한 주거에 거주함으로써 그 장소로부터 사생활상의 이익을 얻는 자이므로 모든 국민과 외국인이 주거의 자유의 주체가 될 수 있으나, 성질상 법인은 주거의 자유의 주체가 될 수 없다.

03 내용

1. 주거의 의미

(1) 주거란 현재의 거주 여하를 불문하고 개인의 사생활을 영위하기 위해 점유하고 있는 일체의 공간적인 생활영역을 의미한다. 현대에 있어서 주거의 범위를 넓게

정답 04 ○

인정하여 공간적으로 외부와 구획된 모든 사적인 생활공간을 포함하는 개념으로 이해한다. 따라서 생활의 본거지가 되는 민법상의 주소와는 다른 개념이다.

(2) 주거는 가옥에 한정되지 않는다. 회사사무실, 여관방, 연구실, 학교, 작업장, 공장 등도 주거에 속한다. 주로 부동산인 경우가 대부분이나 동산(기거용 이동차량 등)인 경우도 주거에 속한다. 임시생활을 위한 천막도 주거의 개념에 속하므로, 주거의 개념에는 시간적 계속성을 요하지 않는다.

(3) 공공에게 출입이 개방되어 있는 장소인 음식점, 상점, 서점 등은 영업시간 내에는 주거라 볼 수 없다. 그러나 이러한 장소도 관리자의 명시적 출입금지의사에 반하여 출입하면 주거침입죄가 성립된다.

2. 침해의 의미

침해란 거주자 또는 점유자의 동의나 승낙 없이 또는 그 의사에 반하여 주거 내에 허가 없이 들어가는 것을 말한다. 주거 내에 도청시설을 하여 내부의 대화를 도청하거나 녹음하는 것도 주거침입죄에 해당된다.

주거침입죄 O	주거침입죄 ×
• 대학강의실·연구실 침입(연구목적이 아닌 사채업자의 경우 인정) • 호텔·여관 침입(이 경우 투숙객이 주거권자) • 주거이동차량, 선박 • 임대기간 만료 후 무단침입	• 간통 목적 주거침입 • 영업 중인 음식점(이 경우 사실상 평온을 해하는 경우라면 가능) • 백화점, 상점, 서점 • 공개적으로 누구나 들어갈 수 있는 곳

제3항 거주·이전의 자유

01 의의

1. 연혁

자본주의 경제의 본질이 인간과 물건의 자유로운 이동으로 성립하였고, 자본주의 경제를 취한 이후에는 헌법에 명문의 규정을 두지 아니하여도 당연히 인정되는 권리로 보았다. 최초로 거주·이전의 자유를 명문으로 규정한 헌법은 1919년 바이마르헌법이다.

2. 개념

거주·이전의 자유란 국가권력의 방해를 받음이 없이 자신이 원하는 곳에 주소나 거소를 설정하거나, 그곳으로부터 자유로이 이전하거나, 자기의사에 반하여 주소나 거소를 옮기지 않을 자유를 의미한다. 거주·이전의 자유는 거주지나 체류지라고 볼 만한 정도로 생활과 밀접한 연관을 갖는 장소를 선택하고 변경하는 행위를 보호하는 기본권으로서, 생활의 근거지에 이르지 못하는 일시적인 이동을 위한 장소의 선택과 변경까지 그 보호영역에 포함되는 것은 아니다.

02 주체

거주·이전의 자유의 주체는 국민과 국내법인만이 주체가 되며, 경제적 성격을 갖는 기본권이므로 외국인은 원칙적으로 거주·이전의 자유가 보장되지 아니한다. 다만, 입국이 허락된 외국인에게는 출국의 자유는 인정된다.

기출 OX
01 외국인에게도 입국의 자유가 인정된다. 01. 국가직 7급 (   )

03 내용

1. 국내에서의 거주·이전의 자유

국내에서의 거주·이전의 자유란 대한민국의 영역 내에서 자유롭게 체류지와 거주지를 설정하고, 임의로 변경할 수 있는 자유를 의미한다. 이러한 국내거주·이전의 자유는 직업상의 이유로 인한 경우뿐만 아니라 국내여행의 자유를 포함한다. 북한지역에도 대한민국의 주권이 미치나 현실적으로 실효성이 없으므로 국내거주·이전의 자유는 북한지역으로의 거주·이전의 자유를 포함한다고 볼 수 없다. 따라서 북한지역으로의 거주·이전은 국가보안법의 반국가단체 잠입·탈출죄에 의해 처벌을 받는다.

한눈에 쏙!

구분	주체
거주·이전	외국인 ×
	법인 ○
주거	외국인 ○
	법인 ×

2. 국외에서의 거주·이전의 자유

(1) 해외여행의 자유
① 해외여행의 자유는 입국의 자유와 출국의 자유를 그 내용으로 한다. 다만, 병역이나 세금의무자, 범죄혐의 있는 자의 출국을 제한하는 것은 거주·이전의 자유를 침해하는 것은 아니다.
② 북한주민의 귀순은 입국의 자유에 의하여 보장된다는 것이 다수설적 견해이다.
③ 여권법과 출입국관리법은 해외여행의 자유를 간접적으로 제한하고 있는바, 출국을 허가제의 형식으로 운영하면 거주·이전의 자유를 침해하여 위헌이라 볼 것이다.

(2) 국적이탈의 자유(국적변경의 자유)
국적이탈의 자유는 우리나라 국적을 포기하고, 외국 국적을 취득하는 것을 말한다. 이러한 국적이탈의 자유는 거주·이전의 자유에 포함된다고 본다. 다만, 국적이탈의 자유에는 무국적의 자유까지 보장하는 것은 아니다.

기출 OX
02 거주·이전의 자유에 무국적의 자유는 포함되지 않는다. 01. 국가직 7급 (   )

한눈에 쏙!

구분	국적이탈	
내국인	변경	○
	무국적	×
외국인	×	

04 제한과 한계

거주·이전의 자유는 헌법 제37조 제2항에 따라 국가안전보장·질서유지·공공복리를 위해 법률로써 제한할 수 있다. 국가보안법에 의한 북한지역의 여행제한, 군사기지 및 군사시설 보호법에 의한 군사시설 보호구역 내의 거주·이전의 자유의 제한, 민법에 의한 부모의 자녀에 대한 거소지정권, 부부의 동거의무, 파산자·재소자·군인·군무원에 대한 거주·이전의 자유의 제한이 이에 속한다.

정답 01 × 02 ○

판례 | 거주·이전의 자유의 제한에 관한 판례

1 국적선택권
천부인권 사상은 국민주권을 기반으로 하는 자유민주주의 헌법을 낳았고 이 헌법은 인간의 존엄과 가치를 존중하므로, 개인은 자신의 운명에 지대한 영향을 미치는 정치적 공동체인 국가를 선택할 수 있는 권리, 즉 국적선택권을 기본권으로 인식하기에 이르렀다. 그러나 개인의 국적선택에 대하여는 나라마다 그들의 국내법에서 많은 제약을 두고 있는 것이 현실이므로, 국적은 아직도 자유롭게 선택할 수 있는 권리에는 이르지 못하였다고 할 것이다. 그러므로 '이중국적자의 국적선택권'이라는 개념은 별론으로 하더라도, 일반적으로 **외국인인 개인이 특정한 국가의 국적을 선택할 권리가 자연권으로서 또는 우리 헌법상 당연히 인정된다고는 할 수 없다고 할 것이다** (헌재 2006.3.30, 2003헌마806).

2 한약업사의 지역적 제한
한약업사의 허가 및 영업행위에 대하여 지역적으로 제한을 가한 것은 오로지 국민건강의 유지·향상이라는 공공의 복리를 위하여 마련된 것이고, 그 제한의 정도 또한 목적을 달성하기 위하여 적정한 것이라 할 것이다(헌재 1991.9.16, 89헌마231).
▶ 한약업사, 약종상은 아주 기초적인 의료지식으로 크게 문제가 안 되는 상비약 등을 의료 취약지역에서 판매하는 분들이다.

3 해외체재자의 병역의무면제 제한 [합헌]
이 사건 조항이 있더라도 청구인은 자유롭게 해외에 거주하거나 해외로 이전할 수 있다. 따라서 해외에 체재하게 되면 그 감면연령이 다른 사람보다 늦춰지게 된다고 해서 이를 거주·이전의 자유의 제한이라고 할 수는 없다(헌재 2004.11.25, 2004헌바15).

4 해외 위난지역에서의 여권사용 제한 [기각]
이 사건 고시는 국민의 생명·신체 및 재산을 보호하기 위한 것으로 그 목적의 정당성과 수단의 적절성이 인정되며, **대상지역을 당시 전쟁이 계속 중이던 이라크와 소말리아, 그리고 실제로 한국인에 대한 테러 가능성이 높았던 아프가니스탄 등 3곳**으로 한정하고, 그 기간도 1년으로 하여 그다지 장기간으로 볼 수 없을 뿐 아니라, 부득이한 경우 예외적으로 외교통상부장관의 허가를 받아 여권의 사용 및 방문·체류가 가능하도록 함으로써 국민의 거주·이전의 자유에 대한 제한을 최소화하고 법익의 균형성도 갖추었다. 결국 이 사건 고시가 과잉금지원칙에 위배하여 청구인들의 거주·이전의 자유를 침해하였다고 볼 수 없다(헌재 2008.6.26, 2007헌마1366).

5 추징금 미납자에 대한 출국금지 [합헌]
일정금액 이상의 추징금을 납부하지 아니한 자에게 법무부장관이 출국을 금지할 수 있도록 함으로써 헌법 제14조상의 거주·이전의 자유 중 출국의 자유를 제한하고 있다. 이 법조항은 추징금을 미납한 국민이 출국을 이용하여 재산을 해외로 도피하는 방법으로 강제집행을 곤란하게 하는 것을 방지함으로써 추징금에 관한 국가의 형벌권을 실현하고자 하는 것에 그 목적이 있고, 출국금지의 대상이 되는 추징금은 2,000만원으로 규정하여 출국의 자유를 제한할 수 있도록 하고 있으며, … 합헌적 근거 법조항에 따라 시행되는 제도라 할 것이다(헌재 2004.10.28, 2003헌가18).

기출 OX

01 여행금지국가로 고시된 사정을 알면서도 외교부장관으로부터 예외적 여권사용 등의 허가를 받지 않고 여행금지국가를 방문하는 등의 행위를 형사처벌하는 여권법 규정은 국가의 재외국민 보호의무를 이행하기 위하여 법률에 구체화된 것으로서 그 목적의 정당성은 인정되나, 과도한 처벌규정으로 인하여 거주·이전의 자유를 침해한다. 22. 법원직 ( )

정답 01 ×

6 병역의무자에 대한 국외여행허가제 [기각]

지방병무청장으로 하여금 병역준비역에 대하여 27세를 초과하지 않는 범위에서 단기 국외여행을 허가하도록 한 구 병역의무자 국외여행 업무처리 규정 해당 조항 중 '병역준비역의 단기 국외 여행 허가기간을 27세까지로 정한 심판대상조항은 과잉금지원칙에 반하여 청구인의 거주·이전의 자유를 침해하지 않는다(헌재 2023.2.23, 2019헌마1157).

7 형사재판에 계속 중인 자 출국금지결정 [합헌]

심판대상조항에 따른 출국금지결정은 성질상 신속성과 밀행성을 요하므로, 출국금지 대상자에게 사전통지를 하거나 청문을 실시하도록 한다면 국가형벌권 확보라는 출국금지제도의 목적을 달성하는 데 지장을 초래할 우려가 있다. 나아가 출국금지 후 즉시 서면으로 통지하도록 하고 있고, 이의신청이나 행정소송을 통하여 출국금지결정에 대해 사후적으로 다툴 수 있는 기회를 제공하여 절차적 참여를 보장해 주고 있으므로 적법절차원칙에 위배된다고 보기 어렵다(헌재 2015.9.24, 2012헌바302).

8 북한 고위직 출신의 여권발급 제한

여권발급 신청인이 북한 고위직 출신의 탈북 인사로서 신변에 대한 위해 우려가 있다는 이유로 신청인의 미국 방문을 위한 여권발급을 거부한 것은 여권법 제8조 제1항 제5호에 정한 사유에 해당한다고 볼 수 없고 거주·이전의 자유를 과도하게 제한하는 것으로서 위법하다(대판 2008.1.24, 2007두10846).

9 법인의 대도시 부동산 취득시 중과세 [합헌]

인구와 경제력의 대도시 집중을 억제함으로써 대도시 주민의 생활환경을 보전·개선하고 지역 간의 균형발전 내지는 지역경제를 활성화하기 위해 법인이 대도시에 부동산을 취득할 경우 통상세율의 5배의 등록세를 부과하는 것은 과잉금지원칙에 위배되지 아니한다(헌재 1998.2.27, 97헌바79).

✎ 거주·이전의 자유와 재산권을 모두 제한하지만 합헌이다.

기출 OX

02 형사재판에 계속 중인 사람에 대하여 법무부장관이 6개월 이내의 기간을 정하여 출국을 금지할 수 있다고 규정한 출입국관리법 조항은 영장주의에 위반되지 아니한다. 20. 변호사 ( )

제4항 통신의 자유

01 의의

1. 개념

통신의 자유, 통신의 비밀의 불가침이란 개인이나 법인이 그 의사나 정보를 우편물이나 전기통신 등의 수단(편지, 전화, 전보, 텔렉스 등)에 의하여 자유롭게 전달·교환하는 경우에 그 내용이 본인의 의사에 반하여 외부에 공개되지 아니할 자유를 의미한다. 즉, 통신의 자유란 '통신의 측면에서 사생활의 비밀'을 보호하는 것이다.

2. 표현의 자유와의 차이점

표현의 자유가 대외적 대화과정을 보호하고자 하는 것이라면, 통신의 자유는 대내적 대화과정을 보호하는 것이다.

한눈에 쏙!

구분	대상	보호
표현	불특정 다수	대외
통신	특정인	대내

정답 02 ○

02 주체

통신의 자유의 주체는 국민뿐만 아니라 외국인에게도 인정되며, 법인과 법인격 없는 단체에게도 보장된다.

03 내용

1. 통신의 개념

통신이란 편지·전화·전신·팩스 등 격지자* 간의 의사의 전달을 말한다.
* 격지자는 멀리 떨어져 있는 사람을 말한다.

2. 비밀의 개념

통신의 비밀이란 편지·전화·전신·팩스 기타 우편물 등에 의한 격지자 간의 의사전달과 물품수수에 있어 그 내용·형태·당사자(수신인·발신인 모두 포함)·전달방법(사서함, 등기우편, 택배 등) 등을 포함한다. 또한 그 내용의 비밀성 유무를 불문한다.

3. 불가침의 개념

통신의 비밀의 불가침이란 열람의 금지(검열금지), 누설의 금지(엽서), 정보의 금지를 의미한다. 즉, 통신업무에 종사하는 공무원이 통신의 내용을 알기 위하여 우편물을 개봉하거나 내용을 알아내는 행위를 금하며, 통신업무상 알게 된 사실을 남에게 누설하는 것도 금지된다. 또한 통신업무내용을 정보로 이용하는 행위도 금지되며, 신서 등을 개봉하지 않고 기술적 수단을 이용하여 알아내는 행위도 금지된다.

04 한계와 제한

1. 한계

헌법상 보장되는 통신의 자유는 합법적이고 정당한 통신을 보호대상으로 하므로, 통신을 이용한 범죄행위나 타인의 권리를 침해하는 행위는 통신의 자유의 보호대상이 되지 않는다.

2. 제한

통신의 자유도 국가안전보장·질서유지·공공복리를 위해 법률로써 제한할 수 있다. 통신의 자유를 제한하는 대표적인 법률로는 통신비밀보호법이 있다.

3. 통신비밀보호법의 주요 내용

(1) 불법검열의 금지

우편물의 검열 또는 전기통신의 감청을 하거나 공개되지 아니한 타인 간의 대화를 녹음 또는 청취하지 못한다. 이러한 불법검열에 의하여 취득한 우편물이나 그 내용 및 불법감청에 의하여 지득 또는 채록된 전기통신의 내용은 재판 또는 징계절차에서 증거로 사용할 수 없다(통신비밀보호법 제4조).

기출 OX

01 통신비밀보호법은 불법감청에 의하여 지득 또는 채록된 전기통신의 내용은 재판절차에서 증거로 사용될 수 없음을 명문으로 규정하고 있다. 00. 사시, 05. 행시 ( )

정답 01 ○

판례 | 타인 간의 대화의 녹음

통신비밀보호법 제3조 제1항이 "공개되지 아니한 타인 간의 대화를 녹음 또는 청취하지 못한다."라고 정한 것은, 대화에 원래부터 참여하지 않는 제3자가 그 대화를 하는 타인들 간의 발언을 녹음해서는 아니 된다는 취지이다. 3인 간의 대화에 있어서 그중 한 사람이 그 대화를 녹음하는 경우에 다른 두 사람의 발언은 그 녹음자에 대한 관계에서 '타인 간의 대화'라고 할 수 없으므로 이와 같은 녹음행위가 통신비밀보호법 제3조 제1항에 위배된다고 볼 수는 없다(대판 2006.10.12, 2006도4981).

(2) 범죄수사를 위한 통신제한조치

다음의 요건이 구비된 경우에는 예외적으로 감청** 등 통신제한조치가 허용된다.

** 감청은 법에 따른 절차로 합법이고, 도청은 법에 따르지 않은 절차로 불법이다.

① 전기통신 등이 통신비밀보호법에 규정된 범죄목적에 이용되는 것이 확실하고 범죄를 계획 또는 실행하고 있거나 실행하였다고 의심할 만한 충분한 이유가 있는 경우, 다른 방법으로는 범행의 저지나 범인의 체포 또는 증거의 수집이 어려운 경우, 검사는 일반범죄수사를 위하여 법원으로부터 허가서를 발부받은 경우에 한하여 감청 등 통신제한조치를 할 수 있다. 법원의 허가서에는 통신제한조치의 종류·목적·대상·범위·기간을 기재하여야 한다. 이러한 경우 통신제한조치는 2개월을 초과할 수 없다. 통신제한조치사유가 존속하는 경우에는 2개월 내에 한하여 연장이 가능하다.

② 정보수사기관의 장은 국가안전보장에 대한 위해를 방지하기 위해 이에 관한 정보수집이 특히 필요한 때에 통신의 일방 또는 쌍방 당사자가 내국인인 경우에는 고등법원 수석판사의 허가를 받아 통신제한조치를 할 수 있으며, 외국인이나 외국단체·적대국가·외국의 기관인 경우 대통령의 승인을 얻어 통신제한조치를 할 수 있다. 이때 통신제한조치는 4개월을 초과할 수 없다. 통신제한조치사유가 존속하는 경우에는 4개월 내에 한하여 연장이 가능하다(통신비밀보호법 제7조).

판례 | 통신제한조치 무기한 연장 [헌법불합치]

통신제한조치기간을 연장하기 위해서는 법원의 허가를 받아야 하지만 법원이 통신제한조치기간의 연장이 남용되는 것을 통제하는 것은 일정한 한계가 있다. **실제로 기간연장을 심사함에 있어서 일단 통신제한조치가 허가된 이후에는 계속되는 기간연장의 청구가 기각되는 일이 실무상 매우 드물다는 사실**은 기간연장의 청구를 실질적으로 심사하여 통제하는 것이 사실상 어렵다는 점을 방증해 준다. 실제 통신제한조치의 기간연장절차의 남용을 통제하는 데 한계가 있는 이상 통신제한조치기간 연장에 사법적 통제절차가 있다는 사정만으로는 그 남용으로 인하여 개인의 통신의 비밀이 과도하게 제한되는 것을 막을 수 없기 때문에, 통신제한조치기간을 연장함에 있어 법운용자의 남용을 막을 수 있는 최소한의 한계를 설정할 필요가 있다. 그럼에도 통신제한조치의 총연장기간이나 총연장횟수를 제한하지 않고 계속해서 통신제한조치가 연장될 수 있도록 한 이 사건 법률 조항은 최소침해성원칙을 위반한 것이다(헌재 2010.12.28, 2009헌가30).

기출 OX

02 통신제한조치기간의 연장을 허가함에 있어 총연장기간 내지 총연장횟수의 제한을 두지 아니하고 무제한 연장을 허가할 수 있도록 규정한 통신비밀보호법 중 전기통신에 관한 '통신제한조치기간의 연장'에 관한 부분은 과잉금지원칙을 위반하여 통신의 비밀을 침해한다. 22. 경찰승진 ( )

정답 02 ○

(3) 긴급감청제도

검사 또는 정보수사기관의 장이 법원의 허가서나 대통령의 승인을 받을 수 없는 긴급한 사유가 있는 때에는 법원의 허가 없이, 정보수사기관의 장은 소속 장관의 승인을 얻어 긴급감청을 할 수 있다. 이 경우 검사는 지체 없이 법원의 허가를 받아야 하며, 긴급통신제한조치의 집행에 착수한 때부터 36시간 이내에 법원의 허가를 받지 못한 경우에는 해당 조치를 즉시 중지하고 해당 조치로 취득한 자료를 폐기하여야 한다(통신비밀보호법 제8조).

☑ SUMMARY | 통신비밀보호법상 통신의 자유 제한 사유

수사	주체	시기	대상인	제한내용
범죄수사 (2월 + 2월)	검사	-	-	• 법원의 허가 • 긴급시 허가 불요(36시간 내)
국가안전보장 관련 수사 (4월 + 4월)	정보 기관의 장	평상시	내국인 (일방 또는 쌍방이 내국인인 경우)	• 정보기관의 장이 신청 • 고등법원 수석판사의 허가
			외국인 등	대통령 승인
		긴급시	내국인	사후 36시간 내 검사 통해 고등법원 수석판사의 허가
			외국인	• 소속 장관의 승인 • 36시간 내 대통령 승인

(4) 통신제한조치 통지제도

검사는 송·수신이 완료된 전기통신에 대하여 압수·수색·검증을 집행한 경우 그 사건에 관하여 공소를 제기하거나 공소의 제기 또는 입건을 하지 아니하는 처분(기소중지결정, 참고인중지결정을 제외한다)을 한 때에는 그 처분을 한 날부터 30일 이내에 수사대상이 된 가입자에게 압수·수색·검증을 집행한 사실을 서면으로 통지하여야 한다(통신비밀보호법 제9조의3).

⚖ 판례 | 압수·수색사실 상대방에게 통지하지 않는 것 [합헌]

수사의 밀행성을 확보하기 위하여 송·수신이 완료된 전기통신에 대한 압수·수색영장 집행 사실을 수사대상이 된 가입자에게만 통지하도록 하고, 그 상대방에 대해서는 통지하지 않도록 한 것은 적법절차원칙에 위배되어 청구인들의 개인정보자기결정권을 침해한다고 볼 수 없다(헌재 2018.4.26, 2014헌마1178).

(5) 감청설비에 대한 인가기관

감청설비를 제조·수입·판매·배포·소지·사용하거나 이를 위한 광고를 하고자 하는 자는 과학기술정보통신부장관의 인가를 받아야 한다. 다만, 국가기관의 경우에는 그러하지 아니하다(통신비밀보호법 제10조 제1항).

(6) 감청과 압수·수색

인터넷회선 감청은 서버에 저장된 정보가 아니라, 인터넷상에서 발신되어 수신되기까지의 과정 중에 수집되는 정보, 즉 전송 중인 정보의 수집을 위한 수사이므로, 압수·수색과 구별된다(헌재 2018.8.30, 2016헌마263).

한눈에 쏙!

구분	대상
감청	진행 중
압수·수색	수신 완료·저장

판례 | 통신의 자유에 관한 판례

1 감청설비의 제조 등에 있어서의 정보통신부장관의 인가 [합헌]
이 사건 법률 조항에서 사인이 감청설비를 제조·수입·판매 등을 하기 위해서는 정보통신부장관의 인가를 받도록 규정한 것은 사인에 의한 통신비밀 침해행위를 사전에 예방하기 위한 것이다. 그리고 국가기관의 감청설비 보유·사유에 대한 관리와 통제를 위한 법적·제도적 장치가 마련되어 있으므로, … 통신의 자유를 침해한다고 볼 수는 없다(헌재 2001.3.21, 2000헌바25).

2 육군신병훈련소에서 전화사용통제 [기각]
이 사건 지침은 신병교육기간 동안 신병들의 전화사용을 통제하고 있으므로 헌법 제18조가 보장하는 통신의 자유를 제한하고 있다. 다만, 이는 신병들을 군인으로 육성하고 교육훈련과 병영생활에 조속히 적응시키기 위한 것으로 과도하게 제한하는 것이라고 보기 어렵다(헌재 2010.10.28, 2007헌마890).

3 이동통신단말장치 지원금 상한제 [합헌]
지원금 상한 조항으로 인하여 일부 이용자들이 종전보다 적은 액수의 지원금을 지급받게 될 가능성이 있다고 할지라도, 이러한 불이익에 비해 이동통신단말장치의 공정하고 투명한 유통 질서를 확립하여 이동통신 산업의 건전한 발전과 이용자의 권익을 보호한다는 공익이 매우 중대하다(헌재 2017.5.25, 2014헌마844).

4 수사기관의 통신사실 확인자료 열람 및 요청 [헌법불합치]
수사기관의 통신사실 확인자료 제공요청에 대해 법원의 허가를 거치도록 규정하고 있으나 수사의 필요성만을 그 요건으로 하고 있어 제대로 된 통제가 이루어지기 어려운 점, 기지국수사의 허용과 관련하여서는 유괴·납치·성폭력범죄 등 강력범죄나 국가안보를 위협하는 각종 범죄와 같이 피의자나 피해자의 통신사실 확인자료가 반드시 필요한 범죄로 그 대상을 한정하는 방안 또는 다른 방법으로는 범죄수사가 어려운 경우(보충성)를 요건으로 추가하는 방안 등을 검토함으로써 수사에 지장을 초래하지 않으면서도 **불특정 다수의 기본권을 덜 침해하는 수단이 존재하는 점을 고려할 때**, 이 사건 요청 조항은 과잉금지원칙에 반하여 청구인의 개인정보자기결정권과 통신의 자유를 침해한다(헌재 2018.6.28, 2012헌마538).
▶ 영장주의 위배는 아니다(법원의 허가를 받도록 규정).

5 위치정보 추적자료 [위헌]
[1] 수사기관이 수사의 필요성이 있는 경우 전기통신사업자에게 위치정보 추적자료를 제공요청할 수 있도록 한 것은 명확성원칙에 위반되지 않으나, 과잉금지원칙에 위반된다. 또한 수사 종료 후 위치정보 추적자료를 제공받은 사실 등을 통지하도록 한 것은 헌법상 적법절차원칙에 위배된다.
[2] 위치정보 추적자료 제공요청은 강제처분에 해당하는바 영장주의가 적용된다. 이때 관할 지방법원의 허가를 받도록 한 것은 영장주의에 위배되지 않는다(헌재 2018.6.28, 2012헌마191).
▶ 개인정보자기결정권, 통신의 자유 침해, 명확성의 원칙, 영장주의는 침해가 아니다.
✎ 수사의 필요성이 있는 경우라면 요청 가능한데, 보충성 등 다른 추가적 요건으로 수사기관의 남용을 방지할 필요가 있다.

6 인터넷회선 감청의 위헌 여부 [헌법불합치]
인터넷회선 감청의 특성을 고려하여 그 집행 단계나 집행 이후에 수사기관의 권한남용을 통제하고 관련 기본권의 침해를 최소화하기 위한 제도적 조치가 제대로 마련되어

기출 OX

01 감청설비를 제조, 수입, 판매, 배포, 소지, 사용하고자 하는 자는 방송통신위원회의 인가를 받아야 한다. 00. 법행
( )
⇨ 현재는 과학기술정보통신부장관의 인가를 받아야 한다.

02 신병훈련소에서 교육훈련을 받는 동안 신병의 전화사용을 통제하는 육군 신병교육지침서는 통신의 자유를 필요한 정도를 넘어 과도하게 제한하고 있는 것은 아니다. 16. 국가직 7급
( )

기출 OX

03 인터넷 사용자가 전기통신역무를 이용한 사실에 관한 인터넷로그 기록 자료는 통신사실 확인 자료에 포함된다. 07. 국회직 8급
( )

정답 01 ○ 02 ○ 03 ○

있지 않은 상태에서, 범죄수사 목적을 이유로 인터넷회선 감청을 통신제한조치 허가 대상 중 하나로 정하고 있으므로 이는 헌법에 위반된다(헌재 2018.8.30, 2016헌마263).

7 이동통신서비스 가입 본인확인 [합헌]
[1] 관련 기본권 - 통신의 자유 ○, 개인정보자기결정권 ○, 통신의 비밀 ×
[2] 개인정보자기결정권, 통신의 자유가 제한되는 불이익과 비교했을 때, 명의도용 피해를 막고, 차명휴대전화의 생성을 억제하여 보이스피싱 등 범죄의 범행도구로 악용될 가능성을 방지함으로써 잠재적 범죄 피해 방지 및 통신망 질서유지라는 더욱 중대한 공익의 달성효과가 인정된다(헌재 2019.9.26, 2017헌마1209).

8 수사기관 등에 의한 통신자료 제공요청 [헌법불합치]
[1] 영장주의 위배 여부
　헌법상 영장주의는 체포·구속·압수·수색 등 기본권을 제한하는 강제처분에 적용되므로, 강제력이 개입되지 않은 임의수사에 해당하는 수사기관 등의 통신자료 취득에는 영장주의가 적용되지 않는다.
[2] 명확성원칙 위배 여부
　청구인들은 이 사건 법률 조항 중 '국가안전보장에 대한 위해'의 의미가 불분명하다고 주장한다. 그런데 '국가안전보장에 대한 위해를 방지하기 위한 정보수집'은 국가의 존립이나 헌법의 기본질서에 대한 위험을 방지하기 위한 목적을 달성함에 있어 요구되는 최소한의 범위 내에서의 정보수집을 의미하는 것으로 해석되므로, 명확성원칙에 위배되지 않는다.
[3] 과잉금지원칙 위배 여부
　수사기관 등이 통신자료 제공요청을 할 수 있는 정보의 범위를 성명, 주민등록번호, 주소 등 피의자나 피해자를 특정하기 위한 불가피한 최소한의 기초정보로 한정하고 있다. 또한 방법이나 제공현황 보고에 관한 규정 등을 두어 최소한의 범위 내에서 이루어지도록 하고 있다.
[4] 적법절차 위배 여부
　통신자료 취득에 대한 사후통지절차를 두지 않아 적법절차원칙에 위배되어 개인정보자기결정권을 침해한다(헌재 2022.7.21, 2016헌마388).

9 이름, 생년월일, 전화번호, 주소제공
[1] 피청구인 김포시장이 2015년 7월 3일 피청구인 김포경찰서장에게 피의자인 청구인들의 이름, 생년월일, 전화번호, 주소를 제공한 행위는 영장주의가 적용되지 않는다.
[2] 사실조회행위는 강제력이 개입되지 아니한 임의수사에 해당하므로, 이에 응하여 이루어진 이 사건 정보제공행위에도 영장주의가 적용되지 않는다(헌재 2018.8.30, 2016헌마483).

10 비밀번호 설정등 비공개 조치후 방송 송출을 시청·녹화하는 것은 감청
　인터넷개인방송의 방송자가 비밀번호를 설정하는 등으로 비공개 조치를 취한 후 방송을 송출하는 경우에는, 방송자로부터 허가를 받지 못한 사람은 당해 인터넷개인방송의 당사자가 아닌 '제3자'에 해당하고, 이러한 제3자가 비공개 조치가 된 인터넷개인방송을 비정상적인 방법으로 시청·녹화하는 것은 통신비밀보호법상의 감청에 해당할 수 있다(대판 2022.10.27, 2022도9877).

기출 OX

01 전기통신역무제공에 관한 계약을 체결하는 경우 전기통신사업자로 하여금 가입자에게 본인임을 확인할 수 있는 증서 등을 제시하도록 요구하고 부정가입방지시스템 등을 이용하여 본인인지 여부를 확인하도록 한 전기통신사업법 조항 및 전기통신사업법 시행령 조항은 이동통신서비스에 가입하려는 청구인들의 통신의 비밀을 제한한다. 22. 경찰 (　)

02 전기통신사업법은 수사기관 등이 전기통신사업자에 대하여 통신자료의 제공을 요청할 수 있는 권한을 부여하면서 전기통신사업자에게 수사기관 등의 통신자료 제공요청에 응하거나 협조하여야 할 의무를 부과하지 않으며, 달리 전기통신사업자의 통신자료 제공을 강제할 수 있는 수단을 마련하고 있지 아니하므로, 동법에 따른 통신자료 제공요청은 강제력이 개입되지 아니한 임의수사에 해당하고 이를 통한 수사기관 등의 통신자료 취득에는 영장주의가 적용되지 아니한다. 23. 경찰승진 (　)

03 수사기관 등이 전기통신사업자에게 이용자의 성명 등 통신자료의 열람이나 제출을 요청할 수 있도록 한 전기통신사업법 해당 조항은 통신자료 취득에 대한 사후통지절차를 두지 않아 적법절차원칙에 위배된다. 23. 소방간부 (　)

정답 01 × 02 ○ 03 ○

기출지문 OX

01 □□□
우리 헌법은 제9차 개정헌법에서 사생활의 자유를 처음으로 규정하였다. O|X

02 □□□
범죄행위까지 사생활에서 보호하지는 않는다. O|X

03 □□□
선거운동과정에서 자신의 인격권이나 명예권을 보호하기 위하여 대외적으로 해명을 하는 행위도 사생활의 자유에 의하여 보호되는 범주에 속한다. O|X

04 □□□
개인정보자기결정권의 보호대상이 되는 개인정보는 반드시 개인의 내밀한 영역이나 사사(私事)의 영역에 속하는 정보에 국한되지 않고 공적 생활에서 형성되었거나 이미 공개된 개인정보까지 포함한다. O|X

05 □□□
개인정보 보호에 관한 사무를 독립적으로 수행하기 위하여 행정안전부장관 소속으로 개인정보 보호위원회를 둔다. O|X

06 □□□
개별 교원의 교원단체 및 노동조합 가입 정보는 개인정보 보호법 제23조의 노동조합의 가입·탈퇴에 관한 정보로서 민감정보에 해당한다. O|X

07 □□□
정보주체는 개인정보처리자가 개인정보 보호법을 위반한 행위로 손해를 입으면 개인정보처리자에게 손해배상을 청구할 수 있다. 이 경우 그 개인정보처리자는 고의 또는 과실이 없음을 입증하지 아니하면 책임을 면할 수 없다. O|X

정답 및 해설

01 × 사생활의 비밀과 자유는 비교적 새로운 권리로 프라이버시권이라고도 칭해진다. 우리 헌법은 제8차 개정헌법에서 처음으로 이를 규정하였다.

02 ○ 범죄행위까지 사생활에서 보호하지는 않는다(헌재 2002.3.28, 2000헌바53).

03 × 자신의 인격권이나 명예권을 보호하기 위하여 대외적으로 해명을 하는 행위는 표현의 자유에 속하는 영역이라고 할 수 있을 뿐 이미 사생활의 자유에 의하여 보호되는 범주를 벗어난 행위라고 볼 것이므로, 위 청구인의 사생활의 자유가 침해된다고는 볼 수 없다(헌재 2001.8.30, 99헌바92 등).

04 ○ 보호되는 개인정보란 꼭 비밀에 한정되는 것은 아니다. 다른 정보와 쉽게 결합하여 본인을 알아볼 수 있는 식별정보이며, 공개된 정보까지도 포함한다(헌재 2005.5.26, 99헌마513).

05 × 개인정보 보호에 관한 사무를 독립적으로 수행하기 위하여 국무총리 소속으로 개인정보 보호위원회를 둔다(개인정보 보호법 제7조 제1항).

06 ○ 개인정보처리자는 사상·신념, 노동조합·정당의 가입·탈퇴, 정치적 견해, 건강, 성생활 등에 관한 정보, 그 밖에 정보주체의 사생활을 현저히 침해할 우려가 있는 개인정보로서 대통령령으로 정하는 정보를 처리하여서는 아니 된다(개인정보 보호법 제23조 제1항).

07 ○ 정보주체는 개인정보처리자가 이 법을 위반한 행위로 손해를 입으면 개인정보처리자에게 손해배상을 청구할 수 있다. 이 경우 그 개인정보처리자는 고의 또는 과실이 없음을 입증하지 아니하면 책임을 면할 수 없다(개인정보 보호법 제39조 제1항).

08 ☐☐☐
CCTV 설치행위에 대한 특별한 법적 근거가 없더라도 일반적인 계호활동을 허용하는 법률규정에 의하여 허용된다고 보아야 한다. 〔O│X〕

09 ☐☐☐
성폭력범죄자의 신상정보 등록은 성폭력범죄자의 재범을 억제하여 사회를 방위하고, 효율적 수사를 통한 사회혼란을 방지하기 위한 것으로서 정당한 목적달성을 위한 적합한 수단에 해당한다. 〔O│X〕

10 ☐☐☐
아동·청소년 대상 성범죄자에게 1년마다 정기적으로 새로 촬영한 사진을 제출하도록 하고 정당한 사유 없이 사진제출의무를 위반한 경우 형사처벌을 하는 것은 아동·청소년 대상 성범죄자의 일반적 행동의 자유를 침해하는 것이다. 〔O│X〕

11 ☐☐☐
법무부장관은 변호사시험 합격자가 결정되면 즉시 명단을 공고하여야 한다고 규정한 변호사시험법 규정 중 '명단 공고' 부분은 변호사시험 응시자들의 개인정보자기결정권을 침해한다. 〔O│X〕

12 ☐☐☐
공적 관심의 정도가 약한 4급 이상의 공무원들까지 대상으로 삼아 모든 질병명을 아무런 예외 없이 공개토록 한 것은 입법목적 실현에 치중한 나머지 사생활 보호의 헌법적 요청을 현저히 무시한 것으로 해당 공무원들의 사생활의 비밀과 자유를 침해하는 것이다. 〔O│X〕

13 ☐☐☐
공적 인물의 경우에는 그 사생활이 공개될지라도 통상인에 비하여 수인이 요구되는 정도가 높다. 〔O│X〕

정답 및 해설

08 O CCTV는 교도관의 시선에 의한 감시를 대신하는 기술적 장비에 불과하므로, 교도관의 시선에 의한 감시가 허용되는 이상 CCTV에 의한 감시 역시 가능하다고 할 것이다(헌재 2008.5.29, 2005헌마137 등).

09 O 성폭력범죄자의 신상정보 등록은 성폭력범죄자의 재범을 억제하여 사회를 방위하고, 효율적 수사를 통한 사회혼란을 방지하기 위한 것으로서 정당한 목적달성을 위한 적합한 수단에 해당한다(헌재 2014.7.24, 2013헌바423).

10 X 아동·청소년 대상 성범죄자에 대하여 신상정보 등록 후 1년마다 새로 촬영한 사진을 관할 경찰관서의 장에게 제출하도록 규정한 구 아동·청소년의 성보호에 관한 법률 제34조 제2항 단서 중 '사진' 부분과 사진제출의무 위반에 대하여 형사처벌을 하도록 규정한 제52조 제5항 제2호 중 '변경정보인 사진' 부분에 대하여 헌법에 위반되지 아니한다(헌재 2015.7.30, 2014헌바257).

11 X 합격자 명단을 공고하는 경우, 시험 관리 당국이 더 엄격한 기준과 절차를 통해 합격자를 선정할 것이 기대되므로 시험 관리 업무의 공정성과 투명성이 강화될 수 있다(헌재 2020.3.26, 2018헌마77).
▶ 즉, 침해하지 않는다.

12 O 이 사건 법률 조항이 공적 관심의 정도가 약한 4급 이상의 공무원들까지 대상으로 삼아 모든 질병명을 아무런 예외 없이 공개토록 한 것은 입법목적 실현에 치중한 나머지 사생활 보호의 헌법적 요청을 현저히 무시한 것이고, 이로 인하여 청구인들을 비롯한 해당 공무원들의 헌법 제17조가 보장하는 기본권인 사생활의 비밀과 자유를 침해하는 것이다(헌재 2007.5.31, 2005헌마1139).

13 O 신문보도의 명예훼손적 표현의 피해자가 공적 인물인지 아니면 사인인지, 그 표현이 공적인 관심 사안에 관한 것인지 순수한 사적인 영역에 속하는 사안인지의 여부에 따라 헌법적 심사기준에는 차이가 있어야 한다(헌재 1999.6.24, 97헌마265).

14 ☐☐☐
공직선거에 후보자로 등록하고자 하는 자에게 실효된 형을 포함한 금고 이상의 형의 범죄경력에 관한 증명서류를 제출하도록 한 구 공직선거법 조항은 청구인의 사생활의 비밀과 자유를 침해한다고 볼 수 없다. O X

15 ☐☐☐
헌법재판소는 열 손가락 지문날인제도에 대하여 과잉금지원칙 위반으로 개인정보자기결정권을 침해한다고 결정하였다. O X

16 ☐☐☐
주민등록법에서 주민등록번호 변경에 관한 규정을 두고 있지 않은 것이 주민등록번호 불법 유출 등을 원인으로 자신의 주민등록번호를 변경하고자 하는 사람들의 개인정보자기결정권을 침해하는 것은 아니다. O X

17 ☐☐☐
학교폭력 가해학생에 대한 조치사항을 학교생활기록부에 기재하고 졸업할 때까지 보존하는 것은 과잉금지원칙에 위배되어 가해학생의 개인정보자기결정권을 침해한다. O X

18 ☐☐☐
통신매체이용음란죄로 유죄판결이 확정된 자는 신상정보 등록대상자가 된다고 규정한 성폭력범죄의 처벌 등에 관한 특례법 제42조 제1항 중 "제13조의 범죄로 유죄판결이 확정된 자는 신상정보 등록대상자가 된다."라는 부분은 청구인의 개인정보자기결정권을 침해한다. O X

19 ☐☐☐
형의 실효 등에 관한 법률에서 수사경력자료의 보존 및 보존기간을 정하면서 범죄경력자료의 삭제에 대해 규정하지 않은 것은 개인정보자기결정권을 침해한다. O X

20 ☐☐☐
정부에 대한 반대 견해나 비판에 대하여 합리적인 홍보와 설득으로 대처하는 것이 아니라 비판적 견해를 가졌다는 이유만으로 국가의 지원에서 일방적으로 배제함으로써 정치적 표현의 자유를 제재하는 공권력의 행사는 헌법의 근본원리인 국민주권주의와 자유민주적 기본질서에 반하는 것으로 그 목적의 정당성을 인정할 수 없다. O X

정답 및 해설

14 O 공익적 목적을 위하여 공직선거 후보자의 사생활의 비밀과 자유를 한정적으로 제한하는 것이어서 청구인들의 사생활의 비밀과 자유를 침해한다고 볼 수 없다(헌재 2008.4.24, 2006헌마402 등).

15 × 타인의 인적 사항 도용 방지 등 각종 신원확인의 목적을 위하여 이용함으로써 달성할 수 있게 되는 공익이 더 크다고 보아야 할 것이므로, 이 사건 지문날인제도는 과잉금지의 원칙에 위배되지 아니한다(헌재 2005.5.26, 99헌마513).

16 × 주민등록번호는 개인정보이며, 심판대상조항은 주민등록번호 변경에 관한 규정을 두고 있지 않다. 현대 사회에서 개인정보가 불법유출 오·남용으로 인한 피해에 대해 변경을 일률적으로 허용하지 않는 것은 과도한 침해가 된다(헌재 2015.12.23, 2013헌바68).

17 × 학교폭력 관련 조치사항을 학교생활기록의 '행동특성 및 종합의견'에 입력하도록 규정한 것과 이렇게 입력된 조치사항을 졸업과 동시에 삭제하도록 규정한 것은 법률유보원칙이나 과잉금지원칙에 반하여 개인정보자기결정권을 침해하지 않는다(헌재 2016.4.28, 2012헌마630).

18 O 통신매체이용음란죄로 유죄의 확정판결을 받은 자에 대하여 개별 행위 유형에 따른 죄질 및 재범의 위험성을 고려하지 않고 모두 신상정보 등록대상자가 되도록 하여 개인정보자기결정권을 침해하여 헌법에 위반된다(헌재 2016.3.31, 2015헌마688).

19 × 혐의 없음의 불기소처분을 받은 경우에도 수사경력자료를 보존하고 그 보존기간을 두는 것은 수사의 반복을 피하기 위한 것으로 개인정보자기결정권을 침해하지 아니한다(헌재 2012.7.26, 2010헌마446).

20 O 이른바 문화예술계 블랙리스트 사건과 관련하여, 정부의 지원을 차단할 목적으로 개인의 정치적 견해에 관한 정보를 수집·보유·이용한 행위가 개인의 개인정보자기결정권을 침해하는 것으로 위헌임을 확인하였다. 또한 정부에 대한 비판적 견해를 가졌다는 이유로 지원사업에서 배제되도록 지시한 것은, 정치적 표현의 자유에 대한 사후적인 제한으로서, 헌법상 허용될 수 없음을 확인하였다(헌재 2020.12.23, 2017헌마416).

21 ☐☐☐
외국인에게도 입국의 자유가 인정된다. ◯|✗

22 ☐☐☐
일반적으로 외국인인 개인이 특정한 국가의 국적을 선택할 권리가 자연권으로서 또는 우리 헌법상 당연히 인정된다. ◯|✗

23 ☐☐☐
형사재판에 계속 중인 사람에 대하여 법무부장관이 6개월 이내의 기간을 정하여 출국을 금지할 수 있다고 규정한 출입국관리법 조항은 영장주의에 위반되지 아니한다. ◯|✗

24 ☐☐☐
통신비밀보호법은 불법감청에 의하여 지득 또는 채록된 전기통신의 내용은 재판절차에서 증거로 사용될 수 없음을 명문으로 규정하고 있다. ◯|✗

25 ☐☐☐
3인 간의 대화에 있어서 그중 한 사람이 그 대화를 녹음하는 경우에 다른 두 사람의 발언은 그 녹음자에 대한 관계에서 타인 간의 대화라고 할 수 있으므로 이를 녹음한 행위는 공개되지 아니한 타인 간의 대화를 녹음 또는 청취하지 못한다고 규정한 통신비밀보호법 제3조 제1항에 위배된다. ◯|✗

26 ☐☐☐
통신제한조치기간의 연장을 허가함에 있어 총연장기간 내지 총연장횟수의 제한을 두지 아니하고 무제한 연장을 허가할 수 있도록 규정한 통신비밀보호법 중 전기통신에 관한 '통신제한조치기간의 연장'에 관한 부분은 과잉금지원칙을 위반하여 통신의 비밀을 침해한다. ◯|✗

27 ☐☐☐
긴급통신제한조치의 집행에 착수한 때부터 36시간 이내에 법원의 허가를 받지 못한 경우에는 해당 조치를 즉시 중지하고 해당 조치로 취득한 자료를 폐기하여야 한다. ◯|✗

정답 및 해설

21 ✗ 외국인은 원칙적으로 거주·이전의 자유가 보장되지 아니한다. 다만, 입국이 허락된 외국인에게는 출국의 자유는 인정된다.

22 ✗ 일반적으로 외국인인 개인이 특정한 국가의 국적을 선택할 권리가 자연권으로서 또는 우리 헌법상 당연히 인정된다고는 할 수 없다(헌재 2006.3.30, 2003헌마806).

23 ◯ 출국금지후 즉시 서면으로 통지하도록 하고 있고, 이의신청이나 행정소송을 통하여 출국금지결정에 대해 사후적으로 다툴 수 있는 기회를 제공하여 절차적 참여를 보장해 주고 있으므로 적법절차원칙에 위배된다고 보기 어렵다(헌재 2015.9.24, 2012헌바302).

24 ◯ 우편물의 검열 또는 전기통신의 감청을 하거나 공개되지 아니한 타인 간의 대화를 녹음 또는 청취하지 못한다. 이러한 불법검열에 의하여 취득한 우편물이나 그 내용 및 불법감청에 의하여 지득 또는 채록된 전기통신의 내용은 재판 또는 징계절차에서 증거로 사용할 수 없다(통신비밀보호법 제4조).

25 ✗ 통신비밀보호법 제3조 제1항이 "공개되지 아니한 타인간의 대화를 녹음 또는 청취하지 못한다."고 정한 것은, 대화에 원래부터 참여하지 않는 제3자가 그 대화를 하는 타인들 간의 발언을 녹음해서는 아니 된다는 취지이다. 3인간의 대화에 있어서 그 중 한 사람이 그 대화를 녹음하는 경우에 다른 두 사람의 발언은 그 녹음자에 대한 관계에서 '타인간의 대화'라고 할 수 없으므로 이와 같은 녹음행위가 통신비밀보호법 제3조 제1항에 위배된다고 볼 수는 없다(대판 2006.10.12, 2006도4981).

26 ◯ 통신제한조치의 총연장기간이나 총연장횟수를 제한하지 않고 계속해서 통신제한조치가 연장될 수 있도록 한 이 사건 법률 조항은 최소침해성원칙을 위반한 것이다(헌재 2010.12.28, 2009헌가30).

27 ◯ 긴급통신제한조치의 집행에 착수한 때부터 36시간 이내에 법원의 허가를 받지 못한 경우에는 해당 조치를 즉시 중지하고 해당 조치로 취득한 자료를 폐기하여야 한다(통신비밀보호법 제8조).

28 ☐☐☐
인터넷회선 감청은 서버에 저장된 정보가 아니라, 인터넷상에서 발신되어 수신되기까지의 과성 중에 수집되는 정보, 즉 전송 중인 정보의 수집을 위한 수사이므로, 압수ㆍ수색과 구별되지 않는다. O|X

29 ☐☐☐
신병훈련소에서 교육훈련을 받는 동안 신병의 전화사용을 통제하는 육군 신병교육지침서는 통신의 자유를 필요한 정도를 넘어 과도하게 제한하고 있는 것은 아니다. O|X

30 ☐☐☐
서울용산경찰서장이 국민건강보험공단에 청구인들의 요양급여내역의 제공을 요청한 사실조회행위는 임의수사에 해당하나 이에 응해 이루어진 정보제공행위에 대해서는 헌법상 영장주의가 적용된다. O|X

31 ☐☐☐
헌법상 영장주의는 체포ㆍ구속ㆍ압수ㆍ수색 등 기본권을 제한하는 강제처분에 적용되므로, 강제력이 개입되지 않은 임의수사에 해당하는 수사기관 등의 통신자료 취득에는 영장주의가 적용되지 않는다. O|X

32 ☐☐☐
기지국 수사를 허용하는 통신사실 확인자료 제공요청은 법원의 허가에 의해 해당 가입자의 동의나 승낙을 얻지 아니하고도 제3자인 전기통신사업자에게 해당 가입자에 관한 통신사실 확인자료의 제공을 요청할 수 있도록 하는 수사방법이므로 헌법상 영장주의가 적용되지 않는다. O|X

33 ☐☐☐
수사기관 등이 전기통신사업자에게 이용자의 성명 등 통신자료의 열람이나 제출을 요청할 수 있도록 한 전기통신사업법 해당 조항은 통신자료 취득에 대한 사후통지절차를 두지 않아 적법절차원칙에 위배된다. O|X

정답 및 해설

28 × 인터넷회선 감청은 서버에 저장된 정보가 아니라, 인터넷상에서 발신되어 수신되기까지의 과정 중에 수집되는 정보, 즉 전송 중인 정보의 수집을 위한 수사이므로, 압수ㆍ수색과 구별된다(헌재 2018.8.30, 2016헌마263).

29 ○ 이 사건 지침은 신병교육기간 동안 신병들의 전화사용을 통제하고 있으므로 헌법 제18조가 보장하는 통신의 자유를 제한하고 있다. 다만, 이는 신병들을 군인으로 육성하고 교육훈련과 병영생활에 조속히 적응시키기 위한 것으로 과도하게 제한하는 것이라고 보기 어렵다(헌재 2010.10.28, 2007헌마890).

30 × 이 사건 사실조회행위는 강제력이 개입되지 아니한 임의수사에 해당하므로, 이에 응하여 이루어진 이 사건 정보제공행위에도 영장주의가 적용되지 않는다. 그러므로 이 사건 정보제공행위가 영장주의에 위배되어 청구인들의 개인정보자기결정권을 침해한다고 볼 수 없다(헌재 2018.8.30, 2014헌마368).

31 ○ 헌법상 영장주의는 체포ㆍ구속ㆍ압수ㆍ수색 등 기본권을 제한하는 강제처분에 적용되므로, 강제력이 개입되지 않은 임의수사에 해당하는 수사기관 등의 통신자료 취득에는 영장주의가 적용되지 않는다(헌재 2022.7.21, 2016헌마388 등).

32 × 기지국 수사를 허용하는 통신사실 확인자료 제공요청은 법원의 허가를 받으면, 해당 가입자의 동의나 승낙을 얻지 아니하고도 제3자인 전기통신사업자에게 해당 가입자에 관한 통신사실 확인자료의 제공을 요청할 수 있도록 하는 수사방법으로, 통신비밀보호법이 규정하는 강제처분에 해당하므로 헌법상 영장주의가 적용된다(헌재 2018.6.28, 2012헌마538 등). 다만, 법원의 허가를 받았기 때문에 영장주의에 위배되지는 않는다.

33 ○ 통신자료 취득에 대한 사후통지절차를 두지 않아 적법절차원칙에 위배되어 개인정보자기결정권을 침해한다(헌재 2022.7.21, 2016헌마388).

제2편 기본권론

제3장 자유권적 기본권

정신적 자유권

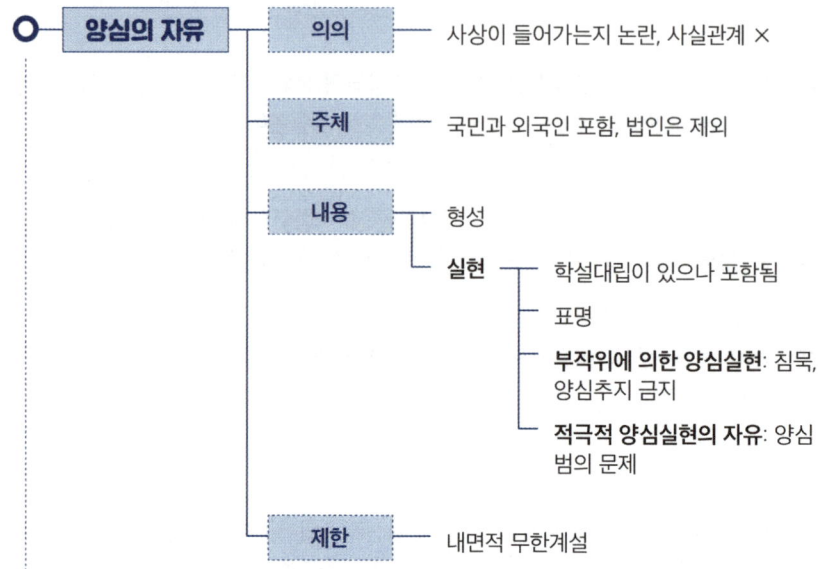

- **양심의 자유**
  - 의의: 사상이 들어가는지 논란, 사실관계 ×
  - 주체: 국민과 외국인 포함, 법인은 제외
  - 내용
    - 형성
    - **실현**
      - 학설대립이 있으나 포함됨
      - 표명
      - **부작위에 의한 양심실현**: 침묵, 양심추지 금지
      - **적극적 양심실현의 자유**: 양심범의 문제
  - 제한: 내면적 무한계설

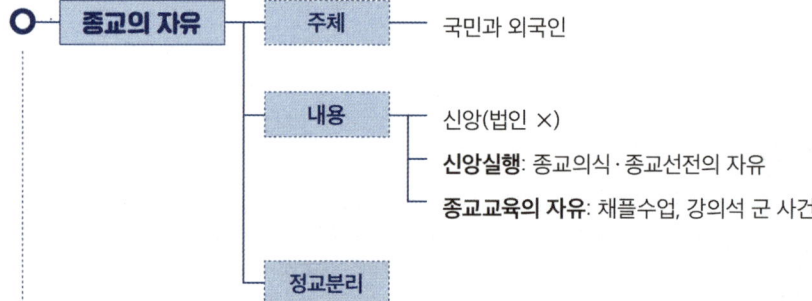

- **종교의 자유**
  - 주체: 국민과 외국인
  - 내용
    - 신앙(법인 ×)
    - **신앙실행**: 종교의식·종교선전의 자유
    - **종교교육의 자유**: 채플수업, 강의석 군 사건
  - 정교분리

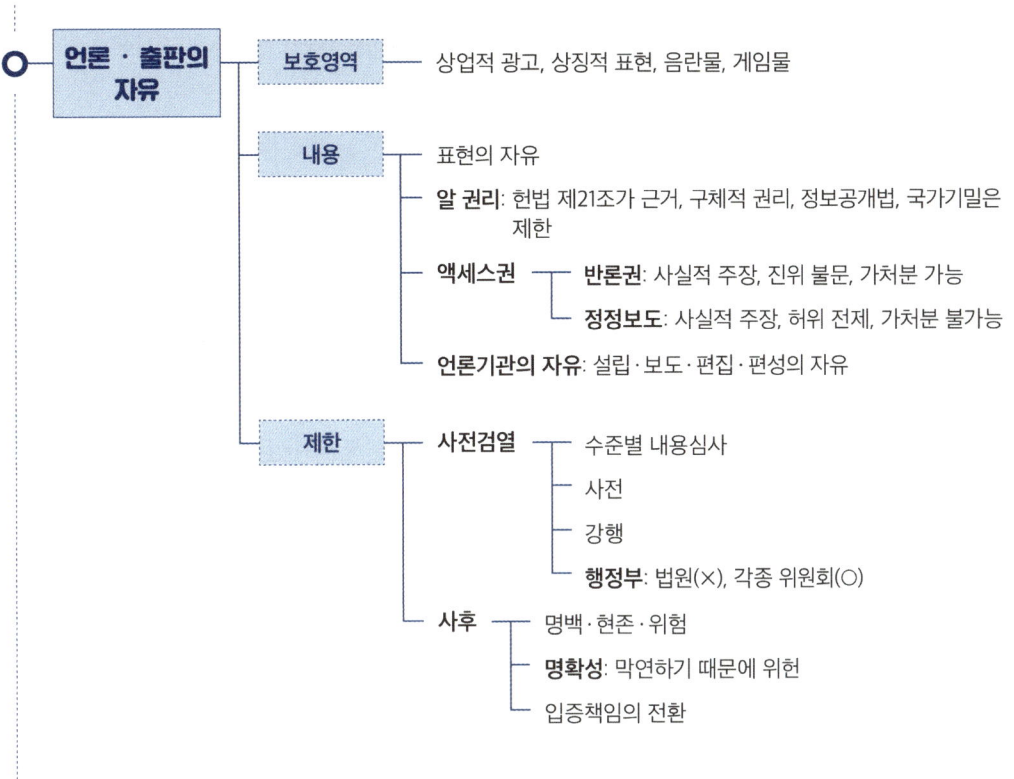

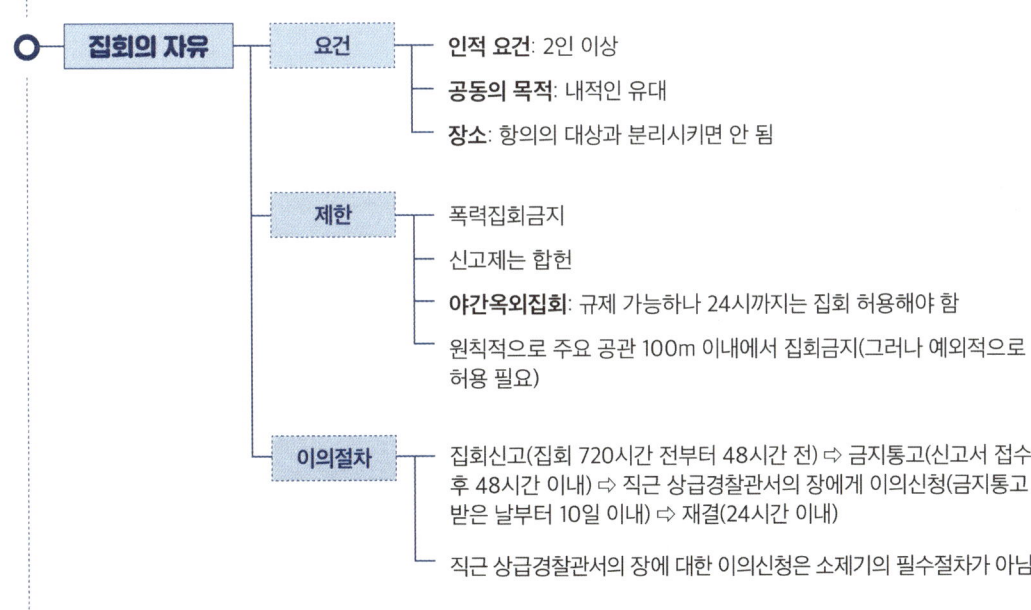

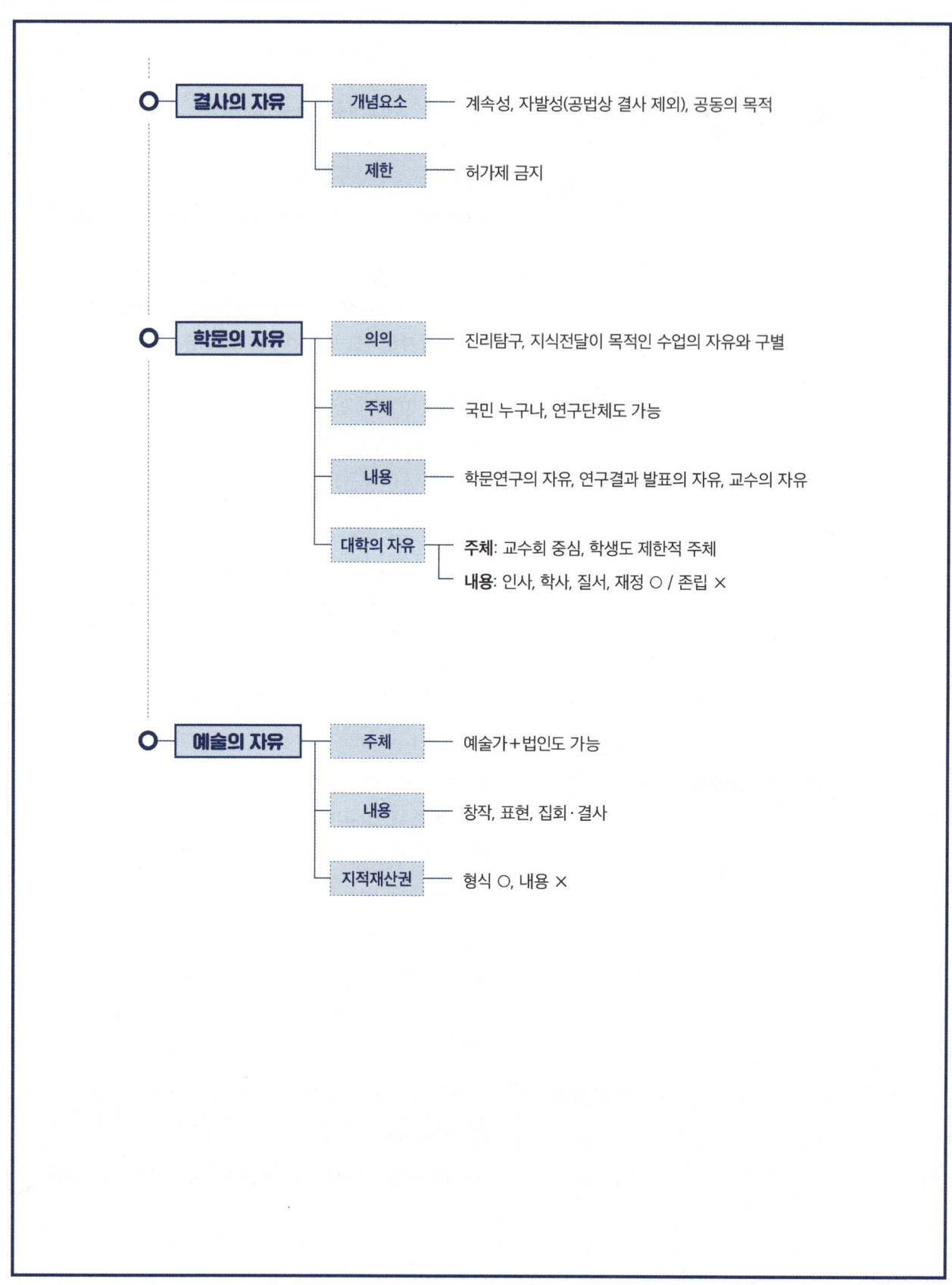

제3절 정신생활영역의 자유

제1항 양심의 자유

> 헌법 제19조 모든 국민은 양심의 자유를 가진다.

01 의의

(1) 양심의 자유란 어떤 일의 옳고 그름을 판단함에 있어서 그렇게 행동하지 않고서는 자신의 인격적인 존재가치가 파멸될 것이라는 절박하고 진지한 마음의 소리이다(헌재 1997.3.27, 96헌가11; 헌재 2004.8.26, 2002헌가1). 05. 입시, 07. 법원직

(2) 양심상의 결정이 어떠한 종교관·세계관 또는 그 외의 가치체계에 기초하고 있는가와 관계없이 모든 내용에 대한 양심상의 결정이 양심의 자유에 의하여 보장된다. 05. 입시

(3) 단순한 사실관계의 확인은 물론, 법률해석에 관하여 여러 가지 견해가 갈리는 경우처럼 다소의 가치관련성을 가진다 하더라도 개인의 인격형성과는 관계가 없는 사사로운 사유나 의견 등은 양심의 자유의 보호대상이 아니다(헌재 2001.8.30, 99헌바92 등). 03. 국가직 7급, 04. 국회직 8급, 07. 법원직

(4) 헌법상 양심의 자유에 의해 보호받는 '양심'으로 인정할 것인지의 판단은 그것이 깊고, 확고하며, 진실된 것인지 여부에 따르게 된다. 그리하여 양심적 병역거부를 주장하는 사람은 자신의 '양심'을 외부로 표명하여 증명할 최소한의 의무를 진다(헌재 2018.6.28, 2011헌바379 등).

(5) '양심적' 병역거부는 실상 당사자의 '양심에 따른' 혹은 '양심을 이유로 한' 병역거부를 가리키는 것일 뿐이지 병역거부가 '도덕적이고 정당하다'는 의미는 아닌 것이다(헌재 2018.6.28, 2011헌바379 등).

판례 | 양심의 개념

'양심의 자유'가 보장하고자 하는 '양심'은 민주적 다수의 사고나 가치관과 일치하는 것이 아니라, 개인적 현상으로서 **지극히 주관적인 것이다. 양심은 그 대상이나 내용 또는 동기에 의하여 판단될 수 없으며, 특히 양심상의 결정이 이성적·합리적인가, 타당한가 또는 법질서나 사회규범, 도덕률과 일치하는가 하는 관점은 양심의 존재를 판단하는 기준이 될 수 없다.** 일반적으로 민주적 다수는 법질서와 사회질서를 그의 정치적 의사와 도덕적 기준에 따라 형성하기 때문에, 그들이 국가의 법질서나 사회의 도덕률과 양심상의 갈등을 일으키는 것은 예외에 속한다. 양심의 자유에서 현실적으로 문제가 되는 것은 사회적 다수의 양심이 아니라, 국가의 법질서나 사회의 도덕률에서 벗어나려는 소수의 양심이다. 따라서 **양심상의 결정이 어떠한 종교관·세계관 또는 그 외의 가치체계에 기초하고 있는가와 관계없이, 모든 내용의 양심상의 결정이 양심의 자유에 의하여 보장된다**(헌재 2004.8.26, 2002헌가1).

기출 OX

01 헌법이 보호하려는 양심은 어떤 일의 옳고 그름을 판단함에 있어서 그렇게 행동하지 아니하고는 자신의 인격적인 존재가치가 허물어지고 말 것이라는 강력하고 진지한 마음의 목소리이지, 막연하고 추상적인 개념으로서의 양심이 아니다. 04. 국회직 8급 ( )

02 단순한 사실관계의 확인은 물론, 법률해석에 관하여 여러 가지 견해가 갈리는 경우처럼 다소의 가치관련성을 가진다 하더라도 개인의 인격형성과는 관계가 없는 사사로운 사유나 의견 등은 양심의 자유의 보호대상이 아니다. 04. 국회직 8급 ( )

03 개인의 인격형성과 관계가 없는 사사로운 사유나 의견 등은 헌법 제19조에서 말하는 양심에 포함되지 않는다. 03. 국가직 7급 ( )

04 양심의 자유는 윤리적 판단을 국가권력에 의하여 외부에 표명하도록 강제받지 아니할 자유를 포함하지 않는다. 13. 국가직 7급 ( )

05 양심의 자유의 '양심'은 민주적 다수의 사고나 가치관과 일치하는 것이 아니라, 개인적 현상으로서 지극히 주관적인 것이다. 19. 국가직 7급 ( )

06 양심은 그 대상이나 내용 또는 동기에 의하여 판단되는 것으로, 특히 양심상의 결정이 이성적·합리적인가, 타당한가 또는 법질서나 사회규범·도덕과 일치하는가 하는 관점이 양심의 존재를 판단하는 기준이 된다. 19. 국가직 7급 ( )

정답 01 ○ 02 ○ 03 ○ 04 × 05 ○ 06 ×

(6) 양심의 개념에 사상을 포함할 것인가가 문제가 된다. 헌법재판소는 사죄광고와 불고지죄 사건에서는 양심의 개념을 넓게 파악하여 사상을 포함시켰으나, 음주측정과 준법서약제 사건에서는 윤리적 양심에 국한시키고 있다.

> **판례 | 양심의 자유에 관한 판례**
>
> **1 공정거래위원회의 법 위반사실 공표명령 [합헌, 위헌]**
> [1] 이러한 법률판단의 문제는 개인의 인격형성과는 무관하며, 대화와 토론을 통하여 가장 합리적인 것으로 그 내용이 동화되거나 수렴될 수 있는 포용성을 가지는 분야에 속한다고 할 것이므로 헌법 제19조에 의하여 보장되는 양심의 영역에 포함되지 아니한다. 04. 국회직 8급, 07·08. 법원직
> [2] 법 위반사실의 공표명령은 공소제기조차 되지 아니하고 단지 고발만 이루어진 수사의 초기단계에서 아직 법원의 유무죄에 대한 판단이 가려지지 아니하였는데도 관련 행위자를 유죄로 추정하는 불이익한 처분이 된다(헌재 2002.1.31, 2001헌바43).
>
> ✎ 법위반 사실, 즉 사실관계에 불과하니 이는 양심의 영역에 포함되지 않는다.
>
> **2 공직선거에서의 '전부 거부' 표시 금지 [각하]**
> '전부 불신'의 표출방법을 보장하지 않아 청구인들이 투표를 하거나 기권할 수밖에 없다고 하더라도, 이는 양심의 자유에서 말하는 인격적 존재가치로서의 '양심'과 무관하다. 그러한 행위는 진지한 윤리적 결정에 관계된 것이라기보다는 공직후보자에 대한 의견의 표현행위에 관한 것이며 양심의 자유의 보호영역에 포함된다고 볼 수 없다. 따라서 이 사건 조항은 양심의 자유를 제한하지 않는다(헌재 2007.8.30, 2005헌마975).
>
> **3 준법서약제가 양심의 자유를 침해하는지 여부 [합헌]**
> [1] 헌법상 그 침해로부터 보호되는 양심은 첫째, 문제된 당해 실정법의 내용이 양심의 영역과 관련되는 사항을 규율하는 것이어야 하고, 둘째, 이에 위반하는 경우 이행강제, 처벌 또는 법적 불이익의 부과 등 **법적 강제가 따라야** 하며, 셋째, 그 위반이 양심상의 명령에 따른 것이어야 한다.
> [2] 헌법과 법률을 준수할 의무는 국민의 기본의무로서 헌법상 명문의 규정은 없으나 우리 헌법에서도 자명한 것이다. 따라서 이 사건 준법서약은 어떤 구체적이거나 적극적인 내용을 담지 않은 채 **단순한 헌법적 의무의 확인·서약에 불과하다 할 것이어서 양심의 영역을 건드리는 것이 아니다.**
> [3] 이 사건의 경우, 가석방 심사 등에 관한 규칙 제14조에 의하여 준법서약서의 제출이 반드시 법적으로 강제되어 있는 것이 아니다.
> [4] 이와 같이 위 규칙 조항은 내용상 당해 수형자에게 하등의 법적 의무를 부과하는 것이 아니며 이행강제나 처벌 또는 법적 불이익의 부과 등 방법에 의하여 준법서약을 강제하고 있는 것이 아니므로 당해 수형자의 **양심의 자유를 침해하는 것이 아니다**(헌재 2002.4.25, 98헌마425 등). 03. 국가직 7급, 04. 국회직 8급, 08. 법원직
>
> **4 주취운전혐의자의 음주측정에 응할 의무 [합헌]**
> 음주측정에 응해야 할 것인지, 거부해야 할 것인지 그 상황에서 고민에 빠질 수는 있겠으나 그러한 고민은 선과 악의 범주에 관한 진지한 윤리적 결정을 위한 고민이라 할 수 없으므로 그 고민 끝에 어쩔 수 없이 음주측정에 응하였다 하여 내면적으로 구축된 인간양심이 왜곡·굴절된다고 할 수도 없다. 따라서 **음주측정요구와 그 거부는 양심의 자유의 보호영역에 포괄되지 아니하므로** 이 사건 법률 조항을 두고 헌법 제19조에서 보장하는 양심의 자유를 침해하는 것이라고 할 수 없다(헌재 1997.3.27, 96헌가11). 07. 국회직 8급

기출 OX

01 '법 위반사실의 공표명령'은 단순히 법 위반사실 자체를 공표하라는 것일 뿐, 사죄 내지 사과하라는 의미요소를 가지고 있지 않으므로 양심의 자유를 침해하는 것이 아니다. 04. 국회직 8급 ( )
⇨ 다만, 무죄추정에 위배되고, 진술거부권, 일반적 행동자유권을 침해한다.

02 표현의 자유는 자신의 의사를 표현하고 전파할 적극적 자유, 자신의 의사를 표현하지 아니할 소극적 자유, 국가에게 표현의 자유를 실현할 수 있는 방법을 적극적으로 마련해 줄 것을 요청할 수 있는 자유를 포함한다. 따라서 '국가가 공직후보자들에 대한 유권자의 전부 거부 의사표시를 할 방법을 보장해 줄 것'도 표현의 자유의 보호범위에 포함된다. 18. 법원직 ( )

03 국가보안법 위반 및 집회 및 시위에 관한 법률 위반 수형자의 가석방결정시 제출하도록 한 가석방 심사 등에 관한 규칙 제14조의 준법서약은 양심의 영역을 침범하는 것이다. 08. 법원직 ( )

정답 01 ○ 02 × 03 ×

02 주체

양심의 자유의 향유주체는 모든 국민과 외국인이며 성질상 법인은 제외된다. 통설은 헌법재판소는 법인의 인격권의 주체성은 긍정하였으나, "사죄광고는 법인의 경우라면 그 대표자에게 양심표명을 강제하는 결과가 된다."라고 하여 법인 자체의 양심의 자유의 주체성은 부정한 바 있다(헌재 1991.4.1, 89헌마160).

03 내용

1. 양심형성의 자유

(1) 개념

양심형성의 자유란 자신의 논리적 판단에 따라 사물의 옳고 그름을 판단하는 자유를 의미한다. 국가가 특정한 양심이나 사상을 강요해서는 안 될 것이다. 국가가 특정한 양심·사상을 강요하는 것은 양심의 자유의 침해가 된다.

(2) 실효성 여부

양심형성의 자유가 실효성을 나타내기 위해서는 자유로운 토론 분위기가 보장되며, 다수의 생각이 언제나 타당하다는 의제된 진실이 강요되어서는 안 될 것이다. 헌법재판소도 양심형성의 자유와 양심상 결정의 자유는 내심에 머무르는 한 절대적 자유라고 보고 있다(헌재 1998.7.16, 96헌바35).

2. 양심실현의 자유

(1) 개념

양심실현의 자유란 형성된 양심을 외부로 표명하고, 양심에 따라 삶을 형성할 자유를 말한다(헌재 2004.8.26, 2002헌가1).

(2) 인정 여부*

* 판례는 양심실현도 양심의 자유에 포함되는 것으로 보고 있다.

> **판례 | 국가보안법 제10조의 불고지죄 [합헌]**
>
> 본인의 양심이나 사상에 비추어 범죄가 되지 아니한다거나 이를 수사기관 또는 정보기관에 고지하는 것이 양심이나 사상에 어긋난다는 등의 이유로 고지하지 아니하는 것은 **결국 부작위에 의한 양심실현, 즉 내심의 의사를 외부에 표현하거나 실현하는 행위가 되는 것이고,** … 여러 가지 국내외 정세의 변화에도 불구하고 남·북한의 정치·군사적 대결이나 긴장관계가 여전히 존재하고 있는 우리의 현실, 구 국가보안법 제10조가 규정한 **불고지죄가 보호하고자 하는 국가의 존립·안전이라는 법익의 중요성**, 범인의 친족에 대한 형사처벌에 있어서의 특례설정 등 제반 사정에 비추어 볼 때 구 국가보안법 제10조가 양심의 자유를 제한하고 있다 하더라도 그것이 헌법 제37조 제2항이 정한 과잉금지의 원칙이나 기본권의 본질적 내용에 대한 침해금지의 원칙에 **위반된 것이라고 볼 수 없다**(헌재 1998.7.16, 96헌바35).

(3) 내용
① **양심표명의 자유**: 양심표명의 자유란 형성된 양심을 적극적으로 외부에 표명하고 그에 따라 행동할 수 있는 자유뿐만 아니라 그 양심을 표명하지 않거나 그에 따라 행동하지 아니할 자유까지 포함한다.
② **부작위에 의한 양심실현의 자유**
  ㉠ 내부에 형성된 양심을 행동을 통하여 표현하도록 강제되어서는 안 된다. 따라서 십자가 밟기나 충성선서(공직자의 임용 또는 재직요건으로서 헌법이나 국가에 대한 충성을 선서시키고 반국가성을 심사하여 임용조건으로 삼는 것) 등의 외부적 행위를 하게 함으로써 추정하는 것은 허용되지 않는다.
  ㉡ 양심에 반하는 행위의 강제금지
    ⓐ 사죄광고: 사죄광고의 위헌성 여부가 문제된다. 사죄광고는 인간의 본심에 반하여 선악의 판단을 외부에 표현시켜 마음에도 없는 사죄표시를 판결로 명하는 것으로 이는 양심의 자유에 반한다. 헌법재판소는 법원이 판결로 사죄광고의 게재를 명하는 것은 양심의 자유를 침해하는 것으로 위헌이라고 하였다(헌재 1991.4.1, 89헌마160).
    ⓑ 양심적 집총거부: 양심상의 결정을 이유로 집총을 거부할 수 있는가가 문제된다. 우리나라 대법원은 이를 인정하지 않고 있다.

기출 OX
01 재판절차에서 단순한 사실에 관한 증언거부는 침묵자유에 대한 침해가 아니다. 03. 국가직 7급 ( )

기출 OX
02 법원이 타인의 명예를 훼손한 자에게 명예회복에 적당한 처분으로 사죄광고를 명하는 것은 양심의 자유를 침해한다. 11. 국가직 7급 변형 ( )

기출 OX
03 현역입영 또는 소집통지서를 받은 자가 정당한 사유 없이 입영하지 않거나 소집에 응하지 않은 경우를 처벌하는 구 병역법 처벌조항은 과잉금지원칙을 위배하여 양심적 병역거부자의 양심의 자유를 침해한다. 20. 지방직 7급 ( )

판례 | 양심적 병역거부에 관한 판례

1 **양심적 병역거부자에 대한 형사처벌 [헌법불합치]**
  [1] 병역의 종류를 현역, 예비역, 보충역, 병역준비역, 전시근로역의 다섯 가지로 한정하여 규정하고 양심적 병역거부자에 대한 대체복무제를 규정하지 아니한 병역종류조항이 과잉금지원칙을 위반하여 양심적 병역거부자의 양심의 자유를 침해한다.
  [2] 처벌조항은 정당한 사유 없이 병역의무를 거부하는 병역기피자를 처벌하는 조항으로서, 과잉금지원칙을 위반하여 양심적 병역거부자의 양심의 자유를 침해한다고 볼 수는 없다(헌재 2018.6.28, 2011헌바379 등).

2 **대체복무제 사건 [기각]**
  [1] 교정실로 복무장소 국한
    복무 장소가 교정시설에 국한되었을 뿐, 청구인들이 주장하는 사회복지시설, 병원, 응급구조시설, 공공기관 등 다른 기관에서 대체복무요원이 복무를 하게 된다 하더라도 부여될 수 있는 다양한 업무들을 수행하고 있다.
  [2] 복무기간 36개월부분
    병역법에 따르면 육군의 복무기간이 2년이 원칙이어서 기간이 크게 차이나지 않는다. 현역병은 각종 사고와 위험에 노출되기 때문에 합리적이다.
  [3] 합숙조항
    현역병이 원칙적으로 군부대 안에서 합숙복무를 하고 있고 이들과의 형평성 등을 고려했기 때문으로 보인다.

정답 01 O 02 O 03 ✕

[4] 공용공간에 CCTV
교정시설의 계호, 경비, 보안 등의 목적을 달성하기 위하여 불가피한 점이 있다.
[5] 정당에 가입을 금지
대체복무요원의 정치적 중립성을 유지하며 업무전념성을 보장하고자 하는 것으로, 청구인의 정당가입의 자유를 침해하지 않는다(헌재 2024.5.30, 2021헌마117).

③ 적극적 양심실현의 자유
㉠ 의미: 자신의 양심에 따라 표현하거나 활동할 수 있는 자유를 말한다.
㉡ 양심범 문제: 법을 따르는 것이 자신의 인격적인 존재가치의 파멸을 의미하게 되어 양심의 소리에 따라 법규범에 반하는 행동을 한 양심범의 헌법적 평가가 문제된다.

판례 | '공익신고자 보호법'상 보상금 제한 [합헌]

내부 공익신고자는 조직 내에서 배신자라는 오명을 쓰기 쉬우며, 공익신고로 인하여 신분상·경제상 불이익을 받을 개연성이 높다. 이 때문에 보상금이라는 경제적 지원조치를 통해 내부 공익신고를 적극적으로 유도할 필요성이 인정된다. 반면, '내부 공익신고자가 아닌 공익신고자'(이하 '외부 공익신고자'라 한다)는 내부 공익신고자에 비해 상대적으로 신고의 정확성 및 타당성이 낮을 수밖에 없어 양자의 차별에는 합리적인 이유가 있다(헌재 2021.5.27, 2018헌바127).

04 제한과 한계

양심의 자유 중 양심형성의 자유나 양심유지의 자유는 그 제한이 불가능하거나 불필요하기까지 하나, 양심실현의 자유의 경우에는 일정한 제약이 불가피하다고 본다(헌재 1997.11.27, 92헌바28). 04. 국회직 8급

판례 | 양심의 자유 제한에 관한 판례

1 전투경찰대원에 대한 시위진압명령 [기각]
전투경찰의 임무인 대간첩작전은 범죄의 예방, 진압 등 공공의 안녕과 질서유지라는 경찰의 본래의 임무와도 관련되고, 특히 전투경찰대의 임무에는 대간첩작전의 수행뿐 아니라 치안업무의 보조도 포함되고 있다. 따라서 불법한 집회 및 시위로 말미암아 공공질서가 교란되었거나 교란될 우려가 있는 경우 대간첩작전의 수행을 임무로 하는 전투경찰순경에 대하여 **경찰의 본래의 임무인 공공의 안녕과 질서유지를 위하여 시위진압명령을 한 것**이 행복추구권 및 **양심의 자유를 침해한 것이라고 볼 수 없다**(헌재 1995.12.28, 91헌마80).
⚖ 전투경찰순경으로서 대간첩작전을 수행하는 것도 넓은 의미에서 헌법 제39조 소정의 국방의 의무를 수행하는 것으로 볼 수 있다.

2 자동차 좌석안전띠 착용강제 [기각]

[1] 사생활의 비밀과 자유를 침해하는지 여부(소극)

일반 교통에 사용되고 있는 도로는 국가와 지방자치단체가 그 관리책임을 맡고 있는 영역이며, 수많은 다른 운전자 및 보행자 등의 법익 또는 공동체의 이익과 관련된 **영역으로, 그 위에서 자동차를 운전하는 행위는 더 이상 개인적인 내밀한 영역에서의 행위가 아니며**, 자동차를 도로에서 운전하는 중에 좌석안전띠를 착용할 것인가 여부의 생활관계가 개인의 전체적 인격과 생존에 관계되는 '사생활의 기본조건'이라거나 자기결정의 핵심적 영역 또는 인격적 핵심과 관련된다고 보기 어려워 더 이상 사생활영역의 문제가 아니므로, 운전할 때 운전자가 좌석안전띠를 착용할 의무는 청구인의 사생활의 비밀과 자유를 침해하는 것이라 할 수 없다.

[2] 양심의 자유를 침해하는지 여부(소극)

제재를 받지 않기 위하여 어쩔 수 없이 **좌석안전띠를 매었다 하여 청구인이 내면적으로 구축한 인간양심이 왜곡·굴절되고 청구인의 인격적인 존재가치가 허물어진다고 할 수는 없어** 양심의 자유의 보호영역에 속하지 아니하므로, 운전 중 운전자가 좌석안전띠를 착용할 의무는 청구인의 양심의 자유를 침해하는 것이라 할 수 없다(헌재 2003.10.30, 2002헌마518).

제2항 종교의 자유

01 서설

> 헌법 제20조 ① 모든 국민은 종교의 자유를 가진다.
> ② 국교는 인정되지 아니하며, 종교와 정치는 분리된다.

1. 의의

(1) 헌법규정

우리 헌법은 인간의 내면적인 정신영역에서의 개성신장을 돕는 하나의 방법으로 종교의 자유(헌법 제20조)를 보장하고 있다.

(2) 연혁

우리 헌법은 건국헌법 이래 종교의 자유를 양심의 자유와 함께 규정했다가 1962년의 제3공화국 헌법에서부터 종교의 자유가 분리되었다.

(3) 개념

종교의 자유는 종교생활을 그 보호대상으로 하는 것인데, 종교란 인간의 형이상학적인 신앙을 그 내용으로 하는 것으로서 상념의 세계에만 존재하는 초인적인 절대자에 대한 귀의 또는 신과 내세에 대한 '내적인 확신'의 집합개념이다. 종교이기 위해서는 신과 피안에 대한 우주관적인 확신이 필요하다.

2. 법적 성격

종교의 자유는 국가권력에 대한 방어권으로서 주관적 공권인 동시에 국가의 종교적 중립성의 근거가 되는 객관적 가치질서로서의 성격을 갖는다.

3. 주체

종교의 자유의 향유주체는 모든 국민과 외국인이다. 성질상 법인은 주체가 될 수 없으나, 종교적 단체에는 선교나 예배의 자유가 인정된다.

4. 내용

(1) 신앙의 자유

신앙의 자유는 '신앙을 가지는 자유'와 '신앙을 가지지 않는 자유'를 말하는데, '신앙을 가지는 자유'에는 신앙선택, 신앙변경, 신앙포기, 신앙고백, 신앙침묵의 자유 등이 이에 속한다. 무신론도 일종의 신앙이기 때문에 신앙의 자유에 의한 보호를 받는다.

(2) 신앙실행의 자유

① **개념**: 신앙실행의 자유는 여러 가지 종교행사 내지 종교활동을 통해서 신앙을 실천하는 자유이다. 신앙실행의 자유에는 종교의식의 자유, 종교선전(포교)의 자유, 종교교육의 자유, 종교적 집회·결사의 자유 등이 포함된다.

> **판례 | 종교행사 참가에 관한 판례**
>
> **1 미결수용자 종교행사 불허 [인용]**
> 이 사건 결정은, 무죄가 추정되는 미결수용자에 대한 기본권 제한은 수형자의 경우보다 더 완화되어야 함에도, 미결수용자에 대하여만 일률적으로 종교행사 등에의 참석을 불허한 피청구인의 행위가 미결수용자의 종교의 자유를 침해한 것이라는 헌법재판소의 입장을 밝힌 것이다. 종교행사 등 참석불허 처우는 과잉금지원칙을 위반하여 청구인의 종교의 자유를 침해한 것이다(헌재 2011.12.29, 2009헌마527).
>
> **2 미결수용자 종교행사 4주에 1회 [기각]**
> 미결수용자는 공범이나 동일사건 관련자가 있는 경우 이를 분리하여 참석하게 해야 하는 점을 고려하면 피청구인이 미결수용자 대상 종교행사를 4주에 1회 실시한 것이 침해의 최소성에 반한다고 보기 어렵다(헌재 2015.4.30, 2013헌마190).
>
> **3 육군훈련소 내 종교행사 참석 강제 [인용]**
> 이 사건 종교행사 참석조치는 군에서 필요한 정신전력을 강화하는 데 기여하기보다 오히려 해당 종교와 군 생활에 대한 반감이나 불쾌감을 유발하여 역효과를 일으킬 소지가 크고, **훈련병들의 정신전력을 강화할 수 있는 방법으로 종교적 수단 이외에 일반적인 윤리교육 등 다른 대안도 택할 수 있으며**, 종교는 개인의 인격을 형성하는 가장 핵심적인 신념일 수 있는 만큼 종교에 대한 국가의 강제는 심각한 기본권 침해에 해당하는 점을 고려할 때, 이 사건 종교행사 참석조치는 과잉금지원칙을 위반하여 청구인들의 종교의 자유를 침해한다(헌재 2022.11.24, 2019헌마941).
> ✎ 수단의 적합성에 위반된 판례이다.

기출 OX

01 종교의 자유에는 종교전파의 자유가 포함되며, 종교전파의 자유는 국민에게 그가 선택한 임의의 장소에서 자유롭게 행사할 수 있는 권리까지 보장한다. 18. 지방직 7급 ( )

기출 OX

02 피청구인인 부산구치소장이 청구인이 미결수용자 신분으로 구치소에 수용되었던 기간 중 교정시설 안에서 매주 실시하는 종교집회 참석을 제한한 행위는 과잉금지원칙을 위반하여 청구인의 종교의 자유 중 종교적 집회·결사의 자유를 침해한 것이 아니다. 19. 법원직 ( )

03 육군훈련소장이 훈련병에게 개신교, 불교, 천주교, 원불교 종교행사 중 하나에 참석하도록 한 것은 국가가 종교를 군사력 강화라는 목적을 달성하기 위한 수단으로 전락시키거나, 반대로 종교단체가 군대라는 국가권력에 개입하여 선교행위를 하는 등 영향력을 행사할 수 있는 기회를 제공하므로, 국가와 종교의 밀접한 결합을 초래한다는 점에서 헌법상 정교분리원칙에 위배된다. 23. 순경 1차 ( )

정답 01 × 02 × 03 ○

② 내용
　㉠ **종교의식의 자유**: 일정한 종교의식을 통해서 신앙을 실현시키는 자유이다. 종교상의 예배·독경·예불·기도·행진·모금·성찬식·교회의 종 울림·사찰의 타종 등과 같은 종교상의 의식과 축전 등의 행사를 할 수 있는 자유이다.
　㉡ **종교선전의 자유**: 자신의 종교적인 확신을 남에게 선전하고 전파함으로써 신앙을 실현시키는 자유이다. 종교선전의 자유에는 순수한 교리적인 방법에 의해 타 종교를 비판하고 개종시키는 자유도 포함된다. 그러나 이러한 종교전파의 자유는 국민에게 그가 선택한 임의의 장소에서 자유롭게 행사할 수 있는 권리까지 보장한다고 할 수 없다(헌재 2008.6.26, 2007헌마1366).
　㉢ **종교교육의 자유**: 종교교육의 자유는 가정과 학교에서 종교의 교리에 입각한 교육을 실행할 수 있는 자유이다.

> **판례 | 종교교육의 자유에 관한 판례**
>
> **1 종교단체의 학교설립인가 [합헌]**
> 학교나 학원 설립에 인가나 등록주의를 취했다고 하여 감독청의 지도·감독하에서만 성직자와 종교지도자를 양성하라고 하는 것이 되거나, 정부가 성직자양성을 직접 관장하는 것이 된다고 할 수 없고, 또 특정 종교를 우대하는 것도 아니므로 이는 더 나아가 살펴볼 필요 없이 헌법 제20조 제2항이 정한 국교금지 내지 정교분리의 원칙을 위반한 것이라 할 수 없다(헌재 2000.3.30, 99헌바14).
>
> **2 학교정화구역 내 납골당 설치금지 [합헌]**
> 납골시설을 기피하는 정서는 사회의 일반적인 풍토와 문화에서 비롯된 것이고 금지되는 것은 학교 부근 200m 이내에 국한되는 것이므로, 과도한 제한으로 보기는 어렵다(헌재 2009.7.30, 2008헌가2).
>
> **3 사립대학에서의 채플수업**
> 기독교 재단이 설립한 사립대학이 학칙으로 대학예배의 6학기 참석을 졸업요건으로 정한 경우, 위 대학교의 대학예배는 목사에 의한 예배뿐만 아니라 강연이나 드라마 등 다양한 형식을 취하고 있고 학생들에 대하여도 **예배시간의 참석만을 졸업의 요건으로 할 뿐 그 태도나 성과 등을 평가하지는 않는 사실 등에 비추어 볼 때**, 위 대학교의 예배는 복음 전도나 종교인 양성에 직접적인 목표가 있는 것이 아니고 **신앙을 가지지 않을 자유를 침해하지 않는 범위 내에서 학생들에게 종교교육을 함으로써** 진리·사랑에 기초한 보편적 교양인을 양성하는 데 목표를 두고 있다고 할 것이므로, 대학예배에의 6학기 참석을 졸업요건으로 정한 위 대학교의 학칙은 **헌법상 종교의 자유에 반하는 위헌무효의 학칙이 아니다**(대판 1998.11.10, 96다37268).

다만, 최근에 강의석 군 사건에서 우리 판례는 채플수업 자체를 위헌으로 보지는 않았으나 학생들에게 선택권을 주지 않은 것은 잘못이라 하여 손해배상을 인정한 바 있다(대판 2010.4.22, 2008다38288).

기출 OX

01 군대 내에서 군종장교가 성직자의 신분에서 종교활동을 수행함에 있어 소속 종단의 종교를 선전하거나 다른 종교를 비판하였다고 할지라도 그것만으로 종교적 중립을 준수할 의무를 위반하였다고 볼 수 없다. 21. 법무사
( )

기출 OX

02 종교교육이 학교나 학원 형태로 시행될 때 필요한 시설기준과 교육과정 등에 대한 최소한의 기준을 국가가 마련하여 학교설립인가 등을 받게 하는 것은 헌법 제31조 제6항의 입법자의 입법재량의 범위 안에 포함되므로 종교의 자유를 침해하지 않는다는 것이 헌법재판소의 판례이다. ( )

기출 OX

03 사립대학은 종교교육 내지 종교선전을 위하여 학생들의 신앙을 가지지 않을 자유를 침해하지 않는 범위 내에서 학생들로 하여금 일정한 내용의 종교교육을 받을 것을 졸업요건으로 하는 학칙을 제정할 수 있다고 함이 대법원 판례이다. 18. 서울시 7급 ( )

정답 01 O 02 O 03 O

판례 | 종립학교에서의 종교교육

고등학교 평준화정책에 따른 학교 강제배정제도가 위헌이 아니라고 하더라도 여전히 종립학교가 가지는 종교교육의 자유 및 운영의 자유와 학생들이 가지는 소극적 종교행위의 자유 및 소극적 신앙고백의 자유 사이에 충돌이 생기게 되는데, 이와 같이 하나의 법률관계를 둘러싸고 두 기본권이 충돌하는 경우에는 구체적인 사안에서의 사정을 종합적으로 고려한 이익형량과 함께 양 기본권 사이의 실제적인 조화를 꾀하는 해석 등을 통하여 이를 해결하여야 한다. … **참가 거부가 사실상 불가능한 분위기를 조성하고 대체과목을 개설하지 않는 등 신앙을 갖지 않거나 학교와 다른 신앙을 가진 학생의 기본권을 고려하지 않은 것은, 우리 사회의 건전한 상식과 법감정에 비추어 용인될 수 있는 한계를 벗어나 학생의 종교에 관한 인격적 법익을 침해하는 위법한 행위이고**, 그로 인하여 인격적 법익을 침해받는 학생이 있을 것임이 충분히 예견가능하고 그 침해가 회피가능하므로 과실 역시 인정된다(대판 2010.4.22, 2008다38288).

ㄹ. 종교적 집회 · 결사의 자유: 종교적 집회 · 결사의 자유는 우리 헌법이 보장하고 있는 일반적인 집회 · 결사의 자유(헌법 제21조)의 특별법에 해당한다고 볼 수 있기 때문에 종교적인 목적의 집회와 결사는 일반적인 집회 · 결사보다는 특별한 보호를 받는다.

(3) 관련 대법원 판례

① 성직자가 범인을 고발하지 않은 것에 그치지 아니하고 적극적으로 범인을 은닉 · 도피하게 하는 행위에 대해서는 종교의 자유에 의해 정당화될 수 없다고 보았다(대판 1983.3.8, 82도3248).
② 여호와증인의 신도가 종교상의 이유로 수혈을 거부하여 딸이 사망한 경우 유기치사죄를 인정하였다(대판 1980.9.24, 79도1387).
③ 신앙의 깊이는 헌금에 비례한다고 신도들을 기망한 목사에 대하여 사기죄에 해당한다고 보았다(대판 1995.4.28, 95도250).
④ 종교단체의 징계결의의 효력 유무에 대해서는 법원이 원칙적으로 판단할 수 없다고 보았다(대판 2005.6.24, 2005다10388).

판례 | 종교단체 내부결의의 무효요건

우리 헌법이 종교의 자유를 보장하고 종교와 국가기능을 엄격히 분리하고 있는 점에 비추어 종교단체의 조직과 운영은 그 자율성이 최대한 보장되어야 할 것이므로, 교회 안에서 개인이 누리는 지위에 영향을 미칠 각종 결의나 처분이 당연무효라고 판단하려면, 그저 일반적인 종교단체 아닌 일반단체의 결의나 처분을 무효로 돌릴 정도의 절차상 하자가 있는 것으로는 부족하고, **그러한 하자가 매우 중대하여 이를 그대로 둘 경우 현저히 정의 관념에 반하는 경우라야 한다**(대판 2006.2.10, 2003다63104).

기출 OX

04 고교 평준화제도로 인해 자신의 종교와 다른 종교계 고등학교에 강제 배정된 경우, 고등학교에 진학하기 위하여 평준화 전형에 지원하였으나 학생에게 학교선택권은 없기 때문에 기독교계 학교와 학생 사이에 공정한 계약이 성립한 것이라고 보기는 어렵다.
( )

기출 OX

05 사제가 범죄인에게 적극적으로 은신처를 마련하여 주고 도피자금을 제공하는 경우 형사상의 책임을 지지 않는다는 것이 대법원 판례이다. 18. 서울시 7급
( )

한눈에 쏙!

구분	형사처벌
고발 ×	×
은닉 · 도피	○

정답 04 ○ 05 ×

5. 제한과 한계

신앙생활의 자유는 신앙의 외형적인 표현 형태를 뜻하기 때문에 기본권의 내재적 한계에 의한 제약을 받는 외에도 법률에 의한 제한을 받을 수 있다고 할 것이다.*

> *1. 남녀평등을 기초로 하는 혼인·가족제도(헌법 제36조 제1항)가 보장되는 현행 헌법질서 내에서는 일부다처제를 선전하는 종교에 대한 규제가 불가피하다. 종교적인 의식이라는 미명 아래 행해지는 간음행위나 인간제물 등도 허용될 수 없다.
> 2. 공무원이 근무시간 중에 종교적 집회의 자유를 주장하면서 종교적인 집회를 하는 것은 허용되지 않는다.

02 국교부인과 정교분리의 원칙

1. 헌법규정

우리 헌법은 종교의 자유를 규정하면서 국가의 종교적 중립성의 원칙(헌법 제20조 제2항)을 따로 두어 국교를 인정할 수 없는 점과 종교와 정치가 분리되어야 한다는 점을 명백히 밝히고 있다.

2. 내용

종교의 자유의 내용으로서 국가의 종교적 중립성의 원칙이 특히 강조되는 우리 헌법질서에서는 국가권력이 특정 종교를 특별히 보호 내지 우대하거나 탄압 내지 적대시하는 행위, 국가권력이 종교선전 또는 종교교육 등의 종교활동을 하는 행위, 국가권력이 종교에 간섭하거나 종교단체가 정치에 개입하는 행위 등이 단순한 주관적 공권의 침해라는 차원을 넘어서 객관적 가치질서를 해치는 반헌법적인 행위로 지탄을 받게 된다. 따라서 국가는 일반적인 종교교육을 하는 것은 허용되지만, 특정 종교단체의 교리를 선전하는 것은 허용되지 않는다.

기출 OX

01 특정 종교기념일을 공휴일로 지정하는 것은 기본권의 본질적 내용을 침해한다. 12. 변시모 ( )

02 국가는 엄격한 정교분리의 원칙을 준수해야 하는바, 국공립학교에서는 일반적인 종교교육을 하는 것도 금지된다고 본다. 02. 사시 ( )

한눈에 쏙!

구분	국공립	사립
일반 종교교육	○	○
특정 종교교육	×	○

기출 OX

03 사법시험 제1차 시험 시행일을 일요일로 정하여 공고한 행정안전부장관의 공고와 관련하여 문제되는 종교의 자유는 종교적 행위의 자유와 관련이 된다. 02. 입시 ( )

> **판례 | 종교의 자유에 관한 판례**
>
> **1 사법시험 제1차 시험의 일요일 시행 [기각]**
> 일요일에 예배행사 참석과 기도, 봉사행위 이외의 다른 업무를 일체 금지한다는 교리에 위반하지 않으면 사법시험 응시가 불가능하게 되어 청구인의 **종교적 확신에 반하는 행위를 강요하는 결과가 된다는 것이므로 그 점에서 종교적 행위의 자유에 제한**이 될 수 있다. … 행정안전부장관이 사법시험 제1차 시험의 시행일을 일요일로 정하여 공고한 것은 국가공무원법 제35조에 의하여 다수 국민의 편의를 위한 것이므로 이로 인하여 청구인의 종교의 자유가 어느 정도 제한된다 하더라도 이는 공공복리를 위한 부득이한 제한으로 보아야 할 것이고 그 정도를 보더라도 비례의 원칙에 벗어난 것으로 볼 수 없고 청구인의 **종교의 자유의 본질적 내용을 침해한 것으로 볼 수도 없다**(헌재 2001.9.27, 2000헌마159).
>
> **2 종교인소득 비과세 혜택 [각하]**
> [1] 소형 종교단체(과세해도 소득이 작아 비과세)의 경우는 기본권 침해가능성이 없다.
> [2] 일반인들의 경우는 이런 혜택이 제거된다고 하여 일반인들의 법적 지위가 향상될 여지가 없다(헌재 2020.7.16, 2018헌마319).
>
> **3 종교시설의 기반시설부담금 부과(면제 ×)**
> 종교시설의 건축행위에만 기반시설부담금을 면제한다면 국가가 종교를 지원하여 종교를 승인하거나 우대하는 것으로 비칠 소지가 있어 헌법 제20조 제2항의 국교금지·

정답 01 × 02 × 03 ○

정교분리에 위배될 수도 있다고 할 것이므로 종교시설의 건축행위에 대하여 기반시설부담 부과를 제외하거나 감경하지 아니하였더라도, 종교의 자유를 침해하는 것이 아니다(헌재 2010.2.25, 2007헌바131 등).

제3항 언론·출판의 자유

헌법 제21조 ① 모든 국민은 언론·출판의 자유와 집회·결사의 자유를 가진다.
② 언론·출판에 대한 허가나 검열과 집회·결사에 대한 허가는 인정되지 아니한다.
③ 통신·방송의 시설기준과 신문의 기능을 보장하기 위하여 필요한 사항은 법률로 정한다.
④ 언론·출판은 타인의 명예나 권리 또는 공중도덕이나 사회윤리를 침해하여서는 아니 된다. 언론·출판이 타인의 명예나 권리를 침해한 때에는 피해자는 이에 대한 피해의 배상을 청구할 수 있다. 04. 법원직

01 의의

언론·출판의 자유란 사상 또는 의견을 언어 또는 문자로 다수인에게 자유롭게 발표하는 자유를 말한다. 이는 국가에 대한 국민의 비판 등을 말할 수 있고 다양한 의견들이 교류될 수 있게 하는 기본권으로 민주주의의 본질적인 요소로 작용한다고 말할 수 있다. 현대 정보사회에서 언론·출판의 자유는 알 권리에서 볼 수 있는 바와 같이 적극적 자유로서 파악되기도 한다. 04. 국회직 8급

02 보호영역

1. 상업적 광고

판례 | 상업적 광고에 관한 판례

1 상업광고와 표현의 자유
광고가 단순히 상업적인 상품이나 서비스에 관한 사실을 알리는 경우에도 **그 내용이 공익을 포함하는 때에는 헌법 제21조의 표현의 자유에 의하여 보호된다. 광고물도 사상·지식·정보 등을 불특정 다수인에게 전파하는 것으로서 언론·출판의 자유에 의한 보호를 받는 대상**이 됨은 물론이다. 뿐만 아니라 국민의 알 권리는 국민 누구나가 일반적으로 접근할 수 있는 모든 정보원으로부터 정보를 수집할 수 있는 권리로서 정보수집의 수단에는 제한이 없는 권리인바, **알 권리의 정보원으로서 광고를 배제시킬 합리적인 이유가 없음**을 고려할 때, 광고는 이러한 관점에서도 표현의 자유에 속한다고 할 것이다(헌재 2002.12.18, 2000헌마764).

기출 OX

04 상업적 광고표현은 표현의 자유의 보호를 받는 대상이 된다. 05. 입시
( )

05 영화도 의사표현의 한 수단이므로 영화의 제작 및 상영 역시 언론·출판의 자유에 의한 보장을 받는다. 19. 법원직
( )

06 상업광고 규제에 관한 비례의 원칙 심사에 있어서 피해의 최소성원칙은 같은 목적을 달성하기 위하여 달리 덜 제약적인 수단이 없을 것인지 혹은 입법목적을 달성하기 위하여 필요한 최소한의 제한인지를 심사하기보다는 입법목적을 달성하기 위하여 필요한 범위 내의 것인지를 심사하는 정도로 완화하는 것이 상당하다. 11. 국가직 7급
( )

정답 04 ○ 05 ○ 06 ○

2 상업광고 규제의 심사기준

상업광고는 표현의 자유의 보호영역에 속하지만 **사상이나 지식에 관한 정치적 · 시민적 표현행위와는 차이가** 있고, 한편 직업수행의 자유의 보호영역에 속하지만 인격발현과 개성신장에 미치는 효과가 중대한 것은 아니다. 그러므로 상업광고 규제에 관한 비례의 원칙 심사에 있어서 '피해의 최소성'원칙은 같은 목적을 달성하기 위하여 달리 덜 제약적인 수단이 없을 것인지 혹은 **입법목적을 달성하기 위하여 필요한 최소한의 제한인지를 심사하기보다는 '입법목적을 달성하기 위하여 필요한 범위 내의 것인지'를 심사하는 정도로 완화되는 것이 상당**하다(헌재 2005.10.27, 2003헌가3).

2. 상징적 표현

자신의 의견이나 신념을 표현하기 위하여 언어에 의하지 않고, 일정한 상징을 사용하는 경우 이 또한 언론·출판의 자유에 의하여 보호된다. 미국의 경우에도 판례를 통해서 이를 확인한 바 있다.

기출 OX

01 '자유로운' 표명과 전파의 자유에는 자신의 신원을 누구에게도 밝히지 아니한 채 익명 또는 가명으로 자신의 사상이나 견해를 표명하고 전파할 익명표현의 자유까지도 그 보호영역에 포함된다고 할 수는 없다. 13. 법원직
( )

3. 익명표현

헌법 제21조에서 보장하고 있는 표현의 자유란, 전통적으로는 사상 또는 의견의 자유로운 표명(발표의 자유)과 그것을 전파할 자유(전달의 자유)를 의미하는 것으로서, 이러한 '자유로운' 표명과 전파의 자유에는 자신의 신원을 누구에게도 밝히지 아니한 채 익명 또는 가명으로 자신의 사상이나 견해를 표명하고 전파할 익명표현의 자유도 그 보호영역에 포함된다고 할 것이다(헌재 2010.2.25, 2008헌마324 등).

4. 집회에서의 표현

헌법재판소는 집회에는 집단적 행동과 집단적 의사표시가 있는데, 집단적 행동은 집회의 자유에 의해, 집단적 의사표시는 표현의 자유에 의해 보호된다고 본다.

판례 | 현저히 사회적 불안을 야기할 우려가 있는 집회

집회·시위의 규제에는 집회에 있어서의 의사표현 자체의 제한의 경우와 그러한 의사표현에 수반하는 행동 자체의 제한 두 가지가 있을 수 있다. 전자의 경우에는 제한되는 기본권의 핵심은 집회에 있어서의 표현의 자유라고 볼 것이다(헌재 1992.1.28, 89헌가8).

03 내용

1. 의사표현의 자유

(1) 의의

사상이나 경험 등과 관련된 자신의 의사를 언론이나 출판을 통하여 외부에 자유롭게 표현하고 전달할 자유를 말한다.

정답 01 ×

(2) 매개체

매개체에는 아무런 제한이 없는바, 이에는 음란물이나 게임물도 의사표현의 매개체가 될 수 있다고 판시한 바 있다. 또한 상업적 광고표현 역시 표현의 자유의 보호를 받는 대상이 된다. 05. 입시, 06·08. 국회직 8급

> **판례 | 의사표현의 자유에 관한 판례**
>
> **1 의사표현의 매개체로서의 음란물**
> 언론·출판의 자유의 내용 중 의사표현·전파의 자유에 있어서 **의사표현 또는 전파의 매개체는 어떠한 형태이건 가능하며 그 제한이 없으므로**, 담화·연설·토론·연극·방송·음악·영화·가요 등과 문서·소설·시가·도화·사진·조각·서화 등 모든 형상의 의사표현 또는 의사전파의 매개체를 포함한다. 본건에 있어서 문제되고 있는 '청소년이용음란물' 역시 의사형성적 작용을 하는 의사의 표현·전파의 형식 중 하나임이 분명하므로 언론·출판의 자유에 의하여 보호되는 의사표현의 매개체라는 점에는 의문의 여지가 없다(헌재 2009.5.28, 2006헌바109 등).
>
> **2 의사표현의 매개체로서의 게임물**
> 의사표현의 자유는 언론·출판의 자유에 속하고, 여기서 의사표현의 매개체는 어떠한 형태이건 그 제한이 없는바, 게임물은 예술표현의 수단이 될 수도 있으므로 그 제작 및 판매·배포는 표현의 자유를 보장하는 헌법 제21조 제1항에 의하여 보장을 받는다(헌재 2002.2.28, 99헌바117).

기출 OX
02 의사표현·전파의 자유에 있어서 의사표현 또는 전파의 매개체는 어떠한 형태이건 가능하며 그 제한이 없다. 05. 입시 ( )

(3) 주체

언론·출판의 자유의 주체는 모든 국민이 주체가 되며 자유권적 기본권이므로 외국인도 원칙적으로 포함된다. 다만, 언론·출판의 자유는 자유권적 성격과 동시에 정치적 성격을 띤 기본권이므로 외국인은 내국인에 비해 제한을 받을 수 있다. 신문사나 방송사 등과 같은 법인에게도 기본권의 성질상 보도의 자유 등이 보장된다.

(4) 내용

의사표현의 자유란 자신의 사상이나 의견을 국가권력의 방해를 받음이 없이 자유로이 표명하고 그것을 전달할 자유를 의미한다. 의사를 표명하고 전달하는 형식에는 아무런 제한이 없다. 따라서 의사의 표명·전달을 제한하기 위해 인신구속이나 사전검열 및 도청 등은 할 수 없다.

2. 알 권리(정보의 자유)

(1) 의의

알 권리란 의사형성에 필요한 정보를 국가권력의 방해 없이 자유로이 접근·수집·처리할 수 있는 권리를 의미한다. 의사의 자유로운 표명은 정보에의 접근이 보장됨으로써 가능한 것이므로 알 권리는 표현의 자유에 당연히 포함된다. 의사표명·전달의 자유가 '주는 쪽의 자유'라면 알 권리란 주로 '받는 쪽의 자유'를 의미한다. 즉, 알 권리는 들을 권리, 읽을 권리, 볼 권리 등을 그 내용으로 한다.

정답 02 ○

(2) 헌법적 근거
① 알 권리는 독일 본기본법과 세계인권선언에서 명문으로 규정하고 있으나 우리 현행 헌법은 명문으로 규정하고 있지 않다. 다만, 1996년 공공기관의 개인정보공개에 관한 법률을 제정하여 국민의 알 권리를 보호하고 있다.
② 헌법재판소에서는 알 권리의 헌법상 근거를 헌법 제21조에 규정된 언론·출판의 자유에서 찾는 것이 다수견해이다(헌재 1991.5.13, 90헌마133). 또한 헌법재판소는 알 권리의 실현에 대해 구체적인 법률의 제정이 없다 하더라도 헌법 제21조에 의해 직접 보장되는 구체적·현실적 권리성을 인정하고 있다.

(3) 법적 성격
① 헌법재판소는 알 권리가 국가권력의 방해를 받지 않고 자유로이 정보를 수집·처리할 수 있는 자유권적 성격, 국가기관에 대한 적극적인 정보공개를 요구할 수 있는 청구권적 성격, 인간다운 생활을 보장하기 위한 생활권적 성격을 지닌다고 판시하였다.
② 헌법재판소는 알 권리의 핵심은 국민의 정부에 대한 정보공개청구권이라고 하였다(헌재 1989.9.4, 88헌마22).

(4) 내용

> **공공기관의 정보공개에 관한 법률**
>
> 제2조 【정의】 이 법에서 사용하는 용어의 뜻은 다음과 같다.
> 1. '정보'란 공공기관이 직무상 작성 또는 취득하여 관리하고 있는 문서(전자문서를 포함한다. 이하 같다) 및 전자매체를 비롯한 모든 형태의 매체 등에 기록된 사항을 말한다.
> 3. '공공기관'이란 다음 각 목의 기관을 말한다.
>   가. 국가기관
>   나. 지방자치단체
>   다. 공공기관의 운영에 관한 법률 제2조에 따른 공공기관
>   라. 지방공기업법에 따른 지방공사 및 지방공단
>   마. 그 밖에 대통령령으로 정하는 기관
>
> 제5조 【정보공개청구권자】 ① 모든 국민은 정보의 공개를 청구할 권리를 가진다.
> ② 외국인의 정보공개청구에 관하여는 대통령령으로 정한다.
>
> 제9조 【비공개대상 정보】 ① 공공기관이 보유·관리하는 정보는 공개대상이 된다. 다만, 다음 각 호의 어느 하나에 해당하는 정보는 공개하지 아니할 수 있다.
> 1. 다른 법률 또는 법률에서 위임한 명령(국회규칙·대법원규칙·헌법재판소규칙·중앙선거관리위원회규칙·대통령령 및 조례로 한정한다)에 따라 비밀이나 비공개 사항으로 규정된 정보
> 2. 국가안전보장·국방·통일·외교관계 등에 관한 사항으로서 공개될 경우 국가의 중대한 이익을 현저히 해칠 우려가 있다고 인정되는 정보
> 3. 공개될 경우 국민의 생명·신체 및 재산의 보호에 현저한 지장을 초래할 우려가 있다고 인정되는 정보
> 6. 해당 정보에 포함되어 있는 성명·주민등록번호 등 개인정보 보호법 제2조 제1호에 따른 개인정보로서 공개될 경우 사생활의 비밀 또는 자유를 침해할 우려가 있다고 인정되는 정보. 다만, 다음 각 목에 열거한 사항은 제외한다.

기출 OX

01 정부에 대한 국민의 일반적 정보공개를 구할 권리는 추상적 권리로서, 이를 구체화하는 법률의 제정이 없으면 헌법 제21조에서 직접 보장된다고 할 수는 없다. 05. 입시 ( )

한눈에 쏙!

	의의	헌법으로 직접 문제해결
구체적 기본권	예	알 권리, 최소한의 물질적 급부청구, 초등학교 무상교육
추상적 기본권	의의	법률제정 이후 법률에 근거한 문제해결
	예	환경권, 사회보장수급권

정답 01 ×

② 공공기관은 제1항 각 호의 어느 하나에 해당하는 정보가 기간의 경과 등으로 인하여 비공개의 필요성이 없어진 경우에는 그 정보를 공개대상으로 하여야 한다.

제10조【정보공개의 청구방법】 ① 정보의 공개를 청구하는 자(이하 '청구인'이라 한다)는 해당 정보를 보유하거나 관리하고 있는 공공기관에 다음 각 호의 사항을 적은 정보공개청구서를 제출하거나 말로써 정보의 공개를 청구할 수 있다.
  1. 청구인의 성명·생년월일·주소 및 연락처(전화번호·전자우편주소 등을 말한다. 이하 이 조에서 같다). 다만, 청구인이 법인 또는 단체인 경우에는 그 명칭, 대표자의 성명, 사업자등록번호 또는 이에 준하는 번호, 주된 사무소의 소재지 및 연락처를 말한다.
  2. 청구인의 주민등록번호(본인임을 확인하고 공개 여부를 결정할 필요가 있는 정보를 청구하는 경우로 한정한다)
  3. 공개를 청구하는 정보의 내용 및 공개방법

제11조【정보공개 여부의 결정】 ① 공공기관은 제10조에 따라 정보공개의 청구를 받으면 그 청구를 받은 날부터 10일 이내에 공개 여부를 결정하여야 한다.
② 공공기관은 부득이한 사유로 제1항에 따른 기간 이내에 공개 여부를 결정할 수 없을 때에는 그 기간이 끝나는 날의 다음 날부터 기산하여 10일의 범위에서 공개 여부 결정기간을 연장할 수 있다. 이 경우 공공기관은 연장된 사실과 연장 사유를 청구인에게 지체 없이 문서로 통지하여야 한다.

제12조【정보공개심의회】 ① 국가기관, 지방자치단체, 공공기관의 운영에 관한 법률 제5조에 따른 공기업 및 준정부기관, 지방공기업법에 따른 지방공사 및 지방공단(이하 '국가기관 등'이라 한다)은 제11조에 따른 정보공개 여부 등을 심의하기 위하여 정보공개심의회(이하 '심의회'라 한다)를 설치·운영한다.
② 심의회는 위원장 1명을 포함하여 5명 이상 7명 이하의 위원으로 구성한다.

제14조【부분공개】 공개 청구한 정보가 제9조 제1항 각 호의 어느 하나에 해당하는 부분과 공개 가능한 부분이 혼합되어 있는 경우로서 공개 청구의 취지에 어긋나지 아니하는 범위에서 두 부분을 분리할 수 있는 경우에는 제9조 제1항 각 호의 어느 하나에 해당하는 부분을 제외하고 공개하여야 한다.

제17조【비용부담】 ① 정보의 공개 및 우송 등에 드는 비용은 실비의 범위에서 청구인이 부담한다.

제22조【정보공개위원회의 설치】 다음 각 호의 사항을 심의·조정하기 위하여 행정안전부장관 소속으로 정보공개위원회를 둔다.

① **국가권력에 의한 정보의 접근·수집·처리 방해배제청구권**: 알 권리란 의사형성을 위하여 **일반적인 정보의 접근·수집·처리를 할 수 있는 자유**이므로 국가권력에 의해 이러한 권리가 침해될 때 그 배제를 요구할 수 있다.
② **국가기관에 대한 정보공개청구권**: 알 권리는 국가나 공공단체에 대해 적극적으로 정보공개를 요구할 수 있는 권리를 포함한다.

> **⚖️ 판례 | 정보공개청구권에 관한 판례**
>
> **1 기록등사신청에 대한 헌법소원 [인용]**
> 피고인이었던 자가 자신의 형사피고사건이 확정된 후 그 소송기록에 대하여 열람·복사를 요구하는 것은 특별한 사정이 없는 한, 원칙적으로 허용되어야 한다고 할 수 있을 것이며, 특히 자신의 진술에 기초하여 작성된 문서나 자신이 작성·제출하였던 자료 등의 열람이나 복사는 제한되어야 할 아무런 이유를 찾을 수 없다(헌재 1991.5.13, 90헌마133).
>
> **2 신문기사의 일부 삭제 [합헌]**
> 교화상 또는 구금목적에 특히 부적당하다고 인정되는 기사, 조직범죄 등 수용자 관련 범죄기사에 대한 신문기사 삭제행위는 구치소 내 질서유지와 보안을 위한 것으로, 신문기사 중 탈주에 관한 사항이나 집단단식, 선동 등 구치소 내 단체생활의 질서를 교란하는 내용이 미결수용자에게 전달될 때 과거의 예와 같이 동조단식이나 선동 등 수용의 내부질서와 규율을 해하는 상황이 전개될 수 있고, 이는 수용자가 과밀하게 수용되어 있는 현 구치소의 실정과 과소한 교도인력을 볼 때 구치소 내의 질서유지와 보안을 어렵게 할 우려가 있다(헌재 1998.10.29, 98헌마4).
>
> **3 피고인에게 재판서 미송달 [합헌]**
> 재판의 선고는 피고인 자신의 편의나 형사재판의 신속한 종결을 위한 합리적 이유가 있는 예외적인 경우를 제외하고는 공판기일에 피고인이 출석하여 피고인에게 주문을 낭독하고 이유의 요지를 설명하여야 하는 것이 원칙으로 되어 있다(헌재 1995.3.23, 91헌바1).

(5) 제한과 한계
　① 군사·국가기밀과의 관계

> **⚖️ 판례 | 군사·국가기밀에 관한 판례**
>
> **1 군사기밀의 범위**
> 군사기밀의 범위는 국민의 알 권리 실현을 위하여 필요한 최소한에 한정되어야 하며, 비밀가치의 여부는 그 내용을 객관적으로 판단하여 결정해야지 비밀관리자의 비밀유지의사만을 기준으로 판단할 수 없다. 군사기밀의 범위는 국민의 알 권리 실현을 위해서 최소한으로 한정되어야 한다(헌재 1992.2.25, 89헌가104). 06. 국회직 8급
>
> **2 국가보안법 제4조 제1항 제2호의 '가'목과 '나'목의 국가기밀의 개념 [한정합헌]**
> 신 국가보안법 제4조 제1항 제2호의 '가'목과 '나'목에 공통적인 '국가기밀'의 의미는, 결국 일반인에게 알려지지 아니한 것으로서 그 내용이 누설되는 경우 국가의 안전에 명백한 위험을 초래한다고 볼 만큼의 실질가치를 지닌 사실, 물건 또는 지식이라고 한정 해석해야 하고, 그중 '가'목 소정의 국가기밀은 그 중요성과 가치의 정도에 있어서 '한정된 사람에게만 지득이 허용되고' 또 '보다 고도의' 국가기밀을 의미하며 그 이외의 것은 '나'목 소정의 국가기밀에 해당한다고 이해할 수 있다(헌재 1997.1.16, 92헌바6 등).
>
> 🖉 국가기밀이기 위해서는 ㉠ 비공지와 더불어, ㉡ 실질적인 가치를 지니는 것으로 한정해석해야 한다. 즉, 형식비가 아닌 실질비이다.

② 정보수집을 가능하게 하여도 정보수집에 과도한 대가를 징수함으로써 정보수집을 사실상 불가능하게 한다면 알 권리의 침해가 될 수 있다.

> **판례 | 알 권리에 관한 판례**
>
> **1 저속한 간행물의 출판금지 [위헌]**
> 저속한 표현을 규제하더라도 그 보호대상은 청소년에 한정되어야 하고, 규제수단 또한 청소년에 대한 유통을 금지하는 방향으로 좁게 설정되어야 한다. 그런데 … **청소년 보호라는 명목으로 성인이 볼 수 있는 것까지 전면 금지시킨다면** 이는 성인의 알 권리의 수준을 청소년의 수준으로 맞출 것을 국가가 강요하는 것이어서 **성인의 알 권리를 명백히 침해**한다고 하지 않을 수 없다(헌재 1998.4.30, 95헌가16).
>
> **2 공공기관의 정보공개청구대상으로서의 사립대학**
> 공공기관은 국가기관에 한정되는 것이 아니라 지방자치단체, 정부투자기관, 그 밖에 공동체 전체의 이익에 중요한 역할이나 기능을 수행하는 기관도 포함되는 것으로 해석되고, 여기에 정보공개의 목적, 교육의 공공성 및 공·사립학교의 동질성, 사립대학교에 대한 국가의 재정지원 및 보조 등 여러 사정을 고려해 보면, 사립대학교에 대한 국비 지원이 한정적·일시적·국부적이라는 점을 고려하더라도, 같은 법 시행령 제2조 제1호가 정보공개의무를 지는 공공기관의 하나로 사립대학교를 들고 있는 것이 모법인 구 공공기관의 정보공개에 관한 법률의 위임 범위를 벗어났다거나 사립대학교가 국비의 지원을 받는 범위 내에서만 공공기관의 성격을 가진다고 볼 수 없다(대판 2006.8.24, 2004두2783).
>
> **3 구속적부심사과정에서의 정보공개 [위헌확인]**
> 공공기관의 정보공개에 관한 법률 제7조 제1항 제4호는 '수사, 공소의 제기 및 유지에 관한 사항으로서 공개될 경우 그 직무수행을 현저히 곤란하게 하거나 형사피고인의 공정한 재판을 받을 권리를 침해한다고 인정할 만한 상당한 이유가 있는 정보'를 공개거부의 대상으로 규정하고 있지만, 이 사건에서는 고소장과 피의자신문조서를 공개한다고 하더라도 증거인멸, 증인협박, 수사의 현저한 지장, 재판의 불공정 등의 위험을 초래할 만한 사유 있음을 인정할 자료를 기록상 발견하기 어렵다(헌재 2003.3.27, 2000헌마474).
>
> **4 시험에 관한 정보의 비공개 [합헌]**
> 기출 시험문제와 그에 대한 정답 등을 일률적으로 공개할 경우 기출문제와 동일한 문제는 물론 이와 유사하거나 변형된 문제도 다시 출제할 수 없다. 따라서 이 사건 법률 조항은 과잉금지원칙에 위반하여 정보공개청구권 및 알 권리를 침해한다고 볼 수 없다(헌재 2009.9.24, 2007헌바107).
> ✎ 공개하면 오류가 줄어들어 합헌이고, 비공개하면 비용이 절감되어 합헌이다.
>
> **5 변호인 있는 피고인에 대한 공판조서 열람권의 제한 [합헌]**
> 형사소송법상 변호인에게 소송기록의 열람·등사권이 보장되어 있고 변호인이 있는 피고인은 변호인을 통하여 소송기록과 증거물을 열람·등사할 수 있으므로 변호인과 별도로 피고인에게도 공판조서의 열람이 허용되지 않는다고 하여 위 법조항이 변호인 있는 피고인의 알 권리를 침해하지 않는다(헌재 1994.12.29, 92헌바31).
> ✎ 이 경우에만 열람권을 제한해도 합헌이다.

기출 OX

01 저속한 표현과 음란한 표현은 인간의 존엄 내지 인간성을 왜곡하는 성표현으로서 언론·출판의 자유에 의한 헌법적인 보호영역 안에 있지 않다. 06. 국회직 8급 ( )

⇨ 이제 저속한 표현, 음란 표현도 모두 보호영역 안에 있다.

한눈에 쏙!

구분	보호	명확성
음란	X → O	합헌
저속	O	위헌

정답 01 ×

기출 OX

01 검사가 청구인에게 형사확정기록을 열람·복사할 수 있는 권리를 인정한 명문의 규정이 없다는 것만을 이유로 하여 피고인이었던 자인 청구인의 복사신청을 거부한 것은 청구인의 알 권리를 침해한 것이다. 05. 입시, 06. 국회직 8급 ( )

주의
국민에게 중요하고 기본적인 정보는 청구 없이도 국가는 공개하지만 특정 정보의 경우에는 국민의 공개청구가 필요하다.

6 사법시험 제2차 시험의 답안지 열람 허용

먼저, **시험문항에 대한 채점위원별 채점 결과의 열람에 관하여 보건대, 원심의 이러한 판단은 위 법리에 따른 것으로 옳고**, 거기에 상고이유의 주장과 같은 법 제7조 제1항 제5호 소정의 정보비공개에 관한 법리오해의 위법이 없다. 다음, 답안지의 열람에 관하여 보건대, 답안지를 열람하도록 할 경우 업무의 증가가 다소 있을 것으로 예상되고, 다른 논술형시험의 열람 여부에도 영향이 있는 등 파급효과로 인하여 시험업무의 수행에 다소 지장을 초래한다고 볼 수 있기는 하지만, 답안지는 응시자의 시험문제에 대한 답안이 기재되어 있을 뿐 **평가자의 평가기준이나 평가 결과가 반영되어 있는 것은 아니므로** 응시자가 자신의 답안지를 열람한다고 하더라도 시험문항에 대한 채점위원별 채점 결과가 열람되는 경우와 달리 **평가자가 시험에 대한 평가업무를 수행함에 있어서 지장을 초래할 가능성이 적은 점**, 답안지에 대한 열람이 허용된다고 하더라도 답안지를 상호 비교함으로써 생기는 부작용이 생길 가능성이 희박하고, 열람업무의 폭증이 예상된다고 볼 만한 자료도 없는 점 등을 종합적으로 고려하면, 답안지의 열람으로 인하여 **시험업무의 수행에 현저한 지장을 초래한다고 볼 수 없다**(대판 2003.3.14, 2000두6114).

7 청소년유해매체물의 전자표시 [기각]

청구인은 성인의 알 권리 침해를 주장하나, 이 사건 고시에 의한 전자적 표시제도는 통상 성인이 차단소프트웨어를 설치하였을 경우에만 작동되는 것이고, 이미 설치된 차단소프트웨어도 다시 제거할 수 있으므로, 이 사건 조항이 성인의 알 권리를 제한하는 것이 아니다(헌재 2004.1.29, 2001헌마894).

8 한·중 마늘교역에 관한 합의서 [각하]

알 권리는 국민이 일반적으로 정보에 접근하고 수집·처리함에 있어서 국가권력의 방해를 받지 않음을 보장하고 의사형성이나 여론형성에 필요한 정보를 적극적으로 수집하고 수집에 대한 방해의 제거를 청구할 수 있는 권리로서, 원칙적으로 국가에게 **이해관계인의 공개청구 이전에 적극적으로 정보를 공개할 것을 요구하는 것까지 알 권리로 보장되는 것은 아니다**. 따라서 일반적으로 국민의 권리·의무에 영향을 미치거나 국민의 이해관계와 밀접한 관련이 있는 정책결정 등에 관하여 적극적으로 그 내용을 알 수 있도록 공개할 국가의 의무는 기본권인 알 권리에 의하여 바로 인정될 수는 없고 이에 대한 구체적인 입법이 있는 경우에야 비로소 가능하다. … 청구인들의 정보공개청구가 없었던 이 사건의 경우 이 사건 조항을 사전에 마늘재배농가들에게 공개할 정부의 의무는 인정되지 아니한다(헌재 2004.12.16, 2002헌마579).

9 변호사시험 성적 비공개 사건 [인용]

변호사시험 성적 공개를 금지한 변호사시험법 제18조 제1항 본문이 청구인들의 알 권리(정보공개청구권)를 침해하여 헌법에 위반된다. 변호사시험 성적 비공개로 인하여 변호사시험 합격자의 능력을 평가할 수 있는 객관적인 자료가 없어서 오히려 대학의 서열에 따라 합격자를 평가하게 되어 **대학의 서열화는 더욱 고착화된다**(헌재 2015.6.25, 2011헌마769).

✐ 시험 성적의 비공개가 청구인들의 법조인으로서의 직역 선택이나 직업수행에 있어서 어떠한 제한을 두고 있는 것은 아니다.

정답 01 ○

10 변호사시험 성적 공개 청구기간 제한 [위헌]

[1] 표현의 자유는 알 권리와 표리일체의 관계에 있으므로 정보공개청구권 침해 여부를 판단하면서 함께 살펴보는 것으로 충분하다. 신뢰보호원칙 위반 여부에 대해서는 따라 판단하지 않는다.

[2] 변호사시험 성적의 의미와 기능, 변호사시험 합격자의 취업과 이직에 관한 현실 등을 고려하였을 때, 특례조항이 정하고 있는 '개정 변호사시험법 시행일부터 6개월 내'라는 성적 공개 청구기간은 지나치게 짧아 청구인의 정보공개청구권을 침해한다(헌재 2019.7.25, 2017헌마1329).

▶ 청구기간이 지나치게 짧다.

11 국회정보위원회 회의 비공개로 규정 [위헌]

[1] 의사공개의 원칙은 절대적인 것은 아니고, 출석의원 과반수의 찬성이 있거나 의장이 국가의 안전보장을 위하여 필요하다고 인정할 때에는 공개하지 아니할 수 있다(헌법 제50조 제1항).

[2] 헌법 규정의 비공개 요건을 충족하여야 함에도 불구하고 출석위원 과반수의 찬성이라는 요건을 충족되었다고 볼 수 없는 경우에도 국회정보위원회의 회의를 비공개로 하여 청구인들의 알 권리를 침해한다(헌재 2022.1.27, 2018헌마1162).

기출 OX
02 국회정보위원회의 모든 회의는 실질적으로 국가기밀에 관한 사항과 직·간접적으로 관련되어 있으므로 국가안전보장을 위하여 회의 일체를 비공개로 하더라도 정보취득의 제한을 이유로 알 권리에 대한 침해로 볼 수는 없다. 22. 지방직 7급 (   )

3. 액세스권

(1) 의의
① 액세스권은 1967년 미국의 바론(J. A. Barron)이 주장한 것으로서 언론기관의 독점화 현상에 대하여, '받기만 하는 국민의 지위에서 보내는 국민의 지위'로 복권하는 데 의의가 있다.
② 언론매체접근이용권으로서 자신의 사상이나 의견을 발표하기 위하여 언론매체에 자유로이 접근하여 그것을 이용할 수 있는 권리를 말한다.

(2) 기능
액세스권의 기능은 현대에 있어서 언론기관의 독과점화 현상으로 인한 언론기관의 정보독점에 대한 강력한 통제수단으로서의 기능을 하며, 개인의 인격권을 보호해 준다.

(3) 내용
① **의견광고**: 의견광고란 광고주의 주의나 주장 등을 광고의 형식으로 전달하는 것이다. 예를 들어, 사적 단체가 행하는 반전방송 등을 말한다. 이러한 의견광고는 광고주가 대가를 지급하고 언론을 이용한다는 점에서 순수한 언론과 구별된다.
② **반론권(반론보도청구권)**
   ㉠ 반론권이란 신문·방송 등 언론매체의 사실적 주장의 보도내용에 의해 피해를 입은 자가 당해 언론사에 대해 반박성명의 게재를 요구할 수 있는 권리를 의미한다.

정답 02 ×

ⓒ 헌법재판소는 반론권의 헌법상 근거를 인격권과 사생활의 비밀과 자유 및 언론의 책임을 규정한 제21조 제4항에서 구한다(헌재 1991.9.16, 89헌마165). 이러한 반론권의 기능은 피해자에게 신속·적절·대등한 방어수단을 보장해 주고, 진실발견과 올바른 여론형성에 중요한 기여를 한다고 하였다.

③ **정정보도청구권**: 언론중재 및 피해구제 등에 관한 법률에서는 정정보도청구권과 반론보도청구권을 따로 규정하고 있는데, 정정보도청구권이란 사실적 주장에 관한 언론보도가 진실하지 아니함으로 피해를 입은 자는 당해 언론보도가 있음을 안 날로부터 3월 이내에 그 보도내용에 관한 정정보도를 언론사에 청구할 수 있도록 규정하고 있다(언론중재 및 피해구제 등에 관한 법률 제14조 제1항).

④ **추후보도청구권**: 해명권이란 언론 등에 의하여 범죄혐의가 있거나 형사상 조치를 받았다고 보도·방송된 자가 그에 대한 형사절차가 무죄판결 또는 이와 동등한 형태로 종결되었을 때에는 그 사실을 안 날부터 3개월 이내에 서면으로 청구할 수 있는 권리를 말한다(언론중재 및 피해구제 등에 관한 법률 제17조). 이러한 해명권은 청구인의 명예를 회복시켜 주는 기능을 한다.

반론보도청구권·정정보도청구권·추후보도청구권 비교

구분	반론보도청구권	정정보도청구권	추후보도청구권
사유	사실보도로 인한 피해	사실보도로 인한 피해	범죄혐의·형사상 조치 등의 보도
요건	• 언론사의 고의 또는 과실, 위법성을 요하지 않음 • 보도내용이 허위와 무관	• 언론사의 고의 또는 과실, 위법성을 요하지 않음 • 보도내용이 허위임을 전제로 함	범죄혐의·형사상 조치 등의 보도 이후 무죄판결
기한	• 보도 후~6월 이내 • 보도사실 안 날~3월 이내	• 보도 후~6월 이내 • 보도사실 안 날~3월 이내	무죄판결 후~3월 이내
절차	• 언론중재위원회의 중재절차는 임의적 절차 • 가처분절차에 의함	• 언론중재위원회의 중재절차는 임의적 절차 • 가처분절차에 의하면 안 됨	-

> [참고] 반론보도나 정정보도는 사실보도로 인한 피해만 가능하며 의견표명은 허용되지 않는다. 사실보도는 매출이 1,000억이다, 몇 개 팔렸다, 땅이 있다 없다 등등 누구나 객관적으로 판단 가능한 자료이지만 의견표명은 나쁘다, 좋다, 현명하다 등 사람마다 판단이 다를 수 있는 내용이다.

(4) 한계

액세스권은 언론기관의 보도의 자유와 충돌관계가 성립하므로 양자의 적절한 조화를 통해 헌법을 규범 조화적으로 해석하여 해결하려는 것이 헌법재판소 판례이다. 액세스권이 인격적 가치를 내용으로 하거나 민주적인 여론형성에 필수불가결한 경우에는 액세스권의 보호요구가 더 크다 할 것이다.

> **판례 | 시정권고 신청권 [기각]**
> 피해자가 아닌 사람에게 시정권고 신청권을 규정하지 아니하였다 해도 표현의 자유를 침해하는 것은 아니다(헌재 2015.4.30, 2012헌마890).

4. 언론기관의 자유

언론기관의 자유란 언론기관을 자유로이 설립할 수 있는 언론기관 설립권, 언론기관의 보도의 자유 및 취재의 자유, 언론기관의 내부적 자유까지 포함하는 개념이다.

(1) 언론기관의 설립 자유

헌법 제21조 제3항은 "통신·방송의 시설기준과 신문의 기능을 보장하기 위하여 필요한 사항은 법률로 정한다."라고 하여 언론기관의 시설 법정주의를 규정하였다. 이 규정은 언론기관의 설립 자유를 제한함과 동시에 언론기관의 난립을 방지함으로써 언론의 공적 기능인 여론형성의 기능을 보장하기 위한 것이다.

> **⚖ 판례 | 인터넷신문 발행요건**
>
> 인터넷신문에 대해서만 5인 이상의 취재 및 편집 인력을 갖출 것을 요구하고, 이를 확인할 서류를 제출하게 하는 고용조항 및 확인조항은 침해최소성원칙에 위배된다. 고용조항 및 확인조항은 소규모 인터넷신문이 언론으로서 활동할 수 있는 기회 자체를 원천적으로 봉쇄할 수 있음에 비하여, 인터넷신문의 신뢰도 제고라는 입법목적의 효과는 불확실하다는 점에서 법익의 균형성도 잃고 있다. 따라서 고용조항 및 확인조항은 과잉금지원칙에 위배되어 청구인들의 언론의 자유를 침해한다(헌재 2016.10.27, 2015헌마1206).
> ▶ 직업수행의 자유는 판단하지 않는다. 주된 기본권은 언론의 자유이다. 또한 명확성의 원칙과 포괄위임금지의 원칙 및 사전허가금지의 원칙에 위배되지 않는다.

참고
등록제도 자체가 위헌이 되는 경우는 거의 없다. 등록요건이 너무 까다로울 경우 위헌이 되는데 옆의 판례는 인터넷언론사의 경우 5인 이상 인력을 고용하라고 하는 까다로운 조건 때문에 위헌이 되었다.

(2) 보도의 자유

언론기관의 국가기관에 대한 정보청구권은 언론기관의 특권으로 인정하여야 하나, 허위보도의 경우에 형사상 처벌을 면제받으려는 특권은 인정될 수 없다. 다만, 허위보도가 고의나 중과실이 아닌 경미한 과실에 기인한 것이라고 인정될 경우에는 허위보도 그 자체는 정당화될 수 없지만 형사상의 책임은 면제되고 민사상의 손해배상책임만을 진다고 본다. 명예훼손의 경우 보도내용이 진실하고 오로지 공익을 위한 것일 때에는 언론기관은 면책된다.

(3) 취재의 자유(비교형량)

사실을 전달하는 보도의 자유가 실질적으로 보장되기 위해서는 적극적으로 사실을 취재하는 취재의 자유가 보장되어야 한다. 그러나 사생활의 비밀을 침해하거나 중대한 국익을 침해하는 취재활동은 허용될 수 없다.*

* 취재원에 대해서 비밀을 지킬 수 있는지는 논란이 있다. 예를 들어, 마약과 같은 것을 취재한 경우에는 비밀을 지키기 어려우나, 단순절도 정도로 죄질이 약한 것을 취재한 경우에는 비밀을 인정해 줄 수 있다는 비교형량설이 다수의 견해이다.

(4) 언론기관의 내부적 자유

명문에 규정이 없으나 언론의 자유에는 언론기관의 내부적 자유로서 경영권으로부터 편집·편성의 자유가 보장되어야 한다.

판례 | 방송편성 간섭 금지 및 처벌 사건

금지조항은 방송편성의 자유와 독립을 보장하기 위하여 방송사 외부에 있는 자가 방송편성에 관계된 자에게 방송편성에 관해 특정한 요구를 하는 등의 방법으로 방송편성에 관한 자유롭고 독립적인 의사결정에 영향을 미칠 수 있는 행위 일체를 금지한다는 의미임을 충분히 예견할 수 있으므로, 죄형법정주의의 명확성원칙에 위반된다고 볼 수 없다(헌재 2021.8.31, 2019헌바439).

판례 | 신문법 사건(헌재 2006.6.29, 2005헌마165)

심판대상조항	주문	결정이유
신문법 제15조 제2항 (신문사가 방송을 겸영 금지하는 것)	합헌(6인)	일간신문의 뉴스통신과 방송사업 겸영 규율은 고도의 정책적 판단으로 입법자의 미디어 정책적 판단에 맡겨져 있음
신문법 제15조 제3항 (신문사가 또 다른 신문사를 소유 못하게 하는 것)	헌법불합치 (헌법불합치 4, 위헌 3)	• 신문의 복수소유가 언론의 다양성을 저해하지 않는 경우 필요 이상으로 신문의 자유를 제약 • 다만, 복수소유의 규제기준 등은 입법자의 재량으로 개선입법이 있을 때까지 계속 적용
신문법 제16조 제1항·제2항·제3항 (경영관계 및 소유관계 신고의무)	합헌(6인)	신문기업은 일반기업에 비해 공적 기능과 사회적 책임이 크므로 투명성을 높여야 함
신문법 제17조 (시장지배적 사업자 추정조항)	위헌(7인)	발행부수만으로 신문시장의 점유율을 평가할 수 없고 불공정행위를 초래할 위험성이 특별히 크다고 볼 수 없는데도 일반사업자에 비해 더 쉽게 시장지배적 사업자로 추정하는 것 등은 불합리함
신문법 제34조 제2항 (신문발전기금 지원금지 대상)	위헌 (전원일치)	시장점유율이 높다는 이유만으로 기금 지원의 대상에서 아예 배제하는 것은 불합리함
언론중재법 제6조 (고충처리인을 두는 것)	합헌(7인)	운영에 관한 사항은 전적으로 신문사업자의 자율임
언론중재법 제14조 (고의나 과실 불요)	합헌 (전원일치)	정정보도는 민법상 불법행위와 전혀 다른 청구권임
언론중재법 제26조 제6항 (정정보도청구사건의 가처분절차조항)	위헌(6인)	사실적 주장에 관한 언론보도가 진실이 아니라는 것을 간략한 소명으로 대체하는 것은 언론사의 방어권을 심각하게 제약함
언론중재법 부칙 제2조 (소급적용에 관한 부분)	위헌(8인)	이미 종결된 과거의 법률관계를 소급하여 새로이 규율하는 것이기 때문에 소위 진정소급입법에 해당

04 제한

1. 사전통제 금지

(1) 허가제 금지

허가제란 원래 자연적 자유에 속하는 권리를 일단 일반적으로 금지한 연후에 특정한 경우에 한하여 그 금지를 해제하여 주는 행정처분이므로 언론·출판에 대한 허가제는 금지된다. 검열은 언론의 내용에 대한 허용될 수 없는 사전적 제한이라는 점에서 헌법 제21조 제2항 전단의 '허가'와 '검열'은 본질적으로 같은 것이라고 할 것이다(헌재 2001.5.31, 2000헌바43).

> **판례 | 언론·출판의 허가제 금지 관련 판례**
>
> **1 정기간행물의 등록 [합헌]**
> 언론·출판기업에 대하여 일정한 시설을 갖추어 등록하게 하는 것은 언론·출판의 자유의 본질적 내용의 간섭과는 구분되며, 원칙적으로 언론·출판의 자유에 관한 본질적인 내용의 침해에 해당하는 것이라고 볼 수 없다(헌재 1996.8.29, 94헌바15).
>
> **2 방송사업의 허가제 [합헌]**
> 언론·출판에 대한 허가·검열금지의 취지는 정부가 표현의 내용에 관한 가치판단에 입각해서 특정 표현의 자유로운 공개와 유통을 사전 봉쇄하는 것을 금지하는 데 있으므로, 내용규제 그 자체가 아니거나 내용구제의 효과를 초래하는 것이 아니라면 금지된 허가에는 해당되지 않는다. 한편, 헌법 제21조 제3항은 "통신·방송의 시설기준과 신문의 기능을 보장하기 위하여 필요한 사항은 법률로 정한다."라고 규정하여 일정한 방송시설기준을 구비한 자에 대해서만 방송사업을 허가하는 허가제가 허용될 여지를 주는 한편 방송사업에 대한 시설기준을 '법률'로 정하도록 함으로써 행정부에 의한 방송사업허가제의 자의적 운영이 방지되도록 하고 있다(헌재 2001.5.31, 2000헌바43 등).

(2) 검열제 금지

① **의의**: 검열이란 사상이나 의견을 발표하기 이전에 국가기관이 미리 그 내용을 심사·선별하여 일정한 범위 내에서 발표를 사전에 저지하는 것을 의미한다. 검열금지의 원칙은 모든 형태의 사전적인 규제를 금지하는 것이 아니고, 단지 의사표현의 발표 여부가 오로지 행정권의 허가에 달려 있는 사전심사만을 금지하는 것을 뜻한다.*

  * 검열은 허용되지 않으나, 영화인들 스스로 자율 심의하는 것은 허용된다.

② **요건**: 검열은 ㉠ 허가를 받기 위한 표현물의 제출의무, ㉡ 행정권이 주체가 된 사전심사절차, ㉢ 허가를 받지 아니한 의사표현의 금지, ㉣ 심사절차를 관철할 수 있는 강제수단 등의 요건을 갖춘 경우만 이에 해당하는 것이다(헌재 1996.10.4, 93헌가13).

③ 내용

행정권이 검열의 주체	검열의 주체는 행정권에 한정되므로 행정권 이외의 국가기관, 특히 법원에 의한 사전제한, 예컨대 가처분에 의한 의사표현의 사전억제는 검열에 해당하지 않는다. 헌법재판소도 민사소송법 가처분절차에 따른 법원의 사전통제를 검열로 보지 않았다. 또한 검열기관으로서 행정기관인지 여부는 형식이 아니라 실질을 기준으로 한다. 공연윤리위원회, 공연진흥협의회, 등급위원회는 형식적으로는 민간단체이어서 행정기관이 아니나 실질적으로는 인적·물적으로 행정권의 지배하에 있으므로 검열기관인 행정기관이라는 것이 헌법재판소 판례이다.
허가를 받기 위한 표현물의 제출의무와 사전통제	사후의 사법적 규제는 검열이 아니다. 따라서 사법절차에 의한 영화상영금지, 명예훼손이나 저작권 침해를 이유로 한 가처분, 형벌규정으로 압수는 검열이 아니다. 납본제도는 출간 이후의 통제제도이므로 검열이 아니다.
표현의 내용을 심사·선별	발표할 내용을 심사·선별하는 것이어야 한다. 옥외광고물설치허가제는 설치장소, 크기, 모양, 색깔 등에 대한 통제이지 광고내용통제가 아니므로 검열이 아니다. TV방송국 설립허가제는 방송국 시설기준에 대한 통제이지 방송내용통제가 아니므로 검열이 아니다.
표현의 금지와 심사절차를 관철할 수 있는 강제수단	검열에 해당하려면 검열의 개념적 요소를 다 갖추고 있어야 한다. 등급제는 사전적 심사이나 발표를 금지하는 것이 아니므로 검열이 아니다. 그러나 등급분류보류제는 등급의 분류를 보류하여 무한정 영화상영이 금지될 수 있어 검열에 해당한다.

기출 OX

01 행정주체인 방송위원회로부터 위탁을 받아 방송광고의 사전심의라는 공무를 수행하는 한국광고자율심의기구에 의하여 방송광고의 사전심의를 받도록 하는 것은 언론·출판에 대한 사전검열에 해당한다. 08. 국가직 7급
( )

02 외국음반을 국내에서 제작하고자 하는 경우 영상물등급위원회의 추천을 받도록 하는 것은 언론·출판에 대한 사전검열에 해당하여 헌법에 위반된다. 08. 국가직 7급
( )

03 사법부가 사법절차에 의하여 심리·결정하는 방영금지가처분은 헌법에서 금지하는 사전검열에 해당하므로 위헌이다. 08. 국회직 8급 ( )

기출 OX

04 건강기능식품의 기능성 표시·광고와 같이 규제의 필요성이 큰 경우에 사전심의절차를 법률로 규정하여도 우리 헌법이 절대적으로 금지하는 사전검열에 해당한다고 보기는 어렵다. 19. 서울시 7급 ( )

판례 | 사전검열금지원칙에 관한 판례

1 건강기능식품법상 기능성 광고에 대한 사전심의 [위헌]
건강기능식품법상 기능성 광고의 심의주체는 행정기관인 식약처장이며, 법상 언제든지 위탁을 철회하고 직접 심의업무를 담당할 수 있다. 심의기관의 장이 위원을 위촉하려면 식약처장의 승인을 받아야 하고, 식약처장이 일정한 경우 해당 위원을 해촉할 수도 있다. 그리고 위원의 수와 구성 비율, 위원의 자격과 임기, 위원장과 부위원장의 위촉 방식 등 심의위원회의 구성에 관하여 총리령으로 규율하는 등으로 법령을 통해 **행정권이 표시·광고심의위원회의 구성에 개입하고 지속적으로 영향을 미칠 가능성이 존재하는 이상 그 구성에 자율성이 보장되어 있다고 볼 수 없다**(헌재 2018.6.28, 2016헌가8).

2 의료광고 사전심의 [위헌]
각 의사협회는 행정권의 영향력에서 벗어나 독립적이고 자율적으로 사전심의업무를 수행하고 있다고 보기 어렵다. 따라서 이는 사전검열금지원칙에 위배된다(헌재 2015.12.23, 2015헌바75).

3 한국의료기기산업협회의 의료기기 광고 사전심의 [위헌]
한국의료기기산업협회가 행하는 이 사건 의료기기 광고 사전심의는 헌법이 금지하는 사전검열에 해당하고, 이러한 사전심의제도를 구성하는 심판대상조항은 헌법 제21조 제2항의 사전검열금지원칙에 위반된다(헌재 2020.8.28, 2017헌가35).

정답 01 ○ 02 ○ 03 × 04 ×

4 대북 전단 등의 살포 금지·처벌 사건 [위헌]
  [1] 헌법재판소는 심판대상조항이 국민의 생명·신체의 안전을 보장하고 남북 간 긴장을 완화하며 평화통일을 지향하여야 하는 국가의 책무를 달성하기 위한 것으로서 그 입법목적이 정당하다고 보면서도, 심판대상조항에 따라 제한되는 표현의 내용이 매우 광범위하고, 최후의 수단이 되어야 할 국가형벌권까지 동원한 것이어서, 표현의 자유를 지나치게 제한한다고 판단하였다.
  [2] 검열과 관련하여 이는 북한 체제 비판등의 내용을 담은 표현을 제한하는 것으로 내용에 관한 규제로 보아야 하나, 표현물의 제출의무나 행정권의 사전심사절차 등을 일반적으로 예정·도입하는 것이 아니므로, 심판대상조항에 따른 규율이 헌법 제21조 제2항이 금지하고 있는 '검열'에 해당한다고 보기는 어렵다 (헌재 2023.9.26, 2020헌마1724).

2. 사후통제 – 언론규제입법의 합헌성 판단기준(언론·출판의 자유의 우월성 법리이론)

(1) 이중기준의 원칙
언론·출판의 자유는 정신적 자유권에 속하므로 경제적 자유권을 제한하는 경우에 비하여 제한방법과 제한기준이 보다 엄격하게 적용되어야 한다.

(2) 무효의 원칙
언론·출판의 자유를 규제하는 법률규정은 명확하여야 하고, 불확정개념이나 막연한 용어를 사용하여 그 의미를 명백히 할 수 없는 경우에는 '막연하기 때문에 무효'라는 이론이 적용되어 그 법률은 위헌무효가 된다.

> **판례 | 명확성원칙에 관한 판례***
>
> *명확성의 원칙에서 이야기된 것처럼 같은 단어, 예를 들어 공익이나 불온 등이 언론·출판에 사용되면 위헌이 되나, 다른 영역에 사용되면 합헌이 된다.
>
> 1 전기통신기본법상 공익 [위헌]
> 이 사건 법률 조항은 표현의 자유에 대한 제한입법이며, 동시에 형벌조항에 해당하므로, 엄격한 의미의 명확성원칙이 적용된다. 그런데 이 사건 법률 조항은 '공익을 해할 목적'의 허위의 통신을 금지하는바, 여기서의 '**공익**'은 형벌조항의 구성요건으로서 구체적인 표지를 정하고 있는 것이 아니라, 헌법상 기본권 제한에 필요한 최소한의 요건 또는 헌법상 언론·출판의 자유의 한계를 그대로 법률에 옮겨 놓은 것에 불과할 정도로 그 의미가 불명확하고 추상적이다(헌재 2010.12.28, 2008헌바157).
>
> 2 불온통신의 규제 [위헌]
> 전기통신사업법 제53조는 '공공의 안녕질서 또는 미풍양속을 해하는'이라는 불온통신의 개념을 전제로 하여 규제를 가하는 것으로서 불온통신 개념의 모호성, 추상성, 포괄성으로 말미암아 필연적으로 규제되지 않아야 할 표현까지 다 함께 규제하게 되어 과잉금지원칙에 어긋난다. 즉, '공공의 안녕질서 또는 미풍양속' 개념의 포괄성으로 말미암아 **청소년에 대한 접근만 금지하여도 족할 표현물도 불온통신에 해당되어 규제받게 된다**. 결론적으로, 전기통신사업법 제53조 제1항은 표현의 자유를 지나치게 광범위하게, 포괄적으로 제한함으로써 과잉금지원칙에 위배된다(헌재 2002.6.27, 99헌마480).

기출 OX

01 '제한상영가' 등급의 영화를 '상영 및 광고·선전에 있어서 일정한 제한이 필요한 영화'라고 규정하고 있는 법률규정은, '제한상영가' 등급의 영화란 영화의 내용이 지나치게 선정적·폭력적 또는 비윤리적이어서 청소년에게는 물론 일반적인 정서를 가진 성인에게조차 혐오감을 주거나 악영향을 끼치는 영화로 해석될 수 있으므로 명확성원칙에 위반되지 않는다. 13. 국가직 7급
( )

3 제한상영가제도 [헌법불합치]

영화진흥법 제21조 제3항 제5호는 '제한상영가' 등급의 영화를 '상영 및 광고·선전에 있어서 일정한 제한이 필요한 영화'라고 정의하고 있는데, 이 규정은 제한상영가 등급의 영화가 어떤 영화인지를 말해주기보다는 제한상영가 등급을 받은 영화가 사후에 어떠한 법률적 제한을 받는지를 기술하고 있으므로, 제한상영가 영화가 어떤 영화인지 이 규정만 가지고는 도대체 짐작하기가 쉽지 않다(헌재 2008.7.31, 2007헌가4).

(3) 명백하고 현존하는 위험의 원칙

표현의 자유를 제약하는 경우에 명백하고 현존하는 위험이 있지 않으면 안 된다는 원칙이다.* 여기서 명백이란 표현과 해악의 발생 사이에 밀접한 인과관계가 존재함을 말하고, 현존이란 해악의 발생이 시간적으로 근접한 것을 의미하며, 위험이란 공공의 이익에 대한 해악의 발생개연성을 의미한다.

> *명백하고 현존하는 위험의 원칙은 같은 표현이라고 해도 표현의 자유를 규제할 때는 실질적인 해악이 필요하다는 의미이다. 예를 들어, 평상시 징병반대를 외치는 경우에는 처벌하면 안 되지만 세계대전이 일어난 경우 징병반대를 외친다면 처벌할 수 있다는 논리이다.

[참고]
명예를 훼손했다는 것은 피해자가 입증을 해야겠지만 그것이 입증된다면 위법성 조각사유, 즉 공익성과 진실성은 언론사가 입증해야 한다.

(4) 공적 인물에 대한 명예훼손시 입증책임의 부담

⚖ 판례 | 공적 인물에 대한 명예훼손시 입증책임의 부담

방송 등 언론매체가 사실을 적시하여 개인의 명예를 훼손하는 행위를 한 경우에도 그 목적이 오로지 공공의 이익을 위한 것일 때에는 적시된 사실이 진실이라는 증명이 있거나 그 증명이 없다 하더라도 행위자가 그것을 진실이라고 믿었고 또 그렇게 믿을 만한 상당한 이유가 있으면 위법성이 없다고 보아야 할 것이나, **그에 대한 입증책임은 어디까지나 명예훼손행위를 한 방송 등 언론매체에 있고 피해자가 공적 인물이라 하여 피해자 측에 입증책임이 있는 것이 아니다**(대판 1998.5.8, 97다34563).

05 제한과 책임

1. 헌법규정

> 헌법 제21조 ④ 언론·출판은 타인의 명예나 권리 또는 공중도덕이나 사회윤리를 침해하여서는 아니 된다. 언론·출판이 타인의 명예나 권리를 침해한 때에는 피해자는 이에 대한 피해의 배상을 청구할 수 있다.

2. 명예훼손의 금지

부당한 보도에 의하여 피해를 입은 사람이 민법과 민사소송법에 정한 전통적인 일반원칙과 절차에 따라 명예훼손 등을 원인으로 하여 소로써 손해배상에 갈음하거나 또는 손해배상과 함께 명예회복에 적당한 처분을 구할 수는 있다(헌재 1991.9.16, 89헌마165).

정답 01 ×

판례 | 정정보도청구 사건

두 기본권이 서로 충돌하는 경우에는 헌법의 통일성을 유지하기 위하여 상충하는 기본권 모두가 최대한으로 그 기능과 효력을 나타낼 수 있도록 하는 조화로운 방법이 모색되어야 할 것이고, 결국은 이 법(정기간행물의 등록 등에 관한 법률)에 규정한 정정보도청구제도가 과잉금지의 원칙에 따라 그 목적이 정당한 것인가 그러한 목적을 달성하기 위하여 마련된 수단 또한 **언론의 자유를 제한하는 정도가 인격권과의 사이에 적정한 비례를 유지하는 것인가**의 여부가 문제된다 할 것이다. … **현행 정정보도청구권 제도는 언론의 자유와 비록 서로 충돌되는 면이 없지 아니하나 전체적으로는 상충되는 기본권 사이에 합리적인 조화를 이루고 있는 것**으로 판단된다(헌재 1991.9.16, 89헌마165). 07. 국회직 8급

3. 언론보도와 명예훼손에 관한 대법원 판례

(1) 집단표시에 의한 명예훼손은 그러한 방송 등이 그 집단에 속한 특정인에 대한 것이라고는 해석되기 힘들고 집단표시에 의한 비난이 개별 구성원에 이르러서는 비난의 정도가 희석되어 구성원의 사회적 평가에 영향을 미칠 정도에 이르지 않으므로 **구성원 개개인에 대한 명예훼손은 성립되지 않는다고 봄이 원칙이지만, 예외적으로 구성원 개개인에 대하여 방송하는 것으로 여겨질 정도로 구성원 수가 적거나 방송 등 당시의 주위 정황 등으로 보아 집단 내 개별 구성원을 지칭하는 것으로 여겨질 수 있는 때**에는 집단 내 개별 구성원이 피해자로서 특정된다고 보아야 한다고 판시하였다(대판 2003.9.2, 2002다63558). 04. 법원직

(2) 형법 제309조 소정의 '사람을 비방할 목적'이란 가해의 의사 내지 목적을 요하는 것으로서 공공의 이익을 위한 것과는 행위자의 주관적 의도의 방향에 있어 서로 상반되는 관계에 있다고 할 것이므로, 적시한 사실이 공공의 이익에 관한 것인 때에는 특별한 사정이 없는 한 비방의 목적은 부인된다(대판 2000.2.25, 98도2188). 04. 법원직

(3) 어떤 표현이 타인의 명예를 훼손하더라도 그 목적이 오로지 공공의 이익을 위한 것일 때에는 위법성이 조각될 수 있으며, 이 경우 행위자의 주요한 목적이나 동기가 공공의 이익을 위한 것이라면 부수적으로 사익적 목적이나 동기가 내포되어 있더라도 무방하다(대판 2003.9.2, 2002다63558). 04. 법원직

(4) 명예훼손적 표현을 행위자가 진실한 것으로 오인하고 행위를 한 경우 그 오인에 정당한 이유가 있는 때에는 명예훼손죄가 성립하지 않는다. 06. 국회직 8급

> **참고**
> 비방의 목적은 부인될 가능성이 높고 공익은 인정될 가능성이 높다. 즉, 언론사의 책임을 잘 인정하지 않겠다는 의미이다.

> **기출 OX**
> 02 비방할 목적으로 정보통신망을 이용하여 공공연하게 사실을 드러내어 다른 사람의 명예를 훼손한 자를 처벌하는 법률규정은, 허위의 명예나 과장된 명예를 보호하기 위하여 표현의 자유에 대한 심대한 위축효과를 발생시키기 때문에 과잉금지원칙을 위반하여 표현의 자유를 침해한다. 17. 국가직 7급
> ( )

판례 | 언론·출판의 자유에 관한 판례

1 인터넷 홈페이지 운영자의 법적 책임

온라인 서비스 제공자인 인터넷상의 홈페이지 운영자가 자신이 관리하는 전자게시판에 타인의 명예를 훼손하는 내용이 게재된 것을 방치하였을 때 명예훼손으로 인한 손해배상책임을 지게 하기 위해서는 **그 운영자에게 그 게시물을 삭제할 의무가 있음에도 정당한 사유 없이 이를 이행하지 아니한 경우**여야 하고, 그의 삭제의무가 있는지는 게시의 목적, 내용, 게시기간과 방법, 그로 인한 피해의 정도, 게시자와 피해자의 관계, 반론 또는 삭제 요구의 유무 등 게시에 관련한 쌍방의 대응태도, 당해 사이트의 성격 및 규모·영리 목적의 유무, 개방정도, 운영자가 게시물의 내용을 알

> **정답** 02 ×

았거나 알 수 있었던 시점, 삭제의 기술적·경제적 난이도 등을 종합하여 판단하여야 할 것으로서, 특별한 사정이 없다면 단지 홈페이지 운영자가 제공하는 게시판에 다른 사람에 의하여 제3자의 명예를 훼손하는 글이 게시되고 그 운영자가 이를 알았거나 알 수 있었다는 사정만으로 항상 운영자가 그 글을 즉시 삭제할 의무를 지게 된다고 할 수는 없다(대판 2003.6.27, 2002다72194).

2 교통수단이용 광고의 제한 [기각]
타인에 관한 광고를 허용하게 되면 무분별한 광고를 하게 되고 이로 인하여 **도로교통의 안전과 도시미관을 저해하는 폐해가 발생**하게 될 것이다. 따라서 이 사건 시행령 조항이 **표현의 자유를 침해한다고 볼 수 없다**(헌재 2002.12.18, 2000헌마764).

3 명예훼손의 위법성조각 안 되는 경우
특단의 사정이 없는 한 일간신문사 기자가 **타 신문사의 기사내용과 피의자에 대한 구속영장 사본만을 열람한 것만으로는** 위 기자가 기사내용의 진실성을 담보하기 위하여 필요한 취재를 다한 것이라고 할 수 없으므로, 일간신문에 있어서의 보도의 신속성이란 공익적인 요소를 고려한다고 하더라도, 이러한 기사를 게재한 것이 피의자에 대한 명예훼손행위의 위법성을 조각하게 할 정도에 이른 것이라고 볼 수 없다(대판 2002.5.10, 2000다50213).

4 식품의 약리적 효능에 관한 상업광고규제 [기각]
위 법령 조항을 식품 등에 대하여 마치 특정 질병의 치료·예방 등을 직접적이고 주된 목적으로 하는 것인 양 표시·광고하여 **소비자로 하여금 의약품으로 혼동·오인하게 하는 표시·광고만을 규제하고 있는 것으로 한정적으로 풀이하면** … 그 적용범위를 위와 같은 합헌적인 범위 밖에까지 부당히 확장하지 아니하는 한 식품제조업자 등의 영업의 자유, 광고표현의 자유 또는 학문의 자유를 헌법 제37조 제2항에 위반하여 **침해하는 것이라고 볼 수 없다**(헌재 2000.3.30, 97헌마108).

5 숙취해소용 천연차 표시금지 [위헌]
[1] '음주 전후' 또는 '숙취해소'라는 표시는 식품판매를 위한 상업적 광고표현에 해당한다고 할 것인데, 상업적 광고표현 또한 표현의 자유의 보호를 받는 대상이 되므로 이 사건 규정은 표현의 자유를 제한하는 것이기도 하다.

[2] '음주 전후', '숙취해소'라는 표시는 이를 금지할 만큼 음주를 조장하는 내용이라 볼 수 없고, 식품에 숙취해소 작용이 있음에도 불구하고 이러한 표시를 금지하면 숙취해소용 식품에 관한 정확한 정보 및 제품의 제공을 차단함으로써 **숙취해소의 기회를 국민으로부터 박탈하게 될 뿐만 아니라, 보다 나은 숙취해소용 식품을 개발하기 위한 연구와 시도를 차단**하는 결과를 초래하므로, 위 규정은 숙취해소용 식품의 제조·판매에 관한 영업의 자유 및 광고표현의 자유를 과잉금지원칙에 위반하여 침해하는 것이다(헌재 2000.3.30, 99헌마143).

> 어떤 병이 낫는다는 표현처럼 의약품과 혼동할 우려가 있는 경우에는 규제해야 하지만, 단순히 술깨는 데 좋다, 피부에 좋다 등 효능에 대해서 홍보 못하게 하는 것은 위헌이라는 의미이다.

6 음란 사이트의 링크행위
링크를 포함한 일련의 행위 및 범의가 다른 웹사이트 등을 단순히 소개·연결할 뿐이거나 또는 다른 웹사이트 운영자의 실행행위를 방조하는 정도를 넘어, 이미 음란한 부호 등이 불특정 다수인에 의하여 인식될 수 있는 상태에 놓여 있는 다른 웹사이트를 링크의 수법으로 사실상 지배·이용함으로써 그 실질에 있어서 음란한 부호 등을 직접 전시하는 것과 다를 바 없다고 평가되고, 이에 따라 불특정 다수인이 이러한 링크를 이용하여 별다른 제한 없이 음란한 부호 등에 바로 접할 수 있는

한눈에 쏙!

교통수단이용 광고

구분	금지
자기 소유	전면 허용
	일부 허용
타인 소유	전면 불허
	일부 허용

기출 OX

01 일간신문사 기자가 타 신문사의 기사내용과 피의자에 대한 구속영장 사본을 열람하였다면 위 기자가 기사내용의 진실성을 담보하기 위하여 필요한 취재를 다한 것으로 볼 수 있다. 04. 법원직 ( )

정답 01 ✕

상태가 실제로 조성되었다면, 그러한 행위는 전체로 보아 음란한 부호 등을 공연히 전시한다는 구성요건을 충족한다고 봄이 상당하다(대판 2003.7.8, 2001도1335).

7 인터넷 실명제 [위헌]
[1] 본인확인제는 인터넷게시판에 타인의 명예를 훼손하는 등의 불법정보를 게시하는 것을 억제하고 불법정보 게시로 피해가 발생한 경우 가해자를 특정할 수 있는 기초자료를 확보함으로써 건전한 인터넷문화를 조성하기 위한 것으로서 그 목적의 정당성과 수단의 적합성을 인정할 수 있다.

[2] 그러나 인터넷게시판 운영자에게 게시판 이용자에 대한 본인확인조치를 하도록 하여 게시판 이용자가 본인확인절차를 거치지 아니하면 인터넷게시판에 정보를 게시할 수 없도록 하는 본인확인제는 아래와 같이 목적달성에 필요한 범위를 넘는 과도한 제한을 하는 것으로서 침해의 최소성이 인정되지 않는다(헌재 2012.8.23, 2010헌마47).

8 공공기관 등 게시판 본인확인제 [기각]
공공기관 등이 설치·운영하는 게시판에 언어폭력, 명예훼손, 불법정보 등이 포함된 정보가 게시될 경우 그 게시판에 대한 신뢰성이 저하되고 결국에는 게시판 이용자가 피해를 입을 수 있으며, 공공기관 등의 정상적인 업무수행에 차질이 빚어질 수도 있다. 따라서 공공기관 등이 설치·운영하는 게시판의 경우 본인확인조치를 통해 책임성과 건전성을 사전에 확보함으로써 해당 게시판에 대한 공공성과 신뢰성을 유지할 필요성이 크며, 그 이용 조건으로 본인확인을 요구하는 것이 과도하다고 보기는 어렵다(헌재 2022.12.22, 2019헌마654).

9 가상의 아동·청소년이용음란물 [합헌]
아동·청소년이용음란물 가운데 '아동·청소년으로 인식될 수 있는 사람이나 표현물이 등장하여 그 밖의 성적 행위를 하는 내용을 표현하는 것' 부분, 즉 가상의 아동·청소년이용음란물 배포 등을 처벌하는 부분이 죄형법정주의 명확성원칙에 위반되지 아니하고, 표현의 자유를 과도하게 제한하지 아니하므로 헌법에 위반되지 않는다고 결정하였다(헌재 2015.6.25, 2013헌가17·24 등).
✎ 가상이니 당연히 애니메이션을 의미한다.

10 방송통신위원회의 정보취급거부명령 [합헌]
[1] 취급거부에는 웹사이트폐쇄가 포함된다고 보아야 한다.
[2] 불법성의 경중에 따라 단계적으로 적절한 명령을 할 수 있으며, 불가피한 경우 폐쇄를 명하는 것은 언론·출판의 자유를 침해하지 않는다(헌재 2015.10.21, 2012헌바415).

11 국가모독죄 [위헌]
대한민국 또는 헌법상 국가기관에 대하여 모욕, 비방, 사실 왜곡, 허위사실 유포 또는 기타 방법으로 대한민국의 안전, 이익 또는 위신을 해하거나 해할 우려가 있는 표현이나 행위에 대하여 형사처벌하도록 규정한 구 형법 조항은 표현의 자유를 침해한다(헌재 2015.10.21, 2013헌가20).
▶ 수단의 적합성이 부정된다.

12 국기모독죄 [합헌]
'대한민국을 모욕'한다는 것은 '국가공동체인 대한민국의 사회적 평가를 저해할 만한 추상적 또는 구체적 판단이나 경멸적 감정을 표현하는 것'을 의미하는 것으로 법관의 보충적 해석으로 보완될 수 있다. 따라서 심판대상조항은 명확성원칙에 위반되지 않는다(헌재 2019.12.27, 2016헌바96).

기출 OX

02 인터넷게시판을 설치·운영하는 정보통신서비스 제공자에게 본인확인조치의무를 부과하는 법률규정은 과잉금지원칙에 위배하여 인터넷게시판 이용자의 표현의 자유를 침해한다. 19. 서울시 7급·법원직 ( )

한눈에 쏙!

본인확인	주문
선거	위헌
인터넷	위헌
공공기관	합헌

정답 02 ○

기출 OX

01 인터넷언론사에 대하여 선거일 전 90일부터 선거일까지 후보자 명의의 칼럼이나 저술을 게재하는 보도를 제한하는 구 인터넷 선거보도 심의기준 등에 관한 규정은 인터넷 선거보도의 공정성과 선거의 공정성을 확보하려는 것이므로 후보자인 청구인의 표현의 자유를 침해하지 않는다. 22. 경찰
(   )

13 선거운동의 근거

선거운동의 자유는 널리 선거과정에서 자유로이 의사를 표현할 자유의 일환이므로 표현의 자유의 한 태양이기도 하다. 표현의 자유, 특히 정치적 표현의 자유는 선거과정에서의 선거운동을 통하여 국민이 정치적 의견을 자유로이 발표·교환함으로써 비로소 그 기능을 다하게 된다 할 것이므로, **선거운동의 자유는 헌법에 정한 언론·출판·집회·결사의 자유 보장 규정에 의한 보호를 받는다**(헌재 2001.8.30, 99헌바92 등).

14 후보자 명의의 칼럼 금지 [위헌]

인터넷언론사가 선거일 전 90일부터 선거일까지 후보자 명의의 칼럼이나 저술을 게재하는 보도를 할 수 없도록 한 것은 필요 이상으로 표현의 자유를 제한하여 헌법에 위반된다(헌재 2019.11.28, 2016헌마90).

15 세종특별자치시 옥외광고물 규제 [기각]

세종특별자치시 옥외광고물 관리 조례에서 특정구역 안에서 업소별로 표시할 수 있는 옥외광고물의 총수량을 원칙적으로 1개로 제한한 것은 표현의 자유를 침해하지 않는다(헌재 2016.3.31, 2014헌마79).

제4항 | 집회·결사의 자유

01 서설

> 헌법 제21조 ① 모든 국민은 언론·출판의 자유와 집회·결사의 자유를 가진다.
> ② 언론·출판에 대한 허가나 검열과 집회·결사에 대한 허가는 인정되지 아니한다.
> 04. 국회직 8급

집회·결사의 자유 비교

구분	집회의 자유	결사의 자유
계속성	일시적 모임	계속적 모임
인적 요건	2인 이상	2인 이상
목적 요건	의사형성, 의사표현 (판례는 내적 유대)	제한 ×
행태적 요건	폭력적 집회 제외	비폭력
장소적 요건	요건 중 하나(이동도 가능)	장소는 요건 아님
주최자	필수적 요소 아님	필수적 요소 아님
주체	자연인, 법인	자연인, 사법인(공법인 ×) 04. 국회직 8급

정답 01 ×

1. 의의

집회·결사의 자유는 다수인이 공동의 목적을 가지고 회합하고 결합하는 자유를 의미한다. 언론·출판의 자유가 개인적 표현의 자유를 의미한다면, 집회·결사의 자유는 모여서 또는 단체를 구성하여 행한다는 점에서 집단적 의사표현의 자유를 의미한다.

> **판례 | 권력에서 소외된 소수의 보호를 위한 기본권**
>
> 집회의 자유는 집권세력에 대한 정치적 반대의사를 공동으로 표명하는 효과적인 수단으로서 현대사회에서 언론매체에 접근할 수 없는 소수집단에게 그들의 권익과 주장을 옹호하기 위한 적절한 수단을 제공한다는 점에서, 소수의견을 국정에 반영하는 창구로서 그 중요성을 더해 가고 있다. 이러한 의미에서 집회의 자유는 소수의 보호를 위한 중요한 기본권인 것이다(헌재 2003.10.30, 2000헌바67 등).

기출 OX

02 집회의 자유에는 집회를 통하여 형성된 의사를 집단적으로 표현하는 데 그치고, 이를 통하여 불특정 다수인의 의사에 영향을 줄 자유까지를 포함하지는 않는다. 18. 지방직 7급 ( )

2. 주체

집회·결사의 자유의 주체는 모든 국민뿐만 아니라 외국인도 포함된다. 다만, 외국인은 국민에 비해 제한이 가중된다. 또한 집회·결사의 자유는 법인도 주체가 될 수 있다.

02 집회의 자유

1. 의의

집회라 하면 다수인이 공동의 목적을 가지고 일정한 장소에서 일시적으로 회합하는 행위를 말한다.

2. 집회의 요건

(1) 인적 요건

집회가 성립하기 위한 다수인은 2인 이상이어야 한다.

(2) 공동의 목적

> **판례 | 집회의 목적**
>
> 일반적으로 집회는, 일정한 장소를 전제로 하여 특정 목적을 가진 다수인이 일시적으로 회합하는 것을 말하는 것으로 일컬어지고 있고, 그 공동의 목적은 **내적인 유대관계로 족하다**(헌재 2009.5.28, 2007헌바22).

(3) 우발적 집회의 포함 여부

주최자는 집회의 요소가 아니며, 계획적 집회가 아닌 우발적 집회도 가능하다. 또한 구성원 상호간을 알 필요는 없으나, 다수인 상호간에는 내적 유대감이 있어야 한다.

기출 OX

03 집회란 다수인이 일정한 장소에서 공동목적을 가지고 회합하는 일시적인 결합체를 의미하기 때문에 2인이 모인 집회는 집회 및 시위에 관한 법률의 규제대상이 되지 않는다. 16. 국가직 7급 ( )

[참고]
내적인 유대면 충분하다는 판례에 대해서 그럼 신고해야 할 집회의 범위가 너무 넓어지는 것이 아닌가라는 비판이 있다(이에 따르면 친구랑 밥먹으러 가는 것도 집회가 된다). 최소한 공동의 의사형성과 의사표현을 하려는 목적은 있어야 한다는 것이 다수의 견해이다.

정답 02 × 03 ×

기출 OX

01 집단적 시위는 이동하는 집회로서 집회의 개념에 포함된다는 것이 헌법재판소의 입장이다. 04. 국회직 8급
( )

(4) 장소적 요건

헌법에는 명문의 규정이 없으나 시위는 움직이는 집회로서 집회의 개념에 포함된다는 것이 통설·판례이다. 집회 및 시위에 관한 법률 제2조 제2호에 의하면 시위란 '다수인이 공동목적을 가지고 도로·광장·공원 등 공중이 자유로이 통행할 수 있는 장소를 진행하거나 위력 또는 기세를 보여 불특정 다수인의 의견에 영향을 주거나 제압을 가하는 행위'라고 하여 시위의 개념에 장소적 개념은 필요불가결한 요소는 아니라고 규정하고 있다(헌재 1994.4.28, 91헌바14).

> **판례 | 집회장소의 의미**
>
> 집회장소는 특별한 상징적 의미를 가진다. 특정 장소가 시위의 목적과 특별한 연관성이 있기 때문에 시위장소로서 선택되는 경우가 빈번하다. 일반적으로 시위를 통하여 반대하고자 하는 대상물이 위치하거나(핵발전소, 쓰레기 소각장 등 혐오시설) 또는 시위의 계기를 제공한 사건이 발생한 장소(문제의 결정을 내린 국가기관 청사)에서 시위를 통한 의견표명이 이루어진다. 이와 같이 집회장소가 바로 집회의 목적과 효과에 대하여 중요한 의미를 가지기 때문에, 누구나 '어떤 장소에서' 자신이 계획한 집회를 할 것인가를 원칙적으로 자유롭게 결정할 수 있어야만 집회의 자유가 비로소 효과적으로 보장되는 것이다. 따라서 **집회의 자유는 다른 법익의 보호를 위하여 정당화되지 않는 한, 집회장소를 항의의 대상으로부터 분리시키는 것을 금지한다**(헌재 2003.10.30, 2000헌바67 등).

3. 집회의 종류

(1) 옥내집회와 옥외집회

① 장소에 따른 구별로서 옥외집회는 사전신고를 요한다. 다만, 학문·예술·체육·종교·친목·오락 등의 목적을 위한 옥외집회는 사전신고를 요하지 않는다.
② 다수의 참가자가 옥내에서 집회하면 개별적인 참가자가 옥외에서 참가하더라도 옥내집회이다. 반면, 옥내집회라 하더라도 확성기 설치 등으로 주변에서의 옥외참가를 유발하는 집회는 옥외집회이다.
③ 집회 및 시위에 관한 법률에 의하면 옥외집회란 '천장이 없거나 사방이 폐쇄되지 아니한 장소에서 여는 집회'라고 하여 옥외집회의 범위를 확장하고 있다. 따라서 천장이 없고 사방이 폐쇄되어 있는 체육관이나 대학구내의 집회도 옥외집회가 되어 사전신고를 요하게 된다.*

*따라서 집회 및 시위에 관한 법률 규정에 따르면, 대학교는 천장이 없기 때문에 대학교 안에서 집회하는 것도 옥외집회가 된다. 대학에서 집회할 정도면 큰 규모이고 통제하기 어려운 면이 있으므로 옥외집회에 해당한다.

(2) 주간집회와 야간집회

일출 전 일몰 후의 야간옥외집회는 원칙적으로 금지되나, 질서유지인(18세 이상)을 두고 미리 신고한 경우에는 허용된다.**

**주간옥내집회와 달리 야간옥외집회를 많이 규제하는 이유는 확장하기 쉽고 통제하기 어렵기 때문이다.

[참고]
야간 옥외집회의 원칙적 금지가 헌법상 집회에 대한 허가를 금지하고 있는 헌법 제21조 제2항과 충돌하는 것이 아닌가라는 의문에 대해서 판례는 허가제는 내용, 즉 집회의 특정 주제(정부의 의료 정책이나 감세정책에 대한 비판등)에 대해서 집회를 금지해야 허가제에 위반되는 것인데 이는 주제가 아닌 야간, 즉 시간, 옥외, 즉 장소에 대한 규제이니 허가제에 해당하지 않는다고 한다. 다만, 개별헌법 조항에 위배되지 않는다고 해도 과잉금지라는 일반적인 심사기준에도 위배되면 안 된다. 판례는 야간이라는 단어는 그 범위가 불확실하고 너무 광범위하여 과잉금지에 위배된다고 보았다.

정답 01 ○

> **판례 | 야간옥외집회의 금지에 관한 판례**
>
> **1 야간옥외집회의 원칙적 금지 [헌법불합치]**
>   [1] 집회 및 시위에 관한 법률 제10조는 법률에 의하여 옥외집회의 시간적 제한을 규정한 것으로서 그 단서 조항의 존재에 관계없이 헌법 제21조 제2항의 '사전허가금지'에 위반되지 않는다.
>   [2] 집시법 제10조에 의하면 낮 시간이 짧은 동절기의 평일의 경우에는 직장인이나 학생은 사실상 집회를 주최하거나 참가할 수 없게 되어, 집회의 자유를 실질적으로 박탈하거나 명목상의 것으로 만드는 결과를 초래하게 된다(헌재 2009.9.24, 2008헌가25).
>
> **2 야간옥외집회의 금지 [한정위헌]**
>   [1] 입법개선이 이루어지지 아니함에 따라 이는 전부 실효되고, 현재는 주간집회와 마찬가지로 규율되고 있다.
>   [2] 이미 보편화된 야간의 일상적인 생활의 범주에 속하는 '해가 진 후부터 같은 날 24시까지의 시위'에 적용하는 한 헌법에 위반된다(헌재 2014.3.27, 2010헌가2).
>
> ✎ 결론적으로 저녁 6시부터 12시까지는 허용하고, 자정부터 새벽 6시까지는 타인의 수면도 생각해서 금지하는 것으로 세분화시킬 필요가 있다는 것이 판례의 취지이다.

4. 내용

(1) 적극적·소극적 집회의 자유

집회의 자유에는 적극적으로 집회를 개최할 자유, 집회를 진행할 자유, 집회에 참가할 자유 등이 포함되며, 소극적으로 집회를 개최하지 아니할 자유, 집회에 참가하지 아니할 자유도 포함된다.

(2) 집회에서의 연설·토론이 집회의 자유에 포함되는가의 문제

헌법재판소는 집회에는 집단적 행동과 집단적 의사표시가 있는데, 집단적 행동은 집회의 자유에 의해, 집단적 의사표시는 표현의 자유에 의해 보호된다고 본다(헌재 1992.1.28, 89헌가8).

(3) 공공용물 사용 청구권

집회의 자유에는 모든 대중이 자유로이 이용할 수 있는 도로·공원 등 공공용물을 사용할 수 있는 권리를 포함한다. 따라서 정당한 이유 없이 공공용물 사용을 거부하게 되면 집회의 자유를 침해하게 된다.

한눈에 쏙!

구분	장소 포함 여부
종교	X
집회	O

5. 한계

(1) 집회 및 시위의 방법상 한계

집회·시위는 평화적·비폭력적이고 비무장이어야 한다. 폭력적 집회는 집회 및 시위에 관한 법률에 의한 규제대상이 된다.

기출 OX

01 헌법재판소의 결정에 따라 해산된 정당의 목적을 달성하기 위한 집회나 시위는 금지된다. 08. 국회직 8급 ( )

(2) 집회 및 시위에 관한 법률(집시법)에서 금지되는 집회 및 시위

① 헌법재판소의 결정에 의해 해산된 정당의 목적을 달성하기 위한 집회 또는 시위는 금지된다.
② 집단적인 폭행·협박·손괴·방화 등으로 공공의 안녕질서에 직접적인 위협을 가할 것이 명백한 집회 또는 시위는 금지된다.
③ 타인의 주거지역이나 이와 유사한 장소로서 집회 또는 시위로 인하여 또는 시설에 심각한 피해가 발생하거나 사생활의 평온에 현저히 해를 입힐 우려가 있는 경우에는 집회 또는 시위의 금지·제한을 통고할 수 있도록 하였다(집시법 제8조 제3항).
④ 행진으로 인한 심각한 교통소통장애 등을 방지하기 위하여 당해 도로와 주변 도로의 교통소통에 장애를 발생시켜 심각한 교통 불편을 줄 우려가 있는 경우에는 이를 금지할 수 있도록 하였다(집시법 제12조 제2항).

6. 제한

기출 OX

02 집회에 대한 허가제는 금지된다. 04. 국회직 8급 ( )

03 입법자가 법률로써 일반적으로 집회를 제한하는 것도 원칙적으로 헌법 제21조 제2항에서 금지하는 '사전허가'에 해당한다. 17. 법원직 9급 ( )

판례 | 집회의 자유의 제한

집회의 금지와 해산은 원칙적으로 공공의 안녕질서에 대한 **직접적인 위협이 명백하게 존재하는 경우에 한하여 허용될 수 있다.** 집회의 금지와 해산은 집회의 자유를 보다 적게 제한하는 다른 수단, 즉 조건(예 시위참가자 수의 제한, 시위대상과의 거리제한, 시위방법, 시기, 소요시간의 제한 등)을 붙여 집회를 허용하는 가능성을 모두 소진한 후에 비로소 고려될 수 있는 최종적인 수단이다(헌재 2003.10.30, 2000헌바67 등).
✎ 공공의 안녕질서에 대한 단순 위협이나 위협할 가능성만 가지고는 해산시키면 안 된다.

(1) 집회·시위에 관한 허가제는 헌법 제21조 제2항에 따라 금지되나, 행정상의 참고를 위한 신고제는 헌법에 위반되지 않는다.

판례 | 집회의 자유에 관한 판례

1 신고의무 위반에 대한 형사처벌규정의 위헌 여부 [합헌]
집회 및 시위에 관한 법률 제19조 제2항에서 금지 통고된 옥외집회·시위 등을 주최한 경우는 단순히 행정질서에 장해를 줄 위험성이 있는 정도의 의무태만 내지 의무위반이 아니고 직접적으로 행정목적을 침해하고 나아가 공익을 침해할 고도의 개연성을 띤 행위라고 볼 수 있으므로 이에 대하여 행정형벌을 과하도록 한 집회 및 시위에 관한 법률 제19조 제2항이 헌법 제21조 제1항·제2항에 위반된다고 할 수 없다(헌재 1994.4.28, 91헌바14).

2 신고사항 미비와 집회해산
옥외집회 또는 시위가 그 신고사항에 미비점이 있었다거나 신고의 범위를 일탈하였다고 하더라도 그 신고내용과 동일성이 유지되어 있는 한 신고를 하지 아니한 것이라고 볼 수는 없으므로, 관할 경찰관서장으로서는 단순히 신고사항에 미비점이 있었다거나 신고의 범위를 일탈하였다는 이유만으로 곧바로 당해 옥외집회 또는 시위 자체를 해산하거나 저지하여서는 아니 될 것이다(대판 2001.10.9, 98다20929).

정답 01 ○ 02 ○ 03 ✕

3 긴급집회 [합헌]

긴급집회의 경우에는 48시간 전까지 신고하는 것이 아닌 신고가능성이 존재하는 즉시 신고하는 것으로 해석하여야 한다(헌재 2014.1.28, 2011헌바174).

① 옥외집회 및 시위를 하고자 하는 자는 목적, 일시, 장소, 주최자, 연락책임자, 질서유지인의 주소·성명·직업·연락처, 참가예정인원과 시위방법을 기재한 신고서를 옥외집회 또는 시위의 720시간 전부터 48시간 전에 관할 경찰서장에게 제출하여야 한다(집시법 제6조). 또한 신고한 옥외집회 또는 시위를 하지 아니하게 된 경우에는 신고서에 적힌 집회 일시 24시간 전에 그 철회사유 등을 적은 철회신고서를 관할 경찰관서장에게 제출하여야 한다(집시법 제6조 제3항). 관할 경찰관서장은 신고서의 미비사항이 있다는 것을 안 경우에는 접수증을 교부한 때부터 12시간 이내에 주최자에게 24시간을 기한으로 보완을 통고할 수 있다(집시법 제7조).

② 관할 경찰관서장은 집회 및 시위에 관한 법률에 금지된 집회 및 시위를 개최하려는 경우 신고서 기재사항의 보완통고에도 불구하고 기재사항을 보완하지 아니한 때에는 집회 또는 시위의 금지를 48시간 이내에 주최자에게 통고할 수 있다(집시법 제8조). 이러한 금지통고에 대하여는 10일 이내에 직근 상급경찰관서의 장에게 이의신청을 할 수 있다(집시법 제9조).

이의절차
관할 경찰서장에게 집회신고(집회 720시간 전부터 48시간 전) ⇨ 금지통고(신고서 접수 후 48시간 이내) ⇨ 직근 상급경찰관서의 장에게 이의신청(금지통고받은 날부터 10일 이내) ⇨ 재결(이의신청 접수시부터 24시간 이내)
관할 경찰서장에게 집회신고 ⇨ 금지통고 ⇨ 행정소송 제기

③ 중복되는 2개 이상 신고가 있는 경우 뒤에 접수된 집회에 금지통고가 원칙, 먼저 신고한 사람은 집회 시작 전 1시간 전에 경찰관서장에게 통지하여야 한다. 만약 철회한 경우에는 집회 일시 24시간 전에 알려야 하며, 이 경우 경찰관서장은 금지통고받은 주최자에게 즉시 알려야 한다(집시법 제6조, 제8조).

(2) 국회의사당, 각급 법원, 헌법재판소, 국내 주재 외국의 외교기관, 대통령 관저, 국회의장 공관, 대법원장 공관, 헌법재판소장 공관, 국무총리 공관, 국내 주재 외국의 외교사절의 숙소 등의 경계지점으로부터 100m 이내의 장소에서는 옥외집회 또는 시위가 제한된다.*

* 외교기관 이외에는 예외를 두지 않아도 합헌이었는데, 최근에 판례가 변경되어 다른 기관의 경우에도 예외를 두라는 취지로 판시하였다.

판례 | 대통령 관저 100m 이내 옥외집회 전면 금지

'대통령 등의 안전이나 대통령 관저 출입과 직접적 관련이 없는 장소'에서 '소규모 집회'가 열릴 경우에는, 이러한 위험성은 더욱 낮아진다. 결국 심판대상조항은 법익에 대한 위험 상황이 구체적으로 존재하지 않는 집회까지도 예외 없이 금지하고 있어서 헌법에 위반된다(헌재 2022.12.22, 2018헌바48).

기출 OX

04 집회 또는 시위의 주최자는 집회 또는 시위의 질서유지에 관하여 자신을 보좌하도록 18세 이상의 자를 질서유지인으로 임명할 수 있다. 08. 국회직 8급
( )

05 동시에 접수된 두 개의 옥외집회 신고서에 대하여 관할 경찰관서장이 적법한 절차에 따라 접수 순위를 확정하려는 노력을 하지 않고, 폭력사태 발생이 우려되고 상호 충돌을 피한다는 이유로 모두 반려하는 것은 집회의 자유를 침해하는 것이다. 16. 국가직 7급
( )

[주의]
최근 국회의장 공관 인근 집회에서도 예외 없이 금지하는 것은 위헌이라는 판시가 있었다(헌재 2023.3.23, 2021헌가1).

정답 04 ○ 05 ○

[주의]
외교기관처럼 예외가 규정된 경우는 합헌(2010헌마111)이며, 대통령 관저처럼 예외가 없다면 위헌이다.

집회 및 시위에 관한 법률

제11조【옥외집회와 시위의 금지 장소】 누구든지 다음 각 호의 어느 하나에 해당하는 청사 또는 저택의 경계지점으로부터 100미터 이내의 장소에서는 옥외집회 또는 시위를 하여서는 아니 된다.

1. 국회의사당. 다만, 다음 각 목의 어느 하나에 해당하는 경우로서 국회의 기능이나 안녕을 침해할 우려가 없다고 인정되는 때에는 그러하지 아니하다.
   가. 국회의 활동을 방해할 우려가 없는 경우
   나. 대규모 집회 또는 시위로 확산될 우려가 없는 경우
2. 각급 법원, 헌법재판소. 다만, 다음 각 목의 어느 하나에 해당하는 경우로서 각급 법원, 헌법재판소의 기능이나 안녕을 침해할 우려가 없다고 인정되는 때에는 그러하지 아니하다.
   가. 법관이나 재판관의 직무상 독립이나 구체적 사건의 재판에 영향을 미칠 우려가 없는 경우
   나. 대규모 집회 또는 시위로 확산될 우려가 없는 경우
3. 대통령 관저, 국회의장 공관, 대법원장 공관, 헌법재판소장 공관
4. 국무총리 공관. 다만, 다음 각 목의 어느 하나에 해당하는 경우로서 국무총리 공관의 기능이나 안녕을 침해할 우려가 없다고 인정되는 때에는 그러하지 아니하다.
   가. 국무총리를 대상으로 하지 아니하는 경우
   나. 대규모 집회 또는 시위로 확산될 우려가 없는 경우
5. 국내 주재 외국의 외교기관이나 외교사절의 숙소. 다만, 다음 각 목의 어느 하나에 해당하는 경우로서 외교기관 또는 외교사절 숙소의 기능이나 안녕을 침해할 우려가 없다고 인정되는 때에는 그러하지 아니하다.
   가. 해당 외교기관 또는 외교사절의 숙소를 대상으로 하지 아니하는 경우
   나. 대규모 집회 또는 시위로 확산될 우려가 없는 경우
   다. 외교기관의 업무가 없는 휴일에 개최하는 경우

판례 | 옥외집회 및 시위의 금지에 관한 판례

1 외교기관 주변에서의 집회 및 시위의 금지 [위헌]

이 사건 법률 조항의 입법목적은 궁극적으로 '외교기관의 기능보장'과 '외교공관의 안녕보호'에 있다고 판단된다. 그러나 첫째, 이 사건 법률 조항의 문제점은, 집회금지구역 내에서 외교기관이나 당해 국가를 항의의 대상으로 삼지 않는, **다른 목적의 집회가 함께 금지**된다는 데 있다. 둘째, **소규모 집회의 경우**, 일반적으로 이 사건 법률 조항의 보호법익이 침해될 위험성이 작다. 셋째, 예정된 집회가 **외교기관의 업무가 없는 휴일에 행해지는 경우**, 외교기관에의 자유로운 출입 및 원활한 업무의 보장 등 보호법익에 대한 침해의 위험이 일반적으로 작다고 할 수 있다. 그렇다면 이 사건 법률 조항은 전제된 위험상황이 구체적으로 존재하지 않는 경우에도 이를 함께 예외 없이 금지하고 있는데, 이는 입법목적을 달성하기에 필요한 조치의 범위를 넘는 과도한 제한인 것이다. 그러므로 이 사건 법률 조항은 최소침해의 원칙에 위반되어 집회의 자유를 과도하게 침해하는 위헌적인 규정이다(헌재 2003.10.30, 2000헌바67 등).
∥ 국회의사당의 경우에도 같은 이유로 헌법불합치 판결을 받았다(헌재 2018.5.31, 2013헌바322).

2 각급 법원 100m 이내에서의 집회 및 시위의 금지 [헌법불합치]

입법목적을 달성하는 데 필요한 최소한도의 범위를 넘어 규제가 불필요하거나 또는 예외적으로 허용 가능한 옥외집회·시위까지도 일률적·전면적으로 금지하고 있으므로, 침해의 최소성원칙에 위배된다(헌재 2018.7.26, 2018헌바137).

3 **삼보일배행진을 제지한 행위** [기각]
대한민국을 방문하는 외국의 국가 원수를 경호하기 위하여 지정된 경호구역 안에서 서울종로경찰서장이 안전 활동의 일환으로 청구인들의 삼보일배행진을 제지한 행위 등은 과잉금지원칙에 위반되지 않는다(헌재 2021.10.28, 2019헌마1091).

4 **경찰의 채증자료 수집을 위한 촬영행위** [기각]
경찰이 미신고 옥외집회·시위 또는 신고범위를 벗어난 집회·시위에 대해 조망촬영이 아닌 근접촬영의 방식으로 촬영함으로써 적법한 경찰의 해산명령에 불응하는 집회·시위의 경위나 전후 사정에 관한 자료를 수집하는 것은 해당 집회·시위참가자의 개인정보자기결정권을 침해하지 않는다(헌재 2018.8.30, 2014헌마843).

5 **인천애(愛)뜰 잔디마당의 사용을 제한하는 인천광역시 조례 조항** [위헌]
[1] 잔디마당은 인천광역시 스스로 결단하여 종래의 시청사 외벽 등을 철거하고 새롭게 조성한 공간으로, 평소 일반인에게 자유롭게 개방되어 있으며, 도심에 위치하여 도보나 대중교통으로 접근하기 편리하고 다중의 이목을 집중시키기에 유리하며, 주변에 지방자치단체 주요 행정기관들의 청사가 있다.
[2] 헌법재판소는 위와 같은 잔디마당의 장소적 특성과 현황을 고려할 때, 집회 장소로 잔디마당을 선택할 자유는 원칙적으로 보장되어야 하고, **공유재산의 관리나 공공시설의 설치·관리 등의 명목으로 일방적으로 제한되어서는 안 되는바**, 집회·시위를 목적으로 하는 경우에는 잔디마당의 사용을 전면적·일률적으로 제한하는 심판대상조항이 과잉금지원칙에 위배된다고 판단하였다(헌재 2023.9.26, 2019헌마1417).
  ✎ 법률유보에는 반하지 않는다.

03 결사의 자유

1. 의의

(1) 결사란 다수인이 공동의 목적을 위하여 자발적으로 단체를 결성함을 말한다. 결사의 개념적 요소로서 결합, 계속성, 자발성, 조직적 의사의 복종, 공동의 목적 등을 들 수 있다.*
  * 헌법 제21조의 결사는 일반적인 결사를 의미하므로 정치적 목적, 종교적 목적, 학문적 목적, 노동적 목적 등을 위하여 조직된 결사는 본조의 적용대상이 아니라 각각 헌법 제8조(정당조항), 제20조(종교의 자유), 제22조(학문과 예술의 자유), 제33조(노동3권)의 적용을 받는다.

(2) 헌법재판소는 결사란 자연인 또는 법인의 다수가 상당한 기간 동안 공동목적을 위하여 자유의사에 기하여 결합되고 조직화된 단체를 말하는 것으로 자발성이 결여된 공법상의 결사는 이에 포함되지 아니한다고 하였다.

2. 내용

결사의 자유에는 단체결성의 자유, 단체활동의 자유, 단체존속의 자유, 단체가입의 자유 등과 같이 적극적 결사의 자유뿐만 아니라 탈퇴의 자유나 결사에 가입하지 아니할 자유 등과 같이 소극적 결사의 자유 등이 포함되고 단체 내에서의 의사결정이나 업무처리방법 및 결사내부조직의 자유 등과 같은 결사내부적 자율권도 결사의 자유에 포함된다.

기출 OX

01 상공회의소는 목적이나 설립, 관리 면에서 자주적인 단체로 사법인이라 할 것이므로 결사의 자유는 보장된다.
13. 법원직 ( )

정답 01 ○

3. 제한

결사의 자유도 헌법 제37조 제2항에 따라 법률로써 제한할 수 있지만 단체결성 자체를 전면적으로 금지하는 허가제는 결사의 자유의 본질적 내용을 침해하므로 어떠한 경우에도 인정되지 아니한다. 다만, 행정상의 편의를 위한 등록제나 신고제는 가능하다. 국가보안법과 형법은 불법적 목적과 성격을 가진 단체, 반국가단체나 범죄단체의 결성은 금지하고 있다.

> **판례 | 결사의 자유에 관한 판례**
>
> **1 축협의 복수조합 설립금지 [위헌]**
> 우리나라 축협법상의 축협은 그 목적이나 설립·관리 면에서 자주적인 단체로서 공법인이라고 하기보다는 **사법인**이라고 할 것이다. 그렇다면 같은 구역 내에서 2개 이상의 축협설립을 금지한 축산업협동조합법 제99조 제2항은 기존의 조합과 구역을 같이하는 경우 신설 조합의 설립을 제한하고 있으므로 결사의 자유를 제한하고 있다고 할 것이다. … 이 사건 심판대상조항은 양축인이 자주적으로 협동조합을 설립하여 그들의 권익을 보호할 수 없게 함으로써 양축인의 결사의 자유, 직업수행의 자유의 본질적인 내용을 침해하고 있다(헌재 1996.4.25, 92헌바47).
>
> **2 축협중앙회와 농협중앙회의 합병 [기각]**
> 축협중앙회는 **공법인성과 사법인성을 겸유한 특수한 법인으로서 이 사건에서 기본권(결사의 자유)의 주체가 될 수 있다.** … 기존의 축협중앙회를 해산하여 신설되는 농협중앙회에 합병토록 하는 것이 비록 청구인들의 결사의 자유, 직업의 자유, 재산권 등 기본권을 제한한다고 하더라도, 입법재량권의 범위를 현저히 일탈한 것이라고 할 수 없다(헌재 2000.6.1, 99헌마553).
> ✎ 축협중앙회의 경우는 공법인과 사법인의 성격을 모두 가지나, 축협법상의 축협은 사법인이라고 할 것이다.
>
> **3 변리사회의 가입강제 [기각]**
> 대한변리사회는 공법상의 법인이라기보다는 사법상의 법인으로서, 등록한 변리사를 변리사회에 의무적으로 가입하도록 한 것은 결사에 가입하지 않을 '소극적 결사의 자유'를 제한하는 데 해당한다 할 것이다. 변리사법 제11조가 변리사로 하여금 변리사회에 의무적으로 가입하도록 규정한 것은 **변리사회의 법적 지위를 강화하여 공익사업을 수행하고 지식재산권에 관한 민간차원의 국제협력을 증진하고자 하는 입법목적의 정당성이 인정되고,** … 직업수행의 자유에 대한 제한보다 그 입법목적을 달성함으로써 얻게 되는 공익의 비중과 정도가 더 크다 할 것이므로 … 결사의 자유를 침해하지 않는다(헌재 2008.7.31, 2006헌마666).
>
> **4 월남전참전자회와 고엽제전우회 중복가입 금지 [합헌]**
> 양 법인의 중복가입에 따라 발생할 수 있는 두 단체 사이의 마찰, 중복지원으로 인한 예산낭비, 중복가입자의 이해상반행위를 방지하기 위한 것으로, 그 정당성이 인정되고, 고엽제 관련자의 중복가입을 금지하는 것은 이러한 목적달성에 기여한다(헌재 2016.4.28, 2014헌바442).
>
> **5 주택조합의 법적 성격**
> 주택건설촉진법상의 주택조합은 주택이 없는 국민의 주거생활의 안정을 도모하고 모든 국민의 주거수준의 향상을 기한다는(동법 제1조) 공공목적을 위하여 법이 구성원의 자격을 제한적으로 정해 놓은 특수조합이어서 **이는 헌법상의 결사의 자유가 뜻하는 헌법상 보호법익의 대상이 되는 단체가 아니다**(헌재 1994.2.24, 92헌바43).

기출 OX

01 축협중앙회라는 결사체도 그 결사의 구성원인 회원조합들과 별도로 결사의 자유의 주체가 될 수 있다. 05. 행시
( )

기출 OX

02 구 주택건설촉진법상의 주택조합은 주택이 없는 국민의 주거생활의 안정을 도모하고 모든 국민의 주거수준 향상을 기한다는 공공목적을 위하여 법이 구성원의 자격을 제한적으로 정해 놓은 특수조합이어서, 이는 헌법상 결사의 자유가 뜻하는 헌법상 보호법익의 대상이 되는 단체가 아니다. 17. 국가직 7급
( )

정답 01 ○ 02 ○

6 대한안마사협회

안마사들로 하여금 의무적으로 대한안마사협회의 회원이 되어 정관을 준수하도록 하는 의료법 조항은 안마사들의 결사의 자유를 침해하지 않는다(헌재 2008.10.30, 2006헌가15).

7 상공회의소

상공회의소는 사업범위, 조직, 회계 등에 있어서 상공회의소법에 따른 규율을 받고 있는 특수성을 가지고 있으나, 기본적으로는 관할 구역의 상공업계를 대표하여 그 권익을 대변하고 회원에게 기술 및 정보 등을 제공하여 회원의 경제적·사회적 지위를 높임으로써 상공업의 발전을 꾀함을 목적으로 하는 조직으로 목적이나 설립, 관리 면에서 자주적인 단체로 사법인이라고 할 것이므로 상공회의소와 관련해서도 결사의 자유는 보장된다고 할 것이다(헌재 2006.5.25, 2004헌가1).

8 운송사업자 연합회 강제 가입 [합헌]

연합회에 강제로 가입하도록 하고 임의로 탈퇴할 수 없도록 하고 있어 소극적 결사의 자유를 제한한다. 다만, 연합회의 지위를 강화함으로써 운송사업자의 공동이익을 효과적으로 증진시키기 위함으로 합헌이다(헌재 2022.2.24, 2018헌가8).

기출 OX

03 운송사업자로 구성된 협회로 하여금 연합회에 강제로 가입하게 하고 임의로 탈퇴할 수 없도록 하는 화물자동차 운수사업법의 해당 조항 중 '운송사업자로 구성된 협회'에 관한 부분은 결사의 자유를 침해한다고 볼 수 없다. 23. 소방간부 ( )

제5항 학문과 예술의 자유

01 학문의 자유

> 헌법 제22조 ① 모든 국민은 학문과 예술의 자유를 가진다.
> ② 저작자·발명가·과학기술자와 예술가의 권리는 법률로써 보호한다.

1. 의의

학문의 자유란 진리와 진실을 진지하게 계획적으로 탐구하는 자유로서 학문적 활동에 대한 어떠한 간섭이나 방해를 받지 아니할 자유를 의미한다. 학문이 진리의 발견에 초점을 맞추는 반면에 교육은 지식의 전달이나 인격형성에 초점을 맞춘다는 점에서 구별된다.

2. 주체

학문의 자유의 향유주체는 대학의 교수나 연구원뿐만 아니라, 모든 국민과 외국인이다. 또한 대학 이외의 연구단체도 주체가 될 수 있다.

기출 OX

04 공권력 행사의 주체가 되는 국립대학교는 학문의 자유와 대학의 자유라는 기본권의 주체가 될 수 없다. 12. 변시모 ( )

정답 03 ○ 04 ×

3. 내용

(1) 학문연구의 자유

학문연구의 자유란 진리를 추구하는 자유로서, 사물의 바른 이치를 찾아내려는 모든 인간적 노력(관찰, 실험, 조사)을 의미하므로, 연구대상(과제)의 선택, 연구시기, 연구장소 등에 관하여 공권력 등이 개입할 수 없다. 학문연구의 자유는 '연구과정에서의 자유'를 포함한다(대법원은 학문연구 자료로서 공산주의 경제이론서적을 취득·보관한 것을 학문연구의 자유로 보호하였다).*

* 고도의 자유로 보장되며, 학설에서는 제한이 불가능한 절대적 자유로 보는 견해도 다수이다.

> **판례 | 학문의 자유에 관한 판례 I**
>
> **1 학문연구의 자유**
> 학문의 연구는 기존의 사상 및 가치에 대하여 의문을 제기하고 비판을 가함으로써 이를 개선하거나 새로운 것을 창출하려는 노력이므로 그 연구의 자료가 사회에서 현재 받아들여지고 있는 **기존의 사상 및 가치체계와 상반되거나 저촉된다고 하여도 용인되어야 할 것이고**, … 대학생이 학문연구를 위하여 시내 일반서점과 대학 도서관에서 구입 또는 대출받아 보관한 연구 자료가 반국가단체 또는 국외공산계열의 사상과 가치체계에 관한 것이라는 사실만으로써는 그 불법목적을 인정할 수 없는 것이다 (대판 1982.5.25, 82도716).
>
> **2 한국전쟁과 민족통일**
> 대학교수인 피고인이 제작·반포한 '한국전쟁과 민족통일'이라는 제목의 논문 및 피고인이 작성한 강연 자료, 기고문 등의 이적표현물에 대하여, 그 반포·게재된 경위 및 피고인의 사회단체 활동 내용 등에 비추어 피고인이 절대적으로 누릴 수 있는 연구의 자유의 영역을 벗어나 헌법 제37조 제2항과 국가보안법 제7조 제1항·제5항에 따른 제한의 대상이 되었고, 또한 피고인이 북한문제와 통일문제를 연구하는 학자로서 순수한 학문적인 동기와 목적 아래 위 논문 등을 제작·반포하거나 발표하였다고 볼 수 없을 뿐만 아니라, **피고인이 반국가단체로서의 북한의 활동을 찬양·고무·선전 또는 이에 동조할 목적 아래 위 논문 등을 제작·반포하거나 발표한 것이어서 그것이 헌법이 보장하는 학문의 자유의 범위 내에 있지 않다**(대판 2010.12.9, 2007도10121).

(2) 학문연구결과 발표의 자유

연구결과 발표의 자유는 학문연구에 의해서 얻어진 학문적 인식을 교수 이외의 형태로 발표할 수 있는 자유이다. 학술논문의 학술지 발표·저서출판·학술세미나 등이 여기에 속한다.

(3) 교수(강학)의 자유

① 교수는 연구에 의해서 얻어진 결과를 정확하게 전달하는 행위인 동시에 그 자체가 하나의 연구과정을 뜻하기 때문에 '교수의 자유'는 '학문연구의 자유'와 불가분의 상호관계에 있다.

② 교수의 자유는 단순한 지식의 전달을 그 내용으로 하는 '교육'과는 다르다. 초·중·고등학교에서는 교육은 행해지지만 교수가 행해진다고 보기 어렵기 때문에 학문의 자유가 인정될 수 없다.

기출 OX

01 교수의 자유와 교육의 자유는 구별된다. 03. 국가직 7급 ( )

정답 01 ○

📚 판례 | 학문의 자유에 관한 판례 Ⅱ

1 교육의 자유
진리탐구의 과정과는 무관하게 단순히 기존의 지식을 전달하거나 인격을 형성하는 것을 목적으로 하는 '교육'은 학문의 자유의 보호영역이 아니라 교육에 관한 기본권의 보호영역에 속한다고 할 것이다(헌재 2003.9.25, 2001헌마814 등).

2 수업의 자유
수업의 자유는 두텁게 보호되어야 합당하겠지만 그것은 대학에서는 교수의 자유와 완전히 동일할 수는 없을 것이며 대학에서는 교수의 자유가 더욱 보장되어야 하는 반면, 초·중·고교에서의 수업의 자유는 제약이 있을 수 있다고 봐야 할 것이다(헌재 1992.11.12, 89헌마88).

한눈에 쏙!

교수와 수업

교수	수업
진리탐구	지식전달
학문의 자유	교육의 자유
대학	초·중등

---

4. 대학의 자유

(1) '대학의 자유'는 대학의 자치를 그 본질로 하는 것인데, '대학의 자유'의 실효성을 높이기 위해서 필요한 대학자치의 영역은 대학인사·대학학사·대학질서·대학재정 등 대학운영에 관한 모든 분야를 망라한다.

(2) 대학 내부에 각종 기구를 두고 그를 통해서 대학의 자치를 실현시키려고 하는 것은 어디까지나 학문의 자유를 실효성 있게 보장함으로써 학문의 자유가 맡고 있는 여러 가지 헌법적 기능을 수행하게 하려는 데 그 궁극적인 목적이 있기 때문에 대학의 인사·학사·재정·질서 등의 사항에 관한 '학생회의 발언권'이 존중된다고 하더라도 그 결정참여권에는 일정한 한계가 있을 수밖에 없다(대학자치의 교수회 중심의 주체성).

📚 판례 | 대학의 자유에 관한 판례

1 대학의 자치의 헌법적 근거 및 성격
헌법 제22조 제1항에서 규정한 학문의 자유 등의 보호는 개인의 인권으로서의 학문의 자유뿐만 아니라 특히 대학에서 학문연구의 자유·연구활동의 자유·교수의 자유 등도 보장하는 취지이다. 이와 같은 대학에서의 학문의 자유에 대한 보장을 담보하기 위해서는 대학의 자율성이 보장되어야 한다. 헌법 제31조 제4항도 "교육의 자주성·전문성·정치적 중립성 및 대학의 자율성은 법률이 정하는 바에 의하여 보장된다."라고 규정하여 교육의 자주성·대학의 자율성은 법률이 정하는 바에 의하여 보장하고 있다(헌재 1998.7.16, 96헌바33).

2 대학의 자치의 주체
대학의 자치의 주체를 기본적으로 대학으로 본다고 하더라도 교수나 교수회의 주체성이 부정된다고 볼 수는 없고, 가령 학문의 자유를 침해하는 대학의 장에 대한 관계에서는 교수나 교수회가 주체가 될 수 있고, 또한 국가에 의한 침해에 있어서는 대학 자체 외에도 대학 전 구성원이 자율성을 갖는 경우도 있을 것이므로 문제되는 경우에 따라서 **대학, 교수, 교수회 모두가 단독 혹은 중첩적으로 주체가 될 수 있다**(헌재 2006.4.27, 2005헌마1047 등).

기출 OX

02 헌법재판소는 대학의 주체에 관하여, 대학이 자치의 주체일 수 있으나 사안에 따라 교수, 교수회, 모두가 단독 또는 중첩적으로 주체가 될 수 있다고 본다. 05. 행시 ( )

03 대학 본연의 기능인 학술의 연구나 교수, 학생선발, 지도 등과 관련된 교부, 학사행정의 영역에서는 대학구성원의 결정이 우선한다고 볼 수 있으나, 대학의 재정, 시설 및 인사 등의 영역에서는 학교법인이 기본적인 윤곽을 결정하게 되므로, 대학구성원에게는 이러한 영역에 대한 참여권이 인정될 여지가 없다. 22. 경찰 ( )

정답 02 ○ 03 ✕

기출 OX

01 대학의 자율성, 즉 대학의 자치란 대학이 그 본연의 임무인 연구와 교수를 외부의 간섭 없이 수행하기 위하여 인사·학사·시설·재정 등의 사항을 자주적으로 결정하여 운영하는 것을 말한다. 따라서 연구·교수활동의 담당자인 교수가 그 핵심주체라 할 것이나, 연구·교수활동의 범위를 좁게 한정할 이유가 없으므로 학생·직원 등도 포함될 수 있다. 22. 경찰 ( )

3 대학의 학생선발에의 학생참여 [각하]
고신대학교의 신입생 자격제한으로 인하여 재학생들이 자유로이 학문을 연구하고 발표하는 자유에는 아무런 영향이 없으므로, 이러한 관점에서 학문의 자유가 침해당했다고 볼 여지는 없다. 또한 **청구인들이 주장하는 바와 같이 신입생모집에 관하여 의견을 개진하고 건의하며 결정에 대하여 비판하는 범위 내에서 재학생들의 대학자치에의 참여권을 비록 인정**한다 하더라도, 건의·비판을 통한 참여가능성 자체가 봉쇄되지 않은 이상 재학생의 건의내용과 다른 결정이 내려졌다 하여 그들의 참여권이 침해되는 것은 아니다(헌재 1997.3.27, 94헌마277).

4 국립대학 교수들의 총장선출 [기각]
전통적으로 대학자치는 학문활동을 수행하는 교수들로 구성된 교수회가 누려오는 것이었고, 현행법상 국립대학의 장 임명권은 대통령에게 있으나, 1990년대 이후 국립대학에서 총장 후보자에 대한 직접선거방식이 도입된 이래 거의 대부분 대학구성원들이 추천하는 후보자 중에서 대학의 장을 임명하여 옴으로써 대통령이 대학총장을 임명함에 있어 대학교원들의 의사를 존중하여 온 점을 고려하면, 청구인들에게 **대학 총장 후보자 선출에 참여할 권리가 있고 이 권리는 대학의 자치의 본질적인 내용에 포함된다고 할 것이므로 결국 헌법상의 기본권으로 인정할 수 있다. 그러나 사립대학 교수들의 총장선임권과 관련해서는 다툴 확인의 이익이 없다고 보았다**(헌재 2006. 4.27, 2005헌마1047 등).

5 단과대학장의 선출에 참여할 권리가 있는지 여부 [각하]
대학교수에게 대학총장 후보자 선출에 참여할 권리가 있고, 이 권리는 대학의 자치의 본질적인 내용에 포함되므로 헌법상의 기본권으로 인정될 수 있다. 그러나 단과대학은 대학을 구성하는 하나의 조직·기관일 뿐이고, 단과대학장은 '총장의 명을 받아' 단과대학의 교무를 통할하고 소속 교직원을 감독하는 지위를 갖는 자로서 그 지위와 권한 및 중요도에서 대학의 장과 구별된다. 단과대학장의 지명권이 있는 대학의 장을 구성원들의 참여에 따라 자율적으로 선출한 이상, 하나의 보직에 불과한 단과대학장의 선출에 다시 한번 대학교수들이 참여할 권리가 대학의 자율에서 당연히 도출된다고 보기는 어렵다. 따라서 청구인들이 주장하는 **단과대학장 선출에 참여할 권리는 헌법상 보장되는 대학의 자율에 포함된다고 볼 수 없어**, 대학의 자율이 침해될 가능성이 인정되지 아니한다(헌재 2014.1.28, 2011헌마239).

6 법학전문대학원 설치 인가주의 [기각]
변호사시험 합격률을 낮춰 법학전문대학원에서 교육을 받은 인원의 일부만이 자격을 얻게 된다면, 변호사자격이 없는 졸업생을 양산하게 되어 유능한 인재를 효율적으로 배분하고자 하는 목적 또한 달성할 수 없게 된다. 따라서 대학의 자율성을 침해하지 아니한다(헌재 2009.2.26, 2008헌마370 등).

7 서울대학교의 1994학년도 입시요강 [기각]
고등학교에서 일본어를 선택하여 공부한 학생이 다른 제2외국어를 선택한 학생에 비하여 입시경쟁에서 불리한 입장에 놓이는 것은 사실이나 이러한 불이익은 서울대학교가 헌법 제22조 제1항 소정의 학문의 자유와 헌법 제31조 제4항 소정의 대학의 자율권이라고 하는 기본권의 주체로서 자신의 주체적인 학문적 가치판단에 따른, **법률이 허용하는 범위 내에서의 적법한 자율권 행사의 결과 초래된 반사적 불이익**이어서 부득이하다. … 청구인들의 심판청구는 이유 없으므로 이를 기각하기로 한다(헌재 1992.10.1, 92헌마68 등).

정답 01 ○

8 대학의 존립과 대학의 자치 [기각]

국립대학인 세무대학은 공법인으로서 사립대학과 마찬가지로 대학의 자율권이라는 기본권의 보호를 받으므로, 세무대학은 국가의 간섭 없이 인사·학사·시설·재정 등 대학과 관련된 사항들을 자주적으로 결정하고 운영할 자유를 갖는다. 그러나 대학의 자율성은 그 보호영역이 원칙적으로 당해 대학 자체의 계속적 존립에까지 미치는 것은 아니다. … 따라서 이 사건 세무대학설치폐지법률에 의해서 세무대학을 폐교한다고 해서 세무대학의 자율성이 침해되는 것은 아니다(헌재 2001.2.22, 99헌마613).

9 이화학당의 입학자격요건 [기각]

이 사건 인가처분에 의하여 남성인 청구인의 직업선택의 자유와 사립대학의 자율성이라는 두 기본권이 충돌하게 된다. 설치인가를 하면서 이화여자대학교의 이 사건 모집요강 내용을 그대로 인정한 것은 여자대학으로서의 전통을 유지하려는 이화여자대학교의 대학의 자율성을 보장하고자 한 것이다. 따라서 이 사건 인가처분은 그 목적의 정당성이 인정되고, 이 사건 인가처분은 위 목적을 달성하기에 적합한 수단으로 보인다(헌재 2013.5.30, 2009헌마514).

10 강원대 로스쿨 신입생 1명 모집정지 [인용]

지난 6년간 강원대학교가 지급한 전액장학금의 규모 등을 고려할 때, 이 사건 모집정지가 과잉금지원칙에 반하여 대학의 자율권을 침해한다(헌재 2015.12.23, 2014헌마1149).

11 총장후보자의 1,000만원 기탁금 [인용]

이 사건 기탁금조항의 1,000만원이라는 액수는 자력이 부족한 교원 등 학내 인사와 일반 국민으로 하여금 총장후보 지원 의사를 단념토록 하는 정도에 해당한다(헌재 2018.4.26, 2014헌마274).

✎ 이 경우 간선제였다.

12 기탁금의 일부만을 반환하는 대학 규정 [위헌]

대구교육대학교 총장임용후보자선거는 **직선제 방식으로서 후보자에게 다양한 선거운동 방법이 허용되는 등 선거 과열의 우려가 큰 편**이므로 기탁금 납부제도의 필요성과 적정성은 인정되었으나, **최다득표자조차 기탁금의 반액은 반환받지 못할 정도로 기탁금의 반환요건이 지나치게 까다롭게 규정**된 부분은 과잉금지원칙에 위반되어 청구인의 재산권을 침해한다고 보았다(헌재 2021.12.23, 2019헌마825).

13 경북대 총장 후보자의 기탁금(3,000만원)과 반환기준 [기각]

[1] 경북대학교의 경우 총장임용후보자 선정방식으로 직선제를 채택하고 다양한 방식으로 선거운동을 허용하고 있다. 따라서 이는 과다하다고 할 수 없다.

[2] 100분의 15 이상을 득표한 경우 전액을, 100분의 10 이상을 득표한 경우 반액을 반환하는 규정은 후보자의 진지성과 성실성을 담보하기 위한 최소한의 제한이다(헌재 2022.5.26, 2020헌마1219).

14 정상적인 학사운영이 불가능한 경우 학교폐쇄 [합헌]

정상적인 학사운영이 불가능한 정도에 이른 사립학교는 그 존재 이유가 없고, 사회적으로 많은 혼란을 야기할 수 있다. 학교법인에 대한 해산명령은 시정되지 아니한 경우 내려지는 최후의 제재수단으로 청문절차도 거치기 때문에 침해의 최소성의 원칙에 반하지 않는다(헌재 2018.12.27, 2016헌바217).

기출 OX

02 대학의 자율은 대학시설의 관리·운영만이 아니라 학사관리 등 전반적인 것이라야 하므로 연구와 교육의 내용, 그 방법과 그 대상, 교과과정의 편성, 학생의 선발, 학생의 전형도 자율의 범위에 속해야 하고 따라서 입학시험제도도 자주적으로 마련될 수 있어야 하는 것뿐만 아니라 원칙적으로 당해 대학 자체의 계속적 존립에까지 미친다. 09. 사시 ( )

참고

강원대가 전액장학금을 근거로 로스쿨 인가를 받았는데 그러하지 아니하니 1인 모집정지라는 규제를 가한 것이다. 다만, 로스쿨 인가받을 때와 현재가 다른 것은 강원대만 그런 것이 아니고 6년간 장학금 준 것을 고려할 때 강원대가 다른 대학에 비해 규제를 받아야 할 만큼 잘못한 것도 아니니 이 규제는 잘못된 것이다.

한눈에 쏙!

총장기탁금

구분	위헌 여부	반환규정
간선제		위헌
직선제	합헌	당선되어도 반환 불가 - 위헌
		공직선거법 준용 - 합헌

정답 02 ×

> [참고]
> 보통 공무원은 호보에 따라 임금이 높아지는데 그러다 보면 일안하고 세월아 가라는 형식으로 운영될 수가 있다. 열심히 일하라는 의미에서 호봉이 아닌 성과에 따라 연봉을 올려주는 방식은 잘못된 것이 아니다.

15 국립대 교원 성과 연봉제 [합헌]

낮은 등급을 받은 교원에 대하여 직접적으로 어떤 제재를 가하는 것이 아니라, **평가결과에 따라 연봉에 상대적인 차등을 둠으로써 교원들의 자발적인 분발을 촉구할** 뿐이고, 구체적인 평가기준이나 평가방법 등은 각 대학에서 합리적으로 설정하여 운영할 수 있으므로 침해의 최소성도 인정된다. 그리고 이 사건 조항으로 인하여 달성되는 공익이 그로 인하여 받게 되는 불이익보다 크므로 법익의 균형성도 인정된다. 따라서 이 사건 조항은 과잉금지원칙에 반하여 청구인들의 학문의 자유를 침해한다고 볼 수 없다(헌재 2013.11.28, 2011헌마282 등).

02 예술의 자유

1. 의의 및 연혁

(1) 의의

예술의 자유는 인간의 미적인 감각세계 내지는 창조적인 경험세계의 표현 형태에 관한 기본권을 의미한다. 예술은 자기목적적인 성질을 지니고 있다는 데 그 특색이 있고, 예술작품은 그 주안점이 표현에 있지 전달에 있지 않다는 점에서 전달에 주안점이 있는 표현의 자유와 구별된다.

> [참고]
> 예술은 자기목적적이어야 하기 때문에 다른 물건을 팔아야 하는 상업광고는 예술의 자유에서 보호되지 않는다.

(2) 연혁

예술의 자유는 1919년 바이마르헌법에 규정이 있었고, 우리나라는 1962년 제5차 개정헌법에서 그 모습을 확인할 수 있다.

2. 주체

예술의 자유는 전문가인 예술가에게만 한정되는 것이 아니라 모든 인간에게 보장되는 자유이다. 헌법재판소도 음반제작업자가 예술품 보급의 자유와 관련하여 예술표현의 자유를 향유하고 있다고 판시한 바 있다(헌재 1993.5.13, 91헌바17). 즉, 예술의 자유에 예술품의 전시·공연·보급도 들어가기 때문에 이를 담당하는 법인의 경우도 주체가 된다고 일반적으로 보고 있다.

> 기출 OX
> 01 예술의 자유는 자기목적적인 기본권인바, 법인의 경우 예술의 자유의 주체가 될 수 없다는 것이 통설적 견해이다. 98. 사시 ( )
> 02 예술출판자의 경우는 예술창작에 해당하지 않는바, 예술의 자유에서 보호되지 않는다. 02. 법행 ( )

> 기출 OX
> 03 등록료 미납으로 인한 실용신안권의 소멸은 합헌이다. 08. 사시 ( )

판례 | 지식재산권에 관한 판례

1 헌법 제22조 제2항의 의미

헌법 제22조 제2항은 저작자·발명가·과학기술자와 예술가의 권리는 법률로써 보호한다고 하여 학문과 예술의 자유를 제도적으로 뒷받침해주고 학문과 예술의 자유에 내포된 문화국가실현의 실효성을 높이기 위하여 저작자 등의 권리보호를 국가의 과제로 규정하고 있다. 저작자 등의 권리를 보호하는 것은 학문과 예술을 발전·진흥시키고 문화국가를 실현하기 위하여 불가결할 뿐 아니라, 이들 저작자 등의 산업재산권을 보호한다는 의미도 함께 가지고 있다. 이와 같은 헌법의 취지에 따라 특허법, 실용신안법, 의장법 등 산업재산권을 보호하기 위한 개별 법률들이 제정되어 발명가 등의 권리를 구체적으로 보호하고 있다(헌재 2002.4.25, 2001헌마200).

> 정답 01 × 02 × 03 ○

2 저작권의 보호대상

학술의 범위에 속하는 저작물의 경우 학술적인 내용은 만인에게 공통되는 것이고 누구에 대하여도 자유로운 이용이 허용되어야 하는 것이므로 그 저작권의 보호는 **창작적인 표현형식에 있지 학술적인 내용에 있는 것은 아니라 할 것이다**(대판 1993.6.8, 93다3073).

3 불법정보차단 [합헌]

저작물 등의 불법적인 전송을 차단할 일정한 책임을 지는 '특수한 유형의 온라인서비스제공자의 범위' 및 특수한 유형의 온라인서비스제공자에 대한 저작권자 등 '**권리자의 요청**', 특수한 유형의 온라인서비스제공자가 취해야 하는 기술적인 조치 등 '**필요한 조치**'는 그 규율영역의 특성상 법률에서 이를 구체적·서술적으로 열거하는 것이 입법기술상 곤란하고, 탄력적으로 규율되어야 할 필요성이 있다고 할 것이므로 문화체육관광부장관 고시 및 하위법령에의 위임의 필요성이 인정되며, 저작권법의 입법목적 및 이 사건 법률 조항들의 입법취지, 관련 규정 등에 비추어 보면, 문화체육관광부장관 고시 및 하위법령에 규정될 내용을 충분히 예측할 수 있다고 할 것이므로 저작권법 제104조 제1항·제2항은 포괄위임입법금지의 원칙에 위반되지 않는다(헌재 2011.2.24, 2009헌바13).

기출지문 OX

01 ☐☐☐
헌법이 보호하려는 양심은 어떤 일의 옳고 그름을 판단함에 있어서 그렇게 행동하지 아니하고는 자신의 인격적인 존재가치가 허물어지고 말 것이라는 강력하고 진지한 마음의 목소리이지, 막연하고 추상적인 개념으로서의 양심이 아니다. O|X

02 ☐☐☐
양심의 자유의 '양심'은 민주적 다수의 사고나 가치관과 일치하는 것이 아니라, 개인적 현상으로서 지극히 주관적인 것이다. O|X

03 ☐☐☐
'법 위반사실의 공표명령'은 단순히 법 위반사실 자체를 공표하라는 것일 뿐, 사죄 내지 사과하라는 의미요소를 가지고 있지 않으므로 양심의 자유를 침해하는 것이 아니다. O|X

04 ☐☐☐
국가보안법 위반 및 집회 및 시위에 관한 법률 위반 수형자의 가석방결정시 제출하도록 한 가석방 심사 등에 관한 규칙 제14조의 준법서약은 양심의 영역을 침범하는 것이다. O|X

05 ☐☐☐
양심의 자유의 향유주체는 모든 국민과 외국인이며 성질상 법인은 제외된다. O|X

06 ☐☐☐
양심형성의 자유와 양심상 결정의 자유는 내심에 머무르는 한 절대적 자유라고 보고 있다. O|X

정답 및 해설

01 O 양심의 자유란 어떤 일의 옳고 그름을 판단함에 있어서 그렇게 행동하지 않고서는 자신의 인격적인 존재가치가 파멸될 것이라는 절박하고 진지한 마음의 소리이다(헌재 1997.3.27, 96헌가11; 헌재 2004.8.26, 2002헌가1).

02 O '양심의 자유'가 보장하고자 하는 '양심'은 민주적 다수의 사고나 가치관과 일치하는 것이 아니라, 개인적 현상으로서 지극히 주관적인 것이다(헌재 2004.8.26, 2002헌가1).

03 O 이러한 법률판단의 문제는 개인의 인격형성과는 무관하며, 대화와 토론을 통하여 가장 합리적인 것으로 그 내용이 동화되거나 수렴될 수 있는 포용성을 가지는 분야에 속한다고 할 것이므로 헌법 제19조에 의하여 보장되는 양심의 영역에 포함되지 아니한다(헌재 2002.1.31, 2001헌바43).

04 ✕ 내용상 당해 수형자에게 하등의 법적 의무를 부과하는 것이 아니며 이행강제나 처벌 또는 법적 불이익의 부과 등 방법에 의하여 준법서약을 강제하고 있는 것이 아니므로 당해 수형자의 양심의 자유를 침해하는 것이 아니다(헌재 2002.4.25, 98헌마425 등).

05 "사죄광고는 법인의 경우라면 그 대표자에게 양심표명을 강제하는 결과가 된다."라고 하여 법인 자체의 양심의 자유의 주체성은 부정한 바 있다(헌재 1991.4.1, 89헌마160).

06 O 헌법재판소도 양심형성의 자유와 양심상 결정의 자유는 내심에 머무르는 한 절대적 자유라고 보고 있다(헌재 1998.7.16, 96헌바35).

07 ☐☐☐
현역입영 또는 소집통지서를 받은 자가 정당한 사유 없이 입영하지 않거나 소집에 응하지 않은 경우를 처벌하는 구 병역법 처벌조항은 과잉금지원칙을 위배하여 양심적 병역거부자의 양심의 자유를 침해한다. ⓞⓧ

08 ☐☐☐
종교의 자유에는 종교전파의 자유가 포함되며, 종교전파의 자유는 국민에게 그가 선택한 임의의 장소에서 자유롭게 행사할 수 있는 권리까지 보장한다. ⓞⓧ

09 ☐☐☐
피청구인인 부산구치소장이 청구인이 미결수용자 신분으로 구치소에 수용되었던 기간 중 교정시설 안에서 매주 실시하는 종교집회 참석을 제한한 행위는 과잉금지원칙을 위반하여 청구인의 종교의 자유 중 종교적 집회·결사의 자유를 침해한 것이 아니다. ⓞⓧ

10 ☐☐☐
육군훈련소장이 훈련병에게 개신교, 불교, 천주교, 원불교 종교행사 중 하나에 참석하도록 한 것은 국가가 종교를 군사력 강화라는 목적을 달성하기 위한 수단으로 전락시키거나, 반대로 종교단체가 군대라는 국가권력에 개입하여 선교행위를 하는 등 영향력을 행사할 수 있는 기회를 제공하므로, 국가와 종교의 밀접한 결합을 초래한다는 점에서 헌법상 정교분리원칙에 위배된다. ⓞⓧ

11 ☐☐☐
군종장교가 최소한 성직자의 신분에서 주재하는 종교활동을 수행함에 있어 소속종단의 종교를 선전하거나 다른 종교를 비판하는 것은 국가공무원으로서 종교적 중립을 준수할 의무를 위반한 직무상의 위법이 있다. ⓞⓧ

12 ☐☐☐
사립대학은 종교교육 내지 종교선전을 위하여 학생들의 신앙을 가지지 않을 자유를 침해하지 않는 범위 내에서 학생들로 하여금 일정한 내용의 종교교육을 받을 것을 졸업요건으로 하는 학칙을 제정할 수 있다고 함이 대법원 판례이다. ⓞⓧ

정답 및 해설

07 ✕ 처벌조항은 정당한 사유 없이 병역의무를 거부하는 병역기피자를 처벌하는 조항으로서, 과잉금지원칙을 위반하여 양심적 병역거부자의 양심의 자유를 침해한다고 볼 수는 없다(헌재 2018.6.28, 2011헌바379 등).

08 ✕ 종교(선교활동)의 자유는 국민에게 그가 선택한 임의의 장소에서 자유롭게 행사할 수 있는 권리까지 보장한다고 할 수 없으며, 그 임의의 장소가 대한민국의 주권이 미치지 아니하는 지역 나아가 국가에 의한 국민의 생명·신체 및 재산의 보호가 강력히 요구되는 해외 위난지역인 경우에는 더욱 그러하다(헌재 2008.6.26, 2007헌마1366).

09 ✕ 무죄가 추정되는 미결수용자에 대한 기본권 제한은 수형자의 경우보다 더 완화되어야 함에도, 미결수용자에 대하여만 일률적으로 종교행사 등에의 참석을 불허한 피청구인의 행위가 미결수용자의 종교의 자유를 침해한 것이라는 헌법재판소의 입장을 밝힌 것이다. 종교행사 등 참석불허 처우는 과잉금지원칙을 위반하여 청구인의 종교의 자유를 침해한 것이다(헌재 2011.12.29, 2009헌마527).

10 ○ 종교는 개인의 인격을 형성하는 가장 핵심적인 신념일 수 있는 만큼 종교에 대한 국가의 강제는 심각한 기본권 침해에 해당하는 점을 고려할 때, 이 사건 종교행사 참석조치는 과잉금지원칙을 위반하여 청구인들의 종교의 자유를 침해한다(헌재 2022.11.24, 2019헌마941).

11 ✕ 군종장교가 최소한 성직자의 신분에서 주재하는 종교활동을 수행함에 있어 소속종단의 종교를 선전하거나 다른 종교를 비판하였다고 할지라도 그것만으로 종교적 중립을 준수할 의무를 위반한 직무상의 위법이 있다고 할 수 없다(대판 2007.4.26, 2006다87903).

12 ○ 진리·사랑에 기초한 보편적 교양인을 양성하는 데 목표를 두고 있다고 할 것이므로, 대학예배에의 6학기 참석을 졸업요건으로 정한 위 대학교의 학칙은 헌법상 종교의 자유에 반하는 위헌무효의 학칙이 아니다(대판 1998.11.10, 96다37268).

13 ☐☐☐
종교단체의 징계결의의 효력 유무에 대해서는 법원이 원칙적으로 판단할 수 없다고 보았다. [O|X]

14 ☐☐☐
국가는 엄격한 정교분리의 원칙을 준수해야 하는바, 국공립학교에서는 일반적인 종교교육을 하는 것도 금지된다고 본다. [O|X]

15 ☐☐☐
사법시험 제1차 시험의 시행일자를 일요일로 정하여 공고한 공무원임용시험시행계획 공고는 종교의 자유를 침해하는 것이 아니다. [O|X]

16 ☐☐☐
상업적 광고표현은 표현의 자유의 보호를 받는 대상이 된다. [O|X]

17 ☐☐☐
상업광고 규제에 관한 비례의 원칙 심사에 있어서 피해의 최소성원칙은 같은 목적을 달성하기 위하여 달리 덜 제약적인 수단이 없을 것인지 혹은 입법목적을 달성하기 위하여 필요한 최소한의 제한인지를 심사하기보다는 입법목적을 달성하기 위하여 필요한 범위 내의 것인지를 심사하는 정도로 완화하는 것이 상당하다. [O|X]

18 ☐☐☐
의사표현·전파의 자유에 있어서 의사표현 또는 전파의 매개체는 어떠한 형태이건 가능하며 그 제한이 없다. [O|X]

19 ☐☐☐
행정안전부장관 소속으로 정보공개위원회를 둔다. [O|X]

정답 및 해설

13 O 종교단체 아닌 일반단체의 결의나 처분을 무효로 돌릴 정도의 절차상 하자가 있는 것으로는 부족하고, 그러한 하자가 매우 중대하여 이를 그대로 둘 경우 현저히 정의 관념에 반하는 경우라야 한다(대판 2006.2.10, 2003다63104).

14 X 국가는 일반적인 종교교육을 하는 것은 허용되지만, 특정 종교단체의 교리를 선전하는 것은 허용되지 않는다.

15 O 공공복리를 위한 부득이한 제한으로 보아야 할 것이고 그 정도를 보더라도 비례의 원칙에 벗어난 것으로 볼 수 없고 청구인의 종교의 자유의 본질적 내용을 침해한 것으로 볼 수도 없다(헌재 2001.9.27, 2000헌마159).

16 O 광고물도 사상·지식·정보 등을 불특정 다수인에게 전파하는 것으로서 언론·출판의 자유에 의한 보호를 받는 대상이 됨은 물론이다(헌재 2002.12.18, 2000헌마764).

17 O 상업광고 규제에 관한 비례의 원칙 심사에 있어서 '피해의 최소성'원칙은 같은 목적을 달성하기 위하여 달리 덜 제약적인 수단이 없을 것인지 혹은 입법목적을 달성하기 위하여 필요한 최소한의 제한인지를 심사하기보다는 '입법목적을 달성하기 위하여 필요한 범위 내의 것인지'를 심사하는 정도로 완화되는 것이 상당하다(헌재 2005.10.27, 2003헌가3).

18 O 언론·출판의 자유의 내용 중 의사표현·전파의 자유에 있어서 의사표현 또는 전파의 매개체는 어떠한 형태이건 가능하며 그 제한이 없다(헌재 2009.5.28, 2006헌바109 등).

19 O 다음 각 호의 사항을 심의·조정하기 위하여 행정안전부장관 소속으로 정보공개위원회를 둔다(정보공개법 제22조).

20 ☐☐☐
군사기밀의 범위는 국민의 표현의 자유 내지 알 권리의 대상영역을 최대한 넓혀줄 수 있도록 필요한 최소한도에 한정되어야 할 것인바, 구 군사기밀보호법 제6조 등은 군사상의 기밀이 비공지의 사실로서 적법절차에 따라 군사기밀로서의 표지를 갖추고 그 누설이 국가의 안전보장에 명백한 위험을 초래한다고 볼만큼의 실질가치를 지닌 것으로 인정되는 경우에 한하여 적용된다 할 것이므로 이러한 해석하에 헌법에 위반되지 아니한다. O|X

21 ☐☐☐
변호사시험 성적을 합격자에게 공개하지 않도록 규정한 구 변호사시험법 조항은 과잉금지원칙에 위배하여 변호사시험 합격자의 알 권리를 침해한다. O|X

22 ☐☐☐
국회정보위원회의 모든 회의는 실질적으로 국가기밀에 관한 사항과 직·간접적으로 관련되어 있으므로 국가안전보장을 위하여 회의 일체를 비공개로 하더라도 정보취득의 제한을 이유로 알 권리에 대한 침해로 볼 수는 없다. O|X

23 ☐☐☐
인터넷신문의 언론으로서의 신뢰성을 제고하기 위해 5인 이상의 취재 및 편집 인력을 정식으로 고용하도록 강제하고, 이에 대한 확인을 위하여 국민연금 등 가입사실을 확인하는 것은 언론의 자유를 침해한다고 할 수 없다. O|X

24 ☐☐☐
시청자는 왜곡된 보도에 대해서 의견 개진 내지 비판을 할 수 있음에도, 방송편성에 관하여 간섭을 금지하는 방송법 조항의 '간섭'에 관한 부분 및 그 위반 행위자를 처벌하는 구 방송법 조항의 '간섭'에 관한 부분은 청구인의 표현의 자유를 침해한다. O|X

25 ☐☐☐
일간신문의 지배주주가 뉴스통신 법인의 주식 또는 지분의 2분의1 이상을 취득 또는 소유하지 못하도록 함으로써 이종 미디어 간의 결합을 규제하는 신문법 조항은 언론의 다양성을 보장하기 위한 필요한 한도 내의 제한이라고 할 것이어서 신문의 자유를 침해한다고 할 수 없다. O|X

정답 및 해설

20 O "국가기밀"의 의미는, 결국 일반인에게 알려지지 아니한 것으로서 그 내용이 누설되는 경우 국가의 안전에 명백한 위험을 초래한다고 볼 만큼의 실질가치를 지닌 사실, 물건 또는 지식이라고 한정 해석해야 한다(헌재 1997.1.6, 92헌바6 등).

21 O 변호사시험 성적 공개를 금지한 변호사시험법 제18조 제1항 본문이 청구인들의 알 권리(정보공개청구권)를 침해하여 헌법에 위반된다. 변호사시험 성적 비공개로 인하여 변호사시험 합격자의 능력을 평가할 수 있는 객관적인 자료가 없어서 오히려 대학의 서열에 따라 합격자를 평가하게 되어 대학의 서열화는 더욱 고착화된다(헌재 2015.6.25, 2011헌마769). 따라서 알 권리를 침해한다.

22 × 헌법 규정의 비공개 요건을 충족하여야 함에도 불구하고 출석위원 과반수의 찬성이라는 요건을 충족되었다고 볼 수 없는 경우에도 국회정보위원회의 회의를 비공개로 하여 청구인들의 알 권리를 침해한다(헌재 2022.1.27, 2018헌마1162).

23 × 고용조항 및 확인조항은 소규모 인터넷신문이 언론으로서 활동할 수 있는 기회 자체를 원천적으로 봉쇄할 수 있음에 비하여, 인터넷신문의 신뢰도 제고라는 입법목적의 효과는 불확실하다는 점에서 법익의 균형성도 잃고 있다. 따라서 고용조항 및 확인조항은 과잉금지원칙에 위배되어 청구인들의 언론의 자유를 침해한다(헌재 2016.10.27, 2015헌마1206).

24 × 방송편성에 관하여 간섭을 금지하고 그 위반 행위자를 처벌하는 방송법의 간섭에 관한 부분은 표현의 자유를 침해하지 않는다(헌재 2021.8.31, 2019헌바439).

25 O 신문법 제15조 제3항에서 일간신문의 지배주주가 뉴스통신 법인의 주식 또는 지분의 2분의 1 이상을 취득 또는 소유하지 못하도록 함으로써 이종 미디어 간의 결합을 규제하는 부분은 언론의 다양성을 보장하기 위한 필요한 한도 내의 제한이라고 할 것이어서 신문의 자유를 침해한다고 할 수 없다(헌재 2006.6.29, 2005헌마165).

26 ☐☐☐
정정보도청구사건을 가처분절차로 진행하는 것은 헌법에 위반된다. [O|X]

27 ☐☐☐
민간심의기구가 심의를 담당하는 경우에도 행정권이 개입하여 그 사전심의에 자율성이 보장되지 않는다면 이 역시 행정기관의 사전검열에 해당하게 된다. [O|X]

28 ☐☐☐
영화진흥법이 규정하고 있는 영상물등급위원회에 의한 등급분류보류제도는 등급분류보류의 횟수제한이 없어 실질적으로 영상물 등급위원회의 허가를 받지 않는 한 영화를 통한 의사표현이 무한정 금지될 수 있으므로 검열에 해당한다. [O|X]

29 ☐☐☐
사법부가 사법절차에 의하여 심리·결정하는 방영금지가처분은 헌법에서 금지하는 사전검열에 해당하므로 위헌이다. [O|X]

30 ☐☐☐
건강기능식품의 기능성 표시·광고와 같이 규제의 필요성이 큰 경우에 사전심의절차를 법률로 규정하여도 우리 헌법이 절대적으로 금지하는 사전검열에 해당한다고 보기는 어렵다. [O|X]

31 ☐☐☐
'제한상영가' 등급의 영화란 영화의 내용이 지나치게 선정적·폭력적 또는 비윤리적이어서 청소년에게는 물론 일반적인 정서를 가진 성인에게조차 혐오감을 주거나 악영향을 끼치는 영화로 해석될 수 있으므로 명확성원칙에 위반되지 않는다. [O|X]

32 ☐☐☐
어떤 표현이 타인의 명예를 훼손하더라도 그 목적이 오로지 공공의 이익을 위한 것일 때에는 위법성이 조각될 수 있으며, 이 경우 행위자의 주요한 목적이나 동기가 공공의 이익을 위한 것이라면 부수적으로 사익적 목적이나 동기가 내포되어 있더라도 무방하다. [O|X]

정답 및 해설

26 O 사실적 주장에 관한 언론보도가 진실이 아니라는 것을 간략한 소명으로 대체하는 것은 언론사의 방어권을 심각하게 제약한다(헌재 2006.6.29, 2005헌마165).

27 O 민간심의기구가 심의를 담당하는 경우에도 행정권이 개입하여 그 사전심의에 자율성이 보장되지 않는다면 이 역시 행정기관의 사전검열에 해당하게 될 것이다(헌재 2015.12.23, 2015헌바75).

28 O 등급제는 검열로 볼 수 없으나, 등급분류보류제도는 검열에 해당한다(헌재 2001.8.30, 2000헌가9).

29 X 이 사건 법률조항에 방영금지가처분을 포함시켜 가처분에 의한 방영금지를 허용하는 것은 헌법상 검열 금지의 원칙에 위반되지 아니한다(헌재 2001.8.30, 2000헌바36).

30 X 건강기능식품의 소비를 촉진시키기 위한 상업광고도 헌법 제21조 제1항의 표현의 자유의 보호 대상이 됨과 동시에 같은 조 제2항의 사전검열 금지 대상도 된다(헌재 2018.6.28, 2016헌가8등).

31 X 영화진흥법 제21조 제3항 제5호는 '제한상영가' 등급의 영화를 '상영 및 광고·선전에 있어서 일정한 제한이 필요한 영화'라고 정의하고 있는데, 이 규정은 제한상영가 등급의 영화가 어떤 영화인지를 말해주기보다는 제한상영가 등급을 받은 영화가 사후에 어떠한 법률적 제한을 받는지를 기술하고 있으므로, 제한상영가 영화가 어떤 영화인지 이 규정만 가지고는 도대체 짐작하기가 쉽지 않다(헌재 2008.7.31, 2007헌가4).

32 O 어떤 표현이 타인의 명예를 훼손하더라도 그 목적이 오로지 공공의 이익을 위한 것일 때에는 위법성이 조각될 수 있으며, 이 경우 행위자의 주요한 목적이나 동기가 공공의 이익을 위한 것이라면 부수적으로 사익적 목적이나 동기가 내포되어 있더라도 무방하다(대판 2003.9.2, 2002다63558).

33 ☐☐☐
'식품 등의 표시기준'상 식품이나 식품의 용기포장에 음주전후 또는 숙취 해소라는 표시를 금지하는 것은 영업의 자유, 표현의 자유 및 특허권을 침해한다. ⓞⓧ

34 ☐☐☐
인터넷게시판을 설치·운영하는 정보통신서비스 제공자에게 본인확인조치의무를 부과하는 법률규정은 과잉금지원칙에 위배하여 인터넷게시판 이용자의 표현의 자유를 침해한다. ⓞⓧ

35 ☐☐☐
공공기관 등이 설치·운영하는 모든 게시판에 본인확인조치를 한 경우에만 정보를 게시하도록 하는 것은 게시판에 자신의 사상이나 견해를 표현하고자 하는 사람에게 표현의 내용과 수위 등에 대한 자기검열 가능성을 높이는 것이므로 익명표현의 자유를 침해한다. ⓞⓧ

36 ☐☐☐
대한민국 또는 헌법상 국가기관에 대하여 모욕, 비방, 사실 왜곡, 허위사실 유포 또는 기타 방법으로 대한민국의 안전, 이익 또는 위신을 해하거나 해할 우려가 있는 표현에 대하여 형사처벌하도록 하는 것은 과잉금지원칙에 위배되어 해당 표현을 한 자의 표현의 자유를 침해한다. ⓞⓧ

37 ☐☐☐
인터넷언론사에 대하여 선거일 전 90일부터 선거일까지 후보자 명의의 칼럼이나 저술을 게재하는 보도를 제한하는 구 인터넷 선거보도 심의기준 등에 관한 규정은 인터넷 선거보도의 공정성과 선거의 공정성을 확보하려는 것이므로 후보자인 청구인의 표현의 자유를 침해하지 않는다. ⓞⓧ

38 ☐☐☐
집회는 일정한 장소를 전제로 하여 특정 목적을 가진 다수인이 일시적으로 회합하는 것을 말하는 것으로, 여기서의 다수인이 가지는 공동의 목적은 '내적인 유대 관계'로 족하지 않고 공통의 의사형성과 의사표현이라는 공동의 목적이 포함되어야 한다. ⓞⓧ

정답 및 해설

33 ○ 헌법재판소는 식품에 숙취해소 작용이 있음에도 불구하고 이러한 표시를 금지하는 것은 숙취해소용 식품의 제조·판매에 관한 영업의 자유 및 광고표현의 자유를 침해하는 것이며, '숙취해소용 천연차 및 그 제조방법'에 관하여 특허권도 침해하였다고 결정하였다(헌재 2000.3.30, 99헌마143).

34 ○ 인터넷게시판 운영자에게 게시판 이용자에 대한 본인확인조치를 하도록 하여 게시판 이용자가 본인확인절차를 거치지 아니하면 인터넷게시판에 정보를 게시할 수 없도록 하는 본인확인제는 아래와 같이 목적달성에 필요한 범위를 넘는 과도한 제한을 하는 것으로서 침해의 최소성이 인정되지 않는다(헌재 2012.8.23, 2010헌마47).

35 × 공공기관등이 설치·운영하는 게시판에 언어폭력, 명예훼손, 불법정보 등이 포함된 정보가 게시될 경우 그 게시판에 대한 신뢰성이 저하되고 결국에는 게시판 이용자가 피해를 입을 수 있으며, 공공기관등의 정상적인 업무 수행에 차질이 빚어질 수도 있다. 따라서 공공기관등이 설치·운영하는 게시판의 경우 본인확인조치를 통해 책임성과 건전성을 사전에 확보함으로써 해당 게시판에 대한 공공성과 신뢰성을 유지할 필요성이 크며, 그 이용 조건으로 본인확인을 요구하는 것이 과도하다고 보기는 어렵다(헌재 2022.12.22, 2019헌마654).

36 ○ 의미내용이 불명확할 뿐만 아니라, 적용범위가 지나치게 광범위하여 헌법에 위반된다(헌재 2015.10.21, 2013헌가20).

37 ○ 인터넷언론사가 선거일 전 90일부터 선거일까지 후보자 명의의 칼럼이나 저술을 게재하는 보도를 할 수 없도록 한 것은 필요 이상으로 표현의 자유를 제한하여 헌법에 위반된다(헌재 2019.11.28, 2016헌마90).

38 × 일반적으로 집회는, 일정한 장소를 전제로 하여 특정 목적을 가진 다수인이 일시적으로 회합하는 것을 말하는 것으로 일컬어지고 있고, 그 공동의 목적은 내적인 유대관계로 족하다(헌재 2009.5.28, 2007헌바22).

39 ☐☐☐
야간시위를 일률적으로 금지하는 것은 현대인의 근무·학업 시간이나 생활형태 등을 고려하지 아니한 과도한 제한으로 과잉금지원칙에 위반된다. ⃝⃞Ⓧ

40 ☐☐☐
입법자가 법률로써 일반적으로 집회를 제한하는 것도 원칙적으로 헌법 제21조 제2항에서 금지하는 '사전허가'에 해당한다. ⃝⃞Ⓧ

41 ☐☐☐
막연히 폭력·불법적이거나 돌발적인 상황이 발생할 위험이 있다는 가정만을 근거로 하여 대통령 관저 인근이라는 특정한 장소에서 열리는 모든 집회를 금지하는 것은 헌법적으로 정당화되기 어렵다. ⃝⃞Ⓧ

42 ☐☐☐
대한민국을 방문하는 외국의 국가 원수를 경호하기 위하여 지정된 경호구역 안에서 서울종로경찰서장이 안전 활동의 일환으로 청구인들의 삼보일배행진을 제지한 행위는 집회의 자유를 침해한다. ⃝⃞Ⓧ

43 ☐☐☐
축협중앙회라는 결사체도 그 결사의 구성원인 회원조합들과 별도로 결사의 자유의 주체가 될 수 있다. ⃝⃞Ⓧ

44 ☐☐☐
구 주택건설촉진법상의 주택조합은 주택이 없는 국민의 주거생활의 안정을 도모하고 모든 국민의 주거수준 향상을 기한다는 공공목적을 위하여 법이 구성원의 자격을 제한적으로 정해 놓은 특수조합이어서, 이는 헌법상 결사의 자유가 뜻하는 헌법상 보호법익의 대상이 되는 단체가 아니다. ⃝⃞Ⓧ

정답 및 해설

39 ⃝ 집시법 제10조에 의하면 낮 시간이 짧은 동절기의 평일의 경우에는 직장인이나 학생은 사실상 집회를 주최하거나 참가할 수 없게 되어, 집회의 자유를 실질적으로 박탈하거나 명목상의 것으로 만드는 결과를 초래하게 된다(헌재 2009.9.24, 2008헌가25).

40 ✕ 헌법 제21조 제2항의 '허가'는 '행정청이 주체가 되어 집회의 허용 여부를 사전에 결정하는 것'으로서 행정청에 의한 사전허가는 헌법상 금지되지만, 입법자가 법률로써 일반적으로 집회를 제한하는 것은 헌법상 '사전허가금지'에 해당하지 않는다(헌재 2014.4.24, 2011헌가29).

41 ⃝ '대통령 등의 안전이나 대통령 관저 출입과 직접적 관련이 없는 장소'에서 '소규모 집회'가 열릴 경우에는, 이러한 위험성은 더욱 낮아진다. 결국 심판대상조항은 법익에 대한 위험 상황이 구체적으로 존재하지 않는 집회까지도 예외 없이 금지하고 있어서 헌법에 위반된다(헌재 2022.12.22, 2018헌바48).

42 ✕ 이 사건 공권력행사로 인해 제한된 사익은 집회 또는 시위의 자유 일부에 대한 제한으로서 국가 간 신뢰를 공고히 하고 발전적인 외교관계를 맺으려는 공익이 위 제한되는 사익보다 덜 중요하다고할 수 없다. 따라서 이 사건 공권력 행사는 과잉금지원칙을 위반하여 청구인들의 집회의 자유 등을 침해하였다고 할 수 없다(헌재 2021.10.28, 2019헌마1091).

43 ⃝ 축협중앙회는 공법인성과 사법인성을 겸유한 특수한 법인으로서 이 사건에서 기본권(결사의 자유)의 주체가 될 수 있다(헌재 2000. 6.1, 99헌마553).

44 ⃝ 주택건설촉진법상의 주택조합은 주택이 없는 국민의 주거생활의 안정을 도모하고 모든 국민의 주거수준의 향상을 기한다는(동법 제1조) 공공목적을 위하여 법이 구성원의 자격을 제한적으로 정해 놓은 특수조합이어서 이는 헌법상의 결사의 자유가 뜻하는 헌법상 보호법익의 대상이 되는 단체가 아니다(헌재 1994.2.24, 92헌바43).

45 ☐☐☐
운송사업자로 구성된 협회로 하여금 연합회에 강제로 가입하게 하고 임의로 탈퇴할 수 없도록 하는 화물자동차 운수사업법의 해당 조항 중 '운송사업자로 구성된 협회'에 관한 부분은 결사의 자유를 침해한다고 볼 수 없다. O|X

46 ☐☐☐
학문의 연구는 기존의 사상 및 가치에 대하여 의문을 제기하고 비판을 가함으로써 이를 개선하거나 새로운 것을 창출하려는 노력이므로 그 연구의 자료가 사회에서 현재 받아들여지고 있는 기존의 사상 및 가치체계와 상반되거나 저촉된다고 하여도 용인되어야 할 것이다. O|X

47 ☐☐☐
대학에서의 교수의 자유는 더욱 보장되어야 하는 반면, 초·중·고교에서의 수업의 자유는 보다 많은 제약이 있을 수 있다. O|X

48 ☐☐☐
헌법재판소는 대학의 주체에 관하여, 대학이 자치의 주체일 수 있으나 사안에 따라 교수, 교수회, 모두가 단독 또는 중첩적으로 주체가 될 수 있다고 본다. O|X

49 ☐☐☐
대학 본연의 기능인 학술의 연구나 교수, 학생선발·지도 등과 관련된 교부·학사행정의 영역에서는 대학구성원의 결정이 우선한다고 볼 수 있으나, 대학의 재정, 시설 및 인사 등의 영역에서는 학교법인이 기본적인 윤곽을 결정하게 되므로, 대학구성원에게는 이러한 영역에 대한 참여권이 인정될 여지가 없다. O|X

50 ☐☐☐
국립대학 교수들에게는 대학총장 후보자 선출에 참여할 권리가 있고, 이 권리는 대학의 자치의 본질적 내용에 포함되므로, 헌법상 기본권으로 인정된다. O|X

정답 및 해설

45 O 연합회에 강제로 가입하도록 하고 임의로 탈퇴할 수 없도록 하고 있어 소극적 결사의 자유를 제한한다. 다만, 연합회의 지위를 강화함으로써 운송사업자의 공동이익을 효과적으로 증진시키기 위함으로 합헌이다(헌재 2022.2.24, 2018헌가8).

46 O 대학생이 학문연구를 위하여 시내 일반서점과 대학 도서관에서 구입 또는 대출받아 보관한 연구 자료가 반국가단체 또는 국외공산계열의 사상과 가치체계에 관한 것이라는 사실만으로써는 그 불법목적을 인정할 수 없는 것이다(대판 1982.5.25, 82도716).

47 O 수업의 자유는 두텁게 보호되어야 합당하겠지만 그것은 대학에서의 교수의 자유와 완전히 동일할 수는 없을 것이며 대학에서는 교수의 자유가 더욱 보장되어야하는 반면, 초·중·고교에서의 수업의 자유는 후술하는 바와 같이 제약이 있을 수 있다고 봐야 할 것이다(헌재 1992.11.12, 89헌마88).

48 O 국가에 의한 침해에 있어서는 대학 자체 외에도 대학 전 구성원이 자율성을 갖는 경우도 있을 것이므로 문제되는 경우에 따라서 대학, 교수, 교수회 모두가 단독 혹은 중첩적으로 주체가 될 수 있다(헌재 2006.4.27, 2005헌마1047 등).

49 × 재학생들의 대학 자치에의 참여권을 비록 인정한다 하더라도, 건의·비판을 통한 참여가능성 자체가 봉쇄되지 않은 이상 재학생의 건의내용과 다른 결정이 내려졌다하여 그들의 참여권이 침해되는 것은 아니다(헌재 1997.3.27, 94헌마277).

50 O 대학교수에게는 대학총장 후보자 선출에 참여할 권리가 있고, 이 권리는 대학의 자치의 본질적인 내용에 포함되므로 헌법상의 기본권으로 인정될 수 있다(헌재 2014.1.28, 2011헌마239).

51 ☐☐☐
대학의 자율은 대학시설의 관리·운영만이 아니라 학사관리 등 전반적인 것이라야 하므로 연구와 교육의 내용, 그 방법과 그 대상, 교과과정의 편성, 학생의 선발, 학생의 전형도 자율의 범위에 속해야 하고 따라서 입학시험제도도 자주적으로 마련될 수 있어야 하는 것뿐만 아니라 원칙적으로 당해 대학 자체의 계속적 존립에까지 미친다. ⓄⓍ

52 ☐☐☐
경북대학교 총장임용후보자선거의 후보자로 등록하려면 3,000만 원의 기탁금을 납부하고 제1차 투표에서 유효투표수의 100분의 15 이상을 득표한 경우에는 기탁금 전액을, 100분의 10 이상 100분의 15 미만을 득표한 경우에는 기탁금 반액을 반환하고, 반환되지 않은 기탁금은 경북대학교발전 기금에 귀속하도록 정한 경북대학교 총장임용 후보자 선정 규정의 해당 조항은 재산권을 침해하지 않는다. ⓄⓍ

53 ☐☐☐
예술의 자유는 자기목적적인 기본권인바, 법인의 경우 예술의 자유의 주체가 될 수 없다는 것이 통설적 견해이다. ⓄⓍ

정답 및 해설

51 ✕ 이 사건 세무대학설치폐지법률에 의해서 세무대학을 폐교한다고 해서 세무대학의 자율성이 침해되는 것은 아니다(헌재 2001.2.22, 99헌마613).

52 ○ ① 경북대학교의 경우 총장임용후보자 선정 방식으로 직선제를 채택하고 다양한 방식으로 선거운동을 허용하고 있다. 따라서 이는 과다하다고 할 수 없다.
② 100분의 15 이상을 득표한 경우 전액을, 100분의 10 이상을 득표한 경우 반액을 반환하는 규정은 후보자의 진지성과 성실성을 담보하기 위한 최소한의 제한이다(헌재 2022.5.26, 2020헌마1219).

53 ✕ 예술의 자유에 예술품의 전시·공연·보급도 들어가기 때문에 이를 담당하는 법인의 경우도 주체가 된다고 일반적으로 보고 있다.

제2편 기본권론

제3장 자유권적 기본권

경제적 자유권

- **재산권**
  - 요건 — 사적 유용성+처분가능성 / 공법상 권리는 요건 충족(자기기여, 법적 요건 구비)
  - 보호영역
    - O: 재산 그 자체, 모든 물권, 보상청구권, 영업권
    - X: 기대이익, 반사이익, 개발이익, 한약조제권, 강제집행권
  - 내용
    - 사유재산제도 보장
    - 소급입법에 의한 재산권 박탈금지
    - 사회적 구속성(보상 ×)
  - 공용수용
    - **목적**: 공공필요
    - **형식**: 법률
    - **유형**: 수용·사용·제한
    - **보상**: 정당보상 / 개발이익 배제 – 공시지가

- **직업의 자유**
  - 개념요소 — 계속성·생활수단성·공공무해성(판례 ×)
  - 주체 — 국민·외국인·법인
  - 내용 — 직업결정·직업수행·전직·경쟁의 자유
  - 제한 — **단계이론**
    - **개념**: 과잉금지원칙 중 침해의 최소성을 구체화
    - **1단계**: 직업행사의 자유, 폭넓은 제한 가능
    - **2단계**: 주관적 직업결정의 자유, 비례의 원칙 적용
    - **3단계**: 객관적 직업결정의 자유, 명백·현존 위험

제4절 경제생활영역의 자유

제1항 재산권

01 재산권의 보장

> **헌법 제23조** ① 모든 국민의 재산권은 보장된다. 그 내용과 한계는 법률로 정한다.
> ② 재산권의 행사는 공공복리에 적합하도록 하여야 한다.
> ③ 공공필요에 의한 재산권의 수용·사용 또는 제한 및 그에 대한 보상은 법률로써 하되, 정당한 보상을 지급하여야 한다.

1. 개념

재산권이란 사적 유용성 및 그에 대한 원칙적 처분권을 포함하는 모든 재산가치 있는 구체적 권리이다(헌재 1996.8.29, 95헌바36).

2. 법적 성격

헌법상 재산권은 개인의 재산상 권리와 개인이 재산을 사유할 수 있는 법제도와 사유재산제도를 보장하는 것이다.

3. 주체

재산권의 주체는 모든 국민이며, 법인도 재산권의 주체가 된다. 외국인은 일정한 범위 내에서 제한을 받으며 국제법과 조약이 정하는 바에 따라 보장범위가 결정된다.

4. 범위(객체)

(1) 의의

헌법 제23조 제1항의 재산권의 내용과 한계는 법률로 정하여 지는바, 여기서의 법률유보는 재산권을 제한하는 권리, 즉 제한적 법률유보가 아니라 재산권의 구체적인 내용을 형성하는 권리인 형성적 법률유보를 의미한다.

(2) 내용

① **재산가치 있는 구체적 권리**: 사적 유용성이란 재산권을 가진 자에게 그 효용을 발휘할 수 있어야 한다는 것을 의미하며, 처분권이란 재산권의 객체를 양도·변경·포기할 수 있는 권능을 말한다. 이는 경제적 가치가 있는 모든 공법상·사법상의 권리를 말하며, 재산 그 자체도 포함된다고 하겠다.

판례 | 재산 그 자체가 재산권에 포함되는지 여부

헌법재판소는 종래 다수의 결정에서 재산권의 보호범위를 폭넓게 파악하여 '재산 그 자체'도 재산권 보장의 보호대상으로 판단하였고 … (헌재 2002.8.29, 2000헌가5 등).
08. 국회직 8급

② **공법상의 권리가 재산권으로 보호받기 위한 요건**: ㉠ 공법상의 권리가 권리주체에게 귀속되어 개인의 이익을 위하여 이용 가능해야 하고, ㉡ 국가의 일방적인 급부에 의한 것이 아니라 권리주체의 노동이나 투자, 특별한 희생에 의하여 획득되어 자신이 행한 급부의 등가물에 해당하는 것이어야 하며, ㉢ 수급자의 생존의 확보에 기여해야 한다. ㉣ 그리고 입법자에 의하여 수급요건·수급자의 범위·수급액 등 구체적인 사항이 법률에 규정됨으로써 구체적인 법적 권리로 형성되어 개인의 주관적 공권의 형태를 갖추어야 한다(헌재 2000.6.29, 99헌마289).

기출 OX

01 사회부조와 같이 수급자의 자기기여 없이 국가가 일방적으로 주는 급부를 내용으로 하는 공법상의 권리도 헌법상의 재산권 보장대상이다. 07. 국회직 8급 ( )

판례 | 수급권에 관한 판례

1 고엽제후유증환자의 등록 전 유족보상수급권의 배제 [헌법불합치]
보상수급권은 법률에 의하여 비로소 인정되는 권리로서 재산권적 성질을 갖는 것이긴 하지만 그 발생에 필요한 요건이 법정되어 있는 이상 이러한 요건을 갖추기 전에는 헌법이 보장하는 재산권이라고 할 수 없다. 결국 이 사건 법률 조항은 **고엽제후유증환자의 유족이 보상수급권을 취득하기 위한 요건을 규정한 것인데 청구인들은 이러한 요건을 충족하지 못하였기 때문에 보상수급권이라고 하는 재산권을 현재로서는 취득하지 못하였다고 할 것이다.** … 재산권을 침해한다고는 할 수 없다(헌재 2001.6.28, 99헌마516).

2 국가유공자 등 예우 및 지원에 관한 법률이 보상받을 권리 [합헌]
위 수급권은 천부적으로 가지는 권리가 아니며 법률에 의해서 비로소 인정되는 권리이므로, 그에 대한 권리는 당연히 법에서 정한 국가유공자 유족으로 등록신청한 달로부터 발생한다(헌재 2010.5.27, 2009헌바49).

주의
공법상 권리는 자기기여와 법적 요건 구비가 필요하다. 사안의 경우 보상수급권을 취득하기 위해서는 등록을 해야 한다. 따라서 등록하지 않았다면 재산권을 취득할 수 없다. 다만 고엽제후유증은 병원 기록등을 통해 알 수 있는데 등록하지 않았다는 것만으로 보상해주지 않는다면 이는 평등권을 침해한 것이다.

기출 OX

02 국가유공자 등 예우 및 지원에 관한 법률이 보상받을 권리의 발생시기를 국가보훈처장에게 등록신청을 한 날이 속하는 달부터 발생하도록 한 것은 행복추구권 및 인간다운 생활을 할 권리를 침해한다. 19. 서울시 7급 ( )

(3) 재산권의 범위 04. 법원직, 04·07. 국회직 8급

판례 | 재산권을 인정한 판례

1 환매*권
수용의 목적인 공공사업이 수행되지 아니하거나 또는 수용된 재산이 당해 공공사업에 필요 없게 되거나 이용되지 아니하게 되었다면 수용의 헌법상 정당성과 공공사업자에 의한 재산권 취득의 근거가 장래를 행하여 소멸한다. 따라서 환매권은 재산권의 내용에 포함되는 권리이다(헌재 1994.2.24, 92헌가15 등).

*환매란 공공필요가 있어 수용하였으나 그 필요가 없어져 원소유자에게 다시 원가격에 매매하는 것을 말한다.

2 건설업의 영업권
양도할 수 있는 재산적 가치가 있는 권리로서 재산권에 속하는 청구인의 건설업 영업권도 또한 제한된다(헌재 2001.3.21, 2000헌바27).

기출 OX

03 수용된 토지가 당해 공익사업에 필요 없게 되거나 이용되지 아니하였을 경우에 피수용자가 그 토지소유권을 회복할 수 있는 권리, 즉 환매권은 헌법이 보장하는 재산권의 내용에 포함되는 권리이다. 12. 국가직 7급 ( )

정답 01 ✕ 02 ✕ 03 ○

3 퇴직급여청구권

공무원 개인의 노력과 금전적 기여를 통하여 취득되고 자신과 그 가족의 생활비를 충당하기 위한 경제적 가치가 있는 권리로서 헌법 제23조에 의하여 보장되는 재산권으로서의 성격을 갖는 것임에 틀림없다(헌재 1995.7.21, 94헌바27 등).

4 정당한 지목

지목은 단순히 토지에 관한 사실적 · 경제적 이해관계에만 영향을 미치는 것이 아니라 토지의 사용 · 수익 · 처분을 내용으로 하는 토지소유권을 제대로 행사하기 위한 전제요건으로서 토지소유자의 실체적 권리관계에 밀접히 관련되어 있다(헌재 1999.6.24, 97헌마315).

✐ 땅의 지목이 건물을 지을 수 있는 대지냐, 그렇지 않은 농지냐에 따라 땅 가격은 큰 차이가 있다.

5 실용신안권

고안의 경제적 가치를 보호하여 권리자의 재산적 이익을 만족시키는 것으로 헌법 제23조에 의하여 보장되는 재산적 가치가 있는 권리라고 할 것이다(헌재 2002.4.25, 2001헌마200).

[참고] 보통 별말없이 퇴직금이라고 하면 재산권에 포함되지만, 형성되기 전 예를 들어 재직 중인 공무원은 퇴직하기 전이니 퇴직금이 재산권의 내용에 포함되지 않는다.

[참고] 독서실을 하고 있으면 위아래 층에 노래방과 술집이 허락되지 않는다. 술집이 있으면 위아래에 독서실이 허용되지 않는다. 즉, 자기가 원한다고 특정 장소에서 특정 영업을 할 수 있는 자유는 공익적인 이유 때문에 허용되지 않을 수 있다.

📖 판례 | 재산권을 부정한 판례

1 공무원의 보수청구권

법령에 의하여 구체적 내용이 형성되기 전의 권리, 즉 공무원이 국가 또는 지방자치단체에 의하여 어느 수준의 보수를 청구할 수 있는 권리는 단순한 기대이익에 불과하여 재산권의 내용에 포함된다고 볼 수 없다(헌재 2008.12.26, 2007헌마444).

2 특정 장소에서의 영업권

일반적으로 특정한 장소에서 영업을 함으로써 얻는 영업이익 내지 영업권은 헌법 제23조에 의하여 보호되는 재산권에 포함되지 아니한다(헌재 2003.10.30, 2001헌마700 등).

3 상공회의소의 의결권과 재산

상공회의소의 의결권은 상공회의소라는 법인의 의사형성에 관한 권리일 뿐 이를 따로 떼어 헌법상 보장되는 재산권이라고 보기 어렵고, 상공회의소의 재산은 법인인 상공회의소의 고유재산이지 회원들이 당연히 반환받을 수 있는 재산권이라고 보기 어렵다(헌재 2006.5.25, 2004헌가1).

4 이윤추구의 기회

개인이나 기업의 단순한 이윤추구의 기회나 유리한 법적 상황이 지속되리라는 기대나 희망은 재산권의 보호범위에 속하지 않는다(헌재 2004.12.16, 2002헌마579).

5 강제집행권

강제집행권은 국가가 보유하는 통치권의 한 작용으로 민사사법권에 속하는 것이고, 재산권에 해당하지 않는다(헌재 1998.5.28, 96헌마44).

6 의료보험조합의 적립금

사적 이익을 위하여 유용한 것으로서 권리주체에게 귀속될 수 있는 성질의 것이어야 하는데, 적립금에는 사법상의 재산권과 비교될 만한 최소한의 재산권적 특성이 결여되어 있다(헌재 2000.6.29, 99헌마289).

기출 OX

01 헌법재판소는 강제집행권은 국가통치권의 한 작용으로 헌법상 보호되는 재산권에 속하지 않는다고 하였다.
04. 국회직 8급 ( )

정답 01 ○

7 교원의 정년단축

교원의 정년단축으로 기존 교원이 입는 경제적 불이익은 계속 재직하면서 재화를 획득할 수 있는 기회를 박탈당한다는 것인데, 이러한 경제적 기회는 재산권 보장의 대상이 아니다(헌재 2000.12.14, 99헌마112 등).

8 학교안전공제 및 사고예방기금

공제회가 관리·운용하는 기금은 학교안전사고보상공제 사업 등에 필요한 재원을 확보하고, 공제급여에 충당하기 위하여 설치 및 조성되는 것으로서 학교안전법령이 정하는 용도에 사용되는 것일 뿐이므로 재산권에 해당하지 않는다(헌재 2015.7.30, 2014헌가7).

9 사망일시금

사망일시금은 사회보험의 원리에서 다소 벗어난 장제부조적·보상적 성격을 갖는 급여로 헌법상 재산권에 해당하지 아니한다(헌재 2019.2.28, 2017헌마432).

한눈에 쏙!

구분	인정
의료보험수급권	○
국민건강보험수급권	○
의료보험적립금	×
의료급여수급권	×

참고

국민연금은 원래 본인이 받는 것이 원칙이나 25세 미만인 자녀이면서 부모에 의해 생계를 유지하는 경우 유족연금을 받을 수 있다. 유족연금은 자신이 보험료를 납부하여 그에 상응하는 급여를 받는 것이 아니다. 또한 사망일시금은 수급자의 노동이나 투자, 특별한 희생에 의하여 그 권리를 획득한 것으로 보기 어렵고, 수급자의 생존확보를 위한 제도로 보기도 어렵다.

기출 OX

02 국민연금법상 연금수급권 내지 연금수급기대권이 재산권의 보호대상인 사회보장적 급여라고 한다면 사망일시금은 헌법상 재산권에 해당한다. 22. 경찰승진 ( )

재산권으로 인정한 사례	재산권으로 인정하지 않은 사례
• 모든 종류의 물권 • 환매권 • 특허권, 실용신안권 • 국가배상청구권(청구권 + 재산권) • 건설업자 영업권 • (등록·확인 후) 보상금수급권 • 관행어업권 • 재산 그 자체 • 보상청구권(원호보상·손실보상) • 정당한 지목으로 등록한 토지소유자의 이익 • 공법상 권리(사적 유용성·상당한 자기기여·생존확보에 기여) • 유언의 자유	• 기대이익, 반사이익, 개발이익, 우선매수권 • 강제집행권 • 재생처리업자 영업권 • (등록·확인 전) 보상금수급권 • 한약조제권(단순 기대이익) • 의료보험조합 적립금, 농지계량조합 재산 • 상공회의소의 의결권 • 계속 재직시 받았을 급료(교원, 치과의사 등) • 자유로운 기부기회의 보장(기부금품 모집사건) • 영리획득의 기회, 기업활동의 사실적·법적 여건 • 사회부조(수급자의 자기기여 없이 국가가 일방적으로 주는 급부를 내용으로 하는 공법상의 권리) • 사업계획승인권 • 폐업으로 인한 재산적 손실 • 이동전화번호 • 일정한 문화재의 선의취득 기회

02 재산권의 내용

1. 사유재산제도의 보장

사유재산제도의 보장이란 개인이 생산수단을 사유할 수 있는 제도의 보장을 의미하므로 모든 생산수단의 전면적인 국유화나 공유화는 허용될 수 없다. 또한 상속제도를 전면적으로 부인하거나 사회주의 국가에서와 같은 계획경제체제의 도입도 인정되지 않는다.

정답 02 ×

2. 사유재산권의 보장

개인이 재산을 소유하고 상속할 수 있을 뿐 아니라 재산을 사용·수익·처분할 수 있는 권리를 보장함을 의미한다.

3. 재산권의 사회적 구속성

(1) 의의

헌법 제23조 제2항은 "재산권의 행사는 공공복리에 적합하도록 하여야 한다."라고 규정하여 재산권 행사의 공공복리 적합성(재산권의 사회적 구속성)을 규정하고 있다. 재산권의 사회적 구속성이란 공공복리를 위하여 재산권의 주체가 그 재산에 관하여 무보상으로 일반적이고 적절하며 기대 가능한 갖가지 제한을 받게 될 수 있음을 의미한다.*

*자기 재산이라고 해도 자기 임의로 사용해서는 안 되며, 그린벨트 등 여러 가지 제약이 따를 수 있다. 이를 사회적 구속성이라고 한다.

(2) 법적 성격

헌법재판소는 재산권의 공공복리 적합성은 헌법상의 의무로서 입법자의 입법형성권의 행사에 의해 현실적인 의무로 구체화된다고 판시하였다(헌재 1989.12.22, 88헌가13).**

**그린벨트나 토지거래허가제 등 각종 규제입법으로 구체화된다.

(3) 헌법재판소 판례

헌법재판소는 개발제한구역 사건에서 사회적 제약의 한계를 넘는 재산권의 제한을 재산권의 사회적 제약을 구체화하는 규정으로 보면서, 헌법 제23조 제1항·제2항에 근거하여 그 위헌성을 판단한 바 있다(헌재 1998.12.24, 89헌마214 등).

> **판례 | 도시계획법 제21조에 대한 위헌소원 [헌법불합치]**
>
> 도시계획법 제21조에 규정된 **개발제한구역제도 그 자체는 원칙적으로 합헌적인 규정**인데, 다만 개발제한구역의 지정으로 말미암아 일부 토지소유자에게 사회적 제약의 범위를 넘는 가혹한 부담이 발생하는 예외적인 경우에 대하여 보상규정을 두지 않은 것에 위헌성이 있는 것이고, 보상의 구체적 기준과 방법은 헌법재판소가 결정할 성질의 것이 아니라 광범위한 입법형성권을 가진 입법자가 입법정책적으로 정할 사항이므로, 입법자가 보상입법을 마련함으로써 위헌적인 상태를 제거할 때까지 위 조항을 형식적으로 존속케 하기 위하여 헌법불합치결정을 하는 것인바, 입법자는 되도록 빠른 시일 내에 보상입법을 하여 위헌적 상태를 제거할 의무가 있고, 행정청은 보상입법이 마련되기 전에는 새로 개발제한구역을 지정하여서는 아니 되며, 토지소유자는 보상입법을 기다려 그에 따른 권리행사를 할 수 있을 뿐 **개발제한구역의 지정이나 그에 따른 토지재산권의 제한 그 자체의 효력을 다투거나 위 조항에 위반하여 행한 자신들의 행위의 정당성을 주장할 수는 없다**(헌재 1998.12.24, 89헌마214 등). 08. 국회직 8급

[주의]
판례는 그린벨트 자체는 문제가 없으나 가혹한 부담이 발생하는 예외적인 경우 현금을 주는 등 직접 문제를 해결하지 않고 입법자가 정책적으로 정할 사항으로 보고 있다.

기출 OX

01 개발제한구역 지정 당시의 상태대로 토지를 사용·수익·처분할 수 있는 이상, 구역지정에 따른 단순한 토지이용의 제한은 원칙적으로 재산권에 내재하는 사회적 제약의 범주를 넘지 않는다. 08. 국회직 8급 ( )

정답 01 ○

03 재산권의 공용수용

1. 목적

공공필요란 일정한 공익사업을 시행하거나 공공복리를 달성하기 위하여 재산권 제한이 불가피한 경우를 말하며, 국가가 단순히 재산취득을 목적으로 재산권을 제한하는 경우는 인정되지 않는다.

2. 형식

재산권 제한은 원칙적으로 형식적 의미의 법률로써만 제한할 수 있으며 명령이나 조례로써는 제한할 수 없다고 본다. 다만, 예외적으로 대통령의 긴급명령·긴급재정경제명령이나 비상계엄을 선포한 경우에는 재산권을 제한할 수 있다. 헌법재판소는 법률의 위임이 있는 경우에는 위임의 한계를 벗어나지 아니하는 한 명령이나 조례로써 재산권을 제한할 수 있다는 판결을 내린 바 있다(헌재 1995.4.20, 92헌마264 등).

3. 재산권 제한의 유형

재산권 제한의 유형으로는 수용·사용·제한이 있다. 재산권의 수용이란 공공필요를 위하여 국가가 특정의 재산권의 소유권을 강제적으로 취득하는 것을 말하고, 사용이란 국가가 특정의 재산권을 일시적·강제적으로 사용하는 것을 말하며,*** 제한이란 특정의 재산권 주체에게 과하는 공법상의 제한을 의미한다.

*** 예를 들어, 내 소유의 토지에 국가가 실수로 도로를 만들었을 때 소유권은 나에게 주고 사용권만 가지는 것을 '사용'이라고 한다.

4. 보상

(1) 의의

재산권 제한에 의한 보상은 손실보상을 의미하며, 위법한 국가작용에 의한 손해배상과는 달리 적법한 공권력 행사에 의해 재산권을 침해한 경우 그 손실을 보상하는 것을 의미한다.

(2) 연혁

현행 헌법은 제3공화국 헌법과 같이 정당보상규정을 두고 있다.

(3) 기준

정당한 보상이란 원칙적으로 피수용재산의 객관적인 재산가치를 완전하게 보상하여야 하는 완전보상을 의미한다(헌재 1995.4.20, 94헌마20).****

**** 정당보상을 완전보상으로 보는 가장 큰 이유는 상당보상으로 볼 경우 100%를 초과해서 주기보다는 대부분 100% 미만으로 주기 때문이다. 예를 들어, 이사비용을 주지 않은 경우도 공무원들은 편의적으로 괜찮다고 해버리는 경우가 많아 완전보상으로 보고 있다.

한눈에 쏙!

보상의 연혁

공화국	보상기준
제1·2공화국	상당보상
제3공화국	정당보상
제4공화국	법률에 위임
제5공화국	이익형량
제6공화국	정당보상

판례 | 재산권의 공공수용에 관한 판례

1 손실보상액의 산정기준이 되는 공시지가*** [합헌]**

헌법 제23조 제3항에서 '정당한 보상'이란 원칙적으로 피수용재산의 객관적인 재산가치를 완전하게 보상하는 것이어야 한다는 완전보상을 뜻하는 것으로서, 토지수용으로 인한 **손실보상액의 산정을 '공시지가'를 기준으로 한 것이 헌법상의 정당보상의**

원칙에 위배되는 것이 아니라고 하였다(헌재 2002.12.18, 2002헌가4).
***** 공시지가란 땅의 현황이나 지목, 가격 등을 파악해 국가가 매년 1월 1일에 발표하는 것으로 주로 과세의 기준이 된다.

2 개발이익의 배제 [합헌]

공익사업의 시행으로 지가가 상승하여 발생하는 개발이익은 기업자의 투자에 의하여 발생하는 것으로서 피수용자인 토지소유자의 노력이나 자본에 의하여 발생한 것이 아니다. 따라서 이러한 개발이익은 형평의 관념에 비추어 볼 때, 토지소유자에게 당연히 귀속되어야 할 성질의 것은 아니고, 오히려 투자자인 기업자 또는 궁극적으로는 국민 모두에게 귀속되어야 할 성질의 것이다. 또한 **개발이익은 공공사업의 시행에 의하여 비로소 발생하는 것이므로 그것이 피수용토지가 수용 당시 갖는 객관적 가치에 포함된다고 볼 수도 없다**(헌재 1990.6.25, 89헌마107).

기출 OX

01 토지수용시에 개발이익이 포함되지 아니한 공시지가를 기준으로 보상하는 것은 위헌이다. 04. 행시, 06. 사시
( )

⚖ 판례 | 재산권의 침해 여부에 관한 판례

1 공탁금의 이자에 관한 규칙 제2조, 제4조 [합헌]
공탁금에 대하여 연 1%의 이자만 붙이도록 하는 공탁금의 이자에 관한 규칙의 위헌성에 대하여 살피건대, 현행 공탁금이자도 공탁법의 규정에 의하여 입법정책적 차원에서 발생되는 것이며 법원도 현재의 은행예금 제도하에서 최선의 관리를 하고 있다 할 것인바, 그 밖에 공탁수수료가 징수되지 않고 있는 점, 공탁제도가 원래 공탁자의 이익을 위한 제도이지 국가가 공탁자에게 무조건 공탁을 강요하는 것이 아니라는 점 등을 고려할 때 현재의 대법원의 공탁금 관리방법이 공탁자 또는 공탁금수령자의 **재산권을 침해하는 것이라 할 수 없다**(헌재 1995.2.23, 90헌마214).
🖉 채권자가 누구인지 알 수 없어 국가에게 채권자가 결정되면 주라고 맡기는 것을 공탁이라고 한다. 공탁은 은행처럼 투자하고 이자를 받을 수 없어서 공탁으로 돈을 맡긴 사람에게 이자를 1%만 줘도 된다는 의미다.

2 경과실로 실화시 책임배제 [헌법불합치]
실화책임에 관한 법률이 헌법 제23조 제1항에 따라 재산권의 내용을 형성하는 법률에 해당된다고 하더라도, 헌법 제37조 제2항이 규정한 비례의 원칙에 합치되어야 한다. … 실화 및 연소로 인한 피해가 예상 외로 확대되어 그에 대한 배상책임을 전부 실화자에게 지우는 것이 가혹한 경우에는 민법 제765조에 의하여 구체적인 사정에 맞추어 **실화자의 배상책임을 경감시킴으로써 실화자의 가혹한 부담을 합리적으로 조정**할 수 있다. 이처럼 합리적인 제도가 있음에도 불구하고 경과실로 인한 화재의 경우에 실화자의 책임을 전부 부정하고 그 손실을 전부 피해자에게 부담시키는 것은 실화피해자의 손해배상청구권을 입법목적상 필요한 최소한도를 벗어나 지나치게 많이 제한하는 것이다. … 기본권 제한입법의 한계를 일탈하여 헌법 제23조 제1항, 제37조 제2항에 위반된다(헌재 2007.8.30, 2004헌가25). 08. 국가직 7급
🖉 고의로 불을 지르는 것을 방화, 과실로 불이 난 것을 실화라고 한다.

3 공공시설의 무상국가귀속 [합헌]
이 사건 조항의 입법목적은 일정한 호수 이상의 주택건설사업과정에서 필수적으로 요구되는 공공시설의 원활한 확보와 그 시설의 효율적인 유지·관리를 통하여 쾌적한 주거환경을 조성하고자 하는 데 있어 그 정당성이 인정된다. 나아가, 공공시설의 무상귀속은 사업주체에게 부과된 원인자 또는 수익자 부담금의 성격을 띠고 있고, 공공시설 및 그 **부지의 소유권이 국가 등에게 귀속된다고 하더라도 이로 인한 사업주체의 손실이 그 이득에 비하여 반드시 더 크다고 할 수 없으므로**, 과도한 재산권에 대한 제약이라고 단정하기는 어렵다(헌재 2003.8.21, 2000헌가11 등).

정답 01 ×

4 자연환경지구 지정 [합헌]

입법자는 비례의 원칙을 회복하기 위한 방법으로 반드시 금전보상을 해야 하는 것은 아니고, 이를 위하여 여러 가지 다른 방법을 사용할 수 있다. … 토지를 종래의 목적으로 사용할 수 없거나, 더 이상 법적으로 허용된 토지이용방법이 없어서 실질적으로 사용 및 수익을 전혀 할 수 없는 경우, 즉 자연환경지구 내 토지에서의 건축행위 제한과 **공원구역의 출입세한·금지**로 인한 재산권 제한이 사회적 제약의 한계를 초과하는 경우에 대하여는 자연공원법이 공원사업에 들어가는 토지와 그 토지에 정착된 물건에 대한 소유권 등 권리의 수용·사용과 이에 대한 손실보상 및 환매권 규정(제22조), 협의에 의한 토지 등의 매수에 관한 규정(제76조), 매수청구권 규정(제77조, 제78조) 등 **적절한 보상적 조치를 마련하고 있으므로, … 비례의 원칙에 반하여 청구인의 재산권을 침해한다고 볼 수 없다**(헌재 2006.1.26, 2005헌바18).

5 국가채무의 단기 소멸시효 [합헌]

소멸시효제도의 일반적인 존재이유와 특히 구 예산회계법 제96조 제2항의 국가재정을 합리적으로 운용하기 위한 목적 등을 고려하면 이 사건 법률 조항들의 입법목적의 정당성과 수단의 적정성은 인정된다(헌재 2008.11.27, 2004헌바54).

✎ 국가의 채무는 대부분 단기 소멸시효이고, 이는 전체 국민과 관련 있어 조기 안정이 필요하여 합헌이다.

6 성매매 제공 재산 몰수 [기각]

성매매에 제공되는 사실을 **알면서** 건물을 제공하는 행위는 법으로 금지하는 성매매 및 성매매알선을 용이하게 하고 그로 인한 재산상의 이익을 취득하는 것이므로 이를 규제함으로써 보호하고자 하는 공익이 성매매에 제공되는 사실을 알면서 건물을 제공할 수 없는 건물소유자들의 불이익에 비하여 크다고 할 것이다(헌재 2006.6.29, 2005헌마1167). 08. 국회직 8급

7 택지소유상한에 관한 법률 [위헌]

토지투기와 지가상승을 억제하고 택지를 실수요자에게 공급하기 위하여 택지소유상한제도의 도입이 불가피하였다고 하더라도, 택지소유의 경위나 그 목적에 관계없이 법 시행 이전부터 택지를 소유하고 있는 개인에 대하여 **일률적으로 소유상한을 적용**하는 것은 입법목적을 달성하기 위하여 필요한 정도를 넘는 과도한 침해이자 **신뢰보호의 원칙 및 평등원칙에 위반**된다고 할 것이다(헌재 1999.4.29, 94헌바37).

8 민간 기업에 의한 토지수용 [합헌]

헌법 제23조 제3항은 정당한 보상을 전제로 하여 재산권의 수용 등에 관한 가능성을 규정하고 있지만, 재산권 수용의 주체를 한정하지 않고 있다. 위 헌법조항의 핵심은 당해 수용이 공공필요에 부합하는가, 정당한 보상이 지급되고 있는가 여부 등에 있는 것이지, 그 수용의 주체가 국가인지 민간 기업인지 여부에 달려 있다고 볼 수 없다(헌재 2009.9.24, 2007헌바114).

9 재래시장 재건축에서의 매도청구권 [합헌]

시장재건축제도는 기본적으로 낙후된 재래시장의 재건축을 통하여 재래시장을 현대화하고, 활성화함으로써 재래시장상인들의 생계도 보호하려는 데 그 목적이 있으며 … 과잉금지원칙에 위배된다고 볼 수 없다(헌재 2006.7.27, 2003헌바18).

✎ 재래시장은 화재에 취약하고 소방도로 확보도 잘 안 되어 좀더 쉽게 재건축을 허용해주고 있다.

기출 OX

02 지방자치단체에 대한 금전채권 중 사법상 원인에 기한 채권에 대하여 민법이 정한 기간보다 그 시효를 단축하고 있는 지방재정법은 재산권을 합리적 이유 없이 지나치게 제한하는 것이다. 09. 국회직 8급 ( )

정답 02 ✕

10 문화재 발굴비용 사업시행자 부담 [합헌]

발굴경비를 부담시킴으로써, 각종 개발행위로 인한 무분별한 문화재 발굴로부터 매장문화재를 보호하고자 하는 입법목적의 정당성 및 수단의 적절성이 인정되고, 발굴조사비용 확대에 따른 위험은 사업계획단계나 사업자금의 조달과정에서 기업적 판단에 의해 위험요인의 하나로서 충분히 고려될 수 있는 점, 사업시행자가 발굴조사비용 액수를 고려하여 더 이상 사업시행에 나아가지 아니할 선택권이 유보되어 있는 점, 대통령령으로 정하는 예외적인 경우에는 국가 등이 발굴조사비용을 부담할 수 있는 점 및 유실물법에 의한 보상금을 지급토록 하는 규정을 두고 있는 점 등에 비추어 최소침해성원칙, 법익균형성원칙에 위반되지 않으므로 재산권을 침해하지 않는다(헌재 2010.10.28, 2008헌바74).

11 체육시설 [헌법불합치]

체육시설은 시민들이 손쉽게 이용할 수 있는 시설에서부터 그 시설 이용에 일정한 경제적 제한이 존재하는 시설, 시설이용비용의 다과와는 관계없이 그 자체 공익목적을 위하여 설치된 시설 등에 이르기까지 **상당히 넓은 범위에 걸쳐 있다.** 그렇다면, 이 사건 정의조항은 개별 체육시설의 성격과 공익성을 고려하지 않은 채 구체적으로 범위를 한정하지 않고 포괄적으로 대통령령에 입법을 위임하고 있으므로 헌법상 위임입법의 한계를 일탈하여 포괄위임금지원칙에 위배된다(헌재 2011.6.30, 2008헌바166 등).

✐ 체육시설은 시민들이 손쉽게 이용할 수 있는 시설에서부터 그 시설 이용에 일정한 경제적 제한이 존재하는 시설, 시설이용비용의 다과와는 관계없이 그 자체 공익목적을 위하여 설치된 시설 등에 이르기까지 상당히 넓은 범위에 걸쳐 있다. 이렇게 구체적인 내용없이 이를 근거로 수용을 한다면 당연히 포괄위임금지의 원칙에 위반된다.

12 경과실의 범죄행위로 인한 보험급여정지 [위헌]

경과실에 의한 범죄가 우발적인 것이어서 보험사고의 우연성 요건에 반하지 않는다는 점에 비추어, 이것은 보험의 본질에 어긋나는 과도한 제한이 되어 헌법상 보장된 재산권을 침해한다(헌재 2003.12.18, 2002헌바1).

13 부동산 실권리자명의 등기에 관한 법률 위반시 100분의 30 과징금 [위헌]

일률적으로 부동산 평가액의 100분의 30에 달하는 고율의 과징금을 부과하도록 한 것은 법익균형성을 잃은 과잉의 제재로서 과잉금지의 원칙에 반한다(헌재 2001.5.31, 99헌가18 등).

✐ 부동산실명법 위반의 경우 조세회피목적이 있는지, 투기목적이 있는지를 따지지 않고 일률적으로 과징금을 부과한 것은 헌법에 위반된다. 따라서 조세회피목적이나 투기목적이 있다면 합헌이다.

14 상호신용금고의 예금채권자 우선변제 [위헌]

1998년부터 상호신용금고의 예금채권자도 은행의 예금채권자와 똑같이 예금자보호법에 의한 보호를 받게 되었다. 따라서 더 이상 일반 금융기관의 예금과 달리 상호신용금고의 예금채권만을 우선변제권으로써 특별히 보호해야 할 필요성이 있다고 보기 어렵다(헌재 2006.11.30, 2003헌가14).

15 가구 수가 증가하지 않은 경우에도 학교용지부담금 부과 [헌법불합치]

학교용지 확보 등에 관한 특례법 중 주택재개발사업의 경우 학교용지부담금 부과 대상에서 '기존 거주자와 토지 및 건축물의 소유자에게 분양하는 경우'에 해당하는 개발사업분만 제외한 조항에 대하여 헌법불합치결정을 하면서 2014.12.31.을 개정시한으로 계속 적용한다고 선고하였다. 헌법재판소는 위 조항이 현금청산의 대상이 되어 제3자에게 분양됨으로써 기존에 비하여 가구 수가 증가하지 아니하는 개발사업분을 제외하지 않는 것이 평등원칙에 위배된다고 판단하였다(헌재 2014.4.24, 2013헌가28).

기출 OX

01 경과실의 범죄로 인한 사고는 개념상 우연한 사고의 범위를 벗어나지 않으므로 경과실로 인한 범죄행위에 기인하는 보험사고에 대하여 의료보험급여를 부정하는 것은 우연한 사고로 인한 위험으로부터 다수의 국민을 보호하고자 하는 사회보장제도로서의 의료보험의 본질을 침해하여 헌법에 위반된다. 17. 지방직 7급 (　　)

정답 01 ○

16 개인택시 양도 및 상속제한 [합헌]
개인택시의 공급과잉을 억제할 필요가 있고, 개인택시면허의 양도 및 상속에 따르는 프리미엄의 획득·유지는 면허처분에 의하여 직접적으로 부여되는 이익이 아니며, 개인택시면허는 공법상의 권리로서 행정목적상의 한계를 가진다. 따라서 이 사건 시행령 조항이 법률의 위임을 받아 개인택시면허의 양도 및 상속을 제한하는 것을 두고 법률유보원칙에 위배되거나 입법형성권의 한계를 벗어나 청구인들의 재산권을 침해하는 것으로 볼 수 없다(헌재 2012.3.29, 2010헌마443 등).

17 이주대책은 정당한 보상에 불포함 [합헌]
이주대책은 헌법에 따른 정당한 보상이 아니라 그와 별도로 추가로 제공되는 생활보상의 일환이므로, 국가가 사업시행자에게 특정 조치를 일률적으로 강제할 수는 없고, 그 내용은 여러 가지 사정을 고려하여 사업시행자가 정할 사항이라고 봄이 타당하다(헌재 2015.10.21, 2013헌바10).
  ✐ 집이 수용되면 어차피 재개발해서 아파트만 주면 된다. 추후 받게 되는 아파트 가격이 비싸니 철거하고 건물 지을 동안 월세나 이사할 공간까지 마련해 줘야 하는 것은 아니라는 취지이다.

18 광업권 행사 제한 [합헌]
철도·도로·수도 등 영조물과 일정 거리(50m) 이내의 장소에서 관청의 허가 없이 광물을 채굴하지 못하게 하는 것은 재산권 침해가 아니다(헌재 2014.2.27, 2010헌바483).

19 이사의 책임 [합헌]
회사의 이사에게 손해배상책임을 주장하기 위해서는 주장하는 자가 입증책임을 지는 것은 재산권을 침해하지 않는다(헌재 2015.3.26, 2014헌바202).

20 우편법상 손해배상 [합헌]
발송인의 승인을 받은 수취인만 손해배상청구를 가능하게 한 것은 재산권 침해로 볼 수 없다(헌재 2015.4.30, 2013헌바383).
  ✐ 승인 없이도 손해배상청구가 가능하다고 한다면 발송인에게 손해배상을 해야 하는지, 수취인에게 해야 하는지가 애매해지므로 통신의 자유와 재판청구권을 제한하지는 않는다.

21 수사기관의 수사결과 사무장병원으로 확인된 의료기관에 대한 의료급여비용 지급보류 [헌법불합치]
[1] 무죄추정에는 위반되지 아니함
[2] 무죄판결이 확정되기 전이라도 하급심 법원에서 무죄판결이 선고되는 경우에는 그때부터 일정 부분에 대하여 의료급여비용을 지급하도록 할 필요가 있다. / 지급보류기간동안 의료기관의 개설자가 수인해야 했던 재산권 제한상황에 대한 적절하고 상당한 보상으로서의 이자 내지 지연손해금의 비율에 대해서도 규율이 필요하다. 따라서 재산권을 침해한다(헌재 2024.6.27, 2021헌가19).

22 개발부담금 우선징수 [합헌]
개발부담금은 모든 자에 대하여 일반적 기준으로 부과하는 금전급부로 실질적인 조세로 보아야 할 것이다. 따라서 이를 다른 채권에 우선하여 징수하는 것은 재산권을 침해하지 않는다(헌재 2016.6.30, 2014헌바473).
  ✐ 반대의견은 개발부담금을 특별부담금으로 보고 있다.

23 골프장을 위한 수용권한 [위헌]
[1] '공공필요'의 요건 중 공익성은 추상적인 공익 일반 또는 국가의 이익 이상의 중대한 공익을 요구하므로 기본권 일반의 제한사유인 '공공복리'보다 좁게 보는 것이 타당하다.

[2] 행정기관이 개발촉진지구 지역개발사업으로 실시계획을 승인하고 이를 고시하기만 하면 고급골프장 사업과 같이 공공성이 낮은 사업에 대해서까지도 시행자인 민간개발자에게 수용권한을 부여하는 것은 헌법 제23조 제3항에 위배된다(헌재 2014.10.30, 2011헌바172).
✎ 공공복리 > 공공필요

24 국민연금 예외 없는 분할 [위헌]
별거나 가출 등으로 실질적인 혼인관계가 존재하지 아니하여 연금 형성에 기여가 없는 이혼배우자에 대해서까지 법률혼 기간을 기준으로 분할연금 수급권을 인정하는 국민연금법 제64조 제1항은 재산권을 침해한다(헌재 2016.12.29, 2015헌바182).
✎ 이혼만 안 했을 뿐 거의 부부관계가 파탄이 난 경우도 있다. 이 경우 남편이 자식도 다 키웠는데 연금받을 때 전혀 기여가 없는 부인에게 연금을 분할 할 이유는 없는 것이다.

25 상속공제 신고기간 분쟁 중에도 6개월 [위헌]
배우자의 상속공제를 인정받기 위한 요건으로 배우자상속재산분할기한까지 배우자의 상속재산을 분할하여 신고할 것을 요구하면서 위 기한이 경과하면 일률적으로 배우자의 상속공제를 부인하는 이 사건 법률 조항은 상속에 대한 실체적 분쟁이 계속 중이어서 법정기한 내에 분할을 마치기 어려운 사정 등을 고려하지 않아 재산권을 침해한다(헌재 2012.5.31, 2009헌바190).

26 환매금액의 증액 [합헌]
토지의 가격이 취득일 당시에 비하여 현저히 상승한 경우 환매금액에 대한 협의가 성립하지 아니한 때에는 사업시행자로 하여금 환매금액의 증액을 청구할 수 있도록 한 공익사업을 위한 토지 등의 취득 및 보상에 관한 법률 조항은 환매권자의 재산권을 침해하지 아니한다(헌재 2016.9.29, 2014헌바400).

27 공익사업의 변환 [합헌]
이 사건 법률 조항으로 인하여 제한되는 사익인 환매권은 이미 정당한 보상을 받은 소유자에게 수용된 토지가 목적 사업에 이용되지 않을 경우에 인정되는 것이고, 변환된 공익사업을 기준으로 다시 취득할 수 있어, 이 사건 법률 조항으로 인하여 제한되는 사익이 이로써 달성할 수 있는 공익에 비하여 중하다고 할 수 없으므로, 이 사건 법률 조항은 과잉금지원칙에 위배되어 청구인의 재산권을 침해한다고 할 수 없다(헌재 2012.11.29, 2011헌바49).

28 환매권 발생기간을 10년 이내로 제한
[1] 환매권은 재산권이다.
[2] 환매권의 발생기간을 일률적으로 '토지의 협의취득일 또는 수용의 개시일부터 10년 이내에'라고 한 부분은 헌법에 위반된다. 환매권이 발생하지 않는 경우에는 환매권 통지의무도 발생하지 않기 때문에 환매권 상실에 따른 손해배상도 받지 못하게 되므로, 사익 제한 정도가 상당히 크다. 토지보상법은 이미 환매대금증감소송을 인정하여 당해 공익사업에 따른 개발이익이 원소유자에게 귀속되는 것을 차단하고 있다.
[3] 이 사건 법률조항의 위헌성은 환매권의 발생기간을 제한한 것 자체에 있다기보다는 그 기간을 10년 이내로 제한한 것에 있다(헌재 2020.11.26, 2019헌바131).
✎ 판례 변경

29 일본군 위안부 사건 [인용]
헌법 전문, 헌법 제10조, 제2조 제2항과 이 사건 협정 제3조의 문언에 비추어 볼 때, 피청구인이 위 제3조에 따라 분쟁해결의 절차로 나아갈 의무는 일본국에 의해 자행된 조직적이고 지속적인 불법행위에 의하여 인간의 존엄과 가치를 심각하게 훼손당한 자국민들이 배상청구권을 실현하도록 협력하고 보호하여야 할 헌법적 요청에 의한 것이다. 이 사건 협정 제3조에 의한 분쟁해결절차로 나아가는 것만이 국가기관의 기본권 기속성에 합당한 재량권 행사라 할 것이고, 피청구인의 부작위로 인하여 청구인들에게 중대한 기본권의 침해를 초래하였다 할 것이므로, 이는 헌법에 위반된다(헌재 2011.8.30, 2006헌마788).

30 조선철도(주) 주식수용에 대한 보상 [위헌]
해방 후 사설철도회사의 전 재산을 수용하면서 그 보상절차를 규정한 군정법령 제75호에 따른 보상절차가 이루어지지 않는 단계에서 조선철도의 통일폐지법률에 의하여 위 군정법령이 폐지됨으로써 대한민국의 법령에 의한 수용은 있었으나 그에 대한 보상을 실시할 수 있는 절차를 규정하는 법률이 없는 상태가 현재까지 계속되고 있으므로, 이는 입법재량의 한계를 넘는 입법의무 불이행으로서 보상청구권이 확정된 자의 헌법상 보장된 재산권을 침해하는 것이므로 위헌이다(헌재 1994.12.29, 89헌마2).

31 과세최저한 제도 [합헌]
5만원을 초과하는 기타소득금액의 과세 후 소득이 5만원 미만이 되는 경우가 발생한다고 하더라도 이는 과세최저한 제도에 당연히 수반하는 결과이므로, 재산권을 침해한다고 볼 수 없다(헌재 2011.6.30, 2009헌바199).

  ✎ 로또 4등에 당첨되어 5만9458원의 당첨금을 받았으나 세금 공제하니 4만6천원 정도가 된다. 과세최저한을 규정한 것은 영세한 소득자와 조세행정편의를 위한 것으로, 상한액을 높이면 또 누군가는 문제삼게 된다. 이는 합리적 재량으로 보인다.

32 기존 세입자에 대한 갱신청구권 인정 [합헌]
상가건물 임대차의 계약갱신요구권 행사기간을 5년에서 10년으로 연장하면서, 이를 개정법 시행 후 갱신되는 임대차에 대하여도 적용하도록 규정한 '상가건물 임대차보호법' 부칙 제2조 중 '갱신되는 임대차'에 관한 부분은 헌법에 위반되지 않는다(헌재 2021.10.28, 2019헌마106).

33 명의신탁의 일률적 증여의제 [한정합헌]
명의신탁이 전반적으로 증여의 은폐수단으로 악용된다고 보기는 어렵고, 명의신탁의 수탁자는 형식상의 소유명의만을 보유한 데 지나지 않고, 실질적으로는 아무런 권리도 취득하지 못하는 진정한 의미의 명의신탁인 경우도 없지 아니하다(헌재 1989.7.21, 89헌마38).

  ✎ 부부상호 명의신탁과 같은 합법적인 명의신탁도 존재한다.

34 특별사면시 일부 사면의 경우 [합헌]
공무원이거나 공무원이었던 사람이 재직 중의 사유로 금고 이상의 형을 받거나 형이 확정된 경우 퇴직급여 및 퇴직수당의 일부를 감액하여 지급함에 있어 그 이후 형의 선고의 효력을 상실하게 하는 특별사면 및 복권을 받은 경우를 달리 취급하는 규정을 두지 아니한 것은 재산권을 침해하지 않는다(헌재 2020.4.23, 2018헌바402).

35 초고가 주택에 대한 주택담보대출 금지 [합헌]
이 사건 조치는 전반적인 주택시장 안정화를 도모함과 동시에 금융기관의 대출 건전성 관리 차원에서 부동산 부문으로의 과도한 자금흐름을 개선하기 위한 것으로 목적이 정당하다. 또한 초고가 주택에 대한 주택담보대출 금지는 수요 억제를 통해 주택가격 상승 완화에 기여할 것이므로 수단도 적합하다(헌재 2023.3.23, 2019헌마1399).

  ✎ 따라서 이는 헌법에 위반되지 않는다.

> [참고]
> 부담금은 국민모두를 위해 사용되는 것이 아니라 특정 집단을 위해 사용되는 경우가 많아서 그 이익을 누리는 특정 집단에게 부과한다. 다만 세금도 내는데 또 부담금을 부과하면 이중으로 부담이 되어 특정 집단인지 그리고 부담금 징수와 밀접한 관련이 있는지를 따져봐야 한다.

☑ SUMMARY | 특별부담금과 재산권 침해

1. 특별부담금의 의의
특별부담금이란 특정한 공익사업의 경비조달에 충당하기 위하여 특정 집단에 대하여 부과하는 인적 공용부담을 말한다. 반대급부를 전제로 하지 않는 점에서 조세와 유사하나, 특정 집단에 부과된다는 점에서 조세와 다르다.

2. 특별부담금의 종류
특별부담금은 재정조달목적 특별부담금과 정책실현목적 특별부담금이 있다. 헌법재판소는 재정조달목적 부담금의 경우에는 조세에 대한 관계에서 예외적으로만 인정되어야 하며 국가의 일반적 과제를 수행하는 데에 부담금 형식을 남용하여서는 아니 되고, 부담금 납부의무자는 일반 국민에 비해 부담금을 통해 추구하고자 하는 공적 과제에 대하여 특별히 밀접한 관련성을 가져야 하며, 부담금이 장기적으로 유지되는 경우 그 징수의 타당성이나 적정성이 입법자에 의해 지속적으로 심사되어야 한다(헌재 2008.11.27, 2007헌마860).

기출 OX

01 텔레비전 수신료는 아무런 반대급부 없이 국민으로부터 강제적·의무적으로 징수되고 있는 실질적인 조세로서 조세법률주의에 따라 법률의 형식으로 규정되어야 한다. 16. 국가직 7급 ( )

02 의무교육이 아닌 중등교육에 관한 교육재정과 관련하여 재정조달목적의 부담금을 징수할 수 있다고 하더라도, 수분양자들의 구체적 사정을 거의 고려하지 않은 채 수분양자 모두를 일괄적으로 동일한 의무집단에 포함시켜 동일한 학교용지부담금을 부과하는 것은 합리적 근거가 없는 차별에 해당한다. 16. 국가직 7급 ( )

03 먹는 샘물 수입판매업자에게 수질개선부담금을 부과하는 것은 수돗물 우선정책에 반하는 수입 먹는 샘물의 보급 및 소비를 억제하도록 간접적으로 유도하기 위한 합리적인 이유가 있으므로 평등원칙에 위배되지 않는다. 16. 국가직 7급 ( )

정답 01 × 02 ○ 03 ○

⚖ 판례 | 특별부담금 관련 헌법재판소 판례

사안	위헌여부	내용
영화상영관 부담금 (헌재 2008.11.27, 2007헌마860)	기각	특정 공적 과제의 수행을 위하여 영화상영관을 이용하는 관람객이라는 특정 부류의 사람들에게만 일률적으로 부과한다.
문화예술진흥기금 (헌재 2003.12.18, 2002헌가2)	위헌	문화예술진흥기금의 모금대상인 시설을 이용하는 자는 연간 5,700만명에 이르고 있다.
TV수신료 (헌재 2008.2.28, 2006헌바70)	합헌	객관적으로 밀접한 관련성을 가지고 집단적 책임이 인정되고, 집단적 이익을 위하여 사용된다(국회가 정해서 합헌, 공사가 정하면 헌법위반).
수분양자들의 학교용지부담금 (헌재 2005.3.31, 2003헌가20)	위헌	학교용지의 확보는 가장 기본적이고 일반적인 공익사업이고, 일반 국민들에 비하여 밀접한 관련성을 갖는다고 보기 어렵다.
개발사업자의 학교용지부담금 (헌재 2008.9.25, 2007헌가1)	합헌	개발사업자는 개발사업을 통해서 이익을 창출함과 동시에 학교신설의 필요성을 야기한 자로 학교용지 확보라는 공적 과제와 객관적으로 밀접한 관련성을 가지고 있다.
환경개선부담금 (헌재 2022.6.30, 2019헌바440)	합헌	경유차의 오염유발 수준을 고려하여 부과
장애인고용부담금 (헌재 2003.7.24, 2001헌바96)	합헌	고용부담금이 부과되는 집단을 일반 국민이 아닌 특정 집단인 사업주이고, 부담금은 장애인의 고용을 촉진하기 위하여 전액 장애인고용촉진기금으로 귀속된다.
수질개선부담금 (헌재 1998.12.24, 98헌가1)	합헌	지하수자원 보전 및 먹는 물 수질개선이라는 입법목적 달성을 위한 적정한 방법이라고 인정된다.
카지노사업자의 납부금 (헌재 1999.10.21, 97헌바84)	합헌	관광사업의 발전을 위한 특정한 용도에만 사용하도록 하였다.
국외여행자납부금 (헌재 2003.1.30, 2002헌바5)	합헌	내국인 국외여행자가 관광수지적자에 대한 직접적 원인을 제공하고 있다.
골프장 입장료 (헌재 2019.12.27, 2017헌가21)	위헌	골프장 입장료는 재정조달목적 부담금에 해당, 골프장 부가금 납부의무자와 '국민체육의 진흥'이라는 골프장 부가금의 부과목적 사이에는 특별히 객관적으로 밀접한 관련성이 인정되지 않는다.

제2항 직업의 자유

01 의의

학설은 직업개념의 3요소로서 생활수단성, 계속성, 공공무해성을 들고 있다. 판례의 경우 "직업의 자유에서의 직업이란 생활의 기본적 수요를 충족시키기 위한 계속적인 소득활동을 의미하며 그러한 내용의 활동인 한 그 종류나 성질을 불문한다(헌재 1993. 5.13, 92헌마80)."라고 함으로써 명시적으로 공공무해성을 들고 있지는 않다. 08. 법원직

02 주체

직업선택의 자유는 직업에 관한 종합적이고 포괄적인 것으로, 국민과 법인이 향유의 주체이며 외국인은 제한적으로 인정된다. 08. 법원직

> **판례 | 외국인의 주체성 여부**
>
> 직업의 자유는 원칙적으로 대한민국 국민에게 인정되는 기본권이지, 외국인에게 인정되는 기본권은 아니다. 국가정책에 따라 정부의 허가를 받은 외국인은 정부가 허가한 범위 내에서 소득활동을 할 수 있는 것이므로, 외국인이 국내에서 누리는 직업의 자유는 법률 이전에 헌법에 의해서 부여된 기본권이라고 할 수는 없고, 법률에 따른 정부의 허가에 의해 비로서 발생하는 권리이다(헌재 2014.8.28, 2013헌마359).

03 내용

> 헌법 제15조 모든 국민은 직업선택의 자유를 가진다.

1. 서설

(1) 의의
① **개념**: 직업선택의 자유란 자기가 선택한 직업에 종사하여 이를 영위하고 언제든지 임의로 전환할 수 있는 자유를 의미한다. 직업이란 생활의 기본적 수요를 충족시키기 위한 계속적인 소득활동을 의미한다.
② **기능**: 직업선택의 자유는 근대 시민사회의 출범과 동시에 인정된 것으로 개인의 경제생활의 터전이 되며, 자유로운 인격발전에 이바지하게 할 뿐 아니라 자유주의적 경제·사회질서의 요소가 되는 기본적 인권이다.

(2) 연혁
직업선택의 자유가 처음으로 규정된 것은 제3공화국 헌법부터이다.

기출 OX

04 헌법상 직업은 개방적인 개념으로서 생활의 기본적 수요를 충족하기 위한 계속적인 활동인 한, 그 종류나 성질을 불문한다. 예컨대, 예술가의 작품활동은 취미가 아닌 한, 그것이 생활수단을 얻는 데 기여하면 헌법상 보호되는 직업으로 본다. 03. 사시 ( )

한눈에 쏙!

공공무해성	필요
학설	○
판례	×

한눈에 쏙!

외국인의 경우 직업과 관련된 기본권

기본권	인정 여부
직업의 자유	헌법 ×, 법률 ○
직장선택	제한적 향유 ○

정답 04 ○

2. 주체

직업선택의 자유는 국민의 권리이므로 향유주체는 국민이며 법인도 그 주체가 될 수 있으나(통설), 공법상 법인은 그 주체성이 인정되지 않는다.

3. 내용

헌법재판소는 직업선택의 자유의 내용으로 ① 직업결정의 자유, ② 직업종사(수행)의 자유, ③ 직업이탈 및 전직의 자유, ④ 직장을 선택할 자유, ⑤ 겸직의 자유, ⑥ 경쟁의 자유도 그 내용으로 한다고 한다(헌재 1997.4.24, 95헌마90).

(1) 직업결정의 자유

① **개념**: 직업결정의 자유란 어떤 강제도 허용되지 않은 상태에서 자신이 원하는 직업을 선정하는 자유를 말한다. 여기에는 여러 개의 직업을 동시에 가질 수 있는 겸직의 자유도 포함된다.

② **무직업의 자유가 포함되는지 여부**: 문제는 무직업의 자유가 이에 포함되는가인데, 헌법상 근로의 의무는 단순한 윤리적 의무이므로 무직업의 자유도 인정된다고 본다(다수설).

(2) 직업수행의 자유

직업수행의 자유란 자신이 결정한 직업을 언제든지 자신에게 유리하다고 생각되는 방식으로 착수(개업)·계속·종결(폐업)하는 자유를 말한다. 직업수행의 자유는 직업수행을 위한 직장을 임의로 결정할 수 있는 직장선택의 자유를 포함하며(판례), 영업의 자유도 직업수행의 자유의 일부로 본다(다수설).

> **판례 | 외국인근로자의 사업장변경 횟수를 제한 [합헌]**
>
> 직업의 자유 중 이 사건에서 문제되는 직장선택의 자유는 인간의 존엄과 가치 및 행복추구권과도 밀접한 관련을 가지는 만큼 단순히 국민의 권리가 아닌 인간의 권리로 보아야 할 것이므로 외국인도 제한적으로라도 직장선택의 자유를 향유할 수 있다고 보아야 한다. … 외국인고용법은 일정한 사유가 있는 경우에 3년의 체류기간 동안 3회까지 사업장을 변경할 수 있도록 하고 대통령령이 정하는 부득이한 사유가 있는 경우에는 추가로 사업장변경이 가능하도록 하고 있으므로 이 사건 법률 조항이 입법자의 재량의 범위를 넘어 명백히 불합리하다고 할 수는 없다(헌재 2011.9.29, 2007헌마1083 등).

(3) 직업이탈 및 전직의 자유

직업선택의 자유는 자신이 수행하고 있는 직업을 자유롭게 포기하거나 그 직업에서 이탈할 자유 및 전직의 자유도 포함한다.

(4) 자유경쟁을 원칙

직업선택의 자유는 특정 직종의 독점과 양립할 수 없으므로 자유경쟁을 원칙으로 한다(다수설). 경쟁의 자유는 직업의 자유에 포함되며, 다른 기업과의 경쟁에서 국가의 간섭 없이 기업활동을 할 수 있음을 의미한다. 다만, 사회적 시장경제질서하에서는 일정한 범위 내에서 자유경쟁이 제한되거나 경제의 조정이 행하여짐은 불가피하다고 본다.

04 효력

직업선택의 자유는 직접적 효력을 지닌 권리로서, 원칙적으로 국가에 대하여 효력을 가진다. 국가는 개인에게 특정 직업을 선택하도록 강요할 수 없고, 개인의 특정 직업에의 종사를 방해할 수 없다.

05 제한

직업선택의 자유도 국가안전보장·질서유지·공공복리를 위하여 필요한 경우 법률에 의하여 제한할 수 있다. 그 예로 질서유지를 위하여 직업소개업 등은 허가를 받도록 하며, 공공복리를 위하여 담배·홍삼 등은 독점판매하고 있다. 이러한 제한의 방법으로 신고제·등록제·자격제·허가제·특허제 등이 있다.

06 한계

1. 본질적 한계

직업선택의 자유의 본질적 부분은 제한할 수 없다.

2. 단계이론

(1) 개념

단계이론이란 독일연방헌법재판소가 약국판결에서 발전시킨 이론으로, 직업의 자유를 제한할 경우 방법상 그 침해의 정도가 좀 더 적은 방법부터 선택하여 단계적으로 적용하여야 한다는 이론이다. 단계이론은 기본권 제한과 관련된 과잉금지원칙 중 '최소침해의 원칙'을 직업의 자유에 적용한 것으로 볼 수 있는바, 우리 헌법재판소도 '당구장사건'에서 이를 수용한 바 있다. 따라서 직업의 자유를 제한함에 있어서는 다음과 같은 순서를 지킬 것이 요구된다.

(2) 내용

① **제1단계**: 직업의 자유에 대한 제한이 불가피하게 된 경우에도 기본권에 대한 침해정도가 좀 더 경미한 직업수행의 자유를 제한하는 방법으로 기본권 제한 목적을 달성하도록 노력하여야 한다. 이 경우에도 기본권 제한의 방법상 일반원칙인 과잉금지원칙이 적용되어야 함은 물론이다.

② **제2단계**: 직업수행의 자유제한으로도 공익목적을 달성할 수 없을 경우에 비로소 직업결정의 자유를 제한할 수 있다는 것이다. 직업선택에 주관적 조건을 요구하는 것은 제한 없이 누구나 어떤 직업에 종사하도록 한다면 야기될 공공의 손실과 위험을 방지하기 위함이다. 이 경우에도 직업이 요구하는 전문성·기술성 등의 주관적 조건 자체가 제한목적과 합리적인 비례관계가 있어야 한다는 비례원칙이 준수되어야 한다.

기출 OX

01 단계이론은 과잉금지원칙 중 법익의 균형성을 구체화한 것이다. ( )

한눈에 쏙!

1단계 제한

유흥업소의 영업시간 제한, 택시의 10부제 운행, 백화점 세일횟수 제한, 주유소의 휴일영업 제한, 보석감정업자에게 밀수품의 감정행위의 금지, 택시의 합승행위 금지, 유사석유제품의 생산·판매 제한

⇩

2단계 제한

법조인·의료인에게 부과되는 국가자격시험, 사법시험 정원제, 수능시험, 채용시험, 1종 면허소지자에 한정한 영업용 택시운행, 학원강사 자격제, 성범죄자 취업 제한

⇩

3단계 제한

경비업 외의 영업금지, 자격시험 불실시, 안마사 비맹 제외, 택시신규허가 제한

정답 01 ×

③ **제3단계**: 주관적 조건 이외에 객관적 조건에 의하여 직업결정의 자유가 제한될 수 있다. 이 객관적 조건은 기본권 주체의 능력과는 무관한 것이며, 직업의 자유에 대한 중대한 제한이므로, 직업을 제한하지 않을 때 나타나는 해악이 명백하고 현존하는 위험이 될 때에 한하여 제한이 정당화된다고 본다.

3. 헌법재판소의 입장

헌법재판소도 "직업결정의 자유나 전직의 자유에 비하여 직업수행의 자유에 대하여는 상대적으로 더욱 넓은 법률상의 규제가 가능하다고 할 것이다(헌재 2003.6.26, 2002헌마677)."라고 하면서 단계이론을 수용하였다. 다만, 단계이론도 직업결정과 직업수행의 구별이 그렇게 명확하지 않다는 점에서 실제 적용에 어려움이 있을 수 있다는 지적이 있다.

기출 OX
01 직업결정의 자유나 전직의 자유에 비하여 직업수행의 자유(직업종사)는 더욱 넓은 법률상 규제가 가능하다. 08. 법원직 ( )

개념		과잉금지원칙 ⇨ 침해최소단계		-	
연혁	확립	<약국판결> 독일헌법재판소		약국 간 거리제한 ⇨ 위헌	
	수용	<당구장판결> 헌재 1993.5.13, 92헌마80		18세 미만 출입금지 ⇨ 절대적 제한: 위헌	
내용	1단계	직업수행	넓은 법률상 규제	택시 합승금지, 유흥업소 시간 제한, 영업지 제한	
	2단계	주관적 사유에 의한 직업선택	비례의 원칙	일정 자격과 결부 ⇨ 부분적 제한	• 사법시험 • 약사시험
	3단계	객관적 사유에 의한 직업선택	• 엄격한 비례 • 명백·확실한 위험 방지	능력·자격과 무관 ⇨ 일률적 제한	필요적 등록말소, 절대적 겸직금지 등

> **판례 | 직업선택의 자유에 관한 판례**
>
> **1 학교운영위원회에 행정직원대표의 배제 [기각]**
> '직업'이란 생활의 기본적 수요를 충족시키기 위해서 행하는 계속적인 소득활동을 의미하는바, 학교운영위원이 무보수 봉사직이라는 점을 고려하면 운영위원으로서의 활동을 직업으로 보기 어려우므로 이 사건 법률 조항이 직업선택의 자유와 관련되는 것은 아니라 할 것이다(헌재 2007.3.29, 2005헌마1144).
>
> **2 해당 직업에 합당한 보수를 받을 권리 × [기각]**
> 직업의 자유에 '해당 직업에 합당한 보수를 받을 권리'까지 포함되어 있다고 보기 어려우므로 이 사건 법령 조항이 청구인이 원하는 수준보다 적은 봉급월액을 규정하고 있다고 하여 이로 인해 청구인의 직업선택이나 직업수행의 자유가 침해되었다고 할 수 없다(헌재 2008.12.26, 2007헌마444).
>
> **3 약사의 한약조제 금지 [기각]**
> 한약사제도를 신설하면서 그 개정 이전부터 한약을 조제하여 온 약사들에게 향후 2년간만 한약을 조제할 수 있도록 하고 있는 약사법 소정의 경과규정은 기존 약사들의 한약의 조제권에 대한 **신뢰를 비례원칙에 합당하게 보호**하고 있으므로 직업의 자유를 위헌적으로 침해하는 것이라고는 볼 수 없다(헌재 1997.11.27, 97헌바10).

정답 01 ○

4 법학전문대학원 입학정원 비율의 제한 [기각]

로스쿨제도의 도입을 통하여 추구하는 입법목적은, 현행 법조인 양성제도가 가지고 있는 문제를 해결하여 다양한 학문적 배경을 가진 학위 소지자를 대상으로 전문적인 법률이론 및 실무에 관한 교육을 실시함으로써 **다양하고 경쟁력 있는 우수한 법조인을 많이 양성**하는 것이라고 할 것이다. … 청구인들의 직업선택의 자유를 침해하지 아니한다(헌재 2009.2.26, 2007헌마1262).

5 자도소주구입명령제도 [위헌]

소주판매업자에게 자도소주의 구입의무를 부과하는 자도소주구입명령제도는, … **소주판매업자의 '직업행사의 자유'**를 제한하는 규정이다. 또한 구입명령제도는 비록 직접적으로는 소주판매업자에게만 구입의무를 부과하고 있으나 실질적으로는 구입명령제도가 능력경쟁을 통한 시장의 점유를 억제함으로써 **소주제조업자의 '기업의 자유' 및 '경쟁의 자유'**를 제한하고, 소비자가 자신의 의사에 따라 자유롭게 상품을 선택하는 것을 제약함으로써 소비자의 행복추구권에서 파생되는 '자기결정권'도 제한하고 있다(헌재 1996.12.26, 96헌가18).

6 자도탁주(막걸리)구입명령제도 [합헌]

공급구역제한제도의 폐지로 영세한 탁주제조업체가 도산하게 될 경우 그 지역의 주민은 탁주를 원활하게 공급받지 못하게 될 가능성이 충분히 있고, 나아가 기존의 대형주류제조업체가 시장에 참가하여 **전국적인 독과점을 형성하게 되면 사실상 소비자결정권이 형해화(그냥 검정색으로)**되는 결과가 초래될 수도 있다는 점을 고려할 때, 탁주의 공급구역을 탁주제조장이 소재하는 시·군의 행정구역으로 제한하고 있는 이 사건 공급구역제한제도로 인하여 부득이 발생하는 다소간의 소비자선택권의 제한을 두고 **헌법에 위반되는 것이라고 할 수는 없다**(헌재 1999.7.22, 98헌가5).

7 사법시험 정원제 [합헌]

선발인원의 제한을 두는 취지는 상대평가라는 방식을 통하여 응시자의 주관적 자질과 능력을 검정하려는 것이므로, 이는 객관적 사유에 의한 제한이 아니라 주관적 사유에 의한 제한이라고 하여야 할 것이다. 이는 비례의 원칙에 반하여 이를 과도하게 제한하였다고 볼 수 없다(헌재 2010.5.27, 2008헌바110).

8 방송광고 판매대행 독점체제 [헌법불합치]

[1] 직업수행의 자유에 대한 제한이지만 그 실질이 직업수행의 자유를 형해화시키는 경우에는 그것이 직업선택이 아닌 직업수행의 자유에 대한 제한이라고 하더라도 엄격한 심사기준이 적용된다 할 것이다.

[2] 이 사건 규정은 지상파 방송광고 판매대행 시장에 제한적 경쟁체제를 도입함과 동시에 방송의 공정성과 공익성, 그리고 다양성을 확보하기 위해 한국방송광고공사와 이로부터 출자를 받은 회사에게만 지상파 방송광고 판매대행을 할 수 있도록 하고 있으나 아직까지 한국방송광고공사가 지상파 방송광고 판매대행을 할 수 있도록 출자를 한 회사는 한 곳도 없어 여전히 한국방송광고공사의 **독점체제가 유지되고 있는바**, 이는 지상파 방송광고 판매대행 시장에 제한적으로라도 경쟁체제를 도입한 것이라고 볼 수 없다. … 결국 이 사건 규정은 과잉금지원칙을 위반하여 청구인의 직업수행의 자유를 침해하고 있다고 할 것이다(헌재 2008.11.27, 2006헌마352).

기출 OX

02 법령에서 사법시험 시행 전에 선발예정인원을 정하는 정원제를 규정하는 것은 사법시험을 통하여 변호사에게 필요한 자질과 능력을 검증하는 것이 아니라 변호사의 사회적 수급상황 등을 고려한 것이기에 객관적 사유에 의한 직업의 자유의 제한에 해당한다. 18. 서울시 7급 ( )

⇨ 객관적 사유가 아닌 주관적 사유에 해당한다.

기출 OX

03 터키탕에 이성의 입욕보조자를 둘 수 없도록 제한한 공중위생법 시행규칙은 터키탕 영업에 종사하는 자들의 재산권이나 직업의 자유를 본질적으로 침해한 것이 아니다. 05. 입시 ( )

정답 02 ✕ 03 ○

한눈에 쏙!

구분	허용 여부
독점	위헌
모회사 · 자회사	위헌
제한경쟁	합헌

9 방송광고판매대행 등에 관한 법률 [기각]

[1] 청구인은 공법상 재단법인인 방송문화진흥회가 최다출자자인 방송사업자로서 방송법 등 관련 규정에 의하여 공법상의 의무를 부담하고 있지만, 그 설립목적이 언론의 자유의 핵심 영역인 방송 사업이므로 이러한 업무 수행과 관련해서는 당연히 기본권 주체가 될 수 있다.

[2] 방송광고판매법에서는 공영미디어렙 이외에 민영미디어렙도 방송광고판매대행을 할 수 있도록 하는 제한 경쟁체제를 도입하고 있고, 다만 방송문화진흥회가 최다출자자인 방송사업자의 경우에는 그 특수성을 고려해 국가의 관리·감독이 엄격하게 미치는 공영미디어렙에서 위탁한 방송광고에 한정하여 방송광고를 할 수 있도록 한 것이며, 그 결과 이에 해당하는 청구인의 경우 신 공사만을 통해 방송광고판매를 할 수 있게 된 것이므로 이 사건 규정이 구 방송법령에 대한 종전 헌법불합치결정의 취지에 반하는 입법이라고 볼 수 없다(헌재 2013.9.26, 2012헌마271).

✎ 판례는 자유경쟁을 해야 한다고 한 것은 아니다. 비록 두 회사라는 제한 경쟁이지만 최소한 독점체제는 아니니 합헌이라는 의미이다.

10 터키탕업소에서의 이성의 입욕보조자 금지 [합헌]

선량한 풍속의 유지 및 국민의 건강증진을 위하여 터키탕업소 안에 이성의 입욕보조자를 둘 수 없도록 규정한 것이라고 하여 합헌결정하였다(헌재 1998.2.27, 97헌마64).

11 사법시험에서의 영어시험 대체제도 [기각]

영어대체시험제도는 법조인의 국제화, 국제적 법률문제에 대한 실무능력 향상이라는 목적의 정당성이 인정되고, 영어를 필수과목으로 하는 것은 효과적이고 적절한 수단의 선택이라 평가할 수 있으며, 영어가 사실상 국제공용어로 이용되고 있고, 영어로 작성된 법률문헌이 늘어나고 있는 점, 각 대체시험별로 연 10여 회의 응시기회가 부여되는 점을 종합해 볼 때 침해의 최소성도 충족되었다 할 수 있다. 법조인의 국제화라는 공익이 사법시험응시자가 입게 될 불이익에 비하여 매우 크다 할 것이므로 법익균형성도 충족한다고 할 것이다. 그렇다면 청구인들의 직업선택의 자유가 침해되었다고 할 수 없다(헌재 2007.4.26, 2003헌마947 등).

12 세무사자격시험에서의 국세담당의 경우에만 일부 시험 면제 [기각]

세무사제도는 자격제도의 하나이고 입법자에게는 **그 자격요건을 정함에 있어서 광범위한 입법형성권이 인정되므로**, 이 사건 법률 조항이 세무사자격시험에 관해 규율하면서 합리적인 근거 없이 현저히 자의적으로 규정하고 있다고 인정되는 경우에만 헌법에 위반된다고 할 수 있다. … 세무사자격시험 제1차 시험 과목 중 세무행정과 직접 관련된 과목인 세법학개론은 **모두 국세에 관한 세목이며 지방세의 세목과 관련된 분야는 없다.** 그렇다면 세무사자격제도에 관한 입법형성권을 벗어난 자의적인 입법이라고 할 수 없다(헌재 2007.5.31, 2006헌마646).

13 변호사에게 변리사자격 부여 [기각]

변리사시험은 지적재산권에 관련된 법률을 주요 시험과목으로 하고 있는데 변호사는 법률사무 전반을 다루는 대표적인 직역인 점, 변리사의 업무는 지적재산권 분야에 있어 특허청 및 법원에 대한 사항의 대리가 주요한 부분을 이루고 있는데 권리·의무에 관한 법률사항의 대리는 변호사의 주요 업무인 점 등을 고려하면 변리사법 제3조 제1항 제2호가 변호사에게 변리사의 자격을 부여하는 것이 합리적인 이유 없이 변호사와 변리사시험의 일반 응시자인 청구인들을 차별한다고 보기 어려우므로 위 조항은 청구인들의 평등권을 침해하지 아니한다(헌재 2010.2.25, 2007헌마956).

기출 OX

01 입법자가 변리사제도를 형성하면서 변리사의 업무범위에 특허침해소송의 소송대리를 포함하지 않은 것은 변리사의 직업의 자유를 침해하는 것이다. 13. 국가직 7급 ( )

한눈에 쏙!

구분	허용 여부
변리사	○
세무사	×
세무전문 변호사	○
변리사 ⇨ 변호사	×
과거 세무사자격 취득한 변호사 ⇨ 세무사	○

정답 01 ×

14 변리사의 소송대리범위 불포함 [기각]

이 사건 법률 조항은 변리사라는 자격제도의 형성에 관련된 것이므로 입법자에게 광범위한 입법형성권이 인정되어 그 내용이 합리적인 이유 없이 자의적으로 규정된 경우에만 위헌이라고 할 것이다. 따라서 이 사건의 쟁점은 입법자가 변리사제도를 형성하면서 변리사의 업무범위에 특허침해소송의 소송대리를 포함하지 않은 것이 입법재량의 범위를 벗어나 청구인들의 직업의 자유를 침해하지 않는다(헌재 2012.8.23, 2010헌마740).

15 세무사자격 보유 변호사의 세무대리 금지 [헌법불합치]

과거 변호사자격을 취득하고 세무사의 자격이 자동으로 인정되었던 자들에게 세무조정업무 등 일체를 할 수 없도록 한 것은 변호사들의 직업선택의 자유를 침해한다(헌재 2018.4.26, 2015헌가19).

✐ 일체 전면 금지한 것은 세무대리의 전문성 확보 및 부실 세무대리의 방지라는 입법목적을 달성하기 위한 수단으로 그 적합성을 인정하기 어렵다.

16 세무사자격 자동부여 폐지 [합헌]

세무분야의 전문성을 제고하여 소비자에게 고품질의 세무서비스를 제공하기 위하여 마련된 조항이다. 변호사의 자격이 있는 자에게 더 이상 세무사자격을 자동으로 부여하지 않는 구 세무사법은 헌법에 위반되지 않는다(헌재 2021.7.15, 2018헌마279).

17 안마사 자격인정의 비맹제외기준 [기각]

안마업을 시각장애인에게 독점시키는 이 사건 법률 조항으로 말미암아 일반 국민의 직업선택의 자유가 제한되는 것은 사실이지만, 안마업은 시각장애인이 정상적으로 영위할 수 있는 거의 유일한 직업이라는 점에서 시각장애인 안마사 제도는 시각장애인의 생존권 보장을 위한 불가피한 선택으로 볼 수밖에 없다. 이에 반하여 일반 국민이 선택할 수 있는 직업은 상대적으로 넓고 안마업 외에도 선택할 수 있는 직업이 많다는 점 또한 고려할 필요가 있다. … 따라서 이 사건 법률 조항이 비시각장애인을 시각장애인에 비하여 비례의 원칙에 반하여 차별하는 것이라고 할 수 없을 뿐 아니라, 비시각장애인의 직업선택의 자유를 과도하게 침해하여 헌법에 위반된다고 보기도 어렵다(헌재 2008.10.30, 2006헌마1098 등).

18 경비업에서의 업무 제한 [위헌]

먼저 '경비업체의 전문화'라는 관점에서 보면, 현대의 첨단기술을 바탕으로 한 소위 디지털시대에 있어서 경비업은 단순한 경비 자체만으로는 '전문화'를 이룰 수 없고 오히려 경비장비의 제조·설비·판매업이나 네트워크를 통한 정보산업, 시설물 유지관리, 나아가 경비원교육업 등을 포함하는 **'토탈서비스(total service)'를 절실히 요구하고 있는 추세**이므로, 이 법(경비업법)에서 규정하고 있는 좁은 의미의 경비업만을 영위하도록 법에서 강제하는 수단으로는 오히려 영세한 경비업체의 난립을 방치하는 역효과를 가져올 수도 있다(헌재 2002.4.25, 2001헌마614).

19 경품용 상품권제도의 폐지 [기각]

청구인들로서는 경품용 상품권제도가 폐지될 수 있다는 가능성을 충분히 예견할 수 있었다고 보이는 점, 청구인들이 이용에 제공하고 있는 **게임물이 그 지나친 사행성으로** 말미암아 장기간의 유예기간을 부여하는 것에 대하여 이의를 제기하는 공익상의 이유가 존재한다는 점, 게임제공업의 경우 다른 게임물을 설치함으로써 다른 업종으로의 전환이 용이하다는 점, 이 사건 고시가 청구인들에게 6개월의 유예기간을

한눈에 쏙!

독점	주문
보통	위헌
담배제도, 안마사, 자도탁주	합헌

기출 OX

02 경비업자로 하여금 겸영금지를 시킨 것은 엄격한 비례의 원칙이 그 심사척도가 된다. 04. 사시, 06. 법행 ( )

정답 02 ○

부여하고 있는 점 등을 고려하면, 이 사건 고시 부분이 청구인들의 직업의 자유를 침해한다고 할 수 없다(헌재 2009.4.30, 2006헌마1258).

𝒜. 경품으로 상품권을 폐지하거나 상품의 상한을 두거나, 현금화 금지를 하는 것은 전부 단순 게임이 도박으로 변질되는 것을 막기 위함이다.

20 게임 결과물 환전 금지 [합헌]
게임 결과물의 환전업을 제한받게 되는 사익은 게임물을 사행기구로 변질시키는 행위를 방지함으로써 건전한 게임문화를 확립하여 국민의 문화적 삶의 질을 향상시키고자 하는 공익에 비해 비교적 가볍다 할 것이므로, 이 사건 법률 조항이 일정한 기준에 해당하는 게임 결과물의 환전업을 영위하는 자를 처벌하고 있다고 하여도 이는 기본권 제한의 한계 내의 것으로 과잉금지의 원칙에 위배하여 국민의 직업선택의 자유를 침해하는 것이 아니다(헌재 2010.2.25, 2009헌바38).

21 사립학교 교원의 파산선고로 인한 당연퇴직 [합헌]
이사회적 책임 및 교직에 대한 국민의 신뢰를 제고하고, 교원으로서의 성실하고 공정한 직무수행을 담보하기 위한 것으로 그 입법목적이 정당하고, 사립학교로 하여금 내부의 자율적 징계절차에서 파산에 수반하는 개별 채무자에 대한 비난가능성, 교원의 신뢰성 등을 판단하도록 하는 것은 입법한계를 벗어나지 않는다(헌재 2008.11.27, 2005헌가21).

22 하나의 의료기관 개설 [헌법불합치]
의사와 한의사의 복수면허 의료인도 한방이든 양방이든 '하나의' 의료기관만을 개설할 수 있도록 하는 의료법은 직업의 자유를 침해한다(헌재 2007.12.27, 2004헌마1021).

23 의료기관시설에서의 약국개설금지 [합헌]
의료기관과 약국 간의 담합을 방지하여 의약분업을 효율적으로 실현함으로써 국민보건을 향상시키려는 공적 이익은 상당히 크기 때문에 직업의 자유를 침해하는 것이 아니다(헌재 2003.10.30, 2001헌마700 등).

24 노래방에서 주류판매·제공금지 [합헌]
노래연습장업자가 영업장 안에서 주류를 판매·제공하는 행위, 영업장 안에 주류를 보관하거나 고객이 주류를 반입하는 행위를 묵인하는 행위를 금지하는 것은 노래연습장을 건전한 생활문화공간이 되도록 하기 위한 것이다(헌재 2006.11.30, 2004헌마431).

25 의료기관의 의약품도매상의 개설금지 [합헌]
의료기관을 개설한 학교법인에 대하여 의약품도매상의 개설을 금지하는 약사법에 대해서 의료기관이 의약품을 상대적으로 과다 처방하고 이를 조제·투약할 가능성을 원천적으로 제거하기 위함이다(헌재 2004.1.29, 2001헌바30).

26 학교급식의 직영방식 [합헌]
학교급식의 운영방식을 직영방식으로 전환하여, 위생·안전관리 강화 등을 통한 양질의 학교급식이 제공되도록 함으로써 성장기 학생들의 건강증진을 도모하기 위한 것이다(헌재 2008.2.28, 2006헌마1028).

𝒜. 업체에 맡기면 채소가 원산지에서 업체 창고로 가고 창고에서 다시 학교로 오면 2~3일 걸리는데 여름에는 다 상해버린다. 따라서 그냥 학교 급식담당 직원이 그날 시장가서 구입하고 조리하면 식중독에 걸릴 가능성이 훨씬 줄어드니 직영방식으로 하라는 의미이다.

27 화장품 판매자가격표시제 [합헌]
가격표시를 하지 않은 화장품을 판매목적으로 보관하는 행위에 대해 형사처벌하는 것에 대해서, 판매목적의 보관은 판매 직전의 사전행위로서 이를 방치하면 가격표시 없이 보관된 화장품을 곧바로 소비자에게 판매하게 될 수 있다(헌재 2007.4.26, 2006헌가2).

28 안경사에게 시력검사의 허용 [합헌]
안경사에게 한정된 범위 내의 시력검사를 허용한다고 하여 안과의사의 전문적인 의료영역을 정면으로 침해하는 것은 아니다(헌재 1993.11.25, 92헌마87).

29 학원강사의 자격 [합헌]
일반학원강사의 자격기준으로 대학졸업 이상의 학력을 갖추도록 요구하는 것에 대해서 자격미달의 강사가 가져올 부실교육 등의 폐단을 미연에 방지하기 위한 것으로 보아 합헌결정하였다(헌재 2003.9.25, 2002헌마519).

30 운전면허 취득자격 [합헌]
제1종 운전면허를 취득하기 위해서는 두 눈을 동시에 뜨고 잰 시력이 0.8 이상이고, 양쪽 눈의 시력이 각각 0.5 이상일 것을 요구하는 것은 합헌이다(헌재 2003.6.26, 2002헌마677).

31 개인택시운송사업면허 취소 [합헌]
개인택시운송사업자의 운전면허가 취소된 경우 개인택시운송사업면허를 취소할 수 있도록 한 것에 대하여, 필요적 취소규정이 아니라 임의적 취소규정으로 하여 합헌이다(헌재 2008.5.29, 2006헌바85).

32 경업금지사건 [합헌]
영업양도는 사실상 영업의 승계를 뜻하며, 따라서 단순한 개개의 구성재산의 가치를 넘어서 영리활동을 목적으로 조직된 유기적 일체로서의 영업 내지 영업재산을 그 동일성을 유지하면서 이전함으로써, 양수인으로 하여금 당해 영업의 세력범위라고도 할 수 있는 종래의 고객이나 구매처 기타 사실관계를 이용하여 양도인의 영업을 그대로 계속할 수 있도록 함에 그 의의가 있다(헌재 1996.10.4, 94헌가5).

📌 권리금 받고 영업양도한 이후에 같은 영업을 하게 되면 양수인은 큰 피해를 보게 되니 양도한 것과 동일한 업종을 근방에서 못하게 하는 것은 헌법에 위반되지 않는다.

33 결혼정보업체 과장광고 [기각]
경쟁업체의 '회원수 No.1, 성혼 커플수 No.1' 광고가 표시 · 광고법에 위반되는지 여부를 판단하기 위해서 **동종업계 2위인 청구인의 회원수, 성혼 커플수 등에 관한 자료가 반드시 필요한데 청구인이 위 자료를 제출하지 아니하므로**, "사실관계에 대한 확인이 곤란하여 법위반 여부에 대한 판단이 불가능하다."라는 이유로 심의절차종료결정에 이른 것으로 보인다. 따라서 피청구인이 이러한 결정을 함에 있어 현저히 정의와 형평에 반하는 조사를 하였거나, 헌법의 해석, 법률의 적용 또는 증거판단에 있어서 결정에 영향을 미친 중대한 잘못을 저지른 것으로 보이지 아니한다(헌재 2011.9.29, 2010헌마539).

34 변호인선임서를 공공기관에 제출할 때 소속 지방변호사회를 경유 [기각]
이는 **사건수임비리의 근절 및 사건수임 투명화**라는 입법목적을 위한 것이었다. 이 사건 결정은, 변호사는 기본적 인권을 옹호하고 사회정의를 실현함을 사명으로 하는 자로서 법률전문가로서의 능력뿐만 아니라 공공성 및 고도의 사회적 책임과 직업윤리가 강조되는 직역임을 고려할 때, 변호사법 제29조의 경유제도는 변호사의

기출 OX

01 일반학원의 강사라는 직업의 자격기준으로서 대학졸업 이상의 학력을 갖추도록 요구하는 것은 직업의 자유를 침해하는 것이 아니다. 13. 국가직 7급
( )

정답 01 ○

직업수행의 자유 및 평등권을 침해하지 아니함을 선언한 사건이다(헌재 2013.5.30, 2011헌마131).

🖉 비슷한 취지로 변호사의 수임건수와 수임액을 지방변호사회에 보고하도록 하는 것도 사생활의 비밀을 침해하지 않는다(헌재 2009.10.29, 2007헌마667).

35 PC방 담배금지 [기각]

다수인이 이용하는 PC방과 같은 공중이용시설 전체를 금연구역으로 지정함으로써 청소년을 비롯한 비흡연자의 간접흡연을 방지하고 혐연권을 보장하여 국민건강을 증진시키기 위해 개정된 이 사건 금연구역조항의 입법목적은 정당하며, PC방 시설 전체에 대해 금연구역 지정의무를 부과한 것은 이러한 입법목적을 달성하기 위한 효과적이고 적절한 방법이다(헌재 2013.6.27, 2011헌마315).

36 대부업자 광고요건 [합헌]

대부업자가 대부조건 등에 관하여 **광고하는 경우에 명칭, 대부이자율 등의 사항을 포함**하지 않으면 과태료를 부과하도록 규정한 대부업 등의 등록 및 금융이용자 보호에 관한 법률 제21조 제1항 제8호 중 '제9조 제2항' 부분이 헌법에 위반되지 않는다(헌재 2013.7.25, 2012헌바67).

37 벌금형 확정을 이유로 한 학원등록 실효 [위헌]

사회통념상 벌금형을 선고받은 피고인의 불법 및 책임의 정도가 중하다거나 그에 대한 사회적 비난가능성이 높다고 보기 어려워, 입법자로서는 등록의 효력상실사유로서 벌금형 판결을 받은 학원법 위반 범죄를 포괄하여 규정할 것이 아니라, 범죄의 유형, 내용 등으로 그 범위를 가급적 한정하여 규정해야 함에도 불구하고, 벌금형이 확정되기만 하면 일률적으로 등록을 상실하도록 규정하고 있는 이 사건 효력상실조항은 지나친 제재라 할 것이다(헌재 2014.1.28, 2011헌바252).

38 강제적 셧다운제 [기각]

청소년의 건전한 성장과 인터넷게임 중독을 예방하기 위하여 16세 미만 청소년에 한하여 심야시간대만 그 제공을 금지하는 것이 청소년의 일반적 행동자유권, 부모의 자녀교육권 및 인터넷게임 제공자의 직업수행의 자유에 대한 과도한 제한이라고 보기는 어려우므로 헌법에 위반되지 않는다는 이유로 기각결정하였다(헌재 2014.3.27, 2011헌마659).

39 청년고용할당제 [기각]

청년할당제가 추구하는 청년실업해소를 통한 지속적인 경제성장과 사회 안정은 매우 중요한 공익이며 청년할당제는 위와 같은 공익을 달성하는 데 기여하는 반면, 35세 이상 지원자들이 공공기관 취업기회에서 청년할당제 시행 때문에 새로이 불이익을 받을 가능성은 현실적으로 크다고 볼 수 없어 법익균형성원칙에도 위반된다고 볼 수 없다. 이 사건 청년할당제도는 청구인들의 평등권, 공공기관 취업의 자유를 침해하여 헌법에 위반된다고 볼 수 없다(헌재 2014.8.26, 2013헌마553).

40 변호사시험 성적 비공개 [인용]

변호사시험 성적 공개를 금지한 변호사시험법 제18조 제1항 본문이 청구인들의 알 권리(정보공개청구권)를 침해하여 헌법에 위반된다. 변호사시험 성적 비공개로 인하여 변호사시험 합격자의 능력을 평가할 수 있는 객관적인 자료가 없어서 오히려 대학의 서열에 따라 합격자를 평가하게 되어 대학의 서열화는 더욱 고착화된다(헌재 2015.6.25, 2011헌마769).

🖉 수단이 깨짐, 알 권리의 정보공개청구권 ○ / 직업의 자유와 개인정보 자기결정권 ×(제한도 안 함)

기출 OX

01 PC방 전체를 금연구역으로 지정하고 부칙조항을 통해 공포 후 2년이 경과한 날부터 시행하도록 유예한 국민건강증진법은 신뢰보호원칙에 위반되지 아니한다. 16. 국가직 7급 ( )

기출 OX

02 대통령령으로 정하는 공공기관 및 공기업으로 하여금 매년 정원의 100분의 3 이상씩 34세 이하의 청년 미취업자를 채용하도록 한 이른바 청년할당제는 35세 이상 미취업자들의 평등권, 직업선택의 자유를 침해한다. 22. 해양경찰 ( )

정답 01 ○ 02 ×

41 학교환경위생정화구역 내 청소년 유해업소 금지 [합헌]
유치원 주변의 일정구역 안에서 해당 업소를 절대적으로 금지하는 것은 그러한 유해성으로부터 청소년을 격리하기 위하여 필요·적절한 방법이며, 그 범위가 유치원 부근 200미터 이내에서 금지되는 것에 불과하므로, 청구인들의 직업의 자유를 침해하지 아니한다(헌재 2013.6.27, 2011헌바8).

42 '응급의료에 관한 법률'상 응급환자이송업의 영업지 제한 [합헌]
심판대상조항은 이송업자의 영업범위를 허가받은 지역 안으로 한정하여 구급차 등이 신속하게 출동할 수 있도록 하고, 차고지가 위치한 허가지역에서 상시 구급차 등이 정비될 수 있도록 하는 한편, 지역사정에 밝은 이송업자가 해당 지역에서의 이송을 담당하도록 함으로써, 응급의료의 질을 높임과 동시에 응급이송자원이 지역 간에 적절하게 분배·관리될 수 있도록 하여 국민건강을 증진하고 지역 주민의 편의를 도모하기 위한 것이다(헌재 2018.2.22, 2016헌바100).

43 제조업의 직접생산공정업무에 관한 근로자파견 금지 [합헌]
제조업의 직접생산공정업무를 근로자파견의 대상업무에서 제외하고, 이에 관하여 근로자파견의 역무를 제공받는 것을 금지하며, 위반시 처벌하는 규정은 헌법에 위반되지 않는다(헌재 2017.12.28, 2016헌바346).
✎ 우리가 엘지나 삼성 제품을 비싸게 구입하는 이유는 그 부품이 정품이고 숙련된 노동자가 제품을 조립하기 때문이다. 그런데 초짜들이 파견와서 만든다면 비싼 값을 지불할 필요가 없다.

44 입원환자의 경우 의약분업의 예외 인정 [합헌]
입원환자에 대하여 의약분업의 예외를 인정하면서도 의사로 하여금 조제를 직접 담당하도록 한 것은 직업수행의 자유를 침해하지 아니한다(헌재 2015.7.30, 2013헌바422).
✎ 환자가 걸을 수 없을 정도로 아프다면 의약분업때문에 약을 약국가서 구입하라 하기는 어려울 것이다.

45 모의총포를 소지하는 행위 규제 [합헌]
판매를 목적으로 모의총포를 소지하는 행위는 일률적으로 영업활동으로 볼 수는 없지만, 소지의 목적이나 정황에 따라 이를 영업을 위한 준비행위로 보아 영업활동의 일환으로 평가할 수 있으므로 직업의 자유의 보호범위에 포함될 수 있다(헌재 2011.11.24, 2011헌바18).
✎ 유사군복 판매금지도 비슷하다. 모의총포나 유사군복의 경우 전쟁상황에서 아군과 적군 구별을 어렵게 만든다.

46 국가유공자 가산점의 제한 [합헌]
선발예정인원 3명 이하인 채용시험에서 취업지원 대상자가 국가유공자법상 가점을 받지 못하게 한 것은 채용시험의 핵심인 균등한 기회 제공을 통한 공정경쟁이라는 가치가 형해화되지 않도록 하기 위한 부득이한 조치로서 이것이 현저히 합리성을 결여한 자의적인 차별이라고 보기 어려우므로, 심판대상조항은 청구인의 평등권을 침해하지 않는다(헌재 2016.9.29, 2014헌마541).

47 10만원 이상의 경우 현금영수증 미발행시 과태료 [합헌]
변호사, 의사, 일반교습학원 운영자 등 고액 현금거래가 많은 업종의 사업자에 대하여 과세표준을 양성화하여 세금탈루를 방지하기 위한 것이므로, 직업수행의 자유 등을 침해하지 않는다(헌재 2017.5.25, 2017헌바57).

48 사법시험 폐지에 관한 변호사시험법 [기각]
사법시험제도는 입법형성의 자유가 폭넓게 인정되는 전문직 자격제도에 관한 것이므로 헌법 제37조 제2항의 요구가 다소 완화된다. 사법시험폐지조항은 법조인 양성 방식을 '시험을 통한 선발'에서 '교육을 통한 양성'으로 전환함으로써 법학교육을 정상화하고 전문성과 국제 경쟁력을 갖춘 법조인을 양성하며 국가인력을 적재적소에

기출 OX

03 허가받은 지역 밖에서의 이송업의 영업을 금지하고 처벌하는 응급의료에 관한 법률 규정은 응급환자이송업체 사이의 자유경쟁을 막아 헌법상 경제질서에 위배된다. 18. 국가직 7급
( )

정답 03 ×

효율적으로 배치하기 위한 것이므로, 목적의 정당성과 수단의 적합성이 인정된다(헌재 2017.12.28, 2016헌마1152).

49 담배제조업 허가기준 [기각]
담배제조업의 허가를 받기 위해서는 300억원 이상의 자본금, 연간 50억 개비 이상의 담배를 제조할 수 있는 시설 등을 갖추어야 한다고 규정한 담배사업법 조항은 헌법에 위반되지 않는다(헌재 2018.2.22, 2017헌마438).
▶ 군소생산업체 난립으로 인한 소비촉진방지

50 변리사 제2차 시험에서 실무형 문제 출제 공고 [기각]
새로운 방식이 생소한 것은 다른 응시자들도 마찬가지이며, 이 사건 공고 이전부터 실무형 문제를 출제할 것을 예고하고 수험생들이 이를 준비할 수 있도록 하였다. 또한 이를 통해 얻는 공익이 사익보다 더 크다고 볼 수 있다(헌재 2019.5.30, 2018헌마1208).
∅. 실무형이란 실제로 특허재판부에 제출하는 소장을 적는 방식의 시험을 말한다.

51 자동차 등을 이용하여 살인 또는 강간 등 행정안전부령이 정하는 범죄행위를 한 때 운전면허를 필요적으로 취소 [위헌]
자동차 등을 이용한 범죄를 근절하기 위하여 그에 대한 행정적 제재를 강화할 필요가 있다 하더라도 이를 임의적 운전면허 취소 또는 정지사유로 규정함으로써 불법의 정도에 상응하는 제재수단을 선택할 수 있도록 하여도 충분히 그 목적을 달성하는 것이 가능함에도, 심판대상조항은 이에 그치지 아니하고 필요적으로 운전면허를 취소하도록 하여 구체적 사안의 개별성과 특수성을 고려할 수 있는 여지를 일체 배제하고 있다(헌재 2015.5.28, 2013헌가6).
▶ 다만, 법률유보와 명확성의 원칙, 포괄위임금지의 원칙에 위반되지 않는다.
∅. 단순 범죄행위를 한 경우 운전면허를 취소한 경우에는 명확성의 원칙에 위반된다.

52 법무사법 시행규칙 [인용]
법무사법 시행규칙 제3조 제1항은 법원행정처장이 법무사를 보충할 필요가 없다고 인정하면 법무사시험을 실시하지 아니해도 된다는 것으로서 상위법인 법무사법 제4조 제1항에 의하여 모든 국민에게 부여된 법무사자격취득의 기회를 하위법인 시행규칙으로 박탈한 것이어서 평등권과 직업선택의 자유를 침해한 것이다(헌재 1990.10.15, 89헌마178).
∅. 상위법에서는 법무사시험을 치르게 했는데 하위법인 대법원 규칙으로 실시하지 않아도 되게끔 만들어버렸다. 이는 법무사를 희망하는 수험생들의 직업의 자유를 침해한다. (3단계)

53 국내에서 전문의 과정을 다시 이수할 것을 요구 [위헌]
이미 국내에서 치과의사면허를 취득하고 외국의 의료기관에서 치과전문의 과정을 이수한 사람들에게 국내에서 전문의 과정을 다시 이수할 것을 요구하는 것은 지나친 부담을 지우는 것이므로, 심판대상조항은 침해의 최소성원칙에 위배되고 법익의 균형성도 충족하지 못한다. 따라서 심판대상조항은 과잉금지원칙에 위배되어 청구인들의 직업수행의 자유를 침해한다(헌재 2015.9.24, 2013헌마197).

54 자격제도와 관련된 심사기준
과잉금지의 원칙을 적용함에 있어서도, 어떠한 직업분야에 관한 자격제도를 만들면서 그 자격요건을 어떻게 설정할 것인가에 관하여는 국가에게 폭넓은 입법재량권이 부여되어 있는 것이므로 다른 방법으로 직업선택의 자유를 제한하는 경우에 비하여 보다 유연하고 탄력적인 심사가 필요하다 할 것이다(헌재 2003.9.25, 2002헌마519).
∅. 외국인은 자격제도와 관련하여 주체가 되지 못하며, 외국 자격증은 원칙적으로 인정하지 않는다.

기출 OX

01 이미 국내에서 치과의사면허를 취득하고 외국의 의료기관에서 치과전문의 과정을 이수한 사람들에게 국내에서 전문의 과정을 다시 이수할 것을 요구하는 것은 치과의사의 직업수행의 자유를 침해한다. 22. 소방간부 (   )

정답 01 ○

55 변호사시험 응시한도 [기각]
변호사시험에 무제한 응시함으로 인하여 발생하는 인력의 낭비, 응시인원의 누적으로 인한 시험합격률의 저하 및 법학전문대학원의 전문적인 교육효과 소멸 등을 방지하고자 하는 이 사건 한도조항의 입법목적은 정당하며, 그러한 목적을 달성하기 위하여 응시자가 자질과 능력이 있음을 입증할 기회를 5년 내에 5회로 제한한 것은 입법재량의 범위 내에 있는 적절한 수단이다(헌재 2020.9.24, 2018헌마739).

56 변호사시험에서 코로나19 확진환자의 응시를 금지하고, 자가격리자 및 고위험자의 응시를 제한 [인용]
헌법재판소는, 시험장에서의 대규모 감염위험을 예방하기 위하여 시험장의 분산, 마스크 착용 등 각종 조치가 마련된 점, 그리고 확진환자가 입원치료를 받는 곳에서 이 사건 변호사시험을 치를 수 있도록 하거나, 자가격리자가 별도의 시험장에서 응시할 수 있도록 하는 방법, 고위험자가 본인의 의사에 따라 시험을 중단하거나 의료기관 이송을 요청하도록 하는 방법 등 **청구인들의 기본권을 덜 제한**하면서도 감염병의 확산을 예방하고 시험을 원활하게 운영 및 관리할 수 있는 방법들이 있었던 점에 비추어, 피청구인이 막연한 염려를 이유로 확진환자 등의 시험 응시를 일률적으로 금지한 것은 청구인들의 기본권을 과도하게 제한한 것이라고 판단하였다(헌재 2023.2.27, 2020헌마1736).

57 변호사 광고에 관한 규정 [위헌]
[1] 헌법 제119조에 관한 주장 역시 직업의 자유 침해 여부에 대하여 심사하는 것으로 충분하므로 별도로 판단하지 않는다.
[2] 변협의 유권해석 위반 광고금지규정은 수권법률로부터 위임된 범위 내에서 명확하게 규율 범위를 정하고 있다고 보기 어려우므로, 법률유보원칙에 위반되어 청구인들의 표현의 자유, 직업의 자유를 침해한다.
[3] 변호사 광고에 대한 합리적 규제는 필요하지만, 광고표현이 지닌 기본권적 성질을 고려할 때 광고의 내용이나 방법적 측면에서 꼭 필요한 한계 외에는 폭넓게 광고를 허용하는 것이 바람직하다. 각종 매체를 통한 변호사 광고를 원칙적으로 허용하는 변호사법 제23조 제1항의 취지에 비추어 볼 때, **변호사 등이 다양한 매체의 광고업자에게 광고비를 지급하고 광고하는 것은 허용된다고 할 것인데, 이러한 행위를 일률적으로 금지하는 위 규정은 수단의 적합성을 인정하기 어렵다.** 따라서 대가수수 광고금지규정은 과잉금지원칙에 위반되어 청구인들의 표현의 자유와 직업의 자유를 침해한다(헌재 2022.5.26, 2021헌마619).
[4] 다만, '소비자를 연결하거나' 부분은 과잉금지원칙에 위반되지 않는다.

58 어린이통학버스 동승보호자 조항 [기각]
학원이나 체육시설에서 어린이통학버스를 운영하는 자는 어린이통학버스에 보호자를 동승하여 운행하도록 한 부분이 청구인들의 직업수행의 자유를 침해하지 않는다(헌재 2020.4.23, 2017헌마479).

59 어린이집 원장 및 보육교사 자격취소 [합헌]
영유아를 보호·양육하는 어린이집 원장 또는 보육교사의 역할에 비추어 그에 부합하는 자질을 갖추지 못한 사람을 보육현장에서 배제할 필요가 크다는 점, 아동학대관련 범죄를 저지른 어린이집 원장 또는 보육교사에 대한 **형사처벌만으로는 어린이집의 윤리성과 신뢰성을 높여 영유아를 안전한 환경에서 건강하게 보육한다는 입법목적을 달성하지 못하는 경우가 있다는 점**, 법원에서 아동복지법에 따른 아동 관련 기관에 대한 취업제한명령을 면제한 경우에도 영유아를 직접 대면하여 보육하는 어린이집 원장 또는 보육교사 자격을 취소할 필요는 여전히 존재할 수 있다는 점 등을 고려하여 심판대상조항이 헌법에 위반되지 않는다(헌재 2023.5.25, 2021헌바234).
✐ 예를 들어, 벌금형 정도라면 곧바로 어린이집에서 다시 일할 수 있다. 따라서 교사 자격을 취소할 필요가 있다.

60 정부광고 업무 한국언론진흥재단 위탁 [기각]

정부광고의 대국민 정책소통 효과를 높이기 위해서는 정부광고의 기획부터 집행에 이르는 과정을 통합적으로 관리할 필요가 있다. 단일한 공적 기관이 규모의 경제를 통하여 협상력을 가지고 정부광고 업무를 신속하고 효율적으로 처리할 수 있도록 한 것이다(헌재 2023.6.2, 2019헌마227).

▶ 독점인데 합헌이다(구매대행사안임).

61 등록취소에 관한 판례

사안	위헌 여부	내용
건축사 필요적 등록취소 (헌재 1995.2.23, 93헌가1)	위헌	업무범위 초과에 대해서 임의적 취소제도를 두고 있는 타 직종에 비해 과도한 제재이다.
건설업등록 필요적 등록말소	합헌	명의 대여로 인한 부실공사를 방지하여 국민의 생명과 재산을 보호해야 한다(헌재 2001.3.21, 2000헌바27).
		부정등록을 방지하여 건설업등록제도의 근간을 유지해야 한다(헌재 2004.7.25, 2003헌바35 등).
경비업의 필요적 취소 (헌재 2023.3.23, 2020헌가19)	헌법불합치	비경비업무에 종사하는 것을 전면적으로 금지하고 경비업 자체를 취소하는 것은 과잉금지 위반
강제추행죄 벌금형 확정시 체육지도자의 필요적 자격 취소 (헌재 2024.8.29, 2023헌가10)	합헌	체육활동을 하는 국민과 선수들을 보호하고 건전한 스포츠 환경을 조성을 위함
수상레저기구 조정면허취소 (헌재 2015.7.30, 2014헌가13)	위헌	수상레저기구를 이용하여 범죄행위를 하는 경우 필요적 취소는 위헌이다.
미신고 수입물품 필요적 취소 (헌재 2015.10.21, 2013헌바388)	합헌	물품을 수입한 경우 해당 물품을 필요적으로 몰수하도록 한 것은 합헌이다.
의료인의 필요적 면허취소 (헌재 2017.6.29, 2016헌바394)	합헌	허위의 진료비 청구로 인한 사기죄로 금고 이상의 형을 선고받은 경우이다.
필요적 운전면허취소	합헌	뺑소니 사범이 늘고 있다(헌재 2002.4.25, 2001헌가19 등).
	합헌	3회 이상 주취운전을 한 경우이다(헌재 2006.5.25, 2005헌바91).
	합헌	음주측정 거부의 경우이다(헌재 2007.12.27, 2005헌바95).
	위헌	자동차를 이용한 범죄행위 중 비난의 정도가 미약한 경우이다(헌재 2005.11.24, 2004헌가28).
	위헌	자동차를 훔친 경우 제반 사정에 대한 고려가 전혀 없는 경우이다(헌재 2017.5.25, 2016헌가6).*
	위헌	거짓이나 그 밖의 부정한 수단으로 운전면허를 받은 경우 모든 범위의 운전면허를 필요적으로 취소하도록 한 도로교통법은 헌법에 위반된다(헌재 2020.6.25, 2019헌가9).
택시운전면허취소	합헌	도주차량죄(헌재 2017.9.28, 2016헌바339)
	합헌	운전면허가 취소된 경우(헌재 2007.12.27, 2005헌바95)
	합헌	승객성범죄(헌재 2018.5.31, 2016헌바14 등)
	합헌	친족성범죄(헌재 2020.5.27, 2018헌바264)

* 자동차를 훔친 것은 비난을 받아 마땅하나, 자동차를 훔친 것과 교통상의 위험과 장해를 일으킬 우려가 없는 경우에도 전부 취소하여 지나친 제재에 해당한다.

제3항 소비자의 권리

> **헌법 제124조** 국가는 건전한 소비행위를 계도하고 생산품의 품질향상을 촉구하기 위한 소비자보호운동을 법률이 정하는 바에 의하여 보장한다.

01 의의

소비자가 소비생활을 함에 있어 양질의 상품을 적정한 가격으로 구입하거나 사용할 수 있는 권리를 의미한다. 소비자의 기본권은 제3세대 인권으로서의 연대적인 성질을 가지며, 그 주체는 자연인과 법인을 들 수 있다. 03. 국가직 7급

02 연혁

소비자기본권은 1960년대 이후 강조되고 있는 현대적인 기본권이다. 03. 국가직 7급 소비자의 권리를 최초로 선언한 것은 미국의 케네디 대통령이 의회에 보낸 소비자의 권리보호에 관한 특별교서이다. 우리 헌법은 1980년에 처음으로 규정하였다.

03 근거

소비자의 권리에 대한 근거에 대해서는 헌법 제124조의 소비자보호운동 조항을 근거로 드는 견해와 헌법 제10조, 제37조 제1항을 근거로 드는 견해가 대립한다. 일반적으로는 후설이 다수의 견해이다. 03. 국가직 7급 단, 헌법 제124조는 소비자의 권리를 규정한 것이 아니라는 것에 주의해야 한다.

04 내용

안전의 권리	물품·용역으로부터 생명·신체보호
알 권리	물품·용역의 내용·안전도 등
자유로운 선택권	-
의견반영권	국가의 공공서비스·유통정책, 기업의 생산활동 등
피해보상청구권 구체화 방안	• 무과실책임 인정 • 개연성 이론 도입 • 기업 연대책임 인정 • 소액재판제도 채택 • 집단소송제 도입: 단체소송(독일 - 개별 위임 필요), class action (미국 - 개별 위임 불필요)

기출 OX

01 소비자기본권은 60년대 이후 강조되고 있는 현대적인 기본권이다. 03. 국가직 7급 ( )

한눈에 쏙!

소비자의 권리	인정 여부
명문규정	×
근거	○
구체적 권리	×

기출 OX

02 소비자의 권리는 대국가적 효력과 대사인적 효력을 가진다. 03. 국가직 7급 ( )

03 우리 헌법에는 소비자기본권에 관한 근거규정이 있다. 03. 국가직 7급 ( )

정답 01 ○ 02 ○ 03 ○

기출 OX

01 소비자불매운동은 원칙적으로 공정한 가격으로 양질의 상품 또는 용역을 적절한 유통구조를 통해 적절한 시기에 안전하게 구입하거나 사용할 소비자의 제반 권익을 증진할 목적에서 행해지는 소비자보호운동의 일환으로서 헌법 제124조를 통하여 제도로서 보장된다. 17. 서울시 7급 ( )

02 소비자불매운동은 모든 경우에 있어서 그 정당성이 인정될 수는 없고, 헌법이나 법률의 규정에 비추어 정당하다고 평가되는 범위에 해당하는 경우에만 형사책임이나 민사책임이 면제된다. 14. 국가직 7급 ( )

03 소비자불매운동은 헌법이나 법률의 규정에 비추어 정당하다고 평가되는 범위를 벗어날 경우에는 형사책임이나 민사책임을 피할 수 없다. 17. 서울시 7급 ( )

판례 | 위력에 의한 업무방해 [합헌]

[1] 헌법상 소비자보호운동 보장

헌법 제124조는 "국가는 건전한 소비행위를 계도하고 생산품의 품질향상을 촉구하기 위한 소비자보호운동을 법률이 정하는 바에 의하여 보장한다."라고 규정하고 있는바, 헌법이 보장하는 소비자보호운동이란 '공정한 가격으로 양질의 상품 또는 용역을 적절한 유통구조를 통해 적절한 시기에 안전하게 구입하거나 사용할 소비자의 제반 권익을 증진할 목적으로 이루어지는 구체적 활동'을 의미한다.

[2] 소비자불매운동의 성립요건과 헌법적 허용한계

소비자불매운동은 모든 경우에 있어서 그 정당성이 인정될 수는 없고, 헌법이나 법률의 규정에 비추어 정당하다고 평가되는 범위에 해당하는 경우에만 형사책임이나 민사책임이 면제된다고 할 수 있다. 우선, ① 객관적으로 진실한 사실을 기초로 행해져야 하고, ② 소비자불매운동에 참여하는 소비자의 의사결정의 자유가 보장되어야 하며, ③ 불매운동을 하는 과정에서 폭행, 협박, 기물파손 등 위법한 수단이 동원되지 않아야 하고, ④ 특히 물품 등의 공급자나 사업자 이외의 제3자를 상대로 불매운동을 벌일 경우 그 경위나 과정에서 제3자의 영업의 자유 등 권리를 부당하게 침해하지 않을 것이 요구된다.

∠ 왜 조중동의 정치적 성향과 상관이 없는 광고의뢰한 업체를 불매하느냐? 그건 문제가 있다.

[3] 집단적으로 이루어진 소비자불매운동 중 정당한 헌법적 허용한계를 벗어나 타인의 업무를 방해하는 결과를 가져오기에 충분한 집단적 행위를 처벌하는 이 사건 법률 조항들은 소비자보호운동을 보장하는 헌법의 취지에 반하지 않는다(헌재 2011.12.29, 2010헌바54).

정답 01 ○ 02 ○ 03 ○

기출지문 OX

01 ☐☐☐
재산권의 보호범위에는 경제적 가치가 있는 모든 공법상·사법상의 권리를 말하며, 재산 그 자체도 포함된다. O│X

02 ☐☐☐
사회부조와 같이 수급자의 자기기여 없이 국가가 일방적으로 주는 급부를 내용으로 하는 공법상의 권리도 헌법상의 재산권 보장 대상이다. O│X

03 ☐☐☐
수용된 토지가 당해 공익사업에 필요 없게 되거나 이용되지 아니하였을 경우에 피수용자가 그 토지소유권을 회복할 수 있는 권리, 즉 환매권은 헌법이 보장하는 재산권의 내용에 포함되는 권리이다. O│X

04 ☐☐☐
국민연금법상 연금수급권 내지 연금수급기대권이 재산권의 보호대상인 사회보장적 급여라고 한다면 사망일시금은 헌법상 재산권에 해당한다. O│X

05 ☐☐☐
고엽제후유의증 환자지원 등에 관한 법률에 의한 고엽제후유증환자 및 그 유족의 보상수급권은 법률에 의하여 비로소 인정되는 권리로서 재산권적 성질을 갖는 것이긴 하지만 그 발생에 필요한 요건이 법정되어 있는 이상 이러한 요건을 갖추기 전에는 헌법이 보장하는 재산권이라고 할 수 없다. O│X

정답 및 해설

01 O 헌법재판소는 종래 다수의 결정에서 재산권의 보호범위를 폭넓게 파악하여 '재산 그 자체'도 재산권 보장의 보호대상으로 판단하였고 … (헌재 2002.8.29, 2000헌가5 등).

02 X 국가의 일방적인 급부에 의한 것이 아니라 권리주체의 노동이나 투자, 특별한 희생에 의하여 획득되어 자신이 행한 급부의 등가물에 해당하는 것이어야 한다(헌재 2000.6.29, 99헌마289).

03 O 수용의 목적인 공공사업이 수행되지 아니하거나 또는 수용된 재산이 당해 공공사업에 필요 없게 되거나 이용되지 아니하게 되었다면 수용의 헌법상 정당성과 공공사업자에 의한 재산권 취득의 근거가 장래를 향하여 소멸한다. 따라서 환매권은 재산권의 내용에 포함되는 권리이다(헌재 1994.2.24, 92헌가15 등).

04 X 국민연금법상 연금수급권 내지 연금수급기대권이 재산권의 보호대상인 사회보장적 급여라고 한다면 사망일시금은 사회보험의 원리에서 다소 벗어난 장제부조적·보상적 성격을 갖는 급여로 사망일시금은 헌법상 재산권에 해당하지 아니하므로, 이 사건 사망일시금 한도 조항이 청구인들의 재산권을 제한한다고 볼 수 없다(헌재 2019.2.28, 2017헌마432).

05 O 고엽제후유증환자의 유족이 보상수급권을 취득하기 위한 요건을 규정한 것인데 청구인들은 이러한 요건을 충족하지 못하였기 때문에 보상수급권이라고 하는 재산권을 현재로서는 취득하지 못하였다고 할 것이다(헌재 2001.6.28, 99헌마516).

06 ☐☐☐
헌법재판소는 강제집행권은 국가 통치권의 한 작용으로 헌법상 보호되는 재산권에 속하지 않는다고 하였다. Ⓞ|Ⓧ

07 ☐☐☐
의료급여수급권은 공공부조의 일종으로서 순수하게 사회정책적 목적에서 주어지는 권리이므로 개인의 노력과 금전적 기여를 통하여 취득되는 재산권의 보호대상에 포함된다고 보기 어렵다. Ⓞ|Ⓧ

08 ☐☐☐
개발제한구역제도 그 자체는 원칙적으로 합헌적인 규정인데, 다만 개발제한구역의 지정으로 말미암아 일부 토지소유자에게 사회적 제약의 범위를 넘는 가혹한 부담이 발생하는 예외적인 경우에 대하여 보상규정을 두지 않은 것에 위헌성이 있는 것이다. Ⓞ|Ⓧ

09 ☐☐☐
개발제한구역 지정 당시의 상태대로 토지를 사용·수익·처분할 수 있는 이상, 구역지정에 따른 단순한 토지이용의 제한은 원칙적으로 재산권에 내재하는 사회적 제약의 범주를 넘지 않는다. Ⓞ|Ⓧ

10 ☐☐☐
정당한 보상이란 원칙적으로 피수용재산의 객관적인 재산가치를 완전하게 보상하여야 하는 완전보상을 의미한다. Ⓞ|Ⓧ

11 ☐☐☐
토지수용으로 인한 손실보상액의 산정을 '공시지가'를 기준으로 한 것이 헌법상의 정당보상의 원칙에 위배되는 것이 아니라고 하였다. Ⓞ|Ⓧ

12 ☐☐☐
토지수용시에 개발이익이 포함되지 아니한 공시지가를 기준으로 보상하는 것은 위헌이다. Ⓞ|Ⓧ

정답 및 해설

06 ○ 강제집행권은 국가가 보유하는 통치권의 한 작용으로 민사사법권에 속하는 것이고, 재산권에 해당하지 않는다(헌재 1998.5.28, 96헌마44).

07 ○ 의료급여수급권은 공공부조의 일종으로서 순수하게 사회정책적 목적에서 주어지는 권리이므로 개인의 노력과 금전적 기여를 통하여 취득되는 재산권의 보호대상에 포함된다고 보기 어렵다(헌재 2009.9.24, 2007헌마1092).

08 ○ 개발제한구역제도 그 자체는 원칙적으로 합헌적인 규정인데, 다만 개발제한구역의 지정으로 말미암아 일부 토지소유자에게 사회적 제약의 범위를 넘는 가혹한 부담이 발생하는 예외적인 경우에 대하여 보상규정을 두지 않은 것에 위헌성이 있는 것이다(헌재 1998.12.24, 89헌마214 등).

09 ○ 개발제한구역 지정 당시의 상태대로 토지를 사용·수익·처분할 수 있는 이상, 구역지정에 따른 단순한 토지이용의 제한은 원칙적으로 재산권에 내재하는 사회적 제약의 범주를 넘지 않는다(헌재 1998.12.24, 89헌마214 등).
▶ 지가하락 등은 사회적 제약의 일부이다.

10 ○ 정당한 보상이란 원칙적으로 피수용재산의 객관적인 재산가치를 완전하게 보상하여야 하는 완전보상을 의미한다(헌재 1995.4.20, 94헌마20).

11 ○ 토지수용으로 인한 손실보상액의 산정을 '공시지가'를 기준으로 한 것이 헌법상의 정당보상의 원칙에 위배되는 것이 아니라고 하였다(헌재 2002.12.18, 2002헌가4).

12 × 개발이익은 공공사업의 시행에 의하여 비로소 발생하는 것이므로 그것이 피수용토지가 수용 당시 갖는 객관적 가치에 포함된다고 볼 수도 없다(헌재 1990.6.25, 89헌마107).

13 ☐☐☐
지방자치단체에 대한 금전채권 중 사법상 원인에 기한 채권에 대하여 민법이 정한 기간보다 그 시효를 단축하고 있는 지방재정법은 재산권을 합리적 이유 없이 지나치게 제한하는 것이다. O|X

14 ☐☐☐
헌법 제23조 제3항은 재산권 수용의 주체를 한정하지 않고 있는바, 그 수용의 주체가 국가 등에 한정되어야 하는지, 아니면 민간기업에도 허용될 수 있는지 여부에 대하여 헌법이라는 규범적 층위에서는 구체적으로 결정된 내용이 없다는 것을 의미하므로, 수용의 주체를 국가 등 공적 기관에 한정하여 해석할 이유가 없다. O|X

15 ☐☐☐
경과실의 범죄로 인한 사고는 개념상 우연한 사고의 범위를 벗어나지 않으므로 경과실로 인한 범죄행위에 기인하는 보험사고에 대하여 의료보험급여를 부정하는 것은 우연한 사고로 인한 위험으로부터 다수의 국민을 보호하고자 하는 사회보장제도로서의 의료보험의 본질을 침해하여 헌법에 위반된다. O|X

16 ☐☐☐
일반 금융기관의 예금과 달리 상호신용금고의 예금채권만을 우선변제권으로써 특별히 보호해야 할 필요성이 있다고 보기 어렵다. O|X

17 ☐☐☐
이주대책은 헌법상 정당한 보상에 포함된다. O|X

18 ☐☐☐
'공공필요'의 요건 중 공익성은 추상적인 공익 일반 또는 국가의 이익 이상의 중대한 공익을 요구하므로 기본권 일반의 제한사유인 '공공복리'보다 좁게 보는 것이 타당하다. O|X

정답 및 해설

13 × 소멸시효제도의 일반적인 존재이유와 특히 구 예산회계법 제96조 제2항의 국가재정을 합리적으로 운용하기 위한 목적 등을 고려하면 이 사건 법률 조항들의 입법목적의 정당성과 수단의 적정성은 인정된다(헌재 2008.11.27, 2004헌바54).

14 ○ 헌법 제23조 제3항은 정당한 보상을 전제로 하여 재산권의 수용 등에 관한 가능성을 규정하고 있지만, 재산권 수용의 주체를 한정하지 않고 있다. 이는 재산의 수용과 관련하여 그 수용의 주체가 국가 등에 한정되어야 하는지, 아니면 민간기업에게도 허용될 수 있는지 여부에 대하여 헌법이라는 규범적 층위에서는 구체적으로 결정된 내용이 없다는 점을 의미하는 것이다. 따라서 위 수용 등의 주체를 국가 등의 공적 기관에 한정하여 해석할 이유가 없다(헌재 2009.9.24, 2007헌바114).

15 ○ 경과실에 의한 범죄가 우발적인 것이어서 보험사고의 우연성 요건에 반하지 않는다는 점에 비추어, 이것은 보험의 본질에 어긋나는 과도한 제한이 되어 헌법상 보장된 재산권을 침해한다(헌재 2003.12.18, 2002헌바1).

16 ○ 1998년부터 상호신용금고의 예금채권자도 은행의 예금채권자와 똑같이 예금자보호법에 의한 보호를 받게 되었다. 따라서 더 이상 일반 금융기관의 예금과 달리 상호신용금고의 예금채권만을 우선변제권으로써 특별히 보호해야 할 필요성이 있다고 보기 어렵다(헌재 2006.11.30, 2003헌가14).

17 × 이주대책은 헌법에 따른 정당한 보상이 아니라 그와 별도로 추가로 제공되는 생활보상의 일환이므로, 국가가 사업시행자에게 특정 조치를 일률적으로 강제할 수는 없고, 그 내용은 여러 가지 사정을 고려하여 사업시행자가 정할 사항이라고 봄이 타당하다(헌재 2015.10.21, 2013헌바10).

18 ○ '공공필요'의 요건 중 공익성은 추상적인 공익 일반 또는 국가의 이익 이상의 중대한 공익을 요구하므로 기본권 일반의 제한사유인 '공공복리'보다 좁게 보는 것이 타당하다(헌재 2014.10.30, 2011헌바172).

19 ☐☐☐
일본국에 의하여 광범위하게 자행된 반인도적 범죄행위에 대하여 일본군위안부 피해자들이 일본에 대하여 가지는 배상청구권은 헌법상 보장되는 재산권이 아니다. ⓄⓍ

20 ☐☐☐
영화관 관람객이 입장권 가액의 100분의 3을 부담하도록 하고 영화관 경영자는 이를 징수하여 영화진흥위원회에 납부하도록 강제하는 내용의 영화상영관 입장권 부과금 제도는 영화관 관람객의 재산권을 침해하지 않는다. ⓄⓍ

21 ☐☐☐
학교용지부담금의 부과대상을 수분양자가 아닌 개발사업자로 정하고 있는 구 학교용지 확보 등에 관한 특례법 조항은 의무교육의 무상원칙에 위배된다. ⓄⓍ

22 ☐☐☐
헌법상 직업은 개방적인 개념으로서 생활의 기본적 수요를 충족하기 위한 계속적인 활동인 한, 그 종류나 성질을 불문한다. ⓄⓍ

23 ☐☐☐
직업의 자유는 원칙적으로 대한민국 국민에게 인정되는 기본권이지, 외국인에게 인정되는 기본권은 아니다. ⓄⓍ

24 ☐☐☐
직업결정의 자유나 전직의 자유에 비하여 직업수행의 자유(직업종사)는 더욱 넓은 법률상 규제가 가능하다. ⓄⓍ

정답 및 해설

19 ✕ 일본국에 의하여 광범위하게 자행된 반인도적 범죄행위에 대하여 일본군위안부 피해자들이 일본에 대하여 가지는 배상청구권은 헌법상 보장되는 재산권일 뿐만 아니라, 그 배상청구권의 실현은 무자비하고 지속적으로 침해된 인간으로서의 존엄과 가치 및 신체의 자유를 사후적으로 회복한다는 의미를 가지는 것이므로 피청구인의 부작위로 인하여 침해되는 기본권이 매우 중대하다(헌재 2011. 8.30, 2006헌마788).

20 ◯ 영화관 관람객이 입장권 가액의 100분의 3을 부담하도록 하고 영화관 경영자는 이를 징수하여 영화진흥위원회에 납부하도록 강제하는 내용의 영화상영관 입장권 부과금 제도는 영화관 관람객의 재산권을 침해하지않는다(헌재 2008.11.27, 2007헌마860).

21 ✕ 의무교육의 무상성에 관한 헌법상 규정은 교육을 받을 권리를 보다 실효성 있게 보장하기 위해 의무교육 비용을 학령 아동 보호자의 부담으로부터 공동체 전체의 부담으로 이전하라는 명령일 뿐 의무교육의 모든 비용을 조세로 해결해야 함을 의미하는 것은 아니므로, 학교용지부담금의 부과대상을 수분양자가 아닌 개발사업자로 정하고 있는 이 사건 법률조항은 의 무교육의 무상원칙에 위배되지 아니한다(헌재 2008.9.25, 2007헌가1).

22 ◯ 직업의 자유에서의 직업이란 생활의 기본적 수요를 충족시키기 위한 계속적인 소득활동을 의미하며 그러한 내용의 활동인 한 그 종류나 성질을 불문한다(헌재 1993.5.13, 92헌마80).

23 ◯ 직업의 자유는 원칙적으로 대한민국 국민에게 인정되는 기본권이지, 외국인에게 인정되는 기본권은 아니다(헌재 2014.8.28, 2013헌마359).

24 ◯ 직업결정의 자유나 전직의 자유에 비하여 직업수행의 자유에 대하여는 상대적으로 더욱 넓은 법률상의 규제가 가능하다고 할 것이다(헌재 2003.6.26, 2002헌마677).

25 □□□
공무원이 국가 또는 지방자치단체에 대하여 어느 수준의 보수를 청구할 수 있는 권리는 헌법 제23조에 의하여 보장되는 재산권의 내용에 포함된다고 볼 수 없다. ○|X

26 □□□
소주 판매업자에게 자도소주구입을 강제하는 자도소주구입명령제도는 독과점을 방지하고, 중소기업을 보호한다는 공익적 목적달성을 위한 적합한 수단이므로 소주 판매업자의 직업의 자유를 침해하지 않는다. ○|X

27 □□□
입법자가 변리사제도를 형성하면서 변리사의 업무범위에 특허침해소송의 소송대리를 포함하지 않은 것은 변리사의 직업의 자유를 침해하는 것이다. ○|X

28 □□□
시설경비업을 허가받은 경비업자로 하여금 '허가받은 경비업무 외의 업무에 경비원을 종사하게 하는 것'을 금지하고, 이를 위반한 경비업자에 대한 허가를 취소하도록 정하고 있는 경비업법 제7조 제5항 중 시설경비업무에 관한 부분, 같은 법 제19조 제1항 제2호 중 시설경비업무에 관한 부분은 과잉금지원칙에 위반하여 시설경비업을 수행하는 경비업자의 직업의 자유를 침해한다. ○|X

29 □□□
일반학원의 강사라는 직업의 자격기준으로서 대학졸업 이상의 학력을 갖추도록 요구하는 것은 직업의 자유를 침해하는 것이 아니다. ○|X

30 □□□
PC방 전체를 금연구역으로 지정하고 부칙조항을 통해 공포 후 2년이 경과한 날부터 시행하도록 유예한 국민건강증진법은 신뢰보호원칙에 위반되지 아니한다. ○|X

정답 및 해설

25 ○ 공무원의 보수청구권은, 법률 및 법률의 위임을 받은 하위법령에 의해 그 구체적 내용이 형성되면 재산적 가치가 있는 공법상의 권리가 되어 재산권의 내용에 포함되지만, 법령에 의하여 구체적 내용이 형성되기 전의 권리, 즉 공무원이 국가 또는 지방자치단체에 대하여 어느 수준의 보수를 청구할 수 있는 권리는 단순한 기대이익에 불과하여 재산권의 내용에 포함된다고 볼 수 없다(헌재 2008.12.26, 2007헌마444).

26 × 구입명령제도는 소주판매업자의 직업의 자유는 물론 소주제조업자의 경쟁 및 기업의 자유, 즉 직업의 자유와 소비자의 행복추구권에서 파생된 자기결정권을 지나치게 침해하는 위헌적인 규정이다(헌재 1996.12.26, 96헌가18).

27 × 이 사건의 쟁점은 입법자가 변리사제도를 형성하면서 변리사의 업무범위에 특허침해소송의 소송대리를 포함하지 않은 것이 입법재량의 범위를 벗어나 청구인들의 직업의 자유를 침해하지 않는다(헌재 2012.8.23, 2010헌마740).

28 ○ 경비업무의 전념성을 직접적으로 훼손하지 아니하는 경우가 있음에도 불구하고 이러한 사정을 고려하지 아니한 채 경비업자가 경비원으로 하여금 비경비업무에 종사하도록 하는 것을 일률적·전면적으로 금지하고 이를 위반한 경우 허가받은 경비업 전체를 필요적으로 취소하도록 한 것이 과잉금지원칙에 반한다(헌재 2023.3.23, 2020헌가19).

29 ○ 일반학원강사의 자격기준으로 대학졸업 이상의 학력을 갖추도록 요구하는 것에 대해서 자격미달의 강사가 가져올 부실교육 등의 폐단을 미연에 방지하기 위한 것으로 보아 합헌결정하였다(헌재 2003.9.25, 2002헌마519).

30 ○ 다수인이 이용하는 PC방과 같은 공중이용시설 전체를 금연구역으로 지정함으로써 청소년을 비롯한 비흡연자의 간접흡연을 방지하고 혐연권을 보장하여 국민건강을 증진시키기 위해 개정된 이 사건 금연구역조항의 입법목적은 정당하며, PC방 시설 전체에 대해 금연구역 지정의무를 부과한 것은 이러한 입법목적을 달성하기 위한 효과적이고 적절한 방법이다(헌재 2013.6.27, 2011헌마315).

31 ☐☐☐
대통령령으로 정하는 공공기관 및 공기업으로 하여금 매년 정원의 100분의 3 이상씩 34세 이하의 청년 미취업자를 채용하도록 한 이른바 청년할당제는 35세 이상 미취업자들의 평등권, 직업선택의 자유를 침해한다. ⓞⓧ

32 ☐☐☐
변호사시험 성적을 합격자에게 공개하지 않도록 규정한 구 변호사시험법 조항은 과잉금지원칙에 위배하여 변호사시험 합격자의 알 권리를 침해한다. ⓞⓧ

33 ☐☐☐
허가받은 지역 밖에서의 이송업의 영업을 금지하고 처벌하는 응급의료에 관한 법률 규정은 응급환자이송업체 사이의 자유경쟁을 막아 헌법상 경제질서에 위배된다. ⓞⓧ

34 ☐☐☐
제조업의 직접생산공정업무를 근로자파견의 대상 업무에서 제외하는 법률조항은 근로자 파견을 허용하되 파견기간을 제한하는 방법도 고려해 볼 수 있으므로 제조업의 직접생산공정업무에 관하여 근로자파견의 역무를 제공받고자 하는 사업주의 직업수행의 자유를 침해한다. ⓞⓧ

35 ☐☐☐
자동차 등을 이용하여 살인 또는 강간 등 행정안전부령이 정하는 범죄행위를 한 때 운전면허를 필요적으로 취소하도록 하는 구 도로교통법 조항은 과잉금지원칙에 위배된다. ⓞⓧ

36 ☐☐☐
이미 국내에서 치과의사면허를 취득하고 외국의 의료기관에서 치과전문의 과정을 이수한 사람들에게 국내에서 전문의 과정을 다시 이수할 것을 요구하는 것은 치과의사의 직업수행의 자유를 침해한다. ⓞⓧ

정답 및 해설

31 ✕ 청년할당제가 추구하는 청년실업해소를 통한 지속적인 경제성장과 사회 안정은 매우 중요한 공익이며 청년할당제는 위와 같은 공익을 달성하는 데 기여하는 반면, 35세 이상 지원자들이 공공기관 취업기회에서 청년할당제 시행 때문에 새로이 불이익을 받을 가능성은 현실적으로 크다고 볼 수 없어 법익균형성원칙에도 위반된다고 볼 수 없다(헌재 2014.8.26, 2013헌마553).

32 ⓞ 변호사시험 성적 공개를 금지한 변호사시험법 제18조 제1항 본문이 청구인들의 알 권리(정보공개청구권)를 침해하여 헌법에 위반된다. 변호사시험 성적 비공개로 인하여 변호사시험 합격자의 능력을 평가할 수 있는 객관적인 자료가 없어서 오히려 대학의 서열에 따라 합격자를 평가하게 되어 대학의 서열화는 더욱 고착화된다(헌재 2015.6.25, 2011헌마769). 따라서 알 권리를 침해한다.

33 ✕ 지역사정에 밝은 이송업자가 해당 지역에서의 이송을 담당하도록 함으로써, 응급의료의 질을 높임과 동시에 응급이송자원이 지역 간에 적절하게 분배·관리될 수 있도록 하여 국민건강을 증진하고 지역 주민의 편의를 도모하기 위한 것이다(헌재 2018.2.22, 2016헌바100).

34 ✕ 제조업의 직접생산공정업무에 관하여 근로자파견의 역무를 제공받고자 하는 사업주의 직업수행의 자유를 침해한다고 볼 수 없다(헌재 2017.12.28, 2016헌바346).

35 ⓞ 자동차 등을 이용한 범죄를 근절하기 위하여 그에 대한 행정적 제재를 강화할 필요가 있다 하더라도 이를 임의적 운전면허 취소 또는 정지사유로 규정함으로써 불법의 정도에 상응하는 제재수단을 선택할 수 있도록 하여도 충분히 그 목적을 달성하는 것이 가능함에도, 심판대상조항은 이에 그치지 아니하고 필요적으로 운전면허를 취소하도록 하여 구체적 사안의 개별성과 특수성을 고려할 수 있는 여지를 일체 배제하고 있다(헌재 2015.5.28, 2013헌가6).

36 ⓞ 이미 국내에서 치과의사면허를 취득하고 외국의 의료기관에서 치과전문의 과정을 이수한 사람들에게 국내에서 전문의 과정을 다시 이수할 것을 요구하는 것은 지나친 부담을 지우는 것이므로, 심판대상조항은 침해의 최소성원칙에 위배되고 법익의 균형성도 충족하지 못한다. 따라서 심판대상조항은 과잉금지원칙에 위배되어 청구인들의 직업수행의 자유를 침해한다(헌재 2015.9.24, 2013헌마197).

37 ☐☐☐
변호사 또는 소비자로부터 대가를 받고 법률상담 또는 사건들을 소개·알선·유인하기 위하여 변호사등을 광고·홍보·소개하는 행위를 금지하는 대한변호사협회의 '변호사광고에 관한 규정' 중 대가수수 광고금지규정은 과잉금지원칙을 위반하여 청구인들의 표현의 자유를 침해한다. (O | X)

38 ☐☐☐
정부광고 업무 한국언론진흥재단 위탁한 것은 정부광고 업무를 신속하고 효율적으로 처리할 수 있도록 한 것으로 헌법에 위반되지 않는다. (O | X)

39 ☐☐☐
택시운전자격을 취득한 사람이 강제추행 등 성범죄를 범하여 금고 이상의 형의 집행유예를 선고받은 경우 그 자격을 취소하도록 하는 것은 직업의 자유를 침해한다. (O | X)

40 ☐☐☐
우리 헌법에는 소비자기본권에 관한 근거규정이 있다. (O | X)

41 ☐☐☐
소비자불매운동은 헌법이나 법률의 규정에 비추어 정당하게 평가되는 경우에만 법적 책임이 면제되므로, 물품 등의 공급자나 사업자 이외의 제3자를 상대로 하는 불매운동은 제3자의 권리를 부당하게 침해하지 않더라도 형사책임이나 민사책임이 면제되지 않는다. (O | X)

정답 및 해설

37 O 변호사 등이 다양한 매체의 광고업자에게 광고비를 지급하고 광고하는 것은 허용된다고 할 것인데, 이러한 행위를 일률적으로 금지하는 위 규정은 수단의 적합성을 인정하기 어렵다. 따라서 대가수수 광고금지규정은 과잉금지원칙에 위반되어 청구인들의 표현의 자유와 직업의 자유를 침해한다(헌재 2022.5.26, 2021헌마619).

38 O 정부광고의 대국민 정책소통 효과를 높이기 위해서는 정부광고의 기획부터 집행에 이르는 과정을 통합적으로 관리할 필요가 있다. 단일한 공적 기관이 규모의 경제를 통하여 협상력을 가지고 정부광고 업무를 신속하고 효율적으로 처리할 수 있도록 한 것이다(헌재 2023.6.2, 2019헌마227).

39 × 택시 승객은 운전자와 접촉하는 빈도와 밀도가 높고 야간에도 택시를 이용하는 등 위험에 노출될 확률이 높다. 범죄의 개별성·특수성을 일일이 고려하여 해당 운전자의 준법의식 구비 여부를 가리는 방법은 매우 번잡한 절차가 필요하므로, 심판대상조항과 같이 명백하고 일률적인 기준을 설정하는 것은 불가피하다. 따라서 심판대상조항은 과잉금지원칙에 위배되지 않는다(헌재 2018.5.31, 2016헌바14).

40 O 소비자의 권리에 대한 근거에 대해서는 헌법 제124조의 소비자보호운동 조항을 근거로 드는 견해와 헌법 제10조, 제37조 제1항을 근거로 드는 견해가 대립한다. 일반적으로는 후설이 다수의 견해이다. 단, 헌법 제124조는 소비자의 권리를 규정한 것이 아니라는 것에 주의해야 한다.

41 × 특히 물품 등의 공급자나 사업자 이외의 제3자를 상대로 불매운동을 벌일 경우 그 경위나 과정에서 제3자의 영업의 자유 등 권리를 부당하게 침해하지 않을 것이 요구된다. 집단적으로 이루어진 소비자불매운동 중 정당한 헌법적 허용한계를 벗어나 타인의 업무를 방해하는 결과를 가져오기에 충분한 집단적 행위를 처벌하는 이 사건 법률조항들은 소비자보호운동을 보장하는 헌법의 취지에 반하지 않는다(헌재 2011.12.29, 2010헌바54).

제4장 정치적 기본권(참정권)

제2편 기본권론

제4장 정치적 기본권

- **직접참정권**
  - 국민발안권 — 제2차 개헌에서 제6차 개헌까지
  - 국민투표권
    - **제72조**: 중요정책 - 임의 - 정족수 ×
    - **제130조**: 헌법개정 - 필수 - 정족수 ○
  - 국민투표법 — 19세 이상 국민, 당원만 투표운동 가능, 18일 전 공고, 대법원 제소
  - 국민소환 — 채택 ×, 주민소환 ○

- **정당제도**
  - 수용 — 적대시 ⇨ 무관심 ⇨ 승인 ⇨ 헌법수용
  - 지위 — 법인격 없는 사단, 중개적 기관, 사법심사 긍정, 기본권 주체
  - 설립
    - 허가제 ×, 등록제
    - 5 이상의 시·도당, 1천명 이상의 당원발기인, 지구당 폐지, 당원협의회
    - 중앙당이 중앙선거관리위원회에 등록, 선거관리위원회는 형식적 심사만 가능
  - 활동
    - 당헌·강령 공개, 전체모임이 최고의결기관, 당내경선이 필수는 아님
    - 의원 제명시 대리투표 안 됨, 의원 1/2 이상 찬성

- 해산
  - 실질
    - **정당**: 하부조직 ○, 방계조직 ×
    - **당원**: 당 지시 또는 당명일 때
    - **목적과 활동**: 자유민주주의
  - 절차
    - **제소**: 정부
    - **결정**: 헌법재판소(창설)
    - **집행**: 선거관리위원회(확인)
- 효과

구분	등록취소	강제해산
사유	형식적 요건을 구비하지 못한 때, 정당이 국민의사 형성에 참여하고 있지 아니한 때	정당의 목적과 활동이 민주적 기본질서에 위배된 때
대체정당 설립	설립 가능	설립 불가
잔여재산 원칙	원칙은 당헌에 따라	국고 귀속
소속 의원	무소속으로 자격유지	학설 대립(판례는 상실)
법원 제소	제소 가능	제소 불허

- **정치자금**
  - 당비 — 대납금지
  - 후원금
    - 중앙당
    - **의회**: 국회(○), 지방의회(○)
    - **행정부**: 현역(×), 후보자(○)
    - 대통령후보자(○), 당대표경선후보자(○)
  - 기탁금 — 선거관리위원회에 기탁, 지정기탁금제도 폐지
  - 국고보조금

제1절 정치제도의 기본원리

01 대의제

1. 의의

(1) 개념

대의제도는 주권자인 국민이 국가의사나 국가정책을 직접 결정하지 않고 대표자를 선출하여 그들로 하여금 국민을 대신하여 국가의사나 국가정책 등을 결정하게 하는 통치원리를 말한다. 즉, 국민의 대표자로 구성된 의회가 국가의사결정에 핵심적인 역할을 수행하는 것을 말한다. 02. 국가직 7급 대의기관의 선출주체가 곧 대의기관의 의사결정에 대한 승인주체가 되는 것은 당연한 논리적 귀결이므로, 국민투표권자의 범위는 대통령선거권자·국회의원선거권자와 일치되어야 한다(헌재 2014. 7.24, 2009헌마256 등).

✎ 아버지는 대통령선거만 선거권을 가지고 어머니는 국회의원선거권만 가지는 그런 경우는 없다. 대통령선거권자와 국회의원선거권자는 모두 일치하여야 한다.

(2) 대의제의 본질

대의제는 기관구성권과 정책결정권의 분리, 선거를 통한 대표자의 선출, 치자와 피치자의 구별, 무기속위임을 기초로 한다. 02. 국가직 7급

① **치자와 피치자의 구별**: 치자와 피치자의 구별에 기초하여 치자에게는 정책결정권과 책임을, 그리고 피치자에게는 기관구성권과 통제를 부여하는 통치기관의 구성원리이다.

② **국가의사결정권의 무기속위임(자유위임)**: 대의제는 국회의원의 의사를 국민의 의사로 간주한다. 즉, 국민의 의사와 대의기관의 의사가 불일치하는 경우일지라도 국민의 의사에 구속되지 않는다. 즉, '명령적 위임관계'에 반대하는 것이다. 02. 국가직 7급 따라서 국민의 의사는 현실적·구체적인 국민의사가 아닌 추상적 국민의사라고 볼 수 있다.*

* 예를 들어, 여론조사 결과 국민 다수가 어느 사안을 찬성하여도 입법부는 그 사안에 관한 반대입법을 마련할 수 있는 것이다. 즉, 국민의 다수가 국민지원금을 바란다 해도 국회는 남미의 여러 나라를 참조하여 미래를 위해서 이를 입법화하지 않을 수도 있다. 결국 미래에 판단받겠다는 의미이다.

2. 현대적 실현 - 정당국가화

오늘날 대중 민주주의는 정당의 존재를 필요로 하며, 정당국가의 발전은 대의제 민주주의의 구조적 변화를 가져왔다. 즉, 국민은 인물중심의 선거에서 정당중심의 선거로 성격이 변화하였으며, 정당기속이 자유위임과 충돌하는 문제도 발생하였다.

3. 직접민주제의 도입

(1) 법률안의 국민발안, 국민투표, 국민소환을 그 요소로 한다.

(2) 국민자치 실현, 대의기관의 부패와 무능력 시정·보완 등의 장점이 있으나, 타협 없는 의사결정, 독재정치 합리화 등의 단점도 있다.

기출 OX

01 대의제도는 '명령적 위임관계'를 그 본질로 한다. 02. 국가직 7급 ( )

02 대의제도는 '기관구성권'과 '정책결정권'의 분리를 전제로 한다. 02. 국가직 7급 ( )

03 대의제도는 현대와 같은 고도의 산업사회에서 요구되는 전문적인 정책결정을 보장하는 데 크게 기여하는 기능을 갖는다. 02. 국가직 7급 ( )

한눈에 쏙!

의사	대의제
추정	O
경험·현실	×

정답 01 × 02 O 03 O

판례 | 대의제에 관한 판례

1 비례대표국회의원 임기만료일 전 180일 이내 의석승계 제한 [헌법불합치]

현행 비례대표선거제하에서 선거에 참여한 선거권자들의 정치적 의사표명에 의하여 직접 결정되는 것은, 어떠한 비례대표국회의원 후보자가 비례대표국회의원으로 선출되느냐의 문제라기보다는 비례대표국회의원의석을 할당받을 정당에 배분되는 비례대표국회의원의 의석수라고 할 수 있다. **'임기만료일 전 180일 이내에 비례대표국회의원에 궐원이 생긴 때'를 일반적인 경우와 달리 취급하여야 할 합리적인 이유가 있는 것으로 보기도 어렵다.** 더욱이 임기만료일 전 180일 이내에 비례대표국회의원에 상당수의 궐원이 생길 경우에는 의회의 정상적인 기능수행을 부당하게 제약하는 결과를 초래할 수도 있다. 따라서 심판대상조항은 선거권자의 의사를 무시하고 왜곡하는 결과를 낳을 수 있고, 의회의 정상적인 기능 수행에 장애가 될 수 있다는 점에서 헌법의 기본원리인 대의제 민주주의 원리에 부합되지 않는다고 할 것이다(헌재 2009.6.25, 2008헌마413).

    ✎ 국민은 A당에 10석을 주는 것으로 결정하였는데 한 명이 180일 전에 사퇴하게 되면 당연히 다음 사람이 승계해야 한다. 다만, 120일 전에 결원이 생긴 경우에는 국회의원이 되고 얼마 안 되어서 곧바로 선거가 있어서 승계 안 시켜도 합헌이다.

2 비례대표국회의원 궐원된 의석승계 제한 [위헌]

현행 비례대표국회의원선거에서 선거권자들의 정치적 의사표명에 의하여 직접 결정되는 것은 비례대표국회의원 후보자명부를 제시한 정당별로 할당될 비례대표국회의원의 수를 배정하는 것이라고 할 수 있다. 그런데 심판대상조항은 선거범죄를 범한 비례대표국회의원 당선인 본인의 의원직 박탈로 그치지 아니하고 **그로 인하여 궐원된 의석의 승계를 인정하지 아니함으로써 결과적으로 그 정당에 비례대표국회의원 의석을 할당받도록 한 선거권자들의 정치적 의사표명을 무시하고 왜곡하는 결과를 초래한다는 점에서 헌법의 기본원리인 대의제 민주주의 원리에 부합되지 않는다고 할 것이다.** 심판대상조항이 정하고 있는 승계의 예외사유는, 그로 인하여 불이익을 입게 되는 소속 정당이나 후보자명부상의 차순위 후보자의 귀책사유에서 비롯된 것이 아니라 당선인의 선거범죄에서 비롯된 것이라는 점에서 자기책임의 범위를 벗어나는 제재라고 할 것이다(헌재 2009.10.29, 2009헌마350).

3 전국구의원 의석승계사건 [각하]

전국구의원이 그를 공천한 정당을 탈당할 때 의원직을 상실하는지 여부는 그 나라의 헌법과 법률이 국회의원을 이른바 자유위임(또는 무기속위임)하에 두었는가, 명령적 위임(또는 기속위임)하에 두었는가, 양 제도를 병존하게 하였는가에 달려 있다. … 자유위임하의 국회의원의 지위는 그 의원직을 얻은 방법, 즉 전국구로 얻었는가, 지역구로 얻었는가에 의하여 차이가 없으며, 전국구의원도 그를 공천한 정당을 탈당하였다고 하여도 별도의 법률규정이 있는 경우는 별론으로 하고 당연히 국회의원직을 상실하지는 않는다는 것이다(헌재 1994.4.28, 92헌마153).

    ✎ 당시 법에 따르면 국회의원은 비례든 지역구든 탈당하여도 의원직을 상실하지 않는다. 따라서 위 판례들과 달리 의원직이 빈 것이 없으니 승계시킬 것도 없다는 판례이다.

4 당론과 다른 견해를 가진 국회의원 사·보임 [기각]

당론과 다른 견해를 가진 소속 국회의원을 당해 교섭단체의 필요에 따라 다른 상임위원회로 전임(사·보임)하는 조치는 특별한 사정이 없는 한 헌법상 용인될 수 있는 '정당 내부의 사실상 강제'의 범위 내에 해당한다고 할 것이다(헌재 2003.10.30, 2002헌라1).

    ✎ 정당에서는 당론에 반대하는 경우 출당(제명)도 가능한 바 당론에 반대하는 의원을 다른 위원회로 변경하는 것은 사실상의 강제로 허용된다는 의미이다.

기출 OX

04 선거범죄로 인하여 당선이 무효로 된 때를 비례대표지방의회의원의 의석승계 제한사유로 규정한 것은 궐원된 비례대표지방의회의원 의석을 승계받을 후보자명부상의 차순위 후보자의 공무담임권을 침해한다. 18. 서울시 7급 ( )

정답 04 ○

02 권력분립주의

국가권력을 집중시키면 남용의 여지가 많고, 권력이 남용되면 국민의 기본권은 억압되기 마련이다. 따라서 국가권력을 분리·독립된 기관에 귀속시킴으로써 권력남용을 방지하고, 기본권 보장을 용이하게 하기 위한 통치구조의 조직 원리를 권력분립이라고 한다.

기출 OX
01 헌법에 규정된 영장신청권자로서의 검사는 검찰권을 행사하는 국가기관인 검사로서 공익의 대표자이자 수사단계에서의 인권옹호기관으로서의 지위에서 그에 부합하는 직무를 수행하는 검찰청법상 검사만을 지칭하는 것이다. 21. 경행특채 ( )

> **판례 | 공수처법 위헌확인 [기각]**
>
> [1] 수사처가 중앙행정기관임에도 기존의 행정조직에 소속되지 않고 대통령과 기존 행정조직으로부터 구체적인 지휘·감독을 받지 않는 형태로 설치된 것은 수사처 업무의 특수성에 기인한 것이다.
> [2] 수사처의 독립성이 중요한 만큼 수사처는 독립성에 따른 책임 역시 부담하여야 하는데, 수사처의 권한 행사에 대해서는 다음과 같이 여러 기관으로부터의 통제가 이루어질 수 있으므로, 수사처가 독립된 형태로 설치되었다는 이유만으로 권력분립원칙에 위반된다고 볼 수 없다.
> [3] 헌법상 영장신청권자로서의 검사가 검찰청법상 검사로 한정되는 것은 아니라 하더라도, 영장신청권자는 공익의 대표자이자 인권옹호기관으로서 법률전문가의 자격을 갖추어야 한다. 공수처검사는 법률전문가로서 자격을 가지고 있어 영장주의에 위배되지 않는다(헌재 2021.1.28, 2020헌마264).
>
> 결국 권력분립의 핵심은 분리와 통제인데 공수처는 행정부 내부 검찰권력을 검찰청과 공수처로 분리하는 것이고, 인사청문회등 여러 가지 통제가 있으니 권력분립에 반하지 않는다.

제2절 직접참정권

01 의의

> **헌법 제25조** 모든 국민은 법률이 정하는 바에 의하여 공무담임권을 가진다.
> **제72조** 대통령은 필요하다고 인정할 때에는 외교·국방·통일 기타 국가안위에 관한 중요정책을 국민투표에 붙일 수 있다.
> **제130조** ① 국회는 헌법개정안이 공고된 날로부터 60일 이내에 의결하여야 하며, 국회의 의결은 재적의원 3분의 2 이상의 찬성을 얻어야 한다.
> ② 헌법개정안은 국회가 의결한 후 30일 이내에 국민투표에 붙여 국회의원선거권자 과반수의 투표와 투표자 과반수의 찬성을 얻어야 한다.
> ③ 헌법개정안이 제2항의 찬성을 얻은 때에는 헌법개정은 확정되며, 대통령은 즉시 이를 공포하여야 한다.

정답 01 ×

1. 개념
국민이 정치의사형성이나 정책결정에 참여하거나 또는 공무원을 선출, 공무원으로 선출 또는 선임될 수 있는 권리를 말한다.

2. 성격
참정권은 국민주권 원리를 구체화하는 기본권으로서 국가를 향한 권리로서의 성격이 강하다고 할 것이다. 04. 국회직 8급 이러한 참정권은 국민의 가장 중요한 기본적 권리의 하나이며 다른 기본권에 대하여 우월적 지위를 가진다. 08. 법원직 그러나 참정권은 권리이지 의무는 아니다.

02 주체

참정권은 국민의 권리이기 때문에 외국인은 그 주체가 될 수 없다. 또한 국민의 경우도 기본적으로 참정권 행사능력을 갖추어야 한다. 참정권은 일신전속적 권리이므로 대리행사가 인정되지 아니한다. 04. 국회직 8급 우리 헌법은 명시적으로 대통령의 경우 만 40세로 직접 정하고 있다. 08. 법원직 참정권은 자연인의 권리이므로 법인은 그 주체가 될 수 없다. 04. 국회직 8급

기출 OX

02 참정권은 일신전속적 권리이므로 대리행사가 인정되지 않는다. 04. 국회직 8급 ( )

03 내용

1. 국민발안권
국민발안이란 국민이 헌법개정안이나 법률안을 제안할 수 있는 권리를 말한다.

직접 발안	국민 제안 ⇨ 국민투표	채택 ×
간접 발안	국민 제안 ⇨ 의회의결 ⇨ 국민투표	제2차~제6차

2. 국민투표권
(1) 연혁

제2차 개정헌법	주권의 제약, 영토의 변경 등 중대 사항에 대한 국민투표제, 헌법개정에 대한 국민발안제
제5차 개정헌법	헌법개정에 대한 국민투표제
제7차 개정헌법	국가의 중요정책이라고 하여 포괄적으로 규정
제8차 개정헌법	헌법개정에 대한 국민투표, 외교·국방·통일 기타 국가안위에 대한 국민투표라 하여 구체적으로 규정
현행 헌법	제5공화국 헌법 내용을 계승

정답 02 ○

(2) 유형

SUMMARY | 헌법 제72조 국민투표와 제130조 국민투표의 비교

구분	헌법 제72조 국민투표	헌법 제130조 국민투표
연혁	제2차 개정	제5차 개정
대상	국가안위 중요정책	헌법개정
필수성	임의(대통령 자유재량)	필수
정족수	규정 ×(제130조 준용)	국회의원선거권자 과반수 투표 ⇨ 투표자 과반수 찬성

국민투표법

제7조【투표권】19세 이상의 국민은 투표권이 있다.

제9조【투표권이 없는 자】투표일 현재 공직선거법 제18조의 규정에 따라 선거권이 없는 자는 투표권이 없다.

제25조【정의】① 이 법에서 '국민투표에 관한 운동'이라 함은 국민투표의 대상이 되는 사항에 관하여 찬성하게 하거나 반대하게 하는 행위를 말한다.
② 국민투표의 대상이 되는 사항에 관한 단순한 의견의 개진, 의사의 표시는 국민투표에 관한 운동으로 보지 아니한다.

제26조【국민투표에 관한 운동의 기간】국민투표에 관한 운동(이하 '운동'이라 한다)은 국민투표일 공고일로부터 투표일 전일까지에 한하여 이를 할 수 있다.

제28조【운동을 할 수 없는 자】① 정당법상의 당원의 자격이 없는 자는 운동을 할 수 없다.

제49조【국민투표일의 공고】대통령은 늦어도 국민투표일 전 18일까지 국민투표일과 국민투표안을 동시에 공고하여야 한다.

제92조【국민투표무효의 소송】국민투표의 효력에 관하여 이의가 있는 투표인은 투표인 10만인 이상의 찬성을 얻어 중앙선거관리위원회 위원장을 피고로 하여 투표일로부터 20일 이내에 대법원에 제소할 수 있다.

제93조【국민투표무효의 판결】대법원은 제92조의 규정에 의한 소송에 있어서 국민투표에 관하여 이 법 또는 이 법에 의하여 발하는 명령에 위반하는 사실이 있는 경우라도 국민투표의 결과에 영향이 미쳤다고 인정하는 때에 한하여 국민투표의 전부 또는 일부의 무효를 판결한다.

기출 OX

01 대법원은 국민투표에 관하여 국민투표법 또는 국민투표법에 의하여 발하는 명령에 위반하는 사실이 있는 경우라도 국민투표의 결과에 영향을 미쳤다고 인정하는 때에 한하여 국민투표무효의 판결을 하여야 하며, 국민투표의 일부의 무효를 판결할 수는 없다.
18. 법원직 ( )

02 헌법 제72조는 국민투표의 대상을 외교·국방·통일 기타 국가안위에 관한 중요정책이라고 규정하고 있는 바, 이때 국민투표의 대상인 중요정책에는 대통령에 대한 신임이 포함된다.
09. 사시 ( )

기출 OX

03 대통령이 자신에 대한 재신임을 헌법 제72조에 정한 국민투표의 형태로 묻고자 하는 것은 가능하나, 특정 정책과 자신의 신임을 연계하여 국민투표에 부치는 것은 허용되지 아니한다.
18. 국가직 7급 ( )

⇨ 신임투표는 독재로 이어질 수 있다.

정답 01 × 02 × 03 ×

판례 | 대통령의 재신임 국민투표의 제안

대통령의 부의권을 부여하는 헌법 제72조는 가능하면 대통령에 의한 국민투표의 정치적 남용을 방지할 수 있도록 엄격하고 축소적으로 해석되어야 한다. 이러한 관점에서 볼 때, 헌법 제72조의 국민투표의 대상인 '중요정책'에는 대통령에 대한 '국민의 신임'이 포함되지 않는다. 대통령은 헌법상 국민에게 자신에 대한 **신임을 국민투표의 형식으로 물을 수 없을 뿐만 아니라, 특정 정책을 국민투표에 붙이면서 이에 자신의 신임을 결부시키는 대통령의 행위도 위헌적인 행위**로서 헌법적으로 허용되지 않는다. 뿐만 아니라, 헌법은 명시적으로 규정된 국민투표 외에 다른 형태의 재신임 국민투표를 허용하지 않는다(헌재 2004.5.14, 2004헌나1).

3. 국민소환

공직자를 임기만료 전에 해직시킬 수 있는 권리이다. 국민소환은 과거에도 존재하지 않았고, 현재에도 존재하지 않는다. 다만, 주민소환이 존재할 뿐이다.

> **⊕ PLUS 제도적 보장**
>
> 1. 개념
>   제도적 보장이란 국가존립의 기반이 되는 일정한 법적·정치적·경제적·사회적·문화적 제도를 헌법적 수준에서 보장함으로써 당해 제도의 본질을 유지하는 것이다.
>
> 2. 의미
>   제도적 보장은 객관적 제도를 헌법에 규정하여 당해 제도의 본질을 유지함으로써, 헌법 제정권자가 특히 중요하다고 생각하는 국가제도를 헌법에 규정하여 미래의 법발전, 법형성의 방침과 범주를 미리 규율하려는 데 그 취지가 있다.
>
> 3. 기본권 보장과의 관계
>   칼 슈미트(C. Schmitt)에 따르면 자유는 제도가 아니라는 전제 아래 전 국가적이며 최대한 보장되고 침해된 경우 소권이 발생하지만, 제도적 보장은 국가 내적으로 보장되며 최소한으로 보장되고 또한 침해시 소권이 발생하지 않으며 입법자의 형성재량도 상당히 넓다.

한눈에 쏙!

최소보장	폭넓은 입법재량
본질	헌법규정
폐지	헌법개정으로만

본질은 헌법사안으로 입법으로 폐지할 수 없다. 다만, 헌법개정 금지사안은 아니므로 헌법으로 폐지할 수 있다.

한눈에 쏙!

제도적 보장

재판규범	○
기본권 도출	×
소권 발생	×

제3절 정당의 자유

01 서설

> **헌법 제8조** ① 정당의 설립은 자유이며, 복수정당제는 보장된다.
> ② 정당은 그 목적·조직과 활동이 민주적이어야 하며, 국민의 정치적 의사형성에 참여하는 데 필요한 조직을 가져야 한다.
> ③ 정당은 법률이 정하는 바에 의하여 국가의 보호를 받으며, 국가는 법률이 정하는 바에 의하여 정당운영에 필요한 자금을 보조할 수 있다.*
> * 결국 정치는 돈과 조직이다. 따라서 정당제도는 조직에 관련된 정당법과 돈과 관련된 정치자금법으로 구성되어 있다.
> ④ 정당의 목적이나 활동이 민주적 기본질서에 위배될 때에는 정부는 헌법재판소에 그 해산을 제소할 수 있고, 정당은 헌법재판소의 심판에 의하여 해산된다.

[주의] 제8조 제1항은 자유의 근거이며, 제8조 제2항은 규제의 근거이다.

1. 의의

정당이란 국민의 이익을 위하여 책임 있는 정치적 주장이나 정책을 추진하고 공직선거의 후보자를 추천 또는 지지함으로써 국민의 정치적 의사형성에 참여함을 목적으로 하는 국민의 자발적 조직을 말한다. 즉, 정당은 공법상의 결사가 아닌 사법상의 결사인 것이다.** 01. 국가직 7급

** 다른 단체와의 차이라면 정권획득이 그 목적이라는 것이 정당이라는 조직의 특징이라 하겠다.

기출 OX

04 정당은 정치목적을 갖는 공법상의 결사이다. 01. 국가직 7급 ( )

정답 04 ×

2. 헌법에의 수용*

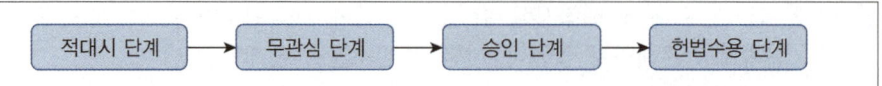

우리나라의 경우 제2공화국 헌법에서 정당이 수용되었으며, 제3공화국에서는 정당국가적 경향이 가장 강해서 무소속으로는 국회의원이나 대통령 출마를 금지하였다. 제5공화국에서는 국고보조금 조항을 신설하였다.

* 과거에는 정당을 파당 짓는 것이라 하여 정당에 대한 권력자들의 의견이 상당히 부정적이었다. 그러나 오늘날에는 정당이 있으면 의견이 합치되고 일관성이 있어 오히려 조율하기가 수월하여 적극적으로 수용되고 있다.

3. 정당의 지위

(1) 법적 형태

법인격 없는 사단이라는 것이 일반적인 견해이다. 헌법재판소도 정당의 재산귀속 관계에 대한 사건에서 정당을 법인격 없는 사단으로 판시한 바 있다(헌재 1993.7.29, 92헌마262).

> **판례 | 정당의 법적 성격**
>
> 정당의 법적 지위는 적어도 그 소유재산의 귀속관계에 있어서는 법인격 없는 사단으로 보아야 하고, 중앙당과 지구당과의 복합적 구조에 비추어 정당의 지구당은 단순한 중앙당의 하부조직이 아니라 어느 정도의 독자성을 가진 단체로서 역시 법인격 없는 사단에 해당한다고 보아야 할 것이다(헌재 1993.7.29, 92헌마262). 07. 법원직

기출 OX
01 정당은 적어도 그 소유재산의 귀속관계에 있어서는 법인격 없는 사단으로 보아야 한다. 07. 법원직 ( )

(2) 헌법상 지위

국민과 국가를 연결하는 중개적 기관이라는 것이 헌법재판소의 입장이다.

(3) 사법심사 여부

판례는 사법심사 여부와 관련하여 혼돈이 있었으나, 최근 하급심 판시에서 사법심사를 긍정한 바 있다.**

** 후보자 응모기간에 응모하지 않은 자를 후보자로 선정한 것은 잘못된 것이라 하여 정당이라 해도 사법심사가 가능하다는 것이 우리 판례의 취지이다.

> **판례 | 공천효력정지 가처분결정**
>
> 공천은 공직선거의 필수적인 일부분으로서 공적 성격을 갖는다. 따라서 공천이 헌법과 정당법에 반하거나, 정당의 내부 규정에 반하는 경우 사법심사의 대상이 된다. 나아가서 공천에 관한 것이라면 **정당의 내부 규율 역시 사법심사의 대상이 된다.** 피신청인의 공천은 헌법과 정당법에 위배되며, 지구당 당원의 민주적인 절차에 관한 권리를 침해하는 것으로 효력을 인정할 수 없다(서울민사지법 2000.3.24, 2000카합489).

(4) 기본권 주체성

정당은 권리능력 없는 사단이므로 기본권 주체성이 인정될 수 있다. 따라서 우리 헌법재판소는 정당의 기본권 주체성과 헌법소원청구능력을 인정한 바 있다(헌재 1991. 3.11, 91헌마21). 07. 법원직 그러나 권한쟁의심판을 청구할 능력은 인정되지 않는다.

기출 OX
02 정당도 기본권의 주체가 되는 경우가 있다. 12. 법원직 ( )

정답 01 ○ 02 ○

02 정당의 설립

1. 정당의 실질적 요건 - 정당의 조직

(1) 정당은 중앙당과 시·도당으로 구성되며(정당법 제3조), 5 이상의 시·도당을 가져야 하고 시·도당은 1천인 이상의 당원을 가져야 한다(정당법 제17조, 제18조). 창당준비위원회는 중앙당의 경우에는 200인 이상의, 시·도당의 경우에는 100인 이상의 발기인***으로 구성한다(정당법 제6조).

*** 발기인은 정당을 아직 설립하기 전에, 시작할 때 필요한 사람들을 말한다.

> **판례 | 5 이상의 시·도당을 요구 [합헌]**
>
> 정당에게 **5 이상의 시·도당을 요구**한 정당법 제25조의 규정은 특정 지역에 지역적 연고를 두고 설립·활동하려는 이른바 **'지역정당'을 배제하려는 취지**로 볼 수 있고, 각 시·도당에게 **1천인 이상의 당원을 요구**한 제27조의 규정은 아직 당원을 충분히 확보하지 못하여 일정 규모 이상 국민의 지지를 받지 못하거나 이익을 대변하지 못한다고 판단되는 **'군소정당'을 배제**하려는 취지로 볼 수 있다. 우선 우리 헌법의 대의민주적 기본질서가 제기능을 수행하기 위해서는 의회 내의 안정된 다수세력의 확보를 필요로 한다는 점에서, 군소정당의 배제는 그 목적의 정당성이 인정될 수 있다(헌재 2006.3.30, 2004헌마246). 08. 법원직

(2) 정당법 제3조가 2004.3.12. 개정됨으로써 지구당이 폐지되었으나, 정당법 제37조 제3항에 당원협의회를 둘 수 있다고 되어 있어 비판이 있다. 06. 사시 정당에 둘 수 있는 유급사무직원은 중앙당에는 100인을 초과할 수 없다(정당법 제30조). 07. 국회직 8급

> **판례 | 지구당 폐지에 관한 판례**
>
> **1 지구당 및 당 연락소 폐지 [기각]**
> 우리나라 정당정치의 현실을 볼 때, **고비용 저효율의 병폐는 지구당이라는 정당조직에 너무나 뿌리 깊게 고착화되어** 양자를 분리할 수 없을 정도의 구조적인 문제로 되어버렸기 때문에 지구당을 폐지하지 않고 위와 같은 보다 완화된 방법만을 채용하여서는 이러한 문제점을 해결할 수 없다는 것이 이 사건 법률 조항을 입법할 당시의 우리나라 정당 정치 현실에 대한 입법자의 진단이고, 이러한 진단은 그 타당성을 인정할 수 있다. … 그렇다면, 이 사건 법률 조항들은 비례원칙에 반하지 아니하고 달리 헌법에 위반되는 사유를 발견할 수 없다(헌재 2004.12.16, 2004헌마456).
>
> **2 당원협의회 사무소 설치금지 [합헌]**
> 과거 지구당의 **고비용 저효율의 정당구조를 개선**하기 위해 사무소를 설치할 수 없도록 하는 것이므로 이는 정당활동의 자유를 침해하지 아니한다(헌재 2016.3.31, 2013헌가22).

기출 OX

03 정당의 창당준비위원회는 중앙당의 경우에는 200명 이상의, 시·도당의 경우에는 100명 이상의 발기인으로 구성한다. 19. 국가직 7급 ( )

기출 OX

04 "정당은 그 목적·조직과 활동이 민주적이어야 하며, 국민의 정치적 의사형성에 참여하는 데 필요한 조직을 가져야 한다."라는 규정은, 정당의 자유에 대한 한계로 작용하는 한도에서 정당의 자유의 구체적인 내용을 제시한다고는 할 수 있으나, 정당의 자유의 헌법적 근거를 제공하는 근거규범은 아니다. 13. 국가직 7급 ( )

05 입법자는 정당설립의 자유를 최대한 보장하는 방향으로 입법하여야 하고, 헌법재판소는 정당설립의 자유를 제한하는 법률의 합헌성을 심사할 때에 헌법 제37조 제2항에 따라 엄격한 비례심사를 하여야 한다. 13. 국가직 7급 ( )

06 정당의 조직 중 기존의 지구당과 당 연락소를 강제적으로 폐지하고 이후 지구당을 설립하거나 당 연락소를 설치하는 것을 금지하는 규정은, 정당조직의 자유 및 정당활동의 자유를 제한하는 것으로서 정당의 자유의 본질적 내용을 침해한다. 13. 국가직 7급 ( )

한눈에 쏙!

구분	현재
지구당	폐지
당원협의회	존치

정답 03 ○ 04 ○ 05 ○ 06 ×

한눈에 쏙!

정당의 당원

구분	가능 여부
국무총리	○
국무위원	○
사립중학교 교사	×
사립대학 교수	○
외국인	×
지방법원 판사	×

기출 OX

01 공직선거법상 법원의 판결에 의하여 선거일 현재 선거권이 정지된 18세 국민이라도 정당법에 따른 정당의 발기인은 될 수 있다. 22. 5급 공채 (   )

한눈에 쏙!

정치와 명확성의 원칙

구분	위반 여부
정치활동	합헌
정치단체	위헌
정치적 목적을 지닌 행위	위헌
정치적 주장	합헌

정답 01 ×

⊕ PLUS 정당의 당원

1. 국회의원선거권이 있는 자는 원칙적으로 누구든지 당원이 될 수 있다. 외국인은 정당의 당원이 될 수 없으며, 일정한 공무원과 교원도 당원이 될 수 없다.

> **정당법**
>
> 제22조【발기인 및 당원의 자격】① 16세 이상의 국민은 공무원 그 밖에 그 신분을 이유로 정당가입이나 정치활동을 금지하는 다른 법령의 규정에 불구하고 누구든지 정당의 발기인 및 당원이 될 수 있다. 다만, 다음 각 호의 어느 하나에 해당하는 자는 그러하지 아니하다.
> 1. 국가공무원법 제2조(공무원의 구분) 또는 지방공무원법 제2조(공무원의 구분)에 규정된 공무원. 다만, 대통령, 국무총리, 국무위원, 국회의원, 지방의회의원, 선거에 의하여 취임하는 지방자치단체의 장, 국회 부의장의 수석비서관·비서관·비서·행정보조요원, 국회 상임위원회·예산결산특별위원회·윤리특별위원회 위원장의 행정보조요원, 국회의원의 보좌관·비서관·비서, 국회 교섭단체대표의원의 행정비서관, 국회 교섭단체의 정책연구위원·행정보조요원과 고등교육법 제14조(교직원의 구분) 제1항·제2항에 따른 교원은 제외한다.
> 2. 고등교육법 제14조 제1항·제2항에 따른 교원을 제외한 사립학교의 교원
> 3. 법령의 규정에 의하여 공무원의 신분을 가진 자
> 4. 공직선거법 제18조 제1항에 따른 선거권이 없는 사람
> ② 대한민국 국민이 아닌 자는 당원이 될 수 없다.

2. 정당의 입당은 당원명부에 등재된 때 효력이 발생하며, 탈당은 탈당신고서가 소속 시·도당 또는 중앙당에 접수된 때 발생한다(정당법 제23조, 제25조).

⚖ 판례 | 정치활동 금지에 관한 판례

1 교원의 정치활동 금지 [합헌]

초·중등학교 교원에 대해서는 정당가입과 선거운동의 자유를 금지하면서 대학교원에게는 이를 허용한다 하더라도, 이는 양자 간 직무의 본질이나 내용 그리고 근무태양이 다른 점을 고려할 때 합리적인 차별이라고 할 것이므로, 헌법상의 평등권을 침해한 것이라고 할 수 없다(헌재 2004.3.25, 2001헌마710). 08. 법원직

2 선거관리위원회(이하 '선관위'라 한다) 공무원의 정치활동 금지 [합헌]

선관위 공무원에게 요청되는 엄격한 정치적 중립성에 비추어 볼 때 선관위 공무원이 특정한 정치적 성향을 표방하는 단체에 가입·활동한다는 사실 자체만으로 그 정치적 중립성과 직무의 공정성, 객관성이 의심될 수 있으므로 이 사건 규정들은 선관위 공무원의 정치적 표현의 자유 등을 침해한다고 할 수 없다(헌재 2012.3.29, 2010헌마97).

3 교원의 정당 및 정치단체 결성·가입 [위헌, 합헌]

[1] 초·중등학교의 교육공무원이 정치단체의 결성에 관여하거나 이에 가입하는 행위를 금지한 것은 표현의 자유 및 결사의 자유를 침해한다. 이는 **그 밖의 정치단체라는 불명확한 개념을 사용하고 있고,** 이는 표현의 내용에 근거한 규제이므로 엄격한 기준의 명확성의 원칙에 부합하여야 한다. 모든 사회적 활동은 정치와 관련이 되는데 정치단체와 비정치단체를 구별할 기준을 도출해낼 수도 없다.

[2] 정당법 조항 및 국가공무원법 조항 중 **'정당'에 관한 부분은 국가공무원이 정당의 발기인 및 당원이 되는 것을 금지하는 것이 헌법에 위반되지 않는다**(헌재 2020.4.23, 2018헌마551).

4 사회복무요원의 정치적 행위 금지 [위헌]
이 사건 법률 조항은 '정치적 목적을 지닌 행위'의 의미를 개별화·유형화하지 않으며, 앞서 보았듯 '그 밖의 정치단체'의 의미가 불명확하므로 이를 예시로 규정하여도 '정치적 목적을 지닌 행위'의 불명확성은 해소되지 않는다(헌재 2021.11.25, 2019헌마534).

5 국가공무원법상 정치적 주장 [기각]
국가공무원 복무규정 조항이 금지하는 정치적 주장을 표시 또는 상징하는 행위에서의 '정치적 주장'이란 정당활동이나 선거와 직접적으로 관련되거나 특정 정당과의 밀접한 연계성을 인정할 수 있는 경우 등 정치적 중립성을 훼손할 가능성이 높은 주장에 한정된다고 해석되므로, 명확성원칙에 위배되지 아니한다(헌재 2012.5.31, 2009헌마705).

2. 정당의 절차적 요건

(1) 중앙당의 등록
정당은 중앙당이 중앙선거관리위원회에 등록함으로써 성립한다(정당법 제4조). 04. 국회직 8급 정당설립은 정당설립의 자유를 보장하기 위해서 등록제를 채택하고 있다. 01. 국가직 7급 따라서 정당설립시 허가제는 금지된다.

(2) 선거관리위원회의 심사
선거관리위원회의 심사는 형식적인 심사인바, 요건을 구비하면 등록시켜야 한다.*

* 만약 군주제를 지향하는 정당이 등록을 신청하여도 요건만 구비되면 등록시켜야 한다.

기출 OX

02 헌법은 복수정당제도를 보장하고 있기 때문에 정당설립의 편의를 위하여 신고제가 채택되고 있다. 01. 국가직 7급 ( )

한눈에 쏙!

구분	심사
선거관리위원회	형식
헌법재판소	실질

03 정당의 활동

1. 정당활동의 보장
정당은 헌법과 법률에 의하여 그 활동이 보장된다. 정당법 제37조 제2항에서는 "자당의 정책이나 정치적 현안에 대한 입장을 홍보하거나 당원을 모집하기 위한 활동은 통상적인 정당활동에 해당한다."라고 명시하고 있다.

2. 당내민주주의
기본적으로 당수 1인에 의해서 정당 내부의 의사결정이 이루어져서는 안 되고 다수의 의원, 당원들에 의하여 의사결정이 이루어져야 한다. 따라서 의원총회나 전체모임이 최고의결기관이 되어야 한다. 이를 위해서는 재정의 민주화와 후보결정과정에서의 민주화도 필수적이다. 다만, 당내경선제도는 전략공천이 필요한 경우도 있기 때문에 필수적 제도는 아니다.**

** 과거 재보궐선거를 생각해볼 때 A선거구에 전 여당 대표가 출마했는데 야당 쪽은 인지도가 없는 당협위원장 정도로는 백전백패가 될 수밖에 없다. 따라서 이러한 전략적 필요에 따라 당내경선이 아닌 전략공천이 필요하다. 결국 야당은 현재 당대표를 출마시켜 전통적 여당색이 강했던 A선거구에서 승리하였다.

정답 02 ×

정당법

제28조【강령 등의 공개 및 당헌의 기재사항】 ① 정당은 그 강령(또는 기본정책)과 당헌을 공개하여야 한다.

제29조【정당의 기구】 ① 정당은 민주적인 내부질서를 유지하기 위하여 당원의 총의를 반영할 수 있는 대의기관 및 집행기관과 소속 국회의원이 있는 경우에는 의원총회를 가져야 한다.

제32조【서면결의의 금지】 ① 대의기관의 결의와 소속 국회의원의 제명에 관한 결의는 서면이나 대리인에 의하여 의결할 수 없다.

제33조【정당소속 국회의원의 제명】 정당이 그 소속 국회의원을 제명하기 위해서는 당헌이 정하는 절차를 거치는 외에 그 소속 국회의원 전원의 2분의 1 이상의 찬성이 있어야 한다.

공직선거법

제57조의2【당내경선의 실시】 ② 정당이 당내경선[당내경선(여성이나 장애인 등에 대하여 당헌·당규에 따라 가산점 등을 부여하여 실시하는 경우를 포함한다)의 후보자로 등재된 자(이하 '경선후보자'라 한다)를 대상으로 정당의 당헌·당규 또는 경선후보자 간의 서면합의에 따라 실시한 당내경선을 대체하는 여론조사를 포함한다]을 실시하는 경우 경선후보자로서 당해 정당의 후보자로 선출되지 아니한 자는 당해 선거의 같은 선거구에서는 후보자로 등록될 수 없다. 다만, 후보자로 선출된 자가 사퇴·사망·피선거권 상실 또는 당적의 이탈·변경 등으로 그 자격을 상실한 때에는 그러하지 아니하다.

한눈에 쏙!

제명 비교

정당제명	국회제명
전원 1/2	재적 2/3
의원직 유지	의원직 상실

당내민주주의	의사형성과정이 민주화되어야 함	
구체적 요소	당헌·강령의 공개	
	법적 지위의 보장	
	제도적 장치 마련	전체모임이나 대의원대회가 최고의결기관이 되어야 함
	선거후보자 추천과정의 민주화	당내경선제도 - 필수적 제도 아님
	재정의 민주화	-

04 위헌정당해산 01. 국가직 7급

헌법 제8조 ④ 정당의 목적이나 활동이 민주적 기본질서에 위배될 때에는 정부는 헌법재판소에 그 해산을 제소할 수 있고, 정당은 헌법재판소의 심판에 의하여 해산된다.

1. 정당해산의 의의

헌법 제8조 제4항의 의의는 ① 일반결사에 대한 정당의 특권, ② 국가와 민주적 기본질서를 긍정하여야 하는 정당의 의무, ③ 헌법의 예방적 수호라는 헌법보장의 의미, ④ 반민주적 정당에 대하여 정당원 처벌(형법, 국가보안법)의 목적이 아닌 정당 자체의 처벌에 있다.

2. 정당해산의 역사적 배경

민주적 기본질서를 부정하는 정당을 해산하는 제도는 1949년 서독의 본(Bonn)기본법에서 유래하였는데, 정당해산제도는 민주주의를 일정한 가치와 결부시켜 이해하려는 가치관적 헌법에서만 가능하기 때문이다(바이마르헌법은 정당해산을 알지 못했음). 위헌정당해산제도는 민주주의 자체를 부정하는 민주주의의 적에 대하여는 이를 관용할 수 없다는 취지로서 방어적 민주주의를 의미하기도 한다.

3. 정당해산의 요건

(1) 실질적 요건

① **정당**: 해산의 대상이 되는 정당은 등록을 필한 기성정당(시·도당, 전문위원회, 청년부, 정당훈련원, 출판부와 같은 정당의 하부조직도 포함)에 한하며, 정당의 방계조직·위장조직·대체정당 등은 일반결사로 이해되어 행정처분으로 해산 가능하다.

  방계조직은 조직도에 없는 외부단체 예를 들어 개인 의원의 산악회 같은 것을 의미한다.

② **목적과 활동**: 정당의 목적은 당의 강령, 당헌, 기관지를 통하여 알 수 있고, 정당의 활동은 정당명의의 당수나 당원의 활동 또는 연설 등이 포함된다. 비민주적 성향은 정강정책에 명시적으로 나타나야 하며 단순한 잠재적 경향만으로는 부족하고(민주적 기본질서의 침해 또는 제거의 구체적 위험이 요구된다), 당원의 행동으로 해산되기 위해서는 그 행동이 당의 명령이나 당수의 지시에 의한 것이어야 한다. 정당의 기본방침에 반하여 일부 당원의 탈선 정도로는 해산사유가 될 수 없다.

③ **민주적 기본질서 위배**

> **판례 | 자유민주적 기본질서의 의미**
>
> 자유민주적 기본질서에 위해를 준다 함은 모든 폭력적 지배와 자의적 지배, 즉 반국가단체의 일인독재 내지 일당독재를 배제하고 다수의 의사에 의한 국민의 자치, 자유평등의 기본원칙에 의한 법치주의적 통치질서의 유지를 어렵게 만드는 것이고, 이를 보다 구체적으로 말하면 기본적 인권의 존중, 권력분립, 의회제도, 복수정당제도, 선거제도, 사유재산과 시장경제를 골간으로 한 경제질서 및 사법권의 독립 등 우리의 내부체제를 파괴, 변혁시키려는 것으로 풀이할 수 있을 것이다(헌재 1990.4.2, 89헌가113).

(2) 절차적 요건

① **강제해산의 제소**: 정당해산의 실질적 요건이 성립되면 정부는 국무회의의 심의를 거쳐 헌법재판소에 그 해산을 제소할 수 있다(헌법 제8조 제4항). 어떤 정당의 위헌성이 인정될 경우 정부는 반드시 제소를 해야 하는 것은 아니라는 재량설이 다수설이다.

② **헌법재판소의 해산결정**: 정당해산의 결정에는 9인의 재판관 중 6인 이상의 찬성이 있어야 한다(헌법 제113조 제1항). 정당해산심판에는 헌법재판소법에 특별한 규정이 있는 경우를 제외하고는 민사소송에 관한 법령을 준용한다(헌법재판소법 제40조). 위헌정당이 아니라는 결정이 내려진 경우에는 동일 정당에 대해 동일 사유로 다시 제소할 수 없다(헌법재판소법 제39조 – 일사부재리의 원칙).

기출 OX

01 위헌정당해산의 정당은 원칙적으로 등록을 필한 기성정당을 의미한다.
05. 행시 ( )

한눈에 쏙!

기관	내용
정부	제소
헌법재판소	심판(창설)
선거관리위원회	집행(확인)

기출 OX

02 정당의 목적이나 활동이 민주적 기본질서에 위배될 때에 정부나 국회는 헌법재판소에 그 해산을 제소할 수 있다. 07. 법원직 ( )

03 우리 헌법에는 정당의 해산에 대한 제소권자로 대통령이라고 되어 있다.
04. 법행 ( )

04 중앙선거관리위원회의 집행은 정당해산에 있어 창설적 효력을 가진다.
02. 사시 ( )

정답 01 ○ 02 × 03 × 04 ×

이 경우 헌법재판소의 해산결정에는 창설적 효력이 있다. 정당해산심판절차에서는 재심을 허용하지 아니함으로써 얻을 수 있는 법적 안정성의 이익보다 재심을 허용함으로써 얻을 수 있는 구체적 타당성의 이익이 더 크므로 재심을 허용하여야 한다(헌재 2016.5.26, 2015헌아20).

③ **해산결정의 집행**: 헌법재판소가 해산결정을 한 때에는 결정서를 피청구인(정당대표자)과 국회·정부·중앙선거관리위원회에 송달하여야 한다(헌법재판소법 제58조 제2항). 통지를 받은 중앙선거관리위원회는 그 정당의 등록을 말소하고 지체 없이 그 뜻을 공고하여야 한다(정당법 제47조). 해산결정의 선고를 받은 정당은 선고와 동시에 불법결사가 된다.

4. 정당해산의 효과

(1) 창설적 효력

헌법재판소의 해산심판이 있으면 그때부터 정당의 모든 특권은 상실된다.

(2) 대체정당설립금지, 명칭사용금지

대체정당의 설립도 금지되며, 동일한 정당의 명칭사용도 금지된다(중앙선거관리위원회에 의하여 등록이 취소된 정당의 명칭은 사용할 수 있다).

(3) 정당재산의 국고 귀속

해산된 정당의 재산은 국고에 귀속된다. 중앙선거관리위원회에 의하여 등록이 취소된 정당의 재산은 당헌의 규정에 따라 처분하고 그 잔여재산이 있으면 국고에 귀속되나, 헌법재판소에 의하여 강제해산된 경우에는 전 재산이 국고에 귀속(몰수)된다.

(4) 소속 의원 자격 상실 여부

소속 의원의 자격도 상실되는지에 관하여 견해가 대립되었으나, 최근 판례는 국회의원의 경우 상실된다고 판시하였다.

> **판례 | 통합진보당 해산 청구 사건 [인용]**
>
> **[1] 청구의 적법성**
> 국무총리가 주재한 국무회의에서 이 사건 정당해산심판 청구서 제출안이 의결되었다고 하여 그 의결이 위법하다고 볼 수 없다.
> *정부라고 되어 있으니 대통령 출장중이라 해도 큰 문제는 안 된다.*
>
> **[2] 정당해산심판의 사유**
> ① 정당의 목적이나 활동 중 어느 하나라도 민주적 기본질서에 위배되어야 한다.
> ② 민주적 기본질서를 부정하지 않는 한 정당은 다양한 스펙트럼의 이념적 지향을 자유롭게 추구할 수 있다. 민주적 기본질서 위배란 민주적 기본질서에 대한 단순한 위반이나 저촉을 의미하는 것이 아니라 정당의 목적이나 활동이 민주적 기본질서에 대한 실질적 해악을 끼칠 수 있는 구체적 위험성을 초래하는 경우를 가리킨다.
> ③ 강제적 정당해산은 핵심적인 정치적 기본권인 정당활동의 자유에 대한 근본적 제한이므로 헌법 제37조 제2항이 규정하고 있는 비례의 원칙을 준수해야만 한다.

기출 OX

01 헌법재판소는 정당해산결정의 본질적 효과로서 그 정당소속 국회의원들의 의원직이 상실된다고 결정하였다.
19. 법원직 ( )

주의
헌법이 추구하는 민주주의는 다양한 스펙트럼, 즉 넓은 개념이지만 위헌정당해산의 사유인 민주주의는 좁은 개념이다.

한눈에 쏙!

구분	조문 ×	
	의원	상실 여부
판례	비례	상실
	지역구	상실
	지방의원	언급 ×

정답 01 ○

④ 피청구인에 대한 해산결정은 민주적 기본질서에 가해지는 위험성을 실효적으로 제거하기 위한 부득이한 해법으로서 헌법 제8조 제4항에 따라 정당화되므로 비례의 원칙에 어긋나지 않는다.

[3] 피청구인 소속 국회의원의 의원직 상실 여부 [상실]
① 엄격한 요건 아래 위헌정당으로 판단하여 정당해산을 명하는 것은 헌법을 수호한다는 방어적 민주주의 관점에서 비롯된 것이므로, 이러한 비상상황에서는 국회의원의 국민 대표성은 부득이 희생될 수밖에 없다.
② 헌법재판소의 해산결정으로 해산되는 정당소속 국회의원의 의원직 상실은 위헌정당해산제도의 본질로부터 인정되는 기본적 효력이다(헌재 2014.12.19, 2013헌다1).

05 정당의 소멸 04·07. 국회직 8급, 05. 입시, 07. 법원직

1. 정당의 등록취소(정당법 제44조, 제41조 / 정치자금법 제30조)

정당법

제44조【등록의 취소】 ① 정당이 다음 각 호의 어느 하나에 해당하는 때에는 당해 선거관리위원회는 그 등록을 취소한다.
1. 제17조(법정시·도당수) 및 제18조(시·도당의 법정당원수)의 요건을 구비하지 못하게 된 때. 다만, 요건의 흠결이 공직선거의 선거일 전 3월 이내에 생긴 때에는 선거일 후 3월까지, 그 외의 경우에는 요건흠결시부터 3월까지 그 취소를 유예한다.
2. 최근 4년간 임기만료에 의한 국회의원선거 또는 임기만료에 의한 지방자치단체의 장선거나 시·도의회의원선거에 참여하지 아니한 때
3. 임기만료에 의한 국회의원선거에 참여하여 의석을 얻지 못하고 유효투표총수의 100분의 2 이상을 득표하지 못한 때

② 제1항의 규정에 의하여 등록을 취소한 때에는 당해 선거관리위원회는 지체 없이 그 뜻을 공고하여야 한다.

제41조【유사명칭 등의 사용금지】 ① 이 법에 의하여 등록된 정당이 아니면 그 명칭에 정당임을 표시하는 문자를 사용하지 못한다.
② 헌법재판소의 결정에 의하여 해산된 정당의 명칭과 같은 명칭은 정당의 명칭으로 다시 사용하지 못한다.
③ 창당준비위원회 및 정당의 명칭(약칭을 포함한다)은 이미 신고된 창당준비위원회 및 등록된 정당이 사용 중인 명칭과 뚜렷이 구별되어야 한다.
④ 제44조(등록의 취소) 제1항의 규정에 의하여 등록취소된 정당의 명칭과 같은 명칭은 등록취소된 날부터 최초로 실시하는 임기만료에 의한 국회의원선거의 선거일까지 정당의 명칭으로 사용할 수 없다.

정치자금법

제30조【보조금의 반환】 ① 보조금을 지급받은 정당이 해산되거나 등록이 취소된 경우 또는 정책연구소가 해산 또는 소멸하는 때에는 지급받은 보조금을 지체 없이 다음 각 호에서 정한 바에 따라 처리하여야 한다.

기출 OX

02 헌법 제8조 제4항이 의미하는 '민주적 기본질서'는 그 외연이 확장될수록 정당해산결정의 가능성은 확대되고 이와 동시에 정당활동의 자유는 축소될 것이므로, 헌법 제8조 제4항의 민주적 기본질서는 최대한 엄격하고 협소한 의미로 이해해야 한다. 22. 경찰승진 ( )

한눈에 쏙!

헌법상 민주주의

구분	범위
추구	다양한 스펙트럼 - 넓다
해산	자유민주주의에 실질적 해악 - 좁다

기출 OX

03 정당해산사유로서의 '민주적 기본질서의 위배'란, 민주적 기본질서에 대한 단순한 위반이나 저촉만으로도 족하며, 반드시 민주사회의 불가결한 요소인 정당의 존립을 제약해야 할 만큼 그 정당의 목적이나 활동이 민주적 기본질서에 대하여 실질적인 해악을 끼칠 수 있는 구체적 위험성을 초래하는 경우까지 포함하는 것은 아니다. 22. 경찰승진 ( )

정답 02 ○ 03 ✕

> 1. 정당
>   보조금의 지출내역을 중앙선거관리위원회에 보고하고 그 잔액이 있는 때에는 이를 반환한다.
> 2. 정책연구소
>   보조금의 사용잔액을 소속 정당에 인계한다. 이 경우 정당은 새로이 설립하는 정책연구소에 그 잔액을 인계하여야 하며, 정당이 해산 또는 등록이 취소된 경우에는 제1호에 준하여 이를 반환한다.

> **판례 | 정당등록취소 및 등록취소된 정당의 명칭사용금지 [위헌]**
>
> 일정기간 동안 공직선거에 참여할 기회를 수회 부여하고 그 결과에 따라 등록취소 여부를 결정하는 등 덜 기본권 제한적인 방법을 상정할 수 있고, 정당법에서 법정의 등록요건을 갖추지 못하게 된 정당이나 일정기간 국회의원선거 등에 참여하지 아니한 정당의 등록을 취소하도록 하는 등 입법목적을 실현할 수 있는 다른 법적 장치도 마련되어 있으므로, 정당등록취소조항은 침해의 최소성 요건을 갖추지 못하였다(헌재 2014.1.28, 2012헌마431).

2. 정당의 자진해산(정당법 제45조, 제48조)

> **정당법**
>
> **제45조 【자진해산】** ① 정당은 그 대의기관의 결의로써 해산할 수 있다.
>   ② 제1항의 규정에 의하여 정당이 해산한 때에는 그 대표자는 지체 없이 그 뜻을 관할 선거관리위원회에 신고하여야 한다.
>
> **제48조 【해산된 경우 등의 잔여재산 처분】** ① 정당이 제44조(등록의 취소) 제1항의 규정에 의하여 등록이 취소되거나 제45조(자진해산)의 규정에 의하여 자진해산한 때에는 그 잔여재산은 당헌이 정하는 바에 따라 처분한다.
>   ② 제1항의 규정에 의하여 처분되지 아니한 정당의 잔여재산 및 헌법재판소의 해산결정에 의하여 해산된 정당의 잔여재산은 국고에 귀속한다.

기출 OX

01 정당설립의 자유가 인정되는 이상 자진해산도 당연히 인정된다. 07. 국회직 8급 ( )

02 헌법재판소의 해산결정에 의하여 해산된 정당의 잔여재산은 당헌이 정하는 바에 따르고, 당헌에 규정이 없으면 국고에 귀속된다. 07. 국회직 8급 ( )

03 정당이 헌법재판소의 결정으로 해산된 때에는 그 정당의 대표 및 간부는 해산된 정당의 강령 또는 기본정책과 유사한 것으로 정당을 창당하지 못한다. 00. 행시 ( )

3. 등록취소와 강제해산의 비교

구분	등록취소	강제해산
사유	형식적 요건을 구비하지 못한 때, 정당이 국민의사 형성에 참여하고 있지 아니한 때	정당의 목적과 활동이 민주적 기본질서에 위배된 때
대체정당 설립	가능	불가
잔여재산 원칙	원칙은 당헌에 따라	국고귀속
소속 의원	무소속으로 자격유지	학설 대립(판례는 상실)
법원 제소	제소 가능	제소 불허

정답 01 O 02 × 03 O

06 정당과 정치자금

1. 정치자금

(1) 종류

정치자금이란 당비, 후원금, 기탁금, 보조금과 정당의 당헌·당규 등에서 정한 부대수입 그 밖에 정치활동을 위하여 제공되는 금전이나 유가증권 그 밖의 물건과 정치활동에 소요되는 비용을 말한다(정치자금법 제3조 제1호). 따라서 정당의 당내경선에 관한 선거운동을 위하여 후보자에게 제공된 금품도 정치자금에 해당한다. 08. 법원직 정치자금은 정치활동을 위하여 소요되는 경비로만 지출하여야 하며, 사적 경비로 지출하거나 부정한 용도로 지출하여서는 안 된다. 05. 입시

> **판례 | 정치자금법상 회계보고된 자료의 열람기간을 3개월로 [위헌]**
>
> 정치자금의 투명성 강화 및 부정부패 근절에 대한 국민적 요구가 커지고 선거관리위원회가 데이터 생성·저장·유통 기술 발전을 이용해 업무부담을 줄일 수 있다는 점 등을 고려해 위 선례를 변경하고 이 사건 열람기간제한조항에 대하여 위헌결정을 하였다. 이번 결정으로 **국민들의 정치자금 자료에 대한 접근권이 보다 강하게 보장될 것으로 예상되고, 궁극적으로는 정치자금의 투명성을 강화하고 부정부패를 근절하는 데 일조할 것으로 기대된다**(헌재 2021.5.27, 2018헌마1168).

(2) 기부금지

외국인, 국내외 법인 또는 단체는 정치자금을 기부할 수 없다. 누구든지 국내외 법인 또는 단체와 관련된 자금으로 정치자금을 기부할 수 없다(정치자금법 제31조).*

* 기부를 금지하는 이유는 기부라는 명목으로 뇌물을 제공할 수 있기 때문이다. 따라서 정치자금법에 규정된 정치자금만 법상 요건에 따라 제공할 수 있다.

> **판례 | 정치자금 무상대여금지 [합헌]**
>
> 정치인에게 직접 정치자금을 무상대여하는 것을 허용할 경우, **후원금에 대한 각종 법적 규제를 우회·잠탈할 여지가 크고**, 결국 정치자금의 적정 제공을 보장하고 대의민주주의가 제대로 기능하도록 하려는 목적에서 마련된 정치자금법의 취지가 몰각될 가능성이 높으므로, 재판관 전원의 일치된 의견으로 심판대상조항에 대한 합헌결정을 한 것이다(헌재 2017.8.31, 2016헌바45).

2. 당비

정치자금법

제4조【당비】 ① 정당은 소속 당원으로부터 당비를 받을 수 있다.
② 정당의 회계책임자는 타인의 명의나 가명으로 납부된 당비는 국고에 귀속시켜야 한다.
③ 제2항의 규정에 의하여 국고에 귀속되는 당비는 관할 선거관리위원회가 이를 납부받아 국가에 납입하되, 납부기한까지 납부하지 아니한 때에는 관할 세무서장에게 위탁하여 관할 세무서장이 국세체납처분의 예에 따라 이를 징수한다.

기출 OX

04 정치자금법상 기탁금이라 함은 정치자금을 정당에 기부하고자 하는 개인이나 단체가 정치자금법의 규정에 의하여 선거관리위원회에 기탁하는 금전이나 유가증권 그 밖의 물건을 말한다. 18. 법원직 ( )
⇨ 단체는 정치자금을 기부할 수 없다.

05 외국인은 정치자금을 기부할 수 없지만 국내외의 법인 또는 단체는 정치자금을 기부할 수 있다. ( )

06 단체의 경우는 정치자금의 기탁을 금지하고 있다. ( )

기출 OX

07 정당의 당원은 같은 정당의 타인의 당비를 부담할 수 없으며, 타인의 당비를 부담한 자와 타인으로 하여금 자신의 당비를 부담하게 한 자는 당비를 낸 것이 확인된 날부터 1년간 당해 정당의 당원자격이 정지된다. 18. 법원직 ( )

정답 04 × 05 × 06 ○ 07 ○

④ 제3항의 규정에 의한 국고귀속절차 그 밖에 필요한 사항은 중앙선거관리위원회 규칙으로 정한다.

제5조【당비영수증】① 정당의 회계책임자는 당비를 납부받은 때에는 당비를 납부받은 날부터 30일까지 당비영수증을 당원에게 교부하고 그 원부를 보관하여야 한다. 다만, 당비를 납부한 당원이 그 당비영수증의 수령을 원하지 아니하는 경우에는 교부하지 아니하고 발행하여 원부와 함께 보관할 수 있다.

당비란 명목 여하에 불구하고 정당의 당헌·당규 등에 의하여 정당의 당원이 부담하는 금전이나 유가증권 그 밖의 물건을 말한다. 타인의 명의나 가명으로 납부된 당비는 국고에 귀속시켜야 한다.

3. 후원금

(1) 후원회의 설립

> **정치자금법**
>
> 제3조【정의】이 법에서 사용하는 용어의 정의는 다음과 같다.
> 4. '후원금'이라 함은 이 법의 규정에 의하여 후원회에 기부하는 금전이나 유가증권 그 밖의 물건을 말한다.
> 7. '후원회'라 함은 이 법의 규정에 의하여 정치자금의 기부를 목적으로 설립·운영되는 단체로서 관할 선거관리위원회에 등록된 단체를 말한다.
>
> 제6조【후원회지정권자】다음 각 호에 해당하는 자(이하 '후원회지정권자'라 한다)는 각각 하나의 후원회를 지정하여 둘 수 있다.
> 1. 중앙당(중앙당창당준비위원회를 포함한다)
> 2. 국회의원(국회의원선거의 당선인을 포함한다)
> 2의2. 대통령선거의 후보자 및 예비후보자(이하 '대통령후보자 등'이라 한다)
> 3. 정당의 대통령선거후보자 선출을 위한 당내경선후보자(이하 '대통령선거경선후보자'라 한다)
> 4. 지역선거구(이하 '지역구'라 한다)국회의원선거의 후보자 및 예비후보자(이하 '국회의원후보자 등'이라 한다). 다만, 후원회를 둔 국회의원의 경우에는 그러하지 아니하다.
> 5. 중앙당 대표자 및 중앙당 최고집행기관(그 조직형태와 관계없이 당헌으로 정하는 중앙당 최고집행기관을 말한다)의 구성원을 선출하기 위한 당내경선후보자(이하 '당대표경선후보자 등'이라 한다)
> 6. 지역구지방의회의원선거의 후보자 및 예비후보자(이하 '지방의회의원후보자 등'이라 한다)
> 7. 지방자치단체의 장선거의 후보자 및 예비후보자(이하 '지방자치단체장후보자 등'이라 한다)

한눈에 쏙!

후원회지정권자

기관		인정 여부
입법부	국회	○
	지방의회	○
행정부	현역 지방자치단체장	×
	후보자	○
	예비후보자	○

기출 OX

01 정당 후원회를 금지함으로써 정당에 대한 재정적 후원을 전면적으로 금지하는 것은 국민의 정치적 표현의 자유를 침해한다. 18. 법원직 ( )

정답 01 ○

⚖판례 | 후원회에 관한 판례

1 정당에 대한 후원을 금지한 정치자금법 [헌법불합치]

정당제 민주주의하에서 정당에 대한 재정적 후원이 전면적으로 금지됨으로써 정당이 스스로 재정을 충당하고자 하는 정당활동의 자유와 국민의 정치적 표현의 자유가 제한되는 불이익은 더욱 크다(헌재 2015.12.23, 2013헌바168).

2 정치자금법상 후원회지정권자 [헌법불합치]

광역자치단체장선거의 예비후보자에 관한 부분은 청구인들 평등권을 침해하여 헌법에 위반되지만, 자치구의회의원선거의 예비후보자에 관한 부분에 대하여는 헌법에 위반되지 않는다고 판시하였다(헌재 2019.12.27, 2018헌마301).

✏️ 조심해야 할 것은 자치구의회의원선거의 예비후보자가 후원회를 지정하지 못하는 것은 합헌이었는데 현재 지정할 수 있는 것으로 개정되었다.

3 지방의회의원의 후원회 지정금지 [헌법불합치]

후원회가 정치에 대한 참여와 신뢰를 높이고 정치자금의 투명성 제고와 경제력을 갖추지 못한 사람의 정치입문에 기여하는 효과가 있다는 점 등을 고려하고, 지방의회의원의 역할 증대와 원활한 의정활동을 지원하기 위해서는 지방의회의원들에게도 후원회를 허용하여 정치자금을 합법적으로 확보할 수 있는 방안을 마련해 줄 필요가 있다. **따라서 국회의원과 달리 지방의회의원을 후원회지정권자에서 제외하고 있는 것은 불합리한 차별로서 청구인들의 평등권을 침해한다**(헌재 2022.11.24, 2019헌마528).

(2) 후원회 기부금 마련의 근거

> **정치자금법**
>
> 제8조【후원회의 회원】① 누구든지 자유의사로 하나 또는 둘 이상의 후원회의 회원이 될 수 있다. 다만, 제31조(기부의 제한) 제1항의 규정에 의하여 기부를 할 수 없는 자와 정당법 제22조(발기인 및 당원의 자격)의 규정에 의하여 정당의 당원이 될 수 없는 자는 그러하지 아니하다.

후원회는 등록을 한 후에 회원으로부터 후원금을 받거나 회원이 아닌 자로부터 금품을 모집하여 이를 당해 후원회지정권자에게 기부할 수 있다. 05. 입시

(3) 후원회 모금방법

> **정치자금법**
>
> 제14조【후원금 모금방법】① 후원회는 우편·통신(전화, 인터넷전자결제시스템 등을 말한다)에 의한 모금, 중앙선거관리위원회가 제작한 정치자금영수증(이하 '정치자금영수증'이라 한다)과의 교환에 의한 모금 또는 신용카드·예금계좌 등에 의한 모금 그 밖에 이 법과 정당법 및 공직선거법에 위반되지 아니하는 방법으로 후원금을 모금할 수 있다. 다만, 집회에 의한 방법으로는 후원금을 모금할 수 없다.

판례 | 대통령선거경선후보자의 후원금 전액 국고귀속 [위헌]

대통령선거경선후보자가 후보자가 될 의사를 갖고 당내경선후보자로 등록을 하고 선거운동을 한 경우라고 한다면, 비록 경선에 참여하지 아니하고 포기하였다고 하여도 대의민주주의의 실현에 중요한 의미를 가지는 정치과정이라는 점을 부인할 수 없다. 그렇다면 이와 같이 당내경선에 참여하였는지 여부를 기준으로 하여 대통령선거경선후보자를 차별하는 것은 합리적인 이유가 있는 차별이라고 보기 어려울 뿐 아니라 오히려 후원회 제도 및 대통령선거경선후보자 제도를 두고 있는 취지에 배치되는 불합리한 차별취급이라고 할 것이다(헌재 2009.12.29, 2007헌마1412).

✏️ 남은 후원금만 국고로 귀속시키면 되지 이미 합법적으로 영수증처리까지 한 후원금 전액을 국고로 귀속시키는 것은 과도한 규제라고 보고 있다.

기출 OX

02 광역자치단체장선거의 예비후보자를 후원회지정권자에서 제외하여, 국회의원선거의 예비후보자에게 후원금을 기부하고자 하는 자와 광역자치단체장선거의 예비후보자에게 후원금을 기부하고자 하는 자를 달리 취급하는 것은 합리적 차별에 해당하고 입법재량의 한계를 일탈한 것은 아니다. 22. 변시 ( )

03 후원회를 설치·운영할 수 있는 자를 국회의원으로 한정하고 지방의회의원을 제외한 것은 지방의회의원의 평등권을 침해한다. 23. 소방간부 ( )

기출 OX

04 누구든지 하나 또는 둘 이상의 후원회의 회원이 될 수 있다. 05. 입시 ( )

⇨ 다만, 누구든지 하나 또는 둘 이상의 정당의 당원이 될 수는 없다.

정답 02 X 03 O 04 O

4. 기탁금

(1) 선거관리위원회에 기탁

당원이 될 수 없는 공무원과 사립학교 교원을 포함한 개인이 직접 선거관리위원회에 기명으로 기탁해야 하며, 정당에 직접 기탁할 수 없다(정치자금법 제22조). 이때 누구든지 타인의 명의나 가명 또는 그 성명 등 인적 사항을 밝히지 아니하고 기탁금을 기탁할 수 없다. 이 경우 기탁자의 성명 등 인적 사항을 공개하지 아니할 것을 조건으로 기탁할 수 있다(정치자금법 제22조 제3항).

(2) 기탁금의 배분

과거에는 기탁자가 정당이나 분배율을 지정하여 기탁하는 지정기탁제가 있었으나,* 최근 개정법에 의하면 기탁금은 국고보조금 배분율에 따라 배분한다고 규정되어 있다(정치자금법 제23조).

*즉, 100억원을 기탁하면서 A당에 50억원, B당에 20억원, C당에 30억원 이렇게 지정할 수 있었으나 현재는 폐지되었다.

5. 국고보조금

(1) 헌법상 규정

헌법 제8조 제3항은 국고보조를 임의적 규정으로 두고 있으나, 정치자금법에서는 이를 필요적으로 규정하고 있다.

(2) 종류

① **선거보조금**: 대통령선거, 임기만료에 의한 국회의원선거 또는 동시지방선거가 실시되는 연도에는 각 선거마다 선거권자 총수에 보조금 계상단가를 곱한 금액을 예산에 계상하여야 한다(정치자금법 제25조 제2항).
② **경상보조금**: 국가는 정당에 대한 보조금으로 최근 실시한 임기만료에 의한 국회의원선거의 선거권자 총수에 보조금 계상단가를 곱한 금액을 매년 예산에 계상하여야 한다(정치자금법 제25조 제1항).

> **한눈에 쏙!**
>
> **공직선거법상 비율**
>
> | 구분 | 획득 |
> |---|---|
> | 비례대표의석 배분 | 3/100 이상 |
> | 보조금 배분 | 2/100 이상 |

⊕ PLUS 배분방법

50%에서 균등배분	동일 정당의 소속 의원으로 교섭단체를 구성한 정당	
5%씩 지급	교섭단체를 구성하지 못하는 5석 이상의 정당	
2%씩 지급	국회의원선거에 참여했는데, 의석이 없거나 5석 미만인 경우	국회의원총선거에서 2/100 이상을 득표한 정당
		국회의원총선거에서 2/100 이상을 득표하지 못한 경우 의석을 가지고 지방자치단체선거에서 0.5% 이상을 득표한 정당
	국회의원선거에 참여하지 아니한 경우	지방자치단체선거에서 2/100 이상을 득표한 정당
잔여분	잔여분 중 50%는 의석수 비율에 따라, 50%는 득표율에 따라 배분	

예를 들어, 100억원의 국고보조금이 있다면 50억원은 A당과 B당에 25억원씩 배분하며, 5억원은 C당(13석), 2억원(3석)은 D당에 배분한다. 나머지 43억원 중 21억 5천만원은 의석수 비율로, 나머지 21억 5천만원은 득표율에 따라 배분한다.

> **판례 | 국고보조금 배분비율 [기각]**
>
> 이 사건 법률 조항에 의한 현행의 보조금 배분비율과 의석수비율 또는 득표수비율(비례대표전국선거구 및 지역구에서 당해 정당이 득표한 득표수비율의 평균)을 비교하면 현행의 보조금 배분비율은 의석수비율보다는 오히려 소수 정당에 유리하고, 득표수비율과는 큰 차이가 나지 않아 결과적으로 교섭단체 구성 여부에 따른 차이가 크게 나타나지 않고 있다. 위와 같은 사정들을 종합해 볼 때, 교섭단체의 구성 여부에 따라 보조금의 배분규모에 차이가 있더라도 그러한 차등정도는 각 정당 간의 경쟁상태를 현저하게 변경시킬 정도로 합리성을 결여한 차별이라고 보기 어렵다. … 헌법에 위반되지 아니한다(헌재 2006.7.27, 2004헌마655).

기출 OX

01 입법자는 정당에 대한 국고보조금의 배분기준을 정함에 있어 입법정책적인 재량권을 가지므로, 그 내용이 현재의 각 정당들 사이의 경쟁상태를 현저하게 변경시킬 정도가 아니라면 합리성을 인정할 수 있다. 10. 사시
( )

(3) 감액

> **정치자금법**
>
> **제28조 【보조금의 용도제한 등】** ② 경상보조금을 지급받은 정당은 그 경상보조금 총액의 100분의 30 이상은 정책연구소[정당법 제38조(정책연구소의 설치·운영)에 의한 정책연구소를 말한다]에, 100분의 10 이상은 시·도당에 배분·지급하여야 하며, 100분의 10 이상은 여성정치발전을 위하여, 100분의 5 이상은 청년정치발전을 위하여 사용하여야 한다.

정답 01 ○

제2편 기본권론

제4장 정치적 기본권

📍 선거제도

- **기본원칙**
  - **보통선거**
    - **선거권**: 형식주의, 재외국민 제외(위헌), 외국인은 지방선거만 가능, 1년 이상 수형자(×), 연령 18세
    - **피선거권**
      - 대통령 40세, 나머지 18세, 공무원은 90일 전 사퇴가 원칙
      - 기탁금은 과도하지 않으면 합헌
      - **같은 관할**: 120일, **다른 관할**: 90일
  - **평등선거**
    - **선거구 획정**
      - 가장 중요(인구비례), 1 : 2 구속력 ○, 선거구 전체가 불가분
      - 지방의회 1 : 3
      - 인접하지 않은 선거구를 하나로 하는 것은 원칙적으로 위헌
  - **직접선거**
    - **1인 1표제**: 민주주의 위반, 고정명부제·봉쇄조항 자체는 위헌 ×
  - **비밀선거**
    - 출구조사 50m 밖, 여론조사는 선거일 6일 전부터 공표 금지
  - **자유선거**
    - 헌법규정 ×, 과태료 금지

- **공직선거법**
  - **의원정수** — 300인
  - **선거일** — 수요일로 변경
  - **선거기간** — 대통령(23일), 나머지(14일)
  - **선거운동**
    - **주체**: 외국인, 미성년자, 공무원은 안 됨
    - **내용**: 호별방문 규제, 인쇄물 규제, 의정활동보고 금지, 전화나 문자는 가능

제4절 선거의 자유*

SUMMARY	선거제도 관련 규정
헌법 규정사항	**공직선거법 규정사항**
• 보통·평등·직접·비밀 • 국회의원수는 200인 이상 • 국회의원 임기는 4년 • 대통령선거시 최고 득표자가 2명일 때 국회에서 선출 • 대통령 선거후보자가 1인일 경우 선거권자 총수 1/3 이상 득표 • 대통령 피선거권자 40세 이상 • 대통령 임기만료선거기간 70~40일 • 대통령 보궐재선거기간 60일 이내 • 대통령 임기 5년 중임제한	• 국회의원 정수(300명) • 대통령 피선거권자 5년 이상 국내 거주요건 • 국회의원, 지방자치단체장, 지방의회의원 피선거권자 18세 이상 • 국회의원, 지방자치단체장, 지방의회의원 보궐선거·재선거 기간 • 선거권자 연령 18세 • 선거일

* 선거는 선거의 기본원칙을 먼저 배우고, 다음 외국의 제도와 비교, 그리고 우리나라 공직선거법의 내용을 배우는 순서로 전개된다.

01 선거제도의 기본원칙

1. 개념

선거는 국민의 합의를 바탕으로 하여 민주주의를 구현하기 위해 국가기관을 선임하는 행위이다.

2. 보통선거의 원칙

(1) 의의

모든 국민은 누구나 선거권과 피선거권을 가진다는 원칙을 말한다.** 같은 국민임에도 누구는 가지고 누구는 가지지 못하는 것을 제한선거라고 한다.

** 여성과 흑인이 선거권을 가진 역사는 100년 정도밖에 되지 않는다. 근대 입헌주의 시대에는 자본가들만 선거권을 가지고 노동자·농민들은 선거권을 가지지 못하였다.

한눈에 쏙!	
선거	포인트
보통	누구나
평등	1표

(2) 선거권

> 헌법 제24조 모든 국민은 법률이 정하는 바에 의하여 선거권을 가진다.
> 제41조 ① 국회는 국민의 보통·평등·직접·비밀선거에 의하여 선출된 국회의원으로 구성한다.
> 제67조 ① 대통령은 국민의 보통·평등·직접·비밀선거에 의하여 선출한다.

① **형식주의**: 선거권은 선거권이 있는 자로서 선거인명부에 올라 있는 자만이 가진다. 이와 같이 우리 법규정은 형식주의를 채택하고 있다.

한눈에 쏙!

재외국민 참정권

구분	인정 여부
대통령·비례대표국회의원	○
지역구국회의원	×
지방참정권	×
국민투표	○

⇨ 다만, 이 경우 재외국민이 국내에 잠시나와 있을 경우에는 (시험에서는 국내거주로 표현) 지방참정권과 지역구 국회의원 선거권도 가진다.

기출 OX

01 주민등록법상 주민등록을 할 수 없는 재외국민의 선거권 행사를 전면적으로 부정하고 있는 것은 재외국민의 선거권과 평등권을 침해하고 보통선거원칙에 위배된다. 07. 국가직 7급 ( )

02 재외선거인에게 선거를 실시할 때마다 재외선거인 등록신청을 하도록 한 재외선거인 등록신청조항은 재외선거인의 선거권을 침해한다. 18. 법원직 ( )

03 출입국관리법상의 영주 체류자격 취득일 후 3년이 경과한 19세 이상의 외국인에게는 국회의원선거권이 인정된다. 06. 국회직 8급 ( )

04 지방의회의원선거에서 선거권을 갖는 외국인은 누구라도 해당 선거에서 선거운동을 할 수 없다. 14. 국가직 7급 ( )

한눈에 쏙!

보통선거

선거권	보유자	
형식주의	선거인명부	
국적	외국인은 지방만	
수형자	집행유예 1년 미만	허용
	1년 이상	불허
연령	만 18세	
피선거권	보유자	
연령	40/18	
거주	60일 이상	
공무원	90일 전 사퇴	
기탁금	개별법	

정답 01 ○ 02 × 03 × 04 ×

⚖ 판례 | 재외국민에 관한 판례

1 재외국민의 선거권 제한 [헌법불합치]

선거권의 제한은 그 제한을 불가피하게 요청하는 개별적·구체적 사유가 존재함이 명백할 경우에만 정당화될 수 있으며, 막연하고 추상적 위험이라든지 국가의 노력에 의해 극복될 수 있는 기술상의 어려움이나 장애 등의 사유로는 그 제한이 정당화될 수 없다. … 주민등록이 되어 있는지 여부에 따라 선거인명부에 오를 자격을 결정하여 그에 따라 선거권 행사 여부가 결정되도록 함으로써, **주민등록법상 주민등록을 할 수 없는 재외국민의 선거권 행사를 전면적으로 부정**하고 있는 법(공직선거 및 부정선거관리법) 제37조 제1항은 그에 대한 정당한 목적을 찾기 어려우므로 헌법 제37조 제2항에 위반하여 재외국민의 선거권과 평등권을 침해하고 보통선거원칙에 위배된다(헌재 2007.6.28, 2004헌마644).

2 재외선거인 등록신청조항 [합헌]

재외선거인 등록신청조항이 재외선거권자로 하여금 선거를 실시할 때마다 재외선거인 등록신청을 하도록 규정한 것이 재외선거인의 선거권을 침해한다고 볼 수 없다 (헌재 2014.7.24, 2009헌마256).

② **국적에 의한 제한**: 선거권은 대한민국 국적자만이 향유한다(공직선거법 제15조). 따라서 원칙적으로 외국인은 선거권을 향유할 수 없다. 이에 따라 외국인의 경우에 지방참정권도 가질 수 없는지에 관하여 논란이 있었으나 현재 개정 공직선거법에서는 18세 이상의 외국인으로서 영주의 체류자격 취득일 후 3년이 경과하고 당해 지방자치단체의 외국인등록대장에 등재된 자에 한해 지방선거에서의 선거권을 긍정하고 있다. 06. 국회직 8급, 07. 국가직 7급

③ **신분에 의한 제한**

> **공직선거법**
>
> 제18조【선거권이 없는 자】① 선거일 현재 다음 각 호의 어느 하나에 해당하는 사람은 선거권이 없다.
>   1. 금치산선고를 받은 자
>   2. 1년 이상의 징역 또는 금고의 형의 선고를 받고 그 집행이 종료되지 아니하거나 그 집행을 받지 아니하기로 확정되지 아니한 사람. 다만, 그 형의 집행유예를 선고받고 유예기간 중에 있는 사람은 제외한다.

⚖ 판례 | 집행유예자·수형자 선거권 제한 [위헌(집행유예), 헌법불합치(수형자)]

범죄자에게 형벌의 내용으로 선거권을 제한하는 경우에도 선거권 제한 여부 및 적용 범위의 타당성에 관하여 보통선거원칙에 입각한 선거권 보장과 그 제한의 관점에서 헌법 제37조 제2항에 따라 엄격한 비례심사를 해야 한다. 그런데 심판대상조항은 집행유예자와 수형자에 대하여 **전면적·획일적으로 선거권을 제한**하고 있다. 심판대상조항의 입법목적에 비추어 보더라도, 구체적인 범죄의 종류나 내용 및 불법성의 정도 등과 관계없이 이와 같이 일률적으로 선거권을 제한하여야 할 필요성이 있다고 보기는 어렵다. 범죄자의 선거권을 제한할 필요가 있다 하더라도 **그가 저지른 범죄의 경중을**

진혀 고려하지 않고 수형자와 집행유예자 모두의 선거권을 제한하는 것은 침해의 최소성원칙에 어긋난다(헌재 2014.1.28, 2012헌마409).
✐ 다만, 1년 이상의 수형자에게 선거권 제한은 합헌이다.

④ **연령에 의한 제한**: 개정 공직선거법에서는 선거권 연령을 선거일 현재 18세 이상으로 하향조정하였다.

판례 | 선거연령 관련 판례

1 선거권 연령 19세 [합헌]
헌법 제24조는 "모든 국민은 '법률이 정하는 바'에 의하여 선거권을 가진다."라고 규정함으로써, 선거권 연령을 어떻게 정할 것인지는 입법자에게 위임하고 있다. 입법자는 우리의 현실상 19세 미만의 미성년자의 경우, 아직 정치적·사회적 시각을 형성하는 과정에 있거나, 일상생활에 있어서도 현실적으로 부모나 교사 등 보호자에게 의존할 수밖에 없는 상황이므로 독자적인 정치적 판단을 할 수 있을 정도로 정신적·신체적 자율성을 충분히 갖추었다고 보기 어렵다고 보고, 선거권 연령을 19세 이상으로 정한 것이다(헌재 2013.7.25, 2012헌마174).
✐ 다만, 2012헌마174 판례 이후 공직선거법이 개정되어 선거권 연령이 18세 이상이 되었다.

2 선거권 연령 산정 기준일 [기각]
국민 각자의 생일을 기준으로 하여 각 공직선거별로 선거권이 있는지 여부를 명확하게 판단할 수 있다. 이 사건 심판대상조항과 달리 선거권 연령 산정 기준일을 선거일 이전이나 이후의 특정한 날로 정할 경우, 이를 구체적으로 언제로 할지에 관해 자의적인 판단이 개입될 여지가 있다. 따라서 선거일 현재를 기준으로 산정한 것은 헌법에 위배되지 않는다(헌재 2021.9.30, 2018헌마300).

(3) 피선거권*
*선거에 출마하는 것을 피선거권이라고 한다. 즉, 국회의원에 나오거나 대통령에 나오는 것이다.

① **연령에 의한 제한**: 대통령의 경우 선거일 현재 40세 이상의 국민이어야 하며, 국회의원, 지방의회의원, 지방자치단체의 장의 피선거권은 선거일 현재 18세 이상인 국민이어야 한다.
② **거주요건에 의한 제한**: 지방자치단체장의 경우 선거일 현재 90일 이상의 거주요건에 관하여 지방자치행정의 민주성과 능률성을 도모함과 아울러 우리나라 지방자치제도의 정착을 위한 규정으로 보아 합헌결정하였다(헌재 1996.6.26, 96헌마200).
✐ 현재는 60일로 개정되었다. 다만, 시험에는 판례 위주로 나오니 판례결론만 체크하면 된다.
③ **지방자치단체장의 국회의원 출마****

비고	사퇴시기
같은 관할 구역	120일 전 사퇴
다른 관할 구역	90일 전 사퇴

**공무원의 경우는 곧바로 출마할 수 없다. 자신의 직권을 남용하여 선거를 부당하게 이용할 수 있기 때문이다. 따라서 일정기간 전에는 선거에 나올 수 없으며, 최소한 90일 전에는 그 직을 그만두어야 한다는 것이 기본취지이다. 서울시장이 동작구에 출마할 경우에는 120일 전에 서울시장을 사퇴해야 하지만, 성남시에 출마할 경우에는 원칙대로 90일 전에 사퇴하면 된다.

기출 OX
05 현행법상 대통령피선자격은 국내 거주요건의 제약을 받는다. ( )

주의
대통령으로 출마할 경우 5년 이상 국내거주요건이 필요한데, 이는 법률상 제한이다.

정답 05 ○

(4) 기탁금*(공직선거법 제56조, 제57조)

*기탁금을 부과하는 이유는 후보자 난립을 방지하기 위함이다.

> **공직선거법**
>
> **제56조 【기탁금】** ① 후보자등록을 신청하는 자는 등록신청시에 후보자 1명마다 다음 각 호의 기탁금을 중앙선거관리위원회규칙으로 정하는 바에 따라 관할 선거구선거관리위원회에 납부하여야 한다. 이 경우 예비후보자가 해당 선거의 같은 선거구에 후보자등록을 신청하는 때에는 제60조의2 제2항에 따라 납부한 기탁금을 제외한 나머지 금액을 납부하여야 한다.
> 1. 대통령선거는 3억원
> 2. 지역구국회의원선거는 1천500만원
> 2의2. 비례대표국회의원선거는 500만원
> 3. 시·도의회의원선거는 300만원
> 4. 시·도지사선거는 5천만원
> 5. 자치구·시·군의 장선거는 1천만원
> 6. 자치구·시·군의원선거는 200만원
>
> **제60조의2 【예비후보자등록】** ② 제1항에 따라 예비후보자등록을 신청하는 사람은 다음 각 호의 서류를 제출하여야 하며, 제56조 제1항에 따른 해당 선거 기탁금의 100분의 20에 해당하는 금액을 중앙선거관리위원회규칙으로 정하는 바에 따라 관할 선거구선거관리위원회에 기탁금으로 납부하여야 한다.

① **자체의 위헌 여부**: 후보자 난립 방지를 위해 합헌결정을 하였다.
② **기탁금 과다 여부**: 국회의원 2천만원에 대해서는 위헌결정, 시·도의회의원 기탁금 700만원에 대해서는 위헌결정을 하였다.
③ **국고귀속 여부**: 귀속기준을 20%로 하는 것은 위헌으로 판시하였다.

> **판례 | 기탁금에 관한 판례**
>
> **1 대통령선거 기탁금 5억원 사건 [헌법불합치]**
> 이 사건 조항이 설정한 5억원의 기탁금은 대통령선거에서 후보자 난립을 방지하기 위한 입법목적의 달성수단으로서는 개인에게 현저하게 과다한 부담을 초래하며, 이는 고액 재산의 다과에 의하여 공무담임권 행사기회를 비합리적으로 차별하므로, 입법자에게 허용된 재량의 범위를 넘어선 것이다. … 후보자 난립을 방지하면서도 후보자에게 과도한 금전적 부담을 주지 않기 위해서는, 기탁금액수를 합헌적 범위 내로 조정하는 것과 함께 무소속후보자의 추천요건을 강화하는 방안이 고려될 수 있는바, 이러한 권한은 입법자에게 있다고 할 것이다(헌재 2008.11.27, 2007헌마1024).
>
> **2 비례대표국회의원선거 기탁금 [헌법불합치]**
> 정당에 대한 선거로서의 성격을 가지는 비례대표국회의원선거는 인물에 대한 선거로서의 성격을 가지는 지역구국회의원선거와 근본적으로 그 성격이 다르고, 비례대표 기탁금조항은 공직선거법상 허용된 선거운동을 통하여 선거의 혼탁이나 과열을 초래할 여지가 지역구국회의원선거보다 훨씬 적다고 볼 수 있음에도 지역구국회의원선거에서의 기탁금과 동일한 고액의 기탁금을 설정하고 있다. 이는 후보자 추천의 진지성과 선거관리의 효율성 확보 등의 입법목적을 달성하기 위해 필요한 최소한의 액수보다 지나치게 과다한 액수라 하지 않을 수 없다(헌재 2016.12.29, 2015헌마1160).

기출 OX

01 헌법은 기본적으로 선거공영제를 채택하고 있지만 기탁금제도 자체가 헌법에 위반되는 것은 아니다. 13. 서울시 7급 ( )

02 선거법상 요구되는 기탁금이 지나치게 고액이면, 실질적으로 선거가 재력을 요건으로 하게 되는 결과를 초래하므로 보통선거의 원칙에 반한다. 06. 국회직 8급 ( )

기출 OX

03 헌법재판소 결정에 의하면 대통령선거에서 선거비용의 상당 부분을 후보자에게 부담시키고 있음에도 불구하고 후보자에게 5억원의 기탁금을 납부하도록 하는 것은 헌법에 합치하지 않는다. 13. 서울시 7급 ( )

기출 OX

04 비례대표국회의원에 입후보하기 위하여 기탁금으로 1,500만원을 납부하도록 한 규정은 그 액수가 고액이라 거대정당에게 일방적으로 유리하고, 다양해진 국민의 목소리를 제대로 대표하지 못하여 사표를 양산하는 다수대표제의 단점을 보완하기 위하여 도입된 비례대표제의 취지에도 반하는 것이다. 18. 국가직 7급 ( )

정답 01 ○ 02 ○ 03 ○ 04 ○

3 예비후보자 기탁금 [합헌]

예비후보자의 기탁금은 본선거 기탁금의 일부를 미리 납부하는 것에 불과하고 기탁금액수가 과다하다고 할 수 없다(헌재 2015.7.30, 2012헌마402).

4 예비후보자 기탁금 반환조항 [헌법불합치]

지역구국회의원 예비후보자의 기탁금 반환사유를 예비후보자의 사망, 당내경선 탈락으로 한정하고 있는 공직선거법 규정은 헌법에 합치하지 아니한다(헌재 2018.1.25, 2016헌마541).

▶ 예비후보자가 후보자가 되지 않은 경우 기탁금은 반환해주지 않는다. 다만, 본인의지와 무관하게, 즉 자신은 후보자가 되려 했으나 후보자가 되지 못한 경우에는 반환해 줘야 한다. 우리 법은 사망, 당내경선으로 한정하고 있는데 컷오프도 포함되어야 한다. 컷오프가 빠져서 위헌이다. 컷오프는 정당에서 당내경선에 아예 참가시켜주지 않은 것을 말한다.

한눈에 쏙!

구분	기탁금	주문
국회의원	2천만원	위헌
	1천500만원	합헌
비례대표 국회의원	1천500만원	위헌

⊕ PLUS 공직선거법 제57조의 내용

구분	요건
기탁금의 반환	• 후보자의 당선 • 후보자의 사망 • 일정 수준 이상의 득표 • 유효투표총수의 15% 이상 득표: 전액 반환 • 유효투표총수의 10% 이상~15% 미만: 50% 반환 • 비례대표의 경우는 후보자 중 당선인이 있을 때
기탁금의 국고귀속	• 후보자의 사퇴 • 후보자의 등록무효 • 일정 수준의 득표미달 • 비례대표의 경우 후보자 중 당선인이 없는 때

한눈에 쏙!

반환기준

유효투표	주문
1/3 이상	위헌
20% 이상	위헌
15% 이상	합헌

(5) 보통선거에 위배되는 경우

지나친 기탁금의 요구, 무소속후보자에게 후보등록을 위한 추천자를 지나치게 많이 요구하는 경우, 선거권자 또는 피선거권자의 연령을 지나치게 높게 정하는 경우는 보통선거의 원칙에 위배된다. 04. 법원직, 06. 국회직 8급

3. 평등선거의 원칙**

(1) 의의

평등선거란 누구나 선거권을 갖는다는 의미에 한정되지 않고 누구나 그 가치까지도 평등하게 가져야 한다는 의미이다. 즉, 1인 1표와 더불어 선거구 획정의 문제도 바로 평등선거와 관련이 있다.

** 오늘날에는 2표를 가지는 사람은 없다. 따라서 몇 표를 가지느냐가 중요한 것이 아니라 선거구의 획정이 중요하다. 선거구란 국회의원이 한 명 나오는 영역을 말하며, 보통은 행정구역 단위로 많이 한다. 즉, A시에서 국회의원 1명, B시에서 국회의원 1명과 같이 선거구가 획정된다. 다만, 10만명 중에서 국회의원 1명이 나오고 1만명 지역에서 국회의원 1명이 나오면 10만명이 있는 선거구민들은 억울할 것이다. 예를 들어, C도에서는 국회의원 3명이 나오고 D도는 100명이 나온다면 누가 수긍할 수 있겠는가? 따라서 제대로 된 선거구 획정이 중요하다.

(2) 선거구 획정

① **의의**: 오늘날에는 모든 국민들이 1표씩을 가지기 때문에 투표의 결과가치 내지 성과가치의 평등이 중시되고 있다. 따라서 이를 실현하기 위한 선거구 획정이 중요하다.

> **공직선거법**
>
> **제25조【국회의원지역구의 획정】** ① 국회의원지역구는 시·도의 관할 구역 안에서 인구·행정구역·지리적 여건·교통·생활문화권 등을 고려하여 다음 각 호의 기준에 따라 획정한다.
> 1. 국회의원지역구 획정의 기준이 되는 인구는 선거일 전 15개월이 속하는 달의 말일 현재 주민등록법 제7조 제1항에 따른 주민등록표에 따라 조사한 인구로 한다.
> 2. 하나의 자치구·시·군의 일부를 분할하여 다른 국회의원지역구에 속하게 할 수 없다. 다만, 인구범위(인구비례 2:1의 범위를 말한다. 이하 이 조에서 같다)에 미달하는 자치구·시·군으로서 인접한 하나 이상의 자치구·시·군의 관할 구역 전부를 합하는 방법으로는 그 인구범위를 충족하는 하나의 국회의원지역구를 구성할 수 없는 경우에는 그 인접한 자치구·시·군의 일부를 분할하여 구성할 수 있다.
>
> ② 국회의원지역구의 획정에 있어서는 제1항 제2호의 인구범위를 벗어나지 아니하는 범위에서 농산어촌의 지역대표성이 반영될 수 있도록 노력하여야 한다.

한눈에 쏙!

구분	인구편차
국회	1:2
지방	1:3

판례 | 선거구 간 인구편차에 관한 판례

1 국회의원의 경우 1:2

[1] 국회를 구성함에 있어 국회의원의 지역대표성이 고려되어야 한다고 할지라도 이것이 국민주권주의의 출발점인 투표가치의 평등보다 우선시될 수는 없다. 특히, 현재는 지방자치제도가 정착되어 지역대표성을 이유로 헌법상 원칙인 투표가치의 평등을 현저히 완화할 필요성 또한 예전에 비해 크지 않다.

[2] 인구편차의 허용기준을 엄격하게 하는 것이 외국의 판례와 입법추세임을 고려할 때, 우리도 인구편차의 허용기준을 엄격하게 하는 일을 더 이상 미룰 수 없다.

[3] 선거구구역표는 전체가 불가분의 일체를 이루는 것으로서 어느 한 부분에 위헌적인 요소가 있다면, 선거구구역표 전체가 위헌의 하자를 갖는 것이다.

[4] 다만, 단순위헌결정을 할 경우 법적 공백이 발생할 우려가 큰 점 등을 고려하여 헌법불합치결정을 하기로 한다(헌재 2014.10.30, 2012헌마192).

2 지방의회의원의 경우 1:3

[1] 자치구·시·군의원은 주로 지역적 사안을 다루는 지방의회의 특성상 지역대표성도 겸하고 있고, 우리나라는 도시와 농어촌 간의 인구격차가 크고 각 분야에 있어서의 개발불균형이 현저하므로, 자치구·시·군의원 선거구 획정에 있어서는 행정구역, 지역대표성 등 2차적 요소도 인구비례의 원칙 못지않게 함께 고려해야 할 필요성이 크다.

[2] 인구편차 상하 33⅓%(인구비례 2:1)의 기준을 적용할 경우 자치구·시·군의원의 지역대표성과 각 분야에 있어서의 지역 간 불균형 등 2차적 요소를 충분히 고려하기 어려운 반면, 인구편차 상하 50%(인구비례 3:1)를 기준으로 하는 방안은 2차적 요소를 보다 폭넓게 고려할 수 있다. 인구편차 상하 60%의 기준에서 곧바로 인구편차 상하 33⅓%의 기준을 채택하는 경우 선거구를 조정하는 과정에서 예기치 않은 어려움에 봉착할 가능성이 크므로, 현재의 시점에서 자치구·시·군의원 선거구 획정과 관련하여 헌법이 허용하는 인구편차의 기준을 인구편차 상하 50%(인구비례 3:1)로 변경하는 것이 타당하다(헌재 2018.6.28, 2014헌마166).

기출 OX

01 자치구·시·군의회의원 선거구 획정에서 헌법상 허용되는 인구편차의 기준을 상하 50%(인구비례 3:1)에서 상하 33⅓%의 기준으로 변경하였다. 19. 국가직 7급 ( )

정답 01 ×

② **선거구획정위원회**: 국회의원선거구획정위원회는 중앙선거관리위원회에 두되, 직무에 관하여 독립의 지위를 가진다.
③ **자의적인 선거구 획정의 금지**: 평등선거원칙은 차별적인 선거구 획정, 즉 게리맨더링에 대한 부정을 의미하기도 한다. 헌법재판소는 충북 보은 - 옥천 - 영동의 선거구와 관련된 사건에서 인접지역이 아닌 지역을 1개의 선거구로 구성하는 경우 특별한 사정이 없는 한 입법재량의 범위를 일탈한 자의적인 선거구 획정이어서 헌법에 반한다고 판시한 바 있고(헌재 1995.12.27, 95헌마224 등), 인접하지 않은 인천 계양구 계양 1동과 강화군을 하나의 선거구로 구성한 것에 대해서는 특별한 사정이 있다고 하여 합헌으로 판시한 바 있다(헌재 1998.11.26, 96헌마54).

4. 직접선거의 원칙

선거인 스스로가 직접 대의기관을 선출하는 것을 뜻한다.* 비례대표제의 경우에서 의원의 선출뿐만 아니라 의석확보도 선거권자의 투표에서 직접 결정될 것을 포함하는 것과 관련된 원칙이다.

* 간접선거는 직접선거의 반대로, 선거인과 피선거인 사이에 누군가가 있는 것이다. 즉, 미국의 경우 국민이 직접 대통령을 뽑는 것이 아니라 중간에 선거인단을 뽑고 그 사람들이 다시 대통령을 뽑는 방식이다.

판례 | 비례대표 1인 1표제

직접선거의 원칙은 선거결과가 선거권자의 투표에 의하여 직접 결정될 것을 요구하는 원칙이다. 국회의원선거와 관련하여 보면, 국회의원의 선출이나 정당의 의석획득이 중간선거인이나 정당 등에 의하여 이루어지지 않고 선거권자의 의사에 따라 직접 이루어져야 함을 의미한다. **현행 제도는 정당명부에 대한 투표가 따로 없으므로 유권자들에게 비례대표의원에 대한 직접적인 결정권이 전혀 없는 것이나 마찬가지이다.** 정당명부에 대한 직접적인 투표가 인정되지 않기 때문에 비례대표의원의 선출에 있어서는 유권자의 투표행위가 아니라 정당의 명부작성행위가 최종적·결정적 의의를 지니게 된다. 따라서 현행 비례대표의석배분방식은 선거권자들의 투표행위로써 정당의 의석배분, 즉 비례대표국회의원의 선출을 직접, 결정적으로 좌우할 수 없으므로 직접선거의 원칙에 위배된다고 할 것이다. 또한 **무소속후보자를 지지하는 유권자의 경우 정당투표를 인정하지 않아 평등선거의 원칙에도 위배된다**(헌재 2001.7.19, 2000헌마91 등).

✎ 판례가 위헌이 된 것은 1인 1표제 방식 때문이지 고정명부나 저지조항 때문이 아니다. 정당투표가 없다면 어떠한 명부든 위헌이고, 저지조항이 어디에 설정되든 위헌이다.

5. 비밀선거의 원칙

(1) 의의

공개투표에 대응하는 개념으로 선거인의 투표가 타인에게 알려지지 않도록 하는 선거원칙을 말한다.

(2) 출구조사

현재 선거의 결과를 예상하기 위하여 선거일에 투표소로부터 50m 밖에서 투표의 비밀이 침해되지 않는 방법으로 선거인을 상대로 질문하는 것이 허용된다(공직선거법 제167조).

기출 OX

02 1인 1표제를 채택하여 유권자에게 별도의 정당투표를 인정하지 않고 지역구국회의원 총선거에서 얻은 득표비율에 따라 비례대표의석을 배분하는 방식은 평등선거의 원칙에 반한다고 볼 수 없다. 08. 법원직 ( )

정답 02 ×

(3) 여론조사

선거에 있어서 정당이나 후보자에 대한 지지도를 조사하는 것을 말하며 선거일 6일 전부터 투표마감시각까지는 그 결과를 공표할 수 없다(공직선거법 제108조).

6. 자유선거의 원칙

(1) 의의

강제선거에 대응하는 선거제도로 선거인이 외부의 강제나 간섭 없이 자유롭게 자신의 선거권을 행사할 수 있도록 하는 원칙이다. 비록 우리 헌법이 자유선거의 원칙에 관하여 명문의 규정을 두고 있지는 않지만, 일반적으로 헌법에 내재하는 당연한 선거원칙으로 해석하고 있으며, 헌법재판소 역시 이를 인정하고 있다(헌재 1994.7.29, 93헌가4 등). 04. 법원직

(2) 내용

자유선거는 선거의 내용은 물론이고 선거의 가부까지도 선거인의 자유로운 결정으로 한다. 따라서 기권하는 자에 대하여 과태료나 벌금의 부과 등도 허용되지 않지만 유도하는 것은 가능하다.*

* 실제로 과거 젊은 층의 투표독려를 위해서 고궁에 방문했을 때 할인권을 주었으나, 과연 이것으로 젊은이들의 참여를 독려할 수 있을까에 대해서 논란이 있었다.

02 우리나라의 선거제도

> **헌법 제41조** ① 국회는 국민의 보통·평등·직접·비밀선거에 의하여 선출된 국회의원으로 구성한다.
> ② 국회의원의 수는 법률로 정하되, 200인 이상으로 한다.
> ③ 국회의원의 선거구와 비례대표제 기타 선거에 관한 사항은 법률로 정한다.

1. 기본내용

(1) 선거구와 의원정수

> **공직선거법**
> 제21조【국회의 의원정수】① 국회의 의원정수는 지역구국회의원 253명과 비례대표국회의원 47명을 합하여 300명으로 한다.
> ② 하나의 국회의원지역선거구(이하 '국회의원지역구'라 한다)에서 선출할 국회의원의 정수는 1인으로 한다.

(2) 선거의 유형

총선거	의원의 임기만료로 인해 국회의원 전체를 선출하는 선거
재선거	• 당선인이 임기개시 전에 사퇴·사망한 경우 • 당선인이 임기개시 전에 피선거권 상실 등으로 인하여 당선이 무효로 된 경우
연기된 선거	천재지변 기타 부득이한 사유로 인하여 선거를 실시할 수 없거나 실시하지 못한 때 실시하는 선거
보궐선거	임기 중 사망·사퇴 등의 사유로 궐원 또는 궐위가 발생하여 실시하는 선거

한눈에 쏙!

보궐선거 등의 선거일

구분	선거일
지방자치단체장	4월·10월(2번)
나머지	4월(1번)

(3) 법정 선거일

> **공직선거법**
>
> 제34조【선거일】① 임기만료에 의한 선거의 선거일은 다음 각 호와 같다.
> 1. 대통령선거는 그 임기만료일 전 70일 이후 첫 번째 수요일
> 2. 국회의원선거는 그 임기만료일 전 50일 이후 첫 번째 수요일
> 3. 지방의회의원 및 지방자치단체의 장의 선거는 그 임기만료일 전 30일 이후 첫 번째 수요일
> ② 제1항의 규정에 의한 선거일이 국민생활과 밀접한 관련이 있는 민속절 또는 공휴일인 때와 선거일 전일이나 그 다음 날이 공휴일인 때에는 그 다음 주의 수요일로 한다.

[참고]
윤석열 대통령의 임기만료일은 2027년 5월 9일이었다. 이로부터 70일 전은 2월 28일 일요일이다. 따라서 이후 첫 번째 수요일이니 1(월)2(화)3(수) 따라서 다음 대통령 선거는 2027년 3월 3일이다.

(4) 선거기간

> **공직선거법**
>
> 제33조【선거기간】① 선거별 선거기간은 다음 각 호와 같다.
> 1. 대통령선거는 23일
> 2. 국회의원선거와 지방자치단체의 의회의원 및 장의 선거는 14일
> 3. 삭제
> ② 삭제
> ③ '선거기간'이란 다음 각 호의 기간을 말한다.
> 1. 대통령선거: 후보자등록마감일의 다음 날부터 선거일까지
> 2. 국회의원선거와 지방자치단체의 의회의원 및 장의 선거: 후보자등록마감일 후 6일부터 선거일까지

판례 | 국회의원선거의 선거기간 [기각]

이 사건 공직선거법 규정상 선거기간이 14일로 단축되어 선거운동기간이 종전에 비하여 3일 단축되었으나, 선거일 전 120일부터 예비후보자로 등록할 수 있는 예비후보자 및 후보자등록기간 중의 후보자에 대한 공직선거법 제60조의3에 의한 선거운동의 허용, 후보자 및 후보자가 되려는 자의 인터넷을 통한 선거운동의 허용 등 선거운동기간의 제한을 받지 않는 선거운동방법이 다양화된 점을 고려한다면, 위 기간이 유권자인 선거구민으로서 각 후보자의 인물, 정견, 신념 등을 파악하기에 부족한 기간이라고 단정할 수 없다. 그렇다면 … 선거운동의 자유를 형해화할 정도로 과도하게 제한하는 것으로 볼 수 없다 할 것이므로 헌법에 위반되지 않는다(헌재 2005.2.3, 2004헌마216).

(5) 후보자추천

한눈에 쏙!

후보자 추천

구분	비율	구속력
비례대표	50%	O
지역구	30%	×

공직선거법

제47조【정당의 후보자추천】 ③ 정당이 비례대표국회의원선거 및 비례대표지방의회의원선거에 후보자를 추천하는 때에는 그 후보자 중 100분의 50 이상을 여성으로 추천하되, 그 후보자명부의 순위의 매 홀수에는 여성을 추천하여야 한다.
④ 정당이 임기만료에 따른 지역구국회의원선거 및 지역구지방의회의원선거에 후보자를 추천하는 때에는 각각 전국지역구총수의 100분의 30 이상을 여성으로 추천하도록 노력하여야 한다.
⑤ 정당이 임기만료에 따른 지역구지방의회의원선거에 후보자를 추천하는 때에는 지역구시·도의원선거 또는 지역구자치구·시·군의원선거 중 어느 하나의 선거에 국회의원지역구(군지역을 제외하며, 자치구의 일부지역이 다른 자치구 또는 군지역과 합하여 하나의 국회의원지역구로 된 경우에는 그 자치구의 일부지역도 제외한다)마다 1명 이상을 여성으로 추천하여야 한다.

제50조【후보자추천의 취소와 변경의 금지】 ① 정당은 후보자등록 후에는 등록된 후보자에 대한 추천을 취소 또는 변경할 수 없으며, 비례대표국회의원후보자명부(비례대표지방의회의원후보자명부를 포함한다. 이하 이 항에서 같다)에 후보자를 추가하거나 그 순위를 변경할 수 없다.
② 선거권자는 후보자에 대한 추천을 취소 또는 변경할 수 없다.

(6) 후보자등록

[주의]
예비후보자 → 후보자 → 당선인 → 국회의원

공직선거법

제60조의2【예비후보자등록】 ① 예비후보자*가 되려는 사람(비례대표국회의원선거 및 비례대표지방의회의원선거는 제외한다)은 다음 각 호에서 정하는 날(그날 후에 실시사유가 확정된 보궐선거 등에 있어서는 그 선거의 실시사유가 확정된 때)부터 관할 선거구선거관리위원회에 예비후보자등록을 서면으로 신청하여야 한다.
* 예비후보자로 등록하는 이유는 선거기간이 길지 않기 때문에 예비후보자가 되어 먼저 자신을 알릴 수 있고, 공직선거법에 의하여 한정적이지만 선거운동을 할 수 있다는 장점 때문이다. 이때 현수막 설치, 이메일발송, 어깨띠, 전화, 문자, 명함 등과 관련한 선거운동을 할 수 있다(공직선거법 제60조의3). 다만, 배우자의 경우에는 일부(명함 등)의 선거운동만 할 수 있다.
1. 대통령선거
   선거일 전 240일
2. 지역구국회의원선거 및 시·도지사선거
   선거일 전 120일

제49조【후보자등록 등】 ① 후보자의 등록은 대통령선거에서는 선거일 전 24일, 국회의원선거와 지방자치단체의 의회의원 및 장의 선거에서는 선거일 전 20일(이하 '후보자등록신청개시일'이라 한다)부터 2일간(이하 '후보자등록기간'이라 한다) 관할 선거구선거관리위원회에 서면으로 신청하여야 한다.

2. 선거운동

(1) 선거운동의 정의

> **공직선거법**
>
> **제58조【정의 등】** ① 이 법에서 '선거운동'이라 함은 당선되거나 되게 하거나 되지 못하게 하기 위한 행위를 말한다. 다만, 다음 각 호의 어느 하나에 해당하는 행위는 선거운동으로 보지 아니한다.
> 1. 선거에 관한 단순한 의견개진 및 의사표시
> 2. 입후보와 선거운동을 위한 준비행위
> 3. 정당의 후보자추천에 관한 단순한 지지·반대의 의견개진 및 의사표시
> 4. 통상적인 정당활동
> 5. 삭제
> 6. 설날·추석 등 명절 및 석가탄신일·기독탄신일 등에 하는 의례적인 인사말을 문자메시지(그림말·음성·화상·동영상 등을 포함한다. 이하 같다)로 전송하는 행위
>
> **제58조의2【투표참여 권유활동】** 누구든지 투표참여를 권유하는 행위를 할 수 있다. 다만, 다음 각 호의 어느 하나에 해당하는 행위의 경우에는 그러하지 아니하다.
> 1. 호별로 방문하여 하는 경우
> 2. 사전투표소 또는 투표소로부터 100미터 안에서 하는 경우
> 3. 특정 정당 또는 후보자(후보자가 되려는 사람을 포함한다. 이하 이 조에서 같다)를 지지·추천하거나 반대하는 내용을 포함하여 하는 경우
> 4. 현수막 등 시설물, 인쇄물, 확성장치·녹음기·녹화기(비디오 및 오디오 기기를 포함한다), 어깨띠, 표찰, 그 밖의 표시물을 사용하여 하는 경우(정당의 명칭이나 후보자의 성명·사진 또는 그 명칭·성명을 유추할 수 있는 내용을 나타내어 하는 경우에 한정한다)

(2) 선거운동의 기간

> **공직선거법**
>
> **제59조【선거운동기간】** 선거운동은 선거기간 개시일부터 선거일 전일까지에 한하여 할 수 있다.

> **⊕ PLUS 선거운동의 주체**
>
> **공직선거법**
>
> **제58조【정의 등】** ② 누구든지 자유롭게 선거운동을 할 수 있다. 그러나 이 법 또는 다른 법률의 규정에 의하여 금지 또는 제한되는 경우에는 그러하지 아니하다.
>
> **제60조【선거운동을 할 수 없는 자】** ① 다음 각 호의 어느 하나에 해당하는 사람은 선거운동을 할 수 없다. 다만, 제1호에 해당하는 사람이 예비후보자·후보자의 배우자인 경우와 제4호부터 제8호까지의 규정에 해당하는 사람이 예비후보자·후보자의 배우자이거나 후보자의 직계존비속인 경우에는 그러하지 아니하다.
> 1. 대한민국 국민이 아닌 자. 다만, 제15조 제2항 제3호에 따른 외국인이 해당 선거에서 선거운동을 하는 경우에는 그러하지 아니하다.
> 2. 미성년자(18세 미만의 자를 말한다. 이하 같다)

3. 제18조(선거권이 없는 자) 제1항의 규정에 의하여 선거권이 없는 자
4. 국가공무원법 제2조(공무원의 구분)에 규정된 국가공무원과 지방공무원법 제2조(공무원의 구분)에 규정된 지방공무원*

* 이 경우 공무원이라 해도 단서 규정에 따라 남편이 후보자로 나온다면 그 부인이 선거운동에 참여할 수 있다.

제84조 【무소속후보자의 정당표방제한】 무소속후보자는 특정 정당으로부터의 지지 또는 추천 받음을 표방할 수 없다. 다만, 다음 각 호의 어느 하나에 해당하는 행위는 그러하지 아니하다.
1. 정당의 당원경력을 표시하는 행위
2. 해당 선거구에 후보자를 추천하지 아니한 정당이 무소속후보자를 지지하거나 지원하는 경우 그 사실을 표방하는 행위

제87조 【단체의 선거운동금지】** ① 다음 각 호의 어느 하나에 해당하는 기관·단체(그 대표자와 임직원 또는 구성원을 포함한다)는 그 기관·단체의 명의 또는 그 대표의 명의로 선거운동을 할 수 없다.

** 제목은 선거운동금지로 되어 있으나 현행법상 단체는 원칙적으로 선거운동이 가능하다.

> **판례 | 기초의회의원선거의 후보자 정당표방금지 [위헌]**
>
> 후보자가 정당의 지지·추천을 받았는지 여부를 유권자들이 알았다고 하여 이것이 곧 지방분권 및 지방의 자율성 저해를 가져올 것이라고 보기에는 그 인과관계가 지나치게 막연하다. 기초의회의원선거뿐만 아니라 광역의회의원선거, 광역자치단체장선거 및 기초자치단체장선거에서도 함께 통용될 수 있다. 그러므로 위 조항은 **아무런 합리적 이유 없이 유독 기초의회의원후보자만을 다른 지방선거의 후보자에 비해 불리하게 차별하고 있으므로 평등원칙에 위배된다**(헌재 2003.1.30, 2001헌가4).

(3) 선거운동의 규제

공직선거법

제82조의4 【정보통신망을 이용한 선거운동】 ② 누구든지 정보통신망 이용촉진 및 정보보호 등에 관한 법률 제2조 제1항 제1호에 따른 정보통신망(이하 '정보통신망'이라 한다)을 이용하여 후보자(후보자가 되려는 사람을 포함한다. 이하 이 조에서 같다), 그의 배우자 또는 직계존비속이나 형제자매에 관하여 허위의 사실을 유포하여서는 아니 되며, 공연히 사실을 적시하여 이들을 비방하여서는 아니 된다.

제82조의7 【인터넷광고】 ① 후보자(대통령선거의 정당추천후보자와 비례대표국회의원선거 및 비례대표지방의회의원선거에 있어서는 후보자를 추천한 정당을 말한다. 이하 이 조에서 같다)는 인터넷언론사의 인터넷 홈페이지에 선거운동을 위한 광고(이하 '인터넷광고'라 한다)를 할 수 있다.

제93조 【탈법방법에 의한 문서·도화의 배부·게시 등 금지】 ① 누구든지 선거일 전 120일(보궐선거 등에 있어서는 그 선거의 실시사유가 확정된 때)부터 선거일까지 선거에 영향을 미치게 하기 위하여 이 법의 규정에 의하지 아니하고는 정당(창당준비위원회와 정당의 정강·정책을 포함한다. 이하 이 조에서 같다) 또는 후보자(후보자가 되고자 하는 자를 포함한다. 이하 이 조에서 같다)를 지지·추천하거나 반대하는 내용이 포함되어 있거나 정당의 명칭 또는 후보자의 성명을 나타내는 광고, 인사장, 벽보, 사진, 문서·도화, 인쇄물이나 녹음·녹화테이프 그 밖에 이와 유사한 것을 배부·첩부·살포·상영 또는 게시할 수 없다.

판례 | 선거운동의 규제

1 언론인의 선거운동 규제 [위헌]
언론인의 선거 개입을 금지하여 선거의 공정성·형평성을 확보하고자 한다면, 일정 범위의 언론인을 대상으로 언론매체를 통한 활동의 측면에서 발생 가능한 문제점을 규제하는 것으로써 충분히 그 목적을 달성할 수 있다. 그런데 심판대상조항들은 해당 언론인의 범위가 지나치게 광범위하고, 이미 법에서 그러한 측면에서 발생할 수 있는 폐해를 시정하기 위한 조항들을 충분히 규정하고 있어 침해의 최소성원칙에 위반된다(헌재 2016.6.30, 2013헌가1).

2 선거운동기간 중 인터넷게시판 실명확인 [위헌]
'인터넷언론사'가 명확성원칙에 반하지는 않는다고 하더라도 그 범위가 광범위하다는 점까지 고려하면 심판대상조항으로 인하여 발생할 수 있는 기본권 제한의 정도는 결코 작다고 볼 수 없다. 실명확인제가 표방하고 있는 선거의 공정성이라는 목적은 인터넷 이용자의 표현의 자유나 개인정보자기결정권을 제약하지 않는 다른 수단(삭제요청 등)에 의해서도 충분히 달성할 수 있다(헌재 2021.1.28, 2018헌마456).

> **기출 OX**
> 01 언론인의 선거운동을 금지하고, 이를 위반한 경우 처벌하도록 규정한 공직선거법 관련 조항 부분은 선거운동의 자유를 침해한다. 19. 법원직 ( )

① **호별방문 등의 제한**: 선거운동은 공직선거법이 금지하는 경우 이외의 방법으로 가능하나 호별방문·서명운동·음식물 제공·기부행위·비방은 금지된다. 합동연설회 및 정당·후보자 등에 의한 연설회는 폐지하고 관혼상제의 의식이 거행되는 장소나 다수인이 왕래하는 공개된 장소에서 지지를 호소할 수 있다.

② **인쇄물 발행에 대한 규제**: 대통령선거에서는 전단형 소형인쇄물과 책자형 소형인쇄물 발행이 가능하며, 국회의원·지방자치단체장선거에서는 책자형 소형인쇄물만 발행이 가능하다.

⊕ PLUS 선거에 관한 쟁송

1. 당선인 결정
① 유효투표총수의 다수득표: 투표일이나 득표율에 상관없이 다수득표자가 당선인이 된다.
② 후보자가 1인 또는 최고득표자가 2인 이상일 경우

구분	후보자 1인	최고득표자가 2인 이상
대통령	선거권자 총수의 1/3 이상 득표	국회에서 다수득표자
국회의원	무투표 당선	연장자
지방의원	무투표 당선	연장자
지방자치 단체장	무투표 당선	연장자

2. 선거에 관한 쟁송 비교

구분	선거소청		선거소송		당선소송	
	광역	기초	지방선거	대선·총선	지방선거	대선·총선
소청인	선거인, 정당, 후보자		선거인, 정당, 후보자		정당, 후보자	
피소청인	당해 선거관리위원회		당해 선거관리위원회		당선인, 선거관리위원회 (국회의장·법무부장관·고등검사장)	
기간	선거~14일 이내		소청결정 ~10일	30일 이내	소청결정 ~10일	당선결정 ~30일
소청기관	중앙 선거관리 위원회	시·도 선거관리 위원회	고등법원	지방선거(광역단체장·비례의원 제외)		
			대법원	대선·총선, 광역단체장, 광역비례의원		

> 정답 01 ○

SUMMARY | 선거제도 비교

구분	대통령	국회의원	지방자치단체장		지방의회	
			광역	기초	광역	기초
선거권	18세 이상		18세 이상, 주민등록(선거인명부 작성기준일 현재)			
피선거권	40세 이상, 5년 이상 국내거주	18세 이상	18세 이상, 60일 이상 주민등록(선거일 현재)			
선거일	임기만료 전 70일 이후 첫 번째 수요일	임기만료 전 50일 이후 첫 번째 수요일	임기만료 전 30일 이후 첫 번째 수요일			
선거기간	23일	14일	14일			
최고 득표자 2인인 경우	국회 재적의원 과반수, 출석의원 다수표	연장자	연장자			
후보자 1인인 경우	선거권자 총수 1/3	무투표 당선	무투표 당선		무투표 당선	
기탁금	3억원	1천5백만원	5천만원	1천만원	3백만원	2백만원

기출 OX

01 당선소송이나 선거소송은 대통령, 국회의원, 시·도지사 및 비례대표 시·도의원의 경우에는 대법원이, 지역구시·도의원과 자치구·시·군의원 및 자치구·시·군의 장의 경우에는 관할 고등법원이 담당한다. 08. 국회직 8급 (   )

판례 | 선거에 관한 판례

1 지방자치단체장의 거주요건에 의한 피선거권 제한 [기각]

거주·이전의 자유가 국민에게 그가 선택할 직업 내지 그가 취임할 공직을 그가 선택하는 임의의 장소에서 자유롭게 행사할 수 있는 권리까지 보장하는 것은 아니다. 물론 직업에 관한 규정이나 공직취임의 자격에 관한 제한규정이 그 직업 또는 공직을 선택하거나 행사하려는 자의 거주·이전을 간접적으로 어렵게 하거나 불가능하게 하거나 원하지 않는 지역으로 이주할 것을 강요하게 될 수는 있다. 그러나 그와 같은 조치가 특정한 직업 내지 공직의 선택 또는 행사에 있어서의 필요와 관련되어 있는 것인 한, 그러한 조치에 의하여 헌법 제15조의 직업의 자유 내지 헌법 제25조의 공무담임권이 제한될 수는 있어도 헌법 제14조의 거주·이전의 자유가 제한되었다고 볼 수 없다(헌재 1996.6.26, 96헌마200).

2 지방자치단체장의 선거일 180일 전 사퇴사건 [위헌]

이 사건 조항과 마찬가지로 공직선거법 제53조 제1항도 자신의 지위와 권한을 선거운동에 남용할 우려가 있는 공무원 등의 일정 집단에 대하여 선거일 전 60일까지 그 직을 그만두도록 함으로써 선거의 공정성을 꾀하고 공무원의 직무전념성도 확보하려는 목적에서 제정되었다. 그런데 지방자치단체의 장이 공직을 이용해 사전선거운동을 행할 가능성이 있고 그로 인해 선거의 공정성이 위협받을 수 있음은 부정할 수 없지만, 이러한 염려는 다른 공무원의 경우에도 동일하게 발생하는 것이다. 따라서 지방자치단체장과 그 밖의 다른 공무원 사이에 피선거권의 제한에 있어 본질적인 차이가 존재한다고 보기는 어렵다. 그렇다면, 이 사건 조항이 지방자치단체의 장에 대해 조기사퇴를 강제하는 것은 다른 공무원과의 관계에서 지방자치단체의 장을 합리적 이유 없이 차별하는 것이라 할 것이다(헌재 2003.9.25, 2003헌마106).

한눈에 쏙!

지자체장 출마 제한

시기	주문
출마불가	위헌
180일 전 사퇴	위헌
120일 전 사퇴	합헌

정답 01 ○

3 지방자치단체장의 선거일 120일 전 사퇴사건 [기각]

통상 단체장이 지방자치단체의 관할 구역과 같거나 겹치는 지역구국회의원선거에 입후보하고자 하는 경우, 일반 공무원보다 그 직위를 이용한 선심·편파행정의 가능성 및 이로 인한 선거의 공정성의 저해 가능성은 더 크다고 볼 것이다. … 그렇다면 이 사건 조항이 단체장을 일반 공무원보다 '60일' 먼저 사퇴하도록 한 것은 그러한 단체장의 지위와 권한의 특수성을 감안할 때 합리성을 벗어난 것이라 보기 어렵다(헌재 2006.7.27, 2003헌마758 등).

4 지방자치단체장 선거

지방자치단체의 장 선거권 역시 다른 선거권과 마찬가지로 헌법 제24조에 의해 보호되는 기본권으로 인정하여야 한다(헌재 2016.10.27, 2014헌마797).

5 대통령선거 방송토론회의 후보자초청대상에서의 차별 [기각]

토론위원회가 제시한 이 사건 초청 후보자 선정기준은 최소한의 당선가능성과 주요 정당의 추천이라는 점에 기초하여 대담·토론기능의 활성화를 위해서는 적당한 소수의 후보자만을 초청하여야 한다는 요청과 선거운동에서의 기회의 균등보장이라는 서로 대립하는 이익을 적절히 비교형량한 합리적인 것으로서, '같은 것은 같게, 다른 것은 다르게' 취급하는 것이라 할 것이므로 도저히 자의적인 차별이라고 할 수는 없다(헌재 1998.8.27, 97헌마372 등).

6 단체의 낙선운동 [기각]

우선 첫째로 제3자 편의 낙선운동이 실제로 선택하는 운동의 방법이나 형식은 후보자 편의 낙선운동이 취하는 운동의 방법·형식과 다를 것이 없고, 둘째로 제3자 편의 낙선운동의 효과는 경쟁하는 다른 후보자의 당선에 크건 작건 영향을 미치게 되고 경우에 따라서는 **제3자 편의 낙선운동이 그 명분 때문에 후보자 편의 낙선운동보다도 훨씬 더 큰 영향을 미칠 수도 있다.** 이러한 점들을 생각할 때에, 제3자 편의 낙선운동은 후보자 측이 자기의 당선을 위하여 경쟁 후보자에 대하여 벌이는 낙선운동과 조금도 다를 것이 없다(헌재 2001.8.30, 2000헌마121 등).

✐ 당시에는 단체는 선거운동을 할 수 없었다. 판례는 낙선운동도 선거운동으로 보아서 이는 단체가 위법한 행위를 한 것이라고 보았다.

7 국민건강보험공단의 상근직원의 선거운동 금지 [기각]

국민건강보험공단의 구성원들이 각종 선거에서 특정 후보자를 위한 선거활동을 할 수 있도록 허용할 경우 국민전체가 아닌 특정 집단의 이익만을 도모하는 방향으로 업무를 수행하거나 관련 업무의 집행에 대하여 부당한 영향력을 가할 우려가 있다. 특히 건강보험 가입자와 그 피부양자에 대한 막대한 정보를 유출하여 전국적 규모의 방대한 조직과 함께 선거에 이용할 가능성이 크다 할 것이다. … 이 사건 법률 조항은 헌법에 위반되지 아니한다(헌재 2004.4.29, 2002헌마467).

✐ 국민건강보험공단의 상근직원 선거운동 금지는 기각되었으나, 이후 허용되는 것으로 법이 개정되었다.

8 공무원의 선거운동 기획참여 금지 [한정위헌]

선거의 공정성을 확보하기 위하여 선거에 대한 부당한 영향력의 행사 기타 선거결과에 영향을 미치는 행위를 금지하여 선거에서의 공무원의 중립의무를 실현하고자 한다면, 공무원이 '그 지위를 이용하여' 하는 선거운동의 기획행위를 막는 것으로 충분하며, 그 지위를 이용함이 없이 하는 선거운동의 그러한 준비행위를 허용한다고 해서 그것이 선거에 영향을 미친다고는 보이지 않는다. 이러한 점에서 이 사건 법률 조항은 수단의 적정성과 피해의 최소성원칙에 반한다고 할 것이다. … **이 사건 법률 조항은 공무원의 지위를 이용하지 아니한 행위에까지 적용되는 한 기본권을 침해하여 헌법에 위반된다**(헌재 2008.5.29, 2006헌마1096).

기출 OX

02 지방자치단체의 장 선거권은 헌법 제24조에 의해 보호되는 기본권으로 인정된다. 22. 경찰승진 ( )

한눈에 쏙!

구분	주문
운동 금지	합헌
기획참여 금지	위헌

모든 선거의 기획참여를 금지하여 위헌이 된다. 즉, 사안의 경우 자신의 선거였기에 기획참여가 가능해야 한다는 의미이다.

기출 OX

03 공무원이 선거운동의 기획행위를 하는 모든 경우를 금지하는 것은 공무원의 정치적 중립성에서 나오는 공익이 정치적 표현의 자유보다 크기 때문에 헌법에 위반되지 아니한다. 14. 국가직 9급 ( )

정답 02 ○ 03 ✕

9 배우자의 선거범죄로 인한 당선무효 [기각]

배우자와 후보자는 선거에 임하여 분리하기 어려운 운명공동체라고 보아 배우자의 행위를 곧 후보자의 행위로 의제함으로써 선거부정방지를 도모하고자 한 입법적 결정의 전제와 목표 및 선택이 현저히 잘못되었거나 부당하다고 보기 어려운 이상 … 이 사건 법률 조항이 필요 이상으로 지나치게 가혹한 연대책임을 부과함으로써 후보자의 공무담임권을 침해하기에 이른 것으로 볼 수 없다(헌재 2005.12.22, 2005헌마19).

10 선거관련 공소시효는 6개월로 규정 [합헌]

지역농협의 조합장선거와 관련하여 금전제공행위를 금지하고 이를 형사처벌하는 농업협동조합법 제50조 제1항 및 제172조 제1항 제2호, 선거 관련 범죄의 공소시효를 해당 선거일 후 6개월로 규정하고 있는 농업협동조합법 제172조 제4항이 헌법에 위반되지 않는다는 결정을 선고하였다(헌재 2012.2.23, 2011헌바154).

✎ 임기가 4년인데 보통 재판처럼 몇 년 진행되면 당선무효가 되어도 이미 임기가 거의 끝나갈 무렵이라 실익이 없다. 그래서 선거관련 범죄는 단기간에 재판이 선고된다.

11 기부의 권유·요구에 대한 과태료 50배 부과 [헌법불합치]

이 사건 심판대상조항은 그 의무위반행위에 대하여 부과되는 과태료의 기준 및 액수가 책임원칙에 부합되지 않게 **획일적일 뿐만 아니라 지나치게 과중**하여 입법목적을 달성함에 필요한 정도를 일탈함으로써 과잉금지원칙에 위반된다(헌재 2009.3.26, 2007헌가22).

12 온라인에서 선거운동의 자유 [한정위헌]

이 사건 법률 조항 중 '기타 이와 유사한 것'에 '정보통신망을 이용하여 인터넷 홈페이지 또는 그 게시판·대화방 등에 글이나 동영상 등 정보(UCC)를 게시하거나 전자우편을 전송하는 방법'이 포함되는 것으로 해석하여 이를 금지하고 처벌하는 것은 과잉금지원칙에 위배하여 청구인들의 선거운동의 자유 내지 정치적 표현의 자유를 침해한다(헌재 2011.12.29, 2007헌마1001 등).

13 부재자 투표시간 [헌법불합치]

일과시간에 학업이나 직장업무를 하여야 하는 부재자투표자는 **투표개시시간을 일과시간 이내인 오전 10시부터로 정하고 있는** 이 사건 투표시간조항으로 인하여 일과시간 이전에 투표소에 가서 투표할 수 없게 되어 사실상 선거권을 행사할 수 없게 되는 중대한 제한을 받는다. 그렇다면 이 사건 투표시간조항 중 투표개시시간 부분은 수단의 적정성, 법익균형성을 갖추지 못하므로 과잉금지원칙에 위배하여 청구인의 선거권과 평등권을 침해하는 것이다(헌재 2012.2.23, 2010헌마601).

✎ 시작시간 10시는 위헌이고, 끝나는 시간 4시는 합헌이다.

14 공무원의 지위이용 선거운동 처벌 [합헌]

> [주의]
> 지방의회의원의 경우 공직선거법상 정치적 중립성을 요구하는 공무원에 해당하지 않는다. 다만, 그 지위를 이용한 선거운동이 금지되는 대상에서 제외되지는 않는다.

지방의회의원이 어느 공공기관·사회단체 등의 기관·단체·시설에 예산을 지원하겠다는 의사표시가 선거운동에 이용할 목적의 일환이었는지, 아니면 의정활동 등 직무상의 통상적인 권한 행사였는지 등은 개별 사안에서 법관의 법률 조항에 대한 보충적 해석·적용을 통해 가려질 수 있다. 따라서 선거운동에 이용할 목적으로 기관·단체·시설에 금전·물품 등 재산상의 이익을 제공하거나 그 제공의 의사를 표시하거나 그 제공을 약속한 자를 처벌하는 공직선거법은 헌법에 위반되지 아니한다(헌재 2020.3.26, 2018헌바3).

15 기초의회의원 정당표방금지 [위헌]
[1] 기초의회의원선거 후보자로 하여금 특정 정당으로부터의 지지 또는 추천받음을 표방할 수 없도록 한 공직선거 및 선거부정방지법 제84조 중 '자치구·시·군의회의원선거의 후보자' 부분이 정치적 표현의 자유를 침해한다.
[2] 다른 지방선거 후보자와는 달리 기초의회의원선거의 후보자에 대해서만 정당표방을 금지한 것이 평등원칙에 위배된다(헌재 2003.1.30, 2001헌가4).

16 미혼의 예비후보자의 불리함 [위헌]
이 사건 1호 법률 조항에 의하여 배우자 없는 예비후보자가 불리한 상황에서 선거운동을 하는데, 이 사건 3호 법률 조항은 배우자가 그와 함께 다니는 사람 중에서 지정한 1명까지 보태어 명함을 교부하고 지지를 호소할 수 있도록 함으로써 배우자 유무에 따른 차별효과를 지나치게 커지게 한다(헌재 2013.11.28, 2012헌가10).

17 공직선거법상 기부행위 제한 [합헌]
'연고가 있는'이라는 표현이 추상적이기는 하나, 기부행위를 제한하는 입법의 취지와 다른 조항과의 연관성, 입법기술상의 한계 등을 고려할 때 건전한 일반 상식을 가진 자에 의하여 의미가 파악되기 어렵다고 보기 힘들다(헌재 2014.2.27, 2013헌바106).

18 한국철도공사 상근직원 선거운동 금지 [위헌]
선거운동이 금지되는 다수의 기관 중, 한국철도공사의 상근직원에 대하여 선거운동을 금지하고 이를 위반한 경우 처벌하는 심판대상조항이 선거운동의 자유를 지나치게 제한하여 헌법에 위반된다(헌재 2018.2.22, 2015헌바124).
▶ 심사기준은 엄격한 심사기준 적용이다.

19 협동조합의 상근직원은 선거운동 금지 [합헌]
협동조합이 가지는 공법인적 특성과 기능적 공공성에 더하여, 협동조합의 상근직원이 각 지역 주민들의 생활에 매우 밀접한 직무를 수행하고 있는 점 등을 고려해볼 때, 협동조합의 상근직원이 그 직을 그대로 유지한 채 선거운동을 할 경우에는 선거의 공정성·형평성이 저해될 우려가 있다(헌재 2022.11.24, 2020헌마417).

20 공무원의 투표권유 운동 및 기부금품모집 금지 [합헌]
공무원의 정치적 중립성에 정면으로 반하는 행위를 금지함으로써 선거의 공정성과 형평성을 확보하기 위한 것으로 표현의 자유 침해가 아니다(헌재 2012.7.26, 2009헌바298).

21 비례대표국회의원후보자의 경우 공개장소에서의 연설·대담 금지 [합헌]
비례대표국회의원후보자의 경우 이를 금지하여도 제한되는 이익 내지 정당활동의 자유가 결코 크다고 볼 수 없다(헌재 2013.10.24, 2012헌마311).

22 후보자기호 결정방법 [합헌]
후보자기호 결정에 관한 현행의 정당·의석우선제도는 다수의석을 가진 정당후보자에게 유리하고 소수의석을 가진 정당이나 의석이 없는 정당후보자 및 무소속후보자에게는 상대적으로 불리하여 차별이 있다고 할 것이나, 정당후보자에게 무소속후보자보다 우선순위의 기호를 부여하는 것은 정당제도의 존재 의의에 비추어 그 목적이 정당할 뿐만 아니라, 당적 유무, 의석순, 정당명 또는 후보자성명의 '가, 나, 다' 순 등 합리적 기준에 의하고 있으므로 평등권을 침해한다고 할 수 없다(헌재 1996.3.28, 96헌마9 등).

기출 OX

01 기초의회의원선거에서 정당의 후보자추천을 금지하는 것은 지방자치제도 본래의 기능의 실현을 위해서 필요한 것이다. 08. 사시 ( )

한눈에 쏙!

구분	주문
배우자	합헌
배우자가 지정하는 1인	위헌

현재는 배우자가 없는 후보자도 1인을 지정하여 선거운동을 할 수 있게 개정되었다.

기출 OX

02 예비후보자의 배우자가 함께 다니는 사람 중에서 지정한 자도 선거운동을 위하여 명함교부 및 지지호소를 할 수 있도록 한 공직선거법 관련 조항 중 '배우자' 관련 부분이 배우자가 없는 예비후보자의 평등권을 침해하는 것은 아니다. 14. 국가직 7급 ( )

03 한국철도공사의 상근직원은 상근임원과 달리 그 직을 유지한 채 공직선거에 입후보하여 자신을 위한 선거운동을 할 수 있음에도, 상근직원이 타인을 위한 선거운동을 할 수 없도록 전면적으로 금지하는 공직선거법 규정은 상근직원의 선거운동의 자유를 침해한다. 18. 국가직 7급 ( )

정답 01 × 02 × 03 ○

기출 OX

01 방송광고, 후보자 등의 방송연설, 방송시설주관 후보자연설의 방송, 선거방송토론위원회 주관 대담·토론회의 방송에서 한국 수화언어 또는 자막의 방영을 재량사항으로 규정한 공직선거법 조항이 자의적으로 비청각장애인과 청각장애인인 청구인을 달리 취급하여 청구인의 평등권을 침해한다고 보기는 어렵다. 22. 경찰 ( )

02 지역농협이사선거의 경우 전화·컴퓨터통신을 이용한 지지 호소의 선거운동방법을 금지하고, 이를 위반한 자를 처벌하는 것은 해당 선거후보자의 결사의 자유와 표현의 자유를 침해한다. 17. 국가직 7급 ( )

03 새마을금고의 임원선거와 관련하여 법률에서 정하고 있는 방법 외의 방법으로 선거운동을 할 수 없도록 하고 이를 위반한 경우 형사처벌하도록 정하고 있는 새마을금고법 규정은 표현의 자유를 침해하지 않는다. 19. 서울시 7급 ( )

23 수화방송 필수 아님 [합헌]
선거방송에서 수화방송 등을 의무사항으로 규정하지 아니한 것은 방송사업자 등의 시설장비나 기술수준 등에서 비롯되는 불가피한 사유로 적시에 실시할 수 없을 수도 있기 때문이다(헌재 2009.5.28, 2006헌마285).

24 실비와 수당을 제외한 일체의 금품제공 금지 [합헌]
실비의 종류는 선거사무관계자가 선거운동과 관련하여 통상적으로 지출하는 비용인 교통비와 식사비, 기타 비용, 실비의 범위는 선거 종류에 따라 선거운동을 위한 지리적 이동거리, 선거운동의 규모에 따라 필요한 수준이 될 것임을 예측할 수 있다(헌재 2015.4.30, 2013헌바55).

🖉 허용되는 범위를 중앙선거관리위원회규칙에 위임한 것은 포괄위임금지의 원칙에 위반되지 않는다. 일체의 금품제공금지해야 하고 그 범위는 알 수 있기 때문에 합헌이다.

25 농협조합장선거 [위헌]
농협이사선거에서 전화·컴퓨터통신을 이용한 지지 호소의 선거운동방법까지 금지하는 방안은 과도한 제한이다(헌재 2016.11.24, 2015헌바62).

🖉 사법인적 성격을 지니는 농협·축협의 조합장선거에서 조합장을 선출하거나 선거운동을 하는 것은 헌법에 의하여 보호되는 선거권의 범위에 포함되지 않는다(헌재 2012.2.23, 2011헌바154). 이는 결사의 자유의 보호범위에 속한다.

26 직선제 조합장선거의 선거운동방법 [합헌]
직선제 조합장선거의 경우 선거운동기간을 후보자등록마감일의 다음 날부터 선거일 전일까지로 한정하면서 예비후보자 제도를 두지 아니한 구 '공공단체등 위탁선거에 관한 법률' 제24조 제2항 및 법정된 선거운동방법만을 허용하면서 합동연설회 또는 공개토론회의 개최나 언론기관 및 단체가 주최하는 대담·토론회를 허용하지 아니하는 구 '공공단체등 위탁선거에 관한 법률' 제24조 제3항 제1호가 헌법에 위반되지 아니한다(헌재 2017.7.27, 2016헌바372).

27 새마을금고 임원선거 [합헌]
새마을금고의 임원선거와 관련하여 법률에서 정하고 있는 방법 외의 방법으로 선거운동을 할 수 없도록 하고 이를 위반한 경우 형사처벌하도록 정하고 있는 새마을금고법 규정은 표현의 자유를 침해하지 않는다(헌재 2018.2.22, 2016헌바364).

28 인쇄물 살포를 금지하는 공직선거법 조항 [헌법불합치]
선거일 전 180일부터 선거일까지 장기간 동안 선거에 영향을 미치게 하기 위한 인쇄물의 살포행위를 금지·처벌하는 심판대상조항은 당초의 입법취지에서 벗어나 선거와 관련한 국민의 자유로운 목소리를 상시적으로 억압하는 결과를 초래할 수 있다(헌재 2023.3.23, 2023헌가4).

29 화환 설치를 금지하는 공직선거법 [헌법불합치]
목적 달성에 필요한 범위를 넘어 장기간(선거일 전 180일부터) 동안 선거에 영향을 미치게 하기 위한 화환의 설치를 금지하는 것으로, 과잉금지원칙에 위반되어 정치적 표현의 자유를 침해한다(헌재 2023.6.29, 2023헌가12).

30 후보자 비방죄의 처벌 [위헌]
당선되게 하거나 되지 못하게 할 목적으로 공연히 사실을 적시하여 '후보자가 되고자 하는 자'를 비방한 자를 처벌하는 공직선거법 조항의 해당 부분은, 후보자가 되고자 하는 자에 대한 사실적시 비방행위를 일반인에 대한 사실 적시 명예훼손행위보다 더 중하게 처벌하는 것으로, 스스로 공론의 장에 뛰어든 사람의 명예를 일반인의

정답 01 ○ 02 ○ 03 ○

명예보다 더 두텁게 보호하는 결과가 초래되어, 의견의 표현행위로서 비방한 자의 정치적 표현의 자유를 침해한다(헌재 2024.6.27, 2023헌바78).

∥. 충분히 사실 적시 명예훼손죄로 처벌이 가능하다.

31 말로 하는 선거운동을 처벌 [위헌]
선거운동기간 전에 개별적으로 대면하여 말로 하는 선거운동에 관한 부분, 이 사건 처벌조항 중 '그 밖의 방법'에 관한 부분 가운데 개별적으로 대면하여 말로 하는 선거운동을 한 자에 관한 부분은 과잉금지원칙에 반하여 선거운동 등 정치적 표현의 자유를 침해한다(헌재 2022.2.24, 2018헌바146).

32 재외투표기간 개시일 이후 귀국한 재외선거인의 투표 절차 미비 [인용]
심판대상조항이 재외투표기간 개시일에 임박하여 또는 재외투표기간 중에 재외선거사무 중지결정이 있었고 그에 대한 재개결정이 없었던 예외적인 상황에서 재외투표기간 개시일 이후에 귀국한 재외선거인등이 국내에서 선거일에 투표할 수 있도록 하는 절차를 마련하지 아니한 것은 과잉금지원칙을 위반하여 청구인의 선거권을 침해한다(헌재 2022.1.27, 2020헌마895).

제2편 기본권론

제4장 정치적 기본권

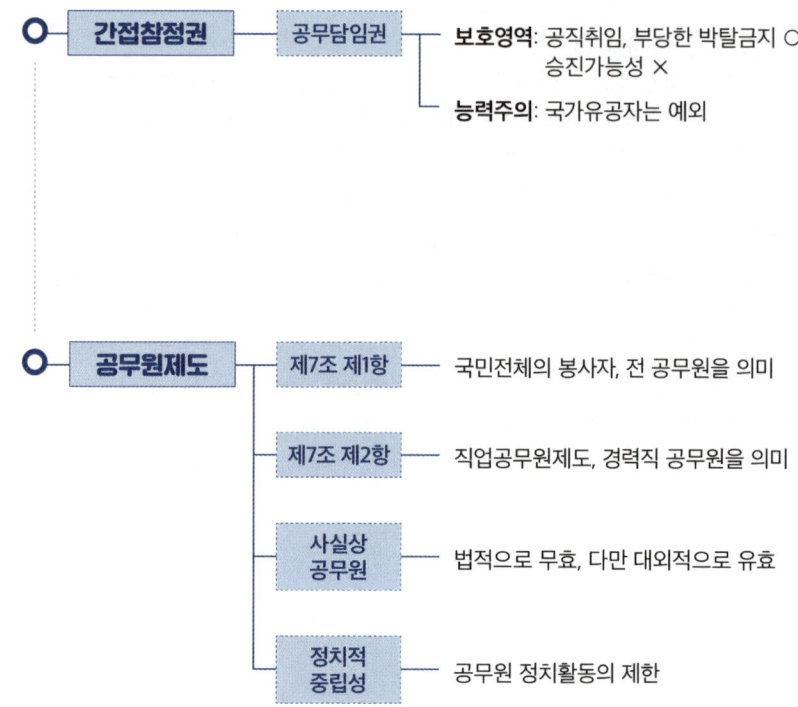

제5절 간접참정권

01 공무담임권

1. 의의

선거직 공무원을 포함하여 모든 국가기관의 공직에 취임할 수 있는 권리를 의미한다. 따라서 피선거권과 공직취임권 모두가 이에 해당한다. 공무담임권은 현실적인 권리라기보다는 기회보장적인 성격이 강하다고 볼 수 있다.

한눈에 쏙!

구분	인정 여부
현실적 권리	×
기회보장	○
부당한 박탈 금지	○
승진	×
승진의 균등한 기회	○
보수	×
특정 보직·장소	×
퇴직급여	×
재해보상	×

2. 보호영역

> **판례 | 공무담임권에 관한 판례**
>
> **1 공무원임용령 부칙 제2조 제1항 등 위헌확인 [각하]**
> **승진가능성**이라는 것은 청구인들의 공직신분의 유지나 업무수행과 같은 법적 지위에 직접 영향을 미치는 것이 아니고 간접적·사실적 또는 경제적 이해관계에 영향을 미치는 것에 불과하여 공무담임권의 보호영역에 포함된다고 보기는 어렵다(헌재 2010.3.25, 2009헌마538).
>
> **2 공무담임권의 보호영역**
> 공무담임권의 보호영역에는 **공직취임의 기회의 자의적인 배제뿐 아니라, 공무원 신분의 부당한 박탈까지 포함**되는 것이라고 할 것이다. 왜냐하면, 후자는 전자보다 당해 국민의 법적 지위에 미치는 영향이 더욱 크다고 할 것이므로, 이를 보호영역에서 배제한다면, 기본권 보호체계에 발생하는 공백을 막기 어려울 것이며, 공무담임권을 규정하고 있는 위 헌법 제25조의 문언으로 보아도 현재 공무를 담임하고 있는 자를 그 공무로부터 배제하는 경우에는 적용되지 않는다고 해석할 수 없기 때문이다(헌재 2002.8.29, 2001헌마788 등).
>
> **3 특정 보직까지 포함하지 않음**
> 공무담임권의 보호영역에는 일반적으로 공직취임의 기회보장, 신분박탈, 직무의 정지가 포함되는 것일 뿐, 여기서 더 나아가 공무원이 특정의 장소에서 근무하는 것 또는 특정의 보직을 받아 근무하는 것을 포함하는 일종의 '공무수행의 자유'까지 그 보호영역에 포함된다고 보기는 어렵다(헌재 2008.6.26, 2005헌마1275).
>
> **4 당내경선은 포함되지 않음**
> 정당의 공직선거 후보자선출은 자발적 조직 내부의 의사결정에 지나지 아니한다. 따라서 청구인이 정당의 내부경선에 참여할 권리는 헌법이 보장하는 공무담임권의 내용에 포함된다고 보기 어렵다(헌재 2014.11.27, 2013헌마814).

기출 OX

01 공무담임권의 보호영역에는 공직취임 기회의 자의적인 배제뿐 아니라 공무원 신분의 부당한 박탈이나 권한의 부당한 정지도 포함된다. 13. 법원직 ( )

02 공무원이 특정의 장소에서 근무하는 것 또는 특정의 보직을 받아 근무하는 것을 포함하는 일종의 공무수행의 자유도 그 보호영역에 포함된다. 13. 법원직 ( )

03 공무원의 재임기간 동안 충실한 공무수행을 담보하기 위하여 공무원의 퇴직급여 및 공무상 재해보상을 보장할 것까지 공무담임권의 보호영역에 포함된다고 보기는 어렵다. 18. 지방직 7급 ( )

04 정당의 공직선거 후보자선출은 자발적 조직 내부의 의사결정에 지나지 아니하므로, 정당의 내부경선에 참여할 권리는 헌법이 보장하는 공무담임권의 내용에 포함된다고 보기 어렵다. 22. 5급 공채 ( )

3. 공직취임과 능력주의

공직취임은 누구나 그 능력과 적성에 따라야 하는바, 이와 상관없는 성별, 종교, 사회적 신분 등에 의한 차별은 허용되지 아니한다. 그러나 공직취임과 관련한 능력주의에도 헌법에 규정되어 있는 경우는 예외가 인정된다(국가유공자의 가산점 부여).

정답 01 ○ 02 × 03 ○ 04 ○

> **판례 | 국가유공자의 가산점 부여 [기각]**
>
> 이 사건 가산점제도에 의한 공직취임권의 제한은 **헌법 제32조 제6항에 헌법적 근거를 두고 있는 능력주의의 예외**로서, 평등권 침해 여부와 관련하여 앞에서 이미 자세히 살펴본 바와 같이 비례의 원칙 내지 과잉금지의 원칙에 위반된 것으로도 볼 수 없다. 따라서 이 사건 가산점제도는 청구인의 공무담임권을 침해하지 아니한다(헌재 2001.2.22, 2000헌마25).

4. 제한과 한계

(1) 헌법

참정권의 경우 일정한 행사능력을 가져야 하는바, 헌법은 명시적으로 대통령의 피선거권을 40세 이상으로 제한하고 있다.

(2) 법률

참정권 또한 법률로 제한이 가능하다. 이 경우에도 과잉금지원칙은 준수되어야만 한다.

기출 OX
01 "경찰청장은 퇴직일로부터 2년 이내에는 정당의 발기인이 되거나 당원이 될 수 없다."라고 규정하고 있는 법률 조항은 정당설립 및 가입의 자유를 침해하는 위헌적인 조항이다. 11. 법원직
( )

> **판례 | 참정권의 제한과 한계에 관한 판례**
>
> **1 경찰청장의 퇴직 후 정당가입·설립의 제한 [위헌]**
> 경찰청장이 퇴임 후 공직선거에 입후보하는 경우 당적취득금지의 형태로써 정당의 추천을 배제하고자 하는 이 사건 법률 조항이 어느 정도로 입법목적인 '**경찰청장 직무의 정치적 중립성**'을 확보할 수 있을지 그 실효성이 의문시된다. 따라서 이 사건 법률 조항은 정당의 자유를 제한함에 있어서 갖추어야 할 적합성의 엄격한 요건을 충족시키지 못한 것으로 판단되므로 이 사건 법률 조항은 **정당설립 및 가입의 자유를 침해하는 조항**이다(헌재 1999.12.23, 99헌마135).
>
> **2 공무원의 금품수수시 징계시효 3년 [합헌]**
> 공무원의 금품수수에 대한 징계시효를 3년으로 규정하고 있는 구 국가공무원법 제83조의2 제1항 중 '금품수수의 경우에는 3년' 부분이 명확성원칙에 위반되지 아니하고, 청구인의 평등권을 침해하지도 아니한다(헌재 2012.6.27, 2011헌바226).
>
> **3 경찰공무원 나이 제한 [헌법불합치]**
> 획일적으로 30세까지는 순경과 소방사 등의 직무수행에 필요한 최소한도의 자격요건을 갖추고, 30세가 넘으면 그러한 자격요건을 상실한다고 보기 어렵고, 이 점은 순경을 특별채용하는 경우 응시연령을 40세 이하로 제한하고 있고, 소방사·지방소방사와 마찬가지로 화재현장업무 등을 담당하는 소방교·지방소방교의 경우 특채시험의 응시연령을 35세 이하로 제한하고 있는 점만 보아도 분명하다. 따라서 이 사건 심판대상조항들이 순경공채시험 등의 응시연령의 상한을 '30세 이하'로 제한하는 것이 합리적이라고 볼 수 없어 침해의 최소성원칙에 위배된다(헌재 2012.5.31, 2010헌마278).
>
> **4 5급 공무원 응시연령 32세까지 [헌법불합치]**
> 32세까지는 5급 공무원의 직무수행에 필요한 최소한도의 자격요건을 갖추고, 32세가 넘으면 그러한 자격요건을 상실한다고 보기 어렵고, 6급 및 7급 공무원 공채시험의 응시연령 상한을 35세까지로 규정하면서 그 상급자인 5급 공무원의 채용연령을 32세

정답 01 ○

까지로 제한한 것은 합리적이라고 볼 수 없으므로, 이 사건 시행령 조항이 5급 공채시험 응시연령의 상한을 '32세까지'로 제한하고 있는 것은 기본권 제한을 최소한도에 그치도록 요구하는 헌법 제37조 제2항에 부합된다고 보기 어렵다(헌재 2008.5.29, 2007헌마1105).

5 선고유예를 받은 공무원의 당연퇴직 [위헌]

[1] 이 사건 법률 조항은 금고 이상의 선고유예의 판결을 받은 모든 범죄를 포괄하여 규정하고 있을 뿐 아니라, 심지어 오늘날 누구에게나 위험이 상존하는 교통사고 관련 범죄 등 과실범의 경우마저 당연퇴직의 사유에서 제외하지 않고 있으므로 최소침해성의 원칙에 반한다. 따라서 공무담임권을 침해하고 있는 것으로 판단된다.

[2] (판례 변경) 우리 재판소가 종전에 1990.6.25, 89헌마220 결정에서 이와 견해를 달리하여 이 사건 법률 조항이 헌법에 위반되지 아니한다고 판시한 의견은 재판관 8인의 찬성으로 이를 변경하기로 한다(헌재 2002.8.29, 2001헌마788 등).

6 선고유예의 경우 공무원 임용결격

재직기간 중 사실상 제공한 근로에 대하여는 그 대가에 상응하는 금액의 반환을 부당이득으로 청구하는 등의 민사적 구제수단이 있는 점을 고려하면, 공직에 대한 국민의 신뢰보장이라는 공익과 비교하여 임용결격공무원의 사익 침해가 현저하다고 보기 어렵다. 따라서 이 사건 법률 조항은 입법자의 재량을 일탈하여 공무담임권을 침해한 것이라고 볼 수 없다(헌재 2016.7.28, 2014헌바437).

7 수뢰죄는 선고유예를 받은 경우도 당연퇴직 [합헌]

심판대상조항은 공무원 직무수행에 대한 국민의 신뢰, 직무의 정상적 운영 확보, 공무원범죄의 예방, 공직사회의 질서유지를 위한 것으로서 목적이 정당하고, 형법 제129조 제1항의 수뢰죄로 금고 이상 형의 선고유예를 받은 국가공무원을 당연퇴직하도록 하는 것은 적절한 수단에 해당한다(헌재 2013.7.25, 2012헌바409).

8 금고 이상의 형의 집행유예를 받은 공무원의 당연퇴직 [합헌]

사회적 비난가능성이 결코 적지 아니함을 의미한다. 이러한 사정은 당해 공무원이 저지른 범죄행위가 직무와 직접적 관련이 없거나 과실에 의한 것이거나 마찬가지이다(헌재 1997.11.27, 95헌바14 등). 따라서 공무담임권을 침해하지 않는다.

9 형사기소된 국가공무원의 필요적 직위해제 [위헌]

공무원이 형사사건으로 기소된 경우에는 형사사건의 성격을 묻지 아니하고, 즉 고의범이든 과실범이든, 법정형이 무겁든 가볍든, 범죄의 동기가 어디에 있든지를 가리지 않고 필요적으로 직위해제처분을 하도록 규정하고 있다. 이는 직업의 자유를 과도하게 침해한다(헌재 1998.5.28, 96헌가12).

✎ 필요적 직위해제는 위헌이나, 임의적 직위해제는 합헌이다.

10 형사기소된 국가공무원의 임의적 직위해제 [합헌]

임용권자로 하여금 구체적인 경우에 따라 개별성과 특수성을 판단하여 직위해제 여부를 결정하도록 한 것이지 직무와 전혀 관련이 없는 범죄나 지극히 경미한 범죄로 기소된 경우까지 임용권자의 자의적인 판단에 따라 직위해제를 할 수 있도록 허용하는 것은 아니고, 기소된 범죄의 법정형이나 범죄의 성질에 따라 그 요건을 보다 한정적, 제한적으로 규정하는 방법을 찾기 어렵다는 점에서 이 사건 법률조항이 필요최소한도를 넘어 공무담임권을 제한하였다고 보기 어렵다.(헌재 2006.5.25, 2004헌바12).

한눈에 쏙!

구분		주문
집행유예		합헌
선고유예	당연퇴직	일반: 위헌
		수뢰죄: 합헌
	임용결격	합헌

기출 OX

02 금고 이상의 형의 선고유예를 받고 그 기간 중에 있는 자를 임용결격사유로 삼고, 위 사유에 해당하는 자가 임용되더라도 이를 당연무효로 하는 구 국가공무원법 조항은 입법자의 재량을 일탈하여 청구인의 공무담임권을 침해한다. 22. 경찰 (　　)

03 수뢰죄를 범하여 금고 이상의 형의 선고유예를 받은 공무원은 당연퇴직하도록 하는 규정은 해당 공무원의 공무담임권을 침해한다. 17. 지방직 7급 (　　)

정답 02 × 03 ×

11 경찰대학의 입학연령 '21세 미만' [기각]
경찰대학에 연령제한을 둔 목적은 젊고 유능한 인재를 확보하고 이들에게 필요한 교육훈련을 일관적이고 체계적으로 실시하여 국민에게 전문적이고 질 높은 행정 서비스를 제공하기 위한 것이므로 나이 제한은 공무담임권을 침해하지 아니한다(헌재 2009.7.30, 2007헌마991).

✐ 상명하복에 기반을 두고 있어서 나이제한은 합헌이다.

12 면접전형에서 판단
공무원 임용을 위한 면접전형에 있어서 임용신청자의 능력이나 적격성 등에 관한 판단은 오로지 면접위원의 고도의 교양과 학식, 경험에 기초한 자율적 판단에 의존하는 것으로서 오로지 면접위원의 자유재량에 속한다(대판 1997.11.28, 97누11911).

13 세종시의회의원선거 미실시 [기각]
단순히 그 시기가 늦춰진 것에 불과하여 이 사건 부칙조항은 침해의 최소성 및 법익균형성도 갖추고 있어 청구인의 선거권, 공무담임권을 침해하지 아니한다(헌재 2013.2.28, 2012헌마131).

14 군인을 군무원으로 채용 [합헌]
채용 예정 분야의 해당 직급에 근무한 실적이 있는 군인을 전역한 날부터 3년 이내에 군무원으로 채용하는 경우 특별채용시험으로 채용할 수 있도록 하는 것은 현역 군인으로 근무했던 전문성과 경험을 즉시 군무원 업무에 활용하기 위한 것으로 청구인의 공무담임권을 침해하지 않는다(헌재 2016.10.27, 2015헌마734).

15 부사관의 최고 임용 나이 제한 [기각]
군조직은 위계질서의 확립과 기강확보가 어느 조직보다 중요시되는 특수성을 고려할 필요가 있다. 소위도 27세로 정해져 있어 연령과 체력의 보편적 상관관계 등을 고려할 때 적합해 보인다(헌재 2014.9.25, 2011헌마414).

16 선거중립의무 우선
국가공무원법 조항은 정무직 공무원들의 일반적 정치활동을 허용하는 데 반하여, 공직선거법 제9조 제1항은 그들로 하여금 정치활동 중 '선거에 영향을 미치는 행위'만을 금지하고 있으므로, 위 법률 조항은 선거영역에서의 특별법으로서 일반법인 국가공무원법 조항에 우선하여 적용된다고 할 것이다. **선거활동에 관하여 대통령의 정치활동의 자유와 선거중립의무가 충돌하는 경우에는 후자가 강조되고 우선되어야 한다**(헌재 2008.1.17, 2007헌마700).

17 국방부 보조기관에 근무 기회
국방부 등의 보조기관에 근무할 수 있는 기회를 현역군인에게만 부여하고 군무원에게는 부여하지 않는 법률 조항은 군무원의 공무담임권을 침해하지 않는다(헌재 2008.6.26, 2005헌마1275).

18 서울교통공사의 직원은 공무의 범위가 아님
서울교통공사는 공익적인 업무를 수행하기 위한 지방공사이나 서울특별시와 독립적인 공법인으로서 경영의 자율성이 보장되고, 서울교통공사의 직원의 신분도 지방공무원법이 아닌 지방공기업법과 정관에서 정한 바에 따르는 등, 서울교통공사의 직원이라는 직위가 헌법 제25조가 보장하는 공무담임권의 보호영역인 '공무'의 범위에는 해당되지 않는다(헌재 2021.2.25, 2018헌마174).

기출 OX

01 지방의회의원은 지방자치법의 목적에 비추어 지방자치단체의 장 및 교육감과 유사한 지위에 있는 선출직 공무원임에도 불구하고, 세종시를 신설하면서 세종시장과 세종시교육감은 선출하고 세종시의회의원은 선출하지 않는 것은, 양자를 합리적 이유 없이 차별하는 것이므로 세종시의회의원이 되고자 하는 자의 평등권을 침해한다. 13. 국가직 7급 ( )

02 서울교통공사는 공익적인 업무를 수행하기 위한 지방공사이나 서울특별시와 독립적인 공법인으로서 경영의 자율성이 보장되고, 서울교통공사의 직원의 신분도 지방공무원법이 아닌 지방공기업법과 정관에서 정한 바에 따르는 등, 서울교통공사의 직원이라는 직위가 헌법 제25조가 보장하는 공무담임권의 보호영역인 '공무'의 범위에는 해당되지 않는다. 22. 경찰 ( )

정답 01 X 02 O

19 피성년후견인 국가공무원 당연퇴직 사건 [위헌]
[1] 당연퇴직은 공무원의 법적 지위가 가장 예민하게 침해받는 경우이므로 공익과 사익 간의 비례성 형량에 있어 더욱 엄격한 기준이 요구된다.
[2] 국가공무원의 당연퇴직사유를 임용결격사유와 동일하게 규정하려면 국가공무원이 재직 중 쌓은 지위를 박탈할 정도의 충분한 공익이 인정되어야 하나, 이 조항이 달성하려는 공익은 이에 미치지 못한다.
[3] **휴직을 명하고 그 기간이 끝났음에도 불구하고 직무를 감당할 수 없게 된 때에 직권면직을 통하여도 입법목적을 달성할 수 있다. 따라서 침해의 최소성에 반하여 공무담임권을 침해한다**(헌재 2022.12.22, 2020헌가8).

20 성범죄자의 경우 교원 임용결격사유 [합헌]
미성년자에 대하여 성범죄를 범하여 형을 선고받아 확정된 자와 성인에 대한 성폭력범죄를 범하여 벌금 100만원 이상의 형을 선고받아 확정된 자는 초·중등교육법상의 **교원에 임용될 수 없도록** 한 부분이 청구인의 공무담임권을 침해하지 않는다(헌재 2019.7.25, 2016헌마754).
  ∅ 결격사유조항이 규정한 일정한 성범죄를 범하였다고 하여도 이는 초·중등교육법상의 교원으로의 취임이 제한될 뿐이고, 기타 국가공무원이나 지방공무원 등 다른 공직취임에의 기회까지 영구히 봉쇄되는 것이 아니다.

21 아동 성적 학대행위자에 대한 공무원 결격사유 [헌법불합치]
아동에 대한 성희롱 등 성적 학대행위로 형을 선고받아 확정된 사람에 대하여 범죄의 경중, 재범의 위험성 등을 고려하지 않고 일률적·영구적으로, 아동과 관련된 직무인지 여부를 불문하고 모든 일반직 공무원 및 부사관에 임용될 수 없도록 하는 것은 공무담임권을 침해한다(헌재 2022.11.24, 2020헌마1181).

22 아동·청소년이용음란물소지죄로 형이 확정된 자에 대한 공무원 결격사유 [헌법불합치]
심판대상조항은 아동·청소년과 관련이 없는 직무를 포함하여 모든 일반직 공무원에 임용될 수 없도록 하므로, 제한의 범위가 지나치게 넓고 포괄적이다. 또한 심판대상조항은 영구적으로 임용을 제한하고, 결격사유가 해소될 수 있는 어떠한 가능성도 인정하지 않는다(헌재 2023.6.29, 2020헌마1605).

23 관련 자격증 소지자에게 세무직 공개경쟁채용시험에서 가산점 부여 [합헌]
관련 자격증 소지자에게 세무직 국가공무원 공개경쟁채용시험에서 일정한 가산점을 부여하는 이 사건 법령은 과잉금지의 원칙에 반하여 청구인의 공무담임권을 침해한다고 볼 수 없다(헌재 2020.6.25, 2017헌마1178).

기출 OX

03 피성년후견인인 국가공무원은 당연퇴직한다고 규정한 국가공무원법 조항은 성년후견이 개시되지는 않았으나 동일한 정도의 정신적 장애가 발생한 국가공무원의 경우와 비교할 때 사익의 제한 정도가 과도하여 과잉금지원칙에 위반되므로 공무담임권을 침해한다. 23. 순경 공채 ( )

한눈에 쏙!

임용결격	주문
교원	합헌
공무원	위헌
부사관	위헌

정답 03 ○

02 공무원제도

1. 의의

(1) 개념

공무원이란 직접 또는 간접적으로 국가나 공공단체와 공법상의 근무관계를 맺고 공공적 업무를 담당하는 자를 말한다.

한눈에 쏙!

구분	범위
전체 국민의 봉사자	전체 공무원
신분보장	경력직 공무원
중립의무	의원을 제외한 공무원

(2) 종류

① 국가공무원과 지방공무원
② 경력직 공무원과 특수경력직 공무원

> **국가공무원법**
>
> **제2조 【공무원의 구분】** ① 국가공무원(이하 '공무원'이라 한다)은 경력직 공무원과 특수경력직 공무원으로 구분한다.
> ② '경력직 공무원'이란 실적과 자격에 따라 임용되고 그 신분이 보장되며 평생 동안(근무기간을 정하여 임용하는 공무원의 경우에는 그 기간 동안을 말한다) 공무원으로 근무할 것이 예정되는 공무원을 말하며, 그 종류는 다음 각 호와 같다.
> 1. 일반직 공무원: 기술·연구 또는 행정 일반에 대한 업무를 담당하는 공무원
> 2. 특정직 공무원: 법관, 검사, 외무공무원, 경찰공무원, 소방공무원, 교육공무원, 군인, 군무원, 헌법재판소 헌법연구관, 국가정보원의 직원, 경호공무원과 특수 분야의 업무를 담당하는 공무원으로서 다른 법률에서 특정직 공무원으로 지정하는 공무원
> ③ '특수경력직 공무원'이란 경력직 공무원 외의 공무원을 말하며, 그 종류는 다음 각 호와 같다.
> 1. 정무직 공무원
>   가. 선거로 취임하거나 임명할 때 국회의 동의가 필요한 공무원
>   나. 고도의 정책결정 업무를 담당하거나 이러한 업무를 보조하는 공무원으로서 법률이나 대통령령(대통령비서실 및 국가안보실의 조직에 관한 대통령령만 해당한다)에서 정무직으로 지정하는 공무원
> 2. 별정직 공무원: 비서관·비서 등 보좌업무 등을 수행하거나 특정한 업무수행을 위하여 법령에서 별정직으로 지정하는 공무원

2. 우리나라의 공무원제도

(1) 국민전체의 봉사자

> **헌법 제7조** ① 공무원은 국민전체에 대한 봉사자이며, 국민에 대하여 책임을 진다.

① 경력직과 특수경력직 등 모든 공무원이 이에 해당한다. 공무원은 국민전체에 대한 봉사자이며, 이 경우 선거직 공무원은 물론이고 법령에 의하여 공권력의 행사를 수탁받은 공무수탁사인도 포함된다.
② 따라서 국민에 대한 봉사가 아닌 정권에 대한 봉사자라거나 자신만을 위해 권력을 남용할 경우에는 파면당하거나 해임당할 수 있으며 법적 책임을 추궁당할 수도 있다.

기출 OX

01 국민전체에 대한 봉사자에서의 공무원은 전체 공무원을 의미하나, 직업공무원제도에서의 공무원은 보통 경력직 공무원만을 의미한다. 02. 행시, 05. 사시 ( )

02 선거에서 대통령의 중립의무는 헌법 제7조 제2항이 보장하는 직업공무원제도로부터 나오는 헌법적 요청이다. 23. 순경 1차 ( )

정답 01 ○ 02 ×

(2) 직업공무원제도

> 헌법 제7조 ② 공무원의 신분과 정치적 중립성은 법률이 정하는 바에 의하여 보장된다.

① 의의: 신분이 보장되고 정치적 중립성을 갖는 직업공무원으로 하여금 일관성 있는 공무수행을 유지하게 함으로써 안정적이고 능률적인 정책집행을 보장하려는 공직구조제도를 말한다. 헌법 제7조는 직업공무원제도가 국민주권원리에 바탕을 둔 민주적이고 법치주의적인 공직제도임을 밝힌 것이다. 08. 법원직

② 범위

판례 | 직업공무원제도가 적용되는 공무원

우리나라는 직업공무원제도를 채택하고 있는데, 이는 공무원이 집권세력의 논공행상의 제물이 되는 엽관제도를 지양하고 정권교체에 따른 국가작용의 중단과 혼란을 예방하고 일관성 있는 공무수행의 독자성을 유지하기 위하여 헌법과 법률에 의하여 공무원의 신분이 보장되는 공직구조에 관한 제도이다. 여기서 말하는 공무원은 국가 또는 공공단체와 근로관계를 맺고 이른바 공법상 특별권력관계 내지 특별행정법관계 아래 공무를 담당하는 것을 직업으로 하는 **협의의 공무원을 말하며 정치적 공무원이라든가 임시적 공무원은 포함되지 않는 것이다**(헌재 1989.12.18, 89헌마32 등). 08. 법원직

(3) 내용

직업공무원제도의 핵심은 바로 국민전체의 봉사자로서 역할을 수행하기 위하여 본인의 책임이 없다면, 조직의 개편 등 불가피한 사정이 없는 한 신분상 불이익한 처분을 받지 아니하는 것을 말한다.

3. 사실상 공무원의 문제

사실상 공무원이란 임용에 하자가 있음에도 불구하고 그 하자가 발견되어 퇴직할 때까지 사실상 그 공무원의 지위를 보유한 이를 말한다. 이러한 사실상 공무원의 경우 보호문제가 논의되지만 현재 학설이나 판례에서는 대부분 이들을 보호해주지 않는다. 즉, 이들의 근무경력을 불인정하는 경우(헌재 2004.4.29, 2003헌바64 참조)도 합헌이며, 특별채용대상에서 제외하는 것, 심지어는 퇴직금을 주지 않은 것에 대해서도 큰 문제를 삼지 않았다(헌재 2012.8.23, 2010헌바425).

판례 | 사실상 근무기간의 경력 배제 [합헌]

임용결격·당연퇴직공무원의 사실상 근무기간은 법적 효과가 인정되지 않으므로, 특례법에 의하여 이들을 특별채용한다고 하더라도 그들의 사실상 근무기간은 원칙적으로 유효한 경력으로 인정받을 수 없다. 임용결격자가 임용결격사유가 해소된 후에도 계속 근무하여 왔다 하여 그때부터 종전 임용행위가 유효로 되어 적법한 공무원의 신분을 회복하는 것은 아니므로, 임용결격사유가 해소된 이후의 사실상 근무경력을 경력과 호봉 산정에서 원칙적으로 배제한 것을 자의적이거나 비합리적이라 보기는 어렵다(헌재 2004.4.29, 2003헌바64).

기출 OX

03 직업공무원제도는 헌법이 보장하는 제도적 보장 중의 하나로서 입법자는 직업공무원제도에 관하여 '최대한 보장'의 원칙하에서 입법형성의 자유를 가진다. 16. 국가직 7급 ( )

04 직업공무원제에서 말하는 공무원은 국가 또는 공공단체와 근로관계를 맺고 이른바 공법상 특별권력관계 내지 특별행정법관계 아래 공무를 담당하는 것을 직업으로 하는 협의의 공무원을 의미하고, 정치적 공무원이나 임시적 공무원은 포함되지 않는다. 16. 국가직 7급 ( )

05 헌법 제7조 제2항은 공무원이 정당한 이유 없이 해임되지 아니하도록 신분을 보장하여 국민전체에 대한 봉사자로서 성실히 근무할 수 있도록 하기 위한 것임과 동시에, 공무원의 신분은 무제한 보장되나 공무의 특수성을 고려하여 헌법이 정한 신분보장의 원칙 아래 법률로 그 내용을 정할 수 있도록 한 것으로 봄이 헌법재판소의 입장이다. 18. 서울시 7급 ( )

한눈에 쏙!

사실상 공무원

구분	효력
내부 법적	무효
외부 사실상	유효

정답 03 × 04 ○ 05 ×

4. 공무원의 정치적 중립

(1) 의의
공무원은 국민전체의 봉사자이기 때문에 업무수행에 있어서 정치적 편향성을 띠어서는 안 된다. 이는 특정인을 위한 봉사자로 행동하게 되는 폐해를 방지하기 위함이다.

(2) 내용
공무원의 임용과 인사에 관하여 정치적인 영향력이 미쳐서는 안 되고 신분보장을 법적으로 제도화하여야 한다. 또한 공무원을 임용하고 승진, 전보하는 실적주의를 원칙으로 해야 한다.

(3) 현재 공무원의 정치활동의 제한
헌법은 제33조에서 공무원인 근로자는 법률이 정하는 자에 한하여 단결권·단체교섭권 및 단체행동권을 가진다고 규정하고 있으며, 공무원의 정치활동 제한에 대해서는 국가공무원법 제65조가 정당 기타 정치단체의 가입과 선거운동을 금지하도록 규정하고 있다. 08. 법원직

기출 OX
01 동장을 별정직 공무원으로 규정하여 신분보장을 하지 않은 지방공무원법은 헌법에 위반되지 아니한다.
( )

> **판례 | 공무원의 정치활동 제한에 관한 판례**
>
> **1 동장의 신분보장 [합헌]**
> 직업공무원제도는 헌법이 보장하는 제도적 보장 중의 하나임이 분명하므로 입법자는 직업공무원제도에 관하여 '최소한 보장'의 원칙의 한계 안에서 폭넓은 입법형성의 자유를 가진다. … 따라서 입법자가 동장의 임용의 방법이나 직무의 특성 등을 고려하여 이 사건 법률 조항에서 **동장의 공직상의 신분을 지방공무원법상 신분보장의 적용을 받지 아니하는 별정직 공무원의 범주에 넣었다 하여 바로 그 법률 조항 부분을 위헌이라고 할 수는 없다**(헌재 1997.4.24, 95헌바48).
>
> **2 임용결격공무원의 특별채용대상에서 제외 [합헌]**
> 공무원은 국민에 대한 봉사자로서 **고도의 도덕성이 요구되고 이와 같은 도덕성에 반하는 범죄에 대하여는 사회적 비난이 높아** 그와 같은 범죄로 인한 임용결격사유를 가진 자로 하여금 공무를 수행하게 하는 것은 공직에 대한 국민의 신뢰를 손상시켜 원활한 공무수행을 어렵게 한다. 따라서 이 사건 법률 조항이 입법자의 재량을 일탈하여 자의적으로 공무담임권을 침해한 것이라고 볼 수는 없다(헌재 2004.2.26, 2003헌바4).
>
> **3 당연퇴직공무원의 근무경력 불인정 [합헌]**
> 특례법(임용결격공무원 등에 대한 퇴직보상금지급 등에 관한 특례법) 제7조(특별채용)는 특별채용의 기회를 부여하는 것으로 기본적으로 **수익적 규정에 해당하므로, 심사기준은 합리적 근거 유무에 관한 자의금지 심사**라고 할 것이다. 특례법의 주안점은 **당연퇴직사유의 경중에 따라 비난가능성이 낮은 사실상 공무원들을 선별적으로 구제하거나 더 두텁게 보호하고자 하는 데 있는 것이 아니라** 당연퇴직사유의 경중을 떠나 그 사유가 있음에도 불구하고 이를 간과하고 사실상 공무원으로 계속 근무하도록 방치한 행정부에 대한 비난과 이에 따라 당연퇴직되었음을 알지 못한 채 그 이후로도 계속 근무한 공무원들의 근로의 대가나 지위에 대한 장기간의 신뢰를 일부나마 보호하기 위한 반성적 고려에 있는 것이다. 그러므로 이 사건 조항이 비합리하거나 자의적이어서 청구인의 평등권을 침해한 것이라고 할 수 없다(헌재 2004.6.24, 2003헌바111).

정답 01 ○

4 국회사무처 소속 공무원의 면직 [위헌]

조직의 운영 및 개편상 불가피한 경우(국가공무원법 제70조 제1항 제3호) 외에는 임명권자의 자의적 판단에 의하여 직업공무원에게 면직 등 불리한 인사조치를 함부로 할 수 없고 이에 어긋나는 것일 때에는 직업공무원제도의 본질적 내용을 침해하는 것이 된다. … 조직의 변경과 관련이 없음은 물론 소속 공무원의 귀책사유의 유무라던가 다른 공무원과의 관계에서 형평성이나 합리적 근거 등을 제시하지 아니한 채 임명권자의 후임자 임명이라는 처분에 의하여 그 직을 상실하는 것으로 규정하였으니, 이는 결국 임기만료되거나 정년시까지는 그 신분이 보장된다는 직업공무원제도의 본질적 내용을 침해하는 것으로서 헌법에서 보장하고 있는 공무원의 신분보장규정에 정면으로 위반된다고 아니할 수 없는 것이다(헌재 1989.12.18, 89헌마32 등).

5 교육공무원의 정년단축 [기각]

임용 당시 공무원법상의 정년까지 근무할 수 있다는 기대와 신뢰는 절대적인 권리로서 보호되어야만 하는 것은 아니고 행정조직, 직제의 변경 또는 예산의 감소 등 강한 공익상의 정당한 근거에 의해 좌우될 수 있는 상대적이고 가변적인 것이라 할 것이므로 입법자에게는 **제반 사정을 고려하여 합리적인 범위 내에서 정년을 조정할 입법형성권이 인정된다.** … 초·중등교원의 정년을 62세로 하향조정한 것이 입법형성권의 한계를 벗어난 것이라 할 수 없을 뿐만 아니라, 기존 교원들의 신뢰이익을 지나치게 침해한 것이라고도 보기 어렵다. 그렇다면 이 사건 법률 조항은 헌법 제37조 제2항 또는 신뢰보호원칙에 위반하거나, 공무원의 신분보장 정신에 위반하여 공무담임권을 침해하는 것이라 할 수 없다(헌재 2000.12.14, 99헌마112 등).

6 국가안전기획부 직원의 계급정년 [합헌]

공무원법상의 정년규정까지 근무할 수 있다는 기대 내지 신뢰를 합리적 이유 없이 박탈하는 것은 헌법상의 공무원 신분보장 규정에 위배된다 할 것이다. 그런데 **공무원이 임용 당시의 공무원법상의 정년규정까지 근무할 수 있다는 기대와 신뢰는 행정조직, 직제의 변경 또는 예산의 감소 등 강한 공익상의 정당한 근거에 의하여 좌우될 수 있는 상대적이고 가변적인 것**에 지나지 않는다고 할 것이므로 정년규정을 변경하는 입법은 구법질서에 대하여 기대했던 당사자의 신뢰보호 내지 신분관계의 안정이라는 이익을 지나치게 침해하지 않는 한 공익목적 달성을 위하여 필요한 범위 내에서 입법권자의 입법형성의 재량을 인정하여야 할 것이다. 이 사건 계급정년 규정은 정당한 공익목적을 달성하기 위한 것으로 입법자의 입법형성재량 범위 내에서 입법된 것이라고 할 것이므로 이를 공무원 신분관계의 안정을 침해하는 입법이라고 할 수 없다(헌재 1994.4.28, 91헌바15).

7 지방공무원의 직권면직 [합헌]

행정의 효율성 및 생산성 제고 차원에서는 행정수요가 소멸하거나 조직의 비대화로 효율성이 저하되는 경우 직제를 폐지하거나 인원을 축소하는 것은 불가피한 선택에 해당할 것이다. 그렇다면 이 사건 규정이 직업공무원제도를 위반하고 있다고는 볼 수 없다(헌재 2004.11.25, 2002헌바8).

8 경찰임용결격사유 [합헌]

공무원의 임용결격사유에 대한 규정은 공무원의 직무를 수행하기에 부적격한 자를 그 직무로부터 사전에 배제함으로써 공무원직에 대한 국민의 신뢰를 유지하고 직무의 정상적인 운영을 확보하기 위한 것이다. 특히, 경찰공무원은 국민의 생명·신체와 재산에 대한 보호, 범죄의 예방과 수사를 주된 임무로 하는바, 그러한 경찰공무원 직무의 성격상 고도의 직업적 윤리성이 요청된다. 그런데 해임은 파면과 더불어 중징계

중 하나로서 그 행위에 대한 비난가능성이 크며, 징계절차를 거쳐 해임처분을 받은 이상 당해 직무의 수행이 부적절하다고 판단된 것으로 볼 수 있다. 따라서 위와 같은 경찰공무원직의 특수성과 중요성을 고려할 때 이 사건 법률 조항은 과잉금지원칙에 위배되어 공무담임권에 대한 과도한 제한이라고 할 수 없다(헌재 2010.9.30, 2009헌바122).

9 금융기관의 임직원의 배임수재

금융기관의 임직원에게는 공무원에 버금가는 정도의 청렴성과 업무의 불가매수성이 요구되고, 이들이 직무와 관련하여 금품수수 등의 수재행위를 하였을 경우에는 별도의 배임행위가 있는지를 불문하고 형사제재를 가함으로써 금융업무와 관련된 각종 비리와 부정의 소지를 없애고, 금융기능의 투명성·공정성을 확보할 필요가 있으므로 특정경제범죄 가중처벌 등에 관한 법률 제5조 제1항에서 금융기관의 임직원의 직무와 관련한 수재행위에 대하여 일반 사인과는 달리 공무원의 수뢰죄와 동일하게 처벌한다고 하더라도 거기에는 합리적인 근거가 있다(헌재 1999.5.27, 98헌바26).

10 지방자치단체장을 위한 퇴직급여제도

지방자치단체장은 특정 정당을 정치적 기반으로 하여 선거에 입후보할 수 있고 선거에 의하여 선출되는 공무원이라는 점에서 헌법 제7조 제2항에 따라 신분보장이 필요하고 정치적 중립성이 요구되는 공무원에 해당한다고 보기 어려우므로 헌법 제7조의 해석상 지방자치단체장을 위한 퇴직급여제도를 마련하여야 할 입법적 의무가 도출된다고 볼 수 없고, 그 외에 헌법 제34조나 공무담임권 보장에 관한 헌법 제25조로부터 위와 같은 입법의무가 도출되지 않는다(헌재 2014.6.26, 2012헌마459).

제6절 지방자치제도

01 지방자치

> 헌법 제117조 ① 지방자치단체는 주민의 복리에 관한 사무를 처리하고 재산을 관리하며, 법령의 범위 안에서 자치에 관한 규정을 제정할 수 있다.
> ② 지방자치단체의 종류는 법률로 정한다.
>
> 제118조 ① 지방자치단체에 의회를 둔다.
> ② 지방의회의 조직·권한·의원선거와 지방자치단체의 장의 선임방법 기타 지방자치단체의 조직과 운영에 관한 사항은 법률로 정한다. 04. 국가직, 07. 국회직 8급, 08. 법원직

1. 의의

(1) 개념

일정한 지역을 기초로 하는 단체나 일정한 지역의 주민이 그 지방적 사무를 자신의 책임하에 자신이 선출한 기관인 지방자치단체의 장과 지방의회를 통하여 처리하는 대의제 또는 대표제 지방자치를 말한다. 07. 국회직 8급

한눈에 쏙!

뇌물액	징역	주문
5천만원 이상	10년 이상	위헌
	7년 이상	합헌
1억원 이상	10년 이상	합헌

기출 OX

01 지방자치단체장은 특정 정당을 정치적 기반으로 하여 선거에 입후보할 수 있고 선거에 의하여 선출되는 공무원이라는 점에서 헌법 제7조 제2항에 따라 신분보장이 필요하고 정치적 중립성이 요구되는 공무원에 해당한다고 보기 어려우므로 헌법 제7조의 해석상 지방자치단체장을 위한 퇴직급여제도를 마련하여야 할 입법적 의무가 도출된다고 볼 수 없다. 22. 경찰승진
( )

주의

현재 지방자치제도는 광역과 기초자치단체로 되어 있다. 이는 헌법 제117조 제2항에 근거하여 법률로 정한 것이다. 따라서 헌법으로 중층구조의 지방자치제도가 규정되어 있다고 하면 오답이다.

기출 OX

02 헌법상의 자치권의 범위는 법령에 의하여 형성되고 제한된다. 13. 법원직
( )

03 헌법 제117조 제1항의 "지방자치단체는 법령의 범위 안에서 자치에 관한 규정을 제정할 수 있다."라는 규정 중의 '법령'에는 법규명령으로서 기능하는 행정규칙이 포함된다. 18. 5급 공채
( )

정답 01 ○ 02 ○ 03 ○

(2) 지방자치단체의 폐치·분합

> **지방자치법**
> 제5조【지방자치단체의 명칭과 구역】① 지방자치단체의 명칭과 구역은 종전과 같이 하고, 명칭과 구역을 바꾸거나 지방자치단체를 폐지하거나 설치하거나 나누거나 합칠 때에는 법률로 정한다.

(3) 지방자치단체의 해상경계선

과거에는 국립지리원이 발간한 국가기본도상의 해상경계선을 불문법상 경계로 본 적도 있으나 최근에는 불문법상 해상경계선은 존재하지 않고 종합적으로 판단한다고 판시하였다.

> **판례 | 지방자치단체의 해상경계선**
>
> 공유수면에 대한 명시적인 법령상의 규정이나 불문법상 해상경계선이 존재하지 않는다면, 주민·구역·자치권을 구성요소로 하는 지방자치단체의 본질에 비추어 지방자치단체의 관할 구역에 경계가 없는 부분이 있다는 것은 상정할 수 없으므로, 헌법재판소가 권한쟁의심판을 통하여 형평의 원칙에 따라 합리적이고 공평하게 해상경계선을 획정하여야 한다(헌재 2021.2.25, 2015헌라7).

한눈에 쏙!

구분	형식
명칭·구역변경·폐치·분합	법률
관할 구역 경계변경·한자변경	대통령령
읍·면·동 폐치·분합	조례

폐치·분합이란 지방자치단체의 신설 또는 폐지에 따르는 구역의 변경을 말한다.

2. 연혁

제1공화국	제헌헌법 제96조, 제97조	지방의회 구성(1952)
제2공화국	지방자치제 ○	자치단체장 선출
제3공화국	임시조치법	지방자치법 효력정지: 지방의회 해산
제4공화국	헌법 부칙	지방의회: 통일시까지 유예
제5공화국	헌법 부칙	• 지방의회: 재정자립도 감안, 순차적 실시 • 시기: 법률로 규정
제6공화국	지방자치법 개정	지방의회 구성
	지방자치제 ○	자치단체장 선출

02 지방자치단체의 사무*

한눈에 쏙!

선거	사무
국가, 국민투표	기관위임
지방선거	자치사무

구분	고유사무	단체위임사무	기관위임사무
근거	• 헌법 제117조 제1항 • 지방자치법 제13조 제1항	지방자치법 제13조 제1항 (법령에 의해 위임)	지방자치법 제115조 (국가위임사무집행권)
개념	단체권한 고유사무	법령위임사무	국가·상급기관 위임사무
국가감독	사후 합법성**	사후 합법성·합목적성	사전·사후 합목적성
경비부담	자치단체	국가	위임기관
국정감사	×***	○	○
조례제정	○****	○	×
구체적인 내용	• 지방자치단체 구역·조직·행정 • 주민복지증진 • 지역개발·자연환경보전·생활환경시설 • 교육·체육·문화·예술진흥	• 징세 • 보건 • 농촌지도 • 생활보호	• 병사 • 대통령·국회의원선거 • 경찰

* 지방자치단체의 사무 중 고유사무란 원래 지방자치단체의 일을 말하며, 기관위임사무란 국가의 일을 지방자치단체장에게 위임한 것을 말한다.
** 합법성이란 법에 어긋난 일에 대해서만 심사하는 것이고, 합목적성이란 타당한가에 대해서 심사하는 것이다.
*** 고유사무는 지방의회가 있으므로 굳이 국회에서 감사할 필요가 없다.
**** 기관위임사무는 조례제정을 할 수 없지만, 예외적으로 법에서 조례 입법을 위임하였을 때에는 가능하다.

03 지방자치단체의 기관

지방자치단체의 기관으로는 의결기관으로서 지방의회가 있고, 일반집행기관으로서 지방자치단체의 장이 있다. 07. 국회직 8급

1. 지방의회

(1) 구성

지방의회는 지방의회의원들로 구성되는데 지방의회의원들은 주민들의 보통·평등·직접·비밀·자유선거에 의해 선출된다. 과거에는 무보수·명예직이었으나 현재는 직무활동에 대한 월정수당이 지급된다.

구분	지방의회의원	국회의원
면책·불체포특권	×	○
세비수령권	○	○
보좌관(공무원)	×	○
의원 징계	행정처분 ⇨ 법원제소 ○	헌법상 통치행위 ⇨ 법원제소 ×

(2) 운영

지방자치법

제57조【의장·부의장의 선거와 임기】 ① 지방의회는 지방의회의원 중에서 시·도의 경우 의장 1명과 부의장 2명을, 시·군 및 자치구의 경우 의장과 부의장 각 1명을 무기명투표로 선출하여야 한다.

제62조【의장·부의장 불신임의 의결】 ① 지방의회의 의장이나 부의장이 법령을 위반하거나 정당한 사유 없이 직무를 수행하지 아니하면 지방의회는 불신임을 의결할 수 있다.
② 제1항의 불신임 의결은 재적의원 4분의 1 이상의 발의와 재적의원 과반수의 찬성으로 한다.

제72조【의사정족수】 ① 지방의회는 재적의원 3분의 1 이상의 출석으로 개의한다.

제73조【의결정족수】 ① 회의는 이 법에 특별히 규정된 경우 외에는 재적의원 과반수의 출석과 출석의원 과반수의 찬성으로 의결한다.

제103조【사무직원의 정원과 임면 등】 ② 지방의회의 의장은 지방의회 사무직원을 지휘·감독하고 법령과 조례·의회규칙으로 정하는 바에 따라 그 임면·교육·훈련·복무·징계 등에 관한 사항을 처리한다.

기출 OX
01 지방의회는 재적의원 3분의 1 이상의 출석으로 개의한다. 01. 사시, 02. 입시 ( )

판례 | 지방의회 직원 임용권을 장에게 부여 [합헌]

지방의회 사무직원의 임용권이 지방자치단체의 장에게 있다고 하더라도 그것이 곧바로 지방의회와 집행기관 사이에 상호견제와 균형의 원리를 침해할 우려로 확대된다거나 또는 지방자치제도의 본질적 내용을 침해한다고 볼 수는 없다(헌재 2014.1.28, 2012헌바216).

기출 OX
02 지방의회 사무직원의 임용권을 지방자치단체의 장에게 부여하는 것은 지방의회와 지방자치단체의 장 사이의 상호견제와 균형의 원리에 위배된다. 18. 서울시 7급 ( )

(3) 권한

① **의결권**: 지방자치법 기타 특별법에 의결사항으로 규정되어 있는 사항에 한하여 의결권을 가진다.
② **행정사무 감사·조사권**: 원칙적으로 자치사무와 단체위임사무에 대하여 행정조사·감사를 할 수 있다.

(4) 조례제정권

① **법적 근거**: 헌법 제117조 제1항은 지방자치단체의 자치입법권을 인정하고 있는데, 자치입법으로는 지방의회가 정하는 조례와 지방자치단체의 장이 정하는 규칙이 있다. 이 경우 주의할 것은 국민의 기본권을 억압하는 경우에는 법적 근거가 반드시 필요하나, 국민에게 이익이 되는 경우에는 반드시 법적 근거를 요하지는 않는다.

기출 OX
03 자치입법권은 헌법에 규정되어 있으나 헌법 제117조 제1항이 자치사무와 단체위임사무를 처리할 권한을 지방자치단체에게 직접 부여하고 있는 것은 아니다. 08. 법원직 ( )

정답 01 O 02 X 03 O

> **판례 | 조례의 법적 근거에 관한 판례**
>
> 1 청주시 행정정보공개조례(안) 재의결 취소 등 청구
> 그 내용이 주민의 권리의 제한 또는 의무의 부과에 관한 사항이거나 벌칙에 관한 사항이 아닌 한 법률의 위임이 없더라도 조례를 제정할 수 있다 할 것인데, 이 사건 정보공개조례안은 **행정에 대한 주민의 알 권리의 실현을 그 근본내용**으로 하면서도 이로 인한 개인의 권익침해 가능성을 배제하고 있으므로 … 그 제정에 있어서 반드시 **법률의 개별적 위임이 따로 필요한 것은 아니라 할 것이다**(대판 1992.6.23, 92추17).
>
> 2 차고지 조례
> 차고지확보제도 조례안이 자동차·건설기계의 보유자에게 차고지확보의무를 부과하는 한편 자동차관리법에 의한 자동차등록 및 건설기계관리법에 의한 건설기계등록·변경신고를 하려는 자동차·건설기계의 보유자에게 차고지확보 입증서류의 제출의무를 부과하는 것을 그 내용으로 하고 있다면, 이는 주민의 권리를 제한하고 의무를 부과하는 것임이 분명하므로 지방자치법 제15조 단서의 규정에 따라 그에 관한 법률의 위임이 있어야만 적법하다(대판 1997.4.25, 96추251).

② 법률과 조례의 비교
㉠ 제정절차의 비교

구분	법률제정	조례제정
발의	정부, 의원 10인 이상, 위원회	지방자치단체장, 재적의원 1/5 이상, 의원 10인 이상, 위원회
재의요구	• 기간: 이송 후 15일 이내 • 일부거부 및 수정거부는 불가	• 기간: 이송 후 20일 이내 • 일부거부 및 수정거부는 불가
재의결 정족수	재적의원 과반수의 출석과 출석의원 2/3 이상의 찬성	재적의원 과반수의 출석과 출석의원 2/3 이상의 찬성
발효	공포일로부터 20일 경과	공포일로부터 20일 경과

㉡ 법률과 조례의 관계*

법률선점 이론	조례가 법률과 동일한 목적을 가진 경우 법률의 규제기준 이상의 엄격한 기준을 두어 규제하는 것은 법률에 이를 허용한다는 규정이 없는 이상 허용될 수 없다는 견해이다.
수정법률 선점이론	최대한 규제입법의 경우, 즉 법률이 전국적으로 일률적 기준을 두어 평등한 규제를 실시하고자 하는 경우에는 엄격한 기준을 두어 규제하는 것은 허용될 수 없으나, 최소규제입법의 경우에는 지방자치단체가 그 영역의 특수한 사정을 고려할 필요가 인정될 경우 더욱 엄격하게 규제하는 것이 허용된다.

* 법률선점이론은 법률이 조례보다 상위개념이기 때문에 조례가 법률과 동일하게 되면 필요 없는 것이 되고, 법률에 위배되면 상위법령에 위배되어 제거하므로 어떻게든 조례가 들어올 수 없다는 이론이다. 다만, 수정법률선점이론은 그 법의 취지를 생각해보자는 내용이다. 즉, 정선군 세 자녀 양육비 지원 판례처럼 법과 다른 내용을 가지더라도 법령의 취지가 더 많은 지원을 해야 하는데 국가재정 때문에 그렇게 하기 힘든 상황이라면 당연히 더 많은 지원을 해도 된다는 의미이다.

기출 OX

01 지방자치단체의 장은 조례안의 일부에 대하여 또는 조례안을 수정하여 재의를 요구할 수 없다. ( )

정답 01 ○

판례 | 정선군 세 자녀 이상 세대 양육비 등 지원에 관한 조례안

지방자치단체는 법령에 위반되지 아니하는 범위 내에서 그 사무에 관하여 조례를 제정할 수 있는 것이고, 조례가 규율하는 특정 사항에 관하여 그것을 규율하는 국가의 법령이 이미 존재하는 경우에도 조례가 법령과 별도의 목적에 기하여 규율함을 의도하는 것으로서 그 적용에 의하여 법령의 규정이 의도하는 목적과 효과를 전혀 저해하는 바가 없는 때, 또는 양자가 동일한 목적에서 출발한 것이라고 할지라도 국가의 법령이 반드시 그 규정에 의하여 전국에 걸쳐 일률적으로 동일한 내용을 규율하려는 취지가 아니고 각 지방자치단체가 그 지방의 실정에 맞게 별도로 규율하는 것을 용인하는 취지라고 해석되는 때에는 그 조례가 국가의 법령에 위반되는 것은 아니다. … 저출산·고령화사회기본법의 목적과 입법취지 및 지방자치단체로 하여금 지역실정에 부합하는 저출산·고령화정책을 수립·시행하도록 한 점 등 그 규정내용에 비추어 볼 때, 이 사건 조례안은 저출산·고령화사회기본법에 위배된다고 할 수 없다(대판 2006.10.12, 2006추38).

기출 OX

02 조례가 규율하는 특정 사항에 관하여 그것을 규율하는 국가의 법령이 이미 존재하는 경우에도 조례가 법령과 별도의 목적에 기하여 규율함을 의도하는 것으로서 그 적용에 의하여 법령의 규정이 의도하는 목적과 효과를 전혀 저해하는 바가 없는 때에는 그 조례가 국가의 법령에 위반되는 것은 아니다. 12. 지방직 7급 ( )

③ **대상사무**: 원칙적으로 자치사무와 단체위임사무가 가능하다. 따라서 기관위임 사무는 국가의 사무이기 때문에 법령에서 특별히 규정하고 있는 경우를 제외하고는 그 대상사무에서 제외된다. 또한 조례는 민주적 정당성을 지닌 지방의회가 만든 것이므로 포괄위임이 허용된다. 다만, 이 경우에도 형벌법규 등 기본적 구성요건은 법에 규정되어 있어야 한다.

한눈에 쏙!

조례

법령	
일반적	법령에 위반되지 않으면 됨
의무부과	법률의 위임이 있어야 함

포괄위임	허용 여부
일반적	○
위임조례, 형벌	×

판례 | 조례제정에 관한 판례

1 포괄위임의 허용
조례의 제정권자인 지방의회는 선거를 통해서 그 지역적인 민주적 정당성을 지니고 있는 주민의 대표기관이고 헌법이 지방자치단체에 포괄적인 자치권을 보장하고 있는 취지로 볼 때, 조례에 대한 법률의 위임은 법규명령에 대한 법률의 위임과 같이 반드시 구체적으로 범위를 정하여 할 필요가 없으며 포괄적인 것으로 족하다(헌재 1995.4.20, 92헌마264 등). 04. 국가직 7급, 06·07. 국회직 8급

2 조례제정의 범위
지방자치법은 지방의회와 지방자치단체의 장에게 독자적 권한을 부여하고 상호견제와 균형을 이루도록 하고 있으므로, 법률에 특별한 규정이 없는 한 조례로써 견제의 범위를 넘어서 고유권한을 침해하는 규정을 할 수 없고, 일방의 고유권한을 타방이 행사하게 하는 내용의 조례는 지방자치법에 위배된다. 그러므로 지방의회가 집행기관의 인사권에 관하여 소극적·사후적으로 개입하는 것은 그것이 견제의 범위 안에 드는 경우에는 허용되나, 집행기관의 인사권을 독자적으로 행사하거나 동등한 지위에서 합의하여 행사할 수 없고, 사전에 적극적으로 개입하는 것도 원칙적으로 허용되지 아니한다(대판 1996.5.14, 96추15).

3 기관위임사무에 관한 조례제정
기관위임사무와 같이 지방자치단체의 장이 국가기관의 지위에서 수행하는 사무일 뿐 지방자치단체 자체의 사무라고 할 수 없는 것은 원칙적으로 자치조례의 제정범위에 속하지 않는다. … **기관위임사무에 있어서도 그에 관한 개별 법령에서 일정한 사항을 조례로 정하도록 위임하고 있는 경우에는 지방자치단체의 자치조례 제정권과 무관하게 이른바 위임조례를 정할 수 있다**고 하겠으나 이때에도 그 내용은 개별

기출 OX

03 지방자치단체가 주민에게 의무를 부과하는 조례를 제정하는 경우 법률의 포괄적 위임으로 족하다는 것이 헌법재판소의 입장이다. 04. 국가직 7급 ( )

기출 OX

04 조례에 대한 법률의 위임은 기관위임사무를 대상으로 하는 경우에도 반드시 구체적으로 범위를 정하여 할 필요가 없으며 포괄적인 것으로 족하다. 19. 법원직 ( )

⇨ 기관위임사무의 경우에는 위임조례를 정할 수 있으나 이때에는 개별 법령의 취지에 부합하는 내용만 규정할 수 있으며, 그 취지를 벗어난 경우 무효가 된다(대판 1999.9.17, 99추30).

정답 02 ○ 03 ○ 04 ×

법령이 위임하고 있는 사항에 관한 것으로서 개별 법령의 취지에 부합하는 것이라야만 하고, 그 범위를 벗어난 경우에는 위임조례로서의 효력도 인정할 수 없다(대판 1999.9.17, 99추30).

④ **조례위반**: 1천만원 이하의 과태료를 조례로 정할 수 있다(형벌 ×).
⑤ **관련 판례**: 조례에 의해 기본권을 직접, 현재 침해당한 경우에는 헌법소원이 가능하다.

> **판례 | 조례 관련 판례**
>
> **1 담배자판기 사건 [기각]**
> 이 사건의 부천시 조례는 담배사업법 제16조 제4항, 재무부령인 담배사업법 시행규칙 제11조 제1항의 [별표 2]에 근거하여 제정된 것이다. 그렇다면 이 사건 조례들은 **법률의 위임규정에 근거하여 제정**된 것이라고 할 것이며, 이러한 위임에 의하여 자판기의 설치 제한 및 철거에 관하여 규정하고 있는 이 사건 심판대상규정 역시 자판기의 전면적인 설치금지를 내용으로 하는 등의 특별한 사정이 없는 이상 **위임의 한계를 벗어난 규정이라고 볼 수 없다**(헌재 1995.4.20, 92헌마264 등).
>
> **2 조례에 의한 과세면제 사건 [합헌]**
> 과세면제의 경우 내무부장관의 허가를 얻도록 한 것은 권한의 남용 여부를 심사하고 나아가 전체적인 지방세법 체계와 조화를 유지할 수 있도록 하기 위한 제도적 장치이다(헌재 1998.4.30, 96헌바62).
>
> **3 지방의회 재의결 일부의 위법**
> 의결의 일부에 대한 효력배제는 결과적으로 전체적인 의결의 내용을 변경하는 것에 다름 아니어서 의결기관인 지방의회의 고유권한을 침해하는 것이 될 뿐 아니라, 그 **일부만의 효력배제는 자칫 전체적인 의결내용을 지방의회의 당초의 의도와는 다른 내용으로 변질시킬 우려**가 있으며, 또 재의요구가 있는 때에는 재의요구에서 지적한 이의사항이 의결의 일부에 관한 것이라고 하여도 의결 전체가 실효되고 재의결만이 의결로서 효력을 발생하는 것이어서 의결의 일부에 대한 재의요구나 수정재의 요구가 허용되지 않는 점에 비추어 보아도 재의결의 내용 전부가 아니라 그 일부만이 위법한 경우에도 대법원은 **의결 전부의 효력을 부인할 수밖에 없다**(대판 1992.7.28, 92추31).

기출 OX

01 대법원의 심리 결과 조례안의 일부 조항이 법령에 위반되어 위법한 경우 그 조례안에 대한 지방의회의 재의결 전부의 효력이 부인된다. 06. 국회직 8급 ( )

02 조례안의 일부가 법령에 위반되어 위법한 경우에는 그 조례안에 대한 재의결 전부 효력이 부인된다. 13. 법원직 ( )

2. 지방자치단체의 장

(1) 선출

> **헌법 제118조** ① 지방자치단체에 의회를 둔다.
> ② 지방의회의 조직·권한·의원선거와 지방자치단체의 장의 선임방법 기타 지방자치단체의 조직과 운영에 관한 사항은 법률로 정한다.

헌법은 제118조 제2항에서 "지방의회의 조직·권한·의원선거와 지방자치단체의 장의 선임방법 기타 지방자치단체의 조직과 운영에 관한 사항은 법률로 정한다."라고 할 뿐이어서 지방자치단체의 장을 지방의회에서 선출하도록 하는 법률을 제정한다고 하여도 헌법에 위반되는 것은 아니다. 04. 국가직 7급

정답 01 ○ 02 ○

판례 | 지방자치단체장에 관한 판례

1 지방자치단체장 선거
지방자치단체의 장 선거권 역시 다른 선거권과 마찬가지로 헌법 제24조에 의해 보호되는 기본권으로 인정하여야 한다(헌재 2016.10.27, 2014헌마797).

2 지방자치단체장의 재임 [기각]
지방자치단체장은 지방자치단체의 공무원 및 지역 지지세력을 이용하거나 인사권을 비롯한 많은 권한을 통해 다른 후보자에 비해 선거에서 절대적인 우위를 확보할 수 있어 장기집권의 가능성이 높고, **장기집권 과정에서 형성된 사조직이나 파벌 등이 엽관제적 인사로 연결되어 공무원들의 사기 저하, 부정부패와 낭비적인 지방행정 등이 이루어질 소지가 높아** 결국 지역발전의 걸림돌이 될 수 있다. 이에 반해 현행 지방자치법하에서 자치단체장에 대한 강력한 견제수단은 미흡하다(헌재 2006.2.23, 2005헌마403).

3 통합창원시장* [각하]
계속 재임을 3기로 제한함에 있어 폐지되는 지방자치단체장으로 재임한 것까지 포함시킬지 여부는 입법재량에 달려 있다(헌재 2010.6.24, 2010헌마167).

*기존 지방자치단체장으로 재임한 기간을 포함하여 3기에 한한다는 명시적 규정을 두어야 한다(입법부작위)는 주장에 그러한 규정을 찾아볼 수 없다고 보았다.

기출 OX

03 지방자치단체의 장 선거권은, 지방의회의원 선거권 나아가 국회의원 선거권 및 대통령 선거권과 구별하여 하나는 법률상의 권리로 나머지는 헌법상의 권리로 이원화되기 때문에, 헌법 제24조에 의해 보호되는 기본권으로 인정할 수 없다. 17. 국가직 7급 ( )

04 지방자치단체의 장의 임기는 4년으로 하고 그 계속 재임은 3기에 한한다. 01. 법행 ( )

(2) 권한

① **일반적 권한**: 지방자치단체의 장은 지방자치단체의 사무를 통할·관리·집행하며, 규칙을 제정하고 소속 직원의 임용 및 감독권을 가진다. 또한 하부 자치단체장에 대해서 직무이행명령을 내릴 수 있다.

② **선결처분권** 05. 입시

> **지방자치법**
>
> **제122조 【지방자치단체의 장의 선결처분】** ① 지방자치단체의 장은 지방의회가 지방의회의원이 구속되는 등의 사유로 제73조에 따른 의결정족수에 미달하게 될 때와 지방의회의 의결사항 중 주민의 생명과 재산보호를 위하여 긴급하게 필요한 사항으로서 지방의회를 소집할 시간적 여유가 없거나 지방의회에서 의결이 지체되어 의결되지 아니할 때에는 선결처분(先決處分)을 할 수 있다.
> ② 제1항에 따른 선결처분은 지체 없이 지방의회에 보고하여 승인을 받아야 한다.
> ③ 지방의회에서 제2항의 승인을 받지 못하면 그 선결처분은 그때부터 효력을 상실한다.
> ④ 지방자치단체의 장은 제2항이나 제3항에 관한 사항을 지체 없이 공고하여야 한다.

㉠ **의의**: 선결처분권은 시급한 사항에 대하여 지방자치단체의 장이 먼저 처분을 하고 사후에 지방의회의 승인을 얻는 것을 의미하는 것으로 대통령의 경우 국가긴급권과 유사하다.

㉡ **요건**: 지방의회가 성립되지 아니한 때, 지방의회의 의결사항 중 주민의 생명과 재산보호를 위하여 긴급하게 필요한 사항으로서 지방의회를 소집할 시간적 여유가 없거나 지방의회에서 의결이 지체되어 의결되지 아니할 때에 한해서 선결처분을 할 수 있다.

정답 03 × 04 ○

ⓒ 승인: 선결처분은 지체 없이 지방의회에 보고하여 승인을 받아야 하고, 승인을 받지 못한 경우에는 그때부터 효력을 상실한다.

③ **지방의회 의결에 대한 재의요구 및 제소권** 05. 입시, 08. 법원직

> **지방자치법**
>
> **제120조【지방의회의 의결에 대한 재의요구와 제소】** ① 지방자치단체의 장은 지방의회의 의결이 월권이거나 법령에 위반되거나 공익을 현저히 해친다고 인정되면 그 의결사항을 이송받은 날부터 20일 이내에 이유를 붙여 재의를 요구할 수 있다.*
>
> * 대통령은 법률안에 대해서만 재의를 요구할 수 있으나, 지방자치단체장은 조례안뿐만 아니라 의결 전체에 대해서 재의를 요구할 수 있다.
>
> ② 제1항의 요구에 대하여 재의한 결과 재적의원 과반수의 출석과 출석의원 3분의 2 이상의 찬성으로 전과 같은 의결을 하면 그 의결사항은 확정된다.
> ③ 지방자치단체의 장은 제2항에 따라 재의결된 사항이 법령에 위반된다고 인정되면 대법원에 소를 제기할 수 있다. 이 경우에는 제192조 제4항을 준용한다.
>
> **제192조【지방의회 의결의 재의와 제소】** ④ 지방자치단체의 장은 제3항에 따라 재의결된 사항이 법령에 위반된다고 판단되면 재의결된 날부터 20일 이내에 대법원에 소를 제기할 수 있다. 이 경우 필요하다고 인정되면 그 의결의 집행을 정지하게 하는 집행정지결정을 신청할 수 있다.

기출 OX

01 지방자치단체의 장은 지방의회에서 재의결된 사항이 법령에 위반된다고 인정되는 경우 대법원에 소를 제기할 수 있다. 09. 사시 ( )

(3) 권한대행

> **지방자치법**
>
> **제124조【지방자치단체의 장의 권한대행 등】** ① 지방자치단체의 장이 다음 각 호의 어느 하나에 해당되면 부지사·부시장·부군수·부구청장(이하 이 조에서 '부단체장'이라 한다)이 그 권한을 대행한다.
> 1. 궐위된 경우
> 2. 공소제기된 후 구금상태에 있는 경우
> 3. 의료법에 따른 의료기관에 60일 이상 계속하여 입원한 경우

한눈에 쏙!

지방자치단체장의 권한대행

구분	원활한 직무수행	권한대행
구금	×	○
선고	○	×

기출 OX

02 지방자치단체의 장이 공소제기된 후 구금상태에 있는 경우 부단체장이 그 권한을 대행하도록 하는 것은 무죄추정원칙에 위배된다. 12. 지방직 7급 ( )

정답 01 ○ 02 ×

📚 판례 | 지방자치단체장 권한대행에 관한 판례

1 선고로 인한 권한대행 [헌법불합치]
이 사건 법률 조항은 "금고 이상의 형이 선고되었다."라는 사실 자체에 주민의 신뢰가 훼손되고 자치단체장으로서 직무의 전념성이 해쳐질 것이라는 부정적 의미를 부여한 후, 그러한 판결이 선고되었다는 사실만을 유일한 요건으로 하여, 형이 확정될 때까지의 불확정한 기간 동안 자치단체장으로서의 직무를 정지시키는 불이익을 가하고 있으며, 그와 같이 불이익을 가함에 있어 필요 최소한에 그치도록 엄격한 요건을 설정하지도 않았으므로, 위 무죄추정의 원칙에 위배된다(헌재 2010.9.2, 2010헌마418).

2 구금으로 인한 지방자치단체장의 권한대행 [기각]
자치단체장이 '공소제기된 후 구금상태'에 있다는 것은 자치단체장 직을 수행할 사람의 신병이 일반사회로부터 격리되어 구치소나 교도소에 수감되어 있는 '사실적·물리적 부재상태'를 의미한다. 따라서 자치단체행정의 시의적절하고 원활한 운영과

주민의 복리에 초래될 수 있는 위험을 미연에 방지하기 위하여는, '공소제기된 후 구금상태에 있는' 자치단체장을 해당 직무에서 배제시키는 방법 외에는 달리 의미 있는 대안을 찾을 수 없다 할 것이다. 따라서 이는 공무담임권을 제한함에 있어 과잉금지원칙에 위배되지 않는다(헌재 2011.4.28, 2010헌마474).

3. 주민의 권리

> **지방자치법**
>
> 제16조【주민의 자격】지방자치단체의 구역에 주소를 가진 자는 그 지방자치단체의 주민이 된다.
>
> 제17조【주민의 권리】① 주민은 법령으로 정하는 바에 따라 주민생활에 영향을 미치는 지방자치단체의 정책의 결정 및 집행 과정에 참여할 권리를 가진다.
> ② 주민은 법령으로 정하는 바에 따라 소속 지방자치단체의 재산과 공공시설을 이용할 권리와 그 지방자치단체로부터 균등하게 행정의 혜택을 받을 권리를 가진다.
> ③ 주민은 법령으로 정하는 바에 따라 그 지방자치단체에서 실시하는 지방의회의원과 지방자치단체의 장의 선거(이하 '지방선거'라 한다)에 참여할 권리를 가진다.

주민투표권, 조례제정·개폐청구권, 주민감사청구권은 지방자치법에 근거하여 법률상 보장되는 권리이며, 지방자치제도의 본질적인 내용을 이루는 것은 아니다. 07. 국회직 8급

기출 OX

03 지방자치법상 주민의 조례제정·개폐청구권 및 감사청구권은 헌법상 보장된 지방자치제도의 본질적 내용을 이룬다. 07. 국회직 8급 ( )

> **판례 | 지방자치의 본질적 보장** [합헌]
>
> 우리의 지방자치법이 비록 주민에게 주민투표권(제14조)과 조례의 제정 및 개폐청구권(제15조) 및 감사청구권(제16조)을 부여함으로써 주민이 지방자치사무에 직접 참여할 수 있는 길을 열어 놓고 있다 하더라도 이러한 제도는 어디까지나 입법자의 결단에 의하여 채택된 것일 뿐, 헌법이 이러한 제도의 도입을 보장하고 있는 것은 아니다. 그러므로 지방자치법 제13조의2가 주민투표의 법률적 근거를 마련하면서, 주민투표에 관련된 구체적 절차와 사항에 관하여는 따로 법률로 정하도록 하였다고 하더라도 주민투표에 관련된 구체적인 절차와 사항에 대하여 입법하여야 할 헌법상 의무가 국회에게 발생하였다고 할 수는 없다(헌재 2001.6.28, 2000헌마735). 04. 국가직 7급

(1) 선거권·피선거권과 공공시설이용권

(2) 조례제정·개폐청구권

> **지방자치법**
>
> 제19조【조례의 제정과 개정·폐지 청구】① 주민은 지방자치단체의 조례를 제정하거나 개정하거나 폐지할 것을 청구할 수 있다.
> ② 조례의 제정·개정 또는 폐지 청구의 청구권자·청구대상·청구요건 및 절차 등에 관한 사항은 따로 법률로 정한다.
>
> **주민조례발안에 관한 법률**
>
> 제2조【주민조례청구권자】18세 이상의 주민으로서 다음 각 호의 어느 하나에 해당하는 사람(공직선거법 제18조에 따른 선거권이 없는 사람은 제외한다. 이하 '청구

정답 03 ×

권자'라 한다)은 해당 지방자치단체의 의회(이하 '지방의회'라 한다)에 조례를 제정하거나 개정 또는 폐지할 것을 청구(이하 '주민조례청구'라 한다)할 수 있다.
1. 해당 지방자치단체의 관할 구역에 주민등록이 되어 있는 사람
2. 출입국관리법 제10조에 따른 영주할 수 있는 체류자격 취득일 후 3년이 지난 외국인으로서 같은 법 제34조에 따라 해당 지방자치단체의 외국인등록대장에 올라 있는 사람

제4조【주민조례청구 제외 대상】다음 각 호의 사항은 주민조례청구 대상에서 제외한다.
1. 법령을 위반하는 사항
2. 지방세·사용료·수수료·부담금을 부과·징수 또는 감면하는 사항
3. 행정기구를 설치하거나 변경하는 사항
4. 공공시설의 설치를 반대하는 사항

제5조【주민조례청구 요건】① 청구권자가 주민조례청구를 하려는 경우에는 다음 각 호의 구분에 따른 기준 이내에서 해당 지방자치단체의 조례로 정하는 청구권자 수 이상이 연대 서명하여야 한다.
1. 특별시 및 인구 800만 이상의 광역시·도: 청구권자 총수의 200분의 1
2. 인구 800만 미만의 광역시·도, 특별자치시, 특별자치도 및 인구 100만 이상의 시: 청구권자 총수의 150분의 1
3. 인구 50만 이상 100만 미만의 시·군 및 자치구: 청구권자 총수의 100분의 1
4. 인구 10만 이상 50만 미만의 시·군 및 자치구: 청구권자 총수의 70분의 1
5. 인구 5만 이상 10만 미만의 시·군 및 자치구: 청구권자 총수의 50분의 1
6. 인구 5만 미만의 시·군 및 자치구: 청구권자 총수의 20분의 1

제12조【청구의 수리 및 각하】④ 지방의회의 의장은 지방자치법 제76조 제1항에도 불구하고 이 조 제1항에 따라 주민조례청구를 수리한 날부터 30일 이내에 지방의회의 의장 명의로 주민청구조례안을 발의하여야 한다.

제13조【주민청구조례안의 심사 절차】① 지방의회는 제12조 제1항에 따라 주민청구조례안이 수리된 날부터 1년 이내에 주민청구조례안을 의결하여야 한다. 다만, 필요한 경우에는 본회의 의결로 1년 이내의 범위에서 한 차례만 그 기간을 연장할 수 있다.
② 지방의회는 심사 안건으로 부쳐진 주민청구조례안을 의결하기 전에 대표자를 회의에 참석시켜 그 청구의 취지(대표자와의 질의·답변을 포함한다)를 들을 수 있다.
③ 지방자치법 제79조 단서에도 불구하고 주민청구조례안은 제12조 제1항에 따라 주민청구조례안을 수리한 당시의 지방의회의원의 임기가 끝나더라도 다음 지방의회의원의 임기까지는 의결되지 못한 것 때문에 폐기되지 아니한다.

(3) 주민감사청구권

지방자치법

제21조【주민의 감사 청구】① 지방자치단체의 18세 이상의 주민으로서 다음 각 호의 어느 하나에 해당하는 사람은 시·도는 300명, 제198조에 따른 인구 50만 이상 대도시는 200명, 그 밖의 시·군 및 자치구는 150명 이내에서 그 지방자치단체의 조례로 정하는 수 이상의 18세 이상의 주민이 연대 서명하여 그 지방자치단체와 그 장의 권한에 속하는 사무의 처리가 법령에 위반되거나 공익을 현저히 해친다고 인정되면 시·도의 경우에는 주무부장관에게, 시·군 및 자치구의 경우에는 시·도지사에게 감사를 청구할 수 있다.

(4) 주민소송권

> **지방자치법**
>
> **제22조【주민소송】** ⑤ 제2항 각 호의 소송이 진행 중이면 다른 주민은 같은 사항에 대하여 별도의 소송을 제기할 수 없다.
> ⑥ 소송의 계속 중에 소송을 제기한 주민이 사망하거나 제16조에 따른 주민의 자격을 잃으면 소송절차는 중단된다. 소송대리인이 있는 경우에도 또한 같다.
> ⑭ 제2항에 따른 소송에서 당사자는 법원의 허가를 받지 아니하고는 소의 취하, 소송의 화해 또는 청구의 포기를 할 수 없다.

(5) 주민투표와 주민소환의 비교

구분			주민투표	주민소환	
청구권자			18세 이상의 주민 + 18세 이상의 외국인	19세 이상의 주민 + 19세 이상의 외국인	
대상	적극적 대상		주민에게 과도한 부담을 주거나 중대한 영향을 미치는 지방자치단체의 주요 결정사항	지방자치단체장 + 지방의회의원(비례대표 제외) + 교육감(1년 기준)	
	소극적 대상		• 법령에 위반되거나 재판 중인 사항 • 국가 또는 다른 지방자치단체의 권한 또는 사무에 속하는 사항 • 지방자치단체의 예산·회계·계약 및 재산관리에 관한 사항과 지방세·사용료·수수료·분담금 등 각종 공과금의 부과 또는 감면에 관한 사항 • 행정기구의 설치·변경에 관한 사항과 공무원의 인사·정원 등 신분과 보수에 관한 사항 • 다른 법률에 의하여 주민대표가 직접 의사결정주체로서 참여할 수 있는 공공시설의 설치에 관한 사항. 다만, 제9조 제5항의 규정에 의하여 지방의회가 주민투표의 실시를 청구하는 경우에는 그러하지 아니하다. • 동일한 사항(그 사항과 취지가 동일한 경우를 포함한다)에 대하여 주민투표가 실시된 후 2년이 경과되지 아니한 사항		
실시 요건	지방 자치 단체장 의 직권		지방의회 재적의원 과반수 출석과 출석의원 과반수의 동의	특별시장·광역시장·도지사	당해 지방자치단체의 주민소환투표청구권자 총수의 10/100 이상
	지방 의회의 청구		지방의회 재적의원 과반수 출석과 출석의원 2/3 이상의 찬성	시장·군수·자치구의 구청장	당해 지방자치단체의 주민소환투표청구권자 총수의 15/100 이상

주민의 청구	주민투표청구권자 총수의 1/20 이상 1/5 이하의 범위 안에서 지방자치단체의 조례로 정하는 수 이상의 서명	지역선거구 시·도의회의원 및 지역선거구자치구·시·군의회의원	당해 지방의회의원의 선거구 안의 주민소환투표청구권자 총수의 20/100 이상
중앙행정기관의 장의 요구	중앙행정기관장의 투표요구가 있더라도 지방자치단체장이 무조건 따라야 하는 것이 아니라 발의 여부에 재량이 있음		
절차	발의 ⇨ 실시(지방자치단체장이 결정) ⇨ 확정(주민투표권자 총수의 1/4 이상 투표와 유효투표수 과반수 득표)	발의 ⇨ 실시(관할 선거관리위원회가 결정) ⇨ 확정(주민투표권자 총수의 1/3 이상 투표와 유효투표수 과반수 득표)	
효력	2년 내 변경 ×. 즉, 구속력 존재 (중앙행정기관은 구속 ×)	권한대행 + 공표시점부터 직을 상실	

> **판례 | 주민소환법 제7조 제1항 등 헌법소원 [기각]**
> [1] 소환사유는 구체적으로 적시하기 쉽지 않으며, 발의요건이 갖추어질 때만 가능하다. 따라서 남용될 소지가 적다.
> [2] 일반 선거와 달리 지방선거의 투표율이 저조하다는 것을 감안할 때 투표권자 총수의 3분의 1 이상의 투표는 너무 낮다고 볼 수 없다(헌재 2009.3.26, 2007헌마843).

04 지방자치단체와 국가의 관계

1. 의의

지방자치는 국가와는 별개의 법인격을 가지는 지방자치단체를 설립하여 지방행정을 자율적으로 수행하는 것이지만, 지방자치 그 자체도 국법에 의하여 인정되는 것이므로, 자치행정의 원활하고 효율적인 수행과 국가 전체 행정의 통일성을 확보할 필요성의 견지에서 일정한 한도 내에서 국가가 지방자치단체의 자치행정에 대하여 관여하는 것이 인정된다.

2. 입법적 관여

(1) 의의
지방자치단체의 조직과 운영에 관한 사항은 법률로 정하게 되어 있어 그에 따라 지방자치법이 지방자치단체의 조직에 관한 기본적 사항을 규정하고 있다.

(2) 구체적 규정
자치단체의 구체적 운영에 관하여는 지방세법, 지방재정법, 지방공무원법 등에서 이를 규정하고 있다.

3. 행정적 관여

(1) 의의
자치사무에 대한 국가의 관여는 합법성 통제에 한정되나, 단체위임사무나 기관위임사무에 대한 국가의 관여의 경우에는 합법성 통제뿐만 아니라 합목적성 통제도 허용된다.

(2) 구체적 통제
① **명령·처분의 시정명령 및 취소·정지(지방자치법 제188조)**: 주무부장관 또는 시·도지사는 지방자치단체의 장의 명령·처분이 위법하거나(자치사무), 위법·부당한(단체위임사무) 경우에는 그 시정을 명하고, 기간 내에 시정하지 않을 때에는 이를 취소·정지할 수 있다.

② **직무이행명령(지방자치법 제189조)**: 주무부장관 또는 시·도지사는 지방자치단체의 장이 위임사무(기관위임사무)의 관리·집행을 명백히 해태하고 있다고 인정되는 때에는 그 이행할 사항을 명령할 수 있고, 이행하지 않을 때에는 당해 지방자치단체의 비용으로 대집행하거나 행정·재정상 필요한 조치를 할 수 있다.

③ **재의요구명령·제소지시(지방자치법 제192조)**: 주무부장관 또는 시·도지사는 지방의회의 의결이 위법·부당한 경우 지방자치단체의 장에게 재의를 요구하도록 명령하고, 재의결된 사항이 다시 법령에 위반되는 것으로 판단될 때에는 대법원에의 제소를 지시하거나 직접 제소할 수 있다.

4. 사법적 관여

지방의회와 지방자치단체의 장 사이의 소송의 경우 법령에 위반하는 지방의회의 재의결에 대하여 지방자치단체의 장은 직접 또는 주무부장관 또는 시·도지사의 지시에 따라 대법원에 제소할 수 있다. 지방자치단체의 장이 재의요구를 하지 아니하는 경우에도 법령위반의 조례안에 대해서는 주무부장관 또는 시·도지사는 대법원에 직접 제소할 수 있다. 지방자치단체의 장과 국가기관 사이의 소송의 경우 지방자치단체의 장이 주무부장관 또는 시·도지사의 시정명령, 취소·정지, 직무이행명령에 이의가 있는 때에는 대법원에 제소할 수 있다.

> **지방자치법**
>
> **제192조 【지방의회 의결의 재의와 제소】** ① 지방의회의 의결이 법령에 위반되거나 공익을 현저히 해친다고 판단되면 시·도에 대해서는 주무부장관이, 시·군 및 자치구에 대해서는 시·도지사가 해당 지방자치단체의 장에게 재의를 요구하게 할 수 있고, 재의 요구 지시를 받은 지방자치단체의 장은 의결사항을 이송받은 날부터 20일 이내에 지방의회에 이유를 붙여 재의를 요구하여야 한다.
> ② 시·군 및 자치구의회의 의결이 법령에 위반된다고 판단됨에도 불구하고 시·도지사가 제1항에 따라 재의를 요구하게 하지 아니한 경우 주무부장관이 직접 시장·군수 및 자치구의 구청장에게 재의를 요구하게 할 수 있고, 재의 요구 지시를 받은 시장·군수 및 자치구의 구청장은 의결사항을 이송받은 날부터 20일 이내에 지방의회에 이유를 붙여 재의를 요구하여야 한다.
> ③ 제1항 또는 제2항의 요구에 대하여 재의한 결과 재적의원 과반수의 출석과 출석의원 3분의 2 이상의 찬성으로 전과 같은 의결을 하면 그 의결사항은 확정된다.

한눈에 쏙!

행정적 통제

취소·정지	직무이행
자치사무	기관위임
위법	집행 해태
직접 취소	대집행

기출 OX

01 헌법상 제도적으로 보장된 자치권 가운데에는 자치사무의 수행에 있어 다른 행정주체(특히, 중앙행정기관)로부터 합법성에 관하여 명령·지시를 받지 않는 권한도 포함된다고 볼 수 있다. 13. 법원직 ( )

한눈에 쏙!

구분	사유
재의요구	법령위반·공익저해
제소	법령위반
회계검사	법령위반

기출 OX

02 행정안전부장관이나 시·도지사는 지방자치단체의 자치사무에 관하여 보고를 받거나 서류·장부 또는 회계를 감사할 수 있다. 이 경우 감사는 법령위반사항에 대하여만 실시한다. ( )

정답 01 × 02 ○

④ 지방자치단체의 장은 제3항에 따라 재의결된 사항이 법령에 위반된다고 판단되면 재의결된 날부터 20일 이내에 대법원에 소를 제기할 수 있다. 이 경우 필요하다고 인정되면 그 의결의 집행을 정지하게 하는 집행정지결정을 신청할 수 있다.
⑤ 주무부장관이나 시·도지사는 재의결된 사항이 법령에 위반된다고 판단됨에도 불구하고 해당 지방자치단체의 장이 소를 제기하지 아니하면 시·도에 대해서는 주무부장관이, 시·군 및 자치구에 대해서는 시·도지사(제2항에 따라 주무부장관이 직접 재의 요구 지시를 한 경우에는 주무부장관을 말한다. 이하 이 조에서 같다)가 그 지방자치단체의 장에게 제소를 지시하거나 직접 제소 및 집행정지결정을 신청할 수 있다.
⑥ 제5항에 따른 제소의 지시는 제4항의 기간이 지난 날부터 7일 이내에 하고, 해당 지방자치단체의 장은 제소 지시를 받은 날부터 7일 이내에 제소하여야 한다.
⑦ 주무부장관이나 시·도지사는 제6항의 기간이 지난 날부터 7일 이내에 제5항에 따른 직접 제소 및 집행정지결정을 신청할 수 있다.
⑧ 제1항 또는 제2항에 따라 지방의회의 의결이 법령에 위반된다고 판단되어 주무부장관이나 시·도지사로부터 재의 요구 지시를 받은 해당 지방자치단체의 장이 재의를 요구하지 아니하는 경우(법령에 위반되는 지방의회의 의결사항이 조례안인 경우로서 재의 요구 지시를 받기 전에 그 조례안을 공포한 경우를 포함한다)에는 주무부장관이나 시·도지사는 제1항 또는 제2항에 따른 기간이 지난 날부터 7일 이내에 대법원에 직접 제소 및 집행정지결정을 신청할 수 있다.
⑨ 제1항 또는 제2항에 따른 지방의회의 의결이나 제3항에 따라 재의결된 사항이 둘 이상의 부처와 관련되거나 주무부장관이 불분명하면 행정안전부장관이 재의 요구 또는 제소를 지시하거나 직접 제소 및 집행정지결정을 신청할 수 있다.

🔨 판례 | 지방자치에 관한 판례

1 지방자치단체의 폐치·병합과 주민의 기본권 침해 [기각]
자치제도의 보장은 지방자치단체에 의한 자치행정을 일반적으로 보장한다는 것뿐이고 특정 자치단체의 존속을 보장한다는 것은 아니며 지방자치단체의 폐치·분합에 있어 지방자치권의 존중은 위에서 본 법정절차의 준수로 족한 것이다. 그러므로 군 및 도의회의 결의에 반하여 법률로 군을 폐지하고 타시에 병합하여 시를 설치한다 하여 주민들의 자치권을 침해하는 결과가 된다거나 헌법 제8장에서 보장하는 지방자치제도의 본질을 침해하는 것이라고 할 수 없다(헌재 1995.3.23, 94헌마175).

2 경상북도의회에서의 증언·감정 등에 관한 조례
공무원 등이 직무상 비밀에 속한다는 이유로 지방의회의 증언 또는 서류제출 요구 등을 예외 없이 거부할 수 없도록 규정안 조례안은 상위법령에 위반된다(대판 1995.6.30, 93추83).

3 교육위원 및 교육감의 선출 [기각]
주민직선제는 사회적으로 많은 인력과 경비가 소모될 뿐만 아니라, 이 사건 법률 조항이 규정하고 있는 현행의 선거제도에 비하여 교육의 자주성과 전문성을 담보할 수 있는 적격자를 교육위원이나 교육감으로 선출할 가능성이 오히려 멀어진다고 할 수 있다. … 이 사건 법률 조항이 교육위원 및 교육감의 선거인단을 학교운영위원회 위원 전원으로 하고 있는 것은, 지방교육자치제에서 요구되는 **교육의 자주성에 대한 요청과 민주적 정당성에 대한 요청 사이의 조화를 꾀하기 위한 것**으로서 입법부에 주어진 합리적인 재량의 범위 내의 것이라고 할 것이므로, 이 사건 법률 조항이 주민자치의 원칙을 위배하여 청구인들의 선거권을 침해한 것이라고는 볼 수 없다(헌재 2002.3.28, 2000헌마283 등).

기출 OX

01 헌법이 지방자치제도를 보장한다는 의미는 자치행정을 일반적으로 보장한다는 의미일 뿐 특정 자치단체의 존속을 보장한다는 의미는 아니다. 12. 지방직 7급 ( )

정답 01 ○

4 **지방자치단체의 영토고권** [각하]

지방자치제도의 보장은 지방자치단체에 의한 자치행정을 일반적으로 보장한다는 것뿐이고, 마치 국가가 영토고권을 가지는 것과 마찬가지로 지방자치단체에게 자신의 관할 구역 내에 속하는 영토·영해·영공을 자유로이 관리하고 관할 구역 내의 사람과 물건을 독점적·배타적으로 지배할 수 있는 권리가 부여되어 있다고 할 수는 없다. 청구인이 주장하는 **지방자치단체의 영토고권은 우리나라 헌법과 법률상 인정되지 아니한다.** 따라서 이 사건 결정이 청구인의 영토고권을 침해한다는 주장은 가지고 있지도 않은 권한을 침해받았다는 것에 불과하여 … 부적법한 청구이다(헌재 2006.3.30, 2003헌라2).

5 **공유수면에 대한 자치권한**

지방자치법 제4조 제1항에 규정된 지방자치단체의 구역은 주민·자치권과 함께 자치단체의 구성요소이며, 자치권이 미치는 관할 구역의 범위에는 육지는 물론 바다도 포함되므로, 공유수면에 대한 지방자치단체의 자치권한이 존재한다(헌재 2015.7.30, 2010헌라2).

6 **지방자치단체의 자치사무에 대한 감사원의 감사** [기각]

위임사무나 자치사무의 구별 없이 합법성 감사뿐만 아니라 합목적성 감사도 포함한 이 사건 감사는 감사원법에 근거한 것으로서, 법률상 권한 없이 이루어진 것으로 보이지는 않는다. … 헌법이 감사원을 독립된 외부감사기관으로 정하고 있는 취지, 국가기능의 총체적 극대화를 위하여 중앙정부와 지방자치단체는 서로 행정기능과 행정책임을 분담하면서 중앙행정의 효율성과 지방행정의 자주성을 조화시켜 국민과 주민의 복리증진이라는 공동목표를 추구하는 협력관계에 있다는 점에 비추어 보면, 감사원에 의한 지방자치단체의 자치사무에 대한 감사를 합법성 감사에 한정하고 있지 아니한 이 사건 관련 규정은 그 목적의 정당성과 합리성을 인정할 수 있다. … 지방자치단체의 인사권이나 자치행정의 자기책임적 판단이 말살될 정도로 지방자치권의 본질이 훼손되었다고 보기는 어렵다(헌재 2008.5.29, 2005헌라3).

7 **중앙행정기관의 지방자치단체 자치사무 감사** [권한침해]

[1] 중앙행정기관이 구 지방자치법 제158조 단서 규정상의 감사에 착수하기 위해서는 자치사무에 관하여 특정한 법령위반행위가 확인되었거나 위법행위가 있었으리라는 합리적 의심이 가능한 경우이어야 하고, 또한 그 감사대상을 특정해야 한다. 따라서 전반기 또는 후반기 감사와 같은 포괄적·사전적 일반감사나 위법사항을 특정하지 않고 개시하는 감사 또는 법령위반사항을 적발하기 위한 감사는 모두 허용될 수 없다.

[2] 안전행정부장관 등이 감사실시를 통보한 사무는 서울특별시의 거의 모든 자치사무를 감사대상으로 하고 있어 사실상 피감사대상이 특정되지 아니하였고 안전행정부장관 등은 합동감사 실시계획을 통보하면서 구체적으로 어떠한 자치사무가 어떠한 법령에 위반되는지 여부를 밝히지 아니하였는바, 그렇다면 안전행정부장관 등의 합동감사는 구 지방자치법 제158조 단서 규정상의 감사개시요건을 전혀 충족하지 못하였다 할 것이므로 헌법 및 지방자치법에 의하여 부여된 서울특별시의 지방자치권을 침해한 것이다(헌재 2009.5.28, 2006헌라6).

8 **주민투표권의 성격** [각하]

지방자치법 제13조의2와 이에 근거한 주민투표법이 정하는 **주민투표권은** 그 성질상 선거권, 공무담임권, 국민투표권과는 다른 것이어서 이를 **법률이 보장하는 참정권이라고 할 수 있을지언정 헌법이 보장하는 참정권이라고 할 수는 없다.** 따라서 이

기출 OX

02 지방자치단체의 자치권이 미치는 관할 구역의 범위에는 육지는 물론 바다도 포함되므로 공유수면에 대한 지방자치단체의 자치권한이 존재한다. 12. 지방직 7급 ( )

기출 OX

03 중앙행정기관의 자치사무에 관한 감사범위는 위법성 감사에 한정되며, 이를 넘어선 포괄적인 감사는 지방자치권의 본질을 침해하는 것이다. 11. 국가직 7급 ( )

정답 02 ○ 03 ○

사건 선정공고조항으로 인하여 청구인의 주민투표권이 박탈되는 상황에 이르렀다고 하더라도 이러한 주민투표권은 기본권으로서 참정권의 범위에 포함되지 않는다고 할 것이므로 이 사건 선정공고조항으로 인한 기본권 침해성을 인정하기 어렵다. … 따라서 이 사건 심판청구는 부적법하다(헌재 2001.6.28, 2000헌마735).

9 제주특별자치도에 관한 권한쟁의 사건 [각하]

지방자치단체가 중앙행정기관장으로부터 제8조의 주민투표 실시요구를 받지 않은 상태에서 일정한 경우 중앙행정기관에게 실시요구를 해 줄 것을 요구할 수 있는 권한까지 가지고 있다고 보기는 어렵다. 그렇다면 피청구인 행정자치부장관이 청구인들에게 **주민투표 실시요구를 하지 않은 상태에서 청구인들에게 실시권한이 발생하였다고 볼 수는 없다.** 그렇다면 이 사건 주민투표 실시로 인해 청구인들의 제8조의 주민투표 실시 권한이 침해되었다고 볼 여지는 없다(헌재 2005.12.22, 2005헌라5).

10 남양주시 자치사무 감사에 관한 권한쟁의 사건 [인용]

[1] 헌법 및 지방자치법의 개정취지와 자치사무에 대한 감사를 '위법성 감사'로 축소한 경위 등을 종합하여 중앙행정기관의 지방자치단체의 자치사무에 대한 감사권은 사전적·일반적인 포괄감사권이 아니라(이는 감사원 정도만 가능) 그 대상과 범위가 한정적이고 제한된, 즉 그 감사대상이 특정되어야 한다.

[2] 다만, 감사대상과 관련성이 인정되는 경우에는 확장 내지 추가가 허용된다.

[3] 다만, 통보해야 한다는 명시적 규정이 없어 사전에 통보를 감사개시요건으로 볼 수 없다(헌재 2023.3.23, 2020헌라5).

기출지문 OX

01 ☐☐☐
대의기관의 선출주체가 곧 대의기관의 의사결정에 대한 승인주체가 되는 것은 당연한 논리적 귀결이므로, 국민투표권자의 범위는 대통령선거권자·국회의원선거권자와 일치되어야 한다. [O X]

02 ☐☐☐
선거범죄로 인하여 당선이 무효로 된 때를 비례대표지방의회의원의 의석 승계 제한사유로 규정한 것은 궐원된 비례대표지방의회의원 의석을 승계받을 후보자명부상의 차순위 후보자의 공무담임권을 침해한다. [O X]

03 ☐☐☐
헌법에 규정된 영장신청권자로서의 검사는 검찰권을 행사하는 국가기관인 검사로서 공익의 대표자이자 수사단계에서의 인권옹호기관으로서의 지위에서 그에 부합하는 직무를 수행하는 검찰청법상 검사만을 지칭하는 것이다. [O X]

04 ☐☐☐
참정권은 일신전속적 권리이므로 대리행사가 인정되지 않는다. [O X]

05 ☐☐☐
국민투표법상 19세 이상의 국민은 투표권이 있다. [O X]

06 ☐☐☐
국민투표의 효력에 관하여 이의가 있는 투표인은 투표인 10만인 이상의 찬성을 얻어 대통령을 피고로 하여 투표일로부터 20일 이내에 대법원에 제소할 수 있다. [O X]

정답 및 해설

01 ○ 대의기관의 선출주체가 곧 대의기관의 의사결정에 대한 승인주체가 되는 것은 당연한 논리적 귀결이므로, 국민투표권자의 범위는 대통령선거권자·국회의원선거권자와 일치되어야 한다(헌재 2014.7.24, 2009헌마256 등).

02 ○ 그로 인하여 궐원된 의석의 승계를 인정하지 아니함으로써 결과적으로 그 정당에 비례대표국회의원의석을 할당받도록 한 선거권자들의 정치적 의사표명을 무시하고 왜곡하는 결과를 초래한다는 점에서 헌법의 기본원리인 대의제 민주주의 원리에 부합되지 않는다고 할 것이다(헌재 2009.10.29, 2009헌마350).

03 × 헌법상 영장신청권자로서의 검사가 검찰청법상 검사로 한정되는 것은 아니라 하더라도, 영장신청권자는 공익의 대표자이자 인권옹호기관으로서 법률전문가의 자격을 갖추어야 한다. 공수처검사는 법률전문가로서 자격을 가지고 있어 영장주의에 위배되지 않는다(헌재 2021.1.28, 2020헌마264).

04 ○ 참정권은 국민의 권리이기 때문에 외국인은 그 주체가 될 수 없다. 또한 국민의 경우도 기본적으로 참정권 행사능력을 갖추어야 한다. 참정권은 일신전속적 권리이므로 대리행사가 인정되지 아니한다.

05 ○ 19세 이상의 국민은 투표권이 있다(국민투표법 제7조).

06 × 국민투표의 효력에 관하여 이의가 있는 투표인은 투표인 10만인 이상의 찬성을 얻어 중앙선거관리위원회 위원장을 피고로 하여 투표일로부터 20일 이내에 대법원에 제소할 수 있다(국민투표법 제92조).

07 ☐☐☐
대법원은 국민투표에 관하여 국민투표법 또는 국민투표법에 의하여 발하는 명령에 위반하는 사실이 있는 경우라도 국민투표의 결과에 영향을 미쳤다고 인정하는 때에 한하여 국민투표무효의 판결을 하여야 하며, 국민투표의 일부의 무효를 판결할 수는 없다.　O|X

08 ☐☐☐
헌법 제72조는 국민투표의 대상을 외교·국방·통일 기타 국가안위에 관한 중요정책이라고 규정하고 있는바, 이때 국민투표의 대상인 중요정책에는 대통령에 대한 신임이 포함된다.　O|X

09 ☐☐☐
정당의 재산귀속관계에 대한 사건에서 정당은 법인격 없는 사단이다.　O|X

10 ☐☐☐
정당도 기본권의 주체가 되는 경우가 있다.　O|X

11 ☐☐☐
정당은 5 이상의 시·도당을 가져야 하며, 시·도당은 1천인 이상의 당원을 가져야 한다.　O|X

12 ☐☐☐
정당의 조직 중 기존의 지구당과 당 연락소를 강제적으로 폐지하고 이후 지구당을 설립하거나 당 연락소를 설치하는 것을 금지하는 규정은, 정당조직의 자유 및 정당활동의 자유를 제한하는 것으로서 정당의 자유의 본질적 내용을 침해한다.　O|X

13 ☐☐☐
초·중등학교의 교원인 공무원에 대하여 정당가입을 전면적으로 금지하는 법률조항은 근무시간 내외를 불문하고 정당관련 활동을 금지함으로써 해당 교원의 정당가입의 자유를 침해한다.　O|X

정답 및 해설

07 × 대법원은 제92조의 규정에 의한 소송에 있어서 국민투표에 관하여 이 법 또는 이 법에 의하여 발하는 명령에 위반하는 사실이 있는 경우라도 국민투표의 결과에 영향이 미쳤다고 인정하는 때에 한하여 국민투표의 전부 또는 일부의 무효를 판결한다(국민투표법 제93조).

08 × 대통령은 헌법상 국민에게 자신에 대한 신임을 국민투표의 형식으로 물을 수 없을 뿐만 아니라, 특정 정책을 국민투표에 붙이면서 이에 자신의 신임을 결부시키는 대통령의 행위도 위헌적인 행위로서 헌법적으로 허용되지 않는다. 뿐만 아니라, 헌법은 명시적으로 규정된 국민투표 외에 다른 형태의 재신임 국민투표를 허용하지 않는다(헌재 2004.5.14, 2004헌나1).

09 ○ 법인격 없는 사단이라는 것이 일반적인 견해이다. 헌법재판소도 정당의 재산귀속관계에 대한 사건에서 정당을 법인격 없는 사단으로 판시한 바 있다(헌재 1993.7.29, 92헌마262).

10 ○ 정당은 권리능력 없는 사단이므로 기본권 주체성이 인정될 수 있다. 따라서 우리 헌법재판소는 정당의 기본권 주체성과 헌법소원청구능력을 인정한 바 있다(헌재 1991.3.11, 91헌마21).

11 ○ 정당은 5 이상의 시·도당을 가져야 한다(정당법 제17조).
▶ 시·도당은 1천인 이상의 당원을 가져야 한다(정당법 제18조 제1항).

12 × 고비용 저효율의 병폐는 지구당이라는 정당조직에 너무나 뿌리 깊게 고착화되어 양자를 분리할 수 없을 정도의 구조적인 문제로 되어버렸기 때문에 지구당을 폐지하지 않고 위와 같은 보다 완화된 방법만을 채용하여서는 이러한 문제점을 해결할 수 없다(헌재 2004.12.16, 2004헌마456).

13 × 정당법조항 및 국가공무원법조항 중 '정당'에 관한 부분은 국가공무원이 정당의 발기인 및 당원이 되는 것을 금지하는 것이 헌법에 위반되지 않는다(헌재 2020.4.23, 2018헌마551).
▶ 다만, 정치단체 가입금지에 대해서는 위헌으로 판단하였다.

14 ☐☐☐

사회복무요원의 정치적 행위를 금지하는 병역법 조항 중 '정치적 목적을 지닌 행위'는 특정 정당, 정치인을 지지·반대하거나 공직선거에 있어서 특정 후보자를 당선·낙선하게 하는 등 그 정파성·당파성에 비추어 정치적 중립성을 훼손할 가능성이 높은 행위로 한정하여 해석되므로 명확성원칙에 위배되지 않는다. ⓄⓍ

15 ☐☐☐

정당이 그 소속 국회의원을 제명하기 위해서는 당헌이 정하는 절차를 거치는 외에 그 소속 국회의원 전원의 3분의 2 이상의 찬성이 있어야 한다. ⓄⓍ

16 ☐☐☐

위헌정당해산의 정당은 원칙적으로 등록을 필한 기성정당을 의미한다. ⓄⓍ

17 ☐☐☐

정당의 목적이나 활동이 민주적 기본질서에 위배될 때에 정부나 국회는 헌법재판소에 그 해산을 제소할 수 있다. ⓄⓍ

18 ☐☐☐

중앙선거관리위원회의 집행은 정당해산에 있어 창설적 효력을 가진다. ⓄⓍ

19 ☐☐☐

정당해산심판절차에서는 재심을 허용하지 않음으로써 얻을 수 있는 법적 안정성의 이익보다 재심을 허용함으로써 얻을 수 있는 구체적 타당성의 이익이 보다 크므로 재심을 허용하여야 한다. ⓄⓍ

20 ☐☐☐

헌법재판소는 정당해산결정의 본질적 효과로서 그 정당소속 국회의원들의 의원직이 상실된다고 결정하였다. ⓄⓍ

정답 및 해설

14 ✗ 이 사건 법률조항은 '정치적 목적을 지닌 행위'의 의미를 개별화·유형화 하지 않으며, '그 밖의 정치단체'의 의미가 불명확하므로 이를 예시로 규정하여도 '정치적 목적을 지닌 행위'의 불명확성은 해소되지 않는다. 따라서 위 부분은 명확성원칙에 위배된다(헌재 2021.11.25, 2019헌마534).

15 ✗ 정당이 그 소속 국회의원을 제명하기 위해서는 당헌이 정하는 절차를 거치는 외에 그 소속 국회의원 전원의 2분의 1 이상의 찬성이 있어야 한다(정당법 제33조).

16 ○ 해산의 대상이 되는 정당은 등록을 필한 기성정당(시·도당, 전문위원회, 청년부, 정당훈련원, 출판부와 같은 정당의 하부조직도 포함)에 한하며, 정당의 방계조직·위장조직·대체정당 등은 일반결사로 이해되어 행정처분으로 해산가능하다.

17 ✗ 정당의 목적이나 활동이 민주적 기본질서에 위배될 때에는 정부는 헌법재판소에 그 해산을 제소할 수 있고, 정당은 헌법재판소의 심판에 의하여 해산된다(헌법 제8조 제4항).

18 ✗ 헌법재판소의 해산결정에는 창설적 효력이 있다.
▶ 중앙선거관리위원회의 집행은 정당해산에 있어 확인적 효력을 가진다.

19 ○ 정당해산심판은 원칙적으로 해당 정당에게만 그 효력이 미치며, 정당해산결정은 대체정당이나 유사정당의 설립까지 금지하는 효력을 가지므로 오류가 드러난 결정을 바로잡지 못한다면 장래 세대의 정치적 의사결정에까지 부당한 제약을 초래할 수 있다. 따라서 정당해산심판절차에서는 재심을 허용하지 아니함으로써 얻을 수 있는 법적 안정성의 이익보다 재심을 허용함으로써 얻을 수 있는 구체적 타당성의 이익이 더 크므로 재심을 허용하여야 한다(헌재 2016.5.26, 2015헌아20).

20 ○ 헌법재판소의 해산결정으로 해산되는 정당소속 국회의원의 의원직 상실은 위헌정당해산제도의 본질로부터 인정되는 기본적 효력이다(헌재 2014.12.19, 2013헌다1).

21 ☐☐☐
헌법 제8조 제4항은 정당해산심판의 사유를 "정당의 목적이나 활동이 민주적 기본질서에 위배될 때"로 규정하고 있는데, 여기서 말하는 민주적 기본질서의 '위배'란, 민주적 기본질서에 대한 단순한 위반이나 저촉을 의미하는 것이다. (O|X)

22 ☐☐☐
정당이 헌법재판소의 결정으로 해산된 때에는 해산된 정당의 강령(또는 기본정책)과 동일하거나 유사한 것으로 정당을 창당하지 못한다. (O|X)

23 ☐☐☐
당비는 정당의 당헌·당규 등에 의하여 정당의 당원이 부담하는 금전으로서 유가증권이나 그 밖의 물건을 제외한다. (O|X)

24 ☐☐☐
법인 또는 단체는 정치자금을 기부할 수 있다. (O|X)

25 ☐☐☐
정당 후원회를 금지함으로써 정당에 대한 재정적 후원을 전면적으로 금지하는 것은 국민의 정치적 표현의 자유를 침해한다. (O|X)

26 ☐☐☐
광역자치단체장선거의 예비후보자를 후원회지정권자에서 제외하여, 국회의원선거의 예비후보자에게 후원금을 기부하고자 하는 자와 광역자치단체장선거의 예비후보자에게 후원금을 기부하고자 하는 자를 달리 취급하는 것은 합리적 차별에 해당하고 입법재량의 한계를 일탈한 것은 아니다. (O|X)

27 ☐☐☐
후원회를 설치·운영할 수 있는 자를 국회의원으로 한정하고 지방의회의원을 제외한 것은 지방의회의원의 평등권을 침해한다. (O|X)

정답 및 해설

21 × 헌법 제8조 제4항은 정당해산심판의 사유를 "정당의 목적이나 활동이 민주적 기본질서에 위배될 때"로 규정하고 있는데, 여기서 말하는 민주적 기본질서의 '위배'란, 민주적 기본질서에 대한 단순한 위반이나 저촉을 의미하는 것이 아니라, 민주사회의 불가결한 요소인 정당의 존립을 제약해야 할 만큼 그 정당의 목적이나 활동이 우리 사회의 민주적 기본질서에 대하여 실질적인 해악을 끼칠 수 있는 구체적 위험성을 초래하는 경우를 가리킨다(헌재 2014.12.19, 2013헌다1).

22 ○ 정당이 헌법재판소의 결정으로 해산된 때에는 해산된 정당의 강령(또는 기본정책)과 동일하거나 유사한 것으로 정당을 창당하지 못한다(정당법 제40조).

23 × 이 법에서 사용하는 용어의 정의는 다음과 같다.
  3. "당비"라 함은 명목여하에 불구하고 정당의 당헌·당규 등에 의하여 정당의 당원이 부담하는 금전이나 유가증권 그 밖의 물건을 말한다(정치자금법 제3조).

24 × ① 외국인, 국내·외의 법인 또는 단체는 정치자금을 기부할 수 없다.
  ② 누구든지 국내·외의 법인 또는 단체와 관련된 자금으로 정치자금을 기부할 수 없다(정치자금법 제31조).

25 ○ 정당제 민주주의하에서 정당에 대한 재정적 후원이 전면적으로 금지됨으로써 정당이 스스로 재정을 충당하고자 하는 정당활동의 자유와 국민의 정치적 표현의 자유가 제한되는 불이익은 더욱 크다(헌재 2015.12.23, 2013헌바168).

26 × 광역자치단체장선거의 예비후보자에 관한 부분은 청구인들 평등권을 침해하여 헌법에 위반되지만, 자치구의회의원선거의 예비후보자에 관한 부분에 대하여는 헌법에 위반되지 않는다고 판시하였다(헌재 2019.12.27, 2018헌마301).

27 ○ 국회의원과 달리 지방의회의원을 후원회지정권자에서 제외하고 있는 것은 불합리한 차별로서 청구인들의 평등권을 침해한다(헌재 2022.11.24, 2019헌마528).

28 ☐☐☐
입법자는 정당에 대한 국고보조금의 배분기준을 정함에 있어 입법정책적인 재량권을 가지므로, 그 내용이 현재의 각 정당들 사이의 경쟁상태를 현저하게 변경시킬 정도가 아니라면 합리성을 인정할 수 있다. ⓞⓧ

29 ☐☐☐
주민등록법상 주민등록을 할 수 없는 재외국민의 선거권 행사를 전면적으로 부정하고 있는 것은 재외국민의 선거권과 평등권을 침해하고 보통선거원칙에 위배된다. ⓞⓧ

30 ☐☐☐
그가 저지른 범죄의 경중을 전혀 고려하지 않고 수형자와 집행유예자 모두의 선거권을 제한하는 것은 침해의 최소성원칙에 어긋난다. ⓞⓧ

31 ☐☐☐
선거권 연령을 선거일 현재 19세 이상으로 정한 것은 헌법에 위반되지 않는다. ⓞⓧ

32 ☐☐☐
헌법재판소 결정에 의하면 대통령선거에서 선거비용의 상당 부분을 후보자에게 부담시키고 있음에도 불구하고 후보자에게 5억원의 기탁금을 납부하도록 하는 것은 헌법에 합치하지 않는다. ⓞⓧ

33 ☐☐☐
비례대표국회의원에 입후보하기 위하여 기탁금으로 1,500만원을 납부하도록 한 규정은 그 액수가 고액이라 거대정당에게 일방적으로 유리하고, 다양해진 국민의 목소리를 제대로 대표하지 못하여 사표를 양산하는 다수대표제의 단점을 보완하기 위하여 도입된 비례대표제의 취지에도 반하는 것이다. ⓞⓧ

정답 및 해설

28 ○ 교섭단체의 구성 여부에 따라 보조금의 배분규모에 차이가 있더라도 그러한 차등정도는 각 정당 간의 경쟁상태를 현저하게 변경시킬 정도로 합리성을 결여한 차별이라고 보기 어렵다. … 헌법에 위반되지 아니한다(헌재 2006.7.27, 2004헌마655).

29 ○ 주민등록이 되어 있는지 여부에 따라 선거인명부에 오를 자격을 결정하여 그에 따라 선거권 행사 여부가 결정되도록 함으로써, 주민등록법상 주민등록을 할 수 없는 재외국민의 선거권 행사를 전면적으로 부정하고 있는 법(공직선거 및 부정선거관리법) 제37조 제1항은 그에 대한 정당한 목적을 찾기 어려우므로 헌법 제37조 제2항에 위반하여 재외국민의 선거권과 평등권을 침해하고 보통선거원칙에 위배된다(헌재 2007.6.28, 2004헌마644).

30 ○ 구체적인 범죄의 종류나 내용 및 불법성의 정도 등과 관계없이 이와 같이 일률적으로 선거권을 제한하여야 할 필요성이 있다고 보기는 어렵다. 범죄자의 선거권을 제한할 필요가 있다 하더라도 그가 저지른 범죄의 경중을 전혀 고려하지 않고 수형자와 집행유예자 모두의 선거권을 제한하는 것은 침해의 최소성원칙에 어긋난다(헌재 2014.1.28, 2012헌마409).

31 ○ 일상생활에 있어서도 현실적으로 부모나 교사 등 보호자에게 의존할 수밖에 없는 상황이므로 독자적인 정치적 판단을 할 수 있을 정도로 정신적·신체적 자율성을 충분히 갖추었다고 보기 어렵다고 보고, 선거권 연령을 19세 이상으로 정한 것이다(헌재 2013.7.25, 2012헌마174).

32 ○ 이 사건 조항이 설정한 5억원의 기탁금은 대통령선거에서 후보자 난립을 방지하기 위한 입법목적의 달성수단으로서는 개인에게 현저하게 과다한 부담을 초래하며, 이는 고액 재산의 다과에 의하여 공무담임권 행사기회를 불합리적으로 차별하므로, 입법자에게 허용된 재량의 범위를 넘어선 것이다(헌재 2008.11.27, 2007헌마1024).

33 ○ 후보자 추천의 진지성과 선거관리의 효율성 확보 등의 입법목적을 달성하기 위해 필요한 최소한의 액수보다 지나치게 과다한 액수라 하지 않을 수 없다(헌재 2016.12.29, 2015헌마1160).

34 ☐☐☐
지방자치단체의 장선거 예비후보자가 정당의 공천심사에서 탈락한 후 후보자등록을 하지 않은 경우를 기탁금 반환 사유로 규정하지 않은 공직선거법은 예비후보자의 무분별한 난립과 선거운동의 과열·혼탁을 방지하고 그 성실성과 책임성을 담보하기 위한 것이므로 과잉금지의 원칙에 위반되지 않는다. (O|X)

35 ☐☐☐
국회의원지역선거구 구역표 중 인구편차 상하 33⅓%의 기준을 넘어서는 선거구에 관한 부분은 지나친 투표가치의 불평등을 야기하여 위 선거구가 속한 지역에 주민등록을 마친 청구인들의 선거권과 평등권을 침해한다. (O|X)

36 ☐☐☐
1인 1표제를 채택하여 유권자에게 별도의 정당투표를 인정하지 않고 지역구국회의원 총선거에서 얻은 득표비율에 따라 비례대표의석을 배분하는 방식은 평등선거의 원칙에 반한다고 볼 수 없다. (O|X)

37 ☐☐☐
인터넷언론사가 선거운동기간 중 당해 홈페이지 게시판 등에 정당·후보자에 대한 지지·반대 등의 정보를 게시하는 경우 실명을 확인받도록 정한 공직선거법 조항은 인터넷언론사를 통한 정보의 특성과 우리나라 선거문화의 현실 등을 고려하고 선거의 공정성 확보를 위한 것으로, 게시판 이용자의 정치적 익명표현의 자유, 개인정보자기결정권 및 인터넷언론사의 언론의 자유를 침해한다고 볼 수 없다. (O|X)

38 ☐☐☐
지방자치단체의 장 선거권은 헌법 제24조에 의해 보호되는 기본권으로 인정된다. (O|X)

39 ☐☐☐
공무원이 선거운동의 기획행위를 하는 모든 경우를 금지하는 것은 공무원의 정치적 중립성에서 나오는 공익이 정치적 표현의 자유보다 크기 때문에 헌법에 위반되지 아니한다. (O|X)

정답 및 해설

34 × 지역구국회의원 예비후보자의 기탁금 반환 사유를 예비후보자의 사망, 당내경선 탈락으로 한정하고 있는 공직선거법 규정은 헌법에 합치하지 아니한다(헌재 2018.1.25, 2016헌마541).

35 ○ 현재의 시점에서 헌법이 허용하는 인구편차의 기준을 인구편차 상하 33⅓%를 넘어서지 않는 것으로 봄이 타당하다. 따라서 심판대상 선거구 구역표 중 인구편차 상하 33⅓%의 기준을 넘어서는 선거구에 관한 부분은 위 선거구가 속한 지역에 주민등록을 마친 청구인들의 선거권 및 평등권을 침해한다(헌재 2014.10.30, 2012헌마192).

36 × 무소속후보자를 지지하는 유권자의 경우 정당투표를 인정하지 않아 평등선거의 원칙에도 위배된다(헌재 2001.7.19, 2000헌마91 등).

37 × "인터넷언론사"가 명확성원칙에 반하지는 않는다고 하더라도 그 범위가 광범위하다는 점까지 고려하면 심판대상조항으로 인하여 발생할 수 있는 기본권 제한의 정도는 결코 작다고 볼 수 없다. 실명확인제가 표방하고 있는 선거의 공정성이라는 목적은 인터넷 이용자의 표현의 자유나 개인정보자기결정권을 제약하지 않는 다른 수단(삭제요청 등)에 의해서도 충분히 달성할 수 있다(헌재 2021.1.28, 2018헌마456). 즉, 언론의 자유를 침해한다.

38 ○ 지방자치단체의 장 선거권 역시 다른 선거권과 마찬가지로 헌법 제24조에 의해 보호되는 기본권으로 인정하여야 한다(헌재 2016.10.27, 2014헌마797).

39 × 이 사건 법률 조항은 공무원의 지위를 이용하지 아니한 행위에까지 적용되는 한 기본권을 침해하여 헌법에 위반된다(헌재 2008.5.29, 2006헌마1096).

40 □□□
기초의회의원선거에서 정당의 후보자추천을 금지하는 것은 지방자치제도 본래의 기능의 실현을 위해서 필요한 것이다. ⓞⓧ

41 □□□
예비후보자의 배우자가 함께 다니는 사람 중에서 지정한 자도 선거운동을 위하여 명함교부 및 지지호소를 할 수 있도록 한 공직선거법 관련 조항 중 '배우자' 관련 부분이 배우자가 없는 예비후보자의 평등권을 침해하는 것은 아니다. ⓞⓧ

42 □□□
한국철도공사의 상근직원은 상근임원과 달리 그 직을 유지한 채 공직선거에 입후보하여 자신을 위한 선거운동을 할 수 있음에도, 상근직원이 타인을 위한 선거운동을 할 수 없도록 전면적으로 금지하는 공직선거법 규정은 상근직원의 선거운동의 자유를 침해한다. ⓞⓧ

43 □□□
지역농협이사선거의 경우 전화·컴퓨터통신을 이용한 지지 호소의 선거운동방법을 금지하고, 이를 위반한 자를 처벌하는 것은 해당 선거후보자의 결사의 자유와 표현의 자유를 침해한다. ⓞⓧ

44 □□□
공무담임권의 보호영역에는 공직취임 기회의 자의적인 배제뿐 아니라 공무원 신분의 부당한 박탈이나 권한의 부당한 정지도 포함된다. ⓞⓧ

45 □□□
"경찰청장은 퇴직일로부터 2년 이내에는 정당의 발기인이 되거나 당원이 될 수 없다."라고 규정하고 있는 법률 조항은 정당설립 및 가입의 자유를 침해하는 위헌적인 조항이다. ⓞⓧ

46 □□□
순경 공채시험, 소방사 등 채용시험, 그리고 소방간부 선발시험의 응시연령의 상한을 30세 이하로 규정하고 있는 것은 합리적이라고 볼 수 있으므로 공무담임권을 침해하지 아니한다. ⓞⓧ

정답 및 해설

40 ✕ 기초의회의원선거 후보자로 하여금 특정 정당으로부터의 지지 또는 추천받음을 표방할 수 없도록 한 공직선거 및 선거부정방지법 제84조 중 '자치구·시·군의회의원선거의 후보자' 부분이 정치적 표현의 자유를 침해한다(헌재 2003.1.30, 2001헌가4).

41 ✕ 이 사건 1호 법률 조항에 의하여 배우자 없는 예비후보자가 불리한 상황에서 선거운동을 하는데, 이 사건 3호 법률 조항은 배우자가 그와 함께 다니는 사람 중에서 지정한 1명까지 보태어 명함을 교부하고 지지를 호소할 수 있도록 함으로써 배우자 유무에 따른 차별효과를 지나치게 커지게 한다(헌재 2013.11.28, 2012헌가10).

42 ○ 선거운동이 금지되는 다수의 기관 중, 한국철도공사의 상근직원에 대하여 선거운동을 금지하고 이를 위반한 경우 처벌하는 심판대상 조항이 선거운동의 자유를 지나치게 제한하여 헌법에 위반된다(헌재 2018.2.22, 2015헌바124).

43 ○ 농협이사선거에서 전화·컴퓨터통신을 이용한 지지 호소의 선거운동방법까지 금지하는 방안은 과도한 제한이다(헌재 2016.11.24, 2015헌바62).

44 ○ 공무담임권의 보호영역에는 공직취임의 기회의 자의적인 배제뿐 아니라, 공무원 신분의 부당한 박탈까지 포함되는 것이라고 할 것이다(헌재 2002.8.29, 2001헌마788 등).

45 ○ 이 사건 법률 조항은 정당의 자유를 제한함에 있어서 갖추어야 할 적합성의 엄격한 요건을 충족시키지 못한 것으로 판단되므로 이 사건 법률 조항은 정당설립 및 가입의 자유를 침해하는 조항이다(헌재 1999.12.23, 99헌마135).

46 ✕ 이 사건 심판대상 조항들이 순경 공채시험 등의 응시연령의 상한을 '30세 이하'로 제한하는 것이 합리적이라고 볼 수 없어 침해의 최소성원칙에 위배된다(헌재 2012.5.31, 2010헌마278).

47 ☐☐☐
금고 이상의 형의 선고유예를 받고 그 기간 중에 있는 자를 임용결격사유로 삼고, 위 사유에 해당하는 자가 임용되더라도 이를 당연무효로 하는 구 국가공무원법 조항은 입법자의 재량을 일탈하여 청구인의 공무담임권을 침해한다. (O|X)

48 ☐☐☐
사립학교 교원이 금고 이상의 형의 집행유예를 받은 경우 그 직에서 당연퇴직하도록 하는 것이 헌법상 직업의 자유를 침해하는 것은 아니다. (O|X)

49 ☐☐☐
피성년후견인 국가공무원은 당연퇴직한다고 규정한 국가공무원법 조항은 성년후견이 개시되지는 않았으나 동일한 정도의 정신적 장애가 발생한 국가공무원의 경우와 비교할 때 사익의 제한 정도가 과도하여 과잉금지원칙에 위반되므로 공무담임권을 침해한다. (O|X)

50 ☐☐☐
미성년자에 대하여 성범죄를 범하여 형을 선고받아 확정된 자와 성인에 대한 성폭력범죄를 범하여 벌금 100만원 이상의 형을 선고받아 확정된 자는 초·중등교육법상의 교원에 임용될 수 없도록 한 부분은 그 제한의 범위가 지나치게 넓고 포괄적이어서 공무담임권을 침해한다. (O|X)

51 ☐☐☐
국가공무원법 해당 조항 중 아동복지법 제17조 제2호 가운데 '아동에게 성적 수치심을 주는 성희롱 등의 성적 학대행위로 형을 선고받아 그 형이 확정된 사람은 일반직 공무원으로 임용될 수 없도록 한 부분은 아동·청소년 대상 성범죄의 재범률을 고려해 볼 때 공무담임권을 침해하지 않는다. (O|X)

정답 및 해설

47 × 재직기간 중 사실상 제공한 근로에 대하여는 그 대가에 상응하는 금액의 반환을 부당이득으로 청구하는 등의 민사적 구제수단이 있는 점을 고려하면, 공직에 대한 국민의 신뢰보장이라는 공익과 비교하여 임용결격공무원의 사익 침해가 현저하다고 보기 어렵다. 따라서 이 사건 법률 조항은 입법자의 재량을 일탈하여 공무담임권을 침해한 것이라고 볼 수 없다(헌재 2016.7.28, 2014헌바437).

48 ○ 금고 이상의 형의 집행유예를 받은 경우 사회적 비난가능성이 결코 적지 아니함을 의미한다. 이러한 사정은 당해 공무원이 저지른 범죄행위가 직무와 직접적 관련이 없거나 과실에 의한 것이거나 마찬가지이다(헌재 1997.11.27, 95헌바14 등).

49 ○ 휴직을 명하고 그 기간이 끝났음에도 불구하고 직무를 감당할 수 없게 된 때에 직권면직을 통하여도 입법목적을 달성할 수 있다. 따라서 침해의 최소성에 반하여 공무담임권을 침해한다(헌재 2022.12.22, 2020헌가8).

50 × 미성년자에 대하여 성범죄를 범하여 형을 선고받아 확정된 자와 성인에 대한 성폭력범죄를 범하여 벌금 100만 원 이상의 형을 선고받아 확정된 자는 초·중등교육법상의 교원에 임용될 수 없도록 한 부분이 청구인의 공무담임권을 침해하지 않는다(헌재 2019.7.25, 2016헌마754).

51 × 아동에 대한 성희롱 등 성적 학대행위로 형을 선고받아 확정된 사람에 대하여 범죄의 경중, 재범의 위험성 등을 고려하지 않고 일률적·영구적으로, 아동과 관련된 직무인지 여부를 불문하고 모든 일반직공무원 및 부사관에 임용될 수 없도록 하는 것은 공무담임권을 침해한다(헌재 2022.11.24, 2020헌마1181).

제5장 청구권적 기본권

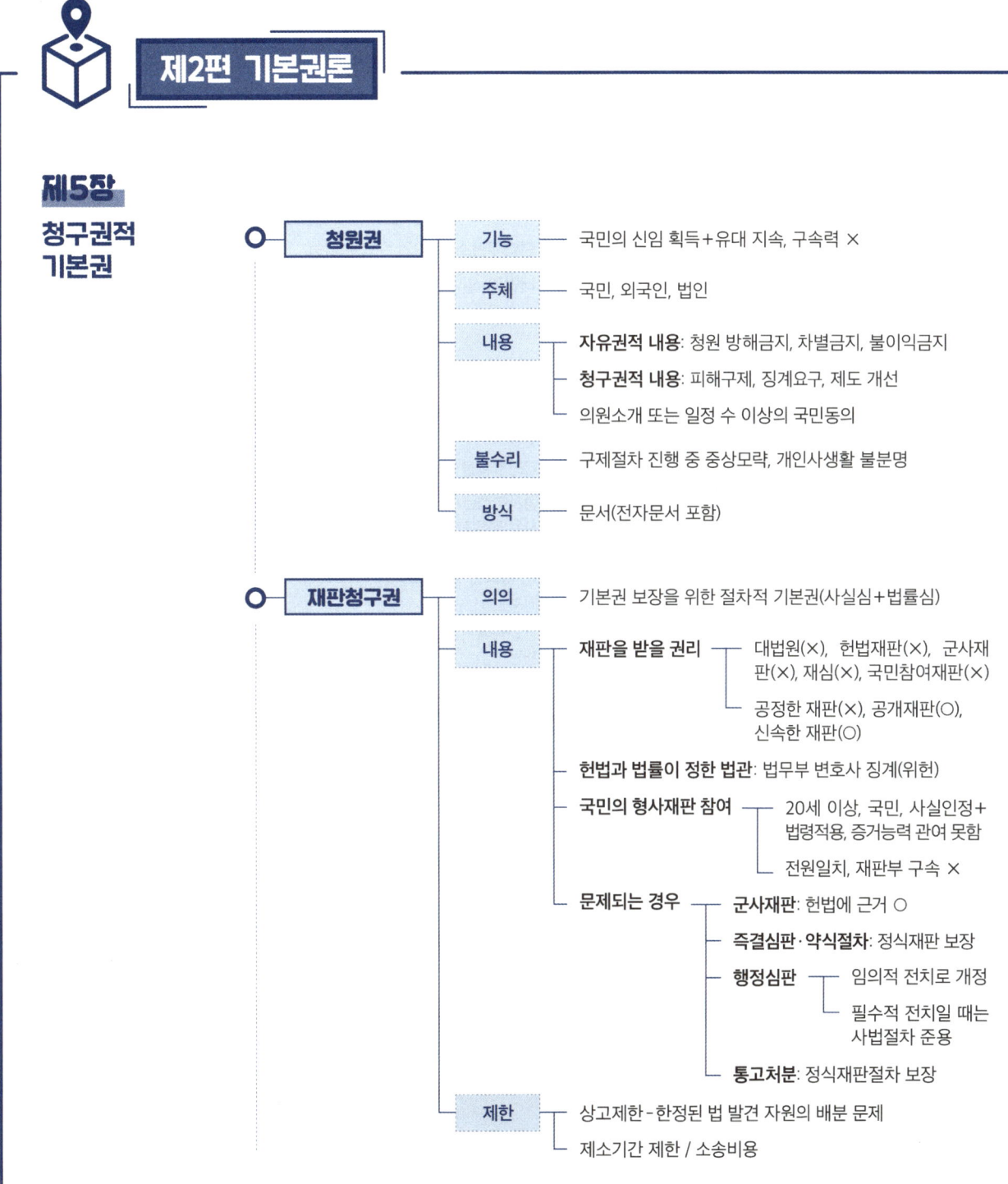

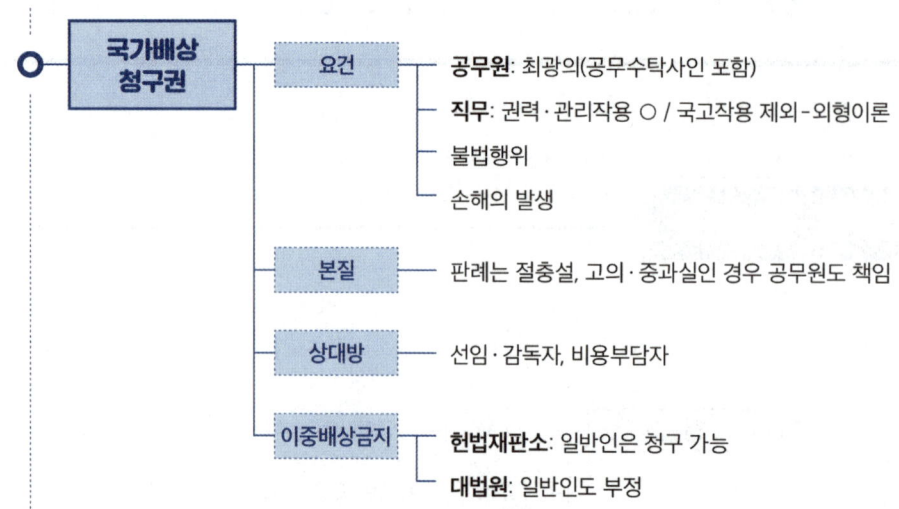

국가배상청구권

- **요건**
  - **공무원**: 최광의(공무수탁사인 포함)
  - **직무**: 권력·관리작용 ○ / 국고작용 제외 - 외형이론
  - 불법행위
  - 손해의 발생
- **본질**: 판례는 절충설, 고의·중과실인 경우 공무원도 책임
- **상대방**: 선임·감독자, 비용부담자
- **이중배상금지**
  - **헌법재판소**: 일반인은 청구 가능
  - **대법원**: 일반인도 부정

형사보상청구권

구분		형사피고인 보상	형사피의자 보상
성립요건	적극적 요건	• 형사피고인으로서 구금되었던 자일 것 • 무죄판결을 받았을 것	• 형사피의자로서 구금되었을 것 • 법률이 정하는 불기소처분을 받았을 것
	소극적 요건	• 형사미성년자 또는 심신상실의 사유에 의한 무죄재판 • 수사 또는 심판을 그르칠 목적으로 허위의 자백 등으로 인한 유죄재판 • 경합범에서 일부무죄·일부유죄 재판	• 수사 또는 재판을 그르칠 목적으로 허위의 자백 등을 한 경우 • 다른 사실에 관하여 범죄가 성립한 경우 • 보상을 하는 것이 선량한 풍속 기타 사회질서에 반한다고 인정되는 경우
절차	청구절차	무죄판결이 확정된 날로부터 5년 이내 ⇨ 무죄판결을 한 법원에 청구 ⇨ 법원합의부에서 재판	불기소처분의 고지·통지를 받은 후 3년 이내 ⇨ 불기소처분을 한 검사가 소속하는 지방검찰청의 피의자 보상심의회에 청구 ⇨ 보상심의회의 결정
	불복절차	• 법원 보상결정 ⇨ 불복 가능 • 청구기각결정 ⇨ 즉시항고 가능	• 보상결정·기각결정 불문하고 불복 가능 • 법무부장관의 재결 ⇨ 행정소송 제기

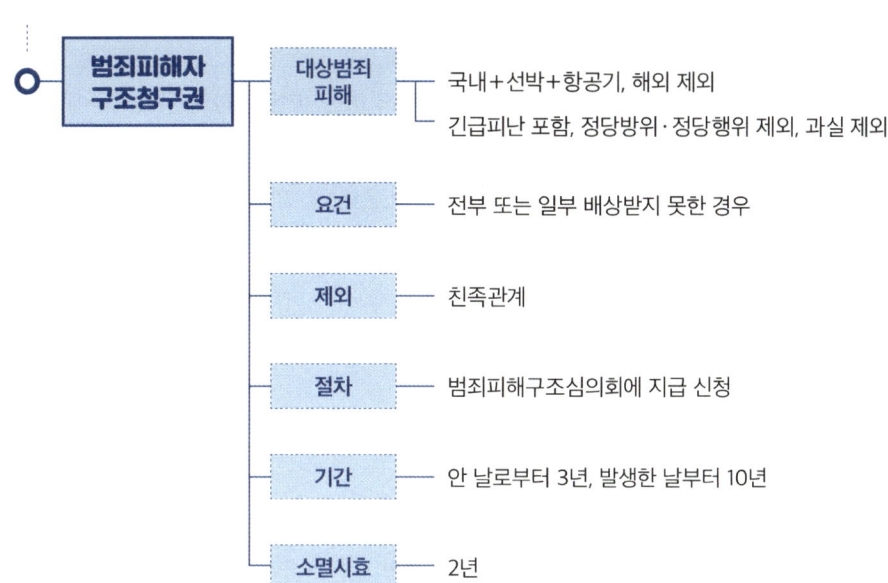

제1절 청원권

> **한눈에 쏙!**
>
> | 조문 | 내용 |
> |---|---|
> | 헌법 | 심사 |
> | 청원법 | 결과통지 |
> | × | 이유부기 |

헌법 제26조 ① 모든 국민은 법률이 정하는 바에 의하여 국가기관에 문서로 청원할 권리를 가진다.
② 국가는 청원에 대하여 심사할 의무를 진다.

01 의의

1. 서설

청원권이란 국가기관에 일정한 사항에 대해서 자신의 주장을 진술할 수 있는 권리를 의미한다. 이는 국가기관에 대하여 국민의 의사를 직접 전달할 수 있으므로 민주적 의사형성에 기여하게 된다.

> **한눈에 쏙!**
>
> **행정쟁송과의 구별**
>
> | 구분 | 청원 | 행정쟁송 |
> |---|---|---|
> | 주체 | 제3자도 가능 | 피해자 |
> | 제기 기간 | 제한 × | 제한 ○ |
> | 국가의 의무 | 수리·심사·결과통지의무 | 재결·결정의 의무 |
> | 구속력 | × | ○ |

2. 주체

청원권의 향유주체는 내국인뿐만 아니라 법인도 포함되며 외국인도 그 주체가 된다. 다만, 공무원·군인과 같은 특수신분관계에 있는 자에게 직무와 관련된 청원이나 집단적인 청원은 원칙적으로 할 수 없다.

02 내용

1. 자유권적 내용

청원권에 내포된 자유권적 성격으로부터 ① 국가로부터 청원을 방해받지 않을 청원방해금지, ② 청원을 이유로 한 차별대우금지, ③ 집단청원을 위한 서명운동방해금지 등의 내용이 나온다.

2. 청구권적 내용

(1) 청원사항

> **청원법**
>
> 제4조【청원기관】이 법에 따라 국민이 청원을 제출할 수 있는 기관(이하 '청원기관'이라 한다)은 다음 각 호와 같다.
> 1. 국회·법원·헌법재판소·중앙선거관리위원회, 중앙행정기관(대통령 소속 기관과 국무총리 소속 기관을 포함한다)과 그 소속 기관
> 2. 지방자치단체와 그 소속 기관
> 3. 법령에 따라 행정권한을 가지고 있거나 행정권한을 위임 또는 위탁받은 법인·단체 또는 그 기관이나 개인
>
> 제5조【청원사항】국민은 다음 각 호의 어느 하나에 해당하는 사항에 대하여 청원기관에 청원할 수 있다.

1. 피해의 구제
2. 공무원의 위법·부당한 행위에 대한 시정이나 징계의 요구
3. 법률·명령·조례·규칙 등의 제정·개정 또는 폐지
4. 공공의 제도 또는 시설의 운영
5. 그 밖에 청원기관의 권한에 속하는 사항

(2) 청원수리금지사항

청원법

제6조【청원 처리의 예외】 청원기관의 장은 청원이 다음 각 호의 어느 하나에 해당하는 경우에는 처리를 하지 아니할 수 있다. 이 경우 사유를 청원인(제11조 제3항에 따른 공동청원의 경우에는 대표자를 말한다)에게 알려야 한다.
1. 국가기밀 또는 공무상 비밀에 관한 사항
2. 감사·수사·재판·행정심판·조정·중재 등 다른 법령에 의한 조사·불복 또는 구제절차가 진행 중인 사항
3. 허위의 사실로 타인으로 하여금 형사처분 또는 징계처분을 받게 하는 사항
4. 허위의 사실로 국가기관 등의 명예를 실추시키는 사항
5. 사인 간의 권리관계 또는 개인의 사생활에 관한 사항
6. 청원인의 성명, 주소 등이 불분명하거나 청원내용이 불명확한 사항

제25조【모해의 금지】 누구든지 타인을 모해할 목적으로 허위의 사실을 적시한 청원을 하여서는 아니 된다.

기출 OX

01 청원법에 따르면 청원이 사인 간의 권리관계 또는 개인의 사생활에 관한 사항인 때에는 수리하지 아니할 수 있게 되어 있다. 13. 법원직 ( )

(3) 청원의 방식과 절차

① 청원은 청원서에 청원인의 성명(법인인 경우에는 명칭 및 대표자의 성명을 말한다)과 주소 또는 거소를 적고 서명한 문서(전자문서 및 전자거래 기본법에 따른 전자문서를 포함한다)로 하여야 한다(청원법 제9조 제1항).
② 행정안전부장관은 서면으로 제출된 청원을 전자적으로 관리하고, 전자문서로 제출된 청원을 효율적으로 접수·처리하기 위하여 정보처리시스템(이하 '온라인청원시스템'이라 한다)을 구축·운영하여야 한다(청원법 제10조 제1항).
③ 공개청원을 접수한 청원기관의 장은 접수일부터 15일 이내에 청원심의회의 심의를 거쳐 공개 여부를 결정하고 결과를 청원인(공동청원의 경우 대표자를 말한다)에게 알려야 한다. 청원기관의 장은 공개청원의 공개결정일부터 30일간 청원사항에 관하여 국민의 의견을 들어야 한다(청원법 제13조).
④ 청원기관의 장은 청원사항이 다른 기관 소관인 경우에는 지체 없이 소관 기관에 청원서를 이송하고 이를 청원인(공동청원의 경우 대표자를 말한다)에게 알려야 한다(청원법 제15조 제2항).
⑤ 국회에 청원을 하려는 자는 의원의 소개를 받거나 국회규칙으로 정하는 기간 동안 국회규칙으로 정하는 일정한 수 이상의 국민의 동의를 받아 청원서를 제출하여야 한다(국회법 제123조 제1항).
   ✐ 과거 10만명 이상의 동의를 얻어야 했으나(합헌), 현재는 5만명 이상의 동의를 얻으면 된다.
⑥ 청원기관의 장은 동일인이 같은 내용의 청원서를 같은 청원기관에 2건 이상 제출한 반복청원의 경우에는 나중에 제출된 청원서를 반려하거나 종결처리할 수 있고, 종결처리하는 경우 이를 청원인에게 알려야 한다(청원법 제16조 제1항).

정답 01 ○

기출 OX

01 청원법에 따르면 청원을 관장하는 기관이 청원을 접수한 때에는 특별한 사유가 없는 한 90일 이내에 그 처리결과를 청원인에게 통지하여야 한다. 13. 법원직 ( )

02 헌법에서는 청원에 대하여 심사할 의무만을 규정하므로 국가기관은 청원에 대하여 그 결과를 통지하여야 할 의무를 지지 않는다. 16. 국가직 7급 ( )

또 동일인이 같은 내용의 청원서를 2개 이상의 청원기관에 제출한 경우 소관이 아닌 청원기관의 장은 청원서를 소관 청원기관의 장에게 이송하여야 한다. 이 경우 반복청원의 처리에 관하여는 제1항을 준용한다(청원법 제16조 제2항).

⑦ 청원기관의 장은 청원을 접수한 때에는 특별한 사유가 없으면 90일 이내에 처리결과를 청원인(공동청원의 경우 대표자를 말한다)에게 알려야 한다. 다만, 부득이한 사유로 제2항에 따른 처리기간에 청원을 처리하기 곤란한 경우에는 60일의 범위에서 한 차례만 처리기간을 연장할 수 있다. 이 경우 그 사유와 처리예정기한을 지체 없이 청원인(공동청원의 경우 대표자를 말한다)에게 알려야 한다(청원법 제21조 제2항·제3항).

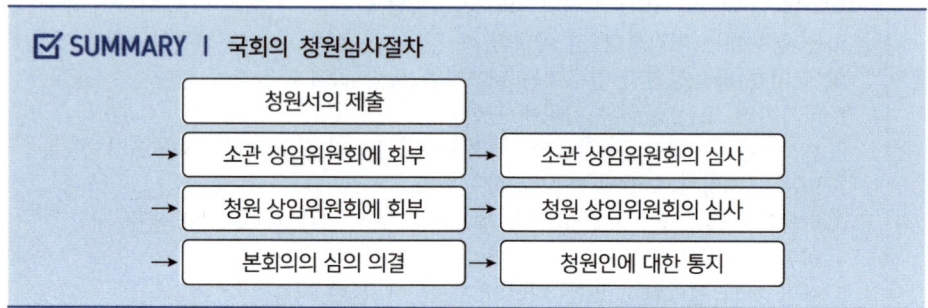

SUMMARY | 국회의 청원심사절차

03 효과

1. 적극적 효과

헌법은 제26조 제2항에서 청원에 대한 수리와 심사의 의무만을 국가의 의무로 규정하고 있으나, 청원법에서는 그 결과를 청원인에게 통지할 의무까지 규정하고 있다(청원법 제21조). 다만, 그에 대한 재결이나 결정할 의무까지 있는 것은 아니고, 또한 처리결과를 통지할 경우에 법률에 특별한 규정이 없는 한 처리이유까지 밝혀야 할 필요는 없다.

2. 소극적 효과

청원법에서 국민은 청원을 하였다는 이유로 차별대우를 받거나 불이익을 강요당하지 않는다는 것을 보장하고 있다(청원법 제26조). 청원을 하였다는 이유로 공무원이 청원인을 차별대우하거나 불이익을 주는 때에는 처벌을 받게 된다.

정답 01 ○ 02 ×

04 제한(법률규정에 의한 청원권 행사의 제한)

청원법	불수리 (제6조)	• 국가기밀 또는 공무상 비밀에 관한 사항 • 감사·수사·재판·행정심판·조정·중재 등 다른 법령에 의한 조사·불복 또는 구제절차가 진행 중인 사항 • 허위의 사실로 타인으로 하여금 형사처분 또는 징계처분을 받게 하거나, 국가기관 등의 명예를 실추시키는 사항 • 사인 간의 권리관계 또는 개인의 사생활에 관한 사항 • 청원인의 성명·주소 등이 불분명하거나 청원내용이 불명확한 사항
	금지 (제25조)	누구든지 타인을 모해할 목적으로 허위의 사실을 적시한 청원을 하여서는 아니 된다.
	반려 (제16조)	동일인이 같은 내용의 청원서를 같은 청원기관에 2건 이상 제출하거나, 2개 이상의 청원기관에 제출한 경우 나중에 제출된 청원서를 반려하거나 종결처리할 수 있다.
국회법 제123조 제4항		재판 간섭, 국가기관 모독, 국가기밀에 관한 내용의 청원은 접수하지 아니한다.
지방자치법 제86조		재판에 간섭하거나 법령에 위배되는 내용의 청원은 수리하지 아니한다.

판례 | 청원권에 관한 판례

1 청원에 대한 회신 [각하]

적법한 청원에 대하여 국가기관이 이를 **수리, 심사하여 그 결과를 청원인에게 통보하였다면 이로써 당해 국가기관은 헌법 및 청원법상의 의무이행을 다한 것**이고, 그 통보 자체에 의하여 청구인의 권리·의무나 법률관계가 직접 무슨 영향을 받는 것도 아니므로 비록 그 통보내용이 청원인이 기대하는 바에는 미치지 못한다고 하더라도 그러한 통보조치가 헌법소원의 대상이 되는 구체적인 공권력의 행사 내지 불행사라고 볼 수는 없다(헌재 2000.10.25, 99헌마458). 04. 국가직 7급

2 예외적으로 공권력행사로 인정가능

청구인의 청원이 단순한 호소나 요청이 아닌 구체적인 권리행사로서의 성질을 갖는 경우라면 그에 대한 위 피청구인의 거부행위는 청구인의 법률관계나 법적 지위에 영향을 미치는 것으로서 당연히 헌법소원의 대상이 되는 공권력의 행사라고 할 수 있을 것이다(헌재 2004.10.28, 2003헌마898).

✎ 형식은 청원의 형식이나 실질은 청구인의 권리의무에 영향을 주는 경우 공권력 행사임

3 국회청원 소개절차의 위헌 여부 [기각]

이 사건 법률 조항이 의회에 청원을 할 때에 의원의 소개를 얻도록 한 것은 **무책임한 청원서의 제출을 규제하여 그 남용을 예방**하고 의원이 미리 청원의 내용을 확인하여 그 후 이루어질 심사의 실효성을 확보하려는 데에 그 목적이 있다. … 의회가 모든 민원을 청원으로 접수한 후 청원심사위원회 등 **예비심사제도를 통해 무의미한 청원을 선별해낸 후 심사하는 방식**으로도 입법목적을 달성할 수 있겠으나 입법자는 청원권의 구체적 입법형성에 있어서 광범위한 재량권을 가지고 있기 때문에 **국회가 '민원처리장화'되는 것을 방지하기 위하여 적절한 수단을 선택할 수 있다 할 것이므로** 의원의 소개를 청원서 제출의 요건으로 규정하여 의원의 소개를 얻은 민원은 일반의안과 같이 처리하고, 그 외 의원의 소개를 얻지 못한 민원은 진정으로 처리하는

기출 OX

03 국회에 청원을 하려는 자는 국회의원의 소개를 얻어서, 지방의회에 청원을 하려는 자는 지방의회의원의 소개를 받아 청원서를 제출하도록 하는 것은 청원권을 침해하지 아니한다. 16. 국가직 7급 ( )

정답 03 ○

방식을 택하는 것은 입법자에게 부여된 입법재량이라 할 것이다. 그렇다면 이 사건 법률 조항은 입법형성의 재량의 범위를 넘어 기본권을 침해하였다고 볼 수 없다(헌재 2006.6.29, 2005헌마604).

4 지방의회청원 소개절차의 위헌 여부 [기각]

지방의회에 청원을 할 때에 지방의회의원의 소개를 얻도록 한 것은 의원이 미리 청원의 내용을 확인하고 이를 소개하도록 함으로써 **청원의 남발을 규제하고 심사의 효율을 기하기 위한 것**이고, 지방의회의원 모두가 소개의원이 되기를 거절하였다면 그 청원내용에 찬성하는 의원이 없는 것이므로 지방의회에서 심사하더라도 인용가능성이 전혀 없어 심사의 실익이 없으며, 청원의 소개의원도 1인으로 족한 점을 감안하면 이러한 정도의 제한은 공공복리를 위한 필요 최소한의 것이라고 할 수 있다(헌재 1999.11.25, 97헌마54).

5 일정한 기간 동안 일정 수 이상의 국민의 동의를 요구하는 국회법

청원서가 일반인에게 공개되면 그로부터 30일 이내에 10만명 이상의 동의를 받도록 한 것은 국회의 한정된 심의 역량과 자원의 효율적 배분을 고려함과 동시에, 일정 수준 이상의 인원에 해당하는 국민 다수가 관심을 갖고 동의하는 의제가 논의대상이 되도록 하기 위한 것이다(헌재 2023.3.23, 2018헌마460).

6 교도소 수형자의 청원 [기각]

모든 국민은 청원권을 가지고 있으므로 교도소 수용자라 하더라도 원칙적으로는 자유롭게 청원할 권리가 보장된다. 그러나 국가기관에 대한 청원의 경우 이에 대한 아무런 제한 없이 청원할 수 있도록 한다면 이를 이용하여 **검열 없이 외부에 서신을 발송하는 탈법수단으로 이용할 우려가 있다.** … 청원을 내용으로 하는 서신이라 하더라도 검열을 거친 후에는 발송을 보장하고 있다. 더구나 행형법은 교도행정에 관해 지휘, 감독권을 가진 법무부장관에게 청원하는 경우는 검열을 금지하고 있는데, … 청원권의 본질적 내용을 침해하는 것이라고 할 수 없다(헌재 2001.11.29, 99헌마713).

7 이중청원에 대한 국가의 의무 [각하]

청원법 제8조는 동일내용의 청원서를 동일기관에 2개 이상 또는 2개 기관 이상에 제출할 수 없도록 하고, 이에 위배된 청원서를 접수한 관서는 이를 취급하지 아니하도록 하고 있으므로, 동일내용의 청원에 대하여는 국가기관이 이를 수리, 심사 및 통지를 하여야 할 아무런 의무가 없다. 따라서 청구인들의 이 부분 심판청구는 헌법에서 유래하는 작위의무가 없는 공권력의 불행사에 대한 헌법소원으로서 나아가 살펴볼 필요도 없이 부적법하다고 할 것이다(헌재 2004.5.27, 2003헌마851).

제2절 재판청구권

> **헌법 제27조** ① 모든 국민은 헌법과 법률이 정한 법관에 의하여 법률에 의한 재판을 받을 권리를 가진다.
> ② 군인 또는 군무원이 아닌 국민은 대한민국의 영역 안에서는 중대한 군사상 기밀·초병·초소·유독음식물 공급·포로·군용물에 관한 죄 중 법률이 정한 경우와 비상계엄이 선포된 경우를 제외하고는 군사법원의 재판을 받지 아니한다.
> ③ 모든 국민은 신속한 재판을 받을 권리를 가진다. 형사피고인은 상당한 이유가 없는 한 지체 없이 공개재판을 받을 권리를 가진다.
> ④ 형사피고인은 유죄의 판결이 확정될 때까지는 무죄로 추정된다.
> ⑤ 형사피해자는 법률이 정하는 바에 의하여 당해 사건의 재판절차에서 진술할 수 있다.

기출 OX

01 신속한 재판을 받을 권리는 법률에 의한 구체적 형성이 없어도 직접 보장된다. 08. 국가직 7급 ( )

02 현행 헌법은 형사피고인에 대해서만 무죄추정원칙을 명시하고 있다. 06. 국회직 8급 ( )

01 의의

재판청구권이란 독립이 보장된 법원에서 헌법과 법률이 정한 법관에 의하여 공정하고 신속한 재판을 받을 권리를 말한다. 재판청구권은 기본권의 보장과 관철에 기여하는 절차적 기본권이다.

한눈에 쏙!

구분	인정 여부
대법원	×
헌법재판소 (독립된 헌법재판기관)	×
국민참여	×
재심	×

02 주체

기본권의 주체가 될 수 있는 자는 누구나 재판청구권의 주체가 될 수 있다. 따라서 국민만이 아니라 외국인과 법인에게도 보장된다. 04. 국가직 7급·국회직 8급

03 내용

1. 재판을 받을 권리

(1) 요건

기본적으로 청구할 자격과 소의 이익이 있어야 하며 권리보호 이익등 소송의 요건을 갖추어야 한다.

(2) 대법원의 재판을 받을 권리

> **판례 | 대법원의 재판을 받을 권리 [합헌]**
> 헌법 제101조 제2항은 "법원은 최고법원인 대법원과 각급 법원으로 조직된다."라고 규정하고 제102조 제3항은 "대법원과 각급 법원의 조직은 법률로 정한다."라고 규정하여 대법원을 최고법원으로 하고 그 아래에 심급을 달리하여 각급 법원을 두도록 하고 있다. 헌법이 위와 같이 대법원을 최고법원으로 규정하였다고 하여 **대법원이 곧바로 모든 사건을 상고심으로서 관할하여야 한다는 결론이 당연히 도출되는 것은 아니다.**

기출 OX

03 재판을 받을 권리로부터 반드시 모든 사건에 관해 대법원의 재판을 받을 권리가 도출되지는 않는다. 14. 국가직 7급 ( )

04 헌법과 법률이 정한 법관에 의한 재판을 받을 권리는 직업 법관에 의한 재판을 주된 내용으로 하는 것이므로 국민참여재판을 받을 권리는 그 보호범위에 속하지 않는다. 18. 서울시 7급 ( )

정답 01 × 02 ○ 03 ○ 04 ○

기출 OX

01 재심도 재판절차 중의 하나이므로 재심청구권은 헌법 제27조에서 규정한 재판을 받을 권리에 당연히 포함된다. 17. 서울시 7급 (   )

헌법 제102조 제3항에 따라 법률로 정할 '대법원과 각급 법원의 조직'에는 그 관할에 관한 사항도 포함되며, 따라서 **대법원이 어떤 사건을 제1심으로서 또는 상고심으로서 관할할 것인지는 법률로 정할 수 있는 것**으로 보아야 하기 때문이다. … 그리고 헌법 제27조 제1항에서 말하는 '헌법과 법률이 정하는 법관에 의하여 법률에 의한 재판을 받을 권리'가 사건의 경중을 가리지 아니하고 **모든 사건에 대하여 대법원을 구성하는 법관에 의한 균등한 재판을 받을 권리를 의미한다거나 또는 상고심재판을 받을 권리를 의미하는 것이라고 할 수는 없다**(헌재 1997.10.30, 97헌바37 등). 04. 국가직 7급, 04·06·07. 국회직 8급, 08. 법원직

(3) 헌법재판을 받을 권리

[주의] 공정한 재판받을 권리에는 민사·형사·행정·헌법재판을 포함한다. 다만, 반드시 헌법소원의 형태로 독립된 헌법재판기관에 의하여 이루어질 것만을 요구하지는 않는다.

⚖️ **판례 | 헌법재판을 받을 권리**

재판청구권은 사실관계와 법률관계에 관하여 최소한 한 번의 재판을 받을 기회가 제공될 것을 국가에게 요구할 수 있는 절차적 기본권을 뜻하므로, 기본권의 침해에 대한 구제절차가 반드시 **헌법소원의 형태로 독립된 헌법재판기관에 의하여 이루어질 것만을 요구하지는 않는다**. 따라서 헌법재판소법 제68조 제1항은 청구인의 재판청구권을 침해하였다고 볼 수 없다(헌재 1997.12.24, 96헌마172 등).

(4) 군사법원의 재판을 받지 아니할 권리

평시
중대한 군사상 기밀·초병·초소·유독음식물 공급·포로·군용물에 관한 죄 중 법률이 정한 경우는 일반인의 경우도 군사재판을 받는다.

한눈에 쏙!

구분	헌법조문
군사상 기밀	O
군사상 시설	×

(5) 공정한 재판을 받을 권리

헌법에 명문의 규정은 없으나, 공정한 재판을 받을 권리는 국민의 기본권으로 보장되고 있음이 명백하다. 08. 법원직 형사피고인의 공정한 재판을 받을 권리로부터 원칙적으로 당사자주의와 구두변론주의가 보장되어 당사자에게 공소사실에 대한 답변과 입증 및 반증의 기회가 부여되는 등 공격·방어권이 충분히 보장되는 재판을 받을 권리가 파생되어 나온다. 05. 입시

한눈에 쏙!

구분	헌법조문
신속한 재판	O
공개재판	O
공정한 재판	×

(6) 공개재판을 받을 권리

재판의 공개는 일반 공개를 의미하지만, 누구든지 언제나 방청이 허용되어야 한다는 의미는 아니고 합리적 사유에 근거한 방청인 수의 제한은 가능하다. 그러나 법원이 법정의 규모·질서의 유지·심리의 원활한 진행 등을 고려하여 방청인의 수를 제한하더라도 공개재판주의의 취지에 반하는 것은 아니다(대판 1990.6.8, 90도646). 04. 국가직 7급

정답 01 ×

2. 헌법과 법률이 정한 법관

"법관에 의한 재판을 받을 권리를 보장한다."란 법관이 사실을 확정하고 법률을 해석·적용하는 재판을 받을 권리를 보장한다는 뜻이다. 05. 입시

> **국민의 형사재판 참여에 관한 법률**
>
> **제5조【대상사건】** ① 다음 각 호에 정하는 사건을 국민참여재판의 대상사건(이하 '대상사건'이라 한다)으로 한다.
>   1. 법원조직법 제32조 제1항(제2호 및 제5호는 제외한다)에 따른 합의부 관할 사건
>
>   ② 피고인이 국민참여재판을 원하지 아니하거나 제9조 제1항에 따른 배제결정이 있는 경우는 국민참여재판을 하지 아니한다.
>
> **제7조【필요적 국선변호】** 이 법에 따른 국민참여재판에 관하여 변호인이 없는 때에는 법원은 직권으로 변호인을 선정하여야 한다.
>
> **제9조【배제결정】** ① 법원은 공소제기 후부터 공판준비기일이 종결된 다음 날까지 다음 각 호의 어느 하나에 해당하는 경우 국민참여재판을 하지 아니하기로 하는 결정을 할 수 있다.
>   3. 성폭력범죄의 처벌 등에 관한 특례법 제2조의 범죄로 인한 피해자(이하 '성폭력범죄 피해자'라 한다) 또는 법정대리인이 국민참여재판을 원하지 아니하는 경우
>
> **제12조【배심원의 권한과 의무】** ① 배심원은 국민참여재판을 하는 사건에 관하여 사실의 인정, 법령의 적용 및 형의 양정에 관한 의견을 제시할 권한이 있다.
>   ② 배심원은 법령을 준수하고 독립하여 성실히 직무를 수행하여야 한다.
>   ③ 배심원은 직무상 알게 된 비밀을 누설하거나 재판의 공정을 해하는 행위를 하여서는 아니 된다.
>
> **제13조【배심원의 수】** ① 법정형이 사형·무기징역 또는 무기금고에 해당하는 대상사건에 대한 국민참여재판에는 9인의 배심원이 참여하고, 그 외의 대상사건에 대한 국민참여재판에는 7인의 배심원이 참여한다. 다만, 법원은 피고인 또는 변호인이 공판준비절차에서 공소사실의 주요 내용을 인정한 때에는 5인의 배심원이 참여하게 할 수 있다.
>   ② 법원은 사건의 내용에 비추어 특별한 사정이 있다고 인정되고 검사·피고인 또는 변호인의 동의가 있는 경우에 한하여 결정으로 배심원의 수를 7인과 9인 중에서 제1항과 달리 정할 수 있다.
>
> **제16조【배심원의 자격】** 배심원은 만 20세 이상의 대한민국 국민 중에서 이 법으로 정하는 바에 따라 선정된다.
>
> **제18조【직업 등에 따른 제외사유】** 다음 각 호의 어느 하나에 해당하는 사람을 배심원으로 선정하여서는 아니 된다.
>   1. 대통령
>   2. 국회의원·지방자치단체의 장 및 지방의회의원
>   3. 입법부·사법부·행정부·헌법재판소·중앙선거관리위원회·감사원의 정무직 공무원
>   4. 법관·검사
>   5. 변호사·법무사
>   6. 법원·검찰 공무원
>   7. 경찰·교정·보호관찰 공무원
>   8. 군인·군무원·소방공무원 또는 예비군법에 따라 동원되거나 교육훈련의무를 이행 중인 예비군

기출 OX

02 법률이 국민참여재판 신청권을 부여하면서 단독판사 관할 사건으로 재판받는 피고인과 합의부 관할 사건으로 재판받는 피고인을 다르게 취급하는 것은 합리적인 이유가 있다. 18. 서울시 7급 ( )

정답 02 ○

제30조【무이유부기피신청】① 검사와 변호인은 각자 다음 각 호의 범위 내에서 배심원 후보자에 대하여 이유를 제시하지 아니하는 기피신청(이하 '무이유부기피신청'이라 한다)을 할 수 있다.

제44조【배심원의 증거능력 판단 배제】배심원 또는 예비배심원은 법원의 증거능력에 관한 심리에 관여할 수 없다.

제46조【재판장의 설명·평의·평결·토의 등】① 재판장은 변론이 종결된 후 법정에서 배심원에게 공소사실의 요지와 적용법조, 피고인과 변호인 주장의 요지, 증거능력, 그 밖에 유의할 사항에 관하여 설명하여야 한다. 이 경우 필요한 때에는 증거의 요지에 관하여 설명할 수 있다.
② 심리에 관여한 배심원은 제1항의 설명을 들은 후 유·무죄에 관하여 평의하고, 전원의 의견이 일치하면 그에 따라 평결한다. 다만, 배심원 과반수의 요청이 있으면 심리에 관여한 판사의 의견을 들을 수 있다.
③ 배심원은 유·무죄에 관하여 전원의 의견이 일치하지 아니하는 때에는 평결을 하기 전에 심리에 관여한 판사의 의견을 들어야 한다. 이 경우 유·무죄의 평결은 다수결의 방법으로 한다. 심리에 관여한 판사는 평의에 참석하여 의견을 진술한 경우에도 평결에는 참여할 수 없다.
⑤ 제2항부터 제4항까지의 평결과 의견은 법원을 기속하지 아니한다.
⑥ 제2항 및 제3항의 평결결과와 제4항의 의견을 집계한 서면은 소송기록에 편철한다.

제47조【평의 등의 비밀】배심원은 평의·평결 및 토의 과정에서 알게 된 판사 및 배심원 각자의 의견과 그 분포 등을 누설하여서는 아니 된다.

제49조【판결서의 기재사항】① 판결서에는 배심원이 재판에 참여하였다는 취지를 기재하여야 하고, 배심원의 의견을 기재할 수 있다.
② 배심원의 평결결과와 다른 판결을 선고하는 때에는 판결서에 그 이유를 기재하여야 한다.

기출 OX
01 국민참여재판 배심원의 자격을 만 20세 이상으로 정한 것은 민법상 성년 연령이 만 19세로 개정된 점이나 선거권 연령이 만 18세로 개정된 점을 고려해 볼 때, 만 19세 및 만 18세의 국민을 합리적인 이유 없이 차별취급하는 것이다. 22. 5급 공채 ( )

판례 | 국민참여 재판

1 배심원 연령제한 [합헌]
심판대상조항이 우리나라 국민참여재판제도의 취지와 배심원의 권한 및 의무 등 여러 사정을 종합적으로 고려하여 만 20세에 이르기까지 교육 및 경험을 쌓은 자로 하여금 배심원의 책무를 담당하도록 정한 것은 입법형성권의 한계 내의 것으로 자의적인 차별이라고 볼 수 없다(헌재 2021.5.27, 2019헌가19).

2 국민참여재판
우리 헌법상 헌법과 법률이 정한 법관에 의한 재판을 받을 권리는 직업 법관에 의한 재판을 주된 내용으로 하는 것이므로 국민참여재판을 받을 권리가 헌법 제27조 제1항에서 규정한 재판을 받을 권리의 보호범위에 속한다고 볼 수 없다(헌재 2009.11.26, 2008헌바12).

정답 01 X

3. 재판절차진술권

(1) 의미

형사피해자의 재판절차진술권은 법관이 피해자의 진술을 청취하여 적절하고 공정한 재판을 하도록 하는 데 의미가 있고, 나아가 형사피해자에게 법관으로 하여금 적절한 형벌권을 행하여 줄 것을 청구할 수 있는 절차적 기본권을 보장해 주는 데 의미가 있다.

> **판례 | 재판절차진술권 관련 판례**
>
> **1 약식명령의 고지대상자 및 정식재판청구권자에서 형사피해자를 제외 [기각]**
> 약식절차에서는 수사기관에서 한 형사피해자의 진술조서가 형사기록에 편철되어 오는 것이 보통이고, **형사피해자는 자신의 진술을 기재한 진술서나 탄원서 등을 법원에 제출함으로써 재판절차에 참여할 기회를 가지며**, 법관은 약식명령으로 하는 것이 적당하지 않다고 인정하는 경우 정식재판절차에 회부할 수도 있으므로, 약식명령이 청구되었다고 하여 형사피해자의 공판정에서의 진술권이 완전히 배제되는 것은 아니다. 따라서 이 사건 정식재판청구조항은 형사피해자의 재판절차진술권을 침해하지 않는다(헌재 2019.9.26, 2018헌마1015).
> ✎ 신속한 재판과 사법자원의 효율적인 배분을 위함이다.
>
> **2 친족상도례 [헌법불합치]**
> 경제적 이해를 같이하거나 정서적으로 친밀한 가족 구성원 사이에서 발생하는 수인가능한 수준의 재산범죄에 대한 형사소추 내지 처벌에 관한 특례의 필요성을 긍정한다. 다만, 심판대상조항이 규정하는 일률적 형면제로 인하여 구체적 사안에서 형사피해자의 재판절차진술권을 형해화하는 경우가 발생할 수 있다. 심판대상조항의 위헌성을 제거하는 데에는, 현실적 가족·친족 관계와 피해의 정도 및 가족·친족 사이 신뢰와 유대의 회복가능성 등을 고려한 피해자의 가해자에 대한 처벌의 의사표시를 소추조건으로 하는 등 여러 가지 선택가능성이 있을 수 있다(헌재 2024.6.27, 2020헌마468).
> ✎ 즉, 친족의 범위를 줄일 필요가 있으며, 범죄의 종류도 축소할 필요가 있고, 처벌의 의사표시를 소추조건으로 하는 등 다양한 선택가능성이 존재한다.

(2) 형사피해자의 의미

형사피해자는 보호법익을 기준으로 할 것이 아니라 문제되는 범죄 때문에 법률상 불이익을 받게 되는 자라면 형사피해자의 재판절차진술권을 인정하여야 한다. 형사피해자는 헌법 제30조의 범죄피해자보다 넓은 개념이다. 범죄피해자의 경우는 생명·신체에 피해를 입은 자로 한정되기 때문이다.

4. 문제되는 경우

(1) 군사재판

군사재판의 경우 헌법과 법률이 정하지 않은 법관, 즉 심판관에게 재판을 받아야 하는바 위헌이 문제가 된다. 그러나 이 경우 헌법 제110조 제1항에서 근거규정을 두고 있어 이는 예외법원으로 재판청구권을 침해한 것이 아니다.

(2) 즉결심판, 약식절차

즉결심판, 약식절차의 경우도 불복시 7일 이내에 정식재판을 청구할 수 있기 때문에 국민의 편의를 위한 것일 뿐 재판청구권의 침해라고 볼 수는 없다.

기출 OX

02 약식명령은 경미하고 간이한 사건을 대상으로 하지만 형사피해자가 약식명령을 고지받지 못하는 것은 형사재판절차에서의 참여기회를 봉쇄하는 것이므로 형사피해자의 재판절차진술권을 침해하는 것이다. 22. 입시 ( )

기출 OX

03 형사실체법상으로 직접적인 보호법익의 주체로 해석되지 않는 자는 문제되는 범죄 때문에 법률상 불이익을 받게 되는 자라 하더라도 헌법상 형사피해자의 재판절차진술권의 주체가 될 수 없다. 14. 국가직 7급 ( )

정답 02 × 03 ×

(3) 행정심판

행정심판의 경우도 재판의 전심절차로만 기능할 뿐 종심이 아니기 때문에 헌법에 위반되지 않는다. 또한 행정소송법 개정으로 인하여 필요적 전치주의에서 임의적 전치주의로 대부분 개정되었고 필요적인 경우에도 사법절차를 준용하도록 되어 있어 위헌으로 보기는 어렵다.

> **판례 | 산재보험법상 보험급여결정에 대한 심사청구 [합헌]**
>
> 법원이 사법권을 행사하여 분쟁을 해결하는 절차가 가장 대표적인 사법절차라 할 수 있을 것이고, 그렇다면 사법절차를 특징 지우는 요소로는 판단기관의 독립성·공정성, 대심적(對審的) 심리구조, 당사자의 절차적 권리보장 등을 들 수 있을 것이다. 그런데, 헌법 제107조 제3항은 행정심판에 사법절차가 '준용'될 것만을 요구하고 있으므로 위와 같은 사법절차적 요소를 엄격히 갖춰야 할 필요는 없다고 하더라도 적어도 사법절차의 본질적 요소를 전혀 구비하지 아니하고 있다면 '준용'의 요구에 대하여는 위반된다고 할 것이다. … 산업재해보상보험법상의 보험급여결정에 대한 행정소송을 제기하기 위하여 심사청구·재심사청구의 행정심판을 거치도록 하고 있는 산업재해보상보험법 제88조 제1항·제3항, 제90조 제1항·제3항, 제94조 제2항은 사법절차를 준용하고 있으므로 헌법 제107조 제3항에 위반된다고 할 수 없다(헌재 2000.6.1, 98헌바8). 04. 국회직 8급, 05. 입시
>
> ✎ 사법절차를 준용한다는 것은 최소한 대심적 심리구조, 즉 판단하는 사람과 심판받는 사람이 같은 편이어서는 안 된다는 의미이다. 즉, 동작구가 잘못해서 서울시에 행정심판이 들어가면 최소한 서울시 행정심판 위원회는 공무원들이 아닌 외부인, 즉 교수님이나 변호사 등 이해관계가 없는 중립적인 분들이 들어가 심판을 해야 사법절차 준용의 의미가 충족될 것이다.

(4) 통고처분

통고처분은 행정관청이 법규 위반자에게 금전적 제재를 통고하는 것인데, 이 역시도 불복시 정식재판의 절차가 보장되어 있는바 합헌으로 볼 수 있다.

> **판례 | 도로교통법상의 통고처분 [합헌]**
>
> [1] 도로교통법상의 통고처분은 **처분을 받은 당사자의 임의의 승복을 발효요건으로** 하고 있다. 즉, 통고처분은 당사자가 이에 따르지 않는다고 하여 강제집행에 의하여 실현되지 않으며, 불이행사실 그 자체에 대하여 법적 불이익을 가하지도 않는다.
> [2] 통고처분은 행정공무원에 의하여 발하여지는 것이지만, **통고처분에 따르지 않는 당사자에게는 정식재판의 절차가 보장**되어 있다. 따라서 통고처분이 행정기관에 의한 형벌권 행사를 인정하는 것이라거나, 형사재판을 대체하는 것이라고 볼 수 없다.
> [3] 통고처분제도는 교통법규 위반자를 모두 형사처벌하는 경우에 생기는 인권침해문제와 이로 인해 국민 대다수가 전과자가 되는 사회적 문제를 극복하기 위한 입법정책적인 **형벌의 비범죄화 정신에 접근**하는 제도라 할 것이다.
> [4] 결론적으로 **통고처분의 이행 여부가 당사자의 임의에 맡겨져 있는 점, 승복하지 않는 당사자에게 법관에 의한 정식재판을 받을 기회가 보장되어 있는 점, 비범죄화 정신에 근접한 통고처분의 제도적 의의 등을 종합할 때**, 통고처분제도의 근거규정인 도로교통법 제118조 본문이 적법절차원칙이나 사법권을 법원에 둔 권력

한눈에 쏙!

사법절차 준용

전치주의	준용
필수	○
임의	×

기출 OX

01 현행 헌법은 행정심판에 관하여 규정을 두고 있지 않으나, 재판의 전심절차로서 행정심판을 할 수 있으며, 행정심판의 절차에는 사법절차가 준용되어야 한다. 19. 국가직 7급 ( )

02 행정심판절차의 구체적 형성에 관한 입법자의 입법형성의 한계를 고려할 때, 필요적 전심절차로 규정되어 있는 경우뿐만 아니라 임의적 전심절차로 규정되어 있는 경우에도 반드시 사법절차가 준용되어야 한다. 17. 서울시 7급 ( )

기출 OX

03 헌법재판소는 통고처분은 법관이 아닌 행정직 공무원이 행하므로 재판을 받을 권리를 침해한다고 판시하였다. 04. 국회직 8급 ( )

정답 01 × 02 × 03 ×

분립원칙에 위배된다거나, 재판청구권을 침해하는 것이라 할 수 없다(헌재 2003. 10.30, 2002헌마275). 04. 국회직 8급

📝 통고처분의 경우 범칙금 등을 내지 않으면 고발이 되고 정식재판으로 진행된다. 따라서 재판을 받기 싫으면 범칙금을 내고 통고처분에 대해 불복하는 경우는 재판을 받으면 되므로 재판받을 권리를 침해하는 것이 아니다.

(5) 사법보좌관제도

사법보좌관제도란 법원의 업무 중 법률과 대법원규칙에서 정하는 실질적 쟁송에 해당하지 아니하는 부수적인 업무와 공증적 성격의 사법업무를 담당하는 사법관 제도이다. 이의가 있는 경우는 대법원규칙에 따라 이의신청을 할 수 있다(사법보좌관규칙 제3조, 제4조).

04 제한

📚 판례 | 재판받을 권리에 관한 판례

1 범죄인인도심사의 전속관할 [합헌]
범죄인인도 여부에 관한 법원의 결정은 **법원이 범죄인을 해당 국가에 인도하여야 할 것인지 아닌지를 판단하는 것일 뿐** 그 자체가 형사처벌이라거나 그에 준하는 처벌로 보기 어렵다. 그렇다면 애초에 재판청구권의 보호대상이 되지 않는 사항에 대하여 법원의 심사를 인정한 경우, 이에 대하여 상소할 수 없다고 해서 재판청구권이 새로이 제한될 수 있다고는 통상 보기 어려울 것이다(헌재 2003.1.30, 2001헌바95).

2 특허심판 [헌법불합치]
특허법 제186조 제1항은 법관에 의한 사실확정 및 법률적용의 기회를 박탈한 것으로서 헌법상 국민에게 보장된 '법관에 의한' 재판을 받을 권리의 본질적 내용을 침해하는 위헌규정이다. … **재판의 전심절차로서만 기능해야 함에도 불구하고 사실확정에 관한 한 사실상 최종심으로 기능**하게 하고 있는 것은, 일체의 법률적 쟁송에 대한 재판기능을 대법원을 최고법원으로 하는 법원에 속하도록 규정하고 있는 헌법 제101조 제1항 및 제107조 제3항에 위반된다고 하지 아니할 수 없다(헌재 1995.9.28, 92헌가11 등).

3 법관징계법 제2조 제2호 등 위헌소원 [합헌]
법관에 대한 대법원장의 징계처분 취소청구소송을 대법원에 의한 단심재판에 의하도록 하고 있는 구 법관징계법 제27조는 입법자가 독립적으로 사법권을 행사하는 법관이라는 지위의 특수성 및 준사법절차인 법관에 대한 징계절차의 특수성을 감안하여 재판의 신속을 도모한 것으로써 그 합리성을 인정할 수 있으므로 헌법 제27조 제1항의 재판청구권을 침해하지 아니한다(헌재 2012.2.23, 2009헌바34).

4 피고인 퇴정 후 증인신문 [합헌]
변호인이 피고인과 상의하여 반대신문의 내용을 정리한 후 반대신문할 수 있는 점 등에 비추어, 기본권 제한의 정도가 특정범죄의 범죄신고자 등 증인 등을 보호하고 실체적 진실의 발견에 이바지하는 공익에 비하여 크다고 할 수 없어 법익의 균형성도 갖추고 있으며, 기본권 제한에 관한 피해의 최소성 역시 인정되므로, 공정한 재판을 받을 권리를 침해한다고 할 수 없다(헌재 2010.11.25, 2009헌바57).

한눈에 쏙!

대법원 단심제

사건	헌법재판소 판단
특허재판	헌법불합치
변호사징계	위헌
법관징계	합헌

⇨ 특허재판은 특허를 해주어야 하는지 여부에 대해서 특허청에서 사실관계가 종료되고, 변호사징계를 할 것인가에 대한 사실관계가 법무부, 즉 행정부에서 종결되니 위헌이다. 다만, 법관징계는 위헌시비 때문에 대법원이 사실확정까지도 할 수 있게 하여 합헌이다.

기출 OX

04 '법관이 그 품위를 손상하거나 법원의 위신을 실추시킨 경우'를 징계사유로 하는 법률규정은 '품위 손상', '위신 실추'와 같은 추상적인 용어를 사용하여 그 적용범위가 지나치게 광범위하거나 포괄적이어서 법관의 표현의 자유를 과도하게 제한한다고 볼 수 있다.
19. 서울시 7급 ( )

정답 04 ✕

5 군사법원법상 구속기간연장 [위헌]

이 사건 법률규정은 경찰단계에서는 구속기간의 연장을 허용하지 아니하는 **형사소송법의 규정과는 달리 군사법경찰관의 구속기간의 연장을 허용함**으로써 예외에 대하여 다시 특례를 설정하였고, 이로써 기본권 중에서도 가장 기본적인 것인 신체의 자유에 대한 제한을 가중하고 있다. … 군사법원법의 적용대상이 되는 모든 범죄에 대하여 수사기관의 구속기간의 연장을 허용하는 것은 그 과도한 광범성으로 인하여 과잉금지의 원칙에 어긋난다고 할 수 있다. … 그 결과 신체의 자유 및 신속한 재판을 받을 권리를 침해하는 것이다(헌재 2003.11.27, 2002헌마193).

✐ 엄격한 기준

6 국가정보원 직원의 진술시 국정원장의 허가 [헌법불합치]

국가정보원 직원이 사건 당사자로서의 진술에 대하여 국가정보원장이 이 사건 법률조항에 따라 심사하여 그 허가를 거부하기 위하여는 일반적인 증언을 할 경우에 요청되는 요건인 '**국가의 중대한 이익을 침해하는 경우**'에 해당하여야 함은 물론이고 나아가 사건 당사자의 재판청구권의 제한을 정당화하기에 충분한 정도가 되기 위하여 '**직무상 고려에 의하여 불가피하게 요청되는 경우**'에도 해당되어야만 할 것이다. … 이 사건 법률 조항은 헌법에 합치되지 아니하나 입법개선시까지 잠정적으로 적용하는 것이 바람직하다(헌재 2002.11.28, 2001헌가28).

7 소송기록 송부지연 [위헌]

우리나라 형사소송법은 그 해석상 소송절차의 전반에 걸쳐 기본적으로 당사자주의 소송구조를 취하고 있는 것으로 이해되는바, 당사자주의에 충실하려면 제1심 법원에서 항소법원으로 소송기록을 바로 송부함이 바람직하다. 그런데 형사소송법 제361조 제1항·제2항은 구태여 항소법원에의 기록송부시 검사를 거치도록 하고 있다. 이는 … 피고인의 신속·공정한 재판을 받을 기본권을 침해하는 위헌의 법률 조항이다(헌재 1995.11.30, 92헌마44).

8 법원의 증거신청의 채부 [합헌]

이 사건 법률 조항은 민사소송절차의 신속과 심리의 원활한 진행을 위하여 당사자가 신청한 증거 중 **심리의 진행이나 진실발견과 무관한 증거에 대하여는 이를 조사하지 않을 수 있도록 함**으로써, 신속한 재판실현이라는 소송경제와 실체적 진실에 합치하는 공정한 재판실현이라는 헌법적 요청에 부합하는 규정으로서 … 청구인의 헌법상 보장된 기본권인 재판청구권이나 인간의 존엄과 가치를 침해한 것이라 할 수 없다(헌재 2004.9.23, 2002헌바46).

9 소송지연목적의 기피신청에 대한 기각결정 [합헌]

심판대상조항은 절차에 위반되거나 소송절차 지연을 목적으로 하는 기피신청의 남용을 방지하여 형사소송절차의 신속성의 실현이라는 공익을 달성하고자 하는 것으로 그 입법목적이 정당하고, … 심판대상조항은 관할 위반, 기피사유서 미제출의 경우나 소송절차 지연을 목적으로 하는 것이 '명백'한 경우에 한하여 이를 허용하고 있으므로 침해의 최소성도 갖추고 있다고 할 것이며, … 공정한 재판을 받을 권리를 침해하였다고 할 수 없다(헌재 2006.7.27, 2005헌바58).

✐ 예를 들어, 사채업자라면 상대방한테 돈을 늦게 갚으면 자신의 채무자한테는 20% 이상의 이자를 받으나 상대방한테 이자주는 건 5% 정도라면 당연히 소송을 지연할 필요가 있다.

기출 OX

01 법관기피신청이 소송의 지연을 목적으로 함이 명백한 경우에 신청을 받은 법원 또는 법관은 결정으로 이를 기각할 수 있도록 규정한 형사소송법 제20조 제1항이 헌법상 보장되는 공정한 재판을 받을 권리를 침해하는 것은 아니다. 22. 경찰 ( )

정답 01 ○

10 교원징계재심위원회의 재심결정에 대한 학교법인의 불복금지 [위헌]

분쟁의 당사자이자 재심절차의 피청구인인 학교법인에게는 효율적인 권리구제절차를 제공하지 아니하므로 학교법인의 재판청구권을 침해한다. … 이 사건 법률 조항은 헌법에 위반되므로, 우리 재판소가 종전의 1998.7.16, 95헌바19 등 결정에서 **헌법에 위반되지 아니한다고 판시한 의견은 이를 변경**하기로 한다(헌재 2006.2.23, 2005헌가7 등).

기출 OX

02 교원징계재심위원회의 재심결정에 대하여 교원에게만 행정소송을 제기할 수 있도록 하고 학교법인을 제외한 것은 학교법인의 재판청구권을 침해한다. 22. 경찰승진 ( )

11 교원소청심사결정에 대한 공공단체(총장)의 행정소송 제소권한 부인 [합헌]

공공단체인 한국과학기술원의 총장 또는 공공단체인 광주과학기술원이 교원소청심사결정에 대하여 행정소송을 제기하지 못하도록 한 것은 **교원의 인사를 둘러싼 분쟁을 신속하게 해결하고 궁극적으로는 한국과학기술원 또는 광주과학기술원의 설립취지를 효과적으로 실현**하기 위한 것이다. 따라서 공법인 형태로 국가의 출연으로 설립된 한국과학기술원이나 광주과학기술원의 경우, 한국과학기술원 총장이나 광주과학기술원에 교원소청심사결정에 대해 행정소송을 제기하지 못하도록 하더라도 재판청구권을 침해하는 것이 아니다(헌재 2022. 10.27, 2019헌바117).

✎ 공법인 형태로 설립된 대학의 교원은 임용계약을 통해 채용되어 엄격한 직제, 보수, 정원, 겸직 등 제한으로부터 비교적 자유롭다 할 것이므로 우수한 전문가나 석학이 보다 유연하게 임용되는 장점이 있으나, 지위가 약화되는 단점이 있어서 기술원은 소청심사결정에 다투지 못하게 하여 지위를 강화하려는 취지이다.

12 검사 작성 피의자신문조서의 증거능력 [합헌]

위 단서는 전문증거인 검사 작성의 피의자신문조서에 대하여 그 증거능력을 당연히 인정하도록 하는 것이 아니라 피의자였던 피고인 스스로 그 조서가 진정하게 성립되었음을 인정하고, 그 조서에 기재된 진술이 특히 신빙할 수 있는 상태에서 행하여진 때에 한하여 비로소 증거능력을 인정할 수 있도록 하고 있다. 그러나 위 단서에 의한 검사의 피의자신문조서의 증거능력 인정에는 위 두 가지 요건 외에도 헌법상 보장된 적법절차(헌법 제12조 제1항)의 요청에 따른 일정한 한계가 있다(헌재 1995. 6.29, 93헌바45).

✎ 순경보다 더 쉽게 증거능력을 인정한 이유는 인권보호라는 측면을 고려한 것이다.

13 소송구조 거부 [합헌]

국가가 소송구조를 하지 않는다고 하여 국민의 재판청구권이 소멸되거나 그 행사에 직접 제한을 받는다거나 하는 일은 있을 수 없으므로 소송구조의 거부 자체가 국민의 재판청구권의 본질을 침해한다고는 할 수 없다. 따라서 '패소할 것이 명백한 경우'에 소송구조의 불허가 요건을 정하고 있는 것은 재판청구권의 본질을 침해하는 것이 아니다(헌재 2001.2.22, 99헌바74). 05. 입시

14 심리불속행제도*에 의한 상고제한 [합헌]

한정된 법 발견자원의 합리적인 분배의 문제인 동시에 재판의 적정과 신속이라는 서로 상반되는 두 가지의 요청을 어떻게 조화시키느냐의 문제로 돌아가므로 원칙적으로 입법자의 형성의 자유에 속하는 사항이다. … 이 사건 법률 조항은 헌법이 요구하는 대법원의 최고법원성을 존중하면서 민사, 가사, 행정, 특허 등 소송사건에 있어서 상고심 재판을 받을 수 있는 객관적인 기준을 정함에 있어 **개별적 사건에서의 권리구제보다 법령해석의 통일을 더 우위에 둔 규정으로서 그 합리성이 있다**고 할 것이므로 헌법에 위반되지 아니한다(헌재 1997.10.30, 97헌바37 등).

* 심리불속행제도는 형사사건을 제외한 상고사건 가운데 상고이유에 관한 주장이 법이 규정한 특정 사유를 포함하지 않으면 심리를 하지 않고 상고를 기각하는 제도이다.

정답 02 ○

15 공권력 행사 위헌확인 [인용]

피청구인인 경북북부제O교도소장이 출정비용납부거부 또는 상계동의거부를 이유로 청구인의 행정소송 변론기일에 청구인의 출정을 각 제한한 행위(이하 '이 사건 각 출정제한행위'라 한다)는 청구인의 재판청구권을 침해한 것으로서 위헌임을 확인한다고 선고하였다. 그 이유는, 민사재판 등 소송 수용자 출정비용 징수에 관한 지침(이하 '이 사건 지침'이라 한다) 제4조 제3항에 의하면, 교도소장은 수형자가 출정비용을 예납하지 않았거나 영치금*과의 상계**에 동의하지 않았다고 하더라도 우선 수형자를 출정시키고 사후에 출정비용을 받거나 영치금과의 상계를 통하여 출정비용을 회수하여야 함에도 이 사건 각 출정제한행위를 한 것은, 피청구인에 대한 업무처리지침 내지 사무처리준칙인 이 사건 지침을 위반하여 청구인이 직접 재판에 출석하여 변론할 권리를 침해함으로써, 형벌의 집행을 위하여 필요한 한도를 벗어나 청구인의 재판청구권을 과도하게 침해하였다는 것이다(헌재 2012.3.29, 2010헌마475).

* 영치금이란 죄를 지어 교도소에 갇힌 사람이 교도소의 관계 부서에 임시로 돈을 맡겨두는 것이다.
** 상계란 채권자와 채무자가 같은 종류의 채권·채무를 일방적 의사표시로 같은 액수만큼 소멸하게 하는 제도이다.

16 형사미성년자의 책임조각 [기각]

형법 제9조는, 육체적·정신적으로 미성숙한 소년의 경우 사물의 변별능력과 그 변별에 따른 행동통제능력이 없기 때문에 그 행위에 대한 비난가능성이 없고, 나아가 형사정책적으로 어린아이들은 교육적 조치에 의한 개선가능성이 있다는 점에서 형벌 이외의 수단에 의존하는 것이 적당하다는 고려에 입각한 것이다. … 이 사건 법률 조항은 입법자의 합리적인 재량의 범위를 벗어난 것으로 보기 어려우며, 따라서 청구인의 재판절차진술권을 침해한다고 볼 수 없다. 이는 교육적 조치에 의한 개선가능성이 있다는 점에서 형벌 이외의 수단에 의존하는 것이 적당하다는 고려에 입각한 것이다. 따라서 재판절차진술권을 침해한다고 볼 수 없다(헌재 2003.9.25, 2002헌마533).

17 변호사보수의 소송비용산입 [합헌]

변호사보수를 소송비용에 산입하여 패소한 당사자의 부담으로 한 구 민사소송법 제99조의2 제1항은 변호사보수를 소송비용에 산입하는 것은 정당한 권리행사를 위하여 소송을 제기하거나 **부당한 제소에 대하여 응소하려는 당사자를 위하여 실효적인 권리구제를 보장하고, 남소와 남상소를 방지**하여 사법제도의 적정하고 합리적인 운영을 도모하려는 데 취지가 있다고 할 것이므로 … 재판청구권을 침해하였다고 볼 수 없다(헌재 2002.4.25, 2001헌바20). 07. 국회직 8급

18 민사소송 등 인지법의 인지대*** [합헌]

소송수수료 특히 인지대를 어떠한 형태로 어느 정도로 정할 것인가는 그 나라의 재판제도의 구조와 완비 정도, 인지제도의 연혁, 재판제도를 이용하는 국민의 법의식, 국가의 경제여건, 외국의 입법례 등 여러 가지 요소를 종합하여 고려하여야 하고, 그 규정방식이 지극히 불합리하거나 인지액이 소송물가액 등에 비추어 지극히 다액이어서 국민의 재판청구권을 침해할 정도에 이르지 아니하는 한, 입법자의 광범위한 재량영역에 속하는바, 현행 민사소송 등 인지법은 인지액 산정비율을 1천분의 5로 통일, 일원화하였고(제2조 제1항) 종전에 적용되던 비율 중 가장 최저율을 채택하여 국민의 부담을 경감시키고 있으므로, **현행 인지대가 객관적으로 극히 고액이어서 재판청구권을 침해한다고 볼 수 없다**(헌재 1996.8.29, 93헌바57).

*** 인지대란 법원에 사건을 처리해달라고 하고 내는 일종의 수수료이다.

19 형사피고인의 구속재판기간의 제한 [합헌]

이 사건 법률 조항은 미결구금의 부당한 장기화로 인하여 피고인의 신체의 자유가 침해되는 것을 방지하기 위한 목적에서 미결구금기간의 한계를 설정하고 있는 것이지, 신속한 재판의 실현 등을 목적으로 법원의 재판기간 내지 심리기간 자체를 제한하려는 규정이라 할 수는 없다. 그러므로 **구속사건을 심리하는 법원으로서는 더 심리할 필요가 있다고 인정되는 경우에는 피고인의 구속을 해제한 다음 재판을 계속할 수 있음이 당연한 것이다**(헌재 2001.6.28, 99헌가14).

20 증인신문사항 제출의 불이행과 증거결정의 취소 [합헌]

형사소송법 제279조 및 제299조에 따라 재판장이 필요하다고 인정할 때에는 증인의 신문을 청구한 자에 대하여 신문사항을 기재한 서면의 제출을 명할 수 있고, 법원은 위의 명을 받은 자가 **신속히 그 서면을 제출하지 아니한 경우에는** 증거결정을 취소할 수 있는 소송지휘권은 소송절차에 질서를 부여하고 심리의 신속·원활을 도모함으로써 당사자의 소송활동을 합리화하는 목적을 가지고 있는바, … 공정한 공개재판을 받을 권리와 무죄추정을 받을 권리를 본질적으로 침해하거나 형해화하였다고 할 수 없다(헌재 1998.12.24, 94헌바46).

21 군사시설 손괴시 군사재판 [위헌]

평시 민간인에 대한 군사법원의 재판권 행사의 근거인 헌법 제27조 제2항은 **군사시설에 관한 죄를 포함하지 아니하므로**, '군사시설'에 항상 해당하는 구 군형법 제69조 중 '전투용에 공하는 시설'을 손괴한 일반 국민이 군사법원에서 재판받도록 규정하고 있는, 구 군사법원법 제2조 제1항 제1호 중 '구 군형법 제1조 제4항 제4호' 가운데 '구 군형법 제69조 중 전투용에 공하는 시설의 손괴죄를 범한 내국인에 대하여 적용되는 부분'은, 헌법에 위반된다(헌재 2013.11.28, 2012헌가10).

22 아동·청소년의 성보호에 관한 법률 [합헌]

성폭력범죄 피해아동의 진술이 수록된 영상녹화물에 관하여 피해아동의 법정진술 없이도 증거능력을 인정할 수 있도록 규정한 아동·청소년의 성보호에 관한 법률 제18조의2 제5항이 피고인의 공정한 재판을 받을 권리를 침해하지 않는다는 취지의 합헌결정을 내렸다(헌재 2013.12.26, 2011헌바108).

한눈에 쏙!

주문	반대신문권	법령
위헌	×	성폭법
합헌	○	아청법

23 피고인의 반대신문권을 보장하지 않는 것 [위헌]

미성년 피해자의 2차 피해를 방지하는 것은 성폭력범죄에 관한 형사절차를 형성함에 있어 결코 포기할 수 없는 중요한 가치라 할 것이나, 피고인의 반대신문권을 보장하면서도 성폭력범죄의 미성년 피해자를 보호할 수 있는 조화적인 방법을 상정할 수 있음에도, 심판대상조항이 영상물에 수록된 미성년 피해자 진술에 있어 원진술자에 대한 피고인의 반대신문권을 실질적으로 배제하여 피고인의 방어권을 과도하게 제한하는 것은 과잉금지원칙에 반한다(헌재 2021.12.23, 2018헌바524).

24 재심사유에서 명백한과 새로 발견된 때 [합헌]

[1] '명백한'의 사전적 의미에 재심제도의 입법취지를 보태어 보면, '명백한 증거'라 함은 새로운 증거가 확정판결을 파기할 고도의 가능성 내지 개연성이 인정되는 것을 의미함을 알 수 있다.

[2] '증거가 새로 발견된 때'라고 하여 증거의 신규성을 요구하고 있는데, 문언상 그 증거가 법원이 새로 발견하여 알게 된 것임과 동시에 재심을 청구한 피고인에 의하여도 새로 발견된 것이어야 한다는 것임을 예측할 수 있다(헌재 2014.7.26, 2012헌바277).

기출 OX

01 학교안전사고 예방 및 보상에 관한 법률에 의하여 설립된 학교안전공제회는 행정관청 또는 그로부터 행정권한을 위임받은 공공단체로 공법인에 해당할 뿐, 사법인적 성격을 갖는 것은 아니므로 기본권의 주체가 될 수 없다. 22. 경찰 (   )

25 학교안전공제회의 불복불가 [위헌]

학교안전공제보상재심사위원회가 재결을 행한 경우 재심사청구인이 공제급여와 관련된 소를 제기하지 아니하거나 소를 취하한 경우에는 학교안전공제회와 재심사청구인 간에 합의가 성립된 것으로 간주하여 재심사청구인에게만 재결을 다툴 수 있도록 하고 있어 합리적인 이유 없이 분쟁의 일방 당사자인 공제회의 재판청구권을 침해한다(헌재 2015.7.30, 2014헌가7).
▶ 학교안전공제회는 축협중앙회와 더불어 공법인과 사법인성을 모두 가진다.

26 법원 직권에 따른 소송비용 담보제공명령 [합헌]

소송비용상환의무 이행을 미리 확보하고, 부당한 남상소를 제한하기 위한 것으로 재판청구권을 침해하지 않는다(헌재 2016.2.25, 2014헌바366).
✎ 원고의 청구가 이유 없음이 명백하다는 등의 사정이 있을 경우 주로 활용된다.

기출 OX

02 피고인에게 스스로에 대한 치료감호를 청구할 기회를 부여하지 아니한 치료감호법 관련 규정은 치료감호 대상자의 재판청구권을 침해한다고 볼 수 있다. 12. 법원직 (   )

27 치료감호청구권자를 검사에 한정 [합헌]

'피고인 스스로 치료감호를 청구할 수 있는 권리'가 헌법상 재판청구권의 보호범위에 포함된다고 보기는 어렵고, 검사뿐만 아니라 피고인에게까지 치료감호청구권을 주어야만 절차의 적법성이 담보되는 것도 아니므로, 이 사건 법률 조항이 청구인의 재판청구권을 침해하거나 적법절차의 원칙에 반한다고 볼 수 없다(헌재 2010.4.29, 2008헌마622).

28 인신보호법상 즉시 항고제기기간 3일 [위헌]

외부인의 도움을 받아서 즉시항고장을 접수하는 방법은 외부인의 호의와 협조가 필수적이어서 이를 기대하기 어려운 때에는 그리 효과적이지 않으며, 우편으로 즉시항고장을 접수하는 방법도 즉시항고장을 작성하는 시간과 우편물을 발송하고 도달하는 데 소요되는 시간을 고려하면 3일의 기간이 충분하다고 보기 어렵다(헌재 2015.9.24, 2013헌가21).

기출 OX

03 재정신청절차의 신속하고 원활한 진행을 위하여 구두변론의 실시 여부를 법관의 재량에 맡기는 것은 재판청구권을 침해하지 않는다. 19. 서울시 7급 (   )

29 재정신청*에서 구두변론은 법원의 재량 [합헌]

재정신청은 수사와 유사한 성격을 가지는 재판절차이다. 이런 특성에 비추어 볼 때 재정신청절차는 일률적으로 구두변론절차를 거치도록 하기보다는 법원이 구체적 사정을 고려하여 필요한 경우에만 구두변론을 실시할 수 있도록 하는 것이 바람직하고 합리적이다(헌재 2018.4.26, 2016헌마1043).

*재정신청은 검사가 기소하지 않아 법원에 검사의 불기소가 잘못되었는지를 판단해달라 요청하는 것이다. 검사는 기소가 자신의 역할인데 기소하지 않았다면 죄가 안 될 가능성이 높다. 따라서 이런 경우는 부담이 덜하는 서면을 원칙으로 하고 필요한 경우에만 구두변론 하는 것은 잘못된 것이 아니라는 취지이다.

정답 01 × 02 × 03 ○

제3절 국가배상청구권

01 의의**

1. 개념

공무원의 직무상 불법행위로 손해를 받은 국민은 법률이 정하는 바에 의하여 국가 또는 공공단체에 정당한 배상을 청구할 수 있다. 이 경우 공무원 자신의 책임은 면제되지 아니한다.

** 과거 주권면책이론이 있었던 시절에는 주권을 가진 군주는 어떤 행위를 해도 면책되기 때문에 국가배상책임이 인정되지 않았다.

2. 법적 성격

국가배상을 받을 권리는 원칙적으로 압류나 양도의 대상이 되지 않는다.*** 06. 국회직 8급
국가배상법은 공권인 국가배상청구권의 실현에 관한 법일 뿐만 아니라 단체주의 공평부담의 원칙을 선언한 것이며, 행정주체의 배상의무를 규정한 법이기 때문에 공법이라 해야 하나, 대법원은 국가배상청구소송을 민사소송절차에 따르도록 하고 있다.****

*** 생명·신체의 경우는 양도·압류되지 않으나 재산의 경우는 가능하다.
**** 학설과 달리 국가배상청구소송을 민사소송으로 하는 이유는 행정법원으로 소송이 집중되어 지연될 수 있으므로 원활한 관할 배분을 하기 위함이다.

02 주체

국가배상청구권은 위법한 공무집행으로 인하여 손해를 입은 국민이 그 주체가 된다. 이때 국민은 우리나라 국적을 갖는 자연인과 법인이 포함되며, 외국인이나 외국법인은 상호보증이 있는 경우에만 국가배상법이 적용된다(국가배상법 제7조). 04. 법원직

한눈에 쏙!

구분	헌법	국가배상법
배상책임자	공공단체	지방자치단체
영조물책임	×	○

청구권적 기본권의 주체

구분	외국인	법인	국민
형사보상청구권	평등주의	부정	긍정
국가배상청구권	상호주의	긍정	긍정
범죄피해자구조청구권	상호주의	부정	긍정

03 내용

1. 성립요건

국가배상청구권이 성립하기 위해서는 공무원의 직무상의 불법행위로 손해가 발생하여야 한다. 다만, 국가배상법에는 영조물의 설치·관리의 하자로 인한 손해발생의 경우에도 국가배상청구권을 인정한다.

(1) 공무원

국가배상청구에 있어서 공무원이란 최광의의 공무원을 의미하므로 국가공무원법과 지방공무원법상의 공무원의 신분을 가진 자뿐만 아니라 사인으로서 공무를 위탁받아 실질적으로 공무를 수행하는 모든 자를 포함한다. 따라서 공무원인가의 구별은 신분에 의한 구별이 아니라 실질적인 담당업무에 따라 판단하여야 할 것이다.

기출 OX
01 국가배상청구권에서 교통할아버지의 경우는 공무원이 아니기 때문에 국가는 배상책임을 부담하지 않는다. 06. 사시 ( )

> **판례 | 교통할아버지의 교통정리**
>
> 교통개선을 위한 교통안내행위는 복지행정의 일종으로서 반드시 국가만이 이를 할 수 있는 것은 아니고, 주민의 복리에 관한 사무의 처리를 그 기본임무로 하고 있는 지방자치단체로서도 관할 구역 내에서는 수행할 수 있다고 할 것이므로, 지방자치단체인 피고가 김○○○을 '**교통할아버지**'로 **선정하여 그로 하여금 앞에서 본 바와 같은 일정한 범위의 교통안내업무를 하도록 위탁함으로써**, 그가 업무를 수행하는 과정에서 위탁받은 업무 범위를 넘어 교차로의 교통정리업무까지 수행하였다고 하더라도 국가사무를 처리하는 과정에서의 행위라고 볼 수는 없다. … 지방자치단체가 국가배상법 제2조 소정의 배상책임을 부담한다(대판 2001.1.5, 98다39060).

기출 OX
02 국가배상법이 정한 손해배상청구의 요건인 '공무원의 직무'에는 국가나 지방자치단체의 권력적 작용뿐만 아니라 비권력적 작용도 포함되지만 단순한 사경제의 주체로서 하는 작용은 포함되지 않는다. 18. 지방직 7급 ( )

(2) 직무상 행위

① **범위**: '공무상·직무상 행위'의 범위에 관하여 국가배상청구권이 성립되는 공무원의 직무상 행위는 공무원이 사인의 자격으로 행하는 사법상의 행위를 제외한 권력행위와 비권력적 관리행위만을 의미한다고 보아야 한다. 사법상의 행위는 국가가 사인과 동등한 자격으로 행하는 행위이므로 손해가 발생한 경우에는 민사상 책임을 지면 될 것이다.

> **판례 | 국가배상청구권에 관한 판례**
>
> **1 국회의원의 입법행위**
> 국회의원은 입법에 관하여 원칙적으로 국민전체에 대한 관계에서 정치적 책임을 질 뿐 국민 개개인의 권리에 대응하여 법적 의무를 지는 것은 아니므로, 국회의원의 입법행위는 그 입법내용이 **헌법의 문언에 명백히 위반됨에도 불구하고 국회가 굳이 당해 입법을 한 것과 같은 특수한 경우가 아닌 한 국가배상법 제2조 제1항 소정의 위법행위에 해당된다고 볼 수 없다**(대판 1997.6.13, 96다56115).
>
> **2 헌법재판관의 각하결정**
> 재판에 대하여 불복절차 내지 시정절차 자체가 없는 경우에는 부당한 재판으로 인하여 불이익 내지 손해를 입은 사람은 국가배상 이외의 방법으로는 자신의 권리 내지 이익을 회복할 방법이 없으므로, 이와 같은 경우에는 배상책임의 요건이 충족되는 한 국가배상책임을 인정하지 않을 수 없다. 헌법재판소 재판관이 청구기간 내에 제기된 **헌법소원심판청구사건에서 청구기간을 오인하여 각하결정을 한 경우, 이에 대한 불복절차 내지 시정절차가 없는 때에는 국가배상책임(위법성)을 인정할 수 있다**
> (대판 2003.7.11, 99다24218).
>
> ✎ 다른 법원의 경우 문제가 있다면 2심, 3심에서 잘못을 구제받을 수 있으나 헌재는 상급법원이 없어 잘못을 시정할 수가 없다. 따라서 각하로 인해 재판받지 못한 경우 국가배상이 인정된다.

정답 01 × 02 ○

② **직무상 행위*의 개념**: '직무를 집행함에 당하여'는 직무집행행위 그 자체는 물론이고 객관적으로 직무집행으로서의 외형을 갖추고 있는 경우를 포함한다(통설·판례). 즉, 행위의 외관을 객관적으로 관찰하여 공무원의 직무행위로 볼 수 있을 경우에는 그것이 실질적으로 직무집행행위가 아니라 할지라도 공무원의 주관적 의사와 관계없이 직무행위로 인정되는 것이 통설이다. 또한 피해자가 공무집행행위가 아니라는 것을 알았다 할지라도 외형상 직무행위로 볼 수 있는 경우에는 국가배상책임은 성립한다.

* 직무상 행위
1. **인정**: 감방 내에서의 사형, 상관의 명에 의한 상관의 이삿짐 운반, 훈계권 행사로서의 기합, ROTC 소속 차량의 그 학교 교수 장례식 참석차 운행, 시위진압 중 전투경찰이 조경수를 짓밟는 행위 등은 직무행위로 보아 국가배상을 인정하였다.
2. **불인정**: 가솔린 불법처분 중 발화, 결혼식 참석을 위한 군용차 운행, 군인 휴식 중의 비둘기 사냥, 포경수술 중 사망 등에 대해서는 국가배상을 부정하였다(대법원 판례 참조).

(3) 불법행위

불법행위란 공무원의 고의나 과실로 인한 법령위반행위를 말한다. 여기서의 법령이란 법률과 명령 및 관습법을 포함하며, 신의성실의 원칙이나 권리남용금지의 원칙 등과 같은 일반법적인 원리도 법령위반에 포함된다. 공무원의 불법행위는 작위·부작위를 불문하고 인정된다.

> **판례 | 국가배상 고의·과실에 관한 판례**
>
> **1 국가배상법상의 과실입증**
> 국가배상책임의 성립요건으로서 공무원의 고의 또는 과실을 규정한 구 국가배상법 제2조 제1항 본문 중 '고의 또는 과실로' 부분은 합헌이라는 결정을 선고하였다(헌재 2020.3.26, 2016헌바55).
> ▷ 고의·과실의 입증이 필요하며, 이는 청구인이 모두 입증해야 한다.
>
> **2 고의 또는 과실에 대한 예외 불허**
> 청구인들이 심판대상조항의 위헌성을 주장하게 된 계기를 제공한 국가배상청구 사건은, 인권침해가 극심하게 이루어진 긴급조치 발령과 그 집행을 근거로 한 것이므로 다른 일반적인 법 집행 상황과는 다르다는 점에서 이러한 경우에는 국가배상청구 요건을 완화하여야 한다는 주장이 있을 수 있다. 그러나 위와 같은 경우라 하여 국가배상청구권 성립요건에 공무원의 고의 또는 과실에 대한 예외가 인정되어야 한다고 보기는 어렵다(헌재 2020.3.26, 2016헌바55 등).
>
> **3 고의 또는 과실은 국가배상의 성립요건**
> 이 사건 법률 조항이 국가배상청구권의 성립요건으로서 공무원의 고의 또는 과실을 규정한 것은 법률로 이미 형성된 국가배상청구권의 행사 및 존속을 제한한다고 보기보다는 국가배상청구권의 내용을 형성하는 것이라고 할 것이므로, 헌법상 국가배상제도의 정신에 부합하게 국가배상청구권을 **형성하였는지의 관점에서 심사하여야 한다**(헌재 2015.4.30, 2013헌바395).

기출 OX

03 국가배상법 조항은 헌법에서 규정한 국가배상청구권을 침해한다고 보기 어려우나, 인권침해가 극심하게 이루어진 긴급조치 발령과 그 집행과 같이 국가의 의도적·적극적 불법행위에 대하여는 국가배상청구의 요건을 완화하여 공무원의 고의 또는 과실에 대한 예외를 인정하여야 한다. 21. 법원직
( )

04 국가배상청구권의 성립요건으로서 공무원의 고의 또는 과실을 규정한 것은 법률로 이미 형성된 국가배상청구권의 행사 및 존속을 제한한다기보다는 국가배상청구권의 내용을 형성하는 것이다. 21. 변호사
( )

정답 03 X 04 O

(4) 손해의 발생

국가배상청구권이 성립하기 위해서는 반드시 타인에 대한 손해가 발생하여야 하고, 이러한 손해발생과 공무원의 직무행위 간에는 상당인과관계가 있어야 한다. 공무원의 직무상 불법행위가 있었다 하더라도 손해가 발생하지 않으면 국가배상청구권은 인정되지 아니한다. 손해란 피해자가 입은 모든 불이익을 말하며, 재산적 손해는 물론 정신적 손해도 포함한다.

한눈에 쏙!

국가배상 인정 여부

사건	위헌 여부
5·18민주화	위헌
부마민주항쟁	합헌
민주화운동	위헌

판례 | 국가배상청구권상 손해 관련 판례

1 5·18민주화운동
5·18민주화운동 보상심의위원회의 보상금지급결정에 동의하면 정신적 손해에 관한 부분도 재판상 화해가 성립된 것으로 보는 구 광주민주화운동 관련자 보상에 관한 법률상 조항은 국가배상청구권을 침해한다(헌재 2021.5.27, 2019헌가17).
▶ 정신적 손해 불포함이 문제

2 부마민주항쟁
부마항쟁보상법은 부마민주항쟁 관련자에 대하여 간이한 절차로 손해배상을 받을 수 있게 특별한 절차를 마련한 것으로 입법형성의 영역에 속한다. 생명·신체의 손상을 입은 경우에만 보상금을 지급하도록 한 것은 불합리하지 않다(헌재 2019.4.11, 2016헌마418).

(5) 영조물의 설치·관리의 하자로 인한 경우

도로·하천, 그 밖의 공공의 영조물*의 설치나 관리에 하자가 있기 때문에 타인에게 손해를 발생하게 하였을 때에는 국가나 지방자치단체는 그 손해를 배상하여야 한다. 이 경우 손해의 원인에 대하여 책임을 질 자가 따로 있을 때에는 국가 또는 지방자치단체는 그자에 대하여 구상할 수 있다(국가배상법 제5조). 일종의 무과실책임이라는 점에서 공무원의 직무상 불법행위로 인한 손해배상의 경우와 다르다.

*국가나 공공단체 등이 공공목적에 쓰기 위해 만든 시설을 말한다. 도서관, 병원, 양로원, 철도, 교도소 등이 있다.

2. 가해공무원의 배상책임

한눈에 쏙!

판례	외부적 책임
고의·중과실	O
경과실	×

판례 | 가해공무원의 배상책임

공무원이 직무수행 중 불법행위로 타인에게 손해를 입힌 경우 국가 등이 국가배상책임을 부담하는 외에 공무원 개인도 고의 또는 중과실이 있는 경우에는 불법행위로 인한 손해배상책임을 진다고 할 것이지만, 공무원에게 경과실뿐인 경우에는 공무원 개인은 손해배상책임을 부담하지 아니한다고 해석하는 것이 헌법 제29조 제1항 본문과 단서 및 국가배상법 제2조의 입법취지에 조화되는 올바른 해석이다(대판 1996.2.15, 95다38677).

✎ 이는 공무원의 사기진작을 위함이다. 초보라면 적은 월급에 실수가 자주 있을 수 있다. 실수했다고 하여 월급에서 감한다면 공무원하기 힘들다고 생각할지 모른다. 이러한 문제 때문에 징계를 받을 수 있지만 100% 구상책임을 부담하지는 않는다.

(1) 내부적 책임

공무원이 경과실로 국가배상책임이 인정되는 경우 국가는 국민에게 배상한 경우라도 공무원에게 구상하지 않는다.

(2) 배상절차와 배상의 범위

① 배상청구는 소제기에 앞서 배상심의회의 결정을 거칠 수 있으나 배상심의회의 배상결정은 임의적 전치주의로 변경되어 배상심의회에 배상신청을 하지 아니하고도 바로 소송을 제기할 수 있다(국가배상법 제9조).**

** 행정심판의 필요적 전치주의란 소송 전에 반드시 먼저 행정심판을 거치게 하는 제도로 현재는 임의적 전치, 즉 거쳐도 되고 안 거쳐도 되는 제도로 변경되었다.

② 군인이나 군무원이 타인에게 입힌 손해에 대한 배상신청사건을 심의하기 위하여 국방부에 특별심의회를 둔다. 특별심의회는 법무부장관의 지휘를 받아야 한다(국가배상법 제10조 제1항·제3항).

판례 | 국가배상청구에 관한 판례

1 배상심의회의 배상결정의 효력 [위헌]

배상결정절차에 있어서 심의회의 제3자성·독립성이 희박한 점, 심의절차의 공정성·신중성도 결여되어 있는 점, 심의회에서 결정되는 배상액이 법원의 그것보다 하회하는 점, 신청인의 배상결정에 대한 동의에 재판청구권을 포기할 의사까지 포함되는 것으로 볼 수 없는 점을 종합하여 볼 때 이 사건 법률 조항이 위에서 본 바와 같은 입법목적을 달성하기 위하여 동의된 배상결정에 재판상의 화해와 같은 강력하고 최종적인 효력까지 부여하여 **재판청구권을 제한하는 것은 신청인의 재판청구권을 과도하게 제한하는 것으로서 위헌이다**(헌재 1995.5.25, 91헌가7). 08. 법원직

2 특수임무수행자 보상에 관한 법률 [합헌]

특수임무수행자보상심의위원회는 관련 분야의 전문가들로 구성되고, 위원에 대한 지휘·감독 규정이 없는 등 독립성이 보장되어 위원회에서 결정되는 보상액과 법원의 그것 사이에 별다른 차이가 없게 된 점 등을 볼 때 청구인들의 재판청구권을 침해한다고 볼 수 없다(헌재 2009.4.30, 2006헌마1322).

✎ 핵심은 독립성이 보장되느냐 or 전문가들로 구성되느냐로 구분해야 하는데, 기출에서는 특수임무수행자인가 or 배상심의회인가에 따라 답이 달라진다.

3 민법상 소멸시효의 적용 [합헌]

국가배상법 제8조가 "국가 또는 지방자치단체의 손해배상책임에 관하여는 이 법의 규정에 의한 것을 제외하고는 민법의 규정에 의한다."라고 하고 소멸시효에 관하여 별도의 규정을 두지 아니함으로써 국가배상청구권에도 소멸시효에 관한 민법상의 규정인 민법 제766조가 적용되게 되었다 하더라도 이는 국가배상청구권의 성격과 책임의 본질, 소멸시효제도의 존재이유 등을 종합적으로 고려한 입법재량 범위 내에서의 입법자의 결단의 산물인 것으로 국가배상청구권의 본질적인 내용을 침해하는 것이라고는 볼 수 없고 기본권 제한에 있어서의 한계를 넘어서는 것이라고 볼 수도 없으므로 헌법에 위반되지 아니한다(헌재 1997.2.20, 96헌바24).

4 소멸시효의 예외 인정 가능

국가가 소속 공무원들의 조직적 관여를 통해 불법적으로 민간인을 집단희생시키거나 장기간의 불법구금·고문 등에 의한 허위자백으로 유죄판결을 하고 사후에도 조작·은폐를 통해 진상규명을 저해하였음에도 불구하고, 그 불법행위 시점을 소멸

기출 OX

01 신청인이 동의한 때 배상심의회의 배상결정에 민사소송법 규정에 의한 재판상의 화해 효력을 부여한 것은 행정상의 손해배상에 관한 분쟁을 신속히 종결·이행시키기 위한 것으로 헌법에 위반되지 아니한다. 18. 서울시 7급 ( )

기출 OX

02 특수임무수행자 보상에 관한 법률에 규정된 재판상 화해 조항에 의하면 보상금 등의 지급결정은 신청인이 동의한 때에는 특수임무수행 또는 이와 관련한 교육훈련으로 입은 피해에 대하여 민사소송법의 규정에 따른 재판상 화해가 성립된 것으로 본다고 하였는데, 이는 재판청구권을 침해하지 아니한다. 14. 국가직 7급 ( )

기출 OX

03 진실·화해를 위한 과거사정리 기본법상 민간인 집단희생사건, 중대한 인권침해·조작의혹사건에 민법상 소멸시효 조항의 객관적 기산점이 적용되도록 하는 것은 청구인들의 국가배상청구권을 침해한다. 22. 경찰간부 ( )

정답 01 × 02 ○ 03 ○

시효의 기산점으로 삼는 것은 피해자와 가해자 보호의 균형을 도모하는 것으로 보기 어렵고, 발생한 손해의 공평·타당한 분담이라는 손해배상제도의 지도원리에도 부합하지 않는다. 그러므로 진실·화해를 위한 과거사정리 기본법 제2조 제1항 제3호·제4호에 규정된 사건에 민법 제166조 제1항, 제766조 제2항의 '객관적 기산점'이 적용되도록 하는 것은 합리적 이유가 인정되지 않는다(헌재 2018.8.30, 2014헌바148 등).

▶ 소멸시효는 예외가 인정되나, 고의·과실은 예외가 인정되지 않는다.

③ 배상의 범위는 원칙적으로 가해행위와 상당인과관계에 있는 모든 손해이다.
④ 생명·신체의 침해로 인한 국가배상을 받을 권리는 이를 양도하거나 압류하지 못하여 담보로 제공할 수 없다(국가배상법 제4조). 다만, 재산침해에 대한 국가배상청구권은 양도나 압류·담보가 가능하다. 또한 피해자가 손해를 입은 동시에 이익을 얻은 경우에는 손해배상액에서 그 이익에 상당하는 금액을 공제하여야 한다(국가배상법 제3조의2).

⊕ PLUS 이중배상금지

1. 연혁

헌법 제29조 제2항은 "군인·군무원·경찰공무원 기타 법률이 정하는 자가 전투·훈련 등 직무집행과 관련하여 받은 손해에 대해서는 법률이 정하는 보상 외에 국가 또는 공공단체에 공무원의 직무상 불법행위로 인한 배상을 청구할 수 없다."라고 규정하여 이중배상금지규정을 명문화하고 있다. 이 규정은 제3공화국 헌법에서 국가배상법에 규정되어 있었지만 대법원에서 위헌판결을 받게 되자 제4공화국 헌법에 명문으로 규정하였고, 제5공화국 헌법과 현행 헌법이 그대로 답습하고 있다.*

* 박정희 대통령은 베트남 전쟁을 통해 국가주도의 경제개발을 원했으나 많은 돈이 국가배상으로 나가게 되어 이중배상금지제도를 만들게 되었다. 그러나 대법원이 위헌판결을 내렸고, 그 후 위헌판결을 할 수 없도록 유신헌법에서 헌법전에 포함하게 되었다. 당시 위헌판결한 대법관들은 모두 재임용에서 탈락되었다.

2. 판례의 전개

(1) 대법원의 입장

국가배상법 제2조 제1항 단서에 의하면, 군인·군무원 등이 직무집행과 관련한 행위 등으로 인하여 전사, 순직 또는 공상을 입은 경우에 다른 법령의 규정에 의하여 재해보상금, 유족연금, 상이연금 등의 보상을 할 수 있도록 규정하고 있으므로 이들이 직접 국가에 대하여 손해배상청구권을 행사할 수 없음은 물론, 국가와 공동불법행위책임이 있는 자가 그 배상채무를 이행하였음을 이유로 국가에 대하여 구상권을 행사하는 것도 허용되지 않는다고 판시하였다(대판 1994.5.27, 94다6741).**

** 대법원은 군인이 이중배상금지규정으로 인하여 국가에 배상청구가 되지 않으므로 채권자, 즉 군인의 권리행사가 불가능하여 이를 대신하는 일반인의 구상청구도 허용되지 않는다고 판시하였다.

(2) 헌법재판소의 입장

① 국가배상법 제2조 제1항 단서 중 군인에 관련되는 부분을 일반 국민이 직무집행 중인 군인과의 공동불법행위로 직무집행 중인 다른 군인에게 공상을 입혀 그 피해자에게 공동의 불법행위로 인한 손해를 배상한 다음 공동불법행위자인 군인의 부담부분에 관하여 국가에 대하여 구상권을 행사하는 것을 허용하지 않는다고 해석한다면, 이는 위 단서 규정의 헌법상 근거규정인 헌법 제29조가 구상권의 행사를 배제하지 아니하는데도 이를 배제하는 것으로 해석하는 것으로서 합리적인 이유 없이 일반 국민을 국가에 대하여 지나치게 차별하는 경우에 해당하므로 헌법 제11조, 제29조에 위반된다.
② 국가에 대한 구상권은 헌법 제23조 제1항에 의하여 보장되는 재산권이고 위와 같은 해석은 그러한 재산권의 제한에 해당하며 재산권의 제한은 헌법 제37조 제2항에 의한 기본권 제한의 한계 내에서만 가능하다. 위와 같은 해석은 헌법 제37조 제2항에 의하여 기본권을

기출 OX

01 대법원의 경우 이중배상금지규정의 효력과 관련하여 상대설을 취하고 있다. 02. 사시 ( )

정답 01 ✕

제한할 때 요구되는 비례의 원칙에 위배하여 일반 국민의 재산권을 과잉제한하는 경우에 해당하여 헌법 제23조 제1항 및 제37조 제2항에도 위반된다(헌재 1994.12.29, 93헌바21).***

*** 이에 반하여 헌법재판소는 군인은 조문에 명문금지규정이 있어 배상청구가 되지 않지만 일반인의 경우까지 못하게 하는 것은 불합리한 차별로 보고 있다.

(3) **대법원의 입장**(대판 2001.2.15, 96다42420)

대법원은 학계의 많은 비판들로 인하여 종전 판례를 변경하였다. 즉, 피해자인 군인 등이 공동불법행위자인 사인에 대해 갖는 손해배상청구권의 범위를 사인의 부담부분에 한하여만 인정하여, 사인이 국가를 상대로 구상청구를 할 필요가 없도록 이론을 구성함으로써 헌법 및 국가배상법상의 이중배상금지규정의 유효성을 유지함과 동시에 공동불법행위자인 사인의 권리도 보호하려 하였다.

판례 | 이중배상금지에 관한 판례

1 이중배상에서 공무원의 범위

대법원은 공익근무요원은 소집되어 군에 복무하지 않는 한 군인이라고 할 수 없으므로 이중배상이 금지되는 군인에 해당한다고 볼 수 없으며, 또한 현역병으로 입영하여 경비교도로 전입된 자는 군인의 신분을 상실하였으므로 이중배상이 금지되는 군인 등에 해당되지 않는다고 하였다(대판 1998.2.10, 97다45914; 대판 1997.3.28, 97다4036).

2 향토예비군대원의 국가이중배상금지 [합헌]

향토예비군의 직무는 성질상 고도의 위험성을 내포하는 공공적 성격의 직무이므로, 국가배상법 제2조 제1항 단서가 **일반인들과의 불균형을 제거하고 국가재정의 지출을 절감하기 위하여** 임무수행 중 상해를 입거나 사망한 개별 향토예비군대원의 국가배상청구권을 금지하고 있는 데에는 그 목적의 정당성, 수단의 상당성 및 침해의 최소성, 법익의 균형성이 인정된다. … 과잉금지의 원칙에 반한다고 할 수 없고, 나아가 그 자체로서 평등의 원리에 반한다거나 향토예비군대원의 재산권의 본질적인 내용을 침해하는 **위헌규정이라고 할 수 없다**(헌재 1996.6.13, 94헌바20).

3 이중배상에서 공무원의 범위 [합헌]

헌법재판소는 이중배상이 금지되는 경찰공무원의 개념을 경찰공무원법상의 경찰공무원만을 의미하는 것이 아니라 경찰조직을 구성하는 공무원으로 넓게 이해하여 전투경찰순경은 이중배상청구가 금지되는 경찰공무원 개념에 포함된다고 하였다. 또한 국가배상법이 향토예비군대원을 이중배상청구금지대상으로 규정한 것에 대해 합헌결정을 내렸다(헌재 1996.6.13, 94헌바20).

기출 OX

02 경비교도대원의 경우도 군인으로 보지 않는다. ( )

⇨ 즉, 군인에 해당하는 경우는 전투경찰이고, 경비교도대원과 공익근무요원은 군인에 해당하지 않는다.

한눈에 쏙!

이중배상금지

군인·군무원·경찰 등	종류
인정	향토예비군, 전투경찰
불허	경비교도, 공익근무요원

정답 02 ◯

제4절 형사보상청구권

> **헌법 제28조** 형사피의자 또는 형사피고인으로서 구금되었던 자가 법률이 정하는 불기소처분을 받거나 무죄판결을 받은 때에는 법률이 정하는 바에 의하여 국가에 정당한 보상을 청구할 수 있다.

1. 형사피고인의 형사보상

(1) 요건

> **형사보상 및 명예회복에 관한 법률**
>
> **제1조【목적】** 이 법은 형사소송절차에서 무죄재판 등을 받은 자에 대한 형사보상 및 명예회복을 위한 방법과 절차 등을 규정함으로써 무죄재판 등을 받은 자에 대한 정당한 보상과 실질적 명예회복에 이바지함을 목적으로 한다.
>
> **제2조【보상 요건】** ① 형사소송법에 따른 일반 절차 또는 재심이나 비상상고절차에서 무죄재판을 받아 확정된 사건의 피고인이 미결구금을 당하였을 때에는 이 법에 따라 국가에 대하여 그 구금에 대한 보상을 청구할 수 있다.*
>
> *재심이나 비상상고는 확정된 판결을 번복하는 것으로 예외적인 불복수단이다. 즉, 유죄로 확정판결이 난 사람에게 무죄의 새로운 증거가 발견될 때 재심을 통해 무죄판결을 받을 수 있다.
>
> ② 상소권 회복에 의한 상소, 재심 또는 비상상고의 절차에서 무죄재판을 받아 확정된 사건의 피고인이 원판결에 의하여 구금되거나 형 집행을 받았을 때에는 구금 또는 형의 집행에 대한 보상을 청구할 수 있다.
>
> **제3조【상속인에 의한 보상청구】** ① 제2조에 따라 보상을 청구할 수 있는 자가 그 청구를 하지 아니하고 사망하였을 때에는 그 상속인이 이를 청구할 수 있다.
> ② 사망한 자에 대하여 재심 또는 비상상고의 절차에서 무죄재판이 있었을 때에는 보상의 청구에 관하여는 사망한 때에 무죄재판이 있었던 것으로 본다.
>
> **제4조【보상하지 아니할 수 있는 경우】** 다음 각 호의 어느 하나에 해당하는 경우에는 법원은 재량으로 보상청구의 전부 또는 일부를 기각할 수 있다.
> 1. 형법 제9조 및 제10조 제1항의 사유로 무죄재판을 받은 경우
> 2. 본인이 수사 또는 심판을 그르칠 목적으로 거짓 자백을 하거나 다른 유죄의 증거를 만듦으로써 기소, 미결구금 또는 유죄재판을 받게 된 것으로 인정된 경우
> 3. 1개의 재판으로 경합범의 일부에 대하여 무죄재판을 받고 다른 부분에 대하여 유죄재판을 받았을 경우
>
> **제26조【면소 등의 경우】** ① 다음 각 호의 어느 하나에 해당하는 경우에도 국가에 대하여 구금에 대한 보상을 청구할 수 있다.**
>
> **형식재판의 경우에도 형사보상이 가능한데 이는 모두 가능한 것이 아니고 최종판결을 받은 후 무죄판결을 받았을 경우이다. 즉, 강간죄 피고인이 되었는데 진짜 범인이 나타나서 피해자가 고소를 취소하자 재판이 종결된 경우가 그 대표적인 예이다. 이 경우 결국에는 무죄판결을 받았을 것이며 억울하게 갇혀 있었으므로 보상을 청구할 수 있다.
>
> 1. 형사소송법에 따라 면소 또는 공소기각의 재판을 받아 확정된 피고인이 면소 또는 공소기각의 재판을 할 만한 사유가 없었더라면 무죄재판을 받을 만한 현저한 사유가 있었을 경우

> 2. 치료감호법 제7조에 따라 치료감호의 독립 청구를 받은 피치료감호청구인의 치료감호사건이 범죄로 되지 아니하거나 범죄사실의 증명이 없는 때에 해당되어 청구기각의 판결을 받아 확정된 경우

(2) 내용

> **형사보상 및 명예회복에 관한 법률**
>
> **제5조【보상의 내용】** ① 구금에 대한 보상을 할 때에는 그 구금일수에 따라 1일당 보상청구의 원인이 발생한 연도의 최저임금법에 따른 일급 최저임금액 이상 대통령령으로 정하는 금액 이하의 비율에 의한 보상금을 지급한다.
> ③ 사형 집행에 대한 보상을 할 때에는 집행 전 구금에 대한 보상금 외에 3천만 원 이내에서 모든 사정을 고려하여 법원이 타당하다고 인정하는 금액을 더하여 보상한다. 이 경우 본인의 사망으로 인하여 발생한 재산상의 손실액이 증명되었을 때에는 그 손실액도 보상한다.
> ④ 벌금 또는 과료의 집행에 대한 보상을 할 때에는 이미 징수한 벌금 또는 과료의 금액에 징수일의 다음 날부터 보상 결정일까지의 일수에 대하여 민법 제379조의 법정이율을 적용하여 계산한 금액을 더한 금액을 보상한다.
> ⑤ 노역장유치의 집행을 한 경우 그에 대한 보상에 관하여는 제1항을 준용한다.
>
> **제6조【손해배상과의 관계】** ① 이 법은 보상을 받을 자가 다른 법률에 따라 손해배상을 청구하는 것을 금지하지 아니한다.
> ③ 다른 법률에 따라 손해배상을 받을 자가 같은 원인에 대하여 이 법에 따른 보상을 받았을 때에는 그 보상금의 액수를 빼고 손해배상의 액수를 정하여야 한다.

기출 OX

01 국가의 형사사법행위가 고의·과실로 인한 것으로 인정되는 경우에는 국가배상청구 등 별개의 절차에 의하여 인과관계 있는 모든 손해를 배상받을 수 있으므로, 형사보상절차로써 인과관계 있는 모든 손해를 보상하지 않는다고 하여 반드시 부당하다고 할 수는 없다. 22. 경찰 ( )

(3) 절차

> **형사보상 및 명예회복에 관한 법률**
>
> **제7조【관할 법원】** 보상청구는 무죄재판을 한 법원에 대하여 하여야 한다.
> **제8조【보상청구의 기간】** 보상청구는 무죄재판이 확정된 사실을 안 날부터 3년, 무죄재판이 확정된 때부터 5년 이내에 하여야 한다.
> **제14조【보상청구에 대한 재판】** ① 보상청구는 법원 합의부에서 재판한다.
> ② 보상청구에 대하여는 법원은 검사와 청구인의 의견을 들은 후 결정을 하여야 한다.
> ③ 보상청구를 받은 법원은 6개월 이내에 보상결정을 하여야 한다.
> **제20조【불복신청】** ① 제17조 제1항에 따른 보상결정에 대하여는 1주일 이내에 즉시항고를 할 수 있다.
> ② 제17조 제2항에 따른 청구기각결정에 대하여는 즉시항고를 할 수 있다.
> **제21조【보상금 지급청구】** ① 보상금 지급을 청구하려는 자는 보상을 결정한 법원에 대응하는 검찰청에 보상금 지급청구서를 제출하여야 한다.
> ③ 보상결정이 송달된 후 2년 이내에 보상금 지급청구를 하지 아니할 때에는 권리를 상실한다.
> **제21조의2【보상금 지급기한 등】** ① 보상금 지급청구서를 제출받은 검찰청은 3개월 이내에 보상금을 지급하여야 한다.

정답 01 O

② 제1항에 따른 기한까지 보상금을 지급하지 아니한 경우에는 그 다음 날부터 지급하는 날까지의 지연 일수에 대하여 민법 제379조의 법정이율에 따른 지연이자를 지급하여야 한다.

제23조【보상청구권의 양도 및 압류의 금지】 보상청구권은 양도하거나 압류할 수 없다. 보상금 지급청구권도 또한 같다.

2. 형사피의자의 형사보상

형사보상 및 명예회복에 관한 법률

제27조【피의자에 대한 보상】 ① 피의자로서 구금되었던 자 중 검사로부터 불기소처분을 받거나 사법경찰관으로부터 불송치결정을 받은 자는 국가에 대하여 그 구금에 대한 보상(이하 '피의자보상'이라 한다)을 청구할 수 있다. 다만, 구금된 이후 불기소처분 또는 불송치결정의 사유가 있는 경우와 해당 불기소처분 또는 불송치결정이 종국적인 것이 아니거나 형사소송법 제247조에 따른 것일 경우에는 그러하지 아니하다.
② 다음 각 호의 어느 하나에 해당하는 경우에는 피의자보상의 전부 또는 일부를 지급하지 아니할 수 있다.
1. 본인이 수사 또는 재판을 그르칠 목적으로 거짓 자백을 하거나 다른 유죄의 증거를 만듦으로써 구금된 것으로 인정되는 경우
2. 구금기간 중에 다른 사실에 대하여 수사가 이루어지고 그 사실에 관하여 범죄가 성립한 경우
3. 보상을 하는 것이 선량한 풍속이나 그 밖에 사회질서에 위배된다고 인정할 특별한 사정이 있는 경우
③ 피의자보상에 관한 사항을 심의·결정하기 위하여 지방검찰청에 피의자보상심의회(이하 '심의회'라 한다)를 둔다.
④ 심의회는 법무부장관의 지휘·감독을 받는다.
⑤ 심의회의 관할·구성·운영, 그 밖에 필요한 사항은 대통령령으로 정한다.

제28조【피의자보상의 청구 등】 ① 피의자보상을 청구하려는 자는 불기소처분을 한 검사가 소속된 지방검찰청(지방검찰청 지청의 검사가 불기소처분을 한 경우에는 그 지청이 소속하는 지방검찰청을 말한다) 또는 불송치결정을 한 사법경찰관이 소속된 경찰관서에 대응하는 지방검찰청의 심의회에 보상을 청구하여야 한다.
③ 피의자보상의 청구는 불기소처분 또는 불송치결정의 고지 또는 통지를 받은 날부터 3년 이내에 하여야 한다.
⑤ 심의회의 보상결정이 송달(제4항의 심판을 청구하거나 소송을 제기한 경우에는 그 재결 또는 판결에 따른 심의회의 보상결정이 송달된 때를 말한다)된 후 2년 이내에 보상금 지급청구를 하지 아니할 때에는 그 권리를 상실한다.

기출 OX

01 헌법 제28조에서 규정하는 '정당한 보상'은 형사보상청구권자가 입은 손실의 완전한 보상을 의미하는데, 현행 형사보상법과 그 시행령에서는 1일 보상액의 한도를 정하고 있다. 07. 법원직 ( )

02 형사보상청구권은 구금된 피의자를 그 대상으로 한다. 따라서 불구속으로 기소되어 무죄판결을 받은 자에게는 형사보상을 인정하지 않고 있다. 07. 법원직 ( )

03 면소 또는 공소기각의 재판을 받은 자는 면소 또는 공소기각의 재판을 할 만한 사유가 없었더라면 무죄의 재판을 받을 만한 현저한 사유가 있었을 때에는 국가에 대하여 구금에 대한 보상을 청구할 수 있다. 07. 법원직 ( )

정답 01 O 02 O 03 O

3. 명예회복

> **형사보상 및 명예회복에 관한 법률**
> 제30조【무죄재판서 게재 청구】무죄재판을 받아 확정된 사건(이하 '무죄재판사건'이라 한다)의 피고인은 무죄재판이 확정된 때부터 3년 이내에 확정된 무죄재판사건의 재판서(이하 '무죄재판서'라 한다)를 법무부 인터넷 홈페이지에 게재하도록 해당 사건을 기소한 검사가 소속된 지방검찰청(지방검찰청 지청을 포함한다)에 청구할 수 있다.

형사피고인 · 형사피의자의 보상 비교

구분		형사피고인 보상	형사피의자 보상
성립요건	적극적 요건	• 형사피고인으로서 구금되었을 것 • 무죄판결을 받았을 것	• 형사피의자로서 구금되었을 것 • 법률이 정하는 불기소처분을 받았을 것
	소극적 요건	• 형사미성년자 또는 심신상실의 사유에 의한 무죄재판 • 수사 또는 심판을 그르칠 목적으로 허위의 자백 등으로 인한 유죄재판 07. 법원직 • 경합범에서 일부무죄 · 일부유죄재판	• 수사 또는 재판을 그르칠 목적으로 허위의 자백 등을 한 경우 • 다른 사실에 관하여 범죄가 성립한 경우 • 보상을 하는 것이 선량한 풍속 기타 사회질서에 반한다고 인정되는 경우
절차	청구 절차	무죄판결이 확정된 날로부터 5년 이내 ⇨ 무죄판결을 한 법원에 청구 ⇨ 법원 합의부에서 재판	불기소처분의 고지 · 통지를 받은 후 3년 이내 ⇨ 불기소처분을 한 검사가 소속하는 지방검찰청의 피의자보상심의회에 청구 ⇨ 보상심의회의 결정
	불복 절차	• 법원의 보상결정 ⇨ 불복 가능 • 청구기각결정 ⇨ 즉시항고 가능	• 보상결정 · 기각결정 불문하고 불복 가능 • 법무부장관 재결 ⇨ 행정소송 제기

판례 | 형사보상청구권에 관한 판례

1 제척기간 1년 [헌법불합치]

권리관계를 조속히 확정하기 위하여 인정되는 소멸시효기간이나 제척기간* 중 권리의 행사가 용이하고 일상 빈번히 발생하는 것이거나 권리의 행사로 인하여 상대방의 지위가 특별히 불안정해지는 경우 또는 법률관계를 보다 신속히 확정하여 분쟁을 방지할 필요가 있는 경우에는 특히 짧은 소멸시효나 제척기간을 인정할 필요가 있으나, 형사보상청구권의 **제척기간을 1년으로 규정**하고 있는 것은 위의 어떠한 사유에도 해당하지 아니하는 등 달리 합리적인 이유를 찾기 어려워, 일반적인 사법상의 권리보다 더 확실하게 보호되어야 할 권리인 형사보상청구권의 보호를 저해하고 있다(헌재 2010.7.29, 2008헌가4).

* 제척기간이란 권리관계를 빠르게 확정하기 위하여 어떤 종류의 권리에 대해 법률이 정하고 있는 존속기간을 말한다.

2 형사소송법상 비용보상청구권의 제척기간은 6개월로 제한 [합헌]**

비용보상청구권의 제척기간을 무죄판결이 확정된 날부터 6개월로 제한한 구 형사소송법은 과잉금지원칙에 위반되어 청구인의 재판청구권 및 재산권을 침해하지 않는다(헌재 2015.4.30, 2014헌바408 등).

** 비용보상청구권은 형사보상이 아니라, 형사보상을 청구하는 데 들어간 비용을 청구하는 것이다(예 변호사 비용 등).

기출 OX

04 형사보상의 청구를 무죄재판이 확정된 때로부터 1년 이내에 하도록 규정하고 있는 형사보상법 조항은 입법재량의 한계를 일탈하여 청구인의 형사보상청구권을 침해한다. 22. 경찰 ( )

05 형사보상의 청구에 대한 보상의 결정에 대하여는 불복을 신청할 수 없도록 단심재판으로 규정한 형사보상법 조항은 형사보상인용결정의 안정성을 유지하고, 신속한 형사보상절차의 확립을 통해 형사보상에 관한 국가예산 수립의 안정성을 확보하며, 나아가 상급법원의 부담을 경감하고자 하는 데 그 목적이 있으므로 청구인들의 형사보상청구권을 침해하지 않는다. 22. 경찰 ( )

정답 04 ○ 05 ×

3 군사법원법상 비용보상청구권의 제척기간 [위헌]

무죄판결이 확정된 피고인은 국가에 대하여 소송비용 등의 보상을 청구할 수 있는 비용보상청구권을 갖게 되는데, 헌법재판소는 비용보상청구권의 제척기간을 '무죄판결이 확정된 날부터 6개월'로 정한 구 군사법원법 조항이 헌법에 위반된다(헌재 2023.8.31, 2020헌바252).

▶ 다만, 4인은 과잉금지 위반으로 보았으며, 4인은 개정된 형사소송법과 비교해서 평등원칙에 위배된다고 보았다.

4 보상결정시 불복불가 [일부인용]

이 사건 불복금지조항은 형사보상의 청구에 대하여 **한 보상의 결정에 대하여는 불복을 신청할 수 없도록 하여 형사보상의 결정을 단심재판으로 규정하고 있는데**, 보상액의 산정에 기초되는 사실인정이나 보상액에 관한 판단에서 오류나 불합리성이 발견되는 경우에도 그 시정을 구하는 불복신청을 할 수 없도록 하는 것은 형사보상청구권 및 그 실현을 위한 기본권으로서의 재판청구권의 본질적 내용을 침해하는 것이라 할 것이고, 나아가 법적 안정성만을 지나치게 강조함으로써 재판의 적정성과 정의를 추구하는 사법제도의 본질에 부합하지 아니하는 것이다. 또한 불복을 허용하더라도 즉시항고는 절차가 신속히 진행될 수 있고 사건 수도 과다하지 아니한데다 그 재판내용도 비교적 단순하므로, 불복을 허용한다고 하여 상급심에 과도한 부담을 줄 가능성은 별로 없다고 할 것이므로, 이 사건 불복금지조항은 형사보상청구권 및 재판청구권의 본질적 내용을 침해하는 것으로 헌법에 위반된다(헌재 2010.10.28, 2008헌마514 등).

5 형사 특별법과 일반법의 차이 [위헌]

심판대상조항은 별도의 가중적 구성요건표지를 규정하지 않은 채 형법 조항과 똑같은 구성요건을 규정하면서 법정형만 상향 조정하여 어느 조항으로 기소하는지에 따라 벌금형의 선고 여부가 결정되고, 선고형에 있어서도 심각한 형의 불균형을 초래하게 함으로써 형사특별법으로서 갖추어야 할 형벌체계상의 정당성과 균형을 잃어 인간의 존엄성과 가치를 보장하는 헌법의 기본원리에 위배될 뿐만 아니라 그 내용에 있어서도 평등원칙에 위반되어 위헌이다(헌재 2015.2.26, 2014헌가16).

6 초과 구금에 대한 형사보상을 규정하지 않은 형사보상법 [헌법불합치]

가중처벌규정에 대하여 헌법재판소의 위헌결정이 있었음을 이유로 개시된 재심절차에서, 공소장 변경을 통해 위헌결정된 가중처벌규정보다 법정형이 가벼운 처벌규정으로 적용법조가 변경되어 피고인이 무죄재판을 받지는 않았으나 원판결보다 가벼운 형으로 유죄판결이 확정된 경우, 재심판결에서 선고된 형을 초과하여 집행된 구금에 대하여 보상요건을 전혀 규정하지 아니한 '형사보상 및 명예회복에 관한 법률' 제26조 제1항이 평등원칙을 위반하여 청구인들의 평등권을 침해한다(헌재 2022.2.24, 2018헌마998).

▱ 특별법은 가중 구성요건이 있어야 한다. 그런데 일반법과 구성요건이 동일하다면 자의적인 기소에 따른 기본권 침해가 발생하여 위헌이 된다. 이 경우 일반법이 적용되었다면 징역 2년일 사람이 위헌이 된 특별법에 따라 4년을 복역중이라면 필요없는 2년을 더 살고 있으니 이를 초과구금이라 하고 이는 형사보상대상이 된다.

7 잘못된 보호조치의 경우 형사보상 여부 [각하]

외국인이 출입국관리법에 의하여 보호처분을 받아 수용되었다가 이후 난민인정을 받은 경우 및 법률상 근거 없이 송환대기실에 수용되었던 경우에 대하여, 헌법에서 명시적으로 보상을 해주어야 할 입법의무를 부여하고 있다거나 헌법해석상 국가의 입법의무가 발생하였다고 볼 수 없다(헌재 2024.1.25, 2020헌바475등).

▱ 형사보상청구권은 국가의 형사사법작용에 의하여 신체의 자유가 침해된 국민에게 그 구제를 인정하기 위한 것이다.

기출 OX

01 헌법 제28조는 '불기소처분을 받거나 무죄판결을 받은 때' 구금에 대한 형사보상을 청구할 수 있는 권리를 헌법상 기본권으로 명시하고 있으므로, 외형상 형식상으로 무죄재판이 없었다면 형사사법절차에 내재하는 불가피한 위험으로 인하여 국민의 신체의 자유에 관한 피해가 발생하였다 하더라도 형사보상청구권을 인정할 수 없다. 23. 경찰승진 ( )

정답 01 ×

제5절 범죄피해자구조청구권

01 의의

헌법 제30조 타인의 범죄행위로 인하여 생명·신체에 대한 피해를 받은 국민은 법률이 정하는 바에 의하여 국가로부터 구조를 받을 수 있다.

02 요건

범죄피해자 보호법

제1조【목적】 이 법은 범죄피해자 보호·지원의 기본정책 등을 정하고 타인의 범죄행위로 인하여 생명·신체에 피해를 받은 사람을 구조함으로써 범죄피해자의 복지 증진에 기여함을 목적으로 한다.*

* 형법 제9조는 형사미성년자, 제10조는 심신장애자, 제12조는 강요된 행위, 제22조는 긴급피난, 제20조는 정당행위, 제21조는 정당방위규정이다. 미성년자에게 상해를 입은 사람은 범죄피해구조를 받아야 하며, 긴급피난은 그 상대방도 적법하므로 보상이 필요하다. 즉, 개가 물려고 해서 도망치다 누군가를 넘어지게 했다면 넘어진 피해자는 구조가 필요하다. 다만, 정당행위, 정당방위는 그 상대방이 위법하므로 구조해 줄 필요가 없다. 강간범이 키스를 하려다 혀가 절단된 사건에서 혀가 절단된 강간범은 본인이 잘못을 하였기에 구조가 필요 없다는 것이 우리 판례이다.

제2조【기본이념】 ① 범죄피해자는 범죄피해 상황에서 빨리 벗어나 인간의 존엄성을 보장받을 권리가 있다.
② 범죄피해자의 명예와 사생활의 평온은 보호되어야 한다.
③ 범죄피해자는 해당 사건과 관련하여 각종 법적 절차에 참여할 권리가 있다.

제3조【정의】 ① 이 법에서 사용하는 용어의 뜻은 다음과 같다.
1. '범죄피해자'란 타인의 범죄행위로 피해를 당한 사람과 그 배우자(사실상의 혼인관계를 포함한다), 직계친족 및 형제자매를 말한다.
2. '범죄피해자 보호·지원'이란 범죄피해자의 손실 복구, 정당한 권리행사 및 복지 증진에 기여하는 행위를 말한다. 다만, 수사·변호 또는 재판에 부당한 영향을 미치는 행위는 포함되지 아니한다.
3. '범죄피해자 지원법인'이란 범죄피해자 보호·지원을 주된 목적으로 설립된 비영리법인을 말한다.
4. '구조대상 범죄피해'란 대한민국의 영역 안에서 또는 대한민국의 영역 밖에 있는 대한민국의 선박이나 항공기 안에서 행하여진 사람의 생명 또는 신체를 해치는 죄에 해당하는 행위(형법 제9조, 제10조 제1항, 제12조, 제22조 제1항에 따라 처벌되지 아니하는 행위를 포함하며, 같은 법 제20조 또는 제21조 제1항에 따라 처벌되지 아니하는 행위 및 과실에 의한 행위는 제외한다)로 인하여 사망하거나 장해 또는 중상해를 입은 것을 말한다.
5. '장해'란 범죄행위로 입은 부상이나 질병이 치료(그 증상이 고정된 때를 포함한다)된 후에 남은 신체의 장해로서 대통령령으로 정하는 경우를 말한다.
6. '중상해'란 범죄행위로 인하여 신체나 그 생리적 기능에 손상을 입은 것으로서 대통령령으로 정하는 경우를 말한다.
② 제1항 제1호에 해당하는 사람 외에 범죄피해 방지 및 범죄피해자 구조활동으로 피해를 당한 사람도 범죄피해자로 본다.

기출 OX

02 대한민국의 영역 안에서 과실에 의한 행위로 사망하거나 장해 또는 중상해를 입은 경우에도 범죄피해자구조청구권이 인정된다. 18. 지방직 7급 (   )

한눈에 쏙!

구분	인정 여부
긴급피난	○
정당방위, 정당행위, 과실	×

정답 02 ×

제16조 【구조금의 지급요건】 국가는 구조대상 범죄피해를 받은 사람(이하 '구조피해자'라 한다)이 다음 각 호의 어느 하나에 해당하면 구조피해자 또는 그 유족에게 범죄피해 구조금(이하 '구조금'이라 한다)을 지급한다.
1. 구조피해자가 피해의 전부 또는 일부를 배상받지 못하는 경우
2. 자기 또는 타인의 형사사건의 수사 또는 재판에서 고소·고발 등 수사단서를 제공하거나 진술, 증언 또는 자료제출을 하다가 구조피해자가 된 경우

제19조 【구조금을 지급하지 아니할 수 있는 경우】 ① 범죄행위 당시 구조피해자와 가해자 사이에 다음 각 호의 어느 하나에 해당하는 친족관계가 있는 경우에는 구조금을 지급하지 아니한다.
1. 부부(사실상의 혼인관계를 포함한다)
2. 직계혈족
3. 4촌 이내의 친족
4. 동거친족
② 범죄행위 당시 구조피해자와 가해자 사이에 제1항 각 호의 어느 하나에 해당하지 아니하는 친족관계가 있는 경우에는 구조금의 일부를 지급하지 아니한다.
③ 구조피해자가 다음 각 호의 어느 하나에 해당하는 행위를 한 때에는 구조금을 지급하지 아니한다.
1. 해당 범죄행위를 교사 또는 방조하는 행위
2. 과도한 폭행·협박 또는 중대한 모욕 등 해당 범죄행위를 유발하는 행위

제23조 【외국인에 대한 구조】 이 법은 외국인이 구조피해자이거나 유족인 경우에는 해당 국가의 상호보증이 있는 경우에만 적용한다.

기출 OX

01 범죄행위 당시 구조피해자와 가해자 사이에 사실상의 혼인관계가 있는 경우에도 구조피해자에게 구조금을 지급한다. 18. 지방직 7급 ( )

03 내용

범죄피해자 보호법

제17조 【구조금의 종류 등】 ① 구조금은 유족구조금·장해구조금 및 중상해구조금으로 구분하며, 일시금으로 지급한다.
② 유족구조금은 구조피해자가 사망하였을 때 제18조에 따라 맨 앞의 순위인 유족에게 지급한다. 다만, 순위가 같은 유족이 2명 이상이면 똑같이 나누어 지급한다.
③ 장해구조금 및 중상해구조금은 해당 구조피해자에게 지급한다.

제18조 【유족의 범위 및 순위】 ① 유족구조금을 지급받을 수 있는 유족은 다음 각 호의 어느 하나에 해당하는 사람으로 한다.
1. 배우자(사실상 혼인관계를 포함한다) 및 구조피해자의 사망 당시 구조피해자의 수입으로 생계를 유지하고 있는 구조피해자의 자녀
2. 구조피해자의 사망 당시 구조피해자의 수입으로 생계를 유지하고 있는 구조피해자의 부모, 손자·손녀, 조부모 및 형제자매
3. 제1호 및 제2호에 해당하지 아니하는 구조피해자의 자녀, 부모, 손자·손녀, 조부모 및 형제자매
② 제1항에 따른 유족의 범위에서 태아는 구조피해자가 사망할 때 이미 출생한 것으로 본다.

제20조 【다른 법령에 따른 급여 등과의 관계】 구조피해자나 유족이 해당 구조대상 범죄피해를 원인으로 하여 국가배상법이나 그 밖의 법령에 따른 급여 등을 받을 수 있는 경우에는 대통령령으로 정하는 바에 따라 구조금을 지급하지 아니한다.

정답 01 ×

제21조【손해배상과의 관계】① 국가는 구조피해자나 유족이 해당 구조대상 범죄피해를 원인으로 하여 손해배상을 받았으면 그 범위에서 구조금을 지급하지 아니한다.
② 국가는 지급한 구조금의 범위에서 해당 구조금을 받은 사람이 구조대상 범죄피해를 원인으로 하여 가지고 있는 손해배상청구권을 대위한다.
③ 국가는 제2항에 따라 손해배상청구권을 대위할 때 대통령령으로 정하는 바에 따라 가해자인 수형자나 보호감호대상자의 작업장려금 또는 근로보상금에서 손해배상금을 받을 수 있다.
제22조【구조금액】① 유족구조금은 구조피해자의 사망 당시(신체에 손상을 입고 그로 인하여 사망한 경우에는 신체에 손상을 입은 당시를 말한다)의 월급액이나 월실수입액 또는 평균임금에 24개월 이상 48개월 이하의 범위에서 유족의 수와 연령 및 생계유지상황 등을 고려하여 대통령령으로 정하는 개월 수를 곱한 금액으로 한다.

04 절차

범죄피해자 보호법

제24조【범죄피해구조심의회 등】① 구조금 지급에 관한 사항을 심의·결정하기 위하여 각 지방검찰청에 범죄피해구조심의회(이하 '지구심의회'라 한다)를 두고 법무부에 범죄피해구조본부심의회(이하 '본부심의회'라 한다)를 둔다.
② 지구심의회는 설치된 지방검찰청 관할 구역(지청이 있는 경우에는 지청의 관할 구역을 포함한다)의 구조금 지급에 관한 사항을 심의·결정한다.
제25조【구조금의 지급신청】① 구조금을 받으려는 사람은 법무부령으로 정하는 바에 따라 그 주소지, 거주지 또는 범죄 발생지를 관할하는 지구심의회에 신청하여야 한다.
② 제1항에 따른 신청은 해당 구조대상 범죄피해의 발생을 안 날부터 3년이 지나거나 해당 구조대상 범죄피해가 발생한 날부터 10년이 지나면 할 수 없다.
제31조【소멸시효】구조금을 받을 권리는 그 구조결정이 해당 신청인에게 송달된 날부터 2년간 행사하지 아니하면 시효로 인하여 소멸된다.
제32조【구조금 수급권의 보호】구조금을 받을 권리는 양도하거나 담보로 제공하거나 압류할 수 없다.

판례 | 해외발생 범죄시 구조청구의 대상 제외 [기각]

구 범죄피해자구조법 제2조 제1호에서 범죄피해자구조청구권의 대상이 되는 범죄피해의 범위를 정하면서 해외에서 발생한 범죄피해는 포함하고 있지 아니하고 있다. **국가의 주권이 미치지 못하고 국가의 경찰력 등을 행사할 수 없거나 행사하기 어려운 해외에서 발생한 범죄에 대하여는 국가에 그 방지책임이 있다고 보기 어렵고**, 상호보증이 있는 외국에서 발생한 범죄피해에 대하여는 국민이 그 외국에서 피해구조를 받을 수 있으며, 국가의 재정에 기반을 두고 있는 구조금에 대한 청구권 행사대상을 우선적으로 대한민국의 영역 안의 범죄피해에 한정하고, 향후 해외에서 발생한 범죄피해의 경우에도 구조를 하는 방향으로 운영하는 것은 입법형성의 재량의 범위 내라고 할 것이다. 따라서 범죄피해자구조청구권의 대상이 되는 범죄피해에 해외에서 발생한 범죄피해의 경우를 포함하고 있지 아니한 것이 현저하게 불합리한 자의적인 차별이라고 볼 수 없어 평등원칙에 위반되지 아니한다(헌재 2011.12.29, 2009헌마354).

기출 OX
02 범죄피해자구조청구권의 대상이 되는 범죄피해의 범위에 관하여 해외에서 발생한 범죄피해는 포함하고 있지 아니한 조항이 평등원칙에 위배된다고 볼 수 없다. 22. 해양경찰간부 ( )

정답 02 ○

기출지문 OX

01 ☐☐☐
공개청원을 접수한 청원기관의 장은 접수일부터 15일 이내에 청원심의회의 심의를 거쳐 공개 여부를 결정하고 결과를 청원인에게 알려야 한다. O|X

02 ☐☐☐
청원법에 따르면 청원을 관장하는 기관이 청원을 접수한 때에는 특별한 사유가 없는 한 90일 이내에 그 처리결과를 청원인에게 통지하여야 한다. O|X

03 ☐☐☐
청원권의 보호범위에는 청원사항의 처리결과에 심판서나 재결서에 준하여 이유를 명시할 것을 요구하는 것이 포함된다. O|X

04 ☐☐☐
지방의회에 청원을 할 때 지방의회 의원의 소개를 얻도록 한 조항은 청원권을 침해하지 않는다. O|X

05 ☐☐☐
재판을 받을 권리로부터 반드시 모든 사건에 관해 대법원의 재판을 받을 권리가 도출되지는 않는다. O|X

06 ☐☐☐
재판청구권은 민사재판·형사재판·행정재판을 받을 권리를 의미하므로, 헌법상 보장되는 기본권인 '공정한 재판을 받을 권리'에는 '공정한 헌법재판을 받을 권리'는 포함되지 아니한다. O|X

정답 및 해설

01 ○ 공개청원을 접수한 청원기관의 장은 접수일부터 15일 이내에 청원심의회의 심의를 거쳐 공개 여부를 결정하고 결과를 청원인(공동청원의 경우 대표자를 말한다)에게 알려야 한다(청원법 제13조).

02 ○ 청원기관의 장은 청원을 접수한 때에는 특별한 사유가 없으면 90일 이내에 처리결과를 청원인에게 알려야 한다(청원법 제21조).

03 × 헌법은 제26조 제2항에서 청원에 대한 수리와 심사의 의무만을 국가의 의무로 규정하고 있으나, 청원법에서는 그 결과를 청원인에게 통지할 의무까지 규정하고 있다(청원법 제9조). 다만, 그에 대한 재결이나 결정할 의무까지 있는 것은 아니고, 또한 처리결과를 통지할 경우에 법률에 특별한 규정이 없는 한 처리이유까지 밝혀야 할 필요는 없다(헌재 1994.2.24, 93헌마213 등).

04 ○ 지방의회에 청원을 할 때에 지방의회의원의 소개를 얻도록 한 것은 의원이 미리 청원의 내용을 확인하고 이를 소개하도록 함으로써 청원의 남발을 규제하고 심사의 효율을 기하기 위한 것이다(헌재 1999.11.25, 97헌마54).

05 ○ 헌법이 위와 같이 대법원을 최고법원으로 규정하였다고 하여 대법원이 곧바로 모든 사건을 상고심으로서 관할하여야 한다는 결론이 당연히 도출되는 것은 아니다(헌재 1997.10.30, 97헌바37 등).

06 × 공정한 재판을 받을 권리는 헌법 제27조의 재판청구권에 의하여 함께 보장되고, 재판청구권에는 민사재판, 형사재판, 행정재판뿐만 아니라 헌법재판을 받을 권리도 포함되므로, 헌법상 보장되는 기본권인 '공정한 재판을 받을 권리'에는 '공정한 헌법재판을 받을 권리'도 포함된다(헌재 2014.4.24, 2012헌마2).

07 ☐☐☐
헌법조문에는 모든 국민은 신속한 재판을 받을 권리를 가진다. 형사피고인은 정당한 이유가 없는 한 지체없이 공정한 재판을 받을 권리를 가진다고 규정되어 있다. ⃞O⃞X⃞

08 ☐☐☐
형사소송절차에서 국민참여재판제도는 사법의 민주적 정당성과 신뢰를 높이기 위하여 배심원이 사실심 법관의 판단을 돕기 위한 권고적 효력을 가지는 의견을 제시하는 제한적 역할을 수행하게 되나, 헌법상 재판을 받을 권리의 보호범위에 배심재판을 받을 권리가 포함되는 것은 아니다. ⃞O⃞X⃞

09 ☐☐☐
국민의 형사재판 참여에 관한 법률에 따라 심리에 관여한 배심원은 재판장의 설명을 들은 후 유·무죄에 관하여 평의를 하고 필요에 따라 심리에 관여한 판사의 의견을 들은 후 다수결에 따라 평결을 하여야 한다. ⃞O⃞X⃞

10 ☐☐☐
국민의 형사재판참여제도에서 배심원의 평결과 양형에 관한 의견은 법원을 기속하지 아니한다. ⃞O⃞X⃞

11 ☐☐☐
형사실체법상으로 직접적인 보호법익의 주체로 해석되지 않는 자는 문제되는 범죄 때문에 법률상 불이익을 받게 되는 자라 하더라도 헌법상 형사피해자의 재판절차진술권의 주체가 될 수 없다. ⃞O⃞X⃞

12 ☐☐☐
헌법재판소는 통고처분은 법관이 아닌 행정직 공무원이 행하므로 재판을 받을 권리를 침해한다고 판시하였다. ⃞O⃞X⃞

13 ☐☐☐
일반행정사건과 달리 특허분쟁사건에 있어서 사실관계의 확정을 특허청 내부의 행정심판기관에 일임한 것은 평등에 반한다. ⃞O⃞X⃞

정답 및 해설

07 ✕ 모든 국민은 신속한 재판을 받을 권리를 가진다. 형사피고인은 상당한 이유가 없는 한 지체 없이 공개재판을 받을 권리를 가진다(헌법 제27조 제3항).
▶ 공정한 재판은 헌법조문에는 없다.

08 ○ 형사소송절차에서 국민참여재판제도는 사법의 민주적 정당성과 신뢰를 높이기 위하여 배심원이 사실심 법관의 판단을 돕기 위한 권고적 효력을 가지는 의견을 제시하는 제한적 역할을 수행하게 되고, 헌법상 재판을 받을 권리의 보호범위에는 배심재판을 받을 권리가 포함되지 아니한다(헌재 2014.1.28, 2012헌바298).

09 ✕ 심리에 관여한 배심원은 제1항의 설명을 들은 후 유·무죄에 관하여 평의하고, 전원의 의견이 일치하면 그에 따라 평결한다(국민의 형사재판 참여에 관한 법률 제46조 제2항).

10 ○ 평결과 의견은 법원을 기속하지 아니한다(국민의 형사재판 참여에 관한 법률 제46조 제5항).

11 ✕ 형사피해자는 보호법익을 기준으로 할 것이 아니라 문제되는 범죄 때문에 법률상 불이익을 받게 되는 자라면 형사피해자의 재판절차진술권을 인정하여야 한다.

12 ✕ 통고처분제도의 근거규정인 도로교통법 제118조 본문이 적법절차원칙이나 사법권을 법원에 둔 권력분립원칙에 위배된다거나, 재판청구권을 침해하는 것이라 할 수 없다(헌재 2003.10.30, 2002헌마275).

13 ○ 특허법 제186조 제1항은 법관에 의한 사실확정 및 법률적용의 기회를 박탈한 것으로서 헌법상 국민에게 보장된 '법관에 의한' 재판을 받을 권리의 본질적 내용을 침해하는 위헌규정이다(헌재 1995.9.28, 92헌가11, 93헌가8·9·10 병합).

14 ☐☐☐
법관에 대한 징계처분 취소청구소송을 대법원의 단심재판에 의하도록 규정한 법관징계법 조항은 재판청구권을 침해한다고 볼 수 없다. ⓄⓍ

15 ☐☐☐
교원징계재심위원회의 재심결정에 대하여 교원에게만 행정소송을 제기할 수 있도록 하고 학교법인을 제외한 것은 학교법인의 재판청구권을 침해한다. ⓄⓍ

16 ☐☐☐
공공단체인 한국과학기술원의 총장이 교원소청심사결정에 대하여 행정소송을 제기하지 못하도록 한 것은 사건의 한 당사자에게 일방적인 불이익을 주는 것으로 재판청구권을 침해하는 것이다. ⓄⓍ

17 ☐☐☐
군사시설 중 전투용에 공하는 시설을 손괴한 일반 국민이 항상 군사법원에서 재판받도록 하는 구 군사법원법 조항이 헌법과 법률이 정한 법관에 의한 재판을 받을 권리를 침해한다고 볼 수 없다. ⓄⓍ

18 ☐☐☐
구 아동 청소년의 성보호에 관한 법률상 성폭력범죄 피해아동의 진술이 수록된 영상녹화물에 대하여 피해아동의 법정 진술 없이도 조사과정에 동석하였던 신뢰관계에 있는 자의 진술에 의하여 그 성립의 진정함이 인정된 때 그 증거능력을 인정하는 조항은 무죄추정원칙에 위배된다. ⓄⓍ

정답 및 해설

14 ○ 법관에 대한 대법원장의 징계처분 취소청구소송을 대법원에 의한 단심재판에 의하도록 하고 있는 구 법관징계법 제27조는 입법자가 독립적으로 사법권을 행사하는 법관이라는 지위의 특수성 및 준사법절차인 법관에 대한 징계절차의 특수성을 감안하여 재판의 신속을 도모한 것으로써 그 합리성을 인정할 수 있으므로 헌법 제27조 제1항의 재판청구권을 침해하지 아니한다(헌재 2012.2.23, 2009헌바34).

15 ○ 분쟁의 당사자이자 재심절차의 피청구인인 학교법인에게는 효율적인 권리구제절차를 제공하지 아니하므로 학교법인의 재판청구권을 침해한다. … 이 사건 법률 조항은 헌법에 위반되므로, 우리 재판소가 종전의 1998.7.16, 95헌바19 등 결정에서 헌법에 위반되지 아니한다고 판시한 의견은 이를 변경하기로 한다(헌재 2006.2.23, 2005헌가7 등).

16 × 교원의 인사를 둘러싼 분쟁을 신속하게 해결하고 궁극적으로는 한국과학기술원 또는 광주과학기술원의 설립취지를 효과적으로 실현하기 위한 것이다. 따라서 공법인 형태로 국가의 출연으로 설립된 한국과학기술원이나 광주과학기술원의 경우, 한국과학기술원 총장이나 광주과학기술원에 교원소청심사결정에 대해 행정소송을 제기하지 못하도록 하더라도 재판청구권을 침해하는 것이 아니다(헌재 2022.10.27, 2019헌바117).

17 × 평시 민간인에 대한 군사법원의 재판권 행사의 근거인 헌법 제27조 제2항은 군사시설에 관한 죄를 포함하지 아니하므로, '군사시설'에 항상 해당하는 구 군형법 제69조 중 '전투용에 공하는 시설'을 손괴한 일반 국민이 군사법원에서 재판받도록 규정하고 있는, 구 군사법원법 제2조 제1항 제1호 중 '구 군형법 제1조 제4항 제4호'가운데 '구 군형법 제69조 중 전투용에 공하는 시설의 손괴죄를 범한 내국인에 대하여 적용되는 부분'은, 헌법에 위반된다(헌재 2013.11.28, 2012헌가10).

18 × 성폭력범죄 피해아동의 진술이 수록된 영상녹화물에 관하여 피해아동의 법정진술 없이도 증거능력을 인정할 수 있도록 규정한 아동·청소년의 성보호에 관한 법률 제18조의2 제5항이 피고인의 공정한 재판을 받을 권리를 침해하지 않는다는 취지의 합헌결정을 내렸다(헌재 2013.12.26, 2011헌바108).

19 ☐☐☐

성폭력범죄의 처벌 등에 관한 특례법(2012.12.18. 법률 제11556호로 전부개정된 것) 제30조 제6항 중 '제1항에 따라 촬영한 영상물에 수록된 피해자의 진술은 공판준비기일 또는 공판기일에 조사 과정에 동석하였던 신뢰관계에 있는 사람 또는 진술조력인의 진술에 의하여 그 성립의 진정함이 인정된 경우에 증거로 할 수 있다' 부분 가운데 19세 미만 성폭력범죄 피해자에 관한 부분은 과잉금지원칙에 위배된다. O|X

20 ☐☐☐

피고인에게 스스로에 대한 치료감호를 청구할 기회를 부여하지 아니한 치료감호법 관련 규정은 치료감호 대상자의 재판청구권을 침해한다고 볼 수 있다. O|X

21 ☐☐☐

외국인이나 외국법인은 상호보증이 있는 경우에만 국가배상법이 적용된다. O|X

22 ☐☐☐

국가배상법이 정한 손해배상청구의 요건인 '공무원의 직무'에는 국가나 지방자치단체의 권력적 작용뿐만 아니라 비권력적 작용도 포함되지만 단순한 사경제의 주체로서 하는 작용은 포함되지 않는다. O|X

23 ☐☐☐

국가배상청구의 대상이 되는 공무집행행위는 외형상 공무원의 직무집행행위여야 할 뿐 아니라 그 공무원의 주관적 의도 등을 합하여 실질적으로도 공무집행행위에 해당하여야 하는 것이다. O|X

24 ☐☐☐

국가배상법 조항은 헌법에서 규정한 국가배상청구권을 침해한다고 보기 어려우나, 인권침해가 극심하게 이루어진 긴급조치 발령과 그 집행과 같이 국가의 의도적·적극적 불법행위에 대하여는 국가배상청구의 요건을 완화하여 공무원의 고의 또는 과실에 대한 예외를 인정하여야 한다. O|X

정답 및 해설

19 O 미성년 피해자의 2차 피해를 방지하는 것은 성폭력범죄에 관한 형사절차를 형성함에 있어 결코 포기할 수 없는 중요한 가치라 할 것이나, 피고인의 반대신문권을 보장하면서도 성폭력범죄의 미성년 피해자를 보호할 수 있는 조화적인 방법을 상정할 수 있음에도, 심판대상조항이 영상물에 수록된 미성년 피해자 진술에 있어 원진술자에 대한 피고인의 반대신문권을 실질적으로 배제하여 피고인의 방어권을 과도하게 제한하는 것은 과잉금지원칙에 반한다(헌재 2021.12.23, 2018헌바524).

20 × '피고인 스스로 치료감호를 청구할 수 있는 권리'가 헌법상 재판청구권의 보호범위에 포함된다고 보기는 어렵고, 검사뿐만 아니라 피고인에게까지 치료감호청구권을 주어야만 절차의 적법성이 담보되는 것도 아니므로, 이 사건 법률 조항이 청구인의 재판청구권을 침해하거나 적법절차의 원칙에 반한다고 볼 수 없다(헌재 2010.4.29, 2008헌마622).

21 O 국민은 우리나라 국적을 갖는 자연인과 법인이 포함되며, 외국인이나 외국법인은 상호보증이 있는 경우에만 국가배상법이 적용된다(국가배상법 제7조).

22 O 사법상의 행위는 국가가 사인과 동등한 자격으로 행하는 행위이므로 손해가 발생한 경우에는 민사상 책임을 지면 될 것이다.

23 × 국가배상법 제2조 제1항의 '직무를 집행함에 당하여'라 함은 직무행위 자체는 물론 객관적으로 직무의 범위에 속한다고 판단되는 행위 및 직무와 밀접히 관련된 행위를 말한다. 직무행위인지 여부는 주관인 의사와는 관계없이 객관적으로 직무행위의 외관을 갖추고 있는지의 여부에 따라서 판단해야 한다[통설, 판례(대판 1995.4.21, 93다14240)].

24 × 인권침해가 극심하게 이루어진 긴급조치 발령과 그 집행을 근거로 한 것이므로 다른 일반적인 법 집행 상황과는 다르다는 점에서 이러한 경우에는 국가배상청구 요건을 완화하여야 한다는 주장이 있을 수 있다. 그러나 위와 같은 경우라 하여 국가배상청구권 성립 요건에 공무원의 고의 또는 과실에 대한 예외가 인정되어야 한다고 보기는 어렵다(헌재 2020.3.26, 2016헌바55 등).

25 ☐☐☐
5.18 민주화운동 보상심의위원회의 보상금지급결정에 동의하면 정신적 손해에 관한 부분도 재판상 화해가 성립된 것으로 보는 구 광주민주화운동 관련자 보상에 관한 법률상 조항은 국가배상청구권을 침해한다. [O|X]

26 ☐☐☐
부마민주항쟁을 이유로 30일 미만 구금된 자를 보상금 또는 생활지원금의 지급대상에서 제외하는 부마민주항쟁 관련자의 명예훼손 및 보상등에 관한 법률상 조항은 청구인의 평등권을 침해한다. [O|X]

27 ☐☐☐
신청인이 동의한 때 배상심의회의 배상결정에 민사소송법 규정에 의한 재판상의 화해 효력을 부여한 것은 행정상의 손해배상에 관한 분쟁을 신속히 종결·이행시키기 위한 것으로 헌법에 위반되지 아니한다. [O|X]

28 ☐☐☐
특수임무수행자 보상에 관한 법률에 규정된 재판상 화해 조항에 의하면 보상금 등의 지급결정은 신청인이 동의한 때에는 특수임무수행 또는 이와 관련한 교육훈련으로 입은 피해에 대하여 민사소송법의 규정에 따른 재판상 화해가 성립된 것으로 본다고 하였는데, 이는 재판청구권을 침해하지 아니한다. [O|X]

29 ☐☐☐
진실·화해를 위한 과거사정리 기본법상 민간인 집단희생사건, 중대한 인권침해·조작의혹사건에 민법상 소멸시효 조항의 객관적 기산점이 적용되도록 하는 것은 청구인들의 국가배상청구권을 침해한다. [O|X]

30 ☐☐☐
형사보상 및 명예회복에 관한 법률에서는 불구속으로 기소되어 무죄판결을 받은 자에게도 일정한 경우 형사보상을 인정하고 있다. [O|X]

정답 및 해설

- **25** O 정신적 손해를 고려할 수 있는 내용이 포함되지 않아 국가배상청구권을 침해한다(헌재 2021.5.27, 2019헌가17).
- **26** X 부마항쟁보상법은 부마민주항쟁 관련자에 대하여 간이한 절차로 손해배상을 받을 수 있게 특별한 절차를 마련한 것으로 입법형성의 영역에 속한다. 생명·신체의 손상을 입은 경우에만 보상금을 지급하도록 한 것은 불합리하지 않다(헌재 2019.4.11, 2016헌마418).
- **27** X 이 사건 법률 조항이 위에서 본 바와 같은 입법목적을 달성하기 위하여 동의된 배상결정에 재판상의 화해와 같은 강력하고 최종적인 효력까지 부여하여 재판청구권을 제한하는 것은 신청인의 재판청구권을 과도하게 제한하는 것으로서 위헌이다(헌재 1995.5.25, 91헌가7).
- **28** O 특수임무수행자보상심의위원회는 관련 분야의 전문가들로 구성되고, 위원에 대한 지휘·감독 규정이 없는 등 독립성이 보장되어 위원회에서 결정되는 보상액과 법원의 그것 사이에 별다른 차이가 없게 된 점 등을 볼 때 청구인들의 재판청구권을 침해한다고 볼 수 없다(헌재 2009.4.30, 2006헌마1322).
- **29** O 진실·화해를 위한 과거사정리 기본법 제2조 제1항 제3호·제4호에 규정된 사건에 민법 제166조 제1항, 제766조 제2항의 '객관적 기산점'이 적용되도록 하는 것은 합리적 이유가 인정되지 않는다(헌재 2018.8.30, 2014헌바148 등).
- **30** X 형사보상청구권은 구금된 피의자를 그 대상으로 한다. 따라서 불구속으로 기소된 경우에는 무죄판결을 받아도 형사보상은 인정되지 않는다.

31 ☐☐☐
형사보상청구는 무죄재판이 확정된 때로부터 1년 이내에 하도록 규정한 구 형사보상법 조항은 입법재량의 한계를 일탈하여 청구인의 형사보상청구권을 침해한 것이다. [O│X]

32 ☐☐☐
형사보상 및 명예회복에 관한 법률 규정에 의하면 형사보상을 받을 자는 다른 법률에 따라 손해배상을 청구하는 것이 금지되지 아니한다. [O│X]

33 ☐☐☐
헌법재판소는 범죄피해자구조청구권의 대상이 되는 범죄피해에 해외에서 발생한 범죄피해의 경우를 포함하고 있지 아니한 것이 현저하게 불합리한 자의적인 차별이라고 볼 수 없어 평등원칙에 위배되지 아니한다고 결정하였다. [O│X]

34 ☐☐☐
긴급피난, 과실에 의한 행위의 경우는 범죄피해자구조청구권의 청구가 가능하다. [O│X]

35 ☐☐☐
피해자와 가해자 사이에 사실상의 혼인관계 또는 친족관계가 있다든지, 피해자가 범죄행위를 유발하거나 피해의 발생에 관하여 피해자에게 귀책사유가 있는 경우에는 범죄피해구조금의 전부 또는 일부를 지급하지 않을 수 있다. [O│X]

36 ☐☐☐
구조금의 소멸시효는 구조결정이 해당 신청인에게 송달된 날부터 2년간 행사하지 아니하면 시효로 인하여 소멸된다. [O│X]

37 ☐☐☐
국가는 피해자 또는 유족이 당해 범죄피해를 원인으로 하여 손해배상을 받은 때에는 그 금액의 한도 내에서 구조금을 지급하지 아니한다. [O│X]

정답 및 해설

31 O 권리관계를 조속히 확정하기 위하여 인정되는 소멸시효기간이나 제척기간중 권리의 행사가 용이하고 일상 빈번히 발생하는 것이거나 권리의 행사로 인하여 상대방의 지위가 특별히 불안정해지는 경우 또는 법률관계를 보다 신속히 확정하여 분쟁을 방지할 필요가 있는 경우에는 특히 짧은 소멸시효나 제척기간을 인정할 필요가 있으나, 형사보상청구권의 제척기간을 1년으로 규정하고 있는 것은 위의 어떠한 사유에도 해당하지 아니하는 등 달리 합리적인 이유를 찾기 어려워, 일반적인 사법상의 권리보다 더 확실하게 보호되어야 할 권리인 형사보상청구권의 보호를 저해하고 있다(헌재 2010.7.29, 2008헌가4).

32 O 이 법은 보상을 받을 자가 다른 법률에 따라 손해배상을 청구하는 것을 금지하지 아니한다(형사보상 및 명예회복에 관한 법률 제6조).

33 O 범죄피해자구조청구권의 대상이 되는 범죄피해에 해외에서 발생한 범죄피해의 경우를 포함하고 있지 아니한 것이 현저하게 불합리한 자의적인 차별이라고 볼 수 없어 평등원칙에 위반되지 아니한다(헌재 2011.12.29, 2009헌마354).

34 × '구조대상 범죄피해'란 대한민국의 영역 안에서 또는 대한민국의 영역 밖에 있는 대한민국 선박이나 항공기 안에서 행하여진 사람의 생명 또는 신체를 해치는 죄에 해당하는 행위(형법 제9조, 제10조 제1항, 제12조, 제22조 제1항에 따라 처벌되지 아니하는 행위를 포함하며, 같은 법 제20조 또는 제21조 제1항에 따라 처벌되지 아니하는 행위 및 과실에 의한 행위는 제외한다)로 인하여 사망하거나 장해 또는 중상해를 입은 것을 말한다(범죄피해자 보호법 제3조 제1항 제4호).

35 O 피해자와 가해자 사이에 사실상의 혼인관계 또는 친족관계가 있다든지, 피해자가 범죄행위를 유발하거나 피해의 발생에 관하여 피해자에게 귀책사유가 있는 경우에는 구조금의 전부 또는 일부를 지급하지 않을 수 있다(범죄피해자 보호법 제19조).

36 O 범죄피해자 보호법 제31조(소멸시효)에 의하면 구조금을 받을 권리는 그 구조결정이 해당 신청인에게 송달된 날부터 2년간 행사하지 아니하면 시효로 인하여 소멸된다.

37 O 구조피해자나 유족이 해당 구조대상 범죄피해를 원인으로 하여 국가배상법이나 그 밖의 법령에 따른 급여 등을 받을 수 있는 경우에는 대통령령으로 정하는 바에 따라 구조금을 지급하지 아니한다(범죄피해자 보호법 제20조).

제6장 / 사회적 기본권

제2편 기본권론

제6장 사회적 기본권

- **인간다운 생활을 할 권리**
  - **주체**: 주로 국민, 외국인은 예외적 인정
  - **내용**
    - 사회보험, 공적 부조, 사회보상, 사회복지
    - 사회보험은 자기기여가 필요, 공적 부조는 일방적 지원
  - **연금 판례**
    - **지급정지**: 1/2 이상 정지는 위헌, 대통령령·부령은 포괄위임, 이체시는 지급정지해도 합헌
    - **퇴직금 제한**
      - 퇴직 후 범죄 ⇨ 위헌
      - 재직 중이어도 직무관련성 × ⇨ 위헌
      - 명예퇴직금은 합헌

- **교육받을 권리**
  - **내용**
    - **능력에 따라**: 의무교육 취학연령 - 6세 이상 합헌
    - **균등하게**: 수학권 포함
    - **교육받을**: 중학교 단계적 의무교육 ⇨ 합헌
  - **부모의 자녀교육권**: 학부모의 학교선택권, 학부모의 교육참여권, 학부모의 자녀과외
  - **교사의 교육의 자유**
    - 교육받을 권리가 근거
    - 수업권보다 수학권이 우위
  - **교육제도의 보장**
    - 교육제도 법률주의
    - **자주성**
      - 모집정원 미달이어도 불합격은 정당
      - 교수 재임용제 자체는 합헌이나 다툴 방법이 없어 헌법위반
    - **전문성**: 교육경력자의 지방교육위원 우선 당선 합헌
    - **평생교육의 진흥**: 학원교습시간 제한 - 합헌
  - **교육의 의무**: 권리의 주체는 아동이나, 의무의 주체는 친권자, 후견인

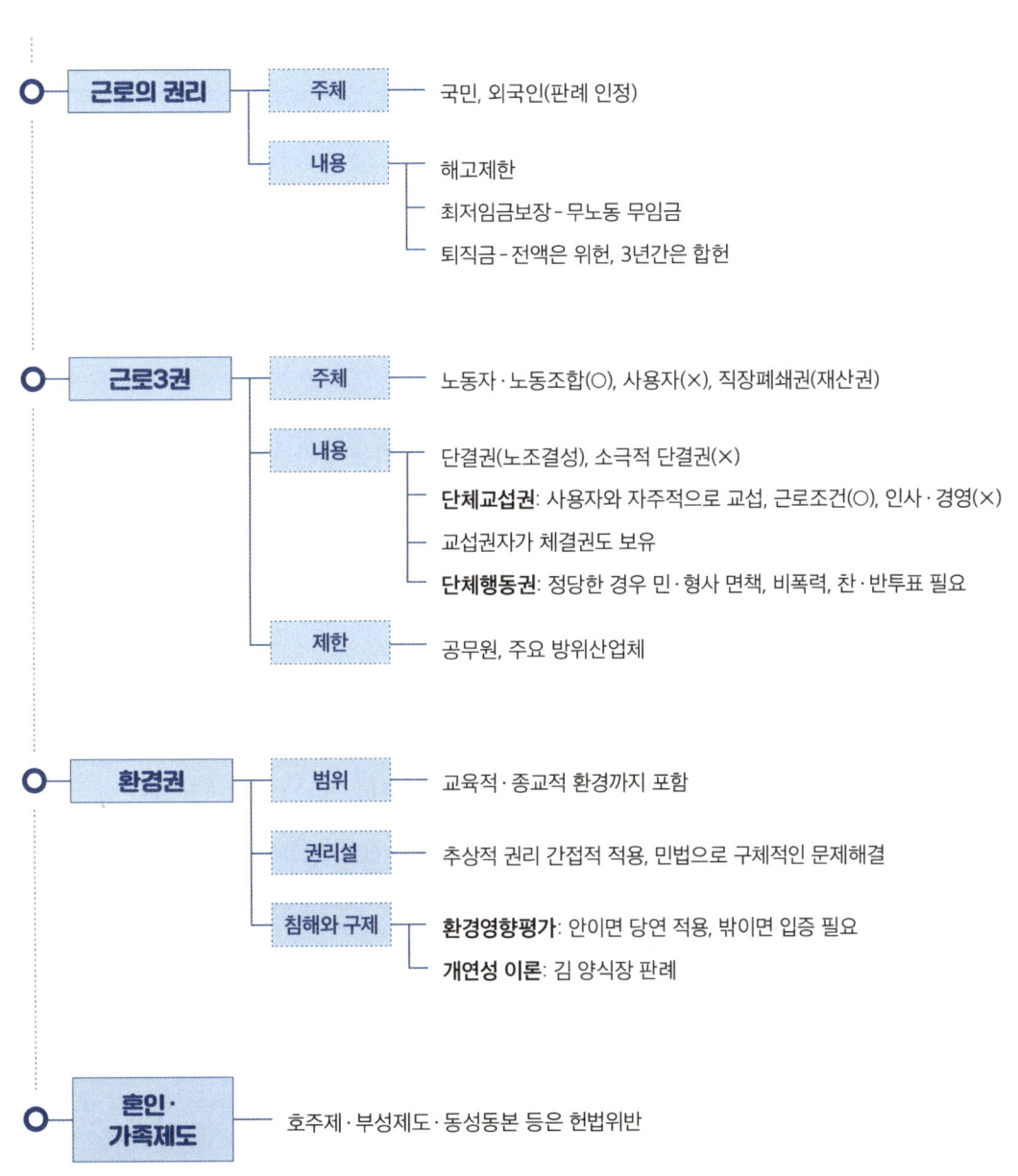

제1절 인간다운 생활을 할 권리

> **헌법 제34조** ① 모든 국민은 인간다운 생활을 할 권리를 가진다.
> ② 국가는 사회보장·사회복지의 증진에 노력할 의무를 진다.
> ③ 국가는 여자의 복지와 권익의 향상을 위하여 노력하여야 한다.
> ④ 국가는 노인과 청소년의 복지향상을 위한 정책을 실시할 의무를 진다.
> ⑤ 신체장애자 및 질병·노령 기타의 사유로 생활능력이 없는 국민은 법률이 정하는 바에 의하여 국가의 보호를 받는다.
> ⑥ 국가는 재해를 예방하고 그 위험으로부터 국민을 보호하기 위하여 노력하여야 한다.

01 서설

1. 의의

인간다운 생활을 할 권리란 국가에 대하여 인간의 존엄에 상응한 최소한의 급부를 국가에 청구할 수 있는 권리를 말한다.

2. 연혁, 입법례

바이마르헌법이 효시이며, 우리나라는 인간다운 생활권을 명시하고 있다(제5차 개헌).

3. 보호범위

다수의 견해와 법령(국민기초생활 보장법)은 최소한의 물질적인 생활뿐만 아니라 문화적인 생활까지 보호해야 한다고 하지만, 헌법재판소의 경우에는 최소한의 물질적인 생활만 보장해야 한다고 보았다.

한눈에 쏙!

구분	인정범위
학설	문화
판례	물질

02 주체

인간다운 생활을 할 권리는 외국인에게까지 보장할 필요는 없다. 따라서 우리 국민만이 주체가 된다. 다만, 건강한 작업환경, 일에 대한 정당한 보수, 합리적인 근로조건의 보장 등에 관한 권리는 외국인에게도 인정된다. 08. 국가직 7급

03 내용

사회보장수급권이란 신체장애나 질병, 노령 등으로 인해 보호를 필요로 하는 개인이 국가에 대해 일정한 내용의 급부와 배려를 적극적으로 요구할 수 있는 권리를 말한다. 국가는 사회적 기본권에 의하여 제시된 국가의 의무와 과제를 언제나 국가의 현실적인 재정·경제 능력의 범위 내에서 다른 국가과제와의 조화와 우선순위결정을 통하여 이행할 수밖에 없다. 21. 법원직 9급

✐ 즉, 사회복지가 국가의 최우선순위일 수 없다. 남미의 여러 나라를 보면 복지가 국가를 망칠 수 있다.

기출 OX

01 모든 국민은 인간다운 생활을 할 권리를 가지는데 이 권리는 인간의 존엄성에 상응하는 급부, 즉 인간적 생존에 필요한 최소한의 물질적 생활을 국가에 요구할 수 있는 권리이다. 05. 입시 ( )

02 인간다운 생활을 할 권리는 인간의 존엄과 가치를 보장받기 위한 모든 사회적 기본권의 기초를 이루는 기본권이다. 05. 입시 ( )

정답 01 ○ 02 ○

SUMMARY | 사회보험과 공적 부조의 비교

사회보험	공적 부조
국민 스스로의 기여 ⇨ 생활위험에 대비	자기기여 무관, 국가 ⇨ 생활능력 없는 자의 최저생활급부 제공
국민건강보험법, 고용보험법	사회보장기본법, 국민기초생활 보장법

04 제한과 한계

인간다운 생활의 기준은 법률로 정할 수 있으나, 인간의 존엄성이라는 한계 내에서 입법형성의 자유를 가지며, 이에 위반된 법령에 대하여는 위헌성 여부를 다툴 수 있다.

판례 | 인간다운 생활을 할 권리에 관한 판례

1 산재보험수급권의 법적 성격 [합헌]

사회보장수급권은 헌법 제34조 제1항 및 제2항 등으로부터 개인에게 직접 주어지는 헌법적 차원의 권리라거나 사회적 기본권의 하나라고 볼 수는 없고, 다만 그 수급요건, 수급자의 범위, 수급액 등 구체적인 사항이 규정될 때 비로소 형성되는 **법률적 차원의 권리**에 불과하다 할 것이다(헌재 2003.7.24, 2002헌바51). 04. 법원직

    사회보장수급권의 성격: 판례는 의료보험수급권 사건이나 공무원연금법상 연금수급권 사건에서는 "사회보장수급권은 사회적 기본권의 하나이다."라고 판시한 적도 있으며, 어떤 판례에서는 산재보험수급권도 사회적 기본권의 성격을 가지나 법률에 의해서 구체적으로 형성되는 권리라고도 하여, 사회보장수급권에 대해서는 정말 일관되지 못한 판시를 하고 있다.

2 60세 이상 국민연금 가입 제한 [기각]

국민연금제도는 자기기여를 전제로 하지 않고, 국가로부터 소득을 보장받는 순수한 사회부조형 사회보장제도가 아니라, 가입자의 보험료를 재원으로 하여 가입기간, 기여도 및 소득수준 등을 고려하여 소득을 보장받는 사회보험제도이다. … 그렇다면 국민연금의 가입대상을 경제활동이 가능한 18세 이상 60세 미만의 국민으로 제한하고 있는 이 사건 법률 조항은 평등원칙을 침해한다고 볼 수 없다(헌재 2001.4.26, 2000헌마390).

3 인간다운 생활을 할 권리의 성격 [기각]

헌법의 규정이, 입법부나 행정부에 대하여는 국민소득, 국가의 재정능력과 정책 등을 고려하여 가능한 범위 안에서 최대한으로 모든 국민이 물질적인 최저생활을 넘어서 인간의 존엄성에 맞는 건강하고 문화적인 생활을 누릴 수 있도록 하여야 한다는 행위의 지침, 즉 **행위규범**으로서 작용하지만, 헌법재판에 있어서는 다른 국가기관, 즉 입법부나 행정부가 국민으로 하여금 인간다운 생활을 영위하도록 하기 위하여 객관적으로 필요한 최소한의 조치를 취할 의무를 다하였는지를 기준으로 국가기관의 행위의 합헌성을 심사하여야 한다는 **통제규범**으로 작용하는 것이다. … 그러므로 국가가 인간다운 생활을 보장하기 위한 헌법적인 의무를 다하였는지의 여부가 사법적 심사의 대상이 된 경우에는, **국가가 생계보호에 관한 입법을 전혀 하지 아니하였다든가 그 내용이 현저히 불합리하여 헌법상 용인될 수 있는 재량의 범위를 명백히 일탈한 경우에 한하여 헌법에 위반**된다고 할 수 있다. … 그렇다면 생계보호의 수준이 일반 최저생계비에 못 미친다고 하더라도 그 사실만으로 곧 그것이 헌법에 위반된다

기출 OX

03 산재피해 근로자에게 인정되는 산재보험수급권은 입법재량권의 행사에 의하여 제정된 산업재해보상보험법에 의하여 비로소 구체화되는 '법률상의 권리'이며, 개인에게 국가에 대한 사회보장·사회복지 또는 재해예방 등과 관련된 적극적 급부청구권이 인정되는 것은 아니다. 22. 5급 공채 ( )

한눈에 쏙!

구분	인정범위
입법부·행정부	행위
사법부	통제

정답 03 ○

기출 OX

01 자기가 인간다운 생활을 보장하기 위한 헌법적 의무를 다하였는지의 여부가 사법적 심사의 대상이 된 경우에는, 국가가 최저생활보장에 관한 입법을 전혀 하지 아니하였다든가 그 내용이 현저히 불합리하여 헌법상 용인될 수 있는 재량의 법위를 명백히 일탈한 경우에 한하여 헌법에 위반된다. 22. 경찰 ( )

거나 청구인들의 행복추구권이나 인간다운 생활을 할 권리를 침해한 것이라고는 볼 수 없다 할 것이다(헌재 1997.5.29, 94헌마33).

4 휴직자에 대한 보험료 부과 [기각]

일시적·잠정적 근로관계의 중단에 불과한 휴직제도의 본질, 휴직자에 대한 보험급여의 필요성 등을 고려할 때 합리적인 입법재량으로 볼 수 있다(헌재 2003.6.26, 2001헌마699).

5 공무원유족연금의 수급대상에서 18세 이상의 자를 제외 [기각]

18세 이상이면 신체적·정신적으로 성숙하여 사회생활에 적응할 수 있고, 적어도 최소한의 생활은 스스로 영위해 나갈 수 있는 사회적 독립성을 획득할 수 있는 것으로 보아 유족의 범위에서 배제하였다 할 것인바, … 그 입법형성의 한계를 일탈하여 최소한의 보장마저 외면함으로써 사회보장수급권, 재산권, 평등권을 침해하는 것이라고 볼 수 없다(헌재 1999.4.29, 97헌마333).

6 사회보험과 사보험의 차이 [기각]

보험료의 형성에 있어서 사회연대의 원칙은 보험료와 보험급여 사이의 개별적 등가성의 원칙에 수정을 가하는 원리일 뿐만 아니라, 사회보험체계 내에서의 소득의 재분배를 정당화하는 근거이며, 보험의 급여수혜자가 아닌 제3자인 사용자의 보험료 납부의무(소위 '이질부담')를 정당화하는 근거이기도 하다. 또한 사회연대의 원칙은 사회보험에의 강제가입의무를 정당화하며, 재정구조가 취약한 보험자와 재정구조가 건전한 보험자 사이의 재정조정을 가능하게 한다(헌재 2000.6.29, 99헌마289).

한눈에 쏙!

사회보험과 사보험의 차이

구분	사회보험	사보험
목표	사회정책	경제
보험료 기준	소득	보험위험
등가성	×	○

7 2분의 1 초과시 위헌 [한정위헌]

퇴역연금은 퇴역군인의 생활을 보장하기 위한 사회보험 내지 **사회보장·사회복지적인 성질**도 함께 갖는다. 그러나 퇴역연금은 **봉급연불*적 성질**도 있으므로 적어도 그 범위 안에서 퇴역연금의 지급정지는 기본권 제한의 한계를 정한 헌법의 규정에 따라야 한다. 따라서 군인연금법 제21조 제5항 제2호에 해당하는 기관으로부터 보수 기타 급여를 지급받고 있는 경우 그 퇴역연금의 2분의 1 이내에서 그 지급을 정지하는 조치는 현재의 제도와 상황에서는 입법자의 형성재량의 범위 내에 속하는 것으로 이를 정당하다 할 것이나, 이를 초과하여 지급을 정지한다면 이는 퇴역연금 수급자의 퇴역연금수급권을 제한하는 정도가 지나쳐 헌법상 비례의 원칙에 어긋난다. 그렇다면 군인연금법 제21조 제5항 제2호의 규정 중 **지급정지되는 퇴역연금액이 퇴역연금의 2분의 1을 초과하는 부분은 헌법에 위반**된다(헌재 1994.6.30, 92헌가9).

한눈에 쏙!

내용	주문
1/2 이상 정지	위헌
대통령령·부령	위헌
이체	합헌

* 연불은 치루어야 할 대금을 일정기간 미루는 것을 의미한다. 즉, 퇴직금은 1/2은 나중을 위해 내 스스로 돈으로 저금한 것에 불과한데 다른 곳에 취직했다고 해서 1/2 초과해서 연금을 지급정지한 것은 잘못이라는 판례이다.

8 대통령령에 위임시 위헌 [위헌]

비록 아무리 적은 규모라도 어떤 형태로든지 정부의 재정지원이 있기만 하면 총리령이 정하는 바에 따라 지급정지대상기관이 될 수 있게 위임의 범위가 너무 넓어져 버렸다. … 아무리 적은 보수 또는 급여를 받는 경우에도 대통령령에서 연금지급을 정지할 수 있도록 정하거나 재취업 소득의 수준에 관계없이 지급정지율 내지 지급정지금액을 일률적으로 정하는 것이 가능하게 되었다. 나아가 이 사건 법률 제47조 본문은 **'퇴직연금의 2분의 1의 범위 안에서'라는 구체적 범위를 정하여 위임하여야 함에도 불구하고**, 그러한 범위를 정하지 아니한 채 위임하고 있다. 그렇다면 … 헌법상의 포괄위임금지원칙에 위반된다(헌재 2005.10.27, 2004헌가20).

정답 01 ○

9 사립학교의 경우 이체시 합헌 [합헌]

위임입법에 있어 위임의 구체성이나 명확성의 요구의 정도는 규제대상의 종류와 성격에 따라서 달라질 수 있고, 특히 사회보장적인 급여와 같은 급부행정의 영역에서는 기본권 침해의 영역보다 구체성을 요구하는 정도가 다소 약화될 수 있을 것이다. … 구 군인연금법과 사학연금법이 유기적이고 호환적인 체계에서 통일적으로 기능하여 근무 직역이 이동되는 경우 **재직기간의 합산 및 연금액의 이체가 가능한 점** 등에 비추어 볼 때, 대통령령에 규정될 내용은 퇴역연금의 전액이 지급정지될 것임을 쉽게 예측할 수 있다 할 것이다. 따라서 이 사건 정지조항이 헌법상 위임입법의 한계를 일탈하였다 할 수 없다(헌재 2007.10.25, 2005헌바68).

10 퇴직 후 범죄에 적용시 위헌 [한정위헌]

공무원연금법상 급여청구권은 공무원의 퇴직 또는 사망으로 인하여 발생하는 것이므로 퇴직 후의 사유로 급여청구권을 제한하는 것은 이미 발생한 급여청구권을 사후에 발생한 사유로 소급하여 제한하는 것이 된다. 따라서 이 사건 법률 조항에 의한 급여제한의 사유가 **퇴직 후에 범한 죄에도 적용**되는 것으로 보는 것은 과잉금지의 원칙에 위배하여 재산권의 본질적 내용을 침해하는 것으로 헌법에 위반된다 할 것이다(헌재 2002.7.18, 2000헌바57).

11 직무관련 없는 범죄의 경우에 적용시 위헌 [헌법불합치]

공무원의 신분이나 직무상 의무와 관련이 없는 범죄의 경우에도 퇴직급여 등을 제한하는 것은, 공무원범죄를 예방하고 공무원이 재직 중 성실히 근무하도록 유도하는 입법목적을 달성하는 데 적합한 수단이라고 볼 수 없다. 그리고 특히 과실범의 경우에는 공무원이기 때문에 더 강한 주의의무 내지 결과발생에 대한 가중된 비난가능성이 있다고 보기 어려우므로, 퇴직급여 등의 제한이 공무원으로서의 직무상 의무를 위반하지 않도록 유도 또는 강제하는 수단으로서 작용한다고 보기 어렵다. … 이 사건 법률 조항에 대하여 헌법불합치를 선고하기로 하고, 구 공무원연금법 제64조 제1항이 헌법에 위반되지 아니한다고 판시한 1995.6.29, 91헌마50 결정과 1995.7.21, 94헌바27 등 결정은 이 결정의 견해와 저촉되는 한도 내에서 이를 변경하기로 한다(헌재 2007.3.29, 2005헌바33).

12 퇴직금의 감액처분 [합헌]

'직무와 관련 없는 과실로 인한 경우' 및 '소속 상관의 정당한 직무상의 명령에 따르다가 과실로 인한 경우'를 제외하고 재직 중의 사유로 금고 이상의 형을 받은 경우, 퇴직급여 등을 감액하도록 규정한 구 '사립학교교직원 연금법' 제42조 제1항 전문 중 공무원연금법 제64조 제1항 제1호 준용부분(이하 '이 사건 법률 조항'이라 한다)이 헌법에 위반되지 아니한다는 결정을 선고하였다. 이 사건 법률 조항은 교원범죄를 예방하고 교원이 재직 중 성실히 근무하도록 유도한다는 정당한 입법목적 달성을 위한 상당한 수단이며, 입법목적 달성을 위하여 필요한 범위 내에서 감액사유에 해당하는 범죄를 가능한 유형화하여 규정하는 등 침해의 최소성과 법익의 균형성도 충족하므로 제청신청인들의 재산권 및 인간다운 생활을 침해한다고 볼 수 없고, 사립학교교원 연금제도와 국민연금 등의 기본적인 차이점이나, 교원의 법령준수의무 등에 비추어 평등원칙에 위배된다고도 볼 수 없다는 것이다(**따라서 직무와 관련이 없는 경우라 할지라도 고의의 경우에는 퇴직금감액이 가능하다**)(헌재 2013.9.26, 2010헌가89).

기출 OX

02 군인연금법상 퇴역연금수급권자가 사립학교교직원 연금법 제3조의 학교기관으로부터 보수 기타 급여를 지급받는 경우에는 대통령령이 정하는 바에 따라 퇴역연금의 전부 또는 일부의 지급을 정지할 수 있도록 하는 것은 신뢰보호원칙에 위반되지 않는다. 18. 서울시 7급 ( )

한눈에 쏙!

범죄		주문
퇴직 후		위헌
직무관련성 ×	원칙	위헌
	고의	합헌
명예퇴직		합헌

정답 02 ○

13 명예퇴직수당의 경우 [합헌]

그와 같은 '재직 중 사유'에는 직무관련성이 없는 경우와 과실로 인한 경우도 모두 포함되는데, 직무관련성 없이 또는 과실로 인하여 금고 이상의 형을 받은 명예퇴직 공무원의 재산권을 침해하는지, 나아가 직무관련성 없는 사유로 금고 이상의 형을 받은 명예퇴직자와 직무관련성 있는 사유로 금고 이상의 형을 받은 명예퇴직자를 합리적 이유 없이 동등하게 취급하여 평등원칙에 반하는지 여부가 쟁점이 된 사건이다. **명예퇴직수당은 공무원의 조기퇴직을 유도하기 위한 특별장려금**이고, 퇴직 전 근로에 대한 공로보상적 성격도 갖는다고 할 것이어서, 입법자가 명예퇴직수당 수급권의 구체적인 지급요건·방법·액수 등을 형성함에 있어서 상대적으로 폭넓은 재량이 허용된다고 할 것이다(헌재 2010.11.25, 2010헌바93).

14 명예퇴직수당의 성격

사립학교 교원에 대한 명예퇴직수당은 장기근속자의 조기퇴직을 유도하기 위한 특별장려금이라고 할 것이고 장기근속자의 사회복귀나 노후복지보장과 같은 사회보장과는 직접적인 관련이 있다고 보기 어렵다(헌재 2007.4.26, 2003헌마533).

15 공무원연금의 보수연동에서 물가연동으로의 전환 [합헌]

물가연동제에 의한 이 사건 조정규정이 신설된 것은 연금지출의 증가폭을 줄여 재정악화를 해결하고자 하기 위한 것이다. 한편, 공무원연금제도는 공무원신분보장의 본질적 요소라고 하더라도 **적정한 신뢰는 "퇴직 후에 연금을 받는다."는 데에 대한 것이지, "퇴직 후에 현 제도 그대로의 연금액을 받는다."는 데에 대한 것으로 볼 수는 없다.** 그렇다면 보호해야 할 퇴직연금수급자의 신뢰의 가치는 크지 않고 신뢰의 손상 또한 연금액의 상대적인 감소로서 그 정도가 심하지 않은 반면, 연금재정의 파탄을 막고 공무원연금제도를 건실하게 유지하는 것은 긴급하고도 대단히 중요한 공익이므로 위 법률 조항이 헌법상 신뢰보호의 원칙에 위배된다고는 볼 수 없다(헌재 2005.6.30, 2004헌바42).

16 지역의료보험조합과 직장의료보험조합의 통합 [기각]

직장과 지역의 의료보험을 분리하는 경우에 청·장년층과 노년층의 세대별분리와 함께 소득활동이 있는 자와 없는 자의 경제적 분리가 발생하게 되는데, 지역과 직장을 통합함으로써 이러한 경제적 계층의 형성을 제거하여 소득재분배의 효과를 높이고자 하는 것도 정부가 의료보험통합에 대하여 기대하는 효과이다(헌재 2000.6.29, 99헌마289).

▶ 따라서 헌법에 위반되지 않는다.

✐ 직장의료보험은 직장인들로 구성되고, 지역의료보험은 직장인이 아닌 사람으로 구성된다.

17 여러 종류의 수급권이 발생한 경우 중복지급 배제 [합헌]

국민연금의 급여수준은 수급권자가 최저생활을 유지하는 데 필요한 금액을 기준으로 결정해야 할 것이지 납입한 연금보험료의 금액을 기준으로 결정하거나 여러 종류의 수급권이 발생하였다고 하여 **반드시 중복하여 지급해야 할 것은 아니다**(헌재 2000.6.1, 97헌마190).

18 퇴직 후 소득 발생시 연금 감소 지급 가능

퇴직연금 수급자가 퇴직 후에 사업소득이나 근로소득을 얻게 된 경우 입법자는 사회 정책적 측면과 국가의 재정 및 기금의 상황 등 여러 가지 사정을 참작하여 일반적인 재산권에 비하여 폭넓은 재량으로 소득과 연계하여 퇴직연금 지급 정도를 결정할 수 있다(헌재 2008.2.28, 2005헌마872 등).

기출 OX

01 사립학교 교원에 대한 명예퇴직수당은 장기근속자의 조기퇴직을 유도하기 위한 특별장려금이라고 할 것이고 사회보장수급권에 해당하지 않는다. 17. 국가직 7급 ( )

02 공무원연금법에 따른 퇴직연금일시금을 지급받은 사람 및 그 배우자를 기초연금수급권자의 범위에서 제외하는 것은 한정된 재원으로 노인의 생활안정과 복리향상이라는 기초연금법의 목적을 달성하기 위한 것으로서 합리성이 인정되므로 인간다운 생활을 할 권리를 침해한다고 볼 수 없다. 22. 경찰 ( )

정답 01 O 02 O

19 양로시설에 입소한 국가유공자의 연금지급 금지 [합헌]
이 사건 규정에 의하여 일부 연금이나 수당이 지급 정지된다고 하여도 청구인들에게 기본연금이 계속 지급되며, 더구나 양로시설에서 무상으로 생활할 수 있게 된다는 점, 그리고 인간다운 생활이라고 하는 개념이 사회의 경제적 수준 등에 따라 달라질 수 있는 상대적 개념이라는 점을 고려하면, 이 사건 규정으로 인하여 헌법 제34조 제1항의 인간의 존엄에 상응하는 **최소한의 물질생활의 보장을 내용으로 하는 인간다운 생활을 할 권리를 침해하였다고 볼 수는 없다**(헌재 2000.6.1, 98헌마216).

> **기출 OX**
> 03 국가 등의 양로시설 등에 입소하는 국가유공자에게 부가연금, 생활조정수당 등의 지급을 정지한다 하더라도 그 국가유공자의 재산권을 침해하는 것은 아니다. 08. 국회직 8급 ( )

20 미결수용자에 대한 국민건강보험급여 정지 [기각]
국가로부터 무상의료급여를 받는 수용자에 대하여 국민건강보험급여를 받도록 하는 것은 불필요할 뿐 아니라 수입원이 차단된 수용자에게 계속 보험료 납입의무를 부과하는 것도 적절하지 않다(헌재 2005.2.24, 2003헌마31 등). 08. 국가직 7급

21 보건복지부장관의 2002년도 최저생계비 고시 [기각]
장애인가구는 비장애인가구와 비교하여 각종 법령 및 정부시책에 따른 각종 급여 및 부담감면으로 인하여 최저생계비의 비목에 포함되는 보건의료비, 교통·통신비, 교육비, 교양·오락비, **비소비지출비를 추가적으로 보전받고 있다**. 이러한 사정들에 비추어 보면, 생활능력 없는 장애인가구 구성원의 인간다운 생활을 할 권리가 침해되었다고 할 수 없다(헌재 2004.10.28, 2002헌마328). 08. 국가직 7급

22 저상버스도입의무 불이행 [각하]
장애인의 복지를 향상해야 할 국가의 의무가 다른 다양한 국가과제에 대하여 최우선적인 배려를 요청할 수 없을 뿐 아니라, 나아가 헌법의 규범으로부터는 '장애인을 위한 저상버스의 도입'과 같은 구체적인 국가의 행위의무를 도출할 수 없는 것이다(헌재 2002.12.18, 2002헌마52).

23 사회보장수급권 입증책임 [합헌]
업무상 질병으로 인한 업무상 재해에 있어 업무와 재해 사이의 상당인과관계에 대한 입증책임을 이를 주장하는 근로자나 그 유족에게 부담시키는 것이 사회보장수급권을 침해한다고 볼 수 없다(헌재 2015.6.25, 2014헌바269).

> **한눈에 쏙!**
>
> | 구분 | 입증책임 |
> |---|---|
> | 일반적 | 청구인이 모두 입증 |
> | 환경권, 개인정보침해 | 분배됨 |

24 임시수용시설의 미실시 [합헌]
도시환경정비사업의 시행으로 인하여 철거되는 주택의 소유자를 위하여 임시수용시설을 설치하도록 규정하지 않은 도시 및 주거환경정비법 조항은 이주대책이나 주거대책의 실시 여부 및 내용에 대해서는 폭넓은 입법재량이 인정되는데, 도시환경정비사업에서 이주대책 등을 실시하지 않는 데에는 합리적인 이유가 있으므로 이는 평등의 원칙에 위반되지 아니한다(헌재 2014.3.27, 2011헌바396).
▶ 인간다운 생활을 할 권리나 거주·이전의 자유와는 관련이 없다.

> **기출 OX**
> 04 산업재해보상보험법에서 업무상 질병으로 인한 업무상 재해에 있어 업무와 재해 사이의 상당인과관계에 대한 입증책임을 이를 주장하는 근로자나 그 유족에게 부담시키는 것은 사회보장수급권을 위헌적으로 침해한다. 18. 서울시 7급 ( )

25 외국거주 외국인유족의 퇴직공제금 수급자격 불인정 [위헌]
건설근로자가 사망한 경우 '외국거주 외국인유족'은 자신이 거주하는 국가에서 발행하는 공신력 있는 문서로서 '퇴직공제금을 지급받을 유족의 자격'을 충분히 입증할 수 있어 건설근로자공제회의 퇴직공제금 지급 업무에 특별한 어려움이 초래될 일도 없다는 점에서 '외국거주 외국인유족'을 퇴직공제금을 지급받을 유족의 범위에서 제외할 이유가 없다(헌재 2023.3.23, 2020헌바471).

> 정답 03 ○ 04 ×

제2절 교육을 받을 권리

> 헌법 제31조 ① 모든 국민은 능력에 따라 균등하게 교육을 받을 권리를 가진다.
> ② 모든 국민은 그 보호하는 자녀에게 적어도 초등교육과 법률이 정하는 교육을 받게 할 의무를 진다.
> ③ 의무교육은 무상으로 한다.
> ④ 교육의 자주성·전문성·정치적 중립성 및 대학의 자율성은 법률이 정하는 바에 의하여 보장된다. 07. 법원직
> ⑤ 국가는 평생교육을 진흥하여야 한다.
> ⑥ 학교 교육 및 평생교육을 포함한 교육제도와 그 운영, 교육재정 및 교원의 지위에 관한 기본적인 사항은 법률로 정한다.

[주의]
교육을 받을 권리가 ① 특정의 교육제도, 시설제공요구권, ② 교육비청구권, ③ 편입학 제한 청구권까지 요구할 수 있는 것은 아니다.

01 서설

1. 의의

교육을 받을 권리란 개개인이 능력에 따라 균등하게 교육을 받을 수 있는 권리를 말한다. 교육을 받을 권리는 헌법이 추구하는 문화국가를 촉진시키고 사회국가의 이념을 실현한다는 기능을 가지고 있다. 02. 국가직 7급

2. 주체

주체는 모든 국민을 의미한다. 이는 평생교육조항에서 확인할 수 있다. 특이한 점은 교육받을 권리는 권리주체인 아동보다는, 아동이 교육을 받게 해야 할 부모의 의무도 상당히 강조되는 권리라는 점이다.

02 내용

1. '능력에 따라' 교육을 받을 권리

교육받을 권리의 적극적인 측면은 국민이 능력에 따른 균등한 교육을 향유할 수 있도록 국가에 청구하는 것이라 한 것인바, 여기서 능력이라 하는 것은 학생의 육체적·정신적 수학능력을 의미하는 것이지, 부모의 경제적 능력을 기준으로 하는 것은 아니다. 02. 국가직 7급, 07. 법원직

> **판례 | 의무교육취학연령사건 [기각]**
> 헌법 제31조 제1항에서 말하는 '능력에 따라 균등하게 교육을 받을 권리'란 **법률이 정하는 일정한 교육을 받을 전제조건으로서의 능력을 갖추었을 경우 차별 없이 균등하게 교육을 받을 기회가 보장된다는 것**이지, 일정한 능력, 예컨대 지능이나 수학능력 등이 있다고 하여 제한 없이 다른 사람과 차별하여 어떠한 내용과 종류와 기간의 교육을 받을 권리가 보장된다는 것은 아니다. … 만 6세가 되기 전에 앞당겨서 입학을 허용하지 않는다고 해서 헌법 제31조 제1항의 능력에 따라 균등하게 교육을 받을 권리를 본질적으로 침해한 것으로 볼 수 없다(헌재 1994.2.24, 93헌마192). 02. 국가직 7급

2. '균등하게' 교육을 받을 권리

능력에 따라 균등하게 교육을 받을 권리로서의 수학권은 주로 학교 교육을 중심으로 하는 공교육에서의 수학권을 의미하나 이뿐만 아니라, 평생교육을 받을 권리를 포함한 사교육에서의 수학권도 의미한다. 05. 입시

> **판례 | 균등하게 교육을 받을 권리에 관한 판례**
>
> **1 전문대학 미졸업자의 편입 불허 [기각]**
> '각자의 능력에 따라 교육시설에 입학하여 배울 수 있는 권리'의 대상인 국가의 교육시설은 물적 · 인적 한계 등으로 말미암아 입학자격조건을 정하는 데 있어서 능력에 따른 차별이 가능한 영역인바, 3년제 전문대학의 2년 이상의 이수자에게 의무교육기관이 아닌 대학에의 일반 편입학을 허용하지 않는다고 하여 청구인의 교육을 받을 권리를 본질적으로 침해하고 있다고 보기 어렵다(헌재 2010.11.25, 2010헌마144). 02. 국가직 7급
>
> **2 사립유치원의 교사 인건비 부담 [각하]**
> 교육을 받을 권리는 국가에 의한 교육조건의 개선 · 정비와 교육기회의 균등한 보장을 적극적으로 요구할 수 있는 권리이지만, 그로부터 위와 같은 작위의무가 헌법해석상 바로 도출되는 것은 아니다(헌재 2006.10.26, 2004헌마13). 08. 국회직 8급

3. '교육'을 받을 권리

헌법 제31조 제1항에서의 교육은 학교 교육을 의미한다. 한편, 헌법 제31조 제5항에서는 국가의 평생교육 진흥의무를 규정하고 있으며, 헌법 제31조 제2항 · 제3항에서는 교육의 의무 및 무상의 의무교육을 규정하고 있다.

> **판례 | 교육을 받을 권리에 관한 판례**
>
> **1 중학교 의무교육의 경우**
> [1] 의무교육의 실시범위와 관련하여 의무교육의 무상원칙을 규정한 헌법 제31조 제3항은 초등교육에 관하여는 직접적인 효력규정으로서 개인이 국가에 대하여 입학금 · 수업료 등을 면제받을 수 있는 헌법상의 권리라고 볼 수 있다.
> [2] 중등교육의 경우에는 헌법 제31조 제2항에서 단지 법률이 정하는 교육이라고 규정하였을 뿐이므로 무상의 중등교육을 받을 권리는 법률에서 중등교육을 의무교육으로서 시행하도록 규정하기 전에는 헌법상 권리로서 보장되는 것은 아니다(헌재 1991.2.11, 90헌가27).
>
> **2 검정고시 응시제한 [인용]**
> 고졸검정고시 또는 고등학교 입학자격 검정고시에 합격했던 자는 해당 검정고시에 다시 응시할 수 없도록 응시자격을 제한한 전라남도 교육청 공고는 교육을 받을 권리를 침해한다(헌재 2012.5.31, 2010헌마139).
> ▶ 엄격심사

한눈에 쏙!

구분	보장
헌법	초등
법률	중등

기출 OX

01 고졸검정고시 또는 고등학교 입학자격 검정고시에 합격했던 자는 해당 검정고시에 다시 응시할 수 없도록 응시자격을 제한한 전라남도 교육청 공고는 교육을 받을 권리를 침해한다. 14. 국가직 7급 ( )

정답 01 ○

03 교육을 시킬 권리 또는 교육할 권리

1. 부모의 자녀교육권

(1) 개념

부모가 자녀의 학교 교육 및 가정교육을 통하여 교육할 권리를 말한다. 헌법상 교육권은 본질적으로 교육을 받을 권리를 의미한다고 할 것이므로, 부모의 자녀에 대한 교육권이 인정된다고 할지라도 이는 자녀의 보호와 인격발현을 위해 부여된 것으로 자녀교육에 대한 책임으로 이해하는 것이 타당하다(헌재 2000.4.27, 98헌가16 등). 02. 국가직 7급

기출 OX

01 부모의 자녀교육권은 헌법상 교육을 받을 권리와 불가분의 관계에 있으므로, "모든 국민은 능력에 따라 균등하게 교육을 받을 권리를 가진다."는 헌법규정에 의하여 보호된다. 21. 소방간부 ( )

> **판례 | 부모의 자녀교육권의 근거**
>
> 자녀의 양육과 교육은 일차적으로 부모의 천부적인 권리인 동시에 부모에게 부과된 의무이기도 하다. '부모의 자녀에 대한 교육권'은 비록 헌법에 명문으로 규정되어 있지는 아니하지만, 이는 모든 인간이 누리는 불가침의 인권으로서 혼인과 가족생활을 보장하는 헌법 제36조 제1항, 행복추구권을 보장하는 헌법 제10조 및 "국민의 자유와 권리는 헌법에 열거되지 아니한 이유로 경시되지 아니한다."라고 규정하는 헌법 제37조 제1항에서 나오는 중요한 기본권이다(헌재 2000.4.27, 98헌가16 등).
> ▶ 즉, 헌법 제31조 교육받을 권리가 아니다.

(2) 특성

부모의 자녀교육권은 기본권의 주체인 부모의 자기결정권이라는 의미에서 보장되는 자유가 아니라*, 자녀의 보호와 인격발현을 위하여 부여되는 기본권이다.
* 아니라가 중요하다. 자기결정권의 의미에서 부여되는 것이 아니다.

(3) 내용

학부모의 학교선택권, 학부모의 교육참여권, 학부모의 자녀과외권 등이 그 내용이다.

한눈에 쏙!

원칙과 예외의 전도(전면 금지)

사건	주문
과외금지	위헌
의료광고규제	위헌
기부금품 모집	위헌
무면허의료금지	합헌

> **판례 | 부모의 자녀교육권에 관한 판례**
>
> **1 과외의 원칙적 금지 [위헌]**
> 학교 교육의 범주 내에서는 국가의 교육권한이 헌법적으로 독자적인 지위를 부여받음으로써 부모의 교육권과 함께 자녀의 교육을 담당하지만, **학교 밖의 교육영역에서는 원칙적으로 부모의 교육권이 우위를 차지**한다. … 경제력의 차이 등으로 말미암아 교육의 기회에 있어서 사인 간에 불평등이 존재한다면, 국가는 원칙적으로 의무교육의 확대 등 적극적인 급부활동을 통하여 사인 간의 교육기회의 불평등을 해소할 수 있을 뿐, 과외교습의 금지나 제한의 형태로 개인의 기본권 행사인 **사교육을 억제함으로써 교육에서의 평등을 실현할 수는 없는 것**이다. … 법 제3조의 주된 입법목적은 비정상적인 과외교습경쟁을 부추기고 과열시키며 사회적 폐단의 주된 원인이 되는 지나친 고액과외교습을 억제하고자 하는 것이다. 그런데 **'고액과외교습의 방지'라는 입법목적의 달성과 아무런 관련이 없는 교습행위까지도 광범위하게 금지**당하게 되었다. 그럼에도 법 제3조는 과외교습이 그 성질에 비추어 반사회적인 것이 아닐 뿐만 교육을 기본권으로써 보장되는 행위이므로 이를 원칙적으로 허용하되 '반사회성을 띤 예외적인 경우'에 한하여 금지하도록 하여야 할 것임에도, 이를 '원칙적으로

정답 01 ×

금지하고 예외적으로 허용하는 방식'의 **'원칙과 예외'가 전도된 규율형식**을 취하고 있다. 그렇다면 법 제3조는 비례의 원칙에 반하여 국민의 자녀교육권, 인격의 자유로운 발현권, 직업선택의 자유를 침해하는 위헌적인 규정이다(헌재 2000.4.27, 98헌가16 등).

2 초등학교 영어교육 배제 [합헌]

이 사건 고시 부분에서 초등학교 1, 2학년의 교과에 영어를 배제하였다 하더라도, 이것은 초·중등교육법에서 규정한 교과의 범위 내에서 그 내용을 구체화한 것이므로, 위임의 범위를 벗어났다고 볼 수 없다(헌재 2016.2.25, 2013헌마838).

3 사립학교 임시이사 선임 [합헌]

임시이사는 법 소정의 사유로 학교법인의 정상적 운영이 어려워진 경우에 선임되므로 사학의 자유를 침해했다고 할 수 없다(헌재 2013.11.28, 2011헌바136).

4 교육대학교 등 수시모집 입시요강 [인용]

교육대학교 등 11개 대학교의 '2017학년도 신입생 수시모집 입시요강'이 검정고시로 고등학교 졸업학력을 취득한 사람들의 수시모집 지원을 제한하는 것은 교육을 받을 권리를 침해한다(헌재 2017.12.28, 2016헌마649).

5 한자교육의 선택적 교육 [합헌]

초·중등학교에서 한자교육을 선택적으로 받도록 한 것은 학생의 자유로운 인격발현권 및 학부모의 자녀교육권을 침해하지 않는다(헌재 2016.11.24, 2012헌마854).

6 수능시험의 EBS 교재 연계출제 [합헌]

2018학년도 수능시험의 문항 수 기준 70%를 EBS 교재와 연계하여 출제한다는 '2018학년도 대학수학능력시험 시행 기본계획'이 학생들의 자유로운 인격발현권을 침해하지 않으므로 학생인 청구인들의 심판청구를 기각한다. 교육부와 한국교육과정평가원이 학교 교육을 정상화하고 사교육비를 경감할 목적으로 이를 합헌적으로 보았다(헌재 2018.2.22, 2017헌마691).

▶ 교육을 통한 자유로운 인격발현권 O, 성인 자녀를 둔 부모의 교육권 ×, 교사의 기본권 ×, 능력에 따라 균등하게 교육을 받을 권리 ×

7 특정한 교육제도나 교육과정을 요구할 권리 [각하]

교육받을 권리에 기초하여 교육기회 보장을 위한 국가의 적극적 행위를 요구할 수 있다고 하더라도, 이는 학교 교육을 받을 권리로서 그에 필요한 교육시설 및 제도 마련을 요구할 권리이지 특정한 교육제도나 교육과정을 요구할 권리는 아니며, 학교 교육이라는 국가의 공교육 급부의 형성과정에 균등하게 참여할 권리로서의 참여권이 내포되어 있다고 할 수 없다(헌재 2019.11.28, 2018헌마1153).

기출 OX

02 학교 교육에 관한 한, 국가는 헌법 제31조에 의하여 부모의 교육권으로부터 원칙적으로 독립된 독자적인 교육권한을 부여받음으로써 부모의 교육권보다 우위를 차지하지만, 학교 밖의 영역에서는 원칙적으로 부모의 교육권이 우위를 차지한다. 14. 국가직 7급 ( )

기출 OX

03 대학수학능력시험을 한국교육방송공사(EBS) 수능교재 및 강의와 연계하여 출제하기로 한 '2018학년도 대학수학능력시험 시행 기본계획'은 헌법 제31조 제1항의 능력에 따라 균등하게 교육을 받을 권리를 직접 제한한다고 보기는 어렵다. 20. 경찰승진, 22. 해양경찰 일반·입시·경찰간부 ( )

기출 OX

04 헌법 제31조 제1항에 따라 모든 국민은 능력에 따라 균등하게 교육을 받을 권리를 가지는바, 교육을 받을 권리는 국가에 대하여 특정한 교육제도나 시설의 제공을 요구할 수 있는 권리까지 내포하고 있다 22. 경찰승진 ( )

정답   02 ×   03 ○   04 ×

2. 교사의 교육의 자유

> **판례 | 교사의 교육의 자유 관련 판례**
>
> **1 국정교과서제도 [합헌]**
> 국가는 수학권의 보호와 사회공공의 이익의 증진을 위하여 필요하다고 인정되는 상당한 범위 내에서 **교육내용에 대한 결정권을 포함한다**고 할 것이며, … **국민의 수학권과 교사의 수업의 자유는 다 같이 보호되어야 하겠지만 그중에서도 국민의 수학권이 더 우선적으로 보호되어야 한다.** 따라서 국민의 수학권의 보호라는 차원에서 학년과 학과에 따라 어떤 교과용 도서에 대하여 이를 자유발행제로 하는 것이 온당하지 못한 경우가 있을 수 있고 그러한 경우 국가가 관여할 수밖에 없다는 것과 관여할 수 있는 헌법적 근거가 있다는 것을 인정한다면 그 인정의 범위 내에서 국가가 이를 검·인정제로 할 것인가 또는 국정제로 할 것인가에 대하여 재량권을 갖는다고 할 것이다. 결국 중학교의 국어교과서에 관한 한, 교과용 도서의 국정제는 학문의 자유나 언론·출판의 자유를 침해하는 제도가 아니다(헌재 1992.11.12, 89헌마88). 05. 입시, 08. 국회직 8급
> ▶ 아직 미성숙한 아이들이니 객관적이고 검증된 교재인 국정교과서로 수업하는 것은 잘못된 것이 아니다.
>
> **2 수업거부의 자유**
> 교사의 수업거부행위는 학생의 학습권과 정면으로 상충하는 것인바, 교육의 계속성 유지의 중요성과 교육의 공공성에 비추어 보거나 학생·학부모 등 다른 교육당사자들의 이익과 교량해 볼 때 교원이 고의로 수업을 거부할 자유는 어떠한 경우에도 인정되지 아니하며, 교원은 계획된 수업을 지속적으로 성실히 이행할 의무가 있다(대판 2007.9.20, 2005다25298).

기출 OX

01 국민의 수학권과 교사의 수업의 자유는 다 같이 보호되어야 하며 그중 어떤 자유와 권리가 더 우선적으로 보호되어야 하는지를 일률적으로 정할 수는 없다. 05. 입시 ( )

04 교육제도의 보장

1. 교육제도 법률주의(헌법 제31조 제6항)

교육제도 법률주의는 제도보장이므로 형식적 의미의 법률에 의해야 한다. 법률로 정해야 할 사항은 교육제도, 운영, 교육재정, 교원의 지위에 관한 기본적인 사항을 법률로 정해야 하며, 국가권력의 임의적 재량으로부터 교육의 권리, 교육제도를 보호하여야 한다.

2. 교육의 보장(헌법 제31조 제4항 전단)

(1) 자주성

교육기관의 자유를 의미하며, 국가권력 등에 대한 방어권, 즉 국가권력으로부터 교육의 독립성을 핵심내용으로 한다.

> **판례 | 교육기관의 자주성에 관한 판례**
>
> **1 대학모집정원미달과 불합격처분**
> 대학입학지원서가 모집정원에 미달한 경우라도 대학이 정한 수학능력이 없는 자에 대해 불합격처분을 한 것은 교육법 제111조 제1항에 위반되지 아니하여 무효라 할 수 없고 또 위 학교에서 정한 수학능력에 미달하는 지원자를 불합격으로 한 처분이 재량권의 남용이라고 볼 수 없다(대판 1983.6.28, 83누193). 08. 국회직 8급

기출 OX

02 대학입학지원자가 모집정원에 미달하였음에도 불구하고 대학이 정한 수학능력이 없다는 이유로 지원자에 대해 불합격처분을 한 것은 교육을 받을 권리에 대한 침해로서 무효이다. 08. 국회직 8급 ( )

정답 01 × 02 ×

2 교원 재임용의 심사요소 [합헌]

교원의 신분을 보호하되 그것이 대학의 자율성과 조화되어야 한다는 헌법 제31조의 취지 및 사립대학에서 학교법인과 교원의 관계는 기본적으로 사법관계인 점을 고려할 때, 학교법인은 여러 심사요소를 고려하여 다양한 교육수요에 적합한 강의전담교원과 연구전담교원을 재량적으로 임용할 수 있으므로 이 사건 법률 조항은 교원지위법정주의에 위반되지 아니한다(학생교육·학문연구·학생지도가 강제요소가 아닌 것)(헌재 2014.4.24, 2012헌바336).

3 교수 재임용제의 위헌 여부 [헌법불합치]

입법자가 법률로 정하여야 할 교원지위의 기본적 사항에는 교원의 신분이 부당하게 박탈되지 않도록 하는 최소한의 보호의무에 관한 사항이 포함된다. … 객관적인 기준의 재임용 거부사유와 재임용에서 탈락하게 되는 교원이 자신의 입장을 진술할 수 있는 기회 그리고 재임용 거부를 사전에 통지하는 규정 등이 없으며, **나아가 재임용이 거부되었을 경우 사후에 그에 대해 다툴 수 있는 제도적 장치를 전혀 마련하지 않고 있는** 이 사건 법률 조항은, 현대 사회에서 대학교육이 갖는 중요한 기능과 그 교육을 담당하고 있는 대학교원의 신분의 부당한 박탈에 대한 최소한의 보호요청에 비추어 볼 때 헌법 제31조 제6항에서 정하고 있는 교원지위법정주의에 위반된다고 볼 수밖에 없다(헌재 2003.2.27, 2000헌바26).

(2) 전문성

교육방법·내용 등에 관하여 교사가 자주적으로 결정할 수 있는 교육의 자유이므로 교육내용에 대한 교육행정기관의 권력적 개입의 배제가 확보되어야 한다.

판례 | 교육기관의 전문성에 관한 판례

1 교육감 및 교육위원 선출 [기각]

이 사건 법률 조항이 교육위원 및 교육감의 선거인단을 **학교운영위원회 위원 전원으로 하고 있는 것은, 지방교육자치제에서 요구되는 교육의 자주성에 대한 요청과 민주적 정당성에 대한 요청 사이의 조화를 꾀하기 위한 것**으로서, 비록 주민의 대표성이나 주민자치의 원칙의 측면에서는 다소 부족한 점이 있다고 하더라도 이는 입법부에 주어진 합리적인 재량의 범위 내의 것이라고 할 것이므로, 이 사건 법률 조항이 주민자치의 원칙을 위배하여 청구인들의 선거권을 침해한 것이라고는 볼 수 없다(헌재 2002.3.28, 2000헌마283 등).

▶ 즉, 직선제가 아닌 간선제로 하더라도 잘못이 아니라는 입장이다.

2 교육경력자의 지방교육위원에의 우선당선 [기각]

이 사건 법률 조항의 입법목적은 헌법 제31조 제4항이 보장하는 **교육의 자주성과 전문성을 구현하기 위한 것**으로서 그 입법목적이 정당하고, 교육위원 중의 절반 이상을 교육경력자가 점하도록 하는 것은 이러한 입법목적을 달성하기 위한 효과적인 수단이 되는 것이므로 수단의 적정성도 갖추고 있으며, 이 사건 법률 조항에 의하여 반드시 경력자가 당선되도록 하는 2분의 1 비율 외에서는 비경력자도 민주주의 원칙에 따라 다수득표에 의하여 교육위원으로 당선될 수 있으므로 기본권의 최소침해성에 어긋나지 않는다(헌재 2003.3.27, 2002헌마573).

(3) 정치적 중립성

교육의 정치적 중립성이란 교육이 국가권력이나 정치적 세력으로부터 부당한 간섭을 받지 않아야 한다는 것을 말한다. 즉, 교육환경의 자유를 의미한다.

> **판례 | 초·중등학교 교원의 교육위원 겸직금지 [기각]**
>
> 교육위원들은 연간 최소 10일에서 최대 40일에 이르는 정기회·임시회 외에도 자기가 소속되어 있는 각종 소위원회에 참석해야 하는데, 이러한 직무를 성실히 수행하기 위해서는 교육위원이, 매일 매일을 학생들과 함께 호흡하며 수업과 학생지도를 수행해야 하는 교원의 직을 겸한다는 것은 사실상 불가능하다(헌재 1993.7.29, 91헌마69). 05. 입시

3. 대학의 자율성 보장(헌법 제31조 제4항 후단)

학문의 자유를 참조한다.

4. 평생교육의 진흥(헌법 제31조 제5항)

> **판례 | 교육을 받을 권리에 관한 판례**
>
> **1 거주지 기준 입학제한 [기각]**
> 거주지를 기준으로 중·고등학교의 입학을 제한하는 교육법 시행령 제71조 및 제112조의6 등의 규정은 **과열된 입시경쟁으로 말미암아 발생하는 부작용을 방지**한다고 하는 입법목적을 달성하기 위한 방안의 하나이고, 도시와 농어촌에 있는 중·고등학교의 교육여건의 차이가 심하지 않으며, 획일적인 제도의 운용에 따른 문제점을 해소하기 위한 여러 가지 보완책이 상당히 마련되어 있어서 … 본질적 내용을 침해하였거나 과도하게 제한한 경우에 해당하지 아니한다(헌재 1995.2.23, 91헌마204).
>
> **2 고교 평준화정책 [기각]**
> 학교제도에 관한 국가의 규율권한과 부모의 교육권이 서로 충돌하는 경우 어떠한 법익이 우선하는가의 문제는 구체적인 경우마다 법익형량을 통하여 판단해야 한다. 이 사건 조항은 고등학교 과열입시경쟁을 해소함으로써 중학교 교육을 정상화하고, 학교 간 격차 및 지역 간 격차해소를 통하여 고등학교 교육기회의 균등 제공을 위한 것으로서, 학생과 학부모의 학교선택권에 대한 제한을 완화하기 위하여 선복수지원·후추첨방식과 같은 여러 보완책을 두고 있으므로, 이 사건 조항이 학부모의 학교선택권을 과도하게 제한하여 이를 침해한 것으로 볼 수 없다(헌재 2009.4.30, 2005헌마514).
>
> **3 학교운영위원회의 의무설치 [기각]**
> 학교운영위원회는 다양한 학교구성원들의 참여를 통하여 학교 정책결정의 민주성과 투명성을 확보하고 지역실정과 특성에 맞는 다양한 교육을 창의적으로 실시할 수 있도록 하는 단위학교 차원의 자치기구이므로 이는 헌법상 보장된 교육의 자주성을 침해한다고 보기 어렵고, 또한 사립학교의 학교운영위원회는 사립학교의 장이 학교 운영에 관련된 주요사항에 대하여 다양한 구성원들의 의견을 수집하여 합리적이고 타당한 결정을 하도록 도와주는 자문기구이므로 교육의 전문성을 침해하는 것도 아니다(헌재 2001.11.29, 2000헌마278).
> ▶ 의무로 설치해도 임의로 설치해도 헌법에 위반되지 않는다.

기출 OX

01 조례에 의한 규제가 지역 여건이나 환경 등 그 특성에 따라 다르게 나타나는 것은 헌법이 지방자치단체의 자치입법권을 인정한 이상 당연히 예상되는 결과이나, 고등학생들이 학원교습시간과 관련하여 자신들이 거주하는 지역의 학원조례조항으로 인하여 다른 지역 주민들에 비하여 더한 규제를 받게 되었다면 평등권이 침해되었다고 볼 수 있다. 17. 국가직 7급 ( )

정답 01 ×

4 학원의 교습시간 제한 [기각]

학원의 교습시간을 제한하여 학생들의 수면시간 및 휴식시간을 확보하고, 학교 교육을 정상화하며, 학부모의 경제적 부담을 덜어주려는 이 사건 조례의 입법목적의 정당성 및 수단의 적합성이 인정되고, 원칙적으로 학원에서의 교습은 보장하면서 심야에 한하여 교습시간을 제한하면서 다른 사교육 유형은 제한하지 않으므로 청구인들의 기본권을 과도하게 제한하는 것이라고 볼 수 없으므로 청구인들의 인격의 자유로운 발현권, 자녀교육권 및 직업수행의 자유를 침해하였다고 볼 수 없다(헌재 2009. 10.29, 2008헌마635).

5 표준어 규정 [기각]

이 사건 법률 조항들 중 학교의 교과용 도서를 표준어 규정에 의하도록 한 부분은 국가의 학교 교육의 내용과 목표를 정할 수 있는 포괄적인 규율권한 내의 문제라 할 것으로서, 국가는 이를 통하여 국가공동체의 통합과 원활한 의사소통을 위하여 표준어 규정으로 교과용 도서를 제작하는 것을 선택한 것이고, … 부모의 자녀교육권을 침해하는 것이라 보기 어렵다(헌재 2009.5.28, 2006헌마618).

6 검정고시 6개월 제한 [기각]

고시 공고일을 기준으로 고등학교에서 퇴학된 날로부터 6월이 지나지 아니한 자를 고등학교 졸업학력 검정고시를 받을 수 있는 자의 범위에서 제외한 것은 교육받을 권리를 침해하지 않는다(헌재 2008.4.24, 2007헌마1456).

▶ 공교육 정상화를 위함

7 학교운영비 납부 [위헌]

학교운영지원비는 기본적으로 학부모의 자율적 협찬금의 성격을 갖고 있음에도 그 조성이나 징수의 자율성이 완전히 보장되지 않아 기본적이고 필수적인 학교 교육에 필요한 비용에 가깝게 운영되고 있다는 점 등을 고려해 보면 이 사건 세입조항은 헌법 제31조 제3항에 규정되어 있는 의무교육의 무상원칙에 위배되어 헌법에 위반된다(헌재 2012.8.23, 2010헌바220).

8 유아를 대상으로 교습하는 학원을 학교교과교습학원으로 분류 [기각]

심판대상 법률 조항을 포함하고 있는 구 학원법 제2조의2를 신설하여 학원의 종류를 나눈 것은 미성년을 대상으로 하는 학원과 성년을 대상으로 하는 학원을 구분하여 규제할 필요성이 있기 때문이다(헌재 2013.5.30, 2011헌바227).

✎ 성년과 달리 유아의 경우 국가의 지휘·감독의 필요성이 더 강화된다.

9 사립유치원 에듀파인 사건 [기각]

사립유치원의 교비회계에 속하는 예산·결산 및 회계 업무를 교육부장관이 지정하는 정보처리장치로 처리하도록 규정한 부분이 청구인들의 사립학교 운영의 자유를 침해하지 않는다(헌재 2021.11.25, 2019헌마542).

10 자사고를 후기학교로 규정하고 중복지원을 금지 [위헌]

[1] 심판대상조항은 법률에 위임근거가 있는 것인지 여부, 즉 법률유보가 문제되는 것이고, 포괄위임금지원칙 위반 여부는 문제되지 않는다. 또한 사학운영의 자유와 학교법인의 평등권과 신뢰보호원칙에 위배되는지가 문제되며, 학생 및 학부모의 신뢰행위 자체는 존재하지 않는다.

[2] 고등학교별 특성과 필요성에 따라 신입생 선발시기와 지원방법을 대통령령으로 규정한 것 자체가 교육제도 법정주의에 위반된다고 보기는 어렵다.

기출 OX

02 심야 학원교습을 금지한 지방자치단체의 조례는 직업수행의 자유를 침해하지 않는다. 13. 지방직 7급 ( )

기출 OX

03 지역 방언을 자신의 언어로 선택하여 공적 또는 사적인 의사소통과 교육의 수단으로서 사용하는 것은 행복추구권에서 파생되는 일반적 행동의 자유 내지 개성의 자유로운 발현의 한 내용이다. 14. 국가직 7급 ( )

기출 OX

04 고시 공고일을 기준으로 고등학교에서 퇴학한 날로부터 6월이 지나지 아니한 자를 고등학교 졸업학력 검정고시를 응시할 수 있는 자의 범위에서 제외한 것은 교육을 받을 자유를 침해한다. 12. 법원직 ( )

05 학교운영지원비를 학교회계 세입항목에 포함시키도록 하는 것은 헌법 제31조 제3항에 규정되어 있는 의무교육의 무상원칙에 위반되지 않는다. 16. 국가직 7급 ( )

정답 02 ○ 03 ○ 04 × 05 ×

기출 OX

01 자율형 사립고등학교를 후기학교로 정하여 신입생을 일반고와 동시에 선발하도록 하는 한편, 자율형 사립고등학교를 지원한 학생에게 평준화지역 후기학교에 중복지원할 수 없도록 한 것은 학교법인의 사학운영의 자유를 침해한다. 20. 국회직 9급 (   )
⇨ 동시선발조항은 침해하지 않는다.

[3] 후기 동시선발조항은 합헌
동시선발조항은 동등하고 공정한 입학전형의 운영을 통해 '우수학생 선점 해소 및 고교서열화를 완화'하고 '고등학교 입시경쟁을 완화'하기 위한 것이다.

[4] 엄격한 심사기준 적용
자사고 불합격자에 대한 평준화지역 후기학교 배정에 어려움이 있다면 이를 해결할 다른 제도를 마련하였어야 함에도, 이 사건 중복지원금지조항은 중복지원 금지원칙만을 규정하고 자사고 불합격자에 대하여 아무런 고등학교 진학 대책을 마련하지 않았다(헌재 2019.4.11, 2018헌마221).

11 서울특별시 학생인권조례 [기각]
위 조례 중 차별·혐오표현을 통해 다른 사람의 인권을 침해하지 못하도록 규정하고 있는 제5조 제3항이 법률유보원칙과 과잉금지원칙에 위배되는 것은 아니라고 판단하였다(헌재 2019.11.28, 2017헌마1356).

12 충남삼성고등학교(자사고) 신입생 모집요강
기업형 자사고는 기업복지를 실현하여 생산성을 향상시키고 기업 주변의 정주환경을 개선하여서 우수 인재를 유치하는 데에 주요 목적이 있으므로, 임직원 자녀에게 더 많은 진학의 기회를 부여하는 것은 평등권을 침해하지 않는다(헌재 2015.11.26, 2014헌마145).

05 교육의 의무(헌법 제31조 제2항), 무상의무교육(헌법 제31조 제3항)

1. 교육의 의무

권리의 주체는 학령아동이나, 의무의 주체는 친권자, 후견인이 된다. 헌법 제31조 제2항 규정에 의하면 모든 국민은 보호하는 자녀에게 초등교육과 법률이 정하는 교육을 받게 할 의무를 진다. 07. 법원직 다만, 아동이 불구, 폐질, 병약한 경우 교육을 시킬 의무가 면제된다.

2. 국가의 의무

헌법 제31조 제2항의 의무교육제도는 헌법상의 교육기본권에 부수적인 제도보장이다. 헌법 제31조 제3항의 무상의 의무교육은 초등교육의 취학필요비무상설이 다수설(수업료뿐 아니라 교재비 등도 포함)이다.

기출 OX

02 헌법상 의무교육제도는 국민의 교육을 받을 권리를 뒷받침하기 위한 헌법상의 교육기본권에 부수하는 제도적 보장이다. 12. 법원직 (   )

03 헌법 제31조 제3항은 의무교육은 무상으로 한다고 규정하여 무상주의를 명시하고 있다. 07. 법원직 (   )

04 6년의 초등교육과 3년의 중등교육에 대한 의무교육제는 교육기본법 제8조에 규정되어 있다. 08. 국회직 8급 (   )

기출 OX

05 학부모의 자녀교육권과 학생의 교육을 받을 권리에는 학교 교육이라는 국가의 공교육 급부의 형성과정에 균등하게 참여할 권리로서의 참여권이 내포되어 있다. 21. 입시 (   )

무상교육	사례
인정	수업료, 입학금, 인건비, 시설유지비, 신규시설투자비
부정	급식, 사립유치원의 인건비, 교육비

정답 01 × 02 ○ 03 ○ 04 ○ 05 ×

판례 | 의무교육에 관한 판례

1 학교용지부담금 [위헌]
의무교육에 필요한 학교시설은 국가의 일반적 과제이고, **학교용지는 의무교육을 시행하기 위한 물적 기반으로서 필수조건임은 말할 필요도 없다. 따라서 이를 달성하기 위한 비용은 국가의 일반재정으로 충당하여야 한다.** 그렇다면, 적어도 의무교육에 관한 한 일반재정이 아닌 부담금과 같은 별도의 재정수단을 동원하여 특정한 집단으로부터 그 비용을 추가로 징수하여 충당하는 것은 의무교육의 무상성을 선언한 헌법에 반한다(헌재 2005.3.31, 2003헌가20). 08. 국회직 8급

2 개발사업자에게 부과하는 학교용지부담금 [합헌]
의무교육 비용을 학령아동의 보호자 개개인의 직접적 부담에서 공동체 전체의 부담으로 이전하라는 명령일 뿐이고, **의무교육의 비용을 오로지 국가예산, 즉 조세로 해결하라는 것은 아니다**(헌재 2008.9.25, 2007헌가1).

3 의무교육의 경비 부담 [기각]
헌법 제31조 제2항은 "모든 국민은 그 보호하는 자녀에게 적어도 초등교육과 법률이 정하는 교육을 받게 할 의무를 진다."라고, 제3항은 "의무교육은 무상으로 한다."라고 규정하고 있을 뿐이어서, 위 헌법 문언들로부터 직접 **의무교육 경비를 중앙정부로서의 국가가 부담하여야 한다는 결론은 도출되지 않는다.** 의무교육 무상에 관한 헌법 규정은 의무교육의 비용에 관하여 학부모의 직접적 부담으로부터 전체 공동체의 부담으로 이전하라는 명령일 뿐, 그 공적 부담을 어떻게 구성할 것인지에 관하여는 중립적이다. … 헌법규정에 위반되는 점이 없으므로 그로 인한 청구인의 권한침해는 인정되지 않는다(헌재 2005.12.22, 2004헌라3).

4 학교급식법 제8조 제2항 등 위헌소원 [합헌]
이 사건 심판대상조항이 의무교육대상인 중학생의 학부모들에게 급식 관련 비용의 일부를 부담하도록 하고 있지만, 급식활동 자체가 의무교육에 필수불가결한 내용이라 보기 어렵고, 국가나 지방자치단체의 지원으로 부담을 경감하는 조항이 마련되어 있으며, 특히 저소득층 학생들을 위한 지원방안이 마련되어 있다는 점을 고려해 보면 이 사건 심판대상조항이 입법형성권의 범위를 넘어 헌법상 의무교육의 무상원칙에 반한다고 할 수 없으므로 헌법에 위반되지 않는다는 것이다(헌재 2012.4.24, 2010헌바164).

5 헌법을 필수과목으로 [각하]
초·중등교육법 제23조 제3항의 위임에 따라 동 교육법 시행령 제43조가 의무교육인 초·중등학교의 교육과목을 규정함에 있어 헌법과목을 필수과목으로 규정하고 있지 않다 하더라도, 이는 입법행위에 결함이 있는 '부진정입법부작위'에 해당하여 구체적인 입법을 대상으로 헌법소원심판청구를 해야 할 것이므로, 이 부분 입법부작위 위헌확인 심판청구는 허용되지 않는 것을 대상으로 한 것으로서 부적법하다(헌재 2011. 9.29, 2010헌바66).
▶ 기본권 논점은 아니다. 입법부작위 헌법소원은 입법이 전혀 없는 경우에만 가능하기 때문에 초·중등학교 교육과목에 헌법이 없는 것은 부진정입법부작위에 해당하여 위헌확인 심판청구는 부적법하다.

기출 OX

06 학교용지부담금의 부과대상을 수분양자가 아닌 개발사업자로 정하고 있는 구 학교용지 확보 등에 관한 특례법 조항은 의무교육의 무상원칙에 위배된다. 17. 서울시 7급 ( )

07 헌법상 의무교육 무상의 범위는 교육의 기회균등을 실현하기 위해 필수불가결한 비용을 말하므로, 단순한 영양공급 차원을 넘어 교육적 성격을 가지는 학교급식은 무상의 의무교육 내용에 포함된다. 19. 서울시 7급 ( )

한눈에 쏙!

구분	무상 여부
급식	×
운영회비	○

기출 OX

08 의무교육의 무상성에 관한 헌법상 규정은 교육을 받을 권리를 보다 실효성 있게 보장하기 위해 의무교육 비용을 학령아동 보호자의 부담으로부터 공동체 전체의 부담으로 이전하라는 명령일 뿐 의무교육의 모든 비용을 조세로 해결해야 함을 의미하는 것은 아니다. 14. 국가직 7급 ( )

09 초·중등교육법 제23조 제3항의 위임에 따른 동법 시행령 제43조가 의무교육인 초·중등학교의 교육과목을 규정함에 있어 헌법과목을 의무교육과정의 필수과목으로 지정하도록 하지 아니한 입법부작위에 대한 헌법소원심판청구는 부적법하다. 16. 국가직 7급 ( )

정답 06 × 07 ○ 08 ○ 09 ○

제3절 근로의 권리

> 헌법 제32조 ① 모든 국민은 근로의 권리를 가진다. 국가는 사회적·경제적 방법으로 근로자의 고용의 증진과 적정임금의 보장에 노력하여야 하며, 법률이 정하는 바에 의하여 최저임금제를 시행하여야 한다.
> ② 모든 국민은 근로의 의무를 진다. 국가는 근로의 의무의 내용과 조건을 민주주의 원칙에 따라 법률로 정한다.
> ③ 근로조건의 기준은 인간의 존엄성을 보장하도록 법률로 정한다.
> ④ 여자의 근로는 특별한 보호를 받으며, 고용·임금 및 근로조건에 있어서 부당한 차별을 받지 아니한다.
> ⑤ 연소자의 근로는 특별한 보호를 받는다.
> ⑥ 국가유공자·상이군경 및 전몰군경의 유가족은 법률이 정하는 바에 의하여 우선적으로 근로의 기회를 부여받는다.

01 의의

기출 OX
01 헌법재판소는 근로3권(노동3권)이 '사회적 보호기능을 담당하는 자유권' 또는 '사회권적 성격을 띤 자유권'이라고 판시하였다. 07. 법원직 ( )

근로의 권리는 개인이 자유로이 일할 기회를 가지는 것을 국가가 방해 내지 제한하지 못한다는 자유권적 측면과 근로를 통하여 경제적 약자인 근로자에게 인간다운 생활을 보장한다는 사회권적 측면을 아울러 가지고 있다.

02 주체

기출 OX
02 헌법 제32조 제1항의 근로의 권리는 국가에 대하여 근로의 기회를 제공하는 정책을 수립해줄 것을 요구할 수 있는 권리도 내포하므로 노동조합도 그 주체가 될 수 있다. 17. 지방직 7급 ( )

03 외국인근로자에게도 자본주의 경제질서하에서 근로자가 기본적 생활수단을 확보하고 인간의 존엄성을 보장받기 위하여 최소한의 근로조건을 요구할 수 있는 권리의 기본권 주체성이 인정된다. 11. 법원직 ( )

일부 이견이 있으나 자연인인 국민에 한정된다는 견해가 다수 견해이다. 다만, 판례의 경우 외국인도 그 주체가 된다고 해서 비판받고 있다. 또한 노동조합의 경우에는 근로의 기회를 달라는 근로의 권리의 주체가 될 수 없다(헌재 2009.2.26, 2007헌바27).

> **판례 | 외국인산업기술연수생의 근로의 권리 주체성 [위헌]**
>
> [1] 근로의 권리가 '일할 자리에 관한 권리'만이 아니라 '일할 환경에 관한 권리'도 함께 내포하고 있는바, 후자는 인간의 존엄성에 대한 침해를 방어하기 위한 자유권적 기본권의 성격도 갖고 있어 건강한 작업환경, 일에 대한 정당한 보수, 합리적인 근로조건의 보장 등을 요구할 수 있는 권리 등을 포함한다고 할 것이므로 외국인근로자라고 하여 이 부분에까지 기본권 주체성을 부인할 수는 없다.
> [2] 근로기준법이 보장한 근로기준 중 주요사항을 외국인산업연수생에 대하여만 적용되지 않도록 하는 것은 자의적인 차별이라 아니할 수 없다(헌재 2007.8.30, 2004헌마670).
> ▶ 동일노동 동일임금이니 외국인 산업연수생에게도 같은 임금을 지불해야 한다.

정답 01 ○ 02 × 03 ○

03 내용

1. 국가의 고용증진의무

고용증진의무는 사회적·경제적 방법에 의하여 고용기회를 확대하는 것이지 강제적으로 할 수 있는 것은 아니다.

2. 해고의 제한

근로자를 해고하려면 합리적인 이유가 있어야 하며, 기본적으로 법에서 규정하고 있는 일정 절차를 지켜야 한다. 그렇지 않은 해고는 위헌, 무효가 된다.

> **근로기준법**
>
> **제23조 【해고 등의 제한】** ① 사용자는 근로자에게 정당한 이유 없이 해고, 휴직, 정직, 전직, 감봉, 그 밖의 징벌(이하 '부당해고 등'이라 한다)을 하지 못한다.
> ② 사용자는 근로자가 업무상 부상 또는 질병의 요양을 위하여 휴업한 기간과 그 후 30일 동안 또는 산전·산후의 여성이 이 법에 따라 휴업한 기간과 그 후 30일 동안은 해고하지 못한다. 다만, 사용자가 제84조에 따라 일시보상을 하였을 경우 또는 사업을 계속할 수 없게 된 경우에는 그러하지 아니하다.

판례 | 근로자의 권리·근로의 보호에 관한 판례

1 산업재해보상보험법상의 요양급여

외국인이 취업자격이 아닌 산업연수 체류자격으로 입국하여 구 산업재해보상보험법의 적용대상이 되는 사업장인 회사와 고용계약을 체결하고 근로를 제공하다가 작업 도중 부상을 입었을 경우, 비록 그 외국인이 구 출입국관리법상의 취업자격을 갖고 있지 않았다 하더라도, 그 고용계약이 당연히 무효라고 할 수 없고, 위 부상 당시 그 **외국인은 사용종속관계에서 근로를 제공하고 임금을 받아온 자로서 근로기준법 소정의 근로자였다 할 것이므로 구 산업재해보상보험법상의 요양급여를 받을 수 있는 대상에 해당한다**(대판 1995.9.15. 94누12067).

2 근로자의 직장상실로부터 보호할 의무 [합헌]

근로의 권리는 사회적 기본권으로서, 국가에 대하여 직접 일자리(직장)를 청구하거나 일자리에 갈음하는 생계비의 지급청구권을 의미하는 것이 아니라, **고용증진을 위한 사회적·경제적 정책을 요구할 수 있는 권리에 그친다**. 근로의 권리를 직접적인 일자리청구권으로 이해하는 것은 사회주의적 통제경제를 배제하고, 사기업 주체의 경제상의 자유를 보장하는 우리 헌법의 경제질서 내지 기본권 규정들과 조화될 수 없다. 마찬가지 이유로 근로의 권리로부터 국가에 대한 직접적인 직장존속청구권을 도출할 수도 없다. 단지 사용자의 처분에 따른 직장상실에 대하여 최소한의 보호를 제공하여야 할 의무를 국가에 지우는 것이다(헌재 2002.11.28. 2001헌바50).

3 6개월 미만의 근로자는 해고예고제도에서 제외 [위헌]

6개월 미만 근무한 월급근로자 또한 전직을 위한 시간적 여유를 갖거나 실직으로 인한 경제적 곤란으로부터 보호받아야 할 필요성이 있다. 이는 근로의 권리를 침해하며, 평등원칙에도 위배된다(헌재 2015.12.23. 2014헌바3).

✎ 근속기간 3월 미만의 일용근로자 해고예고 적용제외 규정은 합헌이다(헌재 2017.5.25. 2016헌마640).

기출 OX

04 근로의 권리는 사회적 기본권으로서, 국가에 대하여 직접 일자리(직장)를 청구하거나 일자리에 갈음하는 생계비의 지급청구권을 의미하는 것이 아니라, 고용증진을 위한 사회적·경제적 정책을 요구할 수 있는 권리에 그치는 것이다. 19. 서울시 7급 ( )

기출 OX

05 해고예고제도의 적용제외사유 중 하나로 일용근로자로서 3개월을 계속 근무하지 아니한 자를 규정하고 있는 근로기준법 조항은 해당 일용근로자의 근로의 권리를 침해한다. 22. 5급 공채 ( )

06 해고예고제도는 근로관계의 존속이라는 근로자보호의 본질적 부분과 관련되는 것이 아니므로, 해고예고제도를 둘 것인지 여부, 그 내용 등에 대해서는 상대적으로 넓은 입법형성의 여지가 있다. 19. 서울시 7급 ( )

정답 04 ○ 05 × 06 ○

기출 OX

01 근로기준법 제23조 제1항의 부당해고제한조항을 4인 이하 사업장에 적용되는 조항으로 포함하지 않은 것은 근로자보호의 필요성이 크고 4인 이하 사업장에 그다지 큰 경제적 부담 전가가 되지 않으므로 4인 이하 사업장을 5인 이상 사업장과 달리 차별하는 데에 합리적인 이유를 인정할 수 없어 청구인의 평등권을 침해한다. 22. 입시
( )

02 근로자퇴직급여 보장법 제3조 단서가 가사사용인을 일반 근로자와 달리 근로자퇴직급여 보장법의 적용범위에서 배제하고 있다 하더라도 합리적 이유가 있는 차별로서 평등원칙에 위배되지 아니한다. 23. 소방간부 ( )

4 근로조건의 명시 [합헌]

근로조건을 구체적으로 명시하지 않거나 확정적 근로조건을 제시하지 않음으로 근로자에게 불리하거나 부당한 근로를 강요할 위험이 항시 존재한다(헌재 2006.7.27, 2004헌바77).

5 4인 이하 근로자를 사용하는 사업장의 경우 일부 규정 제외 [합헌]

일반적으로 4인 이하 사업장은 5명 이상 사업장에 비하여 매출규모나 영업이익 면에서 영세하여 재정능력과 관리능력이 상대적으로 미약한 경우가 많다. 해고사유와 절차를 엄격하게 할 경우 소규모 자영업자들이 다수 포함된 4인 이하 사업장은 인력을 자유롭게 조절하기가 어려워 경기침체 등 기업여건 악화에 대응하기 어려울 수 있다(헌재 2019.4.11, 2017헌마820).

6 가사사용인에 대한 퇴직급여법 적용 제외 [합헌]

가구 내 고용활동에 대하여 다른 사업장과 동일하게 퇴직급여법을 적용할 경우 이용자 및 이용자 가족의 사생활을 침해할 우려가 있음은 물론 국가의 관리 감독이 제대로 이루어지기도 어렵다(헌재 2022.10.27, 2019헌바454).

3. 최저임금의 보장

헌법 제32조 제1항에는 적정임금의 보장에 노력해야 하며, 최저임금제를 시행하여야 한다고 규정되어 있다. 이는 건강하고 문화적인 생활을 영위하는 데 필요한 임금을 보장해야 한다는 것을 말한다.

(1) 무노동 무임금

판례 | 임금에 관한 판례

1 무노동 완전무임금의 원칙

현행 실정법하에서는, 모든 임금은 근로의 대가로서 '근로자가 사용자의 지휘를 받으며 근로를 제공하는 것에 대한 보수'를 의미하므로 현실의 근로제공을 전제로 하지 않고 단순히 근로자로서의 지위에 기하여 발생한다는 이른바 생활보장적 임금이란 있을 수 없고, 또한 **우리 현행법상 임금을 사실상 근로를 제공한 데 대하여 지급받는 교환적 부분과 근로자로서의 지위에 기하여 받는 생활보장적 부분으로 2분할 아무런 법적 근거도 없다**(대판 1995.12.21, 94다26721).

근로자의 파업기간 중 임금을 지급할 것인지에 대해서 종래 대법원은 임금 2분설의 입장에서, 즉 노동교환적인 부분과 생활보장적인 측면으로 나누어 생활보장적인 측면은 주어야 한다는 무노동 부분임금의 입장이었다. 그러나 최근 대법원은 우리 현행법상 임금을 사실상 근로를 제공한 데 대하여 지급받는 교환적 부분과 근로자로서의 지위에 의하여 받는 생활보장적 부분으로 2분할 할 아무런 법적 근거도 없다고 판시하였다. 즉, 임금은 교환적인 부분만 존재한다고 보아 무노동 완전무임금으로 판례를 변경하였다.

2 임금 및 퇴직금채권의 단기소멸시효 [합헌]

임금 및 퇴직금채권에 대한 단기소멸시효의 설정은 기업거래의 안전과 법적 안정성을 도모하기 위한 것으로서 그 입법목적의 정당성이 인정되며, 소멸시효기간을 3년으로 제한한 것은, 민법상 일반채권에 대한 소멸시효기간인 10년보다는 짧으나 민법상 급료채권 기타 1년 이내의 기간으로 정한 금전 또는 물건의 지급을 목적으로 하는 채권의 소멸시효기간 3년과 동일하고 … 따라서 입법재량의 범위를 현저히 일탈하였다거나 다른 일반채권들에 비하여 근로자에 대해서만 특별히 차별대우를 하고 있다고 볼 수 없다(헌재 1998.6.25, 96헌바27).

정답 01 X 02 O

3 외국인근로자 출국만기보험금 지급시기 [기각]

고용허가를 받아 국내에 입국한 외국인근로자의 출국만기보험금을 출국 후 14일 이내에 지급하도록 한 '외국인근로자의 고용 등에 관한 법률' 제13조 제3항 중 '피보험자 등이 출국한 때부터 14일 이내' 부분이 청구인들의 근로의 권리와 평등권을 침해하지 않는다(헌재 2016.3.31, 2014헌마367).

🖉 출국만기보험금은 퇴직금의 성격을 가지며, 불법체류 방지를 위해 지급시기를 출국과 연계시키는 것은 불가피하다.

(2) 퇴직금의 문제

판례 | 퇴직금에 관한 판례

1 퇴직금 등의 미지급에 대한 형사처벌 [합헌]

헌법 제32조 제3항은 계약자유의 원칙에 대한 수정조항으로 그에 따라 사용자의 계약의 자유 및 기업활동의 자유를 제한하게 되는데, … 임금이 생계의 원천인 근로자의 경우 임금의 지급이 장기간에 걸치거나 부정기적으로 행하여지면 **근로자의 생활이 불안하게 되기 때문에 이를 방지하기 위한 것**이므로 결국 이 사건 법률 조항은 단지 그러한 의무를 근로자의 생활보장 등에 부합하도록 제때 이행하라는 의미를 지닐 뿐이다. … 이 사건 법률 조항은 필요한 범위를 넘어 사용자의 계약의 자유 및 기업활동의 자유를 침해하지 아니한다(헌재 2005.9.29, 2002헌바11).

2 퇴직금 전액 우선변제 [헌법불합치]

이 사건 법률 조항은 퇴직금채권자에게 저당권자에 우선하여 그 퇴직금의 액수에 관하여 아무런 제한 없는 우선변제수령권을 인정하고 있으므로, 그로 말미암아 그 저당권의 **유일한 채권확보 내지 회수 수단에 결정적 장애를 줌으로써 담보물권제도의 근간을 흔들고 있다.** … 그 질권이나 저당권의 본질적 내용을 이루는 우선변제수령권이 형해화하게 되므로 이 사건 법률 조항 중 '퇴직금' 부분은 질권이나 저당권의 본질적 내용을 침해할 소지가 생기게 되는 것이다(헌재 1997.8.21, 94헌바19 등).

🖉 일정한 물건을 채권 담보로 사용하는 것을 목적으로 하는 물권, 즉 건물을 담보로 돈 빌려준다. 담보의 본질은 우선변제권인데 선순위 담보권보다 퇴직금 전액을 우선변제 시키면 담보권의 본질을 침해한다. 따라서 이후 3년간 퇴직금만 우선변제하는 걸로 변경하였다.

3 초단시간근로의 경우 퇴직금 배제 [합헌]

소정근로시간이 1주간 15시간 미만인 이른바 '초단시간근로'는 일반적으로 임시적이고 일시적인 근로에 불과하여, 해당 사업 또는 사업장에 대한 기여를 전제로 하는 퇴직급여제도의 본질에 부합한다고 보기 어렵다. 소정근로시간이 짧은 경우에는 고용이 단기간만 지속되는 현실에 비추어 볼 때에도, '소정근로시간'을 기준으로 해당 사업 또는 사업장에 대한 전속성이나 기여도를 판단하도록 규정한 것 역시 합리성을 상실하였다고 보기도 어렵다. 따라서 심판대상조항은 헌법 제32조 제3항에 위배되는 것으로 볼 수 없다(헌재 2021.11.25, 2015헌바334 등).

▶ 보통 초단시간근로자의 경우에는 워드 몇 페이지 치면 얼마 즉 건바이건으로 계약하는게 일반적이다. 따라서 퇴직금을 주지 않아도 된다.

(3) 최저임금제

최저임금제는 근로자의 최소한의 물질적 생활을 보장하기 위하여 그 이하의 수준으로는 임금을 낮추지 못하도록 법적으로 강제하는 제도를 말한다.*

* 당사자가 그 이하로 계약을 해도 최저임금으로 자동 계약된다.

기출 OX

03 입법자가 근로자퇴직급여 보장법상 퇴직급여제도를 설정함에 있어 4주간을 평균하여 1주간의 소정근로시간이 15시간 미만인 근로자를 그 지급대상에서 배제함으로써 차별취급이 발생하였다고 하더라도 이를 입법재량을 벗어난 자의적인 재량권 행사라고 보기는 어렵다. 22. 비상기획관 ( )

정답 03 ○

4. 여성근로자의 차별대우 금지

헌법 제32조 제4항은 "여자의 근로는 특별한 보호를 받으며, 고용·임금 및 근로조건에 있어서 부당한 차별을 받지 아니한다."라고 규정하여 여성에 대한 차별대우를 금지하고 있다.

5. 연소자에 대한 보호

헌법 제32조 제5항은 "연소자의 근로는 특별한 보호를 받는다."라고 규정하고 있다.

6. 국가유공자 등의 우선적 근로기회 보장

헌법 제32조 제6항은 "국가유공자·상이군경 및 전몰군경의 유가족은 법률이 정하는 바에 의하여 우선적으로 근로의 기회를 부여받는다."라고 규정하고 있다. 국가는 사회적 특수계급을 창설하지 않는 범위에서 국가유공자에 대하여 우선적으로 근로의 기회를 부여할 헌법상 의무가 있다. 05. 입시

04 효력

(1) 대사인적 효력을 지니므로 부당한 해고는 허락될 수 없다. 여성·연소근로자 보호규정(헌법 제32조 제4항·제5항)은 제3자에 대하여도 직접적 효력을 지닌다(다수설).
(2) 근로기준법이 적용되는 사업에 있어 근로자와 사용자는 동법의 기준에 미달하는 근로조건을 근로계약에 의하여 규정할 수 없으며, 설령 규정 위반내용에 합의를 하였다 하더라도 기준미달의 계약부분은 당연히 무효이다(대법원 판례).

제4절 근로3권

한눈에 쏙!

구분	인정 여부
공무원	근로3권
	긍정적 표현
주요 방위산업체	단체행동권

헌법 제33조 ① 근로자는 근로조건의 향상을 위하여 자주적인 단결권·단체교섭권 및 단체행동권을 가진다. 08. 법원직
② 공무원인 근로자는 법률이 정하는 자에 한하여 단결권·단체교섭권 및 단체행동권을 가진다.
③ 법률이 정하는 주요 방위산업체에 종사하는 근로자의 단체행동권은 법률이 정하는 바에 의하여 이를 제한하거나 인정하지 아니할 수 있다. 07·08. 법원직

01 의의

1. 개념

근로조건 개선을 위하여 노동자가 가지는 기본권으로서, 구체적으로는 단결권·단체교섭권·단체행동권을 말한다.

2. 법적 성격

다수설은 혼합적 성격을 인정한다. 즉, 사용자에 의한 침해시 국가의 적극적인 개입을 요구할 권리로서 생존권적 측면과 국가의 간섭·방해배제권으로서의 자유권적 측면을 모두 포함한다. 헌법재판소는 근로3권에 대해 '사회적 보호기능을 담당하는 자유권' 또는 '사회권적 성격을 띤 자유권'이라고 말할 수 있다(헌재 1993.3.11, 92헌바33)고 판시하여 다수설과 같은 입장이다. 07·08. 법원직

 자유권적 측면은 파업을 하였다고 국가가 탄압하면 안 된다는 뜻이다. 즉, 파업할 자유를 보장하라는 의미이고, 사회권적 측면은 사용자가 단체협상을 회피하면 규제등을 통해 사용자가 단체협상을 회피하지 못하게 형성해 달라는 것을 의미한다.

02 주체

직업의 종류를 불문하고 임금·급료 기타 이에 준하는 수입에 의하여 생활하는 자가 주체가 된다.*

* 근로의 권리는 노동조합이 주체가 되지 못하지만, 근로3권은 오히려 노동조합이 주체가 된다.

1. 노동자

(1) 노동의 대가로 생활하는 자를 말하며 육체노동, 정신노동 모두 해당한다. 단순노무에 종사하는 공무원, 외국인도 포함한다.

(2) 잠재적 노동자임으로 족하며, 실업 중인 자도 노동3권을 갖는다(통설). 판례도 해고의 효력을 다투고 있는 자를 노동자로 보고 있다(노동조합 및 노동관계조정법 제2조). 07. 법원직

> **판례 | 실업자의 근로3권의 주체성**
>
> 근로기준법과 노동조합 및 노동관계조정법의 입법목적에 따라 근로자의 개념은 상이하고, 일정한 사용자에의 종속관계를 조합원의 자격요건으로 하는 기업별 노동조합의 경우와는 달리 산업별·직종별·지역별 노동조합 등의 경우에는 원래부터 일정한 사용자에의 종속관계를 조합원의 자격요건으로 하는 것이 아니다. **따라서 노조법 제2조 제1호 및 제4호 라목 본문에서 말하는 '근로자'에는 특정한 사용자에게 고용되어 현실적으로 취업하고 있는 자뿐만 아니라, 일시적으로 실업상태에 있는 자나 구직 중인 자도 노동3권을 보장할 필요성이 있는 한 그 범위에 포함된다.** … 지역별 노동조합의 성격을 가진 원고가 그 구성원으로 '구직 중인 여성 노동자'를 포함시키고 있다 하더라도, 이 역시 노조법상의 근로자에 해당하므로, 구직 중인 여성 노동자는 근로자가 아니라는 이유로 노조설립신고를 반려한 피고의 처분이 위법하다고 판단한 원심은 정당하다(대판 2004.2.27, 2001두8568).
> ▶ 만약 일시적으로 해고된 경우에 노동3권의 주체에서 제외시켜 버린다면 대부분 노조를 주도하는 노동자를 사용자는 해고시켜버릴 것이다. 그럼 주동자가 사라지니 노조는 금방 와해되고 만다. 따라서 해고시켜도 파업을 주도할 수 있게 해야 해고의 실익이 없어지니 일시적으로 해고된 경우에도 노동3권의 주체가 되어야 한다는 의미이다.

기출 OX

01 근로3권(노동3권)의 주체는 육체노동자, 사무노동자를 포함하나 해고의 효력을 다투고 있는 자나 실업 중에 있는 자 및 법인 등은 제외된다. 07. 법원직 ( )

정답 01 ×

2. 사용자

(1) 사용자단체의 결성

사용자단체의 결성은 무방하나 보장 정도가 노동자단체와 다르다. 이 경우 결사의 자유에서 보장한다는 것이 다수의 견해이다.

(2) 직장폐쇄*권의 인정 여부

사용자의 직장폐쇄권은 헌법 제119조 제1항의 조항과 노사균형론, 사용자의 재산권의 관점에서 인정된다고 보는 것이 다수설적 견해이다. 다만, 사용자의 직장폐쇄권은 수동적·방어적 목적으로 행사할 수 있으므로 노동조합이 쟁의행위를 개시한 이후에만 할 수 있다. 또한 이는 근로3권에 근거한 것이 아니라 재산권에 근거한 것으로 보아야 한다.

*직장폐쇄란 노조가 파업을 하는 경우 공장문을 닫아버리는 것이다. 그럼 노조는 파업할 장소도 마땅치 않고 사용자에 대한 압박을 가하기도 쉽지 않다.

기출 OX
01 사용자의 직장폐쇄는 노동조합이 쟁의행위를 개시한 이후에만 행할 수 있다. 07. 국가직 7급 ( )

03 내용

1. 단결권

(1) 의의

① 근로자들이 근로조건의 유지·향상을 위하여 사용자와 대등한 교섭력을 가질 목적으로 자주적으로 단체(노동조합)를 결성하고, 이에 가입하여 활동할 수 있는 권리를 말한다.
② 단결권의 개념으로 근로조건의 향상이라는 목적성과 자주적으로 단체를 결성하는 자주성을 개념요소로 하며 교섭을 행할 목적과 일시적으로 쟁의단체를 구성하는 것도 단결권에 포함되므로 시간적 계속성은 단결권의 필수적 개념요소가 아니다.

> **판례 | 설립신고제에 관한 판례**
>
> **1 설립신고제는 합헌 [합헌]**
> 노동조합이 아니면 노동조합이라는 명칭을 사용할 수 없으며, 설립에 있어 신고제를 규정한 것은 노동조합법에 따른 적법한 노동조합의 설립을 유도하기 위한 것으로 헌법에 위반되지 않는다(헌재 2008.7.31, 2004헌마9). 15. 서울시 7급
>
> **2 교원노조는 법외노조 [기각]**
> 이 사건 법률 조항 단서는 교원의 노조활동이 임면권자에 의하여 부당하게 제한되는 것을 방지함으로써 교원의 노조활동을 보호하기 위한 것인데, 그 외에 일반적으로 해직 교원에게 교원노조의 조합원 자격을 계속 유지할 수 있도록 하면, 해고의 효력을 다투는 데 기한의 제한이 없는 우리 법체계상 쟁송을 남용하거나, 개인적 해고의 부당성을 다투는 데 교원노조 활동을 이용할 우려가 있으므로, 해고된 사람의 교원노조 조합원 자격을 이 사건 법률 조항과 같이 제한하는 데는 합리적 이유가 인정된다(헌재 2015.5.28, 2013헌마671).
> ▶ 교원노조는 재직중인 선생님들만 가입이 가능하다. 따라서 해고된 사람이 노조원 자격을 가지고 되면 안 된다는 것이 판례의 취지이다. 합헌은 기속력이 없어서 이 판례 이후 법이 개정되어 이제 해직된 교원도 합법적으로 가입이 가능하게 되었다.

정답 01 ○

3 **소방공무원 공무원노조 가입금지** [합헌]
소방공무원의 업무를 볼 때 현 시점에서 노동기본권을 보장함으로 예상되는 사회적 폐해가 너무 크다(헌재 2008.12.26, 2006헌마462).

4 **결산 결과와 운영 상황을 보고** [합헌]
노동조합으로 하여금 행정관청이 요구하는 경우 결산 결과와 운영 상황을 보고하도록 하고 그 위반시 과태료에 처하도록 하는 것은 노동조합의 단결권을 침해하지 아니한다(헌재 2013.7.25, 2012헌바116).

5 **교수노조 불허**** [헌법불합치]
일반근로자 및 초·중등교원과 구별되는 대학교원의 특수성을 인정하더라도, 대학교원에게도 단결권을 인정하면서 다만 해당 노동조합이 행사할 수 있는 권리를 다른 조합과 달리 강한 제약 아래 두는 방법도 얼마든지 가능한데 이를 전면적으로 제한하는 것은 필요 이상의 과도한 제한이다(헌재 2018.8.30, 2015헌가38).

** 1. 대학교원의 경우 과잉금지 위배를 심사기준으로, 교육공무원의 경우 입법형성권의 범위를 일탈하였는지를 나누어 심사한다.
2. 목적의 정당성과 수단의 적합성을 부정한 판례이다.

(2) 주체

단결권의 주체는 원칙적으로 근로자 개개인이나, 단체 자체도 단결권의 주체가 될 수 있다(단위별 노동조합이 산업별 노동조합을 결성하는 경우). 다만, 사용자는 헌법 제33조의 단결권의 주체가 될 수 없다.***

*** 노조는 단결권의 주체가 될 수 있으나, 지식경제부 공무원노조는 공무원노조의 설립 최소단위가 행정부로 되어 있어 행정부 공무원노조의 지부에 불과하여 단결권의 주체가 될 수 없다(헌재 2008.12.26, 2005헌마971 등).

(3) 내용

① **소극적 단결권의 인정 여부**: 헌법 제33조 제1항의 단결권에는 노동조합을 구성하고 이에 가입하여 활동할 수 있는 자유인 적극적 단결권 외에 단체에 가입하지 아니할 자유 내지 탈퇴의 자유, 즉 소극적 단결권이 인정되느냐에 관해서는 견해가 대립하고 있다. 판례는 소극적 단결권은 단결권에서 보호되지 않으며, 결사의 자유나 일반적 행동자유에서 보장될 수 있다고 판시하고 있다(헌재 2005.11.24, 2002헌바95 등).

② **단결강제의 인정 여부**: 단결권은 자주성을 요건으로 하므로 단결강제는 원칙적으로 인정되지 아니한다. 다만, 현행 노동조합 및 노동관계조정법에서 어느 정도의 단결강제를 인정하여 노동조합이 당해 사업장에 종사하는 근로자의 3분의 2 이상을 대표하고 있을 때에는 근로자가 노동조합의 조합원이 될 것을 고용조건으로 하는 단체협약의 체결은 부당노동행위에 해당되지 않는다고 하여 단결강제의 한 유형인 유니언 숍(Union Shop) 조항을 인정하고 있다.

한눈에 쏙!

단결권	인정 여부
적극	○
소극	×

한눈에 쏙!	
구분	충돌의 해결
적극vs소극	이익형량
집단vs개인	규범조화

기출 OX

01 이른바 '유니언 숍(Union Shop)' 협정은 근로자의 소극적 단결권을 침해하므로 헌법상 용인되기 어렵다. 22. 법행 ( )

> **판례 | 유니언 숍(Union Shop) 조항의 위헌 여부 [합헌]**
>
> [1] 노동조합의 적극적 단결권은 근로자 개인의 단결하지 않을 자유보다 중시된다고 할 것이어서 노동조합에 적극적 단결권(조직강제권)을 부여한다고 하여 이를 두고 곧바로 근로자의 단결하지 아니할 자유의 본질적인 내용을 침해하는 것으로 단정할 수는 없다.
> [2] 개인적 단결권과 집단적 단결권이 충돌하는 경우 기본권의 서열이론이나 법익형량의 원리에 입각하여 어느 기본권이 더 상위기본권이라고 단정할 수는 없다. 이 사건 법률 조항은 단체협약을 매개로 한 조직강제를 적법·유효하게 할 수 있는 노동조합을 일정한 범위로 한정하고 있다. 또한 지배적 지위에 있는 노동조합의 권한남용으로부터 개별 근로자를 보호하기 위하여 사용자는 근로자가 당해 노동조합에서 제명된 것을 이유로 신분상 불이익한 행위를 할 수 없도록 규정하고 있다. 나아가 지배적 노동조합에 가입을 원하지 않는 개별 근로자들도 그러한 노동조합의 활동에 의한 과실, 즉 노동조합이 획득한 근로조건을 실질적으로 향유한다. … 근로자의 단결선택권과 노동조합의 집단적 단결권(조직강제권) 사이에 균형을 도모하고 있고, 상충·제한되는 두 기본권 사이에 적정한 비례관계도 유지되고 있다고 할 것이다(헌재 2005.11.24, 2002헌바95 등). 08. 국가직 7급

(4) 효력

단결권은 대국가적 효력뿐만 아니라 사인 간에도 효력을 갖는다. 단결권의 대국가적 효력은 국가로부터 방해받지 아니할 권리(소극적 측면)와 사용자로부터 단결권의 행사를 방해받을 경우 국가에 대한 적극적인 보호청구권을 갖는다. 사인 간의 효력은 사용자로부터 방해받지 아니할 권리를 의미한다.

2. 단체교섭권

(1) 의의

단체교섭권이란 근로자들이 근로조건의 향상을 위하여 단결체의 이름으로 사용자와 자주적으로 교섭할 수 있는 권리와 단체협약을 체결할 수 있는 권리를 의미한다(헌재 1998.2.27, 94헌바13 등). 단체교섭을 하는 경우에는 계약자유의 원칙에 따른 민법규정이 적용되는 것이 아니라 근로기준법이나 노동조합 및 노동관계조정법 등과 같은 노동법이 적용된다.

기출 OX

02 단체교섭권에는 단체협약체결권이 포함되지 않는다. 08. 법원직 ( )

(2) 주체

단체교섭권의 주체는 노동조합이며, 근로자 개개인은 주체가 될 수 없다. 단체교섭을 할 수 있는 권리는 노동조합이면 누구나 차별 없이 부여받기 때문에 유일한 단체교섭조항은 위헌이고, 단체교섭권에는 단체협약을 체결할 수 있는 권리를 포함하므로 단체협약체결능력 제한조항도 위헌이다.

(3) 내용

① 단체교섭은 근로조건의 유지·향상을 목적으로 하는 것이므로 이러한 근로조건과 무관한 사항인 사용자의 고유한 권한인 경영권이나 인사권 및 이윤취득권에 속하는 사항은 원칙적으로 단체교섭의 대상이 될 수 없다. 다만, 근로자들의 근로조건이나 지위에 직접 관련되거나 중대한 영향을 미치는 경우에는 그 한도 내에서 단체교섭의 대상이 될 수 있다.

정답 01 × 02 ×

② 사용자는 단체교섭에 응할 의무가 있으므로 정당한 사유 없이 단체교섭을 거부하면 부당노동행위가 되어 단체행동권의 행사를 정당화하게 된다.
③ 단체교섭권에는 단체협약체결권이 포함되어 있고, 단체협약은 국법상 보호를 받는다.

판례 | 단체교섭권에 관한 판례

1 교원노조의 개별교섭 금지 [합헌]
이 사건 법률 조항으로 말미암아 교원노조와의 단체교섭을 위해서는 전국 단위 또는 시·도 단위의 교섭단의 구성원으로 사실상 강제로 참여해야 하는 것이므로 이 사건 법률 조항은 청구인들의 **'소극적 의미'의 결사의 자유를 제한**하고 있다. … (빨간색 부분 삭제) 개별 학교에서의 교원노조를 인정하지 않는 것에 대응하여 개별 학교법인도 단체교섭의 상대방이 될 수 없도록 함으로써 교원노조로 하여금 개별 학교의 운영에 관여하지 못하도록 한 것은, **첫째 교원의 근로조건이 각 학교법인별로 크게 다르지 아니한 점, 둘째 교원의 지위를 통일적으로 보장할 필요가 있는 점**, 셋째 교원의 노사관계가 일반 노사관계와는 다른 특수성을 지니는 점 등을 모두 고려하여 개별 학교차원의 교섭으로 인한 혼란을 방지하고자 하는 것이라고 할 것이므로, … 결국 이 사건 법률 조항은 헌법에 위반되지 아니한다(헌재 2006.12.28, 2004헌바67).

2 인사권에 속한 사항의 단체교섭
근로자들이 쟁의행위를 함에 있어 연구소장의 퇴진을 요구하였다 하더라도 이는 부차적인 것이고 주된 목적은 일부 근로자들에 대한 파면처분이 노동조합의 핵심적 관심사항인 연구자율수호운동을 주동한 것에 대한 보복조치라고 하여 이의 철회를 구하는 것이고 그 뜻은 조합원의 근로조건의 개선요구에 있다고도 볼 수 있다면 이는 단체교섭사항이 될 수 있는 것이므로 위 쟁의행위는 그 목적에 있어 정당하다(대판 1992.5.12, 91다34523).

3 단체협약체결권 [합헌]
노사 간의 타협과 양보의 결과로서 합의가 도출되었더라도 다시 노동조합총회의 의결을 거쳐야만 비로소 그 합의의 효력이 발생할 수 있도록 하는 것은 근로자의 의사를 존중하는 것이기는 하나, **사용자가 결정권한이 없는 노동조합대표자를 상대로 하여 성실하고도 진지하게 교섭에 임하리라는 것을 기대하기는 어렵게 되고**, 이로 말미암아 근로3권의 헌법적 목적을 실현하기 위한 절차로서의 단체협약제도의 기능이 크게 저해되어 노동영역에서의 산업평화가 위협받을 수 있다 할 것이다. 이러한 이유로 이 사건 법률 조항이 노동조합의 대표자 또는 노동조합으로부터 위임을 받은 자에게 **단체교섭권만이 아니라 단체협약체결권도 부여한 것**이라 하겠다(헌재 1998.2.27, 94헌바13 등).

4 우리나라 고속철도건설공단의 단체교섭 제한 [합헌]
우리나라 고속철도건설공단은 이윤추구를 목적으로 하는 사기업이 아니라 우리나라의 철도 교통망의 확충을 위한 고속철도를 효율적으로 건설함으로써 국민의 교통편의를 증진하기 위하여 설립된 공법인으로서 … 이 사건 법률 조항은 공단 이사장의 권한 행사 및 공단 운영에 대한 적절한 규제를 통하여 국가사업을 대행하는 공법인의 원활한 사업추진을 도모하고, 국민의 세금인 정부출연금과 연계되는 **인사·예산·보수 등에서 방만한 운영이 발생하지 않도록 공단에 대한 건설교통부장관의 지도·감독 권한을 확보하기 위한 것**으로서 … 이 사건 법률 조항이 단체교섭권을 침해하여 헌법을 위반하였다고 볼 수 없다(헌재 2004.8.26, 2003헌바28).

5 사용자의 인사처분에 대한 노조의 사전 동의

사용자가 인사처분을 함에 있어 노동조합의 사전 동의를 얻어야 한다거나 또는 노동조합의 승낙을 얻거나 노동조합과 인사처분에 관한 논의를 하여 의견의 합치를 보아 인사처분을 하도록 규정된 경우에는 그 절차를 거치지 아니한 인사처분은 원칙적으로 무효라고 보아야 한다(대판 1993.9.28, 91다30620).

∥ 대법원 판례는 사용자가 인사처분을 함에 있어 노동조합과의 합의를 거치기로 단체협약에 규정한 경우에 그 절차를 거치지 아니한 인사처분은 무효라고 하여 예외적으로 사용자의 고유한 권한인 인사권도 예외적으로 단체협약의 대상이 된다고 하였다.

6 노동조합에 대한 사업소세 부과 [합헌]

근로3권을 규정한 헌법 제33조 제1항으로부터 노동조합이 조세법상 비과세 혜택을 받을 권리가 파생한다거나 이에 상응하는 국가의 조세법규범 정비의무가 발생한다고 보기도 어렵다(헌재 2009.2.26, 2007헌바27).

7 노동조합 운영비 원조 부당노동행위 금지조항 [헌법불합치]

일체의 운영비 원조행위를 금지함으로써 노동조합의 자주성이 저해되거나 저해될 위험이 현저하지 않은 경우까지도 금지하고 있으므로, 그 입법목적 달성을 위해서 필요한 범위를 넘어서 노동조합의 단체교섭권을 과도하게 제한하고 있다(헌재 2018.5.31, 2012헌바90).

▶ 노조의 자주성을 저해할 위험이 없는 경우까지 금지하여 수단의 적합성을 위배한다.

8 부당노동행위에 대한 형사처벌 [합헌]

[1] '지배·개입행위'란 사용자가 노동조합의 조직·운영을 조종하거나 이에 간섭하는 일체의 행위로서 노동조합의 자주성을 저해하거나 저해할 위험성이 있는 행위라고 볼 수 있다.

[2] 처벌조항은 사용자가 노동조합의 조직·운영에 지배·개입하거나 노조전임자에 대한 급여지원하는 것을 처벌함으로써 사용자로부터 노동조합의 자주성 및 독립성을 확보하여 궁극적으로 근로3권의 실질적인 행사를 보장하기 위한 것이므로 그 입법목적은 정당하다(헌재 2022.5.26, 2019헌바341).

9 국가비상상태에서의 단체교섭권 부정 [위헌]

[1] 초헌법적 국가긴급권을 대통령에게 부여하는 법률은 헌법에 위반된다.

[2] 이 법은 모든 근로자의 근로3권을 사실상 전면적으로 부정하는 것으로 근로3권의 본질적 내용을 침해하는 것이다(헌재 2015.3.26, 2014헌가5).

∥ 근로자의 단체교섭권 또는 단체행동권의 행사는 미리 주무관청에 조정을 신청하며, 그 조정에 따라야 한다고 규정하여 단체행동권을 사실상 전면적으로 부정하는 것이다.

10 교섭창구 단일화 [기각]

헌법재판소는 2012년 4월 24일 전원의 일치된 의견으로 하나의 사업 또는 사업장에 2개 이상의 노동조합이 있는 경우 단체교섭에 있어 그 창구를 단일화하도록 하여 교섭대표가 된 노동조합에게만 단체교섭권을 부여하고 있는 '노동조합 및 노동관계조정법' 제29조 제2항, 제29조의2 제1항이 청구인들의 기본권을 침해하지 않는다고 하였다(헌재 2012.4.24, 2011헌마338).

기출 OX

01 노동조합이 비과세 혜택을 받을 권리는 헌법 제33조 제1항(근로3권)이 당연히 예상한 권리의 내용에 포함된다고 보기 어렵고, 위 헌법조항으로부터 국가의 조세법규범 정비의무가 발생한다고 보기도 어렵다. 11. 법원직 ( )

한눈에 쏙!

부당노동행위	인정
노동조합 운영비	×
전임자 급여지원	○

한눈에 쏙!

구분	주문
교섭창구 단일화	합헌
유일교섭단체	위헌

A와 B 두 개의 노동조합이 있을 경우 A하고만 교섭하고 B와는 하지 않겠다고 한다면 위헌이지만, A와 B가 하나의 안을 가지고 교섭하겠다는 것은 합헌이다.

기출 OX

02 하나의 사업 또는 사업장에 두 개 이상의 노동조합이 있는 경우 단체교섭에 있어 그 창구를 단일화하도록 하고 교섭대표가 된 노동조합에게만 단체교섭권을 부여하고 있는 교섭창구 단일화제도는 노사의 자율성을 부정하는 것이므로 단체교섭권을 침해하는 것이다. 17. 서울시 7급 ( )

정답 01 ○ 02 ×

3. 단체행동권

(1) 의의
단체행동권이란 근로자와 사용자 쌍방 간에 임금, 근로시간, 복지 기타 대우 등 근로조건의 결정에 관한 주장의 불일치로 인하여 노동쟁의가 발생한 경우 쟁의행위를 할 수 있는 권리를 말한다. 쟁의행위란 파업·태업·직장폐쇄 기타 노동관계 당사자가 그 주장을 관철할 목적으로 행하는 행위와 이에 대항하는 행위로서 업무의 정상적인 운영을 저해하는 행위를 말한다(노동조합 및 노동관계조정법 제2조 제6호).

(2) 주체
① 단체행동권의 주체는 근로자 개개인이나, 보통 근로자는 단결체를 통하여 쟁의행위를 하는 것이 일반적이므로 노동조합과 근로자단체도 주체가 될 수 있다.
② 법률이 정하는 주요 방위산업체에 종사하는 근로자의 단체행동권은 법률이 정하는 바에 의하여 제한하거나 인정하지 아니할 수 있다.
③ 사용자도 단체행동권의 주체가 될 수 있느냐에 대해서는 학설이 대립하나 단체행동권의 경우 근로자를 위한 것으로 사용자를 위한 권리라 보기는 힘들다.

(3) 효과
정당한 근로자의 단체행동에 대하여는 적극적 효과로서 형사책임을 포함하여 일체의 민사상 손해배상책임도 지지 아니한다. 근로3권은 사용자의 재산권에 대하여 우월한 지위를 갖는다고 보기 때문이다. 또한 소극적 효과로서 단체행동에 참가하였다는 이유로 해고나 불리한 처우를 받지 아니한다.

(4) 한계
단체행동권은 근로조건의 향상을 위한 목적으로만 행사되어야 하고 특정 정권의 타도 등과 같은 명백한 정치적 목적의 파업은 인정될 수 없다. 다만, 최저임금법의 제정이나 노동관계법령의 개폐 등과 같은 근로자의 지위와 밀접한 관계를 맺는 사항을 쟁점으로 하는 산업적 정치파업은 인정된다.

04 효력

노동3권은 국가권력을 직접 구속하는 대국가적 효력과 사인 간에도 적용되는 대사인적 효력을 갖는다. 사인 간에는 권리의 성질상 직접 적용된다고 보는 것이 다수설적 견해이고, 간접 적용된다고 보는 소수설이 있다.

05 제한

1. 공무원

공무원인 근로자는 법률이 정하는 자에 한하여 노동3권을 가진다.* 공무원의 노동3권을 제한하고 있는 이유는 국민전체에 대한 봉사자설과 직무성질설, 특별권력관계설 등을 들고 있다.

* 다만, 국가공무원법은 사실상 노무에 종사하는 공무원인 과학기술정보통신부 및 철도청 소속의 현업기관과 국립의료원의 작업현장에서 노무에 종사하는 기능직 공무원에 한하여 노동3권을 인정하고 있다.

기출 OX
03 헌법 제33조 제1항에 규정되어 있는 단체행동권의 주체는 근로자와 사용자이다. 07. 국가직 7급 ( )

기출 OX
04 공무원은 공인으로서의 지위와 사인으로서의 지위, 국민전체에 대한 봉사자로서의 지위와 기본권을 향유하는 기본권 주체로서의 지위라는 이중적 지위를 가지므로 공무원이라고 하여 기본권이 무시되거나 경시되어서는 안 되지만, 공무원의 신분과 지위의 특수성상 공무원에 대해서는 일반 국민에 비해 보다 넓고 강한 기본권 제한이 가능하다. 17. 국가직 7급 ( )

05 국회는 헌법 제33조 제2항에 따라 공무원인 근로자에게 단결권·단체교섭권·단체행동권을 인정할 것인가의 여부, 어떤 형태의 행위를 어느 범위에서 인정할 것인가 등에 대하여 필요한 한도에서만 공무원의 근로3권을 제한할 수 있을 뿐 광범위한 입법형성의 자유를 갖는 것은 아니다. 17. 국가직 7급 ( )

정답 03 × 04 ○ 05 ×

공무원의 노동조합 설립 및 운영 등에 관한 법률

제4조【정치활동의 금지】 노동조합과 그 조합원은 정치활동을 하여서는 아니 된다.

제5조【노동조합의 설립】 ① 공무원이 노동조합을 설립하려는 경우에는 국회·법원·헌법재판소·선거관리위원회·행정부·특별시·광역시·특별자치시·도·특별자치도·시·군·구(자치구를 말한다) 및 특별시·광역시·특별자치시·도·특별자치도의 교육청을 최소 단위로 한다.*

> *공무원노조와 교원노조의 가장 큰 차이는 설립단위에서 차이가 난다. 즉, 공무원노조는 기초자치단체까지 포함하지만, 교원노조는 광역을 단위로 범위가 한정된다.

제6조【가입 범위】 ① 노동조합에 가입할 수 있는 사람의 범위는 다음 각 호와 같다.
 1. 일반직 공무원
 2. 특정직 공무원 중 외무영사직렬·외교정보기술직렬 외무공무원, 소방공무원 및 교육공무원(다만, 교원은 제외한다)
 3. 별정직 공무원
 4. 제1호부터 제3호까지의 어느 하나에 해당하는 공무원이었던 사람으로서 노동조합 규약으로 정하는 사람

제11조【쟁의행위의 금지】 노동조합과 그 조합원은 파업, 태업 또는 그 밖에 업무의 정상적인 운영을 방해하는 어떠한 행위도 하여서는 아니 된다.

교원의 노동조합 설립 및 운영 등에 관한 법률

제4조【노동조합의 설립】 ① 제2조 제1호·제2호에 따른 교원은 특별시·광역시·특별자치시·도·특별자치도(이하 '시·도'라 한다) 단위 또는 전국 단위로만 노동조합을 설립할 수 있다.

제4조의2【가입 범위】 노동조합에 가입할 수 있는 사람의 범위는 다음 각 호와 같다.
 1. 교원
 2. 교원으로 임용되어 근무하였던 사람으로서 노동조합 규약으로 정하는 사람

판례 | 공무원의 근로3권 제한에 관한 판례

1 '사실상 노무에 종사하는 공무원의 범위'에 관한 조례제정의무 [위헌확인]

지방공무원법 제58조 제2항은 '사실상 노무에 종사하는 공무원'의 구체적인 범위를 조례로 정하도록 하고 있기 때문에, '사실상 노무에 종사하는 공무원'에 해당되는 지방공무원이 단체행동권을 포함한 근로3권을 원만하게 행사할 수 있도록 보장하기 위해서 지방자치단체는 '사실상 노무에 종사하는 공무원'의 구체적인 범위를 조례로 **제정하여야 할 헌법상 의무를 가진다고 할 것이다.** 그리고 지방공무원법 제58조가 '사실상 노무에 종사하는 공무원'에 대하여 단체행동권을 포함한 근로3권을 인정하더라도 그 직무의 내용에 비추어 공무수행에 큰 지장이 없고 국민에 대한 영향이 크지 아니하다는 입법자의 판단에 기초하여 제정된 이상, 이와 같은 조례의 제정을 미루어야 할 정당한 사유 또한 발견할 수 없다. 결국 이 사건 부작위는 헌법상 의무를 위반하여 '사실상 노무에 종사하는 공무원의 범위'에 포함될 가능성이 있는 공무원들이 단체행동권을 향유할 수 있는 가능성 자체를 사전에 차단하거나 박탈하고 있다고 할 것이므로 헌법에 위반된다(헌재 2009.7.30, 2006헌마358).

> 🖉 사실상 노무에 종사하는 공무원은 근로3권을 가질 수 있어서 지방자치단체에게 그 범위를 조례로 정하라고 명하였는데 전북과 인천만 조례를 만들지 않아서 위헌이 되었다.

2 공무원노조의 가입범위의 제한 [기각]

[1] 5급 이상의 공무원과 6급 이하의 공무원 중 '지휘감독권 행사자' 등을 그 업무의 공공성·공익성이 큰 점 등을 고려하여 노동조합 가입대상에서 제외한 것이 공무원들의 단결권을 침해한다고 볼 수 없다. 근로감독관 및 조사관과 소방공무원 또한 업무의 성질상 공무원노조 가입을 제한하는 것은 기각이다.

[2] 노동조합이 2 이상인 경우 노동조합이 정부교섭대표의 교섭창구 단일화 요구에 응하지 않는 경우에는 정부교섭대표로 하여금 교섭창구가 단일화될 때까지 교섭을 거부할 수 있도록 한 것은 단체교섭권을 침해하지 않는다(헌재 2008.12.26, 2005헌마971 등).

✎ 법률이 정하는 자 이외의 공무원은 노동3권의 주체가 되지 못하므로, 노동3권이 인정됨을 전제로 하는 헌법 제37조 제2항의 과잉금지원칙은 적용이 없는 것으로 보아야 할 것이다.

3 공무원노조의 설립 최소단위 [기각]

조합활동 및 단체교섭체계의 효율화를 위하여 근무조건이 결정되는 단위별로 공무원노동조합을 결성하도록 노동조합 설립의 최소단위를 규정한 것으로서 입법목적에 합리성이 인정되고, 공무원노동조합의 형태로서 최소단위만을 제한할 뿐이어서, 각 부·처 단위의 공무원들은 행정부 공무원노동조합 또는 전국 단위 공무원노동조합에 가입할 수 있을 뿐만 아니라, 행정부·처별로 설치된 지부 등은 각 부·처 장관이 관리하거나 결정할 권한을 가진 사항에 대하여 해당 장관과의 교섭이 가능하여 그 제한의 정도가 과다다고 보기 어렵다(헌재 2008.12.26, 2006헌마518).

4 청원경찰 근로3권 전면 제한 [헌법불합치]

청원경찰에 대하여 직접행동을 수반하지 않는 단결권과 단체교섭권을 인정하더라도 시설의 안전 유지라는 입법목적 달성에 지장이 된다고 단정할 수 없다. 헌법 제33조 제3항은 주요 방위산업체 근로자들의 경우에도 단결권과 단체교섭권에는 아무런 제한을 가하지 아니하고 단체행동권만을 제한하고 있다. 청원경찰과 같이 무기를 휴대하고 국가중요시설의 경비업무를 수행하는 특수경비원의 경우에도, 쟁의행위가 금지될 뿐 단결권과 단체교섭권은 제한되지 않는다(경비업법 제15조 제3항). 교원과 일부 공무원도 단결권과 단체교섭권을 인정받고 있는 상황에서 **일반근로자인 청원경찰의 근로3권을 모두 제한하는 것은 사회의 변화에도 맞지 않는다**(헌재 2017.9.28, 2015헌마653).

✎ 청원경찰은 사용자인 청원주와의 고용계약에 의한 근로자로서 공무원 신분이 아니다(헌재 2008.7.31, 2004헌바9). 다만, 형법 기타 법령에 의한 벌칙 적용시 공무원으로 간주되고, 국가나 지방자치단체에서 근무하는 청원경찰은 직무상 불법행위에 따른 배상책임에 있어서 공무원으로 간주된다(청원경찰법 제10조의2).

5 특수경비원의 단체행동권 제한 [기각]

경비업무의 정상적인 운영을 저해하는 특수경비원의 쟁의행위를 금지함으로써, 국가중요시설의 안전을 도모하고 국가중요시설의 정상적인 기능을 유지하여 방호혼란을 방지하려는 것이므로 입법목적의 정당성 및 수단의 적합성이 인정된다. 경비업무의 정상적인 운영을 저해하는 일체의 쟁의행위가 제한되나, 이로써 받는 불이익이 국가나 사회의 중추를 이루는 중요시설 운영에 안정을 기함으로써 얻게 되는 국가안전보장, 질서유지, 공공복리 등의 공익보다 중대한 것이라고 볼 수 없다. 따라서 심판대상조항은 법익의 균형성 요건도 갖추었다(헌재 2023.3.23, 2019헌마937).

✎ 쟁의행위만 금지한다. 즉, 단결권과 단체교섭권은 인정하고 있다.

6 공무원의 집단행위 금지 [합헌]

공무원이 집단적으로 정치적 의사표현을 하는 경우에는 이것이 공무원이라는 집단의 이익을 대변하기 위한 것으로 비춰질 수 있으며, 정치적 중립성의 훼손으로 공무의 공정성과 객관성에 대한 신뢰를 저하시킬 수 있기 때문이다(헌재 2014.8.28, 2011헌바50).

기출 OX

01 청원경찰의 복무에 관하여 국가공무원법의 해당 조항을 준용함으로써 노동운동을 금지하는 청원경찰법의 해당 조항 중 국가공무원법의 해당 조항 가운데 '노동운동' 부분을 준용하는 부분은 국가기관이나 지방자치단체 이외의 곳에서 근무하는 청원경찰인 청구인들의 근로3권을 침해한다. 22. 경찰 ( )

기출 OX

02 공항, 항만 등 국가중요시설의 경비업무를 담당하는 특수경비원에게 경비업무의 정상적인 운영을 저해하는 일체의 쟁의행위를 금지하는 경비업법의 해당 조항은 특수경비원의 단체행동권을 박탈하여 근로3권을 규정하고 있는 헌법 제33조 제1항에 위배된다. 22. 경찰 ( )

정답 01 O 02 ×

기출 OX

01 공무원들의 어느 행위가 국가공무원법 제66조 제1항에 규정된 '집단행위'에 해당하려면, 그 행위가 반드시 같은 시간, 장소에서 행하여져야 하는 것은 아니지만, 공익에 반하는 어떤 목적을 위한 다수인의 행위로서 집단성이라는 표지를 갖추어야만 한다고 해석함이 타당하므로, 공무원들이 순차적으로 각각 다른 시간대에 릴레이 1인 시위를 하거나 여럿이 단체를 결성하여 그 단체 명의로 의사를 표현하는 경우에는 국가공무원법 제66조 제1항이 금지하는 집단행위에 해당한다. 19. 법원직 ( )

7 공무 외의 일을 위한 집단행위

이 사건 행위 중 **릴레이 1인 시위**, 릴레이 언론기고, 릴레이 내부 전산망 게시는 모두 후행자가 선행자에 동조하여 동일한 형태의 행위를 각각 한 것에 불과하고, 앞서 판시한 바와 같은 행위의 집단성이 있다고 보기 어렵다(대판 2017.4.13, 2014두8469).

2. 주요 방위산업체에 종사하는 근로자의 단체행동권 제한

헌법 제33조 제3항은 "법률이 정하는 주요 방위산업체에 종사하는 근로자의 단체행동권은 법률이 정하는 바에 의하여 이를 제한하거나 인정하지 아니할 수 있다."라고 하여 주요 방위산업체에 종사하는 근로자에 대하여 법률로써 단체행동권을 제한하거나 부인할 수 있도록 규정하고 있다.

판례 | 주요 방위산업체 종사자의 단체행동권의 제한 [합헌]

위 조항은 단체행동권의 제한 또는 금지를 규정하고 있는 헌법 제33조 제3항을 직접 근거로 하고 있고, 단체행동이 금지되는 것은 주요 방위산업체에 있어서 방산물자의 생산과 직접 관계되거나 그와 긴밀한 연계성이 인정되는 공장에 종사하는 근로자에 한정하는 것으로 해석상 그 범위의 제한이 가능하며, 단체교섭에 있어서 발생하는 노동쟁의에 대하여 노동위원회의 알선·조정을 받을 수 있는 등 대상조치가 마련되어 있으므로, 위 조항이 평등의 원칙에 반한다거나 근로자의 단체행동권의 본질적 내용을 침해하고 과잉금지의 원칙에 위배된 규정이라고 볼 수 없다(헌재 1998.2.27, 95헌바10).

제5절 환경권

기출 OX

02 국가는 노인의 특성에 적합한 주택정책을 복지향상차원에서 개발하여 노인으로 하여금 쾌적한 주거활동을 할 수 있도록 노력하여야 할 의무를 부담한다. 17. 지방직 7급 ( )

헌법 제35조 ① 모든 국민은 건강하고 쾌적한 환경에서 생활할 권리를 가지며, 국가와 국민은 환경보전을 위하여 노력하여야 한다.
② 환경권의 내용과 행사에 관하여는 법률로 정한다.
③ 국가는 주택개발정책 등을 통하여 모든 국민이 쾌적한 주거생활을 할 수 있도록 노력하여야 한다.

01 의의

1. 연혁

1960년대 이후 처음으로 각국의 입법을 통해 규정되었고(미국 - 국가환경정책법, 1970년), 우리나라는 제8차 개정헌법에서 최초로 신설된 이후 현행 헌법에서 구체화되었다.

정답 01 ✕ 02 ○

2. 개념

(1) 미래세대의 기본권이다.

(2) 상대적 기본권, 국제적 기본권으로서 제3세대 기본권이다.

(3) 다른 기본권의 제한을 전제로 하며, 의무성이 강하다.

(4) 경제활동에 장애요인으로 작용한다.

3. 범위

과거에는 환경의 범위를 자연환경에 국한하여 좁게 보았으나, 오늘날에는 자연환경은 물론이고 종교적 환경이나 교통·교육환경까지 그 보호범위를 넓혀가고 있다.

> **판례 | 종교적 환경**
>
> 어느 토지나 건물의 소유자가 종전부터 향유하고 있던 경관이나 조망, 조용하고 쾌적한 **종교적 환경 등이 그에게 하나의 생활이익으로서의 가치를 가지고 있다고 객관적으로 인정된다면 법적인 보호의 대상이 될 수 있는 것**이라 할 것이므로, 인접 대지에 건물을 신축함으로써 그와 같은 생활이익이 침해되고 그 침해가 사회통념상 일반적으로 수인할 정도를 넘어선다고 인정되는 경우에는 토지 등의 소유자는 소유권에 기하여 방해의 제거나 예방을 위하여 필요한 청구를 할 수 있다(대판 1997.7.22, 96다56153).

02 주체

주체는 자연인이며, 미래의 자연인도 포함한다. 법인에게는 적용되지 않는다.

03 법적 성격

1. 종합적 기본권

기본권의 전제조건을 보호하는 기본권으로서의 성질과, 기본권의 헌법적 한계로서의 성질을 함께 가지고 있다.

2. 구체적 권리 여부

대법원은 환경권의 법적 성격에 대하여 추상적 권리설의 입장을 취하고 있다.
즉, 헌법으로는 문제가 해결되지 않고 민법 등 뒤를 받쳐주는 법률을 이용하여 해결하여야 한다.

기출 OX
03 대법원은 헌법의 규정에서 직접 사법상의 환경권이 나오는 것이 아니라고 한다. 02. 국가직 7급 ( )

정답 03 ○

04 내용

헌법 제35조 제2항의 환경권의 내용과 행사에 관하여 법률로 정한다는 규정은 법률유보를 규정하고 있는 것으로, 쾌적한 생활환경조성청구권은 법률에 의해서 구체화된 것이다. 대법원은 국민은 쾌적한 생활환경조성청구권을 법률규정에 의해서 직접 행사할 수 있다고 판시한 바 있다(대판 1997.7.22, 96다56153). 02. 국가직 7급

> **판례 | 교도소 내 화장실 철망 설치**
> [1] 제한되는 기본권은 환경권이 주된 기본권이며, 행복추구권은 보충적이다.
> [2] 이 사건 설치행위는 수용자의 자살을 방지하여 생명권을 보호하고 교정시설 내의 안전과 질서를 보호하기 위한 것으로 환경권을 침해하지 않는다(헌재 2014.6.26, 2011헌마150).

05 침해와 구제

1. 국가권력에 의한 침해와 구제

국가나 지방자치단체가 적극적으로 환경을 침해하는 경우에는 청원권의 행사, 행정소송의 제기, 헌법소원, 국가배상청구 등에 의해서 구제받을 수 있을 것이다. 이는 '복효적 행정행위'*로서 원고적격이 문제되는바, 대법원은 인근주민의 생활환경을 보호받을 이익은 단순한 반사적 이익이 아니라 법률에 의하여 보호되는 이익이라고 하면서 원고적격을 인정하였다.

* 복효적 행정행위는 누군가에게는 이익이 되고, 누군가에게는 손실이 되는 행위를 말한다(연탄공장 건설의 경우).

기출 OX
01 환경영향평가 대상지역 안의 주민들의 경우에는 주민들이 갖고 있는 환경상의 이익이 주민 개개인에 대하여 개별적으로 보호되는 직접적·구체적인 이익이지만 밖의 주민들의 경우는 원고적격을 인정받기 위해서는 입증이 필요하다. 06. 법행 ( )

> **판례 | 환경영향평가에 관한 판례**
>
> **1 환경영향평가 대상지역 주민들의 환경상 이익**
> 환경영향평가에 관한 자연공원법령 및 환경영향평가법령상의 관련 규정의 취지는 집단시설지구개발사업으로 인하여 직접적이고 중대한 환경피해를 입으리라고 예상되는 환경영향평가 대상지역 안의 주민들이 개발 전과 비교하여 **수인한도를 넘는 환경침해를 받지 아니하고 쾌적한 환경에서 생활할 수 있는 개별적 이익까지도 이를** 보호하려는 데에 있다 할 것이므로, 위 주민들이 위 변경승인처분과 관련하여 갖고 있는 위와 같은 환경상의 이익은 **주민 개개인에 대하여 개별적으로 보호되는 직접적·구체적인 이익**이라고 보아야 할 것이다(대판 2001.7.27, 99두2970).
>
> **2 환경영향평가 대상지역 밖의 주민들의 환경상 이익**
> 환경영향평가 대상지역 밖의 주민이라 할지라도 공유수면매립면허처분 등으로 인하여 그 처분 전과 비교하여 수인한도를 넘는 환경피해를 받거나 받을 우려가 있는 경우에는, 공유수면매립면허처분 등으로 인하여 환경상 이익에 대한 침해 또는 침해우려가 있다는 것을 **입증함으로써 그 처분 등의 무효확인을 구할 원고적격을 인정받을 수 있다**(대판 2006.3.16, 2006두330).

한눈에 쏙!

구분	원고적격
안	자동인정
밖	입증필요

정답 01 ○

2. 사인에 의한 침해와 구제

사후적 구제방법으로서 민법 제750조의 불법행위에 의한 ① 손해배상청구와, ② 유지청구가 존재한다. 특히, 판례는 유지청구의 근거를 환경권이 아닌 민법의 소유권에 근거한 물권적 청구권설을 취하고 있다.

> **판례 | 유지청구의 근거**
>
> 대법원은 어느 토지나 건물의 소유자가 종전부터 향유하고 있던 경관이나 조망, 조용하고 쾌적한 종교적 환경 등이 그에게 하나의 생활이익으로서 가치를 가지고 있다고 객관적으로 인정된다면 법적인 보호의 대상이 될 수 있는 것이라 할 것이므로, 인접 대지에 건물을 신축함으로써 그와 같은 생활이익이 침해되고 그 침해가 사회통념상 일반적으로 수인할 정도를 넘어선다고 인정되는 경우에는 토지 등의 소유자는 소유권에 기하여 방해의 제거나 예방을 위하여 필요한 청구를 할 수 있다(대판 1997.7.22, 96다56153).

3. 수인한도론

공해에 있어서의 피해자와 가해자의 이익, 피해자의 정도나 형태, 사업의 유효성 등을 비교형량하여 가해행위가 사회생활상 일반적으로 수인할 수 있을 정도를 초월한 침해가 아닌 경우에는 수인해야 한다고 보는 이론이다.

4. 개연성 이론

> **판례 | 공장폐수로 인한 김 양식장의 피해**
>
> 피해자에게 사실적 인과관계의 존재에 관한 엄밀한 과학적 증명을 요구함은 공해의 사법적 구제의 사실상 거부가 될 우려가 있는 반면에 가해기업은 기술적·경제적으로 피해자보다 원인조사가 훨씬 용이할 뿐 아니라 그 원인을 은폐할 염려가 있어, 가해기업이 배출한 어떤 유해한 원인물질이 피해물건에 도달하여 손해가 발생하였다면 가해자 측에서 그 무해함을 입증하지 못하는 한 책임을 면할 수 없다고 봄이 사회형평의 관념에 적합하다. 수질오탁으로 인한 공해소송인 이 사건에서 ① 피고공장에서 김의 생육에 악영향을 줄 수 있는 폐수가 배출되고, ② 그 폐수 중 일부가 유류를 통하여 이 사건 김 양식장에 도달하였으며, ③ 그 후 김에 피해가 있었다는 사실이 각 모순 없이 증명된 이상 피고공장의 폐수배출과 양식 김에 병해가 발생함으로 말미암은 손해 간의 인과관계 일응 증명되었다고 할 것이므로, 피고가 ⊙ 피고 공장폐수 중에는 김의 생육에 악영향을 끼칠 수 있는 원인물질이 들어 있지 않으며, ⓒ 원인물질이 들어 있다 하더라도 그 해수혼합률이 안전농도 범위 내에 속한다는 사실을 반증을 들어 인과관계를 부정하지 못하는 한 그 불이익은 피고에게 돌려야 마땅할 것이다(대판 1984.6.12, 81다558).

기출 OX

02 판례는 김 양식장 사안에서 피해자가 폐수의 발생과 양식장의 피해를 입증하게 되면 가해자인 공장 측이 안전농도 내임을 증명한다고 하여 이를 개연성 이론이라고 한다. 05. 사시
( )

정답 02 ○

제6절 혼인·가족·모성·건강에 관한 권리

> **헌법 제36조** ① 혼인과 가족생활은 개인의 존엄과 양성의 평등을 기초로 성립되고 유지되어야 하며, 국가는 이를 보장한다.
> ② 국가는 모성의 보호를 위하여 노력하여야 한다.
> ③ 모든 국민은 보건에 관하여 국가의 보호를 받는다.

01 혼인제도와 가족제도 보장의 의의

혼인 및 가족제도는 개인의 존엄성과 양성의 평등을 기초로 성립·유지되어야 한다는 혼인과 가족생활에 있어서의 인간의 존엄성 존중을 강조한 헌법원리이다.

02 법적 성격

혼인·가족생활 규정은 자유권으로서의 성격, 제도보장으로서의 성격, 원칙규범으로서의 성격을 가진다고 판시하고 있다.

03 주체

혼인과 가족제도는 자유권적 기본권의 성격을 지니므로, 국민뿐만 아니라 외국인도 주체가 된다고 본다.

04 내용

혼인 여부, 혼인의 상대방, 시기, 방식 등에 관하여 자유로이 결정할 수 있는 혼인결정의 자유를 내용으로 하며, 또한 일부일처제의 제도적 보장을 규정함으로써 축첩제도나 중혼제도 등은 금지된다.

기출 OX

01 법적으로 승인되지 아니한 사실혼 또한 헌법 제36조 제1항에 규정된 혼인의 보호범위에 포함된다. 18. 지방직 7급 ( )

정답 01 ×

제7절 모성의 보호와 보건권

01 모성의 보호

1. 의의
헌법 제36조 제2항은 모성의 보호를 위한 국가적 노력의 의무를 규정하고 있다. 여기서 모성이란 모든 여성을 의미하는 것이 아니라, 자녀를 가진 여성만을 의미한다. 따라서 모성의 보호받을 권리의 주체는 자녀를 가진 여성에 한한다.*

* 여기서 모성이란 모든 여성을 의미하는 것이 아니라 아이를 가진 여성을 의미하며, 그 아이는 꼭 자신이 낳은 아이여야 하는 것은 아니다.

2. 연혁
우리 헌법은 1948년 제헌헌법에서 "가족의 건강은 국가의 특별한 보호를 받는다."라고 규정한 이래 1962년 제3공화국 헌법에서 "모든 국민은 보건에 관하여 국가의 보호를 받는다."라고 정하여 현행 헌법까지 이어져 오고 있다.

3. 내용
모성의 보호란 모성의 건강뿐 아니라 자녀를 출산하거나 양육하는 데 필요한 급부를 국가에 대해 적극적으로 요구할 수 있는 권리를 말하며, 이에 관한 법률로는 모자보건법이 규정되어 있다.

02 보건권

보건권이란 국민이 건강을 유지하는 데 필요한 국가적 급부를 요구할 수 있는 권리를 말한다. 보건권의 주체는 국민에게만 인정되고, 외국인에게는 인정되지 아니한다. 국가는 국민보건을 위하여 필요한 정책을 적극적으로 수립하고 추진할 의무를 진다. 이는 국민에게 주어진 권리이며, 의료인은 이를 원용할 수 없다.

> **기출 OX**
> 02 국가의 국민보건에 관한 보호의무를 명시한 헌법 제36조 제3항에 의한 권리를 헌법소원을 통하여 주장할 수 있는 자는 직접 자신의 보건이나 의료문제가 국가에 의해 보호받지 못하고 있는 의료 수혜자적 지위에 있는 국민이라고 할 것이므로, 의료시술자적 지위에 있는 안과의사가 자기 고유의 업무범위를 주장하여 다투는 경우에는 위 헌법규정을 원용할 수 없다. 22. 경찰
> ( )
>
> 정답 02 ○

판례 | 보건과 가족제도에 관한 판례

1 동성동본금혼 [헌법불합치]
동성동본금혼제 역시 만고불변의 진리로서 우리의 혼인제도에 정착된 것이 아니라 시대의 윤리나 도덕관념의 변화에 따라 나타나서 그 시대의 제반 사회·경제적 환경을 반영한 것에 지나지 않는다는 점을 감안할 때, 이미 이 제도는 이제 더 이상 법적으로 규제되어야 할 이 시대의 보편타당한 윤리 내지 도덕관념으로서의 기준성을 상실하였다고 볼 수밖에 없고, 헌법 제9조의 정신에 따라 우리가 진정으로 계승·발전시켜야 할 전통문화는 이 시대의 제반 사회·경제적 환경에 맞고 또 오늘날에 있어서도 보편타당한 전통윤리 내지 도덕관념이라 할 것이다(헌재 1997.7.16, 95헌가6 등).

2 호주제 [헌법불합치]
헌법 전문과 헌법 제9조에서 말하는 '전통', '전통문화'란 역사성과 시대성을 띤 개념으로 이해하여야 한다. 따라서 가족제도에 관한 전통·전통문화란 적어도 그것이 가

족제도에 관한 헌법이념인 개인의 존엄과 양성의 평등에 반하는 것이어서는 안 된다는 자명한 한계가 도출된다. … 결론적으로 전래의 어떤 가족제도가 헌법 제36조 제1항이 요구하는 개인의 존엄과 양성평등에 반한다면 헌법 제9조를 근거로 그 헌법적 정당성을 주장할 수는 없다(헌재 2005.2.3, 2001헌가9 등).

✎ 호주제와 부성제도의 경우는, 같은 주문이지만 호주제는 그 자체가 위헌이고 이를 보완할 제도가 없어서 헌법불합치가 된 것이며, 부성제도는 그 자체는 합헌이지만 이혼이나 재혼의 경우도 부성을 강제하는 경우가 문제였다. 즉, 제도 자체는 합헌이나 예외를 두지 않은 것이 문제가 되었다.

3 부성주의의 예외 부재 [헌법불합치]

[1] 양계 혈통을 모두 성으로 반영하기는 곤란한 점, 부성의 사용에 관한 사회 일반의 의식, 성의 사용이 개인의 구체적인 권리·의무에 영향을 미치지 않는 점 등을 고려하여 부성주의 원칙은 헌법 제10조, 제36조 제1항에 위반된다고 할 수 없다. … 이 사건 법률 조항이 부성주의를 규정한 것 자체는 헌법에 위반된다고 할 수 없으나 가족관계의 변동 등으로 구체적인 상황하에서는 부성의 사용을 강요하는 것이 개인의 가족생활에 대한 심각한 불이익을 초래하는 것으로 인정될 수 있는 경우에도 부성주의에 대한 예외를 규정하지 않고 있는 것은 인격권을 침해하고 개인의 존엄과 양성의 평등에 반하는 것이어서 헌법 제10조, 제36조 제1항에 위반된다.

[2] 이 사건 법률 조항에 대하여 위헌을 선고할 경우 부성주의 원칙 자체에 대해서까지 위헌으로 선언하는 결과를 초래하게 되므로 **헌법불합치결정**을 선고하되 이 사건 법률 조항에 대한 개정법률이 이미 공포되어 2008.1.1. 그 시행이 예정되어 있으므로 2007.12.31.까지 이 사건 법률 조항의 **잠정적인 적용**을 명함이 상당하다(헌재 2005.12.22, 2003헌가5 등).

4 중혼취소권자에 비속 제외 [헌법불합치]

중혼 당사자와 가장 가까운 직계존속인 부모와 직계비속 중에 가장 가까운 자식을 비교해보면, 그 촌수는 모두 1촌으로 동일하며, 그와 같은 차별을 한 이유는 부모의 중혼 여부에 대하여 자식이 이를 문제 삼아서는 안 된다는 가부장적·종법제적인 사고가 바탕이 된 것으로 보일 뿐이다(헌재 2010.7.29, 2009헌가8).

5 침해행위가 있은 날로부터 10년 [위헌]

상속개시 후 인지 또는 재판의 확정에 의하여 공동상속인이 된 자의 상속분가액지급청구권의 경우에도 '침해행위가 있은 날부터 10년'의 제척기간을 정하고 있는 것은, 법적 안정성만을 지나치게 중시한 나머지 사후에 공동상속인이 된 자의 권리구제 실효성을 외면하는 것이므로, 심판대상조항은 입법형성의 한계를 일탈하여 청구인의 재산권 및 재판청구권을 침해한다(헌재 2024.6.27, 2021헌마1588).

✎ 침해를 안 날로부터 3년은 합헌임

6 인지청구의 소의 제척기간 [합헌]

이 사건 법률 조항이 인지청구의 제소기간을 정함에 있어 혼인 외 출생자가 부 또는 모와의 사이에 친자관계가 존재함을 알았는지 여부를 고려하지 아니하고 단순히 '**사망한 사실을 안 날로부터 1년 내**'라고 규정한 것은 혼인 외 출생자의 인지청구 자체가 현저히 곤란하게 되거나 사실상 불가능하게 되는 것은 아니다. 따라서 이 사건 법률 조항이 인지청구의 소의 제소기간을 부 또는 모의 사망을 안 날로부터 1년 내로 규정한 것은 과잉금지원칙에 위배되지 아니하므로 인지청구를 하고자 하는 국민의 인간으로서의 존엄과 가치 그리고 행복을 추구하는 기본권을 침해하는 것은 아니다(헌재 2001.5.31, 98헌바9).

기출 OX

01 직계존속 및 4촌 이내의 방계혈족에게는 중혼의 취소청구권을 부여하고, 직계비속에게는 중혼의 취소청구권을 부여하지 않은 것은 합리적인 이유가 있으므로 평등의 원칙에 위반되지 않는다. 13. 국가직 7급 ( )

정답 01 ×

7 친생부인의 소의 제척기간(출생을 안 날을 기준) [헌법불합치]

일반적으로 친자관계의 존부는 특별한 사정이나 어떤 계기가 없으면 이를 의심하지 않는 것이 통례임에 비추어 볼 때, 위 법률 조항은 입법재량의 범위를 넘어서 친자관계를 부인하고자 하는 부로부터 이를 부인할 수 있는 기회를 극단적으로 제한함으로써 자유로운 의사에 따라 친자관계를 부인하고자 하는 부의 가정생활과 신분관계에서 누려야 할 인격권, 행복추구권 및 개인의 존엄과 양성의 평등에 기초한 혼인과 가족생활에 관한 기본권을 침해하는 것이다(헌재 1997.3.27, 95헌가14 등).

8 친생부인의 소의 제척기간(사유가 있음을 안 날을 기준) [합헌]

친생부인의 소의 제척기간을 규정한 민법 제847조 제1항 중 '부가 그 사유가 있음을 안 날로부터 2년 내' 부분은 친생부인의 소의 제척기간에 관한 입법재량의 한계를 일탈하지 않은 것으로서 헌법에 위반되지 아니한다(헌재 2015.3.26, 2012헌바357; 헌재 2015.4.30, 2013헌마623).

9 부부의 자산소득합산과세 [위헌]

부부간의 인위적인 자산 명의의 분산과 같은 가장행위 등은 상속세 및 증여세법상 증여의제규정(제44조) 등을 통해서 조세회피행위를 방지할 수 있고, 자산소득이 있는 모든 납세의무자 중에서 혼인한 부부가 혼인하였다는 이유만으로 혼인하지 않은 자산소득자보다 더 많은 조세부담을 하여 소득을 재분배하도록 강요받는 것은 부당하다(헌재 2002.8.29, 2001헌바82). 08. 법원직

✎ 혼인을 이유로 부부의 자산소득을 합산하여 누진세로 과세하는 것은 부당하다.

10 종합부동산세 [헌법불합치]

[1] 종합부동산세제도와 관련한 헌법적 쟁점(이중과세의 문제)

동일한 과세대상 부동산이라고 할지라도 **지방자치단체에서 재산세로 과세되는 부분과 국가에서 종합부동산세로 과세되는 부분이 서로 나뉘어** 재산세를 납부한 부분에 대하여 다시 종합부동산세를 납부하는 것이 아니고, 양도소득세와 사이에서는 각각 그 과세의 목적 또는 과세 물건을 달리하는 것이므로, 이중과세의 문제는 발생하지 아니한다.

[2] 세대별 합산과세와 헌법 제36조 제1항 위반 여부

개정 종합부동산세법 제7조 제1항 중 전문의 괄호 부분 및 후문, 제2항·제3항, 제12조 제1항 제1호 중 본문의 괄호 부분 및 단서 부분, 제2항(이하 '이 사건 세대별 합산규정'이라 한다)에 의하여 **혼인한 부부 또는 가족과 함께 세대를 구성한 자에게 더 많은 조세를 부과**하는 것이 혼인과 가족생활을 특별히 더 보호하도록 한 헌법 제36조 제1항에 위반되는지 여부가 문제되고, 특정한 조세법률 조항이 혼인이나 가족생활을 근거로 부부 등 가족이 있는 자를 혼인하지 아니한 자 등에 비하여 차별 취급하는 것이라면 비례의 원칙에 의한 심사에 의하여 정당화되지 않는 한 헌법 제36조 제1항에 위반된다.

✎ 가족이 많으면 더 많은 방이 필요하고 더 큰 집에서 살 수 밖에 없는데 그럼 종부세 대상이 될 가능성이 높아진다.

[3] 종합부동산세 부과로 인한 재산권 침해 여부

토지와 주택의 사회적 기능이나 국민경제의 측면, 특히 주택은 인간의 기본적인 생존의 조건이 되는 생활공간인 점을 고려할 때, 토지와 주택을 다른 재산권과 달리 취급하더라도 합리성이 없다 할 수 없다(헌재 2008.11.13, 2006헌바112 등).

기출 OX

02 친생부인의 소의 제척기간을 규정한 민법규정 중 '부(夫)가 그 사유가 있음을 안 날부터 2년 내' 부분은 부(夫)가 가정생활과 신분관계에서 누려야 할 인격권을 침해한다. 22. 경찰
( )

한눈에 쏙!

구분	주문
출생을 안 날로부터 1년	위헌
사유가 있음을 안 날로부터 2년	합헌

정답 02 ×

11 분만급여의 제한 [기각]

분만급여의 제한은 보건복지부장관이 행한 분만급여 및 요양급여의 점진적인 확대 시행의 과정에서 나타난 사정이라고 할 것이다. 그러므로 위 보건사회부고시 등 보건복지부장관의 제도운영에 대한 평가는 별론으로 하고, 이 사건 법률 조항이 바로 청구인의 헌법상 보장된 행복추구권·평등권을 침해하였거나 모성의 보호와 보건의 보호규정에 위배된다고 할 수 없다고 할 것이다. 급부행정 영역에서는 기본권 침해 영역보다는 구체성의 요구가 다소 약화되어도 무방하다고 해석된다(헌재 1997.12.24, 95헌마390).

12 치과전문의 자격시험 불실시 [위헌확인]

헌법은 "모든 국민은 보건에 관하여 국가의 보호를 받는다."라고 규정하고 있는바(제36조 제3항), 이를 '보건에 관한 권리' 또는 '보건권'으로 부르고, 국가에 대하여 건강한 생활을 침해하지 않도록 요구할 수 있을 뿐만 아니라 보건을 유지하도록 국가에 대하여 적극적으로 요구할 수 있는 권리로 이해한다 하더라도 치과전문의제도를 시행하고 있지 않기 때문에 청구인을 포함한 **국민의 보건권이 현재 침해당하고 있다고 보기는 어렵다**(헌재 1998.7.16, 96헌마246).

▶ 해당 판례는 행정입법부작위로 위헌이 되었으며 직업의 자유와 행복추구권, 평등권을 침해하지만 학문의 자유와 재산권, 보건권을 침해하지는 않는다고 보았다.

13 남성 단기복무장교의 육아휴직 불허 [기각]

장기복무장교, 준사관, 장기복무부사관 및 단기복무 중인 여자군인은 병역법상의 병역의무를 이행하는 남성 단기복무군인과 달리 직업군인이므로, 그들의 근로자로서의 권리 역시 고려되어야 한다. 이 사건 법률 조항이 직업군인과 의무복무군인을 구분하여 청구인과 같은 남성 복무장교에게 육아휴직을 허용하지 아니하는 것이 헌법상 용인될 수 있는 재량의 범위를 명백히 일탈하여 청구인의 양육권을 침해한다고 볼 수 없다(헌재 2008.10.30, 2005헌마1156).

14 무면허 의료행위로부터 국민의 생명·신체의 보호의무 [합헌]

의료행위는 가장 존귀한 사람의 생명이나 신체를 다루는 일로서 이를 조금이라도 그르치면 그 피해는 영원히 회복할 수 없거나 회복하기 어려운 것이므로, … 무면허 의료행위를 일률적·전면적으로 금지하고 이를 위반한 경우에는 그 치료결과에 관계없이 형사처벌을 받게 하는 이 법의 규제방법은, '대안이 없는 유일한 선택'으로서 실질적으로도 비례의 원칙에 합치되는 것이다. 그렇다면 이 사건 법률 조항은 헌법 제10조가 규정하는 인간으로서의 존엄과 가치를 보장하고 헌법 제36조 제3항이 규정하는 국민보건에 관한 국가의 보호의무를 다하고자 하는 것으로, **국민의 생명권, 건강권, 보건권 및 그 신체활동의 자유 등을 보장하는 규정이지, 이를 제한하거나 침해하는 규정이라고 할 수 없다**(헌재 1996.10.31, 94헌가7).

15 계모의 상속인 제외 [기각]

이 사건 법률 조항은 상속의 순위를 법률로 규정함으로써 피상속인이 사망하여 상속이 이루어지는 경우 발생할 수 있는 상속 순위에 관한 법률적 분쟁을 사전에 예방하고자 하는 규정인 동시에, 우리 민법이 취하고 있는 혈족상속의 원칙을 입법한 것으로 입법목적의 타당성이 인정되고, 수단의 적정성도 인정할 수 있다(헌재 2009. 11.26, 2007헌마1424).

한눈에 쏙!

구분	헌법상 권리 여부
양육권	O
육아휴직	×

기출 OX

01 헌법에 열거되지 아니한 자유와 권리로서 인정되고 있는 것은 자기결정권, 일반적 행동자유권, 휴식권, 문화향유권, 육아휴직신청권 등이 있다. 14. 국가직 7급 ( )

정답 01 ×

16 계모자관계는 법정혈족이 아님 [합헌]

계모자관계 당사자는 입양신고로써 친생자관계와 동일한 효과를 얻을 수 있고 가족공동생활을 유지하고 있는 경우 상호 부양의무가 인정되므로 기본권 제한의 정도가 과도하지 아니하며, 사회 전체에 통용되는 가족질서를 형성한다는 관점에서 유사한 정도의 효과를 가지는 적정한 대체수단을 찾기도 어려우므로 이 사건 법률 조항은 피해최소성의 원칙에도 반하지 아니하고, 또한 법익의 균형성도 인정된다. 계자의 친부와 계모의 혼인의사를 일률적으로 계자에 대한 입양 또는 그 대리의 의사로 간주하기는 어려우므로, 이 사건 법률 조항은 계자의 친부와 계모의 혼인에 따라 가족생활을 자유롭게 형성할 권리를 침해하지 아니한다(헌재 2011.2.24, 2009헌바89 등).

✐ 상속을 원한다면 사전 증여로 동일한 효과를, 법정혈족을 원하면 입양으로 동일한 효과를 누릴 수 있다. 따라서 강제로 법정혈족을 만들 필요는 없다.

17 존속고소 금지 [합헌]

이러한 측면에서 '효'라는 우리 고유의 전통규범을 수호하기 위하여 비속이 존속을 고소하는 행위의 반윤리성을 억제하고자 이를 제한하는 것은 합리적인 근거가 있는 차별이라고 할 수 있다. 따라서 이 사건 법률 조항은 그 차별에 있어서 합리적인 이유가 있으므로, 헌법 제11조 제1항의 평등원칙에 위반되지 아니한다(헌재 2011.2.24, 2008헌바56).

18 혼인으로 인하여 1세대 3주택 [헌법불합치]

혼인으로 새로이 1세대를 이루는 자를 위하여 상당한 기간 내에 보유 주택수를 줄일 수 있도록 하고 그러한 경과규정이 정하는 기간 내에 양도하는 주택에 대해서는 혼인 전의 보유 주택수에 따라 양도소득세를 정하는 등의 완화규정을 두는 것과 같은 손쉬운 방법이 있음에도 이러한 완화규정을 두지 아니한 것은 최소침해성원칙에 위배된다고 할 것이다(헌재 2011.11.24, 2009헌바146).

19 가정폭력 가해자의 증명서 발급 [헌법불합치]

가정폭력 가해자에 대하여 특별한 제한을 두지 아니한 관계로, 가정폭력 가해자인 전 배우자라도 직계혈족으로서 그 자녀의 가족관계증명서와 기본증명서를 사실상 자유롭게 발급받아서 거기에 기재된 가정폭력 피해자인 청구인의 개인정보를 무단으로 취득하게 되는 위험성을 지적하고 이 사건 법률 조항에 대하여 헌법불합치를 선언하였다(헌재 2020.8.28, 2018헌마927).

✐ 가정폭력 아버지가 그 자녀의 증명서를 발급받게 되면 엄마의 위치를 그냥 알게 된다.

20 직계혈족의 경우 위임 없이도 증명서 발급받는 것 가능

심판대상조항은 정보주체의 배우자나 직계혈족이 스스로의 정당한 법적 이익을 지키기 위하여 정보주체 본인의 위임 없이도 가족관계 상세증명서를 간편하게 발급받을 수 있게 해 주는 것이므로, 상세증명서 추가 기재 자녀의 입장에서 보아도 자신의 개인정보가 공개되는 것을 중대한 불이익이라고 평가하기는 어렵다. 나아가 가족관계 관련 법령은 가족관계증명서 발급 청구에 관한 부당한 목적을 파악하기 위하여 '청구사유기재'라는 나름의 소명절차를 규정하는 점 등을 아울러 고려하면 심판대상조항은 그 입법목적과 그로 인해 제한되는 개인정보자기결정권 사이에 적절한 균형을 달성한 것으로 평가할 수 있다(헌재 2022.11.24, 2021헌마130).

✐ 어린이집이나 유치원 보낼 때 아이 동의가 없다고 증명서를 발급 못 받는다는 게 말이 되는가?

한눈에 쏙!

구분	동의 없이 발급
직계혈족	원칙 - 합헌
	예외 - 위헌 / 가정폭력
형제자매	위헌

기출 OX

02 정보주체의 배우자나 직계혈족이 정보주체의 위임 없이도 정보주체의 가족관계 상세증명서의 교부 청구를 할 수 있도록 하는 가족관계의 등록 등에 관한 법률의 해당 조항은 개인정보자기결정권을 침해하지 않는다. 23. 소방간부 ( )

정답 02 ○

기출 OX

01 가족관계등록부 등의 기록사항에 관한 증명서 교부청구권을 형제자매에게도 부여하는 가족관계의 등록 등에 관한 법률 규정은 증명서 발급에 있어 형제자매에게 정보주체인 본인과 거의 같은 지위를 부여하고 있기에 정보주체의 개인정보자기결정권을 침해한다.
13. 국가직 7급 ( )

21 형제자매의 증명서 교부청구 [위헌]

가족관계등록법상의 각종 증명서 발급에 있어 형제자매에게 정보주체인 본인과 거의 같은 지위를 부여한다. 즉, 형제자매는 본인과 관련된 모든 증명서를 발급받을 수 있고, 기록사항 전부가 현출된 증명서를 발급받을 수 있다. 이는 증명서 교부청구권자의 범위를 필요한 최소한도로 한정한 것이라고 볼 수 없다(이복형제의 경우에도 가능함)(헌재 2016.6.30, 2015헌마924).

22 혼인 중인 부부만 친양자 입양을 허용 [합헌]

심판대상조항은 친양자가 안정된 양육환경을 제공할 수 있는 가정에 입양되도록 하여 **양자의 복리를 증진시키기 위해, 친양자의 양친을 기혼자로 한정하였다**. 독신자 가정은 기혼자 가정과 달리 기본적으로 양부 또는 양모 혼자서 양육을 담당해야 하며, 독신자를 친양자의 양친으로 하면 처음부터 편친가정을 이루게 하고 사실상 혼인 외의 자를 만드는 결과가 발생하므로, 독신자 가정은 기혼자 가정에 비하여 양자의 양육에 있어 불리할 가능성이 높다. 나아가 독신자가 친양자를 입양하게 되면 그 친양자는 아버지 또는 어머니가 없는 자녀로 가족관계등록부에 공시되어 양자에게 친생자와 같은 양육환경을 만들어주려는 친양자제도의 근본 목적에 어긋나게 된다(헌재 2013.9.26, 2011헌가42).

23 가사소송법상 직권주의 [합헌]

가사소송법은 친생자관계 존부 확인의 소에 있어서 자백이나 청구의 인낙, 실권의 불이익에 관한 규정들의 적용을 배제하고 직권조사 및 혈액형의 수검명령 등을 규정함으로써, 당사자 사이의 통모에 의해 가장 상속인이 발생할 가능성을 차단하고 실체법이 정하는 내용에 따른 재판이 이루어질 수 있도록 법적 장치들을 충분히 마련하고 있으므로 이 사건 심판대상조항은 청구인의 재판받을 권리를 침해하지 않는다(헌재 2014.2.27, 2013헌바178).

✎ 자백, 즉 이 아이가 A의 자식이라도 상대방이 자백해도 법관은 친자확인 등으로 아이의 친부를 결정한다. 이는 가족관계 여부에 따라 상속 등 많은 이해관계가 있어 당사자 의사대로가 아닌 법원이 직권으로 진실을 조사하고 결정하는 경우가 많다.

기출 OX

02 중혼을 혼인취소의 사유로 정하면서도 그 취소청구권의 제척기간 또는 소멸사유에 관하여 아무런 규정을 두고 있지 않았다 하더라도 입법재량의 범위를 일탈하여 후혼배우자의 인격권을 침해하였다고 볼 수는 없다. 18. 법원직 ( )

24 중혼취소권의 소멸 × [합헌]

중혼을 혼인취소사유로 규정함으로써 이미 후혼배우자의 인격권 및 행복추구권을 어느 정도 보호하고 있는 것이며, 이에 더하여 중혼취소청구권의 소멸에 관하여 아무런 규정을 두지 않았다 하더라도 그것이 현저히 불합리하여 **입법재량의 범위를 일탈하였다고 보기 어렵다**(헌재 2014.7.26, 2011헌바275).

✎ 중혼은 문제가 크기 때문에 취소청구권이 기간과 상관없이 청구할 수 있다.

25 사실혼 배우자에게 상속권 불허 [합헌]

객관적인 기준에 의하여 파악할 수 있도록 함으로써 상속을 둘러싼 분쟁을 방지하고 법률관계를 조속히 확정시켜, 거래의 안전을 도모하기 위한 것이다(헌재 2014.8.28, 2013헌바119).

기출 OX

03 혼인 종료 후 300일 이내에 출생한 자를 전남편의 친생자로 추정하는 것은 모가 가정생활과 신분관계에서 누려야 할 혼인과 가족생활에 관한 기본권을 침해한다. 18. 지방직 7급 ( )

26 친생자 추정조항 [헌법불합치]

혼인 종료 후 300일 이내에 출생한 자녀를 전남편의 친생자로 추정하는 민법 제844조 제2항 중 '혼인관계종료의 날로부터 300일 내에 출생한 자'에 관한 부분(이하 '심판대상조항')이, 입법재량의 한계를 일탈하여 모가 가정생활과 신분관계에서 누려야 할 인격권, 혼인과 가족생활에 관한 기본권을 침해하여 헌법에 합치되지 아니한다(헌재 2015.4.30, 2013헌마623).

정답 01 ○ 02 ○ 03 ○

27 치과전문의의 진료과목 제한 [위헌]
적정한 치과 의료전달체계의 정립을 위해서는 치과일반의와 치과전문의 간의 역할 분담과 상호 협력을 적절하게 구축할 수 있는 근본적인 제도적 해결책을 마련하는 것이 필요하며, 1차 의료기관의 전문과목 표시에 대한 불이익을 주어 치과전문의들의 2차 의료기관 종사를 억지로 유도하는 것은 바람직한 해결방안이 될 수 없다(헌재 2015.5.28, 2013헌마799).

기본권	침해 여부
평등권, 직업	○
명확성, 신뢰	×

28 친양자 입양시 친생부모의 동의 [합헌]
친양자 입양의 경우 친생부모와 그 자녀 사이의 친족관계를 완전히 단절시키는 등 친생부모의 지위에 중대한 영향을 미치는 점 등을 고려할 때 헌법에 위반되지 않는다(헌재 2012.5.31, 2010헌바87).

기출 OX
04 친양자 입양을 청구하기 위해서는 친생부모의 친권상실, 사망 기타 동의할 수 없는 사유가 없는 한 친생부모의 동의를 반드시 요하도록 하는 것은 친양자가 될 자의 가족생활에 관한 기본권을 침해하지 않는다. 18. 지방직 7급
(   )

29 안장 대상자 배우자의 국립묘지 합장 × [합헌]
안장 대상자가 사망한 뒤 그 배우자가 재혼을 통해 새로운 혼인관계를 형성하고 안장 대상자를 매개로 한 인척관계를 종료하였다면, 그가 국립묘지에 합장될 자격이 있는지는 사망 당시의 배우자를 기준으로 하는 것이 사회통념에 부합한다(헌재 2022.11.24, 2020헌바463).

30 8촌 이내 혈족 사이의 혼인 금지 및 무효 [헌법불합치]
[1] 금혼조항으로 인하여 법률상의 배우자 선택이 제한되는 범위는 친족관계 내에서도 8촌 이내의 혈족으로, 넓다고 보기 어렵다. 그에 비하여 8촌 이내 혈족 사이의 혼인을 금지함으로써 가족질서를 보호하고 유지한다는 공익은 매우 중요하다.
[2] 무효조항은 근친혼의 구체적 양상을 살피지 아니한 채 8촌 이내 혈족 사이의 혼인을 일률적·획일적으로 혼인무효사유로 규정하고, 혼인관계의 형성과 유지를 신뢰한 당사자나 그 자녀의 법적 지위를 보호하기 위한 예외조항을 두고 있지 않으므로, 입법목적 달성에 필요한 범위를 넘는 과도한 제한으로서 침해의 최소성을 충족하지 못한다(헌재 2022.10.27, 2018헌바115).

기출 OX
05 8촌 이내의 혈족 사이에서는 혼인할 수 없도록 하는 민법 조항 및 이를 위반한 혼인을 무효로 하는 민법 조항은 가족질서를 보호하고 유지한다는 공익이 매우 중요하므로 법익균형성에 위반되지 아니하므로 혼인의 자유를 침해하지 않는다. 23. 소방간부 (   )

31 가정폭력범죄의 처벌 등에 관한 특례법상 피해자보호명령 [합헌]
피해자보호명령제도의 특성, 우편을 이용한 접근행위의 성질과 그 피해의 정도 등을 고려할 때, 입법자가 심판대상조항에서 **우편을 이용한 접근금지를 피해자보호명령의 종류로 정하지 아니하였다**고 하더라도 이것이 입법자의 재량을 벗어난 자의적인 입법으로서 평등원칙에 위반된다고 보기 어렵다(헌재 2023.2.22, 2019헌바43).

32 '혼인 중 여자와 남편 아닌 남자 사이에서 출생한 자녀'에 대한 출생신고 사건 [위헌]
[1] 태어난 즉시 **'출생등록될 권리'가 헌법상 보장되는 기본권**으로서, 자유권과 사회권의 성격을 동시에 갖는 독자적 기본권으로 판단하고, 이 사건에서 혼인 외 출생자에 대한 출생신고의무자를 모로 한정하고, 인지의 효력이 있는 생부의 친생자출생신고만을 인정하는 심판대상조항들이 혼인 중인 여자와 남편이 아닌 남자 사이에서 출생한 혼인 외 출생자인 청구인들의 태어난 즉시 '출생등록될 권리'를 침해한다.
  * 대법원은 출생등록될 권리를 거의 절대적 권리로 보고 있다.
[2] 다만, 생부는 혈연관계에 대한 확인이 필요할 수도 있고, 출생자의 출생사실을 모를 수도 있어서 모를 중심으로 출생신고를 규정한 것은 평등의 원칙에 위반되지는 않는다(헌재 2023.3.23, 2021헌마975).

정답 04 ○ 05 ×

33 유류분 전반 [위헌, 합헌]

[1] 유류분제도란, 피상속인이 증여 또는 유증으로 자유로이 재산을 처분하는 것을 제한하여 법정상속인 중 일정한 범위의 근친자에게 법정상속분의 일부가 귀속되도록 법률상 보장하는 민법상 제도를 말한다.

[2] 민법 제1112조가 유류분권리자와 각 유류분을 획일적으로 규정한 것이 매우 불합리하다고 단정하기 어렵다. [합헌]

[3] 피상속인을 장기간 유기하거나 정신적·신체적으로 학대하는 등의 패륜적인 행위를 일삼은 상속인의 유류분을 인정하는 것은 일반 국민의 법감정과 상식에 반한다고 할 것이므로, 민법 제1112조에서 유류분상실사유를 별도로 규정하지 아니한 것은 불합리하다고 아니할 수 없다. [위반]

[4] 피상속인의 형제자매는 상속재산형성에 대한 기여나 상속재산에 대한 기대 등이 거의 인정되지 않음에도 불구하고 유류분권을 부여하는 것은 그 타당한 이유를 찾기 어렵다. [위반]

[5] 당사자 사이에 유류분권리자에 대하여 손해를 가할 의사로 증여가 이루어진 경우에는 그 시기를 불문하고 유류분 산정 기초재산에 산입하도록 한 것은, 그러한 증여는 더 이상 보호할 필요가 없으므로 거래의 안전보다는 유류분권리자를 두텁게 보호하려는 입법자의 의사에 따른 것으로 합리적이다. [합헌]

[6] 민법 제1118조 중 공동상속인 중 특별수익자의 상속분에 관한 제1008조를 준용하는 부분으로 인하여 피상속인의 공동상속인에 대한 특별수익으로서의 증여는 그 시기를 불문하고 모두 유류분 산정 기초재산에 산입된다. [합헌]

[7] 피상속인을 오랜 기간 부양하거나 상속재산형성에 기여한 기여상속인이 그 보답으로 피상속인으로부터 재산의 일부를 증여받더라도, 해당 증여 재산은 유류분 산정 기초재산에 산입되므로, 기여상속인은 비기여상속인의 유류분반환청구에 응하여 위 증여재산을 반환하여야 하는 부당하고 불합리한 상황이 발생하게 된다. [위반] (특별히 부양하거나 재산증식에 기여)(헌재 2024.4.25, 2020헌가4).

34 혼인무효판결로 정정된 가족관계등록부의 원칙보존 [기각]

[1] 혼인의 당사자 사이에서 형성되는 법률관계에만 관련되는 것이 아니라 제3자에 대한 관계에서도 문제가 되는바, 법률관계를 안정시키고 명확히 하기 위하여 공적 증명이 필요한 경우가 있을 수 있으므로, 과거 형식적으로 성립하였으나 무효가 된 혼인에 관한 등록부 기록사항의 보존은 원칙적으로 필요하다.

[2] 정보는 법령에 따른 교부 청구 등이 없는 한 공개되지 아니하므로, 심판대상조항으로 인하여 청구인이 입는 불이익이 중대하다고 보기는 어렵다. 반면, 심판대상조항이 가족관계의 변동에 관한 진실성을 담보하는 공익은 훨씬 중대하다고 할 것이므로 심판대상조항은 법익균형성이 인정된다(헌재 2024.1.25, 2020헌바65).

35 입양신고시 불출석 당사자의 신분증명서 제시 [합헌]

이 사건 법률조항은 입양의 당사자가 출석하지 않아도 입양신고를 하여 가족관계를 형성할 수 있는 자유를 보장하면서도, 출석하지 아니한 당사자의 신분증명서를 제시하도록 하여 입양당사자의 신고의사의 진실성을 담보하기 위한 조항이다(헌재 2022.11.24, 2019헌바108).

기출지문 OX

01 ☐☐☐
모든 국민은 인간다운 생활을 할 권리를 가지는데 이 권리는 인간의 존엄성에 상응하는 급부, 즉 인간적 생존에 필요한 최소한의 물질적 생활을 국가에 요구할 수 있는 권리이다. O|X

02 ☐☐☐
산재피해 근로자에게 인정되는 산재보험수급권은 입법재량권의 행사에 의하여 제정된 산업재해보상보험법에 의하여 비로소 구체화되는 '법률상의 권리'이며, 개인에게 국가에 대한 사회보장·사회복지 또는 재해예방 등과 관련된 적극적 급부청구권이 인정되는 것은 아니다. O|X

03 ☐☐☐
국가가 인간다운 생활을 보장하기 위한 헌법적 의무를 다하였는지의 여부가 사법적 심사의 대상이 된 경우에는, 국가가 최저생활보장에 관한 입법을 전혀 하지 아니하였다든가 그 내용이 현저히 불합리하여 헌법상 용인될 수 있는 재량의 범위를 명백히 일탈한 경우에 한하여 헌법에 위반된다고 할 수 있다. O|X

04 ☐☐☐
인간다운 생활을 할 권리에 관한 헌법상 규정은 모든 국가기관을 기속하지만, 그 기속의 의미는 적극적·형성적 활동을 하는 입법부 또는 행정부의 경우와 헌법재판에 의한 사법적 통제기능을 하는 헌법재판소에 있어서 동일하지 아니하다. O|X

05 ☐☐☐
공무원연금법에서 유족급여수급권의 대상을 19세 미만의 자녀로 한정한 것은 19세 이상 자녀들의 재산권과 평등권을 침해하지 않는다. O|X

정답 및 해설

01 O 다수의 견해와 법령(국민기초생활 보장법)은 최소한의 물질적인 생활뿐만 아니라 문화적인 생활까지 보호해야 한다고 하지만, 헌법재판소의 경우에는 최소한의 물질적인 생활만 보장해야 한다고 보았다.

02 O 사회보장수급권은 헌법 제34조 제1항 및 제2항 등으로부터 개인에게 직접 주어지는 헌법적 차원의 권리라거나 사회적 기본권의 하나라고 볼 수는 없고, 다만 그 수급요건, 수급자의 범위, 수급액 등 구체적인 사항이 규정될 때 비로소 형성되는 법률적 차원의 권리에 불과하다 할 것이다(헌재 2003.7.24, 2002헌바51).

03 O 국가가 생계보호에 관한 입법을 전혀 하지 아니하였다든가 그 내용이 현저히 불합리하여 헌법상 용인될 수 있는 재량의 범위를 명백히 일탈한 경우에 한하여 헌법에 위반된다고 할 수 있다(헌재 1997.5.29, 94헌마33).

04 O 헌법의 규정이, 입법부나 행정부에 대하여는 국민소득, 국가의 재정능력과 정책 등을 고려하여 가능한 범위 안에서 최대한으로 모든 국민이 물질적인 최저생활을 넘어서 인간의 존엄성에 맞는 건강하고 문화적인 생활을 누릴 수 있도록 하여야 한다는 행위의 지침, 즉 행위규범으로서 작용하지만, 헌법재판에 있어서는 다른 국가기관, 즉 입법부나 행정부가 국민으로 하여금 인간다운 생활을 영위하도록 하기 위하여 객관적으로 필요한 최소한의 조치를 취할 의무를 다하였는지를 기준으로 국가기관의 행위의 합헌성을 심사하여야 한다는 통제규범으로 작용하는 것이다(헌재 1997.5.29, 94헌마33).

05 O 입법자가 연령과 장애 상태를 독자적 생계유지가능성의 판단기준으로 삼아 대통령령이 정하는 정도의 장애 상태에 있지 아니한 19세 이상의 자녀를 유족의 범위에서 제외하였음을 들어 유족급여수급권의 본질적 내용을 침해하였다거나 입법형성권의 범위를 벗어났다고 보기 어렵다(헌재 2019.11.28, 2018헌바335).

06 ☐☐☐
군인연금법상 퇴역연금수급권자가 사립학교교직원 연금법 제3조의 학교기관으로부터 보수 기타 급여를 지급받는 경우에는 대통령령이 정하는 바에 따라 퇴역연금의 전부 또는 일부의 지급을 정지할 수 있도록 하는 것은 신뢰보호원칙에 위반되지 않는다. O|X

07 ☐☐☐
재직 중의 사유로 금고 이상의 형을 선고받아 처벌받은 사립학교교원에 대하여 당연퇴직을 시키면서 직무 관련 범죄 여부, 고의 또는 과실범 여부 등을 묻지 않고 퇴직급여와 퇴직수당을 일률적으로 감액하는 것은 재산권을 침해한다. O|X

08 ☐☐☐
국가 등의 양로시설에 입소하는 국가유공자에게 일정 요건하에서 보상금수급권에 대한 지급정지를 규정하고 있는 것은 자유권이나 자유권의 제한영역에 관한 규정이 아니므로 행복추구권을 침해한다고 할 수 없다. O|X

09 ☐☐☐
수급권자에게 2 이상의 급여의 수급권이 발생한 때 그 자의 선택에 의하여 그중의 하나만을 지급하고 다른 급여의 지급을 정지하도록 하는 것은 헌법 제37조 제2항의 기본권 제한의 입법적 한계를 일탈한 것이다. O|X

10 ☐☐☐
보건복지부장관이 고시한 생활보호사업지침상의 생계보호급여의 수준이 일반 최저생계비에 못 미친다고 하더라도 그 사실만으로 국민의 인간다운 생활을 보장하기 위하여 국가가 실현해야 할 객관적 내용의 최소한도의 보장에 이르지 못하였다거나 헌법상 용인될 수 있는 재량의 범위를 명백히 일탈하였다고 볼 수 없다. O|X

11 ☐☐☐
업무상 질병으로 인한 업무상 재해에 있어 업무와 재해 사이의 상당인과관계에 대한 입증책임을 이를 주장하는 근로자나 그 유족에게 부담시키는 산업재해보상보험법 규정이 근로자나 그 유족의 사회보장수급권을 침해한다고 볼 수 없다. O|X

정답 및 해설

06 O 구 군인연금법과 사학연금법이 유기적이고 호환적인 체계에서 통일적으로 기능하여 근무 직역이 이동되는 경우 재직기간의 합산 및 연금액의 이체가 가능한 점 등에 비추어 볼 때, 대통령령에 규정될 내용은 퇴역연금의 전액이 지급정지될 것임을 쉽게 예측할 수 있다 할 것이다. 따라서 이 사건 정지조항이 헌법상 위임입법의 한계를 일탈하였다 할 수 없다(헌재 2007.10.25, 2005헌바68).

07 O 공무원의 신분이나 직무상 의무와 관련이 없는 범죄의 경우에도 퇴직급여 등을 제한하는 것은, 공무원범죄를 예방하고 공무원이 재직 중 성실히 근무하도록 유도하는 입법목적을 달성하는 데 적합한 수단이라고 볼 수 없다(헌재 2007.3.29, 2005헌바33).

08 O 헌법 제10조의 행복추구권은 국민이 행복을 추구하기 위하여 필요한 급부를 국가에게 적극적으로 요구할 수 있는 것을 내용으로 하는 것이 아니라, 국민이 행복을 추구하기 위한 활동을 국가권력의 간섭 없이 자유롭게 할 수 있다는 포괄적인 의미의 자유권으로서의 성격을 가지는데, 이 사건 규정은 보상금수급권에 대한 일정 요건하의 지급정지를 규정하고 있는 것으로 자유권이나 자유권의 제한영역에 관한 규정이 아니므로, 이 사건 규정이 행복추구권을 침해한다고 할 수는 없다(헌재 2000.6.1, 98헌마216).

09 X 이 사건 법률조항이 수급권자에게 2 이상의 급여의 수급권이 발생한 때 그 자의 선택에 의하여 그중의 하나만을 지급하고 다른 급여의 지급을 정지하도록 한 것은 공공복리를 위하여 필요하고 적정한 방법으로서 헌법 제37조 제2항의 기본권 제한의 입법적한계를 일탈한 것으로 볼 수 없고, 또 합리적인 이유가 있으므로 평등권을 침해한 것도 아니다(헌재 2000.6.1, 97헌마190).

10 O 이 사건 생계보호기준이 청구인들의 인간다운 생활을 보장하기 위하여 국가가 실현해야 할 객관적 내용의 최소한도의 보장에도 이르지 못하였다거나 헌법상 용인될 수 있는 재량의 범위를 명백히 일탈하였다고는 보기 어렵고, 따라서 비록 위와 같은 생계보호의 수준이 일반 최저생계비에 못미친다고 하더라도 그 사실만으로 곧 그것이 헌법에 위반된다거나 청구인들의 행복추구권이나 인간다운 생활을 할 권리를 침해한 것이라고는 볼 수 없다(헌재 1997.5.29, 94헌마33).

11 O 업무상 질병으로 인한 업무상 재해에 있어 업무와 재해 사이의 상당인과관계에 대한 입증책임을 이를 주장하는 근로자나 그 유족에게 부담시키는 것이 사회보장수급권을 침해한다고 볼 수 없다(헌재 2015.6.25, 2014헌바269).

12 ☐☐☐
헌법재판소는 의무교육의 취학연령을 획일적으로 정하는 것은 헌법 제31조의 능력에 따라 균등하게 교육을 받을 권리의 본질적 내용을 침해한 것이 아니라고 한다. O│X

13 ☐☐☐
헌법상 교육권은 본질적으로 교육을 받을 권리를 의미한다고 할 것이므로, 부모의 자녀에 대한 교육권이 인정된다고 할지라도 이는 자녀의 보호와 인격발현을 위해 부여된 것으로 자녀교육에 대한 책임으로 이해하는 것이 타당하다. O│X

14 ☐☐☐
학교교육의 범주 내에서는 국가의 교육권한이 헌법적으로 독자적인 지위를 부여받음으로써 부모의 교육권과 함께 자녀의 교육을 담당하지만 학교 밖의 교육영역에서는 원칙적으로 부모의 교육권이 우위를 차지한다. O│X

15 ☐☐☐
교사의 수업권은 헌법상 보장되는 기본권이 아니며 설령 보장된다고 하더라도 학생의 수학권을 위한 제약이 불가피하다. O│X

16 ☐☐☐
대학입학지원자가 모집정원에 미달하였음에도 불구하고 대학이 정한 수학능력이 없다는 이유로 지원자에 대해 불합격 처분을 한 것은 교육을 받을 권리에 대한 침해로서 무효이다. O│X

17 ☐☐☐
대학수학능력시험을 한국교육방송공사(EBS) 수능교재 및 강의와 연계하여 출제하기로 한 '2018학년도 대학수학능력시험 시행기본계획'은 헌법 제31조 제1항의 능력에 따라 균등하게 교육을 받을 권리를 직접 제한한다고 보기는 어렵다. O│X

18 ☐☐☐
교수재임용 거부사유를 알려주지 않고 탈락하게 되는 교원이 사후에 다툴 수 있는 제도적 장치를 마련하지 않고 있는 법률조항은 헌법에 위반된다. O│X

정답 및 해설

12 O 의무교육의 취학연령을 획일적으로 정하는 것은 헌법 제31조의 능력에 따라 균등하게 교육받을 권리의 본질적인 내용은 침해한 것이 아니라고 한다(헌재 1994.2.24, 93헌마192 참조).

13 O 헌법상 교육권은 본질적으로 교육받을 권리를 의미한다고 할 것이므로 부모의 자녀에 대한 교육권이 인정된다고 할지라도 이는 자녀의 보호와 인격발현을 위해 부여된 것으로 자녀교육에 대한 책임으로 이해하는 것이 타당하다(헌재 2000.4.27, 98헌가16).

14 O 학교교육의 범주 내에서는 국가의 교육권한이 헌법적으로 독자적인 지위를 부여받음으로써 부모의 교육권과 함께 자녀의 교육을 담당하지만 학교 밖의 교육영역에서는 원칙적으로 부모의 교육권이 우위를 차지한다(헌재 2000.4.27, 98헌가16).

15 O 교육내용에 대한 결정권을 포함한다고 할 것이며, … 국민의 수학권과 교사의 수업의 자유는 다 같이 보호되어야 하겠지만 그중에서도 국민의 수학권이 더 우선적으로 보호되어야 한다(헌재 1992.11.12, 89헌마88).

16 × 대학입학지원서가 모집정원에 미달한 경우라도 대학이 정한 수학능력이 없는 자에 대해 불합격처분을 한 것은 교육법 제111조 제1항에 위반되지 아니하여 무효라 할 수 없다(대판 1983.6.28, 83누193).

17 O 수능시험을 준비하면서 무엇을 어떻게 공부하여야 할지에 관하여 스스로 결정할 자유가 심판대상계획에 따라 제한된다. 이는 자신의 교육에 관하여 스스로 결정할 권리, 즉 교육을 통한 자유로운 인격발현권을 제한받는 것으로 볼 수 있다. 한편, 청구인들은 심판대상계획으로 인해 교육을 받을 권리가 침해된다고 주장하지만, 심판대상계획이 헌법 제31조 제1항의 능력에 따라 균등하게 교육을 받을 권리를 직접 제한한다고 보기는 어렵다(헌재 2018.2.22, 2017헌마691).

18 O 객관적인 기준의 재임용 거부사유와 재임용에서 탈락하게 되는 교원이 자신의 입장을 진술할 수 있는 기회 그리고 재임용 거부를 사전에 통지하는 규정 등이 없으며, 나아가 재임용이 거부되었을 경우 사후에 그에 대해 다툴 수 있는 제도적 장치를 전혀 마련하지 않고 있는 이 사건 법률조항은, 현대사회에서 대학교육이 갖는 중요한 기능과 그 교육을 담당하고 있는 대학교원의 신분의 부당한 박탈에 대한 최소한의 보호요청에 비추어 볼 때 헌법 제31조 제6항에서 정하고 있는 교원지위법정주의에 위반된다고 볼 수밖에 없다(헌재 2003.2.27, 2000헌바26).

19 ☐☐☐
검정고시로 고등학교 졸업학력을 취득한 사람들의 수시모집지원을 제한하는 내용의 피청구인 국립교육대학교 등의 2017학년도 신입생 수시모집 입시요강은 검정고시 출신자인 청구인들의 균등하게 교육을 받을 권리를 침해한다. O|X

20 ☐☐☐
심야 학원교습을 금지한 지방자치단체의 조례는 직업수행의 자유를 침해하지 않는다. O|X

21 ☐☐☐
학교운영지원비는 운영상 교원연구비와 같은 교사의 인건비 일부와 학교회계직원의 인건비 일부 등 의무교육과정의 인적 기반을 유지하기 위한 비용을 충당하는 데 사용되고 있으므로 의무교육 무상의 범위에 포함되어야 한다. O|X

22 ☐☐☐
헌법상 의무교육 무상의 범위는 교육의 기회균등을 실현하기 위해 필수불가결한 비용을 말하므로, 단순한 영양공급 차원을 넘어 교육적 성격을 가지는 학교급식은 무상의 의무교육 내용에 포함된다. O|X

23 ☐☐☐
자율형 사립고등학교를 후기학교로 정하여 신입생을 일반고와 동시에 선발하도록 하는 한편, 자율형 사립고등학교를 지원한 학생에게 평준화지역 후기학교에 중복지원할 수 없도록 한 것은 학교법인의 사학운영의 자유를 침해한다. O|X

24 ☐☐☐
헌법 제32조 제1항의 근로의 권리는 국가에 대하여 근로의 기회를 제공하는 정책을 수립해줄 것을 요구할 수 있는 권리도 내포하므로 노동조합도 그 주체가 될 수 있다. O|X

정답 및 해설

19 O 교육대학교 등 11개 대학교의 '2017학년도 신입생 수시모집 입시요강'이 검정고시로 고등학교 졸업학력을 취득한 사람들의 수시모집 지원을 제한하는 것은 교육을 받을 권리를 침해한다(헌재 2017.12.28, 2016헌마649).

20 O 학원에서의 교습은 보장하면서 심야에 한하여 교습시간을 제한하면서 다른 사교육 유형은 제한하지 않으므로 청구인들의 기본권을 과도하게 제한하는 것이라고 볼 수 없으므로 청구인들의 인격의 자유로운 발현권, 자녀교육권 및 직업수행의 자유를 침해하였다고 볼 수 없다(헌재 2009.10.29, 2008헌마635).

21 O 학교운영지원비는 기본적으로 학부모의 자율적 협찬금의 성격을 갖고 있음에도 그 조성이나 징수의 자율성이 완전히 보장되지 않아 기본적이고 필수적인 학교교육에 필요한 비용에 가깝게 운영되고 있다는 점 등을 고려해보면 이 사건 세입조항은 헌법 제31조 제3항에 규정되어 있는 의무교육의 무상원칙에 위배되어 헌법에 위반된다(헌재 2012.8.23, 2010헌바220).

22 X 이 사건 심판대상조항이 의무교육대상인 중학생의 학부모들에게 급식 관련 비용의 일부를 부담하도록 하고 있지만, 급식활동 자체가 의무교육에 필수불가결한 내용이라 보기 어렵고, 국가나 지방자치단체의 지원으로 부담을 경감하는 조항이 마련되어 있으며, 특히 저소득층 학생들을 위한 지원방안이 마련되어 있다는 점을 고려해보면 이 사건 심판대상조항이 입법형성권의 범위를 넘어 헌법상 의무교육의 무상원칙에 반한다고 할 수 없으므로 헌법에 위반되지 않는다는 것이다(헌재 2012.4.24, 2010헌바164).

23 X 동시선발 조항이 자사고를 후기학교로 규정함으로써 과학고와 달리 취급하고, 일반고와 같이 취급하는 데에는 합리적인 이유가 있으므로 청구인 학교법인의 평등권을 침해하지 아니한다(헌재 2019.4.11, 2018헌마221).
▶ 다만, 중복지원금지조항은 헌법에 위반된다.

24 X 판례의 경우 외국인도 그 주체가 된다고 해서 비판받고 있다. 또한 노동조합의 경우에는 근로의 기회를 달라는 근로의 권리의 주체가 될 수 없다(헌재 2009.2.26, 2007헌바27).

25 ☐☐☐
외국인근로자에게도 자본주의 경제질서하에서 근로자가 기본적 생활수단을 확보하고 인간의 존엄성을 보장받기 위하여 최소한의 근로조건을 요구할 수 있는 권리의 기본권 주체성이 인정된다. ⓞⓧ

26 ☐☐☐
해고예고제도의 적용제외사유 중 하나로 일용근로자로서 3개월을 계속 근무하지 아니한 자를 규정하고 있는 근로기준법 조항은 해당 일용근로자의 근로의 권리를 침해한다. ⓞⓧ

27 ☐☐☐
근로기준법 제23조 제1항의 부당해고제한조항을 4인 이하 사업장에 적용되는 조항으로 포함하지 않은 것은 근로자보호의 필요성이 크고 4인 이하 사업장에 그다지 큰 경제적 부담 전가가 되지 않으므로 4인 이하 사업장을 5인 이상 사업장과 달리 차별하는 데에 합리적인 이유를 인정할 수 없어 청구인의 평등권을 침해한다. ⓞⓧ

28 ☐☐☐
입법자가 근로자 퇴직급여 보장법상 퇴직급여제도를 설정함에 있어 4주간을 평균하여 1주간의 소정근로시간이 15시간 미만인 근로자를 그 지급대상에서 배제함으로써 차별취급이 발생하였다고 하더라도 이를 입법재량을 벗어난 자의적인 재량권 행사라고 보기는 어렵다. ⓞⓧ

29 ☐☐☐
퇴직금 전액을 우선변제하는 것은 담보물권의 본질을 침해한다. ⓞⓧ

30 ☐☐☐
근로3권(노동3권)의 주체는 육체노동자, 사무노동자를 포함하나 해고의 효력을 다투고 있는 자나 실업 중에 있는 자 및 법인 등은 제외된다. ⓞⓧ

정답 및 해설

25 ○ 건강한 작업환경, 일에 대한 정당한 보수, 합리적인 근로조건의 보장 등을 요구할 수 있는 권리 등을 포함한다고 할 것이므로 외국인근로자라고 하여 이 부분에까지 기본권 주체성을 부인할 수는 없다(헌재 2007.8.30, 2004헌마670).

26 × 일용근로자로서 3개월을 계속 근무하지 아니한 자를 해고예고제도의 적용제외사유로 규정하고 있는 근로기준법 규정은 일용근로자인 청구인의 근로의 권리를 침해하지 않는다(헌재 2017.5.25, 2016헌마640).

27 × 심판대상조항이 부당해고제한조항과 노동위원회 구제절차를 4인 이하 사업장에 적용되는 근로기준법 조항으로 나열하지 않음으로써 4인 이하 사업장을 5인 이상 사업장에 비해 차별취급한 것은, 근로기준법의 확대적용을 위한 지속적인 노력을 기울이는 과정에서 한편으로 일부 영세사업장의 열악한 현실을 고려하고, 근로기준법의 법규범성을 실질적으로 관철하기 위한 입법정책적 결정으로서 거기에는 나름대로의 합리적 이유가 있다(헌재 2019.4.11, 2017헌마820).

28 ○ 사용자의 부담이 요구되는 퇴직급여제도를 입법함에 있어 해당 사업 또는 사업장에의 전속성이나 기여도가 낮은 일부 근로자를 한정하여 그 지급대상에서 배제한 것을 두고 입법형성권의 한계를 일탈하여 명백히 불공정하거나 불합리한 판단이라 볼 수는 없다. 소정근로시간이 1주간 15시간 미만인 이른바 '초단시간근로'는 일반적으로 임시적이고 일시적인 근로에 불과하여 초단시간근로자에 대한 퇴직급여 지급이 사용자의 부담을 용인할 수 있을 정도의 기여를 전제로 하는 퇴직급여제도의 본질에 부합한다고 보기 어렵다(헌재 2021.11.25, 2015헌바334).

29 ○ 그 질권이나 저당권의 본질적 내용을 이루는 우선변제수령권이 형해화하게 되므로 이 사건 법률조항 중 '퇴직금' 부분은 질권이나 저당권의 본질적 내용을 침해할 소지가 생기게 되는 것이다(헌재 1997.8.21, 94헌바19 등).

30 × 노조법 제2조 제1호 및 제4호 라목 본문에서 말하는 '근로자'에는 특정한 사용자에게 고용되어 현실적으로 취업하고 있는 자뿐만 아니라, 일시적으로 실업상태에 있는 자나 구직 중인 자도 노동3권을 보장할 필요성이 있는 한 그 범위에 포함된다(대판 2004.2.27, 2001두8568).

31 ☐☐☐

초·중등교육법상의 교원과는 달리 법률로써 고등교육법에서 규율하는 대학 교원들의 단결권을 인정하지 않더라도, 대학 교원은 헌법과 법률로써 신분이 보장되고 정당가입과 선거운동 등이 가능하므로 평등권을 침해하는 것은 아니다. O|X

32 ☐☐☐

이른바 '유니언 샵(Union Shop)' 협정은 근로자의 소극적 단결권을 침해하므로 헌법상 용인되기 어렵다. O|X

33 ☐☐☐

단체교섭권에는 단체협약체결권이 포함되지 않는다. O|X

34 ☐☐☐

노동조합이 비과세 혜택을 받을 권리는 헌법 제33조 제1항(근로3권)이 당연히 예상한 권리의 내용에 포함된다고 보기 어렵고, 위 헌법조항으로부터 국가의 조세법규범 정비의무가 발생한다고 보기도 어렵다. O|X

35 ☐☐☐

사용자가 노동조합의 운영비를 원조하는 행위를 부당노동행위로 금지하는 '노동조합 및 노동관계조정법'은 노동조합의 단체교섭권을 침해한다. O|X

36 ☐☐☐

교섭창구단일화제도는 노동조합의 교섭력을 담보하여 교섭의 효율성을 높이고 통일적인 근로조건을 형성하기 위한 불가피한 제도라는 점에서 노동조합의 조합원들이 향유할 단체교섭권을 침해한다고 볼 수 없다. O|X

37 ☐☐☐

5급 이상의 일반직공무원 등에게 노조가입을 허용하지 않는 것은 헌법에 위반된다. O|X

정답 및 해설

31 ✕ 일반근로자 및 초·중등교원과 구별되는 대학교원의 특수성을 인정하더라도, 대학교원에게도 단결권을 인정하면서 다만 해당 노동조합이 행사할 수 있는 권리를 다른 조합과 달리 강한 제약 아래 두는 방법도 얼마든지 가능한데 이를 전면적으로 제한하는 것은 필요 이상의 과도한 제한이다(헌재 2018.8.30, 2015헌가38).

32 ✕ 노동조합의 적극적 단결권은 근로자 개인의 단결하지 않을 자유보다 중시된다고 할 것이어서 노동조합에 적극적 단결권(조직강제권)을 부여한다고 하여 이를 두고 곧바로 근로자의 단결하지 아니할 자유의 본질적인 내용을 침해하는 것으로 단정할 수는 없다(헌재 2005.11.24, 2002헌바95 등).

33 ✕ 이 사건 법률 조항이 노동조합의 대표자 또는 노동조합으로부터 위임을 받은 자에게 단체교섭권만이 아니라 단체협약체결권도 부여한 것이라 하겠다(헌재 1998.2.27, 94헌바13 등).

34 ○ 근로3권을 규정한 헌법 제33조 제1항으로부터 노동조합이 조세법상 비과세 혜택을 받을 권리가 파생한다거나 이에 상응하는 국가의 조세법규범 정비의무가 발생한다고 보기도 어렵다(헌재 2009.2.26, 2007헌바27).

35 ○ 사용자가 노동조합의 운영비를 원조하는 행위를 부당노동행위로 금지하는 '노동조합 및 노동관계조정법' 제81조 제4호 중 '노동조합의 운영비를 원조하는 행위'에 관한 부분은 과잉금지원칙을 위반하여 노동조합의 단체교섭권을 침해한다(헌재 2018.5.31, 2012헌바90).

36 ○ 하나의 사업 또는 사업장에 2개 이상의 노동조합이 있는 경우 단체교섭에 있어 그 창구를 단일화하도록 하여 교섭대표가 된 노동조합에게만 단체교섭권을 부여하고 있는 노동조합 및 노동관계조정법 제29조 제2항, 제29조의2 제1항이 청구인들의 기본권을 침해하지 않는다(헌재 2012.4.24, 2011헌마338).

37 ✕ 조심해야 한다. 현행법은 5급 이상의 공무원도 허용하고 있으나, 판례는 허용하지 않는 것에 대해서 합헌적으로 보았다.

38 ☐☐☐
청원경찰의 근로3권 제한은 과도한 제한으로 헌법에 위반된다. ⓞⓧ

39 ☐☐☐
모든 국민은 건강하고 쾌적한 환경에서 생활할 권리를 가지며, 국가와 국민은 환경보전을 위하여 노력하여야 한다. ⓞⓧ

40 ☐☐☐
최근 대법원은 환경권의 보호영역과 관련하여 단순 자연환경뿐만 아니라 종교적 환경이나 교육적 환경까지 포함한다고 보았다. ⓞⓧ

41 ☐☐☐
사법적 권리인 환경권을 인정하면 그 상대방의 활동의 자유와 권리를 불가피하게 제약할 수밖에 없으므로, 사법상의 권리로서의 환경권이 인정되려면 그에 관한 명문의 법률규정이 있거나 관계 법령의 규정취지나 조리에 비추어 권리의 주체, 대상, 내용, 행사방법 등이 구체적으로 정립될 수 있어야 한다. ⓞⓧ

42 ☐☐☐
환경영향평가 대상지역 안의 주민들의 경우에는 주민들이 갖고 있는 환경상의 이익이 주민 개개인에 대하여 개별적으로 보호되는 직접적·구체적인 이익이지만 밖의 주민들의 경우는 원고적격을 인정받기 위해서는 입증이 필요하다. ⓞⓧ

43 ☐☐☐
판례는 김 양식장 사안에서 피해자가 폐수의 발생과 양식장의 피해를 입증하게 되면 가해자인 공장 측이 안전농도 내임을 증명한다고 하여 이를 개연성 이론이라고 한다. ⓞⓧ

정답 및 해설

38 ⓞ 교원과 일부 공무원도 단결권과 단체교섭권을 인정받고 있는 상황에서 일반근로자인 청원경찰의 근로3권을 모두 제한하는 것은 사회의 변화에도 맞지 않는다(헌재 2017.9.28, 2015헌마653).

39 ⓞ 모든 국민은 건강하고 쾌적한 환경에서 생활할 권리를 가지며, 국가와 국민은 환경보전을 위하여 노력하여야 한다(헌법 제35조 제1항).

40 ⓞ 어느 토지나 건물의 소유자가 종전부터 향유하고 있던 경관이나 조망, 조용하고 쾌적한 종교적 환경 등이 그에게 하나의 생활이익으로서의 가치를 가지고 있다고 객관적으로 인정된다면 법적인 보호의 대상이 될 수 있는 것이다(대판 1997.7.22, 96다56153).

41 ⓞ 사법적 권리인 환경권을 인정하면 그 상대방의 활동의 자유와 권리를 불가피하게 제약할 수밖에 없으므로, 사법상의 권리로서의 환경권이 인정되려면 그에 관한 명문의 법률규정이 있거나 관계 법령의 규정취지나 조리에 비추어 권리의 주체, 대상, 내용, 행사방법 등이 구체적으로 정립될 수 있어야 한다(대판 1995.5.23, 94마2218).

42 ⓞ 환경영향평가 대상지역 밖의 주민이라 할지라도 공유수면매립면허처분 등으로 인하여 그 처분 전과 비교하여 수인한도를 넘는 환경피해를 받거나 받을 우려가 있는 경우에는, 공유수면매립면허처분 등으로 인하여 환경상 이익에 대한 침해 또는 침해우려가 있다는 것을 입증함으로써 그 처분 등의 무효확인을 구할 원고적격을 인정받을 수 있다(대판 2006.3.16, 2006두330).

43 ⓞ 피고가 ㉠ 피고 공장폐수 중에는 김의 생육에 악영향을 끼칠 수 있는 원인물질이 들어 있지 않으며, ㉡ 원인물질이 들어 있다 하더라도 그 해수혼합률이 안전농도 범위 내에 속한다는 사실을 반증을 들어 인과관계를 부정하지 못하는 한 그 불이익은 피고에게 돌려야 마땅할 것이다(대판 1984.6.12, 81다558).

44 ☐☐☐
사실혼 배우자는 혼인신고를 함으로써 상속권을 가질 수 있고, 증여나 유증을 받는 방법으로 상속에 준하는 효과를 얻을 수 있으며, 근로기준법, 국민연금법 등에 근거한 급여를 받을 권리 등이 인정된다는 측면에서 볼 때, 사실혼 배우자에게 상속권을 인정하지 않는 민법 조항이 사실혼 배우자인 청구인의 상속권을 침해하는 것은 아니다. O│X

45 ☐☐☐
국가의 국민보건에 관한 보호의무를 명시한 헌법 제36조 제3항에 의한 권리를 헌법소원을 통하여 주장할 수 있는 자는 직접 자신의 보건이나 의료문제가 국가에 의해 보호받지 못하고 있는 의료 수혜자적 지위에 있는 국민이라고 할 것이므로, 의료시술자적 지위에 있는 안과의사가 자기 고유의 업무범위를 주장하여 다투는 경우에는 위 헌법규정을 원용할 수 없다. O│X

46 ☐☐☐
입양이나 재혼 등과 같이 가족관계의 변동과 새로운 가족관계의 형성에 있어서 구체적인 사정들에 따라서는 양부 또는 계부의 성으로의 변경이 개인의 인격적 이익과 매우 밀접한 관계를 가짐에도 부성의 사용만을 강요하여 성의 변경을 허용하지 않는 것은 개인의 인격권을 침해한다. O│X

47 ☐☐☐
친생부인의 소의 제척기간을 규정한 민법 규정 중 "부(夫)가 그 사유가 있음을 안 날부터 2년 내" 부분은 부(夫)가 가정생활과 신분관계에서 누려야 할 인격권을 침해한다. O│X

48 ☐☐☐
구 종합부동산세법상 세대별 합산규정은 혼인한 자 또는 가족과 함께 세대를 구성한 자를 개인별로 과세되는 독신자, 사실혼 관계의 부부, 세대원이 아닌 주택 등의 소유자 등에 비하여 지나치게 불리하게 과세하고 있으므로 헌법에 합치하지 않는다. O│X

정답 및 해설

- **44** O 사실혼 배우자는 혼인신고를 함으로써 상속권을 가질 수 있고, 증여나 유증을 받는 방법으로 상속에 준하는 효과를 얻을 수 있으며, 근로기준법, 국민연금법 등에 근거한 급여를 받을 권리 등이 인정된다. 따라서 이 사건 법률조항이 사실혼 배우자의 상속권을 침해한다고 할 수 없다(헌재 2014.8.28, 2013헌바119).

- **45** O 국가의 국민보건에 관한 보호의무를 명시한 헌법 제36조 제3항에 의한 권리를 헌법소원을 통하여 주장할 수 있는자는 직접 자신의 보건이나 의료문제가 국가에 의해 보호받지 못하고 있는 의료 수혜자적 지위에 있는 국민이라고 할 것이므로 청구인과 같은 의료시술자적 지위에 있는 안과의사가 자기 고유의 업무범위를 주장하여 다투는 경우에는 위 헌법규정을 원용할 수 없다(헌재 1993.11.25, 92헌마87).

- **46** O 이 사건 법률조항이 부성주의를 규정한 것 자체는 헌법에 위반된다고 할 수 없으나 가족관계의 변동 등으로 구체적인 상황하에서는 부성의 사용을 강요하는 것이 개인의 가족생활에 대한 심각한 불이익을 초래하는 것으로 인정될 수 있는 경우에도 부성주의에 대한 예외를 규정하지 않고 있는 것은 인격권을 침해하고 개인의 존엄과 양성의 평등에 반하는 것이어서 헌법 제10조, 제36조 제1항에 위반된다(헌재 2005.12.22, 2003헌가5 등).

- **47** X 친생부인의 소의 제척기간을 규정한 민법 제847조 제1항 중 '부가 그 사유가 있음을 안 날로부터 2년 내' 부분은 친생부인의 소의 제척기간에 관한 입법재량의 한계를 일탈하지 않은 것으로서 헌법에 위반되지 아니한다(헌재 2015.3.26, 2012헌바357; 헌재 2015.4.30, 2013헌마623).

- **48** O 이 사건 세대별 합산규정은 혼인한 자 또는 가족과 함께 세대를 구성한 자를 비례의 원칙에 반하여 개인별로 과세되는 독신자, 사실혼 관계의 부부, 세대원이 아닌 주택 등의 소유자 등에 비하여 불리하게 차별하여 취급하고 있으므로, 헌법 제36조 제1항에 위반된다(헌재 2008.11.13, 2006헌바112 등).

49 ☐☐☐
'가족관계의 등록 등에 관한 법률' 제14조 제1항 본문 중 '직계혈족이 제15조에 규정된 증명서 가운데 가족관계증명서 및 기본증명서의 교부를 청구'하는 부분이 가정폭력 피해자의 개인정보를 보호하기 위한 구체적 방안을 마련하지 아니하였다고 하더라도 가정폭력 피해자인 청구인의 개인정보자기결정권을 침해하는 것은 아니다. ⓄⓍ

50 ☐☐☐
혼인 종료 후 300일 이내에 출생한 자를 전남편의 친생자로 추정하는 것은 모가 가정생활과 신분관계에서 누려야 할 혼인과 가족생활에 관한 기본권을 침해한다. ⓄⓍ

51 ☐☐☐
전문과목을 표시한 치과의원은 그 표시한 전문과목에 해당하는 환자만을 진료하여야 한다고 규정한 의료법 제77조 제3항은 과잉금지원칙을 위배하여 치과전문의인 청구인들의 직업수행의 자유를 침해한다. ⓄⓍ

52 ☐☐☐
8촌 이내의 혈족 사이에서는 혼인할 수 없도록 하는 민법 제809조 제1항은 입법목적의 달성에 필요한 범위를 넘는 과도한 제한으로서 침해의 최소성을 충족하지 못하므로 혼인의 자유를 침해한다. ⓄⓍ

53 ☐☐☐
'태어난 즉시 출생등록될 권리'는 헌법상의 기본권이 아니라 법률상의 권리이므로 '혼인 중 여자와 남편 아닌 남자 사이에서 출생한 자녀에 대한 생부의 출생신고'를 허용하도록 규정하지 아니한 가족관계의 등록 등에 관한 법률 조항이 혼인외 출생자인 청구인들의 태어난 즉시 출생등록될 권리를 침해하는 것은 아니다. ⓄⓍ

정답 및 해설

49 ✕ 가정폭력 가해자에 대하여 특별한 제한을 두지 아니한 관계로, 가정폭력 가해자인 전 배우자라도 직계혈족으로서 그 자녀의 가족관계증명서와 기본증명서를 사실상 자유롭게 발급받아서 거기에 기재된 가정폭력 피해자인 청구인의 개인정보를 무단으로 취득하게 되는 위헌성을 지적하고 이 사건 법률조항에 대하여 헌법불합치를 선언하였다(헌재 2020.8.28, 2018헌마927).

50 ○ 혼인 종료 후 300일 이내에 출생한 자녀를 전남편의 친생자로 추정하는 민법 제844조 제2항 중 '혼인관계종료의 날로부터 300일 내에 출생한 자'에 관한 부분(이하 '심판대상조항')이, 입법재량의 한계를 일탈하여 모가 가정생활과 신분관계에서 누려야 할 인격권, 혼인과 가족생활에 관한 기본권을 침해하여 헌법에 합치되지 아니한다(헌재 2015.4.30, 2013헌마623).

51 ○ 전문과목을 표시한 치과의원은 그 표시한 전문과목에 해당하는 환자만을 진료하여야 한다고 규정한 의료법 제77조 제3항은 과잉금지원칙을 위배하여 치과전문의인 청구인들의 직업수행의 자유를 침해한다(헌재 2015.5.28, 2003헌마799).

52 ✕ 금혼조항으로 인하여 상의 배우자 선택이 제한되는 범위는 친족관계 내에서도 8촌 이내의 혈족으로, 넓다고 보기 어렵다. 그에 비하여 8촌 이내 혈족 사이의 혼인을 금지함으로써 가족질서를 보호하고 유지한다는 공익은 매우 중요하다(헌재 2022.10.27, 2018헌바115).
  ▶ 1. 금지조항은 합헌 / 2. 무효조항은 위반

53 ✕ 태어난 즉시 '출생등록될 권리'가 헌법상 보장되는 기본권으로서, 자유권과 사회권의 성격을 동시에 갖는 독자적 기본권으로 판단하고 있다. 이 사건에서 혼인 외 출생자에 대한 출생신고의무자를 모와 남편으로 한정하는 심판대상조항들이 혼인 중인 여자와 남편이 아닌 남자 사이에서 출생한 혼인 외 출생자인 청구인들의 태어난 즉시 '출생등록될 권리'를 침해한다(의료기관이나 생부가 생래적 혈연관계를 소명하여 출생신고를 할 수 있도록 할 필요가 있다)(헌재 2023.3.23, 2021헌마975).

제7장 국민의 기본적 의무

01 서설

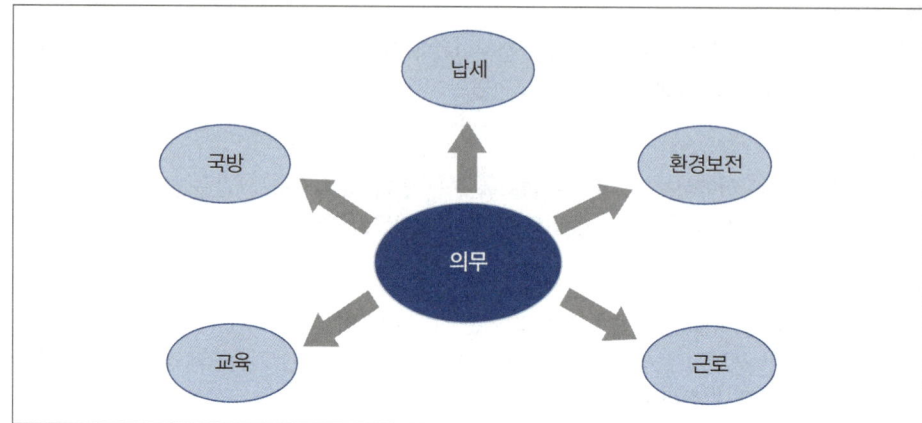

헌법상 규정하고 있는 의무는 고전적인 의미의 의무인 납세의 의무와 국방의 의무가 있으며, 사회권과 관련되는 의무로서 근로의 의무, 교육의 의무, 환경보전의 의무가 있고, 재산권 행사의 의무까지 포함하여 헌법상 규정하고 있는 의무로 볼 수 있다. 04. 법원직 고전적인 의미의 의무를 제외하고는 권리인 동시에 의무이며, 이를 명시한 이유는 국민의 자유와 권리를 보장하기 위함이다.

02 연혁

납세의 의무, 국방의 의무, 근로의 의무는 제헌헌법에서부터 규정되었고, 교육을 받게 할 의무는 1962년 제3공화국 헌법에서 처음 규정되었다. 22. 경찰

03 법적 성격

국민의 기본의무는 헌법에 규정된 실정법상의 의무이다. 그러므로 인간이 누리는 천부적인 권리개념으로서의 기본적 인권에 대응하는 기본적 의무가 존재할 수 있는지에 대해서는 부정적으로 보아야 한다.

04 국민의 기본의무의 유형

1. 고전적 의무

고전적 의무로서는 납세의 의무와 국방의 의무를 들 수 있고, 근대 시민국가의 헌법에 규정되어 있었다. 이 규정은 군주의 자의적인 과세나 강제적 징병으로부터 국민의 재산과 신체를 보장하기 위하여 인정된 것으로서 주로 국가권력에 대한 제한적 의미가 강한 자유권적 측면이 강조되었다. 현대에서 납세 및 국방의 의무는 국가권력을 제한하는 소극적인 의무만을 갖는 것이 아니라 국민이 스스로 국가의 존립과 안전을 위하여 병력을 제공하고, 국가의 재정확보를 위해 조세를 납부한다는 적극적 의미를 동시에 지니고 있다.

2. 현대적 의무

20세기 현대에 있어서는 국민의 생존을 확보하기 위한 사회적 기본권으로서의 성격을 지닌 새로운 의무가 등장하였다. 교육을 받게 할 의무, 근로의 의무, 환경보전의 의무, 재산권 행사의 공공복리적합의무 등이 이에 속한다.

05 내용

1. 납세의 의무

납세의 의무란 국가재정력을 확보할 목적으로 조세를 납부할 의무를 말한다. 납세의 의무의 주체는 국민이며 법인, 외국인도 포함된다. 납세의 의무는 국가의 자의적인 과세권 행사로부터 국민의 재산권을 침해당하지 아니한다는 소극적 성격 이외의 국민이 국가재정력을 형성한다는 적극적 의미를 갖는다.

2. 국방의 의무

(1) 국방의 의무란 외부의 침략적 행위로부터 국가의 독립을 유지하고 영토를 보전하기 위한 국토방위의 의무를 말한다.

(2) 국방의 의무의 주체는 국민에 한하여 인정되며, 외국인은 원칙적으로 포함되지 아니한다.*

   * 과거에는 외국인도 적비행기가 공습할 경우 불을 꺼야 하는 등의 의무가 있었으나, 오늘날에는 눈으로 보고 폭격을 하는 것이 아니므로 의미가 없어졌다.

(3) 국방의 의무는 직접적인 병력형성의무인 병력제공의 의무뿐만 아니라 예비군법에 따른 예비군복무의무, 민방위기본법에 의한 민방위응소의무 등에 의한 간접적인 병력형성의 의무가 포함된다. 이러한 국방의 의무 중에서 병력제공의 의무는 대한민국 남성만이 부담한다.

(4) 헌법 제39조 제2항은 "누구든지 병역의무의 이행으로 인하여 불이익한 처우를 받지 아니한다."라고 규정하고 있다. 헌법재판소는 이 조항에서 금지하는 불이익한 처우란 단순한 사실상·경제상의 불이익을 포함하는 것이 아니라, 단지 법적인 불이익만을 의미한다고 판시하였다(헌재 1999.12.23, 98헌마363). 또한 '이행으로 인하여'이기 때문에 '이행 중'에 발생하는 불이익은 포함하지 않는다.

한눈에 쏙!

구분	이행	불이익
O	이행으로 인한	법적
×	이행중	사실상

기출 OX

01 헌법 제39조 제2항의 병역의무조항에서 금지하는 '불이익한 처우'라 함은 사실상·경제상의 불이익을 모두 포함한다. 05. 입시 ( )

정답 01 ×

3. 교육을 받게 할 의무

교육을 받게 할 의무란 친권자 또는 후견인이 자녀에게 최소한 초등교육과 법률이 정하는 교육을 받도록 할 의무를 말한다. 교육을 받게 할 의무의 주체는 취학아동을 가진 친권자 또는 후견인이다. 초등교육과 법률이 정하는 교육은 교육기본법에 6년의 초등교육과 3년의 중등교육을 의무교육으로 규정하고 있다. 다만, 3년의 중등교육에 대한 의무교육은 국가의 재정여건을 고려하여 순차적으로 실시하도록 하고 있다. 교육을 받게 할 의무는 법적 의무이므로 그 의무를 이행하지 아니하는 경우에는 법적 제재가 가해진다(교육법에 의하면 100만원 이하의 과태료처분 등).

4. 근로의 의무

근로의 의무의 법적 성격에 관해서는 법적 의무설과 윤리적 의무설로 나누어져 있다. 사회주의 국가에서는 근로의 의무는 법적 의무로 보며, 헌법 제32조 제2항의 근로의 의무는 윤리적·도덕적 의무에 지나지 아니한다고 보아야 할 것이다. 윤리적 의무로 인정함으로써 직업선택의 자유의 무직업의 자유와 모순되지 아니한다. 다만, 현행 헌법의 근로의 의무는 근로의 의사와 능력이 있음에도 불구하고 일하지 않은 자에게는 헌법에 규정된 사회적 기본권의 혜택이 주어지지 않는다는 것이다.

5. 환경보전의 의무

헌법은 제35조 제1항에서 국가와 국민의 환경보전노력의무를 규정하고 있다. 이러한 의무를 이행함으로써 환경권이라는 권리를 향유하므로, 환경보전의 의무는 권리대응적 성격이 강하다.

6. 재산권 행사의 공공복리적합의무

헌법 제23조 제2항은 "재산권 행사는 공공복리에 적합하도록 하여야 한다."라고 규정하여 재산권의 사회적 구속성을 규정하고 있다. 납세의 의무는 역사적으로는 국민의 재산권의 보장을 위한 소극적 성격을 가지는 동시에 국민주권주의 사상하에서는 국가공동체의 재정적 기초의 형성을 의미하는 적극적 성격을 가진다. 08. 법원직

한눈에 쏙!

사안	주문
개업지 제한	위헌
변호사자격취득	합헌

> **판례 | 국민의 기본의무에 관한 판례**
>
> **1 군법무관 출신의 변호사 개업지 제한 [위헌]**
> 사법연수원을 수료하고 즉시 개업하는 변호사의 경우 개업지를 선택함에 있어 아무런 제한을 받지 아니하나, 병역의무의 이행을 위하여 군법무관으로 복무한 자는 전역 후 변호사로 개업함에 있어 개업지의 제한을 받게 된다. 군법무관으로의 복무 여부가 자신의 선택에 의하여 정해지는 경우와는 달리 병역의무의 이행으로 이루어지는 경우, 이는 **병역의무의 이행으로 말미암아 불이익한 처우를 받게 되는 것이라 아니할 수 없어 이의 금지를 규정한 헌법 제39조 제2항에 위반된다**(헌재 1989. 11.20, 89헌가102).
>
> ✎ 군법무관으로 15년 동안 복무하지 않고 제대하면 법적으로 자신이 있었던 부대 근처에서 개업을 못하게 하니 이는 위헌이다.

2 현역병 월급 [기각]

공무원의 보수청구권은, 법률 및 법률의 위임을 받은 하위법령에 의해 그 구체적 내용이 형성되면 재산적 가치가 있는 공법상의 권리가 되어 재산권의 내용에 포함되지만, 법령에 의하여 구체적 내용이 형성되기 전의 권리, 즉 공무원이 국가 또는 지방자치단체에 대하여 **어느 수준의 보수를 청구할 수 있는 권리는 단순한 기대이익에 불과하여 재산권의 내용에 포함된다고 볼 수 없다.** 따라서 청구인이 주장하는 특정한 보수수준에 관한 내용이 법령에 의하여 구체적으로 형성된 바 없는 이상, 이 사건 병의 봉급표가 그 보수수준보다 낮은 봉급월액을 규정하고 있다고 하여 청구인의 재산권을 침해한다고 볼 수는 없다(헌재 2012.10.25, 2011헌마307).

3 사회복무요원에게 현역병의 봉급을 지급 [기각]

[1] 행복추구권은 포괄적 의미의 자유권으로서의 성격을 갖는 것인데, 심판대상조항은 사회복무요원의 급여에 관한 것으로서 자유권의 제한 영역에 관한 규정이 아니다.

[2] 현역병의 경우 엄격한 규율이 적용되는 **내무생활과 총기·폭발물 사고 등 위험에 노출**되어 이는 특수성을 감안할 때 의식주 등에 제공하여도 합리적 이유가 있는 차별이다(헌재 2019.2.28, 2017헌마374).

4 군인의 주민등록 [기각]

[1] 누구든지 주민등록 여부와 무관하게 거주지를 자유롭게 이전할 수 있으므로 주민등록 여부가 거주·이전의 자유와 직접적인 관계가 있다고 보기 어려우며, 영내 기거하는 현역병은 병역법으로 인해 거주·이전의 자유를 제한받게 되므로 이 사건 법률 조항은 영내 기거 현역병의 거주·이전의 자유를 제한하지 않는다.
    ✎ 즉, 주민등록법이 아니라 병역법으로 인해 거주·이전의 자유를 제한받는 것이다.

[2] 실제 생활하는 지역에서 주민등록이 되는 것은 행정법상의 제도로서 만들어진 결과일 뿐 거주하는 사람의 결단에 따른 행동과는 무관한 것이므로 이를 일반적 행동자유권의 내용으로 볼 수 없다(헌재 2011.6.30, 2009헌마59).
    ✎ 제대 이후 삶의 근거지로 조속히 복귀하기 위해서 그런 것이다.

5 군입대 전 범죄에 대한 군사법원의 재판권 [합헌]

형사재판에 있어 범죄사실의 확정과 책임은 행위시를 기준으로 하지만, **재판권 유무는 원칙적으로 재판시점을 기준으로 해야 하며,** 형사재판은 유죄인정과 양형이 복합되어 있는데 양형은 일반적으로 재판받을 당시, 즉 선고시점의 피고인의 군인신분을 주요 고려 요소로 해 군의 특수성을 반영할 수 있어야 하므로, 이러한 양형은 군사법원에서 담당하도록 하는 것이 타당하다. 나아가 군사법원의 상고심은 대법원에서 관할하고 군사법원에 관한 내부규율을 정함에 있어서도 대법원이 종국적인 관여를 하고 있으므로 이 사건 법률 조항이 군사법원의 재판권과 군인의 재판청구권을 형성함에 있어 그 재량의 헌법적 한계를 벗어났다고 볼 수 없다(헌재 2009.7.30, 2008헌바162).

6 전투경찰대원의 시위진압임무 [기각]

이 사건 법률 조항들에 의하여 청구인의 신분을 군인에서 경찰공무원으로 전환한 것은 단지 병역의무 이행의 일환으로 대간첩작전이라는 특수임무를 부여하고 위 임무의 수행을 위하여 현역병 복무기간 동안 그 신분을 변경한 것에 불과하다. 이 사건 진압명령도 그와 마찬가지로 **병역의무의 이행을 위하여 발하여지는 명령에 불과한 것이지** 병역의무의 이행을 원인으로 하여 행하여진 불이익한 처우라고 볼 수 없으므로 헌법 제39조 제2항에 위반된다고 할 수 없다(헌재 1995.12.23, 91헌마80).

기출 OX

01 현역병의 군대 입대 전 범죄에 대한 군사법원의 재판권을 규정하고 있는 군사법원법의 관련 규정은 현역 복무 중인 군인의 재판청구권을 침해하지 아니한다. 14. 국가직 7급 ( )

정답 01 ○

7 불온도서 금지 [기각]

군의 정신전력이 국가안전보장을 확보하는 군사력의 중요한 일부분이라는 점이 분명한 이상, 정신전력을 보전하기 위하여 불온도서의 소지·전파 등을 금지하는 규율조항은 목적의 정당성이 인정된다. 또한 군의 정신전력에 심각한 저해를 초래할 수 있는 범위의 도서로 한정함으로써 침해의 최소성 요건을 지키고 있고, 이 사건 복무규율조항으로 달성되는 군의 정신전력 보존과 이를 통한 군의 국가안전보장 및 국토방위의무의 효과적인 수행이라는 공익은 이 사건 복무규율조항으로 인하여 제한되는 군인의 알 권리라는 사익보다 결코 작다 할 수 없다. 이 사건 복무규율조항은 법익균형성원칙에도 위배되지 아니한다(헌재 2010.10.28, 2008헌마638).

   ∅ 불온통신은 위헌이고, 불온도서는 합헌이다.

8 남성에게만 병역의무 부과 [기각]

집단으로서의 남자는 집단으로서의 여자에 비하여 보다 전투에 적합한 신체적 능력을 갖추고 있으며, 개개인의 신체적 능력에 기초한 전투적합성을 객관화하여 비교하는 검사체계를 갖추는 것이 현실적으로 어려운 점, 신체적 능력이 뛰어난 여자의 경우에도 월경이나 임신, 출산 등으로 인한 신체적 특성상 병력자원으로 투입하기에 부담이 큰 점 등에 비추어 남자만을 징병검사의 대상이 되는 병역의무자로 정한 것이 현저히 자의적인 차별취급이라 보기 어렵다(헌재 2010.11.25, 2006헌마328).

9 국가정보원채용시험에서의 군미필자 응시자격제한 [기각]

이 사건 공고는 현역군인 신분자에게 다른 직종의 시험응시기회를 제한하고 있으나, 이는 병역의무 그 자체를 이행하느라 받는 불이익으로서 병역의무 중에 입는 불이익에 해당될 뿐, 병역의무 이행을 이유로 한 불이익은 아니다. 그렇다면 이 사건 공고로 인하여 현역군인이 타 직종에 시험응시를 하지 못하는 것은 헌법 제39조 제2항에서 금지하는 '불이익한 처우'라 볼 수 없다(헌재 2007.5.31, 2006헌마627).

10 토지소유자에 대한 폐기물 처리명령 [합헌]

환경의 보호는 국가의 의무일 뿐만 아니라 모든 국민이 함께 달성하여야 할 중요한 과제라는 점을 감안하면, 폐기물을 발생시키는 사업을 하는 자에게 자신의 토지를 **임대하는 소유자 역시 폐기물로 인한 환경 피해가 없도록 주의하여야 할 것이다.** 그렇다면 이 사건 법률 조항들이 헌법상 재산권을 과도하게 침해한 것으로 볼 수 없다(헌재 2010.5.27, 2007헌바53).

11 산업기능요원의 편입취소 [위헌]

현역병이나 공익근무요원 중 행정관서요원의 경우에는 군무이탈 등의 기간만이 복무기간에 산입되지 아니할 뿐, 적법한 복무를 하였음에도 그 기간을 인정해주지 않는 경우는 없다. 산업기능요원의 경우에만 1년 미만을 종사한 경우에 기왕의 종사기간을 인정해주지 아니하여 다른 병역의무자들보다 더 긴 기간 동안 병역의무를 이행하도록 하는 것은 합리적 이유 없는 차별취급으로서 청구인의 평등권을 침해한다(헌재 2011.11.24, 2010헌마746).

12 교원미임용자 임용 등에 관한 특별법 [기각]

청구인이 특별법 대상에서 제외되는 것은 현재 재학 중이어서 교사자격증을 취득하지 못하였기 때문이지 재학 중 군복무를 이행하였기 때문이 아니어서 헌법 제39조 제2항에 위배된다고 볼 수 없다(헌재 2006.3.30, 2004헌마313).

   ∅ 출신자를 우대하는 것은 헌법에 위반되나 졸업생만 우대하고 재학 중인 경우를 제외하는 것은 합헌이다.

기출 OX

01 1953년부터 시행된 "교사의 신규채용에 있어서는 국립 또는 공립 교육대학 사범대학의 졸업자를 우선하여 채용하여야 한다."라는 교육공무원법 조항에 대한 헌법재판소의 위헌결정에도 불구하고 헌법재판소의 위헌결정 당시의 국공립 사범대학 등의 재학생과 졸업자의 신뢰는 보호되어야 하므로, 입법자가 위헌법률에 기초한 이들의 신뢰이익을 보호하기 위한 법률을 제정하지 않은 부작위는 헌법에 위배된다. 20. 경찰승진 ( )

정답 01 ×

기출지문 OX

01 ☐☐☐
국방의 의무는 직접적인 병력형성의 의무뿐만 아니라 예비군법, 민방위기본법 등에 의한 간접적인 병력형성 의무 및 병력형성 이후 군작전 명령에 복종하고 협력하여야 할 의무를 포함하는 것이다. O|X

02 ☐☐☐
헌법 제39조 제2항의 병역의무조항에서 금지하는 '불이익한 처우'라 함은 사실상·경제상의 불이익을 모두 포함한다. O|X

03 ☐☐☐
현역병의 군대 입대 전 범죄에 대한 군사법원의 재판권을 규정하고 있는 군사법원법 조항은 재판청구권을 침해하지 않는다. O|X

04 ☐☐☐
국공립 사범대학 등의 재학생과 졸업자의 신뢰는 보호되어야 하므로, 입법자가 위헌법률에 기초한 이들의 신뢰이익을 보호하기 위한 법률을 제정하지 않은 부작위는 헌법에 위배된다. O|X

정답 및 해설

01 O 국방의 의무는 직접적인 병력형성의무인 병력제공의 의무뿐만 아니라 예비군법에 따른 예비군복무의무, 민방위기본법에 의한 민방위응소의무 등에 의한 간접적인 병력형성의 의무가 포함된다.

02 X 헌법재판소는 이 조항에서 금지하는 불이익한 처우란 단순한 사실상·경제상의 불이익을 포함하는 것이 아니라, 단지 법적인 불이익만을 의미한다고 판시하였다(헌재 1999.12.23, 98헌마363).

03 O 형사재판에 있어 범죄사실의 확정과 책임은 행위시를 기준으로 하지만, 재판권 유무는 원칙적으로 재판시점을 기준으로 해야 하며, 형사재판은 유죄인정과 양형이 복합되어 있는데 양형은 일반적으로 재판받을 당시, 즉 선고시점의 피고인의 군인신분을 주요 고려요소로 해 군의 특수성을 반영할 수 있어야 하므로, 이러한 양형은 군사법원에서 담당하도록 하는 것이 타당하다(헌재 2009.7.30, 2008헌바162).

04 X 청구인이 특별법 대상에서 제외되는 것은 현재 재학 중이어서 교사자격증을 취득하지 못하였기 때문이지 재학 중 군복무를 이행하였기 때문이 아니어서 헌법 제39조 제2항에 위배된다고 볼 수 없다(헌재 2006.3.30, 2004헌마313).

해커스경찰
police.Hackers.com

판례색인

2026 해커스경찰
박철한 경찰헌법

헌법재판소 판례

1989
1989.1.25, 88헌가7 — 167
1989.7.14, 88헌가5 등 — 163, 199
1989.7.21, 89헌마38 — 329
1989.9.4, 88헌마22 — 276
1989.9.8, 88헌가6 — 68
1989.11.20, 89헌가102 — 528
1989.12.18, 89헌마32 등 — 81, 403, 405
1989.12.22, 88헌가13 — 134, 149, 322

1990
1990.4.2, 89헌가113 — 367
1990.6.25, 89헌마107 — 324, 348
1990.9.3, 89헌가95 — 148
1990.9.10, 89헌마82 — 157
1990.10.8, 89헌마89 — 175
1990.10.15, 89헌마178 — 342
1990.11.19, 90헌가48 — 213, 228

1991
1991.2.11, 90헌가27 — 481
1991.3.11, 91헌마21 — 120, 146, 362, 424
1991.4.1, 89헌마160 — 155, 265, 266, 308
1991.5.13, 90헌마133 — 276, 278
1991.6.3, 89헌마204 — 159, 183
1991.6.3, 90헌마56 — 146
1991.7.8, 91헌가4 — 75
1991.7.22, 89헌가106 — 102, 111
1991.9.16, 89헌마165 — 128, 147, 155, 181, 282, 288, 289
1991.9.16, 89헌마231 — 248

1992
1992.1.28, 89헌가8 — 274, 295
1992.1.28, 91헌마111 — 218, 230
1992.2.25, 89헌가104 — 278
1992.3.13, 92헌마37 등 — 68
1992.4.28, 90헌바24 — 158
1992.10.1, 92헌마68 — 121, 146, 304
1992.11.12, 89헌마88 — 303, 315, 484, 519
1992.12.24, 92헌가8 — 205, 209, 226

1993
1993.3.11, 92헌바33 — 495
1993.5.13, 92헌마80 — 160, 331, 334, 350
1993.5.13, 91헌바17 — 306
1993.7.29, 89헌마31 — 93
1993.7.29, 91헌마69 — 486
1993.7.29, 92헌마262 — 362, 424
1993.7.29, 92헌바48 — 58, 62
1993.11.25, 92헌마87 — 339, 524

1994
1994.2.24, 92헌가15 등 — 319, 347
1994.2.24, 92헌바43 — 92, 300, 314
1994.2.24, 93헌마192 — 480, 519
1994.2.24, 93헌마213 등 — 466
1994.4.28, 91헌바14 — 294, 296
1994.4.28, 91헌바15 — 405
1994.4.28, 92헌마153 — 357
1994.6.30, 92헌가9 — 476
1994.6.30, 92헌바38 — 197, 203, 224
1994.7.29, 93헌가4 등 — 384
1994.12.29, 89헌마2 — 329
1994.12.29, 92헌바31 — 279
1994.12.29, 93헌마120 — 121, 147
1994.12.29, 93헌바21 — 457

1995
1995.2.23, 90헌마214 — 324
1995.2.23, 91헌마204 — 486
1995.2.23, 93헌가1 — 344
1995.2.23, 93헌바43 — 169, 185
1995.3.23, 91헌바1 — 278
1995.3.23, 92헌가14 — 198
1995.3.23, 93헌바18 등 — 80, 105
1995.3.23, 94헌마175 — 420
1995.4.20, 92헌마264 등 — 323, 411, 412
1995.4.20, 94헌마20 — 323, 348
1995.5.25, 91헌가7 — 455, 470
1995.5.25, 91헌바20 — 203
1995.6.29, 91헌마50 — 202, 226
1995.6.29, 93헌바45 — 447
1995.7.21, 92헌마144 — 220, 221, 231
1995.7.21, 92헌마177 — 120
1995.7.21, 93헌가14 — 154, 181
1995.7.21, 94헌마125 — 93, 108, 154, 182
1995.7.21, 94헌바27 등 — 320
1995.9.28, 92헌가11 등 — 445
1995.9.28, 92헌가11, 93헌가8·9·10 병합 — 467
1995.9.28, 93헌바50 — 84
1995.10.26, 94헌바12 — 79
1995.11.30, 92헌마44 — 446
1995.12.23, 91헌마80 — 529
1995.12.27, 95헌마224 등 — 383
1995.12.28, 91헌마114 — 243
1995.12.28, 91헌마80 — 267
1995.12.28, 95헌바3 — 36

1996

1996.1.25, 95헌가5	204
1996.2.16, 96헌가2 등	78, 79, 104, 131
1996.2.29, 93헌마186	27, 36
1996.2.29, 94헌마13	97
1996.3.28, 96헌마9 등	393
1996.4.25, 92헌바47	133, 300
1996.6.13, 94헌바20	23, 457
1996.6.26, 96헌마200	379, 390
1996.8.29, 93헌바57	448
1996.8.29, 94헌바15	285
1996.8.29, 95헌바36	318
1996.10.4, 93헌가13	285
1996.10.4, 94헌가5	339
1996.10.31, 94헌가7	512
1996.12.26, 96헌가18	91, 335, 351

1997

1997.1.16, 89헌마240	17
1997.1.16, 92헌바6 등	57, 58, 59, 63, 278, 311
1997.2.20, 96헌바24	455
1997.3.27, 94헌마277	304, 315
1997.3.27, 95헌가14 등	511
1997.3.27, 96헌가11	209, 215, 229, 263, 264, 308
1997.3.27, 96헌바28 등	208, 227
1997.4.24, 95헌마90	332
1997.4.24, 95헌바48	404
1997.5.29, 94헌마33	476, 517, 518
1997.5.29, 96헌가17	213
1997.6.26, 94헌마52	173
1997.7.16, 95헌가6 등	154, 509
1997.7.16, 97헌마38	80
1997.8.21, 94헌바19 등	135, 493, 521
1997.10.30, 96헌바94	174
1997.10.30, 97헌바37 등	440, 447, 466
1997.11.27, 92헌바28	267
1997.11.27, 95헌바14 등	399, 430
1997.11.27, 97헌바10	334
1997.12.24, 95헌마247	214
1997.12.24, 95헌마390	512
1997.12.24, 96헌마172 등	440

1998

1998.2.27, 94헌바13 등	498, 499, 522
1998.2.27, 95헌바10	504
1998.2.27, 97헌마64	336
1998.2.27, 97헌바79	249
1998.3.26, 96헌가20	197, 224
1998.4.30, 95헌가16	126, 147, 225, 279
1998.4.30, 96헌마7	175
1998.4.30, 96헌바62	412
1998.5.28, 96헌가12	399
1998.5.28, 96헌가4 등	92
1998.5.28, 96헌가5	148, 159, 183
1998.5.28, 96헌마44	320, 348
1998.5.28, 97헌바68	175
1998.6.25, 96헌바27	492
1998.7.16, 96헌마246	512
1998.7.16, 96헌바33	303
1998.7.16, 96헌바35	265, 308
1998.7.16, 97헌바23	102, 111
1998.8.27, 96헌마398	216, 217, 229
1998.8.27, 97헌마372 등	391
1998.9.30, 97헌바38	77, 104
1998.10.15, 98헌마168	161
1998.10.29, 96헌마186	70, 103
1998.10.29, 98헌마4	278
1998.11.26, 96헌마54	383
1998.11.26, 97헌바65	101, 111
1998.12.24, 89헌마214 등	136, 322, 348
1998.12.24, 94헌바46	449
1998.12.24, 98헌가1	330

1999

1999.2.25, 97헌바3	84
1999.4.29, 94헌바37	325
1999.4.29, 97헌가14	100, 101, 110
1999.4.29, 97헌마333	476
1999.5.27, 97헌마137 등	220
1999.5.27, 98헌바26	406
1999.5.27, 98헌바70	72, 104
1999.6.24, 97헌마265	242
1999.6.24, 97헌마315	320
1999.7.22, 96헌바19	178
1999.7.22, 98헌가5	335
1999.7.22, 98헌마480	96
1999.10.21, 97헌바84	330
1999.11.25, 97헌마54	438, 466
1999.11.25, 98헌마55	92, 93, 108, 109
1999.12.23, 98헌마363	133, 171, 527, 531
1999.12.23, 99헌마135	398, 429

2000

2000.3.30, 97헌마108	290
2000.3.30, 99헌마143	290, 313
2000.3.30, 99헌바14	120, 270
2000.4.27, 98헌가16	482, 483, 519
2000.6.1, 97헌마190	478, 518
2000.6.1, 98헌마216	479, 518
2000.6.1, 98헌바8	444
2000.6.1, 99헌마553	95, 300, 314
2000.6.29, 99헌마289	319, 320, 347, 476, 478
2000.7.20, 99헌가7	196, 224
2000.8.31, 97헌가12	48, 54
2000.10.25, 99헌마458	437

2000.12.14, 99헌마112 등 126, 321, 405

2001
2001.1.18, 2000헌바7 93, 108
2001.1.18, 99헌바112 198
2001.2.22, 2000헌마25 170, 171, 185, 398
2001.2.22, 98헌바19 87
2001.2.22, 99헌마613 305, 316
2001.2.22, 99헌바74 447
2001.3.21, 2000헌바25 253
2001.3.21, 2000헌바27 319, 344
2001.3.21, 99헌마139 69, 100, 103
2001.4.26, 2000헌마122 74
2001.4.26, 2000헌마390 475
2001.4.26, 99헌가13 102
2001.5.31, 2000헌바43 285
2001.5.31, 98헌바9 510
2001.5.31, 99헌가18 등 326
2001.6.28, 2000헌마735 415, 422
2001.6.28, 99헌가14 449
2001.6.28, 99헌마516 319, 347
2001.6.28, 99헌바31 200, 225
2001.7.19, 2000헌마546 160
2001.7.19, 2000헌마91 등 383, 428
2001.8.30, 2000헌가9 312
2001.8.30, 2000헌마121 등 391
2001.8.30, 2000헌바36 312
2001.8.30, 99헌바92 등 235, 255, 263, 292
2001.9.27, 2000헌마152 80, 105
2001.9.27, 2000헌마159 272, 310
2001.9.27, 2000헌마238 32
2001.9.27, 2000헌마20 100, 111
2001.11.29, 2000헌마278 486
2001.11.29, 99헌마494 56, 62
2001.11.29, 99헌마713 221, 438

2002
2002.1.31, 2001헌바43 264, 308
2002.2.28, 99헌가8 84
2002.2.28, 99헌바117 275
2002.3.28, 2000헌마283 등 420, 485
2002.3.28, 2000헌바53 173, 186, 234, 255
2002.3.28, 2001헌바24 75
2002.4.25, 2001헌가19 등 344
2002.4.25, 2001헌가27 84
2002.4.25, 2001헌마200 306, 320
2002.4.25, 2001헌마614 337
2002.4.25, 2001헌바20 448
2002.4.25, 98헌마425 등 264, 308
2002.6.27, 2000헌마642 등 93
2002.6.27, 2001헌가30 76
2002.6.27, 2001헌바70 200
2002.6.27, 99헌마480 287

2002.7.18, 2000헌마327 160
2002.7.18, 2000헌바57 477
2002.7.18, 2001헌마605 94
2002.8.29, 2000헌가5 등 154, 181, 319, 347
2002.8.29, 2001헌마788 등 397, 399, 429
2002.8.29, 2001헌바82 511
2002.9.19, 2000헌바84 175, 186
2002.10.31, 2000헌가12 208, 227
2002.10.31, 99헌바76 등 90, 108, 157
2002.11.28, 2001헌가28 446
2002.11.28, 2001헌바50 139, 491
2002.11.28, 2002헌가5 192
2002.11.28, 2002헌바45 77, 79, 105
2002.11.28, 98헌바101 17, 35
2002.12.18, 2000헌마764 273, 290, 310
2002.12.18, 2001헌마370 162
2002.12.18, 2002헌가4 324, 348
2002.12.18, 2002헌마52 89, 107, 479

2003
2003.1.30, 2001헌가4 169, 388, 393, 429
2003.1.30, 2001헌바64 97, 110
2003.1.30, 2001헌바95 445
2003.1.30, 2002헌바5 330
2003.2.27, 2000헌바26 485, 519
2003.2.27, 2002헌바4 94
2003.3.27, 2000헌마474 222, 231, 279
2003.3.27, 2002헌마573 175, 485
2003.4.24, 2002헌마611 87
2003.6.26, 2001헌가17 131
2003.6.26, 2001헌마699 476
2003.6.26, 2002헌가14 204, 226
2003.6.26, 2002헌마677 334, 339, 350
2003.7.24, 2001헌바96 330
2003.7.24, 2002헌바51 475, 517
2003.8.21, 2000헌가11 등 324
2003.9.25, 2001헌마447 80
2003.9.25, 2001헌마814 등 303
2003.9.25, 2002헌마519 339, 342, 351
2003.9.25, 2002헌마533 448
2003.9.25, 2003헌마106 390
2003.9.25, 2003헌마30 177
2003.10.30, 2000헌바67 등 293, 294, 296, 298
2003.10.30, 2001헌마700 등 320, 338
2003.10.30, 2002헌라1 357
2003.10.30, 2002헌마275 445, 467
2003.10.30, 2002헌마518 268
2003.11.27, 2002헌마193 130, 148, 196, 222, 231, 446
2003.11.27, 2003헌바2 94
2003.12.18, 2001헌마163 153, 181
2003.12.18, 2002헌가2 330
2003.12.18, 2002헌바1 326, 349

2004

2004.1.29, 2001헌마894	280
2004.1.29, 2001헌바30	338
2004.1.29, 2002헌가20 등	84
2004.2.26, 2001헌바80 등	203
2004.2.26, 2003헌마4	83, 84, 106, 404
2004.3.25, 2001헌마710	364
2004.3.25, 2002헌바104	211, 228
2004.4.29, 2002헌마467	391
2004.4.29, 2003헌바64	403
2004.5.14, 2004헌나1	205, 360, 424
2004.5.27, 2003헌가1 등	95, 109, 110
2004.5.27, 2003헌마851	438
2004.6.24, 2002헌가27	159, 183
2004.6.24, 2003헌바111	404
2004.7.25, 2003헌바35 등	344
2004.8.26, 2002헌가1	263, 265, 308
2004.8.26, 2003헌마457	128, 147
2004.8.26, 2003헌바28	499
2004.9.23, 2000헌마138	216
2004.9.23, 2002헌가17 등	210, 227
2004.9.23, 2002헌바46	446
2004.10.21, 2004헌마554	13
2004.10.28, 2002헌마328	479
2004.10.28, 2003헌가18	248
2004.10.28, 2003헌마898	437
2004.11.25, 2002헌바66	76
2004.11.25, 2002헌바8	405
2004.11.25, 2004헌바15	248
2004.12.16, 2002헌마478	195, 223
2004.12.16, 2002헌마579	280, 320
2004.12.16, 2003헌마226	82
2004.12.16, 2004헌마456	363, 424

2005

2005.2.24, 2003헌마31 등	479
2005.2.3, 2001헌가9 등	510
2005.2.3, 2003헌바1	201
2005.2.3, 2004헌마216	385
2005.2.3, 2004헌바10	161
2005.3.31, 2003헌가20	330, 489
2005.3.31, 2004헌바29	84, 106
2005.4.28, 2003헌바40	201
2005.5.26, 2004헌마49	196
2005.5.26, 99헌마513	235, 243, 255, 257
2005.6.30, 2003헌마841	174, 186
2005.6.30, 2003헌바114	59
2005.6.30, 2004헌마859	69, 103
2005.6.30, 2004헌바42	478
2005.6.30, 2005헌가1	83
2005.7.21, 2003헌마282 등	238
2005.7.21, 2004헌가30	159
2005.9.29, 2002헌바11	493
2005.9.29, 2004헌바53	168
2005.10.27, 2002헌마425	155, 182
2005.10.27, 2003헌가3	92, 274, 310
2005.10.27, 2003헌바50	101
2005.10.27, 2004헌가20	476
2005.10.27, 2004헌마732	96
2005.10.27, 2004헌바41	147
2005.11.24, 2002헌바95 등	497, 498, 522
2005.11.24, 2004헌가28	344
2005.11.24, 2005헌마112	243
2005.11.24, 2005헌마579 등	13, 34
2005.12.22, 2003헌가5 등	155, 182, 510, 524
2005.12.22, 2004헌라3	489
2005.12.22, 2004헌마25	216
2005.12.22, 2004헌바64	162
2005.12.22, 2005헌라5	422
2005.12.22, 2005헌마19	204, 392

2006

2006.1.26, 2005헌바18	325
2006.2.23, 2004헌마675	172
2006.2.23, 2005헌가7 등	447, 468
2006.2.23, 2005헌마268	100
2006.2.23, 2005헌마403	413
2006.3.30, 2003헌라2	421
2006.3.30, 2003헌마806	248, 258
2006.3.30, 2004헌마246	120, 363
2006.3.30, 2004헌마313	175, 530, 531
2006.3.30, 2005헌마598	79
2006.3.30, 2005헌바31	74
2006.4.27, 2005헌마1047 등	303, 304, 315
2006.5.16, 2006헌마500	102, 111
2006.5.25, 2004헌가1	301, 320
2006.5.25, 2004헌바12	399
2006.5.25, 2005헌바91	162, 344
2006.6.29, 2004헌마826	160, 183
2006.6.29, 2005헌가13	174
2006.6.29, 2005헌마1167	325
2006.6.29, 2005헌마165	284, 311, 312
2006.6.29, 2005헌마44	172
2006.6.29, 2005헌마604	438
2006.7.27, 2003헌마758 등	391
2006.7.27, 2003헌바18	325
2006.7.27, 2004헌마655	375, 427
2006.7.27, 2004헌바77	492
2006.7.27, 2005헌마277	160
2006.7.27, 2005헌바58	446
2006.10.26, 2004헌마13	481
2006.11.30, 2003헌가14	326, 349
2006.11.30, 2004헌마431	338
2006.11.30, 2006헌마679	59, 63
2006.12.28, 2004헌바67	499

2007

2007.1.17, 2005헌마1111 등	161, 184
2007.2.22, 2003헌마428 등	88
2007.3.29, 2005헌마1144	334
2007.3.29, 2005헌바33	477, 518
2007.4.26, 2003헌마533	478
2007.4.26, 2003헌마947 등	87, 336
2007.4.26, 2003헌바71	85, 106
2007.4.26, 2006헌가2	339
2007.5.31, 2005헌마1139	241, 256
2007.5.31, 2006헌마627	530
2007.5.31, 2006헌마646	176, 336
2007.6.28, 2004헌마644	378, 427
2007.7.26, 2003헌마377	96
2007.7.26, 2006헌가9	84
2007.8.30, 2004헌가25	324
2007.8.30, 2004헌마670	490, 521
2007.8.30, 2005헌마975	264
2007.10.25, 2005헌바68	477, 518
2007.10.25, 2005헌바96	128
2007.11.29, 2004헌마290	130
2007.11.29, 2005헌가10	34, 164
2007.11.29, 2006헌가13	192, 223
2007.12.27, 2004헌마1021	338
2007.12.27, 2005헌가11	130
2007.12.27, 2005헌바95	344
2007.12.27, 2006헌바25	330

2008

2008.1.10, 2007헌마1468	209, 227
2008.1.17, 2007헌마700	119, 146, 400
2008.2.28, 2005헌마872등	478
2008.2.28, 2006헌마1028	338
2008.2.28, 2006헌바70	73, 330
2008.3.27, 2006헌라4	98
2008.3.27, 2006헌바82	161
2008.4.24, 2004헌바92	84
2008.4.24, 2006헌마402 등	243, 257
2008.4.24, 2007헌마1456	487
2008.5.29, 2005헌라3	421
2008.5.29, 2005헌마137 등	238, 256
2008.5.29, 2006헌마1096	391, 428
2008.5.29, 2006헌바5	174, 186
2008.5.29, 2006헌바85	339
2008.5.29, 2006헌바99	82
2008.5.29, 2007헌마1105	399
2008.5.29, 2007헌마712	130
2008.6.26, 2005헌마1275	397, 400
2008.6.26, 2007헌마1366	248, 270, 309
2008.6.26, 2007헌마917	179
2008.7.31, 2004헌마9	496
2008.7.31, 2004헌바81	117, 145, 191
2008.7.31, 2004헌바9	503
2008.7.31, 2006헌마666	300
2008.7.31, 2006헌마711	139
2008.7.31, 2007헌가4	288, 312
2008.9.25, 2007헌가1	330, 350, 489
2008.9.25, 2007헌마1126	229
2008.10.30, 2005헌마1156	512
2008.10.30, 2006헌가15	301
2008.10.30, 2006헌마1098 등	337
2008.10.30, 2006헌마1401 등	242
2008.11.13, 2006헌바112 등	511
2008.11.27, 2004헌바54	325, 349
2008.11.27, 2005헌가21	338
2008.11.27, 2006헌마352	335
2008.11.27, 2007헌마1024	380, 427
2008.11.27, 2007헌마860	330, 350
2008.12.26, 2005헌마971 등	497, 503
2008.12.26, 2006헌마462	497
2008.12.26, 2006헌마518	503
2008.12.26, 2007헌마444	320, 334, 351
2008.12.26, 2008헌마419	138, 149

2009

2009.2.26, 2005헌마764	138, 149
2009.2.26, 2007헌마1262	335
2009.2.26, 2007헌바27	490, 500, 520, 522
2009.2.26, 2008헌마370 등	304
2009.3.26, 2007헌가22	392
2009.3.26, 2007헌마843	119, 418
2009.4.30, 2005헌마514	486
2009.4.30, 2006헌마1258	338
2009.4.30, 2006헌마1322	455, 470
2009.4.30, 2007헌가8	176
2009.5.28, 2005헌바20	81, 105
2009.5.28, 2006헌라6	421
2009.5.28, 2006헌마285	394
2009.5.28, 2006헌마618	487
2009.5.28, 2006헌바109 등	275, 310
2009.5.28, 2007헌마369	158, 183
2009.5.28, 2007헌바22	293, 313
2009.5.28, 2009헌라6	144, 151
2009.6.25, 2008헌마413	357
2009.7.30, 2006헌마358	502
2009.7.30, 2007헌마991	400
2009.7.30, 2008헌가2	270
2009.7.30, 2008헌바162	529, 531
2009.9.22, 2009헌마516	57
2009.9.24, 2007헌마1092	238
2009.9.24, 2007헌바107	279
2009.9.24, 2007헌바114	325, 349
2009.9.24, 2007헌바118	201, 225
2009.9.24, 2008헌가25	295
2009.9.24, 2007헌마1092	348
2009.9.24, 2008헌가25	314

2009.10.29, 2007헌마667	340
2009.10.29, 2007헌마992	218
2009.10.29, 2008헌마635	487, 520
2009.10.29, 2009헌마350	357, 423
2009.11.26, 2007헌마1424	512
2009.11.26, 2007헌마734	169
2009.11.26, 2008헌마385	193
2009.11.26, 2008헌마711	94
2009.11.26, 2008헌바12	442
2009.11.26, 2008헌바58	157
2009.12.29, 2007헌마1412	373

2010

2010.2.25, 2007헌마956	336
2010.2.25, 2007헌바131 등	273
2010.2.25, 2008헌가23	134
2010.2.25, 2008헌마324 등	274
2010.2.25, 2008헌바160	73
2010.2.25, 2008헌바83	159
2010.2.25, 2009헌바38	338
2010.2.25, 2010헌마39 등	136
2010.3.16, 2010헌바100	125
2010.3.25, 2009헌마538	397
2010.4.29, 2008헌마622	450, 469
2010.5.27, 2005헌마346	117, 145
2010.5.27, 2007헌바53	530
2010.5.27, 2008헌마663	243
2010.5.27, 2008헌바110	335
2010.5.27, 2009헌마338	92
2010.5.27, 2009헌바49	319
2010.6.24, 2010헌마167	413
2010.7.13, 2010헌바402	191
2010.7.29, 2008헌가4	461, 471
2010.7.29, 2009헌가13	56
2010.7.29, 2009헌가8	510
2010.7.29, 2009헌마149	120
2010.9.2, 2010헌마418	414
2010.9.30, 2009헌바122	406
2010.10.28, 2007헌가23	117, 145, 162
2010.10.28, 2007헌마890	253, 259
2010.10.28, 2008헌마514 등	462
2010.10.28, 2008헌마638	530
2010.10.28, 2008헌바74	110, 326
2010.10.28, 2009헌마544	243
2010.11.25, 2006헌마328	170, 186, 530
2010.11.25, 2009헌바57	445
2010.11.25, 2010헌마144	481
2010.11.25, 2010헌바93	478
2010.12.28, 2008헌바157	287
2010.12.28, 2009헌가30	251, 258

2011

2011.2.24, 2008헌바40	176, 187
2011.2.24, 2008헌바56	513
2011.2.24, 2009헌마209	161, 183
2011.2.24, 2009헌마94	175, 177
2011.2.24, 2009헌바13	307
2011.2.24, 2009헌바89 등	513
2011.3.31, 2008헌바141	78, 104
2011.3.31, 2010헌바86	86
2011.4.28, 2010헌마474	415
2011.5.26, 2009헌마341	218, 229
2011.5.26, 2010헌마775	160
2011.6.30, 2008헌바166 등	326
2011.6.30, 2009헌마406	163, 184
2011.6.30, 2009헌바59	125, 529
2011.6.30, 2009헌바199	329
2011.7.28, 2009헌바244	96
2011.7.28, 2010헌바115	162
2011.8.30, 2006헌마788	329, 350
2011.8.30, 2008헌가22 등	102
2011.8.30, 2008헌마648	69
2011.9.29, 2007헌마1083 등	332
2011.9.29, 2010헌가93	75
2011.9.29, 2010헌마539	339
2011.9.29, 2010헌바66	489
2011.10.25, 2009헌마691	137
2011.10.25, 2010헌가29	85
2011.10.25, 2010헌마482	82
2011.10.25, 2010헌바126	176
2011.10.25, 2010헌바272	85
2011.11.24, 2009헌바146	513
2011.11.24, 2010헌마746	530
2011.11.24, 2011헌바18	341
2011.12.29, 2007헌마1001 등	392
2011.12.29, 2009헌마354	465, 471
2011.12.29, 2009헌바527	269, 309
2011.12.29, 2010헌마293	128
2011.12.29, 2010헌바54	346, 353

2012

2012.2.23, 2009헌마333	221
2012.2.23, 2009헌바34	445, 468
2012.2.23, 2010헌마601	392
2012.2.23, 2011헌가13	86
2012.2.23, 2011헌바154	392, 394
2012.3.29, 2010헌마443 등	327
2012.3.29, 2010헌마475	448
2012.3.29, 2010헌마97	364
2012.3.29, 2010헌바100	164
2012.4.24, 2010헌바1	73
2012.4.24, 2010헌바164	489, 520
2012.4.24, 2011헌마338	500, 522
2012.5.31, 2009헌마705	365

2012.5.31, 2009헌바123 등	17, 35
2012.5.31, 2009헌바190	328
2012.5.31, 2010헌마139	481
2012.5.31, 2010헌마278	398, 429
2012.5.31, 2010헌바87	515
2012.6.27, 2010헌마716	174
2012.6.27, 2011헌가36	209
2012.6.27, 2011헌바226	398
2012.7.26, 2009헌마298	393
2012.7.26, 2010헌마446	244, 257
2012.7.26, 2011헌마232	177
2012.8.23, 2008헌마430	216
2012.8.23, 2009헌가27	146, 156
2012.8.23, 2010헌마47	291, 313
2012.8.23, 2010헌마740	337, 351
2012.8.23, 2010헌바220	487, 520
2012.8.23, 2010헌바425	403
2012.8.23, 2011헌가22	198
2012.10.25, 2011헌마307	529
2012.10.25, 2011헌바99	201
2012.11.29, 2010헌바454	86
2012.11.29, 2011헌마786 등	81
2012.11.29, 2011헌바49	328
2012.12.27, 2010헌가82 등	199
2012.12.27, 2010헌마153	222, 231
2012.12.27, 2011헌가5	210
2012.12.27, 2011헌마351	213
2012.12.27, 2011헌바117	202

2013

2013.2.28, 2012헌마131	400
2013.2.28, 2012헌바62	86
2013.3.21, 2010헌바132	27
2013.5.30, 2009헌마514	305
2013.5.30, 2011헌마131	340
2013.5.30, 2011헌마227	487
2013.6.27, 2011헌마315	340, 351
2013.6.27, 2011헌바8	341
2013.6.27, 2012헌바169	86
2013.6.27, 2012헌바194	196
2013.6.27, 2012헌바345	204
2013.7.25, 2011헌가26	86
2013.7.25, 2011헌마63	163
2013.7.25, 2011헌마781	239
2013.7.25, 2012헌마174	379, 427
2013.7.25, 2012헌바116	497
2013.7.25, 2012헌바409	399
2013.7.25, 2012헌바67	340
2013.8.29, 2011헌마122	217, 219, 230
2013.8.29, 2011헌마408	82, 106
2013.8.29, 2011헌바391	79
2013.9.26, 2010헌가89	477
2013.9.26, 2011헌가42	514
2013.9.26, 2012헌마271	336
2013.10.24, 2011헌마724	177
2013.10.24, 2012헌마311	393
2013.10.24, 2012헌마832	164
2013.10.24, 2012헌바431	136, 149
2013.11.28, 2011헌마282 등	306
2013.11.28, 2011헌바136	483
2013.11.28, 2012헌가10	393, 429, 449, 468
2013.11.28, 2012헌마770	80
2013.12.26, 2011헌바108	449, 468
2013.12.26, 2011헌바234	163

2014

2014.1.28, 2011헌마239	304
2014.1.28, 2011헌바174	297
2014.1.28, 2011헌바252	340
2014.1.28, 2012헌마409	379, 427
2014.1.28, 2012헌마431	370
2014.1.28, 2012헌바216	409
2014.1.28, 2012헌바298	467
2014.2.27, 2010헌바483	327
2014.2.27, 2013헌바106	393
2014.2.27, 2013헌바178	514
2014.3.27, 2010헌가2	295
2014.3.27, 2011헌마659	340
2014.3.27, 2011헌바396	479
2014.3.27, 2012헌마652	157, 163, 182
2014.3.27, 2012헌바192	58, 84
2014.4.24, 2011헌가29	314
2014.4.24, 2012헌마2	466
2014.4.24, 2012헌마811	95, 109
2014.4.24, 2012헌바336	485
2014.4.24, 2012헌바45	213
2014.4.24, 2013헌가28	326
2014.4.24, 2013헌바25	163
2014.5.29, 2011헌마552	178
2014.5.29, 2012헌마555	170
2014.6.26, 2011헌마150	506
2014.6.26, 2012헌마331	163
2014.6.26, 2012헌마459	406
2014.6.26, 2012헌마757	178
2014.6.26, 2012헌바382 등	81
2014.7.24, 2009헌마256	356, 378, 423
2014.7.24, 2012헌바188	179, 188
2014.7.24, 2013헌마423	238, 256
2014.7.26, 2011헌바275	514
2014.7.26, 2012헌바277	449
2014.8.26, 2013헌마553	340, 352
2014.8.28, 2011헌마28	225, 239
2014.8.28, 2011헌바50	503
2014.8.28, 2012헌마623	195, 221, 224
2014.8.28, 2013헌마359	331, 350
2014.8.28, 2013헌바119	514, 524

2014.9.25, 2011헌마414	400
2014.9.25, 2013헌바2	106
2014.9.25, 2013헌바28	84
2014.10.30, 2011헌바172	328
2014.10.30, 2012헌마192	382, 428
2014.11.27, 2013헌마814	397
2014.12.19, 2013헌다1	31, 369, 425, 426

2015

2015.2.26, 2009헌바17	159, 183
2015.2.26, 2013헌바374	76
2015.2.26, 2014헌가16	462
2015.3.26, 2012헌바357	511
2015.3.26, 2013헌마214	144, 151
2015.3.26, 2013헌마517	244
2015.3.26, 2014헌가5	500
2015.3.26, 2014헌바156	177
2015.3.26, 2014헌바202	327
2015.4.30, 2012헌마38	139
2015.4.30, 2012헌마890	282
2015.4.30, 2013헌마190	269
2015.4.30, 2013헌마623	511, 514, 525
2015.4.30, 2013헌마81	239
2015.4.30, 2013헌바383	327
2015.4.30, 2013헌바395	453
2015.4.30, 2013헌바55	394
2015.5.28, 2003헌마799	525
2015.5.28, 2013헌가6	342, 352
2015.5.28, 2013헌마343	178, 187
2015.5.28, 2013헌마671	496
2015.5.28, 2013헌마799	515
2015.5.28, 2013헌바129	203, 226
2015.5.28, 2013헌바385	201
2015.6.25, 2011헌마769	280, 311, 340
2015.6.25, 2013헌가17·24 등	84, 291
2015.6.25, 2014헌바269	479, 518
2015.7.30, 2010헌라2	421
2015.7.30, 2012헌마402	381
2015.7.30, 2013헌바422	341
2015.7.30, 2014헌가13	344
2015.7.30, 2014헌가7	321, 450
2015.7.30, 2014헌마340	239
2015.7.30, 2014헌바257	238, 256
2015.9.24, 2012헌바302	249, 258
2015.9.24, 2013헌가21	450
2015.9.24, 2013헌마197	342, 352
2015.10.21, 2012헌바415	291
2015.10.21, 2013헌가20	85, 291, 313
2015.10.21, 2013헌바10	327, 349
2015.10.21, 2013헌바248	82
2015.10.21, 2013헌바388	344
2015.11.26, 2012헌마858	219
2015.11.26, 2012헌마940	165, 184
2015.11.26, 2014헌마145	488
2015.12.23, 2011헌바139	177, 187
2015.12.23, 2013헌가9	196, 243
2015.12.23, 2013헌마712	220
2015.12.23, 2013헌바168	372, 426
2015.12.23, 2013헌바68	243, 257
2015.12.23, 2014헌마1149	305
2015.12.23, 2014헌마768	196
2015.12.23, 2014헌바3	491
2015.12.23, 2015헌바75	286, 312

2016

2016.2.25, 2013헌마838	483
2016.2.25, 2013헌바105	85
2016.2.25, 2014헌마366	450
2016.2.25, 2014헌마434	176
2016.2.25, 2015헌가11	85, 106, 164, 184
2016.3.31, 2013헌가2	157, 182
2016.3.31, 2013헌가22	363
2016.3.31, 2013헌바190	210, 228
2016.3.31, 2014헌마367	493
2016.3.31, 2014헌마457	125
2016.3.31, 2014헌마79	292
2016.3.31, 2015헌마688	244, 257
2016.4.28, 2012헌마630	244, 257
2016.4.28, 2013헌마865	244
2016.4.28, 2014헌바442	300
2016.5.26, 2014헌마374	117, 145
2016.5.26, 2014헌바164	239
2016.5.26, 2015헌아20	368, 425
2016.6.30, 2013헌가1	389
2016.6.30, 2014헌마192	177
2016.6.30, 2014헌바473	327
2016.6.30, 2015헌마813	124, 125
2016.6.30, 2015헌마894	164
2016.6.30, 2015헌마924	124, 125, 514
2016.6.30, 2015헌바46	125
2016.7.28, 2014헌바158	74
2016.7.28, 2014헌바421	51, 61
2016.7.28, 2014헌바437	399, 430
2016.7.28, 2015헌마236 등	201
2016.7.28, 2015헌마964	164
2016.9.29, 2014헌가9	125, 197, 224
2016.9.29, 2014헌마541	172, 341
2016.9.29, 2014헌바254	125, 178, 187
2016.9.29, 2014헌바400	328
2016.9.29, 2015헌마548	244
2016.10.27, 2013헌마450	166, 185
2016.10.27, 2014헌마254	172
2016.10.27, 2014헌마797	391, 413, 428
2016.10.27, 2015헌마1206	283, 311
2016.10.27, 2015헌마734	400
2016.10.27, 2015헌바358	139

2016.11.24, 2012헌마854	164, 483
2016.11.24, 2014헌가6	75
2016.11.24, 2014헌마977	154, 178, 187
2016.11.24, 2014헌바401	211
2016.11.24, 2015헌바62	394, 429
2016.11.24, 2016헌가3	86, 107
2016.12.29, 2013헌마142	153
2016.12.29, 2014헌바434	202
2016.12.29, 2015헌마1160	380, 427
2016.12.29, 2015헌바182	328
2016.12.29, 2015헌바221	219
2016.12.29, 2015헌바280	139
2016.12.29, 2016헌바153	125, 178

2017

2017.3.10, 2016헌나1	140, 150
2017.5.25, 2014헌마844	76, 253
2017.5.25, 2016헌가6	344
2017.5.25, 2016헌마640	521
2017.5.25, 2017헌바57	341
2017.6.29, 2015헌마654	164, 184
2017.6.29, 2016헌바394	344
2017.7.27, 2015헌마1094	239
2017.7.27, 2015헌바240	82
2017.7.27, 2015헌바278 등	90
2017.7.27, 2016헌바372	394
2017.8.31, 2016헌바45	371
2017.9.28, 2015헌마653	503, 523
2017.9.28, 2016헌바140	75
2017.9.28, 2016헌바339	344
2017.10.16, 2015헌바239	199, 225
2017.11.30, 2016헌마503	220, 230
2017.12.28, 2015헌마994	239
2017.12.28, 2016헌마1152	342
2017.12.28, 2016헌마649	483, 520
2017.12.28, 2016헌바249	87
2017.12.28, 2016헌바346	341, 352

2018

2018.1.25, 2015헌마1047	56, 62
2018.1.25, 2016헌마541	381, 428
2018.1.25, 2016헌바208	87, 107
2018.1.25, 2017헌가7	179, 188
2018.2.22, 2015헌바124	393, 429
2018.2.22, 2016헌마780	164
2018.2.22, 2016헌마100	341, 352
2018.2.22, 2016헌바364	394
2018.2.22, 2017헌마438	342
2018.2.22, 2017헌마691	483, 519
2018.4.26, 2014헌마1178	252
2018.4.26, 2014헌마274	305
2018.4.26, 2015헌가19	337
2018.4.26, 2015헌바370	207, 227
2018.4.26, 2016헌마1043	450
2018.5.31, 2012헌바90	500, 522
2018.5.31, 2013헌바322	298
2018.5.31, 2014헌마346	219, 230
2018.5.31, 2015헌바476	131
2018.5.31, 2016헌바14	344, 353
2018.6.28, 2011헌바379 등	263, 266, 309
2018.6.28, 2012헌마191	253
2018.6.28, 2012헌마538	253, 259
2018.6.28, 2014헌마166	382
2018.6.28, 2016헌가14	178
2018.6.28, 2016헌가8	286, 312
2018.6.28, 2016헌마1151	165
2018.6.28, 2016헌마1153	179
2018.6.28, 2016헌바77 등	95, 109
2018.7.26, 2016헌마1029	164
2018.7.26, 2018헌바137	298
2018.8.30, 2014헌마368	245, 259
2018.8.30, 2014헌마843	299
2018.8.30, 2014헌바148 등	456, 470
2018.8.30, 2014헌바180	139
2018.8.30, 2015헌가38	497, 522
2018.8.30, 2016헌마263	252, 254, 259
2018.8.30, 2016헌마344	210, 228
2018.8.30, 2016헌마483	245, 254
2018.8.30, 2017헌마440	153, 181
2018.8.30, 2018헌마46	177
2018.12.27, 2016헌바217	305

2019

2019.2.28, 2015헌마1204	217, 229
2019.2.28, 2016헌가13	165
2019.2.28, 2017헌마374	529
2019.2.28, 2017헌마432	321, 347
2019.4.11, 2016헌마418	454, 470
2019.4.11, 2016헌바458	140
2019.4.11, 2017헌마820	492, 521
2019.4.11, 2017헌바127	150, 192, 223
2019.4.11, 2018헌가14	166
2019.4.11, 2018헌마221	488, 520
2019.5.30, 2018헌바1208	342
2019.6.28, 2018헌바128	165, 185
2019.7.25, 2016헌마754	401, 430
2019.7.25, 2017헌마1329	281
2019.9.26, 2017헌마1209	254
2019.9.26, 2018헌마1015	443
2019.11.28, 2016헌마90	292, 313
2019.11.28, 2017헌마1356	488
2019.11.28, 2018헌마1153	483
2019.11.28, 2018헌바335	517
2019.12.27, 2016헌마253	98, 110
2019.12.27, 2016헌바96	291

2019.12.27, 2017헌가21	330
2019.12.27, 2018헌마301	373, 426
2019.12.27, 2018헌마730	139, 149

2020

2020.2.27, 2017헌마1339	165, 169, 184
2020.2.27, 2017헌바434	52
2020.3.26, 2016헌바55	453, 469
2020.3.26, 2017헌마1281	140
2020.3.26, 2018헌마77	239, 256
2020.3.26, 2018헌바3	392
2020.4.23, 2017헌마479	343
2020.4.23, 2018헌마551	364, 424
2020.4.23, 2018헌바402	329
2020.5.27, 2018헌마362	94
2020.5.27, 2018헌바264	344
2020.6.25, 2017헌마1178	401
2020.6.25, 2019헌가9	344
2020.7.16, 2018헌마319	272
2020.7.16, 2018헌마566	180
2020.8.28, 2017헌가35	286
2020.8.28, 2018헌마927	513, 525
2020.9.24, 2016헌마889	53, 61
2020.9.24, 2017헌바157	210, 228
2020.9.24, 2018헌마739	343
2020.11.26, 2018헌마260	179, 188
2020.11.26, 2019헌바131	328
2020.12.23, 2017헌가22	180
2020.12.23, 2017헌마416	245, 257

2021

2021.1.28, 2018헌마456	389, 428
2021.1.28, 2018헌바88	79
2021.1.28, 2020헌마264	358, 423
2021.2.25, 2015헌라7	407
2021.2.25, 2018헌마174	400
2021.4.29, 2017헌가25	76
2021.4.29, 2018헌바100	85
2021.5.27, 2018헌마1168	371
2021.5.27, 2018헌바127	267
2021.5.27, 2019헌가17	454, 470
2021.5.27, 2019헌가19	442
2021.5.27, 2019헌가321	165
2021.6.24, 2017헌가31	175, 187
2021.6.24, 2017헌바479	195, 224
2021.6.24, 2018헌가2	244
2021.6.24, 2018헌바457	82, 106
2021.7.15, 2018헌마279	337
2021.8.30, 2020헌바100	85
2021.8.31, 2019헌바439	284, 311
2021.8.31, 2020헌마12	165, 185
2021.8.31, 2020헌바100	107
2021.9.30, 2018헌마300	379
2021.9.30, 2019헌가3	148, 179
2021.10.28, 2018헌마60	219, 230
2021.10.28, 2019헌마106	329
2021.10.28, 2019헌마1091	299, 314
2021.10.28, 2019헌마973	220, 230
2021.11.25, 2015헌바334	493, 521
2021.11.25, 2019헌마534	365, 425
2021.11.25, 2019헌마542	487
2021.11.25, 2019헌바446	180, 188
2021.12.23, 2018헌바524	449, 469
2021.12.23, 2019헌마825	305

2022

2022.1.27, 2016헌마364	81, 105
2022.1.27, 2018헌마1162	281, 311
2022.1.27, 2019헌바161	81, 105
2022.1.27, 2020헌마895	395
2022.2.24, 2018헌가8	301, 315
2022.2.24, 2018헌마1010	219
2022.2.24, 2018헌마998	462
2022.2.24, 2018헌바146	395
2022.2.24, 2020헌가12	180, 188
2022.2.24, 2020헌가5	166
2022.5.26, 2019헌가12	107
2022.5.26, 2019헌바341	500
2022.5.26, 2020헌마1219	305, 316
2022.5.26, 2021헌마619	343, 353
2022.7.21, 2013헌마242	17
2022.7.21, 2016헌마388	254, 259
2022.10.27, 2018헌바115	515, 525
2022.10.27, 2019헌바117	447, 468
2022.10.27, 2019헌바454	492
2022.11.24, 2019헌마528	373, 426
2022.11.24, 2019헌마941	269, 309
2022.11.24, 2019헌바108	516
2022.11.24, 2020헌마1181	401
2022.11.24, 2020헌마417	393
2022.11.24, 2020헌바463	515
2022.11.24, 2021헌마130	513
2022.11.24, 2021헌마426	85
2022.12.22, 2018헌바48	297, 314
2022.12.22, 2019헌마654	291
2022.12.22, 2020헌가8	401, 430

2023

2023.2.22, 2019헌바43	515
2023.2.23, 2018헌바513	200
2023.2.23, 2019헌마1157	249
2023.2.23, 2019헌마1404	240
2023.2.23, 2019헌바93	156
2023.2.23, 2020헌마460	88
2023.2.23, 2020헌바603	53
2023.2.23, 2021헌가9	88

2023.2.27, 2020헌마1736	343
2023.3.23, 2018헌마460	438
2023.3.23, 2019헌마1399	329
2023.3.23, 2019헌마937	503
2023.3.23, 2020헌가1	118, 145
2023.3.23, 2020헌가19	351
2023.3.23, 2020헌라5	422
2023.3.23, 2020헌바471	479
2023.3.23, 2021헌가1	297
2023.3.23, 2021헌마975	515, 525
2023.3.23, 2023헌가4	394
2023.5.25, 2021헌바234	343
2023.5.25, 2022헌바264	180
2023.6.2, 2019헌마227	344, 353
2023.6.29, 2020헌마1605	401
2023.6.29, 2023헌가12	394
2023.7.20, 2020헌마104	94, 109
2023.8.31, 2020헌바252	462
2023.9.26, 2019헌마1417	299
2023.9.26, 2020헌마1724	287
2023.10.26, 2017헌가16	88
2023.10.26, 2019헌가30	245

2024

2024.1.25, 2020헌바475등	462
2024.1.25, 2020헌바65	516
2024.2.28, 2022헌마356 등	156
2024.3.28, 2020헌마1079	180
2024.4.25, 2020헌가4	516
2024.4.25, 2020헌마107	140
2024.5.30, 2021헌마117	267
2024.5.30, 2023헌마820	73, 104
2024.6.27, 2020헌마468	443
2024.6.27, 2021헌가19	327
2024.6.27, 2021헌마1588	510
2024.6.27, 2023헌바78	395
2024.8.29, 2020헌마389	140

대법원 판례

대판 1963.7.25, 63도185	214
대판 1975.4.8, 74다3323	31
대판 1980.5.20, 80도306	30, 36
대판 1980.9.24, 79도1387	271
대판 1981.10.13, 80다2435	54, 62
대판 1982.5.25, 82도716	302, 315
대판 1983.3.8, 82도3248	271
대판 1983.6.28, 83누193	484, 519
대판 1984.5.22, 84도39	118
대판 1984.6.12, 81다558	507, 523
대판 1985.2.28, 85초13	73, 104
대판 1985.5.28, 81도1045	29
대판 1990.6.8, 90도646	440
대판 1990.9.28, 89누6396	58
대판 1991.11.12, 91누2144	136
대판 1992.5.12, 91다34523	499
대판 1992.6.23, 92도682	216, 229
대판 1992.6.23, 92추17	410
대판 1992.7.28, 92추31	412
대판 1993.6.8, 93다3073	307
대판 1993.9.28, 91다30620	500
대판 1994.5.27, 94다6741	456
대판 1995.4.21, 93다14240	469
대판 1995.4.28, 95도250	271
대판 1995.5.23, 94마2218	523
대판 1995.6.30, 93추83	209, 420
대판 1995.9.15, 94누12067	491
대판 1995.12.21, 94다26721	492
대판 1996.2.15, 95다38677	454
대판 1996.5.14, 96추15	411
대판 1996.11.12, 96누1221	58, 63
대판 1997.3.28, 97다4036	457
대판 1997.4.11, 96도3451	226
대판 1997.4.25, 96다16940	101
대판 1997.4.25, 96추251	410
대판 1997.6.13, 96다56115	452
대판 1997.6.13, 97도703	199
대판 1997.7.22, 96다56153	505, 506, 507, 523
대판 1997.11.28, 97누11911	400
대판 1998.2.10, 97다45914	457
대판 1998.5.8, 97다34563	288
대판 1998.11.10, 96다37268	270, 309
대판 1999.9.17, 97도3349	199, 225
대판 1999.9.17, 99추30	411, 412
대판 2000.2.25, 98도2188	289
대판 2001.1.5, 98다39060	452
대판 2001.2.15, 96다42420	457
대판 2001.7.27, 99두2970	506
대판 2001.10.9, 98다20929	296
대판 2002.5.10, 2000다50213	290
대판 2003.3.14, 2000두6114	280
대판 2003.5.30, 2002두9797	55
대판 2003.6.27, 2002다72194	290
대판 2003.7.11, 99다24218	452
대판 2003.7.8, 2001도1335	291
대판 2003.9.2, 2002다63558	289, 312
대판 2004.2.27, 2001두8568	495, 521
대판 2005.2.17, 2003두14765	131
대판 2005.6.24, 2005다10388	271
대판 2006.2.10, 2003다63104	271, 310
대판 2006.3.16, 2006두330	506, 523
대판 2006.8.24, 2004두2783	279
대판 2006.10.12, 2006도4981	251, 258
대판 2006.10.12, 2006추38	411
대판 2006.10.13, 2004다16280	155, 156, 182
대판 2007.1.11, 2004두10432	74
대판 2007.4.26, 2006다87903	309
대판 2007.9.20, 2005다25298	484
대판 2008.1.24, 2007두10846	249
대판 2008.7.24, 2008어4	200
대판 2009.3.12, 2008도11437	215
대판 2009.5.21, 2009다17417	193, 223
대판 2009.5.28, 2008두16933	97
대판 2010.4.22, 2008다38288	122, 270, 271
대판 2010.12.9, 2007도10121	302
대판 2010.12.16, 2010도5986	27
대판 2011.9.2, 2008다42430 전합	244
대판 2016.8.17, 2014다235080	240
대판 2017.4.13, 2014두8469	504
대판 2018.9.13, 2017두38560	147
대판 2022.10.27, 2022도9877	254
대결 1976.4.23, 73마1051	54
대결 2005.11.16, 2005스26	155
대결 2006.6.22, 2004스42	155
서울민사지법 2000.3.24, 2000카합489	362

2026 대비 최신개정판

해커스경찰
박철한
경찰헌법 기본서

개정 5판 1쇄 발행 2025년 1월 13일

지은이	박철한 편저
펴낸곳	해커스패스
펴낸이	해커스경찰 출판팀
주소	서울특별시 강남구 강남대로 428 해커스경찰
고객센터	1588-4055
교재 관련 문의	gosi@hackerspass.com
	해커스경찰 사이트(police.Hackers.com) 교재 Q&A 게시판
	카카오톡 플러스 친구 [해커스경찰]
학원 강의 및 동영상강의	police.Hackers.com
ISBN	979-11-7244-756-4 (13360)
Serial Number	05-01-01

저작권자 ⓒ 2025, 박철한
이 책의 모든 내용, 이미지, 디자인, 편집 형태는 저작권법에 의해 보호받고 있습니다.
서면에 의한 저자와 출판사의 허락 없이 내용의 일부 혹은 전부를 인용, 발췌하거나 복제, 배포할 수 없습니다.

**경찰공무원 1위,
해커스경찰 police.Hackers.com**

해커스경찰

· 정확한 성적 분석으로 약점 극복이 가능한 **경찰 합격예측 온라인 모의고사**(교재 내 응시권 및 해설강의 수강권 수록)
· 해커스 스타강사의 **경찰헌법 무료 특강**
· **해커스경찰 학원 및 인강**(교재 내 인강 할인쿠폰 수록)

한경비즈니스 2024 한국품질만족도 교육(온·오프라인 경찰학원) 부문 1위